十堰年鉴

SHIYAN YEARBOOK

2011

（总第16卷）

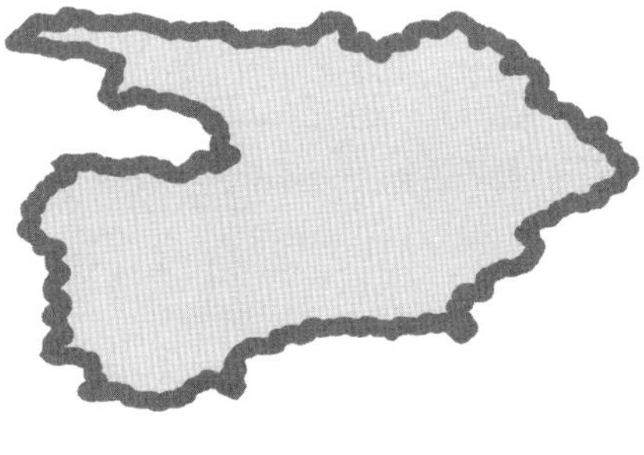

湖北省十堰市人民政府主管
十堰市地方志编纂委员会办公室主编
长江出版社

十堰市行政区划图

陕
西
陕
西
省
重
庆
市
神
农
茅坪
湖北口
湖北口回族乡
弥陀寺古塔
中共鄂豫陕省委第二十次常务会议旧址
中共鄂豫陕省委红二十五军司令部旧址
中共鄂豫陕省委九里会议旧址
郧西大梁
1708
1166
九股包
仙姑洞
1629
罗汉寨石窟
关防
店子镇
铁山寺宝塔
上津古城
上津镇
十八盘林场
黄龙山林场
马头羊种羊场
香口
银洞岭
1062
千军岭
1310
土门镇
六官坪林场
郧西县
城关镇
六郎
马安镇
景阳
娘娘山
945
灵官殿清古建
夹河镇
高坡梁子
1332
观音镇
涧池
襄
渝
铁
路
白河站
白河县
羊尾镇
凤凰山
648
五峰
胡家营站
将军河站
胡家营镇
鲍峡站
鲍峡镇
小花果站
大佛山采育场
红岩背林场
鲍峡山采育场
1825
木耳山
1095
黑龙洞
1848
旬阳县
汉
江
316
安康市
鹰咀山
1147
水磨
天堂寨
1601
界岭垭
1155
李家山采育场
天堂林场
大庙
圣水茶场
白玉垭林场
竹坪
得胜镇
各尚帽
1856
平利县
标湖林场
秦古镇
观山茶场
大广山
1209
戴宝山
1151
双台
羊头山
1155
泰山林场
龙坝镇
三堰赵家庄汉墓群
竹溪县
中峰镇
将家堰镇
楚长城关垭城门
鄂家铺宋墓群
城关镇
双竹林场
九里岗林场
偏头山森林公园
白雪剑迹
县河镇
水坪镇
摇鼓镇
施洋旧居
双堰园艺场
枧沟良种场
保丰镇
麻家渡镇
溢水镇
清泉寺
楚王墓
偏头山
1538
标湖林场
龙王垭茶场
潘口
城关镇
竹山县
楼台
姚坪
二神寨
970
鄂坪
天池垭林场
护福寺
文峰
文峰塔
新洲
汇湾
王三盛院古建筑
田家坝镇
两河良种场
八卦山
1907
八卦山林场
代王沟林场
兵营
豆腐山寨
1001
深河
深河林场
窑淮
九华山
1600
九华林场
九华山游览区
2917
化龙山
泉溪镇
望府座林场
天宝
毛家山林场
中坝
门古寺镇
综合农场
官渡镇
樟脑洞遗址
代东河林场
光顶山
2511
王家山
1921
镇坪县
丰溪镇
朝阳洞
王八山
1889
黄宝山
2054
柳林
上龛
邓家扒
2214
赵门洞
源茂林场
关家垭
2486
桃源
向坝
龙王岭
2107
四方扒药材场
刘家寨
九道
将军寨
赵家山
2062
白岩寨
2199
双坪采育场
葱坪
2740
天松树梁子
2150
大
巴
山
209

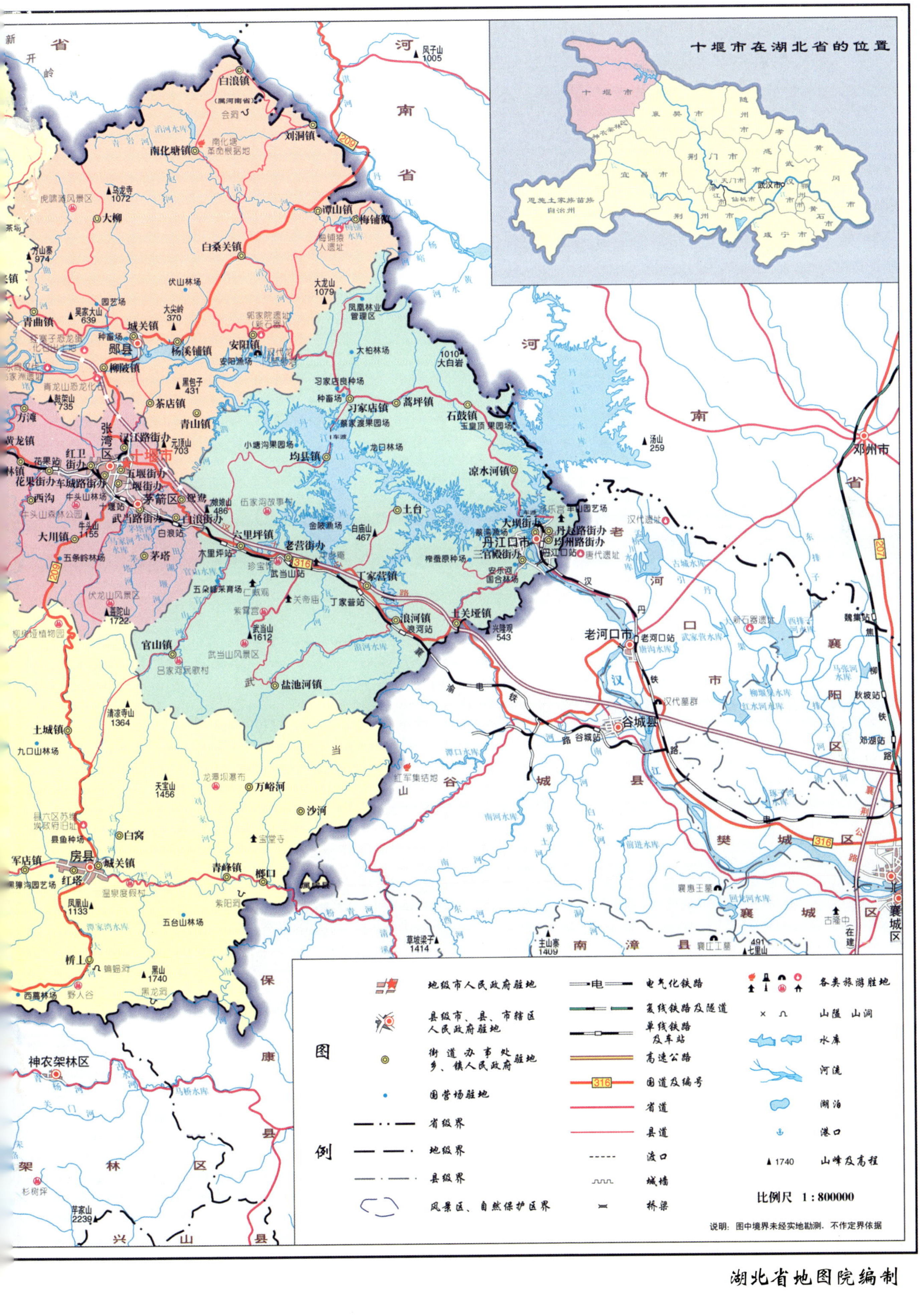
十堰市在湖北省的位置
十堰市
襄樊市
随州市
孝感市
黄冈市
荆门市
武汉市
天门市
仙桃市
潜江市
宜昌市
荆州市
咸宁市
黄石市
神农架林区
恩施土家族苗族自治州
十堰市
丹江口市
老河口市
邓州市
谷城县
郧县
房县
张湾区
茅箭区
神农架林区
襄城区
樊城区
河南省
白浪镇
刘洞镇
南化塘镇
谭山镇
梅铺镇
白桑关镇
大柳
青曲镇
城关镇
杨溪铺镇
安阳镇
柳陂镇
茶店镇
青山镇
习家店镇
蒿坪镇
石鼓镇
均县镇
凉水河镇
土台
大坝街办
丹赵路街办
均州路街办
三官殿街办
六里坪镇
老营街办
丁家营镇
浪河镇
土关垭镇
官山镇
盐池河镇
土城镇
万峪河
沙河
白窝
军店镇
城关镇
红塔
青峰镇
桥上
西蒿林场
大川镇
茅塔
黄龙镇
方滩
西沟
红卫街办
五堰街办
二堰街办
武当路街办
汉江路街办
花果街办
车城路街办
白浪街办
老河口站
谷城站
武当山站
丹江口站
武当山 1612
黑山 1740
天宝山 1456
草坡梁子 1414
莘家山 2239
216
209
316
207
图例
地级市人民政府驻地
县级市、县、市辖区人民政府驻地
街道办事处、乡、镇人民政府驻地
国营场驻地
省级界
地级界
县级界
风景区、自然保护区界
电气化铁路
复线铁路及隧道
单线铁路及车站
高速公路
国道及编号
省道
县道
渡口
城墙
桥梁
各类旅游胜地
山隘 山洞
水库
河流
湖泊
港口
1740 山峰及高程
比例尺 1:800000
说明：图中境界未经实地勘测，不作定界依据

湖北省地图院编制

十堰市城区地名图

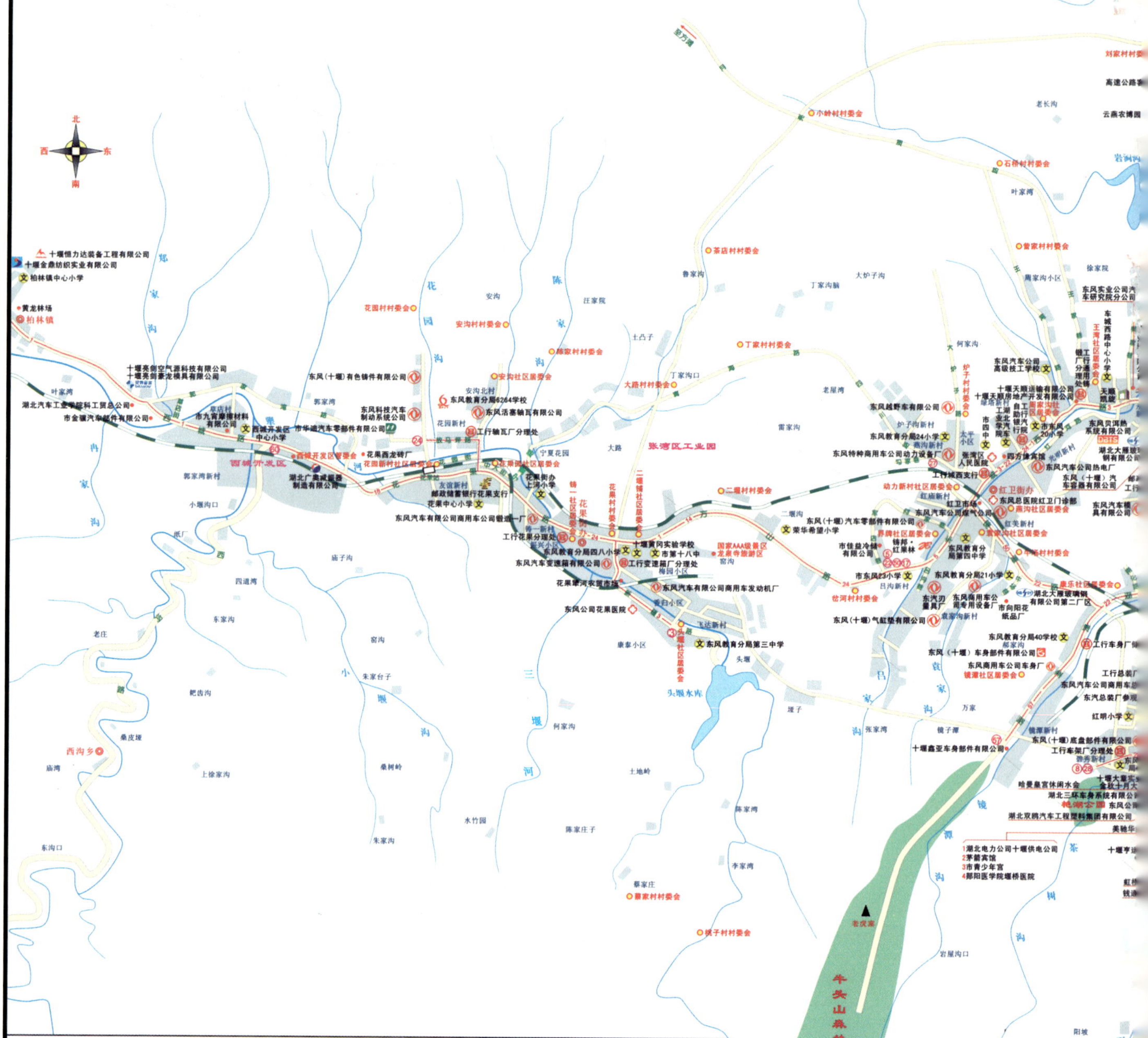

十堰城区公交线路

公营公交线路
1路：人民广场——黄龙大坝
2路：白浪——客运南站
3路：二二厂——发动机厂
4路：火车站——东风轮胎厂
5路：火车站——红卫
6路：客运南站——大川
7路：六堰——火车站
8路：四一厂——公交二公司
9路：白浪——二二厂
10路：文贸乐园——车桥厂
12路：车轮厂——马家河
15路：六堰——体育中心
16路：文贸——火车站
17路：东风轮胎厂——红卫
18路：行政中心——东汽修造厂
20路：文贸——万向工业园
21路：公交二公司——东风轮胎厂
22路：文贸——市艺校
24路：文贸——化油器厂
25路：市党校——万向工业园
26路：小河村——东汽茅箭医院
27路：职技学院——大炉子沟口
28路：行政中心——艳湖公园
29路：火车站——职技学院
38路：马家沟——何家沟
50路：火车站——市艺校
56路：火车站——东汽钢板弹簧厂
57路：八亩地——四〇厂
58路：友谊新村——杜家湾
59路：白浪粮库——二二厂
60路：高速路客运站——西沟口
67路：高速路客运站——公交二公司

民营公交线路
1：火车站——红卫
2：火车站——四一厂
3：客运南站——白浪
4：红卫——花果
5：六堰——郑家湾

常用电话

市长热线 12345

十堰电话区号 0719
中国电信热线 10000
中国移动热线 10086
中国联通热线 10010
中国铁通热线 10050

中国电信查号 114
东汽电话查号 8221114
邮政编码查询 11185
气象预报咨询 12121

三堰长途客运 8890276
汽车南站客运 8888517
十堰火车客站 8478302
法律咨询 12348
的士投诉 8882271
中巴投诉 8882271
公交投诉 8676315
消费投诉 12315

旅游投诉 8683356
卫生监督 8652189
质量监督 12365
物价监督 12358
假药举报 8675542
劳动监察 8653297
医保咨询 8629006
养老保障 8663445
流浪救助 8689729

十堰晚报热线 8110110
十堰电视台 8670110
楚天都市报027-86777777

图例

★	市政府	◇	医院
◎	区政府	文	学校
◎	乡、镇、街道办事处		铁路
○	社区居委会、村委会		河流
•	单位		公共汽车站点

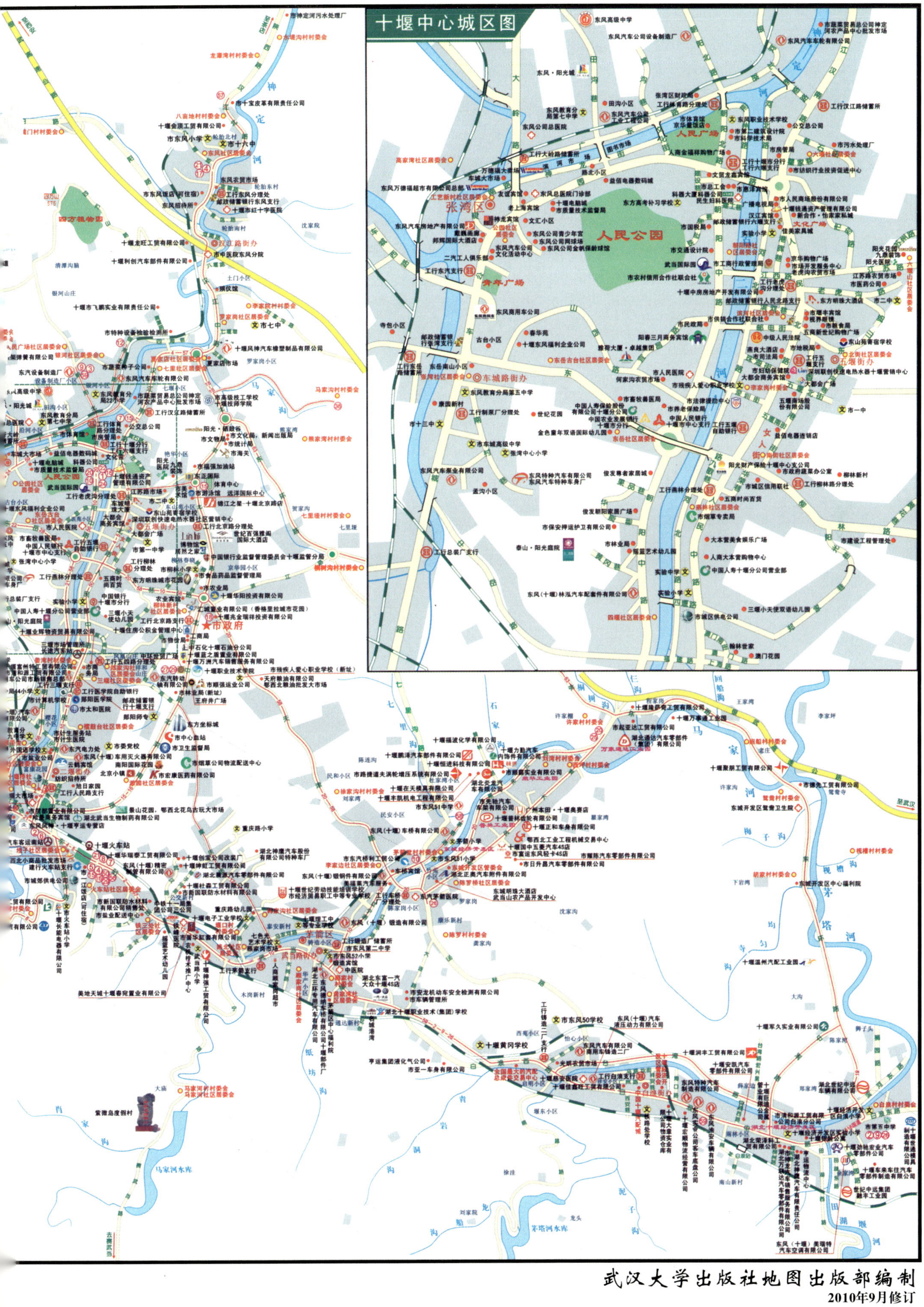

武汉大学出版社地图出版部编制

2010年9月修订

编 辑 说 明

一、《十堰年鉴》是由十堰市人民政府主办，十堰市地方志办公室组织编纂的大型公报性年刊。自1996年创办以来，每年编印一卷，逐年记载十堰市各方面的大事、要事、新事，真实反映社会主义政治文明、精神文明和物质文明建设的基本面貌和发展状况，是一部资料、信息、知识高度密集的综合性资料工具书，为各级领导科学决策提供可靠依据，对人们认识十堰、了解十堰、建设十堰大有裨益。

二、本年鉴采取分类编辑法，以部类为单元，单元中按事业、行业设分目，部分分目中设有子目，并按一事一条的原则设条目。不同层次的标题和正文用不同字体加以区别，全书的条目标题用黑体字"【】"表示。

三、《十堰年鉴》(2011)的框架结构和上年基本保持一致，全书设37个部类：聚焦十堰、大事记、特载、中共中央和国家领导人在十堰活动、十堰概况、政治、政法、军事、东风公司十堰基地、工业、农业、交通·邮政、信息业、城市建设管理、环境保护、旅游、特区·开发区建设、国内贸易、对外贸易、财政·税务、金融、经济综合管理、科学技术、教育、文化体育、新闻出版·广播电视、卫生、社会民生、市辖县市区、人物、领导论坛、治域方略、历史回眸、调查与思考、文件辑录、部分企事业单位简介、统计资料、彩色图片集锦。全书前有目录，后有索引，并有电子光盘。

四、本年鉴资料由各部门专人撰写，经各级领导审核，具有权威性。由于统计口径不同等原因，有关部门和县市区所用数据与"统计资料"中的数据不尽一致，请读者在查阅和引用时注意。

五、本年鉴收录内容一般以2010年1月1日至12月31日为限，但"聚焦十堰"、"特载"、"附录"、"历史回眸"、"领导论坛"、"治域方略"、彩色图片集锦的内容不在此限，资料时间有的适当上溯。年鉴正文和彩色图片集锦中未署名的照片，均由摄影记者和有关单位提供。

六、本年鉴在组稿和编审过程中，得到市直各部门、各县市区以及中央(省)属在堰单位和各级领导、特约编辑、作者的大力支持和指导，在此谨表谢意，并企盼继续得到各方面人士的关心和支持。由于编辑水平有限，错误疏漏之处在所难免，敬请广大读者批评指正，使《十堰年鉴》更臻完善。

七、十堰年鉴编辑部地址：十堰市信访接待中心大楼3026室，邮编：442000，电话：0719－8109133，电子信箱：synjbjb@yeah.net。

编 者

2011年8月

《十堰年鉴》编辑委员会

《十堰年鉴》编辑人员

2011年5月31日，中共中央总书记、国家主席、中央军委主席胡锦涛接见十堰党政军领导

2011年5月31日，市委书记陈天会陪同中共中央总书记、国家主席、中央军委主席胡锦涛接见十堰市党政军领导

2011年5月31日，中共中央总书记、国家主席、中央军委主席胡锦涛接见十堰党政军领导合影

2011年5月31日，中共中央总书记胡锦涛来到十堰市柳林幼儿园看望小朋友和幼儿教师。图为胡总书记拿着一件手工作品，亲切地同小朋友交流

2011年5月31日，胡锦涛在十堰市柳林幼儿园大一班的“笑脸墙”前，亲切勉励小朋友们快乐生活、健康成长

2011年6月1日，中共中央总书记、国家主席、中央军委主席胡锦涛在丹江口市土关垭镇龙家河村调研时与李有泽老人握手

2011年6月1日，中共中央总书记、国家主席、中央军委主席胡锦涛在丹江口市土关垭镇龙家河村，走进一片受旱严重的农田，用手翻开田里的土壤查看墒情

2011年6月4日，国务院总理温家宝（前排左一）在丹江口大坝上听取汉江水情汇报

2011年3月23日，中共中央政治局委员、中央书记处书记、中宣部部长刘云山在十堰就加强宣传思想文化工作、推动文化大发展大繁荣进行调研

2011年1月26日，湖北省委书记李鸿忠（左二）带着对移民的深切关怀和浓情厚意，到武汉市汉南区湘口街汉江村，慰问从十堰南水北调水源区迁移到此的移民

2011年1月5日，省委副书记、省长王国生（前排中）来十堰市调研，强调抓好“三个统一” 推进跨越发展

2011年7月18日，市委书记陈天会，市长周霁率市直有关部门负责人视察督办城区重点市政项目建设

2011年3月15日，市长周霁、常务副市长张维国率领市发改委、公安、交通、电力等市直部门及市协调指挥部有关负责同志，深入十房高速公路施工一线，看望慰问参建人员，调研指导工程建设

2011年9月24日，中国地方志指导小组秘书长田嘉（中）在十堰市地方志办公室主任潘彦文（左）陪同下视察武当山

2011年9月24日，中指组秘书长田嘉（中）在湖北省地方志办公室主任文坤斗（左三）、十堰市地方志办公室主任潘彦文（右三）的陪同下考察武当山

2011年9月24日，中指组秘书长田嘉（中）、湖北省地方志办公室主任文坤斗（右）参观武当山地方志办公室

2011年9月24日，田嘉秘书长一行在紫霄宫合影留念

2011年2月13日，市四届人大常委会第一次会议在市行政会议中心召开

2011年3月26日至27日，省委、省政府在十堰市召开全省县域经济工作会议

2011年3月29日，全省南水北调中线工程丹江口水库移民内安工作现场办公会在市接待中心召开

2011年6月29日上午，十堰市庆祝中国共产党成立90周年大会在市行政会议中心隆重举行

车城新貌

警POLICE察

商用车

火树银花不夜天——美丽的车城夜景（一）

火树银花不夜天——美丽的车城夜景（二）

纵横大道

天津路

北京路立交桥

北京路

人民路五堰段

人民路十堰段

朝阳中路

朝阳北路

文化广场

人民广场

人民公园

艳湖公园

香格里拉社区

靓丽的百二河

坚持“一统三分”战略

2011年11月8日，市委书记陈天会（右）等领导在竹溪调研

2011年6月19至20日，市委副书记、市长周霁（左）在竹溪查看烟叶基地

2011年6月18日，市委常委、市纪委书记何万勤（左）一行在竹溪调研

竹溪挖塘堰惠民生活动启动仪式

水坪镇杜家沟村的李家湾水塘整治现场

“经济宽带”绕溪城

统筹城乡协调发展

一会一节相约竹溪表演现场

蒋家堰镇新貌

玉带缠绕溪城河

迷人的溪城夜色

县城全景

洛河河流一角

承前启后创伟业

县委书记佘立柱（右）在潘口水电站工地检查工作

县委书记佘立柱（左）为移民颁发后扶直补资金“一卡通”

县委副书记夏树应（左二）指导库区交通复建

2010年11月15日，潘口水电站大坝封顶仪式隆重举行

继往开来谋新篇

文峰乡长坪集镇一角

县城纵横大道

宝丰镇城镇带一角

移民新村一角

深河移民新学校

移民和谐新生活

解放思想 统筹城乡

2011年3月22日，省委副书记、省政协主席杨松（右二）在竹房城镇带视察工作

2010年10月15日，省委常委张昌尔（右）在房县视察竹房城镇带城乡一体化试验区建设

2011年6月28日，县四大家领导观看迎“七一”成果展

2010年2月27日，县委书记沈明云（左二）检查指导古城村改造工作

2011年6月30日，县委县政府举办庆祝建党90周年纪念大会暨大型歌咏活动现场

2011年2月10日，县委副书记张慧彬、人大副主任戢逢尤在迎新春游园活动中擂鼓助兴

2011年2月9日，县一中学生倾情吟唱诗经片段，喜迎新春

村民在家门口的恒达纺织集团就业

加快发展 争先创位

2011年4月11日，原省交通运输厅党组书记林志慧（中）召开谷竹高速建设现场推进会

建设中的十房高速公路

建设中的三里坪电站亚洲第一高程（143米）双曲碾压混凝土坝

武神路

村庄环境整治工程

盛世唐城

湖北诗经源国家森林公园

西河乐园

房陵灯火

清新靓丽的民居群

窑淮万亩生态茶园基地

九道阴峪河漂流

潮涌郧阳绘新图

2011年5月25日，省委书记李鸿忠（前中）在县委书记胡玖明（右一）陪同下视察郧县经济开发区川路工业园

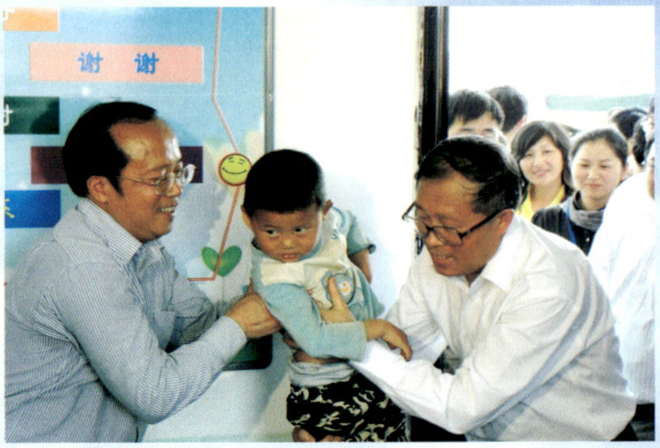

2010年5月24日，省委书记李鸿忠（右）亲切看望郧县移民

2011年3月27日，省委常委、组织部长侯长安（左二）率全省县域经济现场会代表视察郧县经济开发区

2011年12月19日，县委书记胡玖明（右二）陪同国家南水北调办视察组和市委书记陈天会（左三）视察谭家湾镇移民新村

2011年12月19日，县长孙道军（左一）陪同国家南水北调办主任鄂竟平（左二）视察移民内安安置区

2010年7月7日，十堰市市县对接工作会议在郧县召开

乘势而上谋发展

2011年3月26日，参加全省县域经济现场会的代表到郧县参观考察

郧县经济开发区航拍图

湖北省生态旅游名村——茶店镇樱桃沟村

全省新农村建设示范村——青曲镇红门铺村

经济转型 跨越发展

2010年10月21日，原中共中央政治局常委、中央纪委书记吴官正（左三）深入东风8万辆重型卡车新工厂考察

2011年3月27日，省委常委、组织部长侯长安（右）听取茅箭区委书记张慧莉（左）汇报东风工业园发展情况

2011年7月8日，同创公司120万套汽车同步器总成项目新厂区开工奠基仪式在东城经济开发区西坪村举行，市委常委、副市长师永学（左二），茅箭区长赵哲（右一）等参加奠基

2011年7月5日，区委书记张慧莉主持召开全区重点项目“百日攻坚”活动推进会，安排部署项目建设和重点工作

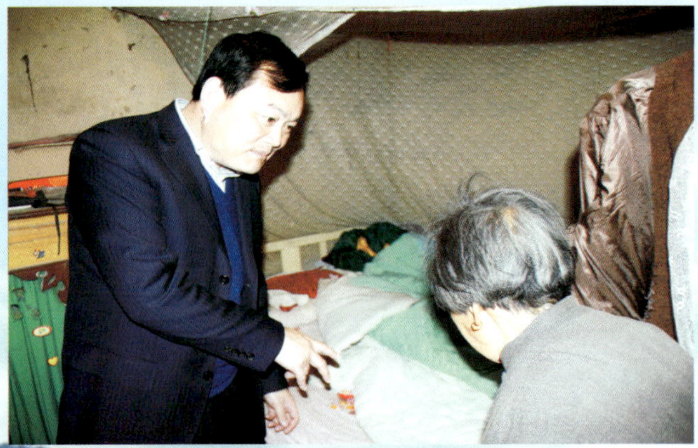

2011年3月28日，区长赵哲（左）深入东城经济开发区许家棚村陈思英家中走访慰问

2011年7月16日，全市保超全年目标动员暨表彰大会在市行政会议中心举行。茅箭区荣获全市2010年度目标考核第二名，区委书记张慧莉（右）上台领奖

社会转型 和谐发展

2010年11月6日，《茅箭区志》终审会在十堰市宏正大酒店召开

2011年6月22日，庆祝建党90周年红色旅游启动暨东沟烈士陵园揭幕仪式，在茅塔乡东沟爱国主义教育基地举行

2011年5月19日，十堰市庆祝首个中国旅游日暨第六届赛武当杜鹃节在赛武当广场举行

2010年9月23日，2010中国•赛武当（十堰）公路自行车邀请赛暨第四届登高节开幕式在赛武当广场举行

2010年8月13日，普林工业园第三批15个工业项目集中开工仪式举行

2011年6月18日，东风商用车重型卡车新工厂第一辆试制车下线

郧西县安家乡新农村一角

竹溪县城一景——月宫池

目　录

聚焦十堰

大事记

特　载

中共中央和国家领导人在十堰活动

十堰概况

政 治

中国共产党十堰市委员会

中国共产党十堰市纪律检查委员会

十堰市人民代表大会常务委员会

十堰市人民政府

中国人民政治协商会议十堰市委员会

民主党派

人民团体

政 法

军 事

工 业

农 业

信息业

城市建设管理

环境保护

旅　游

特区·开发区建设

国内贸易

对外贸易

经济综合管理

科学技术

教　育

卫 生

社会民生

市辖县市区

人　物

领导论坛

治域方略

历史回眸

调查与思考

文件辑录

部分企事业单位简介

统计资料

索引

彩色图片集锦

CONTENTS

FOCUSSING ON SHIYAN CITY

CHRONICLE OF EVENTS

REPRINT

THE CENTRAL COMMITTEE OF THE PARTY AND NATIONAL LEADERS CAME TO SHIYAN

A SURVEY OF SHIYAN CITY

POLITICS

Shiyan Committee of CPC

Building of Spiritual Civilization

Construction of Party and Government Organization

Taiwan Affirs Handling

Editing and Research of Party's History

The Work of Party Schools

Security Work

Work of Letters and Calls

Veteran Cadre Work

Shiyan Commission for Inspective Discipline of CPC

Standing Committee of Shiyan People's Congress

POLITIC AND JUDICIAL

Summary of Politic And Judicial

Public Security

Procurotorial

Trial

Judicial Affairs

MILITARY AFFAIRS

Shiyan Military Sub – Command

SHIYAN BASE OF DONGFENG MOTOR CORPORATION

INDUSTRY

AGRICULTURE

TRANSPORTATION AND POST

INFORMATION INDUSTRY

URBAN CONST RUCTION AND MANAGEMENT

ENVIRONMENT PROTECTION

TOURISM

CONSTRUCTIONS OF SPECIAL ZONE AND DEVELOPING ZONE

DOMETIC TRADE

EXTERNAL TRADE

Summary

ADMINISTRATION OF FINANCE AND TAXATION

ADMINISTRATION OF FINANCE

ECONOMICAL COMPREHESIVE MONITORING

SCIENCE AND TECHNOLOGY

EDUCATION

CULTURE AND PHYSICAL TRAINING

NEWS PUBLICATION AND BROADCASTAND TELEVISION

SANITATION

SOCIAL DEMOCRACY

DEVELOPMENT OF CITIES AND COUNTIES DIRECTLY UNDER THE CONTROL OF SHIYAN GOVERNMENT

PERSONALITY

DIED CHARACTERS

LEADER FORUM

CONSTRUCTION STRATEGY

GLANCING BACK HISTORY

INVESTIGATION AND THINKING

DOCUMENT – COMPILING

INTRODUCTION TO SOME INSTITUTIONS AND EATERPRISES

ECONOMY AND SOCIAL DEVELOPMENT STATISTICS

INDEX

聚焦十堰

2010年十堰市获得的国家级、省级荣誉

【荣膺“中国卡车之都”】 10月17日，中国汽车工业协会正式授予十堰市“中国卡车之都”称号。这是全国唯一获此殊荣的城市。“中国卡车之都”命名授牌仪式暨新闻发布会，在十堰市世纪百强武当雅阁国际大酒店举行。会上，市委副书记、市长周霁从中国汽车工业协会常务副会长、秘书长董扬手中接过“中国卡车之都”匾牌。省委常委、常务副省长李宪生，市委书记、市人大常委会主任陈天会，东风公司副总经理童东城，市领导涂明安、师永学、严炳洲、李君琦等出席命名授牌仪式暨新闻发布会。涂明安主持命名授牌仪式。2009年中国汽车产销量首次超越美国，成为世界汽车产销第一大国。就十堰而言，东风商用车销量为43万辆，在全国排名第二位。

【荣获两项“中国十佳城市”殊荣】 12月18日，第三届中国和谐城市可持续发展高层论坛在北京隆重举行。十堰市荣获“中国十佳和谐可持续发展城市”和“中国十佳投资创业城市”两项殊荣，成为湖北省唯一一个同时获得“双十佳”的城市。本届论坛由新华社《经济参考报》报社、民政部社会工作研究中心、中国环境科学学会、清华大学区域与城市发展研究中心等机构联合主办。通过比对分析近三年城市的环境、卫生、教育、社会保障等方面26项统计数据，30多名专家的严格审核与评估，全国各地3000多万市民的网络投票和问卷调查，最终评选出“中国十佳和谐可持续发展城市”、“中国十佳休闲宜居生态城市”和“中国十佳投资创业城市”。

【获“中国低碳生态先进城市”殊荣】 “2010年中国低碳城市发展论坛”结束，十堰市被授予“中国低碳生态先进城市”殊荣。湖北省仅十堰市获此殊荣。本届论坛，由全国科管委节能环保管理专业委员会、全国科管文化产业管理专业委员会等机构联合主办。全国共有516个城市参加评选。

【十堰城市环保满意率居全省第二】 5月11日，国家统计局湖北调查总 队在全省开展公众对城市环境保护满意率调查，结果显示，十堰市公众对环境保护的总满意率为78.88%，较上年提升18.6%，名列全省第二。

【十堰城市综合竞争力居湖北省第二位】 5月6日和9日，中国社会科学院分别在北京和香港发布《2011年中国城市竞争力蓝皮书：中国城市竞争力报告》。2010年，在中国294个城市综合竞争力排名中，十堰市位居115位，较上年提升5位，在湖北榜上仅次于武汉，位居第二位。中国竞争力最强的前十个城市依次是：香港、上海、北京、深圳、台北、广州、天津、大连、长沙、杭州。武汉位居第20名，排名湖北第一，十堰115名，湖北第二，其他依次是襄阳（116），宜昌（120），黄石（159），荆门（203），荆州（212），孝感（222），黄冈（225），随州（234）。

【2010年精神文明建设成效】 十堰市连续两届荣获全国创建文明城市工作先进城市称号，连续五届获得省级文明城市称号，国防动员和民兵预备役等工作取得明显成绩，蝉联全国双拥模范城“五连冠”、省级双拥模范城“六连冠”。竹山县城、丹江口市习家店镇和郧西县湖北口回族乡、市太和医院分别被授予全国文明县城、全国文明村镇和全国文明单位荣誉称号。

2010年十堰市市直各部门、市辖县市区获得的国家级、省级荣誉

十堰市委宣传部被省委宣传部评为“全省理论学习先进单位”。丹江口市委宣传部被省委省政府授予“全省服务移民搬迁工作先进单位”，冯功文被省委省政府授予“全省服务移民搬迁工作先进工作者”。十堰市委宣传部、郧西县委宣传部被省委宣传部评为“全省宣传思想文化工作先进单位”。

十堰市委党史办被国家人力资源和社会保障部、中共中央党史研究室联合授予“全国党史系统先进集体”荣誉称号，主任王钢作为全省唯一的先进集体代表出席全国党史工作会议，并受到胡锦涛、李长春、习近平、贺国强等中央领导同志的亲切接见。

十堰市文体局被授予“全省未成年人思想道德建设工作先进单位”，被国家体育总局评为“全国全民健身活动先进单位”、“全国体育系统五五普法先进单位”。被省体育局评为“全省群众体育先进单位”、“全省体育系统五五普法依法治理先进单位”。郧西县文体局被省体育局评为“2010年全省农民体育健身工程建设先进单位”。十堰市体育中心被省委省政府授予“全省社会治安综合治理先进单位”。十堰市图书馆被文化部评估定级为国家一级图书馆。十堰市文物局获全省博物馆纪念馆讲解员大赛团体三等奖。十堰市游泳馆被国家体育总局评为“全国先进游泳馆”。十堰市创演的大型舞蹈《武当情》参加第9届中国艺术节演出，获全国第15届“群星奖”优秀演出奖。十堰市新闻出版局被省“扫黄打非”工作小组评为“全省‘扫黄打非’先进单位”。郧西县马安电影放映队被中宣部、文化部、国家广电总局、新闻出版总署授予“全国服务农民服务基层文化建设先进集体”。

《十堰日报》被中国品牌媒体联盟、中国报业网评为“2009－2010中国品牌媒体地市党报品牌十强”。十堰日报社副总编王世昌被中国地市新闻网联盟授予“全国地方网站十佳新锐领军人物”。十堰日报社获省记协“2010年度全省新闻界庆祝记者节文艺调演金奖”。《十堰晚报》被中国地市报研究会评为“中国地方都市类报纸最具品牌价值十强”，被中国新闻文化促进会授予“品牌贡献奖·影响中国最具品牌传播地市报”。

秦楚网被省委宣传部、省委外宣办评为“湖北省互联网品牌栏目（频道）”，被中国地市新闻联盟授予“2009—2010年度全国地方网站创新发展杰出贡献奖”。

十堰广播电视台被国家广电总局评为“CMMB安全播出竞赛先进单位”，被湖北广播电视总台评为“全省电视节目技术质量奖”和“全省广播节目技术质量奖”。十堰广播电视台《十堰周刊》入围2010年度“金长城传媒奖”，并被评为“2010中国十大创新广播电视报”。郧县广播电影电视局被省委省政府授予“湖北省南水北调丹江口水库移民外迁工作先进单位”。

十堰市信访局被省委、省政府授予“全省信访工作优胜单位”，位居全省第三名。被省委、省政府授予全省应急管理工作先进集体、南水北调丹江口水库移民外迁工作先进单位。

十堰市农村能源管理办公室、竹山县农村能源办和房县农村能源办获“全省农业工作先进单位”荣誉称号。

十堰市林业局获得湖北省优秀林业局、湖北省绿化模范单位、湖北省林业系统办公室先进集体、湖北省林业宣传先进单位、湖北省林业重点工程造林先进单位。

十堰市供销社被湖北省供销合作总社授予“2009年全省供销社系统综合业绩考核特等奖”。这是十堰市供销社连续第四年获得此项殊荣。

十堰市环保局先后获得全国、全省环保系统政务信息先进单位。

十堰市住建委被省住建厅授予“全省住房和城乡建设系统先进集体”。

十堰市工商局还被省总工会授予“湖北省五一劳动奖状”，被工商总局授予“全国工商系统法制宣传教育先进集体”。

十堰市国家税务局在全省国税系统2010年度综合绩效考核中荣获“绩效考核优胜单位”。

十堰市农业局被环保部、农业部等四部委表彰为“全国第一次污染源普查先进单位”，被省委表彰为“先进基层党组织”，被省委、省政府表彰为“文明单位”。

十堰市老龄办被全国老龄委授予“全国老龄工作先进单位”，主任毛光全被授予“全国老龄工作先进工作者”。市老龄办、郧县老龄办、竹溪县老龄办被省老龄委授予“省老龄工作先进单位”。

十堰市人口计生委、张湾区人口计生局获全省生育文明先进单位，竹

山县、郧县、房县获全省计生优质服务县称号。市人口计生委获2010年度《人口与计划生育》杂志全国宣传工作先进集体、第九届湖北人口新闻奖组织奖。市计生药具站获全省人口计生系统先进单位。市计生协会被中国计生协会评为2010年度学习《人生》活动先进单位、2010年度人口计生宣传品进村入户先进单位市州三等奖。丹江口市、房县、武当山特区获2010年度人口计生宣传品进村入户先进单位县市区一二三等奖，竹山县获第一批全省人口计生综合改革示范县和2010年度人口和计划生育工作进步奖。

十堰市档案局被评为湖北省先进集体、全省机关档案三合一制度审核工作先进单位、全省宣传工作先进单位、全省档案网站优秀奖。

丹江口市被全国绿化委员会授予“全国绿化模范单位”荣誉称号，湖北省获此荣誉的县市仅6家。

郧县被省委、省政府授予“2009年度全省县域经济发展进位先进县”荣誉称号，全省排名由78位提升到56位，一年跃进22位。

竹山县获“中国最具投资潜力特色示范县200强”。其中，湖北共6县，分别是谷城、五峰、竹山、罗田、阳新、巴东。

房县被评为“国家绿色能源示范县”。国家能源局、财政部、农业部联合授予全国108个县市“国家首批绿色能源示范县”称号。湖北省有通山、大悟、谷城、鹤峰、利川、房县获此殊荣，列全国第二位，获得国家财政支持。“房县黑木耳”、“房县香菇”在河南郑州举行的第八届中国国际农产品交易会上荣获金奖，这是“房县黑木耳”、“房县香菇”通过农产品地理标志认证后获得的又一大殊荣。本届农产品交易会湖北省共有15个农产品获金奖，其中十堰市2个，“房县黑木耳”、“房县香菇”囊括十堰市全部金奖。

2009－2010年十堰市获得的驰名商标、湖北省著名商标、湖北省名牌产品

【“通达”获中国驰名商标】
2010年2月，国家工商总局在商标管理案件中认定了293件驰名商标，其中湖北通达股份有限公司的“通达牌及图”商标榜上有名，这是继“东风”总部搬迁后，十堰市驰名商标“零”的突破。湖北通达股份有限公司是专业从事汽车重要零部件—汽车排气消声器、尾气催化转化器总成和金属燃油箱等产品研发、生产及销售的国内行业最大规模的领军型企业；是中国汽车消声器行业协会和中国汽车燃油箱行业协会理事长单位；是中国汽车标委会发动机分标委委员单位；是汽车消声器行业技术标准和燃油箱行业技术标准的主要起草单位。在产量、销售收入、利税及市场占有率等综合经济指标连续多年稳居国内同行业第一位。

【2009年获得的湖北省著名商标】

序号	县市	单位	商标	认定时间
1	竹溪县	湖北龙王垭茶业有限公司	龙王垭	2009年
2	丹江口市	汉江丹江口铝业有限责任公司	丹江	2009年
3	房　县	房县五商实业发展有限公司	房燕	2009年
4	竹山县	湖北圣水茶场有限责任公司	圣水	2009年
5	竹山县	竹山县宝丰珠宝有限责任公司	女娲补天＋图	2009年
6	竹溪县	竹溪高山食品有限公司	亲家母	2009年
7	竹溪县	竹溪县梅子贡茶业有限公司	梅子贡＋图形	2009年
8	竹溪县	湖北顺溪豆制品有限公司	顺溪＋图形	2009年
9	丹江口市	湖北省丹江口丹传汽车传动轴有限公司	丹传	2009年

序号	县市	单位	商标	认定时间
10	丹江口市	丹江口市丹江酒业有限责任公司	丹江口源头	2009 年
11	丹江口市	湖北丹江口丹澳医药化工有限公司	武当金顶	2009 年
12	白浪开发区	十堰市皇马实业有限公司	图形(皇马)	2009 年
13	白浪开发区	湖北万联达汽车零部件有限公司	图+拼音+文昌	2009 年
14	白浪开发区	湖北力神车辆制造有限公司	力神+图形	2009 年
15	白浪开发区	东风(十堰)汽车油品有限公司	东风	2009 年
16	白浪开发区	湖北车神汽配实业有限公司	图形(车神)	2009 年
17	张湾区	十堰市十宝皮革有限责任公司	十宝	2009 年
18	张湾区	东风(十堰)汽车热交换器有限公司	正翔+图形	2009 年
19	茅箭区	十堰伏龙山绿色食品开发有限公司	伏龙山	2009 年
20	茅箭区	湖北久康食品有限公司	久康+图形	2009 年
21	茅箭区	十堰市武当山珍系列产品开发有限公司	武珍+图形	2009 年
22	张湾区	十堰风神汽车橡塑制品有限公司	风神牌+图形	2009 年
23	白浪开发区	湖北神鹰汽车有限责任公司	神鹰	2009 年
24	白浪开发区	湖北荣泽科工贸有限公司	图形+文字	2009 年
25	郧西县	十堰市金凤车涂开发实业有限公司	金凤	2009 年
26	郧 县	湖北神河汽车改装(集团)有限公司	神河	2009 年
27	郧 县	郧县汉江水泥有限公司	鑫犇	2009 年
28	郧 县	十堰市佳恒液压机械有限公司	佳恒+图形	2009 年
29	茅箭区	湖北双鸥汽车工程塑料(集团)有限公司	双鸥	2009 年

【2010 年获得的湖北名牌产品】

序号	企业名称	产品名称	商标
1	竹溪县梅子贡茶业有限公司	茶食品(茶月饼、茶糕点)	梅子贡+MZG
2	十堰花仙子魔芋制品有限公司	魔芋精粉及其他魔芋制品	花仙子
3	竹溪高山食品有限公司	竹溪高山腊肉	亲家母
4	十堰渝川食品有限公司	泡菜	武当红
5	湖北武当酒业有限责任公司	古方酒	丹江口源头

序号	企业名称	产品名称	商标
6	郧西海天实业有限公司	聚丙烯	汉王
7	竹溪县宝田生物制品有限公司	微生物有机、无机复合肥	宝田
8	十堰市金凤车涂开发实业有限公司	油漆	金凤
9	丹江口弘源碳化硅有限责任公司	氮化硅结合碳化硅制品	弘源
10	汉江丹江口铝业有限责任公司	铝线材	丹江
11	十堰华昌达机电有限公司	输送机械	华昌达
12	湖北力神车辆制造有限公司	低速载货汽车	力神
13	东风特种汽车有限公司	专用汽车	东风
14	十堰天舒机电科技有限公司	全自动曲轴淬火机床	天舒
15	竹山县女娲山绿松石有限公司	绿松石工艺品	女娲补天
16	十堰和协商务软件有限公司	汽车商务管理集成系统	H
17	湖北武当动物药业有限责任公司	百草传奇	武当

【十堰市国家地理标志保护产品】 2010年度湖北省新增的国家地理标志产品中，十堰市竹山绿松石、丹江口武当蜜橘、郧阳木瓜3个产品榜上有名。至此，已有龙峰茶、郧阳乌鸡、房县黑木耳、武当蜜桔、竹山绿松石、丹江口翘嘴鲌、竹溪贡米、郧阳木瓜、武当榔梅等9个地理标志产品获得批准保护。丹江口鳡鱼已通过国家局组织的技术审查，房县黄酒、武当红葡萄酒、均州名晒烟等产品正在积极准备申报。丹江口翘嘴鲌有17个企业、武当蜜桔有5个企业、房县黑木耳有3个企业、龙峰茶有1个企业、竹溪贡米有2个企业等分别获批准使用专用标志。

2010年十堰主要经济指标在全省的排位情况

地区生产总值

地 区	总量(亿元)	排位	增幅(%)	排位
全 省	15806.1		14.8	
武汉市	5515.8	1	14.7	13
黄石市	690.1	9	15.7	7
十堰市	736.8	7	19.5	1
荆州市	837.1	5	13.2	16
宜昌市	1547.3	2	15.8	6
襄樊市	1538.3	3	16.2	2
荆门市	730.1	8	15.6	8

地 区	总量(亿元)	排位	增幅(%)	排位
鄂州市	395.3	12	15.3	9
孝感市	800.7	6	15.1	11
黄冈市	862.3	4	14.1	14
咸宁市	520.3	10	15.9	4
恩施自治州	351.1	13	13.8	15
随州市	401.7	11	15.2	10
仙桃市	291.0	14	15.9	4
天门市	219.5	16	14.8	12
潜江市	290.7	15	16.2	2
神农架林区	12.3	17	12.1	17

财政一般预算收入

地 区	总量(亿元)	排位	增幅(%)	排位
全 省	1011.2		24.1	
武汉市	390.2	1	23.4	14
黄石市	34.1	7	31.0	6
十堰市	43.8	4	69.9	1
宜昌市	27.6	8	23.5	13
襄樊市	70.2	2	27.9	9
鄂州市	51.0	3	37.8	4
荆门市	23.3	10	28.2	8
孝感市	15.7	12	20.3	17
荆州市	34.2	6	26.8	10
黄冈市	39.0	5	21.2	15
咸宁市	23.3	9	28.7	7
随州市	22.2	11	21.2	16
恩施自治州	9.5	13	25.5	12
仙桃市	7.4	14	45.5	3
天门市	4.7	16	33.4	5
潜江市	7.3	15	49.2	2
神农架林区	1.1	17	26.4	11

城镇固定资产投资

地 区	总量(亿元)	排位	增幅(%)	排位
全 省	9934.7		31.3	
武汉市	3651.2	1	25.0	17
黄石市	448.4	7	39.3	8
十堰市	382.8	9	47.7	1
荆州市	530.4	5	37.9	10
宜昌市	825.0	2	25.4	16
襄阳市	753.0	3	44.8	3

地区	总量(亿元)	排位	增幅(%)	排位
荆门市	395.6	8	43.7	4
鄂州市	284.6	11	33.4	12
孝感市	488.8	6	43.7	5
黄冈市	650.1	4	34.2	11
咸宁市	366.8	10	47.3	2
恩施自治州	210.6	13	30.6	15
随州市	229.0	12	38.1	9
仙桃市	152.9	15	43.1	7
天门市	140.7	16	32.9	13
潜江市	161.4	14	43.2	6
神农架林区	13.8	17	32.9	14

外贸出口额

地区	总量(万美元)	排位	增幅(%)	排位
全省	1444166		44.7	
武汉市	875415	1	50.3	9
黄石市	60006	4	26.7	11
十堰市	19932	11	9.3	15
宜昌市	57424	5	26.3	12
襄樊市	130216	2	67.7	5
鄂州市	55406	6	68.2	4
荆门市	29803	7	72.8	3
孝感市	12952	14	75.8	2
荆州市	29736	8	54.8	8
黄冈市	20903	10	-48.4	17
咸宁市	16804	13	78.4	1
随州市	10780	15	24.3	13
恩施自治州	75837	3	63.2	6
仙桃市	25334	9	0.9	16
天门市	4495	16	45.8	10
潜江市	17514	12	12.6	14
神农架林区	1611	17	60.7	7

社会消费品零售总额

地区	总量(亿元)	排位	增幅(%)	排位
全省	6719.4		19.0	
武汉市	2523.2	1	19.5	13
黄石市	300.1	8	20.6	8
十堰市	306.4	7	21.7	5
宜昌市	471.1	4	18.0	15
襄樊市	550.8	3	22.7	3

地 区	总量(亿元)	排位	增幅(%)	排位
鄂州市	571.2	2	28.2	2
荆门市	253.0	9	20.8	7
孝感市	135.6	12	20.1	10
荆州市	385.2	6	20.3	9
黄冈市	407.4	5	22.2	4
咸宁市	205.0	10	28.7	1
随州市	132.0	14	20.0	11
恩施自治州	198.5	11	20.1	10
仙桃市	134.1	13	20.1	10
天门市	129.1	15	19.9	12
潜江市	83.6	16	21.4	6
神农架林区	4.3	17	18.2	14

农民人均纯收入

地 区	总量(元)	排位	增幅(%)	排位
全 省	5832		15.8	
武汉市	8295	1	15.8	8
黄石市	5525	13	14.8	14
十堰市	3499	16	12.5	15
荆州市	6453	6	15.3	11
宜昌市	5980	10	17.0	3
襄阳市	6365	7	16.2	6
荆门市	6951	2	16.7	4
鄂州市	6645	4	15.8	9
孝感市	5943	11	18.1	1
黄冈市	4634	14	12.2	16
咸宁市	5606	12	15.0	13
恩施自治州	3255	17	15.1	12
随州市	6279	8	15.8	10
仙桃市	6807	3	16.2	7
天门市	6207	9	17.3	2
潜江市	6486	5	16.5	5
神农架林区	4083	15	10.2	17

城镇居民人均可支配收入

地 区	总量(元)	排位	增幅(%)	排位
全 省	16058			
武汉市	20806	1	13.2	1
黄石市	14665	3	11.8	4
十堰市	12653	14	11.2	8
荆州市	13285	10	10.7	10

地 区	总量(元)	排位	增幅(%)	排位
宜昌市	14282	4	11.2	9
襄阳市	13333	9	11.6	5
荆门市	13601	8	11.4	7
鄂州市	14788	2	10.3	14
孝感市	13796	7	10.3	15
黄冈市	12832	13	13.2	2
咸宁市	12968	12	11.5	6
恩施自治州	11406	16	10.7	11
随州市	13824	6	12.1	3
仙桃市	13021	11	10.5	12
天门市	13879	5	8.6	17
潜江市	12210	15	10.4	13
神农架林区	11146	17	10.2	16

外商直接投资

地 区	总量(万美元)	排位	增幅(%)	排位
全 省	329569		13.9	
武汉市	196523	1	13.4	8
黄石市	25000	2	14.3	7
十堰市	6271	10	9.4	10
宜昌市	4345	11	-16.0	14
襄阳市	13070	5	10.8	9
鄂州市	20096	3	15.9	6
荆门市	11269	6	29.8	3
孝感市	9175	8	30.3	2
荆州市	9673	7	16.7	5
黄冈市	8428	9	7.0	11
咸宁市	14551	4	58.7	1
随州市	1020	16	0.9	12
恩施自治州	1753	14	-44.4	16
仙桃市	4172	12	-8.8	13
天门市	1271	15	-32.1	15
潜江市	2952	13	22.8	4
神农架林区	0	17	0.0	17

大事记

2010年

一　月

8日　省委书记罗清泉，省委常委张昌尔带领省直有关单位负责人就脱贫奔小康试点工作到十堰市调研。罗清泉一行先后到十堰经济开发区、茅箭区调研，考察港澳台工业园、龙门沟山地整理、东风渝安公司新基地、普林工业园二期、正和车身扩能项目、三环新基地，对十堰市大手笔进行山地整理，大气魄发展工业项目大为赞赏。

引起市民广泛关注的武当山特区29岁的"甲流"妈妈冯女士，和早产的一对双胞胎女儿，经市人民医院医护人员40天精心救治康复出院，成为我国乃至世界首例成功生产的甲流危重病例。在抢救"甲流"妈妈时，副省长张岱梨亲赴医院看望。

12日　郧县汉江大桥首次更新斜拉钢索。市公路局共投资3000余万元，先后对服役16年的郧县汉江大桥桥墩、桥面、护栏、钢索进行维修。

15日　市委书记陈天会会晤中冶建筑研究总院有限公司院长、党委书记、湖北中冶德邦投资有限公司董事长李佩勋一行，围绕十堰市城市建设、道路建设、资源开发等进行深入沟通和交流。

22日　西气东输二线（东段）十堰支干线项目正式开建。该支干线在十堰设门站一座，管道建成后具备每年向十堰输送7亿立方米天然气的能力。该支干线分为两个施工标段，定向钻穿越河流5处、6325米，大型开挖穿越河流4处、2725米，穿越高等级公路43处，穿越铁路3处。

28日　浙江路二期工程正式开工。该工程概算投资约6000万元，有效工期180天，浙江路二期道路为西南—东北走向，起点位于浙江路北端的七里垭小学，终点位于张湾区汉江街办七里垭村周家沟的三环、万通工业园区。此期建设的道路长1.266公里，宽30米，道路等级为城市二级主干道路。

二　月

1日　铁道部副部长陆东福在副省长段轮一的陪同下，在十堰市实地考察调研三门峡—十堰—宜昌铁路的走向问题。市委副书记、市长张嗣义，市委常委、副市长张维国等陪同考察。莅临十堰市考察调研的领导还有铁道部发展计划司副司长严贺祥、铁道部建设管理司副司长苏全利、省政府副秘书长彭勇、省发改委副主任刘兆麟、省铁路办主任王祖建及铁三院、铁四院、郑州铁路局等有关部门负责人。

5日　十堰市正式开通直达恩施州的高速客运。该线路全程高速，票价220元/张，单程约需7个小时。

8日　东风汽车零部件(集团)有限公司成立。东风汽车零部件（集团）有限公司的前身是东风汽车有限公司零部件事业部，是东风与日产共同组建的合资公司—东风汽车有限公司五大事业板块之一。东风汽车零部件（集团）有限公司由15家分（子）公司组成，分布在十堰、襄阳、武汉、苏州、上海等地，从业员工16000余人，注册资本22.3亿元。

9日　副省长田承忠受省委书记罗清泉、省长李鸿忠委托，率省直有关部门负责人深入十堰市慰问南水北调中线工程丹江口库区移民，调研移民外迁安置工作。田承忠一行深入郧县杨溪铺镇杨溪铺村，慰问移民代表余正声、罗开忠等。并听取十堰市移民安置工作情况汇报。

全国首个南水北调主题公园在丹江口市开园。南水北调主题公园位于南水北调丹江口施工大桥左岸，与丹江口大坝景区遥相呼应，是丹江口市城区沿江两岸景观带的重要组成部分，是一个集休闲娱乐、健身运动、生态体验于一体的开放式山水生态主题公园。公园规划总面积8.8万平方米，总投资约5000万元。

10日　十堰市入选“中国特色魅力城市200强”。由世界品牌组织、美中经贸投资总商会、和谐社会全球合作组织联合推选的共和国60年最受关注的“中国特色魅力城市200强”排行榜在日本东京揭晓，其中湖北省的武汉、十堰、宜昌、黄石和襄阳榜上有名。

三　月

1日　副省长段轮一率省直有关部门负责人就工业企业发展及交通项目建设情况来十堰市调研。

十堰市计划实施“2115”工程，即：面向全国公开招录200名全日制硕士研究生以上学历人员到市、县机关事业单位任职，考察确定100名优秀选调生作为重点跟踪培养对象，在全省公开选拔100名汽车、水电、旅游、城建、金融、法律等方面的专业技术年轻干部到市、县相关单位专业技术岗位工作，从优秀大学生和大学生“村官”中选录50名年轻干部到乡镇基层工作。

8日　副省长段轮一与广州军区空军副司令员叶正田在广州正式签订新建武当山机场协议书。这标志着武当山机场的建设正式得到空军的全面支持，为武当山机场争取国家立项奠定良好基础。武当山机场定址白浪，位于十堰经济开发区方块村和茅箭区东城开发区枧槽村，地处十堰城区和武当山景区之间。机场距离十堰城区23公里，距离武当山景区18公里。武当山机场定位支线机场，以国内旅游为主，兼顾通用航空服务，距武汉、郑州、西安、重庆直线距离均在500公里左右，飞行半个小时即可抵达这些城市。

十堰市房县籍人—现任中科院院士、上海交通大学Bio－X生命科学研究中心副主任邓子新当选为美国微生物科学院新院士。美国微生物科学院是“美国微生物学会”的下设机构之一，处于国际微生物科学的领导地位，每年在全球范围内遴选出数十名院士。

拥有国际标准的CIK细胞治疗肝病技术细胞培养室在市太和医院肝病研究所落成。这一华中地区首家CIK细胞治疗肝炎和肝癌基地的诞生，确立太和医院在肝炎、肝癌防治技术方面国内领先地位。主持这项国际尖端技术的是曾在德国杜伊斯堡—艾森大学医学院病毒所工作过的博士后孟忠吉副教授，为太和医院肝病研究所所长、感染科常务副主任。

10—11日　国家外交部外管司副司长郁序忠一行在十堰市检查指导外事审批管理工作。

13日　省委书记罗清泉、省长李鸿忠等省领导赴国家发改委、中国民航局汇报建设武当山机场等工作。国家发改委副主任、国家能源局局长张国宝、中国民航局局长李家祥等部委领导听取汇报后表示，支持武当山机场、十宜铁路等湖北的交通、能源项目建设。

十堰天然气利用工程开工。该工程总投资约15亿元。项目新建十堰开发区CNG储配站1座、十堰门站1座、徐家棚高中压调压站1座、周家沟高中压调压站1座、DN450高压管道23.2km、河流穿越1次（神定河）、白浪开发区中压主干管25.42km等工程。

16日　十堰市应急救援支队成立。该支队依托市公安消防支队组建，与消防部门合署办公，按现行24小时备勤模式进行训练、管理、执勤战备。

17日　全国人大代表、省政协副主席、省台盟主委吴秀凤，省台盟副主委、秘书长张天弓等一行就“城乡统筹”课题来十堰调研。

18日　东风实业（十堰）车辆有限公司新厂区投产典礼隆重举行，第一辆东风华神经济型商用车正式下线。东风实业（十堰）车辆有限公司新厂区位于茅箭区东城开发区鸳鸯片千亩山地整理项目区，占地581.5亩，总投资3亿元，主要建设商用整车、工程机械车及底盘、车架、汽车管路、线束等关键零部件生产销售基地，项目建成投产后年可生产整车3万辆。该项目的实施不仅可以扩大十堰专用车出口份额，填补东风重型工程机械车的空白，而且对于壮大东风工业园汽车产业集群，促进十堰汽车产业发展具有重要意义。

东风渝安车辆有限公司十堰基地新厂正式投产。东风渝安工业园一期工程占地615亩，总投资6.5亿元。该项目自2009年2月启动，历时13个月，年产微车20万辆、实现工业总产值60亿元、创造税收2亿元、同时拉动协作配套产业实现产值40亿元，新增就业2000余人，是十堰经济开发区倾力打造的第一个百亿工业园区。

由市寿康永乐公司首期投资1.5亿元、占地8100平方米的鄂西北县级最大商业城项目在竹溪开工。该项目位于竹溪县邮电街与北大街之间，以建设多层商住楼、商铺为主，一至二楼为1.1万平方米的商场，三楼以上为商品房。

28日　十白高速公路项目建设开工仪式举行。十白高速公路起点为十堰市张湾区汉江街办茅坪村，进入郧县境内，终点为白河县的鹰嘴崖，与十天高速白河至安康段相接，全长58.4公里，总投资约55亿元，路基宽24.5米，双向4车道。

31日　全国人大常委会委员、教科文卫委员会副主任委员宋法棠一行，就人口与计生法贯彻落实情况来十堰市开展执法调研。

丹江口市农夫山泉二期供水工程竣工。2009年8月，丹江口市政府授权丹江口市水务局成立老虎沟供水有限公司，负责承建农夫山泉二期供水工程。该工程利用丹江口大坝右岸133.5米高程放水管辅设管道，经老虎沟供水有限公司加压后沿汉江大道经珍珠庙入水都大道至农夫山泉二期厂区，管线总长8035米，采用自动监测控制系统。该工程的竣工投产，为右岸新城区工农业和生活生态用水提供充足的水源保障。

四　月

1日　丹江口大坝加高工程第18号坝段加高至176.6米高程。至此，该工程54个加高坝段全部完工。丹江口大坝加高工程是南水北调中线水源地关键性工程，总投资24.25亿元。该工程完工后，坝高从162米升至176.6米，升船机规模由150吨级提高到300吨级，库容从174.5亿立方米增加到290.5亿立方米。

3日　以外交部驻香港特派员公署副特派员杨子刚为团长的外交部驻香港特派员公署考察团莅临十堰市考察。

4日　中科院院士邓子新教授专程到十堰市考察生物医药产业。

7日　省委常委、统战部长苏晓云率省委调研组就加快推进经济发展方式转变问题到十堰调研。

8日　十堰市首座电动汽车充电站在张湾区十堰工业新区奠基，这标志着十堰市电动汽车充电设施建设全面启动。此次开工建设的首座电动汽车充电站，是2010年省电力公司在全省规划建设的16座充电站之一，占地15亩、计划投资800万元。该电动汽车充电站由配电系统、充电系统、监控系统、计费系统等组成。

丹江口市土关垭镇发现明代箭楼。这处古箭楼位于镇东南方向4公里处，属武当山道教古建筑大晟庵的一部分，箭楼顶部中梁墨书有“大明正德元年立”、“大清乾隆九年重修”等字迹，有红、黑两色的太极图案。箭楼共4层，地上3层，地下1层（地下一层现已被土填埋）；箭楼墙面上不规则地分布着8个窗户和数十个箭孔。站在箭楼上，能轻松俯瞰整个大晟庵及其周围的情况，具有良好的防御功能。专家介绍，道教一贯倡导“与世无争”思想，而具有防御功能的大晟庵箭楼的发现，在道教胜地武当山乃至全国道教建筑群中均属首次，这对研究道教文化具有重要价值。

市委书记陈天会、市长张嗣义在市接待中心会晤长江水利委员会党组成员、副主任熊铁一行，双方就开发十堰水电资源等事宜进行沟通和交流。

11日　省人大常委会副主任蒋大国率省执法调研组在十堰市调研行政诉讼法执行情况。

13日　由武当山特区与中国紫禁城学会联袂举办的故宫·紫禁城（明代）文化研讨会在武当山隆重开幕。来自中国科学院、中国工程院、故宫博物院、中国紫禁城学会的65名专家学者参加研讨会。

14日　副省长郭生练率省高校工委、省教育厅、省财政厅、武汉体院等单位负责人，就高校建设及高校毕业生赴基层服务有关政策待遇落实情况到十堰市调研。郭生练一行先后深入郧西县职教中心、郧西县一中、郧西县城关春桥小学及湖北汽车工业学院等地察看各学校实验室、实训基地等，与师生亲切交谈，分析研究当前高校和职业教育面临的机遇和应对之策。

15日　武汉体育学院武当山国际武术学院正式开工建设。该院选址在武当山旅游经济特区境内，主要由十堰市人民政府、武当山特区投资建设，总投资1.2亿元。学院以全日制本科为主，开设道教文化、旅游、武术教育等专业。

17日　在北京新闻发布中心举行的“武当道茶”新闻发布会上，市长张嗣义向海内外媒体宣布：用10年时间，将武当道茶从湖北第一文化名茶培育成世界文化名茶。这是湖北茶叶界历史上最高规格的茶事活动。

19—26日　市长张嗣义，副市长高勤率十堰代表团赴台湾参加台湾·湖北（武汉）周活动，与台湾企业签约项目资金7.6亿元。在开幕式现场，十堰市签约兴祥万吨黄酒合作项目资金达1亿元人民币，在十堰·台湾经贸旅游合作恳谈会上丹江口市柑橘深加工、武当山景区市场开发等7个项目成功签约。由武当功夫团、武当旅游企业负责人等组成的41人交流团队，在台湾周期间开展了一系列活动，“玄天上帝信仰与武当文化研讨会”在台湾连续举行4场。

20日　国家文物局局长单霁翔在十堰市视察南水北调丹江口库区文物保护工作时要求，加强库区文物发掘力度，全力做好文物保护和利用工作，服务南水北调和地方经济发展。

就武当山文物保护与利用等工作，全国政协提案调研组组长、全国政协提案委员会副主任王生铁率全国政协调研组莅临武当山专题调研。

22日　由中宣部、中央文明办组织的“全国道德模范基层巡讲活动”报告团莅临十堰市举行报告会，市直机关干部、企业职工、社区居民、学生代表以及武警消防官兵代表共1000余人聆听报告。

由湖北省食品药品监督管理局、湖北省广播电影电视局共同组织的全省“安全用药、关注农村”电影放映公益宣传活动在丹江口市启动。

27日　东环一级公路开工仪式在七里垭村举行。东环一级公路起点位于徐家棚，终点位于刘家沟隧道出口，与郧（县）十（堰）一级公路郧县段连接，全长15.3公里，项目概算投资8.24亿元。

28日　湖北三环专用汽车产业基地在张湾区七里垭隆重奠基。省长李鸿忠出席庆典仪式并宣布奠基开工。湖北三环专用汽车产业基地占地1076亩，项目总投资19亿元，按照国内一流整车企业标准进行相关设计，将建立包括总装、车身、车架、车桥、车厢、检测、试车、物流、服务、研发等在内的功能齐全的各项设施。

五　月

4日　由中科院院士、武汉大学教授李德仁等7位院士、21位专家组成的南水北调咨询考察组在十堰市考察，主要考察南水北调中线工程进展情况，上游集水区和库区等重点水源保护区域、重点生态环境保护区、水土流失区保护情况，以及十堰市汽车、旅游、农林等重点产业发展情况等。

6日　市委书记陈天会率十堰党政代表团到河南、山东部分市县进行考察。

由十堰市首创的地膜水稻、地膜莲藕技术获国家发明专利，“水稻地膜全程覆盖湿润栽培技术推广应用”获农业部全国丰收计划一等奖，“地膜覆盖集成创新技术研究与应用”获湖北省政府科技成果推广二等奖，“莲藕覆膜厢作增温高效技术研究”获湖北省科技进步三等奖。

14日　十堰市中小企业金融服务俱乐部成立。工行、农行、中行、建行、农发行、邮储银行、信用联社等7家银行业金融机构率先加入，为中小企业融资开辟绿色通道。俱乐部首批吸引64家中小企业。俱乐部日常管理实行轮值主席行制度，十堰银监分局负责监督运转，首届轮值主席为市农村信用联社。

15日　全国政协副主席、澳门特区原行政长官何厚铧一行视察武当山。

民盟中央副主席、全国政协常委郑兰荪率民盟中央考察组莅临十堰市考察武当山旅游发展和南水北调中线工程。

17日　十堰市委、市政府在北京新闻发布中心举行“武当道茶”新闻发布会，国务院南水北调办、国家发改委、经贸委、农业部、财政部、科技部、民政部、质量技术监督总局、工商总局等单位领导和人民日报、新华社、中央电视台、搜狐网等97家新闻媒体参加。

18日　十堰市政府与中国电信湖北公司战略合作框架协议签约。根据战略合作框架协议，未来5年内湖北电信在十堰市投入10亿元，专门用于信息化基础设施、电子政务、平安十堰、企业信息化、行业信息化、农村信息化建设及服务鄂西北生态文化旅游等方面进行全面合作，届时十堰市将会拥有覆盖全市的、高质量的无线网络和宽带网络。

19日　中国科协党组书记、常务副主席、书记处第一书记邓楠来十堰市考察。

由人民日报、新华社、中央人民广播电台、湖北日报、湖北新闻综合广播、湖北卫视、楚天都市报、楚天金报、长江商报等多家新闻媒体组成的采访团来十堰市，聚焦南水北调中线工程移民工作。

2010年中南片区仲裁工作会在十堰市召开。湖北省政府法制办副主任杨良顺、河南省政府法制办副主任许和，市委常委、常务副市长涂明安以及湖北、河南、湖南3省的28家仲裁机构代表参加会议。

22日　国家工业和信息化部副部长苗圩来十堰市调研。

十堰市“旅游一卡通”发行启动仪式举行。十堰首批纳入“旅游一卡通”的景区有10个，分别是：5A景区武当山，4A景区房县野人谷（野人洞）、郧西五龙河，3A景区茅箭赛武当、张湾龙泉寺、郧县国家地质公园、房县观音洞，2A景区金沙湾水上乐园旅游区、丹江大坝旅游区、武当南神道。

23日　国家卫生部副部长、国家中医药管理局局长王国强来十堰市调研中医药工作。省卫生厅厅长焦红、市长张嗣义、副市长刘学勤先后陪同调研。王国强一行先后考察张湾社区卫生服务中心、太和医院中医科及市中医院。

东风商用车8万辆重型车项目在东风商用车新基地隆重奠基。省委书记、省人大常委会主任罗清泉出席奠基仪式。国家工业和信息化部副部长苗圩宣布新工厂开工。东风商用车8万辆重型车新工厂选址于东风工业园东风大道旁，占地3000亩。

东风小康十堰第二工厂投产、第50万辆汽车下线仪式举行。省委书记罗清泉，国家工信部副部长苗圩，市委书记陈天会，东风公司总经理、党委书记徐平，市长张嗣义，常务副市长涂明安，副市长师永学出席仪式并剪彩。

24日　省长李鸿忠到黄冈团风黄湖移民新村亲切看望慰问郧县移民。副省长田承忠、省交通运输厅厅长林志慧、省移民局局长汪元良、省直相关部门负责人以及郧县县委书记柳长毅、县长胡玖明等陪同。

26日　省、市“十一五”交通重点建设项目—209国道郧县白桑段新建雷峰垭隧道正式竣工通车。新隧道于2008年5月开工建设，宽9米、高5米、全长1136米，两端接线长1208米，总投资3746万元。

由市工商联发起承办的鄂豫陕川渝毗邻地区商会联谊会在十堰市召开。来自鄂豫陕川渝毗邻地区9个市区的工商联主席、知名民营企业家等应邀参加会议。

27日　由中国香港《文汇报》和《大公报》、《环球时报》（英文版）、中国国际广播电台、《中国日报》以及俄新社、全俄广播电视公司、日本NHK、德国《世界报》、意大利《晚邮报》等中外媒体组成的南水北调采访团，先后深入丹江口大坝加高工程建设现场、丹江口库区采访，了解南水北调中线工程丹江口大坝加高工程建设等情况。此次活动由中央外宣办、国务院南水北调办公室组织，共有14家中外媒体记者参与采访。

中华全国供销合作总社党组书

记、主任李成玉就深化供销社改革、加快农村现代流通网络体系建设等工作，先后深入新合作鑫城超市武当山广场、武当山旅游商城、武当山特区青徽铺村综合服务社等地调研，详细了解供销系统“新网工程”建设、农资经营等情况。

六　月

4日　省委书记罗清泉到十堰市调研，随同调研的有省委副秘书长、省委政研室主任吕东升，省国土资源厅、交通运输厅、水利厅、林业局、旅游局、发改委等省直部门负责人。罗清泉一行先后来到竹山、竹溪、房县、武当山调研，实地考察竹山潘口水电站、龙背湾水电站、上庸移民新镇，竹溪工业园、水坪镇前进村、蒋家堰镇黄土岭村、关垭楚长城，房县泰山庙工业园、润田矿泉水公司、十房高速公路房县段，武当山体育中心、武当大剧院、太极湖新区。

7日　省委常委、组织部长潘立刚率省直有关部门负责人，深入丹江口市专题调研脱贫奔小康试点工作。

8日　市三届人大常委会第37次会议通过决定：任命周霁同志为十堰市人民政府副市长、代理市长。接受张嗣义同志辞去十堰市人民政府市长职务，并报市人民代表大会备案。

10日　丹江口市浪河镇浪河口村52户181名移民，顺利外迁至武汉市黄陂区大潭原种场七会村安置点的新居，成为南水北调中线工程湖北大规模整体搬迁的首批移民。这标志着十堰市6.4万移民大搬迁正式启动。武汉市隆重举行接收安置欢迎仪式。

11—14日　省委常委、省纪委书记黄先耀就党风廉政建设和反腐败工作来十堰调研。

12日　省委副书记、武汉市委书记、市人大常委会主任杨松，武汉市委副书记、市长阮成发率武汉市党政代表团到郧西考察指导对口帮扶工作。

15日　在湖北省人民政府与黑龙江省人民政府经贸合作签约会上，十堰市与鸡西市正式结为友好城市，双方签署友好协议。代市长周霁、副市长高勤一行专程拜会鸡西市领导并进行友好座谈。双方都十分愿意以“优势互补、合作互利、相互支持、共同发展”为宗旨，加强旅游、经贸、人才等方面的交流与合作。

15—18日　由中科院、省文物局、十堰市政府主办的“郧县人”头骨化石发现20周年国际学术研讨会在郧县举行，美国、韩国以及中科院、国家文物局、北京大学、南京博物院等50余位专家学者参加，法国国家博物馆前馆长亨利·德伦雷，文化部原副部长、国家图书馆馆长周和平，副省长张通致电祝贺。

17日　东风征梦（十堰）专用车有限公司合资揭牌暨新厂区奠基仪式在十堰工业新区举行。该公司是东风实业有限公司和湖北龙彦实业有限公司共同投资成立的有限公司，主要生产专用车及汽车零部件。新厂区计划一期用地400亩，投资3亿元，项目竣工后可形成年产3万辆工程车、半挂车和特种车的生产能力，可吸纳1200人就业。副市长师永学、东风实业有限公司总经理罗元红等为该公司揭牌并为新厂区奠基。

特大型个性化邮票卷轴珍藏邮品《问道武当》，被省政府上海世博会组委会指定为世博会湖北馆的主要礼品。该邮品由十堰市邮政局开发，由中国集邮总公司、湖北省集邮公司联合发行，是表现武当太乙五行拳和武当三丰太极剑的特大型个性化邮票。这套个性化邮票共两版，一版是由80枚个性化邮票主图和64张武当太乙五行拳演示附图组成一个“和”字，另一版则由80枚个性化邮票主图和64张武当三丰太极剑演示附图组成一个“谐”字，与“天人合一”、“道法自然”的武当文化相映生辉。附图选取武当武术领军人物、中国首批国家级非物质文化遗产项目武当武术的代表性传承人—赵剑英女士制定的64式拳（剑）演练图。这套个性化邮票规格为宽50厘米、高77厘米，采用传统书画挂轴装裱工艺制作，这种制作工艺和异型规格为全国邮政首创。该个性化邮票限量发行3000套。

21日　市公安局举行隆重仪式，欢迎十堰市首位赴利比里亚维和女民警方芳载誉归来。

23日　“鄂西圈”建设工作现场会在十堰市召开。省委书记、省人大常委会主任罗清泉出席会议并讲话，省委副书记、省长李鸿忠作书面讲话，省委常委、常务副省长李宪生，省委常委、省委宣传部部长李春明，省人大常委会副主任刘友凡，副省长张通，省直相关部门主要负责人，市领导陈天会、周霁，相关市州主要负责人出席会议。

24日　国务院南水北调办主任张基尧就南水北调中线水源区保护和引江济汉等工作深入十堰市调研。省移民局局长汪元良、省南水北调局局长郭志高、南水北调中线水源公司经理王新友，市领导涂明安、郭新明陪同调研。张基尧一行先后深入丹江口市、武当山特区和竹山县，实地察看丹江口水利枢纽工程发电厂、丹江口大坝加高工程、武当山玉真宫文物发掘保护现场，以及潘口水电站、小漩水电站建设情况，龙背湾水电站坝址和引江济汉工程调水路线。

省委常委、宣传部长李春明率省直有关部门负责人，检查指导十堰市防汛抗旱工作。

由省交通运输厅和十堰市政府联合主办的2010湖北省丹江口水库水上搜救演习在丹江口市举行。

25日　《十堰日报》创刊60周年暨《十堰晚报》创刊15周年纪念大会隆重举行。省委常委、宣传部长李春明,市委书记陈天会分别向《十堰日报》60华诞发来贺信。中国报业协会副会长石国雄,中华全国新闻工作者协会国内工作部副主任王一龙,湖北省新闻出版局副局长邵明义,湖北省新闻工作者协会主席、湖北日报传媒集团董事长、社长、党委书记江作苏,省政协常委、荆楚网董事长、省新闻摄影学会主席宋汉炎等出席纪念大会。

30日　中国人民银行与十堰市人民政府和中国金币总公司在武当山联合举行发行仪式,正式面向海内外发行武当山古建筑群金银纪念币。武当山古建筑群金银纪念币共2枚,其中1/4盎司金币1枚,1盎司银币1枚,均为中华人民共和国法定货币。该套金银纪念币正面图案均为中华人民共和国国徽,并刊国名、年号。1/4盎司圆形金质纪念币背面图案为武当山太和宫金殿与云纹造型组合设计,并刊"世界遗产—武当山古建筑群"中文字样及面额。1盎司圆形银质纪念币背面图案为武当山古建筑群景观造型,并刊"世界遗产—武当山古建筑群"中文字样及面额。1/4盎司圆形金质纪念币为精制币,含纯金1/4盎司,直径22毫米,面额100元,成色99.9%,最大发行量30000枚。1盎司圆形银质纪念币为精制币,含纯银1盎司,直径40毫米,面额10元,成色99.9%,最大发行量60000枚。该套金银纪念币由沈阳造币有限公司、上海造币有限公司铸造,中国金币总公司总经销。

七　月

1日　十堰市2010年重点民生工程—市委党校新校区项目在天津路付家湾隆重奠基。新校区地处天津路付家湾(许家沟)李家边社区。新校区分为教学办公区、学员食宿区、学员健身活动区三大板块,规划用地65亩左右,主体建筑面积21600平方米。

3日　十两路三岔河公路高桥—十两路城区改造路段正式通车。十两路城区改造路段全长16.414公里,总造价1.3亿元。该工程包括建设五条岭隧道(1755米)和大川隧道(733米)、架设8座大中小桥梁等。改造后,新路面平均海拔降低191米,行程缩短5公里,回头弯道由原来的16个减少为1个,路面宽7米,大型绿化景观10处。省公路局专家称"此路段是山区二级公路的样板路"。

4日　市委书记陈天会,市委副书记、代市长周霁亲切会见双星集团总裁汪海一行,双方就如何推动企业进一步发展等进行会谈。

省委副秘书长、省委政研室主任吕东升受省委书记罗清泉委托,率省委调研组到竹山、竹溪、房县,专题调研"竹房"百公里城镇带建设。

8日　郧县遭受50年不遇的强暴雨袭击,降雨量大,雨势迅猛,持续时间长,造成境内国、省干线和县、乡、村公路多处边坡、挡墙、涵洞发生不同程度塌方和水毁,多处通行受阻。据统计,至9日下午,强降雨造成公路大型山体塌方4处1860方,路基边坡滑塌9处1772.5方,路基悬空4处180米,小型山体塌方或路基坍塌18处3168.5方,路面损坏1200平方米。在建的重点工程南三路路基冲毁11000方,碎石垫层冲毁600米,塌方6000方。

13日　副省长田承忠到丹江口市、郧县调研移民安置工作。

15日　武当山第三次文物普查工作正式结束。共发现新的国家文物保护单位175处(点)。至此,世界文化遗产武当山国家文物保护单位由原来的62处增加到237处。

24—28日　由中国儿童少年基金会、中国儿童音乐学会主办的"童谣中国灵动武当—第四届全国青少年健康艺术节"在十堰市举行,全国400多名青少年参加童谣传唱、武当太极湖环保之旅、太子坡诵读中华经典、剑河桥习练武当武术、电影《武当少年》首映式、闭幕式颁奖晚会等活动。

24日　40集大型电视连续剧《天下武当》剧本创作研讨会在武当山举行。《天下武当》由湖北广播电视总台电视综合频道和湖南省长沙市广电局联合拍摄,主要以民国初年至解放战争这段历史为时代背景,以武当道教、武当武术、武当建筑等文化为基本元素,以武当山系列真实历史事件中的人物为原型,挖掘武当文化内涵,弘扬武当道众在近现代时期爱国爱教、勇于担当的侠义精神。

26日　入汛以来受异常天气影响,十堰市先后遭受七次强降水暴雨袭击,共累计造成262个乡镇、55.49万户、197.21万人受灾,灾害造成直接经济损失20.34亿元。22日第七轮强降水导致42个乡镇遭洪涝灾害,30万人受灾,郧西县城拉响警报,进入紧急状态。23—24日,郧西县18个乡镇(场、区)再遭暴雨和特大暴雨袭击,境内汉江、金钱河、天河等主要河流河水暴涨,全流域超汛限水位。

28日　代市长周霁在世纪百强雅阁大酒店会见新疆维吾尔自治区博乐市市委书记潘君庆一行。

29日　省政协副主席郑心穗率省污水处理厂建设及运行情况视察团来十堰视察指导。

八　月

1日　19时至22时,竹山县大庙乡、双台乡、柳林乡等地再次遭受特大暴雨,3小时最大降雨110毫米,导致26个村8500户3.3万人受灾,造成直接经济损失1931万元。7月份,该县已五次遭受特大暴雨袭击,共造成直接经济损失3.56亿元。据统计,特大暴雨造成房屋倒塌206间、房屋受损964间;农作物受灾13800亩,倒伏、水毁农作物9100亩,农作物绝收

6900 亩；公路被毁 33 公里、塌方 17950 立方米，桥梁损毁 9 座，得大路、大竹路塌方 52 处 12050 立方米，省际出口路大宋路、大铜路中断；冲毁大庙乡等集镇供水管道 2560 米、马河流域河堤 23 公里、堰渠 3500 米，7500 多人饮水困难。

5 日　省政协主席宋育英围绕鄂西生态文化旅游圈建设、新农村建设、工业经济发展以及防汛救灾、政协工作等到十堰市调研。

8—11 日　由国家粮食局牵头，国家发改委、卫生部、国家人口计生委、国家工商总局、国家质检总局等 12 个中直机关组成的部门协作组工作会议在十堰市举行。

9 日　十堰市"三城联创"官方网站在秦楚网举行开通仪式。

11 日　全国政协提案委员会副主任刘志忠、王生铁视察武当山。刘志忠、王生铁一行先后在武当山特区视察南岩宫、紫霄宫，了解武当山的历史文化，察看武当宫观的建筑艺术，观看武当武术表演，了解博大精深的武当文化，对景区的建设、管理与发展提出诸多指导性意见。

武当道茶文化产业园被纳入省首批现代服务业示范园区创建范围。武当道茶文化产业园核心项目是国际武当道茶城，窗口工程选址于武当山文化广场南侧，总建筑面积 1.1 万平方米。国际武当道茶城集道茶文化展示、道茶茶艺表演、道茶技术交流与培训、道茶产品展示等功能于一体。

18 日　副省长田承忠到丹江口市三官殿办事处听取十堰市移民工作汇报。全市南水北调大规模移民外迁涉及 21 个乡镇、150 个村、15245 户、63622 人，分别安置到武汉、襄阳、荆门、荆州、天门、潜江、仙桃、随州等 8 个市、20 个县（市、区）、178 个移民安置点。19 日，副省长田承忠，市委副书记、代市长周霁，市委常委、丹江口市委书记郭新明，副市长梁吉祥，市政府秘书长刘修俊等为移民送行。

20 日　仙桃市党政代表团刘新池一行及丝宝集团领导班子梁亮胜一行，来十堰市考察经济社会发展情况，并就南水北调移民工作进行对接。

26 日　市政府和省测绘局签订"数字十堰"地理空间框架建设合作协议。国家测绘局卫星测绘应用中心党委书记刘小波，省测绘局党组书记、局长张建仁，市领导陈天会、陈家义、张维国、张光新以及东风汽车公司、各县市区、市直有关部门的负责人参加签字仪式。

韩国驻武汉总领事馆领事严基成一行抵达十堰市，进行为期两天的友好访问。市委书记陈天会，市政府党组成员张桂华在世纪百强大酒店会见严基成一行，宾主双方在友好的气氛中就文化、经贸、物流等话题进行亲切交流。

九　月

1 日　由十堰高新区创业服务中心申报的十堰先锋模具股份有限公司汽车高强度模具和十堰高周波科工贸有限公司轿车轴类全自动生产线自主开发及产业化两个项目被列入国家科技部 2010 年度国家火炬计划项目。

2 日　市政府与东风汽车公司《政企共建百万量级汽车城合作框架协议》签字仪式在世纪百强酒店举行。

十堰市中长期铁路网规划编制座谈会在房县召开。规划在未来 5 至 10 年内实现"县县通高速、县县通铁路"的目标，将十堰市打造成全国重要的交通枢纽。

4 日　国务院第六次全国人口普查领导小组成员、国家统计局副局长张为民来十堰市就南水北调搬迁移民对人口普查工作的影响进行调研。

5 日　十堰市北部地区出现大到暴雨，南部地区为中到大雨。截至 6 日 16 时，雨量超过 50 毫米的有 39 个乡镇；雨量超过 70 毫米的有：丹江口习家店 86.4 毫米、三官殿办事处安乐河 80.7 毫米、大沟 72 毫米，郧县杨溪铺 76.4 毫米。截至 6 日 14 时，郧西天河贾家坊站实测流量 172 立方米/秒，堵河竹山站实测流量 285 立方米/秒，竹溪河延坝站实测流量 77.3 立方米/秒。6 日 8 时统计，中型水库超汛限 8 座，小型水库超汛限 40 座。十堰经济开发区马路村 6 组发生滑坡，下滑土石方量约 1000 立方米，下滑土体和石块从住宅一层窗户冲入，造成正在屋内休息的民工 4 人受伤。其中 1 人送医院抢救无效死亡，1 人重伤、2 人轻伤。张湾区有 1 户 11 间房屋倒塌，河堤公路外挡墙倒塌 160 米，损毁路面 1700 米，公路塌方 3 处。

7 日　全国人大副委员长桑国卫视察武当山风景区，随同桑国卫视察的有：全国人大常委会委员、全国人大农委副主任委员孙文盛，全国人大农委副主任委员符庭贵以及农业部、国家林业局有关部门负责人。

10 日　北京市丰台区区委书记李超钢率丰台区党政代表团来十堰市考察。李超钢一行先后考察东风汽车有限公司商用车总装配厂、正和车身 6 万套扩能改造项目、东风商用车 8 万辆重卡基地、东风渝安车辆有限公司、十堰先锋模具有限公司、清大药业、十堰博物馆。

15 日　全省革命遗址普查工作会在武当山特区召开。省革命遗址普查工作领导小组副组长、省委党史研究室主任龚强华，市委常委、宣传部长冀群风出席会议，全省各市州、直管市、神农架林区革命遗址普查工作领导小组、党史部门负责人及业务骨干共 70 余人参加会议。

19 日　省运会的圣火在荆门市点燃后，省委、省政府把十堰市确定为省第十三届运动会火炬传递活动的第一站，以"激情省运，健康湖北"

为主题的第十三届省运会火炬在十堰市传递。

24日　十堰市首家五星级酒店—市世纪百强武当雅阁国际大酒店举行隆重授牌庆典仪式。省旅游局副局长蒋星华，市委常委、副市长张维国出席授牌仪式并为该酒店授牌。

30日　316国道武当山至白浪一级公路通车仪式举行。该公路是十堰市构建鄂西生态文化旅游圈的重要交通建设项目，起于武当山特区玄岳门，止于十堰城区白浪堂（许白一级路口）。路线全长29.1公里，路基宽度为20米，采用双向四车道一级公路标准设计，设计时速60公里，总投资3.74亿，建设工期12个月。

十　月

8日　湖北金龙水泥有限公司10MW纯低温余热发电项目通过省发改委核准批复并开工建设。该项目通过回收利用2500t/d、4000t/d两条新型干法水泥生产线窑头熟料冷却机和窑尾预热器废气余热进行发电，这是十堰市首家新型干法水泥窑纯低温余热发电项目。该项目总投资7800万元，装机容量10MW，主要新建2台水泥窑窑头冷却机废气余热锅炉（AQC炉）和2台水泥窑窑尾预热器废气余热锅炉（SP炉），配1台10MW汽轮发电机组，项目所发电能全部由企业自用，并通过10KV电压等级接入系统，与系统并网运行。

市三届人大八次会议召开。周霁当选为十堰市人民政府市长。

12日　省委常委、副省长张岱梨率省直有关部门负责人，来十堰市检查第四届世界传统武术节筹备工作。

应十堰市邀请，俄罗斯联邦萨拉托夫州恩格斯市以副市长什波·尤金·马科维奇为团长的代表团抵达十堰。13日，市委副书记、市长周霁，市委常委、常务副市长涂明安，副市长张桂华亲切会见俄罗斯联邦萨拉托夫州恩格斯市以副市长什波·尤金·马科维奇为团长的政府代表团一行，并与恩格斯市就城建、卫生、汽车贸易等签订合作备忘录。

14—15日　省委常委张昌尔率省直有关部门负责人到十堰市就竹房城镇带城乡一体化试验区建设工作进行调研。

15日　市委书记、市人大常委会主任陈天会在市行政中心会见前来十堰市参加第四届世界传统武术节的外交部前驻外大使团一行，宾主双方就对外交往、经济发展等话题进行亲切交流。外交部前驻外大使团成员有：前外交部副部长、前常驻联合国代表王英凡，前驻法国大使蔡方柏，前驻德国大使马灿荣，前驻埃及大使安惠侯。

中国旅行社协会三届三次理事会及“百强旅行社武当行”活动启动仪式在武当山特区拉开帷幕。湖北省旅游局副局长蒋星华，十堰市委副书记、市长周霁，市委常委、组织部长董卫民，中国旅行社协会会长盖志新等出席会议。

16日　第四届世界传统武术节在市体育中心隆重开幕。这是继2008年第三届世界传统武术节之后，十堰第二次举办国际武术盛会。本届世界传统武术节由国际武术联合会、中国武术协会、湖北省人民政府主办，十堰市人民政府、湖北省体育局、湖北省旅游局具体承办。出席开幕式的有：全国政协副主席、全国工商联合会会长黄孟复，省政协主席宋育英，省委常委、常务副省长李宪生，中国人民对外友好协会党组书记、副会长李小林，国际武联副主席吴廷贵，国际武联秘书长王筱麟，中国武术协会主席、武管中心主任高小军，省委常委、政法委书记、公安厅长吴永文，省委常委、省军区司令员汪金玉，省人大副主任刘友凡，武警湖北省总队政委贾临波，民政部党组成员、中纪委驻民政部纪检组长曲淑辉，国家林业局党组成员、中纪委驻国家林业局纪检组长陈述贤，中华慈善总会会长范宝俊，省政协副主席宋德福，东风公司董事长、党委书记徐平，市委书记、市人大常委会主任陈天会，新加坡驻华大使陈燮荣，省体育局局长、党组书记胡德春，市委副书记、市长周霁等领导，以及参加第四届世界传统武术节的全体运动员、教练员、裁判员和所有嘉宾。此次武术节共有来自83个国家和地区的196支代表队参赛，参赛运动员总数超过2200人。

由湖北省人民政府主办，湖北省旅游局、十堰市人民政府承办的第九届中国武当国际旅游节开幕式隆重举行。市委书记、市人大常委会主任陈天会宣布第九届中国武当国际旅游节开幕，市领导周霁、董卫民、罗金昌、梁吉祥、王庆华，中国旅行社协会会长盖志新、秘书长蒋齐康，陕西省旅游局局长董宪民、湖北省旅游局副局长胡礼鸣等出席开幕式。副市长梁吉祥主持开幕式。中国旅行社协会理事单位、陕西省旅游局、西安市旅游局、湖北省旅游局以及省内16个市州（林区）旅游局的负责人，和来自国内以及美、法、日、韩、马来西亚等国家和地区的旅行商共1000余人共赴盛会。

17日　中国汽车工业协会正式授予十堰市“中国卡车之都”称号。这是全国唯一获此殊荣的城市。

19日　卫生部疾控局副局长、全国爱卫办副主任白呼群率参加全国爱卫办爱国卫生工作研讨会的领导和专家一行，视察十堰市创卫工作。白呼群一行先后来到市博物馆、人民广场、太和医院、马家河河道、东风大道垃圾转运站等地，详细了解公共场所环卫保洁、城市亮化美化、卫生防疫、环卫基础设施配套、河道治理等情况。市委副书记、市长周霁，市政协主席王铁军、市委常委彭承志、副市长刘学勤、市政协副主席黄剑云陪同视察。

原中共中央政治局常委、中纪委书记吴官正一行莅临十堰市考察。吴官正一行先后考察房县、武当山特区、丹江口市和十堰城区。省委书记、省人大常委会主任罗清泉，省政协主席宋育英，省委副书记、武汉市委书记杨松，省委常委、副省长张岱梨，市委书记、市人大常委会主任陈天会，市委副书记、市长周霁，市政协主席王铁军，市领导糜克洪、陈家义、何万勤、郭新明、师永学，武当山特区工委书记、管委会主任李发平，省直、市直部门负责人等陪同考察。

20日　第四届世界传统武术节闭幕。出席闭幕式的有：国际奥委会副主席、国际武联主席、国家体育总局副局长于再清，省委书记、省人大常委会主任罗清泉，省委副书记、省长李鸿忠，省委常委、副省长张岱梨，国际武联秘书长王筱麟，国家卫生部疾控局局长陈贤义，省政府秘书长傅德辉，省体育局局长胡德春，市委书记、市人大常委会主任陈天会，市委副书记、市长周霁等市四大家领导。参加闭幕式的还有国际武联、中国武协、国家体育总局武术运动管理中心、省第四届世界传统武术节筹备工作领导小组成员单位及其他有关省直部门、湖北省委第七巡视组、参加全国爱卫工作研讨会的领导以及参赛的中外运动员和嘉宾代表。闭幕式暨文艺晚会由中央电视台著名主持人朱军主持。

全国爱卫办爱国卫生工作研讨会在十堰市召开。会议就爱国卫生工作的方针政策和拟成立的爱国卫生专家委员会管理办法等进行研究和讨论。卫生部疾控局副局长、全国爱卫办副主任白呼群出席会议并讲话。

29—31日　由文化部主办，武当山特区、武汉大学承办，以“中华传统文化的继承、创新与发展”为主题，“2010·中国文化创新高峰论坛”在十堰市举行，文化部、文物局、中国艺术研究院、清华大学、上海交通大学、武汉大学等30余位专家学者围绕《我国文化继承与创新体系的构建》、《文化继承、文化创新与文化产业的时代内涵与历史价值》、《武当文化品牌建设在国家文化软实力建设中的价值定位》等问题展开探讨，新华社、中国文化报、湖北日报、腾讯网等10余家新闻媒体聚焦论坛。

30日　以中央驻港联络办协调部副部长范瑞方为荣誉团长，全国政协委员、湖北省政协常委、湖北省侨联副主席、香港湖北联谊会会长、丝宝集团董事长梁亮胜为团长的香港工商界代表团莅临十堰市考察。省政协副主席郑心穗，省政协港澳台侨和外事委员会主任李磐等陪同考察。

31日　东风商用车公司总装配厂2010年生产的第10万辆重型车下线，这标志着东风商用车公司总装配厂已成为年产10万辆重型车的大厂，实现历史性大跨越。

十一月

2日　由国际武术散手道联盟主办，世界文化科学研究院、中国散手道协会、武当山武术局承办的第四届国际武道联盟旅游文化节暨2010武当山国际武术健康大会在武当山国际武术交流中心隆重开幕。国际武术散手道联盟主席梁守渝，中国武术协会副主席、中国散手道协会名誉主席傅彪，国际武术散手道联盟副主席、中国散手道协会主席杨维，武当山特区工委书记、管委会主任李发平等参加开幕式。参加本次盛会的有来自中国、美国、新加坡、俄罗斯、菲律宾、伊朗等10个国家和地区的62支代表队，共1100多名运动员和嘉宾。活动为期4天，举行武当武术比赛、现代武术比赛、传统武术比赛等活动。

3日　由市委组织部、市委人才工作领导小组组织的“院士专家行”活动正式启动，中科院院士邓子新、英国帝国大学皇家学院教授马大青、华中科技大学科学技术发展院常务副院长陈建国等8名院士、专家深入十堰市药材基地、医药企业调研生物医药产业。

4日　以国土资源部党组成员、副部长王世元为组长的国土资源节约集约模范县（市）创建活动调研组抵达十堰市，对十堰市开展国土资源节约集约模范县（市）创建试点工作进行调研。王世元一行先后深入东风龙门沟工业园、东风小康工业园、十堰普林工业园、十堰西部工业新区等地，调研十堰市节约集约用地情况。

6日　就如何进一步做好党建和组织工作、更好地服务科学发展等有关问题，中央组织部办公厅副主任、综合室主任胡金旗率中组部调研组，在省委组织部秘书长杨汉军的陪同下，来十堰市专题调研。

10日　第二届海峡两岸武当文化论坛暨海峡两岸交流基地授牌仪式在武当山特区举行。大陆50多位专家、学者和台湾的120多位专业人士，齐聚武当论道。与此同时，国台办向武当山特区授于“武当山海峡两岸交流基地”牌匾，武当山成为继山东省枣庄市台儿庄之后的我国第二个海峡两岸交流基地。

12日　国家人力资源和社会保障部副部长信长星来十堰市调研，信长星一行先后到东风商用车公司总装厂、茅箭区五堰街办柳林新村社区服务站、市人力资源市场和培训基地、武当山特区了解十堰市的就业、公益岗位开发、技能培训、人力资源市场建设、社会保险征缴、劳动者权益维护等情况，并听取市人力资源和社会保障工作汇报。

16日　省人大常委会副主任任世茂率省直有关部门负责人就竹房城镇带城乡一体化实验区建设工作来十堰市视察调研。

18日　十堰正和车身有限公司三期扩建项目在茅箭区东风工业园奠基。项目总占地105亩，总投资3亿元。

19日　广州军区政治委员张阳一行莅临十堰市，调研新形势下的国防动员和军队建设工作。张阳一行先后视察武当山和十堰城区，听取十堰经济社会发展、国防动员工作和十堰军分区建设等情况汇报。

东风汽车公司副总经理童东城一行就东风商用车8万辆新工厂、东风动力总成新工厂项目建设情况在十堰调研。

21日　省委常委、组织部长侯长安来十堰市调研人才和教育工作，侯长安一行考察东风公司总装厂、东风商用车8万辆新工厂、东风渝安车辆有限公司新工厂、十堰职业技术学院、市博物馆和郧西县，观看十堰党建及组织工作专题片，围绕全省《教育规划纲要》编制及人才工作进行座谈。

十二月

3—4日　竹房城镇带城乡一体化试验区建设动员会召开。市委书记陈天会主持会议并讲话，市长周霁安排部署工作。竹房城镇带是指以305省道为主轴，东起房县城关，西至竹溪蒋家堰镇关垭173公里沿线呈带状分布的城镇群。区域内有竹溪、竹山、房县3个县城，房县红塔乡、军店镇、化龙堰镇、窑淮乡，竹山文峰乡、潘口乡、溢水镇、麻家渡镇、宝丰镇、擂鼓镇，竹溪县河镇、水坪镇、龙坝乡、中峰镇、蒋家堰镇15个乡镇，共计18个城镇373个村。

4日　由省委宣传部、省文明办、省国资委、省总工会、省工商联和湖北日报传媒集团联合举办的“湖北省首届企业文化节”颁奖典礼在武汉市举行，黄龙滩水力发电厂荣获湖北省“环境友好奖”。

8日　省人大常委会党组书记、常务副主任周坚卫来十堰市调研。周坚卫一行深入东风商用车8万辆新基地、东风渝安新工厂、龙门工业园、港澳台工业园等地调研，考察山地整理项目和部分在建工业项目。

省考古工作者在谷竹高速公路房县军店段发现一处约4万平方米古代遗存，包括新石器时代石家河文化、东周文化、西汉墓群以及东汉墓群等不同时期的文化遗存，其中发现一座罕见的东汉时期三人合葬墓。墓穴长4.2米，宽2.4米，内有5枚银簪、银耳环等器物。专家确认，三人合葬墓属于东汉时期，距今约1900年。随后，该处又发现石家河文化遗存，距离房县七里河遗址约10公里，距今约4000~4600年。

18日　武当山机场预可研报告通过中国国际工程咨询公司评估。

第三届中国和谐城市可持续发展高层论坛在北京隆重举行。十堰市荣获“中国十佳和谐可持续发展城市”和“中国十佳投资创业城市”两项殊荣，成为湖北省惟一一个同时获得“双十佳”的城市。

22日　兴业银行开业筹备座谈会召开。兴业银行成立于1988年8月，是经国务院、中国人民银行批准成立的首批股份制商业银行之一。兴业银行入驻十堰市，为十堰市汽车、旅游、生态农业等重点项目及中小企业、特色产业等提供信贷支持。

23日　郧县至十堰高速公路控制性工程开工典礼隆重举行。郧十高速公路是国家中部崛起交通项目山西省侯马市至湖北省十堰市高速公路的湖北段，是湖北省骨架公路网规划“五纵五横两环”中第五纵的重要路段。该路起于鄂豫省界鹁鸽峪，经郧县谭山镇、白桑关镇、杨溪铺镇、茶店镇、青山镇，十堰市茅箭区，在十堰经济开发区与福银高速公路汉(武汉)十(十堰)段相接，路线全长67.268公里，双向四车道，设计时速80公里/小时，整体式路基宽24.5米，分离式路基宽12.25米。项目批复的投资概算为64.79亿元，建设工期四年。全线设刘洞、白桑关、郧县和十堰东互通式立交4处，主线收费站1处，匝道收费站3处，服务区1处，停车区1处，养护工区1处，管理分中心1处。建设郧县互通一级公路连接线3公里。

30日　十堰市民兵军事训练中心在张湾区汉江路街办谢家村开工奠基。训练中心总占地137亩，总建筑面积12700平方米。　（蓝　芬）

特　　载

在全市经济工作会议上的讲话

中共十堰市委书记　陈天会

（2010 年 12 月 26 日）

今年是“十一五”收官之年，是十堰大事多、要事多、难事多、任务繁重的一年。盘点一年的工作，我们取得了超乎预料的好成绩。今天我们召开全市经济工作会议，进一步传达贯彻中央经济工作会议和省委工作会暨全省经济工作会议精神，深入分析当前经济形势，全面部署十堰明年的经济工作，提振信心，再鼓干劲，因势利导，乘势而上，力争新的一年取得更大的成绩。上午，周霁同志总结了今年的经济工作，安排部署了明年的经济工作，讲得很全面、很具体，具有很强的针对性和可操作性。有关单位和地方作了大会发言，下午的分组讨论进一步丰富和完善了会议内容。希望大家认真贯彻好这次会议精神，把明年的经济工作谋划好、落实好。下面，我再强调三点。

一、准确研判经济形势

正确的决策来源于对形势的准确把握，对明年经济形势的研判事关发展信心、事关发展目标、事关发展思路，如何看待明年经济工作面临的形势？上午周市长对明年的经济形势作了充分的阐述，我认为主要有以下三个基本判断，这三个基本判断需要引起大家的关注和重视。

1. 今年经济的快速增长，为明年经济工作奠定了良好的基础，但也使明年的经济发展处在一个高起点上，增大了保持经济的快速增长的难度

今年，我市经济呈现“高开高走、高位运行、高速增长”发展态势，从增长速度看，预计工业产值、财政总收入增长 50% 以上，固定资产投资增长 40% 左右，社会消费品零售总额、外贸出口、实际利用外资增长 20% 以上，城乡居民可支配收入增长 10% 以上；从数量上看，工业产值将达 1300 亿元，比去年增加 474 亿元，增量超过 2005 年全年（411 亿元）的总量，存款余额将达 1000 亿元，工业利润将达 150 亿元。无论是经济增长速度还是运行质量，经济运行结果都好于去年、好于年初预期、好于全省平均水平，实现了超常规发展，是一个真正意义上的跨越式发展年。今年之所以取得这么好的成绩，得益于国家扩内需、促增长宏观政策的实施，得益于汽车产业的强劲拉动，得益于我们多年来“打基础、管长远”的工作积累，得益于全市各级领导班子和广大干部群众的团结奋斗。

今年经济的高增长为明年经济工作奠定了非常好的基础，但我们要看到今年的高增长也给明年的持续快速增长增加了难度。今年工业产值、财政总收入增长 10%，增加额分别为 80 亿元、5 亿元，如果明年同样增长 10%，增加额要达到 130 亿元、8 亿元。起点高了，基数大了，保持同样的增长难度自然会大一些。所以，如果明年的增长速度可能慢一点儿是正常的，大家要有思想准备和心理预期。

2. 要看到明年保持经济平稳较快增长有诸多有利条件，同时也面临着诸多不利因素

做好明年的经济工作,我们有许多有利条件。一是宏观经济形势由回升向好向稳定增长良性循环转变,处于新一轮增长周期的上升阶段。二是国家、省诸多政策有利于我们加快发展,实现经济工作的更大作为。三是十堰经济渡过了最困难的时期,一大批项目的开工建设或竣工投产,正在形成新的增长点,发展后劲明显增强。但是,我们还要清醒地看到,经济工作中存在着诸多不确定因素。一是汽车市场的波动性。我市汽车工业自去年9月份以来,出现了持续16个月"井喷式"的快速增长,今年工业产值预计近1300亿元,其中,汽车工业产值预计900亿元以上。汽车市场受全国宏观政策、投资环境、收入水平、消费环境等诸多因素的影响和左右,汽车消费市场出现不确定性和波动性是必然的。从近年汽车市场发展趋势来看,美国拥有7000—8000辆/万人汽车,中国拥有70—80辆/万人汽车,中国汽车消费市场潜力巨大,未来十年都将呈上升趋势。从东风公司明年的生产情况看,这个增长势头至少在明年第一、二季度不会出现大的逆转,但汽车产业在某一个时间点发展得快一点或慢一点、几年有一个波动期是正常的。汽车市场这种不确定性,就带来汽车产业的波动性。二是农业自然灾害难以预料。十堰农业基础薄弱,自然条件局限性大,局部的、点状的自然灾害时有发生。长期以来,十堰自然灾害以旱灾为主,近几年,连续出现局部洪涝灾害,而且,风调雨顺的时间越长,自然灾害出现的可能性就越大。既不可避免又难以预料的农业自然灾害风险性时时存在,增大了农业发展、农民增收的不确定性。三是国家宏观政策的灵活性,使经济形势具有更大的不确定性。今年的中央经济工作会强调要增强宏观调控的针对性、灵活性和有效性,基本取向是"积极稳健、审慎灵活",这就意味着明年的宏观经济政策实质上是一个边走边看的宏观政策,国家将根据国内外经济形势的变化随时调整宏观调控的力度和程度,这种宏观政策的灵活性对固定资产投资、基本建设、经济环境都会带来一定影响,增大了经济形势的复杂性和不确定性,使我们对经济形势的预判和应对增加了新的难度。四是明年是一个特殊年份。明年大事多、要事多、难事多,是"十二五"规划的起步之年、建党90周年、领导班子换届调整、10万移民内安搬迁复建关键之年,明年的工作艰难繁重,需要克服一系列的困难、破解大量的难题。

3. 近两年全市经济高速增长,既提高了全市人民对加快经济发展的信心,也提高了人民群众对我市经济发展的期望值,对明年经济工作有了更多更大的期待

近两年全市经济快速增长,既鼓舞和坚定了全市人民的信心,同时,也极大地提高了人民群众对我市经济发展的期望值。全市人民的信心和决心来自于对我们的期待,这对各级领导班子既是压力,又是动力,是对我们明年经济工作最大的倒逼机制。为了不辜负全市人民的期待和厚望,把群众给我们的压力变成动力和精神状态,在明年的工作中,需要我们乘势而上,放手一搏,发展好的形势。

总体上看,明年的形势有利于我们加快发展,是可以大有作为的一年。要使十堰经济保持一个较长的、相对稳定的、快速发展期,好中求快,能快则快,这是我们谋划和把握经济工作必须始终坚持的一个基调,必须始终保持的一个方向,也是做好明年经济工作的总要求。具体来说,要始终注重"三防"。一是防止盲目乐观。今年经济高速发展,不等于明年经济就一定能够继续保持高速发展。要保持清醒头脑,看到经济发展中的不确定因素,把困难估计的更充分一些,把问题分析的更透彻一些,把应对措施制定的更得力一些。二是防止大起大落。明年实现"开门红"已不成问题,但由于经济形势的不确定性,有可能带来经济增长的起伏,这是正常的,但一定要防止大起大落。要超前谋划、超前应对,加大综合调度、统筹协调和运行保障的力度,确保全年经济平稳较快发展。三是防止畏难情绪。既要注重抓开局,确保"开门红",又要坚定信心、坚持不懈、毫不放松地抓好全年各项工作。要敢于正视困难,克服困难,迎难而上,做到始终如一、善始善终。

二、明年经济工作需要把握的几个问题

刚刚召开的省委工作会议暨全省经济工作会议,是在我省处于承上启下、继往开来的重要关头,加快发展、跨越发展的关键时期召开的一次十分重要的会议。省委鸿忠书记在会上作了非常重要的讲话,从高举旗帜、科学发展、解放思想和党的建设四个方面,进一步明确了当前和今后一个时期全省经济社会发展的指导思想、主要任务和重要要求。这个讲话的精神实质,是要求全省上下继往开来、抢抓机遇,实现跨越式发展。贯彻落实好鸿忠书记的讲话精神,关键是要紧密联系十堰实际,从解决发展不够、思想解放不够、对外开放不够和工作落实不够等"四个不够"的问题入手,从做好明年经济工作开始起步,推动十堰跨越式发展。

1. 关于跨越式发展

发展不够依然是十堰最大的实际,加快发展是全市人民的根本利益所在。这两年,马路上的车子多了,群众的就业充分了,银行的存款多了,得益于经济的快速发展。没有经济的快速发展,一切都无所谈起。对十堰而言,只有实现跨越式发展,欠发达地区才能缩小与发达地区的差距;只有实现跨越式发展,才能抓住历史性的发展机遇;只有实现跨越式发展,才能为全市人民提供更多的就业和收入,满足人民的心理期待和心理需求。刚刚闭幕的市委三届八次全会,把实现跨越式发展确定为"十二五"发展的基本要求,这具有很强的针对性。一是十堰作为欠发达地区,发展还不够快。我们就几个主要民生指标和全省比较

看，我们都只相当于全省平均水平的3/4左右：城镇居民可支配收入今年全省预计1.6万元，十堰不到1.3万元，约占3/4；农民人均纯收入今年全省预计5600元，十堰为3500元左右，占3/4；人均GDP今年全省预计3700美元，十堰预计2800美元，占3/4。从人均占有量来看，城区人均GDP今年预计8000美元（全国人均GDP今年预计3700—3800美元，城区人均GDP是全国人均GDP的一倍），市级财政在全省各市级财政名列前茅，但十堰的基尼系数较大，贫困县与全省的差距非常大，十堰城乡二元结构矛盾突出，市区掩盖了贫困地区的矛盾，所以，十堰除城区以外的广大贫困地区与全省差距更大，湖北省要实现跨越式发展，贫困地区更没有理由不跨越式发展，这不是一个需要再讨论的认识问题了。虽然我们经过多年的不懈努力，近两年经济发展势头很好，但我们与发达地区相比，差距依然很大，跨越式发展是十堰赶超发达地区的必由之路。我们要想尽快缩小与发达地区的差距，没有更多的选择余地，只有"三步并作两步走"，加倍努力、奋起直追，才能实现跨越式发展。二是十堰周边地区竞争日趋激烈。我们要建设区域性中心城市，在鄂渝陕豫毗邻地区发挥中心城市的作用，首先我们自身要强筋壮骨，在发展速度上要快于其他地方，在发展质量上要优于其他地方，在辐射带动作用上要强于其他地方，充分把十堰发展的实力、规模、质量体现出来。三是十堰已经具备了跨越式发展的基本条件。量的积累，必然带来质的飞跃。多年以来，我们坚持打基础、管长远，十堰的发展渡过了最困难的时期，从去年开始起飞，连续16个月实现了快速发展，发展条件进一步改善，综合实力大为增强，干部群众的发展信心空前高涨，这表明十堰经济发展"量"的积累已经达到一个新的高度，只要我们乘势而上，十堰经济发展就可能实现"质"的飞跃，跨越式发展是完全可能的。

所谓"跨越式发展"，是指一定历史条件下落后者对先行者走过的某个发展阶段超常规的赶超行为。毫无疑问，跨越式发展要求较快的速度，要求大步赶超。但是，现代意义上的"跨越式发展"，又与传统工业发展过程中的"赶超"不同，它必然要突破传统工业化道路中单纯"速度型"增长的模式，而追求一种速度与效率并重、当前与长远兼顾、经济与社会协调发展的模式。实现跨越式发展，一是要勇于提出高目标。要有"跳起来摘桃子"的勇气，在充分认识市情的基础上，勇于提出比较高的发展目标，做到能快则快，快中求好。二是要勇于克难攻坚。辩证地看，发展的过程就是一个不断解决问题、克服困难的过程。把"难"的问题解决了，发展就会进入一个新的层次和水平，这就是提升，这就是跨越。没有多年来我们坚持不懈地破除"四大瓶颈"制约，就不可能有今天的发展局面。旧的难题解决了，新的难题还会层出不穷。实现跨越式发展，我们必须不断地克难攻坚，解决矛盾的办法越多、力度越大，发展的步子就越快越大。三是要坚持不懈地干。实现跨越式发展，必须强调一个"干"字。要实干，扎扎实实把工作目标和措施落实下去；要巧干，尊重科学，把握规律；要苦干，克服困难，艰苦创业；要快干，雷厉风行，心无旁骛，只争朝夕，说干就干，干就干成。

2. 关于明年目标

明年经济工作的总体目标就是围绕"三大目标"，做好"六项重点工作"，努力实现"八项经济指标"。"三大目标"即：继续保持十堰经济平稳较快增长，努力实现"十二五"良好开局；继续加大民生工作力度，确保民生有新的改善；继续全力做好维稳工作，确保全市社会大局和谐稳定。"六项重点工作"即：一是高水平、高质量筹办好县域经济工作会；二是做好换届工作，为跨越式发展提供组织保障；三是基本完成10万移民内安迁建任务；四是推进"一城两带"战略取得实质性进展；五是争取通过"创卫"工作国家评估验收；六是全力支持东风公司实施"61行动计划"。"八项经济指标"即：通过坚持不懈地努力，力争GDP净增100亿元以上，财政总收入突破100亿元，固定资产投资突破500亿元，利用外资突破1亿美元，外贸出口突破3亿美元，贷款余额净增100亿元，汽车工业产值突破1000亿元，城乡居民收入与GDP同步增长。

3. 关于产业建设

一是坚定不移地支持服务东风公司不动摇。在发展汽车产业上，要始终坚持服务东风公司这个主旋律。东风公司是十堰对外最大的竞争力和影响力，是十堰经济最大和最好的资源，是十堰经济的支撑和支柱。东风公司在十堰的持续健康发展是十堰人民之福，在十堰的徘徊发展是十堰经济发展之忧，在十堰的倒退滑坡是十堰发展之患。所以，满足东风发展的需要是我们的责任，为东风公司营造好的发展环境是我们的义务。对东风地位的淡化和弱化是错误的，对东风地位的淡化和弱化是有害的。东风十堰板块产值为500—600亿元，按照"61行动计划"东风公司可以再造一个东风。省委全会特别强调，要加强国有大企业的对接。所以，全市上下要坚定不移服务东风，要形成新的一轮的支持东风、服务东风公司的"大合唱"，支持东风在十堰发展腾飞，做强做大。尤其是重要职能部门要保持清醒的头脑，只要是东风公司需要办的事情一律"绿灯"，能办则快办，不能办要积极创造条件办，这是十堰根本利益之所在。要深入实施《政企共建百万量级汽车城合作框架协议》和东风商用车公司"61行动计划"，在推进东风五大工业园区建设上要有新进展。

二是坚定不移地发展地方汽车工业不动摇。东风公司的汽车产业资源是我们发展地方汽车产业依靠、依托的重要基础，发展地方汽车产业可以为东风公司延伸汽车产业链条,推动汽车产品多元化、多样化,增加抗御市场风险的能力。同时,发展好十堰地方经济,还可以为改善东风公司十堰基地的发展环境提供基础和良好的人文环境。地方汽车产业发展是为东风公司“补台”而不是“拆台”,是“拾遗补缺”而不是“同台竞争”,不能贪小利误大事。东风公司与地方工业的共同发展、共欣共荣,既是十堰广大人民群众的要求,也是东风公司广大干部职工的愿望。要进一步鼓励、引导、支持地方汽车产业加快发展,提升十堰汽车产业集群化、现代化水平。力争明年汽车工业产值突破1000亿元,注重提高汽车产业的整体素质,增强核心竞争力。

三是坚定不移地实施“一主四大”发展战略不动摇。“一主四大”发展战略是符合十堰实际的,调整和优化经济结构,增加经济结构的稳定性和持续性日益显得必要和紧迫,大力发展其他产业是十堰经济发展的需要,也是经济转型的需要。要根据各自的自然资源禀赋和现有基础,能发展什么就发展什么,旅游、水电、特色农业和生物医药的发展要争取有新的发展和新的探索。武当山—太极湖建设要按照既定方案加速推进,“三线”旅游要注重景区(点)基础设施建设,各县市区要继续开展主题鲜明的旅游宣传、推介、节庆活动,开拓旅游市场,延伸旅游产业链条,努力实现旅游总人数、总收入的新跨越,旅游产业作为第二支柱产业对十堰经济发展的支撑作用要进一步显现。潘口、龙背湾、小漩、孤山四个水电站建设要有新的进展。绿色食品要在培植和引进龙头企业上有新的突破。切实解决生物医药开发这个“短板”问题,力争在发展生物医药产业上有新的、战略性的探索。

4. 关于改善民生

民生问题,既是经济问题,更是政治问题。改善民生是经济发展最持久的需求动力,更是我们党执政宗旨、理念和目的的最终体现。因此,做好民生工作,一是要增强紧迫感。各级党委政府和有关部门要带着深厚的感情去解决民生问题,要以只争朝夕的精神解决民生问题,有条件的马上办,无条件的创造条件办,把急群众之所急,帮群众之所需,解群众之所难变成公务人员实实在在的自觉行动,用更多的发展成果惠及人民群众。二是要增加针对性。要紧密联系实际做好民生工作,坚持从群众最关心、最需要的领域入手,一般群众有一般群众的需求,弱势群体有弱势群体的需求,特殊群体有特殊群体的需求,明年的民生工作要继续重点抓好以公租房为重点的住房保障、医改、城乡救助、就业和社会保障、城市公交等“五大民生”工作,确保民生有新的明显改善。三是要拿出硬措施。解决民生问题要做到“三个舍得”,即舍得投入财力、舍得花时间、舍得投入领导力量,要以硬措施保硬责任落实,硬责任保民生的改善,把更多的公共资源投入民生领域,确保民生不断有新的改善。

5. 关于增强后劲

明年的工作,我们既要“盖高楼”,又要打基础,而且要重在打基础、增后劲。一是坚定不移地抓好项目建设。重大项目建设是长远发展的战略支撑,今天的项目就是明天的生产力;没有项目,就没有增长点,就没有发展后劲。要始终坚持项目带动战略,在项目建设上不断用劲,通过源源不断地上项目,增强十堰经济发展的后劲。明年在项目建设上,要落实好“四个一批”,即竣工投产一批重大项目,主体完工一批重大项目,新启动建设一批重大项目,建设一批基础性的配套项目。在建项目要加快进度,时间节点上,武当山机场建设明年要全面开工,东风8万辆重型车项目一期工程要在明年6月建成投产,武当山—太极湖所有重点旅游项目要在明年上半年全部开工,潘口电站明年要下闸蓄水、首台机组并网发电,丹江口习家店矾矿冶炼项目明年要完成投资3.5亿元。项目谋划方面,要把项目投资重点投向结构调整、基础设施、民生保障和生态建设等领域,策划好“十二五”规划重大项目库,积极向上争取一大批有利于长远发展的大项目、好项目。项目管理方面,继续实行重大项目市级领导包建责任制。二是加大招商引资力度。既要扩大招商引资的规模,又要提高招商引资的质量和效益,加快招商引资向“招商选资”转变,把招商引资与产业建设、结构调整和发展转型结合起来,有针对性地引进一批投资规模大、带动力强、产业聚集效应明显的大企业和大项目,以招商引资强产业、促转型、调结构。三是改善基础条件。全力推进十房、十白、谷竹、郧十4条高速公路等一大批重大基础设施建设,进一步打破十堰交通不便的瓶颈制约。加快山地整理进程,进一步打破城市发展空间不足的瓶颈制约。加快以公交、通信、环保、供水、供气、供暖、城市道路等为重点的市政基础设施建设,不断完善城市功能,提升城市承载能力。

6. 关于扩大开放

十堰发展不够,很大程度上是开放不够。利用外资规模不大,外贸出口增长乏力,这是我们经济发展中的一个很大的问题。大开放大发展,小开放小发展,不开放就难以发展。十堰过去由于交通、区位等原因,开放的步子迈得不大,但交通条件和区位优劣势都是相对的,是可以在发展中相互转化的。随着近年来十堰交通条件的改善,国家对外开放的深入推进,国际和沿海产业转移力度的不断加大,十堰相对于广阔的西部来说,已经处在开放的前沿,我们再也没有任何理由和借口封闭保守。扩大开放是十堰跨越式发展的必由之路。鸿忠书记在这次全省经济工作会议上强调,要“敢开放、真开放、先开放、全开放”,这不仅对整个湖北具有很强的针对性,对十堰也具有重大和深远的指导意义。我们要认真落实鸿忠书记的讲话精神,把扩大开放作为明年工作的重中之重。一要通过宣传教育引导,在全市营造扩大开放的良好氛围。二要认真研究、借鉴外地的先进经验,完善扩大开放的相关政策。三要从市情出发,研究扩大开放的针对性措施,找准加快十堰扩大开放的抓手。市委市政府有关部门要认真研究一下明年的对外开放问题,总的要求是,外贸出口力争突破3亿美元,利用外资力争突破1亿美元,引进市外境内资金力争达到100亿元。

7. 关于转型发展

十堰的发展实际上面临发展不够需要加快发展、市情特殊需要转型发展的双重任务。必须把推进转型发展放在更加突出的位置,贯穿于经济社会发展的全过程和各领域,真正在"加快"上下工夫,在"转变"上见成效。一是加大经济结构调整力度。要结合"一主四大"产业发展,结合新兴支柱产业的培植,结合十堰资源优势的发挥,调整产业结构;要结合"一城两带"和"一统三分"发展战略实施,结合县域经济发展,调整区域结构;要结合转变发展方式,结合发展开放型经济,结合扩大消费需求,调整"三驾马车"结构;要结合发展民营经济,结合体制机制创新,调整企业组织结构和所有制结构。二是加强生态文明建设。生态文明是一种高层次的文明标准,要坚持把生态立市的思想、思路和要求贯穿于经济社会发展的全过程和各领域,把建设生态文明与推进新型工业化、与统筹城乡发展、与建设区域性中心城市有机结合起来,加快推进经济发展向绿色、低碳的方向转变。同时,生态文明建设是一项系统性工程,需要全市各级各部门的共同努力。必须强化大局意识、责任意识和共建意识,形成全市建设生态文明的强大合力。三是抓好节能减排。要坚决按照中央和省委、省政府关于节能减排的指标要求,坚持硬约束、硬要求,辅之以硬措施、硬手段,确保在经济增长的同时,减少对自然资源的消耗,减少对自然生态的损害,实现和谐发展。

三、为经济工作提供强有力的保障

1. 思想保障

思想是行动的先导。发展的过程,说到底是一个思想解放的过程。思想解放的力度越大,发展的速度就越快。一个思想禁锢、自我封闭的地方,就不会有跨越式发展。十堰要实现跨越式发展,前提就是要实现思想的大解放,如果思想"不开窍"、思维"不跟趟",解放思想就是一句空话,思想不解放,加快发展也是一句空话。解放思想要从正在做的事情做起,既要解放思想,又要脚踏实地,不要标新立异,哗众取宠,喊新口号,出新概念。思想保障就是要围绕既定的"十二五"蓝图、明年发展目标来提供保障。围绕规划抓落实,想办法、出主意,任何好高骛远毫无意义。要一手抓解放思想,一手抓脚踏实地。只抓脚踏实地,但不解放思想,就是守旧;只解放思想,但不脚踏实地的干,就是空谈。要把思想解放统一到这次会议精神上来,把工作目标统一到"十二五"规划上来。要在全市范围内开展"进一步解放思想、推动十堰跨越式发展"的主题教育活动,引导全市广大干部群众跳出十堰看十堰,以解放思想统一思想,调动一切可以调动的积极因素,推动十堰加快发展。

2. 组织保障

政治路线确定之后,干部是决定因素。明年是"十二五"开局之年,也是市、县、乡三级换届之年。要以换届为契机,配强各级领导班子,为"十二五"规划的实施提供坚强的组织保障。对部分干部进行调整,为明年开局之年的工作提供组织保障。配置好各级各部门"一把手",总的标准仍然是要选择靠得住、作风好、想干事、能干事、干成事、干事干净的人。一是配置好各级各部门"一把手"。"一把手"是关键中的少数人,是少数人中的关键人。二是配齐配强各级各部门领导班子。要对当前各级领导干部的三种状态进行调整:对处于不团结状态的领导班子要进行调整;对处于"玩性大"状态的干部要进行调整;对"干事不干净"的干部要进行调整。三是主动在实践中选拔提拔干部。比如在今年移民工作、"创卫"工作、筹办武术节工作中涌现出一大批优秀的干部和业务骨干进行梳理、选拔和使用,特别是要主动在"一线"选拔年轻干部,在干中培养,在培养中提高,在实践中选拔。移民大县要对在移民外迁工作当中涌现出的优秀干部给予提拔。要坚持人才强市,加大人才工作力度。十堰的跨越式发展有赖于大批高素质人才,加强高素质人才队伍的引进、培养和使用,是我们实现跨越式发展的必要条件。要完善政策,加大高素质人才引进的力度;要重视现有人才队伍的管理和使用,充分发挥现有人才在经济发展中的重要作用;尤为关键的是要重视企业家队伍的建设,企业家是十堰最稀缺的资源,要大力弘扬"产业第一,企业家老大"的理念,通过各种手段、各种办法和切实有效的政策措施,来尊重企业家、培育企业家、支持企业家。

3. 作风保障

一是要有担当精神。要敢于负责,主动负责,不回避矛盾,不回避困难,迎战风浪,要提倡不怕事的干部。作为一个领导干部,如果没有担当精神,遇事不敢负责任,那就什么事情都干不成。二要有良好的精神状态。工作要有激情,要有不达目的不罢休的精神,要有只争朝夕、时不我待的精神,要有奋发有为、积极向上的勇气和决心。三是要有狠抓落实的工作作风。落实才有一切,不落实一切都没有。既要有抓落实的愿望,又要有抓落实的本领,又要有过硬的抓落实的作风。如果心思不在工作上,精力不在工作上,着力不在工作上,就不会有好的业绩。我们目标、思路都有了,关键在落实。要抓思路、战略和规划的方案化、项目化和具体化,扎扎实实把各项工作落到实处。四是要有群众观念。我们党最大的政治优势是密切联系群众,要用群众的观念统领社会管理和维护社会稳定,坚持人民主体地位,做到思想上尊重群众,感情上贴近群众,工作上依靠群众,多做人对人、面对面、手拉手、心连心的工作,多办好顺民意、解民忧、惠民生的实事,真正把发展为了人民、发展依靠人民、发展成果由人民共享落到实处。密切与人民群众的血肉联系,不断提高组织群众、宣传群众、教育群众、服务群众的本领,把全市干部群众的积极性充分调动起来,把各方面干事创业的能量激发出来,形成有利于跨越式发展的"统一战线"。在新的一年,我们的矛盾更加复杂,山地整理、占地补偿、拆迁补偿手续、管理机制、新上工业企业等等遗留了很多问题和矛盾,需要我们用群众观念做好群众工作,在做群众工作中得到群众理解与了解,增进感情,共同消化矛盾和问题。

4. 环境保障

一是创造有利于跨越式发展的社会环境。围绕"三大目标"、"六项重点工作"和"跨越式发展",营造良好的舆论环境,弘扬奋发有为、干事创业的良好风气,树立尊重创造、尊重实干、尊重成功的社会导向,打造亲商、安商、留商、敬商的投资环境。二是营造和谐稳定的社会秩序。要强化社会管理和公共服务职能,特别是要加强对市场物价、食品药品安全、公用事业等领域的监管和调控,增强突发公共事件的应急管理能力;强化社会治安综合治理,完善信访工作机制,进一步提高从源头上化解矛盾的能力;巩固移民外迁成果,推动移民内安工作有序开展,全力维护社会和谐稳定,努力打造一个"成本最低、效率最高、服务最优、信誉最好"的发展环境。

同志们,当前十堰正处于科学发展、跨越发展的关键时期,面临着难得的机遇,肩负着历史的使命,承载着人民的重托。全市上下要进一步解放思想、开拓进取,振奋精神、扎实工作,为推动全市经济社会跨越式发展而努力奋斗!

在市四届人大一次会议闭幕时的讲话

(2011 年 1 月 22 日)

十堰市人大常委会主任　王铁军

各位代表,同志们:

十堰市第四届人民代表大会第一次会议,在全体代表和与会同志的共同努力下,圆满完成了预定的各项议程。会议期间,大家肩负全市人民的重托,以饱满的政治热情和高度负责的精神,认真履行代表职责,会议审议批准了市政府工作报告和"十二五"规划纲要、市人大常委会工作报告、法院和检察院的工作报告,审议通过了经济社会发展计划报告和财政预算报告,选举产生了我市市级国家机关新一届领导人员。会议开得很成功,达到了预期的目的,是一次民主团结的大会、继往开来的大会、催人奋进的大会,必将进一步动员和激励全市人民以崭新的精神风貌,为实现十堰的跨越式发展而共同努力奋斗。

市三届人大任期的六年,是十堰发展史上极不平凡的六年,是全市人民奋力拼搏、克难攻坚、经济社会发展取得巨大成就的六年,也是市人大围绕中心、服务大局,各项工作取得长足发展的时期。六年来,市三届人大及其常委会认真贯彻落实市委的决策部署,围绕全市工作大局,切实履行各项职责,做了大量实有成效的工作,为促进全市经济社会发展发挥了重要作用,也为新一届人大工作积累了丰富经验,奠定了良好基础。

这次市人大换届,按照省委的统一安排,市委书记陈天会同志不再兼任市人大常委会主任;由于任职年龄原因,张光新同志和市三届人大常委会的部分委员也不再担任市人大常委会的领导职务。以陈天会同志为主任的市三届人大常委会的各位领导和同志们,为市人大的工作,为我市的民主政治建设和经济社会发展付出了大量的心血,作出了重要的贡献,让我们以热烈的掌声向他们表示衷心的感谢并致以崇高的敬意!

这次大会选举产生了新一届市人大常委会,选举我担任市人大常委会主任,并选出了市人大常委会副主任、秘书长和委员。这是各位代表和全市人民对我们的信任和重托。在此,我代表四届人大常委会全体组成人员,向大家表示衷心的感谢!我们深感责任重大。我们将同全体代表一道,以对党、对人民高度负责的态度,以与时俱进、奋发有为的精神状态,勤奋工作,不负重托,不辱使命,努力做好各项工作。

未来几年,是十堰抢抓机遇、加快发展的关键时期。市委三届八次全会和本次人民代表大会确定了今后五年的发展战略、奋斗目标和工作任务，这为新一届市人大及其常委会的工作指明了前进方向，也提出了更高要求。我们一定要继承和发扬上届人大常委会领导班子的好传统、好作风，充分发挥地方国家权力机关的作用，不断开创人大工作新局面，为加快全市经济社会发展做出新的贡献。为此，必须努力做到：

一是坚持党的领导，把握人大工作的正确方向。坚持党的领导，是做好人大工作的基本前提和根本保证。我们要认真学习贯彻党的路线、方针、政策，坚持把党的领导、人民当家作主和依法治国有机统一起来，在市委的领导下，开展好人大的各项工作。要努力通过人大的工作，使党的主张通过法定程序成为国家意志，使党组织推荐的人选通过法定程序成为国家政权机关的领导人员，从制度上和法律上保证市委重大决策的贯彻实施，进一步发扬民主，团结群众，调动积极因素，凝聚各方力量，为实现市委安排部署的各项目标任务作出不懈努力。

二是坚持服务大局，认真履行人大的工作职责。服从和服务于经济社会发展，是人大工作的永恒主题。我们要按照市委推进“一城两带”、开创“五个”新局面、实现跨越式发展的战略部署，围绕经济社会发展中的重大问题，认真听取和审议“一府两院”专项工作报告，积极开展执法检查和视察调研，依法行使监督权、重大事项决定权和人事任免权，不断推进民主政治建设，不断加强依法治市工作，切实保障法律法规的贯彻执行，推动和促进我市“十二五”规划的全面落实。

三是坚持为民宗旨，充分发挥代表的重要作用。代表和维护人民群众的根本利益，是人大工作的本质要求。我们要充分发挥人大代表广泛联系群众的优势，始终把解决人民群众最关心、最直接、最现实的利益问题作为工作的出发点和落脚点，组织代表开展视察、调研、检查和评议等活动，保证代表依法履行职责，行使民主权利，充分发挥参与决策、监督支持和桥梁纽带作用。常委会组成人员和各位代表要经常深入基层，深入群众，全面了解民情，充分反映民意，广泛集中民智，竭尽全力为群众谋利益，努力做到对人民负责，为人民办事，受人民监督，让人民满意。

四是坚持与时俱进，切实加强人大的自身建设。新的形势和任务，对人大工作提出了新的更高的要求。我们要认真学习党的理论，学习宪法、法律和人大业务知识，努力提高政治素质和履职能力。要广泛听取人民群众对人大工作的意见和建议，自觉接受群众监督，坚持做到勤政廉政，不断加强和改进人大工作，努力把人大建设成为学习型、务实型、创新型的地方国家权力机关。

各位代表、同志们，十堰的发展正处在一个新的历史起点上。希望各位代表回到工作岗位后，带头宣传好这次大会的精神，带头贯彻落实好会议的各项决议，切实把全市人民的思想统一到大会精神上来，把智慧凝聚到实现既定的目标任务上来，把力量集中到加快全市改革发展上来。让我们在市委的正确领导下，团结一心，扎实工作，为推进经济社会发展的新跨越而努力奋斗！

大会期间，大会秘书处的全体工作人员和所有为大会服务的同志们，夜以继日，辛勤工作，为大会创造了良好的条件，保证了大会的顺利进行。在此，我代表大会主席团和全体代表，向他们表示衷心的感谢！

新春佳节就要到了。借此机会，向与会同志致以新春的祝贺，祝大家工作顺利、阖家幸福、万事如意！

政府工作报告

—2011年1月18日在十堰市第四届人民代表大会第一次会议上

十堰市人民政府市长　周　霁

各位代表：

现在，我代表市人民政府向大会报告政府工作，请各位代表连同《十堰市国民经济和社会发展第十二个五年规划纲要(草案)》一并审议，并请各位政协委员和列席人员提出意见。

一、过去六年政府工作的回顾

本届政府从2005年开始履职，已经走过整整六年时光。六年的历程，在十堰发展史上极不平凡。面对东风公司“两个总部”外迁、国际金融危机冲击、自然灾害频发等多种困难和挑战，在市委的正确领导下，全市上下团结一心，克难奋进，全面加快小康社会建设，奋力打造区域性中心城市，经济社会发展取得了巨大成就，提前一年完成了“十一五”规划的主要目标任务，为长远可持续发展奠定了坚实基础。

（一）经济实力大幅提升。

预计，2010年全市实现地区生产总值736亿元，比上年增长24.2%，是2004年的2.1倍，年均增长13.3%。地方一般预算收入43.8亿元，比上年增长69.9%（扣除不可比因素增长27.9%），是2004年的4.3倍，年均增长27.6%。全社会固定资产投资406亿元，比上年增长46%，是2004年的5.2倍，年均增长31.8%。

农村经济稳步发展。2010年实现县域生产总值295亿元，年均增长10.3%；劳务经济总收入51.9亿元，年均增长16.3%。农业产业化加速推进，六年新建特色产业基地120万亩，新增市级以上龙头企业115家。农民生产生活条件显著改善，累计建设、改造通村水泥路1.3万公里，解决98.8万人安全饮水问题，新建农村户用沼气13.3万户。新阶段扶贫开发整村推进任务基本完成，减少贫困人口43万。

工业经济实现历史性突破。2010年全市工业总产值突破千亿元大关，完成1313亿元，年均增长18.2%；规模以上企业近千家，产值规模过亿元的企业达130家；地方工业比重超过50%。项目建设成效显著，东风渝安20万辆扩能、东风实业3万辆整车、正和车身3万辆等重大项目建成投产。汽车产业增势强劲，实现产值973.9亿元，整车产量达到56.2万辆，十堰荣膺“中国卡车之都”称号。开发区土地集约、企业集中、产业集聚的优势进一步显现，全市开发区工业产值达到375亿元。

第三产业持续繁荣。2010年全市社会消费品零售总额实现305亿元，比上年增长20%，年均增长18.5%。旅游产业持续高速发展，接待国内外游客1477万人次，实现旅游收入89.3亿元，年均分别增长19.7%和26.9%；3A级以上景区由2004年的1家增加到25家，武当山通过5A级景区验收。现代金融服务能力不断增强，金融机构各项存款余额达到857.6亿元，年均增长23.3%；各项贷款余额为410.3亿元，年均增长28.4%。新近引入的兴业银行已在十堰正式挂牌营业。

（二）基础设施建设明显提速。

交通和水利水电建设成效卓著。累计完成交通基础设施建设投资219.1亿元，全市公路通车总里程达2万公里。武当山机场通过预可研评估；襄渝铁路二线十堰段建成通车，武汉至十堰动车组全线开通；福银高速十堰段、武白一级路、武神路竣工通车，十白、十房、谷竹高速和郧十一级路加快推进，郧十高速、东环路开工建设，十堰市正式被确立为全国公路运输枢纽城市。全市累计新增水电装机35.4万千瓦，南水北调控制性项目丹江大坝加高工程顺利完工。

城市功能更趋完善。新一轮城市总体规划和土地利用总体规划修编全面完成，城市空间拓展了近30平方公里。节约集约，创新模式，整理山地5万多亩，十堰市的经验现已在全国推广。新建天津路、重庆路、浙江路、上海路、东风大道、凯旋大道等城市主干道，完成城区9条道路和108条内街小巷改造建设，改造图书馆、人民广场、人民公园，建成博物馆、游泳馆、赛武当广场等一批市政公共设施。市县城镇建设步伐加快，城镇化率已达41%。

（三）发展动力进一步激活。

重点领域和关键环节改革深入推进。国有企业改制改革基本完成。农村综合配套改革和集体林权主体改革顺利完成。医药卫生体制改革全面启动。新一轮政府机构改革全面完成。行政审批制度改革继续深化，减少行政审批361项，减幅达40%以上。省管县财政体制改革推进到位，部门预算和国库集中支付实现全覆盖。

外向型经济不断壮大。2010年全市实际利用外资7203万美元，比上年增长25.6%，年均增长11%；利用市外境内资金96亿元，年均增长26.9%；外贸出口2.2亿美元，比上年增长16.2%，年均增长30.2%。

两届武术节成效斐然。举全市之力，聚全民之智，办大事、办难事，高标准、高质量成功举办第三、第四届世界传统武术节，取得了赛事规模和竞技水平的新突破，赢得了海内外的广泛赞誉。通过办节办会，提升了城市品位，展示了十堰形象，扩大了对外交流，进一步凝聚了人心，提振了士气，增强了城市活力。

（四）民生事业持续改善。

科教文卫事业协调发展。累计实施重点科技专项300多个，新增高新技术企业10家。改扩建危房校舍86.7万平方米，建成农村寄宿学校667所，创建省级以上示范学校8所，十堰职业技术学院、郧阳师范高等专科学校顺利搬迁。改扩建医疗卫生机构878个，新型农村合作医疗参合率提高到96.2%，区域性公共医疗服务中心基本形成。新建、改造农村各类文体设施2069个，“武当神戏”等7个非物质文化遗产入选国家保护名录，广播电视综合人口覆盖率达94%，群众性文体活动日益丰富。

就业和社会保障水平进一步提高。累计新增城镇就业20.5万人，安置下岗失业人员9万余人。五项社会保险参保人数达190万人；城市低保实现应保尽保，农村低保基本实现全覆盖，55%的农村五保户实现集中供养。发放住房公积金贷款15.6亿元、困难家庭租赁补贴4611万元，建成廉租住房和经济适用房近万套。

城乡居民收入稳步增长。2010年城镇居民人均可支配收入12652元，比上年增长11.2%，年均增长11.2%；农民人均纯收入3499元，比上年增长12.5%，年均增长10.6%。

南水北调移民外迁任务圆满完成。全市上下排除万难、合力攻坚，在不到一年时间内集中外迁7.6万移民，实现了平安搬迁、有序搬迁、和谐搬迁,创造了水库移民史上的奇迹。

社会大局和谐稳定。建立健全社会治安综合治理长效机制,妥善处置信访积案、难案,及时排查化解了社会矛盾。全面落实安全生产责任制,亿元生产总值死亡率连续六年持续下降。

(五)政治文明和精神文明建设扎实推进。

民主法制建设取得新的进展。坚持定期向人大报告工作、向政协通报情况,重大决策及时向民主党派、无党派人士和人民团体征求意见,累计办理办结人大代表议案、意见、建议1095件,办理办结政协委员提案2198件,办结满意和基本满意率分别达到98.9%和98.4%。全面完成了"五五"普法工作,扎实开展了政风行风评议。

精神文明建设取得新的成效。十堰市连续两届荣获全国创建文明城市工作先进城市称号,连续五届获得省级文明城市称号,国防动员和民兵预备役等工作取得明显成绩,蝉联全国双拥模范城"五连冠"、省级双拥模范城"六连冠"。竹山县城、丹江口市习家店镇和郧西县湖北口回族乡、市太和医院分别被授予全国文明县城、全国文明村镇和全国文明单位荣誉称号。

(六)生态环境建设成效显著。

累计完成人工造林279万亩,国家和省级自然保护区面积达到335万亩,森林覆盖率提高到53%;综合治理小流域307条,治理水土流失面积2700平方公里;建成10座污水处理厂和5座垃圾处理厂;关闭污染企业300多家,治理重点排污企业86家,主要污染物排放量提前一年达到排放目标。丹江口水库水质优于国家Ⅱ类标准。单位生产总值能耗下降20%。

各位代表!六年来,我们始终坚持把改善民生作为第一责任,把群众满意作为第一标准,千方百计、真情实意为民办实事、办好事、解难事,圆满完成了历年的"十件实事",解决了一批社会高度关注、群众反映强烈的热点难点问题。

刚刚过去的2010年,在市委的总体安排部署下,我们成功举办了第四届世界传统武术节,圆满完成南水北调移民外迁任务,精心谋划"十二五"发展蓝图,顺利通过创卫省级评估,全面启动竹房城镇带城乡一体化试验区建设,经济提质提速,民生持续改善,社会稳定和谐,超额完成全年主要目标任务。

在经济社会快速发展的过程中,全市民族宗教、外事、侨务、对台、司法、审计、监察、统计、气象、水文、地震、人防、老龄、残联、社科、档案、地方志等工作也都取得了新的成绩。

各位代表!六年的成绩来之不易,发展的成果振奋人心,积累的经验弥足珍贵。十堰已度过了最为困难的时期,进入了厚积薄发的新阶段,站在了新的历史起点上。这些成就的取得,是在市委的正确领导下,历届政府励精图治、不懈奋斗的结果,是市人大、市政协加强监督、大力支持的结果,更是全市人民和衷共济、团结拼搏的结果。在此,我代表市三届人民政府,向所有参与、支持、关心十堰发展的同志们、朋友们以及社会各界人士表示衷心的感谢并致以崇高的敬意!

二、"十二五"时期经济社会发展的指导思想、基本原则和主要任务

"十二五"时期,是十堰推进跨越式发展的战略机遇期,我们面临诸多难得的历史机遇:国家实施扩大内需和促进中部地区崛起战略、实施新一轮西部大开发和扶贫开发,全省致力于打造鄂西生态文化旅游圈、建设竹房城镇带城乡一体化试验区,东风公司全面实施"61行动计划"、政企共建百万量级汽车城,市内一大批重大基础设施和生产性项目相继开工建设,全市加快科学发展的环境更优、条件更好、基础更实。在看到机遇的同时,我们也清醒地认识到,经济社会发展中仍然存在不少困难和挑战:产业结构不尽合理,培育新的支柱产业迫在眉睫;县域经济总量不大、实力不强,农民持续增收的难度加大;城乡二元结构矛盾依然突出,统筹城乡协调发展任重道远;劳动就业、社会保障和移民内安后靠等任务繁重,改善民生、维护稳定的压力加大;生态建设和环境保护的硬约束增强,转型发展还需有大的突破;面对周边地区强劲发展的态势,十堰市面临前所未有的竞争压力;少数干部作风漂浮、工作不实、效率不高,与快速发展的全局态势还不相适应。有效应对挑战,切实维护好当前难得的经济生态、政治生态、社会生态和自然生态,必须更加奋发有为,推进跨越式发展。

"十二五"时期全市经济社会发展的指导思想是:高举中国特色社会主义伟大旗帜,以邓小平理论和"三个代表"重要思想为指导,深入贯彻落实科学发展观,以科学发展为主题,以加快转变经济发展方式为主线,以推进新型工业化、新型城镇化和农业现代化为重点,以解放思想、改革开放为动力,以提高城乡人民生活水平为根本出发点和落脚点,加快推进"一城两带"建设,努力实现十堰经济社会跨越式发展,为全面建设小康社会打下更加坚实的基础。

基于以上指导思想,我们将着重把握以下原则:坚持抢抓机遇、加快发展,抓住一切有利的政策机遇,坚定不移地把加快发展作为第一要务,不断增强综合竞争实力;坚持转变方式、转型发展,在发展中促转型,在转型中谋发展,加快构建现代产业体系,促进经济增长由主要依靠投资拉动逐步转向依靠消费、投资、出口的协调拉动;坚持统筹城乡、协调发展,统筹城乡空间布局、产业发展、基础设施建设、社会事业发展,加快城乡一体化进程;坚持改革开放、创新发展，把深化改革、扩大开放作为发展的根本动力，不断增强自主创新、自我发展能力；坚持生态环保、绿色发展，把建设两型社会放在更加突出的位置，加快探索适合十堰市情的可持续发展之路；坚持改善民生、共享发展，更加注重民生工作和社会建设，加快社会保障体系建设，促进公共服务均等化。

综合考虑未来发展的趋势和条件，今后五年发展的主要目标是：力争开创区域性中心城市建设、综合交通枢纽建设、城乡一体化发展、山水一体大旅游和生态文明建设的新局面。主要经济指标力争实现翻番，地区生产总值年均增长12%以上，地方一般预算收入年均增长15%，全社会固定资产投资年均增长20%，社会消费品零售总额年均增长20%，规模以上工业增加值年均增长15%，利用外资年均增长15%，外贸出口年均增长18%，城镇居民人均可支配收入和农村居民人均纯收入年均分别增长12%以上，高新技术产业增加值占生产总值比重达到15%以上，单位生产总值能耗下降、单位生产总值二氧化碳、主要污染物排放控制在省定目标以内。

围绕上述指导思想、基本原则和主要目标，“十二五”期间将重点做好以下八个方面的工作：

（一）坚持以“一城两带”为总体战略，大力促进区域协调发展。

加快十堰城区建设。充分发挥武当山、丹江水、汽车城品牌效应，打造国际知名生态文化旅游区、国家级汽车产业集聚区、国家级生态经济示范区和区域性现代服务中心。加快市县对接步伐，完善公共服务体系，提高城市建设管理水平，增强发展动力和活力。到2015年，力争在集约节约的基础上，建成区面积达到100平方公里，城区基础设施人口承载能力超过100万，汽车产能达到百万量级规模，基本建成区域性中心城市。

加快竹房城镇带城乡一体化试验区建设。创新体制机制，统筹推进城乡规划布局、产业布局、基础设施、社会事业、公共服务和生态建设，力争将实验区建成全省山区新农村建设的引领区、城乡一体化的先行区和统筹城乡发展的示范区。

加快汉江生态经济带建设。统筹推进汉江沿线城乡空间布局、产业发展、移民安置、生态建设、基础设施建设和社会事业发展，逐步将该区域建设成为生态优良、经济发达、城乡协调、生活富裕的生态文明示范区。

（二）坚持以转变发展方式为主线，全力推进产业结构优化升级。

做强做大主导产业。全力支持服务东风公司等重点企业，将十堰打造成为国内最具规模、最具实力的商用车制造基地，最重要的微型车、专用车、汽车零部件及汽车装备生产基地。全面提升地方汽配产业自主发展能力，打造国家级汽车产业集聚区、商用车零部件产业集群创新示范区，力争十堰经济开发区升级为国家级经济技术开发区。

加快发展以旅游业为先导的现代服务业。放大武当山龙头效应，加快太极湖新区建设，深度挖掘道教文化、汉水文化、汽车文化等特色文化资源，强化鄂西生态文化旅游圈核心板块和重要支撑的地位。完善生产性服务业，发展生活性服务业。

进一步加快水电、绿色食品和生物医药产业发展。积极扶持电子信息产业和现代制造业发展。加快培育节能环保、新能源、新材料、新能源汽车等战略性新兴产业。

（三）坚持以“一统三分”为基本方略，扎实推进新农村建设。

按照农业抓产业、农民抓就业、农村抓事业的思路，以农民长效增收为核心，着力发展高效生态绿色农业，加快农业产业化进程，努力实现农村经济新跨越。

大力发展山区特色现代农业。进一步扩大特色产业基地规模，力争基地面积达500万亩。突破性发展农产品深加工，加速培育一批全国、全省有影响的龙头企业和知名品牌，实现加工产值200亿元以上。积极发展设施农业，加快实施新一轮“菜篮子”工程，提高蔬菜等生活必需品的自我供给能力。深入推进农业机械化和标准化建设，不断提高农业物资装备水平。加强农产品质量安全监管。促进农村合作经济组织发展。

千方百计拓宽增收渠道。加大农村剩余劳动力培训力度，加快农村人口向城镇转移速度，切实提高劳务经济水平，力争转移农村剩余劳动力100万人以上，实现劳务收入100亿元以上。积极推进乡村旅游富民工程，扶持规范农家乐发展。探索建立土地、房产、林权等农村资产要素市场化机制，逐步增加农民资产流转收入。

加快以水利为重点的农村基础设施建设。解决86万农村人口安全饮水问题，新建10万户农村户用沼气，除险加固病险水库272座，新增灌溉面积17万亩，改善灌溉面积35万亩，新建农村水泥（沥青）路1万公里。

深入推进扶贫开发。抓好丹江口市整市推进脱贫奔小康、竹山县和郧县连片开发试点工作，启动新一轮整村推进扶贫开发，完成新一轮城区农村扶贫规划，减少农村贫困人口50%以上。

（四）坚持以重大项目建设为支撑，努力集聚发展后劲。

加快构建立体交通网络。建成武当山机场，力争十宜、十三铁路全线开工建设，建设两个码头、四大港口，全面升级国省道干线公路，建成市域内2小时交通经济圈，构建内畅外联、辐射全国、换乘便捷的综合交通运输网络。

加快能源基地建设。潘口、三里坪、龙背湾、孤山等水电站和热电联产项目建成投产，争取国家、省在十堰市规划布点路口火电项目，同步抓好骨干电源的输变电网络建设。力争“十二五”期间新增水电装机100万千瓦。

加快市政设施建设。加速城市道路、公交、污水处理厂、垃圾处理厂、天然气等公共设施建设，全力改善城区交通拥堵状况，注重开发利用城市地下空间，推进“三网融合”，建设“数字十堰”，力争建成全国文明城市、国家卫生城市、国家环保模范城市。

（五）坚持以改革开放为动力，进一步增强发展活力。

深化经济体制改革。积极构建有利于转变经济发展方式的财税体制，健全服务社会、惠及民生的公共财政体系。大力引进民营股份制银行，创新农村金融服务，确保企业上市工作取得实质进展。进一步建立完善国有资产监管体制，实现国有资产保值增值。

加快社会管理体制改革。积极稳妥推进事业单位分类改革，全面推行事业单位绩效工资制度。培育扶持和依法管理新经济组织和新社会组织，支持、引导其参与社会管理和服务。改革基本公共服务供给方式，推进非基本公共服务市场化改革，满足群众多样化需求。

全力以赴招商引资。大力营造招商、亲商、安商、利商的良好氛围，进一步建立完善招商引资激励机制，鼓励民间扩大投资，积极引导全民创业，加速培植更多的市场主体。

努力扩大外贸出口。加快出口平台建设，进一步扩大优势产品和特色农副产品出口，加速国家级汽车及零部件出口基地建设，积极培育新的外贸增长点。

（六）坚持以生态文明建设为立足点，加快两型社会建设。

加强生态保护。切实抓好南水北调中线核心水源区生态建设，确保一江清水入库、一库清水永续北送；扎实推进退耕还林、天然林保护、库周生态隔离带等工程建设；全市森林覆盖率提高到58%以上。积极探索建立生态补偿、对口支援等双赢机制，全力争创国家“生态文明建设综合配套改革试验区”。

大力推进节能减排。严格实行污染物达标排放和总量控制，重点抓好工业、交通、建筑等领域的节能减排，有效控制点源、面源污染，实现单位生产总值能耗下降16%，城市污水集中处理率和生活垃圾无害化处理率均达到95%以上。

（七）坚持以改善民生为根本，切实提高公共服务保障能力。

加快教育和人才事业发展。大力推进教育机制创新，加大投入，优化布局，加快普及学前教育，促进义务教育均衡发展，逐步普及高中阶段教育，建立特色职业教育和区域高等教育体系。深入推进人才强市战略，优化人力资源，构筑区域人才高地。

大力发展卫生和文体事业。加强公共卫生服务体系建设，加快推进医药卫生体制改革，稳妥推进公立医院改革。完善公共文化体系，深化文化事业单位机制改革，大力推动经营性文化单位转企改制，加速发展文化产业，完成十堰日报传媒集团、广电传媒集团和十堰大剧院建设，力争文化产业增加值年均增长20%，满足人民多元化文化需求。加大公共体育设施建设力度，大力开展全民健身活动。

做好人口计生工作。坚持计划生育基本国策，坚持控制人口总量与提升人口素质并重、改善人口结构与优化人口布局并举，统筹解决人口问题，促进人口长期均衡发展。

提高就业和社会保障水平。重点解决农村剩余劳动力、高校毕业生、困难人员就业问题，积极实施“回归创业工程”，确保新增就业20万人次。力争五项社会保险参保人数达230万人次，城乡低保补助标准年均增长20%，农村五保自愿集中供养率达80%以上。扩大住房公积金覆盖面，加大保障性安居工程建设力度。积极发展妇女儿童和老龄服务事业。

（八）坚持以安全稳定为前提，着力维护社会和谐。

加大社会矛盾排查化解力度。畅通和规范群众诉求表达、利益协调、权益保障渠道，进一步完善联合接访机制，重心下移，力争把各种不稳定因素化解在萌芽状态。全面落实各项移民扶持政策，确保安全有序完成移民内安及搬迁复建任务，统筹谋划安置区长远发展。

强化安全生产监管。提升安全生产保障能力，健全事故灾难、公共卫生事件、食品安全事件、社会安全事件的预防预警和应急处置体系，坚决遏制重特大事故发生。

加强社会治安综合治理。完善社会治安防控体系，严密防范和严厉打击各种违法犯罪活动，切实保障人民群众生命财产安全。

切实加强国防建设。支持驻军和武警部队建设，抓好国防动员、民兵预备役、人民防空等工作。落实军人军属优抚安置政策，深入开展双拥共建活动，巩固发展军政军民团结。

三、扎实做好“十二五”开局之年的工作

今年是“十二五”规划实施的第一年。开好局、起好步，对全面完成“十二五”规划目标任务、实现跨越式发展至关重要。

今年政府工作的总体要求是：认真贯彻落实市委三届八次全会和全市经济工作会议精神，突出主题，围绕主线，全面提升主导产业，培植壮大优势产业，全力推进县域经济，深化改革，扩大开放，建设生态文明，改善保障民生，促进社会和谐，为十堰跨越式发展打下坚实基础。为此，我们将坚持把更好更快发展作为首要任务，努力做到好中求快、力攀新高；坚持把调结构、促转型作为主攻方向，努力提高经济增长的质量和效益；坚持把保障和改善民生作为加快发展的根本出发点和落脚点，努力让人民群众共享改革发展成果；坚持把转变作风、真抓实干作为环境建设的重中之重，努力提高推进经济社会跨越式发展的保障能力。

今年全市经济社会发展的主要预期目标是：地区生产总值增长13%；地方一般预算收入增长15%；全社会固定资产投资增长25%以上；社会消费品零售总额增长20%以上；规模以上工业增加值增长18%；实际利用外资增长12%，外贸出口总额增长15%；城镇居民人均可支配收入和农民人均纯收入分别增长12%以上；城镇新增就业3.5万人，城镇登记失业率控制在4.5%以内；居民消费价格指数控制在4%左右；人口自然增长率、单位生产总值能耗下降、主要污染物排放量控制在省定目标以内。

按照上述要求和目标，我们将突出抓好事关全局的六项重点工作：

（一）全面提升主导产业，进一步增强核心竞争力。

围绕建设百万量级汽车城目标，全力支持东风公司实施“61行动计划”，大力扶持有实力的企业加快发展，坚持整车与总成同步、生产与研发并举，集聚要素，整合资源，放大商用车比较优势，确保汽车工业产值突破1000亿元。

盘活存量，培育增量，大力发展整车和专用车。支持东风商用车联合工厂一期4万辆、三环专汽3万辆扩能项目建成投产，启动东风渝安三期10万辆整车项目建设；力争东风征梦3万辆、安远2万辆、驰田2万辆、东风特汽1万辆、神河1万辆等专用车项目建成投产。实现整车产销60万辆以上、专用车产销10万辆以上。

全面发展5大总成，做专做精零部件和装备产业。支持东风18万台发动机、18万套变速箱动力总成项目建设，确保东风特种车身15万辆、正和车身10万辆扩能项目开工。力争双星东风千万套级轮胎扩能项目建成投产，支持先锋模具、佳恒液压、华昌达等装备企业快速发展。进一步扩大汽车汽配会展经济影响力，增强中国（十堰）汽配城辐射能力。

全力支持地方企业发展，不断增强企业创新能力。加快推进地方专用车生产企业与东风商用车公司合作发展，提升地方企业竞争力。推进创新型企业建设，积极申报国家数字化装备重大专项应用示范工程，加速推进国家汽车质检中心零部件分中心建设。

以现有零部件企业和装备企业为基础，既立足于汽车产业又着眼于超越现有产业，加快发展先进制造业。着力推进企业技术改造和技术创新，通过技术结构调整推动产品结构调整，通过产品结构调整推动企业结构调整，通过企业结构调整推动整个产业结构调整，提升产业层次。大力延伸产业链条，千方百计开拓汽车产业以外的配套领域，切实增强配套产业自主发展的内生动力。

（二）突破性发展旅游服务业，全力培植新兴支柱产业。

旅游服务业是当今世界发展最快的新兴产业。十堰旅游资源得天独厚、禀赋极高，发展旅游业空间和潜力巨大。要站在全局和战略的高度，把质变蕴于量变之中，在量变中酝酿质的飞跃，创新理念提升旅游，政府主导大办旅游，市场营销拉动旅游，打造品牌做强旅游，力争全年接待游客1800万人次以上，旅游总收入突破110亿元。

以武当山为龙头，以太极湖为引擎，全力打造旅游核心区，确保太极湖新区重点项目全部开工，基本完成武当新区、水上游览区、休闲区三大板块的主体工程；加快建设玉虚宫、五龙宫、遇真宫修复等项目，建成武当山旅游码头。创意发展一批道教养生、道教音乐、古建筑鉴赏等体验式项目，对接发展一批乡村游、生态游、养生游联动项目，配套发展一批餐饮、住宿、娱乐、购物服务项目，提高旅游产业综合效益。不断壮大市场主体，培育引进一批有竞争实力的旅游骨干企业，推进旅游业超常规发展。全力破解融资难题，加快旅游投资公司建设，创造条件推进企业直接向资本市场融资。强化旅游行业管理，积极培育和引进旅游高端人才。加大宣传促销力度，让“问道武当山、养生太极湖”主题形象世人皆知。努力推进旅游由单纯观光向观光、休闲、养生并重延伸，由单一资源主导向资源与文化并举转变，由门票经济向产业经济转型。

（三）强力助推县域经济，加快城乡协调发展步伐。

强市之基在于强县，富民之源在于富县。十堰要实现跨越式发展，县域经济必须加快实现跨越式发展。要抢抓全省县域经济工作会议在十堰市召开的契机，坚持用工业化理念谋划农业，用城镇化理念建设农村，扎实抓好“三农”工作，全力助推县域经济发展，力争各县市在全省县域经济综合排名中的位次都有新的提升。

大力培育市场主体。坚持“产业第一、企业家老大”的理念，做大主导产业，做强骨干企业，引进实力企业，提升本土企业。坚持差异化发展策略，突出“一县一品”，壮大水电能源、机械制造、生物医药等产业，力争各县市新增规模企业10家以上。大力开展全民招商、专业招商、大员招商，扩大招商领域，提高招商实效。

着力构建发展平台。按照“特色鲜明、优势互补、错位竞争、差异发展”的原则，坚持政策向园区倾斜、企业向园区集中、产业向园区集聚，加快园区建设步伐。坚持规划先行、科学定位，集约节约利用土地，高质高效发展园区。加快县市融资平台建设，构建政府主导、市场运作、社会参与的多元化投融资机制。今年市政府将把融资平台建设纳入各县市目标考核，并通过以奖代补方式予以支持。

加快发展农业产业化。进一步壮大特色产业基地，新建基地10万亩,改造升级15万亩,新建畜牧养殖小区120个。大力推进农产品规模化生产、标准化加工、商品化包装、品牌化推介、市场化营销,重点支持一批龙头企业做强做大,力争新增市级以上龙头企业20家,实现加工产值65亿元以上。加强“武当道茶”、丹江鲌鱼等品牌建设,确保新认证“三品”品牌、地理标志产品和知名商标20个,力争“武当道茶”成为中国驰名商标。新建、改造蔬菜基地各1.5万亩。按照今年中央1号文件的要求,把水利作为农村基础设施建设的重点,加大投入,加快发展。同步推进基本农田、农村能源、乡村公路等基础设施建设,进一步改善农村生产生活条件。

加速推进城乡一体化。按照3年取得明显变化、5年基本建成的目标,加快建设竹房城镇带。坚持规划先行,坚持区域统筹,坚持产业主导,坚持改善民生,坚持改革创新,坚持群众主体,尽快启动一批产业发展、基础设施和村庄整治项目,今年力求取得实质性进展。按照生态与经济协调发展的要求,加快汉江生态经济带建设,力争将其提升到更高的决策层面。继续加快7个省级、1个市级新农村示范乡镇建设和丹江口市整市推进脱贫奔小康试点工作。

(四)加强重大基础设施建设,夯实跨越式发展的基础。

强力推进交通项目建设。力争武当山机场开工建设,加快谷竹、十白、十房和郧十高速公路建设,积极争取国省干线公路调整项目,基本建成郧十一级公路。

加快市政设施建设。确保东环路建成通车、发展大道路基工程完工,推进中岳路建设,启动车城西路改造和林荫大道建设工程。建成东部垃圾处理厂和西部污水处理厂,完成天然气十堰支干线及城网配套工程。抓好城市综合改造和专项整治,加快城区综合配套设施建设,依法查处违法违章建筑,力争全国文明城市和国家环保模范城市创建能进入申报程序、国家卫生城市创建通过评估。

(五)着力保障和改善民生,让发展成果惠及更多百姓。

全面发展社会事业。积极发展学前教育,均衡发展义务教育,特色发展高中教育,大力发展职业教育,加快中小学校舍安全工程建设,支持十堰职业技术学院创办国家骨干职业院校,支持郧阳师专创建省学前教育示范学校,支持武当山国际武术学院秋季建成招生。巩固基本药物制度改革试点成果,抓好扩大试点工作,力争政府举办的基层医疗卫生机构全部实施基本药物制度,确保红十字医院改革试点取得实质性进展,大力推行就医“一卡通”,稳定提高新型农村合作医疗参合率。进一步完善城乡文体设施,推进山地体育公园建设,继续实施广播电视“村村通”工程,丰富群众文体生活。

加强就业和社会保障工作。把促进充分就业作为优先目标,扎实推进创业就业,确保新增城镇就业3.6万人、再就业1.7万人,培训转移农村劳动力3万人。进一步扩大社会保险覆盖面,确保扩面新增6万人;积极推进城乡低保一体化试点;做好新型农村养老保险改革试点工作;加强福利院、光荣院和老年公寓建设。

加强和创新社会管理。明确社区事权,按照财权、事权对等原则,进一步加大经费保障力度,完善社区服务功能,提升社区管理水平。

讲政治,顾大局,把移民安置作为头号民生工程来抓。基本完成南水北调10万移民内安迁建任务,全面完成潘口水电站移民安置任务,妥善解决移民内安及搬迁复建中出现的矛盾和问题。

把稳控物价放在更加突出的位置,坚持自我生产和外部调运两手抓,保障市场供给,强化市场监管,保持市场价格总水平基本稳定。认真贯彻国家房地产宏观调控政策,有效抑制房价过快上涨,实行保障性住房与商品性住房双管齐下、双线运行,加快以公租房为重点的保障性住房建设,满足中低收入家庭住房需求。进一步完善信访工作责任制,健全社会舆情汇集和分析机制,健全社会稳定风险评估机制,下功夫从源头上化解矛盾和问题。同时,深入开展平安创建活动,加强安全生产和社会治安综合治理,确保人民生命财产安全。

(六)扎实办好“十件实事”,认真解决好事关群众切身利益的问题。

各位代表!民生连着民心,民心凝聚民力。今年,市政府将突出重点,加大投入,完善措施,继续办好城乡群众普遍关心的十件实事。(1)解决农村10万人安全饮水问题。(2)新建300个农村村级综合服务社、新建改造20个社区综合服务站。(3)完善26个乡镇卫生院医疗急救站。(4)改造社区公厕和设置生态移动公厕30个。(5)改造17个老式垃圾中转站。(6)维修改造城区60条内街小巷。(7)新建30个公交站廊。(8)全程改造美化城区人民路。(9)启动建设1000套公共租赁住房。(10)新建和改建5所幼儿园。

四、努力建设人民满意的政府

让人民满意是政府工作的不懈追求。我们将在市委正确领导下,牢记宗旨,以人为本,依法行政、以德施政、科学理政、廉洁从政,全力打造法治政府、效能政府和阳光政府。

(一)推进依法行政,着力打造法治政府。

依法行政是政府一切工作的行为准则。我们将严格依照宪法和法律规定的权限和程序,全面履行经济调节、市场监管、社会管理和公共服务职能,促进行政行为规范化,确保行政行为合法化,严格实施依法治市。

提高公务人员法律素养是依法行政的前提。我们将广泛开展“法律进机关”活动,狠抓普法教育和岗位培训,不断增强公务人员法治理念,切实提高依法办事的操作能力和依法行政的服务水平。

加强行政决策制度建设。逐步建成公众参与、专家论证、风险评估、合法性审查和集体讨论决定相结合的决策机制,探索建立重大行政决策实施情况民意调查和社会效果评价制度,及时发现并弥补行政决策中的不足,扎实推进行政决策的科学化、民主化、法治化进程。

规范行政执法行为。按照规范执法、公正执法、文明执法的要求,规范执法主体,落实执法人员持证上岗和资格管理制度。完善执法程序,做到流程清楚、要求具体、期限明确。改进执法方式,平等对待行政相对人,维护相对人人身权利和人格尊严。

积极接受监督。主动接受人大、政协监督,强化上级行政机关对下级行政机关的监督,拓宽群众监督渠道,自觉接受社会监督,高度重视舆论监督,依法规范政府行为。

(二)提高执行能力,着力打造效能政府。

执行力是效能建设的核心。要加强作风建设,增强执行能力,努力实现公平高效、勤政高效、廉政高效、善政高效、低耗高效,切实提高政府效能。

推进机制创新。完善主体明确、层级清晰、具体量化的岗位责任制,实现责任无缝链接。探索绩效评估制度,科学设置指标体系,推进绩效评估制度化。完善重大事项协调调度制度,确保政府各项工作指挥有方、推进有序、落实有力。

优化审批流程。创新工作运行程序和方式,加快构建“一楼式办公”、“一窗式收费”、“一站式服务”的行政服务体系,避免多头审批、重复审批。强化行政服务中心职能,探索推进“三集中、三到位”行政审批相对集中改革,提高行政审批效率。推行网上电子审批,构筑高效便捷的服务平台。

切实改进政风。始终保持昂扬向上、奋发有为的精神状态,始终保持迎难而上、知难而进的旺盛斗志,始终保持同人民群众的血肉联系。严明纪律,服从大局,确保政令畅通,做到定必干、干必成、成必优。以对党和对人民高度负责的精神,尽职尽责做好各项工作,努力形成一级抓一级、层层抓落实的良好局面。下大力气精简会议、压缩文件,认真开展调查研究,集中精力抓大事、抓要事、抓难事。

严格行政问责。坚持有错必纠、有责必问,严格落实首问负责、限时办结、责任追究三项制度,杜绝有令不行、有禁不止、行政不作为、失职渎职等行为发生。

(三)坚持行政为民,着力打造阳光政府。

阳光施政是现代政府的重要特征。要让政务在阳光下操作,权力在阳光下运行,努力塑造公开透明、便民利民、清政廉洁的政府形象。

全面推进政务公开。以公开为原则、不公开为例外,凡是不涉及国家秘密、商业秘密和个人隐私的政府信息,都及时向社会公开。进一步完善重大决策听证、重要事项公示、重点工作通报、政务信息查询“四项制度”,着重抓好政府文件、决策过程、政务活动、办事程序、收费标准、处理结果“六个公开”,实现公共权力透明行使、公共资金透明运行、公共资源透明分配、公共服务透明供给。

扎实推进廉政建设。把阳光作为最好的防腐剂,把权力置于公众的有效监督之下,以更加坚定的信心、更加坚决的态度、更加有力的措施推进反腐倡廉,集中力量解决人民群众反映强烈的突出问题,深入推进工程建设等领域的专项治理,坚决纠正损害群众利益的不正之风,以反腐倡廉的实际成果保障发展、赢得民心。

各位代表!十堰正处在跨越式发展的关键时期,新的历史征程召唤着我们,新的宏伟目标激励着我们。让我们在市委的正确领导下,在市人大、政协的监督支持下,倍加珍惜千载难逢的历史机遇,倍加珍惜来之不易的发展环境,倍加珍惜政通人和的大好局面,乘势而上,奋力拼搏,为开创十堰美好明天而努力奋斗!

在政协十堰市四届一次会议闭幕会上的讲话

（2011年1月21日）

十堰市政协主席　陈家义

各位委员、各位同志：

中国人民政治协商会议十堰市第四届委员会第一次会议在大家的共同努力下，圆满完成各项议程，就要胜利闭幕了。

这次大会是在全市上下深入学习贯彻中共十七届五中全会精神，认真谋划“十二五”规划，加快推进“一城两带”战略，奋力建设区域性中心城市，努力实现十堰经济社会跨越式发展的新形势下召开的一次重要会议。会议审议通过了政协十堰市第三届委员会常务委员会工作报告和关于提案工作情况的报告；列席市人大四届一次会议，听取和讨论了周霁市长所作的政府工作报告以及其他重要报告；选举产生了政协十堰市第四届委员会常务委员会。委员们以饱满的热情和高度的责任感，对事关十堰改革发展稳定大局和人民群众切身利益的重要问题提出了许多宝贵的意见和建议。大会开幕式上，市委书记陈天会同志发表了热情洋溢的致辞，体现了市委对政协工作的重视和关心，对做好本届政协工作具有重要指导意义，我们一定要认真学习，深刻领会，抓好落实。这次大会开得很成功，是一次民主求实、团结鼓劲的大会，是一次继往开来、催人奋进的大会。

过去的六年，是十堰历史上不平凡的六年，也是十堰政协工作不平凡的六年。在蓝官衡、王铁军同志的主持下，三届市政协认真履行职能，在推进政治协商的制度化、规范化、程序化方面取得了重大进展，在完善民主监督方面创造了新经验，在参政议政方面迈出了新步伐，为巩固和发展民主团结、生动活泼、安定和谐的政治局面，为推进十堰的改革开放和现代化建设，做了大量卓有成效的工作，取得了优异成绩。这些成绩，凝聚着各位政协委员和广大政协工作者的智慧和心血。在此，我谨代表政协十堰市第四届委员会常务委员会，向蓝官衡、王铁军同志，向三届市政协的各位主席、常委、委员们表示诚挚的感谢和崇高的敬意！

大会新当选的政协十堰市第四届常委，十分感谢各位委员的信任，深感使命光荣、责任重大。我们将十分珍视这一崇高职务，继承发扬优良传统，继往开来，在中共十堰市委的正确领导下，与全体委员一道，紧紧围绕全市工作大局，牢牢把握团结和民主两大主题，认真履行政治协商、民主监督、参政议政三大职能，不断把我市人民政协事业推向前进。

下面，我讲四点意见，与大家共勉。

一、认清形势，提高认识，站在新的历史起点上切实做好新时期的人民政协工作

过去的六年，是十堰共克时艰，成就辉煌的六年。全市上下紧紧围绕建设区域性中心城市的奋斗目标，提出并实施了“一统三分”、打造百万量级汽车城、构建鄂西生态文化旅游圈核心板块和重要支撑等战略举措，成功举办了两届世界传统武术节，完成了南水北调移民外迁、国企改制等任务，经受住了东风“两个总部”外迁、国际金融危机冲击和自然灾害频发等各种严峻考验，全市经济社会发展取得巨大成就，实现了“十一五”的完美收官。六年来，市政协在市委的正确领导下，紧紧围绕全市中心工作和发展中的重大问题，深入开展调查研究和协商讨论，集思广益，建言献策，为市委市政府科学决策、民主决策提供参考意见；认真协助市委市政府做好沟通思想、协调关系、化解矛盾、凝聚人心的工作，主动加强同各民主党派、人民团体及社会各界人士的合作，密切与港澳台同胞、海外侨胞的联系，为坚持团结民主，促进社会和谐鼓与呼；积极参与移民外迁、“三城联创”、“千名干部进百企”、世界传统武术节、转变作风提高执行力等全市重点工作，切实做到了与党委政府目标同向、思想同心、工作同步，形成了推动十堰发展的合力。实践证明，全市各级政协组织和广大政协委员在推动我市科学发展的进程中，发挥了重要作用，取得了显著成绩。

当前，十堰正处在一个厚积薄发的新阶段，站在了一个新的历史起点上。本次会议协商讨论的《十堰市国民经济和社会发展第十二个五年规划纲要》提出，未来五年要努力开创区域性中心城市建设、综合交通枢纽建设、城乡一体化发展、山水一体大旅游和生态文明建设“五个新局面”的经济社会发展总体目标和“一城两带”的总体发展战略。“十二五”的宏伟蓝图，为人民政协发挥作用、履行职能，提供了大有可为的广阔舞台和重要机遇。全市各级政协组织和广大政协委员要切实增强做好政协工作的责任感和使命感，在市委的坚强领导和市政府及社会各界的大力支持下，充分发挥人民政协团结和民主的优势，求同存异、体谅包容，同心同德、群策群力，把全社会的力量凝聚到实现“十二五”宏伟蓝图上来，最广泛最充分地调动一切积极因素，切实做到服务发展有新成效、关注民生有新作为、汇聚力量有新举措、促进和谐有新贡献，为促进十堰跨越式发展作出新的更大贡献。

二、围绕中心，服务大局，切实履行人民政协的政治协商、民主监督、参政议政三大职能

加快推进“一城两带”建设，努力实现十堰经济社会跨越式发展，是今后一个时期推动十堰发展的总体战略，是科学发展观指导十堰发展的生动实践。人民政协人才济济、群贤荟萃，在服务“一城两带”建设、促进跨越式发展方面，具有不可替代的优势，负有义不容辞的责任。要在协商中达成跨越式发展的共识，在监督中求得跨越式发展的成功，在参与中形成跨越式发展的合力。

要认真搞好政治协商。把政治协商纳入决策程序，就国家和地方的重要问题在决策之前和决策执行过程中进行协商，是政治协商的重要原则。要突出跨越式发展主题，紧紧围绕市委、市政府中心工作，坚持“重质量、求实效”的原则，不断探索协商议政的新机制，采取召开政协全体会议、常务委员会议、主席会议、专题协商议政会议等形式，提高协商议政实效，注重协商议政成果转化运用，努力推进科学、民主决策。

要积极探索民主监督的有效形式和机制，围绕国家宪法、法律和法规的实施，重大方针政策的贯彻执行，国家机关及工作人员的工作，参加政协的单位和个人遵守政协章程和执行政协决议等情况，充分运用各种会议、提案、视察、社情民意信息、选派民主监督员和特邀监督员等多种形式，坚持与党内监督、行政监督、法律监督、群众监督和舆论监督紧密结合、统筹协调，提高民主监督的成效。

要深入开展参政议政。充分发挥政协位置超脱的优势，立足经济社会发展和人民群众关心的热点难点问题，深入调查研究，积极探索破解发展难题的途径和方法，多做舒解情绪、化消极因素为积极因素的工作，切实做到参政参到点子上、议政议到关键处。今年，要紧紧围绕继续保持十堰经济平稳较快增长，努力实现“十二五”良好开局；继续加大民生工作力度，确保民生有新的改善；继续全力做好维稳工作，确保全市社会大局和谐稳定“三大目标”，在高质量筹办好全省县域经济工作会、做好换届工作、基本完成10万移民内安迁建任务、推进“一城两带”战略取得实质性进展、争取通过“创卫”工作国家评估验收和全力支持东风公司实施“61行动计划”等“六项重点工作”中，精心组织政协委员开展调查研究、咨询论证和视察活动，建有用之言、献务实之策，在促进跨越式发展中发挥好“智囊团”的作用。

要深入学习、认真贯彻去年9月省委召开的全省政协工作会议精神，积极配合党委做好制度机制建设的落实工作，紧紧围绕“把政治协商纳入决策程序、完善民主监督机制、提高参政议政实效”这个总目标总要求，进一步健全和完善人民政协履行职能、开展工作的各项制度和机制，不断提高政协工作的科学化水平。

三、牢牢把握团结和民主两大主题，在促进社会和谐中实现大团结大联合

团结和民主，是社会和谐稳定的基础，是改革发展的力量源泉。团结增强凝聚力，民主增强认同感。实现紧密团结，民主就更有基础；发扬广泛民主，团结就更有力量。人民政协必须牢牢把握团结和民主两大主题，在紧密团结的基础上发扬民主，在发扬民主的过程中巩固团结。把发扬民主、增进团结、协调关系、化解矛盾作为履行职能的重要着力点，把人民政协这一大团结大联合组织的作用发挥好，把这种发扬社会主义民主的重要形式运用好，努力营造团结民主、生动活泼的良好氛围，形成攻坚克难、夺取胜利的强大合力。

一方面要充分发挥人民政协作为最广泛的爱国统一战线组织具有广泛代表性的作用，加强与方方面面的团结与联合。努力促进政党关系、民族关系、宗教关系、阶层关系、海内外同胞关系“五大关系”的和谐发展。要搞好中国共产党同各民主党派和无党派人士在人民政协的合作共事关系，支持各民主党派和无党派人士参与全市重大方针政策讨论协商及履行职责各项活动，尊重和保障各民主党派在政协的各种会议上以本党派名义发表意见的权利，尊重和保障各民主党派和无党派人士开展视察、提出提案、反映社情民意及参与调查和检查的权利，维护和促进民主团结、生动活泼的政党关系。要认真贯彻党的民族政策和宗教政策，充分发挥民族、宗教界代表人士在人民政协中的作用，协助党和政府做好民族工作和宗教工作，建立良好的民族与宗教关系，促进民族团结、宗教和睦、社会稳定。要关注不同阶层利益诉求，协助党和政府妥善处理好各方面利益关系，最大限度地团结一切可以团结的力量，调动一切可以调动的积极因素。要积极开展海内外联谊工作，充分发挥政协组织联系和聚集一大批港、澳、台、侨代表人士的优势，建立与海内外同胞的良好关系，扩大友好交往，积极引进资金、项目，为切实解决我市对外开放不够的问题贡献力量。

另一方面要充分发挥人民政协作为中国共产党领导的多党合作和政治协商的重要机构具有的巨大包容性作用，积极推进中国特色社会主义民主建设。要让参加政协的各党派团体和各族各界代表人士，就我市的政治、经济、文化和社会生活中的重大问题充分发表意见，民主平等、宽松和谐地进行反复深入的讨论协商，促进党委和政府决策的科学化、民主化。充分运用政协这一独特的民主形式，全面贯彻党的基本路线、基本纲领、基本经验，保持党同人民群众的血肉联系，充分体现执政为民、执政靠民的本质要求。

四、加强自身建设，进一步提高做好政协工作的执行力

加强自身建设，是人民政协强基固本的重要工作。面对新机遇、新形势、新任务，我们要进一步加强自身的思想理论、作风和常委会建设，不断提高政协工作执行力。

要进一步加强思想理论建设。要继续发扬人民政协学习和自我教育的优良传统，坚持把加强思想理论建设摆在人民政协各项建设的首要位置，组织推动政协委员和各界人士深入学习中国特色社会主义理论体系，深入了解国情、省情、市情，积极研究发展中的新情况、新问题，努力探索符合十堰发展的新路子。

要进一步加强作风建设。大力倡导责任政协、务实政协、创新政协、和谐政协理念，把握新形势下政协工作的特点和规律，充分发挥政协组织在我市政治、经济和社会生活中的重要作用。按照"责任政协"要求，自觉承担起政治责任、岗位责任、社会责任；按照"务实政协"要求，弘扬求真务实的作风，建睿智之言、献务实之策、谋发展之道；按照"创新政协"要求，创新工作思路、创新履职载体、创新活动方式；按照"和谐政协"要求，营造和睦融洽的履职氛围、形成和衷共济的工作合力、维护安定团结的政治局面。

要进一步加强政协常委会建设。切实履行政协章程赋予的重要职责，不断提高常委会主持会务的能力。要加强专门委员会建设，提高专委会组成人员政治和业务素质，积极探索专委会工作新思路新方式。要加强政协委员队伍建设，新一届市政协委员聚集了各界优秀人才，这是做好人民政协工作的坚实基础。我们要充分发挥政协委员的积极性、主动性和创造性，努力营造鼓励政协委员干事业、支持政协委员干成事业的良好氛围。全体政协委员要不图虚名，不辱使命，不负众望，切实发挥政协委员在本职工作中的带头作用、政协工作中的主体作用和界别群众中的代表作用。要加强政协机关建设，不断增强政协机关政务服务和统筹协调能力，建设一支政治坚定、作风优良、学识丰富、业务熟练的政协机关干部队伍。

同志们，今年是"十二五"开局之年，做好今年的政协工作具有十分重要的意义。让我们高举中国特色社会主义伟大旗帜，以邓小平理论和"三个代表"重要思想为指导，深入贯彻落实科学发展观，在中共十堰市委的正确领导下，解放思想，振奋精神，努力开创我市政协工作新局面，为建设区域性中心城市，加快推进"一城两带"战略，实现十堰经济社会跨越式发展作出新贡献！

现在我宣布，政协十堰市第四届委员会第一次会议胜利闭幕！

中共中央和国家领导人在十堰活动

【吴官正考察十堰市】 10月19日至24日，原中共中央政治局常委、中纪委书记吴官正一行莅临十堰市考察。省委书记、省人大常委会主任罗清泉，省政协主席宋育英，省委副书记、武汉市委书记杨松，省委常委、副省长张岱梨等陪同考察。吴官正一行先后考察房县、武当山特区、丹江口市和十堰城区。在武当山景区，吴官正考察南岩宫、紫霄宫、太子坡等景点，对武当山旖旎的自然风光、气势恢宏的古代建筑、博大精深的道教文化大加赞赏。随后，吴官正考察正在建设中的太极湖和玉虚宫复建工程，参观武当山博物馆，观看武乐圣典《太极武当》。24日，吴官正一行考察丹江口水利枢纽大坝加高工程，就工程建设进度、质量等问题，与工程建设者交流。在十堰城区，吴官正兴致勃勃地考察东风汽车公司总装厂、东风渝安车辆有限公司、东风商用车8万辆重卡基地、十堰博物馆，视察了北京路、人民路、重庆路、东风大道、体育中心、六堰人民广场等基础设施建设，对重点项目建设和靓丽的市容市貌、完善的城市功能予以高度赞赏，对十堰市经济社会发展取得的成就予以充分肯定。吴官正强调，十堰是国家级生态功能示范区，又是国家南水北调中线工程核心水源区，正确处理好经济发展与生态环境保护的关系，意义十分重大，要以建设区域性中心城市为目标，高标准推进基础设施建设，特别是要加快道路交通设施建设，强化功能片区和公共设施建设，加强生态环境建设，保障城市安全运行，实现经济社会又好又快发展。

10月19日，原中共中央政治局常委、中纪委书记吴官正（前中）在武当山特区考察

【桑国卫视察十堰市】 9月7日，全国人大副委员长桑国卫率全国人大常委会委员、全国人大农委副主任委员孙文盛，全国人大农委副主任委员符庭贵以及农业部、国家林业局有关部门负责人，在湖北省人大副主任罗辉，十堰市领导陈天会、王铁军、陈家义、张光新、周有顺，武当山特区领导李发平、柯希胜、陈建平等同志的陪同下视察了武当山。桑国卫一行先后视察了南岩、紫霄宫等景点。在南岩宫，他对南岩石殿、摩崖石刻、人物雕像、龙头香等兴趣盎然，称武当山文物丰富，文化底蕴深厚，不愧为天下名山。在紫霄宫，他察看了紫霄宫古建筑，与武当山道协工作人员探讨了武当文化、武当武术、道教音

乐的起源和发展，并为武当山题词“泽被群生”。桑国卫听取了武当山有关情况汇报后，充分肯定了武当山文物保护、环境综合治理，以及武当山近年来在景区建设、管理、服务和旅游收入上的巨大变化。他说，武当山是世界文化遗产、中国道教圣地，也是国家级重点风景名胜区、中国重点宗教活动开放场所和中国武林之乡，历史悠久，自然、人文景观交相辉映，是世界公认的必须去的一百个旅游胜地之一。武当山植被保护好，生态优，空气清新，走在这样的环境里，感到神清气爽。武当武术是中华武术的重要组成部分，在国内外享有很高的声誉，一定要发扬光大，使之代代相传。同时，道教文化倡导的“道法自然，天人合一”，与今天构建和谐社会的理念是一致的，一定要注意保护、挖掘、整理，大力弘扬道教文化，发展文化产业，促进和谐社会建设。

【何厚铧视察十堰市】　5月15日，全国政协副主席、澳门特别行政区原行政长官何厚铧视察武当山。湖北省政协常务副主席李佑才，十堰市领导陈天会、王铁军、陈家义、吴世杰，武当山特区领导李发平等陪同视察。何厚铧先后视察了南岩宫、紫霄宫、逍遥谷等景点，对武当山旖旎的自然风光、气势恢宏的古代建筑、博大精深的道教文化等大为赞赏。何厚铧在紫霄宫欣赏了浑然天成的武当道教音乐，在逍遥谷观看了玄妙飘灵的武当武术表演。在听取了武当山文物保护和旅游工作汇报后，何厚铧充分肯定了武当山文物保护和环境综合治理工作，以及近年来在景区建设、管理、服务和旅游收入上的巨大变化。他说，武当山是世界文化遗产、中国道教圣地、国家级重点风景名胜区、中国重点宗教活动开放场所和中国武林之乡，历史悠久，自然、人文景观交相辉映，是世界公认的必须去的一百个旅游胜地之一，加快发展以武当山为龙头的旅游产业，对带动十堰乃至湖北经济社会的发展，具有十分重要的作用。特别是近几年，以武当山为龙头的旅游经济得到了长足发展，有力地促进了十堰乃至湖北经济社会健康可持续发展。武当山要以科学发展观为指导，妥善处理好旅游开发与文物保护的关系，使二者相辅相成，相得益彰。同时，要加大对风景区建设投入力度，特别要加强以交通为主的旅游基础设施建设，加快对旅游资源进行整合，加强对外的宣传推介，吸引更多的客人前来武当山旅游观光，不断把武当山的发展提升到新的水平。

5月15日，全国政协副主席、澳门特别行政区原行政长官何厚铧（前一）视察武当山

【黄孟复视察十堰市】　10月16日，全国政协副主席、全国工商业联合会会长黄孟复在湖北省政协副主席宋德福，十堰市政协主席王铁军，市委常委、统战部长吴世杰，武当山特区领导柯希胜、程新华、陈建平、周继红等同志的陪同下视察武当山。黄孟复一行先后视察了南岩、紫霄宫等景点，考察规模宏大的古代建筑，了解源远流长的道教文化，感受绚丽多姿的自然景观。在紫霄宫，黄孟复兴致勃勃地察看古代建筑。他指出，武当文化历史悠久，不仅是中国文化的重要组成部分，也是全世界宝贵的思想文化遗产。他对武当文物保护、环境综合治理以及在景区建设、管理、服务和旅游开发上的变化给予充分肯定。他表示，武当山要进一步加大旅游基础设施建设和管理力度，加快旅游资源整合，加强对外宣传推介，吸引更多的客人来到武当山，实现武当山旅游经济更好、更快发展。

十堰概况

行政建置

【概况】 十堰市位于湖北省西北边陲，地处秦巴山区东部、汉江中上游地区，与河南省西部、陕西省南部、重庆市东部等3省市边境交界，东与湖北省襄阳市的保康、谷城、老河口3县市接壤，东北与河南省南阳市的淅川县相连，北与陕西省商洛市的商南、山阳、镇安3县相接，西与陕西省安康市的白河、旬阳、平利、镇坪4县毗邻，南与湖北省神农架林区和重庆市的巫溪县交界。大巴山东段逶迤于南，秦岭余脉屏障其北，汉江自西向东穿越全境，地跨北纬31°30′至33°16′，东经109°29′至111°16′，东西长约200公里，南北长约195.5公里。独特的地理位置，使十堰地域自古就有“南跨荆襄、北枕商洛、东抚南阳、西掖汉中”之誉，并有“南船北马、川陕咽喉、四省通衢”之称。

十堰市因中国第二汽车制造厂于1969年落户十堰而得名，初为县级市、后为省辖市。辖郧县、郧西县、竹山县、竹溪县、房县、丹江口市和张湾区、茅箭区等5县1市2区。全市版图面积23680平方公里，人口351万。十堰地区水陆交通发达，汉江在境内流程216公里，襄渝铁路横穿其境，老白公路、316国道、209国道、襄天高速、银武高速纵横交错其间，已成为我国中西结合部重要的交通枢纽城市。十堰城区经高速公路距武汉435公里、距西安283公里。

十堰地域有着悠久的人文历史。距今100万年前，这里就有古人类产生，“郧县人”的发现，改变了人类起源的一元说。五帝时期，尧子丹朱分封于房县，十堰成为我国古代史上最早的封国。大禹时代，十堰地域分属古梁州和豫州。夏商周三代有房、庸、彭、微、麋、绞、均等上古方国先后在此建国。春秋战国十堰地区属楚国，战国末以后属秦国。秦汉以后，十堰地域的房陵（今房县）、上庸（今竹山境）、武当（今丹江口境）、上津、郧县等地曾数度设州郡。明朝在郧县建郧阳府辖郧县、房县、郧西、竹山、竹溪、保康六县。1932年形成了今天十堰市的行政格局。在这块古老的土地上，历史上产生过古人类文化、古方国文化、诗经文化、帝王流放文化、三国文化、抚治文化和武当文化。古方国文化揭示了国家的产生和演变，诗经文化反映了中国文学的渊源，帝王流放文化记载了我国封建王朝宫廷斗争的史实，三国文化反映了十堰地域为魏、蜀、吴三国结合部的重要地位，抚治文化记载了我国封建吏治方略，武当文化则从天人合一方面承载了我国道教文化的精华。

十堰地区属亚热带季风气候，年均降水量834毫米，平均气温15.2℃，年日照总时数约1958小时，无霜期250天左右，自然资源非常丰富。山川、盆地、丘陵、河谷平原等地形地貌一应俱全，矿产、能源、动植物资源储量丰富。矿产资源探明储量54种794处。铌、稀土、绿松石等7种矿产储量居全省首位，其中铌、稀土储量分别列全国第二、第三位；金、银等7种矿产储量居全省第二位。全市森林覆盖率52%，动植物资源极为丰富。据查，全市拥有木本植物113科1470种，其中珙桐、银杏等国家一级保护植物8种，国家二级保护树种28种。境内有优质茶叶、农特植物、野生食用菌、中草药等储量丰富，其中中药材资源有1360余种，有“华中药谷”之称。全市分布有国家和省重点保护野生动物207种，其中金丝猴、白鹳等国家一级保护动物10种，国家二级保护动物40种。水能资源是大自然赋予十堰的最大优势。全市流域面积500平方公里的河流63条，其中丹江、堵河、金钱河（夹河）流程均在400公里左右，年水能储量均在60亿立方米以上。汉江为过境河，纳上游诸水注入丹江口水库，入水量达290.5亿立方米。十堰地域水能资源理论蕴藏量达500多万千瓦。丰富的水能资源使十堰还成为国家南水北调中线工程水源积蓄地。

十堰更是一座新兴的现代化城

市。自1969年第二汽车制造厂入驻建市至今，十堰从一个几十户人家的山区小镇一跃而成为拥有60多万人口的现代化的工业城市。经过近40年的艰苦创业，基本形成汽车、水电、旅游、生态、冶金、化工、能源、纺织、建材、食品等门类多样、结构日趋合理的产业工业体系。汽车产业、水电产业、旅游产业、生态产业成为十堰经济发展的四大支柱产业。十堰是“中国第一、世界前三”的商用车生产基地，全市500多家整车及零部件生产企业，拥有近千亿元的制造业存量资产和年产50万辆汽车生产能力。十堰境内旅游景点90多处。道教圣地武当山是国家5A级旅游圣地，被誉为天下第一仙山。1994年，武当山被联合国列入世界文化遗产名录。十堰市先后被评为国家园林城市、中国优秀旅游城市、全国双拥模范城市、全国卫生城市、全国园林绿化先进城市、全国绿化十佳城市、全国综合实力百强城市、中国生活质量百强城市、全国投资环境百佳城市和湖北省文明城市。　（潘彦文）

【山川地貌】　十堰市山脉分属3系：秦岭山脉东段延伸到本市北部，武当山位于本市中部，大巴山的东段横列于本市西南部。这些山脉多由变质岩和石灰岩构成。特点是：山大谷狭，高差大，坡度大，切割深。最高点竹溪县葱坪海拔2740.2米，最低点丹江口市潘家岩海拔87米。全市整个地势南北高，中间低，自西南向东北倾斜。全市可分为丘陵、低山、中山、高山4种主地貌类型和河谷平地、山间盆地2种副地貌类型。耕地占国土面积9%，园地占2.1%，林地占53.0%，牧草地占0.8%，其他农用地占2.8%，居民点及工矿用地占2.2%，交通运输用地占0.2%，水利设施用地占1.1%，未利用土地占13.2%。

【行政区划】　十堰市辖5县1市2区。下设13个街办、65个镇、40个乡，159个社区居委会、1845个村委会。

2010年十堰市行政区划基本情况表

县市区名称	街办	镇	乡	居委会（社区）	村委会	邮编	行政代码
合计	13	65	40	159	1845	442000	420300
茅箭区	4	1	2	30	42	442012	420302
张湾区	4	2	2	33	67	442001	420303
郧县		16	3	8	340	442500	420321
郧西县		9	7	10	338	442600	420322
竹山县		9	8	13	253	442200	420323
竹溪县		8	7	16	289	442300	420324
房县		9	10	12	292	442100	420325
丹江口市	5	11	1	37	224	441900	420381

另：市政府派出机构2个，分别是武当山旅游经济特区（辖武当山街办，属丹江口市区域）和十堰经济开发区（辖白浪街办，属茅箭区域）。

【历史沿革】　十堰市为湖北省省辖市，地处湖北省西北部，与河南省、陕西省、重庆市边境交界。十堰市现辖郧县、郧西县、竹山县、竹溪县、房县，以及丹江口市和茅箭、张湾两城区。辖区版图面积23680平方公里。

十堰地域是我国古人类的发祥地之一。20世纪八十年代末，国家考古学者在郧县青曲镇的曲远河学堂梁子上发掘出了古人类颅骨化石，被国际古人类学者认定为直立人，并命名为“郧县人”，距今100多万年。证明十堰地域为古人类的起源地。

五帝时期　（距今约5000年左右）黄帝、颛顼、帝喾、尧、舜等五帝时期，十堰地域初为三苗亦称有苗族的领地，《吕氏春秋·召类篇》云：“尧战于丹水之浦，以服南蛮”。《汉学堂丛书·六韬》云：“尧与有苗战于丹水之浦”。尧舜时期，十堰地域为尧的儿子丹朱的流放地和封地，丹朱建房国，亦名房子国。《世本·帝系》云：尧取散宜氏之子，谓之女皇，女皇生丹朱。古本《竹书纪年》记载：后稷方帝朱于丹水。今本《竹书纪年》记载：帝使后稷放帝子于丹水；……帝子丹朱避舜于房陵，舜让，不克，朱遂封于房，为虞宾。房国是我国有文献记载的最早的封国。

夏　（约公元前21世纪—约公元16世纪）夏代十堰地域分属梁州和豫州。今郧县、郧西县、房县、竹山县、竹溪县等地域属梁州，丹江口市属豫州。《尚书·禹贡》云：华阳、黑水惟梁州……荆、河惟豫州。有古房国。

商　（约公元前16世纪—约公元前11世纪）商代十堰地域是古代部落方国的领地，先后有庸国、彭国、微国等封国和部落方国在此生存。尚书·牧誓》有："庸、蜀、羌、髳、微、卢、彭、濮人"等西土八国随武王伐纣。其中庸、彭、微居住在十堰地域，濮国北部边界达大巴山东段的房县、竹山县、竹溪县南部边境。庸国中心在今竹山县西南堵河边的田家坝镇北坝地区，彭国中心区在今房县城区地域，微国中心区在今张湾区堵河边的黄龙镇附近。

西周　（约公元前11世纪—公元前770年）十堰地域仍为古方国并存地，有庸国、微国、麇国、钖国、绞国、均国等。庸国占竹山县及以西至陕西安康地区，微国在张湾区黄龙镇地区，钖国和麇国中心先后在郧县五峰乡一带，绞国中心区在丹江口市的习家店镇地区，均国在丹江下游的丹江口市与河南省淅川县的交界处。

东周　［春秋、战国］（公元前770年—公元前221年）

春秋时期　初期十堰地域仍有庸国、钖国、麇国、绞国、均国存在。公元前611年前后，楚国北略，先后灭掉十堰地域诸国，十堰地域属楚国。《左传·文公》："十一年（前616年）春，楚子伐麇。成大心败麇师于防渚（今房县）"；"潘崇复伐麇，至于钖穴"。《左传·文公十六年》（前611年）云："庸人率群蛮以叛楚，麇人率百濮聚于选，将伐楚。……秦人、巴人从楚师。群蛮从楚子盟，遂灭庸。《左传·桓公十一年》（前701年）云："郧人军于蒲骚，将与随、绞、州、蓼伐楚师"。《左传·桓公十二年》（前700年）云："楚伐绞，军其南门。……明日，绞人争出，驱楚役徒于山中。楚人坐其北门，而覆（伏）诸山下，大败之。为城下之盟而还"。公元前701年绞国助郧伐楚，第二年，楚便灭了绞国。

楚灭庸、麇后，在庸地设汉中郡（今陕西安康市），在庸都设上庸县。十堰地域属楚。楚与秦在此域设有上庸六县。《战国策·秦武王谓甘茂曰》云："臣闻张仪西併巴蜀之地、北取西河之外，南取上庸"。《史记·张仪列传》："秦齐共攻楚，斩首八万，杀屈匄，遂取丹阳、汉中之地"。《战国策·楚怀王拘张仪》："奉以上庸六县为汤沐邑"。《史记·秦本纪》云：秦惠文王后十三年（前312年），"庶长章击楚于丹阳，虏其将屈匄。又攻楚汉中，取地六百里。置汉中郡"。《史记·秦本纪》又云："昭襄王三年（前304年），王冠。与楚王会黄棘，与楚上庸"。由此可考，楚于公元前611年前后灭庸、麇后，十堰地域属楚，有上庸六县。按后代承前制的建置规律。从西汉建置中可考楚之"上庸六县"除有上庸县外，还疑有房陵、钖、武陵、长利、武当五县。

战国时期　十堰地域初属楚国之上庸六县（上庸、房陵、钖、长利、武当、武陵）。公元前312年秦张仪取上庸后，十堰地域属秦。公元前304年，秦昭王将上庸地还于楚。公元前296年楚怀王死于秦后，十堰地域终属秦。武当县境有均陵邑。《史记·苏秦列传》苏代传有："残均陵"。唐司马贞《史记索隐》云："均陵在南阳，盖今均州"。今考，均陵应在今丹江口市与河南省淅川县交界的水库区。

秦　秦统一后实行郡县制，把全国划分为三十六郡，（今考证有四十六郡）。十堰地域分属汉中郡和南阳郡。由汉承秦制推定：十堰地区有房陵县（今房县），钖县（今郧县五峰乡东丰村地区），武陵县（县治今竹溪县县河镇一带），上庸县（县治今竹山县田家坝镇北坝），长利县（县治今郧西县观音镇一带）属汉中郡。长利县（有郧关，在今郧县城西北汉江边附近），秦汉中郡治在今陕西省安康市北汉水边。武当县（县治在今丹江口市均县镇汉水边）属南阳郡。南阳郡治宛（今河南省南阳市城区。一说，《史记·秦本纪》唐张守节正义注：南阳及上迁之穰，皆今邓州也。）

西汉　汉初承秦制。汉武帝划分全国为十三刺史部州，置刺史，改雍州曰凉州，改梁州曰益州。十堰地域分属益州刺史部汉中郡和荆州刺史部之南阳郡管辖。益州刺史部汉中郡（郡治西城，今陕西安康市）辖十二县，其中十堰地域有房陵县、钖县、武陵县、上庸县、长利县属之。长利县有郧关。荆州刺史部南阳郡（郡治宛，今河南南阳市）辖三十六县，其中十堰地域有武当县属焉。

东汉　东汉基本承西汉建制，划全国为十二部州。十堰地域仍分属益州汉中郡和荆州南阳郡。十堰地区有上庸县、房陵县、钖县、武当县。武当县属荆州之南阳郡（治宛）。钖县、上庸县、房陵县属益州之汉中郡（治南郑，今陕西汉中市）。东汉长利县并入钖县、武陵县并入上庸县。

东汉末年，十堰境有上庸郡、新城郡（初为房陵郡），以及上庸郡之上庸县、武陵县，新城郡之房陵县，西城郡（后改为魏兴郡，治今安康市）之钖县，南阳郡（初治襄阳）之武当县。

建安二十年（215年），曹操取汉中，破张鲁。时申耽据上庸，遣使至汉中降。操因其据地为上庸郡、以耽为太守，又于钖县置都尉。二十四年（219年），刘备遣孟达攻房陵、上庸，耽降蜀，刘备加耽为征北将军，领上庸太守，封郧乡侯如故。（据裴松之注引《魏略》、《三国志·刘封传》）

三国　曹魏将划分其全境为十二州，十堰地域属曹魏之荆州（州治初襄阳，后徒宛即今南阳市），境域有两郡八县。即上庸郡、新城郡、上庸县、北巫县、武陵县、建始县、房陵县、昌魏县、钖县、武当县。上庸郡(郡治今竹山县西南田家坝镇北坝)辖区有上庸县(附郭)、北巫县(今竹山县柳林乡白河口一带)、武陵县(今竹溪县县河镇一带),建始县(今张湾区黄龙镇)。《宋书》云:"魏立曰建始、晋武改微阳"。新城郡(郡治今房县)辖区有房陵县、昌魏县(今房县东南与保康县交界处)。南乡郡(今河南淅川县之丹江、淅水交汇处丹江口库区)之武当县(侯相),魏兴郡(治今安康市)之钖县。《晋书·地理志》云:"……其南阳、江夏、襄阳、南乡、魏兴、新城、上庸七郡属魏之荆州。及武帝(晋武帝)平吴,……改南乡为顺阳郡"。可证南乡郡为魏置,辖武当县。

晋　西晋将全国划分为十九州,东晋划分为二十二州,十堰地区属荆州之上庸郡、新城郡、魏兴郡和顺阳郡辖地。本区域建置有二郡十一县:即上庸郡、新城郡和上庸县、安富县、北巫县、武陵县、微阳县、钖县、郧乡县(《宋书》:晋武帝太康五年改钖县为郧乡县)、长利县、房陵县、昌魏县、武当县。

上庸郡辖上庸、安富(今房县姚坪一带)、北巫、武陵、微阳等县;新城郡辖房陵、昌魏等县;魏兴郡(治今陕西安康)辖钖县、长利、郧乡等县;顺阳郡(改魏之南乡郡置,治今丹江与淅水交汇处库区)所辖有武当县。

有关钖县、长利县、郧乡县的建置变更情况,《宋书》云:"晋武帝太康五年(284年)改钖县为郧乡县"。《宋书》又云:"钖县令,前汉长利县,属汉中,后汉省,晋武帝太康四年复立,属魏兴。五年,改长利为钖"。由是可认定郧乡、钖县均为太康五年改立,并将长利县移治故钖县地,钖县移治郧关、改为郧乡县。即晋武太康五年后,该域只有郧乡县和钖县。公元350年至394年间十堰地区各郡县属十六国之前秦。前秦灭于后秦,后秦于公元417年灭于东晋。

南北朝　南北朝时期,十堰地区分属各朝州郡管辖。本域北方诸县大致是南北朝分界地。(北周除外,北周辖全境)

宋　宋划分全境为二十三州。十堰地域分属梁州(治今汉中市)与荆州(治今江陵)管辖。

十堰地域有六郡十七县。即始平郡、新城郡、新兴郡、上庸郡、南上洛郡、北上洛郡和平阳县、始平县、武功县、武当县、郧乡县、钖县、吉阳县、房陵县、昌魏县、上庸县、安富县、北巫县、武陵县、微阳县、新安县、上洛县、北上洛县。

梁州所辖十堰地域郡县有:始平郡(治武当县)、平阳县、始平县、武功县。魏兴郡(治今安康市)之郧乡县(治今郧县)、钖县(今郧县五峰)。新兴郡(治今竹溪与平利交界处蒋家堰一带)之吉阳县(附郡治)。新城郡(治今房县)之房陵县、昌魏县。上庸郡(治今竹山县田家坝北坝)之上庸县(附郡治)、安富县(今房县姚坪一带)、北巫县(今竹山县柳林乡白河口一带)、武陵县(今竹溪县河镇一带)、微阳县(今张湾区黄龙镇一带)、新安县(今竹溪县新州乡一带)。南上洛郡(治今郧西县观音镇,侨置郡)之上洛县(附郡治)。北上洛郡(侨置郡,治今郧西县上津镇)及北上洛县。

荆州所辖十堰地域的郡只一个,即始平郡(治武当,侨置郡,今丹江口均县镇汉江边)。始平郡辖武功县、始平县(侨置县)、平阳县(《宋书》曰侨县)、武当县(侯相,附郡治)。唐《元和郡县图志》云:"武当,本汉旧县,后汉初,延岑起兵于此。后空废。南朝宋元嘉末,移县理延岑城)。

此外,经考证,新城郡还有上粉县、魏兴郡还存在堵阳县。《水经注》云:"汉水又东过堵阳县。堵水出自上粉县,北流注之……有粉水,县居其上,故曰上粉县"。而《汉书》、《晋书》、《宋书》等无此县记载。明、清《水经注》作注疏的学者认为上粉、堵阳二县应为汉末或曹魏时置,旋置旋废。今武汉大学考古系教授王然先生在堵河口的韩家洲发掘出的汉砖刻有"堵阳"字样,认为堵阳县为汉置。堵阳县在今堵河口一带,上粉县在今房县东南部古粉水河边。

南齐　南齐分全国为二十三州。十堰地域属梁州、雍州辖地。地域有五郡十五县。即有上庸郡、南上洛郡、北上洛郡、齐兴郡、始平郡和上庸县、武陵县、北巫县、微阳县、新丰县、吉阳县、南上洛县、北上洛县、郧乡县、钖县、安富县、武当县、武阳县(亦称武功县)、始平县、平阳县。

梁州南新城郡所领六县中本地域有房陵县(郡治)、昌魏县。上庸郡所领九县中,本地域有上庸县(郡治)、武陵县、北巫县、微阳县、新丰县、吉阳县。南上洛郡所领六县中,有南上洛县(附郡治,今郧西观音镇)。北上洛郡所领十三县中,本地域有北上洛县(附郡治,今郧西县上津镇)。齐兴郡(郡治今郧县)所领六县中,本地域有郧乡县(附郡治)、钖县、安富县(今郧县东与丹江口市交界处汉江边)。

雍州(治襄阳,即南雍州)始平郡(治武当县)有武当县、武阳县、始平县、平阳县。

梁　梁分全国为一百零七州。十堰地域建置有:新城郡、岐州、上庸郡、南洛州、南上洛郡、始平郡、兴州、甲郡和大洪县、安城县、新丰县、上津县、上甲县、郧乡县、武当县。

新城郡(治房陵),改房陵为岐州,大洪县(今房县与保康县交界处)。上庸郡(治上庸),析上庸县地置安城、新丰二县,安城即今竹山县治,新丰县治上庸。改北上洛郡(治今郧西县上津镇)置上津县、寻又改为南洛州。梁置甲郡,有上甲县(今郧西夹河镇一带)。南上洛郡(治今郧西县观音镇一带)。齐兴郡(治郧乡县)有郧乡县。始平郡(治武当县)

有武当县。二郡初为南齐置，后改始平郡为兴州。

西魏　梁侯景之乱后，即梁之548年至557年间，十堰地域为西魏侵占，属西魏。西魏分全境三十州。改房陵郡之岐州为光迁国，大洪县不变。改上庸郡之安城县曰竹山县，置罗州。改新丰县仍为上庸县，改南洛州为上州，又以上津置东梁州。改南上洛郡为丰利县。改始平郡为武当郡，郧乡县属焉。

北周　北周代西魏，分全境二百十一州。十堰地域有光迁郡、武当郡、上津郡、甲郡、上庸郡和迁州、丰州、上州、罗州、永清县、郧乡县、竹山县、孔阳县。

北周改房陵郡为光迁郡、改光迁国为迁州，改大洪为永清县。在武当郡治设丰州，郧乡县属之。在上州设上津郡，西魏之丰利县入上津郡，北周后期又废上津郡入甲郡。仍梁置甲郡(甲郡当辖今陕西旬阳、白河和今郧西县一带)。在上庸郡之竹山县置罗州，又改上庸县为孔阳县(孔阳县因县治境有孔阳水得名)。

隋　隋初定地方建置为州、县二级制。隋炀帝时废州为郡，以郡统县，将全国划分为一百九十郡。十堰地域分属西城郡、房陵郡、上洛郡和淅阳郡四郡。境内有房陵郡和丰利县，光迁县，永清县，竹山县，上庸县，上津县，安福县，郧乡县，武当县。武当县于隋文帝开皇初改为均州，炀帝大业初废州为县。其中丰利县属西城郡(郡治今安康市)。光迁县、永清县、竹山县、上庸县属房陵郡(郡治今房县)；上津县属上洛郡(郡治今陕西商洛市)。安福县、郧乡县、武当县属淅阳郡(郡治今河南淅川县丹水、淅水交汇处的丹江口库区)。

唐　唐于唐太宗贞观时期划分全国为十道，十堰地域为山南道所辖。唐玄宗开元时期将全国划分为十五道，十堰地区分属山南东道和山南西道(山南西道《新唐书》云关内道)。山南道和山南东道均治襄阳(今襄樊市)。唐地方为州、县二级制。中唐以后有节度使建置。十堰地区分属山南道(后分为东、西道)之房州、均州、商州所辖。境内有房州、均州和房陵县、永清县、竹山县、上庸县、武当县、郧乡县、丰利县、上津县和武陵县、安福县、堵阳县(后三县贞观时省入他县)。

房州改隋之房陵郡置，唐武德初为迁州。武德元年(618年)析迁州之竹山、上庸置房州，州治竹山，贞观十年(636年)徒治房陵。房州辖房陵、永清、竹山、上庸四县。均州析隋淅阳郡之武当、均阳二县置，州治武当县。贞观二年(628年)州废，二县隶淅州。贞观八年以武当、郧乡二县复置均州。均州辖三县：武当县、郧乡县、丰利县(丰利县唐初属上州，贞观八年废州后丰利属均州)。商州(治今商洛市)领六县，其中在十堰地域只有上津县。上津县在唐武德元年(618年)改为上州，贞观八年(634年)废州为县，划属商州。唐武德元年(618年)以郧乡、安福(县治今丹江口市与郧县交界的汉江边一带)置南丰州(州治郧乡)，并置堵阳县属之。堵阳县治在今堵河口处的汉江边。武德八年(625年)废南丰州，以郧乡、安福、堵阳三县隶淅州(今河南淅川故县)。贞观元年(627年)省安福、堵阳二县入郧乡县辖地。武德元年(618年)又于竹山县析置武陵县，贞观十年(636年)省入竹山县。

五代十国　五代十国时期，十堰地区处五代境域，五代时期的53年间经历了后梁、后唐、后晋、后汉、后周五个短命小王朝。其建置基本上承唐代，十堰地域有房州、均州领房陵、竹山、上庸、永清，郧乡、武当诸县，上津县仍为商州所辖。

宋　北宋将全国划分为十五路，宋神宗时定为二十三路，南宋划分为十六路。宋地方行政区划分路、州、县三级制，同时也有各地设军节度使和府，府辖县。十堰地域分属京西路南路和陕西路永兴军路。

京西南路辖七州。其中房州和均州属十堰地域。房州(治今房县)初辖房陵县、上庸县、竹山县、永清县。宋太祖开宝中废上庸入竹山县、省永清县入房陵县，后房州辖房陵县和竹山县。于房州治置保康军节度。均州(治武当县)辖武当县、郧乡县。于州治置武当军、武当军节度。

陕西路永兴军路辖十五州，十堰地域的上津县属永兴军路之商州(州治今商洛市区)。上津县今郧西县上津镇。

南宋高宗绍兴元年(1131年)置金均房(金州、均州、房州)镇抚使，房与均仍隶西京南路。绍兴十年(1140年)置金开达(金州、房州、开州即今重庆开县、达州)安抚使，房又改隶利州路(治今汉中市)。绍兴十三年(1143年)，上津改隶利州路之金州(今安康市)。

元　元在全国版图中，分设十一个行中书省(“行省”名始此)，至元二十七年(1290年)时在全国设有一百八十五路、三百五十九州，实行省、路(府)、州、县四级行政建制。

十堰地域分属河南江北等处行中书省(治开封)和陕西等处行中书省(治奉元，今西安市)管辖。十堰地区建置州县有均州，武当县、郧县(郧县之名始此)、房州和、房陵县、竹山县，以及商州的上津县。均州、房州为河南江北行中书省之襄阳路治今襄樊市襄阳区)属州，均州领武当县、郧县，房州领房陵、竹山县。上津县在元代初期废置，地域属陕西行中书省奉元路之商州所辖。

明　明初承元制，十堰地区属湖广等处行中书省。洪武九年六月(1376年)，改行中书省为承宣布政使司，全国共设十三个承宣布政使司。十堰地域属湖广承宣布政使司襄阳府所辖。襄阳府所辖诸州县中，十堰地域有均州(洪武二年七月省武当县入均州)、郧县、房县、竹山县、上津县。成化十二年(1476年),在郧县置郧阳府,析襄阳府之郧县、房县、竹山县、上津县属郧阳府。又析竹山县之尹店社置竹溪县,割郧县之武阳里、上津县之津阳里置郧西县。弘治十一年(1498年)割房县脩文、宜阳等乡置保康县。成化十二年后郧阳府辖郧县、房县、竹山县、郧西县、上津县、竹溪县,弘治十一年后增保康县(保康县今属襄樊市)。郧阳府隶湖广下荆南道(道治初襄阳,后移郧县)。明洪武年间省武当县入均州,成化十二年后,均州仍属襄阳府。此后州不领县。成化十二年以后,郧阳府和襄阳府及诸县统属郧阳抚治管辖(抚治治所在郧县)。

郧阳抚治于成化十二年(1476年)底由第一任巡抚左副都御史原杰建镇,总镇治所设郧县,并在此设有湖广行都指挥使司、下荆南道。抚治辖河南南阳府各州县,湖广安陆府(后为承天府,治今钟祥市)、荆门州、沔阳州、郧阳府、荆州府各州县,陕西汉中府各州县,以及陕西西安府之商州各县,四川夔州府各县。所辖共八府、九道、九州、六十四县。郧阳抚治自明成化十二年(1476年)建立,于清康熙十九年(1680年)裁汰。经历两朝共205年,先后有120位朝廷重臣在抚治任职。抚治于明万历十八年修纂有《郧台志》,今存。

清　清朝分全国为十八省(亦称承宣布政使司),光绪时又增设五省,全国共二十三省。改明之湖广为湖北、湖南两省。十堰地区仍为郧阳府,属湖北承宣布政使司所辖。郧阳府辖郧县、房县、竹山县、竹溪县、保康县(民国时划襄阳第八行政督察区管辖)、郧西县六县。明之上津县省入郧西县。均州(今丹江口市)属襄阳府管辖。

民国　1911年辛亥革命推翻帝制后,建立国民政府。民国初,各省废府废州,湖北省与临省边界承清制,将省内划分为江汉、襄阳、荆宜、施鹤四道。十堰地区有郧县、郧西县、房县、竹山县、竹溪县、保康县(原郧阳府区域县)、均县(均州改为均县)归属湖北省襄阳道管辖。旋国民政府成立,废道,实行省县两级制。十堰地区各县由省直管。民国二十一年(1932年),国民政府将湖北省划分为十一个行政督察区。十堰地区的郧县、均县、房县、竹山县、郧西县、竹溪县属第十一行政督察区管辖。第十一行政督察区公署设郧县。保康县划为第八行政督察区管辖(襄阳)。

中华人民共和国　1948年5月29日,中国共产党中原局和中原军区将所辖的五个行政区中的豫陕鄂划分为陕南和豫西两个省级行政区。十堰地域各县属陕南区。陕南区于1948年6月7日在郧县成立,下辖一、二、四地委、专署、分区。十堰地域诸县属第四地委、专署管辖(此时房县、竹山、竹溪未解放)。陕南四地委、公署在郧西县土门成立,下辖郧县、郧西县、均县、上关县(今郧西县上津镇)、镇安县(今陕西镇安县)、山阳县(今陕西山阳县)、白河县(今陕西白河县)等8县。

1949年1月5日,中原局令各地委以地名命名,四地委改为两郧地委、专署。同年7月两郧地委、专署机关从郧西迁往郧县城关。此时两郧地委辖郧西、郧县、均县、房县、竹山、竹溪6县。

1950年1月,陕西省委、省人民政府成立,陕南区党委和行署隶属陕西省。两郧专署属焉。同年2月,中央人民政务院电令将两郧地区划归湖北省人民政府管辖。湖北省人委发布鄂民字第213号文件,根据历史建置地名,改两郧专署为郧阳专署,下辖郧西、郧县、均县、房县、竹山、竹溪6县。

1952年12月18日,湖北省人民政府发出鄂民字第524号文件,撤销郧阳专署,将郧阳专署所辖之郧县、郧西、均县、竹山、竹溪、房县6县并入襄阳专署。十堰地域诸县由襄阳专署管辖。

1965年6月22日,中共湖北省委通知:经中央批准增设郧阳地委,并成立郧阳地委办事处。同年7月24日,湖北省委通知设立郧阳专员公署,公署机关驻郧县。8月6日,湖北省人委办公厅通知:郧阳专区辖郧县、郧西、房县、竹山、竹溪、均县6县。9月22日,湖北省人委通知:成立湖北省丹江口工区办事处,属郧阳专员公署管辖的行政单位。1967年,郧阳地委、行署迁往十堰。

1969年12月1日,湖北省革命委员会下发鄂革[69]第152号文件,决定撤销“郧阳十堰办事处”,成立湖北省十堰市,为隶属郧阳地区的县级市。郧阳地区辖十堰市、郧县、均县、郧西、房县、竹山、竹溪等市县。

1973年2月17日,湖北省革命委员会下发鄂革[1973]19号文件,决定将郧阳地区所辖十堰市改为省辖市。升格后的十堰市辖十堰、茅箭、白浪、大川、东风、花果、黄龙、大峡等8个人民公社。郧阳地区辖郧县、均县、郧西、房县、竹山、竹溪等6县。

1975年1月4日,中共湖北省委以鄂发[1975]7号文件,决定十堰市和第二汽车制造厂党政机构合并,实行“政企合一”体制。党政领导机构分别称“中共十堰市委员会”、“中共第二汽车制造厂委员会”和“十堰市革命委员会”、“第二汽车制造厂革命委员会”,一个机构、一套领导班子、两块牌子。郧阳地区所辖6县仍旧。

1982年4月19日,中共湖北省委以[1982]26号文件通知:十堰市和第二汽车制造厂实行政企分开,十堰市独立成立十堰市委、市政府,所辖8个人民公社不变。郧阳地区所辖6县仍旧。1983年,均县改为丹江口市。郧阳地区辖郧县、郧西县、房县、竹山县、竹溪县和丹江口市。1984年5

月，十堰撤销8个人民公社，设立张湾、茅箭两个市辖区（正县级）。

1994年10月22日，湖北省人民政府根据《国务院关于同意湖北省郧阳地区、十堰市合并实行市领导县体制的批复》（国函[1994]98号），下发《关于郧阳地区与十堰市合并实行市领导县体制的通知》（鄂政发[1994]142号）："撤销郧阳地区，与十堰市实行地市合并。将原地区所属郧县、郧西县、竹山县、竹溪县、房县划归十堰市管辖。原地区所辖的丹江口市由十堰市代管"。地市合并后的十堰市辖郧县、郧西县、竹山县、竹溪县、房县和丹江口市，以及茅箭、张湾两城区。

（潘彦文）

自然资源

【土地资源】 全市土地总面积35511609.6亩。其中，农业用地29539446.1亩，建设用地1283649.5亩，未利用土地4688514.0亩。在农业用地中，耕地3103767.2亩，占全市土地总面积8.74%；园地747831.2亩，占全市土地总面积2.11%；林地24395621.1亩，占全市土地总面积68.7%；牧草地290205.0亩，占全市土地总面积0.82%；其他农用地1002021.6亩，占全市土地总面积2.82%。在建设用地中，居民点工矿用地803928.7亩，占全市土地总面积2.26%；交通运输用地69958.4亩，占全市土地总面积0.20%；水利设施用地409762.4亩，占全市土地总面积1.15%。在未利用土地中，未利用土地3968219.3亩，占全市土地总面积11.17%；其他未利用土地720294.7亩，占全市土地总面积2.03%。

【矿产资源】 全市已查明矿产共有54种，其中已探明储量的33种，矿床、矿（化）点共计800余处。其中大型矿床22个，中型矿床19个，小型矿床34个。通过地质工作已普查、详查矿区160处，勘探矿区12处。矿产类型涵盖了与工农业生产、生活密切相关的金属、非金属、能源、水气四个大类。包括：贵金属矿金、银、铂、钯、铀矿；有色金属矿铜、铅、锌、钼、镍、钴、汞、锑等；黑色金属矿铁、钛、钒、铬、锰等；稀有稀土金属矿有铌、锆及轻稀土元素等；能源燃料矿产有煤、石煤矿等；冶金辅助原料矿有白云石、石灰石、石英岩、铝土矿等；化工原料矿有硫、磷、重晶石、含钾岩石；建材矿产、宝玉石及其他非金属矿包括板石、石棉、粘土、石灰岩、大理石、绿松石、矿泉水等。在已探明的矿产资源中，铌、稀土、钒、石煤、锆石、瓦板石、绿松石等7种矿产的储量居全省首位，银、金、锑、铅、锌、铜7种矿产的储量居全省第二、三位，磷、煤、钛3种矿产居全省7—10位。按矿产分类，全市矿产有六大类：（1）贵金属矿产。主要是金和银，其次有少量的铂、钯矿。已知银、金矿床（点）72处，其中大型银金矿床1处，小型金银矿床12处；有砂金矿床中型1处，小型7处。地质普查评价储量：金（金属量）45吨，银（金属量）2093吨；已探明储量：金32吨，银1620吨。（2）稀土金属矿产。主要矿种为铌—稀土矿，次为铌钽矿、锶、锗、铀钒钼矿，计有大型矿床2处，矿（化）点27处。十堰地区铌、稀土资源丰富，截至1990年底，探明储量在全国分别列第二、第三位。（3）有色金属矿产。有色金属共有十三种矿产，十堰市已发现铜、铅、锌、锑、汞、镍、钴、钼、铝、镁等十种。已查明大型伴生矿床5处，中型3处，小型9处，矿（化）点150处，全地区六县市均有分布。全区已初步探明的有色金属储量（金属量）为：铜10787吨、铅37731吨、锌135543吨、锑4580吨、伴生钼矿2465吨、镍998吨、钴119吨，金属镁（Mg）地质普查储量超过2000万吨。（4）黑色金属矿产。全市黑色金属矿产有铁、钒、锰、钛四种元素、十一个矿种，共发现大型矿床1处、中型矿床7处、小型矿床2处、矿（化）点217处。已探明铁矿储量85164.10万吨。（5）能源矿产煤、石煤及伴生钒矿。全市煤资源丰富，以下古生界石煤为主，兼有其他年代煤。石煤地质储量195000万吨，探明储量16197.7万吨，查明煤及石煤矿产地95处；石煤钒及钒钼矿床中型5处，小型1处，矿（化）点19处。（6）非金属矿产。除了煤矿资源外，初步查明有八类，三十余个矿种，矿产地214处，大型矿床18处。

（张　伟）

【动物资源】 本市动物分布具有南北兼有的特征，野生动物种类资源较为丰富。据调查，全市分布有国家和省重点保护陆生野生动物以及具有重要经济价值或科研价值的陆生野生动物4纲，28目，69科，207种，其中：国家一级10种，金丝猴、梅花鹿、白鹳、中华秋沙鸭、金雕、白肩雕、豹、金钱豹、丹顶鹤、林麝等。国家二级40种，分别是猕猴、穿山甲、豺、黑熊、棕熊、大灵猫、鬣羚（苏门羚、明鬃羊）、小天鹅、凤头蜂鹰、凤头鹰、松雀鹰、毛脚鵟、草原鵟、草原鹞（鹞子）、红脚隼、勺鸡、黄喉貂、水獭、金猫、河麂、斑羚、鸳鸯、鸢、栗鸢、大鵟、鹰雕、秃鹫、鹊鹞、红腹角雉、白冠长尾雉、红腹锦鸡、领角鸮、褐林鸮、长耳鸮（长耳猫头鹰）、拉步甲（昆虫）、灰鹤、雕鸮（猫头鹰）、灰林鸮、虎纹蛙（蛙类）、三尾褐凤蝶（昆虫）。湖北省重点保护72种，分别是狐、貉、黄腹鼬（黄鼠狼）、狗獾、猪獾、花面狸（果子狸）、豹猫（夜猫子）、小麂、毛冠鹿、狍、红白鼯鼠（飞鼠）、棕足鼯鼠、复齿鼯鼠、赤腹松鼠、豪猪、普通鸬鹚、苍鹭、大白鹭、中白鹭、绿头鸭、斑头秋沙鸭、灰胸竹鸡、华东环颈雉、贵州环颈雉、珠颈斑鸠、大杜鹃、小杜鹃、普通夜鹰、短嘴金丝燕、棕腹啄木鸟、家燕、金腰燕、虎纹伯劳、棕背伯劳、黄鹂、黑卷尾、八哥、松鸦、红嘴蓝鹊、灰喜鹊、喜鹊、大嘴乌鸦、白颈鸦、画眉、红嘴相思鸟、寿带、大山雀、蓝喉太阳鸟、草绿龙蜥、丽纹龙蜥、脆蜥、王锦蛇、黑眉锦蛇、乌梢蛇、滑鼠蛇、玉斑锦蛇、棕锦蛇、尖吻蝮、中华大蟾蜍、泽蛙、黑斑蛙、湖北金钱蛙、合征姬蛙、鼬獾、赤麻鸭、环颈雉、红胸田鸡、董鸡、白腰杓鹬、丘鹬、普通燕鸥、回声杜鹃等。

【植物资源】 本市植被因海拔高度呈垂直生物气候带:海拔1200米以下为北亚热带落叶阔叶混交林带,常见的树种有栎类、响叶杨等。海拔800米以下多为人工种植的马尾松、杉木以及果树经济林等。海拔1200～2000米为暖温带落叶阔叶针叶林带,主要树种有亮叶桦、水青冈、山杨、漆树、华山松、巴山松、铁尖杉等。海拔2000米以上为温带常绿针阔叶混交林带、灌木矮林、高山草甸,常见树种有巴山松、冷杉、红桦、山杨、杜鹃、竹类及草本植物。据调查资料,本市拥有木本植物113科,376属,计1470种。其中乔木702种,灌木644种,藤本124种。其中国家一级保护植物8种(含亚种变种),珙桐、光叶珙桐、红豆杉、南方红豆杉、伯乐树、水杉、银杏、苏铁。国家二级保护树种28种,篦子三尖杉、大果青扦、巴山榧树、榧树、连香树、杜仲、闽楠、红豆树、厚朴、凹叶厚朴、水青树、黄连、榉树、大叶榉、红椿、毛红椿、川黄檗、鹅掌楸、樟树、楠木、花榈木、秤锤树、香果树、秦岭冷杉、喜树、黄杉、金钱松、华南五针松。地方重点保护植物6种,七叶树、刺五加、蜡梅、麦吊云杉、巴东木莲、紫茎。

【农作物】 本市农作物种类繁多,农业物产十分丰富。主要粮食作物有水稻、玉米、小麦、红薯等;油料作物有油菜、芝麻、花生、大豆、蓖麻等;豆杂粮作物有马铃薯、绿豆、红小豆、蚕豆、豌豆、高粱、粟谷、大麦、荞麦、山药等;棉麻作物有棉花、苎麻等;主要蔬菜作物有大白菜、萝卜、黄瓜、辣椒、番茄、包菜、花菜、芹菜、茄子、南瓜、冬瓜等;特色作物有黄姜、魔芋、茶叶、柑桔、烟叶、绞股蓝等;食用菌类有黑木耳、香菇、平菇、金针菇等;主要中草药植物有柴胡、草决明、桔梗、川乌、留兰香、天麻、党参、白术、板蓝根、玄参、独活等。此外,还盛产竹笋、香椿、蕨菜等武当山珍系列产品。 (朱德舰)

【水资源】 2010年,全市平均降水量978.2毫米,比常年偏多10.0%,为丰水年份。汉江以南,降水量从西向东递减,竹山县城周边(宝丰－关帝庙－叶大－大木厂－陈家铺－上龛－中坝－竹山城关－宝丰)和房县县城周边(房县城关－黄杨树－青峰－寺坪－西蒿坪－房县城关)为低值区;汉江以北,降水量从北向南递减。全市年降水面雨量变化在900～1200毫米之间;点雨量最大值出现于竹溪县杨家扒雨量站,为1550.5毫米;点雨量最小值出现于房县木瓜雨量站,为811.2毫米。全市降水量除竹山县、竹溪县、房县中部与常年持平,南部偏少10%以外,其它区域降水量比常年偏多10～40%,局部偏多50%。

2010年全市降水量年内时程分配为:汛期5～10月降水量占全年降水量的82.4%,以7月降水量为最多,占年降水量的24.7%,其次是8月,占年降水量的16.0%;非汛期1～4月和11～12月降水量占全年降水量的17.6%,以1月最少,占年降水量的0.1%,12月次之,占年降水量的1.0%。

2010年全市水资源总量110.0474亿立方米,比上年增加30.7%,比常年偏多29.5%。平均每平方公里产水量46.55万立方米。人均水资源占有量3120立方米,亩均水资源占有量3294立方米。2010年全市入境水量383.9185亿立方米,比上年增加37.8%,比常年偏多29.1%。其中汉江干流入境水量296.9253亿立方米;堵河入境水量12.7725亿立方米(从陕西省入境水量8.9554亿立方米,神农架林区入境水量3.8171亿立方米);天河入境水量2.3856亿立方米;丹江水系入境水量71.8351亿立方米。2010年全市出境水量489.4448亿立方米,比上年增加36.7%,比常年偏多28.9%。其中汉江干流从丹江口市潘家岩出境水量477.3252亿立方米;南河从房县寺坪出境水量12.1196亿立方米。

2010年共统计5座大型水库、18座中型水库。年末23座大中型水库蓄水总量128.3592亿立方米,较年初减少6.1796亿立方米,减幅为4.6%。其中,大型水库年末蓄水总量126.5707亿立方米,较年初减少6.351亿立方米,减幅为4.8%;中型水库年末蓄水总量1.7885亿立方米,较年初增加了0.1714亿立方米,增幅为10.6%。

2010年全市各类水利工程总供水量10.1245亿立方米,比上年增加1.8%,其中地表水供水量10.0176亿立方米,占总供水量的98.9%;地下水供水量0.1069亿立方米,占总供水量的1.1%,地下水主要为浅层地下水。在地表水源供水工程中,蓄水工程供水7.4342亿立方米,占74.2%;引水工程供水1.2844亿立方米,占12.8%;提水工程供水1.2990亿立方米,占13.0%。丹江口市、十堰城区、郧县供水量分列十堰市第一、二、三位,占十堰市供水总量的58.3%。

2010年全市总用水量10.1245亿立方米,较上年增加0.1803亿立方米。其中农业用水3.9607亿立方米,占总用水量的38.6%;工业用水4.9301亿立方米,占总用水量的48.7%;居民生活用水1.1335亿立方米，占总用水量的11.2%；城镇公共生态环境用水0.1541亿立方米，占总用水量的1.5%。2010年全市总耗水量4.5211亿立方米，较上年减少0.0682亿立方米，总耗水量占全市总用水量的44.7%。其中，农业耗水2.1941亿立方米，占总耗水量的48.5%；工业耗水1.6622亿立方米，占总耗水量的36.8%；居民生活耗水0.6177亿立方米，占总耗水量的13.7%；城镇公共及生态环境耗水0.0471亿立方米，占总耗水量的1.0%。2010年，全市废污水排放总量27371万吨。其中工业废水为22291万吨，占81.4%；城市生活污水4127万吨，占15.1%，第三产业废污水953万吨，占3.5%。全市废污水入河量19160万吨，火电直流冷却水排放量1224万吨。

2010年全市人均年用水量为287立方米，万元GDP（当年价）用水量为137立方米，万元工业增加值（当年价）用水量为131立方米，亩均用水量488立方米。城镇居民人均生活用水为173升/日，农村居民人均生活用水为50升/日。

2010年，对汉江白河段、堵河、天河、滔河、南河、仙河、神定河等河流水质状况进行评价，除神定河水质较差，其他河流水质总体较好，均达到地表水环境质量Ⅲ类以上标准。2010年全年期评价代表性水库10座，年总蓄水量125.1841亿立方米。其中Ⅱ类水水库5座，年蓄水量为124.9543亿立方米，占年总蓄水量的99.82%；Ⅲ类水水库4座，年蓄水量为0.2140亿立方米，占年总蓄水量的0.17%；Ⅳ类水水库1座，年蓄水量0.0158亿立方米，占年总蓄水量0.01%。受污染的水库为岩洞沟水库，主要污染物为高锰酸盐。2010年对全市14个饮用水源地水质进行评价，水源地水质总体良好。除岩洞沟水库高锰酸盐指数超标外，其他饮用水源地水质均合格。　（陈学东）

气　候

【2010年气候特征】　全市年平均降水量偏多，全年降水呈现冬少、夏丰；年平均气温偏高，冬春季偏高，夏秋季偏低；日照时数略正常，但作物生长季日照时数偏少。全市平均气温为15.5℃、比常年偏高0.3℃；年降水量为977.1毫米、比常年偏多18.1%，降水时空分布极不均匀；年日照1848.7小时、与常年持平。2010年度主要气候事件有：冬旱（主要时段2010年1～2月），冬季全市平均降雨量比历史同期偏少五成；春雨（主要时段2010年3～4月），春季全市平均降雨量比历史同期偏多一成半；夏涝（主要时段2010年7～8月），夏季区域性和局部地区暴雨山洪多发，降水量排历史同期第四位；秋冬干燥（主要时段2010年10～12月），降水量不到历史同期一半，季平均气温排历史同期第七位。

【主要气象灾害及异常气候事件】

暖冬。2010年冬季（2009年12月～2010年2月）平均气温偏高0.4℃，暖冬有利于虫卵越冬基数增多，为来年病虫害的发生提供条件，对农业生产十分不利，同时感冒等流行性疾病发生增多；暖冬有利于节约能源，供暖部门降低供暖成本。

低温雨雪。受高空低槽和地面北方冷空气持续扩散南下的共同影响，2009年12月与2010年2月上旬后期到中旬前期十堰市以阴雨（雪）天气为主，低温寡照，对越冬作物生长和蔬菜种植、育苗等有一定影响；春节期间部分道路有积雪和结冰，造成部分高速路短时关闭，给春运工作带来不利影响。2010年3月22日晚至23日凌晨，郧西10个乡镇遭受暴雪灾害，海拔最高的坎子山村积雪厚度达60厘米。气温急剧下降，使供电线路严重覆冰，电力设施受损、通讯中断；部分民房受损倒塌；交通受阻。灾情涉及8个乡镇、80个村、21000户、64000人，经济损失达3600多万元。

冬旱。2010年1～2月十堰市降水异常偏少，冬季全市平均气温偏高，降水量偏少，比历史同期偏少5成，其中部份山区偏少达6成以上，无雨日数多；12月中旬末到1月份由于降水天气过程较弱，全市基本无降水，全市部分农田水利出现轻度的旱情，对小麦、油菜等越冬作物及蔬菜种植有一定影响。由于2月份阴雨日数多，降水量较1月份明显增加，日照偏少，有效地扼制旱情的发展。

春季异常高温与“倒春寒”。3月中旬十堰市气温推升较快，日较差大，最高气温大部地区出现新的气象观测记录，19日房县最高气温为32.3℃，郧县最高气温为32.5℃，郧西最高气温为33.8℃，十堰城区最高气温为33.7℃，均超历史记录。4月11～15日全市连续5天平均气温下降到12℃以下，“倒春寒”天气过程使小麦、油菜、玉米等多种农作物产生冻害，全市油菜、小麦农作物，茶叶、樱桃等经济作物生长普遍延迟两周左右。

强雷雨大风冰雹。2010年6月23日丹江口市出现短时雷雨大风天气，最大瞬时风速为17.3米/秒。7月3日凌晨十堰北部、西部地区出现了强雷雨，郧县安阳镇最大降雨量129.7毫米，郧县城关镇110.5毫米；7月30～31日十堰部分地区出现强雷雨天气，十堰城区瞬时风速达到18.9米/秒，雷雨大风将五堰阳光华庭附近百二河休闲长廊的一棵高约15米的大松树突然连根拔起。

暴雨洪涝。2010年全市暴雨灾害范围广、强度大，从4月20日到9月6日全市性暴雨天气过程达9次，属偏多年份。特别是7月份出现的4次暴雨过程，给江河防汛及当地工农业生产和群众生活带来严重影响。7月份出现强降水过程多，强度大，造成江、河、库、堰水位上涨，至25日凌晨全市有12座中型水库超汛限，84座小型水库超汛限，丹江口水库水位154.7米（汛限149.0米），入库流量13400立方米/秒，23～24日各水库相继开闸泄洪以降低水位；郧西天河贾家坊站实测流量1610立方米/秒，据初步评估重现期为50年一遇，为建站以来第二大洪水。天河郧西城关天峰桥以下漫堤，县城城南淹没面积约2平方公里。8月20～25日全市再次出现连阴雨天气，雨势较强，大部降暴雨，过程累计平均雨量达98毫米左右，郧西20～21日连续2天暴雨，丹江口市22日暴雨。流域性暴雨天气过程频繁造访，使全市中小水库、电站防汛压力显著增大。

高温伏旱。十堰市7月26日到8月13日没有明显的降水过程影响发生，十堰地区降水量普遍在20毫米以下；同时，气温持续偏高，全市最高气温在35℃以上的有19天。长时间的高温天气，造成各地蒸发量普遍较大，部分地区出现旱涝急转现象。

（任向东）

2010年十堰市国民经济和社会发展统计公报

2010年，是“十一五”规划收官之年，也是十堰发展机遇最多、任务最重、压力最大的一年。年初以来，在省委省政府的正确领导和省直各部门的大力支持下，全市上下深入贯彻落实科学发展观，紧紧围绕年初确定的“两个突破”、“三大目标”和“四项任务”，积极抢抓宏观经济企稳向好、省委省政府实施“两圈一带”等重大机遇，乘势而上，奋力拼搏，加快推进区域性中心城市建设，全市经济运行呈现出高开快走、高位运行、高速增长和质量提升的良好态势，增幅位居全省前茅，圆满完成年初制定的发展规划。

【综合】 国民经济继续保持平稳较快增长。2010年，全市完成生产总值736.8亿元，按可比价格计算，比上年增长19.5%。其中，第一产业增加值77.8亿元，增长5.1%；第二产业增加值402.1亿元，增长30.8%；第三产业增加值256.9亿元，增长10.6%。三次产业结构比由2009年的12.1∶46.2∶41.7调整10.6∶54.6∶34.8，第二产业增加值在GDP中所占比重上升。在第三产业中，金融保险业增长12.7%，批发和零售业增长24.8%，住宿和餐饮业增长17.0%，房地产业增长4.3%，其他服务业增长20.8%。

市场价格水平温和上涨。全年居民消费价格总水平比上年上涨3.2%，其中城市上涨2.7%，农村上涨3.6%。构成CPI（居民消费价格指数）的八大类指数全面上涨，其中食品类价格上涨7.7%，衣着类价格下降0.5%，医疗保健及个人用品类价格上涨1.4%，娱乐教育文化用品及服务类价格上涨0.4%，居住类价格上涨2.9%。

工业品出厂价格上涨3.8%，原材料、燃料、动力购进价格上涨6.8%，农业生产资料价格上涨5.8%。

经济社会发展中存在的主要问题是：农业抗风险能力薄弱，工业平稳上行的基础仍有待夯实；产业结构比较单一，培育新的支柱产业迫在眉睫；节能降耗任务艰巨，资源和环境的压力依然较大；物价总水平涨幅超出调控目标，市民实际生活水平受到影响。

【农业】 受各种惠农政策的鼓舞和刺激，全市农业生产投入增加，粮油喜获丰收。全年农林牧渔业总产值达到133.18亿元，按可比价计算比上年增长7.1%。实现农业增加值77.84亿元，同比增长5.04%。全年粮食种植面积273.45千公顷，比上年增加0.65千公顷；油料种植面积75.18千公顷，增加6.31千公顷。粮食总产量118.85万吨，比上年增产3.65万吨，增长3.2%，是近十年来最高点。其中，夏粮增产0.49万吨，秋粮增产3.16万吨；油料产量11.26万吨，增产1.31万吨，增13.2%，创历史新高；水果产量31.91万吨，增长11.4%；茶叶10411吨，增长19.6%；烟叶1.06万吨，下降41.7%；药材产量12.67万吨，增长55.6%；全年蔬菜种植面积66.89千公顷，比上年增长7.8%；蔬菜产量128.43万吨，增长4.5%。

全市当年造林面积14.99千公顷，比上年增长16.3%，零星植树达到1130万株，木材采伐量7.06万立方米，下降28.9%。

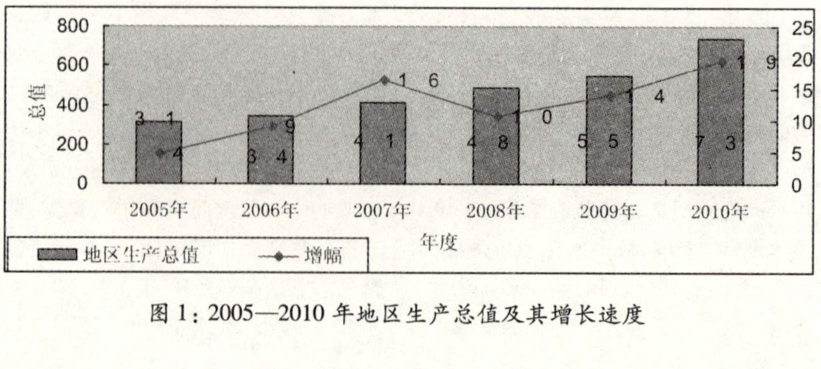

图1：2005—2010年地区生产总值及其增长速度

畜牧、水产业呈现较快增长。全年生猪出栏160.75万头,比上年增长6.6%;家禽出笼2254万只,增长35%。水产品产量达到5.57万吨,增长5%,创历史新高。

农村用电量3.72亿千瓦时,比上年增长7.5%;化肥施用量12.84万吨,增长7.6%。

【工业和建筑业】 工业经济高速增长。全市规模以上工业实现增加值363.4亿元,比上年增长39.2%。其中,国有企业增加值28.8亿元,增长10.4%;集体企业增加值3.6亿元,增长45.4%;股份合作制企业增加值0.7亿元,增长33.6%;股份制企业增加值140.9亿元,增长37.6%;外商及港澳台投资企业增加值157.7亿元,增长79.8%;其他经济类型企业增加值31.6亿元,增长55.4%。按轻重工业分,全市重工业实现增加值345.3亿元,增长53.8%,轻工业实现增加值18.0亿元,增长27.5%。轻重工业结构比为5:95。按行业划分,汽车工业实现工业增加值262.5亿元,增长58.1%,对全市工业增长的贡献率达到72.2%;医药制造业实现增加值5.7亿元,增长46.5%;纺织行业实现增加值2.3亿元,增长31.5%;化学制品业实现增加值7.6亿元,增长24.4%;有色金属冶炼业实现增加值7.2亿元,增长10.7%;黑色金属冶炼业实现增加值4.7亿元,增长65.1%;电力生产及供应业实现增加值18.4亿元,增长15.1%。

县域经济成为工业经济增长的有力支撑。六县市共完成工业增加值82.1亿元,占全市工业增加值的22.6%,增长33.7%;茅箭、张湾、十堰经济开发区共完成增加值103.4亿元,占全市工业增加值的28.5%。

表1:主要工业产品产量及其增速

产品名称	单位	产量	比上年增长(%)
汽车	辆	561942	51.0
改装车	辆	79391	41.5
发电量	万千瓦时	985350	16.9
内燃机	万千瓦	941	189.5
水泥	万吨	415.5	70.6

规模以上工业企业实现主营业务收入1137.8亿元、利润总额149.8亿元、税金总额21.9亿元,同比分别增长47.6%、1.15倍和30.2%。915家规模以上工业企业中,151家企业亏损,亏损面比上年缩小6.3个百分点。规模以上工业产品产销率97.6%,同比提高1.2个百分点,产销衔接程度有所提高。

建筑业发展步伐加快。资质内建筑企业实现建筑业增加值24.14亿元,同比增长22.5%。房屋建筑施工面积472.7万平方米,增长29.0%;建筑竣工面积233.5万平方米,增长38.0%;商品房销售面积190.3万平方米,增长20.7%;商品房待售面积79.6万平方米,增长34.9%。

【固定资产投资】 固定资产投资增速迅猛规模创历史新高。全社会完成固定资产投资406.3亿元,比上年增长46.0%,其中城镇以上项目投资382.8亿元,增长47.7%。按经济类型划分,国有经济投资165.0亿元,增长30.1%;集体经济投资8.5亿元,增长84.6%;城乡私营个体投资83.2亿元,增长74.0%;其他经济投资126.0亿元,增长58.0%。房地产开发完成投资41.1亿元,增长15.0%。按投资用途划分,新建投资185.3亿元,增长97.5%;扩建投资64.0亿元,下降9.3%;改建和技术改造投资68.0亿元,增长43.1%。按产业划分,全市三次产业投资分别为13.7亿元、164.9亿元和204.3亿元,分别增长37.5%、62.0%和38.5%。

年内新开工投资项目990个,比上年增加206个。新增固定资产214.6亿元,比上年增长49.9%。新增的主要生产能力有:水力发电84.6万千瓦,输电线路长度(11万伏以上)369.4公里,水泥100万吨/年,新建公路1978.7公里,改造公路2545.4公里,城市自来水供应能力2万吨/日。

【国内外贸易和旅游】 受扩大内需政策拉动和城乡居民收入增加影响,消费市场继续快速增长。全年实现社会消费品零售总额306.4亿元,比上年增长21.7%,扣除物价因

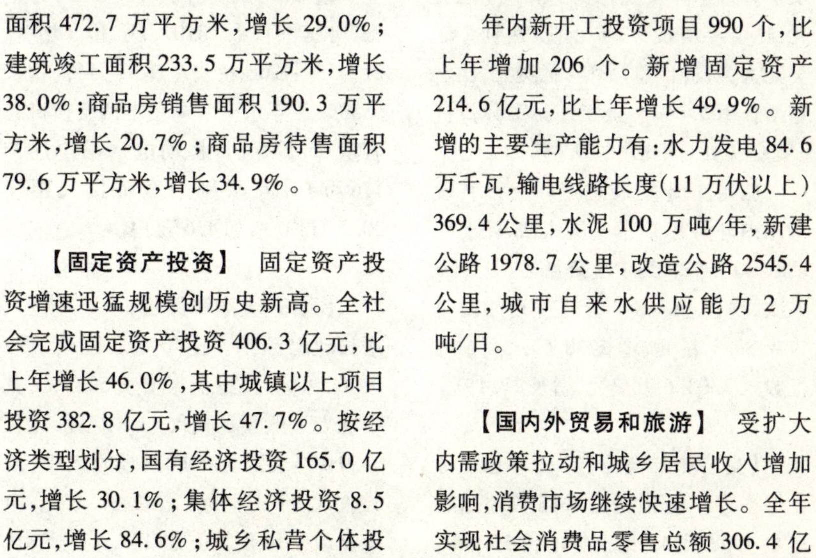

图2:2005—2010年固定资产投资及其增长速度

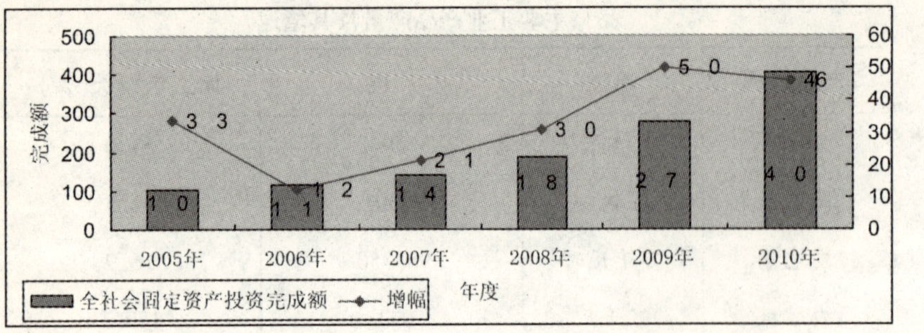

图 3:2005—2010 年社会消费品零售总额及其增长速度

素实际增长 17.7%，增幅比上年减少 0.7 个百分点。

分城乡看，城镇实现零售额 259.7 亿元，比上年增长 22.3%；乡村实现零售额 46.7 亿元，增长 18.6%。分行业看，批发业实现零售额 270.5 亿元，增长 22.3%；住宿和餐饮业 35.9 亿元，增长 17.7%。

出口市场拓宽和出口品种进一步扩大。全年实现外贸出口 2.0 亿美元，比上年增长 9.3%，首次达到 2 亿美元大关；进口总额 0.4 亿美元，比上年增长 105.8%。全年外商实际投资 0.6 亿美元，同比增长 9.4%。

旅游事业发展迅速。全年共接待国内外游客 1477.1 万人次，比上年增长 30.4%。其中境外游客 10.9 万人次，增长 18.8%。全年实现旅游总收入 89.3 亿元，增长 38.6%，其中外汇收入 3303.6 万美元，增长 17.1%。

【交通和邮电业】 交通运输业发展平稳。全年完成水路和公路客运量 4998 万人，比上年增长 11.7%。其中公路客运量 4963 万人，增长 13.9%；客运周转量 380381 万人公里，增长 29.3%；货运量 3412 万吨，比上年增长 26.8%，货运周转量 651953 万吨公里，比上年增长 36.3%。年末拥有各种营运工具 22166 辆(台)。

全市公路总里程达到 19976.9 公里，等级以上公路里程 17991.5 公里，占公路总里程的 90.1%。全市年末机动车拥有辆 40.2 万辆，增长 14.3%，其中，私人机动车拥有量 37.1 万辆，增长 15.6%，私人拥有轿车 44044 辆，增长 33.9%。

2010 年末，全市拥有邮政网点 384 个，邮路总长度达到 4506 公里；2010 年末，全市拥有邮政网点 384 个，邮路总长度达到 4506 公里；全年完成邮政业务总量 1.99 亿元，增长 15%。在邮政业务中，全年完成函件业务量 248 万件，下降 50.65%；订销报刊累计数 3107 万份，增长 21.05%；EMS 特快专递 57 万件，增长 6.58%。年末全市局用电话交换机总容量 65.2 万门；移动电话用户达到 176 万户；互联网络宽带接入用户 20.3 万户，增加 4.6 万户。

【财政、金融和保险】 财政收入增长超出预期。全年完成财政总收入 84.9 亿元，比上年增长 54.3%，其中地方一般预算收入 43.8 亿元，增长 69.9%。在地方一般预算收入中，税收收入 38.3 亿元，增长 87.4%。全年财政一般预算支出 143.8 亿元，比上年增长 21.3%。

年末全市金融机构各项存款余额 857.6 亿元，比年初增加 163.0 亿元。其中，城乡居民储蓄存款余额 491.6 亿元，增加 88.8 亿元。金融机构各项贷款余额 410.3 亿元，比年初增加 100.1 亿元。其中，短期贷款余额 100.7 亿元，减少 12.1 亿元；中长期贷款 274.1 亿元，增加 99.7 亿元。

全年保费收入 28.5 亿元。其中，人寿保险费收入 23.0 亿元，财产险保费收入 5.5 亿元，已决赔款金额 2.4 亿元，其中财产险支付赔款 2.2 亿元，赔付率 43.9%。寿险给付 1.7 亿元，赔付率 7.2%。

【科学技术和教育】 科学研究和技术开发取得新成就。2010 年安排市级科技项目 57 项，科技投入 1980 万元；省级以上科研项目 88 项，科技投入 3231.20 万元。专利申请受理 1137 项，比上年增加 263 项。全市县属以上科研机构 24 家，

教育事业取得新成果。教育管理体制改革逐步深入，中小学学校布局进一步调整。全市有各类学校 1123 所，招生 21.96 万人，在校生 66.58 万人。其中，普通高校 4 所，招生 1.05 万人，在校生 3.39 万人；中等职业教育学校 23 所，招生 2.07 万人，在校生 7.47 万人，技工学校 7 所，招生 2868 人，在校生 8399 人。普通中学 203 所，招生 6.33 万人，在校生 20.76 万人；小学 720 所，招生 4.79 万人，在校生 24.26 万人。初中入学率达到 98.0%，小学学龄儿童入学率 100%。成人教育和特殊教育逐步完善。全市成人高等学校 1 所，在校学生 1.95 万人。特殊教育学校 7 所，在校学生 768 人，幼儿园在园幼儿 7.61 万人。

【文化、卫生和体育】 全市有文化事业活动单位 32 个；群众文化机构 130 个，其中，文化馆 9 个，群众艺术馆 1 个，文化站 120 个；艺术表演团体 8 个。有公共图书馆 8 个，藏书 105.1 万册。有博物馆 8 个，文物藏品 4.8 万件，全年参观人数达 135.7 万人次。广播电视覆盖面扩大，完成了 5370 个 20 户以上的自然村广播电视工程建设，广播覆盖率达到 95.6%，电视覆盖率 96.7%，分别比上年提高 2.5 和 2.3 个百分点。

卫生事业快速发展。年末全市共有各类卫生机构 839 个，其中医院、

卫生院154个；病床床位16028张，其中医院、卫生院14780张；卫生技术人员18787人，其中医生6901人，护师、护士7081人。农村乡镇共有卫生院113个，床位4167张，卫生技术人2815人。

体育事业蓬勃发展。全市共有体育场411个，体育馆129座。全年共举办县级以上运动会82次，在省以上比赛中，全市运动健儿共获奖牌28枚，其中，金牌9枚，银牌7枚，铜牌12枚。在成功举办的第四届世界传统武术节上，全市代表队共取得了32枚金牌、14枚银牌、10枚铜牌的优异成绩，名列国内组金牌总数和奖牌总数第一。全民健身活动进一步开展。全市参加全面健身运动的市民达260万人，有120个乡镇成立全民健身机构。

【人口、人民生活和社会保障】 年末全市户籍人口346.5万人，比上年末减少6.7万人，其中，男性183.2万人，女性163.3万人。总户数115.5万户。全年出生人口5.3万人，人口自然增长率为3.2‰。

城乡居民收入继续增加，城镇居民人均可支配收入12652.5元，比上年增长11.2%，城镇居民恩格尔系数为38.8%；农民人均纯收入3498.9元，增长12.5%。农民人均纯收入与城镇居民可支配收入比率为1:3.6。居民居住条件得到改善，城镇居民人均住房建筑面积达到28.75平方米，比上年增加0.03平方米；农村居民人均拥有住房面积32.79平方米，增加1.34平方米。农村居民恩格尔系数为43.6%。

全年实际安置(失业)人员32048人，但城镇失业人数也有所增加，年末全市城镇失业人员28806人，比上年增加4273人，城镇登记失业率4.5%，与上年比基本持平。社会保障工作进一步加强。全年全市参加基本养老保险人数26.8万人，比上年增加1.4万人，其中，在职职工20.5万人，离退休人员6.3万人；参加失业保险人数21.4万人，全年累计领取失业保险金人数67913人次。全市参加城镇职工基本医疗保险人数41.1万人，其中农民工参保3.0万人。。全市城镇居民最低生活保障对象9.1万人，农村居民最低生活保障人数24.3万人，城乡大病医疗救助2.2万人次，国家抚恤、补助各类优抚对象3万人。

社会福利事业不断发展，年末全市各类社会福利院395个，床位2万张，收养1.7万人，城镇社区服务设施344个。全年销售社会福利彩票1.8亿元。

【资源、环境保护和城市建设】 年末全市拥有耕地面积244.5千公顷，比上年减少0.2千公顷，下降0.08%。森林面积1095.0千公顷，森林覆盖率为53.0%。全市累计已发现矿种54种，累计已查明资源储量的矿种51种。截至2010年底，对210处矿产地提交了地质储量报告，新发现铁、钒、重晶石等矿石储量17300余万吨。水资源总量达112.7亿立方米，平均过境流水314.3亿立方米。主流河道和库区水质检测状况无明显变化，满足国家地表水Ⅲ类以上标准。

全年环境保护投资12345.2万元，治理污染项目40个。化学需氧量和二氧化硫排放量均完成了省定减排目标，城区功能区噪声达标覆盖率100%。全年市区道路面积746万平方米。园林绿化面积2817公顷，人均拥有绿地10.15平方米，建成绿化覆盖面积2816公顷。全市自来水综合能力42.7万立方米/日。全年供水总量11494.1万立方米，液化石油气供应量18055.2吨.

年末全市生产安全事故959起，死亡人数86人，受伤329人，直接经济损失757.3万元。与上年相比，各类事故死亡人数、直接经济损失同比分别下降13.1%和14.8%，事故起数和受伤人数上升14.2%和7.5%。其中，道路交通事故246起，造成死亡和受伤人数为57人和328人，直接财产损失72.1万元；工矿商贸企业发生事故25起，死亡27人，受伤1人，直接经济损失535万元。

（统计局）

政　治

中国共产党十堰市委员会

重要会议

【全市经济工作会议】 1月6日至7日，全市经济工作会议在市行政会议中心召开。市委书记、市人大常委会主任陈天会，市委副书记、市长张嗣义，市政协主席王铁军，市委常委、市人大副主任、市政府副市长、市政协副主席出席会议。会议主要任务是进一步贯彻落实中央、省经济工作会议精神，深入分析当前经济形势，全面部署十堰市2010年经济工作。经济工作的总体要求是：全面贯彻党的十七大、十七届三中、四中全会和中央、省经济工作会议精神，深入贯彻落实科学发展观，以实现经济社会发展历史性跨越为主线，以抓机遇、扩内需、打基础、稳增长为首要任务，以保障改善民生和促进社会和谐为根本目的，以转变发展方式和结构调整为主攻方向，以重大项目和重点工作为抓手，着力稳增长、促转型、调结构、惠民生，努力保持经济平稳较快发展，为"十二五"发展奠定良好基础。做好2010年经济工作要正确处理抓当前与管长远的关系，保持投资持续较快增长，培育和形成新的经济增长点；正确处理稳增长与调结构的关系，推动工业发展再上新台阶；正确处理统筹城乡发展的关系，夯实农业农村发展基础；正确处理工业兴市与加快服务业发展的关系，突破性发展以旅游业为重点的现代服务业；正确处理加快发展与改善民生的关系，大力发展社会事业；正确处理发展的速度、质量和效益的关系，保持"三项收入"稳健增长；正确处理经济发展与生态环保的关系，切实做好节能减排工作；正确处理内生发展与外源发展的关系，在深化改革开放中拓展发展空间。

【2009年度总结表彰暨集中开展"五个专项治理"动员大会】 3月22日，2009年度总结表彰暨集中开展"五个专项治理"动员大会在市行政中心举行。市委书记、市人大常委会主任陈天会主持大会并作重要讲话。市委副书记、市长张嗣义总结2009年工作，安排部署2010年工作。会议在回顾过去一年的工作后指出，过去一年的工作，至少有五点经验值得认真总结，即：勇于面对挑战，积极克服困难，迎难而上，勇往直前，在克服困难中谋求新的发展；稳扎稳打，环环相扣，以科学的手段、过硬的措施，把既定的思路和目标，变为实实在在的发展成果；坚持"打基础、管长远"，始终把项目工作放在十分重要的位置，积极培植新的增长点，不断增强经济社会发展的后劲；坚持高度关注民生，积极维护社会稳定，为科学发展凝聚力量，提供稳定的社会环境；坚持不懈地加强党的建设，为经济社会发展提供坚强的保证。会议在安排部署"五个专项治理"活动时指出，用半年时间，在全市同时开展五个方面的专项治理，这是多年没有过的，可以说是一个大动作，这是中央和省委的要求，是十堰加快发展的现实需要，是实现2010年目标任务的重要步骤，是取信于民的迫切需要。各级各部门一定要高度重视，把思想认识统一到市委、市政府的决定上来，切实把"五个专项治理"摆上重要议事日程，采取过硬措施抓紧抓好，不达目的决不罢休。要通过专项治理，把干部的精神振奋起来，把群众的信心树立起来，把发展环境优化起来，使机关作风有明显改进，确保年度目标任务顺利完成。

【全市县域经济工作会议】 5月9日至11日，全市县域经济工作会议在竹山、房县召开。会议的主要任务是总结交流经验，研究分析形势，安排部署工作，进一步营造比学赶超、争先进位的良好氛围，推动全市县域经济发展取得新的更大的成绩。市委书记陈天会作重要讲话，市委副书记、市长张嗣义作主题报告。会议强调，从十堰实际出发推进县域经济发展，要按照统筹城乡发展的要求，认真落实“一统三分”战略，进一步理清工作思路，抓住重点，找准着力点，努力实现县域经济“量”的扩张和“质”的飞跃。要坚持统筹城乡这个基本方向，围绕实施“一统三分”战略，在理清思路上下功夫，制定好县域经济发展规划，用科学的规划指导县域经济加快发展。要坚持以工业化为主导，走工业兴县的道路，加快县域工业化进程；要坚持以工业化的理念谋划农业，积极培育龙头企业、合作经济组织、农业科技园区三大农业市场主体，加快农业产业化经营步伐。要坚持按照城乡一体化的要求，加快城镇化进程，引导农民向城镇和新型社区集中，为县域经济发展提供有效载体。要坚持一手抓争取项目、一手抓招商引资，充分发挥政府和市场两个作用，为县域经济快速发展提供重要支撑。会议指出，推进县域经济发展，各级党委、政府要肩负责任，转变作风，营造氛围，狠抓落实，切实为全市县域经济的发展提供坚强的保障。要明确责任。各级党委、政府特别是县（市、区）党委、政府要把发展壮大县域经济作为中心任务。要有良好的精神状态。要营造良好环境。要进一步解放思想，改革创新，努力营造聚精会神搞建设、一心一意谋发展的舆论环境、有利于科学发展的体制环境、诚实守信的信用环境、高效便捷的政务环境、公平公正的法治环境。要热情关怀企业家和基层干部。

【市（市区）县（郧县）对接发展工作会议】 7月7日，市委、市政府在郧县召开市（市区）县（郧县）对接发展工作会议。市委书记陈天会出席会议并讲话。市委副书记、代市长周霁主持会议。加快市县对接要科学谋划，稳步推进，找准着力点，突破关键点，务求取得实效。加快十堰城区与郧县对接发展，要坚持以科学发展观为统领，以“统筹城乡，区县一体，发展互动，市县双赢”为主旨，以体制机制创新为动力，以规划、交通、产业、项目、市场对接为抓手，优先加快十堰城区与郧县城区结合部发展，稳步推进周边乡镇发展，逐步实现市县一体化发展。市县对接的主要工作目标是：到2013年，实现城市建设、交通网络、公共设施、公益事业等基础设施对接，打牢发展基础；再经过两年努力，着力解决好对接发展的体制机制问题，到2015年形成市县产业紧密关联、经济深度融合、优势互为补充、功能配套完善的市县一体化发展新格局。在规划对接方面，打破行政区划界线，实现区县一体规划，实现“规划”的无缝对接。在交通对接方面，着力打造郧县与十堰城区15分钟交通网络。在产业对接方面，立足南水北调中线工程核心水源区实际，立足全市产业规划和布局，按照市县一体思路，加大对郧县四大支柱产业的扶持，使之与全市“一主四大”产业实现对接互补，促进市县经济融合发展。在项目对接方面，建立市县对接项目库，做好项目储备，统筹规划，科学安排，积极谋划和申报一批市县互利共赢的大项目向郧县布局。在市场对接方面，充分发挥郧县特色产业和资源优势，规划建设农副产品交易批发市场、特色产品交易市场和工业品批发市场，加快郧阳特色商业街建设，形成与十堰城区互补共联的市场格局。

【竹房城镇带城乡一体化试验区建设动员大会】 12月3日至4日，竹房城镇带城乡一体化试验区建设动员大会在竹山召开。市委书记、市人大常委会主任陈天会主持大会并作重要讲话。市委副书记、市长周霁安排部署工作。会议强调，竹房城镇带城乡一体化试验区建设，要坚持规划先行。规划立意要高，把握“经济活力、示范效应”和“引领区、先行区、示范区”的目标；规划要有前瞻性，把握“全省有示范性、二十年不落后”的总体要求；规划要体现特色，各打各的优势仗，切忌千篇一律；规划的操作性要强，规划不是看的，是要用来干的。要做好总体规划与行业规划、区域规划之间的衔接，既有总体规划，又有年度实施计划；既有物质文明建设规划，又有精神文明建设规划；既分区域、分乡镇规划，又分部门、分行业规划，确保规划的科学性、系统性、可行性、实用性。会议指出，加快试验区建设，产业是支撑、是基础、是龙头。没有产业支撑，就没有经济发展和农民增收，城镇带建设就会成为空谈。各地要坚持把培植产业支撑作为城镇带建设的重中之重，以现有产业为基础，以正在做的事情为基础，以自然条件和资源禀赋为依据，立足优势，突出特色，找准产业发展定位和主攻方向，千方百计地把产业做大做强，把特色资源优势转化为发展优势。要大胆探索促进城镇带建设的土地流转、户籍制度改革、投融资体制建设等各种体制机制，确保城镇带建设快速有序推进。会议强调，试验区建设的出发点和落脚点是为人民群众生活得更加美好。要首先把群众发动起来，突出以人为本的理念，让群众积极参与，在建设中充分听取和吸纳群众的意见和建议，体现群众意愿，保护群众利益，真正赢得群众的拥护和支持。要通过试验区的建设，促进不是试验区范围的乡镇、村加快发展步伐，防止这些乡镇、村边缘化和群众闹情绪。要坚持从实际出发，把试验区规划编制与“十二五”规划相衔接，与地方经济发展相结合。

【中国共产党十堰市第三届委员会第八次全体会议】 12月8日，中国共产党十堰市第三届委员会第八次全体会议在市行政中心举行。出席这次全会的有市委委员34人，候补市委委员10人。市纪委常委和有关方面的负责同志列席会议。全会由市委常委会主持。会议听取和讨论陈天会同志受市委常委会委托所作的工作报告，审议市纪委工作报告，审议通过《中共十堰市委关于制定十堰市经济和社会发展第十二个五年规划的建议》。市委书记陈天会作重要讲话，市委副书记、市长周霁就《建议（讨论稿）》向全会作说明。全会强调，要把经济社会跨越式发展作为十堰“十二五”发展的基本要求，实现经济又好又快发展，经济结构进一步优化，社会建设明显加强，改革开放不断深化，城乡区域协调发展，努力开创区域性中心城市建设、综合交通枢纽、城乡一体化发展、山水一体大旅游和生态文明“五个新局面”。全会提出，要把“一城两带”作为十堰“十二五”发展的总体战略。围绕区域性中心城市建设目标，加快核心城区建设，加快竹房城镇带城乡一体化试验区和十堰汉江生态经济带建设，形成区域协调发展新格局。

重要决策

【竹房城镇带城乡一体化试验区建设】 11月22日，省委办公厅、省政府办公厅下发《关于竹房城镇带城乡一体化试验区建设的指导意见》（鄂办发［2010］40号）。竹房城镇带城乡一体化试验区范围包括305省道自竹山县至竹溪县关垭，连接2个县城和10个乡镇的区域，以及房县沿305省道、紧邻竹山县，交通便利、区位优势明显、产业基础较好的军店、化龙、窑淮等3个乡镇。竹房城镇带城乡一体化试验区以邓小平理论和“三个代表”重要思想为指导，深入贯彻落实科学发展观，按照国家主体功能区定位、鄂西生态文化旅游圈总体规划和“统筹城乡发展，分区域规划、分类型指导、分产业布局”的要求，以体制机制创新为动力，统筹城乡空间布局、产业发展、基础设施建设、公共服务、社会事业发展，加快城乡一体化步伐，为全省山区城乡一体化建设先行先试，探索经验，提供示范。力争3年取得明显变化，5年基本建成具有较强经济活力和示范效应的全省山区新农村建设的引领区、城乡一体化的先行区、统筹城乡发展的示范区。

——到2013年，初步建成以县城为中心、乡镇为重点、中心村为支点的城镇体系、覆盖区域内所有村落的交通体系、比较完善的公共服务体系、比较健全的市场体系和功能比较完备的社会管理体系；进一步健全和完善涵盖城乡的就业制度、社会保障制度、土地管理制度；形成百公里绿色城镇带、特色产业带、新社区示范带和生态文化旅游带。生态创建得到大力推进，生态乡镇和生态村达到三分之一以上。

——到2015年，建立比较完善的城乡一体化经济社会管理体制和运行机制，形成城乡布局、产业发展、基础设施、公共服务、社会事业一体化发展的新格局。生产总值、财政收入实现翻番，工业产值年均增长20%，全社会固定资产投资年均增长25%，社会消费品零售总额年均增长18%，城镇居民人均可支配收入年均增长9%以上，农民人均纯收入年均增长8%以上，农村基础设施进一步完善。

【加快推进市（市区）县（郧县）对接发展】 8月23日，中共十堰市委、十堰市人民政府印发《关于加快推进市县对接发展的意见》（十发［2010］9号）。《意见》指出，市县对接是调整产业机构、实现转型发展的必然要求，是提升十堰城市功能、加快建设区域性中心城市的现实需要，是落实“一统三分”战略、统筹城乡发展的重要途径。加快推进市县对接发展要坚持以科学发展观为统领，以“统筹城乡，互动发展，市县双赢”为主旨，以体制机制创新为动力，以规划、交通、产业、项目、市场对接为抓手，优先加快十堰城区与郧县城区结合部发展，稳步推进周边乡镇发展，逐步实现市县一体化发展。到2013年，实现城市建设、交通网络、公共设施、公益事业等基础设施对接，夯实发展基础；到2015年，形成市县板块组团式空间布局，市县产业紧密关联，经济深度融合，优势互为补充，把郧县建成产业结构合理、功能配套完善、山水景观宜人的十堰北部滨江新城区。

【建设十堰汉江生态经济带】 12月31日，中共十堰市委、十堰市人民政府印发《关于建设十堰汉江生态经济带的意见》（十发［2010］15号）。十堰汉江生态经济带是指十堰境内汉江沿岸的主要区域，覆盖郧西、郧县、丹江口市3个县（市）。三县（市）总人口163.44万人，占全市总人口（350万）的47%，总面积10493.6平方公里，占全市总面积（23600平方公里）的44%。建设十堰汉江生态经济带要坚持以科学发展观为指导，围绕“一城两带”区域发展战略和“一统三分”要求，以水源区生态环境改善和富民奔小康为目标，以转变经济发展方式和生产生活方式为主线，以生态保护为前提，以科学发展为核心，坚持生态优先、科学规划、以人为本、创新发展的原则，统筹推进汉江沿线城乡空间布局、产业发展、移民安置、生态建设、基础设施建设和社会事业协调发展，逐步将十堰汉江生态经济带建设成为生态优良、经济发达、城乡协调、生活富裕的生态文明示范区。到2015年，生态建设和环境保护取得显著成效。水资源得到有效保护，丹江口库区水质长期稳定在国家地表水环境质量标准Ⅱ类以上，森林覆盖率达到50%以上，水土流失面积持续减少；工业污染和农业面源污染防治取得明显成效，万元GDP能耗、主要污染物排放量逐年下降，控制在省定指标以内，区域生态环境质量位居全国前列。

重要活动

【第四届世界传统武术节】 第四届世界传统武术节10月16至21日在十堰举行，以“会武当、和天下”为主题，秉承“以武会友、共同进步”的精神。本届武术节实现规模更大、水平更高、效果更好的目标，实现规模、水平、效果上的三大超越，赢得国内外的广泛赞誉。从规模上看，参赛的国家和地区由第三届的69个增加到83个，参赛代表队由第三届的165支增加到196支，赛事活动项目由第三届的200多个增加到300多个，参与服务的志愿者也由第三届的2400多人增加到2800多人，参加媒体记者人数和媒体单位远远超过上一届。实现参与国家和地区数量超历届、国内省市区代表队大团圆的目标，实现武术节历史上的新突破。同时，以武术节为契机，加大十堰对外宣传力度，加强国际交流与合作，推动十堰对外开放。武术节期间，共签订旅游项目投资协议13个，签约总金额73.2亿元；签订经贸合作项目36个，投资总额90亿元。

【国家卫生城市创建】 按照市委、市政府统一安排部署，加大工作力度，狠抓国家卫生城市创建达标工作，进一步完善制度体系和工作机制，调整充实创建指挥部的领导力量和骨干人员，集中开展工业危险废物污染防治，食品安全和城区道路沿线出店经营、占道经营、乱停乱放等3个专项督查。建立市级领导联系督办社区、城中村创建工作制度，明确34位市级领导对口联系63个社区和29个城中村。扎实推进城区亮化、市容环卫保洁、大树进城、迎宾大道景观建设、渣土管理、裸露山体治理等“六大工程”，全力推进城市道路建设、市政基础设施建设、城区河道治理。2010年10月，“创卫”工作已经通过省级卫生城市复查和国家卫生城市省级预评估。

【集中开展“五个专项治理”】 2月22日，市委、市政府召开会议，决定在全市集中深入开展“五个专项治理”，即开展机关作风、工程建设领域突出问题、房地产开发营销领域突出问题、“小金库”等专项治理工作，并对全市党政机关和事业单位在规定时点实施禁酒令，切实转变干部作风，解决群众反映最强烈的突出问题。通过层层宣传发动、制定工作方案、单位自查整改、建立长效机制、工作专班考评通报、督查落实等措施，着力解决群众反映强烈的问题。活动期间，共排查出各类问题305个，已整改296个，整改率97%。

【决战九月、集中打好“五大战役”】 9月3日，市委、市政府召开决战九月、集中打好“五大战役”动员大会，决定在九月份集中打好“维护社会稳定战役”、“第四届世界武术节暨第九届武当国际旅游节筹备工作攻坚战”、“创建国家卫生城市工作攻坚战”、“移民攻坚战”及“灾后重建、抗灾夺丰收”等五大战役。活动期间，市级领导率先垂范，深入一线、深入基层，调查研究、解决问题，各级各部门主要负责人亲自抓，职能部门履职尽责到位，广大干部群众发动充分，形成决战九月、集中打好“五大战役”的浓厚氛围。各级各部门认真分析细化九月份的工作任务，把责任和任务分解到人和时间节点，做到“五大战役”有工作重点、有工作方案，推进中有分工、有具体目标，有组织、有检查。通过一个多月的努力，“五大战役”活动取得明显成效，为确保全年目标任务实现奠定坚实基础。

重大人事变动

周　霁　2010年5月任市委副书记，6月任市政府代市长，10月任市长

董卫民　2010年12月任市委副书记

彭承志　2010年2月任市委常委

师永学　2010年12月任市委常委

贺盛有　2010年12月任市委常委（原任副市长）

张桂华　2010年8月任市政府副市长

王庆华　2010年1月任市政协副主席

杨立志　2010年1月任市政协副主席

张嗣义　2010年5月调离十堰

涂明安　2010年10月调离十堰

王启泉　2010年5月不再担任市委副书记

高　勤　2010年7月不再担任市政府副市长

组织工作

【干部教育培训】 一是抓好学习实践科学发展观活动。圆满完成第三批学习实践活动任务，对全市第一、二、三批学习实践活动进行全面总结，组织开展市、县两级党委学习实践活动群众满意度测评工作。召开全市学习实践活动总结表彰大会，命名表彰一批学习实践活动先进单位和个人。狠抓各项整改措施的落实督办，建立健全长效机制，切实把集中学习教育和经常性工作有机衔接起来，把学习实践活动中创造的经验进一步制度化。二是大规模培训干部。数字化选学工作全面推开，网上注册人数达到20542人，点击超过284万次，满意率86%。全年举办“周

末大讲堂”4期，参学干部3064人次。重点产业培训班特色明显，举办旅游专题班5期、汽车产业管理人员培训班2期、汽车制造等相关知识讲座5期，开办中小企业工商管理硕士核心课程班，培训各类人员750人次。全年选派196名领导干部参加中直机关、省委党校和省级有关部门举办的各类专题培训班，调训率100%。市委党校举办主体班15个，培训干部665人；举办组工干部、市直党务干部、公开招考研究生岗前培训等专题培训班5期，培训321人。三是加强干部实践锻炼和交流挂职。推进与新疆博乐市干部互派挂职，选派2名专业技术人才援疆，接收12名博乐市干部到十堰市挂职；加大在经济领域培养年轻干部力度，选派20名地方与金融机构干部交流互挂、1名干部到中央金融单位挂职学习；选派2名厅、处级干部到国家部委、沿海地区挂职锻炼，安排63名县市区干部到市直40多个单位挂职；挑选250名市、县直机关干部担任村支部第一书记。

【领导班子和干部队伍建设】 一是后备干部集中考察调整顺利完成。制定《十堰市党政领导班子后备干部集中调整工作方案》，对县(市、区)、市直单位和正县级事业单位的后备干部进行集中考察，确定县(市、区)党政正职后备干部26名，正县级后备干部13名，党政副职后备干部130名；市直单位正职后备干部118名，副职后备干部181名；市直正县级事业单位正职后备干部31名，副职后备干部61名，建立县级后备干部信息库，掌握一批结构合理、素质较高的后备干部队伍。二是市直机构改革平稳推进到位。严格执行省委批复的《十堰市人民政府直属事业单位设置方案》，坚持“整体稳定、平衡过渡、优化结构、增强活力”的原则，完成6个合并组建机构、2个职能整合机构、2个分立组建机构和1个合并保留牌子机构领导班子的调整配备工作，涉及县级干部92人，调整8名市政府组成部门主要负责人，机构改革工作平稳有序。制定下发《关于在市政府机构改革期间做好市直单位县级非领导职务配备的通知》，为市直机关、县(市、区)符合条件的297人办理先提后退。三是认真做好市、县、乡领导班子的调整配备。做好市人大三届七次会议、市政协三届六次会议的组织服务工作，完成1名市人大常委、2名市政协副主席、1名市政协常委的选举任务，完成1名副市长的依法任命工作。配合省委组织部做好市人大、政府、政协领导班子换届工作，对市委领导班子进行调整充实。认真做好市人大、政府、政协换届各项筹备工作。县级领导班子进一步调优配强，全年提请市委常委会研究任免县级干部285人，其中，提拔81人，平职调整、机构改革后重新明确职务及改非202人，免职2人。对试用期满干部进行考察和正式任职。对3名县市区党政正职进行调整补充。坚持做好选配高学历年轻乡镇党政正职工作，调整配备乡镇正职32人。四是着力加强干部的宏观管理。着眼于优化结构、盘活队伍，大力加强科级干部队伍建设，全年任免市直科级干部243人，办理二级单位科级干部任免备案139人。配合省委组织部做好从高校优秀毕业生招录25名选调生到十堰工作。坚持“三严两公开”，高标准做好公务员招录工作，录用乡镇公务员125名，党群及法院、检察院系统公务员47名。进一步规范市直单位干部职数管理。

【干部人事制度改革】 一是完成首次面向全国公开招考全日制硕士研究生担任科级领导干部工作。按照市委常委会研究确定的招考工作方案，精心组建专班，制定工作方案，周密组织实施。全国27个省(区、市)网上报名2923人，经资格审查1431人参加笔试，296人进入面试，考察151人，正式录用132人，收到良好的社会反响，为加强科级干部队伍建设做出有益探索。二是做好省委“六个一批”干部培养选拔工作。配合做好十堰市符合条件干部参加省直机关面向基层选拔正副处长考试，正式录用5人，其中正处1人，副处4人；协助做好省直单位副厅级干部公开选拔工作，十堰市2人进入考察环节；面向全市公开选拔10名副县级领导干部；认真做好27名省直厅处级干部到十堰市下派挂职锻炼的接收服务工作，为挂职干部创造良好工作环境。三是继续开展科级干部“三跨”竞争上岗工作。在市直单位全面推行正科级领导职位竞争上岗制度，23个单位91名干部通过竞争上岗走上正科级领导岗位，占新任正科级领导人数的84.3%，初步建立科级干部竞争择优机制；启动7个单位13个科级领导职位的“三跨”竞争上岗工作，加强笔试、竞职演讲、差额推荐、差额考察等环节指导，竞争上岗工作逐步规范。四是探索改进干部考察方式和领导干部选任方式。制定下发《关于规范市直单位干部选拔任用工作意见》、《市委常委会干部酝酿办法》等制度办法，干部选任工作的规范化、制度化和科学化水平不断提高；深入推进“三重”专项考核考察干部工作，开展在“三城联创”、第四届世界传统武术节、南水北调移民搬迁工作中专项考核考察干部活动，对城建系统事业单位领导班子和领导干部进行专项考察；加大事业单位领导人员选任改革力度，公开选聘十堰职业技术(集团)学校校长、十堰市艺术剧院院长；加强聘任制干部管理，“双管”单位干部管理工作进一步理顺规范。

【干部监督工作】 一是加强对干部选拔任用工作的监督。开展干部选拔任用“一报告两评议”，十堰市干部选拔任工作总体评价、整治用人上不正之风的看法、对本地区深化干部人事制度改革三项指标测评满意、基本满意率较上年均有提升；强化对县（市、区）委书记用人行为的监督，全年派人列席研究干部会议6次，涉及重要岗位领导干部78人；实行干部选拔任用工作全过程监督，全年共征求执纪执法部门意见22批次453人，公示干部8批次450人，办理群众举报件20件；深入整治用人上不正之风，开展对拉票贿选突出问题的专项治理，对32个市直单位整改情况进行督办检查。二是加强对领导班子和领导干部的监督。认真做好干部举报受理工作，全年受理各类举报56件，涉及干部54人；加强领导干部经济责任审计监督，对26个单位整改情况进行检查，整改问题95个，制定整改措施121条，建立规章制度114条，组织协调16名领导干部经济责任审计工作；做好党员领导干部个人重大事项报告工作，全市1467名县级以上党员领导干部填报《党员领导干部个人重大事项报告表》，完成35名厅级领导干部个人重大事项收集、报送工作。三是切实提高干部监督制度的执行力。认真抓好四项监督制度的宣传贯彻，下发学习宣传通知，组织29317名干部参加学习测试，组织举办县（市、区）委书记学习四项监督制度征文活动；完善干部选拔任用相关监督制度，制定《十堰市干部选拔任用工作“一报告两评议”实施办法》，新聘请一批干部工作特邀监督员；起草干部选拔任用初始提名、信息公开、谈心谈话等制度。

【人才工作】 一是认真做好高层次人才服务工作。组织开展两次“院士专家十堰行”活动，29位专家院士围绕十堰市生态经济可持续发展、生物医药产业开展专题调研，提出50多条意见和建议，达成多项校企合作意向；开展海外高层次回国人才调查摸底，10名海外高层次人才引进十堰市工作；向中央、省申报“千人计划”2名、“百人计划”2名；配合省委组织部完成第九任8名科技副职考核工作。二是加快推进“人才特区”建设。协助十堰经济开发区面向全国招聘10名高层次专业技术和管理人才；组织40余家企业与高等院校签订产学研合作协议，建立高校毕业生实习基地5个，市级工程技术中心4个；支持武当山特区实施旅游人才计划，面向全国公开招聘7名旅游、文物管理等方面的高层次人才，公开选拔120名导游员、45名景区管理人才和30名高级讲解员，与九寨沟等景区建立人才协作关系。三是统筹抓好各项人才工作。制定《2010年十堰市人才协会工作要点》，对各人才分会开展活动情况进行督办检查；“一村一名大学生计划”脱产大专班招收学员51名，召开全市“一村一名大学生计划”学员创业经验交流会，开通“一村一名大学生网络之家”网站，出台一系列扶持政策；积极申报人才工作创新项目，12个创新项目通过省委组织部立项审核。加大人才工作宣传力度，积极营造“四个尊重”的良好氛围。

【基层组织建设】 一是深入开展基层党组织和党员创先争优活动。制定《关于在党的基层组织和党员中深入开展创先争优活动的实施意见》，召开全市党的基层组织和党员创先争优活动动员会，明确“解放思想，抢抓机遇，统筹城乡，加快发展，全力打造区域性中心城市”活动主题，成立47个督导组、187个行业指导组，对全市8000多个基层党组织、14.5万余名党员争创活动进行分类指导；各级党组织围绕全市“五大战役”广泛开展“双争双促”、“创旗争星”等活动，为基层办实事好事7万多件。二是统筹谋划推进基层党建“活力工程”和“五个基本”、“七大体系”建设。制定下发《关于全面推进基层党建“五个基本”建设进一步深化“活力工程”的实施意见》及考核评价办法，召开全市党的基层组织建设座谈会、现场会；分层分类抓好基层党建示范点创建工作，对100个市级示范点进行重点培植，新建76个村级阵地，改扩建235个村办公场所；开展乡镇党委书记基层党建工作创新竞赛活动和“有困难找干部”活动，全市3170个单位和14.5万名党员干部进行公开承诺，化解纠纷3.2万余件，代办事务15.7万件。巩固拓展“一会两票”民主管理机制，全市召开民主议事会2200多次，民主决策事务3400项。三是进一步扩大党的组织和工作覆盖面。在全市移民重点乡镇成立37个移民工作党委、38个党总支、110个党支部和453个移民党小组，组建党员小分队404个；开设大学生“村官”网络党委，建立9个网络党支部（党小组），探索加强大学生“村官”管理。加强社区党的建设，开展“在职党员进社区”活动，建立“楼宇型”党组织179个；在“两新”组织中新建党组织159个，向非公有制经济和社会组织选派党建工作指导员、联络员1218名；完善基层党建工作责任制和工作规划，建立党建工作联系点1212个。四是大力加强基层干部队伍建设。对全市村（社区）党组织书记进行一次轮训，市级培训700名；深入开展“双联双助”活动，全市各级党政机关与农村基层党组织结成帮扶对子952个，6818名党员干部与困难家庭结成帮扶对子1.5万个，落实资金2000多万元，办实事2.1万多件；选聘132名大学生到村任职，从优秀村（社区）干部中招录乡镇公务员14人；坚持保证质量、改善结构，全市新发展党员4363名，其中女党员1368名。五是扎实推进农村远程教育工作。承办全省农村党员干部现代远程教育骨干培训会议，全市培训站点骨干4094人次；全市建成远程教育站点2088个，在丹江口市浪河镇和郧县柳陂镇新建农村党员“科技网吧”2个，“两建一培”示范基地培训农村党员干部3000人次，开发制作电教课件58部。

【组织部门自身建设】 一是扎实开展主题实践活动。深化“讲党性、重品行、作表率”活动，制定《全市组织系统开展“双推双争”活动巩固提高“讲党性、重品行、作表率”活动成果的实施方案》，召开全市组织系统“讲、重、作”活动专题会议，安排部署组织系统创先争优工作；组织开展组工干部大讨论、学习王彦生等先进典型事迹、“庆七一、学先进、树形象”党员党日、组工干部下基层、到延安接受革命传统教育、机关党员干部“双联双助”等系列活动，加大对郧县青曲镇洪门铺村新农村帮建工作力度，多方争取资金216万元，机关干部与该村25户困难户和32名困难党员进行结对帮扶；组织部机关干部向玉树灾区捐款7500元。二是强化机关规范化建设。召开全市组织部门办公室主任会议，安排部署组织部机关标准化建设和规范化管理工作；制定下发《2010年市委组织部重点工作任务安排》，加大对重点工作任务的督办落实；认真抓好部机关规章制度的贯彻落实，不断提高机关规范化管理。完成全市大组工网建设任务并顺利通过省委组织部检查验收，对2006年以来部机关档案进行归档整理；全年受理群众来信来访46件，接待上级检查、调研17批次300余人，接待服务工作水平不断提高。认真做好文明创建、综合治理、计划生育、爱国卫生、普法等各项工作，市委组织部被评为全市最佳文明单位，社会治安综合治理、机关党建、爱国卫生、扶贫奔小康等先进单位荣誉称号。三是抓好信息宣传工作。建立组织部门新闻发言人制度，召开全市组织部门首次新闻发布会；完善调研宣传和组工信息目标管理办法，确定42个重点调研课题；全年在中央、省级党报党刊发表调研宣传稿件230多篇，中组部采用十堰组工信息5条，省委组织部采用168条，编发《十堰组工信息》52期、《十堰组织工作》6期，认真办好《组工参阅》，对武当党建网部分栏目进行升级改版。

（汤　宏　罗　鹏）

宣传工作

【概况】 一是南水北调中线工程移民搬迁新闻宣传活动。3月11日，香港《大公报》推出十堰专版《破解世界难题—南水北调中线工程核心水源区移民纪略》。5月25日，人民日报、中央电视台、新华社、湖北日报等11家中央和省主流媒体组成的南水北调中线移民采访团现场采访库区移民工作。5月28日，人民日报、中央电视台、新华社、中央人民广播电台、香港《大公报》等17家中外知名媒体组成的南水北调中线水源区采访团深入库区采访报道。6月17日，人民网、新华网、中新网、新浪、腾讯、网易等50家著名新闻网站组成的“全国网络媒体湖北行”采访团聚集十堰移民搬迁。二是第四届世界传统武术节宣传文化活动。3月28日，十堰市在国务院新闻办公室举行第四届世界传统武术节新闻发布会，国际武联、中国武协、省政府等部门领导出席，人民日报、新华社、中央电视台、凤凰卫视等122家新闻媒体参加。4—10月，十堰市在北京、武汉等地举办武术节新闻发布会3次，在中央、省和港澳媒体上开办专版11个，开设专题专栏26个。10月16日晚，由凤凰卫视担纲举办第四届世界传统武术节开幕式大型演出，以“会武当·和天下”为主题，分4个篇章、7个章节，以武当武术、道家思想为脉络，讲述武当武术的传奇之旅，巧妙地将十堰“仙山、秀水、汽车城”三张城市名片融入其中，成龙、焦恩俊等明星和1400余名舞蹈、武术和群众演员参加演出。10月22日晚，十堰市举行第四届世界传统武术节闭幕式晚会，邀请中央电视台著名主持人朱军担任主持，盛中国、张也、刘和刚等明星助阵。10月17日至20日，十堰市开展第四届世界传统武术节群众文艺展演活动，以地方民间民俗节目为主，演出武术、体操、舞蹈、曲艺、说唱等近200个文艺节目，观众达12万人次。10月12—18日，《人民日报》、新华社、中央电视台、湖北日报、湖北卫视、凤凰卫视、香港《大公报》、新浪网、搜狐网、凤凰网等100多家海内外媒体、国内知名媒体网站集中报道第四届世界传统武术节盛况，刊发有关第四届世界传统武术节的新闻17.1万多条。三是“颂读中华经典·共享和谐社会”大型广场诗文诵读活动。4月22日，市委宣传部、市文体局联合举办“颂读中华经典·共享和谐社会”大型广场诗文诵读活动，市直30多家单位2000多名各界群众参加，《中国文化报》、《湖北日报》等媒体作专题报道。

【理论武装】 市委宣传部下发推进学习型党组织建设的《实施意见》，组织开展“诵读中华经典”、“流动图书馆”为民送书服务、“创建学习型党组织与基层党组织创先争优”笔谈等活动，举办“十堰讲坛”建设学习型党组织系列专题讲座，调研总结郧县“一线学习法”、茅箭区“基层说理”、丹江口市“互动式学习”等经验做法，召开推进学习型党组织建设经验交流会。组织学习十七届五中全会知识测试，召开学习十七届五中全会精神座谈会，开展十七届五中全会精神基层宣讲活动。制定出台《十堰市社会科学研究课题资助办法》，组织开展第五届社会科学优秀成果奖评选活动。完成《南水北调中线源生态经济试验区建设研究报告》等4项省、市重点课题，组织各类研讨会30

多次，推出学术论文500多篇。《南水北调中线源生态经济试验区建设研究报告》被列入省社科联“思想库课题”项目。

【舆论宣传】 组织市属媒体开展“真抓实干保增长”、“守土有责保稳定”、“春风化雨保民生”三大主题宣传活动，策划“办好武术节，壮大旅游城”、“关注移民，服务大局”、“共建共享卫生城”、“科学谋划‘十二五’”四大专题宣传活动。邀请11家中央和省主流媒体组成的南水北调中线移民采访团、17家中外知名媒体组成的南水北调中线水源区采访团、50家国内著名新闻网站组成的“全国网络媒体湖北行”采访团到十堰市采访，全力服务南水北调移民搬迁工作。在北京、武汉等地举办3次新闻发布会，在上级媒体开办11个专版，开设26个专栏，邀请102家中外媒体168名记者采访报道第四届世界传统武术节盛况。围绕汽车产业、大交通建设、生态经济等重点选题，加强对上和对外宣传，全年在中央党报刊台网上稿137条，省党报刊台网上稿3106条，均比去年大幅增长。其中湖北日报头版头条62个，同比增长25%；中央、省广播电视用稿排名全省各市州第二。制订下发《十堰市突发公共事件新闻报道应急预案》，做好重要政策、重大事件、重大主题活动的新闻发布，举办第四届世界传统武术节、武当道茶、十堰微型车博览会、“中国卡车之都”授牌等新闻发布会，组织陈永刚事件、彭宝泉事件、丹江口市翻船事故等突发事件的新闻发布和舆论引导工作。

【精神文明建设】 按照“三城联创”的总体部署，深入开展社会主义核心价值体系宣传教育活动，扎实推进全国文明城市创建活动。推出郧西县涧池乡“有困难找干部”为民服务活动重大典型。开展“十堰精神”、“十堰市歌”征集和评选活动，组织第十届青少年主题读书系列活动、“美德少年”评选、“我推荐、我评议身边好人”活动，举办道德模范基层巡讲。有2人荣登“中国好人榜”，3人入选首届“湖北美德少年”。参加全省思想政治工作优秀成果评比活动，十堰市有8篇作品获优秀研究成果奖，其中一等奖2篇、三等奖4篇、优秀奖2篇。组织开展“文明创建网上行”、“迎世博、迎两节、讲文明、树新风”活动，组织实施创建全国文明城市“八大工程”，加快推进“八进社区”工程建设，扎实推进创建全国文明城市公共指标测评工作。总结推广竹山县“十星级”创建、丹江口市乡风文明理事会、张湾区“清洁家园”等经验作法，培育发展十堰供电公司“家政电工亮万家”、十堰职业技术学院“居家宿舍文化”、市人民医院“天使服务队”、市十六中“爱心加油站”等基层精神文明创建工作新的典型。有9个文明创建品牌入选“2010年湖北文明行业创建品牌案例”，其中顺强运业有限公司创新的“的士文化”被列入全省文明行业创建十大重点品牌。

【文化建设与改革】 大力实施“文化强市”战略，出台加快文化建设与发展的《实施意见》，提出文化建设工作目标和重点任务，明确扶持政策和保障措施。全面推进广播电视村村通、乡镇综合文化站、农家书屋、农民健身工程、文化信息资源共享工程等惠民工程建设。推出《太和之音》、《武当情》、《太极武当·武乐圣典》、《山里山外》等一批优秀文艺作品，推进“一县一品”文化品牌创建工作。组织武术节开、闭幕式大型演出，举办第七届少儿艺术节、首届地方戏曲调演、首届新农村文艺节目汇演等大型活动，组织纪念建党89周年文艺晚会、“沐浴江南”书画展、“喜迎武术节”国画展等，开展城乡群众文艺大联欢、“乡戏进城、城戏下乡”、“欢欢喜喜过大年”、“欢乐十堰”、“今天我是角儿”等群众活动。按照政府机构改革方案，完成市广播电影电视局与十堰广播电视台分设工作；基本完成文化市场综合执法改革任务；扎实推进十堰日报传媒集团组建工作。完善文化产业发展项目库，储备中国记者之家、鄂西北图书文化城、上津古城、印刷工业园等文化项目；推动十堰大剧院、十堰日报传媒大厦、十堰广电大厦、汽车文化主题公园、中国武当国际道学院、武当影视文化园等优势项目列入全市“十二五”发展规划。并大力开展文化招商和文化项目推进工作，启动十堰日报传媒大厦、太极湖文化产业聚集区、武当山国际武术学院、郧阳文化旅游开发区、诗经文化园、天河七夕文化园等项目建设；建成房县唐城、天河七夕文化广场、武当艺术馆等文化项目。

【对外文化交流拓展新渠道】 多方联络、加强沟通，法国巴黎东方文化交流团、中国电视艺术家协会代表团等在武当山开展武当太极文化交流活动。法国、日本、俄罗斯等国家和中国社科院、中国工程院等研究机构著名专家学者应邀参加“故宫·武当山紫禁城文化研讨会”、“‘郧县人’发现二十周年国际学术研讨会”、“中国（房县）诗经文化研讨会”、“电视连续剧《天下武当》剧本研讨会”和“太极湖文化发展论坛”、“中国文化创新高峰论坛”、“第二届海峡两岸武当文化论坛”、“郧西天河七夕文化国际论坛”等活动。张纪中等著名导演在武当山开机拍摄新版《西游记》等影视剧。同时，武当功夫团应邀在上海世博会、西安旅交会、重庆旅交会、湖北·台湾周、武汉华中博览会等重大活动上进行武术表演。

【意识形态管理】 围绕提高党报党台影响力，十堰日报社推出中国首份3D报纸，开通《十堰手机报》电信版和联通版，承办十堰政府网并完成改版工作，建设102个阅报栏。十堰广播电视台推行中心制，组建湖北中广传播有限公司十堰分公司，十堰移动多媒体广播电视网络建成并开通，基本完成有线电视数字化转换工作。围绕提高互联网管理水平，健全市县两级舆情收集网络体系，推广网络发言人制度，下发加强网管人员管理和网络互动版块管理的《意见》。围绕提高干部队伍素质，开展创先争优教育活动，推动编辑记者、理论骨干、信息员、网宣员培训工作，充实宣传部、广播电影电视局、广播电视台等单位班子成员，加强基层宣传文化队伍建设。（卢志刚）

统一战线工作

【概况】 2010年召开3次征求意见会，分别同市政协、省委第七巡视组、市纪委就全市政协工作、市级领导述职述廉和五个专项治理等问题展开座谈，提出意见和建议；召开民主党派主委联席会议4次，交流情况研究工作；协助市委召开高层谈心会和情况通报会2次。截至11月底，全市统战系统县以上开展招商活动53次，参与企业家440人，协议项目68个，协议资金32.8亿元，合同项目数29个，合同资金26.1亿元，到位资金9.05亿元，开工在建项目18个。县以上光彩事业促进会开展活动26次，参与企业家351人，签订项目41个，协议金额1.66亿元，公益捐款0.11亿元，安置就业人员0.79万。

【思想建设和调研】 市委统战部制定下发《关于加强十堰市民主党派思想建设的意见》，制定各党派的实施方案，12月13日组织开展学习“身边的榜样—树立和践行社会主义核心价值体系先进人物事迹报告会”。制定《2010年十堰市各民主党派调研课题》，相继完成“打造十堰特色文化产业”、“建设区域性医疗中心”、“物流业发展规划”、“义务教育均衡公平发展”、“南水北调中线工程水源区生态补偿机制建立”、“三城联创推进对策”等6个课题的调研，调研成果被有关部门借鉴采纳。

【民主党派换届】 起草《关于协助民主党派做好换届工作的意见》，10—12月完成农工党、民进、民盟、民革、九三学社和民建十堰市委会的换届工作，得到各党派省委会的高度认同。

【“民企联村”和创先争优】 2010年市委统战部组织引导民营企业，通过“一联一、一联多、多联一”等多种形式开展村企合作，参与联村企业234家，联村196个，联村项目142个，投入资金3740万元，受帮扶户达5285户。全市非公有制经济组织单独建立党支部163个，联合建立党支部15个，其他形式建立党支部51个，切实提高党组织和党的工作覆盖面。竹山县加大组建力度，实施“安家工程”，新成立党支部4个，为10家非公企业选派9名党建工作指导员。十堰市有5篇典型材料被省非公有制经济组织创先争优领导小组《简报》采用。市委统战部还动员128家企业与76个村、128位“三老”人员（老革命、老党员、老模范）结对子，开展感恩活动58次，受帮扶“三老”人员372人，资助金额140万元，捐赠实物价值9万元；招工扶贫446人，培训扶贫507人；公益项目14个，到位资金73.4万元。

【光彩事业】 全市8个县市区有7个完成光彩事业项目建设。市委统战部努力调动和昌（湖北）置业有限公司设立百万助学基金，计划用5年时间筹资500万元帮助400名大学生完成学业，激发10家郧西企业家捐款700万元，用于灾区建设。

【回归工程建设】 2010年全市回归企业家186人，回归项目42个，协议金额40亿元，合同金额5.97亿元，到位金额3.7亿元，项目安置就业人数5360人。

【非公经济人士培训及组织建设】 一是先后推荐12名非公经济人士参加中央社会主义学院、省社会主义学院、上海浦东干部学院举办的非公经济人士培训学习。市委统战部、市工商联培训学员2000人次。二是加强对非公企业和商会的调研、指导。市委常委、统战部长吴世杰多次深入各县市区的20多家企业及市汽车美容装饰商会现场调研。全市全年新增4家行业商会和3个异地商会。

【“百企进十堰”活动】 为策应省委统战部“千企进湖北”工程，搭建以会招商、以商招商的合作平台，5月26日至28日，市工商联发起承办鄂豫陕川渝毗邻地区商会联谊会，来自鄂豫陕川渝毗邻地区5省市9个市区的工商联主席和民营企业家、各异地商会会长共180人应邀参加。山东万城置业有限公司拟在十堰市投资8亿元、占地230亩兴建东部新城配套工程项目；义乌湖北商会拟投资5亿元兴建十堰钢铁物流园。张湾区委统战部牵头引进总投资6亿元的兆泰物流仓储项目。

【党外代表人士队伍建设】 一是队伍建设。市委统战部在全市大力开展党外干部和“六支队伍”基本情况的摸底调研工作，600名党外科级以上干部、900名副高级以上职称党外知识分子以及民主党派、民族、宗教、新的社会阶层等1000名党外代表人士进入党外后备干部库和党外代表人物人才库。对重点党外后备干部进行走访考察，掌握其政治思想、业务工作情况，先后形成《党外干部配备政策及十堰市配备情况》、《市直单位党外干部队伍构成、配备情况及相关建议》等调研报告。截至年底，全市共配备副县级以上党外实职领导干部69名，其中4名担任市政府工作部门正职，得到省委统战部的充分肯定。二是基础工作。举办市直单位党外科级干部统战理论培训班和首期全市统战系统干部业务培训班，对全市78名中青年及统战干部进行培训。形成《人大选举法(修正案)实施工作对党外代表人士政治安排工作的若干影响》报告和《十堰市党外人士工作专项调研报告》。三是党外人士政治安排。完成市四届政协委员人事安排工作，新一届政协委员人选的文化层次、职称等级比上届有所提高，年龄结构更趋合理。

【民族宗教工作】 深化宣传教育，年初下发《十堰市2010—2012年民族团结进步创建活动实施意见》，开展民族政策、民族知识和法律进社区、进企业、进机关活动。开展专项清理，对藏传佛教在十堰市活动情况进行专项检查。对全市创建“和谐寺观教堂”活动进行检查，妥善处理存在的问题。维护社会稳定，加强对宗教领域不稳定因素的排查，化解突发事件15起。成立十堰市佛教协会，告别十堰无市级宗教团体的历史。抓好少数民族区域经济社会发展，启动“十村百户”扶贫工程，争取40万元资金扶持湖北口回族乡解决人畜饮水和发展畜牧业项目。

【海外统战及经贸合作】 市委统战部积极筹备并全程参加第七届武汉·台湾周活动。召开十堰·台湾经贸旅游恳谈会，丹江口市柑橘深加工、武当山景区市场开发等7个项目成功签约，签约项目资金7.6亿元。精心筹备第二届武当文化论坛暨海峡两岸交流基地授牌仪式，武当山被国台办授予全国第二个海峡两岸交流基地，聘请台湾《太平洋日报》主笔、《道教月刊》总编、资深教授温源兴到武当山道教学院上课。台企派恩公司捐资15000元资助张湾区茶店村兴建蔬菜大棚。房县亿元台资开发黄酒项目动工兴建。全年新增台资企业3家，到位资金5000万元，比上年增长56%；全年共组织9个赴台考察团，累计赴台人员165人。全市共接待台胞17.5万人。

【华人华侨及归国留学人员工作】 形成《关于充分利用海外资源，促进十堰市经济社会发展的建议》，深入侨属企业走访慰问。首个由十堰籍海外人士捐助的茂华中学教育奖励基金在竹山设立。11月中旬，由湖北富燮服装和湖北濠歌服装有限公司联合投资5亿元兴建的郧西香港工业园服装生产基地项目奠基。12月底，由省政协委员、香港粤能国际有限公司董事长李舟投资的生物发电项目在房县动工。争取省海外联谊会支持资金50万元，帮助郧县、竹山县建设10个“海联新农村卫生室”。 （杨　涛）

政策调研

【服务中心工作】 一是开展竹房城镇带城乡一体化试验区课题调研。针对竹溪县与陕西省平利县在新农村政策性投入上存在较大差距，导致建设成效上明显滞后于相邻省县市的现状，市委政研室深入竹溪县开展调研，撰写《省际边界地区新农村建设政策性投入差距应引起高度重视》的调研报告，对竹溪县与陕西省平利县新农村建设政策性投入情况进行比较分析，提出相关政策建议，引起市委主要领导的重视。市委提出建设“两竹”百公里城镇带的发展思路，作为统筹城乡发展的重要抓手。随后，省委主要领导来十堰市调研，进一步提出建设“竹房”城镇带的战略构想。省委办公厅、省委政研室鼎力支持，深入十堰市开展调研，形成《关于建设竹房城镇带城乡一体化试验区的调研报告》，提出比照仙洪新农村试验区政策，将“竹房”城镇带建设成为全省山区新农村引领城乡一体化先行区、统筹城乡发展示范区的目标。二是开展市县对接战略调研。围绕建设区域性中心城市的目标，对接近城区的郧县发展战略进行深入调研，组织考察组赴长沙市进行考察，形成《关于长沙市、长沙县市县一体发展情况的考察报告》，结合十堰市实际，提出加快推进市县对接、促进城乡一体化发展的具体思路和措施。市委高度重视，决定召开市县对接现场会，市委政研室代拟全部会议材料，会议之后，市委出台《关于加快市县对接发展的决定》，全力推进市县在规划、交通、产业、项目和市场五个方面实现对接。三是开展“一城两带”战略问题调研。市委按照统筹城乡发展的思路，提出竹山、竹溪、房县南三县以“竹房”城镇带城乡一体化试验区建设为抓手，郧西、郧县、丹江口北三县市以沿汉江生态经济带建设为抓手，全市形成“一城两带”的完整发展战略。按照市委主要领导的安排，市委政研室组织修改2009年度调研成果《十堰市在汉江流域综合开发中向省争取的主要政策项目及工作建议》，参与关于构建汉江生态经济带的调研，提出相关政策措施。四是开展转型发展战略调研。按照市委领导要求，深入开展经济转型方面的调研，《转型发展天地宽》调研报告在省委办公厅《决策参考》34期刊发。2010年度湖北重大调研课题基金重点项目《南水北调中线工程核心水源区十堰转型发展研究》课题如期完成，省专家组成果质量鉴定为“优秀”。结合省委政研室的调研要求，联合组织、宣传、纪委、发改、经信委等部门，开展加快转变经济发展方式保障机制研究课题调研,形成调研汇报材料,提出相关对策和建议。五是开展建设国家级生态经济示范区问题调研。围绕市委提出的“建设国家级生态文明示范区”的目标要求,市委政研室开展《十堰推进国家级生态经济示范区建设》和《南水北调中线工程核心水源区十堰生态文明建设》专题研究,提出更加注重发挥区域经济特色和生态资源优势的发展策略,坚持生态立市与工业兴市并重的基本思路,着力探索经济、社会、环境协调发展的新路径。六是撰写市委领导部分重要署名文章。市委政研室围绕转型发展、改善民生、“三农”问题、生态文明、包容性增长等重大问题,先后撰写市委主要领导的署名文章《围绕改善民生构建跨越发展新动力》在省委《政策》杂志第9期刊发;《努力把十堰打造成生态文明城市》在省委《政策》杂志第2期刊发;《在转型发展中推进十堰科学发展》在《湖北发展论坛》刊发;《树立包容性增长理念,努力促进均衡发展》在省委《决策参考》第52期和《湖北日报》11月19日理论专刊刊发;《弘扬担当精神,推动十堰经济社会又好又快发展》在《十堰日报》4月26日刊发等。

【调研热点难点问题】 一是开展移民问题调研。十堰市是南水北调中线工程水源区,工程实施需要“大移民”6.4万人。为破解这一难题,科学推进移民搬迁工作,市委政研室认真总结潘口电站建设移民的经验,形成《潘口移民:新形势下大型工程移民的成功实践》专题报告,省委政研室《内部参阅》11期刊发。时任省长李鸿忠批示:“潘口经验的核心是党委政府的组织工作力度,潘口能做到的,丹江口移民各有关地方各级政府和省直各部门都应能做到。”省委常委、省委秘书长李春明批示:“调研深入,报告上乘,经验珍贵!”副省长田承忠批示:“潘口移民的成功实践对我省的移民工作有重要的指导意义,特别是对当前正在推进的南水北调的移民工作有很强的针对性。请移民局认真学习研究,进一步结合全省移民工作,推广应用潘口的成功实践,将全省移民工作提高到新的水平。请将此件发全省涉及移民工作的市、州及县市党政负责同志和分管领导阅研。”此报告对推进全市的南水北调工程库区移民,发挥重要的指导和促进作用。与此同时,市委政研室积极开展《南水北调中线工程丹江口库区移民内安复建情况》的调研工作,还组织撰写南水北调中线工程丹江口库区移民外迁总结材料。二是开展工业用地情况调研。十堰市地处秦巴大山深处,工业和城市发展空间严重不足,一直是制约发展的难题。根据市委领导安排,市委政研室开展十堰市工业用地情况的调研,形成《加大工业用地开发力度,开辟工业发展新空间》的调研报告,提出建立五大运行机制,为工业和城市发展提供制度性保障的思路,得到市委领导的充分肯定。市委书记陈天会批示:“十堰市通过山地整理缓解工业用地不足的矛盾,其作法是一个创新,也是逼出来的,但缺乏系统的总结和思考。这个调研报告从发展工业化、城市化与开发土地的关系上,从经验作法到运行机制上作全面的梳理和深入的探讨,具有较强的针对性和积极意义。”三是开展对外开放情况调研。对外开放不够、思想解放不够,始终是影响十堰市经济社会发展的重要因素。结合省委政研室的座谈调研,市委政研室对近年来十堰市的对外开放情况进行认真梳理,形成《十堰市对外开放情况调研报告》,分析存在的突出问题,提出新的工作思路。此材料在全省对外开放工作研讨会议上交流发言,获得很好的反响。四是开展建设国际知名生态文化旅游区情况调研。为认真贯彻落实中央、省委加快发展旅游业的决定精神,着力把十堰建设成为鄂西生态文化旅游圈核心板块和重要支撑,建设成为国际知名生态文化旅游区,市委政研室对十堰市的旅游产业发展情况开展调研,形成《十堰市旅游产业发展调研报告》和《十堰文化产业发展研究报告》。为破解旅游产业发展投融资的难题,市委政研室开展《十堰建设鄂西生态文化旅游圈核心板块投融资机制研究》课题调研,并形成专题报告。同时,结合十堰市举办的“太极湖论坛”,对十堰市如何实现包容性增长,从调整优化经济结构、城乡结构、社会结构、生态结构等方面开展初步探讨和研究,形成《树立包容性增长理念,努力促进均衡发展》的调研文章。五是对十堰市“三农”相关政策问题的研究。城乡二元结构突出,是十堰市经济社会发展中面临的主要矛盾,也是十堰实现可持续发展需要解决的主要问题。根据市委领导安排,市委政研室对惠农政策、农民增收、特色产业等“三农”问题开展调研,形成专题报告,市委领导参阅后给予充分肯定。同时,还开展《十堰现代特色畜牧产业发展研究》调研。六是开展城市社区居委会建设情况调研。中央[2010]27号文件下发后,市委政研室按照市委主要领导的要求,深入到市区43个社区居委会,对十堰市城市社区建设进行调查研究,形成专题调研报告。并代市委、市政府起草《新时期加强民政工作的意见》和《十堰城市社区居委会建设意见》两个文件。七是开展典型县市区、典型企业发展情况调研。针对十堰市加快转变经济发展方式面临的难题,市委政研室通过深入基层调研,发现典型,剖析典型,以寻求规律,获得启示,促进破解,推动科学发展。近年来,张湾区奋力实施“二次创业”,掀起新一轮大开发、大建设、大发展的高潮,引起各方面的高度关注。市委政研室深入该区调研,形成《又踏层峰望眼开》的专题报告。市先锋模具公司在应对金融危机冲击过程中,成功实现不减薪、不减人、不减计划的“三不减”目标,创造年产值1.5亿元的奇迹。根据市委领导安排,市委政研室到该企业调研,将这一工业经济领域的先进典型进行深入剖析,形成《先锋模具:一流理念造就一流企业》的调研报告,全面总结先锋集团善于化危为机、科学管理、技术创新、经营市场等先进经验,剖析企业能够迅速发展壮大、实现后来居上、抗击市场风险的原因。市顺强运业公司在全国出租汽车行业取得多项创新成果,成为行业奇迹的创造者和行业发展的标杆。市委政研室通过深入企业调研,全面解企业经营战略、管理创新、企业文化建设、社会责任担当等方面情况,形成《值得关注的“顺强现象”》调研报告。

【办好《十堰工作研究》和《参阅件》】 全年共编发《十堰工作研究》6期,共编发《参阅件》20期。一是《十堰工作研究》主阵地作用得到充分发挥。2010年《十堰工作研究》紧贴市委中心工作,刊发市领导讲话和理论文章20篇,保证市委领导重要讲话和工作思路、工作重点及时与读者见面。二是《参阅件》调研报告质量有新的提高。进一步明确《参阅件》的定位,努力在“理论性、权威性、影响力”上狠下功夫。围绕市委领导关注的重点工作、重大问题和重要政策,坚持严格把关,真正把《参阅件》办成服务市委决策的重要载体、宣传市委重大决策部署的重要平台、交流调研成果的重要园地,成为全市各级领导干部争相传阅的重要内部刊物。三是着力提高优秀调研成果的转化和宣传力度。市委政研室积极参加全省2009年度优秀调研成果评比表彰活动,经过省委评审委员会专家的严格初评、复评和公示,市委政研室《把十堰建设成为鄂豫陕渝省际区域中心城市问题研究》、《武当文化与旅游经济》、《南水北调中线工程水源区(十堰)生态补偿机制研究报告》三项调研成果分别被中共湖北省委授予2009年度湖北省优秀调研成果一、二、三等奖,总项在全省名列前茅。

(朱富有)

精神文明建设

【公民思想道德建设】 先后下发《关于“公民文明素质养成教育月”活动的通知》和《关于“决战九月”暨第八个“公民道德宣传日”活动的通知》,深入开展“诚信兴商”、“文明有礼”主题实践教育活动。大力弘扬传统文化,相继开展“我们的节日·端午篇”诵读会、“重阳敬老月”、“文明祭祀”、“网上祭英烈、祭亲人”、“缅怀革命先烈,共创美好未来”以及彩船、灯舞、秧歌、腰鼓等活动,邀请吴天祥、谭之平等4名全国、全省道德模范来十堰作专场事迹报告,加大对胡安梅、李传知、王涛、贺文勇等市级道德模范、文明市民以及各县市区选树的“十大慈母”、“十大孝子”等典型人物的学习宣传。“我推荐、我评议身边好人”活动常抓不懈,十堰晚报“身边好人”专题栏目逐渐深入人心,全市共有11名同志入围“中国好人榜”10月份候选人,刘合国、王天明荣登“中国好人榜”。

【群众性精神文明创建】 命名表彰2008—2009年度市级文明县城(市)5个、最佳文明单位107个、文明单位396个、文明行业(系统)8个、文明乡镇(街办)35个、文明村128个、文明社区35个、文明诚信市场13个、文明路9条、文明小区30个、文明风景旅游区(点)10个、文明市民30名,评选表彰一批文明家庭和文明工商户。选拔推荐2008—2010年度全国文明城市提名资格、全国文明单位、全国文明村镇以及省级文明城市(县城)、文明村镇、文明社区和2009—2010年度省级文明单位。在秦楚网、十堰文明网开展“精神文明创建网上行”活动,全面展示精神文明创建成果和形象。不断加大精神文明创建创新的工作力度,十堰供电公司《“家政电工”亮万家》、十堰职业技术学院《“居家”宿舍文化》、市人民医院《天使服务队》等一批文明单位、文明行业创建典型已渐成特色。全市共有9个文明创建品牌入选“2010年湖北文明行业创建品牌案例”,顺强运业有限公司“的士文化”被列入全省文明行业创建10大重点品牌;黄龙滩水力发电厂、亨运集团在全省首届企业文化评选中分别荣获环境友好奖和职工关怀奖;丹江口市“乡风文明理事会”、张湾区未成年人“开心农场”双双荣获全省第三届精神文明创建创新品牌奖。

【未成年人思想道德建设】 评选、推荐、宣传首届“湖北美德少年”,“做一个有道德的人”主题教育实践活动,持续开展传唱优秀童谣和红色歌曲、宣讲红色故事、观看红色电影等活动。全市首个未成年人心理健康教育辅导中心被中央文明办命名为全国未成年人心理健康教育示范点。组织开展“白日集中行动”、“红盾网吧断黑”专项行动。继续深化“暑期集中行动”,全面实施网吧绿、黄、红“三色牌”管理。探索建立文化执法片区管理责任制度,进一步规范出版物市场。认真做好春夏季节和武术节敏感时期学生安保工作,使校园周边环境秩序有明显好转。全国、全省《未成年人思想道德建设测评体系》得到贯彻落实,未成年人思想道德建设主要工作纳入创建文明城市和精神文明建设目标考核。评选表彰全市第二届未成年人思想道德建设优秀创新案例,郧县“第二课堂”、“教育零食”补充学生“德育营养”和市第十六中学“爱心加油站”3个案例,分别荣获湖北省第二届未成年人思想道德建设工作创新案例一、二、三等奖。2010年1月,十堰市当选湖北省未成年人思想道德建设工作先进城市。

【文明城市创建】 深入开展全民读书活动,扎实推进文明礼仪宣传教育。壮大社会志愿服务队伍,全市已成立以青年志愿者协会为主体的各类志愿者协会13个、参与志愿服务的人数超过5万人,其中城区登记注册的志愿者人数已达31510人。8月下旬,十堰市第二次接受并通过2010年度全国117个城市公共文明指数测评,以65.48分的成绩保持全国地市级城市第59、全省第3的位次排名。

【农村精神文明创建】 坚持把精神文明创建作为社会主义新农村建设的重要内容,全市"一县一特"创建格局快速形成。竹山县"十星级文明农户"入选《全国农村精神文明创建工作典型经验评析100例》;竹溪县"百里生态文明长廊"已见成效;丹江口市"乡风文明理事会"、郧县"村民道德法庭"、张湾区"清洁家园"等一批创建典型充满活力。（徐道辉）

机关党建工作

【概况】 2010年在市委的正确领导下,市直机关工委围绕市委市政府"三大工作目标"、"四项主要任务",加强党的执政能力和先进性建设,以贯彻落实科学发展观为核心,充分发挥机关党组织的战斗堡垒作用和党员的先锋模范作用。

【思想建设】 一是加强理论武装,认真学习贯彻十七届五中全会精神,注重市直机关各单位学习贯彻全会精神的情况收集,要求各单位认真组织学习贯彻五中全会精神。二是加强精神文明建设,努力提升市直机关文明程度。在市直机关省级最佳文明单位市畜牧兽医局召开市直机关省级文明单位创建工作现场会,组织市直机关新申报省级文明单位领导和工作人员,现场观摩市畜牧兽医局创建省级文明单位的经验、做法和成效,对如何搞好创建工作提出要求。检查验收并表彰市直机关2008—2009年度市级文明单位、市级最佳文明单位。

【组织建设】 一是加强"五个基本"建设,提升机关党建整体水平。围绕"五个基本"和"七个体系"建设,制定印发《市直机关加强基层党建"五个基本"建设、深化"活力工程"考核评价实施办法》、《基层党建"五个基本"和"七大体系"有关问题说明》、《关于进一步加强以"五基本""六活力""七体系"为内容的机关党组织规范化建设的通知》、《市直机关党的基层组织建设工作考评细则》,全年共召开3次专题会议,4月召开培训会,8月召开推进会,11月召开现场会,对机关党建规范化建设目标考核细则层层分解,建立"五个基本"建设达标工作台帐和年度达标销号制度,使基层党建规范化、制度化、科学化。二是开展"创先争优"活动,巩固科学发展观活动成果。成立以市委常委、市委秘书长、市直机关工委书记陈家义担任组长的市直机关创先争优活动领导小组,及时制定下发《市直机关工委关于在党的基层组织和党员中深入开展创先争优活动的实施意见》,对各单位创先争优活动进行安排部署,明确活动的重要意义、指导思想、总体要求和目标标准。研究制定下发《关于在市直机关开展"四比双争"活动的通知》,在市直机关开展比学习、比贡献、比服务、比作风,争做先进基层党组织和优秀共产党员为主题的"四比双争"活动。制定下发《关于在市直机关开展创先争优"五个一"系列活动的通知》。组织开展"召开一次现场会议,举办一次专题讲座,组织一次演讲比赛,树立一批先进典型,开展一次先进事迹报告会"的"五个一"系列活动,提高创先争优活动的针对性和实效性。按照争创要求,开展一系列争创活动,推荐表彰89个单位为2008—2009年度党建工作先进单位。6月28日,市直机关工委与市委宣传部、市文体局、市广播电视局在市艺术剧院举办市直机关庆祝建党89周年表彰大会暨"担当者之歌"文艺晚会,表彰先进基层党组织49个,优秀党务工作者50名,优秀党员73名;纪检工作先进单位10个,先进个人24名。推荐市农业局党委、市畜牧兽医局党委等4个单位为"双联双助"红旗单位,市建委党委、交通局党委等5个单位为落实基层党建责任制红旗单位。三是加强经验交流,促进支部书记队伍建设。采取以会代训的方式,加强党支部队伍建设。汇编第一轮《基层党支部书记体会文集》,对2009年分别获一、二、三等奖的30篇体会文章进行整理、校正、编印,下发到各基层党支部。组织开展第二轮基层党支部书记体会文章征文活动,促进支部书记队伍建设。通过"五个基本""七大体系"推进会、现场会等进行经验交流。四是严格教育培训,提高党员队伍素质。组织开展春季党员轮训活动,市直机关共有85个单位完成党员轮训工作,占总数的88.3%,轮训党员9200多名,占机关党员总数的83.2%。对市直机关402名入党积极分子分两期进行集中培训。两次组织市直机关党务干部分别赴延安和遵义党校学习培训,进一步提升党务干部队伍整体水平。强化流动党员的双向教育管理,认真做好《流动党员活动证》发放、登记、接转及台账管理,使流动党员双向管理机制得到进一步规范。

【作风建设】 一是认真贯彻落实党风廉政建设责任制,将反腐倡廉工作列为党建检查、文明单位考核及各种考核调研工作一项重要内容，通过“找、防、控”三个环节，查找工作中的薄弱环节和腐败现象易发多发的重点单位、重点部位，形成标准化、操作性强的制度规范。继续抓好市直机关党员干部《廉政档案》的建立，市直机关99%以上的单位建立科以上干部《廉政档案》。二是开展党内廉政教育，使党员干部牢固树立立党为公、执政为民的思想。今年5月是湖北省第十一个“党风廉政建设宣教月”，以“学习《廉政准则》，争做勤廉表率”为活动主题广泛开展学习一套资料、组织一次《廉政准则》知识测试、召开一次民主生活会、修订完善一套制度、参加一场学习《廉政准则》知识竞赛、评选推荐一批先进典型、组织一次廉政党课、召开一次学习《廉政准则》座谈会为内容的“八个一”活动。三是认真开展群众信访举报核查和党内违纪案件查处工作。纪工委共受理群众信访举报19件，转所属纪委办理9件，纪工委自查10件，全部办结。共立案6件，收缴违纪罚没款10多万元。

【群团建设】 一是夯实基础，不断推进基层工会、共青团、妇女组织建设，市直机关新成立工会组织4个、团支部1个，改选工会组织7个、团组织2个。不断深化职工之家建设，将干部职工的满意与否作为建家标准。4月，市财政局被评为“省级模范职工之家”。二是开展活动，激发干部职工的创造力。组织开展武当武术进机关系列活动，与市文体局联合组织“迎新春”长跑和“养惠多杯”羽毛球、乒乓球赛，组织市行政中心“庆五一迎武术节”拔河比赛等多项活动。2010年初，市直机关工委被国家体育总局授予“全国群众体育工作先进单位”。

【市直机关“三城联创”工作】 一是元月初组织人员对市直机关所属68个责任单位开展“三城联创”工作进行检查指导，同时按相关规定向市“三城联创”指挥部办公室推荐市委办(市委政研室)等26个单位为开展“三城联创”工作先进单位。年底，对市直机关“三城联创”工作进行检查考评。二是组织开展争创国家卫生城市和爱国卫生活动，召开市直机关创建国家卫生城市工作推进会，两次组织机关干部上街打扫卫生，对卫生先进单位进行检查验收。

【服务第四届世界传统武术节】 成立以市委常委、秘书长、工委书记陈家义任名誉组长，工委常务副书记沈涛任组长，相关单位领导为副组长的武当武术进机关活动领导小组，制定下发活动方案，组织举办为期5天的市直机关武当武术教练员培训班，邀请4名武术专家担任教练，共培训市直75个单位的党员108人，市行政中心于6月10日率先开始对中心800余名机关干部进行为期两个月的培训，充分发挥机关干部在武当武术“四进”活动中的示范引领带头作用。9月18日，工委与市总工会在六堰体育馆联合组织举办武当太极拳表演赛，17个单位报名参赛，市直机关有14个代表队参与。

【双联双助】 一是初步完成郧西县安家村五龙河旅游客运三级站的前期工作，并将客运站站址设在该村，给该村带来约800万元的直接或间接投资。二是指导该村有序发展旅游配套产业，确定五户农户为重点旅游农农乐发展对象，直接给予发展支持资金5万元。三是积极支持发展林特产业，确定市、县林业局提供技术、资金、苗木把持，该村提供山地、人力和管理服务的合作方案，由市、县林业部门首期支持2万元苗木。

（郦玉萍）

对台工作

【对台招商】 2010年全市新增台资企业5家，引进台资5000多万元，同比增长56.2%。在十堰·台湾经贸旅游合作恳谈会上，丹江口市柑橘深加工、武当山景区市场开发等7个项目成功签约。与台湾企业签约项目资金8.6亿元。其中签约兴祥万吨黄酒合作项目资金达1亿元人民币，此项目已投入试生产并开始盈利。市台办积极抓项目的落实，在市台办领导重视，县市区与各台资项目合作方通力合作下，各项目落实情况良好，台资企业运行正常。4月29日，投资7000万元的阿里山武当峡谷漂流项目在浪河镇开工；5月8日，台企康师傅集团控股的全兴投资公司房县黄酒项目开工，总投资1.2亿元，已到位资金4000万元；6月2日，投资200万元的湖北省首家台企十农生猪养殖户专业合作社在十堰市成立；10月16日，投资3亿元的台商食品工业园项目在郧县签订投资协议，前期已到位资金1000万元人民币。市对台办认真贯彻落实《台湾同胞投资保护法》，切实做好台商权益的保护工作。对重点在建项目全程服务，在落实签约台资项目的过程中，不断强化“发展第一，服务至上”的理念，切实转变职能，努力为台资企业提供优质服务。对在台湾周上签约的项目派专人全程跟踪，协助企业办理各种手续，协调各职能部门现场解决问题，加快项目进度。5月10日，组织十堰台商参观考察郧县沧浪山国家森林公园和樱桃沟村的投资环境。6月11日，市台办领导到台资企业湖北房县兴祥黄酒有限公司，了解万吨黄酒项目建设情况，该项目投资人民币1亿元，占地300亩。9月8日，十堰市知名台企东风派恩公司相关负责人在市台办领导的陪同下前往张湾区花果街办茶店村参观蔬菜大棚建设，并资助15000元帮扶该村的新农村建设。台企阿里山公司为支持十堰茶叶产业做大做强，无偿把“武当道茶”商标转让给市茶叶协会。

【涉台宣传教育】　一是调动广大对台干部提高对台宣传工作的积极性，市台办实行对台宣传用稿奖励制度，促进对台宣传工作。2010年《十堰台湾事务在线》网站点击率进一步提高，影响进一步扩大，全年收稿230余篇，图片90余张，采用156篇、31张，转载《中国台湾网》、《华夏经纬网》、《秦楚网》等新闻信息300余篇，支付稿费3000余元。截至12月上旬，市台办先后在《华夏经纬网》、《中国台湾网》、《台湾工作通讯》、《湖北对台工作》、《中国新闻网》（湖北频道）、《十堰日报》、《十堰统一战线》等网络刊物媒体上发表117篇宣传文章，《人民网》、《新华网》、《中国新闻网》等国家重要网络媒体转载新闻信息11篇（次）。二是开展涉台教育活动。大力推动党校的涉台教育活动，继续以领导干部为重点，全面落实涉台教育进党校。全市共举办台海形势报告会20余场。5月24日，市台办主任曹奎应邀到张湾区委党校，就台湾问题的由来、台湾问题的现状、台湾问题的极端重要性、解决台湾问题的战略思考、中央对台方针政策及当前对台工作重点等五个方面为2010年张湾区青干班学员讲授“台海形势”。6月20日和11月8日，市台办主任曹奎受市委统战部的邀请，就现阶段台海形势在市委统战部举办的党外培训班和统战干部培训班做专题报告。

【十台交流】　2010年共组织9个赴台考察团，其中6个经贸考察团，1个宗教交流团，1个武术交流团，1个农业考察团，累计赴台人员165人，其中厅局级干部8人。截至12月底，全市共接待来十堰考察、交流、旅游、观光台湾同胞17.5万人（次）。全年未发生影响两岸关系和平发展重大事件。

市台办联合市纪委、市委组织部、市公安局、市监察局、市旅游局等相关部门下发《关于进一步加强和规范十堰市赴台交流交往管理工作的通知》，针对赴台交流管理中的薄弱环节，进一步完善赴台交流交往管理工作的领导和协调。一是切实规范管理。赴台交流要有明确、实质性内容，并突出交流的专业性，避免一般性赴台考察及重复考察。二是强化责任，加强管理，严禁公款赴台旅游。赴台团组负责人要切实负起责任，坚持以公务活动为主；坚决打击和杜绝旅行社及中介机构以交流为名组团，变相组织人员公款赴台旅游的行为。三是加强协调，各司其职，坚决查处违法违纪行为。对违反交流规定、使用公款组织赴台旅游的单位、组团社及参与人员，严格追究单位负责人和团组负责人、实际操作者及参与人员的责任。

【十堰交流团赴台湾】　4月20日至26日，为加强十堰与台湾交流合作、增进了解、促进发展，十堰市组建由市政府主要领导带队，市直多个部门负责人、经贸旅游负责人、民营企业家、武当文化研究学者、武当武术功夫团组成的74人代表团，赴台湾进行为期8天的经贸文化旅游考察交流。在台湾连续举行4场“玄天上帝信仰与武当文化研讨会”。由武当功夫团、武当旅游企业负责人等组成的41人交流团队，在台湾周期间与台北、高雄、台南、屏东等地道教学者、信众开展4场“玄帝信仰与道教文化学术研讨会”，展示玄帝信仰与武当文化研究的最新成果，被台湾《中国时报》、《联合报》、《旅游周刊》等10余家报纸、电视媒体采访报道，两家报纸刊发专版介绍武当旅游文化。台湾周期间，十堰市还签订8亿元的投资项目，与阿里山、日月潭达成旅游合作意向。

【第二届海峡两岸武当文化论坛暨海峡两岸交流基地授牌仪式举行】　4月、6月，国台办主任王毅、海协会会长陈云林分别视察武当山旅游经济特区，对十堰市利用武当山开展海峡两岸交流交往表示高度赞赏。在市委、市政府及武当山特区相关领导的高度关注和直接参与下，积极向国台办申报在武当山设立全国对台交流基地。10月，经国台办批准，武当山成为全国第二家海峡两岸交流基地，11月9日至12日在武当山举办第二届海峡两岸武当文化论坛暨海峡两岸交流基地授牌仪式。这次活动，中央电视台《海峡两岸》栏目组、中国新闻网、中国台湾网、湖北日报、台湾TVBS电视台等近百家媒体进行广泛深入的报道。大陆50多位专家、学者和台湾120多位专业人士齐聚武当论道。国台办向武当山特区授于“海峡两岸交流基地”牌匾，武当山正式成为继山东枣庄市台儿庄之后的第二个海峡两岸交流基地。海峡两岸关系协会会长陈云林、国民党名誉主席连战、国民党副主席蒋孝严、国民党副秘书长张荣恭分别为武当山海峡两岸交流基地的授牌发来贺信和题词。　　（陈劼）

党史工作

【争取领导重视】　全国、全省党史工作会议召开和中央10号、省委23号文件颁发后，及时拿出《关于全国、全省党史工作会议精神及贯彻意见的汇报》，分送市领导参阅。11月12日向市委、市政府主要领导呈报《关于加强和改进新时期党史干部队伍建设的情况汇报》，集中反映近年来全市党史工作基本情况、加强党史干部队伍建设的基本做法、基本经验、基本思路、主要建议与措施等。

市委书记陈天会批示:“市委党史办关于加强和改进新时期党史干部队伍建设的作法和经验值得市直各单位各部门学习借鉴,所提的思路、建议和措施是可行的,相信也会是管用和有效的。市委将会一如既往地重视、支持党史工作,为党史工作创造更好的条件和环境。”

【党史研究发展】 一是完成党史专著送审。年初按照上级有关规定,将完成的《中共十堰历史(第二卷)》、《中共湖北省十堰市组织史资料(第四卷)》、《湖北抗损课题成果丛书·十堰卷》、《李先念与十堰》、《十堰市改革开放30年》、《中共十堰“十五”大事述要》6部专著分别送有关方面审稿,对《中共十堰历史(第二卷)》进行两次全面调整和修改。修改完善《湖北抗损课题成果丛书·十堰卷》、《李先念与十堰》、《十堰市改革开放30年》、《中共十堰“十五”大事述要》5部专著。二是完成《十堰市党史工作“十二五”规划》编制,为今后五年的工作制定具有前瞻性、操作性和可行性的蓝图。三是起草完成《中共十堰历史(第三卷)》编写大纲,为《中共十堰历史(第三卷)》的资料征集、专题研究和撰写工作奠定良好基础。四是完成《十堰市志·政党卷》部分章节的起草,撰写5万余字的《十堰市志·政党卷》部分章节,于12月上旬送市志编纂委员会办公室。

【革命遗址普查】 根据全国、全省的统一部署,3月初对全市革命遗址普查工作进行全面安排和部署。全市革命遗址普查,涉及70多个乡镇街办(场、区),普查人员往返行程万余公里,走访调查当事人、知情人等1300余人(户),查阅历史资料近千万字,拍摄遗址图片1200余幅。9月上旬,全市共登记普查遗址256处(含纸质版、电子版及光盘),在全省率先完成革命遗址普查工作任务。在普查登记的256处遗址中,革命遗址249处,其他遗址7处;明文挂牌保护的革命遗址44个,列为国家级文物保护单位的4个、省级8个、市级4个、县级28个;开发利用的革命遗址22个,列为省级爱国主义教育基地的2个、市级6个、县级14个。此外,未定利用级别的227个。

【《十堰党史网》建设】 7月党中央召开全国党史工作会议以来,市党史办进一步全面创新和改版《十堰党史网》,网站数据库升级为中型,网站空间由500兆扩容为320G独享主机,首页《工作动态》由上年51条增加到72条,专题系列由31个增加到96个,全年新增文章8139篇、146万字,点击率达206.6万余人次,比“十五”时期增长57.39倍。推出“全国党史工作会”、“党史发展”、“光辉历程”、“党史研究”、“党史大事记”、“党史上的今天”、“纪念抗美援朝60周年”等党史系列资政专题,开辟视频资政栏目。推出“回眸‘十一五’和展望‘十二五’”、“学习型党组织建设”、“教育现代化”、“建设人才强国”、“转变发展方式”、“包容性增长”、“发展战略性新兴产业”、“现代服务业”、“交通物流业”、“低碳经济”、“世博会”、“广州亚运会”、“第四届传统武术节”、“社区建设”、“‘一统三分’战略”、“集中打好‘五大战役’”、“市县对接”、“‘竹房’百公里城镇带建设”、“三城联创”、“十堰名牌”、“武当道茶”、“有困难找干部”、“抗灾救灾”、“民主评议行风”及县市区领导活动报道集等20余个资政专题。链接“中国共产党新闻网”、“求是理论网”、“光明网”、“党史频道网”、“中央文献网”、“中共中央党校网”、“中国浦东干部学院网”、“中国经济网”、“中国政策网”、“中国拥军网”、“中国党建网”、“重庆党建网”等36个国家级和省级资政网站。

【党史资政工作】 为全面宣传十堰市经济社会发展成就和经验,党史办主任王钢在与《中国城市经济》杂志社主要负责同志策划的基础上,陪同该杂志社副社长王琦一行深入县市区调研,撰写和组织撰写30余篇资政文章、60余幅资政图片分别在中国政策研究会《参阅件》、《中国城市经济网》、《中国城市经济》、《人民日报网》、人民日报出版社《湖北发展论坛》等国家级刊物/网上发表,全方位宣传省市委政府主要领导深入县市区一线调研和指导全市经济社会全面发展的风采,全方位宣传十堰“名山·秀水·汽车城”和全市“十一五”成就、“十二五”蓝图。其中,撰写的《构建“南北双赢”的生态综合改革发展平台》分别在中国政策研究会《参阅件》和《中国城市经济》刊物发表,中央文献研究室副主任董宏和国务院南水北调办原主任张基尧分别率调研组赴十堰进一步调研,充分肯定该调研报告所提思路和建议,并将部分内容吸纳到他们的调研报告里,为十堰市争取南水北调中线工程建设的政策发挥应有作用。同时,收集整理上报一套有关“十二五”经济社会发展趋势及宏观政策研究资料,为市委、市政府主要领导科学决策提供前沿信息。

【全省革命遗址普查工作现场会在十堰召开】 9月15日至17日,省革命遗址普查工作领导小组、省委党史研究室在武当山宾馆召开全省革命遗址普查工作现场会,市委书记陈天会、市长周霁对会议的召开发来贺词,省革命遗址普查工作领导小组副组长、省委党史研究室主任龚强华,市革命遗址普查工作领导小组组长、市委常委、宣传部长冀群风出席会议并分别讲话和致辞,省革命遗址普查工作领导小组办公室主任、省委党史研究室副主任张帆主持会议,武当山特区工委书记、管委会主任李发平出席会议，全省各市州、直管市、神农架林区革命遗址普查工作领导小组、党史部门负责人及业务骨干等近80人参加会议。 （党政研）

党校工作

【干部培训】 2010年度，市委党校全年共培训各类、各层次主体班15个，培训学员658人，其中上半年主体班7个，共计313人，下半年主体班8个，共计345人。与部门紧密配合，开展联合培训。先后与市妇联、团市委联合办班2期，培训女干部、共青团干部83人；举办乡镇（街道）团委书记专题培训班1期，培训团干130余人。开办"副厅级领导干部考前辅导班"和"十堰市公开招考研究生科级干部岗前培训班"，培训干部150人次。配合市委组织部组织全市副县级干部公选和全市公务员招考的笔试、面试工作。研究生和函授教育取得新成绩，全年共开办两个专业（经济管理、公共管理），招收在职研究生148人，位居全省各市州前列。专本科函授毕业生的收尾工作顺利推进。充分发挥党校理论阵地作用，先后外派教师40人次到市直各单位及各县、市、区举行报告会，重点宣讲深入贯彻落实科学发展观、全球金融危机、十七届四中全会、十七届五中全会等内容，宣讲达120余场，听众超过6000余人次。

【教学内容改革】 教学内容改革的重点是构建中国特色社会主义理论体系教学框架，打造党校核心竞争力。突出两个重点板块，即：以十七届四中、五中全会精神为主要内容的理论板块和以区域性中心城市建设为主要内容的对策研究板块；加强一个特色板块构建，即：围绕干部能力建设目标形成十堰市干部能力建设需要的教学内容体系。在教学组织上，坚持训前调研，开始探索以需求为导向的培训计划生成机制。加大新专题的开发力度，已形成涉及四大类总量为137个专题的教学专题库，专题更新率达31.4%。

【教学方式改革】 继续完善和规范课题研究式、案例式、情景模拟式等教学方式，将面试模拟等适应干部能力建设的培训方式纳入教学中，用组合拳的方式力图更有效的提高学员的综合能力和素质。项目组合式教学先后在中青班、公务员班、选调生班等4个班进行试点，获得学员一致好评。分段式教学班次稳步推进。

【科研工作】 一是市情调研。形成《十堰打造区域性中心城市的文化支撑》、《关于十堰市推进国家级生态经济示范区建设的研究》等一批优质调研成果，《十堰市推进国家级生态经济示范区建设研究报告》课题刊登在市政府第15期《参阅件》上，《十堰市情》一书不仅成为主体班教学的辅导教材，也在社会上获得良好反响，参与十堰市经济社会发展第十二个五年规划的编写工作，完成鄂西生态文化旅游圈圈情教材的编写。二是科研成果。全校共有8项课题获准立项，其中省级课题1个，市软科学立项课题申报4项，获准立项3项；校内市情普通课题申报8项，获准立项5项。全年在地市级以上刊物发表论文51篇，其中省级及以上刊物发表论文25篇，地市级报刊发表论文26篇。参加省级研讨会15篇，获一等奖5篇，二等奖2篇，三等奖8篇。参加地市级研讨会8篇，获一等奖2篇，二等奖2篇，三等奖4篇。

【队伍建设】 市委进一步加大党校班子建设力度，充实一名校委委员到校委班子，改善班子结构。全年共选派5人次参加省委党校组织的各类专题培训，进一步拓宽研人员的视野和思路。利用市委"周末大讲堂"邀请高层次专家授课的有利条件，组织相关专业教研人员听课，努力提升业务能力和教学水平。选派3名教师到市信访局、市移民局等部门挂职，提高执教能力引进3名公务员，其中研究生1名，本科生2名，改善干部队伍结构。8月通过实施科级领导职位竞争上岗，使7位优秀的中青年干部走上正副科级领导岗位，同时，5名同志在校内相关科室进行轮岗交流。

（刘俊）

保密工作

【保密工作责任制建设】 提请市委召开常委会专题研究保密工作。召开全市保密工作会议，安排部署保密工作。继续把保密工作纳入各地各单位工作总体目标管理，将保密工作同业务工作同研究、同部署、同核查、同验收。继续把保密工作纳入各级各单位精神文明创建和社会治安综合治理评审体系。继续把保密工作纳入领导班子民主生活会。

【保密宣传教育】 大力开展新修订《保密法》的学习宣传活动。坚持新任领导干部任前保密教育谈话制度。充分发挥各级党校保密教育主阵地作用，深化对各级领导干部的保密教育工作。开展形式多样的群众性的保密教育活动。认真组织开展保密承诺书签订人员知识竞赛活动。

【计算机网络保密管理】 强化组织领导，精心安排部署，认真开展计算机网络保密管理专项检查活动，试行保密工作分级管理，开展常态化、规范化保密管理，对市直重点单位计算机网络保密管理专项检查，及时查找漏洞，完善防范措施，消除泄密隐患。

【保密服务】 开展清理取缔涉密文件资料非法交易专项工作，加强保密要害部门(部位)保密管理，对涉密计算机实行统一监管，做好各类国家统一考试保密管理工作，做好定密工作指导，开展泄密事件查处工作，做好密件清退工作，做好重要涉密会议保密服务工作，做好党政专网协调工作，确保党政专网畅通。(瞿道群)

信访工作

【"四访促和谐"活动】 全市信访部门共接待移民来访2208批14046人次。坚持市县两级党政领导每周一值班接访，市委、市政府副秘书长值周以及直属部门、乡镇正职到市县接访中心陪访制度，敏感时间每天安排一名市、县级领导值班接访。2010年全市197名市县两级党政领导累计1105人次到市县两级群众来访接待中心接待上访群众527批3966人次。其中，21名市级领导37次到市群众来访接待中心接待群众274批2901人次。市委书记陈天会每逢全市性的重要会议必讲信访工作，并亲自主持召开涉及信访工作的市委常委会达5次，研究信访工作，阅批群众来信58件；市长周霁亲自主持召开涉及信访工作的政府常务会达4次，阅批群众来信31件。市委常委、市委政法委书记糜克洪，市委常委、市委秘书长陈家义，市委常委、副市长张维国等领导多次主持集处领导小组会议，研究推进信访工作，协调化解重点信访案件。全市在领导干部"四访促和谐"活动中，共解决群众信访问题2299件，其中信访积案163件；各级领导干部参与结对帮扶1852件，落实各类经济救助1019.6万元，2676名上访群众已经息诉罢访。

【加强源头防控】 一是建立健全重大项目建设信访稳定风险评估机制，将信访稳定工作前置到决策环节之前，各级各部门凡作出重大决策和实施重大项目之前，均由主管部门、责任单位和信访部门牵头成立信访稳定风险评估小组，广泛征求群众意见，进行分析预测，及时发现问题隐患，从源头上减少和预防信访初访。二是对在建重大项目建设工程及时介入。各重大项目建设指挥部下设信访室，对项目建设实施过程参与，发现违背群众意愿，损害群众利益，或有可能诱发重大信访事项的隐患，一律责令其先整改，再动工，切实防范因中间环节操作不规范而引发信访问题。三是实施重大信访问题协调会制度。不仅对一些重大项目，而且包括全市重要领域和重点行业中存在的较为复杂的问题，采取由市领导带队现场办公方式，协调相关部门进行现场处理。2010年，由市领导以现场办公的方式，先后组织召开突出信访问题专题会议9次，解决十白高速公路等重大项目和市毛巾厂政策性破产、荣华公司债务性问题、北辰小区供水问题等重点领域、重点行业信访事项，并分别形成市委专题办公会议纪要和市政府专题会议纪要推动落实，有力维护全市社会和谐稳定。

【"百日攻坚"和"信访突击月"活动】 全市分别于5、6、7三个月和9、10两个月集中在全市开展信访积案化解"百日攻坚"和"信访突击月"活动，按照"三项新机制"的要求，突出"事要解决"，有效化解和处置一大批信访突出问题和矛盾隐患，收到实实在在的效果。在积案化解"百日攻坚"活动中，共排查信访矛盾纠纷1181件，有效化解945件，化解率达80.02%。在"信访突击月"活动中，市集处领导小组联合市维稳领导小组、市综治委再次展开矛盾纠纷大排查大化解活动，并对"百日攻坚"活动中未结案案件再次进行交办、督办。各责任单位逐案逐人落实包案领导，成立化解稳控专班，严格落实包掌握情况、包解决困难、包教育转化、包稳控管理、包依法处理等"五包"责任，推进案件化解。

【非正常上访专项治理】 规范信访秩序，严格责任追究。2010年共有5名乡局级以上的干部受到不同程度组织处理，对10名基层干部进行诫勉谈话，13个基层党组织进行调整。依法处置118人，其中训诫118人、行政拘留16人次，帮扶教育18人次。

【信访工作示范乡镇创建活动】 为适应信访稳定工作的新形势、新问题和新挑战，市委、市政府决定，在全市开展"信访工作示范乡镇创建活动"，下发《十堰市争创"信访工作示范乡镇"活动实施方案》，各县市区信访工作示范乡镇(街办)创建面达到100%，合格率达到90%以上，全市示范乡镇达标率达20%。

【信访宣传】 2010年，全市共在国家、省、市主流媒体，各类刊物上发表调研文章78篇，其中在《湖北信访》等省级以上报刊、杂志、简报发表理论文章、经验推介文章26篇。

(余启波)

老干部工作

【落实老干部生活待遇】 全市离休干部离休费、医药费得到保障，组织全市近两千名市直离休干部和副县级以上退休干部进行两年一次的健康体检。对易地安置的离休干部进行走访慰问。2010年全市共对127名特困离休干部帮扶10万元。出台十堰市特困老干部帮扶管理办法。老干部信访工作受到省局领导肯定和表扬。

【实现老干部政治待遇】 市委

书记陈天会、市长周霁、市委副书记、组织部长董卫民等市“四大家”领导多次在重要节日上门慰问老干部及家属。征集老干部关于“十二五规划”、“专项治理”、“民主生活会”等方面工作的意见和建议50条。组织副厅级以上老领导参观考察郧县县域经济发展和长岭工业新区建设。

【丰富老干部精神文化需求】 邀请市中医院著名专家刘吉善、市120急救中心专家、市太和医院教授张群林等，举办知识讲座，为2000余(人次)老干部讲授中医养生、疾病防治以及急救知识，并安排专家为老干部们进行义诊，增强老干部们的保健和预防急救意识。举办11次老干部系列知识讲座。举办市直机关离退休干部象棋赛、乒乓球、门球和台球赛。举办市直机关离退休干部重阳节趣味游艺联欢会。活动中心天天有活动，月月有赛事。在老干部活动中心成立老干部合唱团，拳剑队、舞蹈队、书画班、摄影班等，使老干部的文体交流进一步丰富。和十堰市图书馆联建十堰市图书馆老干部活动中心分馆，常年保有二千多册图书供老干部阅览，丰富老干部的精神文化生活。

【离退休老干部政治思想建设】 印发《关于进一步做好离退休干部“两项建设”的意见》，建老干部党总支6个，党支部242个，对老干部的基本情况和专业特长、知识结构以及发挥作用的意向进行统计，分门别类筹备组建各种老干部农业、汽车、旅游专业协会，凝聚老专家人才，发挥老专家作用。印发《关于在离退休干部党支部和离退休干部党员中开展争先创优活动的通知》，开展“我为党旗添光彩”活动，并对老有所为的先进人物进行推广宣传，引导老干部为经济社会发展奉献余热。组织“五老”人员积极参与网吧的义务监管工作，两次下发文件对网吧监管工作就行整顿规范，全市有百余名“五老”人员参加到网吧监管中。和教育局联合组织开展“大手拉小手”、“青春暖夕阳”活动。

【关心下一代工作】 召开全市关工委成员单位会议，会同市教育局、团市委等成员单位开展调研，起草《市关工委工作实施意见》。在大多数县市区成立关工委机构，明确级别、经费和人员，截至年底全市已建立起关工委组织216个。各级关工委组织在全市青少年中开展“中华魂”主题读书活动。 （刘家金）

中国共产党十堰市纪律检查委员会

【党风廉政建设责任制建设】 年初制发《关于2010年落实党风廉政建设责任制的具体意见》，对贯彻落实党风廉政建设责任制工作机构、责任主体、考核办法等明确规定，确保“一把手”负总责，分管领导各负其责，班子成员“一岗双责”的深入落实。制发《十堰市2010年反腐倡廉工作任务责任分解实施意见》，将47项党风廉政建设和反腐败主要任务分工落实到57个责任单位，每项任务都明确牵头单位和责任单位及相应的责任人。12月，全市组织10个检查考核组，分别由市委常委带队对全市落实党风廉政建设责任制工作进行检查考核，促进党风廉政建设责任制的贯彻落实。以执行《廉政准则》为重点，认真落实各项廉洁自律规定，严格执行党员领导干部报告个人有关事项、述职述廉、诫勉谈话、任前廉政谈话、函询等党内监督制度。组织全市各地各单位，进一步拓宽监督渠道，强化监督措施，创新监督方式，加强对重点部门、重点岗位、重点对象的监督。

【领导干部廉洁自律】 加强对领导干部的廉政教育，深入开展示范教育、警示教育和岗位廉政教育，深入推进廉政文化建设。认真落实《关于领导干部报告个人有关事项的规定》和《关于对配偶子女均已移居国(境)外的国家工作人员加强管理的暂行规定》。坚决整治领导干部违规收受礼金问题。巩固党政机关厉行节约、制止奢侈浪费工作成果，认真执行禁止公款出国(境)旅游、党政机关国内公务接待的管理规定，继续严格控制党政机关办公楼等楼堂馆所建设。继续认真治理违反规定多占住房、买卖经济适用房或租赁廉租住房等问题。严格执行党政领导干部选拔任用工作有关规定，规范和强化对拟提拔干部的廉政考察，加强对《党政领导干部选拔任用工作责任追究办法(试行)》等4项监督制度落实情况的监督检查。严明换届纪律，加强对选人用人情况的监督检查，坚决惩治跑官要官、买官卖官、拉票贿选和突击提拔干部等行为。2010年，全市领导干部报告个人有关事项3804人(次)，任前谈话1162人(次)，诫勉谈话59人(次)，领导干部述职述廉4313人(次)，函询83人(次)。共查处违反廉洁自律规定的案件4件4人，实行责任追究23件33人。

【信访举报与案件查办】 2010年，全市纪检监察机关受理信访举报2947件(次)；初核线索899件；立案274件，同比增长6.61%，其中县级干部7件(人)，科级干部58件(人)；结案274件，同比增长9.6%；处分281人，同比增长6.44%，其中给予党纪处分240人，政纪处分108人，处分县级干部8人，科级干部65人；实施责任追究70人；移送司法机关10人。市纪委监察局机关受理信访举报1767件(次)；初核线索20件；立案县级干部7件(人);结案9件,处分9人。通过查办案件,挽回经济损失3300余万元。一是加强信访线索筛选。全年共筛选案件线索520件,发函要求查报结果的信访举报案件340件。坚持重心下移,强化对基层查办信访举报案件的督办,建立并推行“两个一律”制度,即:市纪委信访室对反映村(居)党支部书记的信访举报问题一律作为信访举报案件向下级交办要求查报结果;县级纪委对上级交办或自收的反映村(居)党支部书记的信访举报案件一律直接查办,不得转交乡镇(街办)纪委调查。建立信访举报工作联系点制度,在8个县市区分别建立联系点。二是创新办案工作机制。制发《十堰市反腐败查办案件组织协调工作实施办法》,建立包括组织协调的基本原则、具体实施办法、过错责任追究等在内的一系列工作制度和约束机制。在查办大要案工作中,实行“两个提前介入”(即检察机关提前介入,以确保“两非”人员取证顺利;在案件取得突破后审理部门提前介入,以确保案件质量)。在2010年查办的大要案中,仅用81天就查结竹山县原县委常委、副县长全照明案件,50天查结市规划局原副局长黄少平案件。三是加大办案工作力度。2010年立案查办县处级干部7件(人),其中市纪委查办的竹山县原县委常委、副县长全照明,市规划局原副局长黄少平等案件,在社会上产生强烈反响。全市10个县市区纪检监察机关立案同比增长的有8个,其中武当山纪委立案2件,同比增长100%;竹山县纪委立案50件,同比增长51.52%;房县纪委立案41件,同比增长20.59%。全市乡镇纪委办案力度加大,2010年全市乡镇纪委立案查办112件,占立案总数的41.3%,同比增长42%;房县20个乡镇中18个办有案件,查办案件的数量同比增长50%。四是提高执纪执法水平。年初,举办查办案件培训会,邀请省纪委案件检查室的办案专家作查办案件业务辅导,进一步提高办案人员的政策理论水平和依纪依法办案能力。正确运用案件检查措施,严格依纪依法文明办案,保障被调查人的合法权利。与组织、人事、财政、公检法等部门进一步建立完善党纪政纪处分决定执行和执法执纪衔接工作的长效机制。落实“乡案县审”和“一案三书”制度,确保案件质量和工作效率,取得较好的政治、社会和法纪效果。一年来,全市共查处党员、干部281人,全部执纪到位,无一人申诉。

【纠正部门和行业不正之风】 2010年,市纪委监察局按照市委、市政府的部署,在全市集中开展转变机关作风专项治理、工程建筑领域突出问题专项治理、房地产开发营销领域突出问题专项治理、“小金库”问题专项治理和党政机关及事业单位在规定时点实施“禁酒令”等“五个专项治理”工作,进一步优化全市经济社会发展环境。一是加强机关干部作风问题治理监督。聘请人大代表、政协委员、特邀监察员、新闻记者等组成工作组,不定期赴各部门各单位对上下班迟到早退、工作时间上网玩游戏、QQ聊天等现象进行明察暗访,有力促进机关干部作风的转变。二是加强工程建设领域突出问题治理监督。制定下发《十堰市规范工程建设项目决策行为和招标投标活动的指导意见》等8项制度,公开17个举报网址和20个举报电话,排查项目924个,排查出各类问题305个,已整改300个。三是加强房地产开发营销领域突出问题治理监督。重点对全市2008年以来的88家预售许可房地产开发企业、105个项目调整容积率、用地规划以及拆迁、预售等环节进行排查。累计排查出违规预售问题1个、违规拆迁问题3个,为606户业主办理房产手续,对部分建设单位野蛮拆迁、暴力拆迁、违规超建依规进行处罚,追缴规费2390.95万元,罚款379.93万元。四是加强对党政机关和事业单位“小金库”突出问题治理监督。对全市1030个党政机关和事业单位开展“小金库”治理及“回头看”,通过对163个单位重点检查,查出违规违纪单位73个,涉及资金1565.48万元;查出“小金库”17个,资金278万元,收缴入库164.3万元,调账处理1287.48万元。五是加大对党政机关和事业单位在规定时点实行“禁酒令”的监督检查力度。采取明察暗访等方法,对市直单位和部门“禁酒令”执行情况进行检查,共发现违反“禁酒令”规定27人,其中党员干部17人(2人受到单位警告处分、15人受到诫勉谈话)。通过实施“禁酒令”,减少招待费用支出,提升干部形象,受到人民群众的广泛好评。省委政研室专程到十堰进行调研,总结经验,并形成《参阅件》,省委常委、省纪委书记黄先耀作出“将《参阅件》发至各市州”的重要批示。六是认真治理社会关注的热点问题。狠抓惠农政策落实情况的监督检查,先后组织两次明察暗访,发现损害农民利益的问题58个,查处违纪资金35余万元,对24名责任人进行责任追究。深入开展治理教育乱收费和纠正医药购销不正之风工作。对全市18所中小学收费情况进行检查,清退违规收费83.49万元。全市37家二级以上医疗机构全部参加全省网上药品集中招标采购,采购金额达5.2亿元。加强对社保、救灾、扶贫、住房公积金、南水北调移民资金的监管,纠正挪用社保资金问题1起,涉及金额16.5万元,2人受到党政纪处分。开展对农民工技能培训和农业机械购置补贴资金的专项清理,共审计农民工技能培训补贴资金5739.19万元,审计出问题31个,对9人进行党政纪处分。认真开展规范和清理驻北京办事机构工作,按照要求及时清理撤销3个县(市)驻京办事处。七是认真抓好政风行风评议和政风"行风热线"工作。按照全省统一部署,全市从9月份开始,在66个市直单位开展民主评议政风行风工作,着力解决一批损害群众利益的突出问题,取得阶段性成效。行评期间,行评监督员进村入户,走访企业500余家、群众9000余人,填写测评表2100张,查找出12大类640条意见和建议,全市已累计整改到位问题3000多个,产生良好的社会效果。同时,深入开展政风"行风热线"工作,市直62家单位的"一把手"和工作人员1122人(次)走进"行风热线"直播间,倾听群众意见和建议,解疑释惑,排忧解难。元至12月,共接听热线电话518个,解答问题462个,处理问题152个,受到社会各界的广泛好评。

【执法监察】 坚持"标本兼治、纠建并举"的方针,从解决群众反映强烈的问题入手,进一步加大纠风和执法监察工作力度,确保政令畅通,切实维护人民群众的根本利益。一是坚持"四个着眼",落实"四制",严把"五关",认真开展扩大内需促进经济增长政策落实的监督检查工作,保证全市新增中央投资68.65亿元的资金安全使用,促进经济快速发展。二是加强土地矿产资源管理法律法规执行情况的监督检查,纠正和查处土地出让和划拨中的违纪违法行为。三是加强对人口与计划生育政策落实情况的监督检查,全市纪检监察机关共查处党员干部违反计生政策法规的42件42人,其中给予党纪处分41人,给予政纪处分3人。四是加大对重特大事故的调查处理力度,坚决做到出现一起,调查一起,并按照干部管理权限对相关责任人进行严格的责任追究。配合市有关部门对丹江口市习家店镇"6.24"较大道路交通事故等进行调查处理。

【源头治理腐败】 以促进扩大内需政策贯彻落实和治理工程建设领域突出问题取得实效为目标,努力实现对每笔财政资金和每个政府投资建设项目监督检查的全覆盖。制定出台《十堰市建筑市场信用体系管理暂行办法》,建立建筑市场综合监管信息系统和诚信信息平台,对发生安全生产事故和扰乱建筑市场秩序的行为给予限制市场准入的处罚。以构建区域性惩治和预防腐败体系为目标,努力实现腐败风险教育、排查、预警、化解工作的全覆盖。市委、市政府"两办"制发《十堰市腐败风险预警防控工作实施方案》,成立领导小组。制发《关于推进全市腐败风险预警防控工作的指导意见》、《十堰市腐败风险预警处置办法(试行)》。全市各地各单位已全面开展腐败风险点的查找,大部分执纪执法单位列出"权力清单",并绘制权力流程图,一些单位还对自由裁量权进行固化。在全面推进的基础上,把掌管人财物权力的重点部门、单位和关键岗位、环节作为防控重点,48个具有行政执法权的单位将腐败风险点及权力运行流程图上网,接受人民群众监督。以提高行政效能为目标,努力实现市县乡三级电子政务和电子监察系统的全覆盖。依托互联网,建成十堰市政务网和县市区政府、市直部门120多个子网站,已基本形成以十堰政务网为核心的地市级网站群。市纪委监察局会同市编办、市政府法制办、市行政服务中心,对市直62个具有行政审批职能部门的879个行政审批项目逐一进行清理规范。通过清理规范,具有行政审批职能的部门减少至48个,审批项目减少至518项,减幅近41%。在清理的基础上,印发《十堰市市级行政审批项目目录》,明确行政审批项目设立依据、实施机关、审批范围、申请条件、办理时限和收费标准等内容,并向社会公开。按照"统一一个软件、统一一个平台、统一一个系统、统一一个网络"的要求,组织协调资金900万元,将行政审批电子监察系统数据交换平台、行政审批平台和电子监察平台部署到位,开通视频监控,对各县市区行政服务大厅现场工作人员的工作作风实施监督,构建起"两横两纵"的行政审批电子监察网络及应用系统。行政审批电子监察系统已实现市县与省互联互通。以从源头上防治"小金库"为目标,强化公共资金监管,努力实现市县国库集中收付的全覆盖。按照全省统一要求,市会计核算中心与市国库收付中心正式合并,成立市国库收付局。全市1719家预算单位及乡镇均纳入国库集中收付改革范围,纳入面达100%。全市788家预算单位全部纳入部门预算改革范围,使部门预算更加科学、规范,建立由公共财政预算、政府性基金预算、国有资本经营预算组成的预算体系。全市应纳入管理的971家单位全部纳入"收支两条线"管理范围,管理面达到100%。以为民利民便民为目标,努力实现市县乡村四级行政服务网络体系的全覆盖。市、县两级全部建立行政服务中心,118个乡镇(街办)全部建立行政服务大厅,2004个村(社区)中有1985个村建立便民服务室。市委、市政府先后制定《关于加强行政服务中心建设的意见》和《市行政服务中心标准化窗口制度建设实施方案》,从办事规则、工作人员行为、服务质量、收费、办公环境等各个方面进行规范。市、县两级行政服务中心已全面推行窗口标准化建设,实行审批服务流程管理,建立服务公开承诺制、首问负责制、限时办结制、超时默认制、岗位责任制等制度。乡镇(街办)实行领导带班制、首问责任制、受理承办回告制;村(社区)建立集中办公和轮流值班制、代理服务制、工作台帐制,使群众办事实现"小事不出村、一般事不出乡、大事不出县"。以公共权力运行公开透明为目标,努力实现全市政务厂务村务公开、公共企事业单位办事公开和基层党务公开的全覆盖。市、县两级政府的496个职能部门、118个乡镇(街办)全面推行政务公开。市人民医院和市供电公司已获得全国厂务公开"先进单位"称号,另有22家单位、16名个人分别获得全省厂务公开"先进单位"和"先进个人"。制定下发《2010年全市村务公开实施办法》和《关于深化村务公开和民主管理工作的通知》,规范村务公开程序、公开时间和公开内容,并就完善村级事务民主管理制度、村务民主决策听证制度和村民民主理财制度提出具体要求。开展33个村务公开民主管理"难点村"治理工作,取得明显成效。市直128个公用事业单位及各县市区所有公用事业单位开展办事项目、政策依据、收费文号和标准张榜上墙,绝大多数单位印制《办事服务指南》,部分单位还设立电子显示屏、电子触摸屏等便民设施,公开职责范围、办事指南、政策法规、投诉电话等。进一步深化党务公开,建立健全党委(党组)党务公开责任制度、责任追究制度、联席会议制度、公开监督制度。以规范招投标市场秩序为目标,努力实现"五统一"招标投标综合监管模式的全覆盖。组建政府直属的市招投标管理办公室(招投标监督管理局),加强对招投标市场综合监管,基本实现"统一进场交易、统一信息发布、统一操作规程、统一进行监管"的市场运作模式。市政府制发《关于加强全市招标投标综合监管工作的通知》,在规范招标投标程序等方面提出具体明确的要求。元至12月,全市共完成综合招投标项目677项,金额达55.41亿元,同比增长21.1%。全年全市供应国有建设用地148宗,面积592.80公顷,其中:以招拍挂出让供地103宗,面积442.75公顷,成交价款32.13亿元。全年完成产权交易项目23宗,鉴证金10654.74万元,对9大类共计700余人的专家库进行统一整合。认真落实政府采购制度。2010年,全市实现政府采购15.99亿元,节约资金1.40亿元,节约率达8.09%。以规范村级资产、资金、资源管理为目标,努力实现农村"三资"清理及监管代理的全覆盖。全市所有乡镇和村,"三资"清理覆盖面达100%,委托代理制覆盖面达100%,村民主理财小组审批制落实率达99.7%,专项审计落实率达99.7%,资源处置招标或公开竞价、村民代表大会审议制落实率达97.5%;建立农村"三资"监管代理服务中心118个,村民主理财小组1938个;全市共清理农村集体资产总额达163.61亿元。

【廉政文化建设】 以推动廉政文化"八进"为目标,努力实现廉洁教育的全覆盖。在全市范围内广泛开展"学习《廉政准则》,争做勤廉表率"为主题的第十一个党风廉政建设"宣教月"活动。市委书记陈天会代表市委就贯彻《廉政准则》进行公开承诺,同时还创新载体,通过武当数字化选学平台开展《廉政准则》知识测试。在深入开展廉政文化"六进"活动的基础上,将廉政文化向医院和工程项目建设领域拓展。全市已建廉政文化墙135个、廉政文化路(街)15条、廉政文化广场13个、廉政书屋25个。依托武当山"天下第一道教名山"的优势,深度挖掘、整理道家思想和道教文化中的廉洁廉政文化元素,在武当山磨针井景区建立全国首个"道廉文化教育基地",开发《道廉文化读本》等"十个一"工程。此项工作产生积极的影响,得到上级领导的充分肯定和社会各界的一致好评。该中心是一座融反腐倡廉学习培训、警示教育、成果展示、查办案件及后勤保障于一体的综合性教育场所,对于推动我市反腐倡廉建设的深入开展必将产生积极影响。

【纪检监察组织建设】 以提高基层纪检监察工作水平为目标,努力实现县乡村纪检监察组织建设、制度建设和业务建设的全覆盖。中纪发[2009]9、10号和鄂办发[2009]51号文件下发之后,全市各级党委、政府和纪检监察机关,高度重视,狠抓贯彻落实。市委书记陈天会在市委常委会上明确指出:"上级文件有明确规定的,按上级文件规定严格执行;上级文件没有明确规定的,根据实际需要和可能,本着有利工作的原则进行探索"。在省纪委制定的19项指标中,有15个规定指标达到100%,其余4个建议指标中有2个也达到100%,实现县(市、区)、乡镇(街道)和村(社区)纪检组织建设、制度建设和业务建设的全覆盖。制定下发《关于加强乡镇(街办)村(社区)纪检组织规范化建设的意见》。全市118个乡镇全部落实"七有",2004个村(社区)纪检组织建设"五落实"的覆盖面达到100%。全市各行政村(社区)都成立纪检小组,配备纪检小组长1人、成员3至5人,全市共配备纪检小组成员达5600余人。2010年,我市郧县纪委监察局、竹山县上庸镇纪委、竹溪县水坪镇前进村被省纪委、监察厅评定为全省县、乡、村"纪检监察组织建设示范单位"。 (周 平)

十堰市人民代表大会常务委员会

【监督工作】 一是关注国民经济和社会发展。听取和审议十堰市年上半年国民经济和社会发展计划、财政预算执行情况和下半年工作安排的报告。对全市"十一五"规划执行及"十二五"规划纲要编制情况进行深入调研,在听取市政府相关工作报告后,要求市政府要把握国家宏观政策,全力做好与《全国主体功能区规划》的对接，把握规划编制的突出问题，努力调整经济结构和发展方式转变，把握未来经济发展热点，大力发展现代服务业，把握科学发展实质，持续改善民生，努力构建和谐十堰。二是加强城市规划监督。听取审议《十堰市城市总体规划（2010—2030）纲要》编制情况报告，针对编制中规划范围相对过小，城市区位功能定位不够明确，城市特色文化不够突出，与相关规划未能实现无缝对接等问题和不足，建议市政府要在规定时间内完成规划编制任务，立足区域性中心城市建设，科学布局城市功能区域；注重彰显城市特色，丰富城市文化内涵；搞好城市总体规划与“十二五”规划及十堰市土地总体规划、鄂西生态文化旅游圈十堰总体规划等规划之间的衔接工作，形成统一协调的规划体系。三是重视耕地保护工作。对全市耕地和农村宅基地管理工作情况进行视察检查，听取和审议政府相关工作报告后，建议市政府要加大对耕地保护法律法规的宣传力度，增强全社会耕地利用的危机意识，健全耕地保护目标责任考核和激励机制。向上争取土地整理项目和资金，加大土地开发整理力度，提高开垦耕地质量，放大资金投入的产出和效益。建立完善全覆盖的耕地保护动态监测系统，完善联合执法机制，严肃查处土地违法案件。编制村镇规划，加强农村宅基地管理。积极探索解决失地农民生计问题的新途径和新方法，妥善解决城区失地农民生活保障问题。四是强化城区河道监管。听取和审议十堰城区河道建设与管理工作情况的报告，建议市政府要进一步提高社会和公众的水环境意识，自觉维护城区和河道卫生。以“三城联创”为契机，科学制定河道建设与管理的规划。统筹防洪保安、生态、环保之间的关系，提高治理标准，保证河道整治质量。探索建立长效、稳定的投入机制，确保河道建设与管理有序开展。市政府认真采纳，所提交的《十堰市城区河道管理办法》的议案在常委会上批准通过，并认真组织实施，城区河道环境得到明显改善。五是推进科技工作和老年事业发展。针对十堰市科技人才队伍建设、科技经费投入与高新技术产业发展等方面存在的问题，常委会对《科技进步法》贯彻实施情况进行执法检查。督促市政府加强宣传和领导协调力度，不断提高科技服务水平；加强科技创新体系和人才队伍建设，提高自主创新能力；进一步加大科技投入，完善科技项目资金管理措施。为推进老年事业发展，对《老年人权益保障法》开展执法检查，针对检查中发现的宣传普及不够广泛、政策落实不够实在、养老服务体系不够完善等问题，建议市政府充分宣传，科学规划，加强工作机构建设，发展社区老年卫生服务，为做好老龄工作提供保障。六是关注南水北调中线工程移民。十堰市是南水北调中线工程核心水源区，为推动移民工作按时间节点顺利进行，确保一江清水2014年北送，市人大常委会高度重视，经过深入调研，听取政府相关工作报告后，提出要认真做好政策宣讲，及时化解移民矛盾，切实做好维稳工作；积极争取国家政策扶持，及时足额发放补偿资金，保障移民合法权益；加强与移民迁入地沟通协调，保证移民房屋质量，加快基础设施建设，满足移民上学、就医、购物等生产生活需求；认真总结移民外迁工作经验，推动内安后靠工作深入开展等意见建议。市政府认真采纳，克服重重困难，加大工作力度，按时完成移民外迁工作，做到无一起安全事故、无一人受伤、无一件货物丢失，实现安全、顺利、和谐搬迁的目标。七是加强司法监督。听取审议市中级人民法院关于全市法院审判监督工作情况报告，建议市中院和各基层法院要充分认识审判监督工作的重要性，加强各级审判监督工作能力建设。进一步突出服判息诉、规范自由裁量权行使、加大对下级法院审判活动监督指导等重点工作，努力增强审判监督工作的实效。探索创新审判管理工作机制，切实提高审判工作质量。对全市检察机关侦查监督工作开展情况进行视察检查，听取相关工作报告后作出《关于加强全市检察机关侦查监督工作的决议》，要求全市检察机关要加强组织领导和机制创新，完善内部监督制约机制，加强与公安机关、行政执法机关的联系协作，拓宽监督途径，突出侦查监督工作重点，增强监督实效，加强侦查监督能力建设，提高基层检察院干警整体素质和实际工作能力。八是认真受理群众来信来访。坚持在党委信访联席会议的统一协调指导下做好信访工作。坚持信访信息综合分析通报制度，认真开展全市稳定安全信访问题大接访、大排查、大化解活动。常委会领导坚持参加定期下访和接访活动，积极调处解决重要信访事项，加大对重点信访件的督办力度。今年以来，共受理群众来信来访531件次，积极督促有关部门解决一批群众反映强烈的问题，为维护全市和谐稳定大局发挥应有的作用。九是积极开展规范性文件备案审查。常委会对市政府报送的5份规范性文件进行备案审查，未发现报送的规范性文件与现行法律法规相抵触或存在明显的不适当问题，也没有收到有关国家机关和公民、法人以及其他组织对这些文件的审查要求和建议。十是积极开展对外交流联系。接待全国、省、市、县人大领导389批次，4632人次。其中，接待全国人大常委会副委员长1人；全国人大机关领导16批次，357人次；省级人大领导85批次，691人次；市级人大领导131批次，1328人次；县级人大领导2255人次，促进十堰的对外开放和改革发展。

【代表工作】 一是畅通代表知情知政渠道。坚持和完善邀请市人大代表列席常委会会议、参加相关工作委员会调研活动制度,继续坚持常委会组成人员走访联系人大代表制度和主任会议成员接待代表来访制度,倾听人大代表和人民群众对经济社会发展、对人大工作的意见和建议,邀请人大代表列席常委会会议。继续为代表寄送《中国人大》、《十堰市人大常委会公报》、《十堰人大》等资料,及时通报市人大常委会的重大决议、决定和全市的大政方针,组织部分代表参加"一府两院"及有关部门召开的代表座谈会,为代表知情知政、履行职务创造条件。二是积极组织代表开展活动。常委会认真制定代表小组活动计划,加强代表小组活动的动态指导和检查,努力增强代表活动实效。利用《十堰人大》宣传阵地刊载各县(市)区人大常委会组织市、县两级人大代表开展视察调查活动,广泛宣传推介代表小组活动经验。先后组织部分市人大代表就十堰市城区低保和农村五保工作情况、卫生城市创建等工作情况进行专题调研,提出有价值的意见建议,转交市政府有关部门及时办理,推进相关工作扎实开展。三是认真办理代表意见建议。常委会坚持全面督办、突出重点的原则,通过组织召开协调会,邀请代表视察检查,利用新闻媒体实施监督等方式,加大督办力度。人代会闭会后,及时召开代表意见建议交办会,转交市政府办理158件,市人大常委会办理3件,将每件建议分别落实到分管市长和部门主要负责人,实行政府领导牵头,部门主要负责人包案办理的领导责任制。推行实地办理制,向代表发放办理征询意见函,组织召开座谈会、现场办公会,邀请代表共同参与建议办理工作,努力使办复结果代表满意。推行跟踪督办制,选择代表普遍关注的热点、难点建议作为督办重点,组织代表深入到交通、教育、财政、建委等承办量大,任务重的承办单位进行视察检查,督促落实一批关于加强社区建设、工业园区发展、保障失地群众生活等涉及国计民生的重点建议,有效解决一批人民群众普遍关注的热点问题。

【调研宣传】 常委会领导带头撰写理论文章,常委会组成人员和机关工作人员多篇理论文章发表于各级各类报刊杂志。不断探索改进宣传工作的方式方法,巩固宣传阵地,高质量刊发《十堰人大》杂志,升级改版十堰人大网站。开展第十五届宣传人大制度好新闻暨2007—2010年十堰环保世纪行优秀组织奖和环保新闻奖的表彰活动,参加人民代表报社组织的人大宣传工作研讨会和省人大常委会组织的人大研究与宣传工作座谈会、内务司法工作座谈会、教科文卫工作等交流活动,宣传十堰及十堰人大工作,为增强全社会人大意识,促进人大工作创新营造良好的舆论氛围。

【人事任免】 2010年度,市人大常委会依法任免国家机关工作人员61人,其中,市政府组成人员18人次,"两院"工作人员31人次。

其中,决定任命:

张桂华同志为十堰市人民政府副市长;

黄剑云为十堰市卫生局局长;

牛孝文为十堰市文化体育局局长;

贺盛有同志为十堰市人民政府副市长;

刘修俊同志为十堰市人民政府秘书长;

顾善远同志为十堰市经济和信息化委员会主任;

孙照军同志为十堰市人力资源和社会保障局(十堰市公务员局)局长;

郑文成同志为十堰市住房和城乡建设委员会主任;

王晋洪同志为十堰市交通运输局局长;

乔冰同志为十堰市国土资源局局长;

吴成昌同志为十堰市环境保护局局长;

王静同志为十堰市人民政府外事侨务办公室主任;

史明会同志为十堰市人大常委会农村工作委员会副主任;

任命:

周霁同志为十堰市人民政府副市长、代理市长。

吴修亭为十堰市人大常委会财政经济工作委员会主任;

刘兆胜为十堰市人大常委会法制工作委员会主任;

郑隆侃为十堰市人民检察院检察委员会委员;

李光军、郭军、武伟、杨柳、刘朝斌为十堰市人民检察院检察员;

李勤同志为十堰市人大常委会干部任免工作委员会副主任;

杨琴同志为十堰市人大常委会代表工作委员会副主任;

卢鸣同志为十堰市中级人民法院民事审判第一庭庭长;

胡韧同志为十堰市中级人民法院民事审判第三庭庭长;

张妍同志为十堰市中级人民法院民事审判第三庭副庭长;

罗云飞同志为十堰市中级人民法院民事审判第四庭副庭长;

朱晓霞同志为十堰市中级人民法院审判监督庭副庭长;

肖建军同志为十堰市中级人民法院审判监督庭副庭长;

张利、沈红波、王晓真、吴弘杰、殷耀刚同志为十堰市人民检察院检察员;

秦有江同志为十堰市中级人民法院执行局执行一庭庭长;

戴森龙同志为十堰市中级人民

法院执行局执行二庭庭长；

李晋鄂同志为十堰市中级人民法院执行局执行三庭庭长；

柯贤文同志为十堰市中级人民法院执行局执行一庭副庭长；

邓辉同志为十堰市中级人民法院执行局执行一庭副庭长；

左琳同志为十堰市中级人民法院审判员；

熊品同志为十堰市中级人民法院审判员；

刘青华、喻昌立、蔡海涛同志为十堰市人民检察院检察员。

【市三届人大七次会议】 十堰市第三届人民代表大会第七次会议于1月19日至21日在市行政会议中心隆重召开。补选吴修亭为市第三届人民代表大会常务委员会委员。

【市三届人大八次会议】 十堰市第三届人民代表大会第八次会议于10月8日至10日在市行政会议中心隆重召开。选举周霁为十堰市人民政府市长。

【市三届人大常委会各次会议】 2010年度，市三届人大常委会共举行8次会议。

1月13日，市三届人大常委会第34次会议在市行政中心A栋八楼会议室召开。会议审议并通过市三届人大常委会工作报告（讨论稿），提请市三届人民代表大会第七次会议审议；审议并通过市三届人大常委会代表资格审查委员会关于代表变动情况和补选市人大代表的资格审查报告；审议并通过市三届人大七次会议议程（草案）、主席团成员名单（草案）和秘书长名单（草案），提请市三届人大七次会议预备会议通过；审议并通过市三届人大七次会议主席团常务主席、大会执行主席分组名单和副秘书长名单（草案），提请市三届人大七次会议主席团会议推定和决定；审议并通过市三届人大七次会议日程（草案），议案、质询案截止时间的决定（草案）及议案表决办法（草案），提请市三届人大七次会议主席团会议决定；审议并通过市三届人大七次会议选举办法（草案）、二十名以上市人大代表联名推荐候选人截止时间的决定（草案），提请市三届人大七次会议主席团会议审议通过；审议并通过市三届人大七次会议列席人员名单。

2月5日，市三届人大常委会第35次会议在市行政中心A栋八楼会议室召开。会议审议通过市人大常委会2010年工作要点、市人民代表大会常务委员会人事任免办法；听取市三届人民代表大会第七次会议代表建议、批评和意见分办情况的报告；审议通过有关人事任免。

4月15日至16日，市三届人大常委会第36次会议在市行政中心A栋八楼会议室召开。会议审议通过市人民政府关于全市耕地保护和农村宅基地管理工作情况的报告、市人大常委会执法检查组关于《中华人民共和国科技进步法》实施情况的报告；审议通过有关人事任免。

6月7日至8日，市三届人大常委会第37次会议在市行政中心A栋八楼会议室召开。会议审议通过市人大常委会执法检查组关于实施《中华人民共和国老年人权益保障法》情况的检查报告、关于十堰城区河道建设与管理工程情况的报告；审议通过有关人事任免。

8月26日至27日，市三届人大常委会第38次会议在市行政中心A栋八楼会议室召开。会议审议通过市政府关于十堰市2010年上半年国民经济和社会发展计划执行情况的报告、关于十堰市2010年预算上半年执行情况和下半年工作安排的报告；市中级人民法院关于全市法院审判监督工作情况的报告；市人民检察院关于全市检察机关侦查监督工作情况的报告；通过相关人事任免。

9月25日，市三届人大常委会第39次会议在市行政中心A栋八楼会议室召开。会议决定10月8日召开市三届人大八次会议；审议通过市三届人大八次会议列席人员名单；审议通过十堰市第三届人民代表大会常务委员会代表资格审查委员会关于代表变动情况的资格审查报告；审议通过市三届人大八次会议议程、主席团成员名单和秘书长名单，提请市三届人大八次会议预备会议通过；审议通过市三届人大八次会议主席团常务主席、执行主席名单、大会副秘书长名单，提请市三届人大八次会议主席团会议推定和决定；审议通过市三届人大八次会议日程，提请市三届人大八次会议主席团会议决定；审议通过市三届人大八次会议选举办法和关于代表联合提名十堰市人民政府市长候选人截止时间的决定，提请市三届人大八次会议主席团会议审议通过。

10月28日至29日，市三届人大常委会第40次会议在市行政中心A栋八楼会议室召开。会议审议通过市政府关于《十堰市城市总体规划（2010—2030）纲要》编制情况的报告、关于十堰市“十一五”规划执行情况和“十二五”规划编制情况的报告；通过相关人事任免。

12月28日至29日，市三届人大常委会第41次会议在市行政中心A栋八楼会议室召开。会议审议通过市人民政府关于2009年财政决算情况的报告、关于2009年市级财政预算执行和其他财政收支审计情况的报告、关于2010年市级预算调整方案的报告、关于南水北调中线工程移民工作情况的报告、关于市三届人大七次会议代表建议批评和意见办理情况的报告；通过相关人事任免。

（汪　晶）

十堰市人民政府

2010年市政府议事摘要

1月4日，市长张嗣义主持召开市长办公会议，研究谋划首季经济“开门红”工作。

1月21日，市长张嗣义主持召开市长办公会议，贯彻落实市三届人大七次会议和政协三届六次会议精神，安排部署当前政府工作。

2月4日，市长张嗣义主持召开市长办公会议，讨论《十堰市人民政府经济社会发展工作要点》（稿），研究“一中心两厅两馆”项目建设和原市公交公司遗留问题处理等问题，安排部署当前政府工作。

2月22日，市长张嗣义主持召开市长办公会议，讨论《十堰市重点产业调整及振兴与新兴产业发展的实施意见》（稿）、《关于进一步加快开发区发展的若干意见》（稿）、《十堰市企业国有资产管理暂行办法》（稿），研究市直机关所属企业和经济实体脱钩改制及湖北银矿资产清查等问题。

3月3日，市长张嗣义主持召开市长办公会议，讨论《关于支持和鼓励引进银行业金融机构的意见》（稿）、《关于鼓励金融支持地方经济发展绩效考评奖励办法》（稿）、《关于鼓励和推进企业上市的若干意见》（稿）、《十堰市市直行政事业单位国有资产配置管理暂行办法》（稿）、《十堰市林地管理办法》（稿），研究开展国家数字化城市地理空间框架建设推广城市工作等问题。

3月11日，市长张嗣义主持召开市长办公会议，审议2009年度各县市区人民政府、市政府部门工作目标考核情况，讨论《十堰城区农村扶贫开发规划（2010—2012年）》（稿），研究市公安局特警支队筹建等问题。

3月24日，市长张嗣义主持召开市长办公会议，讨论《十堰城区廉租住房实物配租管理实施办法》（稿）、《十堰市森林防火工作政府行政首长负责制考评实施办法》（稿）、《关于评选表彰十堰市劳动模范的通知》（稿），研究关于发展农村小额人身保险提高农民抵御风险能力、市土地开发总公司与中铁一局新运工程有限公司建设工程施工合同和融资合同纠纷案件被执行情况、市直公务员医疗补助补充办法和规范公务员津贴补贴后保留奖励性补贴落实建议等问题。

4月8日，市长张嗣义主持召开市长办公会议，听取固定资产投资及重点项目进展情况、一季度全市经济形势分析汇报，安排部署下一步工作。

5月4日，市长张嗣义主持召开市长办公会议，研究全市对外开放暨招商引资工作、十堰城区廉租住房租金标准、省工建集团和省医药集团十堰医药有限公司改制等问题，通报市政府领导班子成员分工，安排部署当前政府工作。

5月17日，市长张嗣义主持召开市长办公会议，研究贯彻落实全省安全生产工作、扶贫开发工作（“三个会议”）、国土资源管理工作会议精神，讨论《十堰市度主要污染物总量减排工作方案》（稿）、《关于大力推进粮食产业化发展的意见》（稿），研究建立解决特殊疑难信访问题专项资金、将竹溪县龙坝乡更名为龙坝镇、市财政在广东省惠州市房屋资产产权处置、全市审计项目计划安排等问题。

6月17日，代市长周霁主持召开市长办公会议，研究贯彻落实全省投资和项目工作会议、深化医药卫生体制改革工作会议精神，安排部署当前政府工作。

7月12日，代市长周霁主持召开市长办公会议，讨论《十堰市城区河道管理办法》（稿），贯彻落实全省深化医药卫生体制改革工作、住房公积金管理工作座谈会议精神，研究双星东风轮胎有限公司申请办理土地使用证、给竹溪县科技副县长姚伟同志记功及对李娜同志违法违纪行为处理意见等问题。

7月29日，代市长周霁主持召开市长办公会议，研究《十堰市旅游发展总体规划》修编工作，讨论《关于进一步推进人民防空事业发展的意见》（稿）、《关于加快全市水运事业发展的意见》（稿），贯彻落实全省住房保障工作、民政工作会议精神。

8月9日，代市长周霁主持召开市长办公会议，研究加快推进龙背湾水电站项目建设，贯彻落实全省农产品质量安全工作会议、全省新农保工作会议精神等问题，讨论审议《十堰市群体性突发事件处置暂行规定》（稿）、《关于加强和改进市政府例会管理工作的意见》（稿）、《关于推进城乡一体化试点工作的指导意见》（稿）、《关于深化执行力和能力建设推进以责任为核心的法治政府建设活动实施方案》（稿）、《十堰市行政审批电子监察管理办法（试行）》（稿）等文件。

8月23日，代市长周霁主持召开市长办公会议，研究城区住房保障、城市公交、医药卫生体制改革、就业和社会保障、城乡低保和农村五保供养“五大民生”工作，以及度旅游产业发展专项资金安排计划，审议《关于进一步加强农村医疗卫生服务体系建设的意见》（稿）和《十堰市无偿献血管理实施办法》（稿）等文件。

9月13日，代市长周霁主持召开市长办公会议，研究贯彻全省质量工作暨首届长江质量奖颁奖电视电话会议精神，以及市级行政规范性文件清理工作，审议《2010年度县市区工作目标考核实施细则》（讨论稿）和《十堰市流动人口适龄儿童国家免疫规划管理办法》（讨论稿）等文件，给予王仁宝开除公职处分的建议。

10月25日，市长周霁主持召开市长办公会议，研究1—9月市政府主要工作目标任务和“十件实事”推进、发展壮大广电事业、全国人民防空先进单位和先进个人及省级专家候选人推荐等问题，审议《十堰市城区廉租住房配建暂行办法（讨论稿）》，安排部署当前政府工作。

11月14日，市长周霁主持召开市长办公会议，研究贯彻全省应急管理工作、社会保障工作和第二步规范公务员津贴工作会议精神，以及十堰市创建国家知识产权示范城市、第四届世界传统武术节先进单位和先进个人表彰建议名单等问题，审议《十堰市突发事件总体应急预案（修订稿）和《十堰市低温雨雪冰冻灾害应急预案》（讨论稿）。

12月15日，市长周霁主持召开市政府第51次常务会议，传达学习中央经济工作会议精神，审议《关于建设十堰汉江生态经济带的指导意见》（讨论稿）和《十堰市防汛抗旱应急预案》（修订稿），研究贯彻全省冬春农田水利基本建设工作、文化体制改革工作会议精神等问题。

12月24日，市长周霁主持召开市政府第52次常务会议，审议《政府工作报告》（讨论稿）、《十堰市国民经济和社会发展第十二个五年规划纲要》、《十堰市2010年国民经济和社会发展执行情况及2011年计划（草案）》和《十堰市2009年市级财政决算和2010年市级预算调整方案报告》，研究2011年市政府“十件实事”备选项目和《关于进一步调整和完善市对区分税制财政管理体制的决定》等问题。　（涂文杰）

政策研究

【概况】　2010年，市政府研究室完成政府工作报告及相关材料、领导讲话、会议材料、汇报材料等重要文稿130多篇，组织开展调研活动20多次，起草调研报告和决策咨询材料50多篇，外宣材料10多篇，启动和开展重大课题研究10多个，编印《十堰市人民政府公报》12期，《参阅件》16期，圆满完成年初确定的各项目标任务。

【文稿起草】　圆满完成《2010年度政府工作报告》，切实做好市政府主要领导讲话、会议材料、汇报材料、重要文件等重要文稿起草工作。先后完成“十二五”规划建议的说明、三届四次政府全会、全市经济工作会、“五大战役”推进工作碰头会、竹房城镇带城乡一体化试验区建议动员大会、十堰市创建全省双拥模范城“七连冠”和全国双拥模范城“六连冠”动员大会上的讲话等重要文稿。

【调查研究】　一是加强对事关全市经济社会发展重大问题的调查研究。组织参与十堰市生态经济产业链、建设秦巴（十堰）精品印刷包装项目、现代烟草业发展情况、十堰市承接产业转移情况、全市外贸出口企业情况、经济开发区山地整理情况、茅箭区节约集约用地情况、丹江口库区消落地保护与利用模式研究等专题调研。完成《乘势而上，做强做大现代烟草业》、《关于建设秦巴（十堰）精品印刷包装项目的报告》、《关于十堰市承接产业转移情况调查报告》、《全市农副产品加工和医药化工出口企业的调研报告》、《跨域整合，聚集要素，全力争取晋升国家级经济技术开发区》、《坚持三高用地，推进科学发展》等调研报告。二是积极开展重大课题研究。完成《抢抓全国主体功能区规划机遇创建国家级水生态功能区》课题研究，并已经通过全国南水北调专家组的评审。做好《问渠哪得清如许》课题研究，得到市委书记陈天会的重要批示。三是认真办好《十堰市人民政府公报》、《参阅件》。编印《引导农民组建专业合作社大力发展山区现代烟草农业》、《2009年全国商用车产销两旺东风商用车未来竞争更趋激烈》、《十堰市银行业存贷比变动的成因及建议》、《当前移民工作应处理好十个关系》等《参阅件》16期，其中6期都得到市领导的批示。四是配合国家和省有关部门做好相关调研工作。配合做好省政府研究室和省商务厅到十堰市就蚕茧丝绸产业发展情况的调研相关工作，及时提供信息和相关资料。配合省政府研究室调研国土资源配置方式转变情况。配合外省省政府研究室就旅游资源与开发利用的调研。配合省政府参事室到南三县调研林业和烟叶产业发展情况。五是按照市委、市政府决策要求，参与起草重要规范性文件。主要有《关于参照全国对口支援三峡库区办法对口支援丹江口库区的建议》、《关于加紧解决丹江口库区外迁移民淹没线上林园地补偿资金的提案》、《关于南水北调中线源设立“国家生态综合改革试验区”的建议》等。六是深入分析调研，经济运行分析质量明显提高。完成一季度、半年、前三季度经济运行分析报告金融运行分析，起草上报《向省政府关于十堰市情和经济运行情况汇报》等材料，为全市经济发展提供决策依据。

【对外宣传】　在《咨询与决策》杂志上推荐发表市长署名文章《乘势而为，推进十堰发展新跨越》、《科学统筹，全力拼搏，推进十堰经济社会又好又快发展》、《切实转变经济发展方式，努力推进十堰科学发展》等文章，参与起草领导署名文章《积极主动参与和对接“两圈一带”建设努力推动十堰经济社会又好又快发展》，在《新十堰》专刊文章《新十堰新目标新征程》，在《中国城市经济期刊》发表《建立中线源“生态试验区”服务南水北调大局》和《乘势而上加快发展现代烟叶农业》文章。　（王　琳）

政企共建

【提高服务水平】 会同市建设、规划、国土、环保等部门,先后解决建设规划、环境保护、基础设施、周遍环境、服务设施、物流通道6个方面、25个关乎项目推进的问题事项,为东风商用车联合工厂的顺利推进打下坚实的基础。多次会同市国土局、市规划局和张湾区就动力总成项目用地问题进行协调沟通。先后到东风实业征梦新工厂、经济型商用车、东风零部件工业园、特种商用车液压动力新工厂等东风十堰基地在建项目上门服务,先后解决项目推进中的各类问题30余件。积极争取将“61行动计划”在建重点项目东风商用车联合工厂、动力总成等项目纳入“绿色通道”服务项目,加快建设进程。会同市质量技术监督局、工商局等单位对全市非法进行拼装车辆的企业进行打击,规范汽车市场秩序,维护东风品牌形象。先后对十堰市康乐汽车贸易公司、十堰市亨运集团物资贸易公司、十堰市昌春工贸有限公司、十堰市万木工贸有限公司、十堰市亚威汽车零部件公司、十堰市久顺工贸有限公司、成都新大地十堰汽车厂等26家非法拼装汽车企业给予查封关停处罚。协调市公安局经常性深入东风十堰基地排查矛盾,营造良好的治安环境,为东风十堰基地的快速发展提供环境保障。

【攀升服务质量】 以《政企共建简报》为平台,先后建议市委、市政府围绕东风渝安10万辆微车扩能项目建设,将东风渝安建设成集微车发动机等关键总成于一体的50万辆规模整车工业园;围绕东风商用车EQX7、变速箱项目建设,着力打造东风张湾动力总成工业园等。2010年是东风有限“13中期事业计划”、东风商用车“863振兴计划”和“61行动计划”实施的关键一年,市政企共建办不断加强与东风公司、东风汽车有限公司,以及东风十堰基地各板块的沟通和联系,为市委、市政府争取东风新项目建言献策,使东风商用车联合工厂、动力总成,东风特汽(十堰)客车公司客车扩能、东风特汽改装车扩能、征梦专用车公司专用车扩能、东风特种车身扩能、华神整车配套、东风重工,东风零部件工业园,东风渝安10万台微车扩能,通用铸造厂扩能、设备铸造厂扩能、刃量具厂扩能、模具分公司扩能等一批重大项目布局十堰。

【融洽政企关系】 先后开展服务东风十堰基地项目建设突击月、走访东风十堰基地重点项目等活动6次,为政企和谐共建奠定坚实的基础。以政企活动开展为抓手,不断深化政企关系,推进政企合作共建。2010年先后组织市委市政府到东风十堰基地开展春节慰问、到东风十堰基地调研,市政府拜访东风十堰基地板块领导、东风渝安50万辆微车下线、市委市政府和东风公司高层领导到东风商用车动力总成项目和联合工厂调研、东风十堰基地“十二五”发展规划落实会等活动20余次。完成《东风汽车公司、十堰市人民政府关于政企共建百万量级汽车城的战略合作协议》的起草和沟通工作。参与东风十堰2010年春节团拜会、东风商用车联合工厂奠基仪式、东风十堰“十二五”规划对接,十堰市热电联厂项目沟通、神宇公司1万辆车下线、“61行动计划”推进会等政企活动。

(许 霞)

南水北调工作

【概况】 2010年,市南水北调办组织动员7100名干部、1万余台次车辆、119批次,搬迁1.8万户、7.7万移民,转运货物12万吨,累计行程超过850万公里,平均每天出动车辆32车次、外迁237人,整个移民外迁工作无一起安全事故、无一人伤亡、无一件物品丢失,实现安全、顺利、和谐搬迁。完成荒山造林191.37万亩,完成退耕还林工程220万亩,治理水土流失面积2520平方公里,新建沼气池18.56万口,改建省柴灶56万座,推广太阳能热水器12.53万台。

【丹江口大坝加高工程】 2010年12月31日,丹江口大坝加高工程需加高的54个混凝土坝段全部加高到176.6m设计高程,右岸土石坝、河床混凝土坝段全部加高到顶,左岸土石坝加高及延长段加高施工基本到顶。金属结构和机电改造项目已全面展开。

【水源区生态建设和水质保护】 一是开展生态建设。截至年底,全市完成荒山造林191.37万亩,完成退耕还林工程220万亩;全面禁止天然林采伐,有效管护森林1059万亩;建有5个省级自然保护区、1个市级自然保护区和13个省级自然保护小区,保护区面积达到22.4万公顷,占全市国土面积的9.4%;森林植被覆盖率达到53%,高于全国34个百分点,被国家环保部命名为国家级生态示范区。先后实施长江防护林、坡改梯专项治理、生态修复试点等工程,综合治理小流域154条,治理水土流失面积2520平方公里。全市累计完成以“三改一建”为主的生态家园建设16.2万户,新建沼气池18.56万口,改建省柴灶56万座,推广太阳能热水器12.53万台。在48个乡镇、166个村新建垃圾集中处理池96830个,在建集中式畜禽垃圾处理站18个。二是推进污染防治。建成13座污水处理厂,日处理能力46.5万吨;建成垃圾处理场6座,日处理能力1766吨。城区的污水集中处理率为82.5%,生活垃圾无害化处理率达87%。先后整治800多个排污口,在47家重点工业废水排污口安装在线监测装置,全市16家企业实行污水零排放。三是调整经济结构。先后引进发展循环经济企业40余家,通过清洁生产审核,十堰市有80多家企业进入全省“清洁无害化企业”行列。先后对5家严重破坏植被的矿产企业实施停产整顿,对253家污染严重的小电镀、小造纸等“十五小”企业和63家黄姜加工企业实行强制性关闭,对59个重大项目进行限批,拒批160多个带有污染的拟建项目。全市农业特色产业基地达506万亩,有机食品、绿色食品、无公害食品“三品”认证品牌120多个,生态绿色产业面积占农业种植总面积的70%以上,产值占农业总产值80%以上。

【专项规划实施】《丹江口库区及上游水污染防治和水土保持规划》确定十堰市近期水污染防治项目36个,水土保持小流域治理256条。截至12月底,国家已审批并下达投资计划的项目29个,投资22.38亿元,占规划总投资的85.9%,已完成投资18.45亿元,占国家下达投资计划的82.4%。

【生态补偿资金安排使用】
2010年,中央转移支付安排十堰市生态补偿资金4.6623亿元。2008—2010年,中央转移支付累计安排十堰市生态补偿资金11.5423亿元,其中:用于生态建设工程44665万元,保障性安居工程6353万元,农村民生工程和农村基础设施29549万元,医疗卫生、教育文化等社会事业12494万元,其他涉及民生的项目22362万元。

（苏道伟）

法制工作

【概况】 2010年,市政府法制办清理1872份文件,其中规范性文件513份,非规范性文件1359份。经审查,建议继续有效的244份;失效的68份;废止的138份;予以修改的63份。全年共审核行政规范性文件78份;审核非规范性文件13份;审改政府及部门相关协议等16份(尚有2件未办结);回复省法规、规章征求意见稿6份;回复市纪委征求意见稿1份。完成县市区政府和市政府各部门规范性文件备案审查12件。

【规范性文件审核、备案、清理】
一是强化规范性文件发布管理工作。截至12月底,市政府和各县市区政府发布的规范性文件绝大多数以“政府令”或“规”字序列发布,各级政府部门发布的规范性文件,也普遍以“规”字序列发布。除具体实施法律、法规、规章的规范性文件外,市、县政府及其部门制发的规范性文件全部实行2—5年有效期制度。二是认真组织规范性文件清理工作。7至9月由市政府法制办牵头,分别从市编办、建委、物价局、房管局各抽调1名法制工作人员组成清理专班,对市政府、市政府办制发的现行有效的行政规范性文件进行清理。此次共清理1872份文件,其中规范性文件513份,非规范性文件1359份。经审查,建议继续有效的244份;失效的68份;废止的138份;予以修改的63份。三是加强规范性文件的审查和备案工作。全年共审核行政规范性78件;审核非规范性文件13份;审改政府及部门相关协议等16份(尚有2件未办结);回复省法规、规章征求意见稿6份;回复市纪委征求意见稿1份。完成县市区政府和市政府各部门规范性文件备案审查12件。

【执法监督】 2010年市政府法制办加大行政执法监督力度,积极应用督办、听取汇报等方式加强对行政执法机关的监督。对存在问题的执法行为制发书面《执法建议书》2份。3月市政府法制办对2009年发现的3起执法违法和错案移交监察局进行追究,其中通报批评单位1个,调离执法岗位2人。积极开展依法行政示范单位创建工作,对市公安局全省依法行政示范单位创建工作及时给予指导。6月市公安局顺利通过省政府法制办依法行政示范单位检查考核组的检查验收。

【行政复议案件和行政应诉】
2010全年共收到行政复议申请46件,经审查,不予受理2件,受理44件,已审结42件,结案率为95.5%,其中维持36件,撤回2件,驳回2件,调解1件,移送1件。在办理案件中召开听证会5次。口头向行政机关指出问题6次,下书面建议书1次,及时有效地纠正行政机关的不适当或违法行政行为。代理中国东方资产管理公司诉市政府行政诉讼案,经过两审应诉,申请人主动撤回申请,为市政府挽回经济损失3000万元,有效维护市政府合法权益,获得市长周霁批示表扬。

【政府法律顾问】 7月21日市政府成立法律顾问室,市政府法律顾问室与市政府法制办公室实行两块牌子,一套班子;设市政府法律顾问室专职副主任1名,增设法律事务科。市政府法律顾问室主要职责是承办市政府的法律顾问事务;参与市政府重要经济合同、协议的审查工作;办理涉及市政府的民事纠纷、经济纠纷案件及其他非诉讼法律事务;为市政府提供民商事方面的法律服务;指导市政府各部门和全市各级政府的法律顾问工作。自市政府法律顾问室成立以来,共参与协调、处理各类涉法事务32件,提供法律意见书6份,范围涉及土地、市政建设、交通、南水北调、土地纠纷协调、城市房屋违规建筑处理等各个方面。

【法制宣传】 2010年市政府法制办以“推进依法行政、建设法治政府”为主题，着力营造良好的舆论氛围，累计上报政府法制动态信息80篇，其中，国务院法制办网站采用33篇，省政府法制办网站采用47篇。出台《市政府法制办公室宣传稿件奖励暂行办法》，对调研和宣传成果的奖励范围、标准和评奖程序进行规定。下发《关于做好法制宣传工作的通知》。对在推进依法行政、建设法治政府进程中迫切需要解决的、人民群众普遍关注的热点、难点问题以及加强基层依法行政工作、提高依法行政质量、水平等方面发生、发现问题进行宣传、总结、研究。组织、引导各县市区和市直各部门踊跃投稿。2010年9月，市政府法制办对市政府法制信息网进行改版，新网站不仅容纳政务公开、法制宣传、法制论坛、机关工作、法制研究、法规汇编等十多项，还开通网上申请行政复议、规范性文件意见征集、备案审查、执法人员网上查询、信息报送等网上办公栏目。使网站内容更加丰富，信息量更大，网站更新速度更快。 （郭江波）

接待工作

【概况】 2010年度，市接待办直接接待各级领导和来宾共计650余批4.8余万人次（此数据为日常接待，不包括武术节接待），接待批次和人次分别比上年同期增长20.2%和28.7%，再次取得历史性突破。其中，接待中央“三保”以上接待任务和省委省政府主要领导13批，超过上年5批；其他省部级领导79位，厅局级领导380余批；其他宾客180余批；重要和重大接待160余批。同时，指导帮助市直部门和其他单位接待30余批3000余人次，完成市“四大家”和市纪委交给的全部接待工作任务。接待车队出车总计2000余台次，比上年同期增长16.8%。

【武术节接待服务】 在第四届世界传统武术节期间市接待办接待各级领导和中外来宾达4000余人。其中，接待中央首长1位，正副部级领导22位，各市州党政代表团7家，国际武联和中国武协官员50多人，国内外运动员计2018人，前后26天，圆满完成武术节的接待服务任务。

（付晓钟）

行政服务与管理

【概况】 一是2010年市机关事务管理局实现政府集中采购291批次，完成采购预算金额4013万元，实际采购金额3101万元，节约财政资金912万元，节约率22.73%。建立健全各项安全防范规章制度，严格目标责任制管理，实现三个大院和办公区可防性治安案件零目标。二是与大川镇浪溪村结为基层党建和新农村共建联系对子，开展“50名党员进农村，双联双助解难题”活动。加强基层村委班子建设，选派一名年轻女干部到村挂职任第一书记；确定“64451”帮建规划，即：实施600亩无公害蔬菜种植工程，400只山羊、40头肉牛养殖工程，开展50名党员结对帮扶困难农户，建一个村级标准化活动阵地；广开渠道探索政企牵手同帮建。联合大唐公司共筹集资金205余万元，硬化通村公路6.3公里、建村级阵地一所2层12间400平方米、建羊圈20间；送水泥40吨、红砖15万块、预制板200块、新办公桌椅14套；超计划完成600亩无公害蔬菜种植任务，提供绿色无公害蔬菜3次3万余斤请机关干部品尝；50名党员分期分批进村入户，解结对农户产业发展状况，提供帮扶资金1.3万元。促进蔬菜种植、畜牧养殖发展，实现农民增产增收。

【机关服务】 一是安居工程。根据机关住房现状，逐步完善机关干部职工住房建设及分配方案。针对市直机关新招录机关公务人员住房问题异常突出的实际，拟定十堰市机关公务员周转住房建设方案。二是保障工程。高质量完成2010年度供暖工作。全力做好行政办公中心服务保障工作，全年会议服务374次、花卉租摆42次，办公楼外墙清洗、室内地面大理石抛光打蜡3.1万平方米，绿化面积6万平方米。制定《市行政办公中心管理保障服务工作手册》，推行服务规范化，机关干部职工满意度达98%。进一步加强国有资产管理，对三个中心国有资产进行清理核实，建立健全资产管理台账，做到底数清、情况明，有效防止国有资产的流失和浪费。三是安防工程。提升“三防”能力，投入资金17万元，增加专职保安2名、配备更新消防器材70余件、新增监控探头17个，实行“三警”联防24小时巡逻，实现三个大院和办公区可防性治安案件零目标。四是靓丽工程。第四届世界传统武术节、武当国际旅游节期间，扎实开展“三城联创”和“决战九月，打好五大战役”，争取资金10余万元，清淤泥、运垃圾、铺彩砖、修道路、治滑坡、拆危房、改车库美化机关环境；争取资金20余万元种植花木、绿地养护、大树移栽绿化机关环境；争取资金35万元，住宅区路灯改造、沿街房屋穿衣戴帽、办公楼星光璀璨亮化机关环境；增设大院停车位100余个，安装车辆减速带，上下班高峰期安排专人负责疏导，优化大院交通秩序。

【阳光采购】 政府采购范围逐步扩大，规模稳步增长，2010年实现政府集中采购291批次，完成采购预算金额4013万元，实际采购金额3101万元，节约财政资金912万元，节约率22.73%，实现“阳光采购、廉洁采购、节俭采购”。

【公共机构节能】 2010年,市机关事务管理局在十堰日报、十堰晚报、十堰政务网、秦楚网等媒体媒体宣传报道10余次、编发节能简报10余期,受到全社会的广泛关注和支持。定期召开全市公共机构能源资源消耗统计联络员会议,印发《十堰市公共机构能耗统计实施方案》,健全全市公共机构节能联络员网络体系,目前已有110家、200余名市、县机关干部成为基层单位节能工作的负责人和联络员。按期完成全市105个机关、团体、事业单位水、电、油、热等重点能耗的定期统计上报、数据分析和反馈工作。在市行政办公中心办公区、原机关三个大院生活区,加大统一采购、使用节能照明灯具力度。2010年仅行政中心超额完成推广高效节能灯7000只的目标任务,节约开支10.6万元,六堰山小区水网由二次加压改造为无塔供水系统,有效降低运行成本,十堰工业新区广泛采用节能技术和节能材料。（王 晖）

人事工作

【公务员管理】 认真贯彻《公务员录用规定》,坚持"凡进必考"的原则,考录公务员390人,其中市县机关招录61人,森林公安招录20人,基层公安机关招录48人,政法体制改革试点招录135人,乡镇机关面对村主职干部招录126人。会同市委组织部在全国范围内公开选拔149名博士和硕士毕业生,完成对市直300余家机关事业单位25026名工作人员年度考核的审批工作,审批记三等功351人,对全市93130名机关事业单位年度考核等次比例进行汇总统计。截至12月已审批参照管理公务员管理事业单位276家,其中2010年审批参照公务员管理14家单位104人。加强公务员队伍建设,在市委党校举办公务员培训班2期。

【人才队伍建设】 一是加强高层次人才的选拔培养。向省厅选拔推荐2010年度享受国务院特殊津贴候选人3人,向省厅推荐农村实用拔尖人才6人,推荐有突出贡献专家侯选人2名,享受省政府专项津贴侯选人4名。向省博士后管理办公室申报通达集团为2010年湖北省博士后创新岗位。修改完善各级各类专家信息库,建立分门别类的专家详细资料。二是继续做好急需人才配置工作。通过"绿色通道"累计引进高层次人才326人(含市委组织部招录的博士、硕士研究生123人),其中博士45人,研究生260人,高级职称21人。十堰高新区制订一系列优惠政策,鼓励企业引进高层次人才。目前,先锋模具公司,东风美瑞特公司已引进日本籍专家3名,其中年薪100万元的2名,年薪50万元的1名。引进全国材料工程科学家1名。引进留美博士张苏到开发区创办法雷诺科技动力有限公司,并已被湖北省确定为高层次人才"百人计划"候选人。三是加快市场配置人才进程。围绕全市经济社会发展的支柱产业、重点行业、重要项目等做好人才配置工作,市人才市场、人力资源市场累计举办招聘会70场,发布就业信息5.1万余条,提供就业岗位4.8万余个,初步实现人才配置4.7万余人。同时,加大对人力资源市场的培育和监管力度。四是严格人才流动的审批程序。共审批到职手续1124人,其中毕业生上岗383人,从市外调入干部130人,调出干部31人,市内调整干部222人,单位落户329人。同时,解决东风公司、铁三处等工作转移和落户228人。

【"三支一扶"工作】 向社会公布"三支一扶"基层岗位需求计划516名,实际接收"三支一扶"高校毕业生445人。

【军转干部安置】 一是军转干部安置工作。以功臣模范、边远艰苦地区、团职转业干部为重点,安置率和报到率达到100%。全年安置转业干部14人(团职6人,营职及以下8人),接收自主择业转业干部2人,安置随调家属1人。二是企业军转干部解困和维稳工作。对全市1450名企业军转干部按季发放生活补贴,解决特困军转干部的生活困难,办理退休军转干部的生活补助,审核、缴纳医疗保险,全市企业军转干部队伍整体稳定,无赴省进京上访的问题。三是自主择业军转干部管理服务工作。强化对自主择业军转干部的管理服务,为35名自主择业军转干部办理医疗保险,增加生活补贴,积极为自主择业军转干部创业、就业提供服务,全市企业军转干部8年来无一人赴省赴京上访和大规模聚集活动。

【事业单位岗位设置】 按照先入轨后完善的原则,认真审核各事业单位岗位设置工作方案,全市事业单位正式批复完成岗位设置889家,已核准岗位人数23681人,工作进度处于全省前列,得到省厅充分肯定。

【事业单位公开招聘】 组织开展市医疗保险管理局、市应用科技学校、市政工程项目建设中心、市教育局、市政府机关幼儿园、市农业局等单位的人员招聘工作,招聘人数142人。

【职称评审规范化建设】 参与全市2010年教师水平能力测试,审定同意上报省职改办审批932人,中级合格1875人,初级合格510人。组织开展教育、卫生、工程等高级职称资格审核、推荐、评审工作,通过639人,报省职改办审批496人,推荐卫生专业正副高级职称242人,完成2011年度全国会计职称考试,中初级报名资格审核1400余人。完成市艺术学校等大中专学校中初级水平测试27人，做好特殊评审和专项评审工作。

【执业资格报名及考试】 2010年共组织各类人事考试报名及考试7887人次，考试科目12554科。完成专业技术人员计算机水平能力考试工作任务，全年组织计算机考试工252场次，参与考试12784人次。加强人事考试的安全管理，采取多项措施防止泄密。

【工资收入分配制度改革】 一是积极推进机关事业单位工资收入分配制度改革。审批事业单位晋升薪级工资16409人，审批完成机关正常晋升级别工资1002人、晋升工资档次4856人，兑现事业单位岗位设置后晋升工资3510人。二是基本掌握市直公共卫生与基层医疗事业单位的基本情况，并起草实施办法，推进试点县公共卫生与基层医疗事业单位实行绩效工资工作。三是完成市直尚未实施绩效工资的事业单位发放过渡性津补贴的办法。对1094名新调入、新参加工作人员工资予以认定。审批享受遗属生活困难费人员277人。 （王 坤）

机构编制

【概况】 2010年，市编办完成全部市县两级政府机构改革，继续推进“阳光”编制工作，全市各类机构编制及实有人员网上公开率达100%。加强机构日常管理和事业单位登记管理，2010年，市直事业单位办理初始登记16个，办理变更登记103个，市直已登记事业单位法人406个，年检合格率96%。

【政府机构改革】 3月上旬，8个县市区完成政府机构改革方案与市编办的沟通和到省编办的汇报备案。3月16日省编办批复同意十堰市县市区政府机构改革方案后，及时报市委、市政府和市编委，4月6日，8个县市区政府的机构改革方案正式批准印发。截至8月底，除丹江口市因南水北调移民工作还未完成外，市直和5县2区的政府机构改革工作已全部完成。市政府改革前设工作部门30个，特设机构1个，议事协调机构2个，部门管理机构3个，派出机构5个；直属事业单位16个；经济合作组织1个。改革后政府设工作部门31个，与原设机构个数基本持平。其中：保留机构27个，重新组建机构4个。改革后设部门管理机构2个，精简1个，减幅33%。保留不占机构个数的5个派出机构。改革后政府直属事业单位由16个减为8个，减幅50%。其中：保留6个，组建2个（原广播电视局与电台、电视台分设后重新组建为市广播电影电视局，新组建招标投标管理办公室）。撤并机构2个（信息产业局并入经信委，地方志办并入市委党史办为市委管理的党史和地方志办公室），改为政府工作部门管理4个，不列入序列机构3个。十堰市直涉及政府机构改革范围重新制定“三定”规定机构52个。8个县市区政府改革前工作部门、直属机构、议事协调机构、部门管理机构、派出机构、直属事业单位和经济合作组织均为2005年政府机构改革期间由市委、市政府审批，改革后全部按照省编办机构限额和备案的规定，由市委、市政府审批设置机构。其中：改革前政府工作部门丹江口市23个，郧县、郧西县、竹山县、竹溪县22个、房县22个，茅箭区、张湾区20个（不含监察局，下同）；直属机构丹江口市、茅箭区、张湾区1个（安全生产监督管理局），郧县、郧西县、竹山县、竹溪县、房县均设2个（商务局、安全生产监督管理局）；议事协调机构、部门管理机构8个县市区均设2个；直属事业单位丹江口市12个，郧县、郧西县、竹山县、竹溪县9个，房县11个，茅箭区、张湾区4个；经济合作组织1个。改革后政府工作部门丹江口市、郧县、郧西县、竹山县、竹溪县、房县均设24个，茅箭区、张湾区20个；部门管理机构5县1市设2个，茅箭区、张湾区不设；直属事业单位丹江口市、郧县、郧西县、竹山县、竹溪县、房县、张湾区均设6个，茅箭区设1个；各县市保留经济合作组织供销社。8个县市区政府的机构改革截至8月底，已全部印发部门“三定”规定。

【编制政务公开】 截至12月30日，全市9个编制政务信息网站网上公开机构3156个。公开编制91302名（其中，行政编制15202名、工勤编制579名；全额事业编制52483名、差额编制13121名、自筹编制9917名）。公开人员79425人（在职76166人，非在职3259人）。与去年年报相比，机构较年报3848个减少667个，编制较年报92697名减少1395名，在职较年报87944人减少11778人，非在职较年报605人增加2654人。全市各类机构编制及实有人员网上公开率达100%。行政机关实名制均为100%，事业单位实名制比例也都在90%以上，全部达到财政与编制政务公开考核目标要求。网上投诉、建议、咨询共71件，答复率和满意率均达100%。公开编制政务信息218条，其中政策法规管理类44条，编制工作动态信息174条。

【机构编制日常管理】 一是继续抓好机构编制政策规定的宣传贯彻。通过各种形式，抓好中办、国办《关于进一步加强和完善机构编制管理严格机构编制的通知》，国务院《地方各级人民政府机构设置和编制管理条例》，中央编办、监察部《机构编制监督检查工作暂行规定》，中纪委《机构编制违纪行为适用〈中国共产党纪律处分条例〉若干问题的解释》等文件的贯彻落实，增强各级领导干部的机构编制法规意识，收效显著。二是加强机构编制管理规章制度建设。结合机构改革建立健全和完善机构编制管理各项规章制度，用制度管机构、管编制、管职数。三是继续实行三个严格控制。对机构升格、逆向改变经费性质、设立新的机构的报告一律不予研究。除部队转业干部、士官及家属安置等特殊情况外，行政事业单位严禁超编进人。严格控制超职数配备领导干部。

【事业单位登记管理】 一是进一步完善制度，明确职责，不断提高工作水平。按照《事业单位登记管理实施细则》的规定，制定《行政许可和流程示意图》等，重新明确《事业单位登记管理局职责》，切实履行"一次性告知制"、"限时办结制"，努力提高服务质量，提高办事效率。二是抓好事业单位网上办理登记年检工作。2010年，市直事业单位办理初始登记16个，办理变更登记103个。市直已登记事业单位法人406个，年检合格率96%。三是创新管理机制。加强对市直事业单位和县市区的督促检查，促使县市区配齐登记管理工作人员和硬件设备，全市所有县市区均达到国家事业单位登记管理局规定的实时汇总登记管理数据的要求。

【机构编制管理监督检查】 一是建立健全投诉举报制度。继续加强"12310"机构编制监督举报电话管理。以"财政与编制政务公开网"为平台，结合政务公开有关制度，积极做好政务公开网上投诉调查及信访工作，提高机构编制透明度。二是积极配合行政审批制度改革和行政审批电子监察系统建设。从6月22日开始，根据十监文[2010]11号文件安排，先后对市环保局等8个单位行政审批制度改革和行政审批电子监察系统建设情况进行督导检查，并形成督导检查报告。

（张友胜　邹　罡　李金帝）

外事·侨务

【概况】 2010年市外事侨务办共办理因公出国审批79批154人次。11月2日全国友协正式批复十堰市与恩格斯市缔结为友好城市，十堰市友好城市增加到2个。

【因公出国管理】 认真宣传执行《护照法》，采取有效措施加大公务护照清收、管理力度，建立健全外事审批档案。严格加强因公出国（境）管理，与市纪委、市委组织部、市审计局、市财政局组成3个联合检查组，对各县市区和市直相关单位进行制止公款出国（境）旅游专项检查，进一步净化因公出国环境，有效杜绝因公出国（境）旅游等不良倾向。3月10日，外交部外管司副司长郁序忠带领外交部检查组对十堰市因公出国审批工作进行检查调研，对十堰市的因公出国审批工作给予高度评价。

【重要出访团组服务】 认真落实2010年度市级领导出访计划，按照开展实质性对外交往的要求，认真规划行程安排，科学制订出访线路，确保重点团组的顺利出访。2010年共完成市级重点团组出访任务4批都取得丰硕的成果。

【邀请多批重点团组来市考察访问】 先后邀请外交部驻香港特派员公署、中澳签证考察团、国家外国专家局、外交部驻外使节团、博茨瓦纳和莱索托高级干部联合考察团、越南共产党高级干部进修班等多批团组来十堰市考察访问。邀请第四届海外华人专业协会到十堰举行投资洽谈推介会，积极推介十堰市的优势产业和资源，在广交朋友的过程中，搭建招商引资引智平台，寻求对外交流合作渠道。

【侨务工作】 向海外侨胞及归侨侨眷发送节日电子贺卡50余份；依法为侨眷高级知识分子子女办理升学加分手续10余人，办理归侨侨眷身份认定12人，先后向十堰市特困归侨、新华人华侨眷属发放慰问金和救济金2万元，受理侨务来信来访45人次。积极向省外侨办争取，十堰市重点侨资企业和昌置业有限公司、盛康科工贸有限公司纳入湖北省重点挂牌侨资企业。

【招商引资】 充分利用"华创会"品牌，搭建招商引资引智平台。及时筛选、整理十堰市最新的8大类72个招商引资推介项目在"华创会"网站上择优对外发布，成为全省第一批在该网站上发布项目的市州。同时在十堰外事侨务信息港上开辟"华创会"项目窗口，为拟来参会的海外代表提供第一手合作资料信息。9月15日，武当山旅游经济特区与北京世纪华隆投资公司就武当山太极湖国际大酒店产权转让签订协议，协议资金2.3亿元。

【十堰籍海外华侨华人调查摸底工作完成】 全市现有侨务工作对象15000余人，其中海外华侨华人、港澳同胞6000余人，分布在35个国家和地区；市内归侨侨眷9000余人，有详细登记地址且在海外有一定影响力的549人；十堰市现有侨资侨属企业15家。

【引智工作】 一是协同市公安局、教育局做好聘外学校的管理和服务工作。完成金色未来外语培训学校申请聘请外国文教专家资格的相关手续。启用新版《外国专家证》及"外国专家来华工作证件管理系统"。目前，全市具备外国文教专家聘请资格学校15所，共有外国文教专家24

人。2月7日至10日，由市外侨办承办，国家外国专家局和省外国专家局主办的全省2010年冬季外国文教专家管理工作研讨班在车城宾馆成功举办，来自全省90余家聘外单位的150余位的外管员与国家外国专家局和省直单位的专家与会。二是做好引进人员服务工作。推荐十堰市引进的海归博士李东升参加湖北省政府“编钟奖”评选并成功当选。三是参与湖北省外国专家局组织的第十次百名外国专家植树活动，与外国专家共建友谊林。

【全力服务第四届世界传统武术节】 为庆祝第四届世界传统武术节到计时“一百天”，十堰市人民对外友好协会成功举办喜迎“武术节”、畅谈“英语角”大型公益性活动，促进中外文化交流，推动全民学英语。市外侨办积极做好国内外重要嘉宾的邀请和各项外事礼宾礼仪培训和翻译，邀请中国人民对外友好协会党组书记、副会长李小林(原国家主席李先念的女儿)、外交部驻外使节团、外交部前驻外大使考察团、外国驻华使节团、新加坡驻华大使、美国、法国、韩国驻武汉总领事以及俄罗斯恩格斯市政府友好代表团等重要嘉宾来十堰市参加武术节相关活动。聘请武汉大学口译队8名高水平翻译，翻译各类资料35万余字，出色完成开、闭幕式现场播音、司仪翻译任务。市外侨办被授予“第四届世界传统武术节突出贡献奖”先进单位，市外侨办5名同志被授予“第四届世界传统武术节突出贡献奖”先进个人。

(马兰起　王　伟)

档案工作

【档案服务全市大局】 一是服务“一统三分”。全面推进农村土地承包、山林产权确认、村务公开、农村基层组织建设档案工作，2010年完成省、市级“三农”档案村级示范点36个，总数达113个；完成郧县青曲镇、郧西县安家乡省级档案工作示范乡镇，总数达4个；100个乡镇档案工作实现省级管理认证；1615个行政村建立档案管理工作。二是服务“五大战役”。会同市文明办、“三城联创”办制定印发管理办法、管理细则，做好“三城联创”档案资料，并实现数字管理，对47个创建重点单位做好专人包干服务，保证迎检工作的档案质量。第四届世界传统武术节档案进馆。移民外迁档案工作基础牢靠，建档、整理、检索工作正以点带面顺利推进。跟踪指导汉江流域2010年发生水灾后形成的档案资料。形成市直涉及16个部门、34个类别的15万余卷(册)民生档案，成为档案服务窗口的重要查档载体，拓展服务领域。全市两年前成立的69个社区档案工作全部实现省级认证。三是服务“项目兴市”。继续办好企业档案示范试点，10家企业通过省“A”级认证，企业档案认证总数103家。继续抓好重点建设项目档案跟踪服务，8月，由市政府办公室、市发改委联合组织检查，对53个重点建设项目档案提出限期规范整改，对45个新开工项目实施依法档案登记并跟踪指导服务，全市已有293个重点建设项目实施档案依法登记，其中39个通过档案验收。

【档案资源建设】 一是加大档案进馆力度。对驻市单位、中介组织等66个单位实行指令性档案管理晋级认证，到期档案依法进馆。共进馆档案1.3万卷，37万件，照片1314张，光盘41盘，录像带114盘，字画5幅。2010年全市各级档案馆进馆档案43171卷，82537件，馆藏总数已达77万卷。二是做好珍贵档案征集进馆。从中央档案馆等客籍馆查证十堰籍历史档案，协商作好复制档案回籍落户520件，从各收藏协会、个人征集具有价值各类票证、善本、资料92件，征集进馆东风车模型57件款式及资料。全市各县级档案馆征集各类珍贵历史档案和地方特色档案资料621件。三是档案利用数量提升。全市各档案室提供利用档案16万卷次，各级档案馆提供查阅档案11104卷次，提供有效证明852份，利用1497人次。有130个单位建立以档案为主体的教育阵地，陈列档案图片72800张、档案实物18200件，8个单位建立的档案陈列室被市委宣传部命名为“爱国主义教育基地”。

【数字馆建设】 市档案馆2010年录入档案文件级目录120多万条，案卷级6万条，档案全文扫描300万幅面，初步完成馆藏档案信息、政府公开信息公共查询平台建设。全市各级国家综合档案馆累计录入档案文件级目录170多万条，案卷级10万余条，全文扫描378多万幅面。

【档案系统创优】 2010年新增75个机关、20个企事业单位省级认证，有16个单位被评审为特级档案室。全市规范建档单位达3425个，其中1573个单位进入省级认证，62个单位档案管理达省特级，15个企业达“AAA”级，345个单位使用计算机管理档案，65个单位基本实现数字化档案室。

【档案馆新馆建设】 一是以鄂豫陕渝边际地区第一个国家一级档案馆的标准，动工兴建市国家综合档案馆。新馆于2010年5月18日正式开工，总建筑面积1万平米，主楼13层，总高42米。二是县(市、区)国家综合档案馆建设取得突破，包括武当山特区档案馆在内，全市8个国家综合档案馆建设纳入国家中西部新馆建设笼子，郧西县新馆建设前期准备工作已完成。　(邢　杰)

地方志工作

【市县两级志书编修】 一是完成《十堰市志》总纂。年初与各位编修签订新一轮工作协议,重新分解工作任务。对进度迟缓的承编单位由总编室组织人力进行重点督办,全年总编室工作人员共上门督办720余次,电话催稿2300余次,接待咨询680余次,培训各级各类修志人员460余人次,至年底110个承编单位均上交三审定稿。采取多种措施对新增组织部等党委系统8个单位及金融系统22家保险公司进行督办和指导,帮助其加快完成资料收集和志稿撰写任务。截止年底全部新增单位均上交初稿。在加大市直部门志稿征集力度的同时,采取由市政府发函接洽和由办公室领导亲自带队上门的方法向22个专题(卷)特约供稿单位或个人征稿,目前已完成初稿105万字,年底完成撰稿160万字。二是加快志稿总纂修订进度。至2010年底共征集初稿资料2350万字,总纂处理志稿2300万字,总纂成稿320万字,《〈十堰市志〉编纂方案》规定的110个承编单位上交的初稿全部完成总纂并通过初审,220万字志稿通过二审。二是努力提高志稿质量。坚持对各单位来稿在总纂时由总编与各责任编辑会商修订,再及时与各单位志稿编撰人员商洽进行修改完善的工作程序。8月由市委办、市政府办联合下发《市委办公室、市政府办公室关于进一步做好＜十堰市志＞编纂工作的通知》(十办文[2010]49号文件),督促《十堰市志》各承编单位及时对市志总编室反馈的总纂初审稿进行二次审订,要求各单位及时安排专业人员限时审稿,重点审查志稿的观点、体例、文字,力求志文观点正确,入志资料全面、真实、准确,志稿体例文字规范。三是全力抓好县市区志编纂督导工作。年初帮助各县市区制定二届志书编修倒计时方案,确定编纂计划,每月上报二届志书编纂进度并及时通报。4月和5月分别对郧县、房县修志工作进行督办检查,8月份再次组织力量对全市所有县市区进行修志工作检查,针对各地二届修志工作存在的问题提出意见和建议,帮助各单位加快修志进度并提高修志质量。组织专家制定《十堰市各级志书评审要求》印发给各县市区,召开志书评审观摩会,组织各县市区志书主编(主笔)参加观摩学习,借以指导各单位二届志书审订工作。全年为茅箭区、郧西县、丹江口市、郧县、竹山县、十堰高新技术开发区修志作多次不同形式的指导。截至11月底,全市8个县市区中,茅箭区已完成首部《茅箭区志》的编纂审订工作,年底将交付出版。郧西县完成续修《郧西县志》的撰稿及二审,明年第一季度将提交终审。郧县、丹江、竹山、房县、竹溪5个县市正加紧进行县级志书初稿撰写和审订,年内均进入初审工作。张湾区正在大力编撰专业志的基础上推进首部《张湾区志》的编纂。十堰高新技术开发区自主编纂的《白浪开发区志》已完成初审,《武当山经济特区志》正加紧搜集资料。四是为市直10余个部门修纂专业志提供业务指导。指导出版《十堰市法院志》、《十堰市畜牧兽医志》2部,指导编纂《十堰市援建志》1部(国家对口援建汶川地震灾区志书丛书之一),审定《十堰市军事志》、《十堰市老龄工作志》、《十堰市林业志》、《十堰市工会志》共4部260万字。五是完成《湖北省志》十堰(郧阳)两级地方志机构沿革情况和第一届两级志书编修情况2.3万字的资料搜集和整理上报工作,搜集1979年—2008年十堰市及郧阳地区各类人物2600余名(其中革命烈士2418名,全国劳动模范34名,享受国务院、省政府专项津贴专家99名,省有突出贡献专家32名,著名归侨2名,新四军将士61名,其他人员20余名)资料供省、市两级志书刊登。

【地方年鉴编辑出版】 一是《十堰年鉴》(2010卷)编辑工作扎实有序推进。2月份下发《＜十堰年鉴＞(2010年卷)编纂方案》(十政办发[2010]21号),3—6月开始征稿工作,期间起草编写印发《年鉴编纂的几个问题》读本,进一步规范年鉴体例,先后到市农办、城建局、东风公司十堰基地、政法、经贸委、发改委、统计局、残联、卫生局等30余个单位与撰稿人员会商撰稿事宜,接待撰稿人员120余人次,年底120万字的《十堰年鉴》公开出版。二是完成2万字《湖北年鉴》、《中国城市年鉴》组撰稿任务,审定各县市区10余万字文稿。二是加大县市区年鉴编纂工作指导力度,先后多次对各县市区年鉴编纂情况进行调查摸底,掌握县市区年鉴编纂情况的第一手资料。积极主动与县市区主要领导沟通协调,争取领导重视支持,创造必要条件,为办好县市区年鉴营造良好氛围。深入县市区指导年鉴的资料图片收集、编辑出版工作,使年鉴事业步入良性循环发展的轨道。应白浪开发区、武当山旅游特区之邀,到两区指导年鉴编纂业务,并就有关年鉴编写问题举办讲座,回答撰稿人和年鉴编写人员提出的有关问题。全市8个县市区及十堰经济开发区、武当山旅游经济特区均办起年鉴,且申办统一正规书号出版发行,县市区年鉴编纂的覆盖面位居全省前列。四是地方年鉴编纂出版成效显著。在由湖北省地方志办公室和湖北省年鉴研究会联合举办的湖北省第二届年鉴评奖活动中,《十堰年鉴》获得综合特等奖,三个单项奖一等奖;《郧县年鉴》获综合奖一等奖,两个单项奖一等奖;《丹江口年鉴》获综合一等奖;《竹山年鉴》获综合二等奖;《十堰经济开发区年鉴》获综合奖专业年鉴二等奖,一个单项奖一等奖;《郧西年鉴》获一个单项奖一等奖的好成绩。五是年鉴对外交流服务。进一步加大向全国各大中城市修志部门及重点院校、国家图书馆交流《十堰年鉴》力度,新增部分城市和单位为交流对象。《十堰年鉴》全文上政府网和秦楚网,方便读者利用和在线查询,年点击率达万次以上,受到地方媒体的广泛关注和社会各界的一致好评。积极为建国六十周年、建市四十周年纪念活动和第四届世界传统武术节服务,向《十堰日报》"新中国60华诞特别报道"栏目提供十几个课题10多万字的资料和珍贵历史图片20余幅,在全市范围内搜集六十年来的重大历史事件的珍贵资料,为第四届世界传统武术节提供珍贵资料性照片近百幅,为武术节的成功举办发挥独特的作用。

【地方历史文化的研究整理发掘利用】 一是抓好地方古籍整理抢救。编辑审订印刷出版《郧阳旧志辑录》(二)、(三),该两部志书集共汇集郧阳地区自明代万历年间至清代同治年间的7部府志和1部《郧台志》,计160万字。二是做好地方历史文化收集整理发掘利用。代拟下发《关于征集南水北调中线工程淹没区移民史料的通知》(十政办发[2010]93号),记载南水北调中线工程这一宏伟工程建设的历史,抢救和传承即将淹没的历史文化。参与上庸文化研讨,建议竹山县将田家坝更名为上庸镇。组织编撰、校注、出版《十堰移民史》、《王世贞抚郧诗文集》,共计80万字。撰写《十堰五千年》,把十堰历史文化概括为远古人类文化、古代方国文化、诗经文化、古建筑文化、宫廷政治文化、武当道权文化、郧阳抚治文化、三线国防文化等八大历史文化,共计10000余字。撰写《十堰民俗志》编写大纲,印发全市各县市区文化部门,指导各县市区文化、史志部门做好行地方民俗文化的发掘和整理,做好十堰非物质文化遗产的抢救保护工作。二是《汉江三千里》大型文献电视片脚本和提纲撰写。大型电视文献片《汉江三千里》分60集,每集选介汉江流域古往今来发生的影响中国历史进程的历史人物和历史事件。已研究整理编写《人文之初》、《汉之渊源》、《尧子丹朱》、《周昭王南巡》、《西土八国》、《古褒春秋》、《楚子称王》、《惠王南侵》、《朝秦暮楚》、《沛公入关》、《刘秀称帝》、《三顾茅庐》、《司马懿奔袭上庸》、《羊祜杜预镇襄阳》、《北宋名相知邓州》、《武当文明》、《女娲补天》、《房陵流贬》、《元末风云》、《原杰抚荆襄》、《郧阳抚治》、《东风神龙》、《南水北调》等50集文稿,计30多万字,其中十堰地区完成十二集的撰稿任务。60集编写完毕后将交中央电视台10频道拍摄播放。

【《十堰地情网》建设】 加大地情网站建设力度,根据需要对旧地情网站进行全新改版,改版后的网站分十堰概览、人文风光、十堰年鉴、修志园地、工作动态、历史文化、热点专题、十堰大事记等八个专题。通过分解任务、落实专人,重点围绕方志工作、年鉴工作、地方历史文化的发掘整理三大业务,及时全面反映我办工作状态及工作实绩。全年发布工作信息20多条,专栏稿件10余篇,全年上网内容1万余字,做到每月更新,每月发布信息(专稿)2—3条。2010年《十堰年鉴》出版后年鉴科已完成电子件的上网发布工作。

【机关建设】 一是创先争优。制订和完善《机关公务用车管理制度》、《机关党建工作制度》、《机关公务员年度考核制度》、《机关财务管理制度》、《机关政治学习制度》、《机关业务学习制度》等10余项制度,并注重在制度的制定过程中加强干部职工的自我教育,理顺干部职工的思想情绪,提高干部职工的思想业务素质。年初制定政治学习计划,明确学习内容,并根据实际对内容进行调整,共组织全体干部职工集中学习46次,全年笔记字数1万余字。完善制度26项200余条,健全档案资料100余份,荣获"市直机关2008－2009年度党建工作先进单位"。二是推行目标责任制。制定形成《机关党建工作目标责任制》、《机关行政服务工作目标责任制》、《年鉴工作目标责任制》、《十堰市志编修工作目标责任制》、《地方历史文化抢救整理工作目标责任制》等5个目标责任制,将党政、业务工作分别进行细化量化,按百分制进行考评,使机关全体干部职工各有其责、劳有所得,解决过去评先创优、晋级提干方面"大锅饭"问题。三是其他先进单位创建工作。整理档案37卷,其中:永久类11卷,长期类10卷,短期类2卷,30年类的4卷,10年类的5卷,科技档案1卷,实物档案1卷,专业档案1卷,电子档案1卷,声像档案1卷,顺利通过档案局工作验收,获"湖北省机关档案管理工作省二级"。顺利通过"计生先进单位","综治先进单位"工作检查验收。保质保量圆满完成"武当数字化选学城"干部在线学习任务。四是开展"双联双助"活动。为扶贫联系点张湾区黄龙镇鲍湾村争取1000亩的长防林建设,发展村集体经济建设,协调争取基层组织阵地建设专项经费20万元建设村党员群众活动中心主体工程。

【《十堰年鉴》获国家、省大奖】 11月,由省地方志办公室和省年鉴研究会举办的湖北省第二届年鉴评奖活动揭晓,市地方志办公室选送的《十堰年鉴》荣获综合特等奖和框架设计、条目编写、装帧设计三个单项一等奖。在全国地方志系统第二届年鉴评奖工作中《十堰年鉴》获得地市州年鉴二等奖。

(吴晓红　刘国敏)

中国人民政治协商会议十堰市委员会

【政治协商】 一是充分运用政协全会、常委会议、主席会议、专委会议，组织委员围绕十堰发展的重大问题协商议政。市政协三届六次全会期间，组织委员围绕全市重点工作进行协商，共归纳整理50多条意见建议，以《参阅件》形式报送市委、市政府。市委、市政府主要领导高度重视，作出重要批示。市政府督查室发出督办通知书，要求各有关部门认真吸纳委员的意见建议。召开专题性协商议政常委会议4次，紧紧围绕国家卫生城市创建、"十二五"规划编制和城市总体规划修编中的若干重大问题进行协商，向市委、市政府报送《关于编制十堰市"十二五"规划有关建议的报告》等有重要参考价值的调研报告23份，召开12次主席会议，就经济社会发展中的重要议题进行协商，就政协内部的重要事项与各民主党派、工商联、无党派人士进行协商，增进理解，加强团结，形成合力。各专委会坚持经常性的协商活动，分别与30多家单位开展对口协商。二是积极推进政治协商制度化、规范化、程序化建设。认真领会中央、省委关于把政治协商纳入决策程序的指示精神，精心总结十堰市各级政协组织开展协商议政工作的实践经验，经过深入调研，广泛征求意见，形成关于决策协商的文件稿，提交市委研究审批。市委于2010年6月制发《中共十堰市委关于进一步加强和完善"决策协商"工作的意见》，对决策协商内容、协商形式、协商程序等作出明确规定，为市、县两级政协组织有效开展协商议政工作提供操作性的依据。

【民主监督】 一是不断提高提案工作质量。通过主席重点督办、领导签批集体提案、分类督办、联合督办等有效形式，进一步加大办理力度，提高办理质量。同时，还充分利用全国政协全会、省政协全会这个平台，通过提交高质量的提案，努力为十堰发展争取国家政策支持。二是积极探索民主监督的有效形式。向市旅游局、市规划局和市国土资源局等3个政府部门选派民主监督员小组，通过提出意见建议和督促整改，推动市直部门工作，促进机关行风政风的转变和工作水平的提高。同时，认真做好选聘特邀监督员工作，共选派60多名政协委员参与行风评议、"三城联创"等重点工作，为促进全市党风政风建设、优化发展环境作出积极贡献。三是注重取得视察工作成效。围绕"三城联创"、新城区建设、重点项目建设、劳务经济开发、旅游产业发展、汽车产业发展、生态环境建设、职业教育发展、"平安十堰"建设等重点工作，组织政协委员开展20多次视察活动，总结基层工作的经验，提出抢抓机遇、加快发展的意见和建议，及时与有关方面通报情况、交换意见，帮助推进重点工作。四是积极反映社情民意信息。健全信息员网络，开展信息员培训，强化激励机制，畅通信息反馈渠道，坚持开展"社情民意信息月"活动。全年共编发《各界反映》40期，使一批群众普遍反映的热点、难点问题得到解决。选择城市文明建设、城市规划与建设等若干专题，利用电视媒体举办7期《政协论坛》评论节目，聚焦热点问题，邀请政协委员中的专家学者发表见解，集思广益，拓展参政议政、民主监督的渠道。

【建言献策】 一是着力提高常委会议建言献策质量。积极探索政协常委会议的新形式，每次常委会议确定一个中心议题，会前搞好调研，确定重点发言人；会议召开时，把紧扣主题开展讨论协商与视察活动有机地结合起来，使常委提出的意见建议更有针对性和操作性；会后及时编发《参阅件》，供市委、市政府决策参考。二是紧扣发展要务打造调研精品。充分发挥政协组织人才荟萃、智力密集的优势，紧紧围绕市委、市政府的中心工作，认真组织政协专委会、民主党派、工商联和政协委员开展重点课题调研，为十堰经济社会发展建睿智之言、献务实之策。三是注重建言献策成果转化。充分利用《十堰政协》、《各界反映》等委员建言立论平台，把委员在常委会议、专题议政会、座谈会和视察活动中提出的真知灼见，归纳整理，予以刊发，扩大委员建言献策的影响，促进工作成果转化。四是积极参与市委市政府中心工作。积极参加"三城联创"活动，多次组织委员视察，并通过反映社情民意信息、提案等形式为"三城联创"工作建言献策。各位主席和委员积极参与"三城联创"、库区移民、扶贫帮建、抗灾救灾、第四届世界传统武术节等全市重点工作，认真完成市委市政府统一部署的中心工作任务。

【增强和谐氛围】 一是与政协各参加单位和政协委员共建和谐。坚持把团结各界、凝聚人心、构建和谐社会作为基本职责，充分发挥各民主党派、工商联在政协工作中的作用，积极促进各党派团体、各界人士的团结合作。在政协全会、常委会议和主席会议上，鼓励各民主党派、工商联以及各界人士各抒己见、畅所欲言，充分表达各党派、团体和各界别的要求。重视民主党派、工商联提出的提案，安排民主党派、工商联在政协全会、常委会议和新年茶话会上作大会发言。政协组织的调查、视察和考察活动，注意吸纳民主党派、工商联和无党派人士参加。加强与各民主党派、工商联的联系，市政协领导同志定期走访市各民主党派和工商联机关,听取他们对政协工作的意见建议。二是加强与民族宗教界的联系。加强与市宗教局的对口联系,开展民族宗教工作调研,提出武当山道教场所管理、城区宗教活动场所建设与管理等方面的意见建议,引起市委、市政府领导的关注,帮助解决一些具体问题,促进民族宗教界的和谐稳定。三是开展联谊交往。举办各界人士新年茶话会、中秋茶话会,为各界人士和港澳台侨属加强联系交流搭建平台;走访慰问港澳台侨属委员,视察港澳台侨属企业,为企业发展排忧解难;热情接待加拿大中国商会代表团等来十堰参观考察;认真做好全国政协、省政协视察、调研及兄弟省、市政协领导来十堰参观考察的接待工作,积极参加政协系统横向联系会议和省政协组织的有关学习考察活动。四是加强工作联系。积极争取省政协的指导和支持,加强与省政协的联系。召开县市区政协主席座谈会,对政协履职的制度化、规范化、程序化建设等重要问题,探讨交流,增进共识,推动工作。坚持县市区政协主席列席市政协常委会议和专题议政会制度。市政协领导到县市区调研政协工作,积极反映并协助解决县市区政协工作中的具体困难,加强对县市区政协的工作联系与指导,形成政协工作合力,提高全市政协工作的整体水平。

【政协十堰市第三届委员会第六次会议】 1月18日至21日,市政协三届六次会议在市行政会议中心召开。会议听取和审议市三届政协委员会常务委员会工作报告和提案工作报告;列席市三届人大七次会议,听取和审议政府工作报告及其他重要报告;通过各项决议。会议选举王庆华、杨立志为市政协副主席,李献国为常务委员会委员。市委书记陈天会在会上作重要讲话。

【政协十堰市第三届委员会常务委员会各次会议】 1月6日,市政协三届二十九次常委会议在市行政中心召开。会议协商讨论市政协三届六次全会有关事宜;协商讨论政府工作报告(征求意见稿);协商通过赵剑波任市政协人口资源环境委员会副主任。

1月19日晚,市政协三届三十次常委会议在市财政局会议室召开。会议审议市政协三届六次会议关于市政协常委会工作报告决议(草案);审议市政协三届六次会议政治决议(草案);通过关于接受凌仲倜、王先贞辞去市政协副主席职务的决定;通过关于增补委员的决定;审议候选人名单(草案)、选举办法(草案)、总监票人、监票人名单(草案)。

1月20日晚,市政协三届三十一次常委会议在市财政局会议室召开。会议听取市政协三届六次会议各组关于候选人名单(草案),选举办法(草案),总监票人、监票人名单(草案)讨论情况以及关于市政协常委会工作报告决议(草案)、三届六次会议政治决议(草案)讨论情况的汇报;协商通过市政协常委会工作报告的决议(草案)、市政协三届六次会议政治决议(草案)、提案审查情况的报告(草案)、候选人名单(草案)、选举办法(草案)、总监票人、监票人名单(草案)。

4月1日,市政协三届三十二次常委会在市行政中心召开,会议就十堰市创建国家卫生城市进行协商讨论,协商通过徐洪保任市政协三届委员会副秘书长。

7月14日至15日,市政协三届三十三次常委会议在市行政中心召开。会议协商讨论十堰市编制"十二五"规划有关问题,通过《关于王勇同志任职的决定》和《关于撤销田吉平市政协副秘书长职务的决定》。市委副书记、代市长周霁到会听取发言并讲话。市委常委、常务副市长涂明安到会通报全市上半年经济运行情况。

9月27日至28日,市政协三届三十四次常委会议在市行政中心召开。会议听取《新城区发展方向的认识及建议》、《新城建设规划理念》、《关于十堰市城市规划实施的建议》、《关于城市总体规划应突出民生功能问题的调查报告》、《关于城市总体规划如何体现十堰城区作为优秀旅游城市的调查报告》,协商讨论十堰市城市总体规划修编有关问题;听取和审议派驻市国土资源局、市旅游局、市规划局民主监督员工作情况的报告。市委常委、常务副市长涂明安通报市政协提案办理情况,市委常委、副市长张维国通报十堰市城市总体规划修编的有关情况。

【2010年市政协提案办理情况】 市政协三届六次会议以来,市政协委员和各民主党派、人民团体及市政协各专门委员会共提交提案437件,经审查立案423件。一年来,经过各承办单位的认真办理,所有交办提案全部办复完毕。提案办结率、见面率均达到100%,委员满意和基本满意占97.6%。其中,已经采纳并得到解决或部分解决的提案占39.0%,已经采纳并正在解决或列入规划逐步解决的提案占49.7%,因条件限制,留待以后有条件时再研究解决的提案占11.3%。2010年提案工作的主要特点有:一是拓展征集渠道,提高提案质量。在继续向广大市民征集提案线索,扩大提案参与面的同时,充分运用现代办公手段,通过"十堰政协提案网",开辟"委员直通车"和"市民信箱",随时收集政协委员和群众意见,畅通信息渠道。二是加强组织领导,推动提案工作新发展。市委、市政府领导十分重视和支持提案办理工作,市政府对提案办理工作,实行市长负总责、常务副市长具体抓、其他副市长各负其责的责任制。市政府办公室根据市政府的要求,加强

对市政府系统各承办单位提案办理工作的督办检查。市政协主席会议经常听取提案工作情况汇报，及时研究解决问题。市政协领导坚持督办重点提案，由过去一位政协领导领衔督办一件变为督办多件提案，促进提案的办理。各承办单位普遍建立办理工作专班，把办理任务纳入到年度工作目标考核中。三是创新督办方法，提高提案办理质量。市政府督查室进一步完善办理工作信息管理网络，重新制定交办、分析、调研、见面、答复、验收等环节的工作规程，确保办理质量不断提高。市政协提出"细分类别、分层推进"的提案工作方针，对集体提案或事关全局和民生的重大问题，整理成《提案摘报》呈送市领导阅示，加快落实进程，同时把办理提案较集中的部门列为重点单位，建立热线联系，跟踪督办。对于涉及多个单位共同办理的提案，各部门在办理过程中注重强化配合，共抓落实。市政府政务督查室和市政协提案委会会同承办单位对一些重点提案安排现场办理活动，将提案人请到现场，共同研讨协商办理良策，推动提案办理落实。（张金鑫）

民主党派

中国民主革命委员会十堰市委员会

【概况】 2010年，民革十堰市委会发展6名新党员，这六名同志均是各自单位或企业的中坚。吕学善同志被民革中央授予"民革全国基层工作先进个人"称号。两个支部、三名党员分别被民革省委授予"先进基层组织"和"优秀党员"称号。两名党员被民革省委授予"优秀女党员"称号等。

【组织建设】 一是稳步发展纳新工作。市委会加强对组织发展工作的领导和宏观把握，坚持把质量放在首位，按照"三个为主"的方针，主动与被发展的对象谈话、主动与其所在单位沟通、主动邀请市委统战部参与全过程，确保数量和质量。二是稳步推进后备干部队伍建设。市委会认真贯彻落实民革中央《关于加强后备干部建设的意见》，建立健全后备干部的选拔、培养、使用和管理的工作机制，主动寻求统战部帮助考察、选拔、举荐优秀的同志担任实职工作，坚持定期推荐骨干党员和新党员参加各类学习、培训达10人次。三是圆满完成换届工作。11月6日选举产生以刘学勤为主委的新一届市委会领导班子。

【参政议政】 一是积极参与政治协商。开展"精品提案"和"一人一案"活动，向市政协大会提交3份集体提案：《关于继续加大对国家玉米繁育创新基地财政支持力度的建议》、《发挥网络传媒优势，强化农技推广手段，提高农业产业化水平》、《关于在襄渝铁路城区段建立隔音墙的建议》。提交个人提案数十件，涉及经济、政治、文化、生活等各个领域，反映人民群众关心的社会热点、难点和存在的问题，大都受到承办单位的重视或采纳。二是开展调查研究。完成《发展十堰特色文化，为区域性中心城市提供文化产业支撑》调研课题，找出我市文化产业发展中存在的10个主要问题，提出加快发展十堰文化产业的十大对策。三是参加民主监督。积极参加市纪委、监察局组织的行风评议活动，对被评行业、部门进行认真的评议和监督，提出许多很有价值的意见和建议，受到被评单位的好评。

【自身建设】 一是社会服务工作。面向"三农"发表论文30余篇，取得成果10多项。二是参与社会公益事业。4月22日，民革十堰市委向青海玉树灾区捐款2000元。三是在职党员立足本职，爱岗敬业，在各自的工作岗位上勤奋工作，多名党员被评为省、市先进工作者或劳动模范、"十佳"或"三八"红旗手。

【祖统工作】 发挥民革特色，弘扬孙中山先生爱国、革命和不断进步的精神，始终将促进祖国和平统一事业作为重要工作来抓，围绕对台工作"四个转变"（即工作重心向参政议政转变，工作领域向多向型转变，工作渠道向多元化转变，工作主题向和平发展转变），结合自身的特点，一方面发挥参政党职能，调动一切积极因素，提升祖统工作的整体水平；一方面号召广大党员加强与台湾及海外亲朋的联系，进一步宣传对台方针政策，坚定他们对祖统和平统一事业的信念。（段　娟）

中国民主同盟会十堰市委员会

【概况】 2010年，民盟十堰市委发展盟员积极分子22名，考察新盟员17名。盟市委换届新当选副主委1人，新当选市委委员5人。基层组织换届新当选支部主委13人，市委先后选派4名新盟员、2名盟员骨干参加盟省委组织的培训学习。

【民盟优良传统教育】 3月6日，盟市委召开三届四次全会，学习贯彻中共十七届四中、五中全会精神。盟市委印发中央统战部《关于支持民主党派树立和践行社会主义核心价值体系的意见》，在全盟深入开展树立和践行社会主义核心价值体系活动，通过征文、演讲、报告、座谈和学习宣讲等丰富多彩的主题活动，取得明显成效。组织盟员收看《建国大业》、《民主之澜》、《黄炎培》等一系列多党合作历史题材的优秀影视作品，引导盟员继承和发扬民盟优良传统。

【参政议政】 紧紧围绕十堰经济社会发展的中心任务，把促进科学发展作为参政议政的第一要务，积极开展参政议政和民主监督。盟市委主要领导多次参加市委、市政府及有关部门举办的协商会、座谈会，围绕政府工作、经济形势、“十二五”规划等主题，就区域性中心城市建设、一统三分战略、经济发展方式转变、保障和改善民生、创建国家卫生城市等提出意见、建议。提出《关于加快区域性医疗中心建设的战略思考》调研报告，为十堰的经济建设和社会发展以及构建社会主义和谐社会作出积极的贡献。民盟市委副主委支铁参加民盟湖北省委“加快鄂西生态文化旅游圈建设”调研，提出使用旅游一卡通的建议得到采纳和落实，加快十堰市旅游资源整合和开发利用步伐。全年向各级政协共递交23条社情民意。5月15日民盟中央中常会一行40余人考察南水北调中线过程丹江口库区进行3天的调研工作。

【社会服务】 继续做好清华大学教育扶贫站运行协调工作。积极推进民盟中央与美国科技教育协会(ESS)基础教育合作项目试点。丹江支部开展服务南水北调移民搬迁“送医疗、送科技、送教育”下乡活动。张湾支部“用知识改变命运，给理想插上翅膀”的社会服务活动。市人民医院支部开展“送医、送药、送健康”活动。

【组织建设】 召开组织发展工作会议，通过市委换届和基层组织换届工作，努力推进代表性人士队伍建设、后备干部队伍建设和基层组织建设，突出抓好60、70后人才队伍建设和80后人才储备，重点发展一批高层次代表性人士、参政议政人才和有发展潜力的年轻盟员，基本实现确保民盟在主体界别的优势。 （彭立南）

中国民主建国会十堰市委员会

【概况】 截止2010年底全市共有民建会员114人，其中中高级职称75人(占64.7%)、大专以上学历99人(占85.3%)，省政协委员4人、市政协委员10人(常委3人)、区政协委员19人(副主席1人、常委5人)。

【建言献策】 2010年在省政协十届三次全会上提交提案15份，在市政协三届六次全会上提交提案46份，占提案总数的12%。区政协会上委员提案60余份。2010年在市政协和纪委监察部门组织的派驻民主监督员和行风评议工作中，民建会员分别参加市水利水电局、市文体局、市国土资源局、市供电局、市财政局、市税务局、市物价局和市环保局的行评和民主监督工作；在区政协和纪委监察部门组织的相关工作中，分别参加区民政局、区交通局、区文体局、区国土资源局、区物价局等部门的行评和民主监督工作，监督员和行评员收集各类意见近百条，提出整改建议60余条。在市教育局对口联系会上，民建市委会参会同志提出职业教育师资力量不足、招生困难、负债严重，建议对职业学校债务锁定评估，向上争取政策，积极引进人才等建议；在参加市物价局对口联系会上民建市委会与会代表对加强医疗、教育收费提出合理建议；引起政府主管部门的高度重视，并采纳相关建议。利用省民建渠道，在省社情民意刊物发表《关于整治车城马路市场的对策与建议》、《关于男女同龄退休的建议》、《统筹中职考试招生，净化招生市场，树立人民满意教育的良好形象》、《南水北调中线工程搬迁补偿政策需进一步完善》等稿件，完成并发表《十堰市中等职业教育发展情况调研报告》。完成并提交《促进现代物流业发展，建设区域性中心城市》的调研报告，为十堰市编制“十二五”规划提出建设性意见和建议。副主委王义红带领区政协委员就张湾区打造现代服务中心示范区进行专题调研，完成相关报告并在区政府网上公开发布。此外，会员中的市、区政协委员还参加由市政协和市委、市政府部门组织的各类视察活动，如山地整理和其他重点项目建设、职业技术教育、十堰地震事业和社会治安综合治理等视察活动，了解工程(工作)进展情况及存在的问题，提出解决问题的思路和建议。

【市委会换届】 根据会章规定，12月11日民建市委会召开民建十堰市第四次会员大会，审议通过民建十堰市委第三届委员会工作报告，选举产生由刘运梅为主委，王义红、张建明、罗慧为副主委，李凤阁、林初付、赵峰、侯永东、姚自先、黄小东为委员的中国民主建国会十堰市第四届委员会。

【社会服务】 2010年向地震灾区、中小学校、贫困乡村、困难社区及贫困学生和重病患者等提供30万元以上的物资和现金援助。林初付捐款15万元用于温州农村修桥修路。陶全清向西沟乡中心小学捐款1万元并资助3名困难学生学费1000元及大米等物资。游悟能捐款5000元用于救助败血病患者。青海玉树地震发生后，黄小东捐款10万元、杨正良捐款5千元用于抗震救灾。

（侯永东）

中国民主促进会十堰市委员会

【概况】 截止2010年12月，民进市委有会员216人，其中市政协委员7人，市人大代表1人，县市区政协委员5人。

【思想建设】 1月19日，市委会在十堰美乐大酒店召开年度工作总结和学习和践行社会主义核心价值体系动员大会，近100名会员参加会议。3月25日召开市委委员和支部主任参加的市委扩大会议，交流树立和践行社会主义核心价值体系学习心得体会。10月，组织20余名会员参加湖北省民主党派优良传统报告团十堰专场报告会。

【十堰民进网站开通】 12月22日民进十堰市委员会网站（域名：www.mjsys.org）正式开通运行，网站设有民进概况、新闻中心、文件通知、民进风采、履行职能、自身建设、组织建设、主委文稿、社会服务、互动平台等，已与民进湖北省委会、十堰市委统战部网站成功链接。

【民进十堰市委会换届】 10月31日民进十堰市委会第六次代表大会在市美乐宾馆召开，选举产生民进十堰市第六届委员会，朱仕雄同志当选为主委，潘世东、杨建国、张建周、熊友明当选为副主委，王治亮任秘书长。

【参政议政】 一是积极参与政治协商，坦诚建言献策。围绕"十二五"规划制定、新农村建设、农村适龄儿童减少，学校相对集中带来学生就学半径的扩大，给适龄儿童带来安全隐患、堵河流域旅游业建设等问题提出建议。二是关注经济社会发展，做好提案和调研工作。向市政协大会提交提案30篇（项），参与、组织专题调研4次（其中承接省级课题调研2次，协助省委会调研，市委会组织的专题调研2次），被评为民进湖北省市级组织参政议政工作先进单位。

【社会服务】 广泛动员全市民进组织和广大会员积极向西南地区历史罕见特大旱灾和青海玉树地震灾区捐款捐物，积极部署"湖北希望工程民进壹小时爱心基金"捐赠工作。 （熊友明）

中国农工民主党十堰市委员会

【概况】 2010年，农工党十堰市委会发展党员11人，其中博士1人，研究生3人。

【建言献策】 在市政协三届六次会议上，市委会提交集体提案2篇，农工党员中的政协委员围绕南水北调中线工程、医药卫生、市政建设、旅游文化等提交个人提案15篇。部分提案被政府部门采纳后组织实施，产生一定的社会效益。市委会向农工党省委上报提案2件，其中《关于在南水北调中线水源区建立"生态试验区"的建议》经农工党省委会提交到农工党中央采用。

【重点调研】 2010年6月，完成"探索建立南水北调中线工程水源区生态补偿长效机制研究"，形成《探索建立中线源生态补偿长效机制，推进中线源生态经济试验区的建设》的调研报告，并在市政协三届33次常委会上发言，受到市委市政府的充分肯定。完成《挖掘地域特色文化，服务中心城市建设—在建设生态文化旅游圈进程中推出特色城雕的思考与建议》、《关于在鄂西北建设区域性职业病防治中心的政策建议—将十堰市建设成为区域性职业病防治中心的调查与思考》的调研报告。

【主题学习教育活动】 一是制定《树立和践行社会主义核心价值体系三年工作规划》，强化主题学习教育，狠抓贯彻落实。二是8月5日召开农工民主党建党80周年及加强思想建设总结大会，会上有4名党员就加强思想建设的学习体会做经验交流。三是组织党员参加庆祝农工党建党80周年，以社会主义核心价值体系（包括农工党党史、党章等）为主要内容的知识竞赛，上交答卷89份，占党员人数的55%。四是将思想建设活动中的成果转化提升，促进参政党理论建设。论文《民主党派核心价值观的丰富内涵、基本特征和重要意义》在湖北省参政党理论研究会及第一届参政党理论建设论坛荣获二等奖。严炳洲同志撰写的《民本经济在探索中前行》在农工党中央刊物《前进论坛》11期"前进讲坛"刊登。五是组织基层组织负责人及党员骨干20名赴农工党党史教育基地—上海"一干"会议会址考察。

【议政建言】 制定《关于进一步加强社情民意信息工作的意见》，下发反映社情民意信息的工作分解表，健全反映社情民意信息的征集、编选、上报、反馈及定期通报制度，建立"全员参与、专人负责、形成网络、奖励先进"的工作机制。2010年向农工党省委会上报信息12条，采用7篇；向市政协提交社情民意信息3篇，采用1篇。

【社会服务】 一是开展医疗咨询。市委会坚持把开展"医疗咨询、送药下乡"作为社会服务的基本形式。2010年5月30日，在"中国环境与健康宣传周"期间，红卫支部组织医疗专家，冒着初夏的炎热天气，到武当山特区义诊。二是扶贫帮困。2010年党员捐款4500元支援贵州的抗旱救灾。 （沈 艳）

九三学社十堰市委员会

【调查研究】 2010年，九三学社

十堰市委以调研活动作为提高参政议政能力的出发点和落脚点，4月14至5月26日深入市文明办、市卫生局、市环保局等有关单位和茅箭区、张湾区、十堰经济开发区、街道和社区组织开展《十堰“三城联创”的经验、难点与推进的对策》调研。5月深入市民政局和“两区”民政局，街道、社区居委会等单位开展《关于新城区规划设计理念》和《关于加强和完善“十二五”社区工作的建议》调研，为“十二五”十堰经济社会发展规划和市委、市政府决策当好参谋。

【“思想建设教育年”活动】 2010年2月25日召开市委会，专题安排部署思想建设活动，突出学习重点、活动重点和活动参与者重点，增强广大社员的政治鉴别力和敏锐性，引导广大社员认清形势，坚定坚持走中国特色社会主义政治发展道路和中国特色政党制度的信心。

【组织建设】 一是注重新发展社员质量。九三学社十堰市委会按照社省委的要求，着力解决九三学社十堰市委社员年龄结构偏大，相对活力不足的问题，严格按程序考察，2010年发展新社员5人，平均年龄39.4岁，其中高级职称4人。1人获得博士学位。二是精心组织换届工作。2010年12月15日举行换届大会，选举产生第五届委员会。本届委员会产生的委员较上届更年轻，更充满活力。领导班子成员的平均年龄在45.2岁，比上届下降12岁。

【社会服务】 2010年4月，九三市委、市友好医院、张湾区教育局联合开展活动，对全区800余名女教师进行免费健康体检活动。同时，号召卫生战线的社员利用业余时间开展义诊活动，有30余人次社员参加“送医送药下乡”活动。 （马世泓）

人民团体

工会工作

【概况】 2010年，全市各级工会围绕十堰打造区域性中心城市目标，深入学习实践科学发展观，紧扣发展和谐劳动关系主线，突出维权维稳促和谐，突出服务帮扶惠民生，加强工会科学化建设，“重点工作”第三次蝉联全省“优秀”，被授予全国“安康杯”竞赛优秀组织奖、2009—2010年度省级文明单位。

【活动开展】 全市各级工会以创建“工人先锋号”为载体，推动企业开展“五小”、“六个一”和节能减排活动，创造直接经济价值近亿元。全市700余家企事业单位、10万职工参加“四创”建功立业劳动竞赛活动。市总工会先后举办“武当·太极湖杯”旅游行业星级饭店职业技能大赛、全市首届城区动物检疫操作技能大比武、第二届青年教师教学竞赛、第三届美容美发技能大赛等职工技能竞赛活动，并与有关部门联合开展“十堰市优秀公益律师”评选活动和十堰市“十佳会计”评选活动。五一前夕召开劳模表彰大会，命名表彰市级劳动模范100名。

【创新载体提升素质】 全年新建全国“职工书屋”示范点2个，省级3个，市级11个，基层单位自建职工书屋56个，市总工会荣获全省职工书屋建设先进单位。2家单位和2名职工荣获第八届省职工职业道德建设先进集体和先进个人。完善工会送电影、送演出、送培训、送书报等系列“送文化”项目，开展送电影进企业、工地、社区“三进”活动。组队先后参加全省第四届职工运动会乒乓球、秧歌项目、大众体育创编等有关项目的比赛，被评为优秀组织单位。“武当武术进机关、进企事业”活动蓬勃开展，市总工会被市委市政府授予服务第四届世界传统武术节“突出贡献奖”，被全国总工会授予“2010年全国亿万职工健身活动月优秀组织奖”。

【劳动保护】 全市国有集体及其控股企业职代会建制率100%，市县两级地方总工会培训职工代表骨干6230人；完成贯彻《湖北省企业职代会工作标准》试点单位、建立区域（行业）职代会新增试点单位各20家；在全市企事业单位启动“厂务公开职代会星级创建活动”，完成建立《厂务公开民主管理控制程序》新增试点单位、公司制企业职工董事、职工监事建制新增单位、贯彻《关于加强职工代表培训工作的指导意见》试点新增单位各15家；全市工资集体协商、劳动安全卫生、女职工权益保护专项集体合同建制率均超额完成。市总工会荣膺“全国推动厂务公开民主管理工作先进单位”、“全国女职工专项集体合同先进单位”和“全国工会系统‘五五’普法工作先进单位奖”。

【职工维权】 市总工会先后与河南洛阳市总工会、天津市红桥区总工会、北京市丰台区总工会签订《农民工双向维权协议书》，并赴四川资阳市等结盟城市开展交流活动。邀请省外兄弟总工会负责人聚集十堰，共商城际间工会维护农民工合法权益的新机制、新经验、新途径。参与个案维权成效显著，市总工会成功调解十堰双环公路建设有限公司农民工师永明工伤索赔案，为其一次性争取医药费、误工费等共计8万元。市县乡三级工会主动参与跨省维护十堰籍农民工权益个案123件，受到新闻媒体广泛关注。11月20日，《楚天都市报》在显著位置刊发消息《建立农民工城际维权机制,引入专业律师担任兼职工会副主席,十堰工会3年为农民工讨薪3000万》。茅箭区总工会兼职副主席赵玉荣膺"湖北省维护职工权益十佳律师",同时授予"湖北五一劳动奖章"称号。

【民生工程】 市总工会筹集"两节"送温暖资金100万元、困难劳模资金86万元,慰问4家特困企业、2332名困难职工和252名困难劳模,邀请全市不同行业的近300名留守农民工同吃团年饭。通过大力推进职业培训、职业介绍和帮扶就业"三项工程",免费培训下岗职工和失业人员4200人、职业介绍1200人、帮助就业1400人、自主创业50人、完成小额贷款81人。市总工会盛夏"送清凉、送健康"活动为一线职工送去10万元的物品,并赴天津西站建设工地慰问十堰籍农民工,市总本级开展金秋助学资助困难职工和困难农民工子女210人。自筹资金向6县市总工会困难职工帮扶中心配送价值12万元的帮扶专车各1辆,县级帮扶中心"四位一体"规范化建设达标率100%,承诺为职工办好"五件实事"成效显著,"集中服务日"活动制度化、经常化。市总工会荣膺2010年"十堰慈善爱心单位奖"和"扶残助残先进单位",并被省总工会授予"全省工会生活保障工作先进单位奖"。

【基层工会建设】 召开全市基层工会"组织联合化、干部职业化、工作规范化"建设推进会,全国首创10个县级地方工会公选执业律师担任兼职副主席工作全面到位。今年全市净增基层工会组织数327个,净增涵盖法人单位713个;净增工会会员25179人(其中农民工会员23809人)。截至2010年底,全市基层工会委员会总数累计达到4741个,基层工会组织涵盖法人单位8951个,工会会员471423人(其中农民工会员173809人)。市总工会联合纪委、国税、地税、审计、人行等部门下发《关于进一步做好工会经费收缴管理工作的通知》。市总工会经审工作规范化建设连续七年获全省一等奖。

【市总工会宴请农民工吃团年饭】 1月20日,市"四大家"领导和市总班子全体成员与来自建筑、运输、商业、饮食服务、制造等行业的近150名农民工代表欢聚一堂,同吃团年饭。据悉,这是市总工会第二次宴请农民工吃团年饭。

【市总向六县市工会赠送帮扶专车】 7月16日上午,市总工会举行仪式,向郧西、郧县、房县、竹山、竹溪和丹江口市总工会困难职工帮扶中心配送价值12万元的帮扶专车各一辆。省总工会副主席曾庆祝向受赠单位发放车钥匙。

【千名职工展演武当太极拳】 9月18上午,"天顺杯"武当武术进机关企业太极拳展演活动在市体育馆隆重举行,来自县市区、市直机关、企事业单位千余名干部职工组成的17支代表队在此以武会友,绽放风采。市委常委、副市长张维国,副市长刘学勤出席展演活动。

【市总工会与十堰晚报联合推出劳模特刊《楷模》】 继2007年《脊梁》、2008年《劳动颂》、2009年《劳动者之歌》之后,4月28日,市总工会与十堰晚报联合再次推出大型宣传特刊《楷模》,用32个版面刊登2009年全国、省级五一劳动奖状、奖章、工人先锋号以及湖北省劳动模范,市工人先锋号的先进事迹。市委副书记、总工会主席王启泉为特刊题写刊名。

【6城工会共商农民工城际维权机制】 11月9日—10日,来自北京市丰台区、天津市红桥区、四川省资阳市、陕西省西安市和韩城市等省外兄弟总工会的相关负责人聚集十堰市总工会,共同探索城际间工会维护农民工合法权益的新机制、新经验、新途径。市委副秘书长何世平代表市委市政府致欢迎词,市总党组书记、常务副主席王岩力主持座谈会,市总副主席李千宝通报十堰市维权工作情况。市总工会现场与北京市丰台区总工会签订双向维权协议。至此,十堰市已先后与9个省外兄弟工会签订农民工双向维权协议。

【公开选配执业律师担任县(市、区)工会兼职副主席】 2010年,市总工会公开选配10名非公务员身份的执业律师担任县(市、区)工会兼职副主席,在全国尚属首创。

【王兆国肯定顺强企业文化建设】 11月18日,中共中央政治局委员、全国人大常委会副委员长、中华全国总工会主席王兆国在武汉亲切接见十堰市顺强运业有限公司董事长、党委书记潘华强,并对该公司坚持以人为本、加强企业文化建设的做法给予充分肯定。 (王　涛)

共青团工作

【志愿者服务工作】 团全市各级青年志愿者协会总数超过30个,协会会员超过5万人,全市形成以社区服务、西部计划、助困扶弱、扶贫接力、大型节会和社会公益活动志愿服务等20余个相互协调、互为补充的志愿服务项目体系。团市委在第四届世界传统武术节活动中荣获集体二等功。

【青年就业创业】 与市人行联合下发《关于印发<十堰市农村青年信用示范户创建活动方案>的通知》,确定每县每年评定100—200名农村青年信用示范户、发放信用贷款

500万元以上的总体目标。2011年元月以来，通过“农村青年诚信创业计划”，全市已累计向780名创业青年放贷5600多万元，带动就业2179人。已建立青年就业创业见习基地73家，累计接收青年见习2000余人次；各级团组织组织培训城乡青年3314人次，通过培训实现就业1749人。上半年举办“百企万岗”招聘会1场，吸引160余家企业参会，提供就业岗位5000余个，帮助近3000名青年实现就业梦想。向上争取全省农村青年“双带双新”工程大学生村官扬帆计划项目7个，项目资金9万元；争取“田园小康”项目6个，项目资金3万元。大学生村官周涛荣获湖北省第二届十佳大学生村官荣誉称号；朱停林、周岩荣获湖北省第二届优秀大学生村官荣誉称号；李轶荣获湖北省第二届大学生村官“创业之星”荣誉称号。

【希望工程】 建立“天尊阳光助学基金”、“湖北希望工程武汉惠远助学基金”等10余个专项基金，共筹措资金1190.37余万元，累计结对资助贫困大中小学生1310余人次，援建希望小学11所，配套建设希望工程快乐体育园地15套、红领巾书屋32个。成立全省乃至全国首个“希望工程爱心就业见习基地”，暑假期间为370余名困难大学生提供就业见习岗位和实践机会。在市内四所高校成立“关爱城市流动的花朵—希望工程大学生支教团”13个，结对帮扶农民工子女870余名。

【服务“三城联创”】 一是强化宣传。在《武当青年网》开辟“创卫”专题版块，发布基层团组织创卫最新动态，为团员青年搭建起学习创卫知识、展示创卫成果的平台。在全市唯一为团组织构建的公益宣传载体—“公益社区”上，利用绿洲传媒户外广告屏、公交广告、五堰电影院影前广告、车城之声等青少年接触面多的宣传媒介发布创卫平面广告和声讯广告。设计印制2万多份创卫主题纸巾、《倡议书》和《致广大市民的一封信》广泛下发。二是积极引导。组织全市城区30余个团组织、全市各校少先队员共计万余人对人民路、公园路沿街进行卫生清扫。在市博物馆举行“服务三城联创青年文明号集中行动月”启动仪式暨全市青年文明号创建工作经验交流会。组织创卫志愿者总队，在全市10个站点进行长达半年的义务宣传服务工作。三是创新活动形式。配合“三创办”先后组织开展“三城联创”知识竞赛活动、“三城联创”有奖知识问答抽奖活动、“干干净净迎国庆，志愿服务在十堰”主题志愿服务活动、青年文明号服务“三城联创”活动、“百万市民创建国家卫生城市巡回签名承诺”活动、全市创建国家卫生城市志愿者誓师大会、全市创卫主题征文大赛、“创卫百场公益电影进社区”活动，并策划红领巾服务创卫系列活动等贴近市民、贴近生活的主题活动。

【探索教育引导青年成长新路径】 一是通过开展“行为礼仪三字歌”主题实践活动，将少先队员的基本品质规范、在校行为规范、家庭行为规范、社会行为规范表现出来，从而引导少年儿童知耻明理、自觉自律、文明言行、健康成长。二是开展“启明学堂”2010年湖北中学生成长励志巡回报告会、“关爱青少年儿童观影周活动”等，激励广大青少年珍惜幸福生活，树立正确的世界观、人生观、价值观。三是利用青少年爱国主义教育基地和素质拓展基地资源优势，开展观影和拓展训练等活动。四是加大青少年思想文化建设项目的申报力度，通过省市积极争取，全市共有19个项目被纳入“湖北省青少年思想文化建设项目”。五是加大青少年思想文化活动基地建设，全市新建五堰电影院、永盛国际影城、太极湖水上游基地3个青少年爱国主义教育基地，发放免费活动卡10万张。新建妇幼保健院、罗森心理咨询中心2个青少年心理咨询基地，举办心理咨询活动52次。六是联合相关部门开展了“十堰未成年人网络文明”活动，启动“中国未成年人网脉工程”十堰校园行。七是启动了十堰市“好书传递，伴我成长—城乡少年好书传递万里行”活动。八是深入开展“手拉手”活动，全年我市共创建红领巾书屋59个，引导城乡少先队员团结互助、友爱奉献、相互学习、共同进步。九是组织开展了十堰市第五届校园书信大赛、“美丽的十堰”征文大赛等系列活动

【基层团组织建设】 一是坚持市、县、乡三级联动，以工业园区为重点，在181个非公企业、110个新社会组织中新建团组织。以陕、浙、粤三省市为重点，建立3个市级驻外团工委，把5万多名团员重新纳入到团组织体系中来，进一步扩大团组织对务工青年群体的覆盖。在108个乡镇（街道）进行团组织格局创新试点，形成乡镇（街道）团委书记均由35岁以下的党政班子成员兼任，同时配备1至2名专、兼职副书记的新组织格局。为基层团组织提供工作经费和物资支持50多万元。二是深入推进学习型团组织和团的机关文化建设，对10个县（市、区）团委、50个市直机关团委和130多名乡镇（街道）团委书记进行轮训，选派2名机关干部到县级团委驻点和8名高校团干部到县级团委挂职，为共青团事业发展提供重要的干部保障。三是成立十堰市红领巾DV小记者活动中心，在全市城区小学、县市区少工委建立十堰市少先队网小记者站，扩展全市少先队员成长成才空间。四是恢复建立共青团十堰市团校，拓宽新时期教育培训共青团干部和青年骨干的方式方法。

青少年宫事业稳步推进，全年培训人数突破1万人次。（饶　晨）

妇女联合会

【概况】 2010年，市妇联不断丰富主体活动的形式与内涵，引领妇女转变发展方式，改善妇女儿童民生状况，维护社会大局和谐稳定，妇女工作整体再上新水平。

【第四次妇代会召开】 2010年11月15日至17日召开十堰市第四次妇女代表大会，全市各条战线的300名代表参会，市委书记陈天会书面讲话，省妇联副主席周正素到会，市领导糜克洪、陈家义、吴世杰、陈冬芝、梁吉祥、杨立志及襄樊市妇联主席宋双伟等到会祝贺。大会选举产生十堰市妇联第四届执委33人，常委11人，正、副主席4人。

【举办市直妇委会主任培训班】 2010年11月在市委党校举办一期为期1个月的市直单位妇委会主任培训班，培训女干部50人。

【妇女创业就业】 持续推进创业培训指导工作。2010年"三八"期间，联合人社局举办第五届妇女劳动力招聘会活动，提供岗位3200个。启动妇女小额担保贴息信贷工作，举行大规模的宣传启动仪式，现场为创业妇女代表发放小额贷款57万元。2010年累计717名妇女申请到3485万元小额信贷。

【妇女健康行动】 为丹江、竹溪、房县争取到健康快车项目，"快车"每月下基层2次，为农村妇女特别是边远山区妇女开展妇科病普查、送医赠药、健康教育、孕产妇运送等，累计在农村免费救助孕产妇及其他危重病人166人，举办各类培训30场，培训3221人，开展公益活动24场，受益人数达17842人。确定竹山县作为"两癌"普查项目实施县，3.7万名妇女接受免费妇检。在全市对80.89万名25～70岁已婚女性开展妇女病普查，普查率94%；查出妇女患病30.8万人，治疗29万人，治疗率94.2％。实现妇女生殖保健知识基本普及，妇女常见病、多发病及生殖道感染发生率、乳腺癌和宫颈癌发生率、HIV母婴传播发生率得到有效控制，妇女健康状况得到进一步改善。

【儿童成长环境优化】 一是拓展儿童活动阵地。2010年8月"十堰市儿童活动中心"在市汇智亿童培训学校开学。二是为留守儿童提供多方位服务。投资3万元在各县市区新建6个市级留守儿童服务站，为竹溪龙坝乡、竹山竹坪乡、丹江浪河镇三个省级留守家属综合服务体系争取到价值近5万元的"福彩亲情屋"配套设施，为郧西县观音镇观音村争取到1个省级留守儿童服务站建设指标和5000元配套资金。三是关注特殊儿童群体。开展"恒爱行动"，招募300名爱心父母为张湾、茅箭、郧县等地的孤残儿童编织毛衣。12月27日，在市特校举办十堰市"恒爱行动"爱心毛衣捐赠仪式，市人大副主任陈冬芝和10位"爱心妈妈"代表一起将百余件毛衣发放给现场的孤残儿童。

【特色活动开展】 以"弘扬民俗文化，提高健康水平"为主题，举办纪念"三八"国际劳动妇女节100周年暨"友好杯"秧歌大赛。以"与文明同行，建和谐家庭"为主题，全年共评选表彰市级文明家庭2500户。举办"低碳减排·绿色生活·和谐家园"6.5世界环境日暨社会公众参与环保模范城创建主题活动启动仪式。组织召开全市"廉政文化进家庭"工作推进会。在纪念"三八"妇女节100周年系列活动中，联合十堰日报组稿发行《百年巾帼》特刊，回顾十堰百年妇运的光荣历史，宣传40多个优秀女性集体和个人的典型事迹。在纪念"三八"国际劳动妇女节100周年暨市妇联三届六次执委（扩大）会议上，表彰"重视妇女工作先进集体"10个、"重视妇女工作先进个人"20名和"优秀妇女工作者"30名。市妇联表彰妇联系统目标管理先进单位3个、巾帼文明岗100个。市司法局被授予全国维护妇女儿童合法权益先进集体，丹江口市王家荣被授予省第六届湖北省"十大女杰"，竹溪县王琴和普林工业园杨小莉被授予全省"巾帼创业之星"，王琴同时还被提名为湖北省"十大创业之星"人选。"六一"期间，组织开展以"我和我的祖国"为主题的书画征文大赛和"京华杯"汇智亿童五项全能宝宝运动会，联合市妇幼保健院、金宝贝国际早教中心举办"0～5岁婴幼儿语言的发展和教育"专题讲座，全市全年共申报农村、社区示范家长学校19所。

【妇女维权】 一是开展法制宣传活动。坚持开展"三八"维权周法律宣传教育活动，宣讲《妇女权益保障法》、《婚姻法》等法律法规和男女平等基本国策。二是畅通妇女信访渠道。全年各级妇联认真接待妇女儿童来信来访案件1311件次，结案1311件，结案率100％。开通12338妇女维权公益服务热线，覆盖全市10个县市区。三是构建维权、维稳联动格局。重点围绕乡镇妇女儿童维权服务站建设开展工作，联合市综治办在117个乡镇综治维稳中心建立妇女儿童维权服务站，召开全市妇女维权与综治维稳工作推进会，督办建站。在市直单位创建一批妇女儿童维权岗，使妇联组织化解矛盾纠纷的方式更加多样。（李　波）

工商业联合会

【概况】 2010年，市工商联服务

非公经济健康发展，圆满地完成各项工作任务，被授予年度市级文明单位、服务第四届世界传统武术节突出贡献奖。

【服务中心工作】 组织会员单位为武术节赞助资金50万元，提供高档小轿车10台，作为筹委会接待专用车辆。举办经贸合作洽谈会，邀请成都、昆明、上海普陀区等十堰异地商会知名企业家及十堰在外创业成功人士参加活动，推介十堰资源和项目。协助做好全国政协副主席、全国工商联主席黄孟复在十堰期间相关服务工作和委内瑞拉武术代表团的对口接待工作。支持县市工商联完成64户移民搬迁任务。引导城区非公企业做好创卫工作。深入全市有代表性的十大汽车汽配工业园和近百家汽车汽配企业进行调研，积极为"十二五"规划编制调研建言。

【经济联络】 发起并承办鄂豫陕川渝毗邻地区5省市9个市区180位商界嘉宾参与的商会联谊会。组织参加哈尔滨、兰州、石家庄等地经济贸易洽谈会，举办哈尔滨市与十堰市企业家座谈会。与上海市普陀区、秦皇岛市、大庆市、湖州市等地工商联、商会签订友好商会协议，使十堰对外友好商会达47家。引进山东万城置业投资8亿元兴建东部新城配套工程项目，成都十堰商会在竹山县投资4亿元建设国际绿松石城，义乌湖北商会投资5亿元兴建钢铁物流园。

【服务会员】 举办2010年工商界人士新春座谈会和联谊会，与会的会员与市领导进行座谈交流。与市国税局联合举办"百家谈税"座谈会，税企之间就融洽征纳关系进行交流。举办学习培训5批(次)，1200余名非公经济人士参加培训。组织8个县市区工商联副主席参加省社会主义学院举办的中国特色理论培训学习活动、10位企业家副主席参加中央社会主义学院专题培训。成功举办"佳裕杯"迎武术节趣味运动会，30支代表队400余名运动员参加8个项目的比赛，增进企业间友谊。

【参政议政】 组织工商联界别代表、委员在"两会"上提交提案150余件，内容涉及经济园区建设、中小企业发展、生态文化旅游、现代物流等。组织会员代表参加市委常委民主生活会、民营企业家座谈会、党外代表人士座谈会、统战部双月座谈会和国庆中秋茶话会280余人次。选派24位会员企业负责人担任民主评议行风政风监督员，为工商界代表人士提供更多的参政议政机会，促进非公经济发展环境的改善。

【思想政治建设】 积极开展"信义兄弟"学习教育活动，在全省工商联系统代表地市州工商联就学习"信义兄弟"情况进行交流发言。开展《加快转变促发展、非公经济显活力》电视系列专题报道，宣传推介华昌达等10家促转型的典型企业。寿康永乐公司荣获全省思想政治工作先进集体称号。召开全市非公经济创先争优活动动员会，深入开展特色鲜明的活动。扎实开展回报社会感恩行动活动，将100位企业家与全市100位"三老人员"(即老革命、老党员、老模范)进行对接定点帮扶，落实帮扶慰问金87.85万元，物资价值7.2万元。天运助学活动继续为60名贫困大学生提供资助。市绿洲传媒公司启动"百万广告助企大型回报社会感恩行动"，17家农副产品企业纳入资助对象。

【宣传引导】 全年编印《十堰商会》12期，发行12000份。"十堰商会网"发布政策信息、工作动态新闻信息500余条。在省级以上媒体发表新闻信息、文章等53篇条。大批会员企业受到表彰。荣华公司、寿康永乐分别荣获湖北省2009年度具有带动力民营龙头企业、最佳成长型民营企业称号；副会长刘雁飞、刘合炳、纪道友、陈鹏等分别荣获"中国中小企业创新先锋人物"、全省"创业兴鄂突出贡献企业家"等称号。大明汽车贸易公司等42家企业荣获2008—2009年度市级精神文明先进单位和企业称号。

(黄克伟)

社会科学联合会

【学术交流】 制定《十堰市第五届社会科学优秀成果奖评奖实施方案》，明确参评范围和条件，规范评审程序，细化评奖标准和奖励办法。充分发挥社科联"桥梁纽带"作用，为社科工作者研究工作加油鼓劲，研讨评定研究成果。郧阳中学教师董丰均《货币天然是信用》一书引起市委书记陈天会的关注，市社科联专门召开研讨座谈会，邀请市内各大专院校、金融机构、相关职能部门的专家学者对该书进行研读和评定。积极参与各种学术交流和文化研讨活动，先后参加郧西县"天河七夕文化国际研讨会"、房县"诗经文化节"，出席由中国区域经济学会、光明日报、河南省发改委等举办的"科学发展与区域转型学术研讨会"，市社科联副主席牛建生在研讨会上作题为《构建中线源生态经济试验区的思考》的重点发言，引起与会代表的强烈反响，发言对试验区的最终规划实施起到积极作用。

【理论研究】 制定《十堰市社会科学研究课题资助办法》，为社科课题更加具有针对性和应用性提供保障。立足市情，以应用性研究和对策性研究为主，围绕市委、市政府提出的"建设区域性中心城市"的奋斗目标开展课题研究，确定并展开4项重点课题研究。其中"中线源生态经济试验区建设研究报告"，对更好地推进十堰建设区域性中心城市具有较强的参谋咨询作用,被列入湖北省社科联"思想库课题"项目。

【社科普及】 一是办好"十堰讲坛"。2010年"十堰讲坛"围绕"学习型政党建设"和"十堰历史文化"两大主题,开展"五进"活动,努力扩大受众面积,共举办报告会9场,受到广大群众的热烈欢迎,达到预期效果。组织市委党校理论教师以"学习型政党建设"为题进行备课,先后到市高级技工学校、市地税局等单位为300余人开展讲座辅导。二是积极配合省社科联开展的第四届科普活动周,联合各相关学会于11月份在市人民广场共同举行社会科学咨询会,现场答疑解难,回答人民群众关心的经济社会发展重大现实问题。三是继续发挥《十堰社会科学》的理论阵地作用,新开办"学习贯彻科学发展观"、"资政论坛"、"三农研究"、"地方文史"等栏目,全年4期共刊发理论文章120余篇,为社科工作者提供展示研究成果的平台。

【学会工作】 一是切实规范社团管理体制。形成《关于社科类社团管理的有关问题及处理意见》,明确社科联、民政局各自的职责,规定对学会实施依法管理和动态管理的管理机制,对社科类社团的健康、有序发展提供保障。二是积极指导社团参加第三批学习实践科学发展观活动。鄂西北厂长(经理)协会被评为学习实践活动先进单位。三是着力引导学会开展学术活动。各学会、协会、研究会和研究所共召开各种类型的报告会、研讨会和咨询会等30多次(场),产生论文、咨询报告等500多份。四是引导社团横向交流。组织监察学会和检察官学会联合就"行政监察"的主体开展研讨,推出一系列研讨成果。为图书馆学会和鄂西北厂长经理协会牵线搭桥,引导双方签订协议,由图书馆向厂长经理协会各会员单位提供图书资料和情报信息,各企业则向图书馆提供经费支持,实现互惠双赢。五是大力支持市延安精神研究会开展各项活动。市延研会召开一届四次理事会议,组织部分理事赴革命圣地延安参观考察,切身感受党在延安时期的光辉历史,直观了解延安精神的深刻内涵。同时积极组织专家学者参加省延研会征文活动,选送6篇质量较高的论文参评,还派员参加省延研会会长培训班,接受延安精神的再培训再教育。

(王 坤)

科协工作

【概况】 2010年,市科协先后荣获全省科技周优秀组织奖、全省科协工作理论研讨优秀组织单位、省科协职能目标优胜单位等荣誉。

【企业和产业发展服务行动】 会同湖北汽车工业学院、湖北医药学院等四校高校科协组织36位专家与8家企业进行对接服务,为企业解决技术难题11项。丹江口市科协先后邀请中国工程院院士"杂交油菜之父"傅延栋,华中农业大学校长邓秀新、水产学院顾泽茂博士,北京大学教授、旅游与规划中心主任吴必虎等20余名全国知名专家到丹江口市为农业特色产业、旅游产业作专题报告,搞技术咨询,提科学建议。

【新型农民实用技术培训服务行动】 全年共组织农民实用技术培训10万人次,培训农村党员干部4000余人次,培养农村致富带头人400人,示范推广农业新技术成果16项。

【公民科学素质提升服务行动】 全年共组织群众性科普活动90余项,举办科普展览14项、40余场次,科普报告会18场次,科普讲座16场次,送科技下乡活动60场次,组织青少年科学实践活动60余场次,发放科普图书资料10万余份(册),放映科教影视片12部、100余场,参与活动的领导干部及各界公众达50万人次以上。

【学术交流】 全年共开展大型学术交流活动92场次,交流学术论文900余篇,参加科技人员、机关干部、企业职工和学生7000余人次。湖北医药学院科协组织的学术沙龙活动,先后邀请曾毅、荣国辉、樊代明、邓子新等多名知名院士专家举办10场学术报告会,12000人次医药科技人员和在校大学生参加。举办大型学术报告会30余场。9月4日,湖北省抗癌协会青年论坛在太和医院召开,来自全省及十堰市各大医院肿瘤专业近百名专家和代表参加了此次议。9月5日,人民医院集团2010年年会在郧西县人民医院召开,来自有关医院的80余位专家学者参加。10月12日,德国Duisburg—Essen大学医院资深专家、医学博士,博士生导师Schlack教授在太和医院学术报告厅举行题为"肝脏在先天免疫系统中的功能地位"的专题报告会,详细介绍肝脏疾病免疫学方面的研究成果和研究方向,近100名专业人员和研究生参加。10月28日,全省口腔护理学会2010年年会在人民医院召开,120余名专家学者参加。

【十堰市第十二届自然科学优秀学术论文评审】 全市参加论文评审论文共计四千余篇,经过各学会、协会、研究会及基层科协的筛选初评申报论文千余篇,最后审查确定优秀论文143篇,其中特等奖优秀论文5篇;一等奖优秀论文27篇;二等奖优秀论文37篇;三等奖优秀论文74篇。

【湖北省科协第十三届优秀学术论文评审论文推荐】 在湖北省科协

第十三届优秀学术论文评审活动中，十堰市获得湖北省优秀学术论文奖项23篇，其中二等奖8篇、三等奖15篇。

【科学普及工作】　一是8月份由市政府办和市科学素质工作领导小组办公室组成《纲要》实施工作督查组，对市直各成员单位和各县市区《纲要》实施工作进行督导检查。10月22日，市政府副市长冯艳飞主持召开了全市《纲要》工作会议。二是创新开展未成年人科学素质行动。联合市人社局、市教育局、市科技局、市环保局组织参加全省第25届青少年科技创新大赛、第十届教育工作者科技创新活动和十堰市青少年科学月科普实践活动，共收集作品2000余件，中小学生科学发明、科技论文、科学实践活动、科幻画4个项目获省级奖项70项，获市级奖项241多项，教育工作者的科教论文和科教制作项目共获省级奖45项；参与青少年科学月系列科普实践活动的中小学生达5万余人次。组织市120星星科普志愿者急救小分队深入市二中、市东山苑寄宿制学校、郧县涧池乡等中小学，为1500余名师生及群众开展急救知识情景剧表演。市科技馆接待青少年学生近万人次。三是扎实推进农民科学素质行动。投入资金20万元，采取奖励整乡推进的措施建设农村科普"三个一"110个村。四是深入开展城镇劳动者科学素质行动。建设城市科普"三个一"16个社区；结合十堰市创建全国卫生城市工作，全市共举办各类科普展览14项、40余场次，科普报告会18场次，科普讲座16场次，送科技下乡活动60场次，发放科普图书资料10万余份（册），放映科教影视片12部、100余场，参与公众达50万人次以上，帮助1.67万名下岗人员再就业，安置就业困难人员就业6425人，收集利用公益性岗位7443个，开展就业创业培训5.83万人。五是推进领导干部和公务员的科学素质行动，大力开展领导干部和公务员科技教育活动，促进领导干部和公务员的科学素质的提高。六是科普示范创建。2010年张湾区、郧县、丹江口市被列入湖北省科普创建示范县市，郧县、丹江口市积极创建全国科普示范市。七是积极争取科普惠农项目。2010年申报获批国家"科普惠农兴村计划"项目7项，省级"科普示范助力新农村行动计划"项目5项，争取新农村建设科普项目资金190万元。

【科协组织建设】　新建高校科协2个，市级学会1个，企业科协1个，农技协16个，科普惠农服务站12个，配备科普大蓬车一辆。新增设十堰市人民医院和湖北黄龙滩水力发电厂科协作为全国科技工作者状况调查站点，全市调查站点增加到3个（全省25个）。湖北三环专用汽车有限公司被中国科协、国家发改委、科技部、国务院国资委授予2009—2010年度全国"讲理想、比贡献"活动先进集体荣誉称号。　（胡理想）

文学艺术界联合会

【概况】　2010年，市文联开展文艺领域的理论和现实问题以及各艺术门类全局性、战略性、前瞻性问题的调查研究，科学认识和敏锐把握文艺发展规律，制定《十堰市文艺发展"十二五"规划》，全市文学艺术发展呈现繁荣景象。

【市文联第二届委员会第三次会议召开】　4月1日，市文联第二届委员会第三次会议召开，要求全市广大文艺工作者认清社会发展新阶段呼唤文化艺术的大趋势，文艺家本人创作要"潜"下去，艺术组织要"浮"上来，认清文化艺术的发展规律，占领制高点，强化"文联系统一盘棋"的意识，整合文联资源，开放式办好文联。

【十堰家居艺术研究会成立】　10月28日，市家居艺术研究会成立，十堰俊发贸易有限公司董事长王俊杰当选市家居艺术研究会第一届主席。家居艺术研究会的成立可促进十堰地区"家居艺术"的发展，提高人民群众的家具艺术素质。

【文化交流】　一是9月25日，市文联与《书法报》社联合主办"秦巴墨韵"五省十市（湖北十堰、襄樊、神农架，四川达州、巴中，重庆万州，河南南阳，陕西安康、商洛、汉中）书法联展暨首届秦巴地域书风论坛活动。湖北省文联党组成员、纪检组长易熙君，《书法报》社社长、总编舟恒划，湖北省书法家协会副主席饶兴成出席开幕式并发表讲话。二是10月8日，为给第四届世界传统武术节营造良好氛围，与武当山旅游经济特区、市文体局联合承办"走进武当—中国画名家邀请展"。三是与市南水北调办、旅游局、文体局等单位联合主办宣传南水北调题材的"双百长卷"书画展。四是11月11日与市文体局，神农架林区宣传部、文联、美协联合主办"梦在神农架"都天贵油画作品展在市美术馆开展。五是组织十堰书法家参与宜昌市和襄樊市书法展活动。

【"一县一品"文化品牌创建】　指导各县市区优选、精选文化品牌，已向省里申报9个文化品牌，初步形成市、县（区）均有自身文化品牌。市级主打世界传统武术节、武当国际旅游节品牌，房县打造"尹吉甫诗经文化"品牌，郧西举办"七夕文化节"，郧县打造"郧阳文化旅游生态园"，竹溪打造"向坝民歌"、秦巴古盐道、"山二黄"戏剧、"三贡（贡米、贡茶、贡木）"等生态文化以及以"山二黄"为标志的"庸巴旅游文化"品牌；丹江口市建设“水都文化”，竹山县发掘女娲文化资源，张湾区打造“汽车文化”品牌，茅箭区则围绕赛武当风景区和大川镇农家乐，打造“都市休闲文化”，《经济日报》、《湖北日报》进行重点宣传，省文联给予充分肯定。

【文学艺术活动】　人大、政协“两会”期间《武当文学》专门出版“竹溪庸巴文化特刊”，挖掘和弘扬地域文化，支持地方经济发展，引起广泛好评。2月1日，市文联与郧县县委宣传部等单位举办“梅海迎春”文艺采风暨沧浪风光文艺创作大赛。比赛在郧县红岩背林场沧浪山国家森林公园举行，同时组织各大文艺家协会举办“送欢乐下基层”活动。2月4日，市文联组织十堰文艺界文人雅士举行迎新春雅集活动。1月26日，市委宣传部、市文联主办“俊发2009十堰文化艺术节”颁奖晚会暨“精彩十堰”十堰市文学艺术四十年经典回顾音乐诗歌晚会召开，对建市四十年来的“文艺十佳”进行表彰。5月7日至10日由市文联牵头组织市电视台、东风电视台、市摄影家协会一行15余人，深入竹溪县桃源乡开展摄影采风活动。9月30日，市文联主办“走进竹溪桃源乡—寻找桃花真源”，展出150余幅图片。5月8日，市文联组织20余位作家、艺术家深入新农村建设试点乡镇、旅游明星乡镇——茅箭区大川镇浪溪村等村开展艺术采风活动。9月29日，市作协出版会刊《十堰作家》，并赠送郧阳师专中文系师生，支持高校师生文学创作。

【文艺工作平台建设】　一是启动“武当文艺奖”评奖工作。为鼓励多出人才，多出精品，进一步繁荣十堰文艺创作，十堰市决定设立武当文艺奖，11月10日《十堰市“武当文艺奖”评选与奖励办法》颁布，标志着“武当文艺奖”正式启动。二是开辟“秦巴文化艺术网”，该网站委托秦楚网管理，为全市广大艺术爱好者提供更宽更多样化的展示舞台，为十堰文艺事业蓬勃发展奠定基础。三是办好《武当文学》刊物。2010年《武当文学》出刊6期，每期刊物选刊的作品都是编辑部精挑细选出的有特色有水平的精品。四是武当书画院再度开门营业，填补文联发展文化产业的空白。

【本土文艺创作】　2010年十堰市新出版一批文艺作品，主要有杨启国的摄影集《上津古镇》、房陵文化圈系列《房陵帝王流放录》、《漫话野人》等14部文化丛书、民歌系列《郧西民歌》等。另外，青年书法家李永涛书法作品入展全国第三届扇面书法艺术展，市影协副主席叶文启作品《晨牧》入选上海第十届国际摄影艺术展获展览艺术类交流展，杨天学自创原生砂石立体书法创中国世界纪录协会世界最早创作原生砂石立体书法作品世界纪录等。

【2010年度十堰市文学工作者在（省级以上）获奖情况】

文学类

王清玉　1.2010年7月，诗歌《是谁，今天要出发》获中国散文学会、北京市写作学会、华夏博学国际文化交流中心举办的第八届“中华颂”全国文学艺术大赛一等奖。2.2010年10月，诗歌《又见河蒹》获世界毛泽东诗词联研究会、新国风编辑部举办的第四届中华新国风文学节活动文学创作金奖。

王征珂　组诗《明月书》获香港凤凰网主办的“月满新诗”全国征文大赛一等奖。

张泽雄　2010年10月，《武当物语》（组诗）获重庆首先文化传媒有限公司承办的首届“首先杯”全国诗歌、散文大奖赛一等奖，并入选《2010年首先杯全国诗歌大赛作品精选》。

陈秀丽　2010年10月，散文《把童年带在路上》获重庆首先文化传媒有限公司承办的首届“首先杯”全国诗歌、散文大奖赛三等奖，组诗《如果春天能再来一次》获得优秀奖，均入选作品集。

柏东明　刊发于《长江文艺》的12首诗，《梅雨》、《向日葵》、《樱桃》、《这些落叶》、《采花女孩》、《豌豆花》、《表妹》、《竹娃》、《我喜欢那些孩子》、《老农》、《小保姆》、《猫子沟》获第三届长江文艺·完美（中国）文学奖之诗歌奖。

王馥君　散文《女人的夜生活?》获中国散文学会、江苏省作家协会主办的第二届“漂母杯”全球华文母爱主题散文大赛优秀奖。

冰　客　2010年10月，作品《河西村》获中国散文年会组委会、《散文选刊》杂志社、《安徽文学》杂志社联合主办的“2010中国散文笔会征文”二等奖。

书画类

胡绍全　获湖北省群星书画展优秀奖。

侯　春　《合之32》获第4届湖北省高校教师美术作品展金奖。

赵家富　《山水1》获第4届湖北省高校教师美术作品展银奖。

胡盛骑　《夏日》获第4届湖北省高校教师美术作品展铜奖。

柳长毅　获2010年湖北报业集团、食品药品监督管理局联合举办的“全省食品药品管理系统廉政书画大赛”特别奖。

黄　敏　获2010年湖北报业集团、食品药品监督管理局联合举办的“全省食品药品管理系统廉政书画大赛”二等奖、

景贵社　获2010年湖北报业集团、食品药品监督管理局联合举办的“全省食品药品管理系统廉政书画大赛”三等奖

王　锋　获2010年湖北报业集

团、食品药品监督管理局联合举办的“全省食品药品管理系统廉政书画大赛”优秀奖。

柯美新　2010 年 5 月获中国名家书画院、北京人民画院、中国文艺协会颁发的“首届中国名家世博艺术杰出成就奖”，同时授予“世博艺术杰出成就人物”。

张　静　作品《孙家湾的古戏楼》获 2010 年“东方美”全国诗联书画大赛评选三等奖。

潘晓萍 2010 年 6 月，辅导的少儿绘画作品《多宝塔节临》和《快乐的一天》分获湖北省第十四届中小学生幼儿美术书法比赛中获辅导金奖、铜奖。

摄影类

周明鑫　2010 年 10 月，摄影作品《神龙秋色》获新华社湖北签约摄影师“神龙架之秋摄影赛”三等奖。

陈　磊　《郧阳手工粉丝制作》（组照）获第十二届全国摄影艺术邀请赛纪实类银奖，同题作品在第六届楚天群星奖十堰赛区选拔赛中获一等奖。

周家山　《生死大营救》、《汉江禁渔》获楚天都市报举办的“楚天拍客摄影大赛”二等奖，《汉江晨曦》获第六届楚天群星奖十堰赛区选拔赛三等奖。

陈传泽　2010 年 9 月，《枯木倒影》获 21 届湖北工人画廊美术书法摄影照片展览优秀奖。

夏　丽　2010 年 1 月，《浪漫秋色》获湖北省第十四届“楚天群星奖”选拔赛成人组铜奖。

曲艺类

龚万春、李晓华　小品《多亏农信通》获第二届“中华颂”—全国小戏小品曲艺作品大展一等奖。

李晓华　曲艺《新村官》获第二届“中华颂”—全国小戏小品曲艺作品大展二等奖。

龚万春　小品《傻瓜种瓜》获第二届“中华颂”—全国小戏小品曲艺作品大展三等奖；

吴文平　曲艺《两妯娌抢婆婆》、小戏《老牛征兵》分获第二届“中华颂”—全国小戏小品曲艺作品大展二等奖。

（艾　娟）

归国华侨联合会

【海内海外“两个平台”建设】 一是充分发挥侨联的优势，为十堰市扩大开放和招商引资服务。参加第九届“华创会”、竹山“女娲节”、郧西“七夕文化节”。在“华创会”上，市侨联主席曾新平拜访泰国正大集团董事长谢国民来十堰参观考察，为武当山太极湖宾馆、张湾服装加工出口等项目牵线搭桥。二是大力服务第四届世界传统武术节。邀请省侨联主席谢余卡，香港和平统一促进会会长、香港华侨华人总会副会长叶联意，美国华裔选民协会主席王维华等海外侨领参会，增添海外联谊窗口。市侨联委员、侨眷郝敏受到世界武联主席、市委市政府高度评价，被评为先进个人。三是开辟“请进来、走出去”路径。先后接待法国潮州会馆商务考察团，香港华人华侨总会、湖北省侨商会、意大利华商会、香港工商界代表等 150 余名海内外嘉宾来十堰市考察。四是积极参加省市、全国、国际一些大型盛会、联谊招商会，“借侨架桥”多措并举，拓展海外联谊渠道。组织郧西、郧县、竹山县侨联参加在甘肃兰州举办的全国大中城市侨联工作经验交流会，加强与兄弟侨联的交流和学习。11 月份，主席曾新平随省侨联组团赴俄罗斯考察访问，进一步拓宽海外联谊的工作面。

【参政议政】 3 月份接待全国人大代表、省政协副主席、省台盟主委吴秀凤等一行 6 人来十堰市开展“城乡统筹”课题调研，并向调研组提供十堰市城乡统筹的资料，为加快十堰市的城乡统筹建设争取更多政策支持。市侨联积极参与市委调研课题，主席曾新平撰写的《做好海外高层人才引进，为建设区域性创新型城市服务》一文获市委三等奖，并在《中国侨联工作》杂志上发表，得到省委、省直有关部门高度重视，为湖北省引进海外人才提供依据。市侨联在总结经验的基础上，撰写的《新形势下如何更好发挥侨界参政议政职能的思考》一文在《十堰政协》（2010 年第 1 期）发表。11 月份市侨联在全省侨联参政议政工作会议做《发挥优势、突出特色，参政议政再谱新篇》的典型发言。在第四届市人大、市政协换届工作中，按照《中国侨联》章程，市侨联认真履行参政议政职能，积极向市人大、政协争取侨界的应有指数和地位，反映侨界的呼声，主动参与协商推荐市人大代表和推荐市政协委员，确保侨界参政议政有能力，有地位。

【为侨服务】 一是大力开展向归侨侨眷“送温暖、献爱心”活动。2010 年元月份在市委常委、统战部长吴世杰带领下，慰问饶群章、庄基特等归侨，发放慰问金近万元慰问县市区归侨。2011 年元月在省侨联副主席何光源带领下慰问归侨侨眷，为基层侨联争取电脑 2 台、打印机 2 台改善办公条件，把党的温暖传递到全市侨界。二是举办侨界座谈会、法顾委成员联系会、春节中秋联欢会等凝聚侨心的联谊活动。巩固市侨联法律顾问委员会的地位和作用，使之成为维侨的坚强后盾。积极深入侨企，为民生妇科医院、丹江奥华御园、紫薇岛旅游公司等做好服务，为侨企发展排忧解难。

【侨心工程】 联系海外赤子情系家乡，感恩社会的善举得到落实，首个由十堰籍海外人士曾新生姊妹捐助的茂华中学“曾正轩、严茂华教育奖励基金”在竹山县设立。“珍珠班”连续第三年落户郧阳中学，争取资金近120万元，共解决150名成绩特优、家庭特困的“双特生”高中三年学费。认真开展侨情调查，依法维护侨益，为做好侨务工作打基础。向市政府、统计局积极争取将十堰市侨情调查列入第六次全国人口普查内容。通过全市开展侨情调查活动，掌握一批重点侨眷属基本情况。在全市县级单位开展“薇薇新娘杯”侨务法律法规知识竞赛，有力地宣传“一法两办法”。

【基层组织建设】　市侨联以省委办公厅、省政府办公厅联合下发的《关于进一步加强和改进侨联工作的意见》（简称《省两办意见》）作为提升全市侨联系统影响力的重大机遇，组织全体干部职工学习文件，积极向四大家领导汇报并争取支持。一是就落实文件精神的具体工作措施做好调研，提出解决问题和困难的办法。二是及时向各县市区侨联、市直部门、大专院校下发《关于认真学习贯彻鄂办文［2009］114号文件的通知》。三是开展重点侨情调查，为做好侨务工作奠定基础。四是争取市委组织部的支持，把侨联后备干部的推荐和培养纳入计划。五是积极向编办、财政等相关部门专题汇报工作，提高侨联工作在社会上的影响力和支持力。六是认真参与全市《市情库·侨情篇》的撰写工作，扩大侨联工作的宣传面。七是以市侨联成立30周年为契机，隆重开展“五个一”活动，提升侨联的凝聚力。4月份省侨联主席谢余卡、副主席何光源一行来十堰市就贯彻落实情况调研时，对十堰市的做法给予高度评价。

【侨界人才工作】　市侨联副主席、太和医院李涛教授当选为中华医学会儿科分会委员，归侨陈怡敏教授当选“感动十堰”十大人物，太和医院生命科学研究所所长、加拿大籍华人李东升博士荣获全国“新侨创新奖”。在庆祝市侨联成立三十周年活动中，评选表彰十堰市“侨界十大优秀人物”，李东升博士和法雷诺公司的留美专家张苏在当选的同时被省委组织部列入全省首批“百人计划”人选。10月，接待中国华侨华人历史研究所副所长林晓东一行来十堰市开展的“老归侨口述历史”活动。陈怡敏、饶群章、庄基特和吴承凤四人代表十堰市老归侨展现他们的热爱祖国的情怀。此项活动得到湖北汽车工业学院、湖北医药学院大力支持，市政协副主席王庆华会见采访组一行。充分发挥侨联委员、常委的作用，最大限度地凝聚侨界力量。3月份，市委常委、统战部长吴世杰带领十堰市16名归侨侨眷代表赴武汉参加省九次侨代会，曾新平再次当选为省侨联常委，李清、孟桂华、梁广志、齐骄阳当选为委员。

【市侨联成立三十周年庆祝】　2010年是市侨联成立三十周年，市侨联争取市委、省侨联争持，隆重开展“五个一”系列庆祝活动。庆祝活动围绕“出一本宣传画册，撰写一系列回忆录，评选一批侨界优秀人物，召开一次座谈会，举办一场联欢会”为载体，动员邀请各级侨联联动，最大限度地实现扩大侨联影响力，实现侨联工作创新发展的目的。召开侨界座谈会，来自全市的归侨侨眷代表、县市区侨联工作者、侨联委员等50余人参加会议，省侨联主席谢余卡、市委常委统战部长吴世杰在座谈会上充分肯定市侨联三十年来的发展成就，新老归侨畅谈为祖国繁荣、为十堰发展作贡献的经历，侨务工作者交流工作经验和做法，探讨如何进一步开创新时期侨联工作局面。评选表彰的“侨界十大优秀人物”，集中体现广大归侨侨眷和侨务工作者的时代风貌和高尚品格，为引导侨界立足岗位做贡献具有积极作用。省侨联主席谢余卡、市领导吴世杰、罗金昌、刘学勤、王庆华等出席庆祝活动，《十堰日报》连续五天进行系列和专版报道，活动信息在《中国侨联工作》上刊发。三十周年庆祝活动收到来自全国31个大城市侨联和51个海外侨团发来的贺信贺电。邀请市艺术团参与《绿叶对根的情意》的大型文艺演出，在社会上提升侨界的地位和影响。整个活动的成功开展有效地提升侨联的影响力和凝聚力，社会各界对侨联干部队伍的敬业精神和工作效率给予高度肯定和赞扬。

【侨联宣传】　市侨联充分利用和发挥各种媒体和网络的平台作用，2010年共撰写工作简讯35篇，其中多篇反映市侨联工作动态的文章发表在重要媒体和国际级刊物上，《归侨陈怡敏当选2009年度十大“感动十堰”人物》在国务院侨办主办的《侨务工作研究》（2010年第1期）发表，《市侨联开展成立三十周年纪念活动》、《六提升六坚持，建设适应新形势的侨联干部队伍》、《市侨联接待法国潮州会馆商务考察团》、《海外侨领参加第四届世界传统武术节》等，被中侨网、中新网、新浪网、凤凰网（资讯）、网易等媒体刊登和转载。进一步完善机关侨联网站的建设工作，使之成为侨联对内对外宣传、展示侨务工作的窗口。结合侨联重点开展的活动，以及归侨侨眷的先进事迹，加强《侨联简讯》的刊发工作。

（孟桂华　萧梧根）

残疾人联合会

【概况】　2010年，全市残疾人工作以加强残疾人社会保障体系和服务体系建设为主线，为320名0～6岁贫困残疾儿童开展抢救性康复工程，为300名贫困白内障患者实施复明工程，为700名贫困精神病患者免费提供基本防治药品，对30名急性期重症对象落实每人3600元的住院补贴，免费配发残疾人辅助器具700件（套），为下肢残疾人安装假肢40例，开展低视力及盲人、聋儿语训、脑瘫及智力康复服务200名。市残联连续第三年被省残联评为“全省残联系统目标管理考核先进单位”。

【残疾人劳动就业】 联合市财政、地税等部门修订印发《十堰市残疾人就业保障金征收管理办法》，为促进残疾人劳动就业工作提供资金保障；与劳动就业局开展“残疾人就业援助月”活动、与中介机构和福利企业举办残疾人双向就业招聘会等形式，推荐和帮助230名残疾人实现就业；免费举办盲人保健按摩培训班，帮助15名视力残疾人取得初级保健按摩师资格后顺利就业或创业。

【“五下乡”帮扶农村贫困残疾人活动】 5月14日，市残联会同部分市政府残工委成员单位在茅箭区大川镇文化广场开展以向农村残疾人“送温暖、送科技、送文化、送器具、送医疗”为主要内容的“五下乡”活动，市人大副主任罗金昌出席。活动现场为8户贫困残疾人每户发放500元慰问金及粮油物品，为部分残疾人发放100件（套）轮椅、拐杖等辅助器具和农业、科技、文化等方面图书；开展健康咨询和义诊服务，免费发放部分日常药品。

【庆祝第二十次法定全国助残日活动】 5月16日，市残联在市文化广场举行“播撒阳光、携手同行—庆祝全国助残日活动”。十堰城区58家用人单位参加专场就业招聘会，解决120名残疾人就业问题，市残联向100名残疾人免费发放康复辅助器具，市残联、市劳动就业管理局组织相关培训学校，向残疾人朋友现场展示和推荐职业技能技术培训内容，为残疾人提供免费学习培训机会。

【残疾人文体宣传】 5月份，市残联再次代表湖北省负责组队参加全国盲人足球锦标赛（残疾人运动员全部从十堰选拔），取得全国第13名成绩，得到国家奥组委和省残联高度评价。十堰市残疾人运动员获得全省第十三届运动会暨第八届残疾人运动会1金、4银、6铜，其中，乒乓球TT10级团体冠军是十堰残疾人参加省运会该项目比赛夺得的首金，向全省人民展现了十堰残疾人的良好精神风貌。全市残联系统信息宣传工作取得丰硕成果，共在各级报刊杂志网站发布信息和文章800余条（篇），宣传残疾人事业，营造理解、尊重、关心、关爱残疾人的浓厚舆论氛围。

【残疾人社会保障】 启动“阳光家园计划”，为全市符合托养标准的1500名智力、精神类等重度残疾人对象提供居家、日间照料、集中托养等服务，其中十堰城区完成675人。丹江口市江北残疾人托养中心被省残联授牌“省级示范托养机构”。继续组织实施残疾人危房改造项目，为300户农村贫困残疾人重建或改造房屋。采取召开残疾人联谊会、节日走访等形式为城区120名特困残疾人家庭发放慰问金和生活用品。9月27日，了解到因车祸导致高位截瘫的郧阳师专女大学生朱燕面临治疗经费困难的情况后，市残联领导专程到医院为其送去2000元慰问金和一部轮椅。

【残疾人信访维权】 全年未发生残疾人非正常上访事件，共处理残疾人来信来访130人（次），为贫困残疾人提供法律援助31起，完成人大代表建议案1件，办结率100%。审批换发第二代《残疾人证》6554本，发放残疾人爱心乘车卡3000张，有效维护残疾人的合法权益。市残联被省残联、省信访局授予“全省残疾人信访工作先进集体”荣誉称号。

【代拟加快残疾人事业发展实施意见】 根据省政府残工委文件精神和市领导批示要求，市残联完成《中共十堰市委、十堰市人民政府关于加快残疾人事业发展的实施意见》代拟工作，经多次修订完善，获市政府常务会议、市委常委会审定通过。《实施意见》将于2011年10月下旬正式出台。

【承办全省第四届残疾人职业技能竞赛】 11月26日至29日，由省残联、省人力资源和社会保障厅联合主办的湖北省第四届残疾人职业技能竞赛在十堰市举办，共有18个市州及大型企业代表队193名残疾人选手参加。省残联党组书记曾玉兰、理事长韦会林、副理事长施李国，市领导罗金昌、梁吉祥、张桂华、朱仕雄等出席。十堰市代表队取得4枚金牌、8枚银牌、3枚铜牌，团体总分第一名的骄人成绩，市残联获得“优秀组织奖”和“承办贡献奖”。12月9日下午，市政府召开参加全省第四届残疾人职业技能竞赛总结表彰会，对获得优异成绩的16名残疾人、为活动圆满承办做出贡献的7个先进单位和26名个人进行表彰。副市长贺盛有出席会议并讲话。（王　飞）

红十字会

【概况】 2010年，市红十字会充分发挥红十字“人道、博爱、奉献”精神，共筹集各类款物总计704.9万元：其中募集款达248.9多万元（筹集赈灾款220.2多万元，筹集人道救助款物28.7多万元）；募集赈灾物达186多万元；引进援助项目3个，项目资金达190多万元（争取香港红十字会农村社区为本备灾项目60多万元；争取先天性心脏病患儿治疗费70多万元；

美和集团捐赠60多万元房车)；争取省红十字会支援山区贫困幼儿奶粉80多万元。举办救护培训班12多期，培训急救员2000余人次；开展红十字系列活动30多场次，举行大型义诊活动20余次，免费体检6000余人次，免费赠送药品15多万元；稳步推进无偿献血工作，2010年共有32540人次参加无偿献血，采集血液57565个单位；采集造血干细胞捐献者血样180例。

【救灾备灾】 一是迅速开展支援西南旱区救灾工作。2010年6至8月，中国西南地区遭遇历史罕见的特大旱灾，市红十字会在全省率先开展援助旱灾地区“春雨行动”，共为西南旱区募集85吨价值达15万元矿泉水，有效地支援当地抗旱救灾工作。二是圆满完成青海玉树地震援助工作。截至6月3日，市红十字会共募集赈灾款物折合人民币近260万元。三是开展全市抗洪救灾工作。2010年6至8月，十堰市连续强降雨，多个县(市)区遭受洪涝袭击，市红十字要求各县(市)区红十字会、各会员单位以及市4支红十字志愿救援队，上报防汛值班表，严格执行领导带班的24小时值班制度。为缓解灾区群众生活困难，支持灾后重建，市红十字会先后募集各类救灾款物折合人民币近77.4多万元，向受洪灾严重的竹溪县水坪、中峰、鄂坪、县河、天宝、城关镇捐赠总价值36万元的大米45吨、棉被3000床，惠及受灾群众1500户。组织医疗救护队6支、卫生防疫队2支深入到6个重灾区，喷洒消毒药品2吨，消毒面积达10万平方米，消毒饮水点850个，受益人口达14.5万人。由于物资发放快捷、公平、有效市红十字会得到省红十字会的通报表扬。

【灾害紧急救援队伍建设】 为增强红十字会专业化救援能力，市红十字会通过电视新闻频道、各大报刊媒体公开招募8名紧急救援队员，组成两支紧急救援小分队，弥补市红十字会专业救援的空白，提高本地和国家紧急救援应急能力。

【红十字救护知识普及】 在公安、交通、消防、武警等行业全面开展培训，并在街道居民、户外俱乐部会员等社会民间组织中进行讲授。通过看录像、人体模型操作和理论讲解，使学员对心肺复苏、创伤四项技术等都有一定的解和掌握，并能在实践中很好地运用。2010年，共举办培训12期次，受训人员达2000余人次。各县(市)区、各会员单位针对实际加大对学生、居民，共举办培训489期次，受训人员达8650人次。郧县为确保移民搬迁途中医疗安全，对每一批移民进行卫生救护知识培训，累计培训231期3550人次。武当山特区红十字会全年共培训导游讲解员、非专业人员、乡医、机动车驾驶员等共90人。竹山县红十字会与县疾控中心、县妇幼保健院配合，组织疾病预防、医疗救护等培训3次，共参训200余人次；张湾区红十字培训涉及医生、护士和社会群众共计120余人。市红十字医院培训150名初级救护员，培训乡村医生70名。防灾减灾日当天，郧县、竹溪、张湾、武当山分别开展初级卫生救护培训及宣传活动，共有731人参加培训，通过培训使他们都能掌握最基本的急救技术，为现场急救打下良好的基础。8月7日，十堰市红十字会和市红十字医院举行首期“乡村医生培训班”开班仪式。十堰市60余人乡村医务室医务人员参加此次培训。10月12日，市红十字会积极推荐本市3名乡村医生参加中国红十字基金会在北京举办的为期半个月的全国乡村医生培训班，通过正规的医学临床培训，有效地提升本市乡村医生的综合素质。

【组队参加“湖北省红十字应急救护技能大赛”】 联合市卫生局、市急救中心、市太和医院、市红十字医院挑选5名优秀的队员组成参赛队，最终取得专业组和非专业组第三名的成绩。

【全省地震应急救援培训班在十堰举办】 5月5日至8日，十堰市红十字会配合市地震局，在宏正大酒店共同承办全省地震应急救援培训班。全省各市(州)代表60余人参加本次培训。

【对外交流合作】 2010年4月22日，北京市朝阳区红十字会应邀赴十堰市对2008年援助武当山特区的博爱卫生站等项目的运行情况进行检查验收，充分肯定市红十字会武当山特区的博爱卫生站项目的工作，并表示将在十堰市遭受自然灾害时给予大力支持。6月10日，市红十字会专职副会长张志斌一行4人应邀赴省红十字会汇报十堰市上半年红十字事业发展情况，省红十字会对十堰市红十字会工作给予高度评价。6月12日，市红十字会专职副会长张志斌带领相关部室人员应邀赴北京市朝阳区红十字会就援助市红十字会物资、车辆等事宜进行友好协商。同时到中国红十字总会向王海京副会长、王汝鹏秘书长汇报十堰红十字事业发展情况，并邀请来十堰市观摩第四届世界传统武术节和旅游文化节。10月16日下午，北京市朝阳区红十字会、美合集团向十堰市红十字会捐赠房车暨北京市朝阳区红十字会为洪涝灾害捐赠救灾款仪式在市红十字会办公室举行，北京市朝阳区红十字会常务副会长王素荣、美和集团副总经理汪传虎、十堰市红十字会专职副会长张志斌签订捐赠协议。2010年，在省红十字会的支持下，市红十字会通过努力争取到香港红十字会价值60多万元农村社区为本备灾项目，西班牙200万生计项目，竹溪兵营小学建设项目、书库项目及十堰市红十字会备灾救灾中心建设项目。

【采供血和造血干细胞捐献】 全年在本市各大新闻媒体报刊中报道刊登报道28篇，推动无偿献血事业和捐献造血干细胞工作健康快速可持续发展。2010年全市参与无偿献血32540人次，采集血液57565个单位，年临床采血总量12吨，经分离制备向临床提供血液产品106675个单位，机采血小板采供总量达到1650个治疗量，一次性献血400毫升达80.19%，机采血小板1333个治疗量。采集造血干细胞180人份，其中造血干细胞配型成功1例。

【社会救助】 协调市人民医院为白血病患者张波减免3000元化疗费，为烫伤患儿宋志勇募集善款7935元爱心善款，为因车祸导致身体多处骨折、高位截瘫的郧阳师专女生朱燕送去慰问金2000元，为回民烫伤儿童韩懂送去慰问金5000元，先后筹措70余万元送20名先心病患儿到上海东方医院接受免费治疗。

【公益援助活动】 5月1日以"母亲节"为契机，联合市总工会、市人口和计划生育委员会、市归国华侨联合会开展十堰市首届"母亲健康文化节"大型公益援助活动，免费向社会人群、学校、公安、武警等培训10次1500人次，热线咨询共计124人次，组织医疗队进社区、到农村进行义诊、咨询27次，接待群众9107人次，免费发放药品27000元，发放宣传资料10833份。

【青蓝、杏林基金成立】 为进一步加大对贫困学生的资助力度，经过一年的不懈努力，市红十字会分别与郧阳师专、湖北医药学院成立青蓝助学基金会和杏林助学基金正式挂牌推行，有利于资助贫困山区学子顺利完成学业。

【红十字会活动】 一是大力开展红十字博爱送万家活动，共发放大米、棉被、棉衣、药品、食用油等款物折合人民币80万多元。二是开展5·8红十字博爱活动周活动，现场发放宣传资料15000多份，全市参加活动志愿者达230人，专家和医务人员2600人次，送医下乡2770人次，接受义诊6943人，赠送药品价值83935元，慰问重病患者和特困群众31人次，发放慰问金8800元，为265名困难患者减免治疗费133000元，动员896人(次)无偿献血314950ml，无偿捐献机采血小板32个治疗量，26人捐献造血干细胞血样。三是深入开展艾滋病防治救助工作。12月1日，十堰市副市长、市红十字会会长刘学勤，十堰市政协副主席、市卫生局局长、市红十字会副会长黄剑云，十堰市红十字会专职副会长张志斌等深入到艾滋病性病防控所慰问和看望艾滋病人及防治艾滋病工作者，并送上4000余元慰问金。

【红十字志愿服务】 一是规范志愿者管理，要求凡申请加入红十字自愿者必须经过集中培训，服务时间达到20个小时后，经考核符合条件，才能批准正式加入红十字志愿者队伍。二是开展年度星级志愿者表彰活动，评选袁良根、任世杰等39人星级志愿者。红十字志愿服务队队员杨天志创中国红十字2008—2009年志愿服务时间最长的志愿者纪录，中国世界记录协会为其颁发编号为Z-06068-1004-01的中国记录证书。三是开展丰富多彩志愿服务。参加十堰市组织的"迎新春万人长跑"活动，"众志成城、抗震救灾、情系玉树"大型赈灾义演活动，5·12地震中逝世人们祈福祷告和12·5红十字志愿者无偿献血宣传活动，现场89名志愿者发放宣传材料5000多份，当天共采集血液样本50例。与市消防中队联合组织开展11·9消防知识进校园活动，十堰市4所大专院校200多人参加火场逃生和消防知识讲座，并进行实战消防演练。

【红十字青少年工作】 利用学校广播、板报、主题班会、专题演讲、知识竞赛、绘画、作文和社会服务等多种形式，在学生中广泛展开红十字人道主义和爱国主义教育，传播红十字"人道、博爱、奉献"精神。

(吴远海)

政　法

综　述

【加强党对政法工作的领导】 一是对政法工作更加重视。各级党委认真贯彻落实《中共中央关于加强和改进党对政法工作领导的意见》(中发[2005]15号),不断加强和改进对政法工作的领导。市委、市政府高度重视政法维稳工作,2010年先后10余次召开相关会议研究政法维稳工作,及时解决政法维稳工作面临的困难和问题。市委办公室、市政府办公室下发《关于深入推进社会矛盾化解、社会管理创新、公正廉洁执法的意见》,并将三项重点工作细化、分解,把责任落实到38个市直部门,对做好全市"三项重点工作"起到指导和推动作用。市委书记陈天会、市长周霁、市委常委、政法委书记糜克洪等领导同志多次深入基层政法单位,专题调研影响政法工作发展的重大突出问题,指导政法工作和队伍建设。第四届世界传统武术节开幕前夕,市委书记陈天会等市领导集体观看公安特警武当利剑4号反恐处突演习,对武术节安全保卫工作进行指导,并深入基层看望慰问公安民警,鼓舞民警士气。二是对政法工作保障更加到位。围绕困扰政法工作的人、财、物难题,认真落实从优待警政策,切实加强对政法工作的保障。市委为市法院、市检察院配齐配强审委会、检委会专职委员,按照干部任用工作规定,配齐、配强政法机关领导班子,解决好政法干警职级待遇。切实加强市法学会建设,落实正县级常务副会长、副县级秘书长领导职数和编制,法学会经费列入财政预算。各地进一步健全完善政法经费保障机制,确保省转移支付政法综治专项经费按时足额拨付、地方性财政预算的政法综治工作经费逐年增加和临时急需专项经费及时解决。三是对政法工作领导更加有力。严格执行综治"一票否决权"制和责任查究制,建立完善市、县、乡三级党政领导干部综治工作实绩档案,进一步强化各级党政干部的维稳第一责任意识。各级党委政法委充分发挥领导、管理政法工作的职能作用,不断加强自身建设,增强服务意识,转变工作作风,创新工作方法,加大检查督导和统筹协调力度,确保党对政法工作的绝对领导和有效管理。政法机关各级党组(党委)切实加强领导班子建设,坚持中心组学习和双重组织生活制度,认真执行民主集中制原则,不断增强领导班子的执行力、创造力、凝聚力和公信力,增强用科学发展观指导政法工作和政法队伍建设的能力和水平,较好地发挥各级班子的领导核心作用。

【公正廉洁执法】 一是落实经常性教育机制。认真抓好纪律作风教育整训、五个专项治理、警风警纪整肃等各项经常性教育活动,突出抓好干警的思想政治教育、社会主义法治理念教育和纪律作风教育,教育和引导干警自觉坚持"三个至上",自觉做到"四个在心中",在执法办案中严格遵守党纪政纪、党风廉政建设规定、禁令禁规和执法办案制度规定,恪守公正廉洁执法底线。采取轮值轮训、挂职锻炼、岗位练兵、集体学习、网上教学等多种形式,加大对干警的业务培训和岗位练兵力度,着力提高一线干警公正、严格、文明、规范执法的能力。在继续深化"服务型政法机关"建设的基础上,积极开展亲民爱民为民活动,建立和落实服务承诺制、首问负责制、跟踪督办制、办案告知等机制,进一步强化宗旨意识,提高服务质量和办事效率,密切警民关系。深入开展创先争优活动,充分发挥党组织的战斗堡垒作用和党员的先锋模范作用,营造创先争优、共同学习进步的良好氛围,不断提升政法机关的整体战斗力。二是加强执法规范化建设。各地各部门紧紧抓住执法办案这个核心,认真细化执法、办案、执勤、服务等工作规范和执法标准,规范办案流程和重点执法环节规程。建立执法信息网上录入、执法流程网上管理、执法活动网上监督、执法质量网上考核等执法办案新机制，实行网上执法、网上办案，网上监督执法过程，规范自由裁量权的行使。认真落实权利义务告知制度，扩大公开执法案件的范围和种类，不断增强执法的透明度、公信度。对讯问、拘押、庭审、监管场所等实行全程录音录像，推广使用执法办案文明用语，有效解决刑讯逼供、执法不文明等问题。加强执法考评、案件评查工作和执法档案建设，建立完善执法档案，落实执法责任制、案件质量终身负责制、执法违法责任追究制等制度，不断提高执法质量。市公安局执法质量考评连续第八年被省公安厅评为优秀。三是加大管理监督制约力度。有针对性地建立、修订、完善加强监督管理、规范执法办案的规章制度118个，进一步严格对干警的管理。对政法队伍中发生的执法不公、不严、不廉等违法违纪行为，全市共查处政法干警违法违纪案件21起28人。

【矛盾纠纷排查化解】 一是进一步健全大调解体系。全市共建立人民调解委员会2242个，人民调解员达12408名。各地继续深入开展民调进机关、进派出所、进法院的"三进"活动，推动人民调解、行政调解、司法调解的有序衔接。积极探索建立"第三方"调解机制，从建立医疗纠纷"第三方"调解机制入手，推动"第三方"调解工作向劳动争议、征地拆迁、交通事故、食品安全、环境保护等领域延伸。二是全面开展重大事项稳定风险评估。认真执行《十堰市重大事项社会稳定风险评估暂行办法》，结合实际制定具体实施细则，坚持把风险评估作为作决策、上项目、搞改革的"刚性门槛"，并纳入社会治安综合治理年度考核内容，较好地发挥源头预防作用，避免大量矛盾纠纷和不稳定因素。据统计，2010年全市共对255个重大事项进行社会稳定风险评估，对4个重大事项作出不实施结论，暂缓实施12个，改进后实施239个。三是深入开展矛盾纠纷大排查大调处活动。突出"两节两会"、上海世博会、第四届世界传统武术节、广州亚运会等重要敏感节点，以及重大项目建设、移民搬迁安置等重点工作，先后集中开展5次社会矛盾及不稳定因素大排查大调处活动。全年共排查各类矛盾纠纷5533件，调处5230件，成功率达94.5%。继续开展县(市、区)委书记大接访、"四访促和谐"和"百日攻坚化积案"等活动，一大批矛盾纠纷和突出信访问题得到依法妥善解决。

【基层基础建设】 一是基层综治组织建设进一步加强。全市129个乡镇(街道、场)综治办机构单设，建立综治维稳中心，1972个村(社区)建立综治工作站，乡镇(街道)增设的专职党委副书记和综治办副主任(副科级)已全部到位，综治专干达到439人，平均在3人以上。基层综治工作经费得到切实保障，全年市县财政列入(追加)预算的综治经费达1200余万元。各地都组织开展乡镇综治办主任、副主任和综治专干业务培训活动。全市共举办各类综治业务培训班52期，基层综治干部得到普遍轮训，队伍整体素质得到提高。二是基层平安创建活动进一步深化。市县两级先后召开9次平安创建活动现场会和经验交流会，从各个层面和角度指导带动整个面上的工作，有力推动平安十堰建设向纵深发展。截止2010年底，全市共有18个乡镇被命名为全市优秀平安乡镇。三是社会治安防控体系进一步完善。专群结合的人防体系得到加强。公安机关成立157人的特警支队，设立269个社区(村)警务室，在城区实行"三警"巡逻、专职巡逻等防务机制，最大限度地把警力摆上街面；单位内保力量进一步充实，全市2352个行政机关、事业单位共建立内保队伍876支3847人；群防群治队伍进一步壮大，全市共组建各类群防群治队伍5106支18162人。科技防范水平得到明显提高。各全市已建成公安一类探头1993个，社会单位探头33906个，重点部位技防设施安装率达到100%，实现对治安状况的实时、可视、动态监管。

【"严打"整治】 2010年全市公安机关共侦破各类刑事案件7587起，抓获犯罪嫌疑人2782人，查获各类犯罪团伙128个511人；成功打掉以十堰城区田红晓、张湾区马德虎、郧县李正伟、竹溪孟准为首的黑恶势力团伙；命案发56起，破54起，现发命案侦破率96.4%，茅箭"1·25"奸杀幼女案、丹江口市"1·07"幼女被杀案等影响恶劣的现发命案均及时告破。检察机关依法批捕犯罪嫌疑人2033人，起诉2609人；审判机关共受理一审刑事案件1638件2896人，审结1609件2840人，判处3年以上有期、无期徒刑和死刑618人，占处刑被告人的27.5%，有力打击和震慑犯罪。今年11月市统计局发布的全市社会公众安全感值为92.33分，比上年又有提升。

【社会管理创新】 一是强力推进"三实全覆盖"。全市共组建"三实"工作专班118个，工作组1212个4736人，形成市、县、乡镇(街道)、社区(村组)四级工作网络。各地按照人均管理200～300套(间)或300～500人的标准启动流动人口和出租房屋协管员招聘工作，目前已到岗到位585名。全市共采集"实有人口"信息3374451人，"实有房屋"信息1036986间，"实有单位"信息690020个。二是着力加强特殊群体、重点人员的服务管控。2010年全市新接收刑满释放人员259人、解除劳动教养30人，刑释解教人员帮教率达到90%，安置率达到80%，重新犯罪率低于全省规定指标；深入实施青少年违法犯罪社区预防计划，加强“青少年维权岗”建设，成立法制教育宣讲团，开展“五类”重点青少年排查摸底和帮教矫治专项行动，有效预防和减少青少年违法犯罪；加强七类“重点人”的管控，对排查掌握的1961名重点对象，逐一落实稳控措施。三是全力落实公共安全监管措施。加强对党政军首脑机关，金融、邮电、通讯、水电油气运等重点单位、要害部位及重点反恐目标的安全保卫，全年无重特大安全事故。加强对新经济组织、新社会组织、境外非政府组织、国内民间组织、互联网的动态监管，及时处置互联网违法有害信息88959条。切实加强应急管理，提高应急处突的能力和水平。

【铁路护路联防】 2010年，深化铁路护路联防工作机制建设，强化涉铁矛盾纠纷排查化解、治安重点区段和突出治安问题的排查整治工作，严厉打击和严密防范危害铁路运输安全的违法犯罪活动，夯实护路联防基层基础工作，加大爱路护路宣传教育，强化“两节”、“两会”、上海世博会、第四届世界传统武术节、十七届五中全会和广州亚(残)运会期间的铁路护路联防工作，确保境内铁路及周边铁路治安大局平稳和铁路运输安全畅通，使铁路更好地为十堰经济社会又好又快发展服务。

【见义勇为工作】 2010年全市共授予肖志炳等4人“十堰市见义勇为先进分子”称号，授予周崇美等7人“十堰市见义勇为积极分子”称号，授予张学义等16人“十堰市见义勇为先进个人”，共颁发奖金近3万元。

（郑　涛）

公　安

【概况】 2010年，全市公安机关深入推进“三项重点工作”和“四项建设”，充分发挥职能作用，确保武术节自始至终安全顺利，实现“五个不发生”的目标，被市政府荣记集体二等功。全市公安机关经过艰辛努力历时16个月，圆满完成涉及丹江口市、郧县、郧西县、武当山特区29个乡镇(257个村)18023户76652名移民外迁稳安保任务，基本实现“无大规模越级上访、无群体性恶性事件、无重特大案(事)件和事故”的目标，在十堰移民外迁史上，又写上浓墨重彩的一笔。市局被省委、省政府评为“湖北省南水北调丹江口水库移民外迁工作先进单位”。全市建成一类探头1993个，社会单位探头33906个，全市视频监控探头占人口总数比例达到10.2‰，十堰城区达到41.6‰。全市公安民警联网计算机拥有率达114.6%，基层一线民警350兆车手台配备率达81.4%。市公安局被省政府和省公安厅同时推荐为全省依法行政示范单位，并顺利通过省政府验收。全市命案、六类暴力案件、抢劫、抢夺案件以及治安案件发案数比上年分别下降13.8%、2.8%、34.8%、9.1%、4.4%；抓获犯罪嫌疑人数增长8.6%；交通事故万车死亡率为1.56人/万车，同比下降0.36人/万车；火灾事故死亡人数下降50%，未发生群死群伤特大火灾事故。市统计局开展的2010年全市社会公众安全感调查结果显示，全市社会公众总体安全感值为92.33分，实现新提升。通过持续开展爱民实践大走访、实施便民利民惠民措施、强化党风廉政建设、整改问题转变作风等一系列举措，使和谐警民关系建设呈现新局面。

【确保社会政治稳定】 推进乡镇(街道)、派出所、村组(社区)、中心户长四级联调机制建设，建立落实常态运行、反应灵敏、程序规范、多方联动的矛盾纠纷排查化解机制，及时排查化解矛盾纠纷、不稳定因素7549起。紧盯移民搬迁、重点工程、企业改制、房屋拆迁、非正常死亡等易发群体性事件的矛盾纠纷，加强预警研判、联动调处、应急处置等工作，主动协助党委政府和各级组织从源头上做好化解工作。特别是在南水北调中线工程移民搬迁维稳中，全市公安机关投入大量警力开展工作，协助地方党委政府及时化解一大批涉及移民的矛盾纠纷，确保76652名移民安全顺利外迁。局长接待日、初信初访督办、疑难问题会诊、信访案件责任追究等公安信访工作长效机制落实有力，办结息诉中政委、省厅交办信访事项48件。

【案件侦破】 2010年，全市共破获刑事案件7587起(其中破现案5207起、积案1337起、协外破1043起)，抓获犯罪嫌疑人2782人，查获犯罪团伙128个511人；查处治安案件16266起，处罚违法人员13357人次。一是打黑除恶攻势强劲。刑侦部门破获涉黑案件62起，打击处理106人；治安部门沉重打击暴力拆迁、故意伤害、聚众斗殴、买卖枪支弹药等黑恶势力，取得阶段性战果。二是命案侦破战果显著。成功破获茅箭“1·25”奸杀幼女案、丹江口市“1·07”幼女被杀案、茅箭“9·04”杀人埋尸案等54起现发命案，现发命案侦破率达96.4%，破获命案积案6起。经济开发区公安分局民警依法开枪击毙暴力拒捕的“10·29”命案犯罪嫌疑人，打出警威，震慑犯罪。三是专项打击有力有效。侦破六类暴力案件569起、“两抢一盗”案件5283起，有力打击严重刑事犯罪分子的嚣张气焰；查处侵害师生人身财产安全的违法犯罪人员212人，有力维护学校、幼儿园及周边治安秩序；开展禁毒宣传活动10余场次，受教育人数达20余万人次，查破毒品刑事案件49起、行政案件167起，处理涉毒人员296人，强制隔离戒毒168人，缴获各类毒品1300余克，有力推动禁毒斗争深入开展；深入开展打击发票犯罪、打击银行卡犯罪等专项行动，破获假发票案件29起、信用卡案件34起，有力整治经济领域的违法犯罪问题。治爆缉枪行动和重点工程建设治安环境整治深入开展。打击电信诈骗犯罪战果卓著，市局积极主办的特大系列电信诈骗犯罪案件被公安部列为"11.30"专案督办，在公安部、省厅指挥下，在台湾、菲律宾警方协作下，抓获犯罪嫌疑人36名（台湾籍犯罪嫌疑人8名），成功摧毁一个涉案金额上亿元的特大系列电信诈骗犯罪集团，沉重打击电信诈骗犯罪的嚣张气焰，为侦办此类案件积累成功经验，在全国引起广泛关注。侦办部督特大销售假冒注册商标案、国标特大非法经营假烟案、省督特大生产销售假冒名酒案、生产销售拼装汽车案等刑事案件10起，有力打击涉及食品、药品、烟酒行业的制假售劣犯罪活动。为增强打击刑事犯罪能力，狠抓技术破案、情报破案、基础破案、协作破案，强化科技装备、侦查手段、工作机制的灵活运用，扩建DNA数据库，推动侦破机制完善和破案水平提升。

【基层基础工作】　一是继续推进治安动态防控体系建设。全市269个社区和农村警务室发挥人口管理、治安防范、服务群众、化解矛盾的前沿阵地作用。全市已组建各类群防队伍5106支18162人，城区80%以上的居民小区基本落实群防力量。采取民警护校、警校共建、源头预防等措施加强校园安保工作，共整改涉校安全隐患1206处，成立校园警务室224个，落实专职保卫干部2432人。二是大力推进"三实全覆盖"管理服务工作。全市在原有128名协管员基础上新增协管员457名，已采集实有人口信息3374451人、实有房屋信息1036986间，实有单位信息690020个。三是大力强化重点人口和重点行业管理。加强对出租房屋、旅店业、网吧等行业场所的管控，推行网吧"三色牌"管理办法，查处违规网吧312家次，规范网吧经营行为。通过网吧安全管理系统落地查证线索811条，定位抓捕各类违法犯罪嫌疑人431名，其中抓获网上逃犯245名，占全市抓逃总数1994人的12.3%。全市共排查整治旅馆业、娱乐服务场所2730家次，查破"黄赌毒"案件283起。四是不断创新虚拟社会管理工作。全市网站、论坛的"报警岗亭"、"虚拟警察"布建率均达到100%，及时处置互联网违法有害信息，化解一批网上舆情，维护网上和谐。五是不断加强和改进公共服务工作。进一步深化户籍、出入境、交通、消防管理便民利民措施。市局成立行政审批服务科，把19项审批事项纳入市政府行政服务中心集中受理审批。注重利用网络解社情民意，共办理回复群众网上咨询、求助、批评、建议、意见和投诉1418余条，"公众互动"回复率保持在98%以上。

【强化安全管理】　治安部门深入开展治爆缉枪缴刀专项行动，查处涉爆涉枪涉刀案件35起，依法打击处理涉案人员43人，收缴枪支105支，子弹2969发，炸药1985公斤，雷管6037枚。着力提高民爆物品、枪支弹药、危险化学品、易制毒化学品规范化、信息化管理水平，全面完成民爆行业公司化运行模式改革，对全市涉爆人员、民用持枪人员进行年度审验，各项管理制度得到落实，危险物品管理更加规范。采取跟班作业、上门审批等措施，为"十白"、"十房"高速等重点项目工程建设方培训爆破作业人员210人，预防涉枪、涉爆重大事故的发生。交警部门依法查纠交通违法行为，排查整治交通事故隐患，加强重点车辆和驾驶人的安全管理，着力破解城市交通拥堵、基础设施滞后于车辆增长速度的难题，向政府和有关部门提出一批合理化建议，维护交通安全形势稳定。全市共开展各类交通违法专项整治活动13次，纠正道路交通违法行为65万余起；处置道路交通事故246起，查破交通肇事逃逸案54起。消防部门加强以消防部队为主体的基层应急救援体系建设，深入开展消防安全监督检查，及时排查整改火灾隐患，提高灭火抢险救援能力，杜绝重特大火灾和群死群伤火灾事故的发生。全市共出动消防车6千余台次，消防官兵34000余人次，抢救被困人员273人，疏散人员4452人，抢救财产价值4020.2万元。共排查整治重点单位2849家，督促整改火灾隐患3123处，查处不合格消防产品1856件（套），全市5处重大火灾隐患已全部整改销案。警卫、交警、治安部门扎实做好警卫对象、重要会议和大型活动的安全保卫工作，特别是在第四届世界传统武术节大型安保工作中，采取"六定"措施，投入安保力量10412余人次，确保万无一失。监管部门把确保安全作为第一要务，以"双无"监所创建活动为载体，加强监所安全检查，严格监督管理，有效防范化解监所疫病流行、人犯脱逃和死亡等安全事故。

【信息化建设】　一是信息平台和基础设施建设得到加强。完成市、县指挥调度系统联网改造、"三实"全覆盖软件平台开发、警综系统与110报警系统的对接工作。完成350兆应急通信网建设，偏远乡镇的无线通讯困难问题得到缓解。移动警务系统得到广泛使用，2773名民警配发"警务通"，利用"警务通"查破各类案件155起，各类查询和操作应用近50万次。二是“大情报”系统建设有力有效。11个县市区公安局和各级主要警种都成立情报信息研判机构。三是视频监控系统建设继续推进。全市重点部位视频监控和技防设施安装率达到100%，基本实现对十堰城区和县市城关的全覆盖。全年利用视频监控系统抓获各类违法嫌疑人923名，破获各类案件724起。四是全警信息化应用水平不断提高。坚持把信息化技能素质纳入公务员年度考核范围并且与职级晋升、评先表彰挂钩，广大民警信息化意识和技能普遍提高，涌现出一批信息化应用能手和一批优秀网上应用技战法。

【队伍建设】 一是通过推行网上学法考试积分制度、建立民警参加国家司法考试奖励制度、健全完善执法考评机制等多种有效措施，促使全市公安民警执法能力得到提高。二是切实打牢群众工作基础，努力构建和谐警民关系。及时解决一大批事关民生、事关群众切身利益的问题，进一步打牢公安工作的群众基础。强化对“窗口”服务工作的监督管理，建立和落实服务承诺制、首问负责制、一次办成制、跟踪督办制、治安案件受案查处和刑事案件立案破案告知等机制，提高服务质量和办事效率。三是强化教育培训提高队伍素质能力。以“八个一”为主要内容，开展基层一线民警每年15天的轮训轮值，全年共组织训练班79期2254人，广大民警综合素质明显提高，保护人民、服务群众的本领不断增强。四是进一步完善反腐倡廉工作机制。构建惩防体系与党风廉政建设责任制有机结合，全力推进腐败风险预警防控工作，全局共有1288人参加腐败风险点排查，共排查风险点6331个，制定防控措施1051条，制定出台“三重一大”等工作制度9个，提升领导干部“两手抓”和广大民警抵御风险的能力。　（杨　丽）

检　察

【概况】 2010年，全市检察机关深入推进社会矛盾化解、社会管理创新、公正廉洁执法三项重点工作，忠实履行法律监督职责，大力加强检察队伍建设，切实提高执法公信力，为保障全市经济平稳健康发展、社会和谐稳定繁荣做出积极贡献。

【服务经济社会发展大局】 立足检察职能服务大局，建立健全服务大局意见征询、转化、反馈机制，共征求意见131条，转化决策内容56项，向党委、政府及相关领导反馈工作32件，确保检察机关执法办案与党委、政府的中心工作有效对接、同频共振。坚持将执法办案作为深入推进“三项重点工作”的根本途径，在依法严厉打击、坚决监督纠正危害社会建设和社会管理、影响社会和谐稳定的违法犯罪行为的同时，坚持慎重适用逮捕、起诉措施最大限度减少社会对立面，慎重办理涉众型经济犯罪案件，防止因处理不当引发群体性事件，维护社会治安大局稳定。围绕市委中心工作，积极参与“五大战役”，全力做好武当国际武术节、“三城联创”活动期间检察环节维护稳定等工作，被市委、市政府表彰为先进单位。

【打击刑事犯罪】 全市检察机关共受理提请和决定逮捕刑事犯罪嫌疑人2173人，同比下降4.57%；受理移送审查起诉刑事犯罪嫌疑人3612人，同比上升1.29%。经审查，依法批准逮捕2045人，同比下降4.84%；提起公诉2609人，同比下降4.78%。突出打击重点。深化“打黑除恶”和重点整治专项行动，依法从重从快打击严重暴力犯罪、“两抢一盗”等多发性侵财犯罪、黑社会性质组织犯罪以及严重危害公共安全等严重刑事犯罪，共批捕957人、起诉1152人；严厉打击破坏社会主义市场经济秩序犯罪，批捕79人、起诉90人。提高打击效率。认真落实繁简分流、类案专办以及普通程序简化审、简易程序等办案效率提速机制，共实行繁简分流795件，建议法院适用普通程序简化审742件，适用简易程序373件。坚持宽严相济。慎重办理未成年人犯罪案件，依法不批准逮捕67人，不起诉34人，办理刑事和解74件。

【查办和预防职务犯罪】 全市检察机关受理贪污贿赂、渎职侵权职务犯罪案件线索180件；立案侦查117件150人，同比上升3.45%；共起诉职务犯罪大案56件，同比上升14.29%；起诉要案8人，同比持平。其中，立案侦查贪污贿赂案件91件120人，侦结并移送审查起诉95件124人；立案侦查渎职侵权职务犯罪案件26件30人，侦结并移送审查起诉26件30人。坚持全面推进专项办案活动。立办国家投资领域职务犯罪11件25人，立办民生领域职务犯罪40件46人，立办城镇建设等领域贿赂犯罪6件6人，立办涉农职务犯罪24件45人，立办执法与司法不公背后的职务犯罪8件9人。进一步深化职务犯罪预防工作。积极推行“五个一”的侦防一体化机制，围绕十白、十房、谷竹高速公路、新农村建设等重点建设项目和南水北调中线移民工程等重点工作开展专项预防92次，完成预防职务犯罪年度报告9份。

【诉讼法律监督】 立案监督中，监督公安机关立案163件，同比上升20.7%，监督撤案39件，同比上升50%。侦查活动监督中，提前介入重大案件侦查294件，同比上升8.09%；纠正漏捕100人，同比上升51.5%；纠正漏诉118人，同比上升61.6%；纠正遗漏起诉罪行100件；监督行政执法机关移送刑事案件25件。刑事审判监督中，提出和支持抗诉8件，同比上升60%，提请省院抗诉4件；法院采纳3件，同比上升50%。刑罚执行和监管活动法律监督中，审查减刑、假释、暂予监外执行10人次，监督纠正执行不当8人次；民事行政诉讼法律监督中，市院依法提出抗诉21件，同比持平，提请省院抗诉27件，同比持平；法院采纳再审检察建议3件，同比持平；法院已改判9件，调解结案3件，再审综合改变率100%；办理督促起诉、支持起诉11件，法院采纳7件。

【控告申诉检察工作】 全市检察机关共受理来信来访725件，检察机关自行办理649件，转有关机关处理76件。办理省院交办信访案件10件，办结并息诉9件。受理刑事赔偿申请5件，审查后立案5件，决定给予赔偿5件。两级院规范设置受理接待中心9个，全部开通"12309"检察服务电话，共接受来访、来电、网络信访件584件，全部据实记录，检察长签批62件。对法院正确的裁判，做好疏导解释工作，促使当事人服判息诉16件。在清理排查涉检涉诉信访活动中，共清理排查重大案件10件，化解10件。

【社会管理创新】 严肃查办在社会管理、行政管理中失职、渎职以及贪污贿赂等案件24件26人，严肃查办人民群众反应强烈的执法与司法不公案件8件9人，结合执法办案和法律监督工作向发案单位、相关部门提出检察建议24份。全方位推进帮教工作，共开展法律讲座17次，开展帮教活动37次。积极参与网络虚拟社会管理，配合公安机关加大对利用网络实施诈骗、盗窃和"黄赌毒"等犯罪活动的打击力度，批捕7人，起诉25人。

【社会矛盾化解】 积极参与社会治安综合治理和平安创建活动，积极开展"举报宣传周"和"法制宣传日"活动，广泛开展法律"六进"活动，为群众送法制宣传资料10000余份、提供法律服务4000余次。加大检察工作向基层延伸力度，积极建设乡镇检察室、检察服务站、便民联系点等延伸平台72个、组织干警深入130个乡镇、社区、街道开展调查研究，走访群众200余人次，排查化解各类社会矛盾纠纷292件，排除可能引发群体性事件的隐患7起。坚持以公开、公正的办案说理制度化解矛盾纠纷，实行同步说理、双向说理、分类说理等工作机制，共对286份检察文书进行说理。

【检察工作机制改革】 认真开展职务犯罪案件审查逮捕程序改革。经市委同意，市编委于2010年4月正式下文批准市院成立审查批捕处，专门办理提请审查批捕的职务犯罪案件。审查批捕处成立以来，共受理基层院报请审查逮捕案件22人，经审查决定逮捕22人，受理市院报请省院批捕案件5件，平均办案时间为3天。全面规范量刑建议工作。认真贯彻落实"两高三部"《关于规范量刑程序若干问题的意见（试行）》，建立以量刑规范评价侦查的引导侦查取证模式，制定和完善业务互动制度、联席会议制度，严格规范量刑建议工作。共提出规范量刑建议795条，法院采纳率100%。加强检察建议工作规范管理。规范制作发放程序，办公室对各业务部门提出的检察建议统一核稿、编号、备案存档24份；建立跟踪督促反馈机制，跟踪督促24件。

【监督制约机制建设】 2010年8月，市检察院专题向市人大常委会报告全市检察机关侦查监督工作情况，市人大常委会作出《关于加强侦查监督工作的决议》。两级院主动邀请人大代表、政协委员视察检察工作297人次，专题视察反渎职侵权工作9次，主动走访市人大代表、政协委员、人民监督员以及事业单位等495人次。加强内部监督制约。通过各项工作程序的相互衔接，形成工作环环相扣、部门相互制约的链式监督模式，强化对各项工作的过程化监督。加强执法办案监督，对立案侦查的117件150人职务犯罪案件，全部建立"一案三卡"，全部实行讯问犯罪嫌疑人全程同步录音录像。创新逐案多层面回访机制。对2010年办结的所有案件，实行对涉案单位及其上级主管部门，对犯罪嫌疑人及其亲属、证人以及利害关系人、公安、法院、律师等多层全面回访机制。共回访案件相关人员469人，收集各类意见和建议29条，受到社会好评。

【党风廉政建设】 签订党风廉政建设责任状150份，开展反腐倡廉教育27次。严格落实《廉政准则》，对部门和干警个人可能滋生腐败的思想道德、岗位职责等五类"风险点"集中排查9次。全面开展检务督察，对禁酒令、办案安全、车辆使用、涉案款物等重点问题进行广泛深入督察。市院成立由院领导带队的巡查督导工作组对基层院开展以指导、检查、巡查、调查、协调、督察为内容的"六合一"专项巡查活动4次，对检查发现的三类13项问题及时督促整改到位。

【执法能力建设】 制定2009年—2012年教育培训规划实施方案。坚持以办案规律和基本办案技能为核心，组织专家授课、业务培训56场次，参学人员达650余人（次），人均学时达50天；组织159名干警参加高检院、省院组织的网络培训和专项培训；组织52名干警参加司法考试培训，通过23名，市院6名；建立干警学习档案340份；开展各类"岗位练兵，业务竞赛”活动25次，有效提高干警实战能力。建立干警传阅及时学习领会上级精神和工作部署，督促干警学习文件、外地经验146项。市院与市图书馆合作，创建“检察图书室”，提供法律、政治、社科、人文、历史等类图书、资料9600余册，还建立电子阅览室，方便干警随时学习、查找资料。

【检察文化建设】 坚持突出检察文化特色与展示检察工作创新特色相结合，创新市院检察文化建设方案，建设检察文化荣誉室、组建检察文化讲解队。组织开展全市检察机关篮球赛，市院机关太极拳比赛、乒乓球比赛、电脑应用、趣味读书、文艺汇演、办公办案区布置等文体活动18项，营造团结协作、开拓创新的检察文化氛围。

【基层院建设】 紧紧围绕基层院“四化”建设目标，认真贯彻落实省院20项重点事项，切实加强基层院建设。为基层院制订“四级梯次目标”。推行先进院与后进院“一对一”帮扶机制，4个基层院相互结成帮扶对子。实行两级院党组民主生活会交流参加制度，共交流参加民主生活会16人次。协调地方党委政府选好配强基层院领导班子帮助9名“新兵”掌握工作基本技能、积累工作实践经验。坚持以“创争当”活动为载体，严格按照省院制定的考评标准，对基层院建设情况实行动态分析推进机制，促使基层院加强和改进工作。加快科技强检步伐，全市有6个基层院“两房”建设基本达标，2个院在积极建设。加大经费投入，对检察专线网、机关局域网、互联网门户网站、同步录音录像及侦查指挥系统进行更新，为执法办案和检察工作提供有力保障。

（沈红波）

审　　判

【概况】 2010年，全市法院共受理各类案件21253件，比上年同期的20925件多收328件，上升1.57%；审结20445件，比上年同期的19842件多结603件，上升3.04%；结案率为96.2%，比上年同期的94.82%上升1.38%。其中，市中院受理各类案件2757件，比上年同期的2479件多收278件，上升11.21%；审结2612件，比上年同期的2242件多结370件，上升16.50%；结案率为94.74%，比上年同期的90.44%上升4.30%。

【刑事审判】 依法惩治贪污、贿赂、挪用公款等职务犯罪，判处3年以上有期徒刑、无期徒刑和死刑618人，占处刑被告人的27.47%。遵照最高人民法院下达的执行死刑命令，市中院依法对仙桃涉黑团伙案主犯刘烈勇、陈小辉以及罪行恶劣，危害一方的黑社会头目余东依法执行死刑，有力地打击和震慑犯罪。全市法院共受理一审刑事案件1638件2896人，同比分别分别上升3.93和6%；审结1609件2840人，同比分别上升2.29%和4.11%；结案率为98.23%，同比下降1.58%。其中，市中院受理一审刑事案件48件131人，同比分别下降7.69%和上升23.58%；审结48件131人，同比分别下降5.88%和上升24.76%，结案率为100%，同比上升1.92%。共受理二审刑事案件245件，审结242件，同比分别下降3.16%和1.22%；结案率为98.78%，同比上升1.94%。同时，加强对未成年罪犯的教育、感化、挽救工作，缓解社会矛盾，对具有法定从轻、减轻处罚情节的，依法从宽处理，并对过失犯罪、未成年人犯罪及其他轻微刑事犯罪的886名被告人，依法适用缓刑、管制等非监禁刑，占处刑被告人的39.38%，最大限度地减少社会对立面，全力维护社会稳定。

【民事审判】 注重程序和实体上平等对待、平等保护各类民事主体的合法权益，为人民群众营造安定和谐的社会环境。《中华人民共和国侵权责任法》颁布后，全市法院院分批派专人外出培训学习，而且由他们负责讲课并组织考试，力求每一位法官都能掌握好用好该法。全市法院共受理一审民事案件11538件，审结11172件，同比分别上升0.44%和0.11%；结案率为96.83%，同比下降0.31%。其中，市中院受理一审民事案件185件，审结153件，同比分别上升25.85%和37.84%；结案率为82.7%，同比上升7.55%。共受理二审民事案件1496件，审结1469件，结案率为98.2%，同比分别上升2.26%、上升3.82%和上升1.48%。

【行政审判】 积极受理行政诉讼案件，充分保障行政相对人的合法权益。在全面加强行政诉讼审判力度的同时，加大对重点工程建设、拆迁等行政非诉执行案件的执法力度，营造公正高效的服务环境。全市法院共受理一审行政诉讼案件177件，审结175件，结案率为98.87%，同比分别上升42.74%、43.44%和0.48%。其中，市中院受理行政一审诉讼案件12件，审结12件，同比分别上升200%和200%，结案率为100%，与上年同期持平。市中院受理二审行政诉讼案件72件，审结69件，结案率为95.83%，同比分别下降5.26%、9.21%和4.17%。受理国家赔偿案件5件，审结2件，促进国家机关及其工作人员依法履行职责。

【执行工作】 紧紧依靠党委、人大、政府、政协等部门的支持，将创新方法与加大力度相结合，打造执行工作新格局。在增强执行工作透明度的同时，用足用够法律措施，从严制裁各种拒不履行法院裁判文书的违法行为，从而有效化解执行难题。自2010年8月份最高法院决定在全国法院系统开展创建“无执行积案先进法院”活动以来，全市法院在省法院的统一安排部署下，迅速成立“创先”工作领导小组，积极组织学习、制定创建方案、召开动员大会进行专项部署，做到集中领导、集中力量、集中精力、多措并举、多管齐下，确保创建活动扎实有效推进。全市法院共受理各类执行案件5661件，同比下降2.18%；共执结5351件，结案率为94.52%，同比分别上升4.57%和6.1%。执行标的金额89042.44万元。其中，市中院受理执行案件308件，同比下降17.43%；执结264件，结案率为85.71%，同比分别上升6.02%和18.96%。执行标的金额53788.03万元。

【审判监督】 共受理各类审判监督案件138件，审结123件，同比分别下降9.21%和3.91%；结案率为89.13%，同比上升4.92%。其中，市中院受理各类审判监督案件103件，同比下降2.83%；审结93件，结案率为90.29%，同比分别上升8.14%和9.16%。在审结的123件再审案件中，依法改判36件，占29.27 %，维护当事人的合法权益。自觉接受检察机关的法律监督，全市法院共审结检察机关提出的抗诉案件43件，依法改判10件、维持6件、发回重审3件、调解3件、以其他方式结案21件。坚持检察长列席审判委员会制度，市检察院检察长10次列席中院审判委员会讨论案件15件。

【立案、信访工作】 2010年是集中清理信访积案的关键年，5月中旬，市中院召开集中清理涉诉信访积案动员大会，对该项工作进行安排部署，把工作重点放在化解进京、赴省上访案件和重信重访案件上，共办理各级交办的重访案件99件。同时，为45名信访当事人争取救助金80.06万元，力求“清理一件，带动一批”，全面推进涉诉信访积案清理工作。

【量刑规范化改革】 为更好地贯彻落实宽严相济的刑事政策，增强量刑的公开性和透明度，实现量刑公正和均衡，维护社会公平正义，省高院、市中院于2008年确定在张湾区法院开展量刑规范化试点工作，收到良好效果。经过调研论证、文件起草、初步试点及全面试点等阶段，最高人民法院经报中央批准，决定自2010年10月1日起在全国中、基层法院全面试行量刑规范化改革工作。2010年10月1日量刑规范化改革工作已在全市法院全面铺开。

【完善多元化矛盾纠纷解决机制】 全市法院继续坚持“调解优先、调判结合”的审判原则，共调解、撤诉案件7919件，调撤率54.14%。加强司法调解、人民调解、行政调解和其他非诉调解的衔接配合，努力从根本上化解矛盾。不断拓宽调解思路，积极推动在劳动、卫生、治安、交通、保险等矛盾纠纷高发的有关主管单位和社会团体、行业协会、企事业单位等有关组织建立健全纠纷调处机制。

【岗位廉败风险防控教育】 一是查找岗位风险点。针对社会价值观念多元化和法院干警岗位差异性的特点，确定岗位主要腐败风险点89个，其中一级风险点35个、二级风险点38个、三级风险点16个。二是梳理风险教育内容。制定《腐败风险防控实施方案》和《腐败风险管理办法》，组织干警开展腐败风险点大讨论活动，从最容易产生腐败和不正之风的环节，以及法官思想认识上最模糊的问题等方面入手，确定教育内容。三是落实风险教育措施。通过签订党风廉政建设责任状、开展纪律作风整训、整肃警风、“五个专项治理”和第11个党风廉政建设宣传月活动，举办《廉政准则》辅导讲座等形式促进干警纪律作风建设。四是健全风险教育机制。先后建立完善干警周五学习、组织生活会、中心学习组学习等制度，并把岗位廉政教育纳入年度党风廉政建设责任制检查考核的重要内容，做到同落实，同考核，同奖惩。

【学习培训工作】 年初，市中院结合纪律作风集中教育整训活动，就如何当好庭长、审判员、书记员进行分类培训。10月9日至18日市中院组织全市法院60余名司法警察参加业务技能训练，还集中开展为期3个月的司法警察警示教育活动。10月29日，市中院围绕《最高人民法院民事裁判文书的若干规定》对中院领导、各业务庭室干警及城区、丹江口市、郧县法院的部分法官共计120余人进行培训。11月11日，市中院组织全市各基层法院审判委员会委员、刑事审判法官及部分律师，就量刑规范化改革的有关知识进行培训。

（漆桂生）

司法行政

【概况】 2010年，全市司法行政工作以“社会矛盾化解、社会管理创新、公正廉洁执法”三项工作为重点，扎实开展九项专题活动，立足实际，改革创新，为维护全市社会和谐稳定和促进经济平稳较快发展作出应有的努力。

【“五五”普法】 一是大规模开展自查验收。3月份集中8天时间对全市各单位共400余名普法骨干分四期进行培训，以保证全市“五五”普法验收的质量，5月份抽调10个检查组对全市十个县市区以及120多家市直党政机关、社会团体、企事业单位、驻市各单位的“五五”普法依法治理工作进行认真细致地检查验收，掀起普法大验收、大总结热潮。二是查漏补缺，在全市掀起“五五”普法依法治理新高潮。通过组织新一年法制学习动员、法制宣传月、法律知识竞赛等活动，保证全市善始善终抓好“五五”普法工作。7月初省依法治省工作领导小组对我市“五五”普法依法治理工作进行检查验收后，给予高度评价，认为十堰的“五五”普法依法治理工作，能够围绕党委、政府的中心工作，积极开展法制宣传教育，深入推进依法治理，工作成效明显，特点突出。三是普治并举，大力开展依法治理。组织召开依法治市工作领导小组全会，审议通过《法治十堰建设纲要》，市委、市政府于3月10日以十发[2010]5号文件下发《法治十堰建设纲要》。四是在学校及周边集中开展法制宣传教育专项活动。制定《关于在学校及周边集中开展法制宣传教育专项活动的实施意见》，会同市教育主管部门在城区大中小学校及周边集中开展法制宣传教育专项活动。五是开展12.4系列活动。举行大型“12.4”法制宣传日活动，共有61家单位参加，发放宣传资料6万余份；组织一次全市范围的法律知识考试；举办一次以《人民调解法》为主题的专题讲座，市直有50多个单位参加。

【基层建设】 一是抓好国债项目司法所建设。2010年有16个司法所启动建设，目前已建成投入使用12个。二是加强司法所规范化建设。在队伍建设上，各地先后集中3～5天时间对司法所工作人员进行政治理论和业务技能的培训。按照“三懂六会”的要求，对全市司法行政干警进行培训，并鼓励干警在职学历教育学习。推行用人新机制，选拔重用年轻人任司法所长，并积极落实司法所长的职级待遇，司法所长已落实副科待遇50人，占41%。加大对司法所基础设施建设的力度。基础设施的不断改善，激发基层司法行政工作人员的工作积极性。三是加强组织网络建设。全市共整顿调解组织118个，撤换101名调解员。配合市卫生局拟定《十堰市医疗纠纷预防与处理暂行办法》，以规范医疗行业纠纷防控体系。四是推进“一所三中心”建设。全年全市乡镇（街办）人民调解中心直接参与调解疑难复杂民间纠纷4038件、协助基层政府处理社会矛盾纠纷2830件、组织开展矛盾纠纷大排查1386次、防止群体性上访事件194件、制止群体性械斗102件；矫正帮教中心帮教刑释解教人员931人、安置帮教人员794人；法律援助中心办理涉农法律事务2733件、涉残法律事务243件、涉老法律事务254件、涉儿法律事务127件、涉妇法律事务381件。五是积极落实“法务前沿”工程建设。确定“法务前沿”工程试点乡镇8个，基本实现“零距离”向村（居）民提供法制宣传、法律咨询和法律援助服务，“近距离”预防犯罪和矫正帮教违法犯罪人员，“第一时间”排查化解各种矛盾纠纷。六是开展“民间矛盾纠纷大调解”活动，进一步发挥人民调解维稳作用。市县两级都成立由一把手任组长的“推进社会矛盾化解”工作领导小组，制定实施方案，力求做到矛盾纠纷发现得早、控制得住、处置得好，防止局部问题演化成全局问题。10月下旬，全市司法行政系统上千名工作人员深入城区及“五县一市”百余个社区（城中村）开展“千人百区”促和谐活动，着力排查化解矛盾纠纷、宣传法律法规、现场提供法律咨询和援助、征求行评意见建议。据统计，各法律服务点累计发放《人民调解法》、法律援助等宣传资料和十七届五中全会解读近10000份（本），接受居民咨询1200余人次，解答法律疑难问题67件，调处邻里矛盾纠纷35件，现场受理法律援助案件12件。组织6个工作组深入城区街办帮助排查矛盾纠纷。围绕“创卫”、“武术节”，全力化解影响稳定的矛盾纠纷。围绕校园安全，及时调解由原民办教师和农村幼儿教师要求落实政策引发的矛盾纠纷。4个县（市、区）共调处拆迁纠纷254件，化解拆迁纠纷同比上升。2010年，全市各级各类调解组织共调解各类民间纠纷19832件，调解成功19294件。防止因民间纠纷引起的自杀60件78人，防止因民间纠纷转化为刑事案件146件254人，防止群体性上访194件，制止群体性械斗102件。有164个先进集体、584名先进个人受到各级表彰，其中1个调解委员会、3名人民调解员受到国家司法部表彰。

【律师公证】 全市律师担任法律顾问426家，办理刑事案件804件，代理民事案件1161件，办理非诉讼案件333件，解答法律咨询3002件，代写法律文书125件。市公证处全年共办理各类公证3065件，其中涉外公证1244件，涉港澳台公证75件。一是开展警示教育活动。以李庄违法违纪执业案件为反面教材，在全市律师队伍中深入开展警示教育活动。3月份举办全市律师集中学习教育培训班，局党委书记、局长、市律师协会会长胡建明亲自授课，大力开展警示教育。二是教育引导律师公证员更多采用调解的办法化解社会矛盾。全市律师公证员成功调解各类民事纠纷201起，其中律师非诉讼调解68起，庭前调解52起，庭中调解81起。三是做好律师参与信访工作。全市参与涉法信访664件，提供法律意见381条。四是做好律师办理重大影响法律事务的指导工作，市局、市律协指导协调重大法律事务21件。五是进一步开展律师顾问团工作。全市为党政机关担任法律顾问28家，顾问团为党政机关讲授法制课22场次，参与重大项目法律论证127次,为政府起草修改审查合同61份,审查政府规章和规范性文件48份,代理政府诉讼非诉讼案件34件,提供法律咨询813件,参与执法监督工作24次。六是积极做好为大企业提供法律直通车服务工作。2010年为汉江水利水电(集团)有限责任公司等大企业提供法律咨询服务75次,为企业举办法律知识讲座19次,代理法律诉讼28次。七是开展"律师进社区"活动。10月中旬,50名律师进社区全部到位并开展工作。八是积极开展社会工作,提升律师社会形象。经资格审查、综合能力测评、组织考察等一系列程序,报名参加公选的45名执业律师有9名当选为县市区总工会兼职副主席,此举得到省总工会、市委领导的高度赞扬,《工人日报》、《中国律师网》进行宣传报道。九是继续开展"6·13十堰律师义务奉献日"活动。组织开展第五个"6·13十堰律师义务奉献日"活动,全市发放法律宣传资料5100份,解答法律咨询4900人次,上法制宣传课25场次。

【社区矫正和帮教安置】　2010年全市在册社区矫正人员877人,其中管制8人,缓刑726人,假释85人,暂予监外执行34人,剥夺政治权利23人。在册刑释解教人员3449人,刑释解教人员帮教率达到90%,安置率达到80%,重新犯罪率控制在全省要求指标以下。

【司法鉴定】　全年共办理司法鉴定案件3457件,其中法医类3197件,经济类260件,提供司法鉴定法律援助30件。

【法律援助】　2010年全市法律援助机构共办理法律援助案件1412件(其中刑事案件155件,民事案件1255件,行政案件2件),办理其他法律援助事项15000余件,超额完成省司法厅下达的"办理法律援助案件1300件、办理其他法律援助事项13000件"目标任务,避免和挽回各类经济损失3000余万元,实现应援尽援、能援必援。目前,我市已有5个县区在临街建立法律援助便民服务接待大厅。全年开展宣传活动58场次,发放各类宣传资料36000份。

【劳教工作】　一是加强队伍建设,进一步提升民警素质。二是狠抓管教主业,确保场所持续安全稳定。继续加强民警对劳教人员的直接管理,确保对劳教人员的二十四小时不脱管失控。三是全力推进戒毒所项目建设工作。强制隔离戒毒所项目建设立项已得到国家发改委的批准,国家资金前期700万元已下达到市财政,目前劳教所征地10亩的规划已得到市规划局的批复。　(陈光贵)

军　事

十堰军分区

【概况】 2010年，十堰军分区围绕“四创三争两保”（创建加强思想政治建设的新格局，创建做好中长期军事斗争准备的新机制，创建军事基础设施建设的新亮点，创新促进科学发展、安全发展、协调发展的新路子，争当先进党委，争做先进单位，争创一流业绩，确保年度各项工作任务圆满完成，确保部队高度集中统一和安全稳定）工作思路和目标，着眼全局科学谋划，突出重点统筹兼顾，严格标准狠抓落实，圆满完成以军事斗争准备为龙头的各项任务。

【党委班子建设】 2010年，十堰军分区党委班子建设以开展创建“学习型党委、效率型机关、争做复合型人才”和“创先争优”活动为抓手，党委核心领导作用、党支部战斗堡垒作用和党员先锋模范作用得到较好发挥。以作风纪律教育整顿为契机，深入开展“讲党性、重品行、做表率”活动，大力加强党性锤炼和人品官德修养，以自身的良好言行影响部队、感召官兵，促进部队风气建设的根本好转。认真贯彻民主集中制，严格落实党委议事规则，坚持重大问题集体研究决定，重要事项问计于官兵，党委把关定向、引领发展的能力进一步增强，科学决策、民主决策、依法决策水平进一步提高。军分区政治委员周建新代表军分区党委在省军区先进典型事迹报告会上作典型发言，并被广州军区表彰为优秀师旅团级单位党委书记，党委先进事迹在《战士报》头版头条刊发。

【思想政治教育】 坚持把学习贯彻党的十七大和十七届四中、五中全会精神作为首要的政治任务贯穿全年。按照“熟知熟记、悟深悟透、会用会干”的要求，采取办班培训、参观见学、体会交流、评选“理论学习之星”等方式方法，深入抓好党的创新理论精神的学习贯彻，集中抓大力培育当代革命军人核心价值观教育。3月1日至9日，在郧县民兵训练基地连续举办两期学习中国特色社会主义理论体系理论读书班，212人参加集训。

【战备工作】 第一季度，十堰军分区组织修订完善市县乡三级战备方案。上半年，在升级军分区、人武部作战指挥信息控制系统基础上，进一步抓好网络系统配套、维护和运用，实现对重点部位、重要目标全天候、全时域指挥监控，提升战备信息化建设水平。年内，抓好重大节日和敏感时期的战备教育、战备值班，保持正规的战备秩序。年底，组织对军分区本级和人武部进行军事斗争准备能力检验评估，全部达标。

【军事训练】 全区民兵军事训练从4月份开始，10月底结束，经各单位普考和军分区抽考，合格率在90%以上，圆满完成年度民兵军事训练任务。4月份，组织十堰城区人武部进行民兵应急分队快速收拢集结演练，规范战备演练组训程序和方法；5月份，分别组织一期专武干部集训和专业技术兵教练员集训，提高专武干部任职能力和教练员组训能力；5至7月份，组织“民兵军事三项”竞赛选拔和强化训练，参加省军区比武竞赛，取得团体总分第四名；8月份，完成民兵高炮分队训练，经考核验收，所训课目全部合格；9月下旬，采取自导自演、上导下演、以上带下的方式，组织指挥所拉动和实兵演习，取得较好的效果，经验做法被省军区转发。

【民兵组织整顿和基层建设】 第一季度，在张湾区组织民兵整组试点，探索总结“六个一”的编兵新模式，经验做法被省军区转发。开展大抓“基层建设示范点”活动，组成军地联合检查组，对人武部和基层示范点建设情况进行交叉大检查，全区共抓示范点46个。通过整组，全区民兵组织布局更加合理，编组更趋科学，结构进一步优化。4月份，召开全市人武部和基层武装部建设工作会议，总结工作、部署任务，出台《十堰军分区基层建设规范》，通报表彰基层建设先进单位和个人，举办基层建设成果展，观摩张湾区人武部正规化建设、基层武装部示范点建设、民兵训练基地“三化”建设，利用指挥信息控制系统进行市级民兵应急分队应急拉动演示。省军区司令员汪金玉少将亲临会议指导并给予充分肯定。

【国防动员】 组织召开十堰市国动委第七次全会，组织国动委主任述职，总结部署国防动员工作。及早筹划并完成十堰市国防动员建设“十二五”规划编制工作，市委常委议军会议审议并通过《规划》和《说明》，为十堰市抓好“十二五”期间国防动员建设提供依据。“八一”前夕，军分区邀请国防大学金一南教授为市“四大家”、市直各部门和驻军各单位等750名县级以上党政领导作国防形势报告，在军地产生较好反响。

【征兵工作】 深入贯彻落实《兵役法》和《征兵工作条例》，加强对新形势下征兵工作新情况新特点的研究。6至8月份，圆满完成在校大学生和从非军事部门直接招收士官工作。9月份以来，按照安排部署、业务培训、初检初审、走访复查、交接输送五个步骤，通过十堰市各级政府、兵役机关和公安、卫生等有关部门的共同努力，圆满完成1000余名新兵征集任务。

【安全管理】 深入开展“安全宣传教育月”、机关和营院综合整治、重大安全隐患排查和“迎亚运、严军纪、树形象”等活动，每季度学习一次条令条例、进行一次安全隐患排查、组织一次队列和军容风纪检查、召开一次安全形势分析会，强化官兵职工做好安全工作的责任感和自觉性。指导郧县、竹溪县、房县、丹江口市、神农架林区人武部，采取集中销毁和异地调运形式销毁报废弹药32506发（枚），共计20余吨，消除重大安全隐患。10月份，组织召开学习贯彻新条令、防范重大安全问题集训暨两个经常性工作座谈会，形成机关按照条令条例指导、官兵依据条令条例办事的良好局面。

【双拥共建】 机关和全区10个团级单位积极响应上级号召，先后组织全区官兵职工为玉树地震灾区捐款54800元，向甘肃舟曲特大泥石流灾区捐款28362元。军分区积极开展“万名民兵进千家、我为移民作贡献”活动，军分区首长机关和相关人武部积极协助地方做好7万余人的移民搬迁工作。郧县、郧西、竹山、丹江口市人武部具体负责158户586人的移民搬迁任务圆满完成。主动参与十堰市“三城联创”、鄂西生态文化旅游圈、驻地新农村建设、扶贫帮困和配合市政府全力抓好第四届世界传统武术节和第九届武当山旅游节的安保等工作。7月份，军分区、各县（市、区）人武部组织民兵预备役人员7000余人次，转移群众47000余人，搬运物资600余吨，抢修道路近20公里。郧县、郧西县人武部被省军区评为防汛抢险先进单位，郧西县人武部部长杨学林被省委、省政府、省军区表彰为防汛抗洪先进个人，竹溪县人武部部长杨子舟、竹山县人武部部长唐宏虎被省军区评为防汛抗洪先进个人。

【后勤工作】 2010年，军分区按照总部要求，大胆探索实践，勇于攻坚克难，圆满完成饮食、商业、医疗、油料、交通、营房、富余职工分流改革试点任务，走出一条依托社会化保障的新路子，军分区被四总部评为全军“十一五”保障社会化先进单位。11月中旬，总部在昆明召开全军保障社会化工作会议，军分区作为省军区、广州军区和全军唯一军分区代表，在大会上作典型发言。　（廖先明）

武警十堰市支队

【概况】 2010年，支队先后集中组织8批150人次蹲点帮扶，为基层争取建设经费300余万元，解决实际问题32个，使连续多年与先进无缘的竹溪县中队跨入先进行列，使郧西、房县、竹山、丹江口市中队等单位的硬件建设水平得到较大提高。

【能力建设】 制定《党委抓中心工作措施》、《勤务管理实施细则》等8项机制。采取“三查”、建立“三个双向监督机制”和“一先四模”评比等方式，提高勤务运行质量，执勤工作连续29年无事故。着力抓好执勤阵地建设，先后投入200多万元，建成8个看守中队钢网墙（滚刺网）和AB门，现已全部上勤，4个中队勤务值班室建成电视墙，在监墙哨下方、监门等重要部位新添监控探头29个，加装门禁系统8个，新建1个单位96米的监墙巡视道。按照总队“孝感执勤座谈会”精神，为42个哨位配备新式哨位集成箱，安装便捷高效的语音对讲系统等器材14种，为12个中队配发汽油发电机、对讲机、器材架、防弹头盔、防割手套、警绳等执勤设施21种，为16个岗楼哨外围全部安装不锈钢防护栏。着力提高遂行任务能力，以构建遂行多样化任务应急力量为核心，重点细化完善“丹江大坝反恐”、“汉江防汛抢险”等12项预案。坚持以丹江大坝防爆炸、十堰城区防骚乱、哨兵和营区防袭击、看守目标防脱逃、抢险救灾防群死群伤为重点，突出抓好思想、组织、力量和物资器材准备，先后5次组织首长机关带分队进行“冲击市委、市政府群体性闹事”防护演练、武术节安保反恐抽组演练和“卫士-10”演习，部队遂行多样化任务的能力不断提高，先后出色完成何厚铧、桑国卫、孙家正等中央领导住地警卫6次，第四届世界传统武术节和郧西天河七夕文化节安保、武装押解、解救人质等重大临时勤务50多次，郧西、郧县、竹溪等地抗洪抢险任务5起。

【思想政治建设】 通过开展小栏目、小辩论、小参观、小典型、小文艺活动等“五小”配合活动渗透和一言一行、一岗一哨、一职一位实践活动抓好主题教育。认真贯彻武警部队《经常性思想工作实施细则》，深入开展“深知兵，真爱兵”和“尊干爱兵模范”评选活动，及时有效解决官兵现实思想问题。通过设立首长意见箱、“148”法律服务热线，开设网上首长博客和“心理咨询专栏”等多种渠道听兵声，通过“三互”、“双四一”、经常性思想工作“四个天天”、“一表一案一本”等多种载体把兵情，通过与市茅箭医院签订《心理工作服务协议》，聘请地方专家定期为官兵进行心理知识辅导和心理问题咨询，编印下发《基层官兵心理调适手册》和《心理疾患发生的原因及应对措施》等多种举措解兵难。先后制订下发《基层文化建设三年规划》和《基层警营文化操作规范》，为所有基层中队完善“五室一场”，开展“日练百字、周写一文、月读一书、年学一技”活动，着力打造“一队一品”警营文化，抓文化工作做法被总队转发，在总队经常性思想工作座谈会上作交流。

【安全形势教育】 开展“安全法规常学、安全警句常记、安全警示片常看，安全故事常讲、安全事故常析、安全启示常论，安全板报常办、安全图片常展、安全节目常演”等九个内容为主的安全文化创建活动。抓好新条令学习、“我为安全发展献策尽责”活动和以“治‘三松’，严纪律，保安全”教育整顿为主的各类安全教育。认真学习贯彻辽宁会议精神、从严治警集训精神和新的共同条令，支队先后在一、四中队召开依法从严治警正规化管理现场会，拍摄下发《基层正规化管理》和《新条令训练》示范光碟，按照机关先行当样板、基层对照抓检查、个人对照抓落实的步骤，逐人、逐项、逐单位抓好整改落实，提升部队正规化管理水平。认真落实总队两级安委会分片交流培训会精神，扎实搞好安全检查培训，严格落实“日查一点，周查一线，月查一遍”和蹲住检查相结合的安检机制，采取分层研究培训、分片检查帮教、分类梳理指导、分步整改治理的措施，扎实开展“五个过一遍”和安全大排查活动，消除各类软硬隐患50多个。突出重点问题的治理，通过采取“掌控在外人员，管严公勤人员、盯紧个别人员、审查重要岗位人员”，“双人双锁”、“三级联管”，“五位一体”联管责任制、制定安全行车“24个想一想”警示卡，收发文件每次必记，笔记本电脑、移动存储介质带出营区必审，印章文件每日必锁、涉密资料每月必交等措施，扎实抓好人员管理、枪弹管理、车辆管理和信息安全管理，筑牢部队安全发展基础。支队被总部表彰为“连续6年预防事故案件先进单位”。

【干部队伍建设】 开展“强责任、作表率、保安全”和“三个正确看待”专题教育，广泛掀起“向优秀干部秦剑学习”热潮，开展“向典型学什么、比典型差什么、学典型做什么”活动，进一步修订完善《干部管理规定》，扎实抓好大练基本功活动，并专门设立“干部解难帮困办公室”。先后表彰5名模范军嫂，为随军无工作家属争取到每人每月200元的固定补助，解决2名随军无工作家属和2名转业干部工作安置问题，为特困干部发放慰问补助金3万多元，12名干部子女顺利入学。制定《规范考察帮建实施意见》，开展“分片互助，共创先进”活动，支部“三个能力”明显提高。从细化承诺内容、优化实施程序、强化制度监督三个方面着力，深入开展“党员公开承诺”和“星级党员”评比活动，有效调动党员队伍积极性。

【后勤战备建设】 修订完善7种战备方案，制定《紧急出动后勤工作实施流程》，坚持后勤机关紧急出动训练与支队处突演练同步开展，与十堰市军供站、寿康永乐公司等驻地单位签订代征代运、代储代供协议，与市人民医院签订医疗合作协议，建立警地一体化保障机制，定期开展应急保障训练，提高遂行多样化任务后勤保障能力。狠抓后勤规范化管理，修订完善经费物资、工程建设、经济责任审计等12项管理细则，积极推进资产预算结合改革和公务卡结算改革，全年累计节约经费26万元。大力开展“学后勤法规，学本职业务”和后勤岗位练兵活动，采取集中组织培训、开展业务研讨等方法，每月组织司务长进行集体办公和业务培训，分6批先后组织炊事员、军械员、驾驶员、卫生员等技能培训，提高后勤人员整体素质。狠抓基础设施建设，促成竹溪中队营房重建，二中队、房县、竹山、郧西4个单位营房改建翻新，三中队顺利搬迁至过渡房，教导队加油站、攀登楼等附属工程完工。

【死刑犯执刑现场及路途押解执勤】 1月12日17时30分，依据全国最高人民法院和省高院紧急通知，湖北省十堰市中级人民法院将于1月13日7时00分至9时30分对湖北仙桃市黑社会组织负责人刘烈勇、陈小辉执行死刑。受领任务后，支队党委高度重视，支队长谢小波、政委李新兵就完成好此次勤务提出具体指示和要求。及时成立以参谋长李伟为组长，支队业务部门和参战分队主官为成员的勤务领导小组，召开专题会议研究部署，经严格政审，逐个把关，挑选38名官兵，担负此次死刑犯执刑现场及路途押解勤务，任务完成圆满。

【“春运”执勤】 春节过后，襄渝铁路迎来“春运”高峰期，十堰火车站每天客流为1.7万人次，比往年同期增长3000人次。2月16日至3月10日，支队高度重视，科学安排，严密组织，共出动兵力120人次，车辆22台次，协助铁路部门收缴危险违禁品12件、管制刀具7把，仿真枪1把，执勤官兵为群众做好事30余件，保证68列火车，7万余名旅客安全。

【总队政委贾临波来十检查指导】 9月17至19日，总队贾临波政委亲临支队检查指导工作，深入偏远山区看望慰问官兵。期间，贾政委还会见十堰市委书记陈天会、市长周霁，市政法委书记、公安局局长、支队第一政委糜克洪，市委常委、副市长张维国，并就军地相互支持，共同推进发展交换意见。

【成功处置6·28劫持人质事件】 6月28日，支队成功处置一起劫持人质事件。犯罪嫌疑人徐某与柯某系恋爱关系。6月28日下午，因女方不同意继续交往并讨要青春损失费两人发生争执，男方手持匕首控制并胁迫女方与其继续交往，人质生命受到严重威胁。支队长谢小波率参谋长朱雄武、作训股长朱绍龙及一中队17名官兵携带88式、85式狙击步枪及81式自动步枪各1支，子弹60发迅速赶赴现场，划分为侦察、外围警戒、中心区封控、武力突击4个战斗小组，做好强行突击准备。22时05分，根据现场指挥部的命令，埋伏在民房外的一中队中队长刘忠华率两名特战队员以迅雷不及掩耳之势冲入房内，一举制服徐犯。

【举办军嫂联谊暨模范军嫂表彰会】 7月17日，支队举办军嫂表彰联谊会，60多名军嫂从全国各地相聚绿色警营，共同庆祝建军83周年。会上，支队长谢小波、政委李新兵对广大军嫂多年来承担家庭重担，支持部队建设表示感谢。会议安排军嫂参观驻地景区，为每名军嫂发放纪念品和《支队优秀干部和军嫂事迹汇编》，柯琼、姚丹、赵平、付敏等5位军嫂被支队表彰为模范军嫂。

【抗洪抢险】 7月18日20时，因汉江上游陕西水库开闸泄洪，致使下游水位急骤上涨，洪水漫过河堤，各乡镇主要坝堤、湖泊面临巨大考验。支队共出动50名官兵连续作战，成功处置郧西县羊尾镇、佘家湾桥、天河坪桥、渡春桥4个救援点抢险和控制郧县5艘满载300余吨的采沙船失控冲击汉江二桥任务，共疏散转移群众2000余人，抢救搬运物资200余吨。8月2日，郧西县委、县政府召开全县经济形势分析暨防汛救灾工作会议，中队官兵因在抢险救灾中表现突出荣立集体三等功，中队长李强、战士姚遥分别记个人三等功一次。8月8日，十堰电视台《车城大讲坛》对支队参加抗洪抢险官兵事迹进行专访。

【国庆期间城市武装巡逻】 9月28日至10月8日，支队共出动兵力150人次，每天分6个组协助公安干警在城市主要地带进行武装巡逻勤务。巡逻期间，执勤官兵协助民警处理民众纠纷、打架斗殴、抢劫、偷盗、聚众赌博等违法犯罪事件5起，抓获各类犯罪分子6名，为群众做好事42件，收缴管制刀具10余把、易燃易爆物品8件(个)。

【第四届世界传统武术节安保执勤】 10月16日晚7时，第四届世界传统武术节开幕式在市体育中心举行。全国政协副主席黄孟复，83个国家、各省、自治区、直辖市以及港、澳、台地区、各行业武协共112支代表团(队)，约1万名运动员、教练员、裁判员及随同观摩人员出席开幕式。支队精心筹划，严密组织，先后出动兵力190人，车辆24台，坚持依法、文明、正规执勤，严守政治纪律、群众纪律和赛事纪律，圆满完成武术节开幕式演出、首长住地等安保任务，荣获“第四届世界传统武术节突出贡献奖”。

【参与联合设卡检查犯罪团伙】 11月9日晚18时00分，丹江口市车站路路口发生一起恶性抢劫袭警案件，4名歹徒持刀抢劫1名中年妇女，巡逻民警杨某听到呼救声立即敢往现场处置，经过激烈搏斗，杨某寡不敌众身中4刀后倒下，歹徒随即逃离事发现场。案件发生后，市公安局迅速向直属大队通报情况，请求支援。直属二中队在中队长金长东带领下出动20名官兵参与地方公安机关联合设卡检查犯罪团伙任务。参战人员共分10个设卡检查小组，主要对各个出城路口和市区重要路段进行设卡检查。21时20分，设卡检查小组在车牌号为皖PU888N和鄂F8PK66两辆轿车内各查获管制刀具1把，并将相关人员移交公安机关处理。23时30分，全体参战官兵安全撤回。

【竹溪县中队新营房竣工】 11月22日上午，竹溪县中队举行新营房峻工庆典。仪式由县政府副县长程良民主持，县长余世明、县政法委书记杨福卿、支队长谢小波等领导和中队全体官兵近100余人出席峻工庆典仪式。仪式上，支队长谢小波代表支队党委和全市武警官兵，对竹溪县中队新建营房落成表示热烈祝贺，对一直以来给予武警中队工作大力支持和帮助的竹溪县县委、县政府和社会各界群体表示衷心感谢。竹溪县县长余世明表示:县委、县政府将一如既往地关心支持武警中队建设,不断加大经费投入和政策支持,全面提高保障力度,促进部队建设发展。

(赵 明)

武警十堰市消防支队

【概况】 2010年,全市消防部队共接警出动5038次,出动消防车6171辆次,消防官兵35042人次,抢救被困人员291人,疏散人员4617人,抢救转移财产价值1.7亿元。在"7·18"、"7·24"抗洪抢险过程中,成功救助被困群众268人,疏散转移群众2.2万人,转移财产价值1.3亿元。共检查各类场所3561家,消除火灾隐患2.4万余处,办理行政处罚案件625起(人均月办案1.42起),罚款341万元,"三停"单位20家,临时查封20处,行政拘留5人次。

【应急救援体系建设】 全市以"郧西模式"为基础,将应急救援工作纳入年度消防工作目标,应急救援支队、大队相继挂牌成立,争取110万元用于支队本级应急救援建设启动经费。全市明确武当山特区和竹溪县2个县级应急救援试点,武当山挂牌成立景区消防救援站,竹溪县应急救援综合楼建成并投入使用。

【思想建设】 一是扎实开展各项教育。支队将经常性教育与专题教育相互渗透、整体推进,夯实官兵的思想基础,5次邀请专家教授进行"两会"、十七届五中全会、时事政治、演讲技巧以及行政礼仪等专题讲座。二是加强培训。制定出台《干部请销假管理规定》,重点加强干部请销假管理。举办干部综合素质培训班,对全体大中队干部进行封闭式集中培训。开展以"三赛一评"为主要内容的政工岗位练兵活动。在11月中旬举行的全省消防部队"四会"政治教员评比暨政工岗位练兵竞赛活动中支队获得团体第三名。三是深入开展拥政爱民。积极利用春节、"雷锋月"、"七一"、"八一"、"中秋"、"国庆"和补兵退伍等有利时机,组织官兵开展义务献血、义务劳动、志愿服务等活动,树立消防部队良好形象。加强与宣传部、文明办、共青团以及双拥办等部门的沟通,加大典型培养和媒体宣传力度,文明创建工作成绩斐然。特勤中队被授予省级"杰出青年文明号"。四是抓好警营文化建设。拨专款100余万元投入警营文化建设,实施基层中队文化设施"7+3"(七室一房一廊一场)工程。为基层大队配发15余万元的图书资料,25余万元的体育健身器材,30余万元的声乐器材,投资30余万元对支队荣誉室进行升级改造。全市9个基层中队全部组建"三队一组",与十堰职业技术学院联合建立培训基地,为官兵成才提供平台。

【保障建设】 一是不断完善基础设施建设。支队机关投资350万元扩建改造的办公大楼指挥中心已投入使用。竹溪新建营房投资650万元,4月份已投入执勤。竹山大队新消防站建设征地12.5亩,前期已投入50万元征地补偿金,年底实现"三通一平"。11月份投资150万元的武当山消防救援站已投入使用。投资260万元的张湾消防站已交付使用。二是党委理财意识逐步增强。举办5期后勤人员培训班,党委定期听取财务工作汇报,研究审议重大财务事项,有效发挥党委集体理财作用。支队机关各部门和10个大队将经费纳入本单位年度综合预算,并定期向党委汇报预算执行情况。三是财经管理进一步规范。加大财务巡查力度,先后对所属大、中队进行3次财务专项检查,坚决杜绝各种违法违纪行为。投资21万元购置电子财务档案柜,实现财务档案管理的信息化、规范化。

【执法建设】 一是加强制度建设。制定和完善消防监督执法工作制度,通过每月召开一次消防执法例会,成立基层执法服务队,开展季度执法考评,先后举办2期消防监督干部培训班,编印《执法手册》600余本。二是完善基础建设。先后完成茅箭区大川镇和竹溪县蒋家堰镇、县河镇、丰溪镇、中峰镇、水坪镇、泉溪镇等7个重点镇的消防规划修编工作,提前超额完成全年新增市政消火栓任务(应完成130个,实际完成221个,超额完成91个)。全面加强农村、社区、乡镇(街道办)消防安全创建及达标验收工作,确保100%的村、社区、单位、乡镇(街道办)达到平安创建标准,全市有保安的社区全部挂牌成立保安消防队,80%的保安消防队达到建设标准要求。三是拓展宣传形式,"三提示"活动深入推进。全市先后张贴安全疏散指示图18000余份,发放消防安全提示卡8300余张,《消防知识手册》30000余本,使"三提示"活动从宾馆、饭店等人员密集场所拓展延伸到农村、社区、家庭、旅游景区等各个层面。四是创新监督机制。制作标准化管理光盘1900张,编印下发指导手册10000余份,先后开展消防安全培训200余次,培训消防安全责任人和专兼职消防管理人员6000余人。全市共验收达标人员密集场所800余家,达标率97%。

(袁 君)

人民防空

【全市人防工作联席会议召开】 2010年2月3日,全市人防工作联席会议召开。会议通报近年来十堰市人防工作主要进展情况和下一步工作打算，重点就十堰市人防工作需要协调支持解决的问题进行专题研究。十堰军分区及市直相关部门领导出席会议。

【庆祝新中国人民防空创立60周年】 2010年9—10月份市人防办相继开展举办市直机关第六届“人防杯”职工乒乓球赛、组织全市参加湖北省人防知识竞赛、选拔职工参加湖北省人防知识电视大奖赛、组织全市中小学“人防杯”书法竞赛、精心策划《十堰日报》专版答记者问等“6项活动”。尤其是10月31日，市人防办在人民广场举办“人防之歌”大型文艺演出活动庆祝新中国人民防空创立60周年，全社会对人防工作的重视程度和认知程度明显增强，人防社会知名度明显提高。

【人防机动通信应急保障演练】 2011年9月7日至8日，市人防办与襄阳民防办在丹江口市联合组织开展人防机动通信应急保障演练，检验《十堰市人防机动通信应急保障预案》与《人防机动通信跨区域支援预案》，熟悉人防机动通信跨区域增援的时机、组织指挥程序和遂行任务的方法。

【人防系统机构改革】 在全市新一轮政府机构改革中，市人防办由原议事协调机构的常设办事机构调整为市政府的工作部门。调整后的市人防办机关设秘书科、工程科、指挥通信科、政策法规科、计划财务科、监察室、离退休干部工作科7个职能科室，比原来增加3个职能科室。

【组织指挥和通信警报建设】 2010年，做好人防应急准备各项工作，人防应急准备能力不断提高。严格坚持战备值班制度，确保信息畅通和突发事件能得到及时处置。继续抓好疏散基地建设，制定十堰城区疏散基地建设方案。积极开展人防指挥通信网上演练、机动指挥通信车和电台车野外拉练，检验通信指挥平台，提高应急保障能力。着力抓好信息化人才队伍培养，加强信息化建设的维护管理工作，确保通信联络畅通。人防综合信息网、视频音频会议系统设备维护完好，运行正常。在“5.12”第二个防灾减灾日，在社区和学校开展紧急疏散演练，提高市民应对突发事件和自救互救能力。在9.18全民国防教育日，十堰城区、六个县（市）进行防空警报试鸣，警报鸣响率、完好率、覆盖率均达到100%。

【人防工程建设与维护】 2010年，全市各级人防部门认真贯彻落实《人防工程建设与管理规定》、《人防工程维护管理办法》、《人防工程战术技术要求》，依法规范人防工程的建设、维护和利用，进一步加大结合民用建筑修建防空地下室工作力度，严把规划、设计审查、施工监督、竣工验收等关键环节，加强跟踪服务和技术指导，保证人防工程设备设施正常运行。

【平战结合】 2010年，十堰城区人防工程开发利用率达到71.5%，年安排下岗待业人员1500余人，充分发挥人防工程的战备、社会和经济效益。

【人防宣传教育及人防法制化建设】 在六堰繁华地段设置人防宣传标语牌，在六堰人民广场、张湾青年广场、火车站广场奥奇传媒大电子屏幕上，每天用12个时段滚动宣传人民防空知识。采取丰富多彩、寓教于乐的形式开展庆祝中国人民防空创立60周年系列活动。推进人防宣传教育“五进”（进机关、进学校、进企业、进网络、进社区），切实增强全民国防观念和人防意识，不断优化人防工作外部环境。

【人防机关“准军事化”建设】 一是推进人防机关基层党建“活力”工程，以创“五好”（领导班子好、干部队伍好、工作机制好、发展业绩好、群众反映好）和强“四力”（执行力、创造力、凝聚力、公信力）为主要内容，努力建设为民、务实、清廉的人防机关。二是扎实开展“五个专项治理”活动，确保收到预期效果。从2010年3月下旬开始至9月底，集中深入开展机关作风，工程建设领域突出问题，房地产开发营销领域突出问题、“小金库”等专项治理工作，并对机关和直属事业单位在规定时点实施禁酒令。三是开展政风行风评议工作。四是强化人防干部队伍建设，建立健全人才培养机制。面向全国公开招考1名研究生科级干部，通过“三跨”的形式面向全市公开招考1名工程科副科长，改善人防干部队伍的年龄、文化和专业知识结构。五是加大对县（市）人防工作的指导力度。积极指导县（市）理清发展思路，按照“宜建则建、应收尽收”的原则加快人防工程建设；按照“量力而行、紧贴需求、着眼长远”的原则抓好人防应急指挥中心、通信警报等建设；按照“平战结合、谨慎投入、确保效益”的原则投资疏散基地建设等项目。 （刘其乐）

东风公司十堰基地

十堰管理部

【概况】 十堰管理部是东风公司推进战略重组、主辅分离的产物，履行东风公司在十堰基地的派出机构与非法人分支机构的双重职责。十堰管理部机关设五处二室，即办公室、人事处、计划财务处、综合管理处、党委工作处、审计处、公司610办公室。截至年底，十堰管理部有23个单位，在册员工总数7032人。公司专务副总经理孙长海兼任十堰管理部主任，李振华任十堰管理部党委书记。全年效益指标实现挑战目标；改革改制方面，圆满完成林泓公司产权多元化改制，完成7家单位民用物业管理业务整合，配合公司完成神宇公司管理体制调整；高质量履行公司赋予的职能和区域管理职责。

【实施一季度"开门红"活动】 经过对汽车生产形势的准确判断分析，为了抢抓高产机遇，争取全年工作主动权，十堰管理部组织实施"大干一季度、实现开门红"。1月4日，新年上班第一天，十堰管理部就启动"开门红"活动，提出"开门红"工作三大目标，制订五项详细保障措施，十堰管理部机关职能部门全程跟踪、服务指导。各单位按照要求，精心策划，全员实施。特别是抓住市场机遇，主动跟进服务，增加效益。如热电厂抢发抢供，一季度基本保持五炉三机运行，累计发电超过2.8亿度，再创历史新高；铁路运输处与周边物流中心加强合作，前两个月运输收入同比增长2.8倍等。在两级单位的努力下，"开门红"活动三大目标圆满达成。一季度，超额完成效益指标；保持元旦、春节、全国两会期间十堰基地的基本稳定和十堰管理部的持续稳定；开展现场安全专项整治活动，现场各类事故为零，保持良好生产生活秩序。

【后方服务保障高效到位】 2010年，十堰管理部服务保障工作面临诸多压力，汽车主业高产服务需求急剧增大，年初湖北省罕见"电荒"，十堰管理部重点专项改造集中，设备设施老化等，但十堰管理部认真履行服务保障职责，两级单位千方百计保供应、为生产生活提供快捷、高效服务，没有影响正常的生产生活，实现服务质量新提升、服务市场新突破、服务满意度新提高。如针对一季度湖北省罕见"电荒"，十堰管理部积极履行能源管理职责，及时启动应急预案，多方筹措电力资源，严格执行板块用电负荷分配计划，最大限度满发满供，保证生产生活用电需求。十堰管理部全年主要服务指标创历史新高，全年发电量达10.5亿千瓦时，同比增加8.02%；售电量达13.38亿千瓦时，同比增加26.23 %；售热量达99万吨，同比增加8.46%；铁路运量达286万吨，同比增加40.27%等。

【"服务能力提升年"活动】 十堰管理部2010年工作主题是：以管理创新为手段，全面提升服务能力。以"服务能力提升年"活动为载体，把服务、管理、创新融为一体，形成十堰管理部可持续发展的源动力。"管理创新"重点是学习先进管理经验、管理理念、方法和机制，以此推动能力提升；"服务能力提升"重点是提升运作管控能力、员工服务技能、设备设施保障能力等。活动2月份启动，确定16项重点提升指标，提出具体工作要求，贯穿全年。各单位按照十堰管理部要求，根据工作实际确定各自的提升重点，制订具体措施，形成各自特色。如水厂在吴家沟供水车间改造中，突出管理创新，实施临时供水方案，每日减少"西水东调"3万吨，既节约电力成本，又提升安全供水保障能力；铁路运输处通过降低国铁车辆停时课题改善，国铁延期占用费由3.44%下降为1.13%；热电厂创新锅炉启动方式，变冷态启动为温态启动、热态启动，大幅缩短启动时间，降低消耗，年节约成本100万元左右；房地产公司启动创建"优质服务示范窗口”流动红旗竞赛活动，形成提升服务的良好氛围；通信公司通过开展活动，故障处理及时率较上年提高了2个百分点，装迁及时率提高了3个百分点等。“服务能力提升年”活动极大地促进了全局工作，全年共形成74项创新成果，为年度各项目标达成起到重要作用。

【高度关注民生】　全年在十堰基地组织两次不稳定隐患大排查，共排查化解16起不稳定因素。两级单位党政主要领导亲自抓稳定，十堰管理部领导亲临接访一线，亲自出面协调化解不稳定因素，齐抓共管的稳定工作格局进一步形成。特别是针对20年工龄家属工等重大问题，十堰管理部认真组织协调各板块、各重点责任单位，共同做好稳控工作。多次召开家属工问题稳控专题会议，抓好督办落实，较好掌控事态。9月27日，东风公司召开总医院建设发展工作会，启动总医院第二次创业。总医院从创业行动方案、建筑规划、薪酬优化、双百基金使用与管理、医疗设备更新、宣传发动等六个方面有序展开重点工作，成效初显。十堰管理部注重从根本上解决员工切身利益问题。20年工龄家属工问题解决方案已经明确，劳务工问题正在逐步解决，十堰管理部薪酬优化试点工作顺利推进；十堰管理部向公司反馈十堰基地生活设施现状及改造的必要性，机关住宅区动能改造项目公司已原则同意，生活服务部幼儿园1#、2#教学楼报废重建方案已经获批。十堰管理部坚持开展送温暖活动。全年共慰问困难职工583人次，发放慰问金24.5万元；近700名青年志愿者开展结对帮扶困难职工家庭活动，得到广泛好评。

【能力建设取得重大进展】　为提高服务保障效率，稳固服务保障基础，适应公司十堰基地快速发展的步伐，2010年，十堰管理部加大保障能力建设力度，重点是三大战表项目。基本成效：完成热电厂#3机增容改造，额定功率由5万kw提高至6万kw，为全年发电量提供可靠保障；完成水厂吴家沟供水车间水质达标改造，满足国家城市供水新标准（CJ/T 206—2005）中的饮用水水质指标要求；完成电力处花果变电站改造，提高电网供电可靠性和安全性。

【企业管控能力大幅提升】　2010年，十堰管理部建立资金异常问题预警机制，严格住房公积金、住房维修资金使用流程，强化资金管控；注重成本控制，加强煤炭、石油液化气等重要原材料的采购、存储，最大限度减轻涨价压力；加强预算管理，根据市场变化，实事求是调整六个单位的预算，有力保障目标实现；导入现代管理方式方法，稳固安全基础，开始现代管理方式的学习借鉴，在试点单位导入方针管理、安全KYT活动、QCD改善等主要管理方式，对进一步强化现场安全起到积极作用。

【改革改制再获重大进展】　按照公司对2010年改制工作的总体要求，十堰管理部依据对各业务发展方向的重新调整，统筹全局，以体制机制的优化增加相关单位发展活力，以主动融入行业增强相关业务抗击市场风险能力，以整合内部相同元素实现市场共享、资源共享，以萎缩与关停无造血机制相关业务，焕发辅业发展新活力。2010年改制重点方向是：实施内部资源整合，推进部分单位辅助业务分离；推进相关业务合资合作；加大医疗系统改革改制的研究与实施，成熟一个推进一个。改制的基本原则是：坚持稳妥优先，依法操作，有情实施。严格遵循国家相关法律法规和公司要求，按程序操作，把法律与情理相结合，有情操作，人性化推进；改制单位职工自主选择改制模式，制定科学合理的改制方案；在“三个有利于”原则基础上，充分考虑员工现实利益和长远利益，充分考虑改制企业的长远发展，通过改制使职工得到实惠，看到希望和前景。用足、用好、用精政策，向国家、地方政府和公司积极争取利好政策，最大限度为改制单位创造良好条件。对改制企业，要始终做到“扶上马、送一程”，在产品市场、企业运作环境优化等方面优先帮扶。改制的基本成果：按公司要求圆满完成了林泓公司产权多元化改制工作，5月28日，新公司挂牌，目前运作良好，队伍稳定；襄阳医院移交方案已得到公司认可；研究技校和汽车工业学校整合、车城宾馆改制、房地产业务退出初步方案以及工业工程公司专用车业务整合方案；完成7家单位民用物业管理业务整合；推进劳务公司关闭工作；配合公司完成神宇公司管理体制调整。

【林泓汽配新工厂落户十堰工业新区】　3月6日，东风（十堰）林泓汽

3月6日，东风（十堰）林泓汽车配套件有限公司新工厂奠基仪式在十堰工业新区举行

车配套件有限公司新工厂奠基仪式在十堰工业新区举行。5月28日，公司挂牌成立，此举标志着东风公司十堰管理部又一骨干企业成功转型。副市长师永学、东风公司专务副总经理孙长海为该公司授牌并讲话。东风(十堰)林泓汽配有限公司原是二汽基建材料处，2000年后拓展生产汽车后视镜、方向盘等，5月企业改制重组。林泓汽配是全国汽配市场占有一席之地的专业化汽车配套件生产、服务企业。主营业务为汽车后视镜等汽车零部件制造、钢卷板加工和物流服务，已形成年产50万套汽车后视镜、20万套支杆、50万吨钢板加工的生产能力。汽车后视镜等零部件产品覆盖东风汽车轻、中、重型商用车全系列，并向社会用户提供汽配商品服务。林泓汽配新工厂位于十堰工业新区A园，占地面积2.7万平米，工厂建筑面积1.6万平米，投资项目为非金属零部件、钢材加工及仓储物流，项目总投资1亿元人民币。该项目将在1年内完成投资，竣工后，可年生产后视镜200万只，创产值约2亿元。

【政企共建百万量级汽车城合作框架协议签字仪式举行】　9月2日，东风汽车公司与十堰市人民政府政企共建百万量级汽车城合作框架协议签字仪式在市世纪百强雅阁国际大酒店隆重举行。此举标志着十堰向“百万量级汽车城”奋斗的目标正式启航。围绕“百万量级汽车城”，十堰市拟定的发展目标是：从2010年开始，计划用5年时间，全力推进“百万量级汽车城”建设。通过培植10大整车企业、10大专用车企业、100家过亿元汽车关键零部件企业，到2015年全市汽车产销量突破100万辆，汽车工业产值达到1800亿元。实现国家名牌产品达到5个以上、省级名牌产品20个以上；全市汽车及零部件出口比2010年翻两番。

东风商用车公司

【概况】　东风商用车公司(以下简称“公司”)创立于2003年7月8日，是东风汽车有限公司旗下的中重型商用车事业部。公司现拥有7个专业厂、8家子(分)公司和3家动力总成子公司，员工总数3.8万多人，形成以十堰为基地，辐射柳州、深圳和新疆等区域的事业布局。产品覆盖中重型卡车、客车整车与客车底盘、军车、以及发动机、驾驶室、车架、车桥、变速箱等关键总成的生产与销售，是国内目前规模最大、品种最全的商用车企业之一。公司总经理黄刚，党委书记李京桥。

公司汇聚东风汽车公司成立40多年来中重型卡车建设与发展的主要成果，积累丰富的产品技术和管理经验，形成强大的产品研发能力和加工制造水平，培养大批专业化、职业化的高级人才，成为推动东风事业发展的重要支撑。合资7年来，公司秉承东风传统特色，借鉴先进管理理念和模式，积极融合与创新，管理水平和效率不断提升，运营能力不断增强。截至2010年，东风品牌中重型卡车市场份额已连续7年蝉联行业第一。

2010年，中国汽车市场在上年转暖复苏基础上，再次取得超乎预期的高速增长，全行业产销汽车双双突破1800万辆，同比增长30%，继续保持全球最大汽车市场的地位。在此背景下，公司抢抓市场机遇、加快发展步伐，充分发挥商品和管理两大优势，全面发力，销量、销售收入和营业利润均刷新历史纪录，全年销售汽车31.35万辆，同比增长59%，跑赢大市。其中中重卡销售24.9万辆，同比增长56%，远远高于行业平均增长速度(高于行业12个百分点)，有力地巩固东风中重卡行业第一的市场地位，同时也有力地带动东风集团相关板块业务的增长和业绩的改善。

9月2日，东风汽车公司、十堰市人民政府政企共建百万量级汽车城合作框架协议签字仪式在雅阁国际大酒店举行

东风汽车公司2010年主要经营指标完成情况

序号	指标名称	计量单位	当年实际完成	与上年同期比%
1	汽车销量	台	313478	59%
2	销售收入	亿元	520	63%
3	营业利润	亿元	20.7	243%
4	自由现金流	亿元	103	109%

【商品领先优势持续得到强化】

公司坚持商品领先战略，进一步增强商品平台与市场需求的契合度，努力提高商品应对的针对性和精准性。一是通过实施节油及轻量化策略、有序推进D760、国4升级(发布43个车型)、DF14S变速箱、DF485车桥等，战略性商品平台优势进一步显现。二是实行差异化的商品策略，努力丰富商品组合。除提升现有商品(D310/530/X3)竞争力外，还积极发展LNG/CNG等新能源新技术产品；当年适应性开发完成59个品种，实现销量19859台，海外商品26个车型可实现批量生产，实现销量1471辆。三是继续完善商企、研发和营销铁三角机制(跨部门职能团队)，提升市场应对速度。通过这些主要措施，公司商品领先优势得到强化，市场营销全面发力，本部销量同比增长59%，突破16万辆，结束多年徘徊低迷局面；东风柳汽销量同比增长85%，跨上10万辆台阶；东风天龙/大力神(D310)、东风天锦(D530)和M5(柳汽新重卡)成为公司的市场主力军，其中D310产品销量月突破1万台，当年销售93878辆，同比增长92%，占本部销量的57%；D530产品当年销售32629辆，同比增长210%，占本部销量的20%；柳汽的M5当年销售21474辆，同比增长117%，占柳汽卡车销量的42%。动力总成战略成效初步显现，dCi11发动机全年销售1.7万台，同比增长115%，占D310的比例达到18%；4H发动机全年销量近万台，同比增长107%，占D530车型的比例达到30%。

【市场营销】 国内方面，着力于深化营销转型，强化品系运营，增强营销价值，全面提升营销力。一是行业内率先实践的分品系营销取得实质性突破，各品系销量和份额大幅增长。二是实施行业客户开发与维护，推行行业运输方案，当年在危险化学品及冷链物流行业取得突破。三是实施万辆大省战略，制定万辆大省规划，当年河南、湖北、河北率先实现万辆大省。四是打造战略经销商体系，强化网络开发与运营，努力构建大服务保障体系。五是打造营销特种部队，建设一支备受信赖、专业化的优秀营销团队。海外事业方面。努力克服金融危机影响，海外销量同比增长92%，实现恢复性增长。完善全价值链支持体系，形成“海外+商企+研发+制造”的高效协同，海外商品导入和开发流程明晰，海外人力资源建设取得进展；海外出口转型加快，KD流程和体系继续完善，KD比重快速提升(占本部出口70%)；在巩固伊朗、越南等现有规模市场的同时，积极开拓东南亚、非洲、中南美等新兴市场，备战欧洲高端市场。

【奋战高产满足市场】 面对销售旺盛和公司产能不足的矛盾，公司上下全力以赴，迎战高产，最大限度满足市场需求。一是生产制造领域努力提升产能，全力支持销售。公司产量提高65%，综合产能利用率由上年80%提升至110%；加大能力建设力度，加班延点保生产(其中，本部加班78天)，本部整车产量达到600辆/日，柳汽卡车达到290辆/日；深入实践DCPW，努力创新制造模式。推行PSC，强化产销衔接，合理排产；确保产品QCD水平，重卡VES评价从2008年的9.6降至2010年的6.7。二是采购方面，积极保障供应链在高产状态下的安全性和稳定性，构建战略供应商体系(首批17家)，实施3W(Win－Win－Win)小组帮扶机制，大力开展降成本活动，取得了消化市况9.87亿、材料和零部件降成本净值3.5亿的好成绩。三是人事方面，建立人力资源动态管控模型，努力盘活和调剂人力资源，共补充劳务工3437人。体现人文关怀，共享发展成果，及时足额发放加班费(累计1.96亿)，人均工资增长17%。

【“N+3”运营效果显著】 上年，公司为及时掌控经营动态，强化预警预控，开始全面实施“N+3”经营管控模式。当年，通过深化“N+3”运营，取得显著的经营成果。主要表现在：一是建立“N+3”销量预测月例会制度。通过对宏观经济形势的把握、行业市场的监控及订单需求分析，对中重卡行业市场需求做出预测。当年，公司据此及时调整月度销售计划，并针对市场变化，在上半年主动调整商务政策，充分把握市场机遇，使得公司销量、市场份额的增速高于行业及竞争对手，年销量创造历史新纪录。二是最大限度内部挖潜，满足市场需求。公司本部通过采取装配线柔性化、瓶颈总成能力建设以及加班延点等方式，保持较高产能利用率，以最大程度满足市场需求。当年，本部装配线产能利用率比上年提高了40%，全年生产179052台，同比增长71%。三是建立“N+3”人员动态管控模型。依据销量预测实施人员预测，全面开展不同层次员工培训，定期开展用工分析，采用多种渠道、多种方式进行人员调配，使得当年员工劳动效率比上年提高了2.6台/人。四是对市况进行“N+3”管控。确定原材料主要品种、出厂价格样本，建立主要原材料市况价格数据库，定期监控原材料市况变动趋势，每季度对行业价格走势进行分析，为经营层提供采购决策方案：依据市场变化，启动建储机制，实现低价建储，高价利库。当年，对市况经营机会的把握为公司增效2135万元。五是建立公司本部财务“N+3”预测体系、流程，使其制度化。定期开展滚动预测，向经营层揭示机会、风险。当年，共做了6次滚动预测，分析机会风险，提出财务建议案24条；向经营层汇报，督促并落实相关决议。六是建立自由现金流管理模型。定期开展自由现金流“N+3”预测，对存货、应收帐款进行动态管理，定期进行极限资金压力测试，定期报告，向经营层揭示机会、风险。当年度节约财务费用1.88亿元。

【强化纵向一体化战略】 当年，东风德纳车桥有限公司和东风变速箱公司纳入东风商用车公司管理，公司纵向一体化战略得到加强。在公司整车销售大幅度增长的带动下，车桥和变速箱与整车的一体化进程加快，装车量明显增加，德纳车桥和东风变速箱及公司铸造工厂的收益得到明显改善（与上年同比改善3.1亿元）。其中，德纳车桥同比增利2.38亿元，东风变速箱、铸造一厂和铸造二厂同比分别减亏3800万元、3300万元和1100万元。

【东风重卡新工厂奠基】 5月23日，东风商用车公司重型卡车新工厂奠基仪式在茅箭区西坪（东风大道）隆重举行。省委书记罗清泉为新工厂奠基培土，国家工信部副部长苗圩宣布新工厂正式开工。新工厂总体规划面积3000亩，规划产能8万台，主要生产东风天龙以及未来的重卡新产品。新工厂一次规划，分两期建成，一期工程设计产能4万台，将于2011年6月投产。新工厂建成后，将集整车装配、检测试验、储运交付于一体，成为工艺先进、设备一流、管理科学、具有国际水平的重型车制造标杆工厂、绿色生态工厂。东风商用车8万辆重型车新基地项目，是东风公司大力实施“863计划”，振兴十堰基地的重大支撑项目，也是十堰市近年来最大的工业项目。东风商用车公司重型卡车新工厂的奠基，是十堰与东风发展史上具有重大意义的历史时刻，它标志着东风在十堰的发展迈入一个崭新的时期。对于实现十堰工业新跨越，巩固“中国第一、世界前三”商用车之都地位，建设区域性中心城市具有重要而深远的战略意义。

【总装配厂2010年第10万辆车下线】 10月31日，东风商用车公司总装配厂在该厂装调三车间隆重举行2010年第10万辆车下线仪式。截至10月31日，总装配厂2010年累计完成汽车装配100413辆，年度装车突破10万辆，成为合资以来该厂首次生产过10万的年份。随着东风商用车公司人事部部长毛长林、总装配厂厂长王宗波、党委书记夏胜涛等启动第10万辆下线操纵杆，全国劳模王涛驾着今年第10万辆车缓缓下线。10万辆车对总装配厂来说具有里程碑意义，表现在三个方面：主要以东风天龙和东风天锦为主打产品，如果折算成当量的话，要顶过去的几十万；约占整个东风有限2010年同期量的比重是10%，是商用车十堰本部生产份额的80%以上；总装配厂已经形成月产过万辆的能力，标志着该厂已跨入10万辆规模的大厂行列。

【东风天锦荣获中国汽车工业科技进步奖一等奖】 12月21日，2010年度中国汽车工业科学技术奖最终评审结果揭晓，《东风天锦中型载货汽车的开发和自主创新》项目荣获中国汽车工业科技进步奖一等奖。这是中国汽车行业最权威的奖项，也是东风商用车整车项目近20年来获得的最高荣誉。东风天锦中卡系列产

10月31日，东风商用车公司总装配厂在该厂装调三车间隆重举行2010年第10万辆车下线仪式

品拥有完全自主知识产权，申报专利51项，产品通过欧洲法规测试，整车性能达到国内领先水平。

12月21日，《东风天锦中型载货汽车的开发和自主创新》项目荣获中国汽车工业科技进步奖一等奖

东风汽车零部件（集团）有限公司

【东风汽车零部件（集团）有限公司成立】 为提升商用车整车和零部件的竞争力，使零部件事业适应行业发展和市场变化，构建合理的整（车）零（部件）关系，2月8日，东风零部件集团成立大会在十堰举行。新成立的东风零部件集团注册资本22.3亿元，由15家分（子）公司组成，从业员工16000余人，股东分别由东风汽车有限公司和深圳市东风南方实业集团有限公司组成，双方股比分别为99.9%、0.1%。新成立的东风零部件集团标志着事业部模式向着独立的、自主经营的公司化模式转型迈出了关键的一步，为东风零部件事业适应行业发展和市场变化奠定基础，也必将为力量的汇聚、资源的协同、管理的强化、应对市场的灵活性、决策效率的提升提供平台，为东风零部件事业的健康、持续发展提供良机。

东风零部件集团成立后，开始着手推进8大战略课题的实施，按计划完成业务系统化重组、非核心业务退出、改善财务结构、强化健全内部职能4个课题，为战略重组的实施提供可行方案。原来所属东风零部件集团的东风汽车变速箱有限公司、东风德纳车桥有限公司划归东风商用车公司管理。对零部件事业部下属的15家零部件子公司组建成一家零部件东风零部件集团，并考虑以此为平台，引入外部投资者，将来寻机改制上市，持续深入地推动零部件事业走向中性化、系统化和绩优化。

【销售规模创历史新高】 2010年，东风零部件集团各单位准确预见市场形势，提前准备各种资源，抢抓机遇，最大限度克服产能不足、用工短缺、资源紧张等困难，奋战高产，全力满足东风内外部客户需求，销售收入实现快速增长。全年实现主营业务净收入83.11亿元，同比增长70.95%，超过挑战目标67.80%。东风零部件集团销售规模创历史最好水平。在销售收入取得佳绩的同时，东风零部件集团经营质量大幅提升，营业利润的增幅高于收入的增幅。全年实现营业利润4.20亿元，远远超过预算目标和上年同期水平，创历史最好水平。剔除超挑战奖励及折旧政策的调整影响，15家分（子）公司中仅2家单位亏损，亏损面降至几年来最低。员工工资收入平均增长超过28%，员工满意度同比有所提高。东风汽车有限公司下达的7项KPI考核指标，除安全生产指标以外都超过挑

2月8日，东风汽车零部件（集团）有限公司成立揭幕

战目标。

【公司化经营体制初步建立】 完成东风零部件集团机关体制框架的建立和组织机构优化；绝大部分分(子)公司围绕"大制造"系统的构建，完成组织机构的调整和优化，已经推行或试行工厂长在制造领域的负责制。

完善东风零部件集团会议制度，进一步建立健全党委会、办公会和部长联席会议制度，强化运营过程管控的经营委员会月度例会和事业计划日常管控的"3+1专项诊断"制度，完善以经营结果、管理过程、发展态势"三好"为主轴的绩效评价体系。

圆满召开东风零部件集团第一次党代会、第一次员工代表大会，并在"3+1"诊断的基础上，展开对东风零部件集团愿景、目标的专题研讨，初步形成分层级的、广泛的事业计划研讨体制，统一思想和认识，提高的团队对愿景、目标的认同感。

稳步推进并初步建立集中采购管理体系；统一财务体制，提高财务资源的共享水平，虽然一直受高产压力，各单位流动资金未受影响，全年节约财务费用580万元。

【"质量年"活动收获阶段性成果】 为提升产品质量，塑造东风零部件集团形象，东风零部件集团把成立后的第一年确定为"质量年"。一年来，东风零部件集团上下围绕"质量年"主题，提出"Q411"行动，制定并全面推进行动计划，在研发、采购、制造和售后服务四个领域，开展优化质量管理流程、强化实物质量改善、降低市场赔偿、提升产品质量的质量改善活动。通过签订质量目标责任书、"质量杯"立功竞赛、质量专项诊断、质量客户走访等形式多样的管理活动，全员质量意识明显增强，员工参与质量改善的热情高涨，实物质量得到大幅改善，取得阶段性成果。东风零部件集团级十大战表项目全部完成，共计降低资金赔偿1900万元，完成分(子)公司级、车间班组级公关项目1000余项，增效4000多万元；净追索赔偿率达到1.15%(剔出预提及其他考虑因素)，同比降低0.23个百分点，供应商二次追赔同比提高14个百分点，自工程不良率、后工程不良率、纳入不良品率均有所下降。"质量年"活动得到客户的肯定。东风零部件集团成为东风商用车公司首批战略供应商。东风伟世通(十堰)汽车饰件系统公司、悬架弹簧公司、车轮公司等12家单位分别被东风商用车公司、股份公司、康明斯公司、乘用车公司和陕汽等重点客户评为最佳供应商、优秀供应商、优秀军品商，共获得客户授予的各种荣誉称号18项。

【研发体系框架初步形成】 东风零部件集团成立后更加重视研发能力建设。新成立的研发管理部专门研究、确定东风零部件集团研发体系建设的中长期目标和建设方向。一年来，以产品规划、技术发展规划、研发资源规划三大规划为支柱，以基础管理、研发流程、项目管理、组织结构为基础，以搭建自主创新、技术引进、内部协作、对外合作四个技术平台建设为支撑的东风零部件集团研发体系建设框架已经基本形成。以"健全研发体系，提升研发能力"为工作中心的9项课题、41项方策得以确立。组织编制东风零部件集团研发流程纲要，启动一年两次的研发诊断，形成日常职能管理、系统工作会、研发诊断三位一体的运行管控体系。制定完成东风零部件集团"十二五"产品规划和技术发展规划。与武汉理工大学、华中科技大学、武汉科技大学、湖北汽车工业学院、工艺研究所等院所建立产学研合作平台，已有6项重点科研项目达成合作意向。组织申报各类专利78项，科技成果24项，其中东风精密铸造公司完成的《复杂汽车球铁件精铸技术研究与大批量生产应用》科研成果荣获2010年度中国汽车工业科技进步三等奖。东风零部件集团合资公司第一家研发中心—东风伟世通技术中心成立。

【分业经营有序推进】 东风零部件集团把引入外部资金和技术作为加快事业发展的重要途径之一。全年推进合资重组项目17项，分业经营项目8项。完成活塞轴瓦公司对轴瓦业务的分业经营，引入民营资本合资成立东风佳华汽车部件有限公司，开创东风零部件集团与民营企业合资合作的先河；泵业公司大胆探索内部分业经营改革，有效激发各业务单元的活力，为收入规模的大幅提升和扭亏增盈奠定基础；传动轴公司经过周密策划和认真准备，圆满完成工厂的整体搬迁，理顺了物流，改善了作业条件，并为后续分业经营、合资合作奠定基础。

【启动三大工业园规划】 经过一年多次深入研讨，凝聚东风零部件人的智慧，备受大家关注的东风零部件集团未来发展方向和如何发展等重大课题进一步得到明晰。确定"致力成为最具竞争力、为客户提供增值服务的汽车零部件集团公司"的事业愿景，明确从2010年至2020年的"三步走"战略：第一步为恢复增长期(2010—2012)：收入规模达到80亿元，全面止亏盈利，彻底解决生存问题，为后续发展奠定基础；第二步为快速成长期(2013—2016)：收入规模达到130亿元，利润率国内行业领先，为滚动发展创造条件；第三步为跨越发展期(2017—2020)：收入规模达到200亿元，成为具有核心竞争力的国际化集团公司。提出用十年时间打造"中国知名的、国际化的汽车零部件集团"的战略目标。制定从2011年至2015年的中期事业计划("扬帆130"计划)进一步明确中期目标、核心方策和展开课题。

根据“扬帆 130”计划安排，2011—2015 年将是东风汽车零部件公司发展的关键时期。到 2015 年，集团年销售收入达到 130 亿元，各业务单元利润率国内行业领先；让全体员工与事业共成长，共享集团改革发展的成果，不断提高员工工资收入，员工工资收入随东风零部件集团效益同步增长，不断提高员工满意度。

为实现上述目标，东风零部件集团将优化运作全部资源展开“调结构、强实力、增协同”三项核心方策：结构调整，旨在调整市场结构、产品结构和资本结构。到 2015 年，东风汽车集团以外收入比例达到 40%，其中东风商用车本部以外收入比例达到 70%；乘用车零部件收入比例达到 25%，商用车汽车零部件收入比例达到 75%，其中轻型商用车零部件收入比例达到 20%；集团资本构成多元化、公众化、国际化。实力增强，意在制造、研发、流程三个领域形成核心竞争能力，分业务领域均达到国内行业领先水平。到 2015 年，集团在研发领域以门式管理为核心，建立完善的研发流程，健全验证手段；在制造领域吸收日产生产方式（NPW）的经验，建立起低成本、低占用、高符合性的精益制造体系；在业务流程方面，构建以市场为中心，快速反应、专业服务的集团总部、分（子）公司两级业务流程。协同提升，通过深度挖掘、充分发挥各业务之间在采购、研发、制造、销售、人力资源、资金、信息等职能领域的协同优势，共享资源，最大限度地降低成本、提高效率。

为有效支撑战略发展目标和中期事业计划达成，经多方论证和精心筹划，2010 年，东风零部件集团还启动规划建设十堰、襄阳和武汉三大工业园，积极寻求老业务升级改造及新事业拓展，调整布局，优化价值链，助推未来五年更快的发展。经过一年紧锣密鼓地推进，三大园区的功能、业务定位已经完成，园区建设目标和建设项目、建设规模、用地需求、投资额度和经济效益估算等初步确定。

东风汽车有限公司装备公司

【概况】 东风汽车有限公司下属分支机构，是与“东风汽车”同步发展起来的大型合资企业。曾经作为“东风汽车”“技术、装备、教育”三大中心之一的装备公司，在 40 多年建设中，为东风公司的发展壮大做出贡献；东风装备技术已经成为“东风汽车”、“东风有限”核心竞争力的重要组成部分，2010 年成为日产公司战略合作伙伴；东风装备事业的全局性、战略性价值正在得到认同与重视。经过不断发展，装备公司已经成为中国最大的汽车装备制造企业。2010 年公司实现销售收入 25.8 亿元，营业利润完成挑战目标。装备公司下属三个专业生产厂和一个子公司：通用铸锻厂、设备制造厂、刃量具厂和东风模具冲压技术有限公司。

【实施“3223”战略目标】 在编制新事业计划过程中，装备公司提出十二五发展战略。以“百年东风、百年装备”为发展愿景，全面实施“3223”战略目标（3：集中发展三大主导产品：一是以车身开发为主线的装备业务，包括冲压模具、焊装设备、大型铸件等；二是以动力总成为主线的机床业务，包括发动机缸体、缸盖加工线、刀量具等业务；三是支撑装备业务发展的高附加值、高技术的汽车零部件业务。第一个 2：形成两个小型巨人：一是以模冲公司为龙头、规模化发展的企业集群；二是以设备制造厂为龙头、规模化发展的企业集群；第二个 2：规模、效益倍增；最后一个 3：三大核心装备业务机床、模具、焊装进入行业三强）。依托东风，面向全国，放眼世界，大胆进行管理创新、技术创新和文化创新，不断满足客户高技术、高附加值的产品需求、为持续做强、做精东风装备事业不懈努力。公司将优化管理水平作为企业走向成功的重要条件，导入日产管理理念，学习先进的管理方法，根据生产经营特点，不断深化全员改善意识，全面提升企业竞争力，着力打造备受信赖的专业汽车装备制造服务商，以不断创新的价值服务于汽车事业的持续发展。

【确保东风公司重大能力建设项目】 2010 年装备公司更加强调和明确东风装备在东风事业中的定位，自觉地将服务汽车生产，提高东风应变能力作为公司经营的主旋律，强调把做强装备作为公司发展的第一要务和第一责任，并在实际经营中一以贯之，完成大量事关东风创新与发展的装备项目：一是提前一个月完成商用车发动机厂 DCi11 发动机 3 万辆产能建设加工自动线，实现月产 3000 台 dCi11 发动机产能。二是 8 月底完成商用车发动机厂 4H 发动机 3 万辆产能建设加工自动线，实现月产 3000 台 4H 发动机产能。三是提前一个月完成商用车车身厂 D530 驾驶室焊装线改造项目，并实现与 D310 柔性混流生产，实现月增产 3000 台驾驶室。四是顺利完成武汉本田汽车 OP70/80 设备搬迁任务，保障东风本田的高产需求。

【模具和焊装夹具进入日产雷诺全球 5 大核心供应商名录】 进一步突出公司优势产品、核心产品在公司经营发展中的重要作用，装备新产品研制取得新进展。公司通过消化吸收国外先进技术和二次开发，掌握一大批具有自主知识产权的专有技术。公司加大对柔性精密设备的研究开发，在与日本 OKK 公司合作开发 PM

系列加工中心的基础上，已经研制成功DH500—1高速加工中心，并形成规模化生产、供货能力。新研制的加工中心，移动速度达到60米/分，精度更高，并实现加工区域的封闭化，加工过程更科学，外形更时尚，2010年完成武汉本田高速加工中心和通用机床研制。装备公司作为我国最大的汽车模具专业生产企业之一，生产开发的“天籁”轿车模具，神龙系列轿车模具、标致系列轿车模具、东风S30轿车模具、W23项目和股份公司A08项目的模具等，以优良性能和持久耐用的可靠性得到了用户的赞誉。模冲公司模具分公司开发制造的“侧围斜楔整形斜楔冲孔模具”荣获第十三届中国国际模具技术和设备展览会“精模奖”一等奖。2010年装备公司模具、焊装夹具业务成为日产雷诺全球5大核心供应商。装备公司与日本日产、法国雪铁龙进行技术合作，使自身焊装设备的制造水平有了质的飞跃，已经形成卡车、轿车宽系列、多品种的焊装设备研发制造能力。2010年完成神龙TX3侧围焊装夹具项目、完成机器人车门滚边焊装夹具，标志着东风装备焊装技术实现新突破。专业生产冷加工刀具，除常规的刀量具制造外，在齿轮、涡轮、孔加工刀量具及复杂刀具开发上具有独特的优势。为山东文登研制开发的曲轴内、外铣刀，填补国内空白。2010年公司完成35种刀量具新产品研制，进一步提升刀具、电子量具产品的竞争力。装备公司是全国最早采用树脂砂实型铸造工艺技术的厂家，目前可以提供从几公斤至22吨宽系列的各种铸件，目前冲模毛坯年产量已经连续突破10000吨。

【选择性开发汽车零件】 装备公司利用自身技术优势，为全面满足东风重型商用车市场的需要，成功开发出重型车平衡悬架，成为全国最大的平衡悬架生产基地，已经形成多系列、多品种生产格局，有部分能力和产品开始向广汽日野等社会市场提供；建成规模化生产贯通桥、发动机齿轮业务单元，专业生产发动机、变速箱、后桥精密齿轮，已经形成批量供货格局，成为东风康明斯全球优秀供应商，并实现批量出口；开发、生产的大、中、小型冲压件，与神龙公司及东风商用车配套并形成长期战略合作关系。利用拉延技术生产发动机油底壳系列产品，具有明显的技术优势，与多家大型汽车制造商形成配套关系。2010年公司汽车零件新品研发也取得令人满意的效果：完成国四T38H0悬架总成和推力杆总成7辆份样件研制；完成技术中心变速器壳体、离合器壳体样件工艺准备；完成7种齿轮产品研制（十四档箱齿轮、X7发动机齿轮、出口齿轮LOI项目、上菲红发动机齿轮项目、Z13L项目、中心小速比桥齿项目、H30齿轮项目）；完成股份公司A08项目43个零件、T01项目29个零件和DCEC的ISZ新品4种零件的研制。汽车零部件产品的开发生产，为装备技术的发展及新产品研发提供可贵的基础平台，也为装备业务的生存发展提供经济支持。

【经营过程降成本】 2010年公司在机床、模具生产中推行日产项目管理，提高项目节点达成率和用户满意度，劳动效率有明显提升。进一步完善工厂库存标杆管理，实现库存周转天数55天，同比减少36%。开展管理改善，推进课题实施，公司级管理改善课题7项进展顺利。建立公司经营分析信息平台，全面实施经营分析信息系统，实现经营管理信息化。通用铸锻厂制定并实施2010—2011年总体扭亏方案课题，开展大量有成效的工作，先后召开分类产品亏损原因专题分析和汇报、2011扭亏具体方策专题讨论，为下年扭亏奠定基础；设备制造厂全面实施13事业计划焊装目标课题；模冲公司提升冲焊工厂生产效率，缩短与事业计划的差距课题，通过内部组织结构优化和生产组织优化，在神龙产量提升的情况下，提前达成目标；刃量具厂提高孔加工车间劳动效率课题，通过工艺优化，产品结构优化，取得较好的效益等。管理改善成绩斐然，有5项成果获湖北省管理创新成果奖；7项成果获东风有限V—UP金奖和银奖。人工成本控制效果显著。通过人工成本月度预实分析、滚动预测、人工成本投入产出分析，提高人工成本管控水平，人事费用率比预算减少1.5%。设备更新换代步伐加快，为提高生产效率提供硬件支持。模冲公司冲焊产品使用点焊机器人，生产效率提高3.5倍，漏焊现象得到彻底根治，产品质量进一步提升。通用铸锻厂在D530空滤器支架总成生产中也引入机器人技术，生产效率提高6倍。另外，冲焊工厂完成的“降低B53、206中支柱虚焊比例”质量改进项目，获得“全国机械工业优秀质量管理小组活动成果一等奖”。

【确保重大装备能力建设进度】 全面提升模具能力：总投资2.21亿元，一次规划2年投入，产能由目前1.5个整车模具到2012年达到3个整车模具能力。截至12月完成发包1.66亿元，支付1.01亿元。全面提升冲压能力：总投资8179万元，已完成3100t多工位压床订货，弥补公司多工位冲压业务的空白；承接车身厂中冲业务（双动1000T/1台+315T/3台），年底形成生产能力。

【成立焊装作业部】 根据做强做大焊装业务的发展战略，在设备制造厂成立焊装作业部，将焊装业务相对独立运行，进行专业化运营，树立专业化品牌。运行不到一年，效果显著，不仅业务流程缩短，提高效率，而且，市场效果也十分显著：先后在神龙公司、商用车车身厂、东风乘用车公司、东风股份公司、东风日产乘用车公司及郑州日产公司都拿到订单，订单总金额超过8300万元，同比增长3倍。由于在A08相关焊装项目中的出色表现，股份公司还对设备制造厂进行奖励。焊装作业部的成立为公司其它业务做强做大提供有益的探索。

【推进QCD管理】 2010年，公司全面推进管理改善活动，以提升质量，降低成本，缩短交货期。以QCD改善活动为各项工作切入口，立足生产现场，全员开展QCD改善活动，设立QCD改善项目177项，其中：工厂级课题116项，部门级课题48项，自主改善级课题12项，并且有5项被列为公司级改善项目，这些项目在公司生产经营中各方面都发挥很大的效应，2010年公司累计完成改善项目182项，创造效益和减少浪费950万元。如：通过改善活动，设备制造厂飞轮盘产品生产节拍由5.6分钟降低到3.1分钟；刃量具厂汽车齿轮主体作业时间由年初的50.67%提升到现在的57.2%；模具分公司模具钳调车间的周计划达成率由年初的90%提高到92.5%；冲焊工厂冲压产品的SPM由年初的5.4次/分钟提高到现在5.78次/分钟；焊接产品的焊接点数的生产效率由4.05次/分钟提高到现在的4.30%次/分钟。

【模冲公司营业利润翻番】 2010年，东风模冲公司实现销售收入13.2亿元，突破历史新高，营业利润较上年翻一番。东风模冲公司按照精益生产的工作思路，冲焊工厂采取“周日计划生产模式、建立SPM值系统、推进QRQC体系”三大措施提升生产效率，出色完成生产任务。模具分公司实施“120”工程（即：一次性把工作做到位；做好提高工作质量、提高实物质量两项工作；零投诉、零抱怨、零缺陷），完成标准作业书1200份，关键设备利用率84.1%。

东风特种商用车公司

【概况】 东风特种商用车公司（以下简称“特商公司”）秉承“一车两翼，做特做强”的发展思路，注重产品结构和事业布局合理优化，整车、专用设备、汽车零部件技术含量不断提升，高附加值产品占据主导，零部件产品组合日益丰富，专用设备产品技术由机械式向智能化升级；加快发展节能与新能源汽车，未来五年发展规划正稳步推进。2011年是东风公司实施“十二五”规划的开局之年，未来五年，东风公司将以科学发展为主题，以加快转变发展方式为主线，全面达成“实现三个跨越、构建一方和谐”的战略目标，努力开辟东风科学发展的新境界。特商公司不断提升科学管理水平，提高运营效率，创新营销方式，强化品牌建设，做好技术研发和基础管理工作。据了解，2010年东风汽车公司乘用车实现销售197.73万辆，同比增长36.57%，商用车实现销售63.77万辆，同比增长41.76%。加强公司管控，初步建立与公司体制相适应的管控体系，严格资金管理，准确把握市场走势。神龙汽车有限公司销售汽车37.3万辆，同比增长38.3%，创造了单月用户交付接近6万辆，单一车型销量突破10万辆的历史纪录，全年累计实现销售收入突破370亿元，稳步保持“每日进账亿元”的态势。截至12月末，共有从业人员2738人。王建军任总经理，陶正强任党委书记。

2010年，特商公司整体经营保持健康、快速发展，在国内汽车行业持续高速增长的情况下，特商公司把握市场机遇，克服产能严重不足、原材料价格大幅上涨等不利因素，全力抓好生产经营，取得良好成效。全年销售特种车7403辆，完成年计划的123%，同比增长36%；销售东风猛士710辆，完成年计划的119%，同比增长128%。两厂两公司实现销售收入17.43亿元，完成年计划的154%，同比增长53%，实现利润总额4430万元，完成年计划的261%，同比增加188万元。公司产销量与利润均创历史新高，超额完成KPI计划指标。

【发展定位】 6月2日特商公司召开干部大会，东风汽车公司人事（干部）部吕传文副部长代表公司党委宣布公司领导班子任命决定，李国仁同志退休，不再担任公司总经理、党委书记等职务，任命王建军同志担任公司总经理，陶正强同志担任公司党委书记、纪委书记，代理工会主席。东风汽车公司党委常委、副总经理李绍烛出席并作重要讲话。特商公司新一届领导班子到位后，通过对所属两厂三公司开展调研分析，以及对东风随州专用汽车有限公司、东风创普专用汽车有限公司、随州奇星车身厂等整车生产单位的走访考察，进一步明确公司的发展目标和措施：构建“一车两翼”产品格局，以特种车、越野车为重点，协同发展汽车零部件和物流/装配专用设备。乘商并举，开拓国内国际、东风内东风外、商用车乘用车两个市场。实现管理创新、技术创新，以创新带动跨越式发展。未来5年完成六大投资项目，打造千亩特商工业园，实现整车销售3万辆，销售收入突破60亿元，其中物流专用设备销售收入突破3亿元。企业更加和谐稳定，职工更充分地分享企业发展成果，公司整体发展活力进一步增强。

【产品开发取得新进展】 特商公司当年共开发特种商用车新产品298个，公告车型46项，其中公告天然气车型共计11项。全年申报专利13项，获得十堰市科技进步奖一等奖1项（重型液化天然气系列车型的开发）。研发的DFE50矿用车进行工地路试。随车吊新品已正式生产,2010年共改装随车吊30辆。东风越野车配合东风公司技术中心完成单、双排硬顶车、火力突击车的定型,CTJ01运兵突击车试制、“067工程”二类底盘的试制、ISDE发动机配装试制。自行完成加长轴矩500㎜单排硬顶、高硬顶两款车型的开发,自主开发了206所、65军、国防科大等7家客户的16种改装车型。汽车零部件配合整车开发多系列、规格齐全的产品,以满足不同客户的个性化需求。全年共开发新品24种。如悬架系列逐步形成该产品专业研发配套系列,2010年开发D310小改型车身悬架,D760车身悬置系统等。取力器系列开发发动机飞轮壳、齿轮的加工,增加新的效益点。发动机零部件系列开发高附加值产品,进一步拓宽产品型谱。2010年完成韩国斗山公司主轴承盖、排气歧管,北京福田康明斯新品,东风康明斯及上海柴油机全新风扇支架总成的设计等。专用设备研制出磁导航AGV输送小车、无接触电能数字无线遥控输送系统,并成功应用于EQH发动机总装配输送线;完成皮带传动输送线的生产应用及轿车总装滑板的第二轮试制。

【市场开拓】 特商公司进一步加大外部市场开拓力度,积极寻求非东风市场、国际市场的延伸,有力支撑销售收入,保证公司持续健康发展。特种商用车产品在车型上实行多元化、系列化配置,最大限度地推进车型细分、差异化和快速反应。2010年新开发车型订单累计量产3529台,占公司总产量的45%。实现天然气汽车销售94台,出口318台,出口金额为759.61万美元。越野车不断培育和开拓民品市场与海外市场(包括智利、菲律宾、巴西等国家),争取部分合同和潜在客户,为逐步扭转市场单一的现状奠定了基础。全年签订合同整车726台,其中自主签订合同26份72台。专用设备合同全年承揽达到2.48亿元,创装备产品合同承揽的历史最高。承接的东风商用车公司“EQH发动机总装配输送线”、东风本田汽车有限公司的“轿车侧围立体仓储自动配送系统”已成功上线运行。汽车零部件贯彻出口、集团内、集团外市场三分天下的多元化策略,努力扩大外部市场。汽车零部件销量不断攀升,累计实现销售收入同比增加101%,外部市场比例占到18%。2010年新增北京福田康明斯、湖南三一、北汽福田、中国重汽、上汽红岩、集瑞联合重工、上海柴油机等客户。

【经营管控能力增强】 2010年,受国家政策和经济持续向好势头的影响,国内商用车市场异常火爆,各单位抢抓商用车市场强劲增长及带动零部件产量高产,以及专用设备项目货源充足的机遇,集聚资源、提升产能,规范管理、提升水平,确保各项目标任务圆满完成。通过实施项目管理、看板管理生产方式,强化质量、成本、交货期;改进工艺,提高加工效率,强化设备保障,扩充产能,有力保证市场需求,市场应变能力进一步提高。建立经营分析例会制度,规范经营分析报告的内容,强化数据分析的管理,使企业经营分析工作更加精细化和系统化,经营分析能力进一步增强。完善资金管理制度,加强公司资金管控;建立利润因素分析模板,强化财务会计基础信息的建立与数据分析;清理往来交易,加强资金回款力度,防范经营风险,财务管理水平得到提升。健全公司汽车零部件产品实物质量抽查管理办法,使实物质量抽查工作更加细化,更侧重于数据的抽样、分析和评价,有效促进实物质量的提升,降低质量赔偿率。VES等工具的持续运用及系统质量管理工具的引进、导入,为整车的品质提升提供保证,质量管理控制进一步改善。安全生产管理和节能减排工作进一步落实。强化安全生产责任制,开展总经理、党委书记、工会主席定期安全巡视工作,加强安全生产工作的组织领导。公司全年无重特大安全事故发生,节能减排达标,环境污染零事故。

【技术成果成绩喜人】 2010年,特商公司共有9项成果分获东风公司科技进步二、三等奖,其中专用设备厂“PF3车桥装配线的开发与研制”、动力设备厂“生产经营管理信息系统的开发与应用”等3个项目获得东风公司2010年度科技进步奖二等奖;东风(十堰)汽车液压动力有限公司“东风D530驾驶室单回路液压翻转升降系统的研制”、东风汽车集团股份有限公司专用设备厂“D530系列车身全浮悬置系统的研发与制造”等6个项目获得三等奖。当年,特商公司的专利项目也收获颇丰,越野车公司朱建国、王聪的“车轮定位参数检测定位工装”、专用设备厂吴晓春、覃川的“驾驶室翻转支架”、东风(十堰)特种商用车有限公司周晋雯、彭洁的“自卸车用安全保护装置”等38个项目获东风公司专利授权奖,专用设备厂被授予专利工作先进集体称号。

【项目投资管理】 特商公司投资项目管理遵循“集中管控、效益优先、制度落实、考核到位”的原则,建立月度固定资产投资项目完成情况模板,每月对项目进展进行统计,填报。并在月度MC分析会上对投资项目的执行情况进行总结评价。投资项目的实施全过程由公司综合运营部进行跟踪管理,促进投资项目高效、有序、顺利实施,确保公司投资计划如期完成。当年公司维持生产性项目计划投资1414.77万元,实际完成投资1288.25万元。

【完善人力资源管理体系】 薪

酬激励制度体系进一步规范。以建立岗位体系、能力评估体系和绩效管理体系互为支撑的薪酬管理体系为目标，在总部指导下组织开展薪酬优化工作，按照薪酬优化方案规定的流程完成组织机构优化、岗位设置、岗位描述、岗位评价、能力评估、人岗匹配、定级定档、人薪匹配等五个环节十个流程的实施工作，薪酬优化总体实施方案及实施结果通过集团人事委员会审批，职工人均目标工资增长22%。

【履行社会责任】 特商公司充分发挥企业的社会责任作用，在保证产品质量、上缴税金、抗震救灾、服务上海世博会安保、参与社会公益事业等多方面做出突出贡献。2010年4月14日，青海省玉树藏族自治州玉树县地震发生当天，东风越野车有限公司立即启动紧急状态服务保障预案，在与灾区驻军和武警取得联系，了解相关情况后，6辆东风“猛士”赶赴玉树灾区。同时，东风越野车公司通知所属服务站，做好备件和人员准备，为赶赴灾区的东风“猛士”做好服务保障。15日上午，东风越野车公司再次派出2名服务保障人员带着价值数万元的应急备件奔赴灾区。举世瞩目的上海世博会期间，特商公司投入11辆越野车，圆满完成各项安保任务。公司还积极参与社会公益事业，2010年5月30日，向东风公司慈善基金会捐款100万元，向东风公司离退休（养）人员爱心捐款20万元。2010年8月23日—25日，公司组织全体党员干部向甘肃舟曲灾区捐款，总捐得款项46735元。

【东风“猛士”北京车展备受瞩目】 4月23日，东风猛士参加第十一届北京国际车展，展示自主创新成果，体现自主研发水平、科技领先实力，促进品牌价值提升。东风猛士是我国第一部三代高机动性军用越野车，它实现部队装备的跨越式发展。猛士的定型总共用五年的时间，累计63台样车的试制，通过115万公里的道路强化测试，并完成热区、沙漠、高原、寒区、沿海环境适应性试验。9月15日，东风“猛士”越野车编配座谈会在北京召开。中国人民解放军各军区装备部领导在会上交流东风“猛士”使用情况，对东风“猛士”各项性能给予高度评价。10月4日，4辆“东风猛士”越野车正式服役武汉市公安局特警支队。

中国人民解放军各军区装备部领导对东风“猛士”各项性能给予高度评价

【天然气卡车】 东风特商在基于自身特种商用车的传统优势的基础上，较早地开始天然气事业的发展，主打压缩天然气汽车（CNGV）和液化天然气汽车（LNGV），在不断创新完善产品质量，开发出多种适应性产品的同时，也针对不同区域进行市场开拓，由向气源地进发打响国内市场争夺战。东风特商天然气卡车事业从出口起步，重点发展在泰国等东南亚国家的事业。在取得一定成绩的基础上，考虑到近几年国内市场的不断扩大和可能面临重大机遇期的现状，继而抓紧时间投入国内市场的开发。2010年5月，东风特商成立天然气事业项目组，开始由寻求合作代理商销售的方式转而做客户终端，由“坐商”向“行商”转变。2010年6月，东风特商天然气事业部成立，2010年11月，东风特商天然气事业部又与市场销售部、海外事业部合并为现在的市场部，形成天然气与柴油并行的销售渠道，当年实现天然气汽车销售94台。

东风（十堰）实业公司

【概况】 东风（十堰）实业公司（以下简称公司）是东风公司下属事业单元之一。现拥有18家全资子公司，23家合资公司，员工14000多人。主营业务涉及整车与零部件制造和销售、商业服务和国际贸易等。整车主要有“东风华神”、“东风神宇”经济型商用车，“东风超龙”系列客车，东风特汽、东风征梦系列专用车等产品，零部件产品涵盖车身、底盘、发动机部件、汽车电器、橡塑制品等5大类1万余种。目前，公司已完成经济型商用车、专用车、客车3大整车平台的构建，并形成以武汉、十堰为基地，辐射北京、广州等区域的事业布局。罗元红任总经理，吕自龙任党委书记。2010年，在行业高速增长、东风强势发力的有利形势下，公司紧紧围绕"351行动计划"目标，加速业务结构调整，优化资源配置，内抓管理、外拓市场，全力推进"管理提升年"活动，各项工作取得长足发展，管理水平有了显著提升。2010年，全资子公司实现销售收入45.01亿，同比增长47%。合资公司与全资子公司共实现销售收入160亿元，同比增长46%。公司整车累计销车3.6万台，同比增幅14%，综合实力得到显著提升。

【"351行动计划"全面展开】 上年，公司为加快转变企业发展方式、实现业务升级换代成，发布"351行动计划"，即：用3年左右时间，构建商用车、专用车、客车三大整车和车身、底盘、发动机部件、汽车电器、橡塑制品五大类零部件的核心业务，使公司年销售收入过百亿，利润过亿元。经过一年来的不懈努力，公司全资子公司实现销售收入45.01亿，超出挑战值15亿，预算内23家子公司中19家增长速度大于54%，11家收入过亿元，与上年7家相比，增加了4家。上交税金1.04亿元，同比增长27.33%。全年实现利润2985万元，与年度目标相比，增利1.08亿，提前两年实现中期事业目标。预算内23家企业，21家盈利，同比净增16家。公司华神整车销售10057辆，同比增幅16%，其中国内销售增长60%；神宇整车销售10859辆，同比增幅8%；改装车销售10100辆，同比增幅20%；客车销售5180辆，同比增幅13%。在完成生产任务的同时，每月盈利超过百万，实现"产能再创新纪录，收入再上新水平，效益再上新台阶"的预期目标。

【十万辆经济型商用车事业成功定点】 东风公司总部决定以东风（十堰）实业公司为平台，布局十万辆经济型商用车事业。6月30日，随着东风神宇车辆有限公司划归公司管理，公司整车规模和制造水平实现新的提升，产品线进一步丰富，初步形成了商用车以"东风神宇"、"东风华神"，专用车以"东风特汽"、"东风征梦"，客车以"东风超龙"等品牌为代表的产品序列。同时，东风内部各兄弟板块相继加大对公司的支持力度，陆续导入驾驶室总成、微车代工、乘用车配套零部件等新的增值业务。此外，公司充分利用地方支柱企业的角色，积极争取政府优惠政策和支持。全年，公司争取土地3000多亩，折算资金达6000多万元。

【"管理提升年"为发展加速】 2010年，公司以"管理提升年"活动为载体，立足全价值链改善，加速管理提升。在战略管理上，按照整车带动零部件优化，零部件促进整车发展原则，优化配置核心资源，集中力量发展整车和大总成企业。编制发布十万辆整车事业发展规划和新"351行动计划"；明确以十堰基地商用车零部件，武汉基地乘用车零部件为两翼的发展格局。在人力资源管理上，公司加大培训力度，提升培训层次，坚持每月一次的干部集中培训，并先后组织7次专家集中授课，选送15批干部到清华大学、武汉大学培训，选派2名高技能人才远赴德国深造。同时，以制度建设为重点，发布19项管理制度，调整领导干部58人，公开招聘管理和技术人才62名，改变人员流向，如总部技术中心、商用车等关键岗位人才，相继竞聘到实业公司工作。在财务管理上，公司结束使用长达十几年的传统企业会计制度，全面导入新的会计准则，标志着公司规范化管理迈上新台阶。同时，实行财务部长派驻制，交流调整财务部长24人；对重点单位资金实行集中管控，资金集中度达70%，资金有效率和管控能力有效提升。内部审计常态化，对公司全资子公司和6家合资企业进行财务审计，有效控制部分单位"虚赢虚亏"现象。在现场改善上，以班组建设为落脚点，广泛开展QCD改善、群众性立功竞赛等活动，安全管理、成本管理等基础工作进一步夯实，全年完成公司级项目50项，创效580.76万元。同时，以东风李尔座椅有限公司为代表的5家单位发布"管理提升年"成果，被东风有限、东风股份，甚至外方合作伙伴认可和表扬，大大提升公司的影响力和知名度。

【改革改制深入推进】 在合资合作方面，2010年，完成东风征梦（十堰）专用车有限公司、东风特种汽车有限公司、东风（十堰）汽车传动系统有限公司、东风（十堰）汽车油缸有限公司、东风（十堰）汽车钢板弹簧有限公司、十堰东风韩都油化有限公司、东风（十堰）汽车标准件有限公司、东风（十堰）设备安装有限公司、东风井关农业机械（湖北）有限公司等9家单位合资合作，累计引入资金超过2亿元。其中，东风征梦（十堰）专用车有限公司当年合资，当年扭亏为盈。尤其是12月底与日本井关农机公司签署合资协议，成为公司新事业和新的效益支撑。在内部改革方面，公司机关实施精干高效，职数由原来的82个减少为68个，岗位由74个减少为60个，机关人员减少13%，费用支出下降5%。当年5月，启动二级单位车改，出台高管人员职务消费办法并开展薪酬改革试点。这些改革，规范了管理，推动公司治理向现代企业迈进。

【项目建设创造"东风实业速度"】 2010年，公司为完善业务布局，加快结构调整，8个重点项目相继开工建设。华神新工厂119天建成投产，被原湖北省省委书记罗清泉誉为"东风实业速度"。武汉焊接阵地2

月开工，7月建成投产，单月收入超过3000万，创造当年决策、当年建设、当年投产、当年见效新纪录。同时，占地800亩的十万台车身项目，占地346亩的东风特汽专用车项目，占地282亩的东风特汽客车项目，占地116亩的传动系统项目，占地120亩的油缸公司项目，占地398亩的东风征梦专用车新工厂项目等相继开工，2011年将陆续建成投产。同时，公司围绕“高耗能、高污染、质量差”等老装备，坚持量入为出，以“高起点、快产出、高效益”原则，全年新增数控设备75台套，累计技改投入达到5262万元。这些项目，为公司持续发展夯实了基础，储备了资源，将进一步增强公司发展潜力。

【产品研发取得新进展】 公司坚持以事业计划为导向，加快新品研发，推进产品结构向高技术含量、高附加值和模块化、系统化方向迈进。2010年，公司全年申请专利41项，开发零部件新品950种，申报整车公告161种，新品实现收入13亿元，完成年度计划的265%。新品收入同比增加13.92亿元，增幅54%，社会市场同比增收4.12亿元，增幅34%。其中，取得新增东风商用车81种路线产品，4家单位取得X7产品路线，5家单位D760产品的供货得到确认。东风股份公司路线产品29种，18种产品增加配套。乘用车方面，争取到神龙公司58个产品，两款发动机减震器已实现批量试装。目前，已形成以整车为龙头，车身、底盘、橡塑、发动机部件、电子电器5大类零部件为支撑的事业布局，核心业务逐步突出，集约发展的规模效应开始显现。

【全价值链精益管控降低运营成本】 2010年，公司全面推行全价值链精益管理，采购成本同比下降3.05%，可控费用同比下降3.89%，QCD改善实际降成本4173万元，同比提高5.1个百分点。整车VES，零部件PDI、PPM均实现必达目标，全年质量售后净赔偿396万元，较上年同期603万元下降207万元。如东风（十堰）车身部件有限公司通过实施“N－2”生产方式，集中力量生产关键产品，提前迂回非关键产品，主打产品保险杠生产周期从以往的8小时缩短到4小时，踏板支架实现2小时提前生产。东风（十堰）底盘部件有限公司通过优化产能分析，提前增加设备和人员，不仅保证高产期间产品发交，而且制造运营成本同比大幅下降。东风（武汉）有限公司冲压阵地，在短时间内将6000多个线头的机器人冲压线顺利调试安装完毕，提前两个月实现供货，被神龙公司专家组推荐为标杆企业，在全部供应商范围内推广。

【东风神宇划归东风实业公司管理】 6月30日起，东风神宇车辆有限公司正式划归东风实业公司管理。两年内，东风经济型商用车将达到5万辆生产规模。东风神宇车辆有限公司（以下简称东风神宇）成立于1999年，公司原名东风农用车有限公司，2003年正式更名为东风神宇车辆有限公司。作为东风汽车公司十堰管理部唯一的整车生产单元，总资产1.5亿元，整车年装配能力3万辆。2009年12月16日，东风神宇年产销量首次达到1万辆，正式跨入中国汽车企业“万辆俱乐部”，产品涵盖自卸车、专用车、低速货车等。东风神宇正式划归东风实业公司管理，成为东风经济型商用车的重要组成部分。原有股权和机构不发生变化，东风实业公司依然持有东风神宇50%的股份，东风神宇的管理权将从十堰管理部变更为东风实业公司，而东风神宇为东风实业公司旗下的整车合资公司。

（王　英）

工业

综述

【概况】 2010年，全市工业经济呈现高开高走、高位运行、高速增长的发展态势，规模以上工业累计完成总产值1313亿元，增长60.4%，增幅全省第一；实现工业增加值363.36亿元，增长39.2%；规模以上企业发展到915家，净增145家；汽车产量达到56万辆，增长51%；规模以上工业产品销售率97.46%，提高1.2%；规模以上工业产品销售率达到97.46%，同比提高1.2个百分点，规模以上工业企业实现主营业务收入1137.81亿元，同比增长47.64%，实现利润149.79亿元，同比增长115.04%，税金总额21.95亿元，同比增长30.17%，增速和质效同步提升。

【重点项目建设】 2010年，全市继续大力推进20个重大工业项目和100个重点工业项目，工业项目投资持续平稳增长，重大项目推进顺利。2010年，全市全社会累计完成投资382.8亿元，增长47.7%；工业投资完成164.9亿元，增长62.0%，增幅高于全市投资平均水平14.3个百分点。工业投资占全部投资的43.1%，比上年同期提高3.8个百分点，在工业投资中，主导工业汽车产业完成投资78.6%，同比增长117.4%；技术改造投资保持快速增长态势，2010年工业技术改造完成投资68亿元，同比增长43.1%。在建项目大幅增加，截止2010年12月末，全市在建项目达1419个，同比增加391个，增长38.0%；施工项目计划投资878.6亿元，同比增长30.1%。新开工项目990个，同比增长206个，增长26.3%；新开工项目计划投资357.8亿元，同比增长5.3%。2010年新开工项目共完成投资161.2亿元，同比增长36.7%。东风渝安20万辆扩能二期、东风实业3万辆整车扩能项目、双星东风已形成半钢550万套、全钢70万套的产能、安远公司2万辆专用车项目一期已投产、东风传动轴有限公司迁建项目完成整体搬迁并投产、湖北神河联达轻型车项目已形成3万辆/年的生产能力、郧县凯琦铸造生产基地建设项目、丹传公司100万根传动轴和5万根铸钢桥项目、万通工业园已引进三家企业、湖北天龙汽车电子电器工业园、东风公司8万辆重型车新工厂一期4万辆、正和10万辆车身扩能、东风特种车身15万辆车身迁扩能、东风征梦3万辆专用车、川路一期3万辆专用车项目、大洋60万套车轮、先锋模具大型数控伺服压力机项目、东风特汽客车年产1万辆客车、2万辆底盘、神鹰工业园年产2万台自卸车项目、三环专汽一期3万辆专用车项目进展迅速。

【“双亿工程”和企业成长工程】 2010年新增“双亿工程”企业16家，数量达到66家。“双亿工程”企业累计实现工业总产值340亿元，同比增长49.6%，增幅同比提高7个百分点。“双亿工程”企业产值占全市地方工业的比重达到59.9%，同比提高5个百分点，累计新增产值129亿元，拉动全市工业增长28个百分点。有29家企业产值同比净增超过亿元。其中，东风渝安累计完成产值58.1亿元，净增产值20.6亿元，增长55%，成为首家产值过50亿元的地方企业，东风实业、普林工业园等2家企业净增10亿元以上，双星东风净增6.6亿元，东风特商、安远专汽、福堰钢铁、驰田汽车、东风伟世通、天龙专汽、民乐液压、金龙水泥、神河集团、武当水泥等10家净增都超过2亿元，全年新增规模以上工业企业145家。

2009年度“双亿工程”优秀企业奖励名单

1. 东风实业有限公司，奖励85万元；

2. 湖北三环专用汽车有限公司，奖励85万元；

3. 十堰正和车身有限公司，奖励65万元；

4. 东风渝安车辆有限公司，奖励60万元；

5. 十堰福堰钢铁有限公司，奖励60万元；

6. 东风特汽（十堰）客车公司，奖励50万元；

7. 十堰市华昌达机电有限公司，奖励50万元；

8. 湖北十堰先锋模具有限公司，奖励40万元；

9. 十堰泰强再欣工贸公司，奖励40万元；

10. 湖北世纪中远有限公司，奖励40万元；

11. 十堰学世工贸有限公司，奖励35万元；

12. 十堰浩凡工贸有限公司，奖励35万元；

13. 湖北正奥汽车附件有限公司，奖励35万元；

14. 湖北华阳投资有限公司，奖励30万元；

15. 十堰天涯汽车科技有限公司，奖励30万元；

16. 湖北三环车身系统有限公司，奖励25万元；

17. 湖北双鸥汽车工程塑料公司，奖励25万元；

18. 十堰运意车桥实业有限公司，奖励25万元；

19. 十堰金鼎纺织实业有限公司，奖励25万元；

20. 普林工业园有限公司，奖励20万元；

21. 十堰东风三立车灯有限公司，奖励20万元；

22. 十堰市先驰汽车车架有限公司，奖励20万元；

23. 十堰至喜车辆有限公司，奖励20万元；

24. 东风精密铸造有限公司，奖励20万元；

25. 湖北通达汽车零部件有限公司，奖励10万元；

26. 十堰龙彦汽车工贸公司，奖励10万元；

27. 十堰市大洋车轮公司，奖励10万元；

28. 双星东风轮胎有限公司，奖励10万元；

29. 十堰皇马实业有限公司，奖励10万元；

30. 十堰市华迪汽车零部件公司，奖励10万元；

31. 十堰高周波工贸有限公司，奖励10万元；

32. 十堰市业鹏汽车零部件公司，奖励10万元；

33. 十堰倍力工贸有限公司，奖励10万元；

34. 十堰方鼎汽车车身公司，奖励5万元；

35. 十堰光社工贸有限公司，奖励5万元；

36. 湖北力神车辆制造有限公司，奖励5万元；

37. 农夫山泉湖北丹江口有限公司，奖励10万元；

38. 郧县神河汽车集团公司，奖励10万元；

39. 郧西海天实业有限公司，奖励10万元；

40. 竹溪华驰医药化工公司，奖励10万元；

41. 十堰市佳恒液压机械有限公司，奖励5万元；

42. 房县恒达纺织公司，奖励5万元；

43. 房县钻石水泥公司，奖励5万元。

【产业集群发展】 2010年十堰市两个省级重点汽车零部件产业集群在全省67家重点产业集群考核中进入前10名。郧县铸锻件产业集群申报为省重点产业集群，4个省级重点产业集群项目申报省级财政专项资金570万元，申报省级县域经济专项贴息资金8000万元。2010年全市开发区、工业园区注册企业达4400个，从业人员7万余人，实现工业总产值800亿元，税收10亿元，已成为全市经济发展的生力军。

【企业信贷融资工作】 2010全年金融机构企业贷款余额390多亿元，较上年新增贷款超过100亿元。全市有担保公司8家，注册资本3.59亿元，累计为1800多家中小企业提供担保金22.5亿元。政信担保公司注册资本金由0.99亿元增加到1.18亿元，为146家企业提供9.8亿元融资担保。与市金融办联合有关单位推进中小企业企业集合票据筹备发行工作，首期集合票据安排发行规模6亿元。兴业银行落户十堰市，已开始试营业，贷款业务已经启动，审批项目30个，授信额15亿元，已发放贷款8亿元。

【“十一五”节能减排目标和淘汰落后产能工作】 2010年，十堰市列入淘汰落后产能任务的有9家淘汰企业（生产线），涉及钢铁企业1家、电石企业3家、铁合金企业3家、酒精企业2家已全部关停，关停过程中没有出现群体性的上访事件。2006年至2010年，十堰市规模以上工业企业万元工业总产值耗电量824千瓦时，相比2005年下降29%，超额完成“十一五”节能目标。 （*汤海涛*）

冶金燃化

【概况】 2010年，以十堰市丹福钢铁有限公司为核心企业，联合宜昌、荆州、阳新、石首等省内8家短流程钢铁生产企业组成的湖北丹福钢业集团公司，总部注册十堰城区，已完成协议签订，章程讨论通过，进入工商注册登记阶段。总投资18亿元的石头造纸项目已签订意向协议。钢铁企业引进装备资金6.2亿元，项目正在实施建设之中，超引资目标资金20多亿元。3家煤矿已基本具备竣工验收条件，其它12家煤矿改扩建工作正按计划稳步推进。工业用煤、民用煤、发电用煤储备丰富，保有量达30余万吨，可保证冬春用煤安全。服务跟踪10个项目全部实现开工生产，超年初目标三个项目。产业升级步伐加大。新增投资7.8亿元，对传统产业进行技术改造，促进行业产业升级，超年初目标4.2亿元。产学研项目实现规模性突破。全行业有7家企业采取不同形式与大专院校科研机构联合，运用新技术、新装备节能减排降耗，提高自主创新能力。行业和谐稳定。无群体上访事件、无赴省进京事件、无治安刑事案件发生。

【贯彻国家钢铁产业政策】 2010年，国务院发布《关于进一步加强淘汰落后产能工作的通知》(国发[2010]7号)和《加快钢铁工业结构调整的若干意见》(国办发[2010]34号)及工信部《钢铁企业生产经营规范条件》([2010]105号)等文件和钢铁产业调整政策出台后，市冶金燃化投资中心提出依托十堰市丰富的废钢和铁矿资源，走联合重组提升十堰市钢铁行业的发展新路，达成以十堰市企业为核心，注册十堰城区的协议。截至年底省内8家短流程钢铁生产企业(丹江口市丹福钢铁有限公司、十堰福堰钢铁有限公司、郧县榕峰轧钢厂、宜昌市福龙钢铁有限公司、荆州市群力金属制品有限公司、阳新华宝钢铁有限公司、赤壁市闽发建材有限公司和石首市顺发钢铁有限公司)拟组建湖北福士钢业集团，已通过章程，进入注册登记阶段。集团成立后，职工达4530名，短流程电炉炼钢能力达370万吨、轧钢407万吨、可实现销售收入662400万元，利税46368万元。

【招商引资】 全年发放35份招商资料，广泛宣传十堰市冶金燃化煤炭招商项目，重点宣传3家钢铁企业工艺改造、引进装备设备引资，14家煤矿企业扩能改造引资情况，为省内行业部门和企业解参与十堰市招商项目提供基础。编写、补充完善《环保科技石头造纸项目书》、《十堰废旧轮胎再生利用项目书》、《十堰市钾肥开发利用项目书》、《十堰市铌稀土综合开发利用项目书》等12份项目书。对行业企业益民铜材公司厂房整体搬迁扩建、福堰钢厂扩能、郧西3000吨五氧化二钒、郧西全盛公司面包铁、丹江福瑞德石煤综合利用等项目搞好后续跟踪服务。共接待各地客商达162人次，进入实质性交谈的客商达到5人次。招商引资总额达24.2亿元，超额完成年度目标。

【煤炭生产经营管理】 2010年，保证全市煤炭每月储备量在20万吨以上，确保全市冬春生产生活用煤安全。开展联合公安等部门联合执法4次，独立执法16次，处罚违规煤炭经营户2人次，入库财政罚没收入1.1万元。按相关规定抓好实验室的运行管理，设备正常运行率达到95%以上，在5个工作日内为用户提供检验报告，全年检验煤样120个，检验数据报告准确率为100%。依法为78家符合条件的煤炭经营企业进行《煤炭经营资格证》年审，年检合格率达100%，新办《煤炭经营资格证》9家；完成15家《煤炭生产许可证》年检工作。组织专业技术人员到竹山、竹溪两个产煤县对全市14家煤矿进行瓦斯等级数据检测，组织人员编制检验报告，完成瓦检报告并报省审批。对198名特殊工种作业人员进行培训。

【"十二五"规划编制】 2010年，成立以中心主任为组长，副主任、助理调研员为副组长，各业务科室负责人为成员的强有力的"十二五"规划编写领导小组，先后多次深入到8个县市区及高新技术开发区进行调研，到26家行业企业深入解，进一步掌握全市冶金燃化行业实际，解掌握"十二五"时期十堰市冶金燃化企业的发展思路、发展目标、发展重点以及实施规划的对策和措施，形成近万字的冶金燃化行业"十二五规划"。

【服务行业企业】 2010年，全行业有7家企业开展产学研对接活动。十堰市风神汽车橡塑制品有限公司与清华大学签订的汽车高低压油管合作项目已建成投产；湖北鑫银贵金属股份有限公司与武汉理工大学签订精炼白银新工艺、提钒新工艺等项目5项；郧西平凡矿业有限公司与武汉科技大等三所大专院校签订钒深加工项目；中部矿业集团与中国地大、华中科技大签订钒深加工项目；益民铜材公司与西安科技大签订铜材连铸连轧自动工艺项目。为加快经济转型实现可持续发展，市冶金燃化投资中心深入26家行业企业调查研究，形成《关于十堰市钒矿开发利用的建议》、《十堰市铌稀土开发利用建议书》、《十堰市钢铁企业联合重组的建议》等5份调研报告，为促进冶金工业结构调整、重组、资源开发利用提供指导性意见和建议。2010年，组织协调十堰市榕峰钢铁公司装备引资3.2亿元，福堰钢铁装备引资3亿元进行装备技术改造，指导市益民铜材公司投资1.6亿元，在西城万亩工业园区新建生产产房，实现整体搬迁。

【淘汰落后产能工作】 2010年全市冶金燃化行业企业投入9000多万元，引进电炉除尘设备，改造环保设施。截至年底，行业内9家冶金化工企业节能降耗、设备装备达到行业标准，通过省级验收检验。

(吕春香)

电力工业

【概况】 直管基层单位12个、3

个代管县供电公司和2个多产业集团公司,职工总数为2125人。公司直属在职在岗职工1050人。其中,有大学本科及以上学历人员占32.57%,初中及以下占7.43%;有中高级及以上职称人员占26.10%,技师和高级技师占13.33%,中高级工占37.81%;经营管理人员占11.52%,专业管理人员占10.19%,技术管理人员占2.86%,生产技能人员占59.43%。与"十五"末相比,公司中级职称及以上占总人数比例从20%提高至26%,2010年底人才当量密度达到0.9029。资产总额18.32亿元,固定资产原值28.48亿元。全年完成售电量37.56亿千瓦时,首次突破30亿千瓦时,较上年增长59.76%;完成概念利润4.9亿元,超计划24.7%;全员劳动生产率187万元/人·年,超额完成省公司预算计划;电费回收连续五年保持"双结零"。获得"湖北省电力公司文明单位"、"十堰市最佳文明单位"等多项荣誉。

【十堰电网】 至2010年底,拥有龙虎沟、武当山、柏林、均州等220千伏变电站6座,葫岭、夏家店等110千伏变电站24座,35千伏变电站42座,220千伏主变9台,110千伏主变40台,35千伏主变65台,主变压器总容量共计252万千伏安,110千伏以上线路78条,总长2047.9 km。全年十堰地区全社会用电量879997万千瓦时,同比上升26.4%。按产业结构统计,第一产业用电量4933万千瓦时,同比上升15.61%;第二产业用电量701235万千瓦时,同比上升29.24%;第三产业用电量73364万千瓦时,同比上升29.42%;城乡居民生活用电量100465万千瓦时,同比上升8.44%。十堰地区6000千瓦以上电厂发电量完成34.27亿千瓦时,同比上升15.93%,其中:水电厂发电量22.51亿千瓦时,同比上升20.18%,火电厂发电量11.76亿千瓦时,同比上升8.79%。十堰主网从外地区输入电量29.33亿千瓦时,向外地区输出电量13.49亿千瓦时,净输入电量15.81亿千瓦时,同比增加10.71亿千瓦时。

【电网建设与发展】 一是明确电网发展思路。确定十堰电网"内延外联"思路,完成《十堰电网"十二五"规划》和110千伏及以下配网规划编制。启动"引陕工程"前期工作,进一步推动与周边省市电网的联络,举办"和谐电网、和谐发展"高管论坛活动。二是项目建设有序推进。累计完成电网建设投资3.2亿元,建成投运220千伏房县输变电工程等8个电网项目,新开工110千伏双楼门输变电工程等4个电网项目。北京路基地办公楼主体工程已全部完工并通过验收。三是基建质量管理不断强化,组织基建管理人员培训,狠抓工艺质量考核,合理控制工程造价。四是电网改造升级全力实施,安排技改资金4210万元、配网资金6089万元,实施无人值班改造、配电馈线自动化、丹丁Ⅰ回老旧改造、配电设备综合整治等工程。"十一五"期间,累计完成建设投资15.13亿元,电网的输配电能力形成跨越式发展。500千伏十堰输变电工程建成投产,新建和扩建了柏林、房县等4个220千伏输变电项目,新建和扩建了成罗、东城等7个110千伏输变电项目,以500千伏为支撑、220千伏为主骨架、110千伏和35千伏为配电网的十堰网络已初步形成。

十堰地区全社会用电量(全口径)

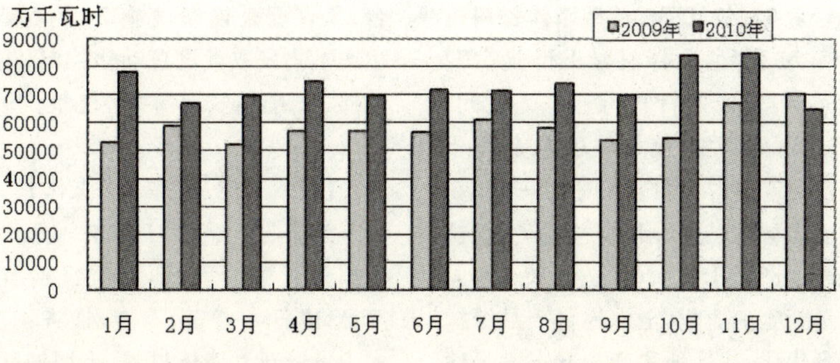

【经营管理】 一是经营秩序良性发展。开展"三指定"专项治理,完成高、低压报装工程和设计、施工合同清理。实施"电价清理"自查自纠。持续进行"小金库"专项治理工作,开展各类审计15项,出具管理建议47条,节约资金525万元。二是人财物集约化稳步实施,全年开展招标15批次,节约资金472万元。三是同业对标再上台阶。公司同业对标全省排名第8,同比提升4位;资产经营专业获得省公司专业标杆,1篇典型经验入选省公司典型经验库。

【安全生产】 全年没有发生生产、基建人身伤害事故,没有发生一般及以上的电网和设备事故,没有发生误操作和火灾事故,输、变电事故率和变电一类障碍率为零,截至年底,实现安全生产2988天,安全局面保持稳定。城市供电可靠率和综合电压合格率分别为99.9182%和99.732%,同比分别提高0.0142和0.105个百分点。科学安排计划检修,编制事故预案和控制方案25个,有效化解电网结构薄弱和卡口带来的安全风险。及时消除家族性设备缺陷,全年共完成主网设备修试校

636台次。强化输电线路专项治理，提高线路雷击、鸟害的防护水平。设备运行状况良好，未发生电网设备事故。有效制定和落实保电预案，组织联合反事故演习和应急演练，及时恢复了因冰灾、洪灾受损线路、台区，成功应对了严峻的缺电局面和历史最高负荷的挑战；圆满完成第四届世界传统武术节的保电任务，并荣获“集体二等功”。

【营销工作】 售电结构优质率达到99.90%，位居全省领先水平。提前3个月完成省公司下达的概念利润全年目标。完成高压报装容量22.61万千伏安，同比增长118.63%。完成了主站升级改造和778个台区集抄建设，开展营业厅可视化管理。投入资金246.8万元，新建改造计量二级库房6个、三级库房57个，电能计量中心通过国家级合格实验室认证。“十一五”与“十五”末相比，2010年公司售电量增长78.35%，年均增长12.27%；售电均价提高72.78元/千千瓦时；售电收入增长118.8%，年均增长16.95%；全员劳动生产率增长123%，年均增长17.4%；市场占有率达45%，上升了4.73个百分点。

【农电工作】 农网供电可靠率(RS1)为99.660%，较省公司下达业绩考核指标高0.016个百分点。农村综合电压合格率为96.298%，与省公司下达业绩考核指标高0.078个百分点。农电“一体化”管理深入开展，“南三县”公司供电产权无偿划转于2010年12月底获得国网公司批复。加强代管县公司“一体化”管理，完善资金收支两条线。全面启动新一轮农网改造升级工程，实施郧西110千伏南岭、上津变电站综自系统改造等高压技改项目。

【科技与信息化】 全年共注册成立62个QC小组，取得48项成果，其中3项成果获得国家实用新型专利，输电中心QC小组获得“国优”荣誉称号。“十一五”期间，企业信息化建设取得历史性突破，ERP和SG186成功上线，增强了核心资源的控制能力。

【优质服务工作】 开展供电服务“学、议、整、定”活动，建立客户投诉“说清楚”和“风险预警”制度，全年客户投诉率同比下降55%。建立以95598为主体的服务监督体系。“家政电工”服务品牌得到社会广泛认同，中央电视台、湖北日报、国家电网报等进行专题报道，并入选湖北省文明行业(单位)创建品牌案例。扎实开展行风评议工作，征求各类客户意见、建议331条，并认真进行整改和回复，得到社会各界的好评，先后获得全市“消费者满意度测评”和“民主评议政风行风”公共服务类第一名。积极参加“行风热线”，获得“政风行风热线”工作先进单位。“十一五”期间，公司供电可靠性明显提高，城区供电可靠率已达99.9%以上，居民客户电压合格率达99.7%以上，农村供电可靠率达到99.66%，分别获得2006年、2010年民主评议政风行风和2008年、2010年消费者满意度测评第一名的荣誉。(祝东生)

建　　材

【概况】 2010年，全市建材行业完成工业总产值26.18亿元，其中水泥行业15.47万元，新型墙体材料行业5.29亿元，预拌混凝土行业5.22亿元，石棉摩擦材料行业0.2亿元。主要产品水泥产量315万吨，新型干法水泥产量占水泥总产量的97%；新型墙体材料产量8.43亿块标砖；预拌混凝土产量153.42万立方米。着力推进新型工业化，全市建材产品结构得到优化，其品种和产能基本满足建筑市场及人居环境改善的需求。

【建材新型工业化】 拟定《十堰市淘汰落后水泥产能年度计划表》上报市经信委。根据企业申请，上报关闭十堰宏建、郧县武阳、竹山康华、丹江乐门等4家立窑水泥企业，淘汰落后水泥产能92万吨。完成《十堰市建材工业“十二五”发展规划》。重点建设项目进展顺利，湖北金龙水泥有限公司新型干法窑纯低温余热发电建设项目总投资7800万元，装机容量10MW，2010年土建工程基本完工，将进行设备安装调试，该项目年发电量7530万千瓦时，节约标煤25838吨，减少CO_2排放56844吨，SO_2排放300.7吨，成为十堰市第一家水泥窑余热发电节能项目。

【十堰市第三条县级预拌混凝土生产线竣工投产】 6月29日，竹山县欣泰混凝土有限公司一期工程在该县城关镇明清工业园竣工，该项目总投资3000万元，年产40万立方预拌混凝土，首期工程建设年产20万立方生产线已建成投产。

【竹溪县永强商品混凝土项目竣工投产】 9月9日，竹溪县永强建材有限公司商品混凝土搅拌站竣工投产。该商项目总投资3000万元，占地20亩，年生产能力40万的立方米。该公司拥有配套设备40多台(套)，其中搅拌系统1套，扬程37米的臂架混凝土输送汽车泵车1台、容量达10立方米的混凝土搅拌罐装运输车4台、其它配套设备设施34台(套)。生产工艺采取微机自动化控制，集中搅拌、密闭运送、现场摇控浇筑。

【建筑节能及“禁实”工作】 将建筑节能与“禁实”工作纳入建设项目监督管理流程，加大监督检查力度，形成日常督查、巡查、抽查制度。大力发展新型墙体材料，十堰城区以粉煤灰、煤渣等工业废渣为主要原料，生产加气混凝土砌块、蒸压粉煤灰砖、轻集料混凝土小型空心砌块、轻质内隔墙板等新型墙材，各县（市）以当地丰富的砂、石和页岩等资源，生产混凝土多孔砖和非粘土烧结多孔砖（空心砌块）等新型墙材，全市形成承重墙材与非承重墙材，砖块板种类齐全、同步发展的新型墙材生产格局。实施建筑节能材料生产企业备案管理制度。2010年对15家建筑节能材料生产企业实行备案管理；对新型墙材生产企业进行认定，全市60家规模以上的新型墙材生产企业（年生产能力超过20亿块标砖），已通过省级认定33家，其它27家企业正在积极申报认定。

【国家住建部督察组检查十堰建设领域节能减排工作】　12月23日，国家住建部督察组及省住建厅有关领导、专家莅临十堰，检查节能减排工作。市委常委、副市长张维国在十堰世纪百强大酒店汇报十堰市建设领域节能减排工作。十堰市始终严格执行国家关于建设领域节能减排的各项规定，至2010年，全市新建建筑执行建筑节能标准设计阶段执行率达100%，施工阶段执行率达96.8%。十堰城区新建建筑“禁实”达到100%，新型墙体材料自给率达到100%。所辖县（市）城区新建建筑“禁实”达到100%，新型墙体材料自给率达到95%以上，所有县（市）城区全部“禁实”达标。已有近60万平方米的建筑项目应用可再生能源。国家住建部节能减排督察组还深入十堰供电公司B标点、市中医院项目点等处，通过查资料、审图纸、听汇报及现场对墙体保温层测量等方式对建设项目进行检查。

【散装水泥及“禁现”工作】　“禁现”（禁止现场搅拌混凝土，下同）步伐明显加快，推广散装水泥工作成效显著。十堰城区禁止现场搅拌混凝土工作开展顺利，已投产运营的预拌混凝土搅拌站6座，120生产线9条，年生产能力270万立方米，在建预拌混凝土企业2家，所辖县市5座搅拌站已全部投产，预拌混凝土企业生产能力已能够满足全市城市建设及城镇化发展的需求。十堰城区建筑市场基本实现预拌混凝土商品化，全年推广应用散装水泥202.35万吨，散装率达50.03%；商品混凝土供应量153.42万立方米。“禁现”率达到95%以上。促进农村推广散装水泥，以郧县汉江水泥厂、湖北金龙水泥有限公司等企业为龙头，在经济条件较好的农村建设散装水泥销售网点，对新建的农村散装水泥网点给予一定的资金扶持，促进散装水泥事业的发展。全市已发展农村散装水泥网点97个，散装水泥供应量9.2万吨。

12月23日，十堰市向国家住建部督察组汇报建筑节能减排工作现场

【十堰辖区混凝土搅拌车加装GPS系统】　7月20日，十堰市散装水泥办公室对十堰辖区内的120余辆混凝土搅拌车加装GPS系统，建立GPS车辆监控中心，对车辆行驶路线、行车地点、营运时间、行车速度等实施监控，有效遏制混凝土搅拌车辆抛、洒、滴、漏现象。至2010年12月底，全市139台混凝土搅拌车全部加装GPS系统。

【企业改制】　中心所属9个直属企业，其中8个企业已转体为民营企业，已改制的企业产权明晰，权责对等，职工得到安置，企业得到发展。市九霄摩擦材料有限公司已完成资产评估等前期工作，企业改制工作稳步推进。（庞长久）

机械工业

【概况】　2010年所属8家企业完成工业总产值425000万元，同比增长21.6%；实现销售收入405000万元，同比增长21.5%；实现工业增加值45409万元，同比增长48.3%；实现利税25627万元，同比增长81.4%，实现利润16352万元，同比增长102%。

【招商引资】　一是多次邀请上海远东国际租赁公司先后到郧县、郧西、丹江口及十堰城区部分企业进行融资洽谈，为十堰先锋模具有限公司、十堰义兴工业发展有限公司等8家企业设备融资5700万元。二是与建设银行一起组织召开部分企业融资座谈会，引导金融部门向汽车产业开展金融服务，切实解决企业融资难题。三是积极组织企业参加"百亿基金再进十堰"活动，积极帮助企业拓宽融资渠道。四是组织全市铸、锻行业20家企业50余位专业人员参加第十届国际铸造、锻压及工业展览会。通过现场考察，十堰凯琦铸造、丹江志成铸造、郧西精诚汽配、郧西风神公司分别与德国ABM策马公司、日本东久公司签订引进铸造生产线协议，协议额达5000万元，既缓解企业资金紧张状况，又推动企业的技术进步。

【技术改造】 一是中心由专人负责搜集企业技术项目和攻关课题，之后与省大专院校（科研院所）进行合作洽谈，帮助企业解决技术难题。二是组织企业赴省专题汇报汽车零部件专项申报工作，配合市发改委、经信委，把东风实业、华阳汽车变速系统有限公司等6家企业列入省汽车零部件专项、十堰市佳恒液压机械公司、十堰市大洋车轮制造有限公司等13个企业列入国家、省产业振兴及技术改造专项。三是积极抓好产业项目库建设，为行业发展集聚后劲。现已筹备技术创新和新产品开发项目40多项，为进一步争取技改资金的支持创造条件。四是建立项目推进协调机制，明确工作目标和要求，重点帮助解决项目实施过程中存在的困难和问题，使其早竣工、早投产、早见效。五是抓重点技改项目的开工率，2010年开工建设26个项目，完成投资37414万元。

【安全生产】 层层签订目标责任状，把安全生产工作真正落到实处。组织企业各类人员530人参加安全生产培训班，全面提高职工的安全意识和防范技能。开展安全生产大检查，确保生产经营的正常进行，先后两次召开会议进行安排部署，在企业自查整改的基础上，会同市经信委对全系统的安全生产情况进行全面检查，8家企业共检查出事故隐患310处，已整改295处，整改率98%以上。

【调查研究】 根据国家汽车产业振兴规划和市委、市政府相关工作部署，深入市属和县（市）、区企业及赴外地按照不同的行业特点和发展要求开展调研活动，形成关于推进十堰市汽车模具行业发展的思考》、《打造鄂西北汽车铸件产业基地》等一批有价值的调研材料，为市委、政府决策提供依据。编制完成十堰市十二五装备制造业规划，顺利通过市政府编审。

【维护企业稳定】 2010年，处理来信来访25件，全力协调解决企业改制后部分职工困难的问题。成立两个专班积极配合市改制办做好原汽车配件铸造厂改制遗留155名职工身份的安置处理工作、配合市经信委协调解决金轮子车桥公司改制遗留问题及近年来由于企业经营者频繁更换所产生的问题，确保企业生产经营的正常进行和社会稳定。

【老干军转工作】 一是落实好老干部的两个待遇。先后组织中心离退休老干部参观凯旋大道、万向通达工业园等，使老干部们深切感受到十堰城市近几年的发展的变化。二是对系统内的军转干部做好摸底调查工作，向所属的8个企业70名军转干部发放"八一"建军节慰问金9.4万元。三是积极参加全国工会"千万农民工援助行动"指导市属企业优先安排农民工上岗再就业。定期召开行业工会主席工作例会，组织机械行业工会主席、女工主任实施"女职工劳动保护"条例的学习宣传，并举办两场女职工保健知识讲座。组织4225人参加安全生产知识教育电视培训，"金秋助学"活动，为缸套、华阳、神鹰各申报一个救助指标，做好改制企业9家退休职工446人计划生育奖励政策落实登记、造表、公示工作。会同市总工会组织的送清凉活动，共送白糖100斤，绿豆200斤，绿茶8箱，给车间一线职工送慰问品150份。

【新农村帮扶】 2010年帮助驻村制定新农村建设三年发展规划，争取三溪沟村农田整理项目，使三溪沟村的作业道配套建设得以实施；争取高山旗、灯草沟低丘岗土地整理项目，提高农户依靠山林发展林特经济能力。维修硬化水毁公路处80米，新修硬化水泥环村公路1公里，新修通组公路2公里，维修硬化堰渠6处，解决农民生产用水问题。帮助解决资金14500元用于农村基础建设，5000元进行帮扶慰问，引导农民发展小龙虾养殖350亩，提高农民收入。

（魏郧胜）

轻工业

【概况】 2010年，全年规模让企业完成工业总产值4.02亿元，同比增长69.6%，实现工业增加值1.3亿元，同比增长70%，实现利税2000余万元，同比增长62%，超预期完成年度工作目标，全行业呈现健康快速发展的良好态势。

【提高企业综合实力】 十宝皮革有限责任公司自完成改制以来，不断加大技术改造步伐，着力打造产品质量和品牌，从全国皮革生产企业的第20位左右跻身于现在的前10位。市冠达塑料制品有限公司调整优化产品结构，建成包括汽车安全玻璃的钢化、夹层、平板和建筑真空玻璃在内的全功能性玻璃生产工业园，全年实现开工率100%；市博硕汽车零部件公司研发出具有国内先进水平的汽车悬浮座椅项目，上述两家企业2010年工业总产值均增长速度均超过50%，2011年有望成为“双亿工程”企业。

【招商引资工作】 DMC清洁制浆项目，已连续跟踪六年，该项目正在环境评估。投资2亿元，年产5万吨的康师傅房县黄酒项目以及投资1.5亿元，年产1000万件的润田矿泉水项目相继落户房县。

【产业调整和振兴规划】 制定《十堰市轻工产业调整和振兴实施方案》，主要以食品、造纸、塑料等主导行业为重点，坚持适应性调整与战略性发展并举，以深化改革、扩大开放、科技进步为手段，全面提升传统产业，积极培植高新产业，突破性发展可持续利用的资源性产业，积极承接产业转移，以促大促强、培植品牌、优化环境为抓手，不断提高轻工产业的市场竞争力和占有率，推动轻工业持续发展。通过努力，全市轻工经济发展速度创历史新高，为行业的持续发展奠定坚实的基础。

（王德新）

纺织工业

【概况】 2010年全行业规模以上企业完成工业总产值68167万元，同比增长25.3%；实现销售收入63327万元，同比增长34.5%；实现工业增加值18664万元，同比增长23.1%。棉纱19283吨，增长12.6%；棉布21023万米，下降11.4%；汽车蓬盖布7466床，增长18.3%；隔热垫、地垫523100块，增长64.6%；复合面料43万米，增长34.4%。

【行业发展】 筹集资金7000余万元，新建一条精梳生产线，添置30台大提花织机和5万纱锭紧密纺扩能项目，新增产值5500万元，利税320万元。全年为系统内困难党员、职工、军转干部争取各类救助金15.6万元。

【企业改制】 2009年12月17日，市中级人民法院正式宣告市毛巾厂依法破产，市纺织行业投资促进中心全力做好毛巾厂破产清算工作。一是对人员、资产进行清理、接管、审计、评估，摸清企业家底。二是多次召开职工代表大会，宣传政策、答疑释惑，表决通过《十堰市毛巾厂职工安置方案》。三是协调有关部门为职工得到妥善安置争取优惠政策。四是组织召开第一次债权人会议，表决通过《十堰市毛巾厂破产财产处置方案》。五是对企业机器设备、存货、房产公开拍卖，拍卖所得680万元全部用于安置职工。六是阳光操作，对851名职工债权债务计算、核对、公示、兑付严格按照相关规定执行，绝大部分职工兑付工作已经结束。

（董庆生）

农 业

综 述

【概况】 2010年，全市农业农村工作经受住自然灾害多、移民外迁压力大、大事要事任务重的严峻考验，取得不平常的成绩。一是农业生产再获丰收。粮食生产实现连续七年丰收，全年粮食总产达到114.9万吨，保持历史最好水平；油料生产再创历史新高，总产11.19万吨，增长12.3%。畜牧生产实现恢复性增长，全年猪牛羊禽出栏量分别达到155万头、6.3万头、69万只和1750万只，分别增长2.8%、4.0%、4.0%、4.8%；肉类总产量达到16.2万吨，禽蛋产量3.5万吨，分别增长4.0%、1.4%。全市渔业养殖面积达19万亩，水产品产量4.5万吨，实现渔业产值4.5亿元，增长4%。二是农业产业化步伐加快。以实施“四个一批”工程为抓手，大力推进农业产业化经营。新建特色产业基地10万亩，改造升级15万亩，总面积达到420万亩。共建农产品加工园区9个，入园企业40家，园区企业总产值超30亿元，其中丹江口市农产品加工园区被确定为省级农产品加工示范园区，武当道茶城被国家发改委纳入重点产业服务示范园区建设项目。全市农产品加工产值达52亿元，增长39%。新增市级农业产业化龙头企业21家，全市市级以上龙头企业总数达到115家，其中省级17家，有3家被纳入全省科技型中小企业成长线路图计划第二批重点培育企业名单。新认证“三品一标”24个，其中绿色食品5个，有机食品5个，无公害农产品11个，农产品地理标志3个。武当道茶列入全省农业产业化五大重点示范工程。三是基础设施建设扎实推进。全市共争取各类涉农项目资金117.9亿元，当年到位25.2亿元。共动工兴建各类农田水利建设项目3084个；完成通村水泥路1017.5公里；解决农村饮水安全20.84万人；完成中小型病险水库除险加固54座；治理水土流失1192平方公里；植树造林30万亩，封山育林67.3万亩，管护天然林1059万亩，建设国家级生态公益林526.7万亩、省级公益林198万亩；新建“一建三改”户用沼气2.6万户；370个行政村开展村庄环境整治。四是农村民生明显改善。2010年农民人均纯收入3499元，增长12.5%。全市共兑现各项惠农补贴资金22073万元，同比增长12.26%。涉农执法、打假活动成效显著，减轻农民负担707万元。全市农村低保对象12.5万户、24.3万人实现应保尽保，农村五保对象集中供养率达到55%。改造完成30个乡镇综合文化站建设，新建农家书屋400家，新建“农民体育健身工程”100个。全市小学、初中入学率分别达到100%和99.04%。新建农村基层卫生设施项目129个，新农合参合人数达到227万人，参合率为96%。全年减少贫困人口9.15万人，城区扶贫取得显著成效。积极开展“春风行动”，为农民工提供就业岗位9万余个。五是农村改革不断深化。农村土地流转稳步推进，累计签订土地流转合同19473份，流转土地面积14.13万亩。“三村”集体产权制度创新试点扎实开展。农民专业合作社快速发展，年内新注册农民专业合作社247家，总数达到492家。集体林权制度主体改革全面完成，公益性服务“以钱养事”新机制继续巩固。村级公益事业建设一事一议财政奖补试点扩大至所有县市区，争取省下拨以奖代补资金2433万元。农村金融服务进一步改善，全市涉农贷款余额达198.13亿元。

【农村劳务经济】 全市累计完成农村劳动力转移70.48万人，新增农村劳动力转移4.1万人，比同期新增农村劳动力转移7500人，完成年度计划的137%。完成农村劳动力培训总数达9.16万人，其中，完成农民工技能培训2.8万人，占计划133%；完成“阳光工程”培训1.53万人，占计划的102%；完成雨露培训计划8952人，占计划的115%；完成职业教育培训3.6万人。劳务经济总收入54.6亿元,外出务工人员人均劳务收入为7746元,农民人均劳务收入2184元。外出务工人员回归创办企业209家,投资额2.81亿元,吸纳农村劳动力就业1.5万人。

【城乡一体化试点工作】 8月,十堰市委、市政府召开全市城乡一体化试点暨新农村建设试点乡镇工作会议,对深入实施"一统三分"战略、推进新农村建设和城乡一体化试点工作作了全面安排部署。9月,市委、市政府出台《关于推进城乡一体化试点工作的指导意见》(十发[2010]10号),明确提出试点工作的指导思想、基本原则、总体目标和试点工作的重点内容。试点工作包括六个方面:一是推进竹房城镇带城乡一体化试验区建设。二是推进十堰城区与郧县对接发展。三是推进丹江口市脱贫奔小康试点建设。四是推进省市新农村建设示范乡镇建设。五是推进汉江生态经济带建设。六是推进农村新社区建设。目前,竹房城镇带城乡一体化试验区、丹江口市脱贫奔小康试点、省新农村建设示范乡镇建设已列入省政策支持范围。

【竹房城镇带城乡一体化试验区建设启动】 6月,省委书记罗清泉在十堰南部山区调研时提出将竹溪关垭至房县城关沿305省道沿线一带建设成为竹房城镇带城乡一体化试验区,并以省委专题办公会议纪要([2010]15号)进行安排。10月14日至15日,省委常委张昌尔率省住建厅、环保厅、国土资源厅等省直相关部门负责人深入十堰,调研竹房城镇带城乡一体化试验区建设工作。11月22日,省委办公厅、省政府办公厅印发《关于竹房城镇带城乡一体化试验区建设的指导意见的通知》(鄂办发[2010]40号),竹房城镇带建设上升至全省城乡一体化建设试验区层面。12月4日,市委、市政府在竹山召开竹房城镇带城乡一体化试验区建设动员大会,标志着试验区建设全面启动。

【省市级新农村试点乡镇建设】

2010年,丹江口市六里坪镇、郧县青曲镇、郧西县安家乡,竹溪县水坪镇、竹山县宝丰镇、房县土城镇、张湾区西沟乡、茅箭区大川镇8个试点乡镇共启动建设项目151个,投资规模59166.78万元,年底完工建设项目123个,投入建设资金46041.88万元。8个省市级新农村建设试点乡镇实现农村经济总收入364332.7万元,比上年增长14.13%;地方财政收入7835.44万元,比上年增长18.04%。有6个试点乡镇农民人均纯收入增幅超12%以上、污水处理率超65%以上、卫生厕所使用率超60%以上;有7个试点乡镇村组道路硬化率超50%以上、新型农村合作医疗参与率超96%以上、广播电视入户率超95%以上。（杜红卫）

种植业

【概况】 农业农村经济在遭受春季倒春寒、夏季洪涝、秋冬连旱等多灾大灾之后,实现全面超规划。全年农林牧渔业总产值133.2亿元,同比增19%。农民人平纯收入3499元,同比增389元,增12.5%。全年粮食产量118.9万吨,比上年增3.2%。油料11.3万吨,增13.2%,再超历史。大力开展高产创建。全市建设万亩高产示范片28个,其中小麦10个,水稻4个,玉米11个,马铃薯2个,花生1个。据专家实地测产,小麦、玉米、水稻、红薯、马铃薯最高亩产分别达到586公斤、847.9公斤、842.5公斤、7450公斤、2600公斤,有力带动全市粮食单产上水平、上台阶。着力实施重点农业科技工程。深入实施粮食科技丰产工程,着力推广地膜覆盖创新技术,由粮食作物向油料、蔬菜、洋芋、烟叶等经济作物全面扩展,推广面积达91.46万亩;深入实施种子工程,大力推行良种主推品种公示制,严把试验、示范、推广关,引进农作物新优品种10余个,农作物良种普及率达到99.5%以上;深入实施测土配方施肥工程,全市推广面积481万亩;着力实施植保工程,主要农作物病虫害损失率控制在4%以内。

【武当道茶品牌打造】 武当道茶品牌打造在全省创下多个"第一":武当道茶被省农业厅授予"湖北第一文化名茶";第一个在全省市(州)一级统一打造茶叶品牌;第一家成立省级茶叶产业专业协会—湖北武当道茶产业协会;成功召开南水北调中线核心水源区武当道茶品牌推介暨新闻发布会,创全省茶事活动规模、规格之最。全市地方各级政府投入茶产业开发的资金达2亿多元,全市新建茶叶基地3.5万亩,是多年来发展最快的时期。武当道茶核心企业在中国(上海)国际茶叶博览会、广州春交会和秋交会、郑州全国农交会等大型会展活动中精彩亮相,10个产品获金奖,武当道茶知名度进一步提高。国家发改委将武当道茶城纳入重点产业服务示范园区建设项目;国家财政拨付专项资金支持建设茶叶标准园;省政府将其纳入全省乌龙茶开发重点支持的三大品牌之一予以支持;省农业厅将武当道茶列入全省农业产业化五大重点示范工程;市政府设立武当道茶品牌打造专项资金。全市茶叶省级重点龙头企业由2家增至4家,新增市级龙头企业5家。八仙观茶场获亚太国际低碳农业金奖。全市茶叶产量10410吨,同比增19.7%;产值10.7亿元,同比增12.6%。茶叶对全市农民收入的贡献率位居八大特色产业前茅。

【农业产业化经营】 全市共建成农产品加工园区9个，入园企业40家，园区企业实现产值30亿元。丹江口市农产品加工园区被确定为省级农产品加工园区，省政府每年安排5000万元资金，循环使用三年。全市规模以上农副产品加工企业产值达53.4亿元，同比增29.4%。新命名21家农业产业化经营市级重点龙头企业，全市市级以上重点龙头企业达115家。17家省级农业产业化重点龙头企业中，有3家被纳入全省科技型中小企业成长线路图计划第二批重点培育企业名单。加大中低产园改造和新技术推广应用力度，大力推广标准化生产技术。组织制定武当有机黑木耳和武当有机香菇两个标准，被省质量技术监督局颁布为省级标准；组织制定武当道茶加工技术规程、“鸡茶共生”农业生态模式操作技术规程、武当道茶产品企业标准等十堰市地方标准3项。在重点区域板块基地、示范园区和产业带等建设农业标准化示范园，共建设农业标准化示范区16个，标准化技术推广39.61万亩。新认证“三品一标”24个，其中绿色食品5个，有机食品5个，无公害农产品11个，农产品地理标志3个。

【项目农业】 创新实施秦岭山区农业综合开发项目，经济、社会、生态效益显著。探索后管机制，8000万滚动发展资金由20年延长至40年，重点支持项目区现代农业发展和新农村建设。继续抓好巩固退耕还林成果建设项目，重点抓好基本口粮田、后续产业建设项目。加快实施沼气建设项目，新建沼气池2.02万口，累计达到23万口。加强农业有害生物预警与控制，新建房县、郧西2个有害生物应急防治站。

【培育现代农民】 大力开展农民职业技能培训、创业培训、农村劳动力就地就近转移就业培训和基层农业科技人员知识更新培训，提高农民生产经营能力、就地就近就业能力、创业能力和辐射带动能力。全年共组织农业实用技术和农村实用人才培训15282人。继续落实“一村一名大学生计划”，全市1803个行政村全部实现每村一名大学生的目标。切实加强基层农技推广机构公共服务能力，在全市范围内大力推行“管理在县，服务在乡”的“派驻制”服务模式，郧县、房县被列为国家农技推广体系改革和建设示范县。

【依法护农】 一是深入持久开展农资打假活动。全市农业系统共出动执法人员3500余人(次)，执法车辆200余台(次)，共检查农业投入品经营门店794余家，立案查处违法经营农业投入品案件75起。二是培育各类农民专业合作社达492家，比上年增247家。龙王垭、八仙观茶叶专业合作社被农业部纳入全国农民经合组织示范项目。狠抓农产品质量安全。组建市农产品质量安全监督管理办公室，切实加强农产品质量监管。加快实施农产品市场准入制度，严禁不合格农产品进入市场销售。

【农村信息化建设】 依托十堰农业信息网、农信通、联通新时空、农技110等平台，强力推进信息服务。加强十堰农业信息网站建设，网站总浏览量达109万人次。推进农技110信息化建设，提供专家服务，“三电”用户稳定在20万户。巩固26家基层站点建设。推进神农农业信息咨询服务，农业信息化水平得到提升。

(曹敏敏)

林　业

【重点项目】 全市林业争取国家、省重点项目补助资金达4.37亿元，较上年增长9.5%。其中中央补助4.05亿元，地方配套资金到位3219万元。—退耕还林工程。以巩固成果为重点，狠抓补植补造和管护，完成荒山造林4.85万亩，封山育林0.6万亩，并对2009年巩固退耕还林成果，实施方案审查。退耕还林工程“四率”全部达到国家验收标准，其中保存率达到100%。—长防林工程，完成人工造林4万亩，封山育林5万亩。—低产林改造工程。完成低产林改造6.1万亩。—天然林保护工程，完成13.8万亩的封山育林和0.5万亩人工造林，落实管护合同，工程区1059万亩天然林资源得到较好保护。—生态公益林补偿项目，按照省林业厅要求，完成国家级公益林分级和调整工作，并完成了526.5万亩国家级公益林和198万亩省级公益林项目建设任务。

项目申报上，全市全面纳入的天保二期工程已通过审议。国有林场危旧房改造项目获批复(鄂林计[2010]134号)。全市9个国有林场1546户纳入改造范围，2010年启动462户，每户中央和省财政分别补助1万元；中央、省级已到位资金为924万元，其中国家、省级投资分别为462万元，年底前开工再增加1084户。彭家岗苗圃项目获补偿1074万元，到位资金300万元。长防林工程获得4130万元中央投资，占全省本项目中央投入的60%，比上年1438万元翻几番。8个国有林场改革森林抚育项目，获得385万中央投资。省林业厅为防火指挥中心投资200万元也已到位。这些都为项目的顺利实施打下坚实基础。白浪基地建设投资30万元，基地大楼工程8月份已完工，并通过竣工验收交付使用。退耕还林工程、南水北调中线工程淹没区珍稀植物种质资源异地收集保存库项目、丹江库区石漠化山地治理项目、北三县实施天然林保护项目等项目均有不同程度的进展。竹溪县十八里长峡、竹山县堵河源分别启动晋升国家级自然保护区工作。丹江口库区生态隔离带建设规划编制工作和竹房城镇带林业生态建设规划已完成。

【林权制度】 全市国土面积3555.7万亩，林业用地面积2677万亩。林业用地中，国有林地面积195万亩，占7.3%；集体林地面积2584.2万亩（含退耕地102.2万亩），占92.7%；涉及林权制度改革的有122个乡镇，1645个行政村，9523个村民小组，总人口225.9万人，总户数58.28万户。林权制度改革涉及面积广，引发纠纷多。全市完成确权面积2466.5万亩，发证面积2425.5万亩，已发证51万宗，除丹江口市、郧县、郧西等3个县市的23个乡镇，269个库区移民村的117.7万亩林地（占全市林改面积4.6%）暂缓推进改革外，其他各县市均已全面完成集体林权制度主体改革任务。各县市区已成立林地林权交易中心7个，落实工作人员23人，森林资源评估中心6个，落实工作人员21人，组织资产评估、林权交易355宗，实现资产评估总价值5756万元，林权交易金额3005万元，林地交易面积73.76万亩，初步实现山定权、树定根、人定心的目标，现代林业产权制度初步建立。

【资源管护】 林地管理。严格执行《湖北省林地管理条例》和《占用征用林地审核审批管理办法》以及征占用林地定额管理制度，进一步加强全市林地征占的管理。强化《森林法》、《森林法实施条例》等相关法律法规宣传，增强社会依法用地意识，报请市政府对1996年《十堰市林地管理办法》进行修订并下发施行（十政规[2010]2号）。组织开展十堰市征占用林地清理整顿活动，在十堰经济开发区等地召开征占用林地清理整顿工作督办协调会议，下发整改督办函，加强对不办手续违法征占用林地的行为查处。2010年，全市办理林地使用手续103宗地（其中临时3宗地），2285.1537公顷（34277.3055亩），重点工程征占用林地办证率达到100%，在有效保护林地的同时，有力促进地方经济社会发展。

林木管理。严格执行木材采伐计划，坚持采伐限额管理；严格执行采伐规程，坚决制止向经营者发放采伐证行为；严禁基层林业站和林业执法人员从事木材经营、农民自用材进入流通。对2个县3个林场木材采伐进行核查。省下达十堰市年采伐限额为63.72万立方米，全市2010年度实际采伐15.389万立方米，占年采伐限额的24.15%。其中，采伐商品材6.485万立方米，占年采伐限额24.59万立方米的26.37%；采伐非商品材8.904万立方米，占年采伐限额39.13万立方米的22.75%，没有超计划采伐。

木材经营加工管理。严格执行《关于进一步加强木材经营加工管理的通知》（十林办〔2008〕46号），制止基层林业站和林业执法人员从事木材经营、农民自用材进入流通；认真执行木材经营加工台帐管理制度；对郧西海天实业有限公司木材加工许可进行督办、论证和批复；对全市木材加工经营企业进行整合，成立十堰市木材行业协会，加强行业自律和管理。对城区木材经营加工单位进行全面检查和调研，要求整改，规范管理。采取措施遏制乱采竹笋现象，对城区各大集贸市场进行专项整治活动；对大树进城进行严格管理，必须持有运输证方可放行；组织开展全省森林资源"二类"清查，全市外业基本完成；对采非法挖树蔸坚决予以打击，使森林资源得到有效保护。

野生动植物保护。市林业局与丹江口市联合举办第10届"爱鸟周"活动，加大野生动植物保护和自然保护区建设宣传力度，提高公众参与意识；组织对城区农贸市场开展野生动物经营检查，打击非法经营野生动物行为；积极申报十八里长峡和堵河源省级自然保护区创建国家级工作，已获得国家局资格预审。加强野生动物繁殖利用管理，对全市31家驯养繁殖和经营利用单位进行复核年审。

森林病虫害防治。全市林业强化森防体系建设，形成省、市、县（市区）与测报点的病虫害预测预报网络，召开全市森防培训工作会议，组织实施《林业有害生物防治工作绩效考核办法》，实现森林病虫害发生率下降、防治率、监测率、检疫率上升的目标。全市林业病虫害共发生27.22万亩，较上年下降约7万亩，病虫害发生率1.58%，较上年病虫害发生率低约0.5个百分点；其中病害发生5.25万亩，发生率0.31%；虫害发生面积19.04万亩，较上年下降10万余亩，发生率1.11%，较上年低0.75个百分点；完成监测任务4649.82万亩，监测率74.1%；实现病虫害防治面积21.72万亩，防治率79.78%。

森林防火。全市森林面积占国土总面积的53%，森林防火工作十分重要和紧迫。进入重点森林防火期以来，全市各地贯彻"预防为主，积极消灭"的森林防火方针，加强组织领导，强化保障措施。11月份，开展森林防火宣传月活动，加大宣传教育。严格执行"野外用火十不准"和生产性用火许可制度，杜绝野外随意用火；加强重点区域、地段监控、防守工作，加强对重点人群的管理，及时发现、整改火灾隐患，加强火源管理。30人的森林武警分队在武当山特区驻扎，有效充实消防队伍，提高消防实力；全市有专业扑火队5支，各类防扑火力量8万余人，做到了山火有人打，工作有人抓，确保了森林火灾的及时扑救。至12月31日，全市发生森林火灾127起，一般森林火灾10起，过火面积2950公顷，受害森林面积750亩，森林受害率为0.04‰。

执法专项行动。先后组织开展

"春季行动"、"破案功坚百日会战"、"严厉打击破坏野生动物资源违法犯罪专项行动"、林区治安区域整治行动、"整治城区毁林种菜活动月"等执法活动,保持林业执法高压态势,全市共办理林业案件2424起,有力地保护森林资源。全市共查处刑事案件69起,逮捕31人,移送起诉33人;查处林业行政案件2345起,治安案件10起,打击处理423人。

【造林绿化】 2010年,全市完成营造林30万亩,完成计划的100%。其中经济林15.3万亩,防护林14.7万亩;完成封山育林67.3万亩;完成中幼林抚育160万亩,四旁植树877.8万株,义务植树1025万株,均超额完成任务;完成林业大田育苗10150亩,容器育苗512万袋,分别占计划101.5%和106%。环"一江两山"交通沿线林业生态景观工程建设,实现人工造林4448亩,占任务100.5%;汉十高速武当山至十堰东路段两侧生态景观带,完成植树14.4万株,栽花50万株,有力服务第四届世界传统武术节。全市个人造林已达21.5万亩,占全市的71.7%,个人育苗5580亩,占全市的55%。

【涉林产业】 新建产业基地20.03万亩,其中经济林基地15.3万亩,用材林基地4.73万亩。丹江口市新建油茶基地1万亩、核桃基地5000亩;竹山县围绕肚倍、茶叶、冬枣、核桃、板栗、木瓜等六大经济林骨干品种,新建基地2.5万亩;房县新建核桃基地2万亩,标准核桃示范园1500亩,改造标准核桃示范园2000亩;郧西县发展油桐新基地5000亩;茅箭区新增生态茶园1000亩。积极培育生物质能源产业,鼓励武汉凯迪公司等龙头企业发展生物质能源综合开发,其中郧西县流转给凯迪公司林地40万亩,营造生物质能源林11000亩,完成投资1500余万元;丹江口市给予武汉凯迪公司政策支持,栽植刺槐1.5万亩。张湾林产品加工园拟定入驻浙江天台投资公司,投入3000万元,征地200亩的手续正在办理中;竹山县引进浙江投资商入驻该县邓坪工业园,注册成立湖北强生园油脂有限责任公司,占地30亩的加工车间正在兴建当中,投资940万元的设备已签订购买合同,年内投产试运营。竹溪县县工业园区引进韩国银松生态食品公司、十堰天翔茧丝生化公司等一批加工企业,发展木瓜、韩国柚子、魔芋等特色产业。涉林企业精深加工能力不断提升,涌现出一大批诸如十堰市梨花村酒业集团、十堰大趋势生物工程有限公司、十堰高新区"湖北清大药业科技有限公司"、湖北科玛协力魔芋公司等以林产品为加工对象的精深加工龙头企业。

森林旅游发展步伐加快,赛武当、牛头山公园创建4A级景区,实施武赛路、十两路、茅大路硬化等改造项目,牛头山森林公园实施美景园配套工程、游客服务中心、主入口生态停车场、天池垭至美景园内循环公路、游步道建设与基础设施维护等建设工程。全市森林公园旅游接待人数54.6万人次,实现旅游收入222万元,上缴利税10万元,实现社会效益149万元。全市22个国有林场当年实现经济收入749.2万元,其中森林旅游收入100.2万元,实现利润135.8万元。完成花卉种植面积3819.3亩,花卉销售589.7万株(盆),花卉销售金额达5322万元。林业产业经济效益不断提高,2010年涉林总产值达34.4亿元。

【牛头山森林公园晋升为国家级森林公园】 1月11日,国家林业局批准设立牛头山国家级森林公园,是继郧县沧浪山森林公园后的十堰市第二个国家级森林公园。牛头山森林公园地处十堰城区,总面积1840公顷,森林覆盖率93%。1995年成为省级森林公园,2001年被评定为国家2A级景区,2009年5月,向省森林公园管理中心提出晋级国家级森林公园申请和晋升国家级森林公园的可行性报告,8月通过湖北省森林公园管理中心评审并上报国家林业局,国家林业局随后组织专家亲临公园实地考察,在对材料审查、实地考察、评审后,认定牛头山森林公园的风景资源质量等级基本达到一级标准,批准设立"湖北牛头山国家级森林公园"。

【全省首家一级狩猎场落户郧西三官洞林区】 1月25日,省林业局同意建立郧西县三官洞狩猎场,这是湖北省批准成立的首家一级狩猎场。三官洞狩猎场地处鄂西北边陲、秦岭南麓,位于全国野生动植物分布的南北分界线上,总面积94000亩。据调查,区域内分布有陆生脊椎动物19目36科52种,维管束植物160科484属778种,野生动植物资源极为丰富。狩猎的主要对象为野猪、草兔、环颈雉等国家非重点保护野生动物,在其区域内普遍分布,且种群密度高。

【"郧阳木瓜"被国家质检总局批准为地理标志产品】 7月30日,国家质检总局正式批准郧阳木瓜为地理标志产品。这是郧县林业首次荣获地理标志保护的产品。郧县提出"打造中国木瓜第一县"的奋斗目标。采取强化规模化发展,着力抓好基地建设;强化市场化运作,着力抓好宣传营销;强化标准化培植,着力抓好品牌打造;强化商品化加工,着力抓好龙头企业;强化责任制管理,着力抓好工作落实等"五个强化"的措施,全力做好木瓜产业开发工作。截至2010年,全县木瓜基地面积累计22万亩,覆盖全县20个乡镇场,10万余农户,15个专业村,其中挂果面积6万亩,进入盛果期的有3万亩。

【"武警奥运世纪林丹江口项目"

通过竣工验收】 8月5日，由中国青少年发展基金会环境保护部部长黄丽晶、国家林业局规划设计院高级工程师高贤栋等一行4人组成的检查验收组，对丹江口市武警奥运世纪林项目进行竣工验收。保护母亲河绿色工程一湖北丹江口武警奥运世纪林项目区，位于丹江口水库库区汉江中上游，涉及丹赵路、凉水河、石鼓、蒿坪、三官殿、均县、土台等7个乡镇办16个村109个小班，自2005年正式启动以来，在团中央、国家武警部队官兵和全社会的共同关心支持下，在团省委、团十堰市委的热情帮助下，动员全市社会各界力量，项目实施单位紧紧围绕繁荣、生态、文明、和谐发展主题，按照工程化建设项目化管理模式，采取以团员青年为主体全社会参与和专业工程造林相结合的有效措施，各负其责，合力进取，全面完成武警奥运世纪林项目的建设任务，营造生态经济型防护林1万余亩。创新荒漠化治理模式，有效改善项目区生态环境，增强全民保护母亲河、确保一库清水送北京的社会责任感，初步实现生态、社会效益双赢目标。在开展保护母亲河活动和服务南水北调的过程中，"丹江口市保护母亲河生态监护站"被共青团中央、国家环境保护总局命名为"全国保护母亲河生态监护站"；"共饮丹江水，保护母亲河"活动被团中央、水利部、农业部、国家林业局等多家部委命名为"全国保护母亲河行动优秀活动项目"，2005年，丹江口市荣获国家八部委"保护母亲河行动计划五周年集体成就奖"。检查组高度肯定丹江口市武警奥运世纪林项目建设成效，一致通过检查验收。

【湖北省首个茶微粉项目在竹溪投产】 8月20日，湖北省第一条，全国第三条300吨茶微粉生产线项目在竹溪正式投产运行。竹溪县有茶叶种植面积19万亩，是"中国茶叶之乡"、"中国有机绿茶之乡"，更是茶树原产地中心地带，早在周朝就以茶纳贡，名载史册。全年生产绿茶1000万公斤，但由于缺乏对茶叶产业的深度开发，以往茶园的综合产品开发利用率仅达到65%，单产只有全省平均水平的一半，全国平均水平的1/4。随着项目的实施，可以大大提高对现有茶叶资源的综合开发，从而保证茶叶产业的快速发展。2010年3月梅子贡茶业有限公司与日本上海劳耐克石机电设备有限公司签约开发，投资2600万元，年产300吨有机茶超微粉，新增产值1.5亿元。项目采用公司+基地+农户的方式进行，直接辐射带动10万亩茶叶基地的生产，带动茶农5万余人致富，年提供劳务收入1200余万元。

【湖北沧浪山国家森林公园揭牌】 11月16日，湖北沧浪山国家森林公园在郧县红岩背林场揭牌。沧浪山国家森林公园位于汉江以南，堵河西岸，距316国道10公里，距十堰市区16公里，平均海拔800米，总面积约78平方公里，境内峰峦叠嶂，山势绵延，沟壑纵横，植被茂密，气候温和，景色宜人，森林覆盖率达92%。公园2005年被批准为湖北省省级森林公园，2008年被批准为国家森林公园。 （朱德靓）

畜牧业

【概况】 2010年，全市猪牛羊禽出栏量分别达到160.75万头、7.66万头、77.33万只和2254.12万只，比上年分别增长6.65%、26.3%、16.5%、35.01%；肉类总产量16.91万吨，禽蛋产量4.13万吨，比上年分别增长8.49%、19.83%；牧业产值38亿元，同比增长6.07%。大力推广"165"养牛模式、"1235"养羊模式、"150"养猪模式、生物发酵床、"153"标准化蛋鸡等高效新型养殖模式，推进畜牧业标准化规模化发展。2010建设国家级标准示范场3个，省级示范场7个，全市新增各类畜禽养殖小区109个，其中养猪小区35个、养羊小区22个、肉牛小区3个、肉鸡小区29个、蛋鸡小区20个。全市各类畜禽养殖小区达到436个，标准化规模化养殖实现新的突破，2010年市畜牧局被省农业厅授予畜禽标准化养殖创建先进单位。

【特色畜禽养殖】 一是大力发展山羊产业。房县大力发展以山羊为主的畜牧业，2010年新增"1235"养羊示范村20个，287户，新培植100只以上规模养羊户75户，山羊饲养量达64.33万只，出栏37.38万只。郧西县积极推行马头山羊国家标准，大力发展以马头山羊为主的山羊产业，2010年山羊饲养量48.17万只，出栏22.91万只。二是突出发展土鸡养殖。土鸡养殖已成为张湾区优势产业，2010年全区出笼土鸡120万只，土鸡蛋产量59吨，土鸡养殖业的收入占牧业收入的37%，实现农业人均收入563.10元。竹溪县利用茶园、果园、荒地散养土鸡，万只以上的大户有55户，规模养殖量达到100多万只，年出笼量80多万只。

【动物疫病防控】 全市各级畜牧兽医部门强化措施，严密防控，实现稳定控制重大动物疫情的目标。2010年夏季全市遭受洪涝灾害，导致秋季疫情形势复杂。为稳定控制动物疫病，确保灾后畜牧业生产安全，全市畜牧兽医部门高质量开展动物疫病防控工作，确保大灾之后无大疫。重大动物疫病防控工作有以下特点：一是防疫密度不留空挡。全市春秋两季集中防疫动物6613.35万头（只），高致病性禽流感、口蹄疫等六种重大动物疫病防疫做到应免尽免，密度均达到100%。二是动物发病死亡率大幅降低。全年猪、牛、羊、禽发病死亡率分别为0.28%、0.001%、0.09%、0.09%，均优于省控标准。三是免疫质量大幅提高。全年共组织4次免疫抗体检测，共检测样品3000份，猪瘟、口蹄疫、高致病性禽流感、鸡新城疫等重大动物疫病抗体水平检测合格率为87.8%，较上年提高0.8%。四是冷链体系建设日趋完善。全市已建成专用冷库9个，总容量达580立方，其中市级冷库1个，县市区冷库6个。实现"市县有冷库冷藏车，乡有低温冰柜，防疫员有冷藏盒"的冷链体系建设目标。五是可追溯体系逐步健全。严格按照"一畜一证一标识"，做到"逢免必佩，证标齐全"，动物免疫标识佩戴率、免疫证填发率均达到100%。全市种畜禽场、规模养殖场(小区)动物免疫档案建档率达到100%。一年来，全市无区域性重大动物疫病发生，实现重大动物疫情控制目标。

【动物产品质量安全监管】 全市畜牧兽医部门认真贯彻落实《动物防疫法》、《农产品质量安全法》等法律法规，强化执法监督，切实抓好动物检疫和兽药、饲料监管，开展动物产品质量安全专项整治行动，保障全市动物产品质量安全。一是产地检疫全面开展。2010年全市产地检疫全面开展，建有规范化动物检疫申报点117个，2010年全市产地检疫生猪121.04万头、牛5.8万头、羊58.07万只、禽1690.6万只，产地检疫合格证明使用率达80%以上。二是强化屠宰检疫工作。2010年，全市共屠宰检疫生猪32.8万头，牛羊4.74万头(只)，禽494.5万羽，检出病害肉5吨，并全部予以无害化处理。屠宰动物受检率、耳标回收率、无害化处理率、同步检疫率、畜产品上市检疫合格率均达到100%。2010年没有发生动物产品质量安全事故，国家和省抽检全市动物产品合格率达到100%。三是提升执法水平。2010年，全市共办理动物卫生监督执法案件413起，其中简易案件352起，一般案件61起，立案61起，结案61起，结案率100%，无一案件提起行政复议或行政诉讼。2010年十堰市被评为湖北省动物卫生监督工作先进单位。

【畜牧技术推广】 把养殖增效和农民增收作为畜牧工作的出发点和落脚点，切实抓好实用技术的推广与普及。一是强化冻精配种技术推广。全年完成黄牛冻精配种8836头，受胎率达85%以上。新建并投入使用黄牛冻配灌点12个。全年完成生猪人工授精17万头次，受胎率达90%。二是加强养殖模式推广。新增"150"养猪模式672户，"1235"养羊模式350户，生物床养猪模式8户、果茶林园土鸡养殖模式9户。三是加强畜牧技术培训。利用科技下乡、专题讲座、以会代训等形式开展各类技术培训，受训人员达到2.3万人次。四是推进武当有机猪开发。组织技术专家制定郧阳黑猪技术操作规范，并对郧阳黑猪养殖示范点进行跟踪技术指导。五是开展郧阳大鸡选育。成立郧阳大鸡保种选育领导小组，制定郧阳大鸡保种选育工作方案和技术方案，目前已选育二代，郧阳大鸡核心群规模已达1000套。

【畜牧项目建设】 全市畜牧兽医部门积极抢抓国家扩大内需的机遇，大力推进动物防疫基础设施建设，强化基层动物防疫体系，加大畜牧业基础设施投入，改善生产条件，取得较好的成绩。2010年争取国家生猪标准化养殖场扩建项目26个，省级畜牧板块基地项目6个，畜禽养殖标准化示范场6个，争取各类项目资金3300万元。

【畜牧龙头企业建设】 丹江口市以肉鸡产业发展为突破口，积极抓好种鸡场、肉鸡养殖小区建设，发展养禽合作社，2010年福润禽业食品有限公司加工肉鸡1240万只。竹溪高山食品有限公司与华中农业大学食品科学院签定长期技术合作协议，开发的柴火腊肉、霜风腊肉系列产品通过了ISO9001国际质量管理体系认证，"亲家母"商标被评为湖北省著名商标，通过和农户签订单，年收购加工销售腊肉1000余吨。郧西县天源名特畜产品开发中心开展羊肉精深加工，并与武汉飘飘食品集团有限公司签定牛羊产品加工营销协议。截至年底，全市以生猪养殖、肉鸡养殖、蛋鸡生产、畜产品加工为龙头的畜牧企业近30家，带动和促进畜牧产业持续发展。

【畜牧灾后重建】 2010年十堰市遭受7次强降雨袭击，特大洪涝灾害给畜牧业造成严重的损失。全市受灾场(户)10432户，倒塌损毁圈舍133807平方米，死亡畜禽542097头(只)；基层畜牧兽医站倒塌房舍1316平方米、损坏设备141台(套)；饲料损失9198.1吨、受灾草场10783亩，直接经济损失达24106.37万元。面对严重灾情，全市畜牧兽医部门全力以赴投入到抗灾救灾之中，做到部署超前、指挥靠前、责任到位、措施有力，全市畜牧业抗灾救灾取得阶段性胜利。一是畜牧业生产全面恢复。通过积极有效的抗灾自救，部分养殖场、养殖户在当地畜牧兽医部门的扶持下，积极引种补栏，逐步恢复畜牧业生产，努力将各种损失降到最低程度，做到受灾不减产。二是恢复重建倒塌圈舍。在各县市区畜牧兽医部门的统一指导规划下，受灾户多方筹措资金，开展灾后重建，受损圈舍已全部恢复。三是重大动物疫情防控到位。由于灾后及时开展消毒、免疫，加强动物疫情防控，全市没有因灾发生疫情。 (蒋义东)

蔬菜生产

【概况】 全市完成蔬菜播种面积129.8万亩，总产量169.8万吨，总产值28.94亿元，同比增长6.8%、5.9%、31%。全市蔬菜产值占农林牧渔业总产值的21.73%，占种植业总产值的35.3%。全市246.98万乡村人口人平蔬菜收入1171.68元，人平蔬菜纯收入781元，同比增加195元，纯收入贡献率为22.32%。与“十五”期间比较，分别比2005年蔬菜播种面积106.7万亩，蔬菜总产量136.2万吨，蔬菜总产值12.7亿元增长16.2%、10.1%、57.48%。

【规划编制】 编制十堰市“一统三分”蔬菜产业发展规划，并以此规划为主线，分别编制蔬菜产业“十二五”发展规划、十堰市南水北调中线工程新建蔬菜基地建设规划。其中，《十堰市南水北调中线工程新建蔬菜基地规划》于7月15日通过湖北省蔬菜办调研员、正高级农艺师孙治平，湖北省农科院研究员、蔬菜科研所所长、主任邱正明，中国园艺学会常务理事、辽宁省蔬菜学会理事长、沈阳农业大学园艺系教授、博士生导师葛晓光，十堰市发改委副主任李刚，十堰市移民局副局长李全儒等5位专家组成的评审组的评审，并报市政府同意，省移民局批复实施。

【基地建设】 2010年，按照《湖北省人民政府办公厅关于分解全省菜地保有量的通知》（鄂政办函［2010］137号）要求，分解落实全市40万亩常年蔬菜基地最低保有量任务。以南水北调中线工程新建蔬菜基地项目、蔬菜专项资金建设为抓手，不断巩固老基地，着重发展新基地，全市新建蔬菜基地2万亩，蔬菜专业乡镇、专业村初具雏形。全市在巩固现有85个蔬菜专业村的基础上，重点支持20个蔬菜专业村的发展，并确定茅箭大川镇、张湾西沟乡、郧县青曲镇、郧西香口乡、竹山县溢水镇和擂鼓镇、竹溪县水坪镇等作为蔬菜专业乡镇予以重点规划扶持，新发展蔬菜面积2200亩，实现产值1000万元。

【南水北调新建蔬菜基地项目正式启动】 十堰市南水北调新建蔬菜基地项目正式获得国家批准，共争取到新菜地开发建设基金11232万元扶持新菜地建设。为确保南水北调中线工程实施后十堰市蔬菜生产和供应，尽快恢复地产菜自供能力，市政府制定《十堰市南水北调中线工程新建蔬菜基地实施方案》（十政办发［2010］199号），规划到2015年全市新建蔬菜基地5万亩，其中一期3万亩2012年底前完成，二期2万亩2015年完工。9月21日，市政府在郧县柳陂镇举行十堰市南水北调中线工程新建蔬菜基地启动仪式，标志项目正式进入实施阶段。市蔬菜办制定《十堰市南水北调中线工程蔬菜基地建设标准》（十政蔬字［2010］29号），确保项目基地建设更具科学性、规范性和实效性。截至年底，项目一期工程进展顺利，全市共完成第一批新建蔬菜基地8360亩，其中蔬菜生产基地7270亩，设施蔬菜生产基地1090亩（含育苗基地170亩），新菜地开发建设基金扶持3156万元。

【科技兴菜】 充分发挥市县区蔬菜系统技术人员的作用，组建技术服务队，在蔬菜生产各重要环节，针对性地开展品种选择、茬口安排、病虫防治、市场分析等技术服务，大力推广全市已成熟的高效栽培模式，重点加强对新建基地的技术服务力度，力求蔬菜新基地建成即投产，老基地不抛荒改种，使菜农见效益，基地得发展。全市累计培训和咨询菜农2.4万余人次。引进试验“三新”70余项（个、种），示范推广8个（项、种），“三新”运用达96%。总结推广郧西县胡萝卜，竹溪县葱、姜，郧县、竹山县设施菜，丹江口市莲藕、黄葱，茅箭区高山菜等品种及种植模式的推广，提高蔬菜科技效益。

【加工流通】 大力支持各地发展蔬菜加工、流通企业，扶持蔬菜产销合作社及营销组织，蔬菜产业化经营深入推进。全市蔬菜加工企业发展到21家，年加工转化蔬菜产品1.4万吨。其中十堰渝川食品公司实现加工量5000吨，产值1300万元，销售收入1000万元，荣获湖北省农业产业化重点龙头企业称号。全市新增蔬菜合作社、专业协会9个，累计达到30个，全市通过蔬菜合作社、协会销售的蔬菜达4.6万吨。茅箭区大川镇浪溪蔬菜专业合作社在6月份的萝卜销售中发挥积极作用，竹山县花坪特色蔬菜专业合作社把高山蔬菜组织到县城销售，有力促进柳林乡高山蔬菜发展。全市组织协调地产蔬菜上市85万吨，蔬菜市场供应基本稳定，其中城区蔬菜上市量15.3万吨，均价达到2.05元/公斤，提供全市蔬菜需求量的60%。除6—7月份出现个别品种集中上市和滞销外，常年日上市蔬菜品种都在40个以上，精细菜、大路菜互为补充，品种结构合理，基本满足城市居民消费需求。

【蔬菜质量安全】 通过集中培训、媒体宣传、印发资料等多种途径普及无公害蔬菜生产技术，大力推行蔬菜标准化生产，集中在张湾区花果街办、郧县柳陂镇高岭村、茅箭区茅塔乡开展蔬菜标准化和有机蔬菜生产示范，核心示范面积达1万亩。组织市蔬菜监测中心2名检测人员到省农产品质量安全检测中心进行检测技术培训，并分别对各超市、市场蔬菜检测人员进行检测技术轮训。全年共检测蔬菜样本12408个，其中城郊基地检测蔬菜样本3020个，产品合格率达98%以上。举办全市蔬菜产品质量安全监管行政执法培训班，提高蔬菜系统执法人员履职能力。开展春节、国庆、第四届世界传统武术节等节日期间蔬菜质量安全检查、夏季蔬菜食品安全突击月、“三城联创”食品安全等专项检查活动，尤其对豆芽生产加工作坊进行摸底调查和突击检查，蔬菜市场准入制度正在逐步实施。全年共组织蔬菜产销质量安全执法检查10余次，有效从源头保障蔬菜消费安全。

【项目工作】 积极向国家、省、市有关部门争取蔬菜产业建设项目，《十堰市20万亩高速公路沿线蔬菜产业带建设项目》、《建设20万亩高山无公害反季节蔬菜生产基地项目》、《无公害蔬菜生物肥料、农药及物理防治病虫害的推广应用项目》等项目已纳入《丹江口库区及上游地区经济社会发展规划》项目库。组织实施《十堰市5万亩泡菜原料生产基地建设项目》，在项目资金的引导下，各地每年投入蔬菜建设项目资金达千万元。为充分发挥财政专项资金的导向作用，进一步完善市级蔬菜专项资金的使用管理，即由建设单位提出项目申请，经市蔬菜办与市财政局商定项目资金使用计划，报市政府分管领导审定后，预拨50%项目资金启动项目建设，待年终检查验收合格后再划拨剩余资金，该办法有效地调动基层积极性，保证项目任务的落实。

（万 敏 吴 俊）

水利·水电

【科学防控防汛抗旱】 2010年，全市共遭受9次暴雨洪涝灾害和2次阶段性干旱，汉江和部分中小河流发生较大规模汛情，防汛抗旱特别是防汛形势十分严峻。在市委、市政府的坚强领导下，全市上下始终将保障人民群众生命安全放在首位，以工程防灾减灾为依托，以防汛抗旱责任体系为保障，实现未垮坝、未倒堤、没有大的人员伤亡事故的目标，保证在大灾之年全市经济社会发展总体目标的实现。全市共投入各级防汛抗灾资金2824万元，出动公安、武警、消防官兵、预备役民兵及地方抢险人员共计20250人次，防汛物资消耗折算价值1900万元，出动抢险舟138舟（次）、运输设备768班次、机械设备1843台班，解救洪水围困群众1130人，转移洪水及山洪地质灾害威胁区群众13万余人，2010年水利工程的防洪减灾效益约为5.98亿元。

【涉及民生的水利建设】 全市2010年共完成各类水利水电项目总投资35.62亿元。其中中央和省下达水利投资计划7.12亿元，水电项目完成投资28.5亿元。全市共动工各类水利工程3084处，累计投入机械16292台套，完成工程量881万方、完成投工463万个。一是农村饮水安全工程进展顺利。省水利厅分三批下达十堰市20.84万农村人口及3.8万农村学校师生饮水安全建设任务，市政府再次将解决全市16.8万人饮水安全问题作为向全市人民承诺的十件实事之一。2010年，全市建成工程263处，完成土石方量257万立方米，群众投工投劳89万个，完成投资11363万元，解决20.84万人农村人口及3.8万师生饮水安全问题。二是病险水库除险加固主体工程全面完成。纳入国家二期水库除险加固规划的54座中小型病险水库，其中中型9座，小(一)型45座，目前主体工程已全部通过省、市验收，圆满完成全省确定的病险水库除险加固任务目标。全市54座病险水库主体工程投入使用后，水库防洪能力不仅大大增强，而且发挥重要的经济和社会效益。全市除险水库可恢复调洪库容1.5亿立方米，恢复兴利库容1亿立方米，新增和改善灌溉面积20万亩，消除水库下游近100万人生命财产安全隐患。三是水土保持生态环境建设力度不断加大。丹江口库区水保项目建设进展迅速。2009年度国家下达十堰市投资计划3.074亿元（其中中央投资1.537亿元），计划治理水土流失治理面积1229平方公里，涉及5个县市18个项目区、82条小流域。已完成治理水土流失治理面积1192平方公里，占年度计划的97%。房县“长治”八期工程全部完工。已完成3条流域治理任务，完成年度投资271万元，治理水土流失面积10.66平方公里。黄龙滩库区坡改梯综合治理试点工程2009年度全面完成。该工程涉及郧县叶大、张湾区黄龙、房县姚坪、竹山县北星河四个项目区，总投资2250万元（中央投资1500万元，地方配套750万元），计划改造坡耕地287.65公顷，已全部完工。水土保持项目前期工作力度大。丹江口库区2010年度13个项目区涉及的56条小流域初步设计报告已完成，省发改委于11月17日全部批复，批复总投资4.126亿元，其中中央投资80%，计划治理水土流失面积1935平方公里。2010年度坡改梯综合治理试点项目安排在竹山县楼台项目区，省发改委于10月28日批复项目区总投资1250万元，其中中央投资1000万元，计划修建坡改梯8333亩及配套设施。上述项目正在开展招投标工作。四是库区项目验收工作顺利推进。10月14—20日，长委、省厅对丹江口库区2007、2008年水土保持重点防治工程年度项目进行验收。五是重点水电工程建设快速推进。全市2010年共投产电站12处22台9.332万千瓦。正在建设的水电站19处96.518万千瓦。全市水电装机达到220处437台201.1706万千瓦，其中，地方装机达到218处427台62.1706万千瓦。重点项目潘口电站大坝已填筑至350米高程(坝顶高程362米),溢洪道已开挖完毕并开始浇筑衬砌,发电引水隧洞及厂房正在施工。工程累计完成工程量350万立方米,累计完成投资近30亿(含移民投资)。三里坪电站已经完成投资7.7亿元。同时,郧西孤山、夹河关,竹山龙背湾、小漩等电站前期工作也进展顺利。丹江口、郧县、郧西、竹山、竹溪、房县等五县一市开展水电农村电气化县建设,批准建设项目92个,其中电源项目42个,电网项目50个,已全部完成并通过省政府验收。房县、郧西县"小水电代燃料生态工程"试点项目建设已按要求完成建设任务。六是灌区配套及小农水工程建设稳步推进。积极推进竹山县尖山河、房县中部平坝两个万亩灌区建设,重点督办长坪水库灌区建设。其中,竹山县尖山河灌区全部完成投资计划,房县中部平坝灌区完成35%的投资计划,长坪灌区已完成第一标段任务,第二标段完成投资165万元。2009年小农水建设项目通过有效组织,建设任务全部完成并且全部通过省级验收。新下达的4个小农水重点县和3个小农水专项工程项目共争取中央及省级投资5410万元,比上年度增加近一倍,已有部分项目开工建设,未开工项目正在积极开展前期准备工作,将于近期动工。七是中小河流治理全面提速。截至年底,竹山县苦桃河、房县马栏河军店河段、丹江口市浪河流域盐池河河道、郧西县五里河河段及十堰城区张湾河5个试点项目初步设计报告均已审查且获批复,并先后开工建设。累计完成投资3442.7万元,河道整治、护滩、清淤长度6.221公里,清障、清淤方量31.01万立方米,堤防、护岸新建及加固7.01公里。八是渔业生产态势良好。全市特色渔业、生态渔业和休闲渔业得到迅速发展,渔业板块基地建设规模扩大,水产品加工业取得新突破,形成一批水产品品牌,渔业科技取得较大进步,渔业资源保护工作又上新台阶,水产品质量安全管理工作得到加强,渔业许可制度得到进一步落实,水产品养殖面积和产量取得较快发展。全市水产品年产量预计达到5.5万吨。九是水利信息化建设进一步加快。完成各县市视频会议设备安装和市防办视频会议系统升级,实现省、市、县三级防汛视频会议系统的对接。视频会议系统建成后,提高全市防汛信息化水平,为防汛指令的上传下达和汛期召开紧急会商会议提供高效、快捷的信息平台。市、县两级山洪灾害防御预案体系已基本建立,房县、竹山两个全国县级山洪灾害非工程防治试点已完成初步验收,丹江口、竹溪、郧县、郧西4个市县也即将启动山洪灾害防治工程建设。城区6座水库建立自动水雨情视频监控系统,大大提高水库防汛调度科学性。同时,十堰水利局域网建设、水土保持监测网络建设也进一步完善。

【各类水事案件查处】 认真开展水资源管理和水政执法工作。精心组织开展"3·22"世界水日暨"中国水周"宣传活动,积极参加"12·4"法制宣传日活动。加强水政执法人员的管理,深化理论知识培训,不断提高执法队伍素质。编制完成2009年度《十堰市水务管理年报》、《十堰市水资源管理年报》、《十堰市污水处理利用调查报告》和《十堰市水资源公报》,并积极组织开展全市水务管理年报编制应用软件更新换代工作。编制完成《十堰市水功能区划》,为全市的水资源管理保护,尤其是饮用水源地的水资源保护提供更为强有力的支撑。

为确保水工程设施安全度汛,维护良好的水事秩序,组织各县市区开展汛前水工程设施保护专项执法检查工作,市局先后4次派工作组分赴各地督办落实;丹江口市、茅箭区对各类涉水项目工程进行拉网式排查;房县、竹山县对河道采砂进行专项治理整顿,依法取缔非法采砂行为。据统计,此次专项执法检查,检查河堤223公里、泵站145个、开发建设项目106个、防汛水文设施3个;查处水库工程违章建筑案2起、河道阻洪设施案5起、违法采砂案15船只、未申报水保方案27起、不按水保方案实施案4起。

【严格河道采砂管理】 《湖北省河道采砂管理办法》自2010年1月1日起施行,为确保全市能及时地贯彻执行此办法,借助十堰新闻广播"行风热线"这个平台,重点就河道采砂现行管理体制、实行规划和许可制度、监管责任和责任追究的有关情形、法律责任等方面向广大市民进行集中宣传。副市长贺盛有代表十堰市人民政府与郧县、郧西县、丹江口市、竹山县、房县、竹溪县、张湾区等7个有采砂管理任务的县(市、区)负责人签订《十堰市河道采砂管理目标责任书》,进一步完善河道采砂管理保障机制,加强河道禁采管理工作。

【"十二五"水利规划】 经测算,"十二五"水利规划项目总投资规模2900723万元(含地方水电工程投资80亿元),其中,续建投资467364万元,拟建投资2433359万元。从投资来源分,中央资金1445722万元,地方配套769831万元,申请贷款685170万元。从项目来分,防洪减灾工程838448万元,占总投资的29%;水资源综合利用工程555996万元,占总投资的19%;水资源及水生态与环境保护工程1428897万元,占总投资的49%;水利综合管理77383万元,占总投资的3%。

【新农村帮建工作】 竹山县溢水镇东川村帮建工作,一是投资40万元,建设油坊沟河堤400米,改善河道两岸村民特别是移民新村居住环境。二是市局拿出3万元,对公路沿线在建、拟建30户农房每户补贴1000元，按“庸派风格”改造，美化亮化村容村貌，提升乡村品位。三是筹资2万元，解决去年新建安全饮水水厂水源水质问题，延伸管网，解决谷竹高速28户(128人)移民饮水安全问题。四是继续开展“双联双助”活动，局领导及帮建队员帮助协调解决13户贫困移民迁建，个人扶持每户帮扶资金500元。五是局机关支部出资5000元，帮助东川村党支部建设。六是帮助建立、完善村级水工程管理制度，使其发挥长期效益。张湾区西沟乡相公村帮建工作，一是投资10万元，帮建农村饮水水厂一座，解决相公村全村280户和乡直机关2000多人全部吃上自来水。二是争取300万元小农水项目，改善农田灌溉条件。三是争取将西沟河纳入国家中小河流治理，进行综合整治。四是局机关和局属单位为相公村捐助帮扶资金30万元，同时为村党员活动室捐献科技图书300余册。五是把相公村作为局属二级单位对待，全局上下共同努力，把相公村建设成党员干部教育基地、争先创优基地、新农村建设示范点。

（高　翔　刘国庆）

水　文

【概况】　一是水文资料整编整体水平得到提升。截至12月15日已顺利完成2010年度水文资料1至11月的整编工作，收集、处理、汇编实现智能化和自动化。二是水情报汛能力得到提升。截至12月15日共收转水雨情电报62766份，其中向省以上报汛34800份，地方报汛27966份。与2009年相比增加15.7%。发布的潘口水电站洪水预报合格率达到100%。除电力故障和移动通信方面造成的一次大面积迟报外，25分钟到报率为99.5%。48处报汛站点中，均无错、迟、缺、漏，到报准确率达到100%。三是水质监测能力得到提升。按时保质保量完成全市水功能区、省界水体、主要中小河流常规水质站点的水质监测；同时继续开展潘口水电站在建工程、茅箭区大川镇农村饮水安全、黄龙电厂坝体渗漏水、张湾区水土流失及面源污染水质监测工作，发布十堰城区饮水水源区水质月报。全年共完成监测项目32项，监测水样288个，比2009年增加36%。

【六项重点工作】　一是重点抓好汛前准备工作。春节前后，各水文站就完成水准点、水尺高程校测，大断面测量，观测场和缆道整顿。汛前对所有水文(位)站进行检查，对受工程建设影响的水文站组织技术力量编制应急测验方案，对发现的问题及时进行处理。各站汛前准备工作充分，测报准备的基础工作扎实。二是重点抓好汛期测报工作。十堰市2010年降水量略偏多。较大降水过程集中在4月~7月，先后发生4次全流域洪水过程。7月13日至25日堵河上游的竹溪河流域发生50年一遇的洪水。7月22日至25日，延坝水文站发生建站以来最大洪水；贾家坊水文站发生建站以来第二位洪水。在这次洪水过程中，市水文局针对严峻的防汛形势，及时组织精干力量，为各级政府提供水雨情信息2489份，7次参加市防汛会商会并提供专项分析材料5份，为服务单位发布水雨情预报77份，为地方服务单位提供水雨情信息3820份。可靠的水雨情信息使各水利工程及时调整调度方案，减灾效益非常明显。三是重点抓好基本建设工作。组织专班完成水情自动测报系统48个遥测站的日常维护、巡检工作；结合十堰水文实际，编制完成“十二五”水文基础设施规划项目建议书；完成水毁后恢复重建水文设施工作；完成十堰市洪水易发区水文监测一期建设项目，共建成自动雨量监测站48个，自动水位监测站3个；神农架生态水文站主体工程完工，并顺利通过验收；县河水文站和泉河水文站已完成基线布设和水尺、断面等桩点、标志杆的布设，长途水准引测等工作；北京路水文基地完成山体开挖、渣土外运、边坡绿化三通一平工作。四是重点抓好河湖普查工作。在第一次全国水利普查工作中，完成河湖普查第一阶段河湖对象清查和第二阶段外业(水文站、雨量站点、河口的高程及坐标)现场信息采集，为下一步河湖普查专项工作全面完成奠定坚实基础。五是重点抓好计量认证复查换证工作。完成水文水资源调查评价乙级资质的认证复查换证。按照国家级水质分析室标准通过水质分析人员标准样品和盲样的考核工作，并于8月通过专家评审，得到水利部评审组的好评。六是重点抓好水资源调查评价工作。完成《十堰地区水资源保护“十二五”规划》、《二十一世纪前十年水功能区水资源质量变化调查评价》、《十堰市2009年水资源公报》和《神农架2009年度水资源公报》，修订完善《十堰市节水规划》，全部满足水资源调查评价有关规范和省水利厅相关技术要求。

（陈学东）

农业机械化

【概况】　一是机械耕整。全市农机部门充分利用本地和外地两个市场的农业机械资源，采取“引调”并举的方式，组织调度拖拉机、微耕机、收割机、插秧机、植保机械等各类农机具150000台次，投入秋、冬农业生产，确保机耕面积达到98万亩，努力减轻广大农民劳动强度，提高农民收入，适应“三农”的需求。二是跨区小麦水稻机收。引进省内、外高性能联合收割机600台次以上，投入脱粒机25000台次以上，大力开展跨区小麦、水稻机收和脱粒活动。实现全年机收68万亩，全面完成2010年60万亩机收目标，为广大农民节支增收6000万元以上。农机社会化服务总收入达到8.65亿元。三是农机示范推广。在巩固科技入户工程的基础上，注重创新机制，围绕新农村建设的实际需要，与各级农机补贴、农民生产生活、农业结构调整、农机培训、农机安全、农机科研相结合，使各类新机具、新技术得到普遍推广应用。四是农机技术培训。继续充分利用好农机系统现有的培训资源，与农机职业技能鉴定相结合，开展好农民工实用技术和技能培训2.16万人次。五是购机补贴资金。向中央和省争取购机补贴金额达到3278万元以上，比2009年增长25%。六是农机安全生产。继续以创建平安畅通县区和创“平安农机促新农村建设”活动为契机，大力开展农机专项整治和安全示范村创建活动。在进一步提高农业机械列管率基础上，全市没有发生重特大农机安全事故 。

全市主要农业机械情况

县市区	农机总动力（万千瓦）	柴油发动机动力（万千瓦）	电动机动力（万千瓦）	大中型拖拉机（台/千瓦）	小型拖拉机（台/千瓦）	耕整机（台）	机动插秧机（台）
全市合计	135.3	94.6	39.8	3055/83859	8272/56230	13780	216
市　郊	7.1	5.8	1.25	82/2414	124/1026	616	
丹江口市	23	18.9	4	144/6446	5680/31737	1800	56
郧　县	28.1	17.7	10.2	526/14035	642/5762	7019	65
郧西县	21.5	11.7	9.6	282/6909	499/3394	1895	15
竹山县	18	14.7	3.1	455/12281	574/7100	900	15
竹溪县	18.2	11.5	6.6	120/3234	100/1323	1200	25
房　县	19.6	14.4	5.2	1446/38538	653/5837	350	40

全市农机化工作目标完成情况（一）

县市区	机械耕整（千公顷）	机械播种（千公顷）	机电排灌（千公顷）	机械植保（千公顷）	机械收割（千公顷）
全市合计	80.2	12.87	45.35	140.4	43.43
市　郊	1.4		0.95	1	
丹江口市	11	1.5	8	24	9.5
郧　县	23.3	3.67	7.3	27	10
郧西县	11	1.9	6.7	24.7	5.33
竹山县	10	1.8	6.7	18.7	6
竹溪县	9.5	2	7	20	5
房　县	14	2	8.7	25	7.6

全市农机化工作目标完成情况(二)

县市区	农机新机具推广(台)	争取中央购机补贴			农机经营总收入(万元)
		资金(万元)	补贴机具(台)	受益农户(户)	
全市合计	22150	3278	2180	12830	86506
市　郊	410	200	410	398	5600
丹江口市	2102	553	2102	1994	21650
郧　县	5818	760	5768	5118	17464
郧西县	1195	440	1145	1123	13000
竹山县	4621	410	4571	1300	10130
竹溪县	5073	335	5023	1156	8900
房　县	2831	580	2781	1741	9762

(柯有柱)

农村能源

【概况】 2010年,全市确定新建农村"一建三改"沼气工程2万户;新增农村户用沼气乡村服务网点80个;新建养殖小区沼气工程3处,联户沼气工程10个;更新、推广节柴灶3万座。全市新建农村户用沼气2.6万户,占计划的130%;建养殖小区和联户沼气工程14处,占计划任务107%;新增沼气服务网点80个,占全年任务的100%;改建节柴灶3.5万座,占计划任务116.6%。共争取国家和省级项目资金9100万元,创历史新高。农村能源项目建设带动地方和农户投入资金1.82亿元。全市"一建三改"(建沼气、改厨、改圈、改厕)共完成土石方量30.1万立方米,混凝土浇筑量10万立方米;消耗水泥7.1万吨、沙石料12.6万立方米、砖376.6万块;改圈5万平方米、改厕3.2万平方米;投工投劳27.4万个。

全市现有的农村能源建设规模已形成年节柴62.6万吨的能力,相当于85.8万亩薪碳林年生长量。农村沼气每年可无害化处理人畜粪便300多万吨,实现粪便资源化利用。提供优质有机肥2650万担,使26.5万亩耕地受益。年减排CO_2、SO_2等大气污染物21.58万吨。使农村"三废"变"三料",即:秸秆、粪便、垃圾变燃料、饲料、肥料。到2010年底,全市农村用能结构由"十五"期末的薪柴、秸秆占85%,煤占5%,电占3%,气7%(其中沼气为6%)变为薪柴、秸秆58%、煤8%、电5%、气29%(其中沼气27%)。农村能源结构进一步得到优化。

郧县顺清标准化养猪有限公司大型沼气工程

【大型沼气工程】 全市新建大中型沼气工程4处,总池容2400立方米,总投资1614万元。其中郧县顺清标准化养猪有限公司大型沼气工程600立方米,共投资420万元,国家投资161万元;房县标准化种猪养殖场大型沼工程600立方米,共投入368万元,国家投入190万元;十堰联城公司养殖场大型沼气工程600立方米,共投资396万元,国家投资161万元;

张湾金循养殖实业有限公司大型沼气工程600立方米，共投资430万元，国家投资150万元。

【开展沼气大回访活动】 为确保农村沼气安全生产和使用，切实保障沼气用户及广大农民群众的生命财产安全，努力提高沼气使用率。根据农业部的安排部署，全市农村能源部门深入开展沼气大回访活动，一是在农村广泛宣传《湖北省户用沼气安全操作规程》；二是组织近500名技术人员深入农村，逐户排查安全隐患，杜绝安全事故的发生；三是在沼气项目村培训沼气安全使用技能，普及沼气操作、管理知识，共培训2800余人次，向农户发放安全知识手册、张贴操作图画近3万份。

【贯彻《湖北省农村可再生能源条例》】 2010年10月1日《湖北省农村可再生能源条例》颁布实施后，全市农村能源部门及时组织广大干部职工认真学习《条例》，深刻领会精神实质，充分利用各种新闻媒体，采取多种形式大力宣传《条例》，全市共张贴宣传标语508条，建宣传栏511处，发放宣传资料6935份，专题报道24次。通过宣传营造全社会关注农村可再生能源工作的良好氛围，进一步增强各级政府和部门抓好农村能源工作的责任感和使命感，加快推进农村能源依法建管进程。（李国瑜）

农村经济经营管理

【农民负担监管及惠农资金发放】 全市共发放三项惠农补贴资金18509万元，都以“一折通”的形式发放到户；审批“一事一议”筹资2181万元、筹劳750万个，筹资筹劳标准都控制在政策限额以内；全面开展村级公益事业建设“一事一议”奖补试点，省下拨十堰各县市区以奖代补资金共计3655.8万元。农村集体资金、资产、资源（以下简称“三资”）监管代理工作基本实现全覆盖。全市126个乡镇均设立“三资”监管代理服务中心，代管全市农村集体资产总额26.56亿元。“三村”集体资产产权制度创新试点稳步推进，丹江口市三里桥村，张湾区牛场村、花果村，茅箭区姜湾村股份合作社挂牌运作，3个第三批试点均在年底前启动。农村土地流转稳步推进。累计签订土地流转合同19473份，流转土地15.57万亩。农民专业合作社蓬勃发展。全市依法注册农民专业合作社492家，有效提高农民的组织化程度。涉农信访得到妥善处理。局机关共接处涉农信访82起89人次，其中直接查处5批（件、次），其它信访件都按规定进行转办、督办，做到责任明确、件件落实。

【农村集体“三资”清理】 先后下发《农村集体“三资”管理制度》、《农村集体“三资”处置办法》等文件，规范完善农村“三资”监管。各县市区以此为蓝本建立健全相关制度。张湾、茅箭、白浪、武当山已链入全省农经信息管理平台，实现农村集体“三资”网络化管理。全市共清理农村集体资产117.69亿元，其中：资源性资产84.1亿元、固定资产22.53亿元、货币资金5.78亿元、村级债权5.28亿元、村级债务13.77亿元。

【农村财务资产管理】 截至年底，全市1872个村实行村级财务公开，占总数的99.89%；1871个村建立村民主理财小组，占总数的99.89%；有115个乡镇实行会计电算化管理，涉及1501个村。2010年末村级集体资产总额265616万元（含部分资源性资产）。其中：流动资产82214万元，农业资产5833万元，长期资产177569万元（其中：长期投资7792万元，固定资产156737万元，其他资产13040万元）。流动负债90590万元，长期负债52107万元，所有者权益122919万元。村集体经济组织总收入33560万元。其中：经营收入3362万元，发包及上交收入3130万元，财政转移支付收入15486万元，投资收益145万元，其它收入11437万元。2010年底村级债权30032万元，村平16.02万元；债务122772万元，村平65.51万元，比上年同期净增9857.72万元，增幅为8.73%。当年新增债务12023.96万元，这主要是多年来，村级兴修公路、桥梁等公益事业建设形成的。当年化解村级债务6100.09万元，全市有43个村实现零债务，有412个村资不抵债，占村总数的21.98%。

【“三村”集体资产产权制度创新】 一是稳步推进第二批省级“三村”试点工作。丹江口市三里桥村、张湾区牛场村已进入股份合作社运作阶段。三里桥股份合作社筹措资金45万余元扩建临街门面，增加经营性资产面积，盘活壮大集体资产。牛场社区股份合作社积极抓好对外承包、租赁等合同兑现工作，提高集体资产的经营管理水平。年初，合作社将10万元经营利润作为红利分发给股民，增加了股民收入。二是扎实开展第三批“三村”试点工作。全年先后启动5家创新试点，张湾区花果村、茅箭区姜湾村年内已挂牌成立社区股份合作社，并积极制订规划，规范资产运作。张湾区丁家村、双楼门村和茅箭区陈罗村已启动试点。

【农村集体经济审计】 依法开展审计监督。各县市区经管局均成立农村审计机构，有107个乡镇配备专兼职审计人员244人。全年共审计1095个单位，审计资金总额7.39亿元；发现违纪单位78个，违纪金额223.01万元，已退赔金额120.85万元，占应退金额的54.2%，先后有17

人受到党政纪处分或刑事处罚。

【农村土地承包管理】 一是进一步扩大土地流转工作规范试点。在完善原有11个乡镇土地流转试点的基础上，当年新增加10个试点乡镇，工作运转良好。全市累计流转土地面积15.57万亩，较好地促进产业结构调整和适度规模经营发展。二是加强仲裁体系建设。各县市区已建立完善土地承包仲裁委员会，选聘仲裁员38名。三是开展业务培训。通过以会代训方式，培训仲裁员105人次，进一步熟悉纠纷仲裁程序和规则，为推进十堰市农村土地流转管理和服务工作奠定基础。

【培育发展农合组织】 截至年底，全市依法注册农民专业合作社492家，比2009年度245家增长100.82%。农村合作经济组织成员达3.51万人，辐射带动农户7.06万户，年统一组织销售农产品产值4.01亿元。合作社年上缴国家税金102.26万元，年盈余4917万元，进行盈余返还、红利总额达3196万元，使成员年人平增收600余元。市、县两级经管部门积极组织部分合作社与多家超市合作，拓宽市场销路。全市已有127家合作社产品进入超市，占合作社总数25.81%；正式签订书面合作协议的23家，占合作社总数4.67%。通过农超对接共销售农产品1.68亿元，占合作社销售总额41.9%。组织34家农民专业合作社参加2010全国合作社产品(湖北)推介洽谈会，参展产品150余种，其中3家合作社达成意向性的产品采购、订货协议，协议金额达1000余万元。经组委会评选，十堰市农民专业合作社的展销产品获得金奖12个、优秀奖9个。

【示范合作社创建】 为切实提高农民专业合作组织内部管理水平，引导和促进农民专业合作社健康快速发展，认真开展“示范农民专业合作社”创建活动。积极引导农合组织申报农业部、省级试点项目。全年共争取2家部级和9家省级示范农民专业合作社项目，其中两家部级示范社各获奖补资金20万元，省级示范项目资金共计29万元，加上市级10家示范农民专业合作社以奖代补资金30万元，各级共扶持合作社示范项目资金99万元，发挥“扶持一个，规范一批，带动一片”的良好效应。

【“扫帚大王”胡朝柱走进央视】 郧西县人胡朝柱的出生地观音镇黄土梁村4组，手工扎扫帚的历史已有20多年。各户自产、自制产品主要销往本县各类学校、机关及企事业单位。由于没有商标品牌和专业协会组织，产品无法做大做强，外地产品也直接冲击本地市场，使当地扫帚加工呈现萎缩趋势。为发展农村经济，当地政府积极思考如何把黄土梁村的扫帚产业做大做强。2008年，胡朝柱从信用社贷到3万元“农民工创业贴息贷款”，正式拉开合作社的创建之路。2009年，胡朝柱注册恒达扫帚专业合作社，成为郧西第一个专业合作社，并从湖南引进铁扫帚良种，在郧西县的土门、河夹、涧池等多个乡镇种植。扫帚销售区域也扩大到3省10多个县(市)，合作社年销售收入达到1000多万元。2010年4月，胡朝柱顺利贷款50万元，建立100亩铁扫帚种植示范基地，新建2000多平方米的厂房，并注册“冬竹”商标，实行订单式生产，吸引很多农户入社，已发展成员48名、社员502户，铁扫帚种植面积达2500亩，年产值300多万元，还为50多名老、弱人员提供就业机会。产品畅销周边3省10多个县(市)，远至陕西西安、河南淅川、湖北襄阳一带。产品在2010年全国合作社产品(湖北)推介会上获得“优秀农产品”称号。2010年7月，市长周霁在视察胡朝柱的恒达扫帚专业合作社时，亲切地对他说：“你真了不起，我以后就叫你‘扫帚大王’。”胡朝柱的创业故事得到央视《对话》、《致富经》栏目广泛宣传。 (严剑霞)

交通·邮政

交　通

【概况】　全年共完成交通建设总投资68.98亿元,其中,地方交通建设完成15亿元,十房、谷竹、十白三条高速公路累计完成投资53.98亿元。完成一级公路路基60公里、路面54公里,分别占年计划的101%、270%;完成二级公路45公里,占年计划的100%;完成省际出口路及断头路101公里,占计划的100%;公路大中修完成227公里,占计划的107%。投资1300万元,新建治超站5个,全市超限率控制在5%以内。全市共投入安保工程建设资金5100余万元,增设钢护栏351处53公里,交通标志64块,改造平交道口8处,完成危桥改造71座,完成水毁修复工程185处,干线公路绿化300公里。新建通村水泥路1017.5公里。18个农村五级客运站已竣工10个,完成100个农村候车亭、230个招呼站建设。全市127个乡镇和具备条件的1716个行政村通客车率达100%。武当山客运旅游码头完成投资6400万元,武当山水路客运换乘中心项目选址、规划及立项工作全部完成。汉江航道整治工程完成筑坝抛石5.6万立方,炸礁(含清渣)5.42万立方,完成投资1050万元,占年度目标的105%。全年共完成渡口达标工程8处,更新改造老旧渡船18艘。

【高速公路协调服务】　一是制定《关于征地拆迁安置方案》、《关于明确高速公路拆迁安置优惠政策的通知》,在高速公路征迁工作中出台10余条优惠政策,促使房屋拆迁在三个月内全面完成。二是在较短的时间内完成十房、谷竹两个建设指挥部办公、生活用房的建设和装修工程。截至年底,全市在建高速公路拆迁房屋3021户,已落实宅基地2996户,占拆迁户总量的99%,已开始建房2732户,占拆迁户总量的90.4%,入住新房的2053户,占拆迁户总量的68%。共需迁移各类线杆8909基(杆),已迁移8797基(杆),占迁移线杆总量的99%。

【2010年春运】　道路、水路、铁路安全运送旅客163.9万人次,同期相比上升0.3%。其中:道路运输运送旅客121.3万人次,日均投入客车1500余台;水路运输运送旅客8.3万人次,日均投入客船48余艘;铁路运输运送旅客34.3万人次,十堰列车始发增加2对,动车组增加1对,途经十堰临客34趟。

【城区东环一级路开工建设】　4月27日,城区东环一级公路在七里垭正式开工建设。全长15.3公里,按双向四车道、设计时速每小时60公里的一级公路标准建设,路基宽36米,路面宽26米,两侧各设5米人行道和绿化带,全线设综合管沟和路灯等市政配套设施。全线开挖土石方为940万方,沥青砼路面36万平方米,大桥2座长520延米,分离式隧道1座580延米。概算投资总额8.25亿元。建设工期两年。

【省委书记罗清泉实地察看武神生态旅游公路】　6月5日,省委书记罗清泉在省交通运输厅厅长林志慧、十堰市委书记陈天会、副书记周霁等陪同下,实地察看武神生态旅游公路,对交通公路部门及武神公路建设者采取“双超”措施在短短一年多时间内所取得的成绩给予充分肯定,并要求全省交通运输系统认真总结武神公路建设的成功经验,进一步加快“两型交通”建设步伐,为服务鄂西生态文化旅游圈经济社会发展做出新的贡献。

【十堰市物流发展局挂牌】　7月30日,十堰市编办批复设立十堰市物流发展局,为副县级事业单位,内设八个科室,下设两个二级单位,核定事业编制人员53名。9月28日,十堰市交流物流发展局揭牌成立,标志着物流业由自由发展阶段转入政府引导、有序发展的开始。

【农村客运】 全市行政村通客车率达100%,现有农村客运班线463条,客运车辆1280台,座位数15016座,营运里程1.88万公里。

【维修行业管理】 建立健全全市二类以上维修企业质量信誉考核档案。亨运集团汽车销售服务有限公司被评选为全省"二十强"维修企业,丹江口市金盾机动车修理厂等8家企业被评选为百家信得过维修企业。

【驾培管理】 全年全市有1所驾校被停业整顿,2所驾校被停止招生,9所驾校被责令限期整改。同时,按照质量信誉考核规定,对20所驾校进行量化考核,评定AAA级驾校7所,AA级驾校9所,A级3所、B级1所。全年共培训学员2.2万人,培训危货运输从业人员400余人。

【物流发展】 一是健全机构,十堰市物流发展局和郧西县物流发展局先后于9月和11月挂牌成立,竹溪、竹山、房县、郧县物流机构已经市编办正式批复,挂牌工作尚在筹备。二是与湖北汽车工业学院合作,举办物流知识培训班,参训人员60人,合格率100%。全系统10%的物流工作人员获得物流师资格。三是进行物流发展调研,抽调25名业务骨干,深入物流企业调查收集信息1800余条,对120余家重点企业建立台账。四是推进物流信息平台建设,有100余家物流企业在交通物流网登录注册,湖北亨运集团物流有限公司被授予湖北省交通物流示范企业。

【行政执法】 一是组织全市千余名执法人员参加2010年全国百家网站"五五"普法知识竞赛和交通行政执法规范测试,对执法人员开展多种多层次培训,做到全市行政执法人员轮训一次。组织开展"12.4"法制宣传活动。二是组织执法考核评议。11月20日至12月20日,全市公路执法部门和执法人员全面进行考核评议,8个路政大队、8个超限站基本达标。同时对307名路政治超人员中取得执法证的160人进行考核评议,159人通过达标考核。三是组织局直单位对现有41项行政审批事项进行清理。四是加快行政审批进驻行政服务中心步伐。五是组织全系统行政执法检查。11月报送31份路政赔补(偿)、行政强制、行政处罚类案卷参加省厅集中评查。六是公平执法,保护相对人陈述申辩权。全年无一起败诉、重大执法过错案件和行政赔偿案件。七是开展专项治理。全年路政执法开展集中整治56次、出动人员4194人次、清理乱堆乱放599处/9232平方,清理摆摊设点85处、拆除加洗车点34处、拆除违章建筑15处/1368平方、制止新建设违章130处8141平方米、责令停建4处。拆除非公路用标志304块、拆除龙门架9个。全年检测超限车辆107188辆、查出超限12758辆、卸载车辆6056辆、卸货5056吨,收取公路赔(补)偿费270万元。

【行业改革】 市政府批准十堰市交通运输局"三定"方案,职责被整合扩充,承担协调民用航空、铁路、邮政等工作。十堰市物流发展局和郧西县物流发展局挂牌成立,实现人员整体划转,机构正常运行。人事制度改革继续深化,全系统共有28个正、副科级岗位进行公开竞争上岗。公路养护改革进一步完善,全市所有国省干线实行竞标养护,推行定额管理、计量支付、考核奖惩的办法,建立路面养护机械化、桥梁养护专业化的管理模式。交管站改革持续推进,郧西、郧县市已成立农村公路管理所(局),主要承担农村公路管理执法工作。

【服务第四届世界传统武术节】 10月16日至10月20日,第四届世界传统武术节暨第九届中国武当国际旅游节在十堰市举办,市交通运输局负责对口接待日本代表队,高效完成车辆调度、资料发放、人员陪护、协调联络和安全防范工作。城市公交集团共抽调车辆52台,安排台班532个,运行往返600余次,接待人次20000余人。市交通运输局荣获第四届世界传统武术节保障服务工作集体二等功。

【建议及提案办理】 共承办市人大代表建议17份,政协委员提案30份,共47份。其中,涉及到交通基础设施建设的35份,交通运输管理的12份。截至8月10日,47件建议、提案全部办结,见面率、满意率和基本满意率均达100%。

【十堰市南水北调移民搬迁运输】 南水北调外迁移民工作启动后,全系统共调集运力3080台次,其中客运车辆1230台次、货运车辆1850台次,安全运送移民37000人次,运输货物10000余吨,实现"无事故、无伤亡、无货损"的目标。

(王学锋)

公路运输

【概况】 2010年,完成旅客运输量4915万人,旅客周转量362250万人公里;货物运输量3411万吨,货物周转量567205万吨公里,同比分别增长 12.81%、23.16%、26.76%、19.29%。城区新增100台出租车和重新许可265台出租车实现顺利平稳过渡。共检查各类营运车辆46500余台次,查处各类违规违章行为1240起,暂扣违规违章和非法营运车辆

520台次，暂扣道路运输证牌470本（块），受理各类信访投诉247件。

【鄂西北片区公路建设养护新技术专家讲座在十堰举行】 7月28日至29日，鄂西北片区公路建设养护新技术专家讲座在十堰市隆重举行。武汉、十堰、襄阳、林区、鄂州等7个市区的公路学会秘书长及公路养护管理技术人员共计240余人参加讲座。本次活动由省公路学会主办、十堰市公路局承办。

【公路养护】 突出抓好路面病害处置和小修保养以及日常性、预防性的全面养护。继续推进安保工程，完善各类标志牌、标线、里程碑、百米桩、路口标柱等公路附属设施。重点进行五条岭、柳树垭、两河口、野人谷等13个公路养护站更新和美化亮化建设。

【209国道雷峰垭隧道通车】 5月26日，209国道郧县段雷峰垭隧道建成通车。2008年5月新建雷峰垭隧道开工，设计净宽9米，净高5米，全长1136米，两端接线长1208米，总投资3746万元。

【武神公路控制性工程椿树垭隧道贯通】 3月12日，武神公路控制性工程之一椿树垭隧道顺利贯通。该隧道全长2111米，是武神公路全线最长的隧道，地处十堰与神农架交接处，最高海拔1783米。

【316国道武当山至白浪一级公路全线通车】 9月30日，316国道武当山至白浪一级公路全线通车。该项目起点位于十堰市武当山玄岳门，止点位于十堰市白浪堂，路线全长29.1km，该工程路基宽度为20米，建设标准为双向四车道一级公路，设计时速为60km/小时，总投资为3.74亿元，其中省补助投资1.164亿元，建设工期24个月。该公路是连接武当山至十堰城区的重要通道，是“鄂西生态文化旅游圈”规划项目。

【316国道鲍峡至陕西白河段大中修工程完工】 316国道鲍峡至陕西白河段起点位于郧县鲍峡镇，止于陕西白河交界的下卡子，全长36公里。本次大中修工程分三种形式进行，水泥路面以中修为主，对破损的断板进行修复；余家至将军河段沥青路面按照大修标准施工；将军河至白河交接的卡子段沥青路面采用中修工程标准进行施工，对路基、路面的破损、沉陷等病害进行全面修复后，做罩面处理。工程完工后，316国道十堰市境内171公里路段的好路率将达到100%。

【省道十两线城区段改造工程完工】 5月12日，省道十两线城区段改造工程全部完工。改线段全长16.414公里，总造价约1.3亿元。改线段新建隧道2道2488延米，路基宽8.5米，路面宽7米。其中五条岭隧道1755米，大川隧道733米；大中小桥8座、597延米，其中三岔河大桥全长155米；改线路段平均海拔从1000米降为809米，路程缩短约5公里，回头弯由原路段的16个减少为1个。

【省道两郧线土地岭隧道全线贯通】 5月31日，郧西县土地岭隧道全线贯通。土地岭隧道位于338省道郧西县店子镇与关防乡之间（K37+770 K38+660），担负着连接湖北和陕西两省的交通重任。隧道全长890米，按二级公路标准建设，设计行车速度40km/h，净宽9米，净高5米，建设总投资2500万元。

【“郧十”一级路刘家沟隧道贯通】 10月28日上午，郧县与十堰市区交通对接项目“郧十”一级路关键工程刘家沟双向隧道全线贯通。该双向隧道右洞长475米，左洞长480米，由中铁十五局承建。

【郧西汉江公路大桥通过竣工验收】 11月30日，郧西汉江大桥通过竣工验收，工程综合评分94.7分，达优良标准。郧西汉江大桥主体工程起点位于省道郧羊线K43+680m，止点为316国道K1709+700m，投资概算3667万元，大桥主体结构为预应式钢筋混凝土连续钢构桥，跨径布置为61米+110米+110米+61米，全长350米。

【十竹线竹山段开工】 7月22日，十竹路竹山段自竹山县城桥东至房县化口，共19.8公里，其中新修5公里，扩修14.8公里，桥梁10座1500延米，隧道1个500延米，整个工程按山区重丘二级公路标准设计，路基宽9米，路面宽7米，概算总投资8400万元。十竹线建成后，竹山至十堰的距离由鲍竹路的145公里缩短为105公里。

【省道鲍竹线大修工程完工】 11月11日，全长65.01公里、投资6059.61万元的鲍竹路大修工程全线竣工，从十堰城区到竹山县的行车时间缩短为2.5个小时。鲍竹线是十堰市“三小时交通经济圈”的关键性工程，是房县、竹山、竹溪县区域经济重要运输线。 （王学锋）

水路运输

【水运事业发展】 8月13日，十堰市人民政府出台《关于加快全市水运事业发展的意见》（以下简称《意见》）。《意见》提出十堰水运发展的功能定位及主要目标：到2015年，十堰水运事业实现“一个目标”、形成“三大体系”，即实现水运事业发展与全市经济社会发展全面适应并适度超前的发展目标；基本形成以汉江航道为骨架，以堵河、丹江河、曾河航道为补充，干支联网、水运联运、通江达海的水上运输体系；基本形成以丹江口港、武当山港、郧县港为支撑，以丹江口旅游码头、武当太极湖旅游码头、郧县综合码头为重点，功能完善、布局合理、港站配套的综合港口体系；基本形成能够覆盖全市、控制重点、专兼结合的市县两级水上搜救中心和市县安全机构联动的水上安全防控保障体系。《丹江库区绿色航运示范区发展规划》编制完成，并完成工程预可行性研究报告初稿。

【水路运输业及水路运输服务业核查】 共核查船舶476艘，核查率达98%。核查通过内河运输企业16家，水路运输服务企业1家，注销营运船舶54艘，未通过核查的水路货运船舶73艘，限期整改客渡船7艘。共换发营运证书75套，审验船员证书108本，办理船舶所有权证书、国际证书116本。

【规费征收】 全年共征收水运规费1450万元，其中，完成港务费和航政费169.91万元，占计划的100.5%。全年完成水路客运量35万人，客运周转量900万人公里；货运量210万吨，货运周转量4500万吨公里，完成港口吞吐量300万吨。

【举行丹江口水库水上搜救演习】 6月24日上午，南水北调中线工程水源地丹江口水库举行大规模水上搜救演习，14艘船舶、200余人参加演习。险情模拟上午9时，从河南淅川出发行至丹江口水库汉江与丹江交汇处的"鄂丹货001号"货船，与参观丹江口大坝载有40名游客的"库建一号"游船发生碰撞，造成游船艏舱进水，4名游客落水。搜救中心立即启动水上险情应急反应预案一级响应。针对"事故"中出现的一系列紧急情况，搜救人员进行紧张的人命救助、游客转运及船舶救援、船舶消防、污染物处置等4个科目的演练行动。经过近1小时的紧张搜救，模拟险情全部被排除，经环保检测部门对演习水域检测，水质符合国家标准。　（邢文广）

铁路运输

【概况】 十堰车务段位于十堰市车站路，管辖范围为襄渝线马棚至胡家营间212公里铁路线和汉丹线西端老河口至丹江62.8公里铁路线，共计274.8公里营业线，16个车站。其中一等站1个（十堰），二等站1个（武当山），三等站4个（谷城、白浪、胡家营、丹江），四等站10个。担负着局管内襄渝线和汉丹线西端客货运输组织工作。主要客运站有：谷城、武当山、十堰。货运站有：陈家湖、丹江、洪山咀、老河口、谷城、黄家营、武当山、白浪、十堰、花果、胡家营。每天办理旅客列车34对，其中始发6对，通过28对。具有年发送旅客247万人次，发送货物300万吨运输能力。由十堰乘坐火车，可以直接到达全国16个省会级城市。十堰车站具有年发送旅客210万人次，发送货物30万吨的运输能力。2010年末，全段固定资产总值13797.23万元，净值10033.66万元。

【安全管理】 注重对安全隐患的预防控制，以车站、班组、岗位为对象，实施等级预警、防范整治、分析处理，实现班前教育警示、班中严密卡控、班后分析总结的同步落实；强化对现场作业过程的盯控与跟班作业力度，把发现解决关键性、倾向性、苗头性问题作为安全管理的重要手段，不断完善问题整冶的对策与措施，实现对安全关键环节与薄弱环节的有效卡控；以安全管理信息系统建设为平台，加快对安全信息现场处理和反馈能力，全面提升安全管理水平。全年，利用局域网平台和安全管理信息系统，及时发现和处理各类突出安全问题隐患1322件。针对全段安全生产的薄弱环节和安全管理的短板，深入开展以调车、劳动安全、防洪及路外安全等为主题的专项整治活动，建立专项问题库，加强动态分析和问题梳理，保证限期整改销号，确保安全生产持续稳定；截至2010年12月31日，实现连续安全生产3517天，获武汉铁路局"安全优质站段"称号。

【客货运输】 以全路5次大面积调图和动车加密为契机，利用网站、报纸、电视、电台等多种媒体平台，加强对动车品牌、新图列车时刻和票务信息的宣传，共发放各类宣传资料15万余份，专题宣传报道50余次，宣传推介高铁、新增客车等信息，实现引流上车。加大对武广高铁异地票、联程票的推介售票力度，自动车加密开行以来，两对始发动车日均上座率分别达到96%、83%，位居全局前列，共创收1129.36万元。抓住春运民工流、暑期学生流、世博、第四届世界武术节及广州亚运会旅游流，努力增运增收。2010年先后3次组织十堰地区旅游局、旅行社、企业和各大学校等25家单位，就上海世博会、武当武术节、广州亚运会召开营销推介会。主抓重点企业、重点货物运输的营销攻坚，深入走访管内货源辐射区如东风公司、丹江农夫山泉、老河口葛洲坝水泥厂等重点企业40余家进行营销宣传，并成功地从襄阳保康、陕西白河、河南淅川等地吸引货源，开辟面包铁、煤炭等新增货源，新增运输收入超过1000万元。以市场为导向，用好价格优势争取新货源，把铁路运价优惠政策、运力优势及时向企业货主、物资单位通报，争取重晶石、白云石等货物运价下浮政策，吸引一批流失货源重新选择铁路运输。充分发挥所在地区的区域物流中心作用，抓住330水泥厂洪山咀分厂生产线全面投产的契机，加强水泥罐式箱的运输组织工作，促进鄂西北地区集装箱运量实现较大增长，提前60多天完成全年计划。

【运输任务】 2010年，货物发送吨累计完成295.68万吨，完成年度计划98.56%，同比增长6.62万吨，上升2.29%；发送旅客完成260.67万人，完成年度计划105.53%，超计划13.67万人，同比上升9.71%；运输收入完成6.06亿元，完成年度计划102.28%，同比上升19.7%，增加1352.03万元。停时完成19.0小时。发送人、运输收入完成再创历史新高。

【十堰至汉口直达动车组开行】 9月20日，新增十堰至汉口一对动车。该客车每天12时20分由十堰车站始发，全程运行3小时02分钟，于15时25分钟到达汉口站。11月1日调图延伸至武汉站，在原有的运行时间上增加武汉站停点，于15时52分到达武汉站，与武广高铁实现有序对接，有力地促进鄂西山区经济、旅游事业发展。（欧阳书娟）

航空建设

【新建武当山机场协议书签订】 3月8日，湖北省人民政府与广州军区空军在广州白云国际会议中心举行《新建武当山机场协议书》签字仪式，广州军区空军副司令员叶正田与省政府副省长段轮一分别代表军地双方在协议书上签字，十堰市政府与空军武汉指挥所签订《新建武当山机场补充协议》。《新建武当山机场协议书》的正式签订，标志着武当山机场建设和空域使用调整等得到空军的全面支持，为武当山机场立项打下最重要的前置条件。

【武当山机场项目纳入国家发改委和民航局“十二五”规划】 在2009年9月国务院通过的《促进中部地区崛起规划》明确研究论证武当山机场建设问题的基础上，积极争取将武当山机场项目纳入《丹江口库区及上游地区经济社会发展规划》。目前，国家发改委《“十二五”综合交通规划》和民航局起草的《民用机场布局规划（调整）》和《“十二五”民用机场建设规划》均将武当山机场纳入。

【武当山机场临时气象观测站建成投入使用】 市机场办会同气象局于年初提出临时气象观测站建设方案，4月民航中南地区管理局气象处审核明确临时气象观测站建设场址、质量标准、技术要求，8月开工建设，11月底基本完成土建、设备安装、物资采购等，12月初组织观测人员赴民航中南空管局湖北分局进行上岗培训，12月中旬临时气象观测站正式投入使用。

【争取立项基础性工作】 一是修改完善《武当山机场预可研报告》。2009年11月，民航中南地区管理局和省发改委形成武当山机场预可行性研究报告预审会会议纪要。市机场办根据会议提出的修改完善意见，组织设计单位专家2次到现场进行勘察调研，4月初修改完善《武当山机场预可研报告》。二是衔接省直有关部门提出支持武当山机场立项的倾向性意见。4月19日至23日，市机场办在市国土资源局、市环保局、市林业局的支持配合下，与省国土资源厅、环保厅、林业局进行接洽沟通，省直三个厅局及时提供支持武当山机场建设的初步意见。省发改委以鄂发改交通（2010）435号文件向省政府报送关于武当山机场项目法人、资金筹措方案等建议意见，为省政府上报《武当山机场立项请示》奠定基础。三是落实武当山机场项目法人。4月16日，副省长段轮一与首都机场集团公司会谈形成原则意见，由湖北机场集团公司作为武当山机场项目法人。6月2日，市人大副主任、武当山机场领导小组副组长罗金昌代表市政府与湖北机场集团公司总经理韩志亮就武当山机场项目业主等事宜进行会谈并形成会谈纪要，湖北机场集团公司正式承诺担任武当山机场项目业主。四是省政府向国务院、中央军委上报立项请示。5月27日，省长李鸿忠签发鄂政文［2010］32号文件，正式向国务院、中央军委上报《关于十堰市武当山机场立项的请示》，标志着武当山机场项目正式进入争取国家立项审批阶段。五是衔接国务院办公厅、军委办公厅将武当山机场立项请示批转国家发改委办理。6月28日，国办商军委办公厅同意，将武当山机场立项请示批转国家发改委商有关部门办理。

【《武当山机场预可研报告》预评估】 12月16日至18日，受十堰市机场办委托，中国国际工程咨询公司专家组一行7人来十堰对《武当山机场预可研报告》进行现场调研评估，提出预评估意见。

【编制《可行性研究报告》任务启动】 四季度，市机场办启动工可阶段审批必须的要件准备工作，经市国土局、水利局、环保局、地震局等部门与有关咨询单位联系，11月分别与湖北省国土厅环境总站、省地震局、中铁四院等单位签订编制土地预审、矿产压覆、地质灾害、地震安全性评估、环境评价等委托合同，开展实地踏勘和报告编制工作。

【争取国家、省有关方面对机场建设支持工作】 一是省政府成立武当山机场筹建工作领导小组，召开第一次筹建工作领导小组全体会议。2月27日，省政府办公厅以鄂政办发[2010]10号文件，成立省武当山机场筹建工作领导小组，省委常委、常务副省长李宪生任组长，副省长段轮一任副组长，省政府办公厅、省发改委、十堰市政府等15个单位为成员单位。4月13日，李宪生常务副省长、段轮一副省长主持召开湖北省武当山机场筹建工作领导小组第一次会议，会议听取十堰市委书记陈天会，市委常委、副市长张维国关于武当山机场筹建工作的情况汇报，会议明确提出武当山机场筹建工作的时间节点为2010年前完成前期工作，2011年开工建设，2013年竣工验收，标志着武当山机场项目正式成为省委、省政府关注支持的重点项目。二是及时跟踪了解中央领导李克强、贺国强同志对武当山机场批示的办理情况，与国家发改委进行进一步汇报沟通。三是争取国家发改委、中国民航局支持。3月13日市委书记陈天会陪同省委、省政府主要领导与国家发改委、中国民航局领导会谈，并与国家发改委基础司司长黄民就武当山机场项目进行单独沟通。3月26日，原市长张嗣义，市委常委、副市长张维国赴中国民航局规划司争取将武当山机场纳入"十二·五"建设规划，得到明确支持。8月17日，市长周霁在汉专门拜访国家发改委基础司司长黄民，就武当山机场项目专题汇报。6月中旬，市人大副主任罗金昌赴国务院办公厅、中央军委办公厅沟通武当山机场立项请示批办情况，得到支持。10月底和12月初市人大副主任罗金昌2次陪同省发改委副主任潘幼成赴国家发改委汇报。（翁　健）

城市公交

【概况】 2010年，十堰公交实现总收入1.3525亿元，其中大公交实现营收1.104亿元，辅业实现营收1641万元，同比分别增长39.2%、37.8%、51.5%。全年累计亏损774万元，同比减亏15.1%，比计划减亏22.6%；国有资产增加9250万元，增长100%。

【企业管理】 一是着力健全和完善"三级管理、二级核算"管理体系，对非经营性单位全面推行部门核算考核，人、财、物等管理权下放改革深入推进。二是调整公交产业结构。按照"一业为主、多业并举"的发展战略，公交广告、驾校、旅游、物业、维修服务等辅业不断发展壮大，产值比重跃升至11.9%，公交辅业全年累计创收达1000余万元。三是推进目标责任制管理。四是创新经营管理。对原修理厂与技术服务站实行资产重组，与中石油十堰分公司合作联建公交场站。五是加强企业财务管理。积极盘活闲置资产，并以资本运作方式为企业创利20万元。六是着力改善企业发展环境。积极争取协调市政府出台《关于优先发展城市公共交通若干意见的通知》，为公交可持续健康发展提供政策保障。

【营运调度】 一是全年投入资金6000余万元新购车辆154台。累计更新车辆561台，更新率达83%，其中高档豪华空调车237台，占车辆总数的35%。二是全面推进营运调度的精细化管理。依据客运市场客流变化特点及规律，按照不同天气、不同季度、不同时段等适时优化运力。三是围绕市场机遇抓营收，累计增加正班及高峰台班900多个。四是优化线网布局抓营收，公交出行分担率由20%上升至30%。五是开发客运市场抓营运，相继新开11路、13路、30路、32路等9条公交线路。七是开拓"通勤车"市场抓营收，累计与30多家企事业单位建立业务关系，全年通勤车创收500余万元。

【营运成本控制】 一是推行线路及单车营收、成本对比分析法，有效控制主营成本上升。二是完善节能降耗考核激励机制，全年职工累计节油达1.2万升。三是强化运管促降耗，采取了线路两端对发、合理安排车辆回场加油等举措降低营运成本。四是持续开展群众性的节能降耗活动。五是节能技术创新能力不断增强。自主完成82台老杭汽车的大修改造，对真空子午胎和49厂赠送发动机开展节能测试。六是坚持招投标制度，实行"阳光操作"，全年由此减少成本200万元以上。七是全面推行机关部门预算费用考核，各项非生产性成本支出得到有效控制。

【公交优质服务】 一是树立全员优服理念。大力倡导"微笑服务"，树立人情化、亲情化、品牌化服务新理念。加大优服培训力度，先后对600余职工开展礼仪服务培训班。二是开展岗位优服练兵热潮。先后开展"2010服务创新年"、"三城联创"、服务武术节、"争先创优"、"活力工程"、创卫、行评等载体活动。三是创建品牌示范线路。以"4路女子品牌示范线"为引领，累计购置高档豪华空调公交车237台，先后投放到4路、15路、18路、56路、5路等线路营运。四是开展"特色"公交服务。相继开通连接"高客站"与"三堰客运站"的区间站、东西线高峰专线车、通往东汽三中、49厂小学的校园班车等。五是健全完善服务设施，在公交车内安装GPS语音自动播报器、张贴各类文明服务标识、公交线路图，配置安全锤、垃圾箱，加装安全视频监控系统等。六是美化车容车貌。落实车辆卫生保洁制度，实时修复车身破损"疤痕"等。七是构建内外联动的监督服务机制，社会义务监督员由原5人增至12人，全年乘客投诉回复率达100%，满意率85%。2010年发生乘客投诉100起，同比减少30%；受到乘客来电来信表扬30起，同比上升35%。

【安全生产管理】　一是强化职工安全教育，组织200余名新聘驾驶员开展岗前安全教育学习。二是大力整顿营运秩序，查处各类行车违章200余起，处罚100多人次。三是着力创新安管机制，国有民营车辆设立“安全奖励基金”，完善安全责任与职工收入分配挂钩考核。四是强化安全监督检查，严格落实车况“日检”、“三检”制，适时开展夏季高温季节油、电路的检修排查，冬季防滑防冻的安全应急防范等工作。五是坚持管理人员上线值勤制，全年发生行车事故100起，事故费200万元，分别同比下降10%和15%。

【维修保障】　一是强化维修机制保障。推行“日行夜保”、“小修中修不过夜”、“大修汇报”等维修机制。二是规范养护保营运。全年完成车辆二保1210台次、三保674台次、新车“走保”300多台次、国有民营车辆“强保”140多台次，车辆出勤率和完好率达98%以上。三是维修保障能力不断提升。全年完成车辆大修32台，对老旧车辆发动机、变速箱、差速器等部件实施总成互换和技术改造。同时外送培养10多名维修技术骨干。四是建立健全线路应急抢修机制。五是继续加强车辆“冒黑烟”治理。

【公交基础设施建设】　一是公交场站土地开发建设项目取得实质性进展。先后申报、立项、规划及启动建设柯家垭、柏林、重庆路等10余处面积达200多亩的公交场站用地。二是公交信息化建设项目全面推进。投资400万元全面建成GPS智能调度中心，安装GPS终端设备600余台，实现公交IC卡乘车、购物“一卡通”，在全国率先建成“手机与公交IC卡互通”。　（黄永良）

邮　政

【概况】　截至年底，十堰市邮政局拥有总资产1.64亿元，邮政生产用房面积48592平方米，邮政网点154个，电子化支局118个，邮政车辆95辆，全市共有邮路60条，全长4506公里，城市投递段道99条，单程3633.5公里，标准投递站16个，农村投递段道447条，单程19276公里。现有从业人员1422人。下辖丹江口、郧县、郧西、房县、竹山、竹溪6个县（市）局；现业设8个职能科室：人力资源部、市场经营部、计划财务部、办公室、安全保卫部、党群工作部、工会、物业办；9个生产单位：函件广告局、发行投递局、邮资票品局、电子商务局、金融业务局、三农服务中心、茅箭分局、张湾分局、武当山分局；2个支撑科室：邮区中心局、信息技术局。全年共实现业务收入1.53亿元，完成预算进度112.5%，增长23.78%；进度与增幅双双排名全省第一。

【争先进位机制创新】　出台《十堰市农村邮政发展意见》和《十堰市邮政支局所竞赛实施办法》，组织全市59个城区网点和64个农村支局开展劳动竞赛，通过二十强支局、支局争先进位、支局分组竞赛等形式，达到“比进度、比增幅、比项目、比贡献”的争先进位效果；选准网点带头人，培养愿干的人，留住能干的人，激励实干的人。创新专业营销机制，树立专业营销标杆，建立市、县两级营销联动运作机制，聘请专业营销培训公司授课，对大客户维护管理办法进行修改完善，组织邀请武汉说唱团为全市800余名大客户代表举行专场答谢演出，邀请全市80多家重点大客户举行邮政业务推介会。召开数据库营销成果发布会，全年共下载使用名址39万条，同比增长959%，居全省前三，被省公司授予“数据库建设及营销先进单位”称号。创新“底薪＋提成”薪酬分配办法。

【邮政品牌建设】　2010年，十堰市邮政局服务创优打造邮政品牌，创建星级示范窗口与“温馨服务”，被省公司授予“双创”优胜单位。市、县局均被评为行风建设合格单位，其中5个县市局取得前三的好成绩。东岳路储蓄所、竹山中心邮政所、竹山宝丰支局被省公司授予“三星级示范窗

2010年3月，邮政便民服务站使用项目启动会召开

口”。郧县、房县局荣获“市级文明单位”称号；市局被推荐为“省级文明单位”；市局工会被市总工会授予“先进工会组织”；三堰投递站被省公司授予“湖北省邮政系统先进集体”；房县局卢定阳被授予“十堰市劳动模范”，函件局熊萍被省公司授予“湖北省邮政系统劳动模范”，郧县局江仁清、丹江口局周秋菊、竹溪局龙艳被省公司授予“湖北省邮政部门标兵”等称号。

【邮政网点形象建设】 2010年投入200多万元，完成丹江口丁家营支局，郧西河夹支局，房县门古、沙河支局，竹山麻家渡支局，竹溪十字街、中峰、鄂坪等10多个营业网点的装修改造。先后完成便民服务站站点开通、邮政综合网骨干网网络扩容改造及本地网扁平化网络改造、邮储系统统一版本V2.0二阶段切换上线、个人网银系统与客户营销管理系统二期、农资分销系统、短信业务接入系统三期、OA系统等工程，完成23台ATM、33套代理保险专柜的安装任务。将丹江口、郧西两条快班邮路调为普快混合邮路。对十堰至郧西普通邮路重新组划为十堰至郧西、十堰至郧县两条普通邮路，增加邮路长度110公里，解决郧西观音、涧池、郧县五峰、胡家营等支局运邮问题，网路能力增强。（蔡漠祥）

信息业

信息化建设

【概况】 2010年，全市大中型企业普遍开始应用计算机辅助设计(CAD)、计算机辅助工艺设计(CAPP)、计算机辅助制造(CAM)等技术，全市制造业领域应用CAD技术的48家企业成为省市CAD、CAM技术应用示范企业。机械、汽车、商业等行业开始推广应用企业资源计划(ERP)、生产集散控制系统(DCS)、客户关系管理(CRM)、市场快速反应系统(QR)、产品数据管理系统(PDM)等应用系统。13家企业被列为湖北省制造业信息化重点示范企业，8家企业申报国家制造业信息化示范企业，东风(十堰)气缸垫有限公司被列为2010年省两化融合试点示范企业。中小企业踊跃开展电子商务，2008年2月阿里巴巴诚信通十堰注册服务中心(十堰万网传媒科技有限公司)成立，诚信通会员发展600余家，中国商用车配件交易电子商务服务平台现有企业注册会员10000余家。2010年8月全面完成20户以上广播电视村村通工程建设任务，基本建成农村党员干部现代远程教育体系，70%以上村实现光纤上网，农村信息化应用得以深入推进。年初在市农业宾馆对“神农行动”25个信息站点的信息员进行专业培训，为下一步更好地发挥信息站点的作用奠定好的基础。十堰教育信息网络、教育网络中心、社区管理和服务综合信息平台等运行良好，城市信息化水平明显提高，家庭和社区信息化逐步推广普及。政府办公自动化网络(内网)系统完善，市政府政务办公网实现信息发布、邮件传输、公文处理、档案检索等功能，行政审批、税务、电信等重要部门的内部业务系统都实现网络办公。政务信息资源公开率80%、50%以上的行政许可项目能够实现在线处理。

【中小企业信息化公共服务平台建成】 12月16日十堰市中小企业信息化公共服务平台启动仪式在十堰职业技术学院举行，市人大常委会副主任陈东芝、副市长冯艳飞共同开启“平台”，市中小企业信息化公共服务平台正式建成投入运行。“平台”共有三个模块：企业门户网站、企业内部管理信息化平台和电子商务，采用先进的SaaS模式(软件租赁模式)，为企业提供门户网站、电子商务、企业管理、协同办公、市场营销、进销存客户关系管理、移动办公和移动商务等应用服务。企业可按需租用各自需要的软件服务模块功能，无需自建软硬件平台，有效解决企业信息化建设面临的资金和人员的困难，帮助企业快速实现信息化管理和电子商务营销。

【电子政务建设】 完成市直39个部门和3个县(市、区)开展电子政务发展情况调查，建成市行政审批电子和监察系统核心网络平台，开通至省政务网155M和6个县市的100M长途光纤电路，联网6个县市有行政审批项目的县直200多个单位，十堰城区有审批项目的市直单位中已经开通70家。 (汤海涛)

通　信

【中国电信股份有限公司十堰分公司】 2010年，全市固定通信网络的本地交换设备容量超过40万门，互联网出口带宽达45G(2011年将达到80G)，宽带接入端口容量超过18万端口。总投资1813万元新建1X基站75个、光纤直放站5个，无线侧新增网络容量20.4万户。新建EV－DO基站22个，新建室内分布系统22个，高速公路隧道覆盖4个。FTTH工程项目已形成放号区域用户数达到15103户；超额完成光进铜退目标任务，实际完成铜退23.53万线对公里，形成宽、窄带接入能力6.5万线。互联网手机收入同比增幅达70%。投资1700万元，完成15个乡镇信息化建设，新建134个接入网点，行政村通光率达到39.1%,通宽率达到55.28%,已形成可提供宽、窄带3.35万户通信能力。工信部百万用户投诉率为4.05件/季度,远低于省公司百万用户投诉率全年平均小于等于18件/季度的考核指标,越级投诉处理及时率为100%。（曾庆芝）

【中国移动通信集团湖北有限公司十堰分公司】 2010年,全市移动通信基站超过1500个,较1999年分营之初增长超过30倍。其中,70%以上为农村通信基站,实现偏远山乡的全覆盖。新建各类渠道服务网点200余个,渠道总数超过3000个。十堰移动通信公司先后荣获"湖北省守合同重信用企业"、"湖北省消费者委员会消费者满意单位"等荣誉称号,再次获得省级"最佳文明单位"称号。

【中国联合网络通信有限公司十堰市分公司】 2010年,十堰联通固定资产总值达9.6亿元,全年共新增WCDMA基站97个,共计417个。新建GSM基站158个,共计978个。3G信号已覆盖城区90%区域,县市城区和重点县镇80%区域。新增小区宽带接入端口3140个,共计29120个。完成全年重要节假日、汛期及第四届世界传统武术节等本地、全国性重大活动其间网络保障任务。网上用户规模达59.6万,全年累计完成通服收入1.43亿元,完成年度预算115.87%,预算完成率全省排名第二,互联网宽带融合业务渗透率位居全省第一,综合KPI考核成绩跃居全省第二名。

【中国铁通集团有限公司十堰分公司】 2010年,铁通十堰分公司市场经营成效明显,基础管理更加规范,网络质量进一步提升,固定资产9780万元,员工102人,完成投资557万元,光电缆敷设1700皮长公里,交换机容量达到5万线,数据交换机容量已达3万线。固定电话用户累计已突破3.2户,宽带用户数累计超过2.2万户。（潘琼）

无线电管理

【概况】 2010年,十堰市管辖的各类无线电台站200多万个。其中:广播电台34个,电视发射台3个,电视差转台21个,甚高频、特高频固定陆地电台55个,移动电台614个,集群基站1个,集群移动台421个,蜂窝移动基站台1663个,蜂窝移动台近200万个,小灵通基站618个。市无线电管理处围绕无线电为经济建设和国家安全、社会稳定服务的主线,坚持无线电日常监测工作,重点对民航、广播电视、防火防汛和公安等频率进行监听监测,确保重点部门无线通信的畅通。此外,对用户申请的通信频率进行电磁环境测试和兼容分析,为武当雅阁国际大酒店等13家单位进行多次电磁环境测试。受理十堰火车站、十堰铁路公安处等干扰投诉5起,查排5起,暂扣设备11部,处理市阳春三月宾馆、道和物业有限公司等9家单位。开展清理整治对讲机专项执法活动2次,查处违规设台单位7家,暂扣对讲机13台。

【无线电监测】 年初,十堰无线电监测站制定《2010年度十堰市监测站工作安排》,完善监测值班制度和设备测试规程等规章制度,开展电磁环境测试16次,监测、监听工作约2000小时,记载原始记录150份,为无线电干扰排查提供技术数据。利用监听、监测和现场的干扰排查等方式处理民航、公众移动通信等干扰投诉5起。加强对移动通信基站的检测,2月和12月对电信、移动、联通的新设基站进行设备指标检测,共测试各类基站252台,合格252台。派出监测车约50辆次,对航空、广播电视、社会应急联动、公安、各类考试保障等重要频段进行监测,积累原始测试数据,为干扰的排查和频率指配提供数据,监测时间共200小时。

（杨洪斌）

城市建设管理

综　述

【概况】 十堰城区国土总面积1193平方公里，至2010年12月，十堰市建成区面积70余平方公里；人均道路面积14.7平方米；建成区绿地面积为2725公顷，绿地率为43.9%；绿化覆盖面积为2815.6公顷，绿化覆盖率为45.3%；公园绿地为531.5公顷，人均公园绿地为10.9平方米；人均住房面积32.31平方米。2010年9月，荣获"中国十佳和谐可持续发展城市"和"中国十佳投资创业城市"，十堰城区连续四届获得湖北省城镇规划建设管理"楚天杯"奖。

2010年，十堰市住建系统着力全面加强规划、建设、管理，抢抓机遇，克难攻坚，圆满完成住房和城乡建设各项工作。十堰市住房和城乡建设委员会被省住建厅授予"全省住房和城乡建设系统先进集体"；被十堰市委、市政府授予"文明单位"、"党建工作先进单位"、"服务第四届世界传统武术节集体二等功"；被市政府授予"十堰市抗震设防对口支援先进单位"、"全市安全生产红旗单位"等荣誉称号。

【竹房城镇带城乡一体化试验区建设动员大会召开】 受省委书记罗清泉委托，12月3日至4日，市委、市政府在竹山召开竹房城镇带城乡一体化试验区建设动员大会。市委书记、市人大常委会主任陈天会主持大会并作重要讲话。市委副书记、市长周霁安排部署工作。会议强调，要进一步抢抓机遇，认准目标，顺势而为，按照省委、省政府的要求和市委、市政府的部署，努力把试验区建设成为全省山区新农村建设的引领区、城乡一体化的先行区、统筹城乡发展的示范区。副市长贺盛有宣读省委办公厅、省政府办公厅《关于竹房城镇带城乡一体化试验区建设的指导意见》。竹房城镇带是指以305省道为主轴，东起房县城关，西至竹溪蒋家堰镇关垭173公里沿线呈带状分布的城镇群。区域内有竹溪、竹山、房县3个县城，房县红塔乡、军店镇、化龙堰镇、窑淮乡，竹山文峰乡、潘口乡、溢水镇、麻家渡镇、宝丰镇、擂鼓镇，竹溪县河镇、水坪镇、龙坝乡、中峰镇、蒋家堰镇15个乡镇，共计18个城镇373个村。与会代表集中参观竹山县潘口乡潘口河村社区服务社、宝丰镇物流中心、上庸镇移民新镇等。

（严　仲　段郧峰）

【中央检查组肯定十堰项目建设及工程建设领域问题排查工作】 4月14日至16日，以国土资源部整理中心处长孟宪素为组长的中央扩内需促增长检查组先后深入市流浪未成年人保护中心建设现场、市博物馆库房建设现场、武当山特区和丹江口市，察看重点项目建设情况，查阅大量的项目档案，听取十堰市新增中央投资项目建设工作及治理工程建设领域问题排查工作情况汇报。中央"扩内需、促增长"一系列政策实施后，十堰市共争取四批新增中央投资项目674个。目前，项目全部开工，竣工574个，竣工率达80.5%，完成投资29.24亿元，占总投资70.5%。在治理工程建设领域突出问题排查工作方面，市委、市政府将工程建设领域突出问题和房地产开发营销领域突出问题列入全市今年集中开展的"五个专项治理"工作，着力对房地产开发营销领域中群众反映突出的违规拆迁、违规用地、违规建设、违规经营、行政违纪五个方面问题进行治理，严格把握好"排查"、"监管"、"查办"和"改革"四个环节，把2008年以来市级50万元、县级30万元以上的924个建设项目全部列入排查范围。通过专项治理排查和举报，全市共立案16件；通过接收上级转办5个线索，经调查后1件予以立案和责任追究，4件查否；给予党纪政纪处分17人（处分县处级干部4人，县处级以下干部13人），其中移送司法机关6人。

【更名为“十堰市住房和城乡建设委员会”】　2010年3月,《中共十堰市委办公室、十堰市人民政府办公室关于印发〈十堰市人民政府机构改革实施意见〉的通知》(十办文[2010]11号)要求,将原十堰市建设委员会,更名为十堰市住房和城乡建设委员会,为市政府工作部门。将原市建设委员会的职责划入市住房和城乡建设委员会;将市民政局农村危房改造工作职责划入市住房和城乡建设委员会;将市市政园林绿化管理局负责城市供水、排水、污水处理的管理职责划入市住房和城乡建设委员会;将指导城市客运的职责划给市交通运输局。内设办公室、政策法规科、住房保障与房地产管理科、规划勘察设计科、建筑管理科、村镇建设科、建筑节能与科技科、城市建设管理科、市政工程建设科、城市经营管理科、计划财务审计科、人事教育科、行政审批服务科、信息技术科等14个机构。

(严　仲　袁平和)

【十堰市住房和城乡建设网开通】　4月28日,十堰市住房和城乡建设网开通仪式在秦楚网会议室举行。市住房和城乡建设委员会党委书记、主任郑文成与十堰日报社党委副书记、总编辑李东晖一起触摸开通网站。十堰市住房和城乡建设网(http://www.syzfjs.com)吸纳政府职能部门网站的流行元素,共设置建设要闻、城市建设、城市管理、市政道路、园林绿化、规划勘察、公用事业、房产资讯、村镇建设、区县动态、党建之窗、政策法规、建委文件、公示公告、办事指南、网上问政、领导活动、新闻专题等18个动态栏目,栏目设置合理,页面清新大气,功能相对完善。

(严　仲　袁平和)

城市规划

【城市总体规划编制】　《十堰市城市总体规划(2010—2030)》编制是2010年首要工作任务。1月,新版总规编制单位中规院项目组向市委常委会汇报《总规》大纲;6月,市委中心组听取《总规》大纲修改情况汇报;7月,副市长张维国赴北京中规院沟通《总规》编制有关情况,对《总规》大纲进行深化和完善;9月、10月,副市长张维国代表市政府分别在市政协第三届34次常委会、市三届人大常委会第40次会上汇报总规编制情况;11月,市规划局将《总规》编制情况向规委会作书面汇报,进一步征求意见。《总规》大纲已基本完成,近期抓紧完善后报市委、市政府审定,力争尽快报省政府审批。　(罗才昌　高　建)

4月28日,十堰市住房和城乡建设委员会党委书记、主任郑文成与十堰日报社党委副书记、总编辑李东晖一起触摸开通网站

【控详规编制】　2010年,共下达《武当路南片区控制性详细规划》、《中岳路控制性详细规划》、《艳湖片区控制性详细规划》、《花果路片区控制性详细规划》等4个片区的控制性详细规划编制任务,面积约1500公顷。完成《龙门沟片区控制性详细规划》、《江家山片区控制性详细规划》、《十堰市武当国际钢铁物流园控制性详细规划》、《十堰市东城开发区总体规划》等9个控制性详细规划的编制任务。并积极与市政府采购中心协商汉江路东风轮胎厂片区、湖南路—镜潭路沿线、方山路沿线、白浪路沿线等4个片区的控制性详细规划招标事宜,进一步推进控详规编制进度。此外,还完成《上海路南片区修建性详细规划》、《辽东路片区修建性详细规划》、《浙江路南片区修建性详细规划》、《高速公路东出口片区修建性详细规划》等片区的规划编制任务,面积约170.7公顷。

(罗才昌　高　建)

【更名为“十堰市规划局”】　在本轮机构改革时,将“十堰市城市规划管理局”更名为“十堰市规划局”,并增设党办(人事科)、县乡规划指导科两个内设机构,新进、招聘专业技术人员7名,为城乡规划统筹奠定基础。　(罗才昌　高　建)

【“数字十堰”通过专家评审】　6月3日,数字十堰地理空间框架建设工程设计书评审会在武汉东湖碧波宾馆召开。湖北省测绘局副局长何保国出席会议，市规划（测绘）局汇报工作情况，由北京大学、华中科技大学、中国地质大学和湖北省地理信息中心组成的评审专家听取项目设计汇报，审阅项目设计书，经质询和讨论认为，数字十堰地理空间框架是十堰市信息化建设的基础，对提高十堰市公共服务、应急处置以及科学决策的能力和水平具有十分重要的意义，构建数字十堰地理空间框架符合十堰市经济社会发展对地理信息的需要；项目调研充分，总体建设目标明确，能够满足十堰市信息化建设的需求；项目设计书规范完整，符合评审要求，所提出的十堰市基础地理信息数据库、十堰市地理信息公共平台及应用示范等建设任务，符合国家数字城市地理空间框架建设有关规定和要求；项目设计针对十堰市软硬件、网络和地理空间数据资源的现状，提出的技术路线可行，进度计划、经费概算合理，组织管理、保障措施有力。专家组一致同意该项目设计书通过评审，并建议根据专家意见修改完善，尽快报批实施。

（高建 许婧）

【全省基础测绘工作会议在十堰市召开】 8月26日，全省基础测绘工作会议在十堰市世纪百强雅阁大酒店召开，会议由省测绘局副局长何保国主持，省测绘局局长张建仁，市委常委、副市长张维国出席会议，各市、州、直管市、神农架林区及十堰市所辖县市测绘行政主管部门的负责人共70余人参加会议。会上，武汉、十堰、黄石等地市作典型交流发言。下午，十堰市政府和省测绘局在世纪百强大酒店签订《数字十堰地理空间框架建设合作协议书》，省测绘局党组书记、局长张建仁，国家测绘局卫星测绘应用中心党委书记刘小波，市委书记、市人大常委会主任陈天会，市人大副主任张光新，市政协副主席王庆华等出席签字仪式，市委常委、副市长张维国和省测绘局副局长何保国代表合作双方在协议上签字。协议的签署标志着十堰市政府和省测绘局合作建设的数字十堰地理空间框架建设项目正式启动。该项目将通过3年左右时间，根据十堰市经济社会发展的需要，形成十堰市统一、权威的地理空间框架，为政府及其各部门信息化提供现势性强、公共的、统一的专题信息集成平台，并形成地理空间框架应用模式。

（高建 许婧）

【服务市政府中心工作】 一是积极参与“十二五”规划编制工作，以更加积极的态度、更为宽广的视野、更为创新的理念，加强战略研究，为市委、市政府当好规划参谋。在“十二五”规划调研工作中，及时向市发改委提供了大量基础材料，为“十二五”规划编制积极建言献策。围绕竹房城镇带建设，配合市发改委编制《十堰市竹房城镇带城乡一体化试验区总体规划》，完成《竹房城镇带城镇建设规划》。二是推进城乡规划统筹，服务“一统三分”战略。依据《城乡规划法》，进一步加大对各县（市）区规划编制工作指导力度，组织完成《竹溪县城总体规划（2009—2030）》的规划评审工作，完成《郧西县城总体规划（2009—2030）》审核工作。根据丹江口市、十堰经济开发区的要求，对小河片区、江家山片区与六里坪相邻地区山地整理项目的产业布局进行规划对接。三是做好“第四届世界传统武术节”和“三城联创”等全市重点活动的规划服务工作。抢抓进度，重点做好迎宾大道景观的规划控制、河道整治工程、体育公园、裸露山体治理工程等项目的规划服务工作，做好违法建设查处工作和信访维稳工作，集中开展机关环境卫生整治，开展亮化美化，获得“第四届世界传统武术节突出贡献奖”荣誉称号。

（罗才昌 高建）

【服务重大项目】 继续做好武当山机场、铁路、高速路、天然气、热电联供等重大项目的规划服务工作。开展天然气管线、十宜铁路、武两客运专线在城区的走向及站场研究，为城市长远发展预留空间。完成了中国石油天然气有限公司西气东输二线东段枣阳—十堰支干线十堰末站选址工作，积极推进国家西气东输项目。完善城市交通体系，完成发展大道、郧十一级路、中岳路、林荫大道二号线等道路规划论证、方案审定工作。完善全市电网结构，提高电网供电能力，完成110千伏双楼门变电站6600平方米及七里垭变电站17700平方米选址征地工作。积极服务六堰地下通道等市政项目，完成市政工程审批40项，临时市政设施6处，在北京路等新修道路沿线进行社会公共停车场的选址，完成北京路、天津路沿线停车场的选址、用地许可工作。

（严仲 高建）

【服务重点工程】 一是积极服务东风公司“61行动计划”，全力以赴支持东风公司十堰基地发展，完成《十堰市工业新区B园、C园控制性详细规划》及5个居民集中安置区的规划，规划用地面积155833平方米，规划安置1786户。审查发展大道道路方案、中岳路道路方案、北京路延长线等重点项目，并报经规委会审查通过，为基地前期建设、打通快速物流通道提供规划设计依据。二是全力服务南水北调工程，积极做好污水处理厂新建、改造工程及垃圾处理场的后续规划服务。三是积极服务文化、教育等拉动内需国债项目百余项。四是积极做好“校舍安全工程”，完成市中小学危房教学楼、校舍、食堂改造项目16项，其中小学9项，规划用地面积35860平方米，中学7项，规划用地面积36745平方米。五是协助房管部门，做好住房保障规划，完成茅箭区及张湾区经济适用房及廉租房三期选址工作，其中茅箭区经济适用房规划用地增加6575平方米，张湾区经济适用房规划用地增加8000平方米。六是服务“双亿工程”，为三环、渝安、正和等企业提供高效服务。

（罗才昌　高　建）

市政建设

【概况】 2010年，全市抓重点项目建设优化交通环境，抓配套项目建设提升城市服务功能，抓民心项目建设满足市民需求，投资5.5亿元，新建重点市政道路总里程达12.5公里；改造一批市政道路和内街小巷，城区形成贯通南北、连接东西、功能完善、方便快捷的交通网络。在建市政工程上海路、浙江路、十房路口、北京北路、辽宁路、辽东路9月中旬竣工通车。辽宁路、十房路口、北京北路、车站路、江苏路口、山东路等改造工程全面完工。亮化工程、48条内街小巷改造、场馆改造、武白一级公路、武当山索道9月底前完成建设。

【上海路竣工通车】 上海路新建工程西起人民路三堰人行天桥，经东风汽车传动轴有限公司十堰分公司，东与北京路相连，全长1.809公里；红线宽36米，其中车行道宽20米，中间绿化带宽4米，人行道两侧各宽6米。设计概算1.32亿元（未含高架桥）。上海路二期建设在第四届世界传统武术节前，与人民路和北京路成功连接，成为贯穿十堰中心城区东西的重要通道之一。该工程的迁建项目—东风传动轴厂生产车间，是上海路建设控制性工程，开挖土石方53万立方米，回填土石方64万立方米，重造一个新的传动轴专业厂，占地面积达158亩，建筑面积达7.15万平方米，为东风汽车公司在十堰推行“退二进三”战略积累经验。

（严　仲　袁平和）

【西气东输二线（东段）十堰支干线开建】 1月22日，西气东输二线（东段）十堰支干线项目正式开建。西气东输二线（东段）十堰支干线开工仪式在茅箭区东城开发区的万向通达工业园西侧隆重举行。“西气东输”二线工程是我国第一条引进境外天然气的大型管道工程，于2008年2月开工。该工程分为东西段，西起新疆，南至广州，东达上海，途经14个省区市。其中，新疆至河南为西段，河南至广州为东段。十堰支干线为其8条支干线之一，起于枣阳，经襄樊、老河口、谷城后，由土关垭进入十堰境内，途经浪河、丁家营、武当山、六里坪抵达十堰市区。十堰支干线主要向襄樊和十堰供气，同时兼顾老河口、谷城县以及武当山等地区的用气市场。该支干线全长约260公里，其中十堰境内长约70公里。十堰支干线分为两个施工标段，施工难度非常大，定向钻穿越河流5处、6325米，大型开挖穿越河流4处、2725米，穿越高等级公路43处，穿越铁路3处。

（严　仲　呙林安）

1月22日，西气东输二级（东段）十堰支干线开工仪式在茅箭区东城开发区隆重举行

【全市建成投运11座污水处理厂】 竹山污水处理厂位于堵河流域核心区，2006年12月由国家发改委批复项目建设，于2007年8月开始动工，是全省范围内在南水北调水源区启动建设的第一座污水处理项目，也是十堰市第一个动工兴建的县级污水处理项目。经过近两年的建设，竹山污水处理厂于2009年9月完工并投入试运行，该项目设计处理污水能力为3万吨/日，项目总投资为6439.4万元。经过一年时间的运行和调整，目前竹山污水处理厂每天平均处理城市污水1.2~1.5万吨，污水收集率达到90%以上。2010年全市先后完成了十堰市东部泗河污水处理厂、房县城关镇污水处理厂、房县大木厂镇污水处理厂、武当山污水处理厂等污水处理工程，十堰市西部犟河污水处理厂、郧西县污水处理厂正在紧张施工建设之中。截至年底，全市已建成投运的污水处理厂达到11座，日处理污水能力达到41万吨。十堰城区西部垃圾处理场、丹江口市六里坪垃圾处理场、武当山太山庙垃圾处理场、房县垃圾处理场按期完工，

郧县垃圾处理场已投入使用。城区西部、竹山县等6个垃圾处理场已通过二类无害化等级评定，城镇垃圾无害化处理率，超过省住建厅提出在2010年底以前达到70%的工作目标。（严　仲　曲华瑞）

【县市区市政建设】　各县、市、区围绕区域性中心城市建设，注重城市功能的完善和配套，为县域经济发展奠定坚实基础。丹江口市以服务南水北调为抓手，继续推进右岸开发，开工建设丹土一级路、武当大道延伸线等市政项目。竹溪县以推进“竹房”城镇带建设为载体，争取扶持资金570万元，将42个村纳入重点镇进行扶持建设，完成城区六条主干街道污水配套管网建设，推进广场、公园、南大桥等市政设施的升级改造；竹山县以“生态水电城、文明卫生城、最佳人居城”为目标，完成十堰路、振武路等改造。武当山特区围绕“四区”战略，重点推进武当旅游发展中心、武当旅游码头等十大项目建设。郧县以“城市形象提升年”为主题，完成城区五条破损道路改造；郧西县以七夕文化节为抓手，建成文化内涵丰富的天河广场、天河大道、七夕广场、七夕文化园等市政设施，完成郧西大道、七夕大道等市政道路改造。房县以民生工程为核心，完成三海水厂等一批民生工程，着力推进泥巴路改造。（严　仲　王学林）

城市管理

【市容市貌管理】　对人民路、东风大道、天津路、柳林路、北京南路、东岳路等六条主干道两侧的市容市貌、环境秩序进行了综合治理，显著改善城区市容环境卫生秩序。服务“穿衣戴帽”工程，对人民路、东风大道、天津路、北京南路、柳林路、东岳路沿线产权单位、经营业主开展调查摸底及建筑物、构筑物外立面改造宣传教育。共计409栋，26万平方米，老旧房屋面貌焕然一新；集中对市容违规案件进行查处，对集贸市场和校园周边环境的综合整治，清除占道经营、乱搭乱建、乱牵乱挂，共处理违章案件71330起；重点对滨河新村、夏家店等35处马路市场进行治理；对大型户外广告牌和沿街店名招牌进行了集中整治，拆除户外广告217块，墙体广告312块，店名招牌1608块；查处违停车辆45594台次，清理野广告195950条，净化城区环境。（严　仲　徐世伟）

【加强建设管理】　落实“快查、快报、快处、快拆”的规划监察查处机制，强化执法人员岗位责任，控制新建，制止续建，拆除违建，服务重点项目建设。全年将50多起涉及个人变相开发建设项目牢牢控制，组织实施拆除迎宾大道、凯旋大道、汉江路、人民路、北京路等城市主干道两侧乱搭乱建407起，面积28808平方米，服务城市道路升级改造，在建的上海路、辽东路、北京路南出口、浙江路二期工程建设和城区48条背街小巷道路改造升级工程建设中全程跟踪服务，服务和配合东风公司54厂搬迁及新址建设、东风公司8万商务车建设项目、渝安工业园、龙门沟山地平整等重大项目建设，及时拆除影响建设的违法建筑。（严　仲　徐世伟）

【广告店招管理】　按照“规范设置，协调整齐，亮化美观，控制总量，符合标准”的原则，重点对以东风大道、天津路、柳林路、北京路、东岳路、江苏路为主的“迎宾大道”轴线两侧店名招牌进行清理规范，配合道路改造，对荆州路、上海路、重庆路、北京路南通道等新建道路两侧的店招进行规范设置。组织进行为期一个月的大型户外广告安全检查。完成东岳路34家产权单位、54栋建筑物亮化督办工作。武术节期间，先后动员城区各广告商投资160多万元，设置大型户外公益广告196块（处），设置围墙广告、灯箱广告、落地广告等3800多条（块），共计6万多平方米，覆盖城区的大街小巷；在城区主干道制作悬挂灯笼12000个，彩旗8000面，并在武术节期间组织企业投资300多万元，新设置气球、条幅、标语140个，为武术节成功举办营造浓厚的节庆氛围。对城区主干道两侧建筑物、户外广告牌、店名招牌的灯光亮化进行督办。对野广告开展持续治理，新上一套“野广告”电话号码的追呼系统，增设便民广告张贴栏110余处。（严　仲　徐世伟）

【静态停车管理】　以落实“2010年市政府十件实事”之“新建停车场3个，规范恢复停车泊位5000个”工作为重点，2010年在城区共规范恢复设置停车泊位5980个，设置更新停车场、停车泊位标志标识牌114块，改造修补临时停车场内破损的人行道1808平米，施划了7000个停车泊位线，对31家地下停车场产权单位进行调查统计，对城区摸底调查掌握的10处未实行停车收费管理背街小巷进行实地查看。对源园路开展为期2个月的停车秩序整治，并对源园路停车场进行界定。按照停车场管理五项标准，对自管、监管托管单位58家停车场进行严格检查考核。武术节期间，与市交警支队联合开展为期40天的道路停车秩序专项整治工作。加大对重点部位、重要时段的管理，先后对柳林路、北京路、东岳路等路段开展专项整治5次，摄像取证456起，批评教育368人次，现场处罚120起，使3条道路停车秩序得到改观。（严　仲　徐世伟）

【市政公用设施完善】　配合武术节和国家卫生城市创建工作，对城区36座老旧公厕、香港街、人民路人行道试验段及部分破旧小区进行改造；在北京路、浙江路、天津路新建停车场3座，规范恢复停车泊位5980个，新建公厕10座，有效缓解市民停车难、如厕难问题；维修人民路、江苏路、柳林路等沥青路面6118处，面积约1.3万平方米；维修人行道6376处，面积约2.2万平方米；对凯旋大道、公园路等15条道路共8100米的排水沟、186座沉砂井进行疏浚清淤，维修维护排水沟及沉砂井204座；对百二河、神定河、张湾河沿线等处排水设施进行维修改造，更新破损井盖50多块，疏通排水设施达3000余次，排水设施完好率达99%以上；对东风大道、天津路、重庆路、北京路的桥梁及护栏进行维修刷新14处，刷新面积9535平方米。 （严 仲 王 鹏）

【园林绿化提档升级】 完成大型乔木栽植，共栽植大树932株，提升城市道路沿线景观档次，改善道路绿化景观单一、绿量不足。市政园林部门在迎宾大道、凯旋大道栽植大树388株，各行政事业单位、省市双管单位及高等院校栽植大树257株；三区栽植大树184株，各房地产开发企业栽植大树103株。完成2处街头游园、2处山地游园新建、改扩建，新增公园绿地18.4公顷。完成武术节期间鲜花上街及武当山高速路沿线生态景观治理，在城区重点公共地段、公园绿地摆放鲜花71.5万盆，大型扎景16组。在高速路武当山至十堰东出口处沿线摆放大型立体花柱31组，大型鲜花扎景3组，大型盆花530盆。完成河道绿化景观治理，绿化总面积60万平方米，播撒草籽60万平方米，栽植各类苗木1.4万余株，修建休闲座椅60套，砌筑步道6000米，修建下河道口3处，河道呈现游园景观。道路绿化新植、补植行道树890株、各类苗木53万余株，地被植物15万余平方米；迎宾大道栽植大树276株；改造东风大道沿线花池22个，新建街头绿地5处、街头小游园3处，总面积约3万平方米，补植各类苗木共计16万余株；上海路沿线栽植75株银杏，路口新建一处3500平方米游园；完成辽东路绿化花池1.8公里。公园绿地提档升级，人民公园完成仿古长城续建和南天门风景门楼、荷花池景点建设；举办第五届菊展，组织菊花、菊艺扎景、鲜花10万余盆。四方山植物园风景区扩园，栽植苗木4万多株，繁殖苗木1万余株，引种植物4种，共8个品种；对游园、广场景观更新改造，移栽补植苗木4.5万株；完成义务植树14.1万株，植树面积1500亩，退耕还林1360亩，绿化治理“裸露山体”58万平方米。绿线管制，配合行政审批电子监察系统，对现有涉及园林绿化的审批项目进行清理、调整，办理建设项目绿线75项，规划配套绿地29万平方米。组织园林绿化施工企业年检换证及项目经理培训工作，新申报园林绿化三级企业1家。制定《十堰地区植被混凝土护坡绿化施工及验收规范》，为植被混凝土护坡绿化施工、验收提供指导及依据。开展庭院绿化美化。报经省住建厅评审，10家单位命名为第四批“湖北省省级园林式单位”。 （严 仲 王 鹏）

【“六大工程”建设】 重点实施大树进城、亮化工程、环卫保洁、裸露山体治理、迎宾大道景观建设、渣土管理等六大工程，其中大树进城工程任务超额完成，共栽植大树932棵，成活率达到98%以上。亮化工程实现突破。落实城区15条主干道沿线建筑物、构筑物、道路、桥梁等公共场所的亮化工作，城区新安装景观照明灯3万余盏，维护维修路灯1万余盏，新设置各类亮化设施1300余处。环卫保洁工程深入推进。新增垃圾清运车50台，新置垃圾集装箱340套、垃圾桶300个，新购置清扫车和洒水车各两台，启动10条道路定时定点垃圾收集，通过不断加大城区主次干道清扫保洁力度，“五无一净率”达到99%，城市生活垃圾及粪便无害化处理率分别达到87.74%和90%。裸露山体治理工程扎实开展。采用客土喷播等技术治理裸露山体102处，总面积达58万平方米。迎宾大道景观工程如期完成。在天津路、重庆路、北京路实施植物栽植、草坪铺植和亮化工程，共改造东风大道花池22个，补植各类苗木11万株，新建街头绿地5处、街头小游园3处，为第四届武术节成功举办和国家卫生城市迎检营造良好环境。渣土治理工程成效显著。严格执行《十堰城区建筑垃圾管理办法》，对渣土实施“全时制、全过程、全方位”管理，有效避免建筑垃圾撒漏、污染路面。 （严 仲 王 鹏）

建筑业

【建筑市场】 2010年，共办理报建工程85项，建筑面积154万平方米，总造价18亿元；办理外来施工企业资质备案113家，备案率达100%，出具检测报告20405份；完成了488个项目的施工图设计文件的审查工作，总建筑面积约190万平方米；登记备案工程勘察合同52项，工程设计合同75项，帮助26家勘察设计企业完成新资质换证工作。开展全市范围的勘察设计项目评优活动，十堰市雅荷大厦设计、十堰市凯旋大道道路工程设计获省优设计类三等奖；进一步规范招投标行为，完成建设工程招投标180项，工程造价达22.2亿元，总面积约2004.1万平方米；切实加强建设工程项目执法检查，对部分市场主体违反《建筑法》及相关法规的行为，及时督促整改。全年查处违章工程34项，立案3项，新项目核查55项，下发停工通知47份，有效地规范建筑市场秩序。 （严 仲 怀书香）

【工程质量监管】 深入开展工

程创优、评优活动，创省结构优质工程34项，市优质工程21项，创省优质工程(楚天杯)7项，由湖北卓越集团建设有限公司承建的“武当山文化中心工程”，重庆市渝建实业股份有限公司承建的“十堰市文化体育局综合楼”和“丹江口市人民检察院技侦楼”，十堰市臻鑫城建筑有限公司承建的“十堰市浙江路1#商住楼”，湖北华强建设实业有限公司承建的“郧阳医学院堰桥综合楼”，十堰市青达建筑有限公司承建的“郧西县人口与计划生育局综合楼”以及湖北方泰建筑工程有限公司承建的“郧县移动公司传输中心”等工程获奖。荣获省级QC成果奖4项，申报省结构优质工程35项。同时，开展了工程质量专项检查，全年监督工程208项，建筑面积372.3万平方米。查处各类质量问题700多起，下发整改通知300余份，受监工程监督覆盖率达100%。严格实施“四大验收”(基础、主体、节能、竣工)及工程备案的把关力度，建立住宅工程“一户一验”的验收模式。通过一系列措施，使工程质量监管工作得到加强。 (严　仲　怀书香)

【安全生产】 开展“安全生产年”、“安全生产月”活动，加大施工现场检查监督力度，全年共检查在建工程200项，下发安全隐患整改通知书63份，整改隐患265处，消除安全隐患250余处。加大对市政公用行业安全隐患的排查治理力度，组织人员分别对十堰城区和各县市区公交、燃气、供水、排水等市政公用设施的安全情况进行综合检查，配合省住建厅对辖区内燃气安全进行抽查，下达整改意见书16份，有效杜绝重大恶性事故的发生，工程安全监督覆盖率达100%。 (严　仲　王学林)

【装饰行业】 全市装饰行业实现产值7.5亿元，同比增长9.1%，实现税收1500万元，同比增长5%，累计完成建筑业增加值3.4亿元，同比增长6.5%，装饰队伍进一步壮大，截至年底，已有二级企业25家，三级48家，家装准入企业41家。全年共办理施工许可证48份，办理安全生产许可证3件，处理投诉案件25例，通过家装专业委员会充分调动企业参与行业管理的积极性，增强行业自律的主体意识，家装市场环境得到进一步规范。

(严　仲　薛治华)

【城建档案管理】 以建设数字化城建档案馆为目标，进一步加强城建档案库建设，共整理档案4558卷，著录档案工程6088卷。新添置了电脑、服务器、交换机等硬件设施，对内外网络系统进行升级调试，全面改版更新十堰城建档案信息网，通过网络为城市规划、旧城改造、地下管网改建等提供大量档案信息，为住房和城乡建设事业健康发展提供支持。

(严　仲　熊　飞)

建筑节能

【概况】 全市建材行业始终严格工作标准，以迎接住建部建筑节能检查和住建厅2010年度及“十一五”建筑节能与墙体材料革新目标责任专项检查为契机，以培育市场为抓手，新型建材得到持续发展。经过努力，十堰市顺利通过国家住建部建筑节能检查，并在省住建厅2010年度及“十一五”建筑节能与墙体材料革新目标责任专项检查中，总成绩名列全省第三名。一是采取多种措施落实建筑节能目标。提请市政府出台了《关于进一步加强墙体材料革新与建筑节能工作的意见的通知》、《关于进一步加强节能工作的意见》等规范性文件，住建委出台《关于严格执行建筑节能标准监督管理的通知》等配套文件，通过电视台、报社等媒体加大对建筑节能政策、法规的宣传力度，并依据国家政策，配合相关部门，加强行业引导服务工作，明确淘汰落后产能的时间表，在水泥行业率先引进新型干法水泥窑纯低温余热发电技术，淘汰落后水泥年产能25万吨，整体推进建材企业向符合产业政策和环保要求的方面进行转型。城区新建建筑执行建筑节能标准设计阶段执行率达100%，施工阶段执行率市城区达96.8%，所辖县(市)城区施工阶段执行率达81.6%。二是完善监管措施实现“禁实”、“禁现”目标。加大对“禁实”、“禁现”工作的巡查力度，及时对建筑节能企业产品进行认定，采取疏堵结合的方式促进城区及五县一市落实“禁实”、“禁现”任务，目前，十堰城区及所辖县(市)城区新建建筑“禁实”率达到100%，城区新型墙体材料自给率达到100%，所辖县(市)城区新型墙体材料自给率达到95%以上。城区禁止现场搅拌混凝土开展顺利。全市已投产运营的预拌混凝土搅拌站6座，所辖县市(除房县外)5座搅拌站已全部投产，年生产能力达270万立方米，城区建筑施工现场基本实现预拌混凝土化，城区建设项目“禁现”率达到95%以上。发展农村散装水泥网点97个，推广散装水泥202.4万吨，散装率达50%以上。三是加强行业引导促进可再生能源应用。严格执行建筑节能标准，对15家建筑节能材料生产企业的产品实行备案管理，切实推进城区太阳能光热利用与建筑一体化技术，全市近60万平方米的建筑项目应用可再生能源。 (严　仲　庞长久)

【省散装办检查十堰市预拌混凝土及干混砂浆推广发展】 7月31日，湖北省散装水泥办公室领导彭汉桥、杨虎等一行4人到十堰市检查预拌混凝土及干混砂浆推广发展情况。听取十堰市散装办主任张正国对十堰规范混凝土搅拌车实施监控管理

及该市散装水泥、预拌混凝土、干混砂浆推广发展情况的工作汇报，并现

8月1日，湖北省散装水泥办公室检查十堰预拌混凝土及干混砂浆推广发展情况

场观看十堰辖区内的120余辆混凝土搅拌车加装GPS系统及车辆监控中心统一的信息平台。省散办领导对市混凝土搅拌车加装GPS系统，统一实施监控管理的做法给予充分肯定，十堰市混凝土搅拌车加装GPS系统，并统一实施监控管理在湖北省范围内是第一家，值得其它城市借鉴，并表示将在全省推广我市的经验做法。8月1日上午，彭汉桥一行驱车来到十堰市宜居建材（砂浆）有限公司和十堰汉江预拌砂浆有限责任公司进行检查指导。（严　仲　唐　伟）

房地产业

【低收入家庭的住房保障】 一是狠抓住房保障的基础性调查工作。通过采取入户调查和现场核实的方式，基本摸清全市租赁补贴、廉租住房实物配租、公共租赁住房、经济适用住房、棚户区改造等保障性住房需求情况，编制住房保障规划，确定未来三年基本解决城区约1.28万户低收入家庭的住房困难问题的工作目标。二是健全保障性住房的相关制度。提请市政府出台《十堰市城区廉租住房配建暂行办法》等管理办法，将配建廉租住房或缴纳廉租住房基金设置为土地出让的前置条件，通过一系列举措，为低收入家庭提供稳定的廉租住房房源。三是稳步推进廉租住房和经济适用房建设。城区3个经济适用房小区已经建成并交付使用，1334套经济适用房已经通过公开摇号的方式全部分配完毕。积极做好廉租住房租赁补贴的发放工作，低收入住房困难家庭基本实现应保尽保，同时新建廉租住房3516套，超额完成省政府下达的任务目标。

（严　仲　张艺培）

【房地产业管理】 严格审查商品房预售条件，优化房屋产权交易程序，进一步加强对房地产开发资质和房地产开发项目的管理。成功举办2010年十堰秋季房地产业展示会，及时对住房消费进行正确引导，组织有关部门研究制定贯彻落实国务院、省政府关于房地产宏观调控政策的具体措施，提请市政府出台《十堰市贯彻落实国家房地产调控政策防止房价过快上涨的通知》等文件，为抑制全市房价过快上涨提供政策依据。

（严　仲　张艺培）

【小区物业管理】 建立并完善“条块结合，以块为主，互相联动”的物业服务行业管理机制，强化对物业

7月27日，省建厅副厅长占世良（右一）实地察看十堰市经济适用房和廉租房建设情况

服务的监管，形成一整套物业小区矛盾预警排查机制。同时，制定《十堰城区物业小区环境卫生整治实施方案》，对城区410个物业小区环境卫生进行拉网式检查，并及时开展物业小区评比活动，促使小区环境卫生和秩序良性发展。（严　仲　张艺培）

【省厅占世良一行来十堰考察保障性住房建设】 7月27日，由省住建厅副厅长占世良率领的检查组莅临十堰，就十堰市住房保障工作进行调研。省房改办主任曾龙、市政府副秘书长柯尊群、市房管局局长熊玉泉以及有关部门负责人陪同调研。占世良一行先后来到锦绣南山小区、家和苑小区实地察看经济适用房和廉租房建设情况，入户察看廉租房的户型布局，并听取市房管局关于住房保障建设工作情况的汇报。在认真听取汇报后，占世良副厅长充分肯定十堰市在住房保障方面所做的工作。

（严　仲　张艺培）

村镇建设

【概况】 全市各乡镇紧紧抓住"一统三分"和移民搬迁等各项建设机遇，城乡统筹力度不断加大，城镇化率提高2个百分点，全市城镇化水平达到41%。一是全面抓好村镇规划编制工作。按照《城乡规划法》要求，积极推进新一轮城乡总体规划修编工作，全市村庄规划编制覆盖率进一步提高，配合市发改委编制《十堰市竹房城镇带城乡一体化试验区总体规划》，完成《鄂西生态文化旅游圈十堰市生态建设专项规划》、《竹房城镇带城乡建设专项规划》等规划的编制工作。二是着力抓好省新农村试点乡镇建设。坚持以打造县域副中心城镇为出发点，加大对郧县青曲镇、丹江口市六里坪镇、房县土城镇、竹山县宝丰镇、竹溪县水坪镇、郧西县安家乡、张湾区西沟乡的扶持力度，为7个试点乡镇争取扶持资金350万元，促进乡集镇基础设施建设。同时，严格按照《湖北省新农村建设村庄规划设计导则》、《湖北省新农村建设村庄整治技术导则》要求，进一步加强对试点乡镇的技术指导工作。三是认真抓好环"一江两山"交通沿线生态景观工程建设。以"生态文化旅游"为导向，全面推进环"一江两山"交通沿线生态景观工程建设进程。切实推进两个景观标段特色民居改造项目，以及元和观村、杜川村两个特色民居改造示范村项目建设，在武术节期间，成立工作专班督办落实武当山至十堰城区沿线农房刷白改造工作。四是切实抓好农村危房改造项目。根据省住建厅部署，2010年全市共需完成农村危房改造任务7181户，住建委进一步加大对各县（市、区）的指导力度，农村危房改造任务圆满完成。

（严　仲　段郧峰）

环境保护

综　述

【**概况**】　全市环境保护工作以主要污染物总量减排为重点，全面落实“十一五”环保目标任务，以服务民生、优化发展为己任，着力解决危害群众健康和影响可持续发展的突出环境问题，以创建环保模范城为抓手，强化监管，努力改善环境质量、保障环境安全，各项工作取得丰硕成果。全市17个集中式饮用水源地水质达标率100%，环境空气质量二级以上天数347天，达到95.1%，城区功能区噪声达标覆盖率100%，在全省城市环境综合整治定量考核中继续名列前茅。

【**环保模范城创建**】　一是以饮用水源保护为重点，全面实施水环境治理。开展饮用水水源地环境安全整治工作，对市城区主要水源地黄龙水库进行全面整治，拆除排污口2个，清理水面漂浮物20余吨，清运库周垃圾30多吨；完成县级以上城市的饮用水源数据更新，建立各饮用水源地环境管理的长效机制。开展城区洗涤行业废水专项治理和黄姜水解物生产企业后督查，治理企业4家，关停死灰复燃黄姜企业4家。投资2000多万元，完成东风商用车公司车身厂废水深度处理项目，农夫山泉丹江口分公司、开泰激素有限公司等企业的废水处理工程，城区废水达标排放率100%，各县市达标率95%。二是以强化污染防治为重点，加强城市大气环境保护。开展市区油烟烟尘专项整治行动，督促全市34家大中型餐饮单位安装油烟净化装置。开展机动车尾气专项整治行动，联合公交公司对公交车辆全面开展尾气监测工作，对不合格的车辆及时进行治理、更新，治理车辆1000多台次，淘汰更新老旧车辆50多台；联合交警加强机动车尾气排查工作，检查过往车辆1600多台次，整治超标车辆26台；联合发改、商务等部门完成303台黄标车以旧换新工作。开展建筑施工扬尘污染专项整治行动。联合建设部门对城区建筑工地进行撒水降尘，控制扬尘污染，全年空气质量控制在国家二级标准。三是以控制建筑施工噪声为重点，确保全市声环境质量达标。开展“绿色护考”行动，发放《严禁中高考期间噪声扰民通告》500份，出动执法人员1600人次，出具监测报告260份，查处夜间违法施工工地126处，给考生营造一个安静的应试环境。开展五堰香港街社会商业噪声污染专项整治，对宝裕商城等14家噪声超标的商户进行整改。开展城区交通噪声管理情况专题调研和检查，对禁鸣区范围进行界定、恢复禁鸣标志设置。全市区域环境噪声平均等效声级51.6分贝，交通干线噪声加权平均等效声级68.1分贝，均达到国家规定标准。四是积极开展“决战九月，打好五大战役”活动。在认真落实“三城联创”环保目标责任的同时，积极参与“创卫”工作，环境保护各项指标顺利通过省级卫生城市考核验收。深入开展环境矛盾纠纷排查化解，全年没有发生因环境污染问题造成赴省进京及扰乱社会秩序的事件发生。加大城市环境综合整治力度，确保武术节期间环境安全，圆满完成市委市政府交办的任务，被市委、市政府表彰第四届世界传统武术节先进单位。

【**污染减排**】　一是加强组织领导。制定《十堰市2010年度主要污染物总量减排工作方案》（十政办发[2010]74号），市政府与各县市区签订《2010年环保目标责任书》，将减排任务分解落实到各县（市、区）政府、相关职能部门和重点减排单位。二是加快工程减排。全市已建成投入运行污水处理厂8座，形成COD减排能力4600吨。督促东风公司热电厂和东风双星轮胎有限公司完善二氧化硫减排设施运行管理，形成二氧化硫减排能力3000吨。东风公司热电厂完成3个机组的脱硫设施建设并委托广东粤首公司第三方运营，保证脱硫设施的正常运行。积极督促污染减排企业治污设施的升级改造,最大限度的削减排放。三是加强结构减排。按照减排计划淘汰落后产能,先后关闭竹溪县楚秦水泥厂、郧县武阳水泥厂等9家高污染、高耗能企业。超额完成淘汰落后产能任务。四是加强管理减排。建立国控污染源有效性数据审核制度和减排项目月监察制度,对重点减排项目实行派驻监察制度,对重点监察项目每月进行通报、检查,污染减排系数逐年提高。督促全市19家企业开展清洁生产审核,有7家企业完成审核。积极推行排污许可证制度,完成50家企业的排污许可证发放工作。全年共完成污染减排项目19个,其中化学需氧量减排项目13个,二氧化硫减排项目6个。全市化学需氧量削减3219吨,控制在3.17万吨左右,能够完成"十一五"化学需氧量总量控制目标。二氧化硫削减1903吨,控制在3.192万吨左右,超额完成"十一五"二氧化硫总量控制目标。

【强化环境监管】 一是环境监管能力进一步增强。在68个企业82个排污口安装污染源在线监控设施并与市监控中心联网,环境监管开始向现代化、自动化转变。开展排污费稽查,积极与地税部门协调沟通加大排污费征收力度,市城区征收排污费1214万元,同比增长10%。完成第一次污染源普查动态更新工作,开展持久性有机污染物调查工作,全市环境底子进一步澄清。二是环境监测能力明显提升。完成十堰辖区汉江干流及丹江口、黄龙、马家河等8个水库、堵河、神定河、泗河、剑河等月报监测和城区各区域环境空气质量监测工作,实施国控、省控重点污染源以及重点减排项目的监督性监测,以及上级下达的各种指令性监测任务,共完成各种监测数据9万余个。完成40家企业的委托性监测、30家环评监测、10家ISO14000贯标监测工作以及20家环保竣工验收监测,环境监测服务业务得到进一步拓展。积极组织参与全省监测技术大比武取得集体三等奖和两个个人三等奖的历史最好成绩。在全省组织的对16个二级站国控污染源监督性监测质控考核和环境空气自动监测站质控考核中,取得全省第二的优异成绩。编制完成环境监测能力建设发展规划,监测能力建设项目有望争取到6000万元的资金。三是强化危险废物、核与辐射安全监管。全市共转移处置各类工业危险废物3670.8吨,处置医疗废物650.6吨;完成对东风汽车有限公司4#填埋区(二期)转移处置含多氯联苯危险废物215.6吨。安全收贮放射源9枚,其中Ⅰ类放射源(钴60)3枚,Ⅳ类放射源6枚。与格林美资源循环有限公司初步达成在十堰市无偿设置200余个废旧电池回收箱协议。

【污染防治】 一是严格环境准入,环境保护优化经济发展的综合作用日益显现。不断深化项目环评,全年共审批新建项目165个,重点项目环评执行率100%,完成建设项目"三同时"验收40个,执行率100%;对"两高一资"、低水平重复建设项目严格把关,暂缓或不予审批建设项目20个,努力做到增产不增污。继续推进规划环评,十堰经济开发区、东城开发区、西城开发区等4个工业园区规划环评进入实施阶段;建立绿色通道,主动为50家企业上门服务、排忧解难。争取省环保厅支持帮助十堰市天然气工程、十漫高速公路改扩建项目、郧西平凡矿业等一批重大项目顺利通过上级环评审查、审批,为全市经济发展、项目争取、项目落地做出积极贡献。二是加强环境执法监督,民生保障和改善工作取得新进步。深入开展整治违法排污企业保障群众健康环保专项行动,制定下发《十堰市2010年整治违法排污企业保障群众健康环保专项行动工作方案》(十政办发[2010]86号),出动执法人员5590人次,执法车辆3077台次,检查企业2355次,查处环境违法企业66家,罚款28万元。集中力量开展重金属污染综合整治,关闭污染治理不达标的小电镀6家,配合省厅编制完成《重金属污染综合防治规划(2010—2015年)》。受理12369热线5044件次,市委、市政府批转13件、省厅批转45件、人大建议1件、政协提案7件、行风热线9件、接待群众来访12批46人次,对所有的信访件都进行认真办理,办结率达100%,群众满意度达95%以上。三是向上争取项目资金取得新突破。积极争取将竹房城镇带一体化试验区和脱贫奔小康试点县纳入国家、省农村环境连片整治示范项目建设范围。2010—2012年3年,全市竹房带城镇带内的竹山县、竹溪县、房县及丹江口市脱贫奔小康农村环境连片整治项目资金达14586万元,占全省资金总量19亿的7.7%,其中2010年项目资金4860万元,中央、省级80%资金3888万元已分别下达到各县市。2010年,全省首次安排生态文明建设以奖代补资金1亿元,对考核成绩前30名的县市区进行奖励,丹江口市、武当山特区、郧西县、郧县、张湾区、房县等6个县市区共获得奖励补助资金2641万元,占全省总资金的26.41%,获奖单位占全省30个县市区的1/5。在做好重点领域项目资金争取工作的同时,加强对各类环保项目的申报管理,建立项目储备库,实行动态管理。一年来,先后5批次向国家、省申报项目,通过积极争取,全市重点重金属污染防治、工业染污防治、农村环保、"一江两山"环境整治、污染减排及环保能力建设等方面的30多个项目得到支持,获得补助资金共计1600多万元。据统计,2010年全市共争取国家、省环保项目奖励补助净资金达8000多万元,不论是项目个数还是资金总量都取得历史性突破。

【生态环境保护】 一是全面启动农村环境连片整治示范项目建设。组织竹房城镇带内竹山县、竹溪县、房县和丹江口市认真编制农村环境连片整治规划，上报项目实施和资金安排方案，竹房城镇带内15个乡镇40个村、丹江口市6个乡镇18个村共计58个项目已全面启动实施，各项目建设以农村生活污水处理和垃圾收集处理为重点，将建成湿地污水处理设施17个，垃圾池1761个，购置垃圾桶17462个、垃圾车121台。二是积极开展生态乡镇和生态村创建活动。97个村镇开展试点，张湾区柏林镇、竹溪县蒋家堰镇关垭子村、茅箭区茅塔乡廖家村、武当山紫宵村被命名为全省首批生态乡镇和生态村，并作为湖北省国家级生态镇和生态村上报国家环保部。三是按照全省“一江两山”公路沿线环境整治的要求，集中力量对汉十高度公路和武神路沿线村庄垃圾进行全面治理。投入资金600多万元，清理垃圾14500多吨。2010年，省委、省政府首次对全省119个县市区生态文明建设进行考核，丹江口市考核成绩位居全省第一，武当山特区、郧西县、郧县、张湾区、房县的考核成绩均在全省前10名

12月29日，省环保厅党组副书记、副厅长吕文艳莅临十堰市检查考核2010年环保工作目标完成情况

【全市1镇3村荣获湖北省首批生态乡镇、生态村】 张湾区柏林镇、茅箭区茅塔乡廖家村、竹溪县蒋家堰镇关垭子村、武当山紫宵村分别荣获全省“生态乡镇”和“生态村”荣誉称号，并作为湖北省国家级生态镇和生态村上报国家环保部。在全省首批11个生态乡镇、35个生态村中，全市荣获的生态乡镇、生态村的总数名列全省前茅。这是十堰市大力创建国家环保模范城、巩固国家级生态示范区取得的又一成果。

【省环保厅厅长李兵调研十堰市环保工作】 11月24至26日，省环保厅厅长李兵率领省厅调研组对十堰市环境保护工作情况进行调研，李厅长一行先后深入房县、竹山、竹溪考察农村环境连片综合整治进展情况，当看到沿途村庄清一色的徽派建筑风格，环境整洁优美时非常高兴，对十堰市农村环境连片综合整治所取得的成绩予以高度评价，充分肯定全市环境保护工作。市委书记陈天会、市长周霁会见省环保厅调研组一行。

11月24日，省环保厅厅长李兵调研十堰市环保工作

【省环保厅检查组检查十堰市环保工作】 12月29日至30日，省环保厅党组副书记、副厅长吕文艳率省环保工作目标检查组莅临十堰市检查考核2010年环保工作目标完成情况。检查组听取市环保局2010年工作目标完成情况汇报，查看档案资料。吕厅长对市局2010年环保工作取得的成效给予充分肯定。她说，十堰城考多年来全省名列前茅，环保工作措施得力，成效显著，在全省是有份量的；十堰的环保理念一直比较先进，很早十堰就提出生态立市；十堰很多工作在全省先行一步，在生态文明创建、库区流域治理十堰都走在全省前列；十堰宣传信息在全省名列前茅。总量减排、环保专项行动、党建等工作也取得很好的成绩。

（张华钢）

2010年十堰市环境质量公报

【大气环境质量】 2010年十堰

城区空气污染指数(API)平均值为65,环境空气质量处于良好水平。全年有347天空气质量为优、良,占全年天数95.1%,同比2009年下降2.7个百分点。

空气中的主要污染因子二氧化氮年日均值0.020mg/m³、二氧化硫年日均值0.015mg/m³,可吸入颗粒物年日均值0.080mg/m³,符合《环境空气质量标准》(GB3095—1996)二级标准限值。

2010年十堰城区降水PH值范围在4.01—7.60之间,酸雨出现频率为26.7%。

【集中式饮用水源地】 十堰市饮用水源地黄龙水库、丹江口水库(第一水厂、第二水厂)营养状态级别分别为"贫营养",水质状况优。

头堰水库、马家河水库、茅塔河水库和余家湾水库营养状态级别分别为"中营养",水质状况良好。

【河流地表水】 汉江干流。汉江干流十堰辖区段羊尾断面、陈家坡断面各项监测指标的年均值符合《地表水环境质量标准》(GB3838-2002)规定的Ⅱ类标准限值,水质状况良好;丹江口水库坝上各项监测指标年均值符合《地表水环境质量标准》(GB3838-2002)规定的Ⅱ类标准,水质状况良好。

汉江支流。堵河各项监测指标的年均值符合《地表水环境质量标准》(GB3838-2002)Ⅱ类标准,水质状况良好。神定河、泗河、犟河水质超过《地表水环境质量标准》(GB3838-2002)Ⅳ类标准,水质现状为劣Ⅴ类。

【城区声环境】 2010年十堰城区区域环境噪声等效声级范围在37.4-69.5dB(A)之间。依据《声环境质量评价方法技术规定》中的城市区域环境噪声质量等级划分,声环境质量总体处于较好水平。

交通干线噪声等效声级范围在67.4-70.8dB(A)之间,未超过《城市区域环境噪声标准》(GB3096-93)所规定的道路交通噪声70dB(A)限值,路段达标率为84.0%。依据《声环境质量评价方法技术规定》中的道路交通噪声质量等级划分,声环境质量总体处于较好水平。

十堰市2010年度环境统计公报

【"三废"排放及处理、利用情况】

(一)废水

1.废水排放总量 10185.57万吨(4444.11万吨)

2.工业废水排放总量 2700.48万吨(1573.19万吨)

工业废水排放达标量 2665.73万吨(1567.23万吨)

工业废水排放达标率 98.71%(99.62%)

(二)废气

工业废气排放总量 5723901万标方(3557462万标方)

1.燃料燃烧过程中废气排放量 2246879万标方(1133115万标方)

2.生产工艺过程中废气排放量 3477022万标方(2424347万标方)

3.工业二氧化硫排放量 25210.11吨(13761.45吨)

4.工业烟尘排放量 5805.30吨(2154.73吨)

(三)工业粉尘

1.工业粉尘排放量 4987.38吨(294.13吨)

2.工业粉尘回收量 190403.4吨(5594.92吨)

工业粉尘回收率 97.45%(95.01%)

(四)工业固体废物

1.工业固体废物产生量 267.51万吨(97.83万吨)

2.工业固体废物贮存量 9.94万吨(0.00万吨)

3.工业固体废物处置量 65.86万吨(9.59万吨)

4.工业固体废物综合利用量 191.66万吨(88.63万吨)

工业固体废物综合利用率 71.54%(90.23%)

【企事业单位污染治理资金使用及效果】

(一)治理资金使用

资金使用合计 12185.2万元(9329.2万元)

其中:治理废水 5088.4万元(3647.4万元)

治理废气 631.1万元(104.5万元)

治理固体废物 24.8万元(24.8万元)

治理噪声 308.4万元(20.0万元)

治理其他 6132.5万元(5532.5万元)

(二)使用效果

1.当年安排治理项目 43个(21个)

2.当年竣工项目 34个(18个)

3.新增"三废"处理能力

其中:废水 41560吨/日(5760吨/日)

废气 34万标方/时(5万标方/时)

固体废物 206吨/日(206吨/日)

备注:括号里的数据为城区数据

旅　游

综　述

【概况】 2010年，十堰旅游以武当山为龙头，以“三区三线”为中心，以市场为导向，以建立鄂西生态文化旅游区圈核心板块和重要支撑为目标，紧紧围绕市场抓促销，围绕市场抓管理，促使全市旅游大发展。全市接待国内外游客1477.11万人次，实现旅游收入89.3亿元，同比增长30.38%和38.64%，其中接待入境游客10.94万人次，旅游创汇3303.58万美元，同比增长18.77%和17.13%。武当山接待游客230万人次，旅游收入11.8亿元，同比增长53%和42%。旅游收入占全市GDP的比重达到12.13%。全年新增和提档升级A级旅游景区17家达到38家，新增和提档升级星级饭店16家达到68家，新增旅行社11家达到88家，评定市级星级农家乐247家，旅游推荐单位56家，旅游直接从业人员达到9.3万人，培训各类人员10余万人次。国家5A级景区、五星级酒店和组团出境游都实现零的突破。

11月20日，国家旅游局纪检组长刘金平深入武当山就全市旅游行业开展民主评议政风行风工作进行检查督导

【刘金平一行深入武当山检查督导行评工作】 11月20日，国家旅游局党组成员、纪检组长刘金平在省旅游局党组成员、纪检组长黄晖，市委常委、市委组织部长董卫民，市旅游局局长卢熹昌，副局长黄太国，武当山特区工委副书记、管委会副主任柯希胜等领导的陪同下深入武当山就全市旅游行业开展民主评议政风行风工作进行检查督导。刘组长一行实地视察武当山游客服务中心、武当金街、银街、售票大厅、玉虚宫、武当山金顶、紫霄宫等地，认真调查了解武当山的基础设施建设，环境卫生、旅游厕所等方面的管理措施，尤其是对武当山旅游旺季游客的分流、旅游安全工作提出具体要求。当晚，刘组长一行还兴致勃勃观看《太极武当》文艺演出。

【焦作市旅游局来考察武当山】 11月27日，河南省焦作市旅游局考察团由副局长李建阳带领一行6人

11 月 27 日，河南省焦作市旅游局考察团一行 6 人考察武当山

考察武当山。李建阳一行在考察后与市旅游局及武当山旅游局领导进行座谈交流。座谈会后，考察团还饶有兴致地观看由武当山功夫团表演“武乐圣典”—武当武术，对武当武术赞不绝口。

【十堰旅游“一卡通”正式发行】 5 月 22 日，十堰市旅游“一卡通”发行启动仪式在市六堰人民广场隆重举行。十堰市是全省率先推行“一卡通”的城市，“旅游一卡通”是一个整合集成的概念，汇聚多个旅游景区资源，打包定额销售，在一定范围内发行，持卡人可在一年当中除“五一”、“十一”两个黄金周以外的任何时间内不限次数的游览所纳入的景区。首批纳入“一卡通”的景区有武当山旅游景区、茅箭赛武当旅游景区、张湾龙泉寺旅游景区、房县野人洞旅游区、房县野人谷景区、房县观音洞旅游区、郧县国家地质公园旅游区、金沙湾水上乐园旅游区、郧西县五龙河旅游景区、丹江大坝旅游区、武当南神道旅游区，这些景区实际门票总售价 595 元，而“一卡通”仅售 80 元。

【武当文物启程赴台展出】 应台北历史博物馆邀请，经国务院台办和国家文物局批准，由中国文物交流中心主办的“英雄再起—大三国特展”于 6 月—9 月在台北历史博物馆举行。5 月 13 日，武当博物馆收藏的 2 件明代铜铸关公站像正式启程，与国家文物交流中心组织的其他文物在京会合，赴台展出。这次文物的交流展示活动是武当文物首次在台湾地区公开亮相，对于推进海峡两岸的文化交流，促进台湾民众对武当文化的了解都起到积极作用。

【武当雅阁国际大酒店隆重举行五星级旅游饭店揭牌庆典仪式】 9 月 24 日，十堰市首家五星级酒店—十堰市世纪百强武当雅阁国际大酒店举行隆重授牌庆典仪式。湖北省旅游局副局长蒋星华，十堰市委常委、副市长张维国出席授牌仪式并为该酒店授牌。武当雅阁国际大酒店于 2008 年 9 月底开始营业，2010 年 9 月 9 日，被全国旅游星级饭店评定委员会授予五星级旅游饭店。酒店拥有客房 600 余套，是中南六省投资规模最大、单体酒店最大的五星级酒店。近两年，该酒店以优质贴心的服务，成功接待党和国家领导人及参加第三届、第四届世界传统武术节的海内外宾客。武当雅阁国际大酒店位于十堰市城区北京路，由意大利著名建筑设计师设计，酒店总投资超过 8 亿元。酒店设施齐备，配套完善，拥有 605 间各式客房、20 间总统别墅及各

9 月 24 日，十堰市首家五星级酒店—十堰市世纪百强武当雅阁国际大酒店举行隆重的授牌庆典仪式

4 月 20 日，东北 4 +1 旅游城市与十堰联谊会在市燕良大酒店举行

种会议厅和宴会厅，具备接待大型活动的能力。占地 225 亩的世纪百强武当雅阁国际大酒店，作为全国绿化最好的酒店，其绿化率达到 75%。从高空俯瞰，南、北两栋楼宇像只徜徉在花园中的美丽蝴蝶，正欲展翅飞翔；外墙中的俄罗斯方块和门前大型的音乐喷泉尽显华贵、优雅和浪漫，世纪百强武当雅阁国际大酒店是十堰、乃至全省的标杆酒店。

旅游市场

【概况】 十堰市的客源市场已经由传统的周边市场逐步拓展到陕西、重庆等中距离市场及京津冀、长三角、珠三角等远距离市场，入境游市场也有新的发展。武当山团队游客已由"十五"期末的不到 5% 提升到 60%，游客主要来自省内 38%、陕西 31%、河南 20%，四川、湖南、江苏等成为新兴市场。

【东北 4 +1 旅游城市与十堰联谊会】 4 月 20 日，东北 4 +1 旅游城市与十堰联谊会在市燕良大酒店举行。东北 4 +1 城市的旅行社和十堰市 30 多家旅行社代表共 80 余人参加联谊会。东北 4 +1 城市旅游联合体是由沈阳、长春、哈尔滨、大连及鞍山市五个城市强强联合而成。这次东北五市派出由各市的旅游局及部分旅行社组成共 49 人庞大旅游促销团前来十堰市考察推介，两地的旅行商们互推客源市场，进行业务对接。

旅游资源

【概况】 十堰市旅游资源十分丰厚，根据资源普查，全市有可开发的旅游资源有 161 处，类型几乎囊括自然人文景观、遗址遗迹等 8 大类 31 亚类。其中，武当山、丹江水和汽车城是最靓丽的三张名片。武当山是国家重点风景名胜区、5A 级旅游区，其古建筑群 1994 年就被列入《世界文化遗产名录》。丹江口水库是国家重点项目南水北调中线工程的水源地，大坝加高工程完工后，水库总面积将达 1022 平方公里，每年可调水 100 亿立方米润泽京、津及华北广大地区。十堰是闻名中外的汽车城，是世界第二、中国第一的商用车基地。十堰还是地域文化富市，共有 38 项非物质文化遗产，其中国家级 6 项（武当神戏正在公示阶段），省级 11 项。道教文化、武当武术、诗经文化、宫廷流放文化、汉水文化、民俗文化、女娲文化、远古文化、汽车文化源远流长，交相辉映。仙山、秀水、车城，加上丰富多彩的地域文化，构成独一无二的瑰丽景致，对国内外游客具有巨大的吸引力。

【国内首个南水北调主题公园主体完工】 5 月 22 日，丹江口市南水北调主题公园主体 600 米景观带全部建设完工，国内首个南水北调主题公园成为当地一道靓丽风景线。南水北调主题公园位于南水北调施工大桥左岸，由土建、景观亮化、园林绿化 3 部分组成，规划总面积 8.8 万平方米，是一个具有调水工程纪念意义和"水"文化内涵，集休闲娱乐、健身运动、生态体验功能于一体的山水生态主题公园。景观带还设计有天然生态游泳池、大型高空喷泉等设施。工程总投资约 5000 万元，目前完成投资 3000 余万元，建设完成大桥头上下游各 300 米建设工程量。

【湖北沧浪山国家森林公园揭牌】 11 月 16 日，湖北沧浪山国家森林公园在郧县红岩背林场隆重揭牌。国家林业局规划设计院院长李忠平，湖北省林业厅森林公园管理中心主任郑联合，市人大副主任罗金昌，县领导柳长毅、芦汉国、孔凡洲、张建生等出席开园仪式并为沧浪山国家森林公园开园揭牌。沧浪山国家森林公园位于郧县汉江以南，堵河西岸，距 316 国道 10 公里，距十堰市区 16 公里，平均海拔 800 米，总面积约 78 平方公里，境内峰岭峦连，山势绵延，沟壑纵横，植被茂密，气候温和，景色宜人，森林覆盖率达 92%。该园 2005 年被批准为湖北省省级森林公园，2008 年被批准为国家森林公园。

【武当山被评为"2010 年最受游

客喜爱的10大旅游景区"】 "2010年最受游客喜爱的10大旅游景区"排行榜火热出炉，武当山风景区位列第八，荣耀登榜的景区分别为上海世博园、杭州西湖、普陀山、常州中华恐龙园、北京香山公园、深圳世界之窗、九寨沟风景区、湖北武当山、平遥古城、厦门鼓浪屿。《中国旅游景区》杂志对武当山的评价是：武当山神奇的自然景观和丰富的人文景观融为一体，其物华天宝又兼具人杰地灵的特质给世人留下极大的想象空间。"问道武当山养生太极湖"成为这里响亮的宣传口号，令万千游客纷至沓来，使武当山成为2010年游客出行观光频次最高的山岳型景区。

旅游景点选介

【武当山】 5A级旅游区，是我国著名的道教圣地之一。景区面积古称"方圆八百里"，现有312平方公里。东接历史名城襄阳市，西靠车城十堰市，南依原始森林神农架林区，北临大型人工淡水湖丹江口水库。武当山不仅拥有奇特绚丽的自然景观，而且拥有丰富多彩的人文景观。可以说，武当山无与伦比的美，是自然美与人文美高度和谐的统一，因此被誉为"亘古无双胜境，天下第一仙山"。武当山，作为国家重点风景名胜区、国家5A级旅游区、全国武术之乡、全国八大避暑胜地之一，其古建筑群被列入《世界文化遗产名录》，并先后荣获"全国文明风景名胜区"称号和"全国文明风景旅游区示范点"称号。

武当山是著名的山岳风景旅游胜地。胜景有箭镞林立的72峰、绝壁深悬的36岩、激湍飞流的24涧、云腾雾蒸的11洞、玄妙奇特的10石9台等。主峰天柱峰，海拔1612米被誉为"一柱擎天"，四周群峰向主峰倾斜，形成"万山来朝"的奇观。武当山的药用植物丰富，在《本草纲目》记载的1800多种中草药中，武当山就有400多种。据1985年药用植物普查结果，已知全山有药材617种，因此，武当山有"天然药库"之物。

武当山古建筑群规模宏大，气势雄伟。据统计，唐至清代共建庙宇500多处，庙房20000余间，明代达到鼎盛，历代皇帝都把武当山道场作为皇室家庙来修建。明永乐年间，大建武当，史有"北建故宫，南建武当"之说，共建9宫、9观、36庵堂、72岩庙、39桥、12亭等33座道教建筑群，面积达160万平方米。明嘉靖三十一年(1552年)又进行扩建，形成"五里一庵十里宫，丹墙翠瓦望玲珑。楼台隐映金银气，林岫回环画镜中"的建筑奇观，达到"仙山琼阁"的意境。现存较完好的古建筑有129处，庙房1182间，犹如我国古代建筑成就的展览。金殿、紫霄宫、"治世玄岳"石牌坊、南岩宫、玉虚宫遗址分别于1961年、1982年、1988年、1996年、2001年被列为国家重点文物保护单位。除古建筑外，武艺当山尚存珍贵文物7400多件，尤以道教文物著称于世，故被誉为"道教文物宝库"。

11月16日，湖北沧浪山国家森林公园在郧县红岩背林场隆重揭牌

【伏龙山景区】 又名赛武当，3A级旅游区，位于十堰市茅箭区境内，东与道教圣地武当山翘首相望，南有野人谜踪之乡神农架遥相呼应。它气势磅礴，重峦叠嶂，松、石、雾、霞，蔚为壮观。伏龙山，因其主峰海拔1730米，超过武当山天柱峰118米。该山属大巴山系，为省级自然风景保护区，集雄、险、野、秀等特点于一体，是一处得天独厚的游览、度假、疗养胜地。伏龙山是鄂西北一处未开发的处女地，它集庐山之秀、华山之险、黄山之壮美，是人类寻求返朴归真的仙境。

【五龙河景区】 4A级旅游区、国家级风景名胜区、国家天然林保护区，位于十漫高速郧西出口18公里处。五龙河因龙而祥瑞、因猿而神圣、因静而雅洁、因仙而扬名。五龙河山谷之深广，河水之清澈，群山之秀丽，五龙之灵气，仙道之福地，犹如蓬莱之仙境。涉身其中令人心旷神怡，悠然超脱，是当之无愧的科学探险，摄影绘画，吟诗写作，休闲度假，修道养生，返朴归真的人间天堂。素有中国"小九寨"和"天然养吧"之美称。五龙河旅游区由"五龙谷仙道养生休闲区"、"五龙河激情动感漂流区"、"神雾岭寻根问祖探源区"、"三官洞野营探险狩猎区"四大景区组成。

【龙潭河景区】 4A级旅游区，位于湖北省郧西县汉江之滨羊尾镇境内。龙潭河是一幅自然天成的山水画廊，是一叠震人心魄的瀑布奇观，是一处古老厚重的民俗乐园，被誉为“汉江画廊”和“秦巴民俗第一村”。龙潭河集原生态的山、水、瀑、潭、洞、溪为一体，境内茂林修竹，翠碧晶莹；葱岭峻峭，如诗如画；谷壑幽深，若梦若影；溪泉淌露流，飞珠溅玉；瀑布狂泻，震撼山岳；现存的清代古建筑，黛青鸳瓦、金碧辉煌；由民间传承的古代手工造纸术，文明远播，是摄影绘画、咏诗写作、观瀑探险、养生度假的山水乐园、人间天堂。

【神农峡旅游区—野人洞】 4A级旅游区，野人洞位于房县桥上乡境内，距县城25公里，现已探明洞深1800多米，面积约15400平方米。此洞是一个多径多口，洞内藏山，山中有洞，变化多端的巨大溶洞。洞内钟乳石林立，千奇百怪，琳琅满目，似飞鸟、走兽、天仙，或单独成景，或组合成趣，天工巧作，惟妙惟肖，形成数百处钟乳奇观，洞中泉水潺潺，四季长流，奇石映水，色彩各异，挂瀑、水帘、龙潭、水滴金盆等，无不使人称奇赞绝。洞外林木参天，山清水秀，环境优美，景色宜人。

【神农峡旅游区—野人谷】 4A级旅游区，野人谷位于房县城南41公里，景区山峦叠翠，奇石林立，溶洞密布，沟壑纵横，飞瀑壮观，绿潭奇特，有“人间仙境，世外桃源”之称。古时，这里是神秘的十里长峡，峡谷内苍松翠柏，遮天蔽日，虎啸山间，鸟鸣枝头，猴跳山崖，鱼游沟底，传说时有野人出没。峡谷两头均被悬岩封锁，无人敢闯禁区。

【虎啸滩自然风景区】 3A级旅游区，位于郧县大柳乡，境内山水灵秀、神、峻、艳、逸、奇、险、幽、深。身临其境，尽享大自然之恩赐，留恋往返，亦人亦仙，独领清风明月、犹入桃源仙境。是人们陶冶情操，返朴归真的理想处所，更是人们了解历史，认识自然、提高整体素质的天然样板。景区景点神形兼备，动静相宜，除使游人领略美妙绝伦之真谛外，时而徒生博大、宏伟、阳刚之志，时而平添玲秀、隽美、处子之情。滩下河水，一瀑千迭，逶延多姿，时缓时急，刚柔相宜，使人深感“动若脱兔、静若处子”的妙意。”

【太极峡风景区】 4A级旅游区，位于湖北省丹江口市石鼓镇境内，东濒亚洲最大人工湖、南水北调源头—丹江口水库最宽处，北邻河南省四大名寺之一的香严寺风景区。景区面积38平方公里，西北为海拔千米的山区，层峦叠嶂，峡谷幽长，草木葱茏；东南为海拔300米左右的丘陵，是修竹掩映的村庄与茂林环绕的田野。景区不仅有美丽奇妙的自然风光，而且有刘秀在这里终于首胜王莽、逐步建立东汉王朝的神奇故事和自然之谜。景区与香严寺、丹江水库呈三角比美状，间距不到20公里。景区又位于楚国始都丹阳的西郊和洛阳至均州的神道旁，所以留下了孔子、屈原、刘秀、王莽、张仲景、欧阳修和本地（丹阳）出生的范蠡、范缜、强华等历史名人的足迹。道教文化和佛教文化在这里交汇，黄河文明和长江文明在这里融合。景区主要有双龙峡、龙登龙山、盘龙洞、娘娘洞、九龙桥、九龙湖、打败岭、石鼓街鸡鸣、扳倒井、挡贼口、大马槽、左将军等，具有非常丰富的旅游观光、度假休闲和探险、科考、写生、怀古资源。

【牛头山国家森林公园】 3A级旅游区。位于湖北省十堰市城区，离汉十高速公路15公里，距襄渝铁路仅10公里，是一座集休闲、避暑、赏景于一体的森林公园。牛头山森林公园总面积16平方公里，森林覆盖率93.59%，苗木繁育基地200亩。可为社会批量提供各种规格的广玉兰、雪松、桂花、深山含笑等50余种绿化树苗。境内山清水秀、植物繁茂、峰峦叠嶂、气候宜人，自1997年开园以来已按公园总体建设规划修建了主入口景区、岩屋沟风景浏览区、盆景园、岩石园、神农采药、犀牛拜将、梅园、思古亭、百年古树、虎延池、车城一览等景点，盆景园内有各种盆景2000余盆，其中火棘、水杨梅、腊梅、水白腊等造型各异，颇具欣赏价值。岩石园内成片的石头各具形态，令人留连往返。是假日休闲、踏青、避暑、赏景、登高远望的旅游胜地。

【青龙山国家地质公园】 3A级旅游区，位于十堰市区和郧县县城之间的柳陂镇青龙山，面积4平方公里。该化石群东距郧县县城12公里，南距十堰市区18公里。其特点是：数量大、埋藏浅、种类多、分布集中、保存完好。郧县青龙山恐龙蛋化石群以其独特之处为国内外研究恐龙生活习性、繁殖方式及当时的生态环境提供十分珍贵的实物证据，对研究地理、古气候、地球的演变、生物的进化，对探讨恐龙蛋化石的系统分类与演化，对探讨地球上恐龙大批死亡、灭绝原因具有十分重要的科学价值。现在已建成恐龙地质博物馆，集科普、科研、游览、观光于一体。

【龙泉寺旅游区】 3A级旅游区，位于十堰市张湾区，离市中心5公里。是一座集观光、休闲、养生、娱乐于一体的旅游景区。景区内龙泉寺始建于清代初期，清末焚于兵火。占地面积1030亩，其中寺院占地30亩，有三进院四座主殿两边厢房，即三圣殿、天王殿、大雄宝殿、念佛堂和两边的僧房、斋房、客房及居士林。龙泉旅游区山清水秀，层峦叠嶂，群山缠护，云海霞光掩映在花木林间，寺旁还有泉水数处，但以龙泉最为著名，泉水清列，越是天旱，这里泉水越旺。寺内有橘园、葡萄园、桃园等，春暖花开的时节，这里是一片花的海洋，实乃山花烂漫圣仙境，幽谷碧水绿如兰。该旅游区建有高尔夫练球场、垂钓池、龙泉浴等娱乐设施和餐饮、住宿、会议接待等服务设施。

【十堰市博物馆】 4A级旅游区，由中国建筑西南设计院设计，为地上3层建筑。建筑面积1万平方米，展厅面积4000多平方米，总高3层计24米，包括展厅、文物库房、研究室、报告厅等设施。博物馆按照科学、环保、安全等功能要求进行建筑设计。主要有恐龙、古人类、武当山、汽车、水电5个专题展览区。

【太极湖生态文化旅游区】 总规划面积67平方公里，总投资约200亿人民币，由武当山特区和太极湖集团共同打造。旨在于打造中国最大、世界知名、国际一流复合型旅游目的地。区域总体结构分为一环、二轴、两区、四大板块、17个功能分区、9大项目群，180多个项目。一环：沿湖环。二轴：自然景观轴和人文景观轴。两区：武当新城区域和旅游区区域。四大板块：武当新城板块、旅游度假板块、水上游览板块、户外休闲板块。9大项目群：新区项目群、新遗产公园项目群、度假酒店项目群、休闲养生项目群、旅游交通项目群、户外休闲项目群、水上游览项目群、文化体验项目群、基础配套项目群。17个分区：综合服务区、新城核心区、国际创意区、运动公园区、管理中心区、文化体验区、度假酒店区、旅游码头区、太极传奇区、集散中心区、主题公园区、户外营地区、森林公园区、户外大本营区、后勤服务区、高端生活区、新农村示范区。重点项目：投资50亿元打造三张名片：新农村示范区、新遗产公园、太极传奇景区。

【东风汽车工业旅游区】 3A级旅游区，总装配厂拥有装配、调整、发交、坐垫、充电等十二个生产车间，三条桥链板链结合式整车装配线及与之对应的三个调整车间。三条装配线总长度依次为242米、210米和235米；设计生产节奏依次为3.5分/辆、2.5分/辆、5分/辆；设计年生产能力依次为7万、5.5万、5万辆。经过26年的建设与发展，尤其是“七五”期间的技术改造、技术革新，该厂已发展成为能够装配生产EQ1092F、EQ1141G、EQ1118G、EQ1061等四个基本车型36个品种，具备年生产座椅14.2万套、电瓶充电21.5万组和年装调整车17.5万辆生产能力的全国最大的中吨位卡车装配厂。

【丹江口水利枢纽工程丹江口水库】 3A级旅游区，始建于1958年，1973年竣工，水域面积126万亩，蓄水总量达81亿立方米，被称为“亚洲第一大人工湖”，又称之为“小太平洋”。作为南水北调标志性工程的丹江口大坝加高工程是目前国内规模最大的大坝加高工程，大坝从162米加高至176.6米，正常蓄水位将从157米提高至170米，库容从174.5亿立方米增加到290.5亿立方米，一期工程年均可向河南、河北、天津、北京等省市调水95亿立方米，将有效缓解我国北方水资源严重短缺局面。登上坝顶，鸟瞰丹江口城区，楼房林立，鳞次栉比，青山碧水，粉墙黛瓦尽收眼底。抬头远眺，武当山隐隐再现；回首平视，巍巍大坝锁汉江.构成了一幅绚丽多彩的画卷，是旅游、观光的好去处。

【人民公园】 3A级旅游区，位于十堰市城区中心，是集休闲、娱乐、观赏、科普为一体的综合性文化公园。占地面积394亩，其中绿化面积342亩，绿化覆盖率达87%。公园依山傍水建造，园内环境幽雅，空气清新；秀木成林，绿草如茵；亭台楼阁，曲径通幽；山清水秀，景色宜人。公园内有鄂西北地区规模最大、档次最高，占地约1800平方米的大型室内活动场所—威威迪士高溜冰世界。山地滑道全长638.9米，仿古长城全长1600米，主峰火台海拔386米，为城区景观最高点。

【郧县金沙湾乐园】 3A级旅游区，位于恐龙湖南岸，距车城十堰25公里，是十堰市第一个人造水上乐园。现已建成的项目有：水上滑道、湖上垂钓、农家乐、沙滩野烤、湖上游泳、水上快艇等。

旅游宣传促销

【概况】 市外投入4200多万元在央视重点宣传，在《中国旅游报》开办“旅游风向标”栏目，在重点客源省市卫视播放《问道武当》宣传片，自制时长50秒的十堰旅游风光片亮相上海世博会，取得了良好的关注效果。在武广高铁期刊杂志投放宣传广告，粤港澳游客增量明显。编辑发行杂志《大武当》，在西安、武汉、郑州等主要客源城市星级饭店摆放，宣传效果明显。先后组织参加西安旅交会、华中旅博会、海峡两岸旅交会等重大促销活动，获得“西安人最喜爱的旅游目的地”、华中旅博会“最佳组织奖”和海峡两岸旅交会“最佳展台奖”等殊荣。

市内开办“好山好水任我游”栏目，改版《旅游周刊》，加强对“游遍十堰”栏目指导。编印《十堰旅游风光画册》和《十堰市旅游交通图》，为全市所有星级宾馆统一配发旅游宣传架，累计发放宣传品10万余份。组织市内部分旅行社召开推介“三区三线”旅游产品专题座谈会，制定《“三线”旅游精品线路实施方案》，出台《关于对旅行社组织“三线”旅游团队进行奖励的实施细则》，加快引导武当山游客向“三线”分流。邀请并成

3 月 11 日,2010 年中国西安旅游交易会举行,十堰市被西安市民评为“西安人最喜爱的旅游目的地”

功举办中国旅行社协会 2010 年武当山年会,与西安达成资源共享、市场共推合作协议,两地互播旅游风光片;接待河南西峡、焦作、省内宜昌、荆州等 40 个县市区来十堰市参观考察、推介联谊、学习交流;省内 16 个市州(林区)参加第九届中国武当国际旅游节。

【获得“西安人最喜爱的旅游目的地”称号】 3 月 11 日,2010 年中国西安旅游交易会举行。为实现市委、市政府提出的把十堰打造成为“国内一流、国际知名”的生态文化旅游目的地的战略目标,市旅游局抓住十堰至西安的高速公路自 2009 年 10 月全线贯通的有利时机,大力巩固扩大西安旅游客源市场,与武当山旅游经济特区联合、各县市区积极配合参加此次交易会,举办多项旅游宣传推介活动,以吸引更多的西安市民和国内外游客“登武当山、游丹江水、逛汽车城”。在这次西交会上,十堰市被西安市民评为“西安人最喜爱的旅游目的地”。在授牌仪式上,西安市旅游局副局长余亚军说:“武当山、丹江水、汽车城已成为对西安人最具有吸引力的旅游目的地,十堰是这次西交会最大的赢家。”

【第五届华中旅游博览会隆重开幕】 6 月 18 日,由国家旅游局、省人民政府主办,省旅游局承办的第五届华中旅游博览会在武汉国际会展中心隆重开幕。国家旅游局局长邵琪伟、省领导罗清泉、李鸿忠、杨松、宋育英、李宪生等出席博览会开幕式。

本届华中旅博会规模为历史最大,展位面积达 1.3 万平方米,参展商覆盖 20 个国家和地区以及国内 20 多个省份。十堰市精心组织强大的参会队伍,在 400 多平方米的展区进行精湛实景搭建,展示风光图片 100 多幅并在超大电子屏幕上连续播放武当武术、凤凰灯舞的精彩表演,巧夺天工的绿松石、米黄玉、武当金殿、武当宝剑等旅游工艺品以及精美的旅游宣传品、10 余个景区和 30 多家旅行社联合促销等,十堰旅游产品吸引众多中外旅行商和游客驻足欣赏。国家旅游局局长邵琪伟、省委书记罗清泉、副省长田承忠、省旅游局局长张达华等领导莅临十堰展区并兴致勃勃地观看武当武术表演。在为期 3 天的博览会上,共接待旅行商和参观者共计 5 万余人,发放旅游宣传品 10 万余份。博览会期间还举行多项活动,在全省各地的 29 个重点旅游项目现场签约仪式上,武当山特区与太极

国家旅游局局长邵琪伟、省委书记罗清泉等领导参观第五届华中旅游博览会十堰展区

湖集团签订总额达两亿元的水上旅游项目；在第五届湖北旅游商品设计大赛上，武当山旅游特区的旅游工艺品金殿荣获二等奖、竹山县绿松石工艺品荣获三等奖。在这次华中旅游博览会上，十堰展区荣获组委会颁发的“最佳组织奖”和“最佳展台奖”两项殊荣。

【武当山“登上”金银纪念币】 7月6日，中国人民银行发行一套世界遗产—武当山古建筑群金银纪念币。该套纪念币共2枚，其中金币1枚，银币1枚。该套金银纪念币由沈阳造币有限公司、上海造币有限公司铸造，中国金币总公司总经销。1/4盎司圆形金质纪念币为精制币，含纯金1/4盎司，直径22毫米，面额100元，成色99.9%，最大发行量30000枚；1盎司圆形银质纪念币为精制币，含纯银1盎司，直径40毫米，面额10元，成色99.9%，最大发行量60000枚。发行世界遗产—武当山古建筑群金银纪念币，对提升武当山的对外影响，弘扬道教文化，宣传推介武当，打造世界知名旅游品牌，具有十分重要的意义。

旅游规划和项目建设

【概况】 高标准编制《十堰市旅游业发展总体规划》（修编）、《丹江口库区生态旅游发展总体规划》、《鄂西生态文化旅游圈建设十堰总体规划》、《武当山丹江水山水一体旅游控制性详细规划》、《十堰市“三线”旅游专项规划》和《十堰市“十二五”旅游发展规划》，武当山完成《武当山风景区总体规划》（修编）、《太极湖生态文化旅游区规划》，十堰大山、大水、大人文的发展构架已基本建立。

“十一五”全市共申报重点旅游项目145个，完成67个，完成投资近50亿元，分别是“十五”时期的3.4倍和4.2倍，投资总额是“十一五”初期的8.6倍，创历史最好水平。2010年在建旅游重点项目66个，完成投资17.2亿元，占年初计划投资的103%。向国家、省旅游局和省直相关部门申报项目18个，申请投资专项补助资金6000万元。旅游项目投资总额是“十一五”初期的8.6倍，创历史最好水平。全市十大旅游项目取得实质性突破，率先完成银武告诉和武神路十堰段58处旅游标识牌；武当山30大重大工程进展迅速，投资10亿的太极湖一期工程全部竣工，武当旅游码头项目投资5000万元，武当山索道改造完成并投入营运，市博物馆、野人洞、野人谷、净乐宫、太极峡、五龙河、龙泉寺、青龙山和武当雅阁、武当天尊、建国大酒店等一批景区、高星级饭店正式投用，武当南神道、女儿湖、诗经文化园、上津古城、天河风景区等一批新的景区点破土动工，成为全市旅游业发展的新的增长点。

旅游招商引资成果丰硕。湖北武当太极湖投资集团、河南万正集团、浙江罗门集团、天津晋丰公司、云南昆明商会等一大批有实力的企业纷纷进军十堰旅游业，五家集团公司计划投资200多亿元，已完成投资13.37亿元。尤其在“两节”期间，共签订旅游招商项目13个，签约总金额73.2亿元，其中10亿元以上的项目3个，5亿元以上的项目6个。

【鄂西圈建设工作现场会在武当山召开】 6月24日，鄂西生态文化旅游圈建设工作现场会在武当山特区召开。省委书记罗清泉出席会议并作重要讲话。省委副书记、省长李鸿忠作书面讲话。省委常委、常务副省长李宪生主持会议，省委常委、宣传部部长李春明，省人大常委会副主任刘友凡，副省长张通出席会议。省委、省政府作出构建鄂西生态文化旅游圈的战略决策一年多时间，鄂西圈各项工作开展井然有序，各项建设和发展取得突出成绩，经济发展速度明显加快，2009年鄂西圈实现生产总值4940亿元，同比增长14.4%，高于全省平均水平1个百分点。2010年前五个月，鄂西圈的工业增长31.2%，城镇以上的投资增长41.5%，高于全省5~6个百分点。罗清泉指出，加快鄂西生态文化旅游圈建设，要突出抓好规划的完善和实施。要按照保护

6月24日，鄂西生态文化旅游圈建设工作现场会在武当山特区召开

第一、科学规划、合理开发、永续利用的方针,按照转变发展方式的要求,进一步完善规划,加快实施。要继续加快重点工程建设的进度,在加强交通等基础设施建设的同时,遴选重点生态文化旅游项目,加快项目建设,通过项目建设培育几个全国一流、世界知名的文化、旅游品牌。要进一步发挥鄂西圈投资公司的作用,通过圈投公司组合各类市场主体,通过包装资源再招商,以发挥市场主体孵化器的作用。与会代表考察环“一江两山”交通沿线1139公里路段、木鱼镇和武当山镇。

【山水一体旅游控制性详细规划通过评审】 4月16日,由市发改委、林业局、环保局、旅游局、规划局、湖北汽车工业学院及市社科等单位组成的规划评审专家组对《“武当山·丹江水”山水一体旅游控制性详细规划》进行并通过评审。评审专家组,在认真审阅《“武当山·丹江水”山水一体旅游控制性详细规划》(以下简称《规划》)文本及图件,听取编制组汇报后一致认为,《规划》编制组是在深入考察规划区自然生态、经济社会和旅游资源、现状的基础上,依据国家和地方相关法规及发展规划,编制出武当山水一体兼有总规内容的控制性祥规,符合国家规划《通则》的要求,且系统完整,章节结构严谨,图证规范鲜明,文字简练精当。《规划》立足于武当山、沧浪水的旅游开发实际,提出的发展思路、目标、功能区分科学到位,对旅游项目的策划、基础设施等方面的设计合理。《规划》以历史的目光回顾传统、审视现实、展望未来,具有现实的可操作性和发展的前瞻性,是一个符合实际、鼓舞人心的规划。同时,为进一步完善《“武当山·丹江水”山水一体旅游控制性详细规划》,专家评审组对《规划》提出符合实际的修改建议。《规划》通过评审后的组织实施,将对解决数十万新老移民安置和环库区百万农民的脱贫致富问题具有重要意义。

【武当峡谷漂流投资项目正式签约丹江口市】 7月5日上午,丹江口市人民政府与阿里山武当峡谷漂流有限公司“武当峡谷漂流投资项目签约仪式”在丹江口市宾馆举行,市长助理陆敏代表市政府与丹江口阿里山武当峡谷漂流有限公司正式签约。武当峡谷漂流项目位于丹江口市浪河镇,总投资约3亿元,总建设周期为5年,开发建设内容包括:游客集散中心、停车场、漂流项目、野外拓展训练营地、温泉宾馆、避暑山庄等。其中一期项目预计投资7946万元,规划建筑面积44400平方米,包括:游客集期中心、停车场、度假酒店、漂流俱乐部等。该项目的签约对拉动浪河镇经济增长具有十分重要的意义,预计一期项目建成后,可直接安置就业人数1000人以上,带动周边行业就业人数达3000人以上,项目正常年份每年为当地财政创造税收收入1亿元左右。同时该项目的建设填补鄂西北峡谷漂流项目的一个空白,对吸引西安、河南等周边省市游客来十堰市旅游增添新的亮点。

7月5日,丹江口市长助理陆敏代表市政府与武当峡谷漂流公司董事长姜林波签约

【旅游精品展示中心开始运营】 3月18日,十堰市旅游精品展示中心正式开始运营。十堰旅游精品展示中心,位于武当山旅游景区游客中心金街,由两个大厅组成,总面积900多平方米,主要展示各县市区旅游线路、旅游纪念品及土特产品,为游客提供旅游线路宣传、咨询等服务。市旅游精品展示中心是展示十堰市旅游产品形象和特色商品的窗口,也是各县市区推介本地旅游精品线路的平台,通过这个平台,吸引武当山的游客向各县市区分流,推动“三线”游快速升温,有效延长游客的停留时间,进而提高旅游产业的综合效益。

旅游节庆活动

【概况】 成功举办第四届世界传统武术节和第九届武当国际旅游节等大型节会;启动“2010全国旅游服务质量提升年”活动;在北京、武汉、西安等地组织大型旅游推介活动,“大山、大水、大人文”主题形象逐步确立。各县市区节日活动丰富,张湾区的“第二届黄龙龙舟赛”、茅箭区的“第四届赛武当登高节·百家旅行社游茅箭”、郧县的“龙舟节”、“樱桃草莓采摘节”、郧西县的“首届中国(郧西)天河七夕文化旅游节”、房县的“首届中国诗经文化旅游节”、竹山县的“2010中国·十堰女娲暨宝石文

10月16日，十堰市委书记陈天会(中)、市长周霁(左)与湖北省旅游局副局长胡礼鸣(右)共同启动旅游节开幕按钮

化旅游节”等。举行“一卡通”发行启动仪式，现场售卡5000张，当年售卡近5万张；参加湖北省第五届旅游商品设计大赛，武当金顶、竹山绿松石工艺品分获二、三等奖；举办旅游商品展销会，展出商品400多种，现场销售额达500余万元，预购签约1000多万元；与市文体局联手主办地方文艺展演13场(次)，吸引观众10余万人次。此外，还组织举办十堰旅游产品推介、旅游重点项目投资合作签约、首届旅游商品大赛等。一系列节庆活动掀起“游十堰，拉内需、促消费”的新热潮。

【“第九届中国武当国际旅游节”盛大开幕】　10月16日“第九届中国武当国际旅游节”隆重开幕。中国旅行社协会会长盖志新、秘书长蒋齐康、陕西省旅游局局长董宪民、湖北省旅游局副局长胡礼鸣等出席“第九届中国武当国际旅游节”开幕式。来自中国旅行社协会理事单位、陕西省旅游局、陕西省西安市旅游局、湖北省旅游局以及省内武汉市、宜昌市、襄樊市等16个市州(林区)旅游局的负责同志和全国31个省、市、自治区及香港、澳门、台湾以及来自美国、法国、日本、韩国、马来西亚等国家和地区的旅行商、各大新闻媒体及广大市民共5万余人共同见证此次盛会。本届旅游节主要活动内容有：十堰旅游产品推介、十堰旅游资源产品大型风光图片展、十堰旅游商品展销、旅游重点项目投资合作签约、十堰民俗民

10月18日，市旅游局局长卢熹昌深入十堰市首届旅游商品大赛旅游商品展区进行现场指导

【首届旅游商品大赛】　10月18日，“十堰市‘武当太极湖杯’首届旅游商品大赛”。在市人民广场拉开序幕。经各县市区旅游局筛选推荐，参赛的40家旅游商品生产经营企业、120余种旅游商品集聚一堂。有地方绿松石加工、银制品、武当功夫系列商品、地方山珍特产、地方食品、汽车模型、米黄玉石、工艺品等，荟萃全市旅游商品的精华，是十堰旅游商品的一次集中展示。根据现场评比及网上投票，十大旅游商品依次是武当道茶(武当太子道茶、梅子贡茶、龙王垭茶)、神农蜂语、踩运功夫鞋、恒宝绿松石、采皇木工艺品、博奥翘嘴鲌鱼、庐陵王皇酒、武当红酒 、回家山野菜、明强刀剑。另外，顺溪香辣腐乳、湖北鑫银银制品、女娲补天绿松石、云盖寺绿松石、圣水绿茶、亲家母豆制品、众强米黄玉、绿田食品等8种商品获得提名奖。

【2010中国·十堰女娲暨宝石文化旅游节开幕】　5月8日，2010中国·十堰女娲暨宝石文化旅游节开幕式在竹山县文体中心隆重举行，省政协副主席周宜开宣布开幕，市委常

5月8日，2010中国·十堰女娲暨宝石文化旅游节开幕式在竹山县文体中心隆重举行

委、副市长张维国在开幕式上讲话。来自省、市的领导、专家学者、省市新闻媒体朋友及各地客商出席开幕式，并饶有兴趣地观赏反映女娲文化、富有堵河风情的文艺演出。开幕式现场吸引万余市民的观看。开幕式上，省委常委、宣传部长李春明，副省长田承忠发来贺电。竹山县已连续成功举办四届女娲文化旅游节，女娲文化旅游节已成为竹山县对外交流的重要纽带和桥梁，成为对外交流合作的金字招牌。女娲文化旅游节的召开为弘扬女娲精神，发掘上庸文化打造"中华母亲节"品牌，推动"鄂西生态文化旅游圈重要板块"起到积极地作用。通过这个平台以节为媒，以节会友，让更多人了解女娲文化文明的精神盛宴，推动"中国绿松石之乡"的绿松石产业快速发展。此次文化节为期三天，9日上午，省、市领导和来自省内的专家学者、社会各界人士将聚会女娲山，参加女娲公祭大典。公祭结束后还将召开招商洽谈会和女娲暨上庸文化研讨会、绿松石产业发展高端研讨会。

旅游行业管理

【概况】 在全行业开展创建优秀旅游名镇、优秀旅游名村、优秀旅游景区、优秀旅游星级饭店、优秀旅行社、优秀星级农家乐、优秀旅游推荐单位，评选十佳导游员、十大名厨和十佳服务员的"十创"活动。先后组织举办旅游饭店职业技能大赛、第三届导游大赛、首届旅游商品大赛等，评选出十佳导游员、十大名厨和十佳服务员。

加大旅游安全监督力度，保证"五一"、"十一"及各个旅游节假日安全度汛。组织开展对市场的专项检查，规范旅游市场秩序。重点对旅行社超范围经营、零团费等进行查处。对全市所有星级旅游饭店进行复核。年初市政府与各县市区签订目标责任书，并首次将旅游发展纳入县市区经济工作目标考核体系。市旅游局在行风建设中获得第三名，被授予行评优秀单位。房县通过湖北省旅游强县，市博物馆等4个景区通过国家4A级旅游景区验收，占全省申报总数的4/9，郧县九龙瀑等13个景区已正式批复为3A级旅游景区，占全省批复总数的13/20，升A创A数是十堰市前四年创A数的总和，位居全省首位。

【第三届导游大赛圆满落幕】 9月18日，十堰市"武当·太极湖"杯第三届导游大赛在市堰丰宾馆圆满落幕。来自丹江口市、郧县、武当山特区、张湾区、茅箭区5支县市区代表队和湖北汽院、十堰职院、郧阳师专

9月18日，十堰市"武当·太极湖"杯第三届导游大赛在市堰丰宾馆圆满落幕

6月28日,十堰市“武当·太极湖”杯旅游饭店职业技能大赛在美乐宾馆拉开帷幕,图为“烹饪”赛区评委品尝菜品

三支院校代表队共44名选手参加决赛阶段的比赛。经过导游讲解、知识问答和才艺展示三个环节的紧张角逐,最终,余颖、刘敏、王蘅、张磊4名选手分别夺得旅行社普通话组、景区景点普通话组、新秀普通话组、新秀英语组一等奖。此次大赛,44名参赛选手经过各县市区和旅游院校在进行预赛、复赛的基础上层层选拔产生,是在职导游和在校学生中的佼佼者。大赛设置景点讲解,知识问答和才艺三个环节,主要目的是为了从职业导游的现实要求出发,通过从导游讲解技能、知识丰富程度、文化艺术修养等方面全方位考察导游综合素质和业务技能。

【获全省星级饭店服务技能大赛三等奖】 4月16—18日,湖北省举办全省星级饭店服务技能大赛。此次大赛,全省17个地市州组成20个代表队,共有约80名选手参加比赛。十堰市由6名选手,组成2个代表队,分别参加中式铺床、中餐宴会主题设计摆台、西餐宴会主题设计摆台和调酒四个单项比赛及工装表演团体比赛。经过选手们的共同努力,由车城宾馆选送的十堰一队选手刘敏获中式铺床三等奖,十堰市一队获团体三等奖。

【旅游饭店职业技能大赛成功举办】 6月28日,2010年十堰市“武当·太极湖”杯旅游饭店职业技能大赛在美乐宾馆拉开帷幕。本次大赛由市旅游局、市人力资源和社会保障局、市总工会、团市委主办,市旅游饭店协会、市旅游人才协会、美乐宾馆和车城明珠大酒店具体承办。大赛开幕式由市政府副秘书长袁新云主持。市政协副主席朱仕雄,市旅游局、市人力资源和社会保障局、市总工会、团市委、市政协派驻旅游局民主监督小组领导以及湖北武当太极湖投资集团有限公司负责人出席开幕式。来自全市9个县市区的9支代表队,38家旅游饭店的93名选手,参加客房中式铺床、中餐主题宴会摆台、中式烹饪等3个项目的比赛。来自车城明珠大酒店的胡娟、燕良大酒店的魏芳、车城宾馆的陈浩分别获得中式铺床、中餐主题宴会摆台、中式烹饪项目的第一名。陈浩等10名参加烹饪大赛的选手获得“十堰市旅游饭店十佳名厨”称号。大赛组委会授予中式铺床、中餐主题宴会摆台两个项目的前六名和中式烹饪项目的前十名共22名选手为“十堰市旅游饭店优秀技术能手”和“十堰市青年岗位能手”称号,其他参赛的68名选手被授予“十堰市旅游饭店技术能手”称号。同时,还授予湖北武当太极湖投资集团有限公司、美乐宾馆、车城明珠大酒店“特别贡献奖”称号,授予各县市区旅游局“优秀组织奖”称号。

(李应均)

特区·开发区建设

武当山旅游经济特区

【概况】 武当山旅游经济特区辖2个办事处、30个行政村、2个居委会(社区)、1个农队。全区总人口46843人。2010年,完成国内生产总值9.61亿元,综合财政收入3.2亿元,分别增长47.1%、72.2%;旅游总收入11.8亿元,接待旅游人数230万人次,分别增长42%、30.1%。武当山荣获"2010年青年最喜爱的鄂西旅游景区"、"最佳外国人游路"、"最佳自驾游线路"、"最佳人文游线路"、"最经典旅游线路"称号。

旅游产业发展态势强劲。第一,加大旅游宣传促销力度,旅游客源市场稳步扩大。按照"六点一圈五线"的旅游市场定位,采取"五位一体"的宣传策略。一是广告"铺路"。特区和太极湖集团投资5000万元在中央电视台滚动播放"问道武当山,养生太极湖"主题广告;在全国省级卫视播放武当山宣传片;在《中国旅游报》等报刊杂志上开办武当山专栏;编辑发行《大武当》杂志,并在西安、武汉、郑州等主要客源城市星级宾馆饭店摆放。二是活动"聚焦"。成功举办故宫·武当山(明代)紫禁城文化研讨会、魅力中国·灵动武当第四届全国青少年健康艺术节、全国旅行社年会、武当山国际武术健康大会、第二届海峡两岸武当文化论坛暨海峡两岸交流基地揭牌仪式、2010中国文化创新高峰论坛(武当山论坛)、《天下武当》剧本研讨会、全国法制作家武当山笔会等活动。先后组织参加西安旅游交易会、台湾·湖北周、重庆国内旅交会、重庆中国城际旅交会、华中旅游博览会等大型活动,拉动目标客源市场。三是文化"搭桥"。协助拍摄张纪中版《西游记》和电视纪录片《太极武当》;电视连续剧《倚天屠龙记》、电影《武当少年》和《功夫梦》成功上映;在湖北卫视播出60集《武当百谜》,在十堰电视台推出百集武当文化专题片《武当神韵》。四是网络"互动"。开通武当山旅游电子商务网,全面开展形式多样的旅游网络营销活动;在搜狐、谷歌、新浪等门户网站,投放武当山宣传广告,实施网络公关和网络炒作,制造武当"热点"。五是政策"刺激"。完善旅游团队门票优惠政策,对中远程市场专机、专列、旅游大巴进行重奖;对旅行社所作广告进行补贴;同时,特区投入400余万元对业绩突出的旅行社进行重奖,充分调动了各大旅行社组团积极性。第二,强化景区管理,全面优化旅游环境。完善配套服务设施。完善景区监控系统以及琼台、太子坡、南岩及古神道音响系统;实施琼台、乌鸦岭、七星树旅游商铺穿衣戴帽和改造工程;新建"第一山"刻字和飞升崖消防池建设工程;不断完善景区数字化建设工程,逐步实现与特区信息指挥中心的实时全程对接;在乌鸦岭、琼台等停车场新增移动公厕,新建五星级厕所;对全景区标志标牌、卫生保洁设施进行更新更换;完善排队系统。旅游行业管理不断规范。落实景区卫生"5分钟"保洁和"24小时"保持制。开展以"五心四免费"(接待游客热心、解答问题耐心、处理投诉公心、工作认真细心、接受意见诚心;免费茶水、咨询、公厕、施救)为主要内容的温馨工程,实行24小时投诉及求助电话服务。景区"小红帽"救助遇险遇难、走失走散游客50余人次,帮助游客找回丢失物品100余件,挽回游客经济损失10万余元。旅游交通条件进一步改善。加快五龙景区公路延伸工程建设,已完成工程量70%,实现投资2700余万元。加强旅游安全管理工作。与星级饭店、旅行社、索道公司、旅游车队签订安全生产责任状和社会治安综合治理责任书。成立安全检查小组,全面检查。开展旅游服务综合检查,严厉打击尾随兜售、强买强卖、欺客宰客等扰乱市场经营秩序的不文明经营行为。共停业整顿不文明经营户4家,处罚当事人7人。7月,旅游、工商、物价等部门联合对武当山游客中心区域的旅游产品、住房标准等价格事项向游客公示,规范旅游秩序。

农业基础地位得到巩固。农村经济总收入3.6亿元,增长9%;农民年人均纯收入3087元,增长9.9%。全年粮食总产量419.97万公斤,其中,小麦123.26万公斤、水稻266.47万公斤、玉米62.04万公斤;油料27.3万公斤,柑桔1671.9万公斤,茶叶3.83万公斤,蔬菜1178.08万公斤。全区有农业专业合作社11家,其中,新培植农民专业合作社5家。全年新建有机武当道茶基地3000亩,南丰蜜桔、砂糖桔基地400亩,薄壳核桃基地800亩;优质莲藕基地350亩。新农村建设稳步推进。加强瓦房河、龙家畈、太子坡3个村的重点贫困村建设项目,巩固金沙坪、锯子齿、左察等村的扶贫成果。新修通村组公路3.5公里。完成元和观民居示范点建设和环境整治工程以及汉十高速公路武当山段沿线景观改造工程。全区基本实现行政村、组公路网全覆盖。全面推行惠农资金补贴"一卡通",发放各种补贴541万元。新建集中供水、管网延伸供水工程23处12个村,共解决6700人农村安全饮水问题。先后通过武当惠济驾校、文武学校、农机驾校、职业培训学校等培训各类人才达400余人,劳务输出农村剩余劳动力5600余人。巩固退耕还林、荒山造林和封山育林成果,实施荒山造林补植补造。全年在景区公路两旁义务植树200亩,农村义务植树8万株,新造林地3000亩,封山育林14万亩。加强护林防火宣传工作。出动70余台次宣传车,印制万份《武当山护林防火"十不准"》年历发放到农户。11月9日,武警森林部队驻鄂分队30余官兵驻防武当山核心景区。全力推进南水北调移民搬迁安置工作。完成11个村(居委会),886户,3548人的移民外迁任务。移民内安后靠工作稳步推进,涉及3个村19个组,内按移民899户4000人,已完成建房面积5万平方米,在建房屋面积4.9万平方米。

工业经济保持稳中有升。全区实现企业总产值9.89亿元。其中,年营业额500万元以上规模企业9个,实现产值5.5亿元,实现利税2149万元。集体企业97个,从业人员915人,实现产值5407万元;私营企业187家,从业人员2927人,实现产值9.35亿元,实现利税14336万元。完成固定资产投资10亿元。武当工业园区经济快速发展。全年园区实现产值3.7亿元,利税1275万元。完成园区大道延伸改造、路面硬化、三线入地、路灯安装等工程。完成工业储备用地测绘工作。投资1000万元的十堰市有宏精铸有限公司和投资600万元的武当山艺源工艺品厂项目入驻武当工业园区。总产值达5000万元的十堰金海丰精密铸造有限公司已投产试运营,新增150个就业岗位。

项目建设步伐加快。加大规划编制工作力度。编制完成《武当山特区国民经济和社会发展第十二个五年规划纲要》以及特区"十二五"规划项目库,入库项目124个,规划总投资262亿元,其中45个项目被纳入省"十二五"规划项目库。编制完成《太极湖生态文化旅游区控制性详细规划》以及太极湖生态旅游区集散中心、码头、松岭公园、山地公园等10余项修建性详细规划设计。参与修编《丹江口库区及上游水污染防治和水土保持规划》。项目建设进展顺利。完成武当旅游发展中心、太极剧场、武当旅游码头、武当艺术馆、太极湖国际大酒店(接待中心)、太极湖路桥坝工程、山门口生态停车场工程。启动316国道武当山沿线"穿衣戴帽"、太和楼、琼台至金顶游步道、一级客运站、武当山国际武术学院、沿河路剑河桥改造、景区古神道亮化和观景台建设、五龙宫景区游客中心建设工程。城市综合管理力度加大。城区综合执法大队对火车站广场、汉十路、永乐路、玉虚北路的占道经营、乱搭乱挂、乱停乱靠、强拉游客、尾随兜售等不文明行为进行有效治理,对城区太和大道沿线、各主次干道进行环境综合整治,重点整治"八乱"行为;清运全城区日产60余吨的生活垃圾,落实"8分钟"保洁制。招商引资工作进展顺利。加强太极湖大酒店、太极湖国际会议中心、玄武宾馆、太极传奇项目等项目招商工作,推进武当净乐食品厂项目、五龙景区项目、鄂西圈投公司开发武当山合作项目建设,累计到位资金4.05亿元。天尊国际大酒店、太极湖水上游乐公司、武当大剧院、武当武术交流中心等重大项目已投入运营;太极湖投资有限公司完成项目投资3.33亿元。五龙宫项目中,湖北祥安房地产开发公司累计到资2000万元,五龙至南岩索道正在申报。武当山特区与湖北众晶文化旅游开发有限公司签约"武当太极湖国际大酒店"项目,投资3亿元已到位5000万元;与湖北和韵文化旅游开发有限公司签约"太极湖剧场项目",投资2亿元,已到位2000万元;完成融资2.88亿元。加强环境保护工作。加强南水北调水源地水污染防治,坚持实行"先办环评,后上项目",规范企业排污管理。辖区内工业企业全年节能目标、万元GDP综合能耗、二氧化硫和化学需氧量减排等相关指标均控制在省市既定目标之内。加强耕地保护。坚持资源管理与开发相结合的原则,严把农村宅基地用地审批关,严格落实占用耕地补偿制度和农用地转用审批制度。狠抓土地开发复垦整理,加大土地收购储备力度,保障全区项目建设用地占补平衡,全年共完成9批次3593亩用地的报批工作。

社会事业全面进步。文物保护不断加强。完成《明清皇家建筑—武当山古建筑群“十二五”规划》、《武当山文物保护项目及经费需求“十二五”规划》编制工作及《元和观、回龙观、冲虚庵、老君堂、玉虚岩、谢天地岩、火神庙修复设计方案》,启动《武当山文物保护总体规划》以及《遇真宫整体抬高保护方案》、《五龙宫景区控制性详细规划》的编制工作。累计投资3000余万元,完成玉虚宫、五龙宫大殿主体木构工程;对太子坡古神道、南岩宫神龛神台等8处古建筑进行小型维修。完成南岩宫、太子坡、太常观、榔梅祠、朝天宫、黄龙洞、磨针井安防工程,提高文物保护科技含量和保障系数。第三次全国文物普查进展顺利,对元和观2处古民居进行调查、测绘,完善文物保护档案资料。完成171处(新发现105处、复查点66处)不可移动文物进行登记、建档等工作。邀请湖北省考古研究所完成柳树沟古墓群、遇真宫东宫的田野考古发掘工作,出土各类文物714件(套),钻探发掘面积6400㎡,清理淤土1万余方。武当山博物馆实行免费开放,全年共接待游客67万余人,政务接待371批次;接受民间个人捐赠的11件民国家具;6月至9月,博物馆馆藏的两尊明代铜铸关公站像参加在台北历史博物馆举办的《大三国特展》活动;编撰《太极武当,和谐之道—武当博物馆道教文化展》一书。发行武当山古建筑群金银币,成功举办“5·18博物馆日”、“6·12世界文化遗产日”、“9·15十堰市武当山世界文化遗产日”、“文化遗产在我身边”演讲大赛、“聚焦中国文化遗产摄影展”和“第三次全国文物普查摄影展”等活动,拍摄《太和武当,和谐之道》专题片。非物质文化遗产保护工作取得一定成绩。武当山传说、武当道教医药、武当道茶炒制技艺被列入省级非物质文化遗产保护名录。武当武术不断发展。成立了武当三丰派联谊会。组建中国武当太极功夫团。成功举办十堰市武术协会第四届换届大会。成功举办了第四届世界传统武术节暨第九届武当国际旅游节《相约武当》活动。武当山参赛队在第四届世界传统武术节武术锦标赛上取得13金5银4铜的优异战绩。抽调专人赴美国协助拍摄专题片《太极武当》。参与第五届全国青少年少儿艺术节,编排的少儿武术节目获得金奖。参加“心连心”艺术团慰问演出、华中旅博会展演及武搏会开幕式演出等。建立武当武术各门派优秀传承人网络,设立武当武术传承人津贴。对38名全国各地的武当武术传人进行武当武术传承人津贴的发放。收集整理并确认的国内外代表性武当武术传承人达400多人。武当武术挖掘、整理、普及工作得到加强。对四川杨氏太极拳、武当松溪太极拳、武当游龙拳、武当龙门太极拳33式等多个武当门派的图文及影像资料进行整理、归档。同时,整理隐于民间濒于失传的武当内家拳套路100余种。武当太乙五行拳、武当太极拳被正式列为第四届世界传统武术节竞赛项目。在武当太极广场、火车站等地组织习练“两拳一剑”(即武当太乙五行拳、三丰太极拳、太极剑),全区习练人数稳定在1000人左右。

科技工作不断加强。全年申报省科技项目2个,市科技项目4个,其中武当山特区医院的针灸治疗疾病的项目通过市级评审,建立科技咨询网点(站)1个。建立特区科技人才档案,储备人才信息。大力发展教育事业。全区有中学2所,完全小学5所,教学点2个,公办幼儿园1所,民办幼儿园2所,民办武术学校2所。教职工498人,其中,中学296人,小学172人,幼儿园8人;高级职称62人,中级职称302人。在校中小学生9503人,其中中学生4229人,小学生4345人。在园儿童949人。适龄儿童入学率97.5%,中小学巩固率分别为100%、98.5%,残疾儿童入学率100%。教师参加网上继续教育培训344人,培训率100%,合格率100%。全区“英特尔未来教育”师资培训人数达278人,占应训教师总数的81.7%,武当山特区教育局被十堰市教育局评为“英特尔未来教育”师资培训先进单位。教育质量稳步提高。中考升入省重高中72人,普通高中升学人数为338人,全年市级教科研课题结题4个,重新申报“十一五”课题3个。开展“校际合作”,送课、评课、资助现金等合作方式改善农村学校的办学条件,提高农村学校的教学质量。广泛开展群众文化体育活动。积极组织武当山春节文艺联欢晚会、“三八”妇女健身秧歌比赛、“五一”民俗文艺表演、“金色童年”少儿才艺展演、九九重阳等大型文化活动,以及“我的书屋·我的家”农民阅读演讲活动。积极参加十堰市举办的少儿才艺大赛,武当山选送的舞蹈《龙诵》、《欢天喜地》和声乐《我们多么幸福》获得1金2铜的好成绩。同时,“夕阳红艺术团”、“武当太和管乐队”等业余文艺表演团体,面向农村、面向群众,常年开展送戏下乡活动,全年演出达30余场次,观众3万余人次。深入开展“扫黄打非”工作。对40余家书刊、印刷、音像制品经营点等进行日常排查和集中检查,共查处黄色光碟50余盘,取缔无证经营点和游商3家。重点开展了为期3个月的网吧专项整治行动,接纳未成年人和未进行实名制登记违规行为大大降低。

医疗卫生工作稳步推进。全区有医疗机构49家。卫生从业人员419人,其中,高级职称33人。村级卫生室36个,甲级卫生室20个。举办乡村医生办培训班10次。特区医院全年总收入2865万元,其中,业务收入2607万元,增长20%;门诊病人14.5万人次,增长5.5%;出院病人6815人次,增长5.9%。全区转诊疑似结核病人49例,归转肺结核免费病人40例,采用结核病防治控制策略全程督导40例。艾滋病主动检测72例,对孕产妇检测905人,未发现和检测出艾滋病患者及感染者。全年参合农民30654人,参合率96.61%。成立降低孕产妇死亡率和消除新生儿破伤风项目工作领导小组,加强该项目的宣传工作,“降消”项目补助456人,补助经费20.32万元,救助4名特困孕妇和城镇低保孕妇。组织食品生产经营从业人员进行健康体检1112人,查处患病人数28人,调离28人,调离率100%。组织卫生知识培训900余人。新办卫生许可证148家,换、验证35家。积极推进食品卫生量化分级管理工作,量化率达90%;切实做好重大活动、重大节日的食品卫生安全保障工作。开展打击非法行医活动,下达卫生监督意见书12份,责令立即停业7家,限期整改3家。开展对各级各类医疗机构日常监督检查工作,覆盖率达90%。加强大药房、药店的执法监督工作力度,执法检查4次,共查14家。加快社区卫生服务建设,社区卫生机构设立了1个中心,2个站。建立社区健康档案5800余份,慢性病档案400余份。加强人口和计划生育工作。全年出生835人,符合政策生育率91.14%,政策外多孩生育率0.7%。出生人口性别比为106。

社会保障体系不断完善。全区参保企业28个3115人;机关事业参保单位57个1312人。失业保险参保单位85个4387人。全年征收社会保险费1315万元,发放社会保险待遇1002万元,发放企业退休人员养老金691万元。举办各种规模招聘会5场,免费发放“春风卡”等宣传资料1800余份,发布用工信息187条,提供就业岗位2019个;城镇登记失业率4.3%。组织培训1606人次。开展劳动保障事务代理921人次,新增医保代理41人,为全区3659人办理城镇居民医保续保手续。劳动争议立案39起,结案14起,案件外调解25起;责令用人单位与职工补签劳动合同1754份,为职工追讨工资135万元。全年发放城市低保金203万元,月人均补助水平161元;农村低保增加1016人,达到1726户2830人,占全区农村居民总人口的8%,全年发放农村低保金181万元,月人均补助水平55元;农村五保256人,城市“三无”对象36名,4所福利院集中供养城乡五保154人,分散供养102人。投资800多万元在遇真宫村兴建服务功能齐全的综合福利院投入使用。全年发放救灾专款89万元。落实优抚安置政策。全区有优抚对象2150人,其中,享受定期抚恤补助对象386人。全年发放抚恤补助金4632人次80万余元。退役士兵安置改革进展顺利。安置城镇退役士兵(士官)7名。宣传工作力度加大。在全国80余家报纸、电台、网站等媒体播发新闻稿件3000多条次。在《湖北日报》、《十堰日报》分别推出20多个宣传专版对武当山重大活动进行宣传报道。武当山广播电影电视中心全年共播发稿件2100多条,平均每期15条。《坐而论道》、《读书》、《闻鸡起舞》等专题栏目播发60多期。新安装有线电视终端用户800余户,累计用户达1万余户,收视费回收率达96.7%。出版发行了《武当神韵》(书刊及DVD)。

精神文明建设再上台阶。以创建“文明特区”为目标,以“城区、景区、农村”为重点,召开“迎两节?文明武当”创建动员大会,举行万人签名启动仪式,在全区范围内广泛开展“平安武当”、“文明景区”、“文明景点”、“文明窗口”、“文明单位”、“青年文明号”、“文明村”、“文明经营户”、“文明区民”等文明创建活动和“爱绿护绿,志愿者在行动”、“民族精神代代传”、“与爱同行,捐资助学”、“讲文明,树新风”文明月、“争创十星级小学生”、“神奇武当,微笑服务”等主题实践教育活动,全年荣获省级精神文明建设先进单位4个,其中省级最佳文明单位1个,省级文明单位3个,市级9个,区级30个。全年接待群众来信来访91件,其中来访81批398人次,来信(来电)10件;办结87件,结案率95%。收到各类纪检监察信访举报48件,办结48件,办结率100%。特区工委召开创先争优活动专题会议7次,印发指导性文件12份,编发《简报》24期,选树各类典型10余个,在报刊、电视台等媒体上稿40余篇。全区161个基层党组织、2170余名党员全部参加创先争优活动,活动覆盖面达100%。在全区3大类25个直属职能部门,75个局属二级单位有计划、有步骤地开展行风评议工作。以监督检查为重点,有效化解廉政风险。对特区2009年新增的4个中央投资项目进行检查,完成工程项目审计21个,审减资金1327万元;建立街办服务中心和20个村级便民服务站,健全完善电子监察19个单位,规范监督审批项目116项,实现与十堰市电子监察网对接,形成电子政务、网上申报、网上审批、电子监察“一体化”的运行机制;开展“三资”清理工作,代管110个村组集体资金1750万元。武当山道廉文化建设取得一定成果。选派8名机关干部到村任“第一书记”,选聘7名大学生村官到村任职。坚持开展机关党员“先进性承诺卡”活动和农村党员“六比六做”活动,2100余名党员参与承诺活动,承诺事项达4500余件。成立武当山特区人才协会;全年共引进各类人才560余人,其中专家教授20人、硕士研究生25人、本科生360人、大专生160人;加大干部教育培训工作力度,派送50名干部到十堰市党校学习培训,多次选送领导干部到知名风景区和上级机关挂职锻炼。全区新组建工会组织8个,新入会会员846名。特区门票管理局票务中心、景区管理局太子坡执法中队被中华全国总工会分别授予“全国工人先锋号”、“女子建功立业示范岗”称号,特区工会被十堰市工会评为先进单位，卢家亮、伍学涛、刘金燕被评为十堰市劳动模范。完成冬季征兵20名。特区武装部被十堰军分区授予“战备先进单位”称号，王明先荣获“全省国防动员法规知识竞赛”二等奖。社会治安工作力度不断加强。办理境外人员临时住宿登记3123人次、外国人签证延期申请178人次；取缔非法出租房屋529户；办理第二代居民身份证2300人，办理各类出境业务455人次。加大火灾隐患整改力度，排查整治场所500多个，拆除易燃可燃装修材料1千多平方米，依法责令停产停业5家，督促整改各类火灾隐患727处。开展社会治安大清查行动。清查各类行业场所121家，涉爆等重点单位1家，调处治安纠纷2起，消除安全隐患21处；查处交通违法行为65起，处罚21人；检查刀剑工艺品摊点34家，收缴管制刀具216把。开展校园安全秩序整治专项行动。建立校园警务室3个，安排6名社区民警担任全区13所中小学法制副校长，安排6名民警担任驻校民警。完成全区各类门牌17185块，其中：街牌5个、路牌19个、巷牌27个、户牌12479个、大门牌115个、小门牌1705个、单元牌971个、楼栋牌637个、附号小门牌1680个。

【湖北省委书记罗清泉莅临武当山调研】 6月5日，湖北省委书记罗清泉莅临武当山调研。省国土资源厅、交通厅、水利厅、林业局、旅游局等部门负责人，十堰市领导陈天会、周霁、陈家义、武当山特区领导李发平等陪同考察。罗清泉实地考察了武当武术国际交流中心、武当大剧院、旅游港口、太极湖生态文化旅游区展示中心等项目建设，详细了解了武当山30大工程进展情况。罗清泉指出，武当山特区抢抓南水北调中线工程和鄂西生态文化旅游圈战略机遇，依托山、水、人文资源，下大力气招商引资，高标准编制规划，高起点施工建设，在完善旅游基础设施，优化旅游服务功能，实现山、水互动方面做出了积极的努力，取得了显著成效。罗清泉强调，武当山当前正处于一个大建设、大发展、大变化、大提高的黄金机遇期，要进一步解放思想，抢抓机遇，乘势而上，加快鄂西生态文化旅游圈建设步伐，加快推进旅游资源保护、基础设施完善、文化推介、旅游形象提升等工作，争取早日把武当山建设成“国际知名，中国一流”的风景名胜区，为鄂西生态文化旅游圈建设和全省旅游经济发展做出新的更大的贡献。

【第四届国际武道联盟旅游文化节暨2010武当山国际武术健康大会隆重举行】 11月2日，第四届国际武道联盟旅游文化节暨2010武当山国际武术健康大会在武当山国际武术交流中心隆重开幕。开幕式由国际武术散手道联盟副主席、中国散手道协会主席杨维主持，国际武道联盟主席梁守渝致开幕词，中国武术协会副主席、中国散手道协会名誉主席傅彪宣布开幕。武当山特区工委书记、管委会主任、十堰市武协主席李发平，湖北省澳大利亚武术巡游总导演唐静平等领导，以及来自美国、俄罗斯、菲律宾、伊朗、印度尼西亚等10个国家和地区的62支代表队，1100多名运动员和嘉宾出席开幕式。武当功夫艺术团的演员们在开幕式上表演了精彩的《太极琴侠》武术节目。此次大会由国际武术散手道联盟主办，世界文化科学研究院、中国散手道协会、武当山特区管委会承办，为期4天，举行了现代武术拳械、传统武术拳械、太极拳械推手以及散打跆拳道、健身功法、武术特技、散手道套路、健身气功、武当武术等比赛项目，以及世界武术拳种代表人太极拳推广大使表彰会暨《世界著名武术家》大型画册(第二卷)首发式、武术名家表演、武道文化论文报告会等系列活动。

【“童谣中国，灵动武当—第四届全国青少年健康艺术节”在武当山举行】 7月24日上午，“童谣中国，灵动武当——第四届全国青少年健康艺术节”在武当山隆重开幕，来自15个省市、20支代表团的500多名童谣小歌星参加。本届艺术节由中国儿童基金会、中国儿童音乐学会和武当山特区管委会共同举办。艺术节为期4天，围绕“相约武当”、“探秘武当”、“灵动武当”三大主题，开展了金街巡游、太子坡诵读武当童谣、探秘逍遥谷、武动剑河桥、学练太极拳，以及电影《武当少年》首映式等活动。26日晚，艺术节闭幕式暨颁奖晚会在武当山大剧院拉开帷幕。晚会上，中国儿童少年基金会、中国儿童音乐学会和武当山特区管委会领导向15个金奖、30个银奖、45个铜奖、60个优秀奖的获奖者及2个荣获“特殊贡献奖”的单位颁奖。中国儿童音乐学会名誉会长申溪先生代表第四届全国青少年健康艺术节组委会向武当山特区赠送了两幅由他即兴创作、著名书法家书写的字画。武当山选送的《龙颂》、《太极梦》和十堰选送的《欢腾》等节目荣获金奖，武当山特区管委会荣获特殊贡献奖，武当山特区文化馆荣获优秀组织奖。闭幕式晚会由央视少儿频道主持人金龟子刘纯燕担纲主持，来自全国各地的10余个代表团、百余名少年儿童在晚会上表演了部分获奖作品。小明星阿尔法在晚会上演唱了《武当少年》主题曲。

【第二届海峡两岸武当文化论坛暨海峡两岸交流基地揭牌仪式在武当山隆重举行】 11月10日，第二届海峡两岸武当文化论坛暨海峡两岸交流基地授牌仪式在武当山隆重举行。国务院台湾事务办公室主任助理、海峡两岸关系协会副会长李亚飞，湖北省政府副省长田承忠，省政府副秘书长谭天星、省政府台湾事务办公室主任刘凯春以及十堰市领导周霁、吴世杰、张桂华，武当山特区领导李发平等出席。海峡两岸关系协会会长陈云林为活动题词："仙山云篆荟萃武当，同根一脉缘循两岸"。国民党荣誉主席连战为武当山海峡两岸交流基地题词："和平桥梁"；国民党副主席蒋孝严题词："学博义正"；国民党副秘书长、大陆事务部主任张荣恭题词："武当行道，和谐两岸"。李亚飞、田承忠为"武当山海峡两岸交流基地"揭幕，李亚飞还向武当山授予"武当山海峡两岸交流基地"匾牌。该活动经国务院台湾事务办公室、湖北省人民政府批准，由湖北省人民政府台湾事务办公室和十堰市人民政府主办，十堰市人民政府台湾事务办公室、武当山特区管委会、武当山道教协会、湖北省武当文化研究会承办，活动为期3天。活动期间，中国大陆50多位专家、学者和台湾120多位专业人士，齐聚武当论道，并进行了玄天上帝金身赴台圣驾巡境专题洽谈会等。

【宝岛台湾劲吹"武当风"】　4月20日，台湾·湖北（武汉）周开幕式在台北市圆山大饭店隆重举行。中共湖北省委书记罗清泉，湖北省委常委、省委秘书长李明波，副省长田承忠，十堰市领导张嗣义、高勤、杨立志，武当山特区领导李发平、柯尊勇等，以及台湾政界、旅游界、工商界知名人士出席。武当山代表团参加了开幕式、旅游产品推介会、玄天上帝信仰与武当文化研讨会、经贸旅游恳谈会等活动，进行了精彩的武当武术、山歌、茶道等表演和旅游产品推介。武当山旅游景点和武当功夫大型图片展览吸引了众多台湾民众。武当功夫团分别在虎尾科技大学、淡水高商、元培科技大学等4所学校进行精彩的武当武术专场表演。玄天上帝与武当文化研讨会分别在台湾木栅指南宫、松柏岭受天宫等地举行交流活动10场（次），来自海峡两岸、香港、马来西亚等国家和地区的玄帝信众、宫观代表和武当文化研究学者120余人参加，收到学术论文近20篇。武当山代表团受到台湾民众热烈欢迎，台湾10余家媒体采访报道，两家报纸刊发武当文化专版10个。台湾统一集团梦公司与武当太和国际旅行社签订了旅游合作协议，武当山与阿里山结为姊妹山，在旅游促销、联络两地文化等达成共识。台湾·湖北（武汉）周于4月20日至27日在台湾举行。

【2010中国文化创新高峰论坛在武当山隆重举行】　10月30日，"2010中国文化创新高峰论坛"在武当山宾馆开幕。国家文物局副局长顾玉才，文化部财务司副司长饶权，湖北省文化厅副厅长、文物局局长沈海宁，湖北省推进鄂西生态文化旅游圈建设办公室副主任徐新桥，武汉大学副校长谢红星，十堰市领导董卫民，武当山特区领导李发平、陈平海、杨广智、程新华、陈建平及武当太极湖集团董事长杨青山等出席论坛，国家文化部副部长王文章为本次论坛发来贺信。本次论坛以"中华传统文化的继承、创新与发展"为主题，来自国家文化部、文物局、中国艺术研究院、清华大学、上海交通大学、武汉大学等70余位权威专家学者及业界精英们旁征博引，分别就《我国文化继承与创新体系的构建》、《文化继承、文化创新与文化产业的时代内涵与历史价值》、《武当文化品牌建设在国家文化软实力建设中的价值定位》等热点问题展开了热烈探讨，揭示出21世纪中国文化产业创新所面临的新机遇和新问题。同时，伴随着武当山大山、大水、大人文的文化优势，武当文化的不断创新和发展，与会专家们也发表了不同的意见和看法。本次论坛由国家文化部科技司主办，武当山旅游经济特区管委会、武汉大学国家文化创新研究中心共同发起承办，湖北武当太极湖集团协办，会期2天。

【故宫·武当山（明代）紫禁城文化研讨会在武当山开幕】　4月13日，故宫·武当山（明代）紫禁城文化研讨会在武当山隆重开幕。故宫博物院院长、中国紫禁城学会会长郑欣淼，十堰市市长张嗣义，武当山特区工委书记、管委会主任李发平在开幕式上分别致辞。中国科学院院士、中国工程院院士、中国紫禁城学会名誉会长周干峙，中国工程院院士、国家文物鉴定委员会主任委员傅熹年，国家文物局古建筑专家组组长、国家文物学会会长罗哲文，北京市社科院研究员、中国紫禁城学会副会长阎崇年分别讲话。来自中国科学院、清华大学、中国建筑设计院、故宫博物院、中国紫禁城学会等单位的60余名专家、学者，以及中央电视台、湖北电视台、中国旅游报、搜狐网、新浪网、腾讯网、秦楚网等国内30多家知名新闻媒体记者参加。此次研讨会由北京故宫博物院、武当山特区管委会主办，中国紫禁城学会、武当山特区文物宗教局承办，为期4天。旨在组织中国古建筑及有关历史、艺术、自然科学等相关科学研究方面的硕彦泰斗及知名人士，对故宫和武当山这两大国家重点文物保护单位、世界文化遗产保护项目进行广泛深入研究。研讨会期间，与会专家参观了金顶、南岩、紫霄宫、太子坡等景点，考察了武当博物馆馆藏文物，并就武当道教文化、建筑、"玄帝信仰"与明成祖朱棣的关系等进行了多角度、深层次的探讨。

【鄂西生态文化旅游圈建设现场会在武当山召开】　6月24日，鄂西生态文化旅游圈建设现场办公会在武当山隆重召开。湖北省委书记罗清泉出席会议并作重要讲话。会议由省委常委、常务副省长李宪生主持。省委常委、宣传部部长李春明,省人大常委会副主任刘友凡,副省长张通,省发改委、财政厅、国土资源厅、住建厅、交通厅、文化厅、旅游局等省直部门负责人,十堰市领导陈天会、周霁、涂明安、冀群风、陈家义、罗金昌、朱仕雄,武当山特区领导李发平,以及各市、州、林区政府和鄂西圈代表等出席会议。现场会期间,与会领导实地考察了武当山游客中心、旅游码头、太极湖生态旅游区、艺术中心、武当武术国际交流中心、武当大剧院;观看了"鄂西圈"建设成就专题片等。罗清泉强调,要加强统筹规划,强化资源整合,推进产业联动。以生态为基础,文化为核心,旅游为引信,推进旅游与第一产业融合,与第二产业结合,带动第三产业发展,把"鄂西圈"打造成经济、社会、生态全面发展的示范区。要进一步打造产品品牌和企业品牌,共同烘托"鄂西品牌",努力将"鄂西圈"建成国家生态文化旅游示范区,打造成为生态、文化、旅游和经济社会整体协调发展的"国家典范"。罗清泉特别称赞武当山:太极湖投资项目起点高、规划远、项目集群效益好,真正做到了建设一批,启动一批,储备一批。武当山正呈现出良好的发展态势,他鼓励武当山特区管委会要再接再厉,为全区经济社会发展再上一个新台阶而努力。

【2010"太极湖论坛"在武当雅阁国际大酒店隆重举行】 10月18日,2010"太极湖论坛"在武当雅阁国际大酒店隆重举行。著名专家学者刘锋、蒋依依、傅才武、洪清华、章叶青、李凤禹、仲继寿、李忠,十堰市领导周霁、董卫民、梁吉祥、杨立志,武当山特区领导李发平等,以及来自国内经济、文化、旅游界等专家学者300多人出席论坛。论坛由央视著名主持人水均益担纲主持。论坛上,著名专家学者先后作了题为《以旅游业引领区域包容性增长》、《全球视野下的武当山旅游业跨越式发展》、《中国景区进入区域品牌运营新时代》、《武当太极文化产业发展的价值启示与思考》、《旅游产业发展的新趋势》等精彩演讲,纵论"跨越式发展、包容性增长—区域综合价值发展创新突围之道"的主题。论坛期间,还举行了太极湖与十大智库机构的签约仪式。央视著名主持人水均益与8位专家学者就武当山太极湖如何实现包容式发展、武当山未来能给我们留下什么、发展新农村建设与发展旅游之间的关系、国外旅游发展对我们有何借鉴意义、武当太极这个品牌下一步在细节上还可做哪些文章等话题展开风云对话。太极湖论坛创立于2009年,本届论坛由第四届世界传统武术节组委会、十堰市委、市政府主办,武当山特区管委会、太极湖集团承办。

【张纪中版《西游记》在武当山隆重开机】 4月14日,张纪中版《西游记》开机仪式在武当山太子坡隆重举行。导演张纪中、执行制片人宋亚平、孙悟空饰演者吴樾、唐僧饰演者聂远、猪八戒饰演者臧金生、沙和尚饰演者徐锦江等剧组主创人员以及中央电视台、搜狐、新浪等全国百余家新闻媒体记者参加了开机仪式。开机仪式上,武当山特区工委书记、管委会主任李发平致辞,并与张纪中为《西游记》开机揭幕。武当山是新《西游记》主要外景拍摄地之一,拍摄内容为孙悟空猪八戒偷吃人参果、镇元子捉拿取经僧、真假美猴王等,主要在南岩宫、太子坡、琼台等景点进行了为期一周的拍摄。

【9集高清人文纪录片《太极武当》登陆央视】 10月1日至9日,由中央新闻纪录电影制片厂、武当山特区管委会、太极湖投资集团有限公司联合摄制的9集高清人文纪录片《太极武当》在中央电视台4套《走遍中国》栏目中播出。该片是武当山继《问道武当》之后又一部大型人文电视纪录片。内容分别为:有形无形、太和九州、众妙之门、阴阳圆融、因天之序、我心无法、星象天语、逍遥天地、太极天下,每集30分钟。该片于2009年6月开机,2010年7月封镜,全程高清拍摄。摄制组除在武当山实地拍摄外,还赴美国、德国、法国及中国台湾、香港等地进行实景拍摄。

【"武当·太极湖"杯青年歌手大赛颁奖盛典在十堰市隆重举行】 1月23日晚,"武当·太极湖"杯青年歌手大赛颁奖盛典在十堰市隆重举行。著名艺术家李双江、卞留念、陈军为大赛开奖,十堰市政协副主席杨立志,武当山特区工委书记、管委会主任李发平,十堰市宣传部副部长向长志等分别为获奖选手颁奖。来自十堰的选手庹丽获得冠军。颁奖盛典中,著名演奏家陈军独奏二胡曲《太极琴侠》、著名音乐人卞留念演唱专为武当而作的《老子天下第一》、著名艺术家李双江演唱《草原之夜》等歌曲,将晚会推向高潮。此次大赛由十堰市委宣传部主办,武当山特区管委会、十堰市广播电视局(台)、太极湖集团有限公司联合承办。大赛设有一等奖、二等奖、三等奖、最佳网络人气奖、最佳人气奖、最佳选手组织奖、优秀奖、最具影响力选手等八个奖项,吸引了400多名选手参赛。2009年8月8日,在湖南卫视"一呼百应"明星歌友会的助阵下正式启动,历经海选、晋级、总决赛等各场次比赛,最终产生冠军1名、亚军2名、季军3名。

【大型武术舞蹈晚会武乐圣典《太极武当》正式演出】 7月1日晚,大型武术舞蹈晚会武乐圣典《太极武当》在武当大剧院首场试演。十堰市领导陈天会、周霁、冀群风、陈家义、何万勤、吴世杰、徐志、罗金昌、罗勤、周有顺、高勤、朱仕雄，武当山特区领导李发平，以及旅行社代表、新闻媒体记者500余人观看。晚会由央视著名主持人水均益担纲主持，著名歌星毛阿敏演唱了《请把武当带回家》等歌曲。8月8日晚，该晚会正式公演。武乐圣典《太极武当》由武当太极湖集团投资，由中国最具影响力的二胡演奏家陈军担任总监制，北京奥运会开幕式《击缶而歌》导演孙育鹏担任总导演，著名军旅词作家任毅担任总编剧，北京奥运会闭幕式音乐总设计卞留念作曲，北京水晶石影视传媒科技有限公司设计制作背景视频。晚会全长60分钟，节目有武当太极拳、太极剑、形意拳、八卦掌、二指禅等，在武当山秀美雄奇的风光和太极图、八卦阵、拂尘等众多太极元素的背景烘托下，将观众带入一个出神入化的太极世界。此后，每周三至周日晚8点，游客可在武当大剧院观看武乐圣典《太极武当》的演出。

【武当山打造独具特色的“道廉文化”品牌】 9月14日，武当山道廉文化教育基地共建委员会成立大会在武当山隆重召开。十堰市委常委、纪委书记何万勤，武当山特区领导李发平、柯希胜、柯尊勇，以及十堰市地税局、国土资源局、交通局、工商局、财政局、供电公司、移动分公司、太和医院、中国银行十堰分行、中国农业银行十堰分行、烟草专卖局、市信用联社等共建单位负责人出席成立大会。会议通过了《武当山道廉文化教育基地共建委员会管理办法（试行）》。武当山以培植“道廉文化”为载体，打造一处道廉文化教育基地、一本道廉文化成果画册和宣传折页、一套道廉文化读本、一批道廉文化清风扇、一套道廉文化宣传导游词、一处道廉文化红色旅游景点、一处道廉文化主题公园、一条道廉文化街、一处道廉文化展览点、一套道廉文化建设专题片等“十个一”工程，努力把“道廉文化”打造成党风廉政文化建设独具特色的知名品牌。道廉文化教育基地设在磨针井，布置有道廉文化摄影展厅、实物展厅、书画展厅、创意展厅和电教厅等；出版了《武当山道廉文化读本》、《道与廉—武当之道与当代廉政建设的探索与实践》（画册）和《道与廉—武当之道与当代廉政建设的实践与思考》（光盘）；建成了道德苑主题文化公园等。12月18日，湖北省委常委、纪委书记黄先耀实地考察武当山道廉文化教育基地后高度称赞：“武当山道廉文化建设是一个勇敢的创举、睿智的创举、有益的创举、成功的创举”。（范学锋）

开发区建设

【概况】 2010年，全市开发区发展呈现出快速增长态势，完成生产总值（GDP）175亿元，同比增长40%；完成技工贸总收入505亿元，同比增长30%。综合实力不断增强。实现工业总产值400.58亿元，同比增长58.85%；实现工业增加值122.53亿元，同比增长56.89%；实现高新技术产业产值70亿元，同比增长49.34%；完成税收收入11.68亿元，同比增长81.04%。开发区工业经济实现连续5年保持较快增长。在“布局集中、土地集约、产业集聚”的基础上，全市各开发区高度重视环境建设，构筑良好的发展平台。多渠道筹措资金开发土地，实现供水、排水、道路、有线电视、邮政和土地平整等“五通一平”。年底完成固定资产投资109.7亿元，同比增长86.62%，其中：基础设施建设投资48.07亿元，同比增长75.82%。全市开发区共平整土地15000多亩，为入驻企业构筑良好的发展平台。近年来，全市开发区积极抢抓沿海产业和资本“两个转移”的机遇，通过会展和贸易洽谈会等多种形式大力开展招商引资。2010年开发区共引进500万以上的项目198个，其中：工业项目185个，合同利用外资11314万美元，实际吸引外资2530万美元；实际引进内资100亿元，同比180.69%。通过招商引资有力的加快开发区和工业园区的发展。2010年4月，市委、市政府为进一步加快开发区的发展，出台《关于进一步加快开发区建设和发展的意见》（十发[2010]7号）文件。文件从指导思想、基本原则、发展目标、战略重点、创新体制机制、政策措施、保障条件等方面，提出明确具体要求，对十堰未来一个时期开发区的建设和发展将起到极其重要的指导作用。编制《十堰市开发区总体发展战略规划》（2010—2015年）。8月，先后深入十堰经济开发区、东城开发区、西城开发区、工业新区、郧县经济开发区、六里坪工业园区等6家开发区（园区）进行调研。撰写《跨域整合集聚要素 全力争取晋升国家级经济技术开发区》的调研报告，呈报市政府主要领导决策。根据《湖北省发改委开发区基础设施建设补助和奖励资金管理办法》精神，积极向上争取开发区基础设施建设补助和奖励资金共80万元，其中，补助资金60万元（西城经济开发区20万元、郧县经济开发区20万元、东城经济开发区20万元）；奖励资金20万元（丹江口经济开发区10万元、竹山经济开发区10万元）。

存在的主要问题。管理体制不尽完善。一是“充分授权，封闭运行”的建设体制在十堰市部分开发区中尚未完全到位，部门与开发区（园）之间的管理冲突依然存在，区内企业（单位）受多个部门管理，“一站式”服务难以真正形成。二是管委会职能薄弱，缺乏有效的行政职能和权限，开发区在土地使用、规划建设、资金使用、人事安排等方面还缺乏自主权，工作协调难度较大，办事比较困难。融资渠道不畅。各开发区普遍存在的共性问题。一是缺乏融资平台，基础设施建设资金缺口较大。县市区财政实力较弱，对开发区建设支持有限，开发区基础设施建设资金筹集压力较大。二是园区企业融资难问题突出。由于很多企业入驻开发区时，是“先上车，后买票”，用地手续没有及时办妥，企业既要建设，又要生产，融资需求较大。由于建设周期较长，房产手续办理又需要一个过程，企业缺乏有效资产抵押，难以获得贷款。三是企业流动资金严重不足，主要受国家宏调控政策影响，大部分企业正处于发展成长阶段，资产负债率处于高位，融资效益差，配套企业实行滚动式结算，资金难以很快到位。发展空间不足。十堰是山区城市，大多数开发区（园区）存在着行政管辖范围大，而纳入城市总体规划和土地利用规划面积小的问题。清理整顿后，全市开发区审核保留面积2812.09公顷，目前，已开发利用土地面积占保留面积的95%以上，土地偏紧成为制约部分开发区发展的瓶颈。

【十堰经济开发区】 位于市区东部，东与丹江口市六里坪镇接壤，西与茅箭区相连，辖区总面积45平方公里，规划面积23平方公里。辖1个街道办事处、5个行政村、4个社区居委会，常住人口3.8万人。

2010年，开发区共实现区域生产总值（GDP）45.8亿元，同比增长27%；实现工业总产值136.1亿元，同比增长25.8%；实现工业增加值43.2亿元，同比增长28.8%；实现技工贸总收入279.3亿元，同比增长22.5%；实现高新技术产值55.1亿元，同比增长29.4%；实现外贸出口总额3280万美元，同比增长27.0%；实现财政收入3.7亿元，同比增长20.8%；完成固定资产投资14.4亿元，同比增长17.8%；实现农民人均纯收入5506元，净增446元。各项经济指标全面、超额完成年度目标，圆满完成“十一五89”计划，为“十二五”发展奠定良好的基础。

经济总量成倍增长。全区区域生产总值（GDP）、工业总产值、技工贸总收入、财政收入等主要经济指标快速增长，分别是“十一五”末期数据的2.5倍、2.6倍、2.8倍和3.7倍。开发区已成为全市经济的增长新区。

工业经济快速增长。辖区工业经济呈现快速增长态势，全年月均实现工业总产值11.4亿元，整车产销达33万辆。在主机厂家的带动下，总成和汽车零部件生产企业也实现了产销两旺。在100家规模以上企业中，有22家产销过亿元，一大批汽车汽配骨干企业的快速成长壮大，开发区已成为汽车产业聚集区。

重点项目建设顺利推进。一是东风龙门工业园、港澳台工业园、神鹰工业园三大工业园及东风小康工业园项目建设取得重要进展。投资6.5亿元建设的东风小康二期20万辆扩能基地已顺利建成投产，规划建设中的三期20万辆扩能项目山地整理顺利推进；东风公司系列重点项目特种车身、特汽、特客、东风派恩空调、减震器，以及神鹰专用车、雷雨科工贸等项目大部分完成主体厂房建设，可先后建成投产。同时，园区水、电、路等基础设施建设工作也在同步推进。二是钢材大市场、东凯达物流园、东风汽车油缸、液压动力、精密制造、红岩车桥等重点项目均在如期推进。这些项目全部建成后可新增工业产值380亿元，创外汇1.2亿美元，新增税收13亿元。众多整车及零部件项目的入驻，使各大工业园迅速壮大崛起，开发区已成为工业园聚集区。

山地整理成效显著。全年累计新整理山地6500余亩，已形成龙门、神鹰、港澳台三大工业园。一是龙门工业园片区。通过开发整理龙门沟，修建机杨路、龙门大道、吉林路与东风大道、许白路相连，可新增6000亩工业用地规模，整理近4000余亩；二是神鹰工业园片区。通过白武路新线、机场路与六里坪相连，新增4000至10000亩工业用地规模，该片区已规划2000亩，整理1000亩；三是港澳台工业园片区。该片区规划面积1500亩，已全部整理完毕。由于经济发展势头较好，已平整的6500亩土地均已安排项目入驻，待整理的山地整理项目正在有序向前推进。开发区山地整理高效利用的做法得到市委、市政府以及土地管理部门的高度评价，已成为土地集约节约利用的示范区。

商业贸易购销两旺。全年共新签招商项目26个，签约金额为51.6亿元，项目建成后，年可新增产值230亿元，税收近5亿元；重点在谈项目22个，预计总投资50亿元，年可新增产值250亿元、税收7亿元。新引进项目产品主要包括客车、军用越野车、自卸车、专用改装车、车身总成及关键零部件等。

高新技术产业蓬勃发展。一是大力实施科技型成长企业路线图计划。申报的“国家科技型中小企业成长路线图计划鄂西北商用车关键零部件产业集群示范区”通过审批，国家科技部每年将划拨科技资金用于企业科技开发。二是充分发挥创业中心作为国家科技部创新基金指定地方性服务机构优势，全年申报国家、省、市级科技计划项目36个，争取到位资金1500万元，在全省开发区中仅次于东湖高新区，位列第二。三是加强企业科技金融服务，通过与华工创投、硅谷天堂、省创投等三家风险投资机构签订战略合作协议，帮助先锋模具公司引进风险投资资金3000万元。四是积极实施产学研对接，加强校企合作，引才入企，加快企业技术中心建设步伐，促进科技成果转化。开发区已成为“国家火炬计划汽车关键零部件产业基地”、“国家级综合性高新技术创业服务中心”、“国家级大学生创业见习基地”和十堰市唯一的“省级生产力促进中心”等，大大增强开发区科技研发创新力量。全区共认定高新技术产品115个，国家级高新技术企业达到11家，占全市的三分之一。（刘　超）

【东城经济开发区】 2010年，全区农村经济生产总收入22715万元，同比增长10%；农民人均纯收入为3960元，同比增长10.5%。积极调整农业生产结构，全年蔬菜产量6000吨；生猪存栏5610头，出栏3204头。开发区新引进工业项目28个，使现有企业达到170家；新增规模以上企业17家，规模以上企业总量达到85家，其中“双亿”企业达到10家。元至12月，完成工业总产值86亿元，同比增长50.8%；实现商贸业销售6.46亿元，同比增长32.5%；完成固定资产投资23.9亿元，同比增长57.2%；引进市外境内资金8.09亿元，同比增长2.1倍。引进外资503万美元，完成外贸出口2518万美元。力争成为全市首个百亿工业园和十堰市汽车工业的核心板块、重要支撑。一是全力服务“头号工程”，抢抓东风商用车重卡联合工厂项目落户机遇，对东风8万辆项目建设实行“倒逼”工作机制，准确把握时间节点，采取超常规措施加快推进各标段施工进度，力保在规定时间内完成山上片区二期土地平整工作。二是积极服务市政重大项目建设。全力协调配合做好东环路、“城市客厅”、西气东输等市政重大项目建设，抓紧服务好市委党校迁建、市社会福利服务中心等公益项目建设。三是加紧推进企业增产扩能。竭力服务正和10万辆车身、驰田2万辆专用车、东风实业10万辆重型车等扩能项目；加快华昌达机电装配工业园的工程进展。四是积极培育优势骨干企业。积极引导培育万向通达、正奥附件、东风实业、泰强再欣等双亿企业、规模以上企业发挥优势加快发展。普林三期15个项目已顺利开工，同创工贸120万套同步器总成、金点石20万辆微型车车身总成等入驻项目正在加紧推进，引进一个、带动一批，产业集聚的“洼地”效应日益凸显。辖区43个重点项目中，东风传动轴厂整体搬迁、光社重卡车桥扩能项目等10个项目已完工投产，平云公司出口工业园项目等10个项目因用地等因素暂未启动，其余项目均取得较大进展。抢抓辽宁路、东环路、杨家坪路等城市主次干道建设机遇，实现供水、排污、电力、通讯、网络等管网全线贯通，同步做好城区绿化、美化、亮化工程，园区面貌发生根本改观。

【西城经济开发区】 2010年，开发区实现工业总产值20.5亿元，完成工业增加值5.5亿元，规模以上企业25家，完成工业产值19.5亿元，招商引资4.03亿元，已到位资金2.45亿元；完成固定资产投资2.6亿元，新开工5000万元以上项目3个；超额完成区委区政府对开发区考核的主要经济指标。全年共引进项目5个，其中投资5000万元以上项目3个，投资1200万以上项目2个，这5个项目分别是：一是亚斯桥有限公司，该项目总投资5000万元，占地近35亩，项目计划年生产沈阳金杯系列车桥20000套，可实现年销售收入15000万元，项目选址在草店村三组（秦家山脚下），预计2011年4月底投产。二是天龙精密铸造有限公司，该项目总投资5000万元，占地50亩，主要生产汽车电机磁极，预计可实现年销售收入10000万元，项目选址在杨家沟天龙电子工业园，目前正在办理土地征用手续，预计2011年5月投产。三是十堰诚超工贸有限公司，占地约65亩，该项目总投资5000万元，诚超公司的入驻盘活了位于草店村二组原上海圣奥闲置土地，该公司主要从事磁铁粉精选和医药中间体加工，预计2011年3月投产。四是博瑞激光工贸有限公司，该项目总投资1200万，主导产品为工业用激光检测设备制造及汽车配件生产加工，属高新技术产业。项目建成后预计可实现年销售收入2000万元。五是君芳汽车零部件公司，该项目总投资1400万元，年内可投产，预计可实现年销售收入3000万元。

基础设施建设。一是天龙路建设。该条道路主要连接天龙电子工业园与316国道。全长293米，其中桥长52米，路桥宽20米，设计车行道15米，两边人行道各2.5米，总投资500余万元。二是东风路改造。东风路起点在堰西路口，终点在秦家山果园场路口，全长800米，宽7米。上半年开发区投入60多万元，对东风路进行升级改造，包括路面混凝土修复、路旁排水沟修建及挡墙加固。三是二郎山安置小区建设。以企业扩能农户拆迁为契机，开发区积极推进村民安置小区建设，安置小区规划面积25亩，可集中解决50户村民住房，宅基地上半年就分配到户，现已有25户搬迁村民正在兴建房屋。四是开发区综合环境整治。一年以来，西城开发区积极推进“美化环境、清洁家园”工程，出重拳对开发区辖区的综合环境进行整治，开发区的综合环境整治工作取得阶段性成效。

扩产扩能企业。一是福堰钢铁有限公司线材扩能项目。为满足福堰钢铁当前生存发展需要，同时着眼于企业长远发展，现址生产基础保证产能，在郭家村四组新征土地40亩，高标准规划建设新厂房，新上3台40万吨电炉设备，以满足国家政策对钢厂当前产能的要求。目前新厂房的钢构已搭建完成。二是广奥公司扩产扩能项目。新增15万套硅油减震器生产线扩产项目厂房已封顶，2011年年初可投产。三是金骥公司无缝冲压车桥生产线，投资1000万元，已于9月试产成功。四是慧日化学工程技术公司汽车零件表面处理项目总投资2200万元,已建成表面处理生产线10条,10000平方米的表面处理主厂房,1000平方米的综合污水处理系统厂房。

【丹江口市经济开发区】 2010年,完成工业总产值48亿元;固定资产投资完成14亿元;税收2亿元。招商引资5.3亿元。开发区(水都工业园)内已投产项目2个,在建项目10个,还有2个已签约项目将在明年内陆续开工,另有10个投资在5000万元以上的项目确定近期签订投资协议,各项工作进展顺利。

园区企业生产情况:水都工业园内已投产的企业2家。

农夫山泉二期项目。农夫山泉二期工程是开发区水都工业园内首个投产项目,项目总投资6.97亿元,占地152亩,于2010年4月正式竣工投产,目前已有8条线全部投入生产。截止到2010年9月份,农夫山泉二期工程项目已实现工业总产值2.5亿元,销售收入达1.8亿元,实现利税3700万元;

河南中轴集团与丹传公司合资的新厂建设项目。丹传公司新厂项目是丹江口市首个入驻安乐河工业园的本土企业,项目总投资2.8亿元,占地262亩。一期厂房建设于2009年6月开工建设,截止到2010年9月,项目一期工程2号、3号车间已进入试生产阶段;1号、9号车间厂房建设已基本完工,将陆续进入设备安装阶段。项目全部达产达标后,年可实现销售收入8亿元,提供税收9000万元。

企业落地建设情况:成功入驻开发区的企业10家。

广深工业园项目。由丹江口市在广东和深圳创业成功人士回乡投资,占地450亩,总投资3.45亿元,已于9月25日正式启动开工仪式,分两期建设,其中,一期工程投资1.6亿元,新上商用车轮轮毂和钢构制板2个项目。项目全部建成投产后,可实现年产值8亿元以上,提供税收8000万元以上;

湖北丹江民福齿轮有限公司项目。总投资3500万元,已于3月3日开工,项目建成后可实现年产值5000万元,税收630万元;

湖北(六和)凤源饲料有限公司20万吨饲料加工项目。由山东六和集团公司投资控股,项目占地70亩,总投资5000万元,已于4月29日开工,年底建成投产。可实现年产值5.3亿元,税收3000万元;

东发曲轴项目。项目占地90亩,投资1.6亿元,已于5月18日开工,年底建成投产,可实现年产值4亿元,税收5000万元;

青蓝包装印务项目。项目占地100亩,投资8800万元,已于5月25日开工,年底建成投产,可实现年产值1.5亿元,税收1500万元;

丹江口市汉江电线电缆厂项目。项目占地26亩,投资3500万元,已于6月8日开工,年底建成投产,建成后可实现年产值1亿元,税收1200万元。

双力平衡轴项目。项目占地50亩,投资8000万元。已于10月份开工,项目建成后可实现年产值1.6亿元,税收1400万元;

环宇康明斯发动机凸轮轴项目。项目占地98亩,投资1.2亿元,已于10月份开工。项目建成后可实现年产值2.3亿元,税收1600万元;

林杰汽配项目。占地50亩,投资5600万元,已于10月份开工。项目建成后可实现年产值6000万元,税收600万元;

科润铝粉铝粒项目。项目占地20亩,投资6000万元,项目建成后可实现年产值1.7亿元,税收1000万元。

已签约企业2家。

新兴重工丹江口科技工业园。该项目是截至目前所引进的最大投资项目,由国资委上市公司新兴铸管集团控股,累计投资17亿元,在开发区进行钒铁、钒钢、钒电池等钒产品系列深加工生产。5年内,全部项目建成后,可实现年产值55亿元以上,税收5.5亿元以上;

武汉凯迪生物质能发电项目。占地200亩,投资3.2亿元,具有发电和供热双重效应。现已进入征地阶段,两年内建成投产。可实现年产值1.5亿元,税收1000万元。

【郧县经济开发区】 2010年,全区实现国内生产总值99177万元,同比增长65.8%,占年计划的112.5%;工业总产值289931万元,同比增长81.2%,占年计划的111.5%;农业总产值13110万元,同比增长13.6%,占年计划的110.1%;实现财政收入9809万元,同比增长71.2%,占年计划的130.7%;招商引资到位资金120180万元,同比增长111.9%,占年计划的124.4%;固定资产投资139136万元,同比增长122.6%,占年计划的151.9%;农民人均纯收入4141元,同比增长14.2%,占年计划的107.6%。茶店镇被市委、市政府授予“文明乡镇”荣誉称号,被市委组织部表彰为“红旗党组织”,被市综治委评为“平安乡镇”,被市政府评为“经济普查工作先进单位”;被郧县县委表彰为“先进基层党组织”,被郧县县委、县政府评为“人口与计划生育工作红旗单位”、“防汛抗灾工作先进单位”,被县政府评为“征兵工作先进单位”、“农业普查工作先进单位”;樱桃沟村被省委、省政府和市委、市政府评为“文明村”,县委表彰为“先进基层党组织”。引进湖北川路整车项目,进一步发展壮大汽车及零部件产业,着力培育产业集群。重点扶持金龙余热发电、神河联达、佳恒二期等一批科技含量高、带动力强、经济效益好的龙头企业实施扩能改造项目,使骨干企业真正成为区域经济发展的重要支撑。重点抓“小进规工程”，全年新增规模以上企业6家，使全区规模以上企业达到18家；着力抓好“上市工程”，金龙公司和佳恒公司正积极筹备上市。

【郧西县工业园区】 自2006年筹建以来，通过大力招商引资，引进企业8家，投资总额超过9亿元；克难战困实施规划建设，累计投资3500万元，完成园区“三纵两横”道路基础设施建设；竭力开展优质服务，全面推行一站式和保姆式服务，促进企业发展壮大。截止到2010年，五年来，园区累计实现工业总产值20亿元、销售收入19亿元、工业增加值6.1亿元、税收2600万元，完成固定资产投资7.7亿元，年平均增长率分别为74.5%、87.7%、86.5%、89.7%和92%，基本完成“十一五”规划提出的发展目标，园区工业占全县工业比重达到15%。随着基础配套设施的逐步完善，园区已成为县域工业发展的核心区和聚集地。

2010年，园区全年实现工业总产值9亿元、工业增加值2.7亿元、销售收入8.7亿元、入库税金1200万元，完成固定资产投资1.15亿元，分别比上年同期增长2.5倍、1.1倍、2.7倍、1.1倍和1.2倍，前三项指标分别是年度计划目标的1.6倍、1.2倍、1.4倍。全年累计洽谈项目20个，签订协议11个，合同资金7.7亿元，当年开工3个，建成投产1个。全年合计在建项目7个（续建项目4个，新建项目3个），年内可竣工投产项目4个，累计完成固定资产投资1.15亿元，是“十一五”期间固定资产投资幅度最大、增长速度最快的一年。

【竹山县经济开发区】 2010年实现生产总值9.96亿元，完成固定资产投资16.68亿元，实现税收3500万元，财政收入3782万元，招商引资5.37亿元。“一区五园”规划建设格局形成。确立以竹山经济开发区为平台，借助其体制机制和政策，全力打造潘口水电经济开发区（潘口生态水电产业园区）、桥东医药化工及农产品加工园区、邓坪食品工业园区、中国·竹山国际绿松石城、莲花新型工业园区、宝丰创业园等六大特色板块，形成竹山经济开发区“一区五园”的规划建设与发展格局。规划区总面积25平方公里，涉及城关、潘口、宝丰3个乡镇10个村，已经实施面积15平方公里，入园企业总数56家，其中规模企业38家；园区工业用地规划面积达到一万亩以上，服务业用地5千亩以上。围绕打造水电、绿松石、有机食品、贵金属和林产化工等“五大特色名片”，正在建设以及规划建设的水电经济开发区、国际绿松石城、食品工业园、贵金属工业园、医药化工园等都可能形成独特竞争优势。其中，在建的潘口水电经济开发区，是规划中的县城新区，规划面积15平方公里，建设总投资超过100亿元，建成后将成为城区经济的重要增长极；已开工建设的中国.竹山国际绿松石城，规划面积230亩，建设投资5亿元，建成后将成为竹山山水园林城的地标和名片。围绕上述规划思路，全县上下奋力推进规划编制，至年底，《开发区“十二五”经济社会发展规划》已完成起草编制工作；潘口水电经济开发区已完成“一心两线六大功能区”的控制性规划和三个功能区的建设规划；宝丰创业园的园区控制性规划设计方案已作出；邓坪食品工业园、国际绿松石城和莲花新型工业园各项基础设施建设正按照控制性规划设计方案分步实施，形成“一区五园”规划建设全面推进、产业全面发展、功能全面配套、服务全面提升的良好态势。成功引进已入驻邓坪食品工业园在建的湖北巴山食品公司和湖北强生园油脂公司2个项目，计划总投资超过2亿元，已实际到资6000多万元；成由引进占地20亩、投资1000万元、仓储量1000万公斤的园区仓储物流中心建设项目。

【竹溪县工业园区】 2010年实现总产值23亿元，比上年同期的6.8亿元增长238%，比“十五”末的1.65亿元增长1294%，比2008年开展县级党代会常任制试点工作时的5.3亿增长334%；实现工业增加值8.2亿元，比上年同期的2.4亿增长242%，比“十五”末的0.58亿元增长1313.7%，比2008年开展县级党代会常任制试点工作时的1.8亿增长355.6%；实现税收1200万元，比上年同期的720万元增长66.7%，比“十五”末的48.7万元增长2364.07%，比2008年开展县级党代会常任制试点工作时的470万元增长155%。亿元以上规模企业从无到有，现已达到4家—华驰、创艺、梅子贡、云浩，工业园区在全县工业发展和区域经济协调发展中的地位和作用充分显现。“十一五”期间园区取得多项荣誉，2007年在全省92家省级开发区中综合考评位居前列，受到省委省政府表彰；2008年被全国企业创新审定委员会授予2008年度中国最佳投资开发区；2009年被国家命名“全国百佳科学发展示范园区”；2010年11月作为全省山区开发区科学发展特色园区在全省山区开发区工作会议上作典型交流；2010年6月被授予“十堰市农特产品精深加工科技园”。

园区企业由“十五”末的7家发展到“十一五”末的42家，新上各类项目67个，新增固定资产投资13亿元，引进外资企业1家—韩资湖北银松生态食品有限公司，合资企业1家—日资梅子贡茶微粉生产项目，国家863及省政府重大支撑项目1个—竹溪创艺皂素有限公司300吨皂素联产2000吨乙醇清洁生产示范工程，同时获得药品生产（GMP）、药品销售（GSP）双认证企业1家—云浩药业有限公司。国际国内相当一部分企业到竹溪工业园区考察，寻求产业、项目对接。

【房县工业园区】　始建于2002年，起步于房县青峰镇，原名房县青峰工业园，是《中华人民共和国国家发展改革委员会公告》（[2006]66号）第八批通过审核的全省保留的107家省级开发区之一。园区位于209国道和305省道县城交汇点，交通便利，位置优越。包括青峰镇青峰村和县城城郊部分区域，规划到2015年实际开发面积将达到10平方公里。目前，工业园区共有各类中小企业99家，其中产值过亿元企业4家，规模以上企业68家，培植食品饮料、纺织、汽配、生物医化、农副产品加工、建筑建材等支柱产业，形成以青峰、晓阳等为核心的"一区多园"的产业格局。

2010年，园区实现生产总值4.67亿元，同比增长48.3%；工业总产值11.7亿元，同比增长75.9%；实现税收8407万元，同比增长203.6%；固定资产投资12.59亿元，同比增长119.3%；园区企业累计安置就业人员达到3918人，同比增加1400人，增长55.6%，房县工业园区对全县经济的支撑和拉动作用进一步增强。

打破传统招商引资模式，引资8000万元建设标准化厂房，引进企业（项目）9个，协议投资15亿元，已到位资金6000万元。恒达纺织、神农中药饮片、武当动物药业、昂欣布业等企业技改扩能扩规模，新增投资近亿元，扩大了产能。同时，打破全县不能引进利用外资的历史艰冰，首次引进香港粤能国际有限公司投资开发生物质发电项目，发展低碳循环经济。项目总投资3亿元，装机3万千瓦，项目投产后年发电量可达2亿千瓦时，年产值可达1.6个亿，实现税收2000～3000万元。目前，香港粤能生物质发电项目、襄樊隆中制药项目已开工，奇瑞集团配件、中高档包材等一批项目在谈或即将入园动工建设。大力支持城关白露创业园、红塔高碑工业园建设，一批小企业、小加工项目进入园区安家落户。申报房县工业园区泰山庙工业园废水处理工程项目，目前项目可研报告和环评报告已上报省有关部门。

（张红梅）

国内贸易

国内贸易

【概况】 国内贸易持续快速增长。全市社会消费品零售总额实现306.4亿元，比上年增长21.7%，年均增长18.8%。

以加强市场建设为重点，努力促进国内贸易持续快速发展。一是加大对商贸重点企业服务力度。2010年，按照规模最大、业态最优，把人民商场购物中心建成一流的区域性商贸中心目标，把握节点、密切跟踪、不断推进，确保完成各项工作。与此同时，对五堰商场本部新建、寿康永乐房县购物广场等重点项目积极支持。二是加大市场体系建设力度。大力实施"万村千乡市场工程"建设，新建和改造农家店497家，同比增长72%，完成市政府下达400家建设指标任务的124%。对上年289家农家店项目及4个配送中心项目进行验收，项目资金559.5万元已全部拨付到位。全市新改扩建农村农贸（集贸）市场15个。全市市、县、乡镇三级物流配送网络基本形成，农家店乡镇覆盖率达95%，进一步完善农村商品流通网络。三是家电下乡和以旧换新成效显著。全市已建立"家电下乡"备案网点747个，全市销售家电下乡产品189303台（部），销售金额为5亿元，完成年度目标任务的333%；财政已兑付补贴数量为177326台（部），补贴金额6000万元，完成年度任务的333%。2010年8月正式启动家电以旧换新以来，全市已通过备案销售网点33家，回收网点33家，累计销售以旧换新家电产品11198台，销售3869.7万元；销售网点已兑付补贴产品7853台，兑付补贴为220.63万元；全年办理"汽车以旧换新"审核880台，已兑付补贴资金599.5万元。四是组织企业积极开拓国际国内市场，加快内外贸一体化进程。组织20余家企业参加2010石家庄保定（国际）小商品博览会、湖北台湾周、武汉跨国采购洽谈会、第19届中国食品博览会和第十一届成都西博会等商务会展，充分展示十堰市的优势企业和特色产品，引导企业积极开拓国际国内两个市场。五是加强市场运行监测工作。以"十堰商务"网站为平台，对接国家商务部五大监测系统，将全市27家样本监测企业纳入监测范围，建立和形成月度、季度有分析，年度有报告，重大节日和市场应急响应机制，实现对市场动态的科学研判，在全省商务系统排名第一，受到全省通报表彰。六是积极妥善应对成品油市场波动情况，千方百计确保市场供应。

以整治农贸市场环境为重点，努力营造公平、公正、公开的市场环境。一是加大城区农贸市场建设和整治力度。已将农贸市场建设200万元专项资金，通过"以奖代补"的方式，支持企业改扩建28个农贸市场，新建5个农贸市场、10个便民市场，取缔一批"马路市场"，为市民创造更加好的购物环境。11月份顺利通过省级检查组验收。二是切实净化肉品、酒类市场，确保人民群众吃上"放心肉"，喝上"放心酒"。全市各级生猪屠宰管理部门切实履行职责，依法取缔私宰窝点，共查处私屠滥宰案件13起，收缴问题肉品1600余公斤，有效维护全市肉品市场经营秩序，正式启动地方猪肉储备工作，市政府每年财政预算安排50万元，得到全省通报表扬。同时，在全市全面推行酒类市场准入、酒类经营权备案管理和随附单溯源制度，让市民喝上放心酒。三是加大特种行业的规范和监管。进一步规范和促进成品油、拍卖、典当、直销、报废汽车、二手车交易等特殊行业的发展，维护良好的行业发展秩序。目前全市8家典当行，2010年典当总额为1.7亿，11家拍卖行，拍卖场次53次，拍卖成交额1.97亿元。四是加强市场秩序的监督管理工作。加快推动十堰市申报商务综合执法试点工作，向省厅争取3台商务综合行政执法工作用车，不断夯实全市商务执法基础。

【"十一五"期间的国内贸易】全市"十一五"规划提出:2010年全市社会消费品零售总额达到200亿元,年均增长10%。数据显示:2005年全市社会消费品零售总额实现125亿元,2006年实现144.7亿元,2007年实现170亿元,2008年实现210亿元,2009年实现254.25亿元,提前两年完成目标任务。城乡市场更加活跃。围绕提升流通企业竞争力的目标,重点支持以老虎沟农贸市场、中东海产品批发市场、堰中蔬菜批发市场为代表的农贸市场,以鄂西北小商品批发市场、韩国小商品市场为代表的小商品市场,以中国(十堰)汽配物流配送中心、白浪钢材市场、辰泓建材市场、虹桥建材市场为代表的专业批发市场等一批大型市场建设,大力推进"万村千乡"市场工程和"家电下乡"工程",有效活跃城乡市场。

【市政府与省商务厅签署合作协议】 1月26日下午,在武汉白玫瑰大酒店,市政府与省商务厅举行战略合作签字仪式。市委副书记、市长张嗣义,省商务厅厅长周先旺代表双方在协议书上签字。经过沟通协商,达成五项合作协议:一是省商务厅及时将有意来鄂投资的省外客商推荐给十堰市,帮助十堰市与外商建立联系的渠道;帮助十堰市引进产业转移项目,引导世界500强或全国500强企业落户十堰市。二是支持十堰市创建国家级汽车及零部件出口基地,扶持十堰农产品出口基地建设,扩大十堰农产品出口规模。三是帮助竹山县建设外派劳务服务中心,支持其做大做强,打造成为全国知名品牌。帮助联系沟通商务部驻外商务机构、相关国家驻华使领馆等部门和机构,争取国际援助项目。四是省商务厅将人民商场购物中心建设项目纳入省促进市场体系建设专项资金的支持范围,将其打造成鄂渝陕豫周边地区最大的现代购物中心。支持十堰市大力推进"万村千乡"市场工程建设。将十堰火车站商贸经济圈、汽车汽配物流园区、汉江工业园区等"三大物流园"建设纳入全省物流业发展规划,大力支持其发展。在实施双百市场工程、东桑西移工程、中华老字号企业认证、报废汽车补贴、成品油网点规划等方面给予十堰重点倾斜。五是支持十堰铁路和公路口岸建设。支持十堰城区及6个国家级贫困县市电子商务工程服务平台建设。十堰每年选派1至2名干部到省商务厅挂职锻炼。在由商务部、省商务厅组织的相关业务培训、学习考察活动中,适当增加十堰分配名额。

【武术节十堰投资说明会隆重举行】 10月15日,第四届世界传统武术节十堰投资说明会暨招待宴会在世纪百强武当雅阁国际大酒店隆重举行。市委副书记、市长周霁出席投资说明会暨招待宴会并致辞,副市长师永学主持会议,省商务厅巡视员詹必胜,市领导冯艳飞、严炳洲出席会议。十堰市与香港、浙江、江苏、上海、北京等地客商签订投资合作项目36个,总投资额89.84亿元。签约项目涉及汽车机电、武当文化、生物医药、旅游产业、矿产开发等多个领域。十堰独有的政策优势、产业优势、土地优势、区位优势、开放优势引起与会客商的高度关注。来自美国、日本、荷兰、新加坡、越南、香港、台湾等7个国家和地区的世界500强企业,如美国沃尔玛、日本丸红株式会社等企业代表;来自长三角、珠三角、环渤海湾、西南、西北等11个省市的大企业,如红星美凯龙集团、中国宝安集团、太平洋建设集团、皇明太阳能集团、均瑶集团、重庆渝安、四环药业等企业代表,对十堰发展前景十分看好,表示愿意到十堰投资兴业。

【参加第21届哈洽会】 6月15日至6月19日,副市长高勤、市政府副秘书长刘卫国率十堰政企代表团赴哈参加2010年中国哈尔滨国际经济贸易洽谈会,先后与鸡西市人民政府签订缔结友好城市协议,与哈尔滨市总商会及会员企业联谊座谈,与哈药集团、裕昌集团等知名企业共商投资合作,达成系列共识和意向。十堰市代表团参观哈洽会产品展,突出生物医药、绿色食品、林工等关联产业对接和洽谈,先后与哈药集团、哈森林工、鸡西水产等知名企业高层座谈,介绍十堰市资源优势,诚邀企业高层适时来十堰考察;在湖北省人民

10月15日,第四届世界传统武术节十堰投资说明会在世纪百强武当雅阁国际大酒店隆重举行

政府、黑龙江省人民政府经贸合作签约仪式上，副市长高勤与鸡西市人大副主任任雅欣分别代表两地政府签订缔结友好城市协议，双边将在科教文卫、体制创新、经贸合作等方面密切交流，加强合作。6月18日，十堰市与哈尔滨市总商会联谊座谈会在哈尔滨市总商会会议室举行，双边共同认为要大力拓展交流机制，共觅商机，共话发展。

【储备生猪15680头】 十堰市生猪储备合同签订暨揭牌仪式在十堰市忠孝养殖有限公司举行，这标志全市猪肉储备制度正式实行。十堰市储备任务为784吨（15680头）。全市地方猪肉储备按市、县分级承担的原则落实储备。市级储备猪肉核定为423吨，县级储备核定为361吨。市级储备确定十堰市二堰屠宰加工厂、十堰市茅箭区正富肉联厂2家承储企业，确定十堰市忠孝养殖有限公司、十堰市光牧猪改良有限公司、十堰市茅箭区正富肉联厂花果养殖场3个储备基地。猪肉储备方式有3种，即活体储备、冻肉储备、货币储备。十堰市实行生猪活体储备方式。储备肉动用权属市政府，调配权属省政府。一般在以下3种情况下收储、动用储备肉：一是发生重大自然灾害、事故灾难、突发公共卫生事件和突发社会安全事件等其它突发事件时；二是生猪供过于求，价格明显偏低，生猪养殖出现较大亏损，为维护生猪养殖户利益，采取收储方式，以缓解“卖猪难”矛盾；三是当市场供不应求，猪价过高时，组织储备肉投放市场，调节供求，平抑肉价，维护市场的基本稳定。

【省商务厅厅长周先旺莅临十堰市调研考察】 11月5日至7日，省商务厅厅长周先旺一行莅临十堰市，就汽车和农产品出口基地建设、商务“十二五”发展规划制定、商贸流通发展、商务系统政风行风建设等工作进行调研。市委书记陈天会、市长周霁、市政协主席王铁军、副市长张桂华、市政府秘书长刘修俊先后陪同调研。周先旺一行先后深入东风渝安有限公司、东风实业（十堰）车辆有限公司、十堰工业新区、东风公司8万辆商用车生产基地、房县聚达食品有限公司、房县农产品出口基地、武商十堰人民商场建设工地等项目建设现场、商贸流通企业，详细了解项目建设、商贸流通等情况。周先旺充分肯定十堰市外贸出口基地建设等工作，高度评价十堰市对外开放工作和商务系统政风行风建设工作，对十堰市商务“十二五”发展规划编制工作提出可操作性指导建议。

【市政府召开赴山东农贸市场学习考察汇报会】 为服务“三城联创”工作，加强农贸市场建设，提高农贸市场管理水平，市农贸市场整治管理办公室11月中旬组织全市部分农贸市场主管部门负责人及开办业主赴山东学习考察。12月28日下午，市政府在市商务局召开赴山东农贸市场学习考察汇报会，市政府副秘书长刘卫国主持会议，副市长冯艳飞参加会议。市商务局、张湾区商务局、十堰经济开发区商务局、市市场开发服务中心、堰中批发市场、三堰大市场、红卫大市场等单位，共计20余人参加此次会议。会议听取代表团赴山东农贸市场学习考察的情况汇报，总结山东农贸市场建设管理的经验，指出十堰市与山东部分农贸市场日常管理存在的差距，以及今后全市农贸市场建设的发展方向。与会的农贸市场负责人踊跃发言，结合实际提出农贸市场建设管理的意见和建议。

商场超市

【人商百货迁址北京路】 6月11日，武商集团人民商场百货整体迁移开业仪式在北京路远洋国际门前隆重举行，副市长高勤等领导参加开业仪式，并向人商百货迁址开业表示热烈祝贺；数百名供应商代表参与庆典活动。作为十堰中高档定位、市场占有率和人气极高的人商百货正式进驻北京路商圈。武商集团人民商场北京路卖场的正式开业，是人商发展战略的关键一步，它标志着全市人民盼望已久的，市委、市政府寄予厚望的人商购物中心建设项目即将将全面启动。到2011年底，总投资超过6亿元、面积逾10万平方米的具有标志性人文景观的人商六堰中央商务区将竣工并投入运营。

【人民商场原营业大楼成功爆破】 7月28日下午3时整，经营26个年头的武商集团十堰人民商场有限公司原营业大楼及附属楼成功爆破。本次爆破工作受到市委、市政府和相关职能部门的高度重视，制定严密的爆破拆除工程安全保障方案，本次爆破共使用炸药420余公斤，爆破用时8秒。这次老营业大楼的成功爆破，对十堰人民商场而言，具有划时代的里程碑意义。1982年2月8日，十堰市人民商场营业大楼破土动工；1984年9月25日，人民商场在十堰人民的期盼下盛装开业。人民商场刚刚落成之际，在百里车城这块热土上，算得上是一座标志性建筑，在当时成为全市同类建筑之最：以5600平方米的营业面积名列十堰市各大综合零售商场之首，也名列全省商业系统十大商场之一。但是，人商在发展中也面临着一些困扰和难题，特别是多年来营业面积不足一直是影响人商发展的障碍和制约人商发展的瓶颈。1994年以前人商的实际经营面积只有5600平方米，1994年进行改、扩建后达到12000平方米，这对于当时十堰的消费水平来说，还是能够满足市场和消费者的需求的；随着经济

7 月 28 日,经营 26 年的武商集团十堰人民商场成功爆破

的发展和人们收入水平和消费能力的日益提高,人商经营面积不足的矛盾也日益显现出来,困扰着人商的发展。在这一矛盾日益突出的背景下,1999 年,人商整体租赁原东方商厦 4000 平方米营业场地;2004 年人商租赁了广电新大楼一至四楼 11000 平方米的场地用于扩大经营,由此确立了百货、家电、超市三大业态并存的经营定位,暂时缓解了经营面积不足的矛盾;2005 年又租赁了三堰大本营 10000 多平方米卖场,建立了人商家电和人商超市分卖场,营业面积不足的状况进一步得到缓解;2005 年,人民商场首次向县级市场拓展,投入巨资买断了郧阳购物中心产权,尽管经营面积逐步得到了较大扩展,但并没有从根本上解决人商经营面积不足的矛盾。这一方面影响了人商业务更快、更好地发展,另一方面不能更好地满足消费者的需求。人商实现与武汉武商集团股份有限公司的成功并购,困扰人商发展的资金问题得到解决。人商拟在现址新建一个面积逾 10 万平方米商业中心的设计规划已通过各方认可,项目建设已启动,拟于 2011 年底以前正式投入运营。该建设项目成功后将成为十堰的标志性建筑,成为十堰市的一道靓丽风景和"形象"窗口,并将由此改写十堰的商业史。

【新五堰商场开业】 12 月 18 日,十堰市五堰商场股份有限公司五堰商场盛大开业。五堰商场创立以来,立足十堰服务于广大市民,先后获得国家、省、市等多级荣誉,五堰商场在突出本部"龙头"优势的同时,积极探索,走出了一条专业化经营、多元化发展之路,在十堰乃至鄂西北地区经济发展中有着举足轻重的作用。五堰商场新卖场是集购物、娱乐、餐饮、休闲为一体的大型综合性商业企业,位于五堰步行街中心位置,共 9 层,其中地下 2 层,地上 7 层。五堰商场的工程分为三期,目前一期和二期工程分别竣工并投入使用,三期工程将于 2012 年建成。届时,五堰商场单层总营业面积可达 10800 平方米,将是十堰市最大的购物、休闲场所。

(朱 军)

粮油购销

【粮食安全保障】 2010 年,把充实和完善地方粮食储备作为重中之重的工作来抓。按时保质保量地完成省政府下达的新增省级粮食储备计划,市级与县(市)级的新增粮食储备计划也全部落实到位,全市共新增地方粮食储备 2150 万公斤。大力开展科学保粮和创建"一符四无"粮仓活动,确保安全储粮,全市全年保持安全粮比例 98% 以上。加强粮食仓储设施建设,城区中心库建设按计划顺利进行,仓储装备技术水平得到质的提高。市粮油储备公司荣获"全国粮油仓储规范化管理先进单位",赵兴元同志荣获"全国粮食系统劳动模范"荣誉称号。2010 年,全市共收购粮食 1.5 亿公斤,是目标任务的三倍多,是近十年来收购粮食最多的一年。全年销售粮食 11056 万公斤,粮食市场货源充足,品种齐全,价格稳定。

【粮食产业化】 着力把粮食工业园区建成为粮食产业化发展的主要载体,千方百计促成集粮油经营、仓储、加工、配送、物流、信息、检测、研发等多位一体的粮食产业集群。武当粮油产业园区的项目论证、选址、申报等工作快速推进,已被省粮食局纳入十大园区;竹溪粮食产业园已经成园,集聚一批龙头企业;竹山粮油产业园也完成土地平整;房县粮食产业园正在改造升级,神龙米业与房县黄酒企业经营渐入佳境;郧西鸿大粮油加工园已破土动工;郧县粮食产业园在与市区对接中正在加紧规划。全市的粮食产业园区建设有了良好开端。

做大做强龙头企业,大力构建五大特色粮油加工产业集群。目前小杂粮特色粮油食品加工产业集群,魔芋、葛粉、杜仲、杂粮挂面等山区特色食品加工产业集群，玉米、红薯精深加工产业集群，优质稻米加工产业集群，糯米黄酒加工产业集群已经基本形成。竹溪梅子贡茶食品开发有限公司、郧西鸿大公司被授予全省粮油食品工业“十佳特色企业”。2010 年全市纳入规模以上粮油加工业统计范围的企业实现工业总产值和销售收入均超过 7 亿元，同比分别增长 50% 以上；完成利税总额 5300 多万元，同比增长 45%。龙头企业技术改造步伐加快，全市 2010 年实施改造或新建项目 8 个，新增投资 1.5 亿元。原料基地建设稳步推进，全市已建立各种特色优质原料基地 23.1 万亩。

实施精品名牌战略，构建粮油品牌体系，特色产品品种数量质量都有较大的增长和提升。2010 年，全市粮食产业化企业有 7 家被湖北省粮食行业协会授予“放心粮油示范加工企业”；通过国际质量管理体系 ISO9001—2008 认证的有 3 家企业；已有 2 家企业获得绿色食品认证；3 家企业获得十堰市知名商标，2 家企业获得省著名商标；在湖北省第十二届粮油精品展示展销会上十堰市有两个粮油产品获得金奖。

【省粮食局局长孙永平考察十堰市粮食工作】 5 月 12 日，省粮食局局长孙永平率领省粮食工作调研组深入十堰市进行调研。现场查看城区武当粮油产业园、十堰国家粮食储备库、郧县大丰仓、郧县粮油产业园、郧西县粮食储备库、郧西鸿大粮油食品公司、丹江口市粮油食品工业园、丹江口市粮食储备库等粮食企业，听取市粮食局局长刘荣盛代表市粮食局所作的全市粮食工作汇报和各县（市）粮食局长的工作汇报。市领导张嗣义、何万勤、张坤、高勤先后陪同调研。孙永平对十堰市粮食工作取得的成绩给予充分肯定。他指出，面对国际粮价大涨大落的复杂形势和国内重大自然灾害的严峻局面，十堰粮食部门认真贯彻落实科学发展观，严格执行国家粮食政策，带动农民增产增收，促进粮食企业又好又快协调发展。由此看来，市委、市政府高度重视粮食工作，把粮食加工作为支柱产业来抓，并给予政策支持，扶持粮油加工企业迅速发展，取得较好的效果。他希望十堰粮食部门在新的历史时期，要进一步深化改革，创新体制机制，继续把粮油的深加工作为一个重要抓手，加快粮油加工产业发展；粮油加工企业要牢固树立品牌战略意识，突出山区特色，大力发展具有浓郁地方特色的高端产业，促进企业稳步健康发展。同时紧紧抓住国家扩大内需的政策为契机，扩大规模，加快进度，发展粮油加工产业，为全省粮食工作作出更大贡献。

【市粮油储备公司组织成立 40 周年系列庆典活动】 市粮油储备公司组织开展职工庆祝公司成立四十周年“我与企业同行”的征文活动，将收到的征文结集为《金色的守望》，将职工近十几年来发表的几十篇科技论文结集印刷，编成科技论文集，将公司 40 年来的重大事项和珍贵的图片资料结集为公司纪念画册。组织职工进行革命歌曲歌咏比赛、公司篮球及拔河比赛三项职工文体活动。以公司职工艺术团为主并邀请著名艺术家在十堰电视台演播大厅为全体职工与家属，祝贺公司 40 年庆典的贵宾和朋友献上一台精彩纷呈的大型文艺晚会—《金色守望者之歌》，讴歌粮食人，唱响主旋律。通过这次庆典活动，为落实市粮食局“内强素质，外塑形象”的战略举措拉开序幕。

【市粮油储备公司姜文获得全国二等奖】 5 月 28 日，第二届全国粮食行业职业技能竞赛在武汉成功举办，市粮油储备公司白浪粮库副主任姜文代表湖北省粮食系统参加此次比赛。姜文与参赛组的其他同志共同努力，在比赛中获得优秀团体三等奖。姜文同志个人获得粮油保管员比赛个人二等奖。第二届全国粮食行业职业技能竞赛是由国家粮食局、中国就业培训技术指导中心和中国财贸轻纺烟草工会共同主办，武汉工业学院承办，中国粮食行业协会和湖北省粮食局协办的最高级别的粮食

8 月 8 日，中央国家机关部门协作组工作会议代表视察十堰国家粮食储备库

行业职业技能竞赛。本次竞赛设置粮油保管员和粮油质量检验员两个职业。其中,粮油质量检验员职业分粮油质检机构组和粮油企业组。全国有28个省(市、区)以及中国储备粮管理总公司、中粮集团公司共30支代表队,180名选手参加总决赛。

【中央国家机关部门协作组工作会议在十堰召开】 8月8日至11日,由国家粮食局牵头,国家发改委、卫生部、国家人口计生委、国家工商总局、国家质检总局等12个中直机关组成的部门协作组工作会议在燕良大酒店举行。副市长冯艳飞、市政府党组成员张桂华先后陪同。中央国家机关部门协作组一行先后深入到郧县、城区、武当山、丹江口等地参观调研。

【省粮食局副局长赵启玉调研十堰市粮食工作】 10月14日至17日,省粮食局副局长赵启玉一行深入十堰市开展调研。在现场查看城区武当粮油产业园、十堰国家粮食储备库后,听取市粮食局关于行风评议、现代物流体系建设、国有粮食企业改革发展、中晚稻收购、统计执法等工作情况的汇报。赵启玉一行先后深入城区与竹溪、竹山、房县等地的粮食企业,实地视察特色食品加工厂、粮食储备库,详细了解各县粮食产业化建设、秋季稻谷收购等工作。在听取市、县粮食工作情况汇报后,赵启玉对十堰市粮食工作取得的成绩给予充分肯定。

【省粮食局副局长马木炎一行调研十堰市粮食工作】 10月27日至30日,省粮食局副局长马木炎带领省粮食局仓储处处长唐学军等调研十堰市粮食工作。重点对市城区、竹山县和房县的粮食安全和粮食产业化进程进行实地调研。现场查看市粮食储备中心库、十堰国家粮食储备库、竹山县邓坪食品工业园、房县粮食储备库、房县神农米业(规划中的房县粮油产业园),听取市粮食局及竹山县政府、房县粮食局关于中心粮库建设、现代物流体系建设、粮食安全(储备粮安全储存、新增地方粮食储备计划落实、秋粮收购以及农户科学)、国有粮食企业改革发展等工作情况的汇报。调研工作受到市委市政府和竹山县、房县县委政府的高度重视。市政府副市长张桂华介绍十堰市经济发展及粮食工作情况。

10月14日,省粮食局副局长赵启玉一行深入十堰市开展调研

【省财政厅、省粮食局到十堰市调研及验收省级储备粮工作】 11月20日,市粮油储备公司在白浪储备库举行省级储备小麦验收会议和新增省级储备粮收购市场价格汇报会。省财政厅商贸处处长段建平、省粮食局副巡视员谭富生、调控处副处长龚伟及财务会计处等相关领导组成联合调研、验收领导小组,在视察中心储备库建设情况及新增省级储备粮入库工作后,对该公司白浪储备库14号库省级储备小麦进行实物核查、签字验收,对2010年新增省级储备稻谷的收获情况、市场行情、入库成本价逐一进行调查、核定。市粮食局局长刘荣盛、副局长付治国、王荣雷,市财政局商贸科科长李家炳等参加会议。市粮油储备公司总经理赵兴元在对公司基本情况及退市进郊的发展思路汇报后,着重讲企业面临的三大困难:一是粮食轮换成本增加;二是保管费成本增大;三是建设资金缺口较大。省财政厅商贸处处长段建平、省粮食局副巡视员谭富生等联合调研、验收领导小组一行,通过实地考察,听取汇报、了解实情后,对市粮油储备公司作为销区建设中心储备库及退市进郊、兴建十堰武当粮油产业园的发展思路、做法进行肯定,对公司所面临的困难表示理解,对中心储备库的建设规格、质量,储备粮油的规范化管理水平和实干精神给予高度评价。

【市粮油储备公司总经理、党总支书记赵兴元荣获"全国粮食系统劳动模范"】 1月20日至21日,国家人力资源和社会保障部、国家粮食局联合表彰全国粮食系统先进集体87个,劳动模范85名,这是全国粮食系统四年一次的最高层次表彰活动。

中央领导及国家粮食局领导亲切会见全体先进集体代表和劳动模范（先进工作者）。市粮油储备公司党总支书记、总经理赵兴元被授予“全国粮食系统劳动模范”荣誉称号。

（郭 锐）

供销合作

【概况】 2010年，全市供销社实现购销总额74.2亿元，同比增长30.2%。其中销售总额41.2亿元，同比增长33.5%。农业生产资料销售9.1亿元，同比增长24.6%。实现农副产品收购8.3亿元，同比增长40.8%。汇总利润1655万元，同比增长37.8%。5月28日，中华全国供销合作总社党组书记、理事会主任李成玉、副主任戴公兴，湖北省政府副省长田承忠、省社主任樊仁富等领导到市供销社调研指导工作。2月10日，市委书记陈天会、市委常委、秘书长陈家义、市委常委、副市长张维国，副市长师永学等领导深入供销社基层网点检查指导工作。10月13日，市委常委、组织部长董卫民到供销社检查指导工作。副市长冯艳飞、贺盛有等领导先后多次对供销社工作进行检查指导和解决遇到的问题。市供销社先后被市委、市政府和其他部门授予先进单位10次，先进个人10多人次。

【合作经济组织建设】 积极参与农业产业化经营。一是推进专业合作社建设，利用供销社人才、资源、网络等条件兴办农民专业合作社，全年新发展各类专业合作社35个。二是推进“农超对接”，加强农产品市场体系建设，建立郧县柳陂、黄龙芹坪两个农产品基地。黄龙芹坪昌洁蔬菜基地达3000多亩，联接农户420户，年上市各种蔬菜2500万公斤。全系统已有专业合作社生产的10多个品种的农产品进入超市，且市场销售较好。三是推进银社合作，着力解决农村合作经济组织融资难题。已创建“三农”金融服务站20多个，向农民专业合作社、农民经纪人发放贷款11766万元，累计达到16011万元。免费在农村综合服务社、农村超市、农资放心店安装转帐电话3351个、POS机324个，覆盖面达到全市100%乡镇和30%行政村。四是积极探索基层社建设模式，推进基层社恢复重建。如竹山县供销社结合移民搬迁，新建官渡、上庸等基层供销社。该县宝丰供销社通过近年的改革发展，取得一定成效，现拥有资产总额584万元，年实现销售总额3000多万元，实现利税80多万元。五是推进行业协会建设。充分发挥行业协会指导、协调和服务作用，进一步提升农资、农产品、再生资源协会管理水平，增强协会代表性和影响力。

【龙头企业和项目建设】 一是坚持开放办社，广泛吸纳社会资本和企业参与供销社发展，优化产权结构，创新体制，转换机制，着力培育龙头企业，增强发展活力。狠抓市新合作、兴合农资、金满园、丹发、武当山珍、十堰商场、百盈、冠业、四维特惠等龙头企业建设。2010年，仅市直龙头企业销售就达19.7亿元，占全系统销售47.8%。同时，发挥龙头企业辐射带动作用，开展保险和移动通信业务代理，拓展服务领域。全系统年实现保险代理收入161万元，移动通信业务代理收入277万元。二是强化社有资产营运，进一步规范完善社有资产经营管理体制，加大社有资产优化重组，推进社有企业的重组联合。狠抓再生、农资和农产品批发市场投资的前期准备工作。建立健全法人治理结构，完善出资人制度，推进华生、花果、红卫等企业改革和收尾工作。三是实施项目带动战略。抢抓国家扩大内需等政策机遇，以招商引资促进项目建设，着力培育新的经济增长点。加强省、市、县龙头企业合作，狠抓武当山珍农产品加工中心、郧县农产品加工物流园、干鲜果品市场等项目主体工作，向省社申报的8个项目已通过筛选。市供销社通过项目引资1亿多元，获得国家发改委、全国供销总社和省社资金支持300多万元，有力的推动供销社发展。

【农村现代流通体系建设】 一是稳固发展日用工业品连锁配送网络，充分发挥市新合作超市有限公司龙头带动作用，大力发展农村超市，推进日用工业品连锁网络向农村边远山村延伸。在新合作总部的支持下，十堰新合作出资1.2亿元重组了京华超市、襄阳康乐福超市。至此，十堰市新合作直营店由54家增加到126家，经营面积从8万多平方米增加到25万平方米，十堰新合作超市的发展有了新的突破。2010年，全市新发展农村超市599个，占年计划的239.6%。二是整合拓展农资购销服务网络，应用农资网络资源，发展农资放心店，全市新发展农资放心店326个，占年计划的217.3%。全系统年供应化肥395860吨，同比增长20.6%；供应农药1730吨，同比增长99.5%。市兴合农资连锁有限公司年销售33220万元，较同期增长16%。在保质稳价，服务生产，助农增收中发挥主导作用。三是规范提升再生资源回收网络，全市新建再生资源回收网点154个，占年计划的154%。成立十堰市再生物资开发有限公司。四是拓宽畅通农产品购销经营服务网络，加强农民经纪人队伍建设，发展、培育农产品经纪人，提高经纪人带领农民闯市场的组织化程度。在省社的支持下，培训来自全市从事农产品生产、经营、加工、储运、销售的经营者、专业合作社人员、农村村级综合服务社人员等200余人，占年计划的200%。发展农民经纪人

388个，占年计划的259%。

【市社主任上官守刚参加总社五代会议】 3月21日，十堰市供销社党委书记、主任上官守刚代表全系统干部职工出席在北京召开的中华全国供销合作社第五次代表大会，并受到中共中央政治局常委、国务院副总理李克强等领导的接见。湖北省仅有6个市州供销社主任出席这次代表大会。中华全国供销合作社代表大会每五年召开一次。在这次召开的大会上，中共中央政治局常委、国务院副总理李克强发表重要讲话。全国人大常委会副委员长乌云其木格出席大会。国务委员兼国务院秘书长马凯发表讲话。农业部副部长陈晓华代表嘉宾致贺辞。大会由总社党组书记、理事会主任李成玉，总社党组成员、理事会副主任周声涛分别主持，李成玉代表第四届理事会向大会作工作报告。大会选举产生新一届总社理事会和监事会领导人，修改供销社章程。

【竹溪贡米获农博会大奖】 竹溪贡米专业合作社接到第七届中国武汉农产品交易博览会组委会的通知，该社"中峰贡"牌竹溪贡米系列产品荣获本届农博会最畅销农产品奖。据了解，本次获奖是继上两届农业博览会金奖及全国知名农产品奖后又获的殊荣。竹溪贡米专业合作社通过县供销社推荐，赴武汉参加为期4天的第七届中国武汉农产品交易博览会。会展期间，贡米展台品种繁多，琳琅满目，展位前人流如织，询购农产品的群众络绎不绝，产品供不应求，现场气氛十分活跃。

【总社主任李成玉一行到市检查调研】 5月27日至28日，中华全国供销合作总社党组书记、理事会主任李成玉、副主任戴公兴率总社办公厅、人事部、经济发展与改革部等有关负责人就深化供销社改革，加快农村现代流通网络体系建设到市供销社调研检查指导工作。先后深入供销社基层网点实地察看新合作超市有限公司武当山购物广场、武当山旅游商城、武当山特区青徽铺村综合服务社，详细了解供销系统"新网工程"建设、农资经营等情况。（韩发材）

石油经销

【中国石化湖北十堰石油分公司】 2010年，经营销量首次突破30万吨、在全省系统综合考核晋级全省三甲，"比学赶帮超"竞赛中获得"标杆企业"称号，全年实现总量销售30.77万吨，实现销售收入21.8亿元，同比增长22.87%。

经营工作。十堰石油分公司把网点建设作为经营发展的重中之重工作，抓住省政府与中石化签署加油站战略合作协议的政策机遇，全面启动加油站建设协调工作，着力完善加油站布局。同时，根据零售、直销、润滑油、非油品业务不同特点，分别制定经营策略，各经营条线协调互动，整体竞争能力得到加强，轻润组合、零直互动、油非互动，实现整体协调发展，齐头并进。内部管理。十堰石油分公司以梳理管理权限，明确管理责任为切入点，把公司职能科室相应职责与省公司职能处室、市政府部办委局一一对应，相互衔接，明晰职责，形成"有呼必应、快速高效"的长效机制。同时，从日常管理的细节和小事抓起，堵塞漏洞，挖潜增效。在强化费用预算、定额管理上，厉行节约抓起，增强各部门节能、降费意识，有效控制费用支出和成本管理安全生产。2010年，十堰石油分公司深入开展"我要安全"、"强化制度执行，创学习型油库"、"2+3+5"安全拍档等活动，强"三基"反"三违"，提高全员本质安全意识，确保全年安全生产无事故。同时，严格油品数质量监管，对101座加油站的343个油罐和白浪油库4个汽油罐进行国三汽油置换前的安全清洗。并定期组织专班对全市加油站进行安全设备数质量大检查，定期加油枪自校，确保油品"出入关"，未化验合格的油品不接卸、不入库，检测不达标的油品不出库，在省质量技术监督局强制抽检中，取样送检100%合格。市场保供。2010年，中石化十堰石油分公司以资源供应为主线，以服务十堰经济为己任，自觉承担国有企业应有的责任，特别是"油荒"和第四界世界传统武术节期间，不等不靠，不惜一切代价，千方百计调入油品入堰。自10月份以后，受国际原油价格高位上涨影响，全国柴油资源供应紧张，十堰柴油供应转入紧张时期，出现排队加油现象。中石化十堰石油分公司启动保供应急预案，通过争取资源计划、加强铁路调运、合理投放资源，最大限度地缓解成品油市场紧张局面。全公司日供应量由正常时期的450吨增加到620吨。10—12月份，中石化作为十堰市场主渠道在大量经营者退市的情况下，同比增加柴油投放量37%。

【中国石油十堰分公司】 中石油天然气股份有限公司湖北十堰销售分公司（简称：中石油十堰销售分公司）是中国石油湖北销售公司于2004年9月15日在十堰地区成立的全资分公司之一，主要负责中国石油在湖北十堰地区的成品油批发、零售、仓储和配送以及油库、加油站网络开发建设。分公司累计投运加油站21座，辐射五县一市，划分2个片区。年销售成油品达10万吨，拥有东风公司商用车公司、东风渝安、天海公司等长期合作客户，业务网络覆盖五县一市及鄂、豫、陕等省份，每年销售量以30%的速度递增，目前成品油销售份额已达到28.6%。

【十堰天海贸易有限公司】 十堰天海贸易有限公司是十堰市一家民营石油企业，成立于1997年，以经营石油化工产品为主。2005年6月6日，天海公司正式启用全新的“天海石油”的品牌形象；2006年6月，天海公司大胆尝试多渠道经营，郧县鲍峡陈家沟采石场正式投入运营，主要为铁路、高速公路等大型工程提供各类高品质石子；当年12月，天海公司成功竞购原东风汽车有限公司龚家沟油库，经过两年的改造扩容，成为十堰地区第二个大型综合性商业石油储备库；2008年11月，天海公司与中国第三大国家石油公司—中国海洋石油总公司签订合作协议，中海油为天海公司提供优质充足的油源保障，给公司的发展注入了新的活力；2010年6月22日，天海石油喜获国家商务部颁发的《成品油批发经营批准证书》，成为湖北省目前惟一一家批零兼营的成品油经营民营企业。目前公司已拥有13座加油站、一座储量2万多吨的油库、一条铁路专用线、一家运输分公司和一家采石场，员工近300人。业务网络已覆盖鄂、豫、陕、川等十多个省市区，成为年销售代储石油产品占本地区40%以上市场份额的大型成品油经营企业。

烟草专卖

【概况】 全年辖区销售卷烟47.81亿支（9.56万箱），同比增长0.65%。实现“两烟”销售收入167160万元，同比增长21.16 %，其中，实现卷烟销售收入128375万元，同比增长13.38%。实现“两烟”税利36419万元，同比增长37.91 %，其中，实现卷烟税利27917万元，同比11.89 %。实现“两烟”利润16295万元，同比增长33.45 %，其中卷烟利润13696万元，同比 -14.57%。

全年共查处各类涉烟案件914起，查获假冒卷烟545万支，案值208万元，上缴罚没款24.14万元。移送公安机关涉烟案件5起，公安、司法机关依法刑事拘留11人，判刑6人。全年共破获制售假烟网络案件7起，其中符合国家局标准的网络案件1起，案值共计158万元。

全年全市共种植烤烟6.38万亩，收购烤烟0.74万吨（14.8万担），香料烟0.036万吨（0.71万担），晒烟0.049万吨（0.98万担）。收购均价为13.5元/千克；实现烟农收入1.26亿元，同比2009年24.4亿元降低48.4%；烟农户均收入18540元，同比2009年15776元增加17.5%。

全年全市烟叶生产基础设施建设共投入1.0168亿元（其中国家局补贴资金5827.9万元，市局配套投资4339.55万元），完成烟叶生产基础设施建设项目2362件，建成沟渠23条、机耕路174.57千米，新建卧式密集型烤房330座，烟水配套工程实际受益面积累计3.1万亩，受益农户2.9万户。全市累计投入3.28亿元，建成基本烟田面积22万亩，标准化烟站24个，基本满足30万担以上烟叶生产基础设施条件。

【国家烟草专卖局潘家华来市调研】 1月7日至8日，国家烟草专卖局纪检组长潘家华，国务院发展研究中心党组成员、农村经济研究部部长韩俊一行，深入十堰市调研现代烟草农业建设等工作。潘家华一行在深入房县桥上乡、土城镇查看烟田整治、烟水烟路等基础设施建设情况，了解烟叶生产、烘烤、分级、收购一体化流程等情况后，听取市烟草部门对推进现代烟草农业试点建设情况的汇报。潘家华认为十堰市现代烟草农业建设工作思路清晰、措施具体，试点工作开局良好、初见成效。

2007年，国家烟草专卖局作出推进现代烟草农业建设的重大战略决策，房县桥上乡西坪村、竹溪县向坝乡金竹园村被纳入现代烟草农业建设试点。市委、市政府抓住这一重大发展机遇，出台《关于加快推进现代烟草农业发展的意见》，明确将10%的烟叶税收作为现代烟草农业专项扶持资金，用于支持烟农合作社的建设和发展。两年来，十堰市高水平谋划、高标准实施、高质量推进，现代烟草农业建设达到“一基四化”的基本要求，逐步形成现代烟草农业建设之路。2009年，全市乡级烟叶生产专业合作社达到6家，入社农户4300余户，共组建60个育苗专业服务队，受益烟农达到6000余户，烟农户平烟叶收入达2万余元。 （办公室）

盐业专营

【概况】 全年办理涉盐案件8起，查获违法盐产品52.24吨，无行政复议案件，食盐“三率”（碘盐合格率、碘盐覆盖率、合格碘盐食用率）全部达到98.5%以上。5月份十堰市以99.7分的高分通过由省发改委、省卫生局和省盐务局组成的省级考核评估组对十堰市消除碘缺乏病工作进行的评估和验收。

积极整合资源，努力建立适合十堰山区盐业市场的流通方式，按照食盐销售网络化，流通配送化，经营连锁化，管理信息化的标准，摸清终端客户信息，建立完整系统的客户档案。全市及神农架林区，共建立食盐零售网点4048余户，边远山区食盐配送网点69个，已初步建立食盐现代化物流配送体系。全年共配送和销售食用盐18027吨，保障全市人民群众食用盐需求。

【“十一五”期间的盐业】 回眸“十一五”，十堰盐业实现跨越式发展，各项工作取得新成绩。盐政管理工作得到进一步加强，有效维护食盐市场稳定和安全。牢固树立“以人为本，执政为民”理念，以确保全市人民食盐安全为己任，加大市场管理力度，深入开展盐业法律法规宣传和碘缺乏病防治知识的普及、教育活动，严格依法打击涉嫌违法行为、查处违法事件，有效维护市场稳定和净化，全市食盐“三率”均达到100%（市场净化率、合格碘盐覆盖率、合格碘盐食用率），确保全市人民食用盐安全。

食盐市场供应保障能力显著提高。为提高食盐市场供应保障能力，“十一五”间加大食盐配送终端网络建设力度，全市共建立配送终端网点13800个，网点覆盖城乡、村组，现代化配送网络体系已经形成。“十一五”全市共配送食盐9万多吨。

调整食盐品种销售结构，大力推广多品种食盐，满足不同消费需求，提高生活品质。根据市场需求，从2008年开始，向市场投放钙、锌、硒、低钠盐等多品种盐，以满足广大消费者需求。调整经营结构，大力发展非盐经济，不断壮大经济实力。目前公司根据发展需求，已代理南风奇强系列产品、维维豆奶系列产品，经营品种达到150余种，年销售额达1000多万元。（办公室）

十堰军分区

广州军区政委张阳（右二）在十堰军分区视察

司令员徐志在全军保障社会化工作会议上发言

政治委员周建新在移民点指导丹江口市人武部进行移民搬迁

副政治委员柳青、政治部主任刘文全慰问扶贫点群众

参谋长徐江海组织制乱平暴演习

后勤部长方国强参加植树造林活动

召开人武部和基层武装部建设工作会议

十堰市双拥工作

民政部副部长、全国双拥工作领导小组副组长、双拥办主任孙绍聘（前排中）检查十堰市基层双拥工作

省双拥模范城考评检查组组长叶方新（左一）在市消防支队检查工作

市委书记陈天会（左）慰问驻十部队官兵

市长、市双拥工作领导小组组长周霁（左）听取部队关于房县“6·14”特大山体滑坡抢险情况汇报

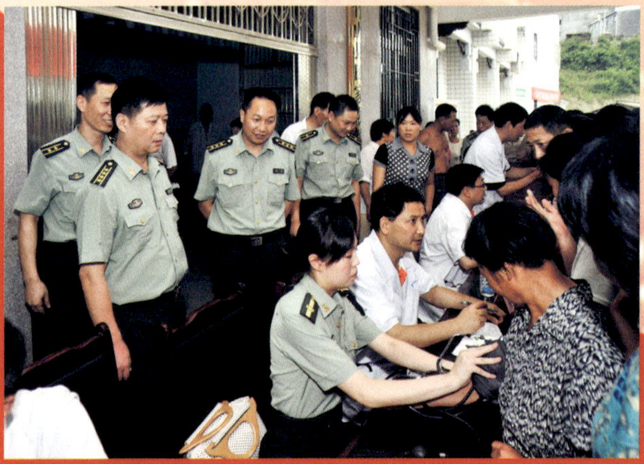

十堰军分区政委、市双拥工作领导小组副组长周建新（左一）组织驻十部队开展“送医下乡”活动

市民政局为即将退伍的老兵讲授退伍后士兵安置培训优惠政策

领导小组办公室

市民政局局长、双拥办主任曹芳明（右三）在竹溪看望现役军人家属

市民政局副局长、双拥办副主任张有刚（右）与太和医院签定优抚对象医疗保障定点医院协议

十堰市召开创建全国双拥模范城“六连冠”工作汇报会

驻十部队“慈善一日捐”捐赠仪式

驻十部队官兵在房县“6.14”特大山体滑坡现场奋力抢险

十堰武警消防支队官兵在房县“6.14”特大山体滑坡抢险中操作生命探测仪搜寻失踪人员

中共十堰市委党史

2010年7月21-22日，中共中央在北京人民大会堂隆重召开全国党史工作会议。中共十堰市党史工作办公室（研究室）主任王钢作为被国家人力资源和社会保障部、中共中央党史研究室联合表彰全省惟一的“全国党史工作先进集体”代表，受到胡锦涛、李长春、习近平、贺国强等中央领导同志的亲切接见。图为胡锦涛总书记亲切接见王钢同志的情景

2009年10月24—26日，中共中央党史研究室副主任章百家率调研组一行9人，在中共湖北省委党史研究室主任龚强华陪同下，赴十堰市进行党史工作调研

2009年2月4日，王钢同志作为中共十堰市委党史工作办公室(研究室)跨入2007—2008年度“全国地方党史部门先进集体”的代表，在京受到中共中央政治局常委、国家副主席习近平的亲切接见

工作办公室（研究室）

纪念 李先念校长诞辰百周年 湖北革大建校六十周年 座谈会
2009年6月16日

十堰市新四军历史研究会第三届二次理事会留影

中共十堰市委党史工作办公室

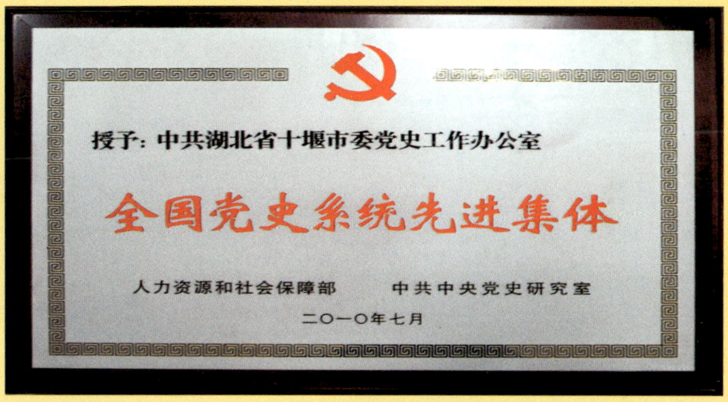
授予：中共湖北省十堰市委党史工作办公室
全国党史系统先进集体
人力资源和社会保障部 中共中央党史研究室
二〇一〇年七月

党和国家领导人在十堰活动史料
①
中共十堰市委党史工作办公室
内部资料 注意保密

中共湖北省十堰市委党史研究室
全国党史部门先进集体
中共中央党史研究室
二〇〇九年二月

人物系列片
沧桑风流
中共十堰市委党史工作办公室(研究室) 十堰电视台综合频道 联合主办

全省党史系统
先进集体
中共湖北省委党史研究室
湖北省人事厅
2004年4月

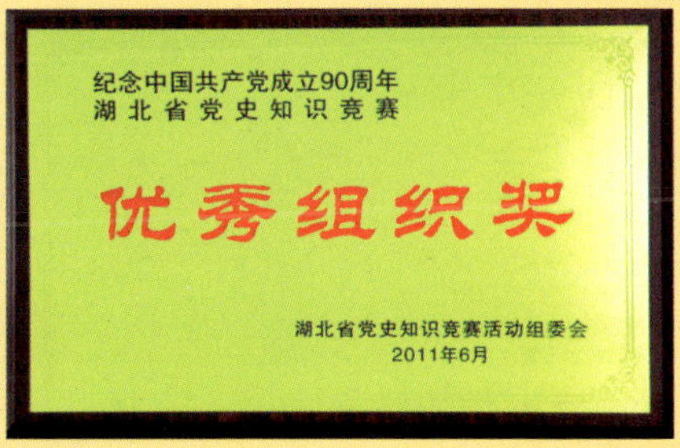
纪念中国共产党成立90周年
湖北省党史知识竞赛
优秀组织奖
湖北省党史知识竞赛活动组委会
2011年6月

湖北省新四军研究会第六届理事会
先进集体
湖北省新四军研究会
二〇一一年十二月

2008—2009年度
文明单位
中共十堰市委
十堰市人民政府

授予 2008-2009年度
党建工作先进单位
中共十堰市委
2010年6月

档案工作目标管理
省二级
单位名称：中共十堰市委党史工作办公室
湖北省档案局

十堰市住房和城

市委书记陈天会，市长周霁视察重点市政工程建设项目

市长周霁视察北京路延长线项目建设

市长周霁，市委常委、常务副市长张维国视察重点市政项目建设

副市长成佳刚视察重点市政工程项目建设

十堰市“城管110”上岗启动仪式

选送的舞蹈《走向辉煌》荣获市行风热线十周年文艺汇演一等奖

小区广场展演太极拳

乡建设委员会

2011年4月29日，北京路延长线项目建设正式开工

2011年8月4日，发展大道建设开工仪式隆重举行

2011年8月17日，中岳路建设开工仪式隆重举行

焕然一新的五堰香港街

人民路立面改造

河道治理

着力打造生态园林城市

人民南路一景

北京路立交桥夜景

锦绣园

人民公园重阳塔

宜居社区

十 堰 市

市委常委、常务副市长张维国（右一）和局党委书记、局长吴先锋（左二）陪同省财政厅厅长王文童（中）在市财政局调研

党委书记、局长吴先锋（右）与局系统各单位签订党风廉政建设责任状

党委书记、局长吴先锋陪同省市领导在检查“十个全覆盖”工作

党委书记、局长吴先锋陪同中注协领导深入会计师事务所调研行业党建工作

党委书记、局长吴先锋深入“三万活动”市财政局联系点与村民共商茶叶产业发展大计

党委书记、局长吴先锋深入二堰街办三堰社区督导“三城联创”工作

党员干部深入“三万活动”联系点抗旱救灾保丰收

局干部职工重温井冈山精神

财 政 局

举办庆祝建党90周年唱红歌比赛

高度重视党建工作积极开展活动

积极推进财政各项改革，率先在全省成立政府采购协会

普法宣传到乡村到社区

积极落实惠民政策，不断加大家电下乡兑付力度

举办全市财政系统第二届职工运动会

全力支持项目建设

支持新型工业企业发展

支持“三农”事业发展

共青团十堰市委员会

2011年4月21日，市委副书记、组织部长、市“三城联创”指挥部副指挥长董卫民（中）为创卫志愿者总队授旗

2011年2月23日，全市共青团工作会议在武当山特区召开，副市长张桂华（右）为“共青团基层组织建设先进单位”颁奖

2010年9月13—14日，台湾青年代表团一行100人来十堰参观交流

近年来，共青团十堰市委在团中央、团省委和十堰市委的正确领导下，以邓小平理论和“三个代表”重要思想为指导，深入学习领会党的十七届三中、四中全会以及团中央、团省委全委会会议精神，全面贯彻落实科学发展观，围绕市委、市政府全年工作大局，以履行团的根本职责为目标，以项目建设为主线，以活动开展和阵地建设为支撑，以加强团的基层组织、活跃团的基层工作为着力点，紧扣“围绕中心促进发展，倡导创新开辟途径，筑牢团队提升功能，唱响旋律展示风采”的工作思路，发挥优势、履行职能，引导青年志愿者在服务社会、教育青年、促进发展等方面发挥了积极作用，志愿服务活动已成为动员广大青年参与群众性精神文明建设的载体。目前，全市共青团精神文明建设呈现出重点突出、协调发展、全局活跃、成果丰硕的良好局面。

2011年8月25日，希望工程圆梦行动捐赠仪式举行，市委常委、宣传部长冀群风出席捐助仪式并讲话

2011年6月10日，纪念中国共产党成立90周年红歌颂祖国歌咏比赛在市广电演播大厅举行

2011年 6月26日，“希望工程图书室”募捐活动启动仪式在人民广场隆重举行

2011年3月26日，十堰市百企万岗公益招聘会在湖北汽车工业学院体育馆举行

十堰市民政局

国家民政部部长李立国（左）在十堰市视察调研民政工作

市委书记陈天会（右）春节期间亲切看望慰问农村低保对象

市长周霁（左）在社区调研指导工作

市委常委、常务副市长张维国（中）接见参加全市民主评议政风行风优秀单位颁奖大会的市民政局代表

副市长张歌莺（中）在市福利院检查指导工作

党委书记、局长曹芳明（右）在郧西县指导救灾工作

市社会福利服务中心举行奠基仪式

局干部职工向灾区踊跃捐款

中国人民银行

十堰市中心支行

中支党委班子集体深入郧县支行调研

开展“做一个体面人”青年辩论赛

开展全民反洗钱、反假币知识宣传

开展全市金融系统创新金融服务知识竞赛

开展丰富多彩的职工文体活动

十堰经济开发区

2010年10月20日，原中共中央政治局常委、中纪委书记吴官正（中）视察开发区

2010年10月16日，全国政协副主席黄孟复（中）到开发区视察

2010年1月23日，中央巡视组到开发区视察

2010年3月1日，副省长段轮一（前排中）视察开发区

2010年2月10日，市委书记陈天会慰问开发区一线工人

2010年8月16日，市长周霁在开发区调研

2010年10月10日，中国（十堰）汽车汽配订货会暨微车博览会开幕

2010年5月23日，东风小康50万辆汽车下线仪式隆重举行

十 堰 市

党组书记、局长陈勇获全省审计系统先进工作者称号

党组书记、局长陈勇应邀做客省审计厅在线访谈

党组书记、局长陈勇接过被审单位送来的锦旗

党组书记、局长陈勇深入“三万活动”联系村了解春播情况

召开全市经济责任审计情况通报会

召开实施审计科学转型升级动员大会

审 计 局

参加社会公益活动

对中职学校国家助学金使用情况进行审计

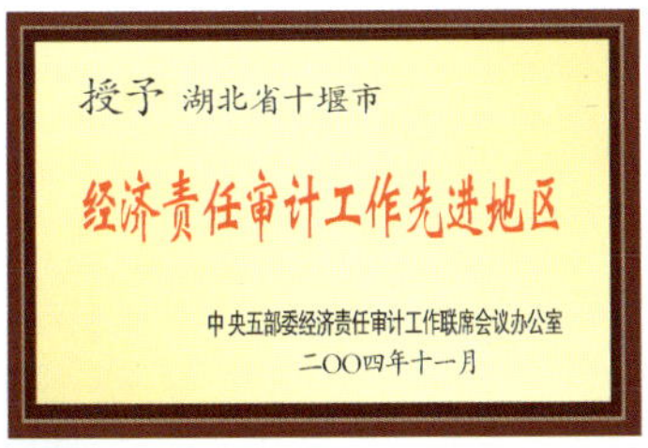

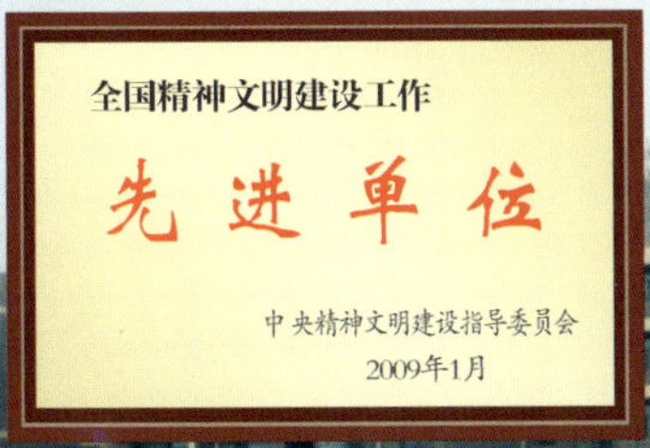

十堰市质量

十堰市质监局是十堰市政府主管质量、计量、标准化、食品质量安全和特种设备安全等工作的职能部门，下辖6个县市质监局，内设13个科室，直属4个事业单位和3个副县级分局。全市系统现有在职干部职工408人，大专以上文化333人，研究生4人，中、高级职称80人；固定资产达7000余万元，拥有各种检验检测设备1000台套，对363个产品、383项参数进行检验、检定。

近年来，全市系统狠抓“一二三四”工作，强化“八型”机关建设（即高举质量兴市一面旗帜，狠抓食品和特设两个安全，夯实质量、标准化和计量三个基础，实施打假治劣、能力提升、业务拓展和队伍建设四大工程；全面开展思想作风建设年活动，建设学习型、服务型、创新型、法制型、廉洁型、节约型、健康型、和谐型八型机关），各项工作全面发展。全市累计争创1个中国名牌产品、4个国家免检产品、9个地理标志保护产品、93个省名牌产品。在全省率先设立政府质量奖——武当质量奖，率先把食品检验经费纳入财政预算，各级政府累计奖励名牌产品企业300余万元。副省长赵斌批示“十堰质监部门功不可没”，市委书记陈天会批示“十堰质监工作卓有成效，应予充分肯定和表彰”。先后被湖北省人民政府授予“安全生产红旗单位”，被湖北省人事厅授予“质量工作先进单位”，被十堰市委、市政府授予“全市文明单位”等称号。

国家质检总局副局长刘平均充分肯定十堰市汽车专项整治工作

副市长张桂华（中）在全市质监工作会议上讲话

副市长冯艳飞（右一）带队开展汽车及零部件专项检查

局长曾勤（中）慰问困难群众

局长曾勤（左）带队开展食品安全检查

技 术 监 督 局

局领导班子共商质监工作发展大计

市质监局“三万”工作获赠锦旗

全市质监系统纪念建党90周年“颂歌献给党”歌颂比赛

质量志愿者首发仪式

思想作风年动员大会

执法人员检查超市在用电子计价秤

假冒伪劣产品销毁现场

全国十大打假案件之销毁拼装电视机现场

十堰市文

2010年9月16日，市委书记陈天会在书记赵国平、局长牛孝文陪同下视察体育公园建设情况

市委常委、宣传部长冀群风（中），副市长刘学勤（右一）查看全市文体事业展览

近年来，十堰的文化体育建设实现了跨越式发展，文体事业发生了深刻变化，取得了令人瞩目的成就。

基础设施日趋完善。市委市政府从“文化兴市、文化强市”战略出发，从提升十堰城市品位和软实力出发，在城区先后建起了图书馆、体育馆、群众艺术馆、体育中心、博物馆、美术馆、游泳馆、艺术学校、羽毛球馆、健身馆、艺术剧院等全省一流的标志性、公益性的大型文体设施；在农村，基本实现了乡镇有文化站、行政村有文体活动室的目标。先后举办了“同一首歌”、“欢乐中国行”、“激情广场”、“省十三届运动会”、“相约武当”等一系列有重大影响的文体活动，尤其是2008年、2010年第三、四届世界传统武术节的成功举办，更显现了十堰文体建设的实力，体现了先进文化的特点和要求，在很大程度上满足了人民群众日益增长的精神生活需求，为推动文化大发展营造了良好的环境，提供了坚强的保障。

文艺创作硕果累累。大型现代剧《风流女人》、《丑嫂》等一批剧目荣获“文华奖”和“五个一工程奖”；剧目《乡试》在获全省优秀剧目奖、最佳导演奖等十大奖项后，又在第十一届中国戏剧节上荣获优秀剧目奖。《正义的呼唤》、《在水一方》、《汉江边的小姑娘》等一批群众文艺精品获得由文化部颁发的群星奖；《武当情》在中国第九届艺术节上荣获“优秀奖”。

文体活动丰富多彩。每年有数百场内容丰富,形式多样的文艺晚会，广场文体活动，书画摄影等展览，体现了十堰建设成就和人民群众崭新的精神风貌。“人民广场大家乐”、“我健身我快乐乐”，武当武术进机关、进校园，全市新农村文艺展演，千人太极拳表演等特色鲜明的文体活动，推动了文化体育的大繁荣、大发展。

文化遗产保护成效显著。武当山古建筑群是全国重点文物保护单位和世界文化遗产，全市馆藏文物5万余件，省级以上重点文物保护单位30处。武当武术、伍家沟民间故事等6个项目被列入国家级非物质文化遗产名录。

文化市场监管得力。全面整合了文化市场资源，率先在全国实施了网吧“零点断网”措施，并取得了明显成果。严厉开展“扫黄打非”工作，确保了文化市场和出版物市场繁荣、稳定。

郧阳二棚子《悠悠汉水情》剧照

举办文体系统首届职工运动会

化 体 育 局

举办首届新农村文艺调演

科学组织文化“三下乡”活动

万人展演太极拳

大力弘扬地方优秀节目——凤凰灯

8月8日全民健身日活动现场

十　堰　市

2011年10月31日，国家林业局天保中心副主任陈学军在十堰调查了解天保二期工程实施情况

2010年10月28日，中国林业科学研究院院长张守攻（左）对十堰市城区林相改造、丹江口库区生态经济带进行考察

2011年5月11日，国家森防总站防治处副处长董晓波赴房县调研鼢鼠防治工作

2011年5月4日，国家林业局中南林业调查规划设计院资源监测处处长喻甦、省退耕办主任严世辉在十堰市检查指导退耕还林工作

2011年6月15日，湖北林业科学研究院院长、省林业首席专家宋丛文到竹山县九华山林场调研

2011年7月13日，副市长张歌莺（左二）在市政府召开的“一城两带”秋冬林业生态建设专题会议上讲话

2011年 4 月11日，局长姜胜启（中）、总工权力检查“一城两带”林业生态建设

2011年3月12日，副局长贺兴福（右一）带领机关工作人员，在市林业局义务植树基地植树、浇水

林　　业　　局

2010年6月21日，国家林业局、财政部、发改委、国土资源部等部门来十堰调研退耕还林工作

2011年4月26日，省森防总站在十堰市举行南水北调中线工程（湖北省）水源涵养林林业有害生物防控项目启动仪式

2011年9月23日，南水北调中线水源地“中国水都记者林”启动仪式在丹江口市举行

2011年11月1日，市林业局组织4家涉林企业参展第二届中国国际林业产业博览会

2010年3月12日，十堰市外籍专家在牛头山国家森林公园参加植树节活动

2010年12月1日，全市冬季防火和安全问题专题会议在市林业局召开

2010年11月17日，市林业局召开张湾区、茅箭区毁林开荒治理工作现场会

办公楼外景

十堰市老龄工作

国家老龄委副主任吴玉韶（左二）检查十堰市居家养老服务中心

副市长张歌莺（左）重阳节慰问百岁老人

省老龄办、省委政研室调研十堰老年活动场所

主任毛光全（右）慰问贫困老年人

市爱心通居家养老服务中心签约仪式举行

全省老龄办主任会议在十堰举办

举办全市老年门球赛

举办老年赛事活动

委员会办公室

市人大《老年人权益保障法》执法检查汇报会

全市老龄办主任会

开展“银龄行动”送医送药进社区

老年大学学员在上课

老年大学学员在开展文艺活动

老年大学学员在上舞蹈课

部分荣誉奖牌

十堰市建材行业

副市长成佳刚（左二）调研建筑节能示范项目

副市长成佳刚（左）与副省长张通（右）签订“十二·五”建筑节能与墙材革新目标责任状

副市长成佳刚（右）在主任李秋生（左）陪同下调研新型墙材企业

国家商务部处长李嘉建（中）在湖北省散装办主任赵建平（右一）陪同下到建筑工地实地查看预拌砂浆的使用情况

市住建委主任郑文成（中）出席十堰市干混砂浆工作暨现场观摩会

市住建委副主任柯昌国（左二）调研干混砂浆企业

投资促进中心

季度工作例会

“禁实”达标授牌现场

2011年6月28日，市建材系统举行庆祝建党90周年暨表彰大会

中心举办十堰散装水泥专项资金征收管理座谈会

2011年9月28日，市建材行业中心举行迎“国庆”体育竞赛活动

干混砂浆观摩会工作人员在演示预拌砂浆的使用

十堰市新型墙材企业厂区全景

十堰市招标投标监督管理局

省招标投标监督管理局局长丁贵桥（左三）检查十堰市招投标综合监管工作

市委常委、常务副市长张维国（右）到市招标投标监督管理局慰问座谈

市政府副秘书长、市招标投标监督管理局局长张荣贵（左一）实地调研东风八万辆商用车基地招标项目

全市招标代理机构座谈会

局全体领导干部接受爱国主义教育

十堰城区招投标综合监管工作会议

张湾区民族宗教事务局

局长 李明

张湾区现有满、回、土家、蒙古等26个少数民族，合法的宗教活动场所4个。

张湾区民族宗教事务局在紧紧围绕区委、区政府“建设区域性中心城市示范区”这一战略目标，谋划和推进全区民族宗教工作。着力于“六个转变”，即在维护稳定上，由被动应对向主动防范转变；在工作格局上，努力由“独唱”向“合唱”转变；在工作方法上，由注重管理向管理和服务并重转变；在宣传工作上，由只“做”不“说”或少“说”向适度宣传转变；在工作状态上，由安排等待向以有为争有位转变；在自身定位上，牢固树立“争先创优”意识，善于把工作放在全区、全市乃至全省范围当中来审视，促使民族宗教工作始终站在较高的平台上，营造了民族和睦、宗教和顺、社会和谐的良好局面。2010年2月，张湾区民宗局被省委、省政府授予全省民族团结进步模范集体称号，在全市民族宗教工作目标考核中名列前茅，被市民宗局授予信息工作先进单位，连续两年被区委、区政府授予社会治安综合治理先进单位。2010年10月17日，省民宗委主任谭徽在专程来到张湾区视察民族宗教工作时，对全区民族宗教工作取得的成绩给予充分肯定。

省民宗委主任谭徽在（右）在区长朱芳陪同下检查区民宗局机关建设

省民宗委主任谭徽在（左二）在区长朱芳的陪同下视察张湾区民族宗教工作

局长李明参加全省民族团结进步创建表彰大会

省民宗委主任谭徽在与市民宗局、区政府领导及区民宗局干部合影留念

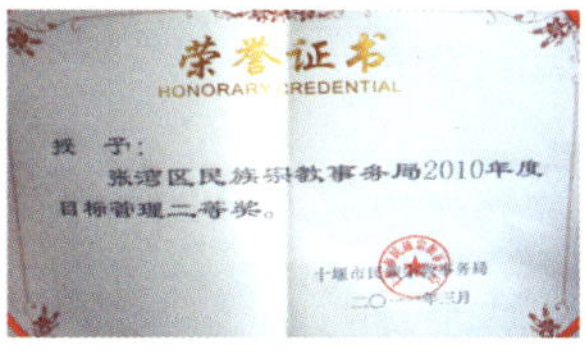

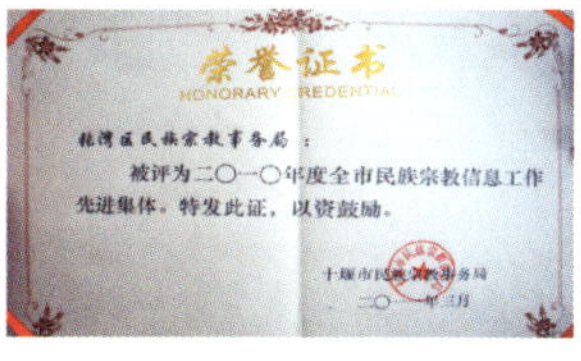

十堰东城

茅箭区委书记张慧莉（右二）在开发区党委书记吕自宏（左二）陪同下调研“创卫”工作

茅箭区长赵哲（左三）在开发区管委会主任张俊江（右）陪同下指导城管工作

大力推进党员群众服务中心建设

召开纪念建党90周年暨庆“七一”座谈会

集约节约的山地整理模式

东风商用车公司重型车新基地奠基仪式

东城开发区工业园局部图景

经济开发区

十堰东城经济开发区成立于1992年，1995年升格为省级开发区，是茅箭区辖的副县级单位。下辖10个行政村、2个社区居委会，国土面积50平方公里，总人口近5万人。近年来，东城经济开发区党委、管委会以邓小平理论和“三个代表”重要思想为指导，深入贯彻落实科学发展观，围绕“打造千亿东风工业园，建设和谐东城开发区”的发展思路，全力推进东风工业园建设。目前，园区已入驻企业195家，规模以上企业52 家，2010年实现工业生产总产值100.5亿元，力争到2015年，东城经济开发区（东风工业园）工业年产值达到1000亿元，努力建成东风商用车生产新基地、汽车关键总成和核心零部件生产基地、先进制造业生产基地，成为全市、全省乃至全国集群发展、持续发展、科学发展的新型工业集聚区。

东城经济开发区先后荣获湖北省“先进基层党组织”、十堰市“文明单位”、茅箭区“最佳文明单位”、“基层组织建设先进单位”、十堰市“十面红旗”等荣誉称号。

村民在农家书屋里学习农业科学知识

统一规划的新农村新社区

千亿东风工业园总体规划图

湖北龙王垭茶业有限公司

董事长　郭承君

地处南水北调中线核心水源区、鄂西北山区的湖北龙王垭茶业有限公司，是在国营龙王垭茶场改制的基础上组建形成的股份制有限公司，公司下辖7部1室、1个技术中心，37个加工车间，公司拥有固定资产20194万元，员工1430余人。公司自有核心标准茶园14000亩，联营茶叶基地20000亩，示范带动竹溪10多万亩茶叶基地。公司以生产绿茶为主，兼营乌龙茶、红茶、白茶，130多个品种，绿茶主要有箭茶、龙峰茶、龙王垭茶三个类型，年茶叶总产量360万斤，年销售收入2.3亿元。

龙王垭这块肥沃的土地，自1958年开始发展茶叶，至今已有50多年的历史，从龙王垭茶场到龙王垭茶业有限公司历经半个多世纪，龙王垭茶形美、香高、味醇，有机产品，质量上乘，名扬天下，龙王垭茶业一天天壮大，现已是鄂西北山区最大的茶叶龙头企业，被授予湖北省武当道茶协会核心企业、湖北省优秀农业重点龙头企业、湖北省茶叶行业三强龙头企业。在经营中巧打绿色牌，推行有机化，用现代科技嫁接传统产业，增强企业实力，用现代管理改造运作模式，提升企业品位。先后与华中农业大学、湖北省果茶研究所等科研单位联姻，在栽培、管理、制茶、环保、新品研发、质量控制等多个方面，完成了技术改造。龙王垭绿茶三大系列62个产品揽巴山日月之精华，吸秀美山水之灵气，蕴藏春花秋果之香甜，先后荣获新加坡世界科技与贸易博览会金奖、中国国际食品博览会金奖、中国农业博览会金奖、龙峰茶获国家地理标志产品保护、湖北省著名商标“湖北省十大名茶”、“湖北省名牌产品”、“湖北省十五佳有机名茶”，等众多荣誉。现在的龙王垭茶，既保持了原有品牌的优良品质，又具有适合现代欣赏习惯的风格。龙峰茶选一芽一叶鲜叶，经三十多道工序精制而成，成品扁平者如剑，翠绿者似玉，鲜嫩者如柳，紧索者像弓，茶汤嫩绿清澈，茶味高香持久，以其形美、色绿、味香、质纯而苗苗出众。箭茶精选二至三厘米单芽为原料，手工精制而成，初入开水之中，粒粒茶芽浮于水面，似鱼儿戏水，悠闲遨游，轻舒慢展；尔后沉入杯底，如沉鱼落雁，若荆楚淑女，亭亭婀娜，妙妙玉立。随着时间的延续，茶汤由淡而浓，清香扑鼻而来，如人生之伸展，浮躁中感受一份坦然；慢慢细品，香绵爽口，始苦后甜，顿觉神清气明，物我两忘，欲仙境界飘然而至。真可谓：一壶龙王垭茶煮沸乾坤，三杯龙王泉水冲开世界。

龙王垭茶业在争创品牌的同时，也非常注重企业文化的打造，公司先后组织龙王垭茶文学征集，公司与华中农业大学合作编辑出版了《龙峰茶韵》。公司先后与中央电视台合作，出台了“竹溪茶歌”，制作龙王垭专题和广告，与中国地域文化研究会合作出版了《竹溪茶经》，不遗余力在各大媒体做广告宣传，在竹溪建成了龙王垭茶楼、茶社，与竹溪剧团编演《茶嫂招亲》等戏曲，还成功的拍摄了以茶叶为主线的高清数字电影《山里山外》。通过不同角度不同层次的广泛宣传，使“龙王垭茶、香飘华夏”这句广告语在荆楚大地深入人心。龙王垭茶从22000元/公斤至30元/公斤不等，能够满足不同层次消费者的需求，产品畅销鄂、渝、陕、晋等十个多省市，企业竞争力不断加强。

龙王垭茶·香飘华夏

竹溪县财政局

党委书记、局长 曾宪华

庆祝建党九十周年运动会拔河比赛

局领导曾宪华、王宪琴、陈斌在纪家山村与村干部商讨项目建设

举办国库收付改革业务培训会

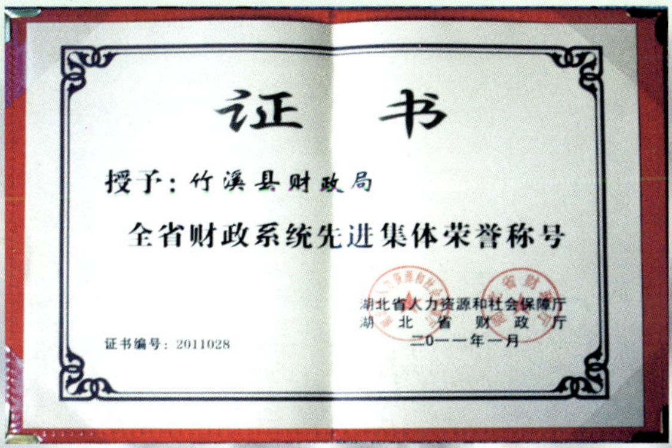

证 书

授予：竹溪县财政局

全省财政系统先进集体荣誉称号

湖北省人力资源和社会保障厅
湖北省财政厅
二〇一一年一月

证书编号：2011028

举办财政系统干部培训班

12月16日，国家疾病控制中心副主任白呼群（右一）率城市卫生检查团来十堰视察创卫工作，在十堰市委副书记、市长周霁（左三）和市人大主任王铁军、副市长刘学勤等领导陪同下专程来太和医院参观健康体检中心，指导疾病预防工作。

▲市委副书记、组织部长董卫民高度评价太和医院创先争优活动彰显特色、突出亮点。

▲市委常委、宣传部长冀群凤，市政协副主席、卫生局长黄向创建国家卫生城市检查团介绍太和医院创卫活动的示范

深化精益管理 推进内涵建设 营造四大中

问道武当　寻医太和

十堰市太和医院、湖北医药学院附属医院是鄂西北地区集医疗、教学、科研、防保、急救、康复为一体的国家三级甲等医院、国际爱婴医院、国际紧急救援中心网络医院，宛如一颗璀璨的明珠，镶嵌在道教圣地武当山下、调水源头汉江之滨、享有“东方底特律”美誉的汽车城内，坐落在武汉、重庆、西安、郑州四大中心城市的交汇处。年门急诊量120万人次，住院量7.5万人次，住院手术量3万台次，成为鄂豫陕渝周边地区2000万人民的医疗诊断中心和疑难病治疗基地。

近几年来，太和医院相继荣膺“全国五一劳动奖状先进集体”、“全国百姓放心示范医院”、“全国文明单位”、“全国医院管理年活动先进单位”和“全国改革创新医院”等殊荣。

太和医院占地200多亩，建筑面积30万平方米，开放病床2300张，总资产达13亿元，现有员工3000余名，其中，高级职称专技人员近500名，博士、硕士400多名，是省委、省政府确定的人才工作联系点。医院还拥有17个湖北省省级乙类重点专科，3个湖北省省级重点学科，1个湖北省省级重点实验室，省级重点专科数量在全省名列前茅。有4项课题获得国家自然科学基金资助，成为全省市州惟一获得国家自然科学基金项目的医院。太和医院设备一流，技术先进，拥有3.0T磁共振、64排螺旋CT、Innova3100数字血管造影机等大型医疗设备，设备总价值逾3亿元。多年来，相继开展了干细胞治疗技术、断肢、指再植技术、介入放射技术、生物治疗技术、康复医学技术、肿瘤治疗技术、腔镜诊疗技术、夫精生殖技术、微创外科技术、骨髓移植技术等十大技术，均达到国内先进水平。

“弘敷仁爱，泽被群生”，是太和医院的主体文化，“和而不同，和衷共济”，是太和医院的核心理念。面对新的形势，太和医院将紧紧围绕十堰建设区域性中心城目标，以内涵建设为重点，以健康需求为导向，不断提升区域医疗中心龙头医院地位，努力打造中西部地区地市州医院重点专科集群、创新科研集群、学术人才集群、特色品牌集群，努力建设中西部地区省域城市以外综合实力最强的“三甲”医院。

▲太和医院创办武当山太极湖医院项目签约

▲太和医院红歌嘹亮隆重纪念建党九十周年

▲太和医院省级重点专科建设彰显实力一路领先

构筑四大集群　彰显品牌特色　保障民众健康

十堰供电公司

公司开展拥军慰问活动

电力安全校园行

服务“南水北调”移民内安工程

年终员工“答谢会”

“党员突击队”驰援郧西灾区

“安全第一、生命至上”主题安全年宣誓

抗旱保电

抗雪保电

城郊供电公司

十堰城郊供电公司是隶属于湖北省电力公司十堰供电公司的基层单位，担负着十堰市城郊21个乡镇、7个街办、3个开发区、138个行政村和企事业单位共63064户的供电任务。

近年来，公司不断加快电网建设步伐，勇担企业社会责任，主动服务民生，为地方经济社会快速发展作出了突出贡献，谱写了公司发展史上新篇章。

公司安全基础不断夯实，连续多年未发生电力生产人身伤害事故，未发生人为的重大设备责任事故；电网建设突飞猛进，配网结构不断完善，供电能力不断增强，运行稳定性和可靠性明显提高；生产管理日臻规范，生产组织结构得到优化，标准化作业步入常态，科技创新硕果累累；经营绩效节节攀升，2006年公司售电量仅1.4亿千瓦时，2010年公司售电量达到3.3亿千瓦时，售电量增长135.71%；优质服务亮点纷呈，从窗口早训迎宾到流动柜台进社区，从农村电工组到电力阳光小站，从短信服务到家政电工延伸服务，从电力服务直通车到用电报装动车组……这一项项便民服务的新举措，彰显了国家电网人“用心服务、构建和谐”的社会责任，塑造了“国家电网”良好的企业形象。

2009-2010年，公司被十堰市委、政府授予“服务南水北调和重大活动、重点项目建设突出贡献奖”，并先后荣获湖北省电力公司“电网先锋党支部”、“党内主题实践活动优秀成果奖”、“电力营销竞赛先进集体”;十堰供电公司“安全生产红旗单位”、“农网线损管理标杆单位”、“党风廉政建设优秀单位”、“先进基层党组织”、“文明单位”等荣誉称号。

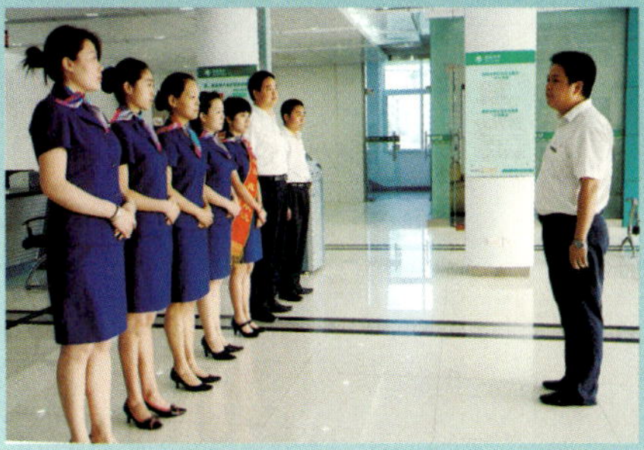

早训迎宾

阳光电力服务小站

家政电工

营销服务竞赛

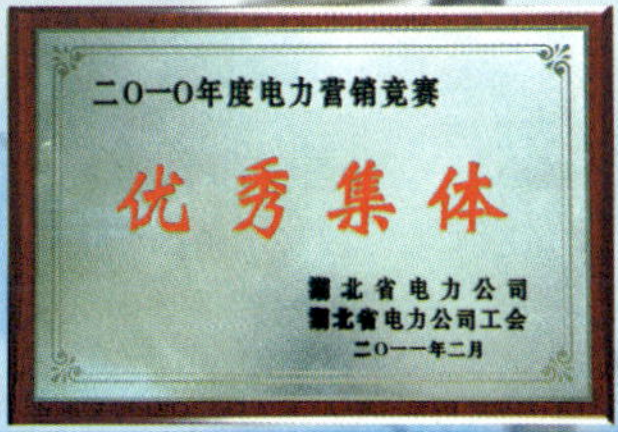

郧阳中学

2011年8月6日，市委副书记、组织部长董卫民（中）来校指导工作

2011年10月16日，省教育厅副厅长黄俭（左二）来校视察

红歌颂祖国活动

军训汇报表演

郧阳中学秉承“传承文明，进而不已，明德博学，和谐发展”的办学理念，坚持以科学发展观为指导，全面实施新课程，不断深化教学改革，学校各项工作得到了快速、健康的发展，办学水平不断提高，社会声誉持续提升，成为十堰市教育发展的窗口学校和明星学校。

学校先后被授予：市第六届校园书信比赛优秀组织单位三等奖、全市教育系统国防教育工作先进单位、2010年十堰市高级中学军事训练工作先进单位、十堰市第二届青年教师教学竞赛优秀组织奖、第四届世界传统武术节突出贡献奖、市城区居民医疗保险工作先进单位、2010年度十堰市学校安全管理先进单位、2010年度十堰市综合治理先进单位、湖北省绿色园林学校等荣誉称号。

2011年十堰市高考文科状元马晓涵同学被香港中文大学录取

徐爽同学被北京大学录取

付道鹏同学被清华大学录取

对外贸易

综述

【概况】 外贸出口大幅增长。全市外贸出口实现23369.4万美元，首次突破2亿美元大关，比上年增长23.4%，超额完成市政府下达1.2亿美元目标的94.8%。市商务局成立6年来，外贸出口平均每年以31.6%的速度增长。利用外资水平显著提升。全市利用外资实现7203万美元，比上年增长25.6%，超额完成市政府6000万美元的目标的20%，年均增长11%。招商引资规模进一步扩大。利用市外境内资金达到99.2亿元，比上年增长56.2%，超额完成了全年72.52亿元目标的36.7%，年均增长26.7%。对外经济合作取得新进展。全市外派劳务实现705人，超额完成全年外派650人目标的8.5%。

【开展对外贸易经营者备案登记】 2009年，为了积极有效应对国际金融危机，进一步促进我国对外贸易便利化，国家商务部下发商贸函[2009]85号文件，授权包括湖北省在内的有关省、市商务主管部门直接办理对外贸易经营者备案登记工作。在省商务厅的大力支持和培训指导下，经过全市商务部门近一年的精心准备，2010年7月27日，市商务局正式开展对外贸易经营者备案登记工作，当天就为十堰市婷丹工贸有限公司办理进出口权备案登记手续，这是十堰市历史上首次开展此类对外贸易业务工作。这项工作的开展，进一步提高商务部门的服务效率和行政执行力，为企业节约时间、降低成本，在瞬息万变的国际市场竞争中争取主动，不断扩大对外贸易规模，发展壮大自身实力，促进全市开放型经济工作更好更快发展营造良好的外部环境。 （周立宏）

进出口贸易

【概况】 千方百计培植新的出口增长点，努力扩大外贸出口规模。一是加大政策促进力度，发展壮大外贸出口主体。通过召开企业座谈会，网络在线宣传，组织企业参加省、市统一培训等各种方式，切实增强企业开拓国际市场的意识，全市新的出口增长点不断涌现。全市取得进出口权的企业达到384家，比2009年增加67家。其中，已有出口业绩的86家，比2009年增加26家。二是支持重点企业奋力开拓国际市场。2010年，对全市出口过百万美元的企业进行跟踪，逐月做好出口动态分析，帮助企业解决外汇核销、出口退税等方面存在的问题，为重点企业营造良好的出口环境，确保出口有较大幅度增长。目前，全市出口过千万美元企业已达4家，过百万美元的企业达到28家。4家过千万美元的出口达到8844.4万美元，占全市的比重高达42.7%；28家过百万美元的出口达到10772.9万美元，占全市的比重高达52%。同时，认真实施市场多元化发展战略，积极组织企业参加广交会、华交会、中国国际汽车零部件博览会、湖北(加纳)经贸洽谈会等国内外知名会展，切实落实相关促进政策，引导企业多渠道争取订单，进一步开拓中东、非洲、拉丁美洲等新兴市场。十堰市已与全世界五大洲的126个国家和地区建立贸易关系，较2009年新增22个贸易伙伴。三是加强农产品出口基地建设，扩大农产品出口质量和规模。2010年，积极实施农产品出口"1515"工程，结合十堰市优势资源和产业，加大武当道茶、丹江库区水产品、房县耳菇、郧县、郧西桑蚕出口基地的规划和建设，争取国家、省中小企业开拓国际市场资金等政策性资金300多万元，全力支持花仙子魔芋制品有限公司、房县聚达公司等一批企业加快产品升级换代，奋力开拓国际市场，进一步做大做强。继2008年、2009年之后，全市农产品出口额连续三年突破千万美元。

【39家出口企业可用人民币结

算】 2010年，十堰市实现外贸出口2.35亿美元，同比增长24.3%，具备进出口经营权的企业达384家。湖北省作为跨境贸易人民币结算中部唯一试点省份，近千家公司首批实行人民币结算，十堰市有39家出口企业获批。（周立宏）

招商引资

【概况】 一是成功组织和参与10次大型招商活动。先后组团参加湖北省政府在武汉举办的樱花节、十堰（台湾）商务周活动、中博会等10项洽谈会。成功举办"第四届世界传统武术节十堰投资说明会"，引进一批项目和资金，为十堰集聚发展后劲。这次投资说明会有来自美国、日本、荷兰、新加坡、越南、香港、台湾7个国家和地区以及长三角、珠三角、环渤海湾等11个省市107家企业158名客商应邀出席，相聚武当，共寻商机，共话合作，共签订合作项目36个，投资总额89.94亿元，合同协议市外资金85.29亿元，其中合同项目18个，合同市外资金45.79亿元，占53.7%。二是研究起草促进全市招商引资工作相关政策。积极商请有关部门，在大量调查研究基础上，先后十易其稿，拟订《中共十堰市委、十堰市政府关于加快发展开放型经济实施办法》，《中共十堰市委、十堰市政府关于进一步加强招商引资工作的若干意见》，《十堰市招商引资奖励办法》，《十堰市外贸出口目标考核奖励实施办法》等一系列的开放型经济促进政策，已提交市委、市政府研究，该文件出台后，将从政策层面上、招商方式上进一步促进全市开放型经济工作又好又快发展。三是着力加强招商引资的对外宣传。除广泛宣传推介《十堰投资指南》中80个项目外，另外制作《十堰市重点投资领域推介宣传片》，重点推介汽车及零部件、旅游、有机食品、物流等四大产业和四大园区十大项目。四是切实加强软环境建设。联合工商、外管、国税、财政等部门，认真开展为全市外商企业服务工作。以良好的服务态度、高效务实的作风赢得外资企业的广泛好评。五是扎实做好招商基础性工作。会同市和协软件有限公司共同开发"十堰市招商引资信息管理系统"，包括客商信息、项目信息、已投资企业信息、知名企业信息等七大板块。

【组团参加第107届广交会】 5月5日，第107届广交会落下帷幕。经历了金融危机冲击，本届广交会总体呈现恢复性增长态势，整个大会期间，共有212个国家和地区的203996名境外商人到会，比好年秋交会增加15827人，增长8.4%，出口成交343亿美元，比好年秋交会增长12.6%。本届广交会十堰市共有7家企业分别展示汽车、建材、香菇、木耳、汽车零部件、茶叶等产品，结识海外客户1076人，意向成交1730万美元。其中，东风精密制造有限公司是第一次进入广交会的汽配生产性企业，通过参展，充分展示企业实力形象，提升产品知名度，发展更多的潜在海外客户，清楚地了解海外汽配市场需求状况。越南客户、伊朗客户和马来西亚客户分别与该公司就采购东风全车系部件、天龙件和日系车的盆角齿、行星半轴十字轴、悬挂等产品磋商价格，洽谈合作。十堰伏龙山绿色食品开发有限公司和湖北吉星照物资贸易公司现场分别签订6万美元、20万美元的食用菌和汽车合同。为了帮助新开口企业拓宽国际化经营视野，调整出口战略，还组织十堰东方赛琦国际贸易有限公司、湖北神河汽车改装（集团）有限公司、东风汽车有限公司商用车发动机厂、东风特种汽车有限公司等8家企业近20人进馆参观考察广交会。

【组织出口企业参加第108届广交会】 第108届广交会于11月4日落下帷幕。本届广交会采购商到会人数与第107届相比略有减少，成交略有增长。整个大会期间，共有208个国家和地区的199266名境外商人

在第107届广交会上，八仙道茶场（武当道场）向国内外客商展示茶艺

到会,比上年秋交会减少2.32%;出口成交额为366亿美元,比上年秋交会增长20.2%,比春交会增长6.7%。本届广交会十堰市共有食品、车辆、汽配、建材10个摊位,参展商品达100余种。十堰平云工贸公司、十堰伏龙山珍绿色食品开发公司等8家企业参展,出口意向成交898万美元,结识客户700余人。

【组团参加第七届中国—东盟博览会】 10月,第七届中国—东盟博览会在广西南宁市举办。这是中国—东盟自由贸易区建成后举办的首届盛会。本届博览会以"自贸区与新机遇"为主题,举行第七届中国—东盟商务与投资峰会、东盟国家领导人与中外企业家圆桌会议对话会等专题活动和自贸区建设成就展及能源、农业、金融、法律、电力、减贫、医学、交通等领域的10个高层次论坛。本届博览会,除中国和东盟国家的采购团组外,法国、加拿大、德国、澳大利亚和日本等区域外国家和地区也组织采购团组参会。联合国采购中心首次在会期举办联合国采购推介会,各国企业代表与联合国采购官员开展洽谈采购活动。十堰市高度重视本届博览会览会的参展工作,尽力为参展企业利用博览会平台扩大进出口贸易创造条件、提供服务,平云工贸、坤鑫汽车销售有限公司、神河联达汽车制造有限公司3家企业在湖北展厅展示汽车整车及汽车零部件等系列产品,并与来自东南亚等国的客商进行对接与洽谈。 (周立宏)

国际经济技术合作

【概况】 一是继续推进外派劳务基地建设。6月份丹江口市外派劳务基地正式成立,已申报省级外派劳务基地。全市已有竹山基地、房县外派海员服务中心、丹江口基地及市外派劳务中心4个外派劳务服务主体。二是加强外派劳务的宣传推介工作。与省内外外经公司联系,建立良好的合作关系,在全省外派海员订单大量减少的情况下仍有多家公司愿意与十堰市合作招生。三是加强对企业的服务力度,提升"走出去"的能力。随着全市汽车产业的发展,国际汽车市场的回暖,越来越多的企业有意前往境外投资办厂。目前全市在海外投资的企业已发展到3家,投资总额已达到2375万美元。同时,积极推进外经主体队伍建设,十堰建筑研究设计院已获得境外承包工程资质,使十堰市拥有外经权的企业达到2家。

(周立宏)

口 岸

【概况】 2010年底,十堰的海关数据,出口23369.4万美元,同比增长23.4%;进口4104.2万美元,同比增长105.8%;十堰的商检数据,出口36757.2万美元;进口1730.4万美元,共受理报检批次2141批。检验进出口总货值38487.6万美元。协调组织查验单位查验出运5289个标箱,86405吨进出口货物,进出口货物总运量同比增长11.4%。为货主上门服务350多人次;接待来客来访280多人次;现场解答和解决疑难问题100多个;为企业降低成本500多万元;帮助企业用足用活政策减免税费1400多万元,对十堰区域开放型经济起到积极地推动作用。

【设立十堰出入境检验检疫局】 申报十堰出入境检验检疫局工作是2009年初启动的,经过艰苦努力工作,2010年5月26日中编办正式发文,十堰市与四川省成都市、厦门东渡一起获得开设出入境检验检疫局的批文,行政级别为正处级机构,中编办批准设立十堰出入境检验检疫局。十堰出入境检验检疫局的建设地址,确定在距离十堰海关较近的北京北路延长线上,占地面积15亩,已完成立项、地形图、选址规划、用地规划、规划条件审定等项工作。

【张忠宝来十堰调研指导公路口岸筹建工作】 4月20日至21日,省商务厅副厅长、口岸办主任张忠宝在十堰调研,指导十堰市公路口岸筹建工作。近年来,十堰口岸业务快速发展。2009年海关业务达到2.2亿美元,商检业务达到6.5亿美元,汽车、汽车零部件、轮胎、木耳等12大类近百个品种出口远销90多个国家和地区,进出口货物量达60万吨,迫切需要加快十堰口岸建设步伐。2009年9月23日,市政府第48次常务会议,议定在十堰经济开发区选址,筹建十堰公路口岸,争取2010年建成达标。会后,公路口岸选址工作经过公示公告、公开报名等程序,初步选址在十堰市白浪中路94号。在实地考察、听取专题汇报后,张忠宝指出,加快十堰公路口岸建设步伐,争取两三年内建成相对独立完善的口岸体系,发挥区域性中心城市的功能作用,促进十堰市经济社会健康快速发展。

(李文华)

海 关

【概况】 2010年,海关办理免表29份,审批总货值2650.53万美元,减免关税1275.21万元,减免增值税504.46万元;办理加工贸易电子手册备案10本,核销13本,备案金额2743.78万美元;税收入库134.25万元,进出口报关24份,货值197万美元,货运量27吨;新增注册企业50家,其中新增加工贸易企业1家,办理变更65家;稽查6家,移交缉私2家。一是采取有效综合治税措施,确保税收应收尽收。二是完善海关监管模式,全面加强实际监管。积极推进分类通关改革。根据武汉海关的出口分类通关改革的统一部署,组织开展辖区内的主要进出口企业召开出口分类通关改革培训会,并按照要求完成岗位设置、单证处理、人员授权、参数设定和相关的宣传等工作。积极参加新查验自动派单系统和通关作业培训,完成相关业务授权、基础参数维护和系统操作,同时充分应用风险分析加强查验系统的管理监管。继续加强同现场业务处以及口岸海关的联系。在关区内积极推广区域通关,建立企业联络员制度,以便企业享受区域通关的便利,通关效率明显提高。三是规范加工贸易管理,进一步严密保税监管。对加工贸易手册开展自查。重点检查企业申报单耗是否与实际单耗相符,边角料、残次品、副产品和放弃货物的有关手续是否齐全等,进一步堵塞监管漏洞。集中处理双星东风轮胎有限公司多年以来的单耗和边角料问题,一次性补税130.23万元。同时,深入加工贸易企业进行政策宣传和具体指导,引导企业规范经营。积极推广应用台帐电子化联网管理系统。对关区内加工贸易企业成功进行台帐电子化联网管理,提高海关与银行台帐管理质量和效率。严格按照审批程序,提高审批效率。到期合同核销结案率保持在100%,到期手册报核率、到期手册结案率继续保持较高水平。四是提高风险和稽查效能,突出风险前置与稽查后置作用。先后对双星东风轮胎有限公司等6家企业开展稽查,其中移交缉私2起,限期整改1起,正常结案3起,查获率50%,查获有违规企业立案案值18.43万元,罚补税款8.61万元。此外,继续开展企业信息清理工作,对163家企业信息进行清理,占关区企业80%。通过核查和清理,进一步规范和统一企业注册登记内容的数据指标和信息安全,为实施企业分类通关和规范管理提供客观依据。五是拓展统计预警监测功能,发挥统计决策辅助职能。及时、准确地上报全年关区贸易统计和业务统计数据,统计数据保持零差错。积极参加统计业务知识竞赛和统计征文比赛,统计业务文章获得优秀奖。进一步发挥海关统计的辅助决策作用,及时跟踪经济发展形势,针对外贸热点商品,积极进行业务分析,为各级领导提供可靠的信息支持和决策辅助。

【优化海关服务】 2010年前3季度十堰市外贸累计进出口总值1.7亿美元,比上年同期增长30.3%,列全省第11位(17个主要地市排名)。其中,出口1.3亿美元,增长11.4%,列全省第12位;进口0.4亿美元,增长2.4倍,增速列全省第3位。一是执行中央、省市宏观调控政策及上级部署,因地制宜谋划发展大计。认真落实中央和省、市有关保持外贸稳定增长、促进贸易便利化的一系列政策措施,全面执行增值税转型改革、加工贸易禁限类目录管理、出口商品征税退税政策调整。坚决执行《海关总署关于支持扩大内需促进经济增长的十项措施》和总关《关于落实促进经济增长十项措施优化监管和服务的通知》,以及十堰市"扩内需、保出口、促增长"的具体措施,结合实际加强调研,多次走访市委、市政府及相关部门,深入关区企业征求意见和建议,初步制定《十堰海关促进关区外经贸发展10项措施》,在深化区域通关改革、扶持农产品出口等方面,做出安排部署。积极推动"市厅共建"工作,加强沟通协调。二是针对十堰市2010年重点项目和重点企业,"量体裁衣"提供个性化服务。加大政策宣传力度,采取举办培训班、现场咨询、"送法上门"等多种形式,保证企业依法享受海关各种优惠政策。大力支持十堰汽车龙头产业建设,及时提供政策支持,并对重点企业"量体裁衣"提供个性化服务。三是适应"东部产业转移"趋势,大力支持加工贸易发展。根据国家实施"加工贸易逐渐向中西部转移"的战略,加大政策宣传力度,积极支持企业开展机械类加工贸易。落实增值税转型改革政策和"保证金台账空转"制度;对大型企业引进加工贸易项目实施"服务前置",主动向其提供政策咨询服务;简化内销审批业务,方便企业办理内销征税手续。　　(崔　强)

财政·税务

财　政

【概况】　围绕确保完成年度收入目标，全市财政部门认真执行财政、税务、劳动和社会保障、人民银行五部门收入组织联席会议制度，加强对宏观经济和财税收入形势的预测和分析，及时调整征管措施和重点，保证了收入的及时、足额和均衡入库，促使全市财政收入增幅和质量再创历史新高。全市财政总收入完成84.9亿元，同比增长54.3%。地方一般预算收入完成43.77亿元，同比增长69.9%，其中城区地方一般预算收入完成19.32亿元，同比增长34.0%；县(市)地方一般预算收入完成24.45亿元，同比增长115.7%。

【保障改善民生】　按照市委"四保三增两从紧"的要求，不断调整支出结构，进一步保障和改善民生。2010年全市涉及民生类支出达94.96亿元，占全市财政一般预算支出总额147亿元的66%，同比增长21.4%。一是支持教育优先发展。2010年全市财政拨付资金29788.22万元，用于落实义务教育阶段保障机制政策；拨付国家奖助学金11172.25万元，用于资助高职校和中职校家庭经济困难学生；筹措资金8016.4万元，支持中小学危房改造和教学设备更新；拨付资金4829万元，支持十堰职业技术学院新校区建设，努力促进教育公平。二是服务文体事业发展。为完善公共文化服务体系，2010年市财政局向上争取资金400万元，用于完善城市社区(两区)文化中心(文化活动室)建设，支持图书馆、群艺馆改造、日报社公共信息平台发布，提高了城市公共文化服务能力。市级财政投入资金40万元，支持市图书馆文化信息资源共享工程和文化信息服务网络体系建设，投入资金100万元，用于博物馆免费开放。市本级体育彩票公益金投入500万元，支持文体部门开展国民体质监测、新苗工程补贴、体育设施维护和场馆建设等，提升了全市公共文体服务水平。三是认真落实社会基本保障政策。2010年全市五项社保基金收入15.2亿元，同比增长11%；支出13.2亿元，同比增长17%，确保了养老、失业等各项社会保障政策及时足额落实到位。四是加快推进医疗卫生事业发展。2010年全市参合农民达到229.9万人，参合率96.24%。新农合、城镇居民医保财政补助人均达到120元。新农合政策范围内的住院报销比例达到60%以上。全市加大基层医疗卫生服务体系建设力度，2010年共争取县级医院建设项目2个、中心乡镇卫生院建设项目7个、村卫生室建设项目50个，中央及地方共投入资金7506.8万元。继续推进国家基本药物制度试点，新增3个试点县使全市试点县达到5个。五是推进保障性住房建设。认真落实《湖北省2009—2011年廉租住房保障规划》(鄂建[2009]94号)文件规定，2010年全市筹措资金28276万元，通过购买方式配建廉租住房2157套，对低收入住房困难家庭32490户发放廉租住房租赁补贴资金3716万元。2010年市级财政预算追加7000万元，用于城区公共租赁住房建设。六是改善城市环境。市财政筹措资金4.5亿元，用于上海路、建设大道、东环路、北京北路等道路建设；筹措资金1.65亿元，服务城区"三城联创"、市政建设及城市的亮化、绿化、美化等。七是积极服务政府"十件实事"。围绕服务市政府确定的2010年继续实施扶贫搬迁工程、新建通村水泥路、推进饮水安全工程等十件实事，市级财政筹措资金6420万元，确保市政府"十件实事"逐项落到实处。

【支持经济发展】　认真贯彻国务院扩内需保增长的要求，实施积极的财政政策，综合运用资金政策等手段，推动全市经济加快发展和增长方式转变，做大经济蛋糕，夯实增收基础。一是支持新型工业化发展。认真贯彻落实市政府《支持城区加快新型工业化若干政策规定》(十政发[2007]30号),筹措资金14119万元,对"双亿工程"重点企业以及东风商用车联合工厂及动力总成、云燕农博园等重点项目建设给予支持,落实税收优惠政策1726万元,大力支持双星东风轮胎、东风零部件等企业发展。筹措资金8338万元,用于困难职工安置。市级预算安排科技创新、技改补助等资金2980万元,比上年增长28%,促进企业研发和技术创新。积极兑现奖励政策,预算安排1100万元奖励资金,支持重点企业做大做强。二是支持新农村建设。2010年市级财政预算安排支农资金3425万元,比上年增长23.4%,争取上级下达十堰市农业项目资金95966万元,比上年增长13%,通过实施资金整合、以奖代补、先建后补等手段,提高各级支农积极性,加快了重点项目建设步伐。抢抓南水北调生态环境建设机遇,向上争取把丹江库区纳入二期天保工程,实现全市天保工程全覆盖;推进农业产业化经营,启动南水北调中线工程新建蔬菜基地8360亩;设立专项基金200万元,用于支持"武当道茶"品牌打造;配合扶贫部门编制第二轮城区农村扶贫规划,安排城区扶贫专项资金1000万元,比上年净增300万元,加快城区农村扶贫开发步伐。全年拨付资金63771万元,兑现粮食、农资综合、农机、退耕还林等各项惠农补贴资金;拨付资金17280万元,兑现"家电下乡"、"汽车摩托车下乡"、"汽车、家电以旧换新"补贴,让公共财政的阳光照耀农村大地。三是支持旅游业发展。抢抓鄂西生态文化旅游圈建设机遇,市级财政安排专项资金2000万元,重点支持以武当山为龙头的旅游事业发展。多方积极筹措资金6400万元,支持和服务第四届世界传统武术节的成功举办。创造性地开展武术节市场运作工作,各项招商招标工作通过市场化运作,较上届多收入700万元,取得了良好的经济效益。四是支持节能减排工作。安排环保专项资金1100万元,主要补贴企业排污技术改造和设备投入,促进企业节能减排发展清洁生产;积极推进《丹江口库区及上游水污染防治和水土保持规划》的项目实施,拨付资金3.45亿元,支持泗河污水处理工程、神定河污水处理改造和城区垃圾处理工程建设。五是支持内需项目实施。按照市政府要求,市财政预算安排项目前期费2000万元,专项用于项目争取工作,推动建设项目的顺利开展。2010年全市累计新增中央投资项目396个,新增中央投资计划11.28亿元。对省分配的6.45亿元债券资金,重点用于教育、医疗以及基础设施建设。六是推进市场体系建设。积极筹措资金,大力推进以"万村千乡"为载体的"超市下乡"工程。到2010年底,全市农村超市网点达到1800余家,基本覆盖全市所有行政村。大力培育农村市场流通主体。全市共完成农村综合服务社建设410家,验收合格409家。运用财政资金杠杆作用,集合和放大项目融资能力,积极打造现代物流体系。经过培育,城区年销售过2亿元的商品流通企业上升到8户,年成交额过3亿元以上的专业市场达6户。七是发挥担保融资功能。通过与金融机构及相关部门的密切配合和共同努力,2010年重点支持一大批符合国家产业政策、经营管理好、企业信誉好、产品效益好的中小企业和成长型、高新科技型及市政府重点扶持企业,共为107家企业提供融资、担保166笔、额度62140万元。年末担保责任余额为54190万元,同比增长69%,有力促进中小企业发展。八是支持县域经济发展。全年拨付资金7988万元,支持县域经济和社会事业发展,使县域财政经济实力不断增强,成为推动全市财政经济增长的重要力量。

【财政改革】 一是财政四项改革向纵深推进。2010年市本级全部316家单位均已纳入部门预算管理,其中按"两上两下"程序编制和执行较为规范的部门预算258家。在赴武汉财政局学习考察的基础上,建立部门预算责任制度,增强主管部门和二级预算单位的编制及执行主体责任。全市1719家预算单位及乡镇均纳入国库集中支付改革范围,纳入面100%,市直所有实行部门预算的单位,所有财政性资金均纳入国库集中支付。政府采购范围和规模不断扩大,2010年全市政府采购规模达15.98亿元,同比增长38.56%,完成全年计划13.5亿元的118.4%,节约资金1.42亿元,资金节约率为8.17%,取得明显的经济和社会效益。积极创新和完善非税收入征收管理机制,所有非税收入纳入"收支两条线"的管理轨道,管理面达到100%。非税收入管理得到加强,2010年全市完成非税收入21.93亿元,同比增长89%。二是深入开展农村综合配套改革。认真做好"一事一议"财政奖补政策,全市共实施"一事一议"项目1212个,财政整合到项目和奖补资金达1.1亿元。严格涉农有关费用征收管理,有序推进农业"三场"改革,有力地支持农村公益事业发展。三是深化财政政务公开。按照财政与编制政务公开工作的相关要求,全市累计上网财政资金496项,金额33.78亿元;回复网上咨询、投诉及建议共260项。在全省2010年度财政与编制政务公开工作年终考核中,市直等6个财政网站获得优秀。四是着力推进"金财工程"建设。加强财政业务应用系统的技术支持服务和安全工作,加大十堰财政网站建设力度,使网页设计更加新颖、合理,访问量由2009年的40万人次提高到2010年底的200余万人次。五是抓体制调整,助推财政经济发展。认真贯彻落实省政府《关于进一步调整和完善分税制财政管理体制的决定》(鄂政发[2010]65号文)精神,在充分调研的基础上,提出完善十堰城区财政体制的意见,经市政府审定后,以《关于进一步调整和完善市对区分税制财政管理体制的决定》(十政发[2010]41号)印发,决定从2010年1月1日起,将市对区原分税制财政管理体制规定的省级、市级分享的工商四税收入(注:指增值税、营业税、企业所得税、个人所得税)全部下划到区级,列为区级地方一般预算收入范围,税收统一实行"属地征管、属地入库"。

【财政监管】 一是强化财政监督检查。按照全省统一部署,继续开展"小金库"专项治理工作,提早将社会团体、国家控股企业纳入"小金库"清理范围。按照重点检查面不低于纳入治理范围5%的要求,全市2010年检查重点单位163户,占应纳入治理范围单位的15.8%。组织对各类专项资金使用情况的专项检查,保证财政资金的安全和有效使用。开展市直行政事业单位国有资产有偿使用及收益情况的专项检查,摸清家底,堵塞漏洞,加强监督。二是深化财政绩效评价工作。在2009年选择劳动就业专项资金开展绩效评价试点的基础上,2010年在全市范围内全面推开财政绩效评价工作。进一步扩大评价范围,确定10项资金作为绩效评价项目,努力探索建立科学规范的财政支出绩效评价体系,提高财政支出效率和效益。三是加强财政投资评审。重点做好工业项目山地整理以及"南水北调"水污染防治项目和拉动内需项目投资的评审工作。对渝安工业园、三环工业园、东风8万辆汽车(一期)土地整理项目等进行全程跟踪评审。2010年共完成各类评审项目21个,评审资金8.1亿元,审减资金9167.6万元,把好政府投资关口,确保资金发挥效益。四是着力规范会计行为。以扎实开展"会计管理年"活动为契机,通过加大宣传、培训和检查力度,不断提高会计信息质量。加快新企业会计准则在全市大中型企业的实施,加强会计从业人员继续教育和会计相关考务的培训,建立会计人员激励制度,联合市总工会、共青团市委、市妇联出台了《关于将会计人员评先表彰纳入"五一劳动奖章"、"五四青年奖章"和"三八红旗手"表彰的通知》,提高社会对会计工作的认识,激发会计人员爱岗奉献的工作热情。按照市委的统一部署,认真指导全市注册会计师事务所深入开展第三批学习实践科学发展观和创先争优活动,加强注册会计师行业诚信建设的宣传和教育工作,全面提升注师行业执业水平。

【财政廉政建设】 一是认真组织开展"抓作风建设,促精细化管理"活动。2010年3—9月,在全市财政部门组织开展为期半年的"抓作风建设,促精细化管理"专题教育活动,通过加强学习教育,帮助干部职工牢固树立全局观念、法治观念、创新观念、效率观念、服务观念和责任观念,进一步优化业务流程,完善岗责体系,提高工作效率。二是深入开展财政腐败风险预警防控工作。按照省、市统一部署,以查找腐败风险点为突破口,结合防范思想道德、岗位职责和制度机制风险,重点围绕预算编制、执行以及项目资金评审、人事调配等方面建立健全防控体系。在局班子成员的带头下,局系统所有干部职工均参加腐败风险点排查。并在全面清查的基础上,制定印发《十堰市财政系统腐败风险预警防控实施办法》和《考核评责办法》,努力形成长效机制。三是积极参与政风行风民主评议活动。市财政局结合工作实际,及时召开动员大会,制定实施方案,面向社会做出公开承诺,印发《征求意见表》数百份,广泛征求社会意见,以实实在在的行动,赢得了社会各界和人民群众的理解和支持。在全市行风评议综合测评中,市财政局在全市66个行业中排名第一。四是认真落实党风廉政建设工作。坚持局党委统一领导,单位、科室各负其责,干部职工积极参与的党风廉政建设机制,形成上下联动、齐抓共管、人人负责的良好局面。开展多种形式的学习教育,深化廉政文化建设,宣传廉政政策知识;以打造和谐机关为契机,加强内部管理,积极推进文明创建活动,营造出财政系统风清气正、积极向上的氛围。 (王　超)

国家税收

【税收收入刷新历史纪录】 全年累计完成各项税收43.62亿元,同比增收14.16亿元,增长48%。市政府考核"三税"目标完成41.12亿元,占政府考核目标31.1亿元的132.2%,同比增收12.8亿元,增长45%。完成十堰本级地方一般预算收入75634万元,同比增收25613万元,增长51.2%。历史上首次提前5个月完成市政府年度考核收入目标,提前4个月完成省局下达年度收入目标,取得"超计划、超历史、超同期"的骄人业绩。税收服务创新机制,促进内外和谐。围绕和谐国税建设,坚持内外并举,上下联动,促进税收征纳和谐和系统上下和谐。在纳税服务方面,开通12366纳税服务热线十堰远程坐席,QQ涉税服务群,普遍建立了大企业VIP税收客户服务制度,惠及全市230户重点企业。开展领导干部"两走进,两服务"和"千名管理员万户大走访"活动,全系统52名领导班子成员和基层税收管理员深入3万多户纳税人上门服务,纳税人综合满意度达到89%。精心组织税收宣传月活动,"百家谈税"系列论坛被评为全国优秀创新项目。在机关服务基层方面,推出7个服务项目,统一业务和行政计划发布，圆满完成机关2个大院的供暖工程。信息管税内外结合，提高征管质效。积极推动市政府下发《关于建立全市涉税信息交换机制加强协税护税工作的通知》文件。以市政府为主导，与29个市直部门建立涉税信息互换机制和协调联系会制度。自主研发数据分析发布平台，发布风险信息795条，开展评估1740户次，核查税款2135万元。大力推进电子办税，圆满实现省局“两个确保”工作要求。民主评议查纠并举，夺得优秀单位。在省局提出目标的基础上自我加压，制订“两保两争”目标。围绕这一目标，上下同心，内外协调，查纠并举，先后召开全系统民主评议政风行风工作动员大会，成功举办“文明执法、廉洁从税”演讲比赛，在市电视台刊播国税“廉洁从税”专题片，查找6类13个方面的问题，处理违纪人员7人。民主评议政风行风工作名列全市行政执法类第一名，喜获“优秀单位”。队伍建设双管齐下，提升能力素质。围绕推进人才强税，进一步落实“全员考学、技能竞赛、六员培训、基础轮训、岗位练兵、人才建设”“六个抓手”，促进干部队伍能力与活力的进一步优化。成功举办科级干部清华大学高级研修班、江西税务学院稽查干部培训班、28岁以下青年干部写作培训班等3个培训班。开展市级税收业务能手考赛，择优选择市级税收业务能手18人。参加全省税收业务能手竞赛，7人获得省级税收业务能手称号。作风建设上下联动，优化国税形象。以省局8个重点项目和市局4个特色项目为载体，狠抓廉洁从税，全力打造“三三制”廉政风险预警防控体系，推动“作风建设年”活动深入开展，促进全系统作风进一步好转，为国税中心工作顺利开展提供有力保障。《立足“五查五看”，狠抓廉洁从税》专题片在全省国税系统“作风建设年”活动汇报交流会上作了专项交流。党风廉政建设工作在全市纪检监察“十个全覆盖”现场会上作了经验交流。

【“三三制”廉政风险防范体系建设】 引入风险管理理念，立足一个“找”字，实施“抓点、查线、控面”三层风险排查，紧扣一个“评”字，实施“红色、黄色、蓝色”三色风险评估，突出一个“防”字，实施“警钟、警线、警哨”三级风险预警。市局建立统一的廉政风险库，其中，“红色”高风险点29个，“黄色”一般风险点37个，“蓝色”低风险点43个，制定70余项防范措施。针对“红色”高风险点，制定《十堰市国家税务局行政处罚自由裁量权实施标准(试行)》。标准共涉及相关法律依据24条，分情节轻微、情节严重二档，共设定行政处罚裁量权68级；针对“黄色”一般风险点，组织系统内13个单位开展拉网式清查；针对“蓝色”低风险，从抓制度落实入手，先后制定《企业所得税预警管理办法》、《廉洁从税实施意见》、《廉政谈话制度》等20余项管理制度。全市累计检查纪律、服务等51次，通报批评7人，经济惩诫23人8840元。震慑违纪人员，整肃国税风纪。

【风险导向型信息管税机制】 积极推动市政府下发《关于建立全市涉税信息交换机制加强协税护税工作的通知》文件。以市政府为主导，与29个市直部门建立涉税信息互换机制和协调联系会制度。自主研发数据分析发布平台，发布风险信息795条，开展评估1740户次，核查税款2135万元。大力推进电子办税，全市11267户个体工商户使用委托扣缴方式缴纳税款，签约率达96.52%，扣缴成功率达93.35%；5202户一般纳税人使用网上申报，网上申报率达91.39%；8278户企业纳税人签订财税库银三方协议，签约率达94.18%，7429户缴税纳税人成功扣缴税款有6998户，扣缴成功率达94.20%。

【税收廉政文化】 会同15个市直部门在武当山成立道廉文化教育基地。在全省国税系统“税风长清”廉政文化活动中，选送的作品有14件(篇)获奖。其中，一等奖1人，三等奖3人，优秀奖10人。同时，市国税局干部自编、自导、自演，反映十堰国税廉洁从税的双簧《我的老公变好了》，代表省局参加总局汇报演出，获二等奖。

【服务兴税工程】 创新服务方式。向116户重点企业推出大企业VIP服务。建立5个QQ群，全天候为纳税人提供涉税服务。开通12366远程坐席，实现与省局QQ实时在线沟通，受理省局转办件17起，纳税人涉税咨询54件，回复率100%。与地税局联合评定2008—2009年度纳税信用等级A级纳税人226户，联合下发关于支持A级纳税人发展的意见。由市政府牵头，联合召开A级信用企业颁证仪式。会同地税局在市行政服务中心设立联合办证窗口2个，办证信息两家共享。大力开展“机关服务基层”活动，推出7项服务。建立行政和业务管理“双统筹”制度，完善大病医疗互助基金，凝聚基层力量，激发基层活力。（闫　玲）

地方税收

【概况】 全年共完成税费收入53.75亿元，同比增长52.89%。其中：税收收入完成38.7亿元，同比增长72.57%；社保费入库133143万元，同比增长18.12%；其他规费完成17250万元，同比增长18.86%；地方一般预算收入完成31.7亿元，同比增长89.01%，为促进全市经济社会平稳较快发展作出积极贡献。市局先后获得全省“理论学习先进单位”、全市“最佳文明单位”、“五五普法中期先进单位”、“综合治理先进单位”和“帮建共建先进单位”。在全市政风行风评议活动中取得综合排名第二、行政执法排名第一的较好成绩。

【服务发展】 全面梳理和调整约束科学发展的制度规定，废止36件、修改20件不利于科学发展、约束重点工作推进的文件制度。从反映最集中、最突出的城镇土地使用税税负过高问题入手，多次到相关职能部门征求土地等级划分意见和建议，采取划圈、划分、划断的方法，拟定等级调整方案，提交市政府决策。建立和完善长效服务机制，加强“一对一”定点服务、VIP服务和政策扶持服务，把对财政贡献大、经济发展有影响、产业技术升级快的企业作为重点帮扶对象，不断优化发展环境。全面落实移民搬迁税收政策，组织力量进村、驻点、入户，主动参与移民搬迁工作，投入116万元资金为移民排忧解难，共组织搬迁移民544户，2038人。积极落实结构性减税政策，全年落实税收优惠1.66亿元。其中，下岗再就业税收优惠318万元，库区移民搬迁税收优惠743万元，开山整治减免土地使用税2731万元，困难性减免2384万元等。

【税收征管】 把夯实征管基础做为全年工作重点，按照税费征管、税费服务、税务稽查、监察考评、办公室“五大系列”完善基层组织体系，合理调整城区征管范围。修订完善《十堰市地方税务局税收业务工作规程》，逐步实现税收管理的规范化、流程化和制度化。认真开展宏观税负调查，全面分析地税收入结构和经济发展总量，掌握税收增长与经济增长、行业税负与宏观税负的关系。加强与国税、工商、国土、房管等职能部门的信息比对，定期交换信息，大力开展漏征漏管清理工作。加大发票打假工作力度，集中突击开展发票专项查假打假活动12次，查处假发票案8起，捣毁制假窝点5个；用假卖假纳税人113户，罚款11.7万元。

【税收信息化】 加大网上办税、网络发票、批量扣税等平台的建设和推广力度，全年网上征收入库税款3.5亿元，开通网络发票480户，推广税控机551台。研究制定涉税信息采集、录入和应用管理办法，建立涉税信息指标体系，明确规定信息数据采集内容、采集标准和工作责任，不断加大基础涉税数据的采集、维护力度。以省地税局回放数据为基础，开发“查询统计分析系统”，拓展外部第三方信息的采集利用，共对8类信息数据进行7次比对，数据差错量大幅下降，征管信息的准确率、规范性、可信度全面提升。开通12366平台，全年共办理涉及政策、法规、发票、纳税等方面的业务咨询3098次，接受投诉举报39件；通过市长热线、政府网站、内网平台反馈纳税人投诉、建议、意见67件。积极配合劳动、金融部门，打牢“金保工程”的上线基础。加大系统内外网站的建设力度，确保OA系统如期上线。

【纳税服务】 认真落实“两个一律”，推行“一站式”服务，方便纳税人办理税收业务。大力推进办税厅规范化建设，重新改造和完善9个基层单位办税服务厅，合理划分功能区，配置必备服务设备，将纳税服务搬进各级政府的行政服务大厅，尽量满足纳税人的办税需求。通过委托代征、定点定期征收、设置临时征收点、与国税合署办公以及流动服务车等措施，不断改善边远山区的纳税服务。开展“纳税服务明星”评选活动，建立纳税服务首席代表制度。广泛开展纳税信用等级评定活动，226户企业被评为A级纳税人。清理合并纳税人的各类报表和资料，减免城区所有纳税人的税务登记证工本费。与国税部门实行联合办证、联合办税、联合交换信息，切实减轻纳税人负担。按照纳税人个性化需求，定期印制税收政策宣传单，定期汇编《地方税收政策专辑》，免费送给纳税人。广泛开展税法进企业、进机关、进社区、进学校等系列宣传活动，创办“纳税人学校”，提升全社会税法意识。

（裴卫民）

金　融

中国人民银行十堰市中心支行

【货币政策执行力】 2010年，经济企稳回暖和一大批重点项目建设，使十堰市步入新一轮加快发展的投资高峰期。对此，中支认真贯彻适度宽松的货币政策，于2月上旬出台《认真贯彻执行适度宽松货币政策，支持十堰经济又好又快发展的指导意见》，围绕全市6大类100个重点项目建设，加大窗口指导力度，提高货币政策执行力，确保全年225亿元固定资产投资实现。为准确掌握货币政策实施效果，7月份，中支针对货币政策实施效果，开展"促进经济跨越发展调研月"专题活动，提出金融支持经济发展"三个一致"的对策意见，即：信贷供应总量与经济需求总量保持一致、信贷政策与产业政策规划保持一致、金融机构组织建设与经济发展趋势保持一致。全行完成重点调研课题14个，部分课题取得初步成果。

【破解融资难题】 2010年，中支进一步发挥银企发展促进会作用，积极搭建融资平台，开展银企战略协作，举办银企项目对接活动，引导金融机构加大对区域内经济主体的信贷投入。1月28日，中支配合市政府以县(市)、区为单位，逐个开展项目融资对接，为辖区特色产业、重点产业、支柱产业，特别是农业、小企业、节能环保及高新技术产业量身打造银企对接平台，融资33.5亿元。5月18日，"百亿基金再进十堰"如期举办，来自全国24家基金公司与十堰市61家重点企业齐聚一堂，共谋发展。深圳投资、长江资本、省创投等多家基金公司与十堰市正和车身、武当山旅游开发公司等6家企业签订投资合作意向协议2.8亿元，开创全市企业与基金公司合作、发展、共赢的新局面。6月23日，中支与茅箭区政府共同举办银企项目对接会。区内6家重点企业与金融机构现场签约6.5亿元。2010年全市先后4次举办银企项目对接会、信贷产品推介会，融资项目达391个，金额198亿元，保障重点产业、重点项目合理的信贷需求，使十堰市经济发展呈现强劲态势，全市工业增长率、地方财政收入增长率、固定资产投资增长率3项指标名列全省第一。

【金融产品创新】 2010年，中支积极鼓励商业银行和农村信用社不断加大金融产品创新力度，先后开办"供应商+联保贷款"、"信用证+保理贸易融资"、"移民+后扶资金担保贷款"等新模式，着力推进"无地农民创业贷款"、"农村青年诚信创业贷款"、"千名大学生创业信贷"、"库区水面养殖权质押贷款"等新业务，引导金融机构加大对民生领域信贷投入，累计发放小额担保贷款13169万元，比年初新增4661.5万元；发放水面养殖权质押贷款4748万元，失地农民创业担保贷款200万元；办理民族用品生产企业贷款贴息7200万元；发放农村青年诚信创业贷款2784万元，大学生"村官"创业富民贷款50万元，实现大学生村官创业金融扶持"零"突破。

【支持弱势产业】 一是加大对"三农"经济信贷投入。为支持壮大农村经济，中支及时组织专班对全市农业生产资金需求状况进行调查测算，并据此向武汉分行申请支农再贷款限额4.7亿元，及时下达各县市支行，用以弥补支农资金缺口。在管好用好支农再贷款资金的同时，中支还结合辖内农村经济发展现状，研究制定金融支持"三农"经济发展指导意见，引导农村信用社累计发放"三农"贷款33.67亿元。二是加大对中小企业的信贷投入。为切实有效拓宽中小企业融资渠道，中支牵头建立十堰市中小企业网络服务平台，实现银企之间全天候、常态化、无缝隙的网络对接。9月中旬，中支组织全市金融系统开展“应收账款质押、融资租赁业务”宣传活动，向辖区6000多户中小企业和个人发放融资租赁业务宣传资料，在全市引起良好反响。三是健全金融服务体系。针对全市地方性（股份制）金融机构发展缓慢的现状，中支内引外联，加强与域外金融机构联系。目前，招商银行、浦发银行、兴业银行等区域性股份制商业银行有望进驻十堰设点。兴业银行分支机构已经着手开业筹备，招商银行也明确进驻十堰布点展业的意愿。

【宣传货币政策】 一是及时召开金融机构联席会，将金融宏观调控意图全面准确地传递给金融部门，引导金融机构正确理解国家宏观调控政策，把握信贷投放的重点、力度和节奏，增强金融部门贯彻执行货币政策的自觉性。二是做好对地方党委政府汇报工作。中支以专题汇报和金融工作座谈会形式，及时将上级行重要会议精神传达到地方政府，帮助地方政府了解最新金融动态，争取地方政府对金融工作的理解、重视与支持。三是积极参加政府相关工作会议，为地方政府出谋划策。中支多次参加市政府召开的经济工作座谈会、市长办公会、银企项目对接会、金融形势分析会、招商引资工作会，就国家宏观调控政策、金融信贷政策、金融支持十堰经济发展、金融运行中的热点、难点问题进行宣传解读，提出对策建议，协助地方政府全面把握金融工作，发挥金融参谋助手作用。四是加强金融宣传，引导社会舆论。中支先后5次接受《十堰周刊》、《车城大讲坛》等新闻媒体采访、2次参加房地产新闻发布会，就货币政策、房地产新政进行宣传解读，正确引导社会舆论，促进房地产市场健康发展。

【金融监管的力度】 一是强化对商业银行的业务监督检查。根据法律赋予人民银行的权限，全面、广泛地开展对商业银行的各项业务管理和监督检查活动，无论是监督检查的项目，还是检查处理的力度，都是近年来没有过的。二是强化商业银行接受央行监管意识。自银监分设以来，中支首次召开全市金融监管工作会议，各商业银行主要负责人参加会议，传达学习《中国人民银行武汉分行对金融机构综合检查规定》、《中国人民银行武汉分行对设立银行业金融机构金融服务与管理规定》等管理办法，向商业银行昭示央行监管的强势回归和新的开始。三是强化对商业银行的经济惩戒处罚。2010年共对全市被检查商业银行实施经济处罚18万元，发挥经济惩戒的作用。四是强化金融监管队伍建设，加强监管部门的人力配备，开展监管技能和素质培训，为加强金融监管提供人力支持。

【拓宽金融监管的广度】 为了确保金融监管的广度，中支提出对商业银行实行“序时全面监管”的基本思路，即对商业银行开展序时的、全面的综合执法检查，保证“两个全覆盖”：一是对金融机构的全覆盖。全市共有7大家商业银行（社），各项检查涉及到除农发行以外的其他6家行（社），反洗钱还涉及到保险及证券机构，使每家金融机构都置于人民银行的监管之下。二是对主要业务的全覆盖。根据分行及中支的安排，开展反洗钱、账户管理、外汇管理、商业汇票、货币金银、征信管理等专项检查共32个，投入检查人力196人/次，960多个有效工作日，保证监管的覆盖面和广度，较好地促进各项金融业务合规发展。

【国库服务水平】 一是推广应用全国财税库银税收收入电子缴库联网系统，为各项税收及时、准确、安全入库提速。中支主动作为，多方协调，精心组织，培训指导，投入大量的人力，确保7月1日联网成功。二是开辟国库救灾“绿色通道”。7月上旬和中旬，十堰市先后遭受7次强降雨，累计造成262个乡镇、197万人受灾，经济损失达20亿元。中支党委高度重视、快速反应，专门开辟国库救灾“绿色通道”，保持24小时通讯畅通，做好救灾资金汇划，先后下拨各类救灾应急资金2464万元。

【贸易服务水平】 一是以“五个转变”为契机，转变外汇管理理念。中支以外管总局“五个转变”统领全局，转变外汇管理理念和方式，不断提高外汇管理和服务水平，增强外汇管理对经济发展服务能力。全市外汇机构办理国际收支业务总量24246万美元，结售汇业务总量19348万美元，进出口收付汇总额17785万美元。二是扎实推进跨境贸易人民币结算改革试点。2010年，湖北省作为中部地区第二批试点唯一省份，工作进展迅速。中支在开展跨境贸易人民币结算试点工作中，大胆探索，稳步推进，克服首次办理、政策不熟悉、操作难度大等困难，及时完成相关资料审查、登记编号、信息备案等一系列工作，在湖北省市州中率先办理该项业务。全年办理跨境人民币贸易结算业务3笔、674万元，在最短时间内为企业提供高效便捷服务，受到企业好评。

【支付服务水平】 2010年，中支在抓好全市支付结算服务工作的同时，重点推进农村支付结算环境建设，拓宽农村支付结算渠道，联合市政府在郧西县召开全市农村支付结算环境建设现场会。全市各县城及乡镇开通大、小额支付系统的网点增加到17个，支票影像系统接入网点8个。全市87个行政乡镇共布放ATM机75台，POS机113台，发展特约商户110户。全市乡镇开通电话银行业务6931户，网上银行业务4873户。

在全省支付结算工作专题会上，中支作为4个经验交流单位之一作了经验介绍。郧西县加强农村支付结算环境建设成效显著，被武汉分行授予"湖北省农村支付环境建设示范县"荣誉称号。

【"反假币"服务水平】 2010年，中支通过开展反假币宣传月活动，组织市、县、区统一行动，推行"金融网点＋反假工作站＋工商户"联动反假模式，形成部门整体联动、网络主体共同参与的全民"反假"新格局，维护人民群众的切身利益。为提高银行从业人员反假币技能，8月26日，中支在市电视台举办全市金融系统点钞暨人民币反假币知识电视大赛，来自市内各行、社6个代表队、18名选手参加比赛，进一步提高全民"反假"意识，在全社会引起良好的反响。

【征信服务水平】 遵循"政府领导、人行主导、多方参与、多方受益"原则，中支大力加强农村信用体系、中小企业信用体系、中小企业信贷主体培植力度；联合市经济和信息化委员会出台《关于加强十堰市中小企业信用担保机构信用评级管理工作的意见》，把担保机构信用评级作为社会信用体系建设的重要内容，用制度促进信用评级工作；先后开展"信用记录关爱日"宣传、征信知识有奖竞赛活动，社会信用体系建设取得明显成效。全市已建立农户信用档案48万户，其中电子信用档案22.7万户。选择郧西县、丹江口市作为农村青年信用示范户建设试点地区，确定16个乡镇1000户培植目标。建立中小企业信用档案4236户，已有528家中小企业累计获得银行信贷支持86.2亿元，中小企业信用建设试验区的示范效应正在逐步显现。

【金融生态环境】 中支以争创"湖北省金融信用市（州）"为目标，着力打造"信用十堰"品牌，加强与政府相关部门的协作力度，建立信用环境建设成员单位联席会议制度，密切配合，推动建设；分别督导、指导茅箭区、张湾区政府开展信用社区创建活动；协助市政府出台《关于鼓励金融支持地方经济发展绩效考评奖励暂行办法》、《关于支持和鼓励引进银行业金融机构的意见》；协助市政府开展企业上市业务培训、构建省市县三级担保联动体系。截至年底，全市创建信用乡镇64个、信用社区18个，分别占乡镇、社区总数的65.3%、15.6%；金融机构累计培植A级以上信用企业1289家，占贷款企业总数的77.6%。2010年10月，十堰市再次被省政府授予"湖北省金融信用市州"称号，丹江、竹山、竹溪、房县、郧西5个县（市）保持全省"最佳金融信用县（市）"称号。

人行十堰中心支行向群众宣传"反假币"活动，提高全民"反假"意识

【信贷服务水平】 在做好人民银行自身金融服务工作的同时，还注重推动商业银行提高信贷服务水平。10月28日，中支组织全市各家商业银行举办十堰市金融系统"创新金融服务、支持经济发展"成果展，8家金融单位以图片、画册和视频宣传等形式，向广大市民展示金融机构在贯彻执行货币政策、改善金融服务等方面的建设成就和在金融服务技术创新、制度创新、产品创新、服务方式创新方面所取得的丰硕成果，达到商业银行间相互交流，共同提高，更好地为经济及市民提供信贷服务之目的。

（陶文生）

银行业监督管理

【概况】 2010年，十堰银监分局以"信贷精细化管理年"暨支持经济发展方式转变系列活动为主线，引导十堰银行业紧密围绕市委市政府提出的"一城两带"发展战略，改善金融服务，加快改革发展，有效防控风险，支持地方经济社会又好又快发展发挥积极作用。率先在全省地市（州）中成立"中小企业金融服务俱乐部"，贯彻贷款新规的典型经验得到广泛认可；过剩行业信贷风险监管得到省局领导肯定，荣华集团信贷风险化解取得重大成果；融资平台贷款清理规范成效显著；信用社产权改革取得突破性进展，丹江口农合行挂牌开业；

银行业公众教育活动经验得到省局推介和银监会肯定，并参与央视《对话》节目。分局被省局评为“建设防风险信息系统 促进银行业稳健发展”竞赛活动突出贡献集体，获得湖北银监局“文明单位”、十堰市委、十堰市政府“文明单位”称号，被市政府推荐为2009—2010年度省级文明单位，丹江口和房县监管办事处被省局评为先进监管办事处。

【金融监管质效】 严格市场准入监管，加强高管任职资格审查，重视内审发现的问题和日常监管，建立监管激励约束导向机制，将机构市场准入与金融服务质量挂钩，引导机构合理布局。全年共受理市场准入事项101件，其中机构迁址14件、升格36件、增设自助银行5件，高管任职资格审查46件。提高现场检查有效性，开展监管效能监察，进一步提高现场检查的针对性、有效性。全年共组织开展贷记卡业务、固定资产贷款业务、信贷资金流入股市、信贷资产风险偏离度、融资平台贷款等现场检查19项，共投入工作日2530人次，查出违规金额8.29亿元，提出整改意见和建议61条，责成银行机构处理违规人员6名，有效防范银行业风险。规范非现场监管，组织辖内银行机构开展“建设防风险信息体系，促进银行业稳健发展”竞赛活动，开展监管统计大检查，规范数据管理，增强信息共享，提高了监管数据报送的准确性、及时性和真实性；加强非现场监管数据分析，强化风险提示，较好地发挥预警作用。

【防控银行业突出风险】 一是清理规范融资平台贷款。按照银监会“逐包打开、逐笔清理、重新评估、整改保全”的要求，在各级政府的大力支持下，建立起“政府主导、银行主抓、银监主督、企业主担”的立体式清理整改保全体系，取得明显成效。辖内银行机构融资平台贷款余额23.5亿元，已整改保全23.28亿元，占比达99%。融资平台贷款清理保全工作成效得到上级肯定，工作经验得到省局领导签批肯定并在省局年中工作会上交流，市政府有关领导也作出重要批示。二是稳妥处置荣华集团信贷风险。指导银行业协会多次召开荣华贷款俱乐部成员行会议，将荣华公司风险化解策略从“单一救助”调整为“综合处置”，拟定处置方案，督促银企双方签定处置协议，“一行一策”、“一事一策”推进风险化解工作。截至年末，荣华集团在十堰5家银行授信余额7.4亿，比流动性风险暴露之初的2008年10月末的13.8亿下降了6.4亿元，当年该公司集中归还各债权银行贷款3.4亿元，为彻底化解风险创造有利条件。三是有效防控银行业案件风险。以“银行业内控与案防制度执行年”活动为抓手，加强风险排查和对账监管，从源头防止案件发生，案防经验《源头治案件对账出平安》被银监会推广，配合公安部门和省局开展银行系统安全管理大检查，与公安部门共同召开全市银行系统安全保卫先进表彰既案件综合治理大会，全年银行机构继续保持零发案率。四是有效防控房地产贷款风险防控。督导银行机构开展按揭贷款风险排查，认真执行“二套房贷”政策，严格执行差别化住房信贷政策，组织银行机构开展压力测试。五是有效防控大额不良信贷风险。构建大额不良贷款监测报告及报表报送制度，持续监控宏观调控和产业政策调整中银行业资产质量的变化，督促辖内银行机构对余额在1000万元以上的单户及关联企业不良贷款进行逐户风险评估，对4家国有银行当年新增不良贷款开展专项检查。年末，全市银行业不良贷款余额为22.4亿元、不良贷款占比5.74%，分别较年初下降6亿元和3.36个百分点。

【金融改革创新】 一是推进农信社改革实现新突破。按照“全面启动、分类推进、重点突破、合规组建”的总体规划，全方位推进辖内农村信用社产权改革进程。丹江、竹山等6县（市、区）政府用优质资产置换农信社不良贷款7366万元、增加资本公积金6694万元，减免各项税金4689万元，降低改革成本，提高农村银行组建效率。丹江口农合行于12月16日挂牌开业，成为全省第9家获准开业的农合行；竹山信用联社收到银监会下发的农商行筹建审查意见；竹溪、郧县、房县、武当山农商行筹建材料已报湖北银监局；郧西信用联社各项指标已于年底达标。二是不断完善丰富银行业服务体系。引导和支持农村信用社和邮政储蓄银行在竹溪县鄂坪乡设立分社和营业所，消除全市乡镇金融服务空白点，在全省5个金融服务空白乡镇中率先实现金融机构覆盖目标。鼓励国有商业银行在县域恢复或增设营业机构。工商银行房县支行于5月28日正式开业，国有商业银行近十年在县域只撤不设的局面被打破。成功引进兴业银行到十堰设立分行，结束十堰市无股份制商业银行的历史，给辖内银行发展带来新的活力，有利于提高银行业整体服务水平。四是积极创造条件，争取尽快组建村镇银行，进一步丰富农村金融服务体系。

【十堰首家农村合作银行丹江口农合行获准开业】 11月16日，中国银行业监督管理委员会湖北监管局正式下发批复，核准湖北丹江口农村合作银行开业。这标志着丹江口农信联社产权改制组建农村银行工作第一阶段的目标顺利完成，成为车城十堰市首家农村合作银行。丹江口市农信联社是湖北省首批10家改制组建农村银行试点联社之一，改制工作于2009年3月正式启动。为确保如期实现改制组建银行目标，十堰、丹江口两级联社均成立组建银行工作领导小组，抽调精干人员，组成工作专班，并细化制订《丹江口农村合作银行组建工作方案》。两级联社积极向当地政府进行汇报，丹江口市政府用改制企业优质国有资产（土地、房屋）的方式置换置换农信社1755万元不良贷款，帮助丹江口联社达到农合行组建指标。5月27日，银监会批复同意筹建丹江口农村合作银行获准筹建后，丹江口农信联社按照组建农村合作银行操作规程，进一步完善内控管理制度，先后完成股本认购和验资工作，召开创建大会等各项法律程序，做好开业前期的各项准备工作。丹江口农村合作银行挂牌开业。丹江口农村合作银行挂牌开业后，将努力发挥银行品牌效应，创新经营理念，优化经营机制，加快业务发展，最终改制组建为农村商业银行。

【**支持经济发展**】 一是支持经济发展方式转变。结合十堰经济金融发展现状和规划，制定《十堰银行业经济发展方式转变促进全省经济平稳较快发展的指导意见》，指导银行业加大对符合政策和条件的重点项目、重点产业、重点区域的信贷支持，确保信贷资金流向实体经济，切实发挥金融促进产业结构调整和经济发展方式转变的重要作用，得到市政府领导高度重视，《指导意见》转发全市各级部门执行。二是加强信贷投放引导。引导辖内银行机构科学把握投放节奏，保持贷款稳步增长，“有保有控”，加快信贷结构调整，支持地方产业结构和经济结构优化。2010年底全市银行业贷款余额达到410.3亿元，较年初增100.1亿元，贷款增速为32.28%；全市涉农贷款余额为193.3亿元，比年初增加54.1亿元，涉农贷款增幅为38.86%，比全市贷款平均增幅高出6.58个百分点；小企业贷款余额110.5亿元，比年初净增33.3亿元，增幅43.13%，比各项贷款平均增幅高10.85个百分点。三是加强信贷精细化管理，支持实体经济发展。以“信贷精细化管理年”暨支持经济发展方式转变系列活动活动为抓手，统筹推动各项重点工作。组织辖内银行机构开展多层次、大规模的贷款新规培训活动，及时总结、推广各机构贯彻落实贷款新规的经验，其中《十堰农行用“固贷新规”强化房地产贷款管理见成效》被银监会采用，新华社、金融时报、经济观察报三大中央媒体派记者团到十堰实地采访和报导，较好地发挥示范引导作用。督促、指导银行机构及时完善信贷管理制度、修订合同文本、改造信贷流程和IT系统，为加强信贷精细经管理、有效支持实体经济发展打下良好基础。

【**提升金融服务水平**】 一是积极探索小企业金融服务新途径。指导辖内银行机构于2010年5月在全省地市（州）中率先成立“中小企业金融服务俱乐部”，并根据企业特征设立科技、旅游、汽车产业等板块，与市经信委、科技局、旅游局等部门协作，形成促进中小企业发展的合力。俱乐部企业会员由成立之初的64家发展到209家，会员银行向企业会员授信额130亿元，贷款余额40亿元，比进入俱乐部前增长了38%。二是加速引导县域信贷资金回流。组织辖内银行机构积极参与全省“百家县支行信贷资金回流工程”和“百家农村中小金融机构信贷资金回流工程”，督导各银行机构按年制订县域信贷投放计划，因地制宜地创新信贷产品。全市农村金融机构开办林权抵押贷款、水面经营权抵押贷款、渔业养殖联保贷款、农村建房贷款等多个新型业务品种，较好地满足农村日趋多元化的信贷需求。年末，全市县域贷款余额为162.6亿元，增长43.1%，较全市贷款平均增速快9.87个百分点。三是改进银行业服务质量。结合政风行风评议活动，督导银行机构针对公众反映的突出问题积极改进金融服务，统一协调各机构将营业网点营业时间提前半小时，满足广大群众的需要。制定下发“十堰市银行业文明规范服务示范单位”、“十堰市银行业文明规范服务示范标兵”评选工作方案，通过树立服务标杆，培育行业品牌，以点带面，推动全行业文明规范服务工作向纵深发展。指导辖内银行机构组建全省银行业第一支义务和解员队伍，使金融消费纠纷由过去通过消费者组织及行政执法部门的传统解决途径，变为银行就地解决方式，缩短消费者维权周期。四是广泛开展银行业公众教育服务。将公众教育与社区建设、校园金融服务、银行网点建设、贷款新规宣传培训、“送金融知识下乡”和打击非法集资活动相结合，在社区、学校建立金融知识宣传栏，在银行营业网点建立公众教育服务区，组织银行机构以各种形式向社会公众传播金融知识，提出的“金融服务大众，大众了解金融”的宣传口号得到省局肯定和推广。11月28日，组织全市银行业开展声势浩大的公众教育服务日活动，市政府和金融办有关领导出席启动仪式和“十一五”十堰银行业支持地方经济社会发展成果展，全市455个银行营业网点同时开展宣传活动，并设立125个户外宣传点，发放宣传资料30多万份。与此同时，在《十堰日报》、十堰电视台等媒体上开展金融知识宣传，取得良好的社会效果。公众教育服务经验和成果得到省局和银监会肯定，并选派人员参与央视《对话》专题节目。

【**中小企业金融服务俱乐部成立**】 5月14日，十堰银监分局和十堰市银行业协会联合发起成立十堰市中小企业金融服务俱乐部，工行、农行、中行、建行、农发行、邮储银行、信用联社等7家银行业金融机构率先加入,为中小企业融资开辟绿色通道。俱乐部首批吸引64家中小企业。今后,这些会员企业在贷款定价、抵押和担保等方面,可享受到银行和担保公司提供的优惠。不过,若经营不善、违约不偿还贷款、逃废银行债务等,将被强制退出俱乐部并在媒体上公告,情节严重的还将受到银行同业制裁。按照规定,银行给企业的贷款利率,最低不得低于基准利率的10%,最高则没有限制。过去,一些中小企业为获得贷款,可能要付出高出基准利率1—3成的贷款利率,而加入俱乐部后,企业可少付一些利息且手续更简便、快速。俱乐部日常管理实行轮值主席行制度,十堰银监分局负责监督运转,首届轮值主席为市农村信用联社。 (何 山 汪建军)

中国工商银行十堰市分行

【概况】 紧紧围绕"打基础、管长远"的工作思路和"2+8"经营考核"指挥棒",紧扣发展重心,突出发展主体,夯实发展基础,完善发展机制,有力地推动各项工作的跨越发展和和谐发展。全行各项存款比年初净增19.72亿元,各项贷款比年初净增16.31亿元,实现中间业务收入11856万元,全年实现拨备前利润20645万元。牡丹信用卡净增9409张。全年分别实现电子银行交易额和国际结算量1812亿元、7959万美元。在主要经营指标取得较好成绩的同时,全行的优质服务工作、精神文明建设、企业文化、内控案防等工作也有新的提升。全行无内外案件发生。

【资产业务】 在旅游板块上,重点支持神农架、武当山等旅游企业。在交通板块上,重点支持十漫高速、谷竹高速、武广铁路、汉康铁路等项目。在水电板块上,重点支持南水北调水源公司、潘口电站、三里坪电站等项目。全年营销各类项目贷款12.5亿元,比年初净增11.1亿元,净增额创历年之最。大力发展贸易融资和小企业信贷。年末,全行国内贸易融资余额比年初净增2.7亿元。专门组建小企业金融服务中心,确定白浪、城西、房县为小企业专业支行,全面承担小企业业务的组织、推动和营销工作;积极组织小企业俱乐部的组建和首批会员的推荐工作;积极与市科技局联络沟通,将全行资金与服务优势与国家科技扶持政策、税收优惠政策嫁接,向科技型中小企业提供融资、结算、网上银行、银行卡等一揽子金融服务。到年末,全行小企业贷款客户达到82户,贷款余额47368万元。加快个贷业务发展步伐。突出个人住房按揭、个人房屋抵押等重点品种,到年底,个贷余额占全行贷款总额的比重已达31.8%,比年初上升3.3个百分点,净增额占各项贷款净增额的42.7%。

【新兴业务】 在强化核心客户和传统业务营销的同时,坚持以创新带动发展,中间业务、国际业务、银行卡和电子银行业务在多个领域取得突破。中间业务方面,围绕预算执行进度,坚持每月对中间业务进行分析通报,并实行行政问责。银行卡业务立足"高质高端",推动项目发卡,先后成功获得"十堰旅游一卡通牡丹联名卡"独家代理发行权,实现发卡1.2万张;成功营销全省第一单新增代发工资户同步发卡800张,第一单优质个贷客户发卡实现开卡1280户。电子银行先后与武当山经济特区政府联合推出武当山风景区电子客票业务;联合交警开展"手机银行,在您手上,联通3G,便利司机"代理交警罚款电子商务项目;成功营销首家电子银行上门服务单位;在省内第一家开通手机银行(WAP)在线支付、第一家开通手机商城商户。国际业务按照"以重点企业带动重点业务,以重点业务带动重点支行"的发展思路,先后成功营销全省第一笔跨境人民币结算业务,营销十堰分行第一笔远期结售汇业务,实现远期结售汇业务"零"的突破;办理十堰分行历史上单笔金额最大的出口信用证业务,金额达316.06万美元,为今后开展国际业务的全方位多渠道营销打下坚实基础。

【推进改革】 重点推进"八大改革":推进城区扁平化改革,对城区网点全部提升为二级支行编制,分流一级支行管理人员,补充二级支行营销力量,提升网点营销能力和价值创造能力。推进用人制度改革,实行党委任命和公开竞聘相结合的用人机制,重用和调整一批想干事、会干事、老老实实干事的干部,拿出15个空缺管理岗位实行公开竞聘。推进分配机制改革,所有产品实行积分考核。推进远程授权改革,全行40家对外营业网点、203个柜口的远程授权业务,全部集中到市分行远程授权中心集中管理。推进监督体系改革,全行的监测、质检、监理等岗位顺利上收省分行,市分行业务监督工作重点转移到监督成果利用和运营风险管理质量上来。推进业务集中处理体系改革,实现37个网点的资金汇划和个人客户信息采集工作的投产工作,投产网点覆盖率达到100%。推进会计凭证档案影像改革,所有网点均实现上线扫描,影像采集、质检、补录、校验等工作进展顺利,会计档案影像管理平台综合利用效果进一步显现。推进金库标准化建设进展顺利,已经完成标准化建设改造设计、报审等工作,为离行式ATM机装卸钞和上门收款的集中奠定良好的基础。

【业务创新】 实现"六个第一":4月1日,六堰支行建成湖北分行第一家服务标杆网点;4月,全国工行系统第一家交警违章罚款代缴电子商务项目成功投产,全市40万违章司机登录交通安全网查询违章记录的同时,可同步通过工行个人网上银行和手机银行(WAP)完成违章罚款缴纳;5月22日,成功发行湖北分行第一张“芯片”信用卡—“旅游一卡通”。8月19日,工行成为十堰市第一家科技金融合作银行,全年累计为31户企业发放科技贷款5亿多元。8月30日,成功办理湖北分行第一笔跨境人民币结算业务。11月8日,成功办理湖北分行第一笔“景区经营收入保理+收费权质押融资”旅游行业融资业务。12月16日,成功办理湖北分行第一笔理财委托贷款业务。

【风险管理】 一是高度重视不良贷款处置工作。深刻认识不良贷款清收处置对提高经营效益、优化资产质量和提高绩效考评的重大意义,把不良贷款清收处置作为“饭碗工程”来抓,成立荣华及其关联公司不良贷款化解委员会,下设化解专班和处置专班,制定考核办法,配置专项费用,充实清收力量,强化激励机制。二是深入开展“抓合规、促发展”主题教育活动。为提高全员对合规经营的认识,促进全行经营管理快速步入良性循环发展的轨道,8月3日至9月末,在全行开展为期50余天的“抓合规、促发展”主题教育活动。对现有制度进行梳理,对重点部位、重点业务和环节、重点岗位、重点人员进行自查自纠,开展隐患排查和整改。近两个月的主题教育活动,不仅加强内控管理,而且统一经营思想,在合规经营的前提下追求跨越发展,已在全行形成共识。三是切实抓好案防安保工作。按照纵向到底、横向到边的原则,把案件防范责任分解到各部室负责人、岗位、人员,层层签订案件防范责任状,建立一级抓一级、层层抓到底的案防工作机制。组织风险内控、运行管理、监察保卫等部门对现行制度进行清理,检查哪些环节还存在遗漏、考核是否到位、落实是否到位,并对存在的问题及时进行整改。按月召开要情分析会,不断完善员工思想行为动态分析机制。持续开展“扫雷工程”,确保一线网点和经营管理部门“扫雷”面达到100%。加强安全保卫工作的检查、整改力度,对金库、营业网点、档案库房等要害部位,加大投入,加强人防、物防和技防建设,全年无任何安全责任事故发生。全行综合治理、信访保密、计划生育、六五普法、安全生产、档案管理、反洗钱等工作都取得一定的成绩。四是认真落实党风廉政建设责任制。扎实开展廉政警示教育活动,组织全行副科级以上领导干部开展述职述廉,建立廉政档案。

【企业文化】 做好企业文化体系传播推广工作,以省分行开展“企业文化深植年”活动为契机,邀请行内外专家在全行开展“工行‘心’起点,员工新行动”企业文化巡回宣讲及“企业文化大讨论”等活动,向广大员工系统宣传和讲解企业文化体系核心内容,使工商银行的核心价值理念内化于心,付诸于行。大力开展精神文明创建活动,全行有3个单位获得“湖北省文明单位”称号,有2个单位荣获“十堰市文明单位”称号,有2个单位获得“区级最佳文明单位”称号,市分行被市消费者委员会授予“银行业消费者评议最佳满意单位”。狠抓民主评议政风行风工作,通过制定方案,全行推动,准确选题、评建结合、明确责任,对外不断改进和提高服务水平,对内不断加强作风建设,建立政风行风长效机制,不断提高社会的满意度和公信力,行风评议工作中得到市委市政府、行风监督员及社会各界的充分肯定,得分名列四大国有商业银行之首。

(莫晓军　宋伟宁)

中国农业银行十堰市分行

【概况】 2010年,全行各项存款余额达182.7亿元,比年初净增26.3亿元;各项贷款余额71.3亿元,比年初净增18亿元;实现中间业务收入11318万元,中间业务收入市场份额比年初提升4个百分点;实现拨备后利润2.33亿元。

资产结构持续优化,发展品质明显提升。累计向大项目、大客户发放投放贷款8.7亿元,占全行贷款投放总额的38%;个人贷款净增7.9亿元,其中个人住房贷款净增5.3亿元。全年清收委托资产3184万元,清收自营不良贷款17935万元,全行不良贷款占比由年初的8.62%下降到4.5%,下降4.12个百分点。新放个人和小额农户贷款做到了“三无”(无逾期、无不良、无欠息)。经济资本回报率比同期提升0.58个百分点。

县域市场拓展步伐加快,机制和体制实现重大突破。截至12月末,全行发行惠农卡18.9万张,新增惠农信用卡2965张。累计发放农户小额贷款3740户,净投放11315万元;代理新农保1.8万户。已在全市114个乡镇、416个行政村安装转账电话3780台,转账电话在乡镇覆盖率达到100%。成功完成三农图谱绘制,8个县支行三农事业部成功挂牌,服务三农机制、体制建设取得突破。

经营模式不断创新,基础管理得到夯实。三农工作不断创新,县域贷款担保体系建设取得重大突破,惠农卡代理财政资金、代理南水北调移民资金、新农保”、“新农合”取得重大成就;信贷精细化管理及中小客户信贷服务创新得到银监部门的充分肯定。个贷中心模式得到上级行的高度认可。运营集中管理得到加强,对账率首次达到百分之百；信贷基础更加牢固。AA + 以上客户贷款占比 88.23%，比年初提升 11.98 %；到期贷款综合收回率达到 99.9%，信贷质量、结构得到优化和提升。

【文化建设】 精心组织举办“名媛盛典”、“伴您成长 与我同行”VIP 客户联谊会、“农行杯”书法大赛、机关员工及家属联欢活动等大型活动，密切银客关系、提升农行在客户和社会上的美誉度；开展“机关进基层、服务促发展”活动；开展补充医保等各项人文关怀活动，不断提高员工收入，不断增强员工的幸福指数，广大员工更加感受到农行大家庭的关爱和温暖。全行员工以在农行工作的荣誉感、自豪感和成就感明显增强，员工高昂的斗志促进各项业务的快速发展，激活员工的激情，激活全行人气，全行形成“努力促发展，发展提收入、收入提人气”的良性经营氛围。在开展文化建设的同时，全行苦炼内功提升发展能力，在不断创新中提振形象。过去的十堰农行，在上级行眼里是考核总是在末位，在客户眼里营业环境总是小、乱、差；在社会眼里，总认为是服务农民的银行。由于十堰分行内部管理和业务发展进步明显，省分行路桥建设现场会、网点转型现场会都在市农行召开，省分行领导多次率相关部室到市农行调研，落实贷款新规的“三分法”得到新华社、金融时报和银监会的高度关注和赞许，市政府、人行、银监局领导多次到十堰分行调研，对十堰分行取得的成绩给予充分肯定，无论在上级行、监管部门和舆论界，十堰农行形象得到根本性提升。

【廉政建设】 一是加强“两级”班子建设。抓好领导班子及成员“一岗双责”责任落实，完善党风廉政建设和反腐败的领导体制、工作机制，明确两级行党委成员和各部门的职责，层层签订责任状，把党风廉政建设与业务工作同部署、同落实、同检查、同考核。二是认真开展两项活动。在全行开展“党风廉政建设宣传教育月”和“创先争优”活动。在全行党员领导干部中全面深入学习贯彻《两个准则》。以活动促进领导班子“一岗双责”责任落实，重抓各行领导班子和各职能部门负责人“不作为”问题，细化“五好”党组织和党员“五带头”考核标准。以各项任务进度来检验活动成效，切实发挥党组织战斗堡垒和党员干部先锋模范作用。市分行党委还参与建设武当道廉文化基地。三是深入开展履职监督检查。集中开展为期 2 个月县级支行高管人员问卷调查和领导班子及成员履职监督检查活动，着力解决在少数领导班子和领导干部履职过程中存在的不尽职、不尽责、不作为、乱作为，造成管控力、执行力偏弱和市场竞争力、价值创造力、社会形象下降等问题，完善业绩考评和淘汰办法，促进领导干部尽职履责，提升履职能力和水平，提高两级行领导班子和领导干部履职能力。四是强化领导干部廉洁自律管理。制订《中国农业银行十堰分行党委廉洁自律九项规定》。

【改革创新】 以营销创新为手段，不断提升发展的推动力。一是体制推动。实施扁平化后，在原来挂靠一级支行的三个客户分部负责营销法人业务、一个个贷中心集中办理城区个人贷款业务的基础上，新设立一个中小企业中心，主要营销中小客户。新增 5 个翻牌支行个贷经营权，构建了城区三个法人、一个中小企业、一个个贷中心和以各网点为触角的资产营销体系。网点集中营销负债业务、零售业务和中间业务，重点维护和提升个人贵宾客户。从而形成资产、负债和中间业务一体化的营销格局，营销体系更加合理，流程更加顺畅。二是转型促动。体现在：硬化网点转型。提出“激励机制一步到位，服务客户一呼百应，网点转型一路绿灯，严查问题一追到底”的转型要求，理念、规划、措施“三个落实”，思想转型、“硬件”布局、“软件”建设、配套机制“四个到位”，强力推进网点转型。转型后的网点，环境更好，服务更标准，营销能力更高，综合贡献度更大。硬化经营转型。按照提升发展品质要求，更加注重向收益高、风险底的产品转型，更加注重提升人均经济增加值、资产回报率、经济资本回报率、存贷利差等效益类指标的考核，作为指挥棒，引导基层行经营转型。硬化服务转型。由柜台服务向电子产品服务转型，由简单服务向客户提供理财和财务顾问等综合服务转型，不断提升客户价值。新增无人自助银行 8 个、自助柜员机 15 台；企业网银 403 户，个人网银 46076 户；转帐电话 2721 部。新增贵宾室 16 个，培养理财师 20 名。三是龙头牵动。通过狠抓大项目、大客户、系统户、产业集群，支撑和牵动业务快速发展。体现在：抓大项目。紧紧抓住十堰地区加大交通、能源、旅游等基础建设投资和地方产业升级的历史机遇，对大项目、大客户实行“抢夺式”营销。抓优质客户。对重点优质客户，实行项目主责任人制度，采取“先期介入，周期同步，强势营销，争取政策”的办法，分层级对项目业主及其关联方进行全方位立体式组合营销，实现大客户、大项日贷款立项一个、营销一个、成功一个。抓产业集群客户。确立以汽车产业集群授信为突破口，对十堰汽车产业集群客户实行整体行业名单制准入、整体批量授信及信贷授权管理，将首批 86 家汽车产业集群客户纳入上级行汽车行业支持类客户名单目录管理，整体转授授信额度 18 亿元。截至 12 月底，新准入汽车产业集群客户 29 家，累计向 58 家中小企业投放贷款 4.24 亿元。

（办公室）

中国银行十堰市分行

【概况】 2010年底,全行机构网点总数22家,除郧西县以外,五个县市和神农架林区全部覆盖,在十堰城区设有12个机构网点,全体员工总数达422人。年末,全行本外币各项存款余额600629万元,比年初增加130740万元。其中:人民币各项存款余额589845万元,公司存款余额337742万元,储蓄存款余额252103万元;外汇存款余额1628万美元;金融机构存款余额12043万元。全行本外币各项贷款余额339002万元,比年初增加83348万元。其中:人民币各项贷款余额335850万元,比年初增加82922万元;外汇贷款余额476万美元,比年初增加77万美元。全年实现净收入17054万元,比2009年增加10286万元,增长66%。实现税后利润8686万元,增幅215%,纳税总额达2821万元,同比增加1605万元,增长132%。全行在大力支持全市重点工程建设项目的同时,积极支持中小企业的发展,大胆探索企业融资新途径,为十堰市经济又好又快发展做出卓越贡献,赢得社会各界广泛赞誉。行长包建明作为金融系统候选人,被评为十堰市2009年度经济风云人物。

【经营策略与业务拓展】 一是继续坚持把发展资产业务作为"牛鼻子"工程不动摇,要求每一个机构必须认真落实市分行党委确定的"二、三、四"工程。即每个机构必须发展"2户公司贷款客户,三户贸易融资客户,四户个人投资经营性贷款客户",调动每个机构发展资产业务的积极性。二是坚持存款立行的经营理念,始终把负债业务作为基础业务,摆在全行重要议事日程。公司金融板块负债业务抓住几大重点:全员发动,全力推进"3151"工程,对每个机构和客户经理分解下达任务,并指明工作重点;多策并举,强力营销行政事业单位存款,一把手亲自带头营销财政、税务、社保等重点单位,对机构配备专项营销费用,加大考核问责力度;注重产品的联动效应,为客户提供多种金融服务组合。个人金融板块负债业务通过政策激励,典型引导,大力发展代付、代收、代发业务,扩大了基础客户群,拓宽了储源。三是创新思路,明确重点,发挥授信产品综合优势,坚持因地制宜,将项目贷款、贸易融资、流动资金贷款等产品有机结合。十房高速项目是全行2010年重点项目,全行扎实推进该项目授信审批工作,成功获得总行对湖北楚天鄂西北高速公路有限公司核定20亿元授信总量项目的批复,该笔授信业务刷新十堰分行历史上单笔最大授信项目记录。四是加强与其他金融机构的合作,实现双赢,分别与中国人民财产保险股份有限公司、中国人寿股份有限公司等品牌优秀、实力雄厚的大型保险公司强强联合,从满足广大人民群众多渠道金融需求的实际出发,进一步提升为客户服务水平的同时,经济效益也得到长足发展。五是坚持一手抓传统的国际结算业务,一手抓国内贸易融资业务,国际结算业务优势得到巩固,贸易融资的综合效益不断提高。全年累计办理各类贸易融资业务金额达6.2亿元,在全省地市州排名第三。六是按照抓大不放小原则,全行在全面抓好国际结算、个金、公司等各类产品线中间业务收入的基础上,突出重点,狠抓贸易融资、国内结算、资金业务、银行卡等金融产品营销。年末,全行实现中间业务收入2338万元,同比增长69%。七是转变经营理念和经营方式,主动深入市场、贴近客户、贴近政府,全方位、多层次、宽领域开展项目营销,送贷上门,加快新项目储备和授信申报步伐,增强持续发展能力。对于授信已批复但未提款项目,将任务分解到相应机构、客户经理,提高市分行和基层机构的上下联动,齐心协力,加大二次营销力度。

【风险控制】 全行始终坚持从严治行,强化内部管理和风险控制,全年实现"两无两降两提升",即无重大案件和安全事故,业务差错率和客户投诉率显著下降,风险控制能力和企业形象提升明显。一是推进合规文化建设,建立健全安全保卫工作责任制,进一步加强矩阵式内控体系建设,普及员工安全与合规知识教育,加大违规违纪查处力度,坚持"为控制风险而整改,不唯整改而整改"的原则,剖析产生问题的深层次原因,从根本上制定整改措施。二是认真贯彻落实"三个办法一个指引"要求,高度重视不良压降工作。全行不良贷款户由年初的7户下降为年末的4户。不良贷款余额比年初下降7712万元,全年实现不良资产清收处置本金合计7730万元,实现回拨利润3865万元,数额创历史新高。全年实现现金清收本息合计7262万元,创十堰分行现金不良清收历史最好成绩。三是沉着应对、积极落实宏观调控政策。国家对房地产行业采取信贷紧缩的调控政策,对全行已批未提的房地产开发贷款提款受到影响,年初储备的一大批开发贷款项目申报受到限制,全行及时调整工作策略,重新研究授信政策指引,重新选择目标客户,降低了宏观调控对银行业务发展带来的不利影响。

【内部改革与创新】 一是创新工作思路,大胆探索适应业务发展的新模式。将原来的公司业务部调整划分为五个团队,重新界定各自职能职责,除2个团队相对承担管理责任外,其余3个团队全部从事营销性质工作,集中、调整优化客户经理队伍结构。改革后的团队负责全辖所有授信项目发起申报工作，保证了项目的有序推进，大大提升了产品营销团队力量。另外，对个人金融部业务流程和管理流程也进行了整合、提高了为客户服务能力和质量。二是全行先后出台或修改了2010年《中国银行十堰分行全员营销考核管理办法》、《十堰分行辖内机构绩效考核管理办法》、《中国银行十堰分行会议制度》等一系列绩效考核管理制度，使激励机制更透明、更科学，在全辖形成"创先争优、比学赶超、争先进位"的良好氛围。三是为了以更强劲的"芯"参与市场竞争，为客户提供更优质的服务，举全行之力，做精做细IT蓝图核心银行系统投产上线前的各项准备工作，为真正体现以客户为中心的服务体系储备高素质的队伍。

【人文文化建设】　一是高度重视人文环境建设，不断增强竞争软实力，狠抓以客户为核心的文明优质服务，政、银、企关系融洽，加强与各级党政、银监、人行、税务等部门的沟通与联系，维护和提升了品牌形象，营造了和谐的外部环境和良好的舆论环境。二是保证员工收入同步增长的同时高度重视精神文明建设。2010年在岗职工人均收入增幅达11.9%，全行组织员工多次开展户外拓展活动，两次组织党员到井冈山开展革命传统教育，组织业绩突出的单位和个人赴上海世博会参观考察等活动，培养了全行员工团队意识，大局意识、竞争意识，有效提高了队伍凝聚力、向心力和战斗力。三是作为十堰道廉基地共建单位，积极推进反腐倡廉工作的深入开展，认真落实党风廉政建设责任制，注重实干，不纸上谈兵，确保了全行干群关系融洽，全行未发生一起违纪违规事件，实现了物质文明建设和精神文明精神的双丰收。

（王茂群）

中国建设银行十堰市分行

【概况】　截至年底，一般性存款余额160亿元，其中：对公存款78亿元、个人存款82亿元。各项贷款余额66亿元，其中：对公贷款56亿元、个人贷款10亿元。全行不良贷款较年初减少28000万元，比年初下降4.41个百分点。实现考核利润28000万元，同比增盈14000万元，完成年计划的104%。实现中间业务收入近9000万元，同比增收3000万元，完成年计划的91%。一是一般性存款新增37亿元，创历史最高，同业排名第一，获省行表彰。其中：对公存款余额、新增同业排名双第一，个人存款新增同业排名第二，超额完成个人存款新增计划。二是实现中间业务近9000万元，同比增长49%。总量在省区行排名第二，同业排名第三，市场份额26.48%，较上年提升1.65个百分点。三是不良贷款实现大幅双降，对公及个贷不良均控制在省行计划之内，完成全年不良资产年处置计划的111%。四是实现电子银行中间业务收入500万元，计划完成率在省区行排名第二；企业网银提前半年完成全年计划，计划完成率在全省建行排名第一。五是信用卡业务全面完成省行计划，在年度综合考评中排名省区行第一。其中，信用卡客户新增同业排名第一；实现专项分期交易省区行及同业排名第一；收单商户新增省区行及同业排名第一。六是全行钻石级客户总量、新增有较大突破。七是汽贸融、交易类应收账款质押、动产质押授信业务在全省建行率先开办，企业年金集合计划、票据承诺业务完成率在全省建行排名第一，审价咨询业务、贷款承诺、保证业务完成数在省区行排名第一。八是实施城区对公经营体制改革，组建小企业信贷工厂，完善个贷中心建设，加强后台管理部门板块化管理，完成信贷经理团队建设，推进房县、竹山县域机构的恢复工作，全行经营体制得到进一步完善，夯实业务发展基础。九是圆满完成"平安年"创建工作，为业务发展保驾护航；深入推进"平安建行"创建，所有网点全部通过省行验收，全力打造平安建行；会计基础管理取得佳绩，三家支行通过省行会计基础管理验收，全行内控体系建设和风险防范水平进一步提高，实现无案件、无重大违规事件、无重大安全责任事故的"三无"目标。

【新客户拓展】　一是围绕重大项目建设，抓好重点客户的拓展。成功营销谷竹高速、十白高速等一批重点结算账户。二是围绕供应链核心企业，抓住资金流，向客户两端延伸，带动上下游客户的拓展。三是加强对公客户资源的分层、动态管理，防止客户流失，提升客户贡献度。四是加强财政零余额账户营销，新营销数量完成年计划的300%。五是加强公私联动，狠抓批量代理业务。依托金保工程，重点抓好市直社保金代发工作，客户数、代发金额逐步增加。六是大力拓展中高端客户。钻石级客户、白金卡客户新增完成上级行计划。

【信贷投放】　一是加快推进重点项目和重点客户营销投放。围绕一批水电、高速公路、旅游、企业扩能、水源工程、百万量级汽车城建设等重点项目，抓住机遇，加大贷款投放。全年累计办理对公信贷71.83亿元，其中贷款投放30亿元，银行承兑汇票25.2亿元，保函2800万元，信贷证明16.76亿元。二是加快中小企业信贷投放。针对十堰地区经济特点，搭建汽车供应链融资平台、工业园集群平台、政信担保平台等，开展小企业产品推介会，实施批量营销，累计为中小企业客户投放非贴现信贷119笔、金额5.7亿元。三是加快推进供应链新产品运用。依托东风汽车公司、东风实业、三环集团等核心企业，积极营销供应链新产品，累计办理保理业务4.18亿元、动产质押业务2000万元、应收账款质押业务3000万元、汽贸融业务6700万元。

【中间业务发展】 一是加强组织领导。进一步强化中间业务委员会职责，制定联系行制度，实行行领导分片包行、定期督导和基层调研，同时组建工作专班，加强中间业务的组织、分析、推动及考核等各项工作，中间业务组织推动力度达到前所未有的程度。二是认真组织劳动竞赛。组织开展"决战下半年，中间业务过亿元"中间业务劳动竞赛，极大地调动全行上下的积极性。三是加强宣传引导。建立中间业务巡讲制度，定期开展产品培训；在市分行网站建立活动专栏，加强信息报道和典型宣传，鼓舞士气，交流经验，开阔思路。四是解放思想，积极创新。组织人员到外地学习先进经验，积极转变思维观念，创新工作思路，大力推进新产品运用步伐，为下一步投行、融资租赁等业务的开办打好基础。五是优化业务流程。在风险可控、合规经营的前提下，适应业务发展需求，对动产质押、应收账款质押、保理、资金证明等产品流程进行梳理优化，提高产品的市场竞争力。

【"平安年"创建活动】 一是强化责任意识。逐级签订"平安年"创建活动责任书，签署《廉洁合规从业承诺书》；将"基础管理"、"主动积分"量化考核，与基层机构KPI挂钩20分，引导网点和部门加强和细化基础管理工作。二是加强对积分管理工具的运用。大力推行"检查加积分"的管理模式，实行"主动积分率"指标考核，并完善积分处罚的区别政策，积极引导网点主动加强管理，提高员工合规操作的习惯意识。三是开展专项治理，加大检查及整改力度。开展了"屡查屡犯"专项治理、"信贷精细化管理年"活动、"贷后管理年"活动，以及会计营运、信贷业务、合规管理综合、"平安年"创建活动等专项检查，整改轻微违规问题，杜绝柜员自办业务等"屡查屡犯"现象。同时，加大审计发现问题整改力度。四是突出抓好领导人员廉洁从业和员工职业操守教育。在市分行网站开设"廉洁从业教育专栏"，组织全行开展廉洁合规知识考试、"建功立业、廉洁合规"主题演讲竞赛活动，基层网点晨训坚持"合规一讲"，积极引导全行员工牢固树立合规经营理念。五是加大惩处力度，强化制度的敬畏感。对各类违规违纪行为，按照相关规定，坚决予以严肃处理。

（翟新成）

中国农业发展银行十堰市分行

【概况】 2010年贷款投放节奏有所放缓，但信贷总量稳中有升。年末，各项贷款余额231011万元，比年初增加10369万元，增长4.7%。其中：政策性贷款余额212383万元，比年初增加4091万元、增长2%；准政策性贷款余额2976万元，比年初增加1711万元、增长135%；商业性贷款余额15652万元，比年初增加4567万元、增长45%。中长期贷款及商业性短期贷款余额161030万元，比年初增加6045万元，增长3.9%；按对外披露口径，继续保持无不良贷款；按报银监会口径，不良贷款占比24.0%，比年初下降1.1个百分点。各项贷款利息收回率99.7%，同比提高3.0个百分点。实现账面利润4608万元，同比增盈314万元，增长7.3%。县级支行盈利面达到100%。

【清理整改政府融资平台贷款】 按照银监部门的监管要求和上级行党委的工作部署，深入开展以资产保全为核心的地方政府融资平台贷款清理整改工作。至8月底，成功实现贷款风险的全面覆盖。共办理土地抵押贷款135375万元，占92.75%。抵押土地面积3392929.7平方米，房产面积24839平方米，抵押物评估价值299294.85万元，贷款抵押率45%；办理应收账款质押贷款10575万元，占7.25%。质押物评估价值14040.47万元，贷款质押率75.3%。成为全市银行业系统首家实现融资平台贷款风险全覆盖的银行。

【巩固粮油收购传统业务】 一是增强市场调控，保障省市县三级储备粮油的收储、轮换和补库粮食的收购资金供给。二是加大市场供应，支持改制到位的国有粮食购销企业以及粮食转化深加工龙头企业开展市场化收购。三是创新金融产品，扶持地方优势产业。审批调控粮食收购贷款3590万元，支持房县粮食储备库搞好糯米收购工作。全年累计投放粮购销贷款9337万元、同比增加4337万元，购进粮油4479万公斤、同比增加1752万公斤。累计销售粮油2957万公斤，实现销售收入5124万元；销售收入中应收回贷款4727万元，实收贷款4777万元。年末粮食库存7091万公斤，比年初增加1669万公斤；油脂库存68万公斤，比年初增加4万公斤。

【加强客户营销维护】 2010年贷款累放52854万元，其中小企业贷款投放3600万元、龙企短贷投放5000万元、中长期贷款投放28372万元。重点支持郧县汉江二桥、郧十一级路、丹江口市右岸基础设施建设、竹山县纵横大道等城镇基础设施建设项目，拓展城市发展空间；支持郧西五龙河旅游生态景区建设项目，提升旅游景点服务水平；支持市粮油储备公司仓储设施建设、十堰金方糖酒、丰延商贸、武当山珍等农产品物流配送等农村流通体系建设项目，推进现代服务业发展；支持各县市污水处理和垃圾埋填场建设等环保项目，加快核心水源区环境综合治理进度。

【多渠道组织收入】 一是开展存款“金秋营销”劳动竞赛活动。年末一般存款余额77503万元，比年初增加8596万元、增长12.5%。企业存款年末余额51842万元，比年初增加15081万元。企业存款比年初增加主要是组织的非贷款客户存款。二是多方协调督促市县财政按期拨补各项补贴利息。年末，二轮挂账、三轮挂账和市县级储备贷款贴息到位率分别为99.3%，84.7%，98.5%，计划完成率分别为125.6%、139.3%、98.5%。三是加强企业账户管理和销售资金归行监管，全年商业性贷款利息收回率达到了100%。四是丰富中间业务品种，全行中间业务收入110.9万元，同比增加1.9万元。其中：代理保险手续费收入17.5万元，咨询业务收入36.0万元、同比增加3.3万元，结算手续费收入7.2万元，资信业务收入28.5万元，其它手续费收入21.7万元。

【夯实信贷管理基础】 1—12月，全市共对108家客户进行评级确认，对98家企业进行内部授信，授信额度31.5亿元，比上年增长2.88%。理顺贷款操作流程，推行限时办贷、超时追责制度，简化了续贷项目申报程序，提高了贷款审查审议效率和质量。推行贷款申报预审制，发挥信贷独立审查官作用，全面加强贷款投放前法律审查工作，加大对企业财务报表数据真实性、财产实际状况的审计和抵押资产的评估工作。全年共组织召开贷审会17次，审查审批贷款项目62个，贷款额28122万元；贴现项目8个，金额2573万元。扩大融资担保范围，与市政信公司协商签订融资合作补充协议，将融资担保合作业务延伸到各县市支行，共办理6笔、3700万元的担保贷款业务。积极做好各类贷款分企业贷后监测工作，下发贷款到期提示单33份，涉及金额29582.2万元，全年无一笔逾期贷款发生。 （夏 筠）

十堰市农村信用社联合社

【概况】 一是产权制度改革全面推进。丹江口农合行于12月16日挂牌开业，成为全市首家获准开业的农合行，标志着全市农信社产权改革取得了阶段性成果；竹山农商行筹建申报材料已报银监会待批；竹溪、郧县、房县、武当山农商行筹建申请已顺利通过省银监局验收；城区、郧西联社基本达到农商行准入条件。二是各项业务超速增长。到年底，各项存款余额达到183.9亿元，比年初净增38.9亿元，增长26%，同比多增5.1亿元，完成年计划的108%，市场份额位居全市金融机构第一位；各项贷款于3月末突破100亿大关，成为全市首家贷款超100亿元的金融机构，市政府专门发来贺信，也受到市委书记陈天会的批示肯定。到12月末，各项贷款余额达到118亿元，比年初净投放27.2亿元（不含已置换贷款1.69亿元），增长30%，同比多增3.6亿元，完成年投放计划的101%；实现中间业务收入5227万元，占总收入之比为3.84%，收入总量居全省市州联社（办事处）第一。三是项目对接硕果累累，信贷结构调整扎实有效。坚持以项目融资对接会为抓手，全面开展摸底调查和项目筛选，先后与184家企业或项目达成贷款意向，拟支持金额达到61.9亿元。抢抓涉农贷款不受规模限制的政策机遇，广泛开展“入农户、进社区、走百企、访千店”活动，不断加大涉农贷款投放。到年底，全市农信社涉农贷款余额达到98.7亿元，较年初增加24亿元，比上年同期增加0.41亿元，增幅为32%，高于当期贷款增幅0.4个百分点。涉农贷款占比为83.6%，高于上年同期1.4个百分点，实现银监会提出的“三个高于”目标。通过加大支农、支企和支持重点项目，有力推进信贷结构调整。从投向结构上看，在全年净投放的27.2亿元贷款中，向十堰一中、郧阳中学、太和医院等72家黄金客户投放贷款4.8亿元，占比17%；向郧西海天实业、竹山圣水茶厂、竹溪华驰等县域重点企业投放贷款5.7亿元，占比21%；太和索道、太极湖水上游、湖北三环6万辆专用车项目、十堰广电数字化电视转换项目、十金汽车零部件100万吨钢铁深加工项目等79个重点项目投放贷款12亿元，占比44%；向农户投放贷款2.8亿元，占比10%，贷款投放质量进一步提升。从客户结构上看，AA以上客户比例达到20%，法人股东占信贷客户的30%以上，进一步提升中高端客户占比。从方式结构上看，抵质押贷款和贴现占比达到51%，提高贷款风险覆盖能力。从期限结构上看，贷款期限搭配日趋合理，期限管理能力逐步提高。四是贷款新规落实有力，信贷精细化管理向纵深推进。把贯彻“三个办法一个指引”作为提升信贷管理精细化水平的重要抓手，坚持从提高认识、加强培训、完善机制、跟踪检查入手，通过管住项目贷款真实用途和项目还款来源、严格流动资金需求测算和资金支付管理，推进信贷精细化管理，构建起依法合规、职责明确、有效制衡、风险可控、信贷资金流向可追踪的全新信贷管理体系，初步营造风险防控有效、信贷投放有力、信贷结构优化的多赢局面。由于成效明显,市联社成为全省农信社系统和全市银行业推行信贷精细化管理典型。五是经营效益再创历史新高。全年实现综合效益5.07亿元,占年计划的124%,实现超同期、超历史、超计划的目标。六是科技支撑力度加大。依托综合网络系统,开通转账电话140多家,进一步畅通支付结算渠道;积极扩大合作领域,不断强化科技支撑,开发出代收广电收视费、郧阳师专校园一卡通三方联网式中间业务,特别是城区联社在众多银行同台竞争中脱颖而出,获得国土资源网上交易系统的建设权,开创全国农信社发展史上的先河;城区联社7个信用社营业室个人网银业务上线运行,搭建业务拓展平台,提升综合竞争力;全年新增ATM(CRS)等自助机具37台,用卡环境明显改善。

【推进产权制度改革】 一是坚持内外联动,消化历史包袱。化解历史包袱是达到农村银行组建条件的难点和关键。一年来,督导各县级联社通过建立立足发展、政府支持、市场运作的化解机制,加快消化历史包袱。首先靠自身发展消化包袱。督促各县级联社在防范风险的前提下,加大信贷投入,净压不良贷款,提高盈利水平,增加计提各类减值准备1.46亿元。次者靠政府支持消化包袱。积极向地方党委政府汇报,促成市政府成立以市长为组长的全市支持农信社改革工作领导小组,并召开全市组建农村银行工作推进会,通过加强与当地政府沟通汇报,7家县市政府用优质资产总额1.87亿支持农信社改革。再者靠市场手段消化包袱。督促各县级联社在市场调研的基础上,科学制定溢价扩股方案,不断加大宣传力度,积极引进战略投资者,提高溢价扩股的成效。目前,郧县、房县、竹溪、武当山4家联社按1:1.3比例预约股金55941万元,收缴溢价资金13781.8万元。二是坚持部门互动,提高组建效率。产权改革政策性强、涉及面广、情况复杂,需要各个部门大力支持和密切配合。一年来,市联社督促各县级联社在争取地方政府支持的同时,加强与监管部门沟通,邀请现场指导,解决组建过程中的难题,提高组建工作效率。在此基础上,积极争取国土、房产、工商等部门的支持,对组建过程中涉及到土地出让、房产评估等实行手续从简、收费从优,共减免或即征即返6家县级联社自身房产占用土地出让金4689万元,最大限度地降低改革成本。

【统筹城乡协调发展】 一是立足农村市场,做实支农业务。一年来,市联社积极抢抓涉农贷款不受规模限制这一政策机遇,坚持把支农工作作为做大信贷规模、争取地方政府支持产权改革的重要抓手,围绕支农链条,细化支农举措,加大支农投放,扭转支农贷款投放不足的被动局面。推行量化考核。年初市联社将农户贷款增幅达到30%以上,其中农户小额信用贷款增幅达到50%以上的这一指标纳入县级联社绩效考核内容,并将支农贷款投放计划作为硬性指标考核,切实解决各县级联社"贷不好"的问题;用活农贷产品。督导各县级联社立足当地资源和客户需求,在运用好已有信贷产品的基础上,适时创新林权抵押贷款、水面经营权抵押贷款、渔业养殖联保贷款、农村建房贷款等多个新型业务品种,满足农村日趋多元化的信贷需求,解决"满足贷"的问题;提升服务水平。全面推广支农服务"五个一"模式,扎实开展支农示范点创建和农村种养大户调查摸底工作,通过推行阳光办贷、简化操作流程、减少调查环节,提升信贷服务水平。在竹溪鄂坪设立营业网点,消灭金融服务"空白点",实现金融服务的全覆盖,解决"方便贷"的问题。二是立足区域经济,做优零售业务。督促各县级联社把个贷业务作为信贷结构调整的关键环节来抓,全力开辟个贷业务市场,扭转个贷业务持续下滑的被动局面。做大住房按揭贷款业务。紧扣个人住房升温的有利时机,严格推行房地产开发贷款与按揭贷款捆绑营销,加大住房按揭贷款业务拓展力度。到年底,全市农信社住房按揭贷款余额达3.7亿元,较年初净增1.7亿元,提高住房按揭贷款对个贷业务的贡献度;稳步拓展社区零售业务。督促各县级联社广泛开展"入农户进社区走百企访千店"活动,做到包片任务落实到人、入户调查落实到日、经济档案建立到户,共向公职人员消费贷款和个体工商户营销贷款3.4亿元,吸收存款2.8亿元,进一步打造农信社社区银行的品牌;做好政策性个人贷款业务。积极与各级团委、财政、农业等部门联系,继续做好青年诚信创业贷款、扶贫到户贴息贷款、下岗职工再就业贷款等个人贷款业务,特别是在7月份全市遭受特大洪涝灾害的关键时刻,全市农信社协同畜牧、水产、财政等部门及时核实农户受灾情况,共向2909户受灾农户发放救灾贴息贷款11846万元,有力地支持灾后重建,忠实履行农信社的社会责任。三是立足资源优势,做强公司业务。督促各县级联社结合区域产业政策,大力实施"大项目、大市场、大企业"战略,抓住重大项目加快推进的战略机遇,以项目融资对接会为抓手,全面开展摸底调查和项目筛选工作,通过层层筛选,拟支持100万元以上项目184个,拟支持金额为61.9亿元。对筛选出的重点支持项目,按照"一个项目、一个领导、一个专班、一个营销方案"的要求,通过全面推广"351"限时服务制、信贷业务首问负责制和信贷业务审查"零库存"制度,提高信贷服务质量和效率,加大优质项目贷款渗透力度,助推黄金客户战略的深入实施。到年底，已向太和索道、太极湖水上游、十堰广电等重点项目发放贷款12亿元，占拟支持金额的20%，提升公司业务的市场份额和发展质量。

【结构调整转变增长方式】 一是围绕筹资成本，推进负债结构调整。督促各县级联社以“春天行动”活动为契机，抢先抓早，明确目标，落实责任，激发了揽存活力，仅一季度就组织存款24.4亿元，完成全年存款任务的68%。到年底，8家县级行社全部完成存款任务。在全年净增38.9亿元存款中，储蓄存款净增23.3亿元，同比多增5.4亿元，贡献率为60%，发挥增存主导作用，增强存款稳定性。二是围绕贷款质量，推进信贷结构调整。督促各县级联社在把握贷款投放节奏和力度的同时，均衡摆布贷款方向、期限和方式结构，逐步解决信贷结构失衡的问题，全面提升信贷业务运行质量；优化投向结构。认真落实国家宏观调控政策，严格限制“两高一剩”行业贷款投放，积极抢抓涉农贷款不受规模限制这一难得的政策机遇，加大优质信贷投放力度，全面抢占优质客户市场，重点向以十堰一中、郧阳中学、太和医院为代表的黄金客户、以郧西海天实业、竹山圣水茶厂、竹溪华驰为代表的县域重点企业、以太和索道、太极湖水上游为代表的重点项目净投放贷款20亿元，逐步优化贷款投向结构，提升贷款投放质量；优化客户结构。扎实开展信用等级评定和贷款证年检，共评定信用农户23万户，比年初下降11万户，信用农户占比为43.8%，农户评级工作质量明显提高。按照“有进有退，进而有为，退而有序”的原则，常规性地开展法人客户评级授信，到年底，AA以上客户的比例达到20%，进一步提升了中高端客户的占比；优化方式结构。在优选客户的同时，严格按照信用贷款对象“特定化”、保证贷款“严格化”、抵（质）押贷款“常态化”的管理要求，抓住客户资源供给较为充裕的有利时机，加快调整信贷担保方式，提高抵质押方式融资比重。到年底，抵质押贷款和贴现两项净增21亿元，占净增总额的77%。抵质押贷款和贴现余额达到59.4亿元，占比为51%，提高贷款风险覆盖能力。三是围绕创收增效，推进收入结构调整。督促各县级联社在强化节支力度的同时，拓宽三大增收渠道，持续改善收入结构。提高贷款收息水平。指导各县级联社加大信贷投放，完善贷款定价机制，努力深挖收息潜力，提升了信贷业务对收入的综合贡献度；提高投资收益水平。紧跟国家宏观经济走势，引导资金管理部门以减持债券为主、短期运作为辅进行债市操作，提高了债券投资收益和风险防范能力；提高中间业务收入水平。督促各县级联社全面开展代理保险业务，全年共收取保费621万元，实现手续费201.5万元，同比增加75万元。到年底，全市农信社实现中间业务收入5227万元，比上年增收2339万元，增幅达45%，完成年计划的158%，创历史最好水平。

【合规建设夯实管理基础】 一是强化信贷管理，从严防范贷款风险。建立信贷风险管控体系。出台信贷风险管控33条，从信贷风险管控目标、组织体系、责任体系和评价体系以及管控技术、管控激励和约束等方面进行大胆创新，先后在县级联社配备兼职风险总监8名、专职信贷风险经理16名、专兼职合规与尽职调查经理8名，在基层信用社配备专兼职信贷风险主管101名和信贷风险经理15名，初步搭建了风险管理体制和专兼职风险管理人员队伍；加强重点领域风险管控。在融资平台贷款管理上，严格按照“逐包打开，逐笔核对，重新评估，整改保全”的要求，全面对政府融资平台授信业务自查清理和分类处置；深入推进贷后管理。督促各县级联社在充实贷后管理人员的基础上，加大现场检查力度，对辖内涉及的水泥、钢铁、旅游、水电、房地产、汽配等六个行业以及签发“三方协议”银行承兑、政府融资平台贷款进行贷后重点检查和风险评估，及时发出风险预警信息，确保贷后信息披露的准确性和风险处置的及时性。二是加大清收力度，化解存量资产风险。在建立“两包一挂”清收督办机制的基础上，督促各县级联社全面推行不良贷款分账经营、集中清收的模式，共配备专职清收人员89人，按照“大额集中、小额分散”的原则，严格区分专业清收和基层清收的范围和责任，全市分账和集中清收金额达5.3亿元。三是规范业务程序，从严防范操作风险。一年来，市联社把防范操作风险作为一项基础性工作来抓，以开展“合规建设年”活动为契机，全面加强职业道德教育和业务技能培训，进一步增强员工合规意识，促进员工职业道德和职业操守建设；成立会计事后监督中心，公开选拔会计事后监督人员，通过凭证审查、操作复核、程序监控、风险提示、整改督办等工作要求，及时纠正并制止临柜人员的违规操作行为210次，查堵和防范操作上存在的风险漏洞。四是落实规定动作，从严防范案件风险。结合当前案防形势的新情况和新特点，市联社以强化内控为抓手，扎实落实规定动作，全方位构建案防屏障。坚持防范责任合同化。在逐级成立案防领导小组的同时，层层签订案防工作目标责任书和员工自控互控联保责任书，认真落实案防工作量化考核办法，形成案防工作齐抓共管、人人有责的案防工作格局；坚持规定动作制度化。针对上半年部分重要岗位员工轮岗不到位的问题，督促各县级联社组织开展员工轮岗清理排查，建立轮岗台账，实行分类处置，到年底，轮岗已全部到位。

（曾小睿　陈　鹏　程道银）

中国人保财险十堰市分公司

【概况】 全年实现保费收入24510万元，同比增长3499万元，增速16.65%。公司提前一个月全面完成上级公司下达任务目标。公司上缴各类税金2565万元（其中代扣代缴车船税1077万元），处理赔案3万余笔，结案率达到98%。全年吸收各类就业人员530余人，同比增长6%。

【业务发展】 一是加大传统销售渠道的维护与功能提升。公司直销、营销并排走的思路，加强事业部专属团队建设和专管专营业务建设。加强支公司销售能力建设，专业团队和营销团队销售能力不断提升，营销业务占比不断提升，部分支公司营销业务占比达到50%左右。下半年起，公司市场份额止跌回升。在高速公路建设、水电建设等重大项目承保，在行业内保持领先优势。二是坚持拓展各种不同的营销渠道。5月，公司启动电销业务，在宣传、信息收集、出单送单等方面积累起步阶段的运作经验，为下年电销业务拓展奠定坚实基础。实现保费收入395万元。2010年，公司还启动网络销售工作，支公司网络销售平台全部铺设成功。同时，与人保寿险交叉销售合作工作进一步紧密，实现产代寿670万元，寿代产380万元。三是在销售资源配置及网点铺设方面，更加贴近市场。精细化经营程度不断提高，服务效率和水平也不断增强。围绕覆盖能力和效益、效能原则，对效能突出的中心乡镇网点进行巩固和强化，达到一个乡镇覆盖多个乡镇的目的。2010年，公司改建4个网点、新增3个，可以覆盖46个乡镇，覆盖率44%。四是销售人员巩固与培养机制进一步健全。2010年，公司制定防止内部无序竞争管理办法，避免营销人员无效流动。通过专业技能、业务知识培训，规划晨夕会制度，进一步加大销售人员培训力度。2010年，举办业务培训活动达40起，1500人次。通过持续销售能力建设，公司保费收入继2009年首次突破2亿大关后，2010年保费收入再次突破24510万元。

【内控管理】 公司持续加强基础管理，管控质量和效率进一步提高。严格承保、理赔把关。增强事业部职能，强化事业部考核，严格把关，加强风险评估。加强承保信息收集，随行就市，实行规范严格的承保政策和管控政策。强化财务基础管理，提高会计专业技能；完善财务制度，规范流程，加大基础工作考核力度；加强分险种核算。加大事业部和支公司对理赔参与和监督，建立事业部赔案抽查制。对各险种的理赔权限均进行差异化授权。设定不同权限，分工负责，实行不同操作方案和责任追究办法。完善理赔管理制度，建立理赔各岗位100分制考核办法，下达打假挤水指标，持续开展打假骗赔活动，实行理赔效率指标承诺制，建立指标责任人制度，将指标分解到岗。全年理赔质量与效率指标不断提升。

【抗洪救灾理赔】 2010年7月以来，全市遭受7次强降雨灾害，造成累计262个（次）乡镇，55.49万户，197.21万人（次）受灾，造成直接损失20.34亿元。灾害发生后，公司紧急启动大灾理赔应急预案，成立以公司一把手为组长的抢险救灾领导小组，建立责任制和集中调度制，在全市范围内统一调度人员，迅速开始现场查勘定损、理赔协调服务工作。公司组成6个查勘小组、8个应急小组分赴各县市。分公司两次召开抗洪救灾理赔动员大会，要求全市系统员工全力投入抗洪抢险工作中。支公司全体在编员工，临时工、营销人员全部投入抗灾抢险工作中。农险抢险救灾中，分公司共投入人员100多人次，查勘车60多台、雨具、雨鞋、电筒等救灾物资10000余元。分公司总经理室成员先后到受灾最严重的郧县等地现场查看灾情，部署抗灾理赔服务工作。查勘过程中广大查勘员严格遵守理赔纪律和查勘操作规范，冒着酷热天气分赴田间地头、工矿企业。截至8月底，分公司将所有灾害案件查勘完毕，及时进入理赔赔付程序，为减轻农民灾害损失，帮助恢复生产助了一臂之力。市有关领导对分公司卓有成效的工作给予高度肯定，市政府办公室《十堰工业经济信息》专文印发《人保财险十堰公司发挥优势 积极应对，全力支持我市农业抢险抗灾工作》的报道。

【服务社会】 公司独家承保东风汽车公司、电力系统、东风双星集团等国家、省、市属大型企业综合财产保险，保险金额达到1200多亿元；承保潘口电站、武神公路、郧十一级路、西城开发区山地整理项目等工程建设保险项目。围绕武当山、神农架等旅游资源，开办游客意外伤害保险、景区及旅行社责任保险等业务，保障人次达到40多万。公司独家承保政策性“三农”保险，全年承保水稻20.3万亩，能繁母猪3.44万头，烟叶0.6万亩，林木0.9万亩。扩大农房保险覆盖面，在丹江、竹溪、郧西、房县、张湾等地开办了两属两户农房保险，承保户数为100196户；为南水北调市库区6万移民提供意外伤害保险，为2.5万户农户提供沼气池综合保险。“三农”保险受惠群众达50万户。公司在全行业交强险、摩托车险经营亏损的背景下，主动承保社会责任，办理市场份额的75%的单办交强险业务和摩托车保险业务，维护社会稳定，满足群众需求。公司联系市交警，已联合开办十届道路交通安全竞赛活动，为推动交通安全建设做出应有的贡献。2010年，与安监部门共同开启安全生产责任保险与风险抵押金配套改革工作，全年已为近100家生产企业1300多名员工办理安全生产责任保险，保险金额达2.66亿元。

（方　项　潘　建）

中国人寿保险股份有限公司十堰市分公司

【概况】 中国人寿保险股份有限公司十堰分公司是十堰市寿险市场最大的专业化商业保险公司。公司辖设10个经营单位，其中县域经营单位6个，分别为丹江口支公司、郧县支公司、郧西支公司、房县支公司、竹山支公司、竹溪支公司；城区经营单位4个，分别为分公司营业部、东汽工业区支公司、茅箭区支公司、人民路营业部，员工共计2000余人。2010年，中国人寿十堰分公司提出"在服务十堰打造区域性中心城市进程中实现十堰国寿又好又快发展"的工作目标。使公司在市场竞争中立于不败之地，整体经营业绩再创历史新高。全年共实现保费收入8.31亿元，同比增长42.3%，继续占领市场主导地位，累计支付各类保险保障金1.08亿元。

【业务发展】 2010年，公司业务发展区域格局鲜明，城乡市场有效拓展。中心城区市场充分发挥人口和资源向城区聚集的综合优势，坚持走专营之路，不断提升城区占全市系统业务的比重，有力的发挥中心城区在巩固市场地位、走精品特色之路的作用和价值。县域农村市场始终着眼于综合特色优势，把县域城关市场作为县域业务的桥头堡，把县域农村作为县域业务的辐射源和服务"三农"的结合部，着力推行"百千亿"提升工程，小额农村保险推广工程，星级营销服务部创建工程，使县域业务实现全面发展和核心业务提升双赢局面。此外，公司将发展高端客户市场作为全年业务发展的又一重点工作来抓，着力打造十堰寿险市场上的高端客户群体，实现公司业务质量的全面提升。一是完善高端客户服务的制度和机构建设。充实专业化的高端客户服务队伍，为客户提供个性化、多样化、高品质服务，使公司的高端客户服务管理有章可循，有规可依。二是利用高端客户恳谈会的载体，积极发展高端客户群体。2010年，公司累计召开近200场高端客户恳谈会，通过发布最新的理财资讯，帮助客户拓宽投资渠道，吸引大量的高端客户参加，为公司积累丰富的高端客户资源。三是做好高端客户的服务工作。为了使高端客户真正名副其实，公司在高端客户服务工作上狠抓执行力的建设。通过不断的努力，高端客户资源已成为公司业务发展的"领跑者"。

【服务三农】 一是增强农民保险保障意识。公司先后投入大量资金在春节前夕印制2万幅春联发放到农民家中，启动"乡乡百条"标语宣传工程，实施电影下乡活动，将丰富多彩的精神文化和保险文化送到田间地头，得到各级政府和广大农民朋友的好评。二是切实解决农民的实际困难。在发展农民参保时，始终从农民要求最迫切、受益最直接的需求出发，发挥人寿保险在安农、支农、惠农方面的优势，为广大农民群众提供低交费、高保障、宽覆盖的保险服务，使农民群众能"放心种地、安心看病、舒心养老、专心务工、高兴上学"。三是参与"平安乡镇"建设，积极维护农村稳定。公司在发展农村市场的同时，充分发挥保险机制在维护社会治安、化解矛盾纠纷、应对突发事件中的应急处理作用，以"平安乡镇"建设为载体，从创建"保险村"入手，积极服务于十堰和谐农村建设。目前已基本形成"网点到镇、人员到村、服务到户"的农村保险网络服务体系。

【合规经营】 公司启动"内控合规年"，加强对员工的诚信教育，通过开展诚信宣誓和签名活动，营造良好的诚信经营氛围，并将诚信教育纳入公司全年员工教育计划中，采取定期和不定期开展诚信教育培训，形成诚信教育全员化、日常化、规范化，把树立诚信和信用作为一种社会责任深入人心，全年公司无一名员工因失信问题被投诉。在业务发展中，公司带头维护行业规定，遵守各种自律公约，完善公司内部各项内控制度，实行动态跟踪，健全预警机制，禁止任何高手续费、承诺回报等恶性竞争行为的发生，制止一切靠牺牲品牌、牺牲效益，不顾长远、忽视风险行为的发生，成为十堰市保险行业的自律标兵。

（张　鹏）

经济综合管理

宏观经济管理

【编制完成“十二五”规划】 一是成立由发改、经信、科技、农业、教育等市直20家单位领导组成的“十二五”规划编制领导小组；明确各职能部门和县市区编制专项规划和县市区规划的时间、任务、要求；申请市财政安排落实规划编制工作专项经费。二是拟定涉及全市经济社会发展的重点领域的24个重大课题，安排调研人员到相关单位开展调研，委托国家发改委宏观院专家完成《十堰市区域性中心城市建设暨中远期经济社会发展战略研究》；组织召开“十二五”规划编制工作领导小组会议，对“十二五”规划编制工作进行专题研究；坚持“开门”编规划，将拟定的“十二五”规划基本思路向各县市区、各部门广泛开展征求意见。在秦楚网开设“十二五”规划专栏，及时公开规划编制工作的有关信息，广泛征求社会各界意见，为编制“十二五”规划奠定基础。三是市委书记陈天会、市长周霁多次带队赴省，对十堰“十二五”重大建设项目进行汇报衔接，省发改委印发专题会议纪要，明确表示支持十堰市提出的有关规划重点和重大建设项目。四是组织专家对纲要草稿的指导思想、目标任务等6个方面，进行认真的修改和完善。将规划纲要（征求意见稿）下发10个县市区、110多个市直部门、社会团体、企事业单位征求意见。在充分吸收各地意见及建议后，对规划纲要进行进一步修改完善。五是实施规划蓝图，关键在于项目支撑，按照“十二五”投资超过3500亿元以上目标，“十二五”项目库入库项目投资总规模必须突破8000亿元以上。在反复征求各地各部门意见的基础上，对入库项目进行筛选和论证，建立起全市三级重大项目库。入库项目达2949个，总投资8499亿元。其中：上报省级库亿元以上项目1113个，总投资7720亿元；市级库项目941个，总投资511亿元；县级库项目895个，总投资268亿元。

【固定资产投资】 全年完成固定资产投资406.3亿元，增长46%，增幅居全省前列。一是加大项目调度工作力度。实行年度投资目标考核奖惩制度，将投资计划盘子分解下达到各地和各部门，建立分级负责、分级推进的工作机制；明确责任，对市重点项目、总投资1000万元以上项目、新增中央预算内投资项目，按照“一个项目，一个领导，一个班子，一笔经费，一套措施，一抓到底”的原则，分解落实到具体单位、具体责任领导和责任人，对完成进度逐月检查督办；实行项目推进例会制和信息通报制，定期召开项目情况通报会，对项目推进情况进行分析、研究，协调解决有关问题，形成上下联动、部门互动的投资项目推进机制。二是加大重大项目推进工作力度。始终坚持“一切围绕项目转，一切围绕项目干”，打破传统思维定式，形成推动重大项目建设的强大合力。围绕重大项目开工一批、立项一批、建设一批、竣工一批的总体要求，坚持把项目开工放在首要位置，合力攻坚。通过各级各部门的共同努力，一批涉及十堰经济社会发展的工业、能源、交通和民生的重大项目相继开工。2010年全市重点项目个数、总投资、年度计划、完成投资四项指标均创历史新高，省市重点项目超额完成目标。全市纳入省重点项目10个，总投资383.6亿元，当年完成投资74.3亿元。纳入市重点建设计划项目100个，总投资684亿元，当年完成投资160亿元。

【重大项目建设】 武当山机场已纳入国家“十二五”民用机场建设规划和综合交通规划，预工可报告通过评审，临时气象观测站项目建成投入使用；十宜、十三铁路项目纳入国家“十二五”铁路规划，铁道部会同三省已向国家发改委上报项目建议书，待批复；十堰首个铁路网规划编制完成，武汉至西安客运专线（或十襄城际铁路）规划前期研究全面展开；十房高速、谷竹高速、十白高速建设进展顺利，郧十高速控制性工程开工；潘口电站大坝浇筑达到设计高程；龙背湾电站获省核准，导流洞、交通洞相继开工；京能热电联产项目完成相关规划编制工作。

【资金争取工作】 一是全力争取中央和省各类项目和资金支持。2010全市共争取中央、省预算内项目660个（扩大内需项目396个），批复总投资51亿元，其中，中央、省安排预算内资金16.5亿元，比上年同比增长15.5%，排在全省市州前列，创十堰历史最好水平。二是积极争取丹江口库区经济社会发展政策和规划项目。围绕十堰需要国家在规划中考虑的重大项目和重要政策开展全面调研，形成专题报告，上报省发改委和省南水北调办。《丹江口库区及上游地区经济社会发展规划》完成送审稿，项目及总投资形成初步意见，并报国务院审批。国家初步安排规划投资盘子321.7亿元，十堰市有望拿到120亿元以上。三是全面推进水污染防治规划项目的实施。2006年国务院以国函[2006]10号文件批准实施《丹江口库区及上游水污染防治和水土保持规划》，安排十堰市42个项目，总投资26亿元。2010年，国家共审批29个项目，下达总投资18亿元，已完成投资16.5亿元，占国家下达投资计划的90.7%。2010年共争取水污染防治项目9个，中央预算内资金2.5亿元。

【调研谋划工作】 先后完成《十堰市比照享受西部大开发政策调研报告》、《十堰市钒钛资源开发利用情况报告》、《十堰“十二五”老工业基地调整改造规划》、《竹房城镇带城乡一体化试验区总体规划》、《丹江口库区及上游地区经济社会发展规划》等一批重大课题；积极开展市县对接、推进区域中心城市建设的调查研究；参与建设“三百”城市、汉江生态经济带建设等前期研究工作，为市委、市政府科学决策当好参谋助手。

【鄂西生态文化旅游圈建设】 组织、参与编制十堰市旅游发展一系列规划，鄂西圈规划体系已经形成，并进入组织实施阶段；向“省圈办”推荐上报景区景点开发等各类项目195个，投资总额800亿元；加大对武当山古建筑、古文物的保护力度，先后启动五龙宫、玉虚宫、武当山旅游码头、武当山索道、太极湖养生休闲度假区等建设项目，总投资25.3亿元。2010年全市接待国内外游客1400万人次，实现旅游收入80亿元，同比增长23.6%和31.8%。

【企业上市培育】 积极采取措施开展企业上市准备工作，上市后备企业资源“辅导一批、培育一批、储备一批”的格局基本形成，20个企业列入市级后备库。出台《十堰市人民政府关于鼓励和推进企业上市的若干意见》、《十堰市企业上市工作绿色通道（组织协调）制度》和《十堰市上市后备企业管理办法》等配套支持性文件，召开专题会议、举办专家讲座培训、开展“百亿基金”再进十堰活动，湖北丹江电力股份公司通过省证监局辅导、验收，华昌达智能装备公司已上报省证监局辅导，有望下年实现1家企业成功上市。

【节能降耗工作】 组织各县市区和市直相关部门，对2009年节能降耗工作进行自查，对存在的问题进行分析，顺利完成省节能目标现场考核组对十堰市2009年节能工作的考核，被省政府授予“超额完成目标任务”奖；制定2010年全市节能减排的工作目标；加大宣传培训力度，不断增强节能意识；加强节能执法，强化对重点耗能企业节能监督管理；积极争取节能项目，进一步推广节能技术、节能产品，加强工业点源污染治理工作。2010年全年能耗下降完成了2%，全面实现“十一五”节能目标。

【竹房城镇带建设正式启动】 精心组织编制竹房城镇带城乡一体化试验区总体规划。12月底前完成《十堰市竹房城镇带城乡一体化试验区总体规划》送审稿。积极争取政策和资金支持，省发改委明确将从12个方面优先安排项目、给予重点支持；城镇带三县的茶叶等项目已初步列入国家即将编制完成的《丹江口库区及上游地区经济社会发展规划》；城镇带沿线县城和乡镇的30多个污水处理、垃圾处理、工业点源污染治理及水土保持项目，已列入国家《丹江口库区及上游水污染防治和水土保持修订规划》；竹房三县一批跨区域产业发展、民生工程、基础设施建设等重点项目，已初步纳入全省“十二五”重点项目库。

【市县对接工作】 市县对接发展工作领导小组办公室正式开展工作，组织召开市县对接发展工作领导小组工作会议；将郧县青龙山国家地质公园、沧浪山国家森林公园、虎啸滩等景区纳入全市“十二五”规划，并争取纳入全省旅游重点建设项目；完成市县对接重大项目库建设，做好郧县已储备项目的备案、核准、立项、审批或转报审批项目等工作。明确“项目对接”的目标任务分解表，这些项目涉及到一、二、三产业的十一个方面，根据具体实际情况对项目库进行充实和调整，郧县“十二五”项目库中的项目增加到279个，其中：省级132个、市级13个、县级134个，总投资达664亿元。

【体制改革】 围绕经济社会发展的突出问题，积极推进重点领域和关键环节改革。全市具备改制条件应改未改企业基本推进到位。集体林权制度改革深入推进，全市有50余万农户拿到《林权证》。基本医疗保障制度实现全覆盖，医药卫生体制改革快速推进。文化事业改革全面铺开。同时，开展全市农电体制改革调研工作，完成《十堰农电体制改革调研报告》。

【高新技术工作】 积极组织申报省以上各级各类项目，争取上级财政支持。2010年上报光电子信息专项项目两个，上报生物医药专项项目4个，上报省重大新产品开发专项项目6个；着力推进高新技术产业发展，大力推进制造业信息化建设。重点培育华昌达、高迪公司等基础好、势力强的企业和产品，促进其工业化和信息化的良性互动发展；实施技术创新引导工程，会同市科技局、市经委等六部门对7家企业技术中心进行认定。

【省政府与广州军区签订新建武当山机场协议书】 3月8日，湖北省人民政府副省长段轮一与广州军区空军副司令员叶正田在广州正式签订新建武当山机场协议书。这标志着武当山机场的建设正式得到空军的全面支持，为武当山机场争取国家立项奠定良好基础。武当山机场定址白浪。白浪场址位于十堰经济开发区方块村和茅箭区东城开发区枧槽村，地处十堰城区和武当山景区之间。机场距离十堰城区23公里，距离武当山景区18公里。武当山机场定位支线机场，以国内旅游为主，兼顾通用航空服务，距武汉、郑州、西安、重庆直线距离均在500公里左右，飞行半个小时即可抵达这些城市。机场规划跑道2600米，规划航程800公里至1500公里。武当山机场的建成，将打通"一江两山"精品旅游线路和鄂西生态文化旅游圈的高端游客通道，连接张家界、三峡、西安古城、武当山、少林寺的中西部黄金旅游圈将成为现实。12月18日，武当山机场预可研报告通过中国国际工程咨询公司评估。武当山机场设计机型为B737、A320系列，及国内现有各类支线飞机。本期主要建设内容为：一条长2600米、宽45米的跑道和一条垂直联络道，4个机位站坪，一栋7200平方米的航站楼，配套建设空管、通信、导航、气象、供电、供水、供油和辅助生产设施等，概算总投资10亿元以上。按照预可研报告分析预测，武当山机场2020年旅客吞吐量为65万人次、货邮吞吐量1800吨、飞机起降量7700架次。

3月8日，副省长段轮一（前排右）与广州军区空军副司令员叶正田（前排左）在广州正式签订新建武当山机场协议书

【与黑龙江省鸡西市缔结友好城市】 6月15日，十堰市与黑龙江省鸡西市结为友好城市签约仪式在黑龙江省哈尔滨市举行，副市长高勤代表市政府与鸡西市签订友好城市协议。双方一致认为，十堰与鸡西在产业结构、资源类型、发展远景上既有相同之处，又有互补性。双方约定：建立经常性高层互访；发挥双方优势，广泛进行经贸交流合作；加强双方企业界的互访交流；加强医药产业全面合作；加强绿色产品深加工的交流合作；互相宣传推介、开拓双方旅游市场。在哈尔滨期间，高勤副市长还率市发改委、商务局、财政局、工商联等部门同志参加第21届中国哈尔滨国际经济贸易洽谈会。

（龚百林　李　敏）

国有资产管理

【2010年监管企业效益】 7户出资企业实现经营收入79340.81万元，同比增长41.38%；实现利润-2782.02万元，同比减少亏损额1417.7万元，减亏33.75%；企业国有资产增值率达到12.22%。市热电厂从根本上扭转了每年靠财政借款维持生产的被动局面，投入资金600多万元对出尘设备和管网进行改造，退还历史遗留的预收供热费单位95家，退还集资款共568万元，供暖质量提高，社会反响好；市建筑设计研究院巩固改革成果，由过去单纯的勘察设计向工程总承包多元化经营转变，实现持续、快速、健康发展，全院业务范围稳步拓展，技术水平全面提升，整

体实力显著增强,实现利润84万元,完成年度任务的168%,同比增长111.06%;市蔬菜贸易总公司扭亏为盈,由上年亏损230万元到实现盈利27万元,一举摘掉多年亏损帽子;市国资经营公司法人治理结构规范到位,发展目标进一步明确,企业呈现蓬勃生机,实现利润387.27万元,完成年度任务的148.95%。

【企业脱钩】 纳入清理核实范围的市直机关共57家,其中:56家已如期完成自查工作并按要求上报相关资料,56家市直部门中,无所属企业和经济实体的25家,有所属企业和经济实体的31家;共上报企业和经济实体72家,剔除"非转经"实体和自收自支事业单位,有58家属于脱钩改制范围。在市直机关自查基础上,经中介机构核查,市直机关所属58家企业和经济实体资产总额为24.63亿元(账面值),负债总额23.25亿元,净资产1.37亿元(账面值)。按照总体部署,整个脱钩改制工作已进入划转脱钩的关键环节。市国资委对市直机关上报的企业和经济实体,逐一进行研究,形成对58户企业划转脱钩意见,已上报政府等待市政府常务会讨论决定。

【破产企业改革】 加大破产工作的组织协调力度,文贸破产改制工作完成,市毛巾厂职工安置方案、资产处置方案顺利实施,资产处置进入程序,清算工作即将终结;市摩擦材料厂已完成产权界定、清产核资工作。列入改制计划具备改制条件的6家企业,目前已到位1家;基本到位5家。

【产权工作】 加强国有资产产权管理,进一步规范产权交易行为,国有企业资产进场交易率达到100%。截至12月底,产权登记发证企业32户,达到98%以上,已完成产权交易业务23宗,交易金额10654.74万元,评估价值9046.04万元,交易增值率18%;其中:国有企业产权交易15宗,交易额10399.51万元;行政事业资产交易8批次,交易额255.23万元。实现营业收入300万元。

【省国资委主任杨泽柱到十堰市检查指导工作】 10月21日,省国资委主任杨泽柱到十堰国资委检查指导工作,市政府副市长师永学陪同参加。市国资委主任、党委书记王远发全面汇报十堰市国资委成立以来的工作情况,市建筑设计院、市国资公司、市市场开发服务中心负责人分别汇报各企业的经营情况。杨主任听完工作汇报、观看十堰国资委专题宣传片后,发表重要讲话。杨主任此行是受十堰市委、市政府邀请,于10月20日下午到十堰参加第四届世界传统武术节闭幕会,与会期间他与十堰市委、市政府主要领导就促进十堰国有经济发展,提高国资监管水平等交换意见,对十堰国有经济发展前景进行展望。

【市城市公交集团正式纳入国资监管体系】 4月26日下午,市国资委与市城市公交集团共同签订十堰市城市公交集团有限公司2010年度暨三年任期经营目标责任书。此举标志着以国有控股的市城市公交集团有限公司正式被纳入市国资委考核和监管。目前,纳入市国资委监管企业有7家。作为国有独资并具有社会公益性质的市城市公交集团重组于2008年7月1日,近两年来企业资产已由成立初期的2500万元增至7080万元,实现了连年增值。根据城市公共交通行业特性,市国资委将城市公交集团营运收入、成本、安全、效益、收益等五大指标纳入经营业绩考核及监管。

【市九霄摩擦材料公司股权转让签字仪式召开】 12月15日,为尽快推进市九霄摩擦材料有限公司的改制,市国资委副主任左胜平主持召开市九霄摩擦材料有限公司股权转让签字仪式。由于该公司多年来产权不清、股权结构不明,致使企业改制工作无法进行,为此市国资委于委托中介机构对市九霄摩擦材料有限公司进行注册资本及资产的清查核实工作,并依据中介机构的相关报告协

10月21日,省国资委主任杨泽柱到十堰市检查指导工作

助企业理清公司股权结构。在此次国资委主持的股权转让签字仪式上，企业股东间就股权转让、产权登记变更等事宜达成协议，有力的推动企业改制工作的进行。　(刘克环)

工商行政管理

【发展市场主体】　一是争取政府支持市场主体发展的力度加大。将市场主体发展工作由部门行为上升为政府行为，提请市政府将市场主体发展列入政府工作报告，列入年度目标考核，纳入全市“十二五”规划。向市政府请示《关于在全市开展市场主体增量行动促进经济发展的通知》和《关于实施农村市场主体“七有”工程促进社会主义新农村建设的意见》，其中《关于实施农村市场主体“七有”工程促进社会主义新农村建设的意见》已被市政府转发。《支持丹江口市与城区市场主体登记注册一体化运行试行意见》受到丹江口市政府的赞赏。郧县、竹溪县政府把市场主体发展纳入乡镇年度工作目标考核。房县政府出台“办一户农家乐，奖励5000元”的第三产业扶持政策；郧西县、竹山县政府制定农村市场主体“七有”工程实施方案。二是服务市场主体发展的措施加大。重点围绕做多、做大、做强、做好市场主体，制定支持上市后备企业做大做强的15条扶持措施，帮助企业解决与工商职能有关的问题和困难。对城区192家房地产企业、10家拍卖企业、56家网络经营单位分别开展行政指导，以点带面，促进行业健康发展。全力服务东风公司“863振兴计划”，对东风公司汽车主导产业等“双亿”企业坚持上门年检，对中小企业全面推行企业网上申报年检便民服务，举办企业联络员培训班29期，全市共有11370家企业通过网上年检，网上年检率90%，降低企业的参检成本。截至年底，全市市场主体总数达到101137户，其中：内资企业6656户、外资企业256户、私营企业13157户、个体工商户80500户、农民专业合作社568户。十堰的内资市场主体户数总量及注册资本总额处于全省中上游水平。

【市场监管】　2010年系统办理各类案件6300件，同比增长108.06%。一是各单位普遍开展以巡查为基础、交叉检查为重点、暗访抽查为补充的市场经营行为大检查，集中整治挖案子，研发案源拓领域。共查处“三类”案件1472件，在全省位列第二；案件结案率达76.83%，超过全省平均水平。5月份市局拿出15.6万元对3个“严打”先进单位、22名“严打”先进个人进行奖励。二是针对3月份央视曝光十堰存在非法拼装汽车的情况，对十堰城区1100余户汽配经营户全面检查，对全市无证无照、有证无照非法拼装改装车辆行为全面打击，对央视曝光的4家企业重点处理。对53家涉嫌非法拼(改)装汽车的企业进行立案调查，查处销售制造假冒伪劣汽车及配件行为27件。三是系列专项整治有序开展。与名优企业联合打假呈常态化，打假保农业开展红盾护农措施不断深化，保健康、保节日严查“三无”食品、过期变质食品、违法添加非食用物质和滥用食品添加剂等违法行为，查处不正当竞争案件领域不断拓宽，查处的大案要案不断增加。2010年经市局法规科核审的3万元以上案件共60余件，其中仅汽车改装案件就达23件。全市系统办理不正当竞争案件375件，同比(193件)增长94.3%；查办假冒伪劣案件993起，同比(802起)增长23.82%。查处一起涉案金额高达30万元的保险行业商业贿赂案件。继续保持打击传销的高压态势，使传销现象在全市基本得到遏制。四是在全市范围内开展以清理校园周边环境、网吧及高危行业等系列无照经营专项清理行动。为落实省综治办、省工商局《关于做好将查处取缔无照经营纳入社会治安综合治理目标考评工作的意见》(鄂综治办[2010]23号)文件精神，代拟《十堰市无证无照经营查处取缔联运监管暂行办法》，按市综治办要求，代拟《关于做好将查处取缔无照经营纳入社会治安综合治理目标考评工作的意见》，积极探索查处取缔无照经营工作机制，健全在市委、市政府统一领导下的，由市综治办、工商以及公安、财政、文化等部门为成员的查处取缔无证无照经营联席会议制度，建立定期会商制度和成员单位信息沟通制度，并进一步完善查处取缔无照经营综合治理工作责任体系，制定十堰市查处取缔无照经营工作考核评分标准。据统计，开展清理整治无照经营活动中，共出动执法人员5995人次，检查各类市场主体89602户次，规范办照5300户、限期整改6200户、依法取缔657户、清理校园周边流动无照摊点110户，立案查处954户。通过对无照经营治理，全市食品、歌舞厅、网吧、煤矿等重点行业持照率达100%，重点城镇个体经营户持照、亮照率达98%。

【消保维权】　健全维权网络，加强农村、社区维权站建设和管理，设立消委分会55个、行政村维权站1635个(91.04%)、社区维权站149个(94.90%)，全市聘任维权社会监督员2200余人，有效缓解农村、基层投诉难、维权难的老问题。全市共受理消费者申诉举报咨询8456件。其中申诉4154件，调解成功4089件，调解成功率98.44%，为消费者挽回经济损失253.78万元；咨询3871件，答复率100%。依法成功调解“大都会商城”、“马家河市场”、“亚泰戈手机城”等群体上访合同纠纷问题。

【服务新农村建设】 2010年，“百企联百村共建新农村”活动新增建设项目8个，资金投入新增800多万元，吸纳农民工就业新增422人，技术培训新增232人；销售各类农产品26种共计1000余吨，农民增收近400万元，联系企业达到了增长10%的工作目标。全市已有287家私营企业与255个村和1所村小学结对，实现共建项目157个；企业直接投入资金4938.5万多元，提供水泥及农资折款718.3万元，其它投入46.993万元，共计投入6003.793万元；吸纳农民工就业13164多人，技术培训5349人次。市局小康工作队年初深入双联双助点竹山县宝丰镇铧场村走访调查，结合实际共同确定2010年重点发展规划和建设项目。向帮扶村派驻兼职书记1名，按要求向市新农办报送相关活动资料，组织市局小康队深入扶贫村调研2次，赠送各类致富科技读本113本，争取项目资金5万元，与铧场村贫困党员家庭17户开展结对帮扶活动。

【商标工作】 大力实施商标战略，重点围绕鄂西生态文化旅游圈建设，立足汽车城、武当山、丹江水三张特色资源名片，按照市政府《关于实施商标战略促进经济发展的意见》、《十堰市知名商标认定办法》的有关规定，积极为企业注册商标、争创品牌提供优质服务。建立完善驰名、著名、知名商标培育规划，培育农产品商标，培育驰名、著名、知名商标是商标工作的突出成效。新申请商标注册496件，使注册商标总量达3447件。在年初“通达牌及图形”商标被认定为驰名商标的基础上，乘势而为，积极组织“天龙”商标申报驰名商标。“郧西马头山羊”地理标志商标和“好香口”蔬菜集体商标已被国家商标局受理。配合市政府合力打造“武当道茶”茶叶商标，商标助推产业集群发展作用明显。

【十堰实现中国驰名商标“零”的突破】 国家工商总局在商标管理案件中认定293件驰名商标，其中湖北通达股份有限公司的“通达牌及图”商标榜上有名，这是继“东风”总部搬迁后，十堰市驰名商标“零”的突破。湖北通达股份有限公司是专业从事汽车重要零部件—汽车排气消声器、尾气催化转化器总成和金属燃油箱等产品研发、生产及销售的国内行业最大规模的领军型企业；是中国汽车消声器行业协会和中国汽车燃油箱行业协会理事长单位；是中国汽车标委会发动机分标委委员单位；是汽车消声器行业技术标准和燃油箱行业技术标准的主要起草单位。在产量、销售收入、利税及市场占有率等综合经济指标连续多年稳居国内同行业第一位。

【湖北首支银行业调解员队伍在十堰组建】 6月5日，省消委、省银行业协会在十堰市组建湖北首支银行业调解员队伍。启动当天十堰市工商局、消委从各银行业金融机构精心挑选出110名业务精干力量参加和解员建设启动仪式并接受培训。首支组建的银行业调节员队伍由十堰市各大银行派出各营业网点员工组成，调节员覆盖整个十堰市各网点。当消费者的权益在受到损害时，调解员必须履行相关义务使消费者权益受到保护。银行业义务和解员将自愿协助消费者组织工作，参与消费者权益保护。银行业义务和解员将采用聘用制，聘任工作由所在地消委会负责，聘期为三年。组建银行业消费维权和解员队伍是促进银行业消费纠纷的和解，构建银行业消费维权“绿色通道”，实现方便、快捷地解决消费纠纷，增强银行企业履行社会责任意识，营造放心金融环境。同时，当消费者权益受到损害而调解员未能及时帮助消费者维权时该调解员将会被解聘。十堰市是作为本次银行业调解员队伍的试点城市，并向全省推广。

【建立首个“诉调对接”机制】 为了更好的维护消费者权益，降低维权成本，湖北十堰市工商局、市消委与法院联手在花果社区建立首个“诉调对接”机制，促进消费者维权渠道更加快捷高效。“诉调对接”工作机制，就是在调解重大疑难消费纠纷时，可以委托或邀请受聘为消委分会调解员的法官提前介入参与现场调解，及时有效地解决消费者权益纠纷案件。法庭直接受理的消费者纠纷案件，也可以委托或邀请消委分会工作人员协助调解，有效化解社会矛盾。在消委调解成功达成协议后，消费者向法官作现场确认结果，消费者不需要支付任何费用。实行消委分会与法庭建立“诉调对接”机制，为消费者提供民零距离服务，实现消费纠纷无缝对接的同时，有效地降低消费者维权成本，更大程度地维护消费者合法权益。

【全国首创食品安全监管模式“十户联管”】 全市有食品生产经营主体19482户，其中流通环节13098户，农村食品市场经营主体点多分散，监管难度较大。自2007年开始，市工商局积极探索创新农村食品安全监管模式，尝试性在郧县柳陂镇开展食品安全“十户联管”管理模式，逐步形成工商监管、社会监督、行业自律“三位一体”的农村食品监管格局。食品安全“十户联管”，就是以10户为基本单位，每相邻的10户食品经营户组成一个联管区，联管区成员户之间相互监督经营行为，并自选一名中心店长，履行反馈食品安全信息、进行食品质量监督、发布公示信息、配合工商部门搞好安全防范等4项联管工作职责。为有效规范食品经营户经营行为，切实发挥“十户联管”作用,各中心店长与联管户签订食品安全责任书。工商部门根据责任书落实情况,开展评星活动,评选食品经营示范户。国家工商总局肯定十堰市食品安全监管模式"十户联管"管理模式在全国属首创,值得在全国推广。 (冯友军)

国土资源管理

【概况】 2010年全市审查、报批78个批次(项目)用地,其中重点项目用地21批次(项目),报批用地面积2692.7公顷,是2009年报批面积(631公顷)的4倍多,确保十房、十白高速、潘口电站等重点项目顺利实施。根据"61行动计划"东风公司五大板块项目建设需要,定专班,定任务,定责任,定时限,集中力量开展东风商用车8万辆、东风公司动力总成等项目用地报批工作。2010年城区新储备土地70宗,面积163.6公顷。联合汉海拍卖公司在汉先后成功举办"天津路4宗国有土地"地产推介会、拍卖会,吸引碧桂园、海南大洋等5家国内知名房地产企业参与竞买,经80多轮激烈竞价,最终以10.7亿元拍卖成交,高出起拍价近1倍。城区有30宗土地通过招拍挂方式出让成交,面积190.2公顷,成交价22.3亿元,土地出让金净入库达到创历史的15.7亿元,比上年增加2倍多。加强矿业权市场建设,新立矿权一律采用招拍挂方式出让。2010年市级征收采矿权价款168.9万元,征收矿产资源补偿费100万元,较上年均有大幅度增长。3月,全市耕地保护工作接受市人大专项视察,并顺利通过审议。十堰市连续10年守住310万亩的耕地"红线"。严格用途管制,在山地整理项目选址时从严把关,减少占用耕地,2010年市城区建设占用耕地比例较往年下降22个百分点。严格执行耕地"占一补一、先补后占"制度。全市78个批次(项目)占用的1275.4公顷耕地,按照"数量相同、质量相当"的原则,全部落实占补平衡。以建设促保护,增加有效耕地面积。2010年,国家在十堰市实施总投资13.91亿元、总规模达33380公顷的汉江沿线土地整治重大工程建设全面铺开,启动约55%的项目投资和建设,该项目的实施已成为政府满意的德政工程、移民群众满意的民心工程。加上省级投资13个新农村建设试点乡镇土地整理和低丘岗地改造项目,十堰市安排的省级以上土地开发整理项目规模达2.7万公顷、投资额10.1亿元,在全省排名第三,获历史性突破。为给南水北调丹江口库区"移土培肥工程"项目全面实施积累经验,丹江口市、郧县分别确定5000亩的"移土培肥"试点。全市2009年177个市、县级项目全部竣工并通过验收,实现净增耕地1589.3公顷。完成2010年246个市、县级投资申报项目的选址踏勘工作,可净增耕地面积2050公顷。

【创新机制推进卫片执法】 全市动态巡查共发现违法案件269起,制止176起,制止违法占地面积5.3公顷,其中耕地1.6公顷,挽回经济损失330万元。全力打好土地卫片执法检查攻坚战,实现全市"零约谈、零问责"。为圆满完成第十次土地卫片执法检查工作,市局向市政府常务会作了专题汇报,在媒体上刊登市局主要负责人解读卫片执法的访谈报道,并按照市主要领导"深挖、细查、严办"要求,对违法用地边查处、边完善、边整改。经核查,全市卫片图斑确定63起非法占用耕地案件,经过查处整改后,全市违法占用耕地面积占新增建设用地占用耕地面积的比例降至6.5%,所有县市区均在问责线以下,确保卫片执法零问责。重手整治国土资源违法案件。2010年全市立案查处各类违法案件101起,涉及土地面积67.1公顷,已结案96起,结案率达95%。其中,城区立案查处52起,全部结案。

【土地主导型节约集约试点创建】 在《人民日报》、《经济日报》、《国土资源报》、《湖北日报》等十多家国家、省级媒体上广泛宣传十堰市山地整理、节约集约用地作法,为创建造势。创建活动中,茅箭、张湾等试点单位积极对照创建指标体系,从加快供地速度、提高投资强度、加大执法力度等方面下功夫,边研究,边改进,边总结,扎扎实实开展创建工作。经不懈努力,全市供地率升至56.3%,高于全省平均水平12个百分点以上。十堰市探索形成的"两节约一整治"样板,为全国国土资源节约集约模范县(市)创建活动和山区城市保护耕地资源、拓展城市发展空间,提供新模式和新经验。近年来,通过山地整理,累计新增建设用地5万亩,先后吸引500多家企业进驻,有效破解了发展"空间"瓶颈,破解"双保"两难命题,开启并承载十堰市新一轮的经济大发展。十堰国土资源工作也正因为有了山地整理节约集约用地的亮点,扩大在全省乃至全国的知名度和美誉度。

【矿产资源节约集约利用】 通过整合全市共减少矿业权63家,其中市县级发证整合、关闭矿山50家。积极推行矿业权设置方案编制工作,严格控制新立矿山采矿权投放。全市共完成13个矿区矿业权设置方案编制和报批工作,竹山县作为全市国土资源节约集约创建矿产主导型试点,筹资50万元编制5个矿区矿业权设置方案,通过优化矿业布局促进矿产资源开发利用水平再提高。与十五末相比,全市矿山数目减少近30%,但矿山采掘业实现总产值由2.2亿元增长到4.7亿元,矿产品加工业总产值由27.2亿增至39.4亿元,全市矿山布局和结构日趋合理,资源开发利用技术含量和综合利用水平大幅提高。12月17日—19日,省政府矿产资源整合检查验收组对十堰市资源整合工作进行检查验收,并通过验收。组织专班对城区闲置土地进行清理。共清理594个项目,面积1339.8公顷,其中闲置土地53宗,面积122.2公顷。经查,绝大部分闲置用地都是由于城市规划调整、拆迁等客观原因造成,已有18宗50.3公顷土地通过改变用途、开工建设等盘活。

【地质灾害防御】 2010年全市遭受极为严重的洪涝灾害袭击,全市发生地质灾害692起,受灾人口达22931人,直接经济损失1.3亿元。入汛以来,各地突出应急抢险,健全地灾群测群防体系,全力以赴防治地灾,实现重点地灾监测点零伤亡的防治目标。入汛以来联合气象部门发布地质灾害预警预报18次,各县(市)发布112次,为有备无患防减灾赢得主动。据统计,全市新发生的灾害点已建立监测点558处,监测点覆盖率达78%,制订地质灾害隐患点防灾应急预案328份,发放防灾明白卡6000份,群测群防监测点成功预报124起,及时转移群众2507人,减少损失7614.5万元。竹山县通过分类指导、资金扶持、结对帮扶,使810户2100多名滑坡区群众在10月底前搬进新房。郧西县对陡岭子水库库区沿线1243户滑坡受灾群众分轻重缓急实施搬迁,已有202户573人迁入新居,另有138户在外地购房。郧县发动干部职工、矿山企业为受灾群众捐款,组织100户448名群众完成搬迁避灾。全年共争取部、省地质环境保护项目12个,到位资金3940万元,比上年增加57%。积极争取市财政加大地质灾害防治资金投入,专项资金从260万元增加至400万元。

【依法登记土地确权】 截至12月底,市局共办理土地登记10193本(宗),通过土地登记补交出让金9530.1万元。郧县通过抵押登记为重点企业融资达9亿元,竹溪县局在土地登记中做到变更一起、登记一起、确权发证一起,确保全县持证率达98.6%,以证管地进一步巩固。对全市正在实施的42个征地项目(批次)履行征地程序、执行征地补偿标准、征地补偿费的拨付和使用等情况逐宗进行清理排查,所有项目均按要求足额拨付征地费共23298万元,没有截留挪用现象。以市政府名义下发《关于进一步加强城区征地管理依法规范供地有关问题的通知》,强化政府征地主导地位,明确征地职责分工,严格征地补偿政策,进一步规范城区土地征、供行为。全市共受理群众来信来访283件,办结272件,办结率为96.1%。办理网上问政192件,回复率达到98%以上。抓好行政复议、行政诉讼应诉工作,全年受理行政复议案件3件,其中撤销具体行政行为1件,另两件仍在审理中。开展行政应诉6件次,已结案4件,胜诉4件。

【国土资源部王世元一行莅临十堰调研】 11月4日,国土资源部党组成员、副部长王世元带领国土资源节约集约模范县(市)创建活动办公室相关人员对湖北省十堰市国土资源节约集约模范县(市)创建活动进行专题调研。王世元副部长一行先后到十堰东风龙门沟工业园、东风小康工业园、普林工业园、十堰工业新区等山地整理项目现场进行考察。并就山地整理项目涉及到的节约集约用地效率、对生态环境影响、农民安置、增收等热点问题进行详细询问。在十堰普林工业园、西部工业新区施工现场听取茅箭区区委书记张慧莉关于"梯田工业"等山地整理模式的情况介绍,参观了东风渝安微客生产车间。考察结束后,王世元副部长在十堰市世纪百强武当雅阁酒店亲自主持召开国土资源节约集约模范县(市)创建活动座谈会。会议集体观看《向山地进军》纪录片,副市长张维国代表十堰市政府汇报十堰市以山地整理为突破节约集约用地及创建活动等情况。土地主导型试点茅箭区、矿产资源主导型试点保康县

11月4日,国土资源部副部长王世元(中)在十堰市委书记陈天会(右二),市委常委、常务副市长张维国(右一)等陪同下视察山地整理项目

代表湖北省各试点县(市)作了专题汇报。听取汇报后,王世元高度评价十堰市山地整理模式在推进资源节约集约利用上取得的成功经验。通过山地开发整理,拓展土地利用的新空间,也创立十堰市经济和社会发展的新空间,既有效保护耕地,又为工业二次发展创造空间,在创建中形成一套成型的基本制度、经验,为全省乃至全国,特别是遭遇空间"瓶颈"的城市提供有益启发。他希望十堰继续大胆探索积极实践,逐步完善机制,进一步为创建活动探索新模式、创造新经验。 (易必洪)

质量技术监督

【概况】 截至年底,全市质监系统基本实现业务收入、技术装备投入两个翻番目标;检测办公用地比"十五"时期净增150亩。各级政府累计支持用地163亩,累计资金380万元,争取发改委项目累计资金342万元。湖北省副省长赵斌批示"十堰质监部门功不可没",十堰市委书记陈天会批示"十堰质监工作卓有成效,应予充分肯定和表彰"。先后获得"全省安全生产红旗单位"、"全省质量工作先进单位"、"全市文明单位"、"全市综合治理先进单位"等20余项市级以上荣誉称号,30余人受到国家质检总局、省质监局、市委政府等表彰。

【质量兴市战略】 17家企业获得湖北名牌。首次公布十堰质量状况白皮书。"十一五"时期,全市累计争创1个中国名牌产品,4个国家免检产品,8个地理标志产品保护,55个省名牌产品(有效期内43个),中国名牌、国家地理标志产品保护、国家免检产品等国家级名牌数量均为历史性突破,全市9个县市区全面启动质量兴市战略。继省政府长江质量之后,在全省地市州中率先设立政府质量奖—武当质量奖,启动十堰市名牌评价工作,五年来,全市各级政府累计奖励名牌产品企业300余万元。

【技术服务能力】 启动全市首个国家级检验中心—国家汽车质检中心零部件分中心(十堰)建设,100亩土地已平整到位,中心规划设计和勘探正在进行,专业技术人才聘用、系统内人才培训基本完毕。全市首个省级检验中心—湖北省绿松石产品质量监督检验中心的建设已基本完成,600余平方米实验用房改造完毕,60万元的检验设备安装到位。鄂西北建筑保温产品检验中心已开始检验工作,丹江口库区水质产品检验中心实验用房已建设完毕,正在批准立项当中。

【质量监管体系】 产品质量定期监督抽查更加规范。2010年计划定期监督抽查1403批次产品,实抽1127批次产品(停产90家),完成率为86.7%,不合格产品30批次,合格率为97.3%,完成各类检验任务6500个批次,比2005年增长160%,定期监督产品完成率85%,比2005年增长30个百分点,检验报告差错率为1.5‰,比2005年下降10个百分点。

【民生计量惠及民生】 围绕老百姓关心的热点难点问题开展计量监督检查,共完成计量器具检定27712台(件),其中强检计量器具16576台(件),非强检定计量器具11136台(件),强检计量器具受检率达98%。对5家年综合能耗5000吨标煤以上的重点耗能企业开展能源计量服务,对24家集贸市场进行监督检查,没收"黑心秤"100余台件,对49家112个批次的定量包装商品进行执法检查,对3家汽车综合性能检测站、26个单位的28台电子汽车衡、16个加油站78台加油机进行专项监督检查,查处利用计量器具作弊、定量包装短秤少量等案件12起,没收不合格计量器具117台(件)。

【标准化工作】 "竹山绿松石"、"武当蜜桔"和"郧阳木瓜"等3个产品获得地理标志产品保护,与上年同比增长50%。为竹溪龙峰茶、房县黑木耳、武当蜜桔、竹山绿松石、丹江翘嘴鲌、竹溪贡米、郧阳木瓜等产品制定国家标准1项,制定湖北省地方标准7项,制订十堰市地方标准5项。

【扶优打假】 2010年共立案查处各类案件732起,移交公安追究刑事责任案件1起,无复议和行政应诉案件。对东风公司开辟绿色服务通道,对其组织机构代码办理、标准年审注册、计量器具和特种设备检测、名牌产品争创等做到有应必答、专人服务;对其一般性的违规行为重规范轻处罚,对其专业厂实行打包服务,避免执法扰企。全面开展汽车专项整治,自3月2日组织召开"全市汽车及汽车零部件专项整治活动"座谈会起,全面开展汽车及其零部件专项整治活动,共立案77起。十一五期间共印发汽车专项整治文件6个,召开大型汽车专项整治会议4次,检查汽车生产(改装)企业500余家(次),发出整改通知222份,立案查处176起,查处制售假冒东风公司系列产品案件50起,制假设备6台,制假模具13个。抓好液化石油气掺混二甲醚、家电下乡、能效标识、水泥产品、塑料制品等专项整治活动,对43家民用充装单位进行抽样检查,对2家不合格单位已立案调查。做好12365、市长热线举报受理工作,12365共受理各类咨询65起,投诉举报96件,受理秦楚网、市长热线举报30起,全部办结,回复率100%。办案质量和执法水平得到提升。组织164名执法人员参加执法证年审考试,组织开展质监系统执法打假大比武活动。

【食品安全监管】 食品安全实行动态化监管。新增食品生产企业213家,新获得生产许可证21张,到期换证企业50家,换发生产许可证62张,对236家企业使用食品添加剂进行备案,摸清208家食品生产企业和764家食品小作坊情况,累计取得生产许可证268张。2010年70家小作坊的改造升级任务已全部完成。划分10大食品安全监管责任区,建立由95名食品监管员、127名协管员、372名信息员组成的纵向到底、横向到边安全监管网络。统一实施“11234”监管办法,严格按照“五核”、“九查”、“六不放过”的要求开展日常监督检查。严把许可关口,认真抓好年审,督促取证企业强制检验。加强证后监管,实施八项制度和五本台账管理模式。积极开展豇豆腌制品、肉制品、食用油、纯净水、大米等14类重点产品专项整治,打击违法添加非食用物质和滥用食品添加剂的违法行为。组织开展3次问题乳粉专项清查行动,组织开展校园及周边食品安全专项检查,开展夏季食品安全突击月活动。按照市三城联创指挥部的要求,认真组织创卫迎检突击检查活动。组织开展“质监邀您看企业·食品安全大家行”活动和十堰市食品生产企业质量安全诚信宣誓活动。

【特种设备安全监管】 做到标本兼治,实行宣传教育和检验整治两手抓。治理各种设备隐患3320件,检验特种设备6945台,查封停用的特种设备达167台,实施拆除或大修改造合格的达103台,气瓶定期检验率保持在90%以上,举办培训班30期,培训考核发证人员3000多人。加大宣传力度,普及特种设备安全意识,编印《特种设备使用安全知识告知书》3000份,开展特种设备进校园、社区、小区活动,组织全市117家特种设备使用单位的相关管理人员参加特种设备安全管理知识培训。为确保第四届世界传统武术节安全,从8月中旬起,对全市公共场所特种设备进行专项检查,组织220名特种设备使用管理人员参加安全知识培训,对13家从事电梯维护保养的单位进行现场监督检查,对用于会议接待的28家饭店、宾馆的电梯进行全面检查。

【首个茶叶行业地方标准通过市级评审】 1月4日,十堰市召开“武当道茶”地方标准专家评审会,《武当道茶生产技术规程》、《武当道茶加工技术规程》顺利通过评审。“武当道茶”已被省农业厅授予“湖北第一文化名茶”。2009年,省政府下发《关于加快茶叶产业发展的意见》,为整合资源,促进茶叶产业做大做强,同年12月,十堰市政府印发《“武当道茶”品牌开发工作方案的通知》,要求全市茶叶产业充分利用武当道教文化的影响,整合全市茶叶企业组团经营,统一使用“武当道茶”品牌,用大品牌开拓大市场,提高品牌的市场知名度和竞争力。十堰市茶叶基地面积已达43万亩,是全省四大优势茶叶产区之一,也是全省著名的高香型绿茶和有机茶产区。该标准的制定,规范武当道茶生产技术规程和产品标准,对推进武当道茶产品质量、生产管理和市场推广有着重要意义。该标准将有效规范武当道茶标准化生产水平,进一步提高武当道茶知名度和开发效益,同时为武当道茶申报国家地理标志产品奠定坚实基础。

【质量管理小组成果首获湖北省“特等奖”】 7月13—16日,湖北省质协、省质量技术监督局、省总工会、共青团湖北省委、省科协、省妇联在恩施联合召开全省第29次质量管理小组代表会。会议围绕省委、省政府提出的“质量兴省战略”,突出“质量管理小组—讲求方法扎实有效”的主题,以鲜活的实例,生动地再现每个小组运用科学的方法和工具,扎实有效地实施现场质量改进,提升产品质量和工作质量的艰辛过程。为展示十堰市企业的优秀成果,市质监局精心挑选10项企业成果参评,其中,湖北省电力公司十堰供电公司选送的《便携式标准化作业工具包的研制》获得湖北省优秀质量管理小组成果特等奖,并被推荐为全国优秀质量管理小组,这是十堰市质量管理小组及成果历史上首次获得省特等奖。汉江集团丹江口市铝业有限责任公司选送的《降低电解槽尾气带料频次》、湖北通达股份有限公司选送的《提高1201Z007-001消声器前后隔板装配质量及生产工效》获全省二等奖。

（袁大河）

食品药品监督管理

【食品安全综合监管】 一是市食品安全监管领导小组针对“问题奶粉”、“地沟油”、一次性筷子、校园及周边环境、夏季食品安全开展专项整治等多项行动取得显著成效;竹溪县创建食品餐饮消费安全先进县工作正有序推进;创建国家卫生城市食品安全监管工作取得阶段性成效;食品各环节实现无缝监管。全市共检查6458家涉奶企业和1家乳制品生产加工企业,未发现2008年问题乳粉和2008年9月14日前生产的未经检验的乳粉;检查餐饮单位2300余家,取缔卫生不合格餐饮单位115家;查处“三无”餐盒2410套;驱散校园周边游商1471人次,取缔、处罚游商19户(人),营造良好的食品市场秩序。二是卫生城市创建食品安全监管工作取得显著成效。先后在十堰电视台、十堰晚报、十堰周刊等市内媒体刊发稿件92篇,制作横幅标语60余幅,发放《食品安全法》单行本3000余册、宣传单50000余张,举办各类培训讲座20余场次,群发手机短信10万余条。先后组织卫生、工商、质监等部门开展十大专项整治行动,有力地提高全市食品安全保障水平。市领导多次深入一线督察食品安全状况;市政府先后组织开展食品安全专项督查活动5次,督查食品安全监管责任单位8家、食品生产经营企业830家,有力地促进食品安全监管工作。市政府召开食品安全监管领导小组成员单位协调会议,就相关问题进行全面而深入的研究,形成《关于机构改革期间我市食品安全监管工作专题协调会议纪要》,明确将十堰市保健食品、小作坊、豆芽等监管责任主体明确到具体部门,从而实现食品安全无缝监管。竹溪县申报创建全省食品餐饮消费安全先进县成功后,市、县两级积极行动,通过完善机制"保"创建、统一模式"强"创建、培育典型"推"创建、检查督办"促"创建、健全制度"固"创建等措施,推进创建活动向纵深发展。

【净化药品市场秩序】 对药品生产经营单位监督检查覆盖面达到100%,村以上医疗机构及涉药点覆盖面达到100%;药械违法广告移送率100%,数字化媒体药品广告监测系统作用初显;药品市场逐步规范,药品合格率显著提高。一是严格监管,确保药品生产经营规范化。严格驻厂监督,强化药品生产企业动态监管。重点加大高风险生产企业监管。通过与企业签订年度安全生产目标责任书、选派驻厂监督员、落实质量受权人等形式,进一步形成监督合力。出台《关于进一步规范药品零售企业监管的通知》,对新开办药品零售企业许可条件进行调整提高,既促进行业健康发展,又方便群众购药。突出日常监督重点,对药品生产经营单位监督检查覆盖面达到100%,村以上医疗机构及涉药点覆盖面达到100%。大力推进"规范药房"建设。截至年底,全市2114家医疗机构中,达到"规范药房"标准的有1501家,创建达标率达到了71%。

【基本药物监管工作】 一是加强责任体系建设,提升监管效能。年初,将基本药物监管纳入到2010年度目标管理责任书内容之中,并将年度主要任务以文件的形式分解落实到有关县(市)局、市所和科室,进一步明确责任领导和责任人,构建横向到边的责任体系。二是加强生产企业监管,提高企业内控标准。对5家基本药物生产企业生产的32个品种的药品标准进行认真核查,提高内控标准;增加监督检查频次,进一步完善质量受权人制度,加强企业原辅料采购、投料、工艺控制及验证、检验、放行等环节的监督管理,确保药品质量。三是加强基本药物配送企业监管,规范市场秩序。按照国家局和省局的要求,督促全市首批基本药物配送企业一市宏康医药有限责任公司积极使用电子监管码,真正做到药品流向清楚,可追溯。四是加强技术监督,实现对基本药物全品种覆盖抽验。截至11月中旬,完成国家基本药物抽验552批,合格551批,合格率为99.9%。

【省局局长邹贤启到市检查工作】 6月4日至5日,省药监局局长邹贤启、纪检组长熊琴芝一行莅临十堰,视察调研食品药品监管工作。调研期间,邹贤启局长先后深入到市开心人大药房连锁有限公司、市宏康医药有限公司,仔细查看药品购销记录、中药饮片质量情况;对市宏康医药有限公司的基本药物配送工作进行全面而深入的督导和检查;深入到市太和医院,重点了解药房硬件设施设备、药品验收、养护、使用管理等,勉励医院加大规范药房建设力度,争取打造鄂西北一流的医疗机构药房;听取十堰市局工作汇报,深入到市药品检验所了解仪器设备配置、检验检测能力和工作开展情况。调研期间,邹贤启局长还深入到丹江口市,了解土关垭镇农村药品"两网"建设办公室运行情况,现场检查三官殿办事处狮子岩村卫生室药品质量,听取丹江口市局的工作汇报,并看望慰问基层局的干部职工。邹贤启对全市食品药品监管工作给予充分的肯定。

【稽查打假】 一是稽查打假成果显著。先后组织开展非药品冒充药品、工业氧(或压缩气体)冒充医用

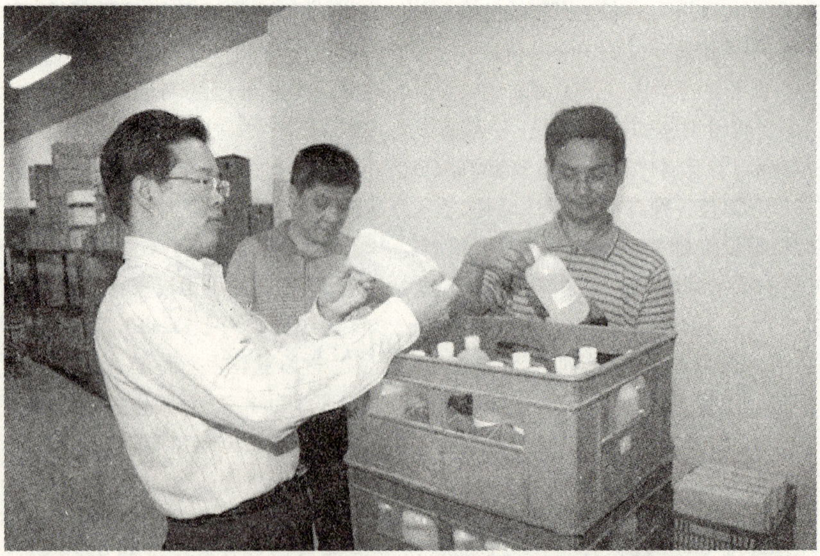

6月4日,省药监局局长邹贤启在太和医院检查制剂产品质量

氧、疫苗、夏季药品存储条件、含麻黄碱特殊药品复方制剂、计生药械、利用互联网违法宣传销售药品等7个专项整治行动,有力地打击违法分子的制假售假嚣张气焰。二是虚假药品广告整治措施不断跟进。共监测并向工商部门移交违法广告12期,涉及违法广告品种17个;发布违法药品、保健食品广告消费警示2期;对“张氏沁神安乐片”“固肠胶囊”“润肺止嗽丸”等3个严重违法广告品种采取暂停销售的行政强制措施;对违法药品广告标示零售药店进行集体约谈,要求各企业自觉拒绝刊登、播放药品广告;启用数字化媒体药品广告监测系统,实现对药品广告24小时全天候、全频道监测。三是农村药品“两网”建设全面推进。全市系统紧紧围绕“完善机制、巩固成果、提升效能”的总体要求,逐步推进县、乡、村三级农村药品“两网”全面覆盖。竹山县被授予湖北省第三批农村药品“两网”建设示范县。

【食品药品监管能力建设】 一是食品药品监督管理员工作全面铺开。全市共投入经费40万元,对117个乡镇(街办)配备130名食品药品监督管理员,实现了全覆盖。二是争先创优活动扎实推进。坚持把发展全市医药经济作为食品药品监管工作的重点,将全市5家制剂生产企业列为全局的服务直通车企业,采取靠前服务、现场办公、现场解决问题等方法,帮助药品生产企业克服发展难题。2010年全市医药经济有了历史性突破:天圣康迪制药有限公司全年产值和销售达到1.5亿元,为全市医药经济跨越式发展奠定坚实的基础。三是安全用药知识普及活动蓬勃开展。先后开展家庭过期药品有偿回收活动、“安全用药,关注农村”公益电影放映活动、食品药品安全知识“四进”活动,共清理过期药品1495个品规,货值达5万余元;在农村放映药品安全公益电影200多场次;在城区主干道悬挂“安全合理用药”宣传横幅30余幅,全面提升广大群众安全用药意识。

【全省食品药品监管系统办公室工作会议在市召开】 4月21日至22日,全省食品食品监管系统办公室工作会议在十堰市召开,各市、州、直管市、神农架林区局分管领导、办公室主任、2009年度政务信息工作先进个人共计80余人参加会议。省局副局长黄华恩出席会议并作重要讲话,中共十堰市委常委、副市长张坤代表十堰市委、市政府致欢迎辞。这次会议着眼于能力建设的新要求,采取以会代训的形式,组织开展食品安全应急管理业务培训,并对办公室各项工作进行部署安排。会议期间还组织与会代表参加观摩在丹江口市六里坪镇财神庙村举行的“安全用药关注农村”农村电影放映公益宣传活动启动仪式暨首映式,对全省放映宣传活动进行部署和要求。

【省局副局长傅铁成到十堰检查调研】 7月13日至14日,省局副局长傅铁成一行到十堰检查调研食品药品监管工作。在听取全市食品药品监管工作情况汇报后,检查组先后深入到湖北清大康迪制药有限公司、郧西县河夹镇卫生院、市人民医院、市寿康永乐生活广场、武商量贩十堰店等单位,现场查看高风险药品企业生产情况,调研国家基本药物制度实施工作及医疗卫生体制改革工作,了解药品不良反应监测工作开展情况,检查食品安全工作。在湖北清大康迪制药有限公司调研期间,检查组重点对该企业法定代表人、质量负责人、生产负责人进行约谈,要求企业正确处理质量与效益的关系,牢固树立安全第一、质量第一的管理理念,严把物料入口关、中间检验关、成品出口关,重视生产全过程的质量控制,严格按处方工艺组织生产,确保药品质量。

(周　涛)

物　价

【市场价格总水平】 2010年元至6月,市场价格总水平基本平稳,但自7月份以来,受市场多种因素影响,全市以农副产品为主的生活必需品价格出现较快上涨,直接影响到城乡

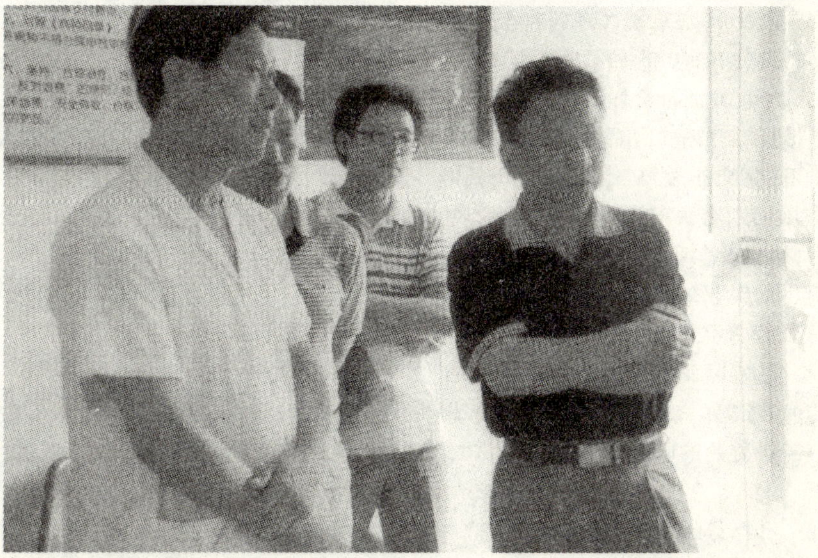

7月13日,省药监局副局长傅铁成一行到十堰检查调研食品药品监管工作

市委书记陈天会视察节日市场物价

居民特别是中低收入群体的基本生活。全市物价部门在党委政府领导下，协调配合相关部门，综合运用价格监测、价格引导和价格监督检查等手段，加大市场价格总水平的监控，加强价格监测预警分析，启动价格监测应急机制，对53个居民生活紧密相关的商品价格实行一日一报，及时向政府提供市场价格信息，主动召开联席会议，协调落实各项稳控物价措施。截至年底，全市向39.6万中低收入对象，发放价格补贴1920.9万元。元旦、春节期间，市政府又向全市城乡低保对象、五保对象、重点优抚对象一次性发放100元至180元的生活补贴。通过采取一系列有力措施保供应、稳物价、安民生，保障低收入群体基本生活工作取得阶段性成效。全年居民消费价格指数控制在3.2%，基本实现年初政府预定CPI增长3%左右的调控目标。

【服务全市经济发展】 支持水电产业发展，积极向省物价局争取小水电上省网销售电价政策，为在建企业融资及发展提供保障。全年共向省物价局申报房县代东河电站、荆竹园电站、黄龙山电站、竹溪县高子河流域梯级电站等17座水电站上网电价。支持以武当山为龙头的旅游产业发展，积极向省物价局争取武当山基础设施建设配套费、旅游资源有偿使用费、污水处理费和调整武当山景区门票价格和核定新建索道服务价格收费标准等价费政策，每年可为武当山风景区新增可支配资金5000多万元，为打造以武当山为龙头的鄂西生态文化旅游圈核心板块提供有力的价格支撑。有序推进资源性价格改革，认真贯彻落实国家、省水、电、气、油等资源产品价格改革政策，先后3次调整成品油价格，落实工业、商业用电同价政策，对23家执行差别电价政策的高耗能企业进行清理，及时对房县、竹山县、竹溪县3个代管县和郧县、丹江口市2个自供自管县(市)销售电价进行调整，对城区污水处理厂污水处理运行费、市自来水供水成本进行测算，积极做好价格改革的前期准备工作。

【保障和改善民生】 严格落实政府保障性住房政策，审核城区3个经济适用房项目不合理和重复列支的成本项目20多项，审减金额2500余万元，确定经济适用房中准销售价格均价每平方米1800元，居全省最低水平。首次举行降低保障性住房物

市长周霁在市物价局召开稳控物价专题会议

业收费标准的听证会，采取“物业企业优惠一点、政府补贴一点、个人负担一点”的方法，使保障性住房用户物业费用降低20%左右。认真贯彻落实省物价局关于307种国家基本药物集中招标采购零售价格和湖北省增补的118种非基本药物目录药品价格政策，郧西、房县两个试点县共为人民群众减少700多万元的医药费用支出。严格落实惠农价费政策，认真贯彻落实粮食最低收购价、烟叶收购价政策，增加农民收入。

【物价改革创新】 在全市物价系统开展“物价改革创新活动”，大力推进理论创新、制度创新和方法创新。2010年，市物价局核定保障性住房价格，小水电价格政策研究，推进基本药物制度改革，加强风景区价格管理等工作，在全省物价系统名列前茅，受到省物价局领导的肯定和表扬。据统计，全市物价部门全年改革创新项目37项，其中《武当山价格实行计划目标管理模式的思考》、《利用价费杠杆促进学前教育健康发展》、《对放开液化气商品价格监管的有效探索》等19篇理论、制度、实践成果被国家、省办刊物采用。

【价格法制建设】 为加快创建法制物价的进程，制定《十堰市物价局法治建设规划》。重新修订《审价委员会工作规则》和《案件审理委员会工作规则》，出台《规范性文件合法性审查实施办法》，在规范文件出台前实行成本监审、前置审查、法规审核、集体审议、领导审定的“五审”制度。完善《行政决策责任追究制》和《价格行政执法责任制》，制定各类价格行政执法的规程和规范，坚决制止和纠正超越法定权限、违反法定程序的决策行为。全年召开听证会2次，价审、案审会42次54件。认真做好2008—2009年度规范性文件清理，清理各类规范性文件175件，确认121份文件继续有效，48份文件予以废止，7份文件予以修改。贯彻落实省物价局省法制办《价格行政处罚自由裁量权指导细则和细化标准》，对9种58个具体价格违法行为行政处罚自由裁量权进行规范。全年未发生一起行政复议和行政诉讼变更、败诉案件。

【价格监督检查】 重点开展房地产价格、电价、涉企收费、涉农收费、教育、医疗收费专项检查，实现“12358”价格举报投诉平台与全省互联，与市长热线、行风热线、公共互动的统一对接，健全以电话、信件、电子邮件为主要支点的举报接收网络。2010年，全市共受理价格举报投诉133件（城区91件），办结率100%，立案查处各类价格违法案件96件（城区54件），责令退还多收价款494.1万元（城区264.3万元），罚款204.4万元（城区152.7万元），没收60.2万元（城区17.5万元），经济制裁总金额758.7万元（城区434.5万元）。受理各类价格咨询1105件（城区931件）。

【价格公共服务】 按照“全面推进、系统深化”的要求，进一步健全和完善工作机制，理顺和创新工作思路，做到具体工作与服务活动的有机结合。重点开展了进商场活动，成立14个专班，对人商、武商、寿康等16家商业企业实行定人定点服务，一年来，累计向企业开展价格服务活动45次，帮助企业规范完善价格管理制度、提供价格收费政策信息、建立价格台账等服务，受到企业好评。进一步加强局电子政务建设，实现行政审批事项网上受理，及时将价格政策、工作动态、粮油肉禽蛋奶等生活必需品动态价格在网站公开，全年共在网站公开各项内容225篇条，方便广大市民了解价格行情和价格政策。认真做好价格认证工作，为司法机关、行政执法机关提供及时、准确的价格依据。全年共完成价格认证627件，认证金额11859.1万元。其中，涉案价格鉴定323件，鉴定金额581万元，车物损失价格鉴定242件，鉴定金额398.24万元，商品及有偿服务项目价格认证63件，认证金额1.08亿元。

【稳控物价联席会成立】 为贯彻落实《国务院关于稳定消费价格总水平保障群众生活的通知》（国发［2010］40号），《省人民政府关于切

12月31日，市物价局召开市政府市场价格调控联席会议

实做好物价稳定工作保障群众基本生活的通知》(鄂政发[2010]70号)精神和12月15日市政府常务会议精神,市政府决定由物价局牵头,市工商局、商务局、民政局、畜牧局、质监局、食品药品监督局、蔬菜办等8个部门组成的市政府市场价格调控联席会议,目的是通过发挥部门间的沟通、会商机制,达到做好物价稳定工作保障群众基本生活的最大效果。12月31日在市物价局召开市政府市场价格调控联席会议。会上各部门分别对12月以来落实稳控市场物价采取的措施进行沟通。由于各部门从生产供应、商贸流通、救济补贴、市场监管和宣传引导等全方位充分发挥职能作用,12月份,市场产品量总体供应充足,企业经营行为基本规范,市场物价保持基本稳定。市政府副秘书长王桂华肯定各部门为市场消费价格稳控作大量而著有成效的工作。同时也要求大家进一步提高认识,加大工作力度,协调配合,继续采取综合联动措施加强市场价格调控,维护正常的市场秩序,确保元旦春节期间人民群众生产生活安全稳定。

【省检查组到市检查督导工作】 11月26日,以省物价局巡视员张结民为组长的省政府市场价格调控第三检查组对市神定河蔬菜批发市场、新合作京华超市、老虎沟农贸市场、天府粮油批发市场进行实地检查。市委常委、副市长张维国代表市委、市政府汇报十堰市关于稳控农副产品市场价格的工作。张结民巡视员指出,蔬菜价格的增长有着必然性,十堰要改善农业结构、发展绿色农业,要理清思路,做好蔬菜基地规划建设,把握好蔬菜产业的加工生产和流通环节,确保市场价格稳定和群众生活安定。检查组认为十堰市农副产品市场供应充足、购销两旺,但也要求十堰市要进一步认清形势,审时度势,强化措施,形成合力,确保市场物价基本稳定。

【省局胡广生督导检查全市物价系统行评工作】 11月9日,以省物价局副局长胡广生为组长的省物价局行评督导检查组,督导检查十堰市市物价系统2010年民主评议政风行风工作。十堰市物价局党组书记、局长张士国介绍市局业务工作和民主评议政风行风工作进展情况。胡广生高度评价市局行评工作取得的实效,认为十堰市物价系统行评工作,领导高度重视,工作扎实、深入、具体,有思路、有特色、有创新,工作成效显著,并对下一步工作提出意见和建议。2010年全市政风行风民主评议活动,十堰市物价局在65个参评单位中名列第18名。

(戴广川　李瑞卿)

审　计

【概况】 2010年完成审计项目88个,查出违规金额10522万元,其中应上缴财政202万元,应归还原渠道资金2343万元,应调账处理金额2127万元;已上缴财政202万元,已归还原渠道资金2317万元,已调账处理金额2127万元。移送司法机关、纪检监察部门处理事项2件。提交审计工作报告、信息165篇,被采用144篇。

【财政审计】 一是继续加大对2009年度本级财政预算执行审计力度,着力构建财政审计大格局。按照“财政资金运用到那里,审计就跟进到那里”的要求,牢固树立“全市一盘棋”的科学审计理念,逐步探索建立十堰财政审计大格局,促进提高全市财政审计工作水平。市审计局利用现场审计实施系统对市地税局2009年税收征管数据进行重点剖析,发现未及时足额上缴税费等问题;对市级专项资金的计划安排和拨付使用情况逐笔审核,突出对重点项目、重点资金的跟踪问效,促进提高财政资金管理规范和使用效益。二是根据省审计厅统一部署,参加对荆门市本级及所属5个县市区2008至2009年度扩大内需中央新增投资资金、地方政府债务、政府外债、扩大内需项目“五合一”审计调查;参加对恩施州及所辖县市扩大内需大型完工项目审计调查。在对荆门市中央扩大内需428个项目21亿元投资审计,查出问题资金5亿元。同时,协助省审计厅完成对十堰市扩大内需资金“五合一”审计,查出地方财政配套资金到位率较低,挤占挪用项目资金,部分项目建设进度缓慢等问题。为保证审计调查发现问题整改到位,市政府下发《关于认真做好全市五项审计调查问题整改工作的通知》,强调整改工作重要性,明确整改工作的责任主体,要求各级各部门和项目单位根据整改要求限时整改到位。三是对全市经济开发区2008至2009年度财政决算及其他财政收支进行审计,查出虚列支出、违规改变银行借款用途、超预算列支等问题。

【金融审计】 根据省审计厅安排,对丹江口市、郧西县贯彻落实中央及省促进县域经济发展金融政策情况进行审计调查。审计表明,两地不断完善金融服务政策,不断加大对重点建设项目的信贷投资支持力度,切实解决中小企业融资难问题,县域经济蓬勃发展。但同时也发现,市域金融服务网点设置停滞不前,信贷门槛偏高,金融产品单一等,成为制约县域经济发展的瓶颈。

【行政事业审计】 对市文体局系统进行审计,查出房租收入账外账支出,国有资产违规处理等问题,涉及违规资金1000多万元;对市广播电视大学进行审计，查出该校多申报中职受助学生769人次，获取的中职学生财政助学金补贴及利息50多万元，已全额追缴上缴财政。

【农业与资源环保审计】　一是根据省审计厅统一安排，对竹溪县2005至2009年土地开发整理和低丘岗地改造项目实施及资金管理使用情况进行审计。通过审计，查出未按规定实行公开招投标投资938.23万元，擅自扩大项目资金使用范围147.8万元，高估冒算虚报工程成本50.86万元等违纪违规资金1916.62万元。二是根据省审计厅安排，对郧县汉江流域水污染防治和其他环保专项资金进行审计。审计资金总额1.29亿元，查出配套资金未完全落实、挤占水污染防治项目和其他环保专项资金、应收未收排污费和污水处理费、转包和分包工程、多付工程款等问题。三是根据市政府安排，对武安铁路增二线十堰段工程建设涉及7个县市区征迁补偿资金进行审计。审计人员走乡串户，抽查100多户拆迁户了解拆迁资金兑付情况；到拆迁安置小区实地查看，核实拆迁户数是否按规定安置；实地勘查工程现场，查实有无虚报工程套取资金的现象。查出多个单位、部门挤占挪用征迁资金、征迁管理费超支、虚开假发票、固定资产产权不明、虚假工程项目列支、出纳人员任意涂改套取资金等违规违纪资金5800多万元。审计报告上报后，副市长梁吉祥做出批示，要求县、区政府认真整改。

【固定资产投资审计】　2010年共完成政府投资建设项目33个，审计资金总额45亿元，审减工程造价款5892万元，审计后挽回损失5892万元，提出审计整改建议被采纳45条。对甘肃路一期工程、张湾区城市建设用地整理指挥部西部山地整理、许白路建设、城区108条内街小巷升级改造等12个项目开展审计，审计涉及资金总量3.9亿元，审减资金1901万元。对张湾区四条河道治理项目、马家河水库改造工程、西部垃圾处理场工程、神定河及泗河污水处理厂、浙江路二期工程、东环路工程建设等项目进行全方位跟踪审计，多环节监督管理，查出部分项目程序不到位，资料缺乏，地方配套资金到位率低、项目建设存在超计划现象，项目完工后验收、结算缓慢、票据使用不规范、资金用途不合规，竣工结算未经审计而办理交付使用资产等问题。对张湾区西部山地整理项目资金使用情况进行审计，审计情况上报后，市委书记陈天会，市长周霁，市委常委、常务副市长张维国作出重要批示，要求根据审计建议召集相关部门对山地整理的资金管理、规划实施等进行专题研究，加强山地整理工作的制度化建设。

【社会保障审计】　一是根据省审计厅部署，对襄阳市、宜城市2006至2009年就业再就业培训补贴资金进行交叉审计。重点剖析财政部门管理及拨付培训补贴资金、就业部门管理培训机构及培训补贴资金收支、延伸审计培训机构申报培训补贴及违规培训等情况，审计报告得到省审计厅充分肯定。二是根据省审计厅安排，对郧县、房县两个地方2009至2010年优抚和城乡医疗救助资金进行审计，查出挤占挪用等违纪违规资金1567万元，超报优抚对象981人，多领优抚补助资金727万元。三是根据省审计厅统一部署，对全市接受青海玉树地震灾区捐赠款物进行审计。审计表明，未发现一起挤占挪用现象。根据省审计厅要求，对2010年中央和地方各级政府及社会捐赠投入的洪水灾害救灾资金和物资进行审计。延伸调查土关垭镇、石鼓镇等54个117个村521户灾民，审计督促进一步加强整改，建立健全救灾资金管理体系。四是联合市财政、社保、农业等部门对农民工技能培训和农机购置补贴资金专项清理，共清理资金14159万元，追缴违规资金958万元。

【经济责任审计】　对17名领导干部进行经济责任审计，查出违纪违规资金2.14亿元，移送案件线索2起。省审计厅厅长张永祥作出批示，要求全省审计系统推广十堰开展行业领导干部经济责任审计工作经验；市委书记陈天会作出批示，要求全市纪检监察、组织人事、审计部门要密切配合，加大审计的力度，加大成果的运用，加大问题的整改督办，继续保持十堰领导干部经济责任审计工作在全国、在全省的先进地位。一是审计体系不断完善，领导干部履责能力增强。掀起学习《党政主要领导干部和国有企业领导人员经济责任审计规定》的新高潮。二是成果运用不断拓展，审计效能作用得到发挥。其一，市委直接推动审计成果运用。3月9日市委常委、常务副市长涂明安，市委常委、组织部长董卫民在第11次市经济责任审计工作领导小组会议上充分肯定经济责任审计工作；4月29日市委常委会听取市经济责任审计工作情况汇报，市委书记陈天会高度评价全市经济责任审计工作所取得的成效。市委根据审计情况，对任职期间单位财务管理和重大决策程序比较规范，内控制度比较健全，违纪违规问题比较少的4位经济责任审计对象给予通报表扬；对发现的问题，市领导要求严肃查办。市委书记陈天会、市长周霁、市纪委书记何万勤、市委组织部长董卫民先后对审计情况作出重要批示。三是审计公开不断推进，民主建设程度得到提高。继续加大经济责任审计通报力度和审计问题整改力度，通过不同层次通报审计情况和多种途径督促审计问题整改，促进被审计领导干部规范用权行为和增强履责意识。4月29日市委常委会要求,要将经济责任审计问题整改提升一个层次,列为市委督办事项。纪检监察、组织、人事和审计等五部门组成联合检查组,对2008至2009年未进行整改检查的26名领导干部所在单位整改情况进行集中检查,促使整改。

十堰市本级及所辖区、县(市)审计工作统计表(2010年)

金额单位:万元

审计机关	完成审计项目(个)	查出违规金额	应上缴财政	应减少财政拨款或补贴	应归还原渠道资金	应调账处理金额	移送司法、纪检、监察部门处理(件)	建议有关部门处理(件)	出具审计报告和审计调查报告(篇)	提出审计建议(条)	撰写审计信息(篇)
十堰市	485	46224.99	1136.88	7601	5281.55	19929.1	5	1	535	956	2602
十堰市市本级	88	10522	202			2127	2		48	98	165
张湾区审计局	32	385.01	195.56		32.15	157.3			45	55	15
茅箭区审计局	28	1046.98	178.4		980.7	65.8			28	48	31
武当山特区审计局	11	602	86			516			7	18	
丹江口市审计局	25	9387	69	774	1326	2334			84	81	102
郧县审计局	87	6050	62	3123	879	2047	1	1	87	126	128
房县审计局	51	4526	114	980	967.7	6234			56	120	108
竹山县审计局	58	6285	27.92		615	3258			58	107	145
竹溪县审计局	41	516	29		149	505			41	125	1798
郧西县审计局	64	6905	173	2724	332	2685	2		81	178	110

【外资审计】　对世行贷款垃圾场处理、亚行贷款农村能源生态建设等4个外资项目资金管理使用情况进行公证审计。重点检查国外贷援款资金和国内建设资金的到位和使用、项目设备的采购和使用、提款报账等情况,揭露项目执行中存在的违反国家法规和国外贷援款项目协定,以及内部控制存在重大缺陷等问题。

(陈洪波)

统　计

【概况】　一是圆满完成RD资源清查数据上报任务,数据质量得到省局肯定。二是建立农村统计应急调查网点,及时上报网点村统计人员基本情况和网点村基本情况有关资料;联合农办对全市"先进乡镇"、"进步乡镇"考核数据进行审核和认定,并对各项数据进行计算和汇总,圆满完成考核任务。三是受市政法委和公安局委托,开展社会公众安全感和公安工作群众满意度调查,对调查数据进行汇总并撰写评估报告。四是认真做好贸易统计方法制度改革相关工作,全市贸易限上单位由2009年的244家增加到2010年的510家,其中法人单位由2009年的244家增加到288家,大个体158家,限上占比由2009年的23.9%增加到35.7%。单位个数仅次于武汉,排名全省第二,限上占比达到全省平均水平。五是完成县域经济目标考核工作。坚持确保数据质量不放松,积极拿方案、搞测评,保证2009年考核结果的客观、公证。完成2010《县市区乡镇年度工作目标考核办法》的指标体系和实施细节的制定工作,考核办法经过市政府常务会通过。六是拓展统计调查新领域。围绕市委、市政府确定的建设区域性中心城市的目标,参与市委调研室组织的"十二五"发展课题调研,申报《大力发展服务业,加快区域性中心城市建设》的课题;完成交通邮电、信息传输、商务租赁和科研技术服务四大行业的调查,同时对投资税收、人力资源市场、工商、社区、物业等多个领域进行摸底;建立部门联席会议制度,与各相关部门和企业建立电子网络调查方式，取得良好效果。七是完成工业企业成本费用调查，中小企业成长和新投产企业申报工作；认真甄别县域规模企业，严守准入标准，把好进口和出口关。完成妇女儿童发展监测统计工作，撰写评估报告。开展文化产业统计，围绕武当文化和郧西文化，开展专题调研分析。八是完成全国城镇住户样本轮换工作，建立全市抽样框，抽选100户样本住户，确定最终样本。九是继续做好社会服务和宣传，为社会大众服好务。

【统计分析服务中心工作】 较好地完成对市委、市政府以及社会各界的统计咨询服务工作，解答各方面对统计数字的询问。做好资料整理和书籍出版工作。对《十堰领导干部统计手册》、《2009年度十堰市统计公报》、《十堰统计月报》进行改版，增加党政领导和经济管理部门需要的《十堰工业统计月报》、《十堰投资统计月报》等统计产品，提高对社会服务的水平。十堰局撰写的统计分析与信息被省网采用量位居全省第二。其中《全市打工经济经济的现状及对策》被市长签批，《十堰市蔬菜价格上涨过快问题不容忽视》被常务副市长签批，《县域经济发展对策分析》被副市长签批。全年，共撰写统计分析、信息400余篇，直接为市委、市政府领导撰写组稿36篇次，这些优秀统计分析为党政领导科学决策提供重要的参考依据。

【人口普查工作】 一是健全机构。全市10个县市区在规定的时间内成立领导小组和工作专班，4月初，全市154个乡级普查机构已全部组建到位，落实办公场所和工作职责。二是会议动员。3月21日，常务副市长、市人口普查领导小组组长涂明安主持召开全市第六次人口普查领导小组工作会议，强调各部门要按职责分工，切实负起责任，对不积极配合普查，普查质量不高，造成不良后果，或未及时完成所承担普查任务的单位，市政府将追究其领导责任。4月27日，召开第六次人口普查动员和统计工作会议，会上，市政府与各县市区签定《全市第六次人口普查工作目标责任书》。三是落实经费。普查经费市级列入财政预算270万元，县市区总预算889.65万元，其中2010年到位420万元。经费落实较好的是郧西县90万元、丹江口市65万元、张湾区40万元，茅箭区30万元。落实报酬较好的是丹江126.12万元，竹溪政府发文补贴500元。四是选拔“两员”。下发“两员”选调办法的通知，对县市区统计局业务骨干和业务指导员进行培训，6月10日对各县市区地图绘制业务骨干进行培训，确保全市区域划分和地图绘制工作扎实有效地开展。五是舆论宣传。制作全市人口普查网页；开通政府主要领导和局办公电话人口普查宣传彩铃；印制10万只人口普查宣传纸杯等办公用品；开展倒计时100天宣传；拍摄《人普试点花绽放》电视宣传片；在十堰秦楚网、十堰日报、晚报等新闻媒体推出人口普查特别专题报道120篇次；10月23日开展人口普查两员宣誓仪式并签定公开承诺书。六是办好试点。精心组织好市级人口普查综合试点工作。根据市人口普查工作进度安排，5月6日在郧县茶店镇神河社区居委会进行第六次人口普查综合试点。由市人普办和郧县人普办共同组成试点领导机构，负责试点的组织领导工作。6月10日召开由县市区人普办副主任和业务骨干参加的入户登记现场会，为做好此次人口普查工作打好基础。七是精心组织好人口普查摸底和登记工作。9月26日开展摸底工作以来，狠抓数据质量，采取有效措施，力争入户率达到100%，10月29日全省人口普查电视电话会后，全市又再加措施，全力做好摸底查漏补遗工作，对主城区、开发区、高速公路沿线、临时建筑物的人员以及宾馆、写字楼及娱乐场所进行一次全面清查，确保人口普查登记工作顺利开展。至年底，全市人口普查工作已进入快速汇总和事后质量抽查阶段。

【“企业一套表”改革工作】 作为改革试点，市统计局采取多项措施深入推进“企业一套表”改革工作。“企业一套表”已由双轨运行到单轨运行，网上直报率一直保持100%。一是签订“企业一套表”责任状。4月26日市政府召开全市第六次人口普查动员暨统计和调查工作会议期间，市局领导与各县（市、区）统计局长签订“企业一套表”改革目标责任书，安排部署“企业一套表”改革工作。二是制定领导分片包干责任制。明确工作职责，确保按时高质量地完成省局下达的网上直报任务。三是建立专业督导责任制。为确保“企业一套表”工作顺利推进，加强对县市区的业务指导和督办力度，加强对企业上报数据的审核力度，及时跟踪监控“三上”企业的数据质量，发现问题及时纠正。四建立“企业一套表”业务服务联系制度。为了及时对“企业一套表”工作进行调查研究和归纳总结，各县市区统计局安排专人每月定期向市局“企业一套表”办公室报送工作进展情况及存在的问题和建议。

（朱红涛）

安全生产监督

【安全生产控制指标完成情况】 2010年，全市共发生各类生产安全事故959起，死亡86人，与上年同期相比死亡人数和直接经济损失分别下降13.13%和14.83%。没有发生重大以上生产安全事故。亿元GDP死亡率为0.12，同比下降33.33%，工矿商贸企业10万人死亡率为2.0,同比下降1%,道路交通万车死亡率为1.44,同比下降7.69%,煤矿百万吨死亡率为0。10个县市区中有6个县市区各类事故死亡人数同比下降或持平,4个县市区同比上升。“十一五”期间全市安全生产主要控制指标以平均每年8%的速度下降,安全生产事故死亡人数由2006年的140人下降至2010年的86人,亿元GDP死亡率由“十五”末的0.407下降到“十一五”末的0.12,下降幅度为70%。一是工矿商贸企业事故四项指标同比全面下降:全市工矿商贸企业发生事故25起,死亡27人,受伤1人,直接经济损失535万元。与上年同期相比事故起数、死亡人数、受伤人数和直接经济损失分别下降3.85%、41.46%、92.86%和28.57%。没有发生较大以上事故。二是道路交通事故死亡人数与上年同期持平,事故起数、受伤人数、直接经济损失、较大事故起数等同比上升:全市发生道路交通事故246起,死亡57人,受伤328人,直接经济损失72.10万元。与上年同期相比死亡人数持平,事故起数、受伤人数和直接经济损失分别上升7.89%、12.33%和41.32%。发生较大事故5起,死亡16人。三是火灾事故起数同比上升,死亡人数持平:全市发生各类火灾事故687起,死亡1人,无受伤,直接经济损失149.63万元。与上年同期相比死亡人数和受伤人数均持平,事故起数和直接经济损失分别上升17.24%和67.88%。四是水上交通事故:全市发生水上交通事故1起,死亡1人,无受伤,直接经济损失0.55万元。

【安全生产违法行为打击】 坚持将打击非法违法生产经营建设行为作为执法行动中一项重点工作来抓,着力开展化工、烟花爆竹、冶金、建筑施工、交通运输、消防等重点行业和领域的打击非法违法工作。2010年全市共监督检查生产经营单位1397个,监督检查覆盖率为97.9%,实际监督检查生产经营单位5323次,执法检查计划完成率为110.3%,依法停产整顿和关闭企业25家。市、县两级都能按照省政府“三铁”的要求,对非法违法生产经营建设行为,发现一个打击一个。房县在打非行动中坚持“三个一律”,即:对不符合法定条件的非法生产和违法生产单位一律取缔,对非法违法生产经营建设的有关单位和责任人一律依法予以经济处罚,依法严肃查处非法开采矿产资源窝点,对触犯法律的有关单位和人员,一律依法严格追究法律责任。竹溪县以矿管办、国土、安监为主开展非煤矿山专项治理,依法关闭10家非法矿点,对6家非煤矿山企业进行违规处罚。丹江口市共组织执法行动115次,关闭非煤矿山企业9家,责令停产整顿21处,扣押、拆除有关设备53件,有效的打击各类非法违法生产经营建设行为。2010年,全市共查处各类事故25起,其中较大事故6起、按时结案率100%。

【重点行业专项治理】 2010年,共排查各类企业3027家,排查一般隐患20825项,整改20308项,整改率98%,通过对事故隐患和重大危险源普查,全市5项重大事故隐患已全部整改到位,37处重大危险源全部纳入监控。一是矿山监管工作卓有成效。煤矿行业通过资源整合和不断地整顿、关闭不具备安全生产条件的小煤矿,使滥采乱挖现象得到有效遏制,矿井装备条件有较大改善,2003年来共关闭炸封不具备安全生产条件的小煤矿99处,现有的15家煤矿均在进行扩能改造。竹溪县在煤矿集中的南部乡镇设立丰溪安监站,组建专班长期驻守,不间断的进行检查和巡查,实现对煤矿的近距离、无缝隙监管。竹山县在绿松石涉矿乡镇成立多个专班,实行不间断巡逻,有效防止和遏制非法开采行为。二是危化品监管工作力度加大。全市危化企业以标准化建设为目标,从技术、管理、投入、控制多方面严格要求,突出治理各种违规行为。对烟花爆竹生产企业的工厂围墙、危险工(库)房内外部安全距离、“三超一改”、氯酸钾使用、产品及药料流向等方面进行重点治理。对十堰辖区内采用危险化工工艺的企业进行一次全面排查,共排查化工危险工艺13项。2010年7月,郧西、郧县、竹溪等县遭受洪水、泥石流等重大灾害,各地及时组织灾后化工企业恢复生产专项检查,确保灾后复工后没有发生一起安全责任事故。三是突出重点开展道路交通安全专项整治。全市交警部门以“事故少,秩序好,群众满意”为目标,相继组织开展“百日攻坚”、“四项战役”、“涉牌涉证”、“酒后驾驶”、“三车”整治等13次专项整治统一行动,从源头预防交通事故发生。共纠正道路交通违法行为近60余万起。道路交通部门进一步加强公路治超力度,全年共检查车辆107188台,查处超限车辆12758台,检测车辆数是2009年的6倍。四是公安消防专项整治成效明显。全市公安消防部门突出对人员密集、公众聚集场所的常态化消防监督管理。坚持把宾馆、饭店、公共娱乐、商场、市场、医院等人员密集场所以及易燃易爆单位作为消防安全管理的重点,全年共检查消防安全重点单位3561家(次),发现并消除各类火灾隐患3465处。五是建设工程安全工作扎实推进。市建设部门加强安全隐患源头治理力度,开展以预防高处坠落、机电伤害和坍塌事故为重点的临边防护、高边坡、深基坑、人工控孔桩、高大模板、起重机械等安全专项整治活动。2010年城区共监督建设工程施工项目200项次,总建筑面积343万余平方米,除综合大检查外,日常检查工程下发安全隐患整改通知单97份,停工通知书4

份，培育省市级安全文明施工现场34个。六是特种设备安全监察力度进一步加强。市质监部门以落实好“特种设备安全年”各项工作措施为主线，全面排查特种设备安全隐患，扎实开展特种设备安全知识进学校、进社区、进工厂的“三进”活动。查处并治理各类特种设备隐患3320件，检查特种设备6945台，查封停用特种设备167台，大修改造合格或实施拆除的103台，做到发现的隐患整改不到位不放过。七是部门联动，认真开展安全生产突击月活动。7月份，根据道路交通、公共聚集场所、学生假期等安全事故易发的特点，根据市政府安排，在全市范围内开展安全生产突击月活动，突击月活动期间，全市共排查各类隐患2000多项，整改1800多项，整改率达97%，确保全安全生产形势持续稳定好转。

【突发事件处置能力】　一是加强应急机构与队伍建设。2010年3月16日，成立十堰应急救援支队，该支队依托市公安消防支队组建，与消防部门合署办公，按现行24小时备勤模式进行训练、管理、执勤战备。同时，建立防汛抗旱、森林消防、气象灾害、地质灾害、矿山危化、公用事业保障、卫生、重大动物疫情和突发事件信息等9支专业应急救援队伍。房县组建应急救援小分队100余个，落实应急救援资金150万元。二是加强应急知识宣传培训力度。深入开展《突发事件应对法》和防灾应急知识宣传活动，免费向市民发放《十堰市民应急手册》1万余册，制作应急宣传展板353块、宣传标语4850余条，提供咨询服务8000人次。市安委会对所有产煤县煤矿安全监管人员、煤矿矿长进行相关法律法规和救援装备的操作、煤矿常见事故的预防和处理、氧气呼吸器的操作与保养进行培训。三是加强应急预案演练。2010年，先后组织开展高层灭火救人、矿山救护、工程抢险、燃气泄漏、旅游“黄金周”突发事件等多项目综合救援比赛演练。丹江口市组织多个部门，开展大规模水上综合搜救协同作战演练。市安委会组织开展矿山辅助救护队的应急救援演练、石油化工企业应对突发事件技能竞赛活动。通过各种应急演练的开展，有效检验预案的针对性和可操作性，增强公众应对危机的意识，促进应急实战能力的提升。

（肖　军）

招投标综合监督管理

【机构成立】　根据市委办、市政府办《关于印发〈十堰市人民政府机构改革实施意见〉的通知》（十办发［2010］11号）、《市人民政府办公室关于印发〈十堰市招标投标监督管理办公室主要职责内设机构和人员编制规定〉的通知》（十政办发［2010］144号）精神，2010年6月组建市招标投标管理办公室（挂市招标投标监督管理局牌子），为市政府直属事业单位，赋予行政管理职能，负责全市招投标活动综合监督管理，将发展和改革委员会招标投标管理职责划入招标投标监督管理局。同时将隶属发展和改革委员会管理的招投标交易服务中心更名为市综合招投标中心，隶属市招标投标监督管理局管理，为副县级全额拨款事业单位。十堰市招标投标监督管理局于2010年11月25日召开十堰城区招投标综合监管工作会议，对本级招投标综合监管工作进行全面的安排部署。对新的招投标活动流程、市综合招投标中心运行管理规程、保证金收退管理办法等进行讲解和阐释。自12月1日起，凡进入市综合招投标中心运作的招投标活动必须依新规执行。招投标综合监管工作全面启动，标志着十堰市的招投标管理工作进入一个新的阶段。

【工作完成情况】　截至年底，共完成招标374项，总中标价40.75亿元，同比增长近50%。其中，建设工程施工招标：市内（含东风汽车公司十堰基地）250项，中标价32.42亿元，面积2143.1万平方米；交通项目：11项，中标价总额7.19亿元；水利项目：17项，中标价总额1.11亿元；监理招标：85项；政府采购招标：10项，中标价0.03亿元；保险招标：1项。一是完成东风汽车公司8万辆重型卡车基地土石方、风神大道工程、东环一级路、浙江路二期、发展大道、北京路延长线、南水北调移民安置点、市委党校新校区、普林工业园十标段、市档案局办公楼等重点项目的招标工作。二是抽取评委100人次；安排资格预审、开评标等招投标日程466项次；收取投标保证金181项次；备案企业帐户信息118项。三是完成信息统发工作568项次，其中发布招标公告149项次；中标公示374项次；统计报表12项次；最高限价公示33项次。四是完成开评标计算、电子监控、录像、发布场内外信息等内容的设备服务4114项次。

【综合监管】　开展专项行动。一是按照省纪委《关于在全省开展“反腐倡廉制度执行情况督查整改活动”工作方案》（鄂纪办发［2010］17号）和市纪委《关于在全市开展反腐倡廉“制度执行情况督查整改活动”工作方案》的有关要求，制定《关于开展招投标制度执行情况和项目进场交易规范性督查整改活动的工作方案》（十标监发［2010］3号），成立专项制度执行情况督查整改领导小组。对2010年以来全市辖区内的招投标制度执行情况及项目进场交易9个环节规范化建设情况进行全面检查。二是按照《市委办公室、市政府办公室关于印发〈市源头治理腐败工作领导小组关于2010年推进”十个建设全覆盖"深化治本抓源头工作安排及责任分工意见〉的通知》精神，对"五统一"开展情况进行自查及全省"十个全覆盖"工作交叉检查。

查处违法案件。按照《省人民政府办公厅关于在招投标活动中防治围标串标的通知》的有关要求，十堰市招标投标监督管理局借鉴外地先进经验，积极推进防治虚假招标、规避招标、围标串标工作，公布投诉举报专线，新建"十堰市招投标违法违规行为信息发布平台"，制定《十堰市招投标投诉处理办法》(讨论稿)。市招标投标监督管理局成立以来，共受理投诉3起，结案3起，结案率为100%。一是查处市体育中心网球场建设项目串通招标案，并依据相关法律法规进行了处罚。二是对寿康永乐有限公司一工程招标涉嫌违规行为，进行调查。三是对茅箭区东风大桥工程中标人放弃中标的问题进行调查。同时配合市纪委监察局对丹江口市凉水河移民站建设项目应公开招标而采取邀请招标的问题进行调查。调查中，一边澄清事实，纠正问题，一边宣传《招标投标法》和省政府306号令及招投标综合监管工作，提高招投标工作的公信力、影响力，规范招投标市场秩序，遏制招投标活动中的违法违规行为。

【评标专家征集管理】 9月，在全市范围内广泛征集各行业评标专家，经相关部门评审通过的十堰城区专家共527人，划分为水利工程类、交通工程类、建筑工程类、工程造价类、综合类等5大类，29个子类，其中建筑工程类专家382人，交通工程类专家75人，水利工程类专家43人，综合类专家27人，库中副高以上职称的专家达198人，占专家总数的38%，五县一市的专家共审核通过434人。评标专家采用计算机随机抽取、语音自动通知方式确定，大大降低对专家的人为干扰，提高评标专家的保密性。拟定《十堰市评标专家及专家库管理办法》(试行)，采取多种措施限制评委的自由裁量权，约束评委的评标行为，评标专家语音抽取系统经多次测试于10月28日正式启用。

12月24日，省招投标管理局局长丁贵桥莅临十堰检查调研工作

【招标代理机构备案】 9月开始，对市辖区内的招标代理机构进行清理备案，并对招标代理机构的场所、人员、资质、业绩等相关信息建立数据库。招标代理机构总数已经达18家。其中，甲级6家，占全市总数的33.3%；乙级10家，占全市总数的55.6%，暂定级2家，占全市总数的11.1%；其中具备工程造价咨询资质6家；占全市总数的33.3%。招标代理机构人员数达252人，具有中级职称人员114人，占总人数的45.2%，高级职称人员58人，占总数的23%。工程造价咨询人员28人，占总数的11.1%。

【省局局长丁贵桥一行来堰调研】 12月24日，省招投标管理局局长丁贵桥一行来十堰市检查调研招投标综合监管工作。市政府副秘书长、招标投标监督管理局局长张荣贵汇报十堰市招投标综合监管机构成立以来的工作情况，并就当前工作中遇到的问题，提出意见建议。在听取工作情况汇报后，丁贵桥充分肯定十堰市的招投标工作，并对今后招投标工作提出要求。丁贵桥要求，要加大招投标综合监管体系建设试点工作力度，健全管理体制和运行机制；要重点加强县级招投标综合监管机构建设，加强工程建设领域突出问题专项治理工作，着重解决少数工程项目招标投标环节存在的问题，确保招投标活动公开、公平、公正；要加强诚信建设，建立招投标市场不良行为记录登记、投标企业和个人诚信系统、失信惩戒和守信激励制度，全面推行电子招投标工作，通过技术手段防范围标串标行为。会后，丁贵桥一行还深入十堰市综合招投标中心实地察看招投标交易平台建设情况，并到竹山县进行检查调研。

(欧阳东庆)

科学技术

综　述

【概况】 2010年,市科技局以"实施扫零工程"为工作目标,大力推进县(市)区高新技术企业认定扫零、实施国家中小企业创新基金项目扫零和科技型企业申报专利扫零。全市新认定的国家高新技术企业达到36家,比上年增长近30%。全市高新技术产值110亿元,同比增长11.7%,高新技术增加值24亿元。全市省科技型中小企业成长路线图计划重点培育企业24家,比上年增长40%以上。申报国家科技型中小企业创新基金经费2000多万元,居全省市、州(武汉市除外)第一,首次覆盖到全市所有县市区,市科技局作为唯一的项目组织单位在全省表彰会上作大会发言。氮气弹簧等3个产品被科技部认定为国家新产品。

【科技投融资】 一是市本级财政科技投入同比增长22%,2010年科研开发经费达到1980万元,占财政经常性支出的1.4%。二是银行与科技型企业实现全面对接。出台《十堰市科技贷款及贴息管理办法》,落实贷款1.4亿元,贴息贷款放大效应达60倍,增加银行科技贷款授信额度20亿元。三是落实高新技术企业所得税优惠和企业研发经费抵扣共计7324万元。四是科技风险投融资工作开创新局面。与多家风险投资公司建立联动机制,在"百亿基金再进十堰"科技分会场签订3项投资协议。省高投、武汉创投、深圳创投、中展信等7家基金公司多次到十堰调研,科华银赛基金公司已向先锋模具注入3000万元资金,其他风险投资机构与部分科技型企业达成近2亿元的投资意向。五是争取科技经费2596万元,实现技术合同交易1623.82万元。

【培育创新主体】 扎实推进创建"国家商用车零部件产业集群创新示范区"工作,组织协调和落实创建方案工作进展顺利。11月5日,省科技厅厅长王延觉率团赴京答辩,得到与会专家和科技部有关领导倍加称赞。11月25日,王延觉厅长再次到十堰专题调研,对推进"集群创新示范区"建设提出组织与实施要求。专利申请量首次突破1000件,专利执法工作得到省知识产权局充分肯定。十堰市被国家知识产权局批准为"国家知识产权示范创建城市"。创新平台建设。十堰高新区创业服务中心被国家科技部认定为"国家级高新技术创业服务中心",国家火炬计划十堰汽车关键零部件产业基地公共技术服务平台通过国家立项验收。湖北汽车工业学院"汽车动力传动和电子控制省级重点实验室"、湖北医药学院"湖北省胚胎干细胞重点实验室"和"省级中医研究实验室"、先锋模具股份公司"湖北省工程技术研究中心"、申龙公司"湖北省汽车进气系统检测中心"、市农科院"湖北省玉米工程中心"、市人民医院"十堰市生物医药产业中药饮片现代化技术创新基地"、东风精工齿轮厂"湖北省精密锻造成形技术校企共建研发中心"、湖北兴升有限公司"湖北省氮气弹簧及汽车传动件校企共建研发中心"、佳恒液压公司"十堰市液压技术研发中心"等已成为十堰市重要创新平台。

【激励科技创新】 市政府首次重奖有突出贡献的专家。5月5日,市政府授予湖北汽车工业学院副院长、博士生导师罗永革教授"2009年度十堰市科学技术突出贡献奖",并奖励20万元奖金。市科技局与市总工会联合出台《关于对荣获科学技术突出贡献奖和科技进步一等奖的第一完成人授予十堰市"五一劳动奖章"荣誉称号的决定》,在全省为首创。登记省级重点科技成果51项,12个项目和1家企业获得省科学技术奖励,获奖数目列全省地市州第四名。

【农业科技创新体系建设】 出台《关于贯彻落实省委、省政府农产品加工业“四个一批”工程的意见》，在竹溪县和房县分别启动“十堰市农特产品精深加工科技园”和“十堰市地道中药材科技园”建设工作。市政府印发《关于开展科技特派员基层创业行动实施意见》，加快科技特派员工作进程。完善《十堰市科技创新示范基地、示范企业评审方案》，对2009年度十堰市科技创新示范基地和示范企业创新情况进行评审和奖励。向国务院南水北调办汇报十堰市水源区环保治理科技攻关工作，确定“黄姜清洁生产及达标排放科技攻关试验基地”。重点支持“地贞颗粒开发”等68个生物医药和低碳环保技术研发项目，“汽车节能增效剂”、“利用废酸洗液综合开发正磷酸铁和磷酸铁锂”等环保项目受到国家、省有关部门重点关注。

【科技工作环境优化】 市委、市政府2009年12月16日隆重召开全市高新技术产业改革发展暨科技奖励大会，出台《关于加快高新技术产业发展的意见》。市人大开展《科技进步法》执法情况和“十一五”科技发展规划实施及“十二五”科技发展规划编制情况检查，全面落实“五五普法”规划，进一步优化科技工作依法行政环境。市政府在全国率先召开“全市科技创新暨全国县市区科技进步考核现场会”，强化科技进步考核经常化、制度化、规范化措施，受到国家科技部、省科技厅领导高度关注。认真研编《十堰市“十二五”科技发展规划纲要》，市政府印发《十堰市“十二五”科技发展规划编制工作方案》，成立规划编制工作领导小组，市直26个部门为成员单位，召开“十二五”科技发展规划编制的专题会议和部分人大代表、行业专家座谈会。目前，8个专题组的研究课题已结束，《纲要》基本完成。隆重举办2010年科技活动周和系列科技宣传活动，全市科技系统开展《科技进步法》知识竞赛，加强与新闻媒体合作，推进科技宣传与政务信息公开等，为优化科技创新环境创造良好的环境条件。 （姚承祥）

知识产权

【概况】 2010年市财政下达专利资金30万元，根据《十堰市专利申请资助专项资金管理暂行办法》，已对年度申请专利的企业和个人380件专利给予共计19万元的专利申请资助，对六个专利开发项目支持5万元的专利项目实施补贴，有效的调动企业技术人员的创造性和积极性，促进专利申请量的持续增长。

【国家知识产权示范创建城市工作】 6月10日，十堰市被国家知识产权局批准列入国家知识产权示范创建城市，制定《十堰市国家知识产权示范城市创建工作实施方案》，成立以市委常委、市长周霁为组长，副市长冯艳飞、市政协副主席、科技局局长严炳州任副组长，市直相关部门为成员单位的领导小组，召开知识产权联席会议，审议通过《十堰市知识产权协调领导小组成员单位工作职责》。

【知识产权创造能力提升】 一是重点扶持全市专利申请主体汽配企业，并以提高职务发明为重点组织专利申请。二是紧紧围绕全市其它重点产业黄姜、生物医药、食品加工、农副产品加工等方面开拓新的专利申请渠道，使企业的专利申请大幅度提高。三是大力推进科技型民营企业专利申请，帮助民营企业建立专利奖励机制，调动民营企业的技术人员的创造性和积极性。四是针对十堰市大专院校开展专利申请活动。2010年全市专利申请量达1150件，专利申请总量创历史新高首次突破千件大关，其中发明71件，占比6%；实用新型422件，占比37%；外观设计657件，占比57%；企业专利申请937件，占比81.5%，比上年增长15%。2010年十堰市还有一项PCT申请，是2000年以来第二项国际申请。

【营造尊重知识产权良好氛围】 在“4·26”世界知识产权日、11·7全国专利周、12·4全国法制日期间，利用各主要街道、社区，以条幅、宣传画、展板、发放宣传资料等形式，大力宣传“保护知识产权，促进创新发展”等口号，共悬挂条幅10条，展出展板60余块，散发资料5000余份。组织参加《中国知识产权报》“知识产权知识有奖竞赛”活动，共组织企业和学校1500多人参与有奖竞赛活动。同时，利用科普宣传周、科技三下乡等活动，发放知识产权宣传资料，广泛深入地开展专利法和知识产权方面的宣传工作，使全市形成重视知识产权、鼓励技术创新的良好风尚。10月份，市知识产权局组织县市区从事专利行政事务工作人员6人参加省知识产权局组织的业务培训，组织县市区分管区长、知识产权局负责人5人次参加全省知识产权战略研讨会，选派2名人员参加国家知识产权局举办的专利执法培训，举办企业培训班4期，受训人数达200人，提高全市知识产权保护的业务水平。

【行政执法】 一是协同执法，提高专利打假显示度。“3·15”期间，联合有关部门组织开展知识产权联合执法大检查与集中整治专项行动，以食品、医药产品、家用电器、建材陶瓷、机械装备、家具等商品为重点产品，以现场抽查和商场自查等方式，对大型商场、商品批发市场中假冒专利违法行为进行联合执法专项行动。“4·26”世界知识产权日活动期间，在在全市范围内集中开展知识产权联合执法行动，各县市区知识产权部门也与有关部门密切配合，在流通领域与人民群众生活密切相关的食品、药品、汽车配件、通信产品、日用品等专业市场(或商铺)开展查假冒专利行为的活动,人民商场、五堰商场、寿康永乐、京华量贩店、市医药公司、九安药业等15家企业上报专利产品共计460项,经网上检索认定,全部为有效专利。其中,合法经营商品为452项,另有8项专利商品,生产者与专利权人不一致,要求商家提供生产者的合法生产销售证据。及时将检索结果通知各商家,对问题专利结合实际情况提出合理的整改意见和措施,并组织相关商家认真学习《专利管理机关查出冒充专利行为规定》,切实提高各商家的专利法律意识,严格规范其专利产品的经销行为。二是集中力量,重点抓好专利专项执法行动。继续开展代号为"雷雨行动"的保护知识产权(专利)专项执法行动。各县(市)、区积极争取本地政府的大力支持,加强与公安、工商、版权、质检等部门及司法机关的工作联系,强化协作,加大专利工作的宣传力度和执法力度。重点整治影响较大的大型商场或商品批发市场,查处假冒专利行为。与市公安局密切配合开展打击专利诈骗"天网行动"专项执法行动,2010年全市未发生一起"专利诈骗"案件。加强专利纠纷调处,2010年受理专利侵权纠纷案一起正在调处中。

【扶持壮大企业】 一是实施企业知识产权战略,选择36家企业开展"扫零"工程,帮助企业制定专利战略,挖掘专利,目前这36家企业80%已申请专利。二是针对企业实际情况,组织专家和专利管理人员上门进行"面对面"帮助解决难题定向服务,2010年十堰市郧齿汽车零部件有限公司、十堰市恒力达装备工程有限公司被列入全国第四批企事业知识产权试点单位。三是积极为企业申报省级专利补贴及各种奖项。2010年全市72家企业和4位个人的403件专利获省专利补贴41余万元,国外专利补贴金额2万元。市知识产权局组织的专利项目"以膨化改变硝酸铵性能的改性剂"获第三届湖北省优秀专利项目奖。 (刘爱民)

地震工作

【概况】 坚持"预防为主、防御与救助相结合"的防震减灾工作方针,始终围绕"服务经济建设、保障社会安全"开展工作,不断强化监测预报、震灾预防和紧急救援三大体系建设,获得"全国地方地震工作优秀奖"、"全国地壳形变观测第二名"、"湖北省防震减灾工作先进单位"等称号。地震台定点形变水管仪和伸缩仪分获全省评比第一名和第二名,地震信息节点获全省第三名。地壳形变学科倾斜潮汐形变单项科目获得上年度地震监测预报工作评比第二名,在监测综合评比、单项评比、地壳形变、电磁等学科中有7个单项科目获得优秀奖。

【地震安全工程项目建设】 争取省政府和市政府117.5万元《湖北省地震安全工程》十堰项目建设的投资,对牛头山地震台数字化测震、重力观测、地磁观测进行改造,主体工程建设已经完成。

【地震监测网络维护和震情监测】 定期开展地震监测设备和观测环境巡查,全年8次维护检修设备仪器,确保地震监测设施功能的正常发挥,地震观测质量明显提高。坚持震情值班双岗责任制,实行24小时双岗值班,一旦出现震情,及时高效地开展震情速报。2010年共分析记录地震2332次,其中ML≥6.0级地震155次,速报地震39次,为全省及十堰市地震应急提供大量宝贵的第一手资料。

【鄂豫陕毗邻区地震联防会召开】 10月24日至27日,鄂豫陕毗邻区地震联防会在十堰召开,周边近20个地震单位共60余人参加会议。十堰提交的综合研究报告被评为第一名。据统计,2010年市地震局共开展地震趋势会商6次,发布震情信息8次。

【防震减灾机构建设】 《十堰市人民政府机构改革实施意见》进一步强化市地震局社会管理职能,完善地震机构建设,新增4项防震减灾管理职责,增加1个科室(应急救援科)。各县市地震机构建设实现"三统一",即统一级别、统一名称和统一经费。

【地震谣传防范】 5月4日,市公安局网监部门监控到有网民在网上发帖称十堰近期要发生地震,市地震局立即向市委、市政府和省地震局报告情况,市委书记陈天会作出重要批示。市地震局和市公安局联合行动,删除造谣帖子,及时在全市防震减灾网等相关门户网站上针对帖子进行辟谣。各县市地震局按照内紧外松的原则,密切关注事态发展,认真回答群众咨询,切实做好地震谣传的防范工作。由于行动快、措施实,各部门联合行动,澄清地震谣言,遏制地震讹传。9月11日,十堰城区局部地区发生剧烈晃动,在部分市民中造成一定的影响,市地震局、公安局等部门携手配合,积极行动,第一时间查清事件原委,及时通报,保障广大人民群众正常的生产生活秩序。

【《十堰地震志》出版】 历时8年编纂的《十堰地震志》正式出版发行,该书33万字、70副彩色插图、精装封面,涵盖的内容既广泛又具体,具有一定的文化底蕴,是了解认识和研究十堰地震活动规律的珍贵资料,

《十堰地震志》是十堰市第一部专门记述防震减灾的志书，它付梓面世，为十堰志书宝库增添了新的色彩。志书从考察历史地震活动入手，剖析十堰地区的地震地质构造，记述了十堰在建立健全地震监测预报、地震灾害防御、地震应急救援方面的工作历程，介绍了地震机构的沿革、变化及管理活动，讴歌了新时代地震工作者以人为本，积极奉献，服务大局的良好精神风貌，比较完整地反映了十堰市防震减灾事业发展的全过程。

【全省地震应急救援培训班在十堰召开】 由省地震局与省红十字会、省灾害防御协会举办，市地震局承办的全省地震应急救援培训班在十堰开班，开展地震应急桌面推演以及地震救援野外医疗救护等，60余名学员参加培训班。

【地震演练】 6月21日，市地震局组织全体职工赴张湾区西沟乡检查地震农居安全工程并组织流动观测野外拉练。11月5日，组织全体职工赴张湾区柏林镇开展地震现场工作模拟演练，通过对应急流动监测仪器性能、数据信息传输和对接进行测试，确保仪器正常运转。

【防震减灾知识宣传普及】 利用12月4日法制宣传日，开展“弘扬法治精神，促进社会和谐”防震减灾法制宣传活动，展出大型宣传展板6块，发放各种宣传资料1000余份，吸引千余群众参观学习。

【2010年十堰市地震活动情况】

1.1月8日14时55分44秒，房县中坝乡（北纬32°00′、东经110°13′）发生一次ML2.4级地震，当地无明显震感。

2.4月16日02时49分00秒，在郧县叶大乡（震中位于北纬32°34′、东经110°22′）发生一次ML1.4级地震，当地无震感。

3.6月4日02时11分27秒，在郧县胡家营镇（北纬32°40′、东经110°13′）发生一次ML1.2级地震，当地无震感。

4.9月7日04时16分16秒，在房县桥上乡（北纬31°52′、东经110°48′）发生一次ML1.1级地震，当地无震感。

5.10月9日13时07分02秒，在十堰城区白浪乡（北纬32°36′、东经110°50′）发生一次ML1.7级地震，当地无震感。

6.11月6日06时21分36秒，在丹江口市均县镇（北纬32°34′、东经110°05′）发生一次ML1.8级地震，当地无震感。

7.12月17日09时59分26秒，在房县大木厂镇（北纬32°20′、东经110°36′）发生一次ML1.6级地震，当地无震感。 （孙延奇）

气象工作

【气象现代化和公共气象服务体系建设】 一是加强区域自动雨量站网建设。升级更换18个多要素区域自动站，完成1个高山无人自动站。全市共建成区域自动气象（雨量）观测站129个，特色农业（烟叶生产区）自动气象观测站6个。武当山机场临时气象观测站建设完成并投入使用。新增标准化人影作业工作站10个，新建2个激光雨滴谱仪。目前，全市共有高炮39门，火箭24套。二是气象灾害预警应急平台建设。建成雷达终端业务系统和区域自动观测站，提升气象灾害的监测预警能力。12121自动答询系统、气象短信发布平台、新一代影视气象服务系统、乡村决策气象灾害预警系统、十堰市公共气象信息服务发布平台、LED灾害预警显示屏、雷电监测预警系统、气象服务网站等组成的气象灾害预警应急平台，使预报预警信息发布覆盖城乡，延伸至村组。三是提高农村气象服务覆盖率，全市共建成32个农村气象信息服务示范站，发展乡村信息员1917名，在各乡镇以及人口密集区域安装195块农村气象预警电子显示屏。

【气象基础业务】 全市地面测报错情率0.06‰，农气、酸雨测报错情率0.0‰。晴雨预报订正率4.1%，气温预订正率高温11.2%、低温7.1%，订正预报质量全省排名第一，城镇综合预报质量位居全省第一。传输质量总体水平全省靠前，完成省市网络专线升级工作。

【气象服务】 一是春运气象服务。2010年春运期间，十堰市经历阶段性低温雨雪天气，出现两次低温雨雪天气过程，积雪和道路结冰给市民的出行及十堰市春运交通工作带来不利影响，市气象局成立领导小组，制订服务方案，明确职责，为政府及有关部门提供决策参考，每天向市政府总值班室、春运办发布本地及周边地区的未来三天滚动天气预报。2次雨雪过程起止时段及强度均预报准确。二是重大气象灾害以及应急保障服务。2010年汛期的暴雨次数和降水量都较常年偏多，全市气象部门迅速做出反应，启动应急响应，提前作出准确预报，及时发布预警、雨情，主动提供服务，为市委、市政府科学决策，为地方各级党委政府战天公降洪魔提供科学的依据，为防汛抗灾赢得先机，被省委、省政府、省军区授予“2010年全省防汛抗洪先进集体”；被省人民政府授予“全省应急管理工作先进集体”。三是决策气象服务。围绕2月中下旬及3月上旬的两次低温雨雪天气过程、汛期重要天气、灾后重建、移民、重大社会活动，抓住关键节点，及时提供决策建议，全年准确预报11次重大天气过程，向市委市政府及有关部门发布重要气象报告22期，专题气象服务173期（其中春运服务12期、夏收24份、秋收11期，武术节55份、移民33期、专报38期），重要气象信息及雨情等50次，地质灾害气象等级预警预报15期，发布预警信号60次，主汛期每日向市委、市政府报送天气快报94期，通过手机发送各类天气预警信息75次，接收人数达40多万，通过"12121"咨询系统咨询400多万人次。

【依法行政】 一是依法行政能力不断增强。全市气象部门依法开展气象探测环境保护、气象信息传播检查执法、防雷行政执法、施放气球行政执法、气象行政许可气象行政执法工作。为全市所有县（市）局配备摄像（录像）机、录音笔等执法设备。2010年受理行政许可300多件。6月10日至21日，联合安监部门开展全市防雷安全专项大检查。有力促进各单位的防雷安全生产工作。二是积极开展多种形式科普宣传。组织开展气象日、科技活动周、科普日、法制日、安全活动周等科普宣传活动，向公众开放科普教育基地，接待学生及社会公众300人（次）。

【人才队伍建设和科技创新】 修订完善《十堰市气象局加快人才队伍建设与鼓励科技创新奖励办法》、《十堰市气象部门科技骨干公开选拔办法（试行）》，制订《十堰市气象部门中、高级专业技术岗位年度基本工作标准考核规定》，加大业务科技骨干和一线专门人才培养力度，采取学历教育和专门培训等方式全方位提高人员素质，全年参训人数达138人次。加大科技创新力度，《湖北省地市级上行气象信息传输综合监控系统》项目已在全省推广，《市州短期天气预报联合攻关项目》通过省局验收，与市农业局联合申报的《水稻褐飞虱生态防控技术集成与应用研究》在市科技局立项，申报1项省局课题，下达2010—2011年度自立科研课题23项，对全市2009—2010年度31项自立课题进行评审，全市气象科技人员在正式刊物发表论文15篇，其中核心刊物5篇，参加各类学术论文交流31篇。市气象局获省委、省政府、省军区"2010年全省防汛抗洪先进集体"，省政府"全省应急管理工作先进集体"。在全省气象部门目标综合考评中，获"特别优秀达标单位"，预报预测业务获"单项工作优秀"。市气象台台长姚道强获中国局优秀预报员称号、陶元宏获中国局优秀气象信息网络管理员称号，谭永秀获"2010年湖北省重大气象服务先进个人"。

（任向东）

教　育

综　述

【概况】 2010年,全市各级各类学校1123所,比上年减少75所,在校学生665835人,教职工41790人,专任教师35355人。校园面积15177480平方米,校舍面积6162376平方米。

【教育经费】 2010年,全市地方教育经费总收入28.09亿元,与上年24.87亿元相比增加3.22亿元,增长12.96%。其中,国家财政性教育经费22.74亿元(预算内教育经费拨款21.75亿元,各级政府征收用于教育的税费9552万元,企业办学拨款13万元,校办产业、勤工俭学和社会服务收入用于教育30万元,其他属于国家财政性教育经费300万元),民办学校举办者投入673万元,社会捐赠943万元,事业收入4.6亿元(其中学杂费收入3.15亿元),其他收入5556万元。教育经费总收入构成比例为:预算内教育经费拨款占77.43%,教育税费占3.4%,校办产业、勤工俭学和社会服务收入用于教育占0.01%,事业收入占16.49%,社会捐资办学经费占0.34%,其他收入占0.11%,分别比2009年增加11.63%、64.02%、-86.98%、22.88%、202.37、-38.94%。全市地方教育经费总支出28.08亿元,其中,个人部分支出17.33亿元,公用部分支出9.08亿元(日常公用支出4.85亿元,专项公用1.3亿元、专项项目支出2.92亿元),基建支出1.67亿元。支出构成比例为个人部分占61.72%,公用部分占32.34%,基建占5.95%。

【办学条件】 合理调整中小学布局,全市2010年度减少中小学校90所,其中初级中学3所,小学87所,初中、小学校均规模分别为827人和337人。积极争取国家和省资金5.3亿元,以实施校舍安全工程为契机,结合"中西部初中改造工程、特教二期工程、教师周转房"等项目建设,消除D级危房面积35.1万平方米,新建教师周转房50515平方米。认真落实市政府"十件实事"教育项目,市人民小学改建的6000平方米教学楼已交付使用,市实验中学的教学楼改造和十六中的学生食堂、学生宿舍建设有序进行,北京路中学新建工作稳步推进,即将进入校舍施工建设阶段。筹集资金8000万元,按照"十有八配套"要求,在寄宿制学校实施"五改五建"工程,加强寄宿制学校后勤设施设备建设。深入开展"文明宿舍、放心食堂、放心超市、绿色生态校园"四个创建活动,积极营造学生学习生活的良好环境。召开远程教育资源应用"班班通"工程现场推进会,新建完全"班班通"工程试点学校19所、部分"班班通"试点学校26所。

【教师队伍建设】 一是组织开展"师德八项承诺"活动,举办"播种希望与未来—农村教师资助行动计划暨优秀资教生报告会",开展向"师德典型—汪金权"学习活动,与市教育工会联合举办中小学教师"修师德·铸师魂"主题征文及演讲大赛活动,开展全市学校师德师风问卷调查,严肃查处群众反映的有偿家教、体罚和变相体罚学生的现象。二是坚持"逢进必考,择优录用"的原则,全市通过公开招考累计为各级各类学校补充新教师474名,其中116名教师充实到市直学校。用好用足国家中西部地区农村义务教育特岗教师政策,争取412名大学毕业生到农村任教。三是大力实施中小学教师继续教育工程。依托《中国教师行动网》,引领教师专业发展。建立健全教师网络培训管理制度,印发《2010—2011年中小学教师继续教育网络学习课程计划》,设置教师网上学习必修课程及选修课程专题,规定基本的学分要求,形成严格的培训制度,召开网络学习经验交流会,推进网络学习工作。全市98%的教师能够自主、自觉在网上学习提高。对200多中小学校长进行任职资格培训。选送15个学科、30名农村教师和12名校长参加国家级骨干培训;选送1200余名农村教师参加"省第二期农村教师素质提高工程"培训。精心做好"阳光关爱·助教未来"教师培训项目,组织20多名骨干教师赴房县送教讲学,培训农村校长、教师1000人次,组织80名农村中小学校长赴广州、安徽、上海知名学校考察学习,提高农村教师素质。组织评选10名"明星校长"、165名四星级教师(市级学科带头人)、365名三星级教师(市级骨干教师),1名湖北名师,12名特级教师。

【规范办学行为】　通过电视、广播、报纸、网络、学校公示栏、《收费明白卡》、《致家长的一封信》、家长会等途径,公开收费政策、收费依据、收费项目、收费标准,增强收费透明度。会同物价、财政、审计、纠风等部门对群众通过市长公开电话、行风热线、电子政务平台反映的乱收费问题进行严肃查处。严格执行普通高中"三限生"政策,分类下达招生计划、最低录取控制线和择校生收费标准。禁止高中招收复读生。制定中小学作息时间有关规定,不定期深入中小学校进行督查,切实减轻学生过重的课业负担。

【学校安全工作】　牢牢树立"安全第一"的思想,以制度建设为基础,以督查整改为手段,以安全教育为重点,进一步加强学校安全管理,深入推进平安校园建设。2010年,市教育局与全部县(市区)教育局签订学校安全责任书,建立领导班子及科室对口联系县市区和市直学校的学校安全联系点制度,制定《中小学突发事件应急疏散预案编制指南》,修订《教育系统突发公共安全事件应急预案度》、《学校突发公共卫生安全事件应急预案制度》和《学校突发安全灾害事件应急预案》等3个应急预案,完善学校安全管理责任体系和长效机制。先后开展5次学校安全管理的大检查,及时发现、整改校园及周边安全隐患。积极争取各级政府支持,加强学校安保力量,配齐安保设施设备,全市学校新增安全保卫人员520人,增添设施设备1000多万元。市教育局专门下发《关于进一步加强学校门卫管理的通知》,健全门卫管理制度,把好学校安全第一道关口。举办中小学校长安全管理培训班,对全市乡镇以上学校校长进行安全管理、防范和事故处理等方面开展针对性培训。

【学生资助】　落实义务教育经费保障"新机制"资金24325万元,全市38.6万名义务教育阶段学生享受国家"公共财政"优惠政策。认真落实国家中职助学金和免学费政策,3.9万名中职生享受助学金2947万元,近1.4万中职生享受免学费资金1354万元。争取高中彩票公益金308.1万元,资助经济困难高中生3081人。为13565名大学生办理生源地信用助学贷款8100多万元。大力开展社会助学活动,筹措助学资金600多万元,为5000多名家庭经济困难学生提供政策外资助。严把"申请关、审核关、公示关、督查关",推行阳光操作,落实学生资助工作。2010年,教育部门重点对中职资助工作进行规范,与财政、劳动部门联合下发《关于加强中职学校国家助学金发放管理工作的意见》,明确工作流程,重申工作纪律。对市直中职学籍管理和资助管理工作开展3次专项检查,启用升级后的"全国中等职业学校学生管理信息系统",实行网上申报与管理。

【教育督导】　开展中小学校办学水平综合督导评估,完成2所省市级示范学校届中考察工作,督导2所学校创建省级示范学校。

【创先争优活动】　市教育局成立活动领导小组,制定活动实施方案,实行局领导和科室对口督导联系制度,紧紧围绕"深化生本教育,提高教育质量,办人民满意教育"这一活动主题,扎实开展创先争优活动。各学校积极开展先进党组织创建、特色校园创建工作,充分发挥基层党组织的战斗堡垒作用和广大共产党员的先锋模范作用,促进教育事业和谐发展。以创建文明校园为抓手,以校容校貌、食品安全和文明、卫生、环境主题教育为重点,切实提高广大师生的卫生习惯和文明素质,扎实开展教育系统"三城联创"工作。新组建教育电视台、青少年活动中心、东方补习学校3个党支部,实现市直教育系统党组织全覆盖,并做好党员培训和发展工作。2010年,市教育局荣获"市级文明单位"、"学习实践活动先进单位"、"党建工作先进单位"等荣誉称号。

【党风廉政建设】　积极推进市教育局机关腐败风险预警防控工作,通过自查、互查,查出单位风险点110个,个人风险点180个,班子风险点27个,初步建立腐败风险预警信息网络和预警处置机制。深入开展"五个专项治理"活动,重点抓"小金库"的治理,市直教育系统10个单位将没有入帐的有关费用全部上缴市财政。通过举办《廉政准则》专题辅导报告、开展"廉政文化进机关进校园"和党风廉政建设年度考核工作,收看《重药治顽症》、《远山的红叶》和《女检察官》等反腐倡廉影视作品,增强干部的廉洁自律意识。严肃案件查处和责任追究制,1名校长受到党风党纪处分,查处学校乱收费行为2起,向学生清退相关费用,并对2名校长进行诫勉谈话。

【民主评议行风政风工作】　在十堰教育信息网、十堰教育电视台、十堰晚报开设行评专栏，建立手机信息发布平台，及时宣传行评工作动态和成效；开展4次座谈会，面向500多个单位和个人发放意见和建议征求表，广泛征求学生家长和行评代表对教育工作的意见和建议。市教育局领导带队，深入56个教育单位督促指导行评工作开展。督办整改一批人民群众反映强烈的师德师风、教育收费等方面的问题。市教育局在全市65个市直单位综合考评中位列第18名。

【副省长郭生练调研十堰市学前教育】 11月8日，副省长郭生练、省教育厅党组书记蔡民族一行在市长周霁、副市长刘学勤、市教育局局长杨国顺等陪同下，先后深入十堰市富康幼儿园、金星艺术幼儿园和十堰市育苗幼儿园调研学前教育，询问各幼儿园的场地来源、办园经费、教师工资、招生范围等情况，察看各幼儿园的环境、设备及教学情况，听取各幼儿园负责人的汇报，与教师、孩子们亲切交谈，就幼儿教育工作中存在的问题进行探讨。

基础教育

【概况】 2010年全市小学720所，在校学生242577人，教职工15818人，专任教师14699人，校园面积5310845平方米，校舍面积1679335平方米。普通初中170所，在校学生140530人，教职工11832人，专任教师10333人，校园面积3014876平方米，校舍面积1289929平方米。普通高中33所，在校学生67089人，教职工4728人，专任教师3875人，校园面积2149508平方米，校舍面积901629平方米。

【义务教育】 继续开展“防流控辍”工作，落实流失生报告、辍学儿童少年回收等管理制度，重点抓好薄弱乡镇“控辍保学”工作。2010年秋季，小学、初中适龄儿童少年入学率分别达到100%和99.89%，三类残疾儿童少年入学率达到94.14%，全市小学、初中辍学率控制在1%和3%以内。制定《十堰市义务教育均衡发展规划》，指导全市义务教育均衡发展。在城区薄弱学校率先开展“生本”教学改革试点工作，帮助学校改进管理，提高教育教学质量，同时加大经费扶持力度，改善学校办学条件，加快缩小薄弱学校与优质学校的发展差距。

【中小学德育】 深化德育主题教育活动。在全市中小学生中开展“爱祖国、爱家乡”、“忠孝雅诚”、“经典诵读”、“中华优秀文化”等主题教育活动，加强中小学生的理想信念教育、公民意识教育和革命传统教育，弘扬社会主义核心价值观。以养成教育示范校、优秀家长学校创建为载体，加强中小学生行为习惯养成教育，培育学生健全的人格。举办以“加强德育队伍建设与德育创新”为主题德育工作研讨会，深入探讨新形势下中小学德育队伍建设和德育方法创新，增强德育工作的针对性和时效性。

【“生本教育”改革】 2010年，十堰市城区10所高中全部开展生本教育实验工作，全市生本教育试点学校由6所增加到50多所，参与教师由50多名增加到近300名。先后举办生本教研活动65次，专题研讨活动46场次，专题讲座36场次，不断将生本教育教学改革试点工作引向深入。全市共组织1200多名教育行政干部、校长、教师和教研员赴广州、山东等地体验考察生本教育课堂，学习借鉴外地先进成果和管理经验。

【普通高中新课改】 召开高中课改现场研讨会，总结和推广普通高中课程建设、有效课堂教学等方面的经验，以点带面，促进课改工作深入推进。对已进入课改的全市高一、高二年级实施统一质量检测，及时发现和解决教学中存在的突出问题，大力推行学生学业成绩与成长记录相结合的综合评价方式，确保每一所学校课改工作都能健康有序开展。2010年全市高考理科四批（一）上线率76.5%，比上年提高4.7%；文科四批（一）以上4879人，上线率58.2%，比去年提高5.3%。本科上线人数保持在万人以上。

【体育艺术教育】 以举办第四届世界传统武术节为契机，开展“武当武术进校园”和“学生阳光体育冬季长跑活动”，落实中小学生阳光体育运动。在中小学广泛开展“大家唱、大家跳”活动，倡导各学校开展艺术节活动，丰富学生的校园文化生活，促进学生快乐健康成长。2010年，在湖北省第十八届中小学生幼儿美术、书法比赛中，十堰市180幅学生作品获金银铜奖，在全省第八届黄鹤美育节和第二届“大家唱、大家跳”艺术教育现场展演活动，十堰市共有9个节目、300篇论文获奖，房县和丹江口的“全国亿万学生阳光体育冬季长跑活动”被教育部、国家体育总局、共青团中央联合通报表彰。同时配合做好第四届世界传统武术节筹办工作，市教育局被市委、市政府授予“第四届世界传统武术节突出贡献奖”荣誉。

职业与成人教育

【概况】 2010年全市中等职业技术学校23所，在校学生74718人，教职工3030人，专任教师2282人，校园面积1620878平方米，校舍面积773417平方米。

【中职招生】 下发《关于下达2010年招生计划的通知》和《关于加强中职招生管理的通知》，建立招生管理目标考核制度和责任追究制，明确招生纪律，规范招生秩序。开展中职招生宣传“千里行”活动，发放中职宣传册3万多份，组织专题报告会120场次，面向近2.6万名应届初三毕业班学生宣讲职业教育发展的优惠政策，现场解答学生就读中职、未来就业的各种疑问。通过努力，在全市初中生源减少的情况下，完成1.8万人的中职招生任务。

【基础能力建设】 制定《十堰市中等职业教育2010年—2015年基础能力建设（二期）规划方案》，科学规划未来6年全市中职基础能力建设目标、任务及措施。整合中职资源，郧县将9个不同行业和部门的职教短期培训资源全部整合到郧阳科技学校，真正实现学历教育和培训资源的全面整合。加强中职师资培训，选派优秀骨干教师到高校、企业进行系统专项培训，提高专业水平和能力。全年组织全市中等职业学校校长、教师参加国家和省级培训100多人次，有力促进“双师型”教师队伍的培养。

【规范中职管理】 制定下发《关于加强中等职业学校学籍管理的通知》、《关于加强中等职业学校学生顶岗实习管理的意见》和《关于规范中职教材征订使用的通知》等一系列管理制度，规范全市中等职业学校的学生学籍管理、学生顶岗实习和教材征用等关键环节工作。依据《十堰市中职学校办学能力评估指标体系》，组织专家、教师对全市24所中职学校招生就业、教学管理、德育工作、师资建设等方面进行全面评估，通报评估结果，并对基本合格的5个单位下发限期整改书，对1所评估不合格的民办职校取消办学资格。计算机技术学校获得“全国德育工作先进集体”荣誉称号，郧阳科技学校入选首批国家级中等职业学校改革发展示范学校。

【中职技能大赛】 积极争取市财政100万元专项经费，重奖技能大赛获奖的学生、教师和学校，同时在全市建立覆盖市、县和学校的中等职业学校技能大赛制度，将教师纳入技能大赛范围，引导各中职学校将技能培养融入教学全过程，以赛促学，以赛促教，以赛促研。2010年，全市304名学生、93名教师参加计算机应用、电子电工、数控技术、机械加工、汽车维修、财会及护理7大类12个项目技能大赛活动，24名教师晋升为技师，96名学生晋升为中高级技工，选送30名选手参加全省中职技能大赛，共有27人获奖，获奖率达90%，总成绩在全省市州中名列第三。

高等教育

【概况】 2010年全市高等教育学校7所，其中普通高校6所，成人高校1所，在校学生64024人，教职工3910人，专任教师2614人，校园面积2792231平方米，校舍面积1345331平方米。

【郧阳师专迁建】 2010年学校办学主体迁入十堰市北京路。学生宿舍楼主体工程施进展顺利，学校文化广场项目土建部分已基本完工，文化长廊建设开始动工。教职工住宅区绿化基本完成，水系景观建设封建部分基本已完成，

【武当山国际武术学院奠基】 4月15日，在武当山大山门口，武汉体育学院武当山国际武术学院举行开工奠基仪式。副省长郭生练，市长张嗣义、副市长刘学勤等出席仪式。1月28日，十堰市与武汉体育学院签订联合组建武汉体育学院武当山国际武术学院的办学协议。武汉体育学院以武汉体育学院分院纳入全国统一招生计划，武当山国际武术学院业务接受武汉体育学院指导，武汉体育学院委派部分管理人员和教师在武当山国际武术学院担任教学和管理工作，毕业生颁发武汉体育学院文凭和学位证书。武当山国际武术学院实行本科教育、高职高专教育和短期培训共存的办学模式。

武当山国际武术学院基本建设投资以十堰市人民政府、武当山特区

武当山国际武术学院效果图

为主，由十堰市人民政府、省教育厅主管。学院选址在武当山特区境内，规划控制500亩，一期占地150亩，建筑面积4.3万平方米，总投资1.2亿元。2012年下半年开始招生。

该学院以全日制本科为主，在校生规模3000人左右。重点开设武当武术文化特色专业，如道教文化、音乐、医药及旅游、武术教育等，兼设部分通用类、管理类专业。

【大学生思想政治教育工作】 各高校充分发挥党团组织在大学生思想政治教育中的重要作用，严格按中宣部、教育部和省教育厅的文件要求开齐课程，开足思想政治教育课时。充分发挥思想政治理论课主渠道、主阵地作用，运用启发式、讨论式、参与式、开放式和"情境教学"等教学模式与方法，教学密切结合国内外发展形势，注重提高学生运用马克思主义立场、观点、方法分析问题的能力，引导学生关注国事、社情、民意，正确理解党的路线、方针和政策。加强高校辅导员队伍建设，采取封闭式选聘办法，保证选聘过程的严肃性和科学性。

特殊教育

【概况】 2010年全市特殊教育学校7所，在校学生768人，教职工172人，专任教师133人，校园面积36473平方米，校舍面积13478平方米。爱心助残，开展"全国助残日"宣传教育活动，组织城区中小学、幼儿园、中职业学校、驻市高校、商场等企事业单位及个人积极为市特校募集捐款28万余元。 （王忠春）

文化体育

综　述

【概况】 2010年，全市争取乡镇综合文化站建设任务65个，完成36个乡镇综合文化站的维修改造任务。申请城区40个社区文化室省级街道文化站室设施设备补助资金200万元。争取五堰街办、红卫街办、丹江口市均州路办事处文化活动中心文化站设备补助项目资金36万元。争取文化信息资源共享工程资金380万元，全面完成郧县支中心建设并投入运营，新建村级服务点1258个，农村基层服务点实现与党员“电教”捆绑建设。新建农家书屋620家，超额完成政府“十件实事”承诺的400家任务。在100个行政村新建农民体育健身设施100套（标准配备1副篮球架、两副乒乓球台）。在城区社区新建全民健身路径8条。实施第三批“乡音工程”，为竹山县艺术团、竹溪县山二黄剧团扶持价值20余万元的音响设备，五县一市6个专业剧团的“乡音工程”全部配发到位。积极推进山地体育公园一期工程各项改造工程建设，完成公园5000余平方米的园林景观苑绿化、500余米的环山道路路面铺设、10000平方米裸露山体治理及8片网球场、4片篮球场改造工程。申报国家“十二五”地市级“三馆”（市图书馆、市群艺馆、湖北省南水北调博物馆）项目3个。学生就业升学率达100%。市博物馆团支部被授予全省五四红旗团支部。

【打造文体精品】 大型舞蹈《武当情》参加第九届中国艺术节暨全国第十三届“群星奖”决赛并获优秀奖。《老宅的主人》、《小记者》等22件作品在第十四届“楚天群星奖”美术、书法、摄影评奖活动中获得2金、2银、4铜和14个优秀奖。市艺研所干部指导的舞蹈《动感蓓蕾》、《舞动于中》、《星空》荣获世博·金玉兰奖。坚持艺术教育以“教学提升年”为主题，统筹抓好教学管理，在省文化厅主办的全省艺术院校教师技能大赛中获得多项等级奖。

【文体活动】 “人民广场大家乐”、“今天我是角”、“颂读中华经典，共享和谐社会”、十堰市第七届少儿艺术节、3·15纪念日、农家书屋演讲比赛、张湾区大西沟桃花节、十堰女娲暨宝石文化节、“沐浴江南”嘉兴画院书画展、纪念建党89周年文艺晚会、房县首届诗经文化节、郧阳龙舟节等形式多样、内容丰富的文化活动进一步营造浓郁的文化大市氛围。8月8日第二个全民健身日、第十六届迎新春万人长跑、全国职业篮球俱乐部四强赛、全国男子篮球挑战赛、“我快乐我健身我健康”春节万人大游园及羽毛球、篮球、乒乓球等各类赛事贯穿全年，进一步提升市民健身意识。为展示十堰市民习武健身的良好精神风貌，营造热烈的武术节氛围，积极组织开展武当武术“四进”（进学校、进机关、进企事业单位、进社区）活动，推广普及武当太乙五行拳和武当太极拳，组织专业武术教练在城区人民广场、文化广场、青年广场、火车站广场、赛武当广场义务开展武当武术辅导培训活动，每天培训2000多人次。武术节期间来自丹江口、郧县、郧西、张湾、茅箭、武当山等地的近200个文艺节目，共演出16场，场均观众逾万人，演出节目以地方民间民俗节目为主，包括武术、体操、舞蹈、曲艺、说唱等，展示十堰深厚的文化底蕴和演艺水平。2010年全市7个专业艺术表演团体开展送戏下乡演出场次达1454场，其中农村1034场，观众207万人次。全市各地共举办各类群众性体育赛事230场次，直接参与人数330万人次。

【文化交流活动】 以举办第四届世界传统武术节为契机，积极开展文化交流活动，在全市举办首届地方戏曲调演，400余名演职人员参与演出。参与调演的郧阳二棚子、竹溪山二黄、竹山高腔、均州八岔子、郧西三弦、武当神戏等6个剧种囊括十堰地方戏曲种类，是十堰地方戏曲的精髓，也是十堰地方戏剧的大团聚。各地自主创作的《野人村的家事》、《露肚脐的新媳妇》、《茶嫂择婿》、《悠悠汉水情》、《娘的糊嘟汤》、《推磨》、《留女婿》七台剧目形式独特、主题鲜明、演技精湛，再现十堰地方戏曲的魅力。原省委副书记、省政协主席，现任全国政协提案委员会副主任王生铁观看演出，用“百花齐放、群芳斗妍、群星耀眼、别开生面、情声并茂、字正腔圆”24个字给予高度概括，并对地方戏曲保护所取得的成绩给予充分肯定。与此同时，与市电视台联合承办以农村为主题、以农民为主角的十堰市首届新农村文艺电视调演活动，共有14个节目142名农民演员参加演出。

【文物保护】 一是加大文物保护法律法规宣传力度。精心组织国际博物馆日、文化遗产日、武当山世界文化遗产日宣传活动，市博物馆开展“走进劳教所”等活动。二是第三次全国文物普查田野调查工作一次性通过省级验收。郧县、丹江口市、武当山特区、竹溪县“三普”工作在省普查验收中，被评定为优秀等级。三是南水北调文物保护工作。14个项目考古单位深入丹江口库区28处文物点进行抢救性发掘，发掘面积51825平方米。四是文物安全工作，共检查23个文物库房、博物馆展厅、文物保护单位，发现安全隐患9处，及时作出限期整改要求。五是继续做好武当山古建筑群维修保护工作，玉虚宫玄帝殿和玉龙宫大殿修缮工程进展迅速，遇真宫原地垫高保护工程在国家、省文物局指导下，取得新进展。六是积极组织申报第七批全国重点文物保护单位的申报工作，其中梅铺猿人遗址、上津古城等6处文物点已通过国家文物局专家组评审，上报国务院待批准公布。七是配合中、小型基本建设工程的文物保护工作稳步推进。八是市博物馆积极开展国家4A级旅游景区创建工作，积极向省文化厅整理报送郧县和房县两个省级文化生态保护区、全省公共文化服务体系建设示范区、竹溪县图书馆和竹山县图书馆两个省级重点古籍保护单位。

【非物质文化遗产保护】 一是巩固普查成果，对非物质文化遗产普查成果进行登记、整理、造册建档、编印出版，建立电子数据库。二是申报世界级、国家级、省级非物质文化遗产名录项目及代表性传承人，共推荐第二批省级项目传承人32人，省政府公示11人。公示市级第三批保护名录项目27个，推荐第三批省级非物质文化遗产保护名录项目14个，武当神戏成功入选国家级非物质文化遗产保护名录项目。十堰市市级、省级、国家级非物质文化遗产名录分别达到38个、17个、7个，国家级、省级非物质文化遗产项目代表性传承人分别为3人、24人。同时，正着手将伍家沟村民间故事、吕家河村民歌、青塘村调子戏整体打包，积极进行申报世界级非物质文化遗产项目的前期准备工作。三是围绕“文化遗产日”，组织万余人参加的“荆楚记忆”大型演出和大型展览活动。

【省十三运会再获佳绩】 积极组织230多名运动员参加省十三运会田径、游泳、篮球、武术等12大项的比赛，共获得奖牌27.5枚（其中金牌8.5枚，银牌7枚，铜牌12枚），取得总分369分，比上届略有增加，排名比上届前进一位。

【文化市场发展】 将文化、体育、新闻出版21项行政审批项目纳入行政服务中心实行集中办理。进一步完善行政审批、行政处罚、市场监管、业务统计、信息上报等十多项文化市场管理规章制度。加大行政许可“入口”关，特别是人民群众比较关注的电玩城、歌舞厅等项目申请，对不符合法律法规，不符合国家、省文件精神，不符合规划布局的项目，不放开、不松口、不审批。对行政处罚案件实行办公会统一讨论决定，所有处罚案件统一处罚标准，维护行政执法的严肃性。先后举办全市游泳场所、网吧、娱乐场所（歌厅、舞厅、卡拉OK、酒吧、电玩）经营业主培训班，使全市文化市场经营业主受教育面达98%以上。对全市文化市场经营场所单位进行“拉网式”实地筛查，摸清所有文化经营单位的名称、地址、网吧电脑台数、歌舞厅包厢数量等情况，为每一家经营单位建立规范化、准确详尽的档案资料。同时，为做大做强文化市场规模，将全市网吧行业进行再次资源整合，在北京路大学城附近组建2家大规模、高档次的网吧。加大文化市场监管力度，遏制违法违规经营行为。一是坚持组织开展网吧、娱乐场所、音像制品、出版物等文化市场经营场所专项整治行动，迎元旦、春节文化市场专项行动，文化市场安全生产专项行动，“平安世博”文化市场保障行动，迎接第四届世界传统武术节专项行动，校园周边文化环境整治专项行动等日常性检查工作。二是以创建全国文明城市为抓手，重点开展网吧、娱乐场所检查。对网吧守法经营、文明服务、卫生管理等提出要求，组织6个执法小组负责督办落实，层层分解任务落实到岗，责任到人，保证全市网吧、娱乐场所不出问题，国家测评小组先后对城区6家网吧进行实地暗访，未发现有违法违规经营现象。三是加大市长热线反映热点问题的查处工作。对市民反映有部分网吧接纳未成年人、零点后超时营业、无证照营业等问题，经查实对零距离、流星雨等4家网吧进行依法查处，对36家零点后违规经营的网吧下达整改通知书，撤销备用IP地址。四是认真开展全市未成年人思想道德建设"暑期道德建设"集中行动，净化暑期文化市场环境，保障未成年人合法权益。

【文化产业发展】 利用武当山、汉江水、汽车城等独特优势资源，对文化产业重点门类进行招商引资与主体投资合作，有效发展文化、体育特色旅游，推动产业发展。组展参加湖北省文化产业招商博览会，成功签约中国(郧西)天河七夕文化产业园项目资金2.2亿元。全年全市演出业、影视业、音像业、文化娱乐业、文化旅游业、网络文化业、图书报刊业、文物艺术品业、艺术培训业等文化类产业以及武术培训、体育健身、棋牌娱乐、游泳、保龄球、乒乓球、高尔夫球、体育彩票等体育类产业都有较快发展，其中体育彩票发行销售1.02亿元，与上年同期相比稍有增加。积极推进十堰大剧院建设。

【全力举办第四届世界传统武术节】 十堰市获得第四届世界传统武术节承办权后，市文体局积极请示市委、市政府及时召开第一次筹备会议，迅速制订具体工作实施方案，在全市文体系统内层层动员，积极部署。邀请成龙、焦恩俊、陈小朵等武星、影星、歌星助阵，同时还有近1600名舞蹈、武术和群众演员互动演出。闭幕式由央视著名主持人朱军主持，张也、刘和刚、盛中国、濑田裕子等著名演艺界人士登台献艺。"相约武当"活动圆了全体来宾畅游武当之梦，大型群众文化展演、群众文体活动、旅游风光图片展等活动都有声有色，赢得广泛的好评。本届武术节有83个国家和地区、国内所有省市自治区和9个行业体协共196支代表队、2280人参赛，共设327个竞赛项目，比上届增加117个，参赛队伍、参赛人数和赛事规模均创国际武联各项赛事的新纪录，国内首次实现武术比赛34个省市自治区全部参与的大团圆。十堰市组织十堰经济开发区代表队、武当山代表队和中国移动湖北代表队3支参赛队伍共夺得28枚金牌、14枚银牌、10枚铜牌，金牌数与上一届持平，为湖北省代表团蝉联国内组第一名打下坚实的基础。本届武术节呈现出多个亮点，尤其是入场式迎宾仪式由80名动漫队员构成，充分展示吉祥物"当当"的可爱形象，幡旗队多元素、多风格的音乐，体现中国传统武术的特点和国际化水准。同时，精心细致地做好国际武联、国家体育总局、中国武协、省体育局、省文化厅、省新闻出版局、武汉体院的各级领导，中外运动员、裁判员，开幕式演出团队及明星等3300余人的接送迎往、食宿出行、重大活动参与等接待服务工作，受到各级领导、运动员和嘉宾的好评。车城宾馆接待组、华中大酒店接待组等8个文体局驻宾馆接待组收到国内外运动员赠送锦旗10面、感谢信20余封，被电视台、网站宣传报道10余次。

【"十二五"规划编制】 成立市文体系统"十二五"规划编制工作小组及"十二五"规划项目库工作领导小组，在认真总结"十一五"的基础上，通过调研、征询意见，集思广益，制定全市文化体育出版事业"十二五"规划及项目库。迎接省文化厅、湖北大学及市"十二五"规划办公室就"十二五"规划组织的调研座谈讨论，并分别向省文化厅、市委宣传部、市"十二五"规划办、市发改委及时报送文化体育新闻出版发展"十二五"规划(初稿)、"十二五"时期重大文化建设项目，向市鄂西生态文化旅游圈办公室报送"鄂西生态文化旅游圈"文化信息产业"十二五"规划，"十二五"文体事业发展蓝图已具雏形。同时，积极制定竹房城镇带和市县对接文体事业发展规划，为推进城乡文体事业均衡发展奠定基础。

【十堰市国民体质监测工作完成】 根据国家体育总局、教育部、科技部、国家民委、民政部、财政部、农业部、卫生部、国家统计局、全国总工会《关于开展2010年国民体质监测工作的通知》和《湖北省体育局关于开展2010年国民体质监测工作的通知》，6月6日至7月20日，十堰市对城乡不同年龄阶段的3200名体力劳动者和非体力劳动者进行体质监测。十堰是本次国民体制监测工作的国家级监测点之一。

【十堰举行首届地方戏曲调演】 9月8日，十堰市首届地方戏曲调演在市艺术剧院举行。同日，市地方文化保护与发展座谈会在市世纪百强大酒店举行。全国政协提案委员会副主任王生铁，著名学者、剧作家、省文联主席沈虹光，市领导冀群风、刘学勤、杨立志观看演出并参加座谈会。王生铁对十堰市地方戏曲的保护与发展工作给予充分肯定，要求进一步深化认识，高度重视地方戏曲的传承、保护与发展工作，坚持改革开放，为地方戏曲保护与发展创造条件，加强学习，精编剧目，强化演技，加大对地方戏曲的宣传及经费投入力度等。调演会上，十堰艺术剧院及各(县、市)剧院(团)表演现代豫剧《野人村的家事》、竹山高腔《露肚脐的新媳妇》、竹溪山二黄小戏《茶嫂择婿》、郧阳二棚子戏《悠悠汉水情》、郧西三弦《娘的糊嘟汤》、曲剧《推磨》、均州八岔子戏《留女婿》、武当神戏调子戏《敬神》及八岔子戏《四劝》。

【全国男篮挑战赛在十堰举办】 12月7日，"汉江源酒"2010全国男子篮球挑战赛在十堰正式开赛，江苏、福建、江西、湖北4支球队参赛，最终福建队夺得冠军，湖北队、江西队分获本次比赛亚军和季军。

(袁 昌)

文博工作

长城资源调查工作专家现场考察竹溪关垭长城遗址

【《十堰传统民居》出版】 《十堰传统民居》以县域为单位分章，以祠堂、民居分节进行编排，共收录图片3000余张，520处祠堂、民居类文物点，50余万字，是十堰市第一本系统研究古建民居的专业成果，反映2009年文物普查工作古建筑民居类取得的成果，为进一步加强文物保护奠定坚实基础。

【长城资源调查工作成果专家讨论会在十堰召开】 5月20日至21日，长城资源调查工作成果专家讨论会在十堰召开，与会专家现场考查竹山县大庙乡铁炉沟、竹溪县关垭长城遗址，并听取项目实施单位湖北省文化厅古建筑保护中心、武汉大学考古系、华中师范大学历史文化学院的基本情况汇报。

【南水北调中线工程十堰淹没区文物保护】 2010年，省文物考古研究所、南京大学、复旦大学、吉林大学等14家具有团体领队资质的项目承担单位对丹江口库区28处文物点进行抢救性发掘，发掘面积51825平方米。

【“郧县人”头骨化石发现20周年国际学术研讨会】 6月16日至17日，“郧县人”头骨化石发现20周年国际学术研讨会在郧县隆重举行。此次研讨会由中科院古脊椎动物和古人类研究所、省文物局、十堰市政府主办，省博物馆、省考古研究所、郧县县委、郧县政府承办。来自美、韩等国以及中科院、国家文物局、北大、南京博物院等50余位专家学者参加研讨，中科院院士吴新智、国家文物局副局长顾玉才、韩国史前研究院院长李隆助等出席开幕式。1989年5月18日和1990年6月15日在郧县青曲镇弥陀寺村出土的两具古人类头骨化石，动摇了人类起源于非洲的学说。与会专家学者在参观“郧县人”学堂梁子遗址后，就《“郧县人”化石的发现与意义》、《中国旧时器时代的“手斧”—与“郧县人”遗址有关的探讨和思考》等专题展开深入研讨。

“郧县人”头骨化石发现20周年国际学术研讨会

【博物馆工作】 市博物馆在做好展览的同时，积极与报纸、电视等媒体联系加强宣传，扩大展览的知名度，吸引市民参观。丹江口市博物馆新馆占地面积15000平方米，建筑总面积为5300平方米，由主楼一座、报告厅一座、民俗厅一座、历史厅一座、办公用房一座及休息亭和门卫各两座组成。目前，博物馆建设的主体工程已经完工，正积极进行布展、内部装修工作。

【古建筑保护维修】 2月，武当山古建筑群、附属文物及相关环境通过国家文物局纳入国家“十二五”文物保护规划中的“明清皇家建筑保护重大专项”。7月14日，省文物局组织省古建筑中心专家和华中科技大学师生共140人，分赴武当山各宫观开展勘察测绘、拍照、摄像等基础资料收集调研，开始编制《武当山文物保护规划》。同时，《武当山文物抢救性保护规划》、《武当山风景区总体规划》、《世界文化遗产武当山古建筑群日常监测实施方案》等相继出台。武当山玉虚宫玄帝殿和五龙宫大殿修缮工程各项工作进展迅速。根据国家文物局《关于遇真宫保护工程的意见》和3月7日在北京召开的遇真宫原地垫高施工设计方案专家咨询会的有关精神，省文物局在武当山召开遇真宫原地垫高方案施工设计讨论会，明确武当山遇真宫施工设计相关细节及遇真宫东宫考古清理工作。4月至11月，为配合遇真宫的保护工作，湖北省文物考古研究所对武当山遇真宫东宫进行发掘。发掘面积约7300平方米，完整揭露出东宫建筑基址。

10月19日～10月底《草原古韵》在市博物馆开展

【第三次文物普查工作】 年初，在全市文体工作会议上，局长牛孝文与各县市区文体局局长签订责任状，将一次性通过第三次全国文物普查田野调查阶段省级验收纳入责任状。3月23日至27日，省普查验收组形成专家意见：十堰市第三次全国文物普查田野调查阶段组织管理工作运作良好、数据质量较高、符合第三次全国文物普查标准、规范的要求，准予全部通过省级验收，其中郧县、丹江口市、武当山特区、竹溪县等地被评定为优秀等级。

【举办草原古韵文物展】 10月9日，“草原古韵—内蒙古包头唐卡岩画文物展”在十堰市博物馆三楼特别展厅正式开展，参观游客可凭身份证等有效证件登记免费领券参观。这是十堰地区首次引进少数民族大型文物展览。“草原古韵—内蒙古包头唐卡岩画文物展”展览面积600余平方米，展出了100余件珍贵的藏传佛教唐卡、岩画及历史民族文物，是塞外漠北、中原地区及中、亚各国文化交流的历史写照，真实地反映草原各民族的历史发展进程和艺术成就。展出的文物有反映西汉王昭君出塞和亲历史的“单于和亲”瓦当；有反映佛教文化的清代唐卡以及北魏青铜釜、石镜座，以及汉代彩绘陶奁、青铜弩机等珍贵文物。游客可透过这些文物追溯北方地区民族融合团结的历史，感受草原文化的独特魅力，领略草原风情的绚丽与豪放。

（龚德亮）

新闻出版·广播电视

报　业

【概况】　2010年，十堰日报社全力开拓市场，拓展发展空间，扩大社会杂件印刷量，确保全年经营目标的实现。全年实现社会业务收入682万元，比上年增长15%；工厂实现工业产值1510万元，同比增长14%；职工人均月工资增加272元。英达利印刷有限公司全年实现工业总产值497万元，职工月收入人平增长390元。全社报业经营总收入达到8500万元，经上年增长11.8%。在好新闻评选中，十堰日报编辑部6件新闻作品获湖北新闻奖、22件新闻作品获中国地市报新闻奖、11件新闻作品获中国城市党报新闻奖、19件新闻作品获全省市州报新闻奖，另有24件新闻作品获其它类新闻奖，获奖作品数量创历史新高。11月14日，在第三届中国品牌媒体颁奖盛典上，《十堰日报》荣膺“中国地市党报10强”称号，中共中央宣传部原常务副部长龚心瀚亲自颁发奖牌并欣然题词。晚报编辑的五一劳模特刊《楷模》，以记叙十堰市全国劳动模范的事迹，讴歌劳动创举和奉献精神，得到时任全国总工会副主席、书记处第一书记孙春兰的高度评价；晚报创刊15周年特刊《见证》，以珍贵史料叙述十堰历史变迁，被国内10多家报社收藏，市内各大中专院校作为市情教科书。4月，《十堰晚报》被中国地市报研究会授予“中国地方都市类报纸最具品牌价值10强”称号；6月，《十堰晚报》又被中国新闻文化促进会评为“品牌贡献奖·影响中国最具品牌传播地市报”。作为全国百强新闻网站的秦楚网，于7月份再次获得“全国地方网站创新发展杰出贡献奖”。

【“三会”时政报道】　做好全市经济工作会和市人大、政协“两会”宣传工作，会前日报推出大型系列报道《不平凡的2009》，连续刊发6篇系列报道，为会议营造浓厚的舆论氛围；晚报推出特刊《百姓记忆》，梳理出173个全市之“最”，展示十堰市辉煌建设成就，代表委员称之为十堰2009年度的“百科全书”，被市委宣传部《新闻阅评》以专号评点。会议期间日报配发社论，推出《两会之时话民生》专栏，精心策划8个整版刊发18个鲜活人物故事，专访8个市直单位负责人，对会议精神进行深刻解读；秦楚网制作专题，在十堰历史上首次实现全市“两会”盛况网络直播，同时邀请县区负责人在线视频、与网友互动交流，收到良好社会效果。

【经济报道】　年初，日报开辟《欢欣鼓舞开门红》专栏，刊发文字稿、图片30多条（幅），对全市各级各部门经济“开门红”进行动态报道。3月份，日报推出《车城春意浓》专栏，刊发稿件20多篇（幅），配套推出摄影画刊2个整版；晚报推出《车城春意浓》专栏37期，刊发稿件50余篇，推出《武动车城》专栏50期，刊发稿件130多篇，以鲜活的信息提振全市人民发展的信心。市委、市政府“十二五”规划活动启动后，秦楚网利用网络互动优势，与市发改委联合推出“‘开门’编规划、描绘新蓝图”专题，引导网民为全市“十二五”规划建言献策；晚报精心编采《十堰市“十二五”规划蓝图初成/600个重点项目、6000亿投资—支撑区域中心城强势崛起》，详细报道十堰市“十二五”规划的战略思路、中长期规划方案。为使经济报道达到“区域之间形成互补、推广经验促进发展”的目的，报社“三报两网”对县域经济的报道重在“统”“分”结合，竹溪的宣传重在突出“一统三分”战略的实施和南烟北茶的经验；竹山的宣传重在突出“五化五县”的特色；房县的宣传重在突出服务重大项目建设；丹江口市和郧县的宣传重在突出抢抓南水北调机遇，做好移民安置工作；郧西的宣传重在突出以七夕文化促旅游产业发展；茅箭区、张湾区和十堰经济开发区的宣传重在突出以环境促项目，以项目促发展；武当山旅游特区的宣传重在突出道教文化、旅游环境、对外交流等特点。据统计,全年报网刊发县(市)区特色重头稿件近1000篇,这些特色和经验对县域经济区域优势互补、区域经验共享发挥不可替代的作用。

【移民搬迁民生报道】 日报充分发挥党报喉舌的作用,加强对移民群众的思想引导,在要闻版及时准确刊发中央、省、市有关移民工作重要新闻,运用专题、画刊等形式,对全市移民工作进行突出报道。如专题《移民利益高于一切》、《18万移民同写一个感叹号》,画刊《走进移民新村》、《移民户的年三十》、《移民新村笑声朗》等。日报理论版先后刊发《创新四大机制,促进和谐移民》、《落实移民安置政策,维护移民合法权益》等理论文章。晚报安排骨干记者,跟随移民到安置点,亲身感受并采写《万余移民搬新家—十堰市移民试点外迁工作顺利完成》,有效服务移民外迁工作,在社会上引起强烈共鸣。同时,日报还注意树立典型,《江水清清—记两次带头移民搬迁的退伍老战士江水清》、《移民先锋涂德利》、《郧县38名小移民栽种感恩树》等,以典型带路。此外,日报还注意拓展移民工作报道广度,多角度、多层次、全方位地对移民工作予以关注。如策划《为移民的微笑》、《一路村主任的外迁心路历程》等大型专题报道。5月中旬一连3天刊发的《用责任构筑保障》、《用真情诠释服务》、《用大爱书写奉献》"南水北调中线工程丹江口试点移民工作"系列报道,从政府责任、干部真情、移民大爱三个层面,展示丹江口市委、政府对移民工作的高度责任感和移民舍小家顾大家的高尚情操,被市委宣传部《新闻阅评》以"用大爱关注移民"为题进行专评。

【"三城联创"报道】 日报在要闻版开辟《三城联创,造福于民》专栏,在时政版开辟《关注背街小巷》、《公共文明知识测评100题》、《我与"创卫"同行》3个专栏,在理论版开辟《"三城联创"大家谈》专栏,在健康版开辟《知识与健康》专栏,全年刊发涉及消息、通讯、图片、言论、动漫、画刊等多种体裁的主题稿件900多篇(幅)。秦楚网设置"三城联创"官网,除整合市内所有媒体报道外,还设立"我要投诉"、"市民手册"、"文明规范"、"他山之石"等20多个栏目,全方位报道十堰市创建工作。晚报推出"三城联创"专栏120期,刊发稿件1200多篇,推出"曝光台"专栏,曝光问题并协助解决34件,有力地配合市委、市政府"三城联创"各项措施的落实。晚报充分发挥"小报大文章,小报大平台"的文明建设功能,重点推出"聚焦黑心秤"系列报道,引起市质量技术监督局高度重视,该局及时查处没收黑心秤17台(秤),受到市民的高度称赞。秦楚网充分调动网民参与精神文明建设,在"十堰精神"大征集活动中,相关页面和互动贴文点击量达10多万人次,收到应征作品近2000多篇;十堰市歌征集也收到数百篇应征作品。与此同时,秦楚网注重大局,积极做好网上舆情引导,第一时间发布权威声音,发挥重点新闻网站正面引导的作用,彰显地方主流网络媒体的社会责任。

【第四届世界传统武术节报道】 10月16日至20日,第四届世界传统武术节在十堰举行,十堰日报社"三报两网"成立新闻宣传工作专班,全面负责报网的宣传策划、力量调配、后勤保障等。日报以两大创新举措服务武术节宣传。一是在武术节期间,连续推出6期中英文对照双语特刊,及时、全面、准确、生动地报道武术节内容,每天加印4000份报纸,免费发送到武术节接待酒店每个房间,供国内外来宾阅读;二是于10月17日推出中英文版3D报纸,浓墨重彩地报道武术节开幕式盛况,很多国内外来宾将这期报纸视为珍品带回收藏。从1月25日至10月21日,日报刊发武术节报道355篇,图片100多幅(组),总计60多万字。10月16日,武术节开幕当天,晚报推出十堰新闻史上第一份新闻画报《有一个美丽的地方》,精选330多幅精美的图片,配以散文诗般的说明文字65篇,向参加武术节的国内外嘉宾宣传推介十堰"三大名片",国内多家报社和众多读者把新闻画报作为永久收藏。晚报在整个武术节期间开辟专栏11个,刊发稿件1306篇、图片1185幅,累计78万多字。秦楚网自3月30日承办并开通武术节官方网站后,先后三次改版,全面整合市内外媒体关于武术节的报道,向国内外的网民提供武术节信息服务,同时与人民网、新华网、荆楚网联合,对武术节开幕式进行现场直播,放大武术节的影响。据统计,武术节官方网站总浏览量达到130多万人次。基于全社职工在第四届世界传统武术节宣传中的突出贡献,市委、市政府为报社记集体二等功。

【新闻宣传创新】 一是在传播手段上创新。4月16日,《十堰晚报》依托亚新影院的技术支持,推出中国报业史上首份3D报纸,引起国内外媒体高度关注和广泛好评,国内10余家媒体前来考察并陆续推出3D报纸。二是在传播内容上创新。日报编辑部建立新闻联系人制度,形成"总编辑负总责、副总编辑划片分管、中层干部定点联系"的新闻联系网络。该经验被《新闻战线》、《新闻前哨》、《中国地市报人》等权威刊物刊发推广,被中央党校出版的党建创新系列丛书收录。创办"我是这样管理部室的"、"我的得意之作"两大论坛,实施"三个一工程",激发编采人员写稿的积极性,提高宣传报道质量。

【报业体制机制创新】　一是调优决策管理架构。报社实行党委领导下的“三会”决策体制和“三办一中心”的管理体制，模拟集团化运作。二是精减机构设置。按照精干高效的原则，在资源整合的基础上，科学设置机构，“两报”将多个记者部撤并为采访中心，社行政后勤由7个部室撤并为3个办（中心）。按可比口径，全社撤并机构达20%以上。三是改革人事制度。为留住业务骨干，报社实行享受副县级待遇的内部政策。为保持中层干部整体活力，实行全员竞岗、轮岗。通过竞争，10名中层干部落岗，10名中层干部轮岗，11名年轻人走上中层干部岗位。四是深化“两分离”改革。将经营性业务剥离后，一律模拟市场化运作，对经营人员实行年薪和绩效工资制。五是全力申报传媒集团。4月6日，市委批复报社组建传媒集团的请示。11月24日，以省新闻出版局副局长邵明义为组长的考核组对报社申报传媒集团进行实地考核。12月20日，经省委宣传部批准，省新闻出版局批准建立十堰日报传媒集团。

【传媒文化产业发展】　一是报纸发行稳步上升。《十堰日报》发行量突破3万份，《十堰晚报》平均期发数实现稳中有增，征订增长5%。二是广告创收持续增长。2010年全年实现广告创收4082万元，同比增长7.1%。三是新兴媒体迅速成长。5月17日开通电信版《十堰手机报》，6月18日又开通联通版《十堰手机报》，形成报社与三大通信巨头的全面合作，手机报发行量月均达到5万份。2月1日，十堰政府网移交报社承办后，网站组织精兵强将进行全新改版，在第九届中国政府网站绩效评估发布会上，十堰政府网在全国332个地市级政府网站中排名104位，较上年跃升68位。秦楚网建立并开通十堰家园网，填补十堰市咨询服务类网站的空白。四是文化产业项目稳步推进。报社申报的高档包装装潢印刷和中国记者之家项目已列入省新闻出版重点项目库；报社推进的党报阅报栏项目，被列入当年市政府十件实事之一，报社投入资金120多万元，年底大部分已安装到位，剩余少数部分正在继续安装，成为报社又一新兴媒体。五是抢抓各级支持文化产业发展的政策机遇，积极争取项目和政策支持。2010年，报社争取到中央扶持地方文化产业项目资金80万元，市财政专项资金近200万元，政府网经费60万元。六是运用市场价格杠杆加强水电管理，减少“跑冒滴漏”。社物业管理部门全年共收取水电费28.7万元，回收率达98%，比上年增收近5万元。

【开展报庆60周年活动】　6月25日，十堰日报社隆重召开《十堰日报》创刊60周年、《十堰晚报》创刊15周年纪念大会，举办“阳光路上明星演唱会”大型报庆文艺晚会，编辑出版《携手同行》、《见证》报庆纪念特刊。　（魏长虹　郭清贞）

新闻出版

【概况】　2010年，全市范围内共有14种报刊、23种内部资料出版物，有印刷企业150家，其中出版物印刷企业8家、包装装潢印刷企业9家、内部资料印刷企业5家、其他印刷企业128家，从事印刷行业人数2360余人，产值1.8亿元，创利税2356万元。打字复印业536家。

【报刊出版管理】　2010年全市范围内14种报刊、23种内部资料出版物均通过省局核验。一是抓反馈。审读意见发出后，相关报刊社在规定的时间内书面反馈意见，做到篇篇有反馈、件件有落实。一年来，所有经审读存在问题的报刊社都作出整改意见和措施，并进行认真整改。二是抓领导。在审读工作中加强与主办主管部门的联系与沟通，审读报告除向有关报刊社寄送外，还主动送给其主办主管部门，以争取主办主管部门对审读工作的支持，对有问题的报刊社要求其主办主管部门督促抓好整改。三是抓整改。审读报告提出意见后，要求报刊社拿出切实可行的整改措施，纠正存在的问题，对存在问题的报刊进行跟踪审读，密切关注后续出版动态，检查存在的问题是否得到整改。

【印刷业管理】　深入开展专项检查，组织工作专班对全市印刷企业进行拉网式排查，查出无准印证、无刊号擅自印刷期刊图书6种，会同公安部门开展突击检查，查出无证、无照经营的印刷企业8家。坚持定期检查看证照是否齐全、制度是否上墙、《图书、期刊印刷委托书》与实物是否相符、《内部资料准印证》手续是否齐全、企业是否做到承印登记等十项制度，与印刷企业签订监督管理责任状，确保全市未出现大的违法违规经营现象。注重对印刷业的引导、支持，鼓励印刷企业投资近5000万元购置四色机、折页机、三面切纸机，使全市印刷能力得到增强。通过引进沿海发达地区产业，实现印刷业承接产业转业，推动全市印刷业快速发展。

【“扫黄打非”工作】　一是加强领导，完善机制。结合实际，建立《“扫黄打非”工作责任制》、《“扫黄打非”领导小组工作制度》、《“扫黄打非”案件督查、督办制度》、《“扫黄打非”工作联席会议制度》、《“扫黄打非”工作成果统计报表制度》，迅速调整和充实“扫黄打非”工作小组成员单位和办公室人员，及时召开全市“扫黄打非”工作会议，对“扫黄打非”工作明确要求，与各县（市）区和市直各成员单位签订《十堰市2010年度“扫黄打非”工作目标管理责任书》。二是全面清查出版物市场，同步推进集中行动和专项治理。制定下发《十堰市2010年“扫黄打非”行动方案》，有计划地开展三个阶段“扫黄打非”行动。全年共出动执法人员1344余人(次)，检查各类文化经营单位(摊点)3316家(次)，办结案件71件，责令停业整顿3家，没收非法出版物1449件，没收非法音像(电子)出版物209件。三是巩固“扫黄打非”阶段成果，深入开展“反盗版天天行动”。在各阶段专项治理中，重点对城区出版物市场和人流密集的集贸市场、车站、宾馆等场所进行检查，并派出督查组对各县(市)区的开展情况进行督查。发布“扫黄打非”公益信息，公开集中销毁盗版、非法出版物，设置咨询点、举报电话，发放普法宣传资料等形式，提高市民远离盗版出版物、拒绝盗版的意识。加强网络监控，及时删除和屏蔽网络传播有害信息。

【“农家书屋”工程】　一是领导高度重视。“农家书屋”工程建设被纳入2010年市政府“十件实事”后，各县市区对“农家书屋”工程建设的积极性提高，把其列入当地政府惠民工程予以大力实施，通过实行上级资助、文明单位和扶贫单位援建、企业捐建、村级自建等方式，加快“农家书屋”工程建设速度，形成市、县、乡、村主要领导亲自抓的良好局面。二是制订实施方案。对“农家书屋”工程建设制订详细的实施方案，与各县市区签订“农家书屋”建设责任状，将建设任务分解到各县市区，建立工程建设进度表，实行工程建设进度周报制，确保了工程建设按期按量顺利进行。三是组织工作专班。市新闻出版局成立由主要负责人任组长、分管领导任副组长的工作专班，对全市“农家书屋”工程建设实施全面督导检查。各县市区也都成立相应的工作专班。四是部门积极联动。新闻出版、财政、发改委、文明办、扶贫办等部门通力合作，将“农家书屋”工程提到重要的位置来建设，实现全社会对“农家书屋”建设的广泛参与。五是严格落实“四化”。各地对“农家书屋”工程按统一模式建设，实现书屋建设标准化；对图书、报刊、电子音像制品进行统一招标、配送，实现书屋管理规范化；对书屋开放时间、图书借阅、财务财产管理有明确规定，实现书屋管理制度化；对图书按编号录入电脑，造册借阅登记，实现书屋管理科学化。全市建设标准“农家书屋”620家。　（袁　昌）

广播电视电影

【概况】　2010年，十堰广播电视电影宣传工作充分发挥所属广播、电视、报纸、网络电视、移动电视(CMMB)、电影等全媒体优势，做好“工业经济”、“一统三分”、“第四届世界传统武术节”、“库区移民外迁”、“三城联创”等重大宣传工作，为加快十堰发展，建设和谐十堰营造良好的舆论环境和氛围。全市广播电视各媒体共开设专栏200余个，播出各类广播、电视、报纸、网络新闻信息6万余条，专题4千余部。广播影视总收入突破2.1亿元，广播影视产业属性进一步显现。

【宣传管理】　一是重大宣传成效突出。围绕全市工业经济发展、区域中心城市建设、旅游文化、三城联创、一城两带、县市对接、搬迁移民、县域经济、重点工程、第四届传统武术节等重大主题，重大活动，组织集中战役，开辟专题专栏，开展有声势、有深度、有特色的宣传报道，营造团结鼓劲、奋发向上的良好舆论氛围。特别是移民搬迁和武术节宣传报道，持续时间长，策划新颖，形式活泼，报道深入，得到市委市政府领导的充分肯定。二是节目创新加快。各级广电媒体坚持“三贴近”原则，进一步加快节目创新，突出实质内容，注重新闻价值，宣传效果明显增强。房县电视台《房陵纪事》，丹江口市电视台《纪录》，郧县电视台《乡村科技》等节目受到观众好评。三是影视创作起步。继《拍古今》之后，各县市着手拍摄有地方特色的电视剧目，竹溪县成功拍摄数字电影《山里山外》，郧县正在筹拍电影《欲忘之城》，丹江口市正筹拍数字电影《武当山下》，武当山特区正筹拍大型电视连续剧《天下武当》。四是品牌建设加强。以“十堰广播电视节目奖”和“双十佳”(十佳人才、十佳品牌)评选活动为抓手，推进广播电视品牌建设。“十堰广播电视节目奖”的评选工作，自上年12月份开始到3月底结束，组织评委对送评的134件广播作品和185件电视作品，进行认真审听审看和评选，共评出广播获奖作品一等奖21件，二等奖37件，三等奖58件；电视获奖作品一等奖26件，二等奖55件，三等奖76件。十堰广播电视“双十佳”评选通过各新闻媒体的认真推荐，突出时代精神，坚持新闻标准、艺术标准、收视(听)率标准，评出《垄上行》、《车城大讲坛》、《周末视点》等“十佳品牌”，杨智、田期均、夏维军等“十佳人才”。

【事业建设】　一是大力推进“村村通”工程建设。全市共完成5370个20户以上自然村的“村村通”工程建设任务，全年共为62523户农户安装直播卫星接收设备，圆满完成广播电视村村通工程“十一五”计划。二是推进省台广播电视无线覆盖工程建设。2010年全市共有7个广播电视发射台实施省台广播电视无线覆盖工程，共安装电视和调频发射系统11套、功率4550瓦，更新电视和调频发射机2部、功率11000瓦，新建35米发射塔1座，有8个广播电视发射台实施接地防雷设施改造。完成花果和白浪两部1000瓦移动多媒体广播CMMB单频网组网工程，传输网覆盖十堰城区。三是做好农村公益电影放映工作。全市1582个行政村完成放映23800多场次。郧西马鞍放映队受到中宣部、文化部、国家广电总局，国家新闻出版局联合表彰，被评为服务农村、服务基层先进单位。四是强化技术维护管理工作和安全防范工作。认真落实《安全播出管理规定》，做好设备维护工作、播出工作和安全防范工作，在重大节日和敏感时期，有针对性地对安全播出工作进行督办落实，圆满完成元旦、春节、“五·一”、“十·一”、世界传统武术节、广州亚运会等节日和敏感时期的安全播出任务。围绕职能履行，组建广电监测中心，2010年9月，人员设备陆续到位，广播电视检测业务正式起步运行。

【产业发展】 一是创新发展广告经营业务，全市广播影视广告收入已达到9000万元。二是有线电视业务增长。2010年，全市新增广播电视网络用户1.7万户，用户总数达到45万户，其中数字电视用户总计达到22万户，十堰广电网络收入达到1.1亿。三是广播电视新业态发展起步。移动多媒体广播电视、网络广播影视、手机广播电视等广播电视新业态精彩纷呈，推动文化产业升级。湖北中广传播十堰分公司成立，建成移动多媒体单频网，发展移动多媒体终端用户近万户。成立网络电视台，开发电视报纸、电视杂志等电视读物。以数字电视平台为载体，开发公共信息、专业信息等内容产品，为用户提供便捷实用的信息服务。四是城市电影院线发展良好。影院建设和票房收入稳步增长。电影主辅业收入超过1000万元。其中亚新影院、如意影院等电影票房收入达到700万元。

【行业管理】 确立广播影视宣传管理、行业执法、事业建设、安全播出、机关建设等五大工作重点，确立广播影视工作目标和总体工作思路，制定《2010年度县市区广播电影电视局目标考核办法》，指导全市广电工作。进一步加强宣传监督。广播影视是新闻宣传和文化建设的重要阵地，必须保证内容健康，导向正确。加强对广播影视内容和导向的监管，针对部分电视台婚恋交友类电视节目存在低俗、媚俗、庸俗之风，积极进行督查清理。针对少数网站部分县市广电节目进行恶意跟踪的情况，及时向全市广电部门发出预警，提出自律要求，堵塞漏洞，保证十堰市自制广播电视节目的健康生机。积极开展社会管理和行政执法工作，开展广播电视播出机构年检审查，对辖区内网站进行摸底登记，规范广播电视播出前端审批制度，确保广播电视节目、互联网视听节目、移动电视视听节目播出安全。加大卫星电视和IP电视管理力度，按照《卫星电视广播地面接收设施安装服务暂行办法》、《互联网视听节目服务管理规定》等有关规定，加大对卫星广播电视地面接收设施的整治力度，下发《关于进一步加强清理整顿非法生产销售安装使用卫星地面接收接收设施专项行动的通知》。2010年，联合有关部门先后多次开展专项整治行动，依法收缴非法安装、销售卫星地面接收设施100多套。通过集中专项整治，有效遏制非法销售、安装境外卫星地面接收设施蔓延的势头。加强广告管理，净化荧屏环境，针对群众反映比较强烈的广告播放问题，进行广告专项整治，对违规播放广告的播出机构负责人进行诫勉约谈。通过整治全市广告播放违规投诉较上年有所下降。

【广播电视宣传】 一是围绕“着力壮大汽车主导产业，促进工业经济实现新跨越”，做好发展壮大工业经济的宣传报道。广播电视各媒体开辟《学习实践科学发展观全力打造区域中心城市》《工业经济开局红抢抓产销促发展》《车城春意浓》《重大项目百日攻坚》《项目建设进行时》《大力发展县域经济》等多个专栏，摄制专题。二是围绕“着力推进‘一统三分’，带动农村经济新发展”，在《垄上行》、《车城大讲坛》《第一财经》等栏目开办专题，解读“一统三分”战略精神，紧紧围绕城乡统筹发展、农民长效增收、突破性发展农业产业经济这个核心，着力报道新农村建设的新动态、新经验、新典型。三是围绕“着力推进‘三城联创’，掀起达标创建新高潮”，做好“三城联创”宣传报道工作。四是围绕“再办世界盛会、再扬十堰美名”，做好第四届传统武术节系列活动宣传工作。五是围绕“妥善做好移民安置工作、切实保护移民合法权益”，重点报道3月底、5月底、8月底三个移民工作节点阶段性工作，报道全市上下克服困难，完成南水北调中线工程6.4万移民外迁安置和地方水电站1.1万余人的搬迁安置任务；报道全市做好移民后期规划和扶持工作，确保丹江口、黄龙滩水库六年规划实施顺利通过国家验收，再落实潘口电站8288人移民的后期扶持。六是围绕“着力发展生态文化旅游业，实现三产发展新突破”，做好构建鄂西生态文化旅游圈宣传报道。七是围绕“打造区域性中心城市”，着力报道全市立体大交通网络发展新进展。八是围绕“促进社会和谐稳定”，做好全市为消除“城镇零就业家庭”和“农村零转移家庭”改善民生的宣传报道，全力打造安定和谐新十堰形象。2010全年十堰广播电视台各频道、频率共在省级以上媒体用稿2520条，其中，在中央台用稿101条，超出全年任务51条；在省台用稿2419条，超出全年任务1419条。对外宣传用稿较去年增长23%，在全省综合排名第二位。十堰广播电视台被湖北省广播电视总台授予2009年度全省电视新闻通联工作先进集体、2010年度全省对上宣传先进单位。

【十堰广播电视报被评为“2010中国十大创新广播电视报”】 在2010年度全国“金长城传媒奖”评选中，十堰广播电视报入围并被评为“2010中国十大创新广播电视报”。电视台新闻频道《叮叮姐姐当当熊》栏目被中国广播电视协会、国家广电总局授予2010年度“全国优秀少儿节目评比”三等奖。

【移动电视项目建设】 成立湖北中广传播有限公司十堰分公司，组织举办“移动多媒体终端产品体验推广活动”、“用手持电视，赢千万大奖”活动，展出六大类50余款CMMB终端产品。观众可通过各类移动电视终端收看收听到包括SYTV－新闻频道在内的9套广播电视节目；依托四方山发射台和花果、白浪、职业技术学院三个1000瓦的发射基站以及多个移动通信基站，建设移动多媒体(CMMB)单频网，进行单频网站点的现场勘察及信号测试。全年发展CMMB移动多媒体终端用户近万户。十堰广播电视台被国家广电总局和中广传播集团有限公司授予2010年度“全国安全播出竞赛”先进单位。

【新媒体业态建设】 组建成立十堰网络广播电视台，开创全新的媒体模式，把传统的平面报纸、杂志等，以视频表现形式，制作成电视报纸、电视杂志、电视读物等，通过机顶盒搬到电视上播放，实现读者在电视上免费观看。年度内测试完善的电视报纸有《汉江都市报》、《新闻周刊》、《焦点》、《天气预报》等，电视杂志包括旅游、家居、美食、消费、健康、儿童、体育、摄影、娱乐等。

【数字电视平台建设】 积极开发阳光政务、文化教育、生活导航、农业科技、便民资讯等公共信息和车城车市、房产家居、旅游天地、电视支付等专业信息。用户通过数字电视，能享受到丰富多样、便捷实用的各类信息。打造广电新的媒体平台，延长广播电视产业链。全年共敷设240多公里光缆，完成“单向HFC有线电视光纤网络”改造20万户、市区和各县城区双向网改造30万户、农村双向网改造1万户。全年新发展有线电视用户19500户，宽带用户7500户，完成数字电视整体转换126554户，各类增值业务用户4万多户。截至12月，有线电视通乡率达98%，通村率81%，通组率41%。进一步实施互动电视码流扩容，建设CDN网络。实现各分前端播出服务器的VOD和时移节目分发，完成双向互动前端VOD系统6000码流的扩容改造。筹资150万元，购置前期拍摄设备12套、后期节目制作非编13套、现场拍摄设备讯道1个、演播室设备30余套。2010年，十堰广电先后荣获全省广播节目技术质量奖和湖北省电视节目技术质量奖。

【十堰旅游频道开播】 为配合全省“两圈一带”建设，打造鄂西生态文化旅游圈重要板块，整合和推介十堰市旅游资源，1月10日十堰旅游频道正式开播。

【改革创新】 2010年是广电新体制开始运行的第一年。按照管办分离、政事分开的原则，市广电局积极探索广电工作在新形势下推进的新途径，逐步确立广播影视行政管理的基本思路，即明确一个中心，履行两种角色，实现三个转变，推进四项工作，强化五种职能。明确一个中心—发展；履行两种角色—服务角色和管理角色；实现三个转变—从微观管理向宏观管理转变，从业务管理向行政管理转变，从行业管理社会管理转变；推进四项工作—宣传上水平、管理上台阶、产业上规模，工作上轨道；强化五种职能—舆论监管、规划引导、政策调节、公共服务、市场管理。市广播电视台根据事业发展需求，开展框架重整、流程再造工作，设置8个内部管理机构、15个业务保障机构。通过明晰职能定位，实现广播影视行政管理主体和事业主体分离。

（汪文正　聂德清　张显明）

卫　生

综　述

【概况】　截至年底,全市有医院和卫生院153个,疾病预防控制中心11个,卫生监督局所7个,妇幼保健院(所)7所,采供血机构2个,急救指挥中心1所,有高等医药院校1所,卫生学校2所,专科疾病防治院(所)4个,门诊部、卫生所、医务室568个。医院和卫生院中,有综合医院24所,中医院7所,专科医院4所(市妇女儿童医院、市传染病院、市口腔医院和市精神病院),卫生院119所,民营医院8所。有社区卫生服务中心20所、社区卫生服务站122所,村卫生室1978所。医疗机构中有三级甲等综合医院3所,三级甲等中医院1所,二级甲等综合医院10所。各县市均设有综合医院、中医院、疾病控制机构、卫生监督机构、妇幼保健院、卫生学校;各区设有区医院和疾病控制、妇幼保健所;各乡镇均设有卫生院。全市共有卫生工作人员22491人,其中卫生技术人员18890人、其他技术人员1110人、管理人员1203人、工勤人员1288人。在卫生技术人员中,有执业(助理)医师5729人,注册护士7117人,药师(士)1189人,技师(士)953人,其他人员2527人。

全市医院(含卫生院)开放病床16028张,平均每千人口拥有床位4.06张,每千人口拥有执业(助理)医师1.66人,每千人口拥有注册护士2.11人。

2010年,全市乡镇卫生院以上医疗机构完成门急诊人次数1229.26万,同比增长22.11%;出院人次数54.10万,同比增长10.97%;住院手术人次数9.28万,同比增长14.32%;急救人次数1.16万,同比增长9.83%,二级以上医院病床使用率达到109.3%。

【医药卫生体制改革】　一是新农合提标扩面。2010年全市新型农村合作医疗参合229.93万人,较上年的227.08万人增加2.85万人,参合率96.23%。全面落实各级财政对新农合人均120元的补助标准。1—6月新农合政策范围内的住院报销比例达到62%。新农合门诊统筹已在各县市区全面实施,竹溪县新农合“一卡通”试点工作取得积极成效。二是基本药物制度试点。郧西县、房县作为全省第一批37个基本药物制度试点,从元月1日起在乡镇卫生院全面实行国家基本药物制度,达到两个100%要求,即:试点县100%的建制乡镇卫生院全面实行,每个乡镇卫生院全部配备使用基本药物,非基本药物不再在乡镇卫生院销售。1~8月,郧西县乡镇卫生院门急诊人次同比上升11.5%,门急诊次均药费下降18.1%,每床住院日均费用下降31.8%,相同药品销售价格下降30.9%。房县从3月12日起在20个乡镇卫生院实施国家基本药物制度。1~8月,房县乡镇卫生院门急诊人次比上年同期上升19.3%,门急诊次均药费下降13.3%,每床住院日均费用下降29.6%,相同药品销售价格下降41.1%。三是基层医疗卫生服务体系建设。累计实施国家拉动内需项目93个,总投资18245万元,投入中央资金和省专款12915万元,地方配套5330万元。已举办乡镇卫生院全科医师培训班,培训全科医师160名。继续深入开展“挂县带乡连村”对口支援工作。抓紧做好2个县级医院、7所中心乡镇卫生院、50所村卫生室、5个社区卫生服务中心建设项目的前期准备工作。同时,加强对2009年已开工项目的督办,确保按期完成。四是基本公共卫生均等化。配套落实本级基本公共卫生服务经费,市、区两级财政在不低于15元/人的配套标准上提标2元,达到了17元/人的补助标准。考核兑现了2009年度政府购买公共卫生服务补助经费;重大公共卫生项目全部按照配套要求纳入本级财政预算;专业公共卫生机构人员、公用经费也全额纳入预算;居民健康档案、乙肝疫苗补种等基本公共卫生工作任务年底完成省下达的任务。五是公立医院改革试点。确定市红十字医院(原东风轮胎厂职工医院,现为市惠民医院和二级综合医院)为市级公立医院改革试点医院,同时也纳入全省23个试点医院范围,按照全省统一要求进行了前期测算及相关准备。目前正按照全省公立医院改革试点工作会议精神抓紧推进。

【创建国家卫生城市】 认真落实市委、市政府关于创建国家卫生城市的决策部署,积极当好参谋,做好协调争取工作。克服医改任务重、公共卫生保障压力大的困难,抽调6人到指挥部办公室集中办公,承担了重要工作任务。发挥职能优势,积极向国家爱卫办、省卫生厅争取,邀请国家专家组进行现场调研指导,做了大量艰苦细致的工作。同时,全力做好以早点、夜市及流动饮食摊点为重点的食品卫生安全专项整治活动,“六小”行业整治水平明显提高。大力宣传贯彻《十堰市爱国卫生管理办法》,深入开展“爱卫月”活动,编印《健康66条》10万份和健康教育墙报6万份,城乡环境卫生面貌进一步改善。共创建省级卫生县城1个、省级卫生镇3个;市级卫生乡镇29个、市级卫生单位525个。2010年10月,通过省级卫生城市复查和国家卫生城市初评。

【妇幼卫生】 通过实施重大公共卫生妇幼卫生项目,全面促进妇幼卫生工作健康发展。认真组织落实了农村孕产妇住院分娩补助项目、农村育龄妇女增补叶酸预防神经管缺陷项目、农村妇女“两癌”检查项目(竹山县宫颈癌检查)等,积极组织开展农村妇女病普查项目以及实施艾滋病母婴传播阻断项目。总体看,全市妇幼卫生工作进展顺利,运行平稳。全市农村孕产妇住院分娩补助14017人,补助金额628.37万元;农村妇女“两癌”检查项目已完成检查人数14830人,占全年任务数的109.3%;农村育龄妇女增补叶酸预防神经管缺陷项目已服用人数10276人,服用率为127.2%,随访10229人次。2010年无孕产妇死亡,婴幼儿死亡率控制在10.15‰以内,住院分娩率为99.48%,剖宫产率为34.20%,孕产妇系统管理率为90.48%,婴幼儿系统管理率为69.25%,高危孕产妇筛查率为24.57%,6月内母乳喂养率为93.04%,妇女病普查率累计为72.56%,新生儿疾病筛查率为95.48%。

【医政管理】 一是制订《十堰市医疗质量荆楚行活动方案》和《十堰市创建护理示范工程活动方案》,强化医疗服务质量监管。二是认真开展“平安医院”创建活动。与市综治委、公安局、司法局等13个部门联合制订下发《十堰市平安医院建设活动方安》,积极开展医疗纠纷第三方调解组织的筹建工作。三是狠抓重点专科建设。全市创建8个2010年度省级重点专科,继续保持在全省市州的领先地位。开展10个西医临床专业和5个中医专业的市级重点专科评审。有2项科研成果获得省政府科技进步二等奖、3项获三等奖。四是组织举办“全市血液安全培训班”,全市各级各类医疗机构相关人员300余人参加培训,进一步规范临床用血安全。五是加强医疗广告的监管。进一步完善医疗广告的投诉举报制度和行政处罚黑名单制度,与工商部门和电视台、晚报社联系,加强沟通、增进协调,督促广告代理公司健全和落实广告管理制度,落实发布违法广告责任追究制,全方位地整治和规范医疗广告行为。六是对全市所有开展“血液透析”的医疗机构进行检查,责令整改7家。前九个月共收到各类信访件45件,已办结43件。网上投诉件89件,已办结78件,卫生局接访39件,办结38件。医学会共受理医疗纠纷案件35起,组织医疗事故技术鉴定29起,总的来看,各类信访件和医疗纠份较上年明显下降。

【申报省厅重点科研项目、青年科技人才项目】 为加强十堰市卫生科研能力建设,进一步巩固区域医疗中心地位,根据湖北省卫生厅《关于组织申报2011—2012年度科研项目的通知》、《关于组织申报2011—2012年度青年科技人才项目的通知》等文件精神,市卫生局积极组织全市各级各类医疗卫生单位申报省卫生厅2011—2012年度科技人才项目。经各基层单位申报,市卫生局初步评审,截至8月1日,全市共有“骨髓间充质干细胞联合高压氧治疗脑缺血的实验研究”等22个项目成功向省卫生厅推荐上报。其中,“骨髓间充质干细胞联合高压氧治疗脑缺血的实验研究”、“癫痫病程中抑制小胶质细胞活化产生的抗痫和抗神经元调亡效应及作用机制研究”、“肝癌细胞中Oct4对STAT3及ELF的调控作用及IL-6的影响研究”等3个项目为省卫生厅2011—2012年度重点科研项目;“胰腺癌干细胞化疗耐药与凋亡抑制蛋白的关系”、“CTGF对充血性心力衰竭的诊断价值”等6个项目为省卫生厅2011—2012年度青年科技人才项目;“原发性胃淋巴癌早期诊断”等11个项目为省卫生厅2011—2012年度指导性或一般性科研项目;“输血前白细胞滤除结合微柱凝胶不规则抗体筛查技术在山区综合性医院预防输血不良反应中的应用研究”等2个项目为省卫生厅2011—2012年度采供血管理专项科研项目。22个项目按申报单位分别为市太和医院6个,市人民医院6个,东风公司总医院5个,市中医医院1个,市疾控中心1个,市西苑医院1个,市妇幼保健院1个,市中心血站1个。

8月2日，省卫生厅副厅长张瑜在十堰召开丹江库区移民外迁卫生保障工作会议

【省厅副厅长张瑜赴十堰部署安排移民外迁卫生保障工作】　为做好丹江口市水库移民外迁医疗卫生保障工作，省卫生厅张瑜副厅长率应急办、政法处、医政处、医管处、农合办等处室人员和省移民局相关处室负责人研究布置库区移民外迁医疗保障工作，于8月2日在十堰召开丹江库区移民外迁卫生保障工作会议。会议认为，我国南水北调中线工程丹江口水库大规模移民外迁涉及十堰市的丹江口市、郧县、郧西县和武当山特区共64321人，将在2010年8月12日至9月30日内分111批次分别安置到省内8个市的20个县。会议深入讨论十堰市移民外迁卫生保障的总体方案和丹江口市、郧县、郧西、武当山特区的实施方案，确定移民外迁卫生保障七项重点工作。一是做好医疗保障工作。切实做好移民外迁前的健康普查，对外迁过程中有潜在生命危险的移民，一律先住院治疗，再择期外迁。搬迁出发前，要对重点人员和身体异常人员再次检查，普发放晕车药或晕车贴和健康须知。动迁时要全程派救护车及救护人员护送。同时，移民迁出、迁入两地要办理新农合基金划转手续，做到医疗服务不断线，费用报销不间断。二是做好食品卫生保障工作。制定好移民食品安全预案，要对移民自发组织的告别集会等就餐点进行必要的食品安全指导并全程监督，对移民动迁时随身携带的熟食进行检查。三是做好消杀工作。每批移民外迁出发后，要严格按照库区清理标准，对迁出户的厕所、畜圈、禽圈等场所进行消毒处理，维护库区良好的生态环境。四是做好疾病控制工作。要对移民儿童进行免疫接种查漏补种工作。对移民中患有结核病、HIV感染等重大传染病的，要一对一的向迁入地疾控部门交接，确保治疗不断档。五是做好应急准备。移民外迁期间，市、县两级卫生部门要实行24小时值班，卫生应急队与医疗救援队作好准备，搬迁沿途各地市明确一名联络人，以有效应对突发公共卫生事件和意外情况。六是做好舆论引导工作。七是做好信息上报。

【举行“万名医生进社区、万名医师下基层”大型义诊暨医德医风承诺签名活动】　10月30日，由市卫生局主办的“万名医生进社区、万名医师下基层”大型义诊暨医德医风承诺签名活动在六堰人民广场举行，全市16家医疗卫生单位参加义诊并进行医德医风承诺签名。“万名医生进社区、万名医师下基层”大型义诊活动是2010年民主评议政风行风省卫生厅提出的“四项活动、六大行动”活动之一，其主要宗旨是为积极推进卫生系统政风行风建设，大力普及卫生常

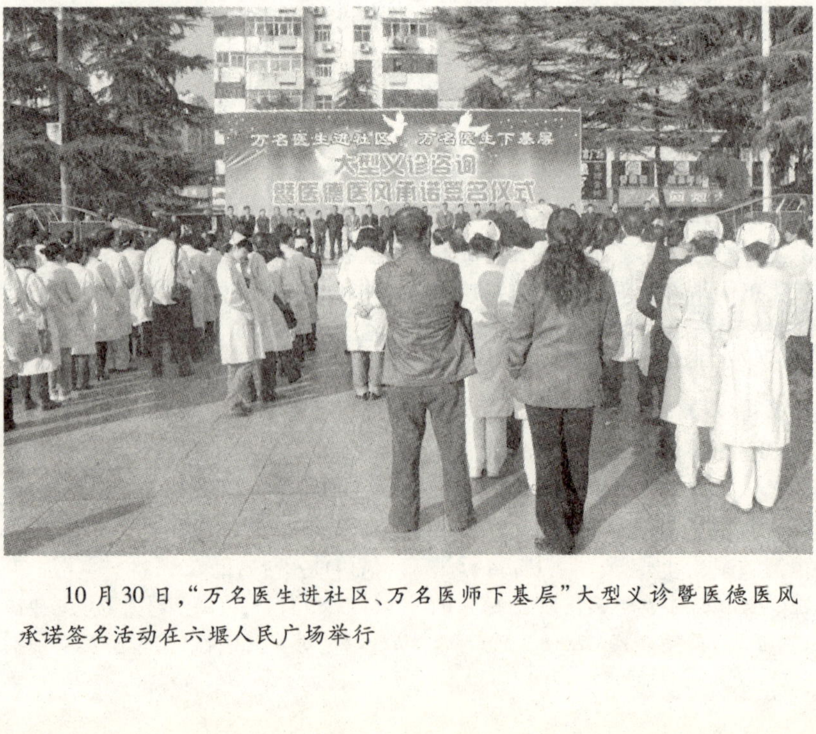

10月30日，“万名医生进社区、万名医师下基层”大型义诊暨医德医风承诺签名活动在六堰人民广场举行

识，倡导健康生活方式，着力提高城乡居民素质，展示卫生系统“爱心、健康、惠民”理念，宣传普及卫生健康知识。活动当天，来自市太和医院、市人民医院、东风总医院、市中医医院等16家医疗卫生单位2000余人开展义诊咨询并进行医德医风签名承诺。为将本次活动引向深入，市卫生局还专门邀请市行风监督员对活动现场进行观摩指导，在市政协副主席、局长黄剑云，局党委书记陈耀林的陪同下，行风监督员对各医疗单位的义诊咨询现场进行走访查看，并与各单位医生、护士等进行面对面沟通交流，同时对活动的开展给予充分肯定。据统计，活动当天，共免费发放价值近万元的药品，健康知识传单5000余份，受到社会各界好评。

【“十堰市城北区域医疗服务协作体”成立】 经市卫生局批准，由市红十字医院牵头组建的十堰市城北区域医疗服务协作体正式成立，并于9月1日召开成立大会。会议表决通过《十堰市城北区域医疗服务协作体章程》、《十堰市城北区域医疗服务协作体管委会拟任名单》、签订“双向协作协议”。十堰市城北区域医疗服务协作体要本着互利共赢，无缝式连续治疗管理等原则，完善公立医院与基层卫生机构的双向转诊机制，采取长期进修或短期培训的方式，免费为社区卫生服务机构培训业务骨干，同时为社区卫生服务机构提供技术支持。要建立例会制度，加强城北区域医疗服务协作体各成员单位之间的信息沟通，及时解决工作中的问题。市红十字医院作为“协作体”的龙头，要发挥专科优势，为城北区广大群众提供优质服务的同时，注重同“协作体”成员间互惠双赢，共同发展，共同推动公立医院试点改革工作，给百姓带来福祉。

【郧县代表队荣获2010年度全省卫生应急演练二等奖】 12月23至25日，湖北省卫生厅抽调武汉市东西湖区、十堰市郧县、荆州市江陵县、黄冈市黄梅县、随州市广水市、宜昌市宜都县等六支代表队，在武汉市江夏区举行卫生应急汇演，全省卫生应急系统400余名代表观摩演练。郧县代表队在2010年度全市卫生应急演练集中评比中得分第一，代表十堰参加全省集中演练，荣获全省卫生应急演练二等奖，受到省卫生厅的表彰。演练模拟群体性不明原因报告、流调、应急启动、应急终止、风险沟通和评估的全过程，分为八个场景28个环节，标准用时90分钟。郧县代表队演练剧本逻辑严密、演练流程科学，情景逼真、突出实战。现场操作规范，应急人员精神饱满、服装统一、分工明确、操作规范、有条不紊，重点展示流行病学调查、疫点消毒杀虫、个人防护和会商决策等环节，得到省、市现场点评组专家的高度评价，最终以总分96.58分的成绩荣获二等奖。

【省麻风病防治协会联合慰问团来堰慰问】 1月13日，在第57届“世界防治麻风病日”暨第23届“中国麻风节”到来之际，省卫生厅副巡视员万齐芝率省卫生厅、省民政厅、省残疾人联合会、省红十字会、省麻风病防治协会联合慰问团，到十堰麻风防治中心西沟麻风村，开展以“消除麻风歧视，共享和谐文明”为主题的世界防治麻风病日慰问活动，慰问十堰市麻风病病友和麻风病防治工作者。现场发放慰问品：省卫生厅慰问金6万元、省民政厅棉衣50件棉被50床、省残联慰问金1万元、省红十字会棉被50床、市残联慰问金3000元。省慰问团团长万齐芝对十堰市麻风病防治体制改革工作给予充分的肯定，作为全省第一个启用的区域性麻风病防治中心，为广大麻风病患者带来福祉。

农村卫生

【政府十件实事卫生项目】 2010年政府十件实事卫生项目确定市级财政投入200万元，继续加强20个乡镇卫生院急救站建设。经各县

1月13日，省麻风病防治协会联合慰问团，到十堰麻风防治中心西沟麻风村，开展以“消除麻风歧视，共享和谐文明”为主题的世界防治麻风病日慰问活动

市申报和全面调查各乡镇卫生院的急诊急救能力，确定20个建设单位，制订实施方案，确定招标采购20辆救护车。10月14日，市卫生局举行救护车发放仪式，救护车全部发放乡镇卫生院，购买救护车后，结余资金80万元已由市财政局下拨到乡镇卫生院用于配备急诊急救医疗设备。同时，市卫生局上半年还制定急救车辆管理办法，培训60名乡镇卫生院急诊医师，有效地加强乡镇卫生院急救能力建设。

8月14日，省卫生厅党组书记杨有旺在率队对竹山县医改和卫生工作进行现场调研时，对十堰市组织开展的“挂县带乡连村”活动给予充分肯定

【农村卫生队伍建设】 抓住中央农村卫生人员培训项目机遇，采取积极有效措施，认真组织开展2010年全市（包括神农架林区）培训，共培训160名乡镇卫生院全科医师、128名乡镇卫生院管理人员、244名乡镇卫生院“两癌”技术人员、122名乡镇卫生院公共卫生人员和1720名乡村医生，通过培训，不断提高乡村卫生机构整体服务水平和管理水平。

【省厅副厅长孙兵调研十堰卫生工作】 11月26日至29日，省卫生厅副厅长孙兵率厅农村卫生处、信息层医护人员，并就深化医药卫生体制改革，进一步做好农村卫生工作提出指导性建议。在郧西县安家乡卫生院，孙厅长一行认真查看基本药物零差率销售情况，参合农民医疗补助情况，询问基层医护人员待遇落实情况，对郧西县率先启动基本药物制度，推行新农合门诊统筹，开展乡镇卫生院人事制度改革等工作给予充分肯定。在郧县青曲镇卫生院，孙厅长一行重点查看农民健康档案，公共卫生服务均等化工作，并深入该镇桐树沟村卫生室了解乡村卫生服务一体化管理。看到卫生院整洁的院貌和规范统一的公共卫生服务站，孙厅长对郧县深入开展示范乡镇卫生院创建，落实公共卫生服务均等化，推行乡村卫生一体化管理工作给予充分肯定。在丹江口市调研期间，孙厅长一行查看丹江口市第一医院、市中医院，对丹江口市第一医院的发展规模、技术水平和区域辐射能力表示满意。在丹江口市三关殿卫生院、狮子岩村卫生室，孙厅长与基层医护人员认真探讨乡镇卫生院、村卫生室发展建设思路，同时，要求丹江口市认真做好国家基本药物制度试点县扩面准备工作，确保按时启动基本药物制度。在十堰调研期间，孙厅长一行还深入省卫生厅新农村建设驻点村—郧西县香口乡下香口村查看帮扶工作情况，配合省小康办完成联系点的年度考核验收。

11月26日，省卫生厅副厅长孙兵一行实地查看郧西县安家乡神雾岭村卫生室建设情况

【“挂县带乡连村”医疗队启动】 市卫生局明确提出全市22所二级

以上医疗卫生机构及驻市高等医学院校(湖北医药学院)对口支援7所县市区医院、38所乡镇卫生院、22个村卫生室,共组派108名医疗队员到36个乡镇卫生院工作一年时间。5月25日,市卫生局隆重举行"挂县带乡连村"医疗队启动(出发)仪式。医疗队重点从医疗技术指导、组织人员培训、特色专科建设等方面,通过对口支援活动,帮助乡镇卫生院加强管理,不断提高基层医务人员的业务技术水平,更好地为广大农民群众服务。截至9月底,各帮建单位派驻在乡镇卫生院的医疗队累计接诊病人19190人次,业务查房2753次,组织疑难病例和死亡病例讨论1244人次,开展手术545台次,组织业务讲座585场次,进村入户义诊咨询7034人次,帮助开展新业务、新技术377个,手术示教423人次,免费接受进修培训人员84人,"挂县带乡连村"活动取得初步成效。8月11—14日,省卫生厅党组书记杨有旺在率队对竹山县医改和卫生工作进行现场调研时,对十堰市组织开展的"挂县带乡连村"活动给予充分肯定。

社区卫生

【概况】 采取以奖代补形式,鼓励社区卫生服务机构进一步加强规范化建设,全面提升社区卫生服务机构基础设施和服务条件,完善服务功能,按照"调整撤并,完善体系"的原则,达到"四个一"的目标,即:一批社区卫生服务机构创建成为省和市级示范社区卫生服务中心;一部分实力较强、基础条件好的社区卫生服务站升级为中心;一部分基础条件相对较差的社区卫生服务机构在硬件设施和服务环境上有较大的提升;一少部分经创建后仍达不到基本标准的机构退出社区卫生服务机构序列。在城区社区卫生服务机构开展学习王争艳争创优秀全科医师、社区护士评选活动,通过学习王争艳同志先进事迹,增强社区卫生机构医务人员扎根基层、乐于奉献的责任意识,进一步提高十堰市城区社区卫生机构整体服务水平和服务质量。抓好社区卫生服务机构落实基本公共卫生服务工作,组织开展妇幼保健工作进社区、中医药进社区、疾病预防控制进社区、重性精神病管理等培训班;各乡镇卫生院、村卫生室和社区卫生服务机构均按照《基本公共卫生服务规范》的要求,全市已建立统一的湖北省城乡居民健康档案,城区累计建档率在60%以上,农村建档率为20.98%。

【省厅妇社处处长李向东一行督导检查社区卫生工作】 9月17日至19日,以省卫生厅妇社处处长李向东为组长的湖北省基本公共卫生服务项目及社区卫生规范化管理督导检查第四组一行5人,在十堰市卫生局副局长李传新的陪同下,深入到十堰市城区社区卫生服务机构和农村乡镇卫生院、卫生室督导检查基本公共卫生服务项目落实情况和社区卫生服务机构规范化管理情况。李处长一行先后深入到茅箭区富康社区卫生服务中心、北京小镇社区卫生服务站、十堰经济开发区社区卫生服务中心和郧西县香口乡卫生院、八亩地村卫生室,通过听取汇报、查阅资料、现场考察等形式,详细了解十堰市基本公共卫生服务项目开展情况以及社区卫生机构规范化管理情况。在现场督导检查过程中,李处长对十堰市基本公共卫生服务项目开展情况以及社区卫生机构规范化管理工作给予充分肯定,基本公共卫生服务项目组织管理到位,培训工作到位,经费保障到位,保证9项基本公共卫生服务项目得到顺利实施。已建立统一的湖北省城乡居民健康档案,免疫规范在基层医疗卫生机构逐步得到落实,传染病网络直报系统稳步运行,以高血压、糖尿病为住的慢性病防治工作全面开展,健康教育活动深入开展,老年人保健工作稳步推进,孕产妇、婴幼儿两个系统管理工作基

5月23日,卫生部副部长王国强一行深入张湾区汉江社区卫生服务中心视察调研

本落实，重性精神病管理按要求得到落实。

中医药工作

【概况】 一是继续抓好中医药适宜技术推广项目实施工作，6月下旬组成专家组对2007年纳入国家中医药适宜技术项目县进行检查验收。二是开展综合医院中医药工作示范单位创建工作，市太和医院、市人民医院通过初评，已上报省卫生厅。三是加强中医重点专科建设。经多方调研，广泛征求意见，拟定第三周期重点专科建设方案和评分细则。四是在全市各级中医医院启动管理年活动，6月份组织专家组历时8天，对五县一市进行检查，对检查情况进行通报。

【卫生部副部长王国强视察调研十堰市中医药工作】 5月23日，国家卫生部副部长、国家中医药管理局局长王国强，国家中医药管理局人事司、医政司有关负责人，在省卫生厅厅长焦红、副厅长姚云，市政府副市长刘学勤，市卫生局局长黄剑云、党委书记陈耀林等领导陪同下，深入十堰市社区卫生服务机构、市太和医院、市中医医院调研中医药工作。王国强副部长一行首先深入张湾区汉江社区卫生服务中心视察调研。在社区，王副部长亲切地与在岗坐诊老中医交谈，了解基层发展中医药工作存在哪些困难和问题，支持和促进中医药发展有一些什么好的建议，广大人民群众对中医药认知、理解、信赖程度怎样等情况，对社区医生护士、老专家们服务社区、献身基层兢兢业业工作风范表示肯定。在太和医院调研时，王国强副部长听取该院党委书记涂汉军关于综合医院如何发展中医事业的情况汇报，深入医院中医科、针灸科调研。随后，王国强副部长一行来到市中医医院，先后深入国家重点专科建设单位肝病专科、国家重点专科精神病专科、省级重点专科建设单位风湿病专科等中医药特色优势明显科室考察调研，查看该院即将竣工的国家中医医院综合楼建设重点项目和在建的精神卫生中心建设情况。王国强副部长对该院大力发展中医特色专科、研发中药制剂、多种手段提高中医药疗效充分肯定，并对下一步中医医院加强专科、创新服务理念、房屋建筑充分体现中医医院文化元素提出要求。

（曹　勇　郭公孙）

疾病预防控制

【概况】 2010年市疾控中心新扩展体检采像、临检血沉、免接接种项目，职业体检4465人次，达历史最好水平，一类疫苗接种人数同期比增幅近40％。荣获十堰市2009—2010年度党建工作先进单位荣誉称号，再次荣获湖北省文明疾病预防控制中心称号，并通过茅箭区文明单位的检查验收。8月通过湖北省疾病预防控制绩效评估。以“查、防、救、治、宣”为主的艾滋病防治工作深入开展，全年超额完成省下达的综合监测任务；结核病病人的发现率、DOTS督导率以及结核病人治愈率继续走在全省前列，结核病防治质量稳步提升，圆满完成卫X项目终期评估、全国第五次结核病流行病学抽样调查和《十堰市结核病防治规划（2001—2010年）》评估工作，获得全国防治结核病先进单位的称号。

【免疫规划政策落实】 全市共接种593635针次，单苗报告接种率均在95％以上。按照国家全省统一部署，2010年开展全市甲流感重点人群第三、第四批疫苗接种工作，共完成2批次12万人份疫苗接种工作。9月份，开展麻疹强化免疫活动，接种17万名适龄儿童，接种率达到99.01％。代表湖北省接受卫生部督导检查，受到卫生部领导和专家高度评价。

【疾病监测及防治】 国家和省确定的流感、霍乱、手足口病等传染病监测任务完成率达100％；主动搜索、及时发现和处理疟疾疫情，特别是在8月份通过主动监测，及时发现、有效治愈一劳务输出公司7名恶性疟感染者，并通过完善出归国人员体检机制，落实早发现、早隔离、早治疗的长效运行机制。落实艾滋病“四免一关怀”政策，努力改善艾滋病患者的生存质量，积极实行高危行为干预。前9个月新增HIV感染者18例，保持了疫情的平稳。在手足口病疫情增加2.30倍的情况下，落实综合性防控措施，减少疫情聚集性发生，加强重症病人的筛查与转诊，成功地抢救5例重症患儿。地方病、麻风病、慢性疾病综合防治工作取得可喜成绩。2010年竹山县、竹溪县分别以99.7和98.9的高分接受消除碘缺乏病和重点地方病“十一五”规划的省级考核评估，标志着全市实现消除碘缺乏病的目标，成为十堰市疾病预防与控制进程中取得的又一重大成绩。积极开展麻风病防治工作，组织完成全市二级以上医疗机构及疾控机构麻风病防治技术培训工作。新发现麻风病人2例，完成麻风病畸残矫治手术52例，超过省下达的30例任务。启动和落实基本公共卫生服务慢性病预防控制项目工作，形成市、县、乡三级慢性病预防控制工作网络和信息监测网络。在城区社区卫生服务机构及乡镇卫生院启动实施湖北省糖尿病防治医师继续教育项目。

【健康教育工作】 结合疾病预防控制工作需要，开展多途径的健康教育知识传播，与市主要媒体联合开办电视、报纸专栏，完成以《十堰市城镇居民健康教育手册》、《健康教育墙报》等为主的20余种传播材料的编发，组织开展专题健康教育宣传活动10余次；结合亿万农民促进行动、公民健康素养促进行动和创建卫生城市等卫生系列创建活动，指导社区、学校、医院、乡村和企事业单位，大力开展社会健康教育和控烟健康教育，取得显著成绩。

【获全国结核病控制项目先进集体荣誉称号】 4月7日，湖北省世界银行贷款/英国赠款结核病控制项目总结大会在武汉丰颐大酒店隆重召开，标志着历时8年、涉及中国内地16省区的全球最大结核病控制项目—世界银行贷款/英国赠款中国结核病控制项目（简称卫X项目）全面完成。会上，对湖北省在项目工作中表现突出的全国和全省的先进集体和个人进行表彰，并颁发奖牌和证书。十堰市疾病预防控制中心被卫生部项目监管服务中心授予卫X项目全国先进集体荣誉称号；高海波等3名同志被授予卫X项目全国先进个人荣誉称号；郧西县疾病预防控制中心、房县城关镇卫生院被湖北省卫X项目办公室授予湖北省卫X项目先进集体荣誉称号；刘传泉等9名同志被授予湖北省卫X项目先进个人荣誉称号。卫X项目于2002年3月启动，2010年3月完工。卫X项目实施期间，全市共发现并治疗活动性肺结核病人20626例，其中传染性病人15302例，初治涂阳病人治愈率达94.8%，复治涂阳治愈率87.3%，高于项目设计要求的85%和75%的目标。据世界卫生组织专家研究结果，一个活动性肺结核病人在自然流行状态下可感染10～15个正常人。据此估算，项目实施的8年间，十堰市有15.3～22.9万人免于感染结核病。项目的实施为保护人民群众的身体健康作出积极贡献，减轻结核病人及其家庭“因病致贫，因病返贫”的压力，为社会经济发展作出巨大贡献。

【中心通过市级疾病预防控制机构甲等实验室评审】 9月27日，省卫生厅组织地市级疾病预防控制机构实验室评审组对十堰市疾病预防控制中心实验室进行评审，市疾病预防控制中心实验室以950.11的高分通过市级甲等实验室的评审，标志着市疾病预防控制中心实验室管理水平和检测能力全面提升，实现全市疾病预防控制机构能力建设的又一重大飞跃。市疾病预防控制中心开展实验室等级创建以来，对照标准，认真整改，逐步形成组织机构明晰、建设布局合理、人员结构优化、内部管理科学、仪器设备受控、质量管理规范、安全运行有序的实验室管理体系。实验室功能齐全，建有普通理化实验室、地方病实验室、化学毒物实验室、形态学实验室、免疫学实验室、病原学实验室等10个类型专业实验室，检测项目达377项。近五年来，独立完成10项科研课题，参加国家、省组织的能力验证19项次，检测范围涵盖食品安全类、水及涉水产品类、消毒产品类和疾病控制类等。相继获得艾滋病确认试验室资质、湖北省职业健康检查机构批准证书、湖北省职业技术服务资质证书、全国碘缺乏病质量控制网络实验室、国家流感网络监测实验室等资质证书。新开展酒驾人员血中酒精含量测定方法验证，完成GB4789—2010新方法验证20项；2010年检测项目共达377项，完成样品检测30608份，检测报告结果正确率100%，无安全事故、无异议申诉发生。

【国家医疗队在十堰市开展麻风畸残矫治手术】 5月18日至20日，中国CDC麻风病控制中心主任、中国麻风防治协会理事长张国成、中国CDC麻风病控制中心康复室主任严良斌率国家医疗队一行6人，携带麻风畸残康复手术设备，到位于竹山县文峰乡西沟的十堰麻风防治中心，免费为十堰市、襄樊市和神农架林区31位患者开展50例畸残矫形手术（其中：防盲手术24例，治盲术10例，手·面功能重建术9例，防癌术9例）。这是十堰麻风防治中心第二次利用国家专项彩票公益金开展的麻风畸残矫形项目。

【实现消除碘缺乏病防治工作目标】 5月16日至18日，在由省发改委、省卫生厅和省盐务管理局组成的省级考核评估组对十堰市消除碘缺乏病工作进行的考核评估中，竹山县代表十堰市接受省级考核组的评估，并以99.7分（百分制）的高分通过评估，标志着十堰市实现消除碘缺乏病的目标。十堰属低纬度内陆地区，外部环境严重缺碘，曾是碘缺乏的重病区之一。据上世纪80年代资料统计，碘缺乏病分布在全市6个县、区，全市曾有地方性甲状腺肿424726人，地方性克汀病患者14584人。多年来，市委和市政府的高度重视碘缺乏病的防治工作，1994年实行全民食盐加碘后，全市地方性甲状腺肿发病率迅速下降，无新发地方性克汀病人。1999年十堰市的碘缺乏病防治工作通过国家考核验收，达到基本消除碘缺乏病的阶段目标，碘缺乏状况明显改善。2009年对全市8个县、市、区消除碘缺乏病目标进行市级考核评估，结果显示，碘盐覆盖率达99.63%，碘盐合格率达98.37%，居民合格食用率达98.37%，尿碘中位数达265.61g/L，四项指标均达到国家消除碘缺乏病的标准，全市基本控制呆、傻、聋、哑克汀病患儿的出生，碘缺乏病区儿童智商显著提高，人群碘营养水平处于基本适宜状态。

（肖　云　黄　卉）

卫生监督

【卫生许可管理】 全年审查办理食品、公共场所等生产经营单位《卫生许可证》1880户,其中新发食品生产经营单位962户、公共场所经营单位373户、生活饮用水供水单位6户。完成食品、公共场所等生产经营单位从业人员健康体检20750人(其中特检316人),调离五患人员183人。按照局年度工作综合目标要求,每季度对相关执法队(科室)卫生许可审查办证工作情况进行一次自查清理;每半年对执法队卫生许可现场审查工作质量、以及从业人员“五患”调离工作落实情况档案进行督导检查。发现问题,分析原因,及时调整工作部署、改进工作方法、解决问题、纠正错误,有效地促进“卫生许可证”、“健康证”审查办理工作的质量和效率。进一步完善卫生许可工作“规程”、加强督导检查审核,组织开展食品卫生许可年度审核工作。

【省重点卫生监督整治工作】 一是严把餐饮许可关,按照《餐饮业和集体用餐配送单位卫生规范》和创建卫生城市有关要求,指导新开业的餐饮服务经营单位按国家标准和要求规范布局、规范流程、规范管理;重点抓好小餐饮单位的许可,促进小餐饮单位的卫生质量和管理水平上台阶;全年发放《餐饮服务许可证》1137户。发放《健康证》23249份次。二是按照十堰市2010年重点卫生监督工作计划(含学校卫生、公共场所、消毒产品及涉水产品、饮用水、职业卫生与放射卫生、医疗市场监管及传染病防治),进一步加强全市公共卫生监督及医疗执法工作,切实维护人民群众的健康权益,全年监督抽检各类样品共计4740份,其中食品样品158件,合格140件,合格率为88.61%;饮用水201件,公共场所613件,均合格;消毒质量监测1781件,合格1710份,合格率为96.01%;餐具消毒监测3987件,合格3671件,合格率为92.07%。三是针对食品消费热点问题,组织开展全市餐饮食品安全集中清查行动工作,彻查问题奶粉。经检查,各餐饮单位均未使用2008年未销毁的问题奶粉,不存在使用2008年9月14日前生产的未检验三聚氰胺的奶粉的情况;14家使用奶粉的餐饮单位均使用2009年生产加工的合格的奶粉。四是组织开展餐饮业地沟油使用食用油及一次性筷子的监督检查,未发现有食用地沟油的违法违规行为。通过十堰电视台、报纸及网络等相关媒体对监督检查过程及情况及时予以报道。五是进一步加强重点区域、重点单位和重点产品的监管,结合创建国家卫生城市工作,开展学校食堂卫生及周边环境专项整治和城区主要路段的小餐饮单位的专项整治。六是抓好食物中毒和食源性疾患预防控制工作。加强对重点部位、重点环节、重点食品监管,积极做好食物中毒等突发公共卫生事件的应急准备工作,全年未发生食源性疾患和食物中毒事故。七是加强社会宣传和培训,提高公众的食品安全意识。组织开展“3.15”咨询活动,在“十堰晚报”刊登局长访谈;“世界卫生日”、“12.4”法制宣传日组织开展现场咨询活动。

【打击非法行医】 医疗卫生单位监督覆盖率达100%,建立完整的监督执法档案。及时调查处理违法行为,案件查处率100%。查处各类非法行医案件29起,取缔非法医疗摊点17个,罚款人民币12.5万元,没收药品和医疗器械8箱件,移送公安处理涉嫌犯罪非法行医案件2起;为及时遏制药店坐堂行医行为,安排专班人员,对全市91家大小药店进行拉网检查,现场查处药店坐堂行医行为6起,发放卫生监督意见91份;对18家计生服务机构进行全面检查,查处超范围开展医疗行为11起,罚款34000元。

【公共场所、化妆品、生活饮用水卫生监督检查工作】 积极推进公共场所量化分级管理工作,全面提升公共场所卫生质量。对公共场所重点监督抽检游泳池水质和公共场所集中空调卫生状况。集中开展城市集中式供水、高层建筑及宾馆、饭店社会单位二次供水整治活动。坚持对城区11个管网末梢水每月一次的采样检测工作。结合卫生城市创建工作,重点组织开展小美容美发店、小公共浴室、小歌舞厅、小旅店等场所卫生监督专项检查,严厉打击非法使用化妆品禁用物质、超限量使用化妆品限用物质、未取得化妆品卫生许可证生产化妆品以及非法经营化妆品等违法违规行为。督导203名特殊从业人员进行健康检查。把好公共场所发证审查关,全年发放公共场所《卫生许可证》521户。

【职业病、传染病防治工作取得新进展】 认真宣传贯彻《职业病防治法》、全力推进职业卫生监督工作。以放射诊疗许可校验为契机,全面规范放射诊疗单位放射卫生工作。扎实组织开展宣传《职业病防治法》系列活动,组织21500人参加《职业病防治法》知识竞赛活动。同时,送法进企业活动,取得良好的社会效果。认真开展以矿山开采、石英砂加工、冶炼等行业存在粉尘与高毒物品危害的中小企业为重点的监督检查,共监督检查用人单位211家,规范用人单位职业健康监护工作,切实保护用人单位和劳动者合法权益;指导企业设立职业病防治管理机构,配备有专(兼)职职业病防治工作人员;组织接触粉尘、毒物、噪声等职业病危害因素劳动者职业健康检查4136人,检出职业禁忌及健康损害107人，督促企业组织复查或调离有害岗位53人。为认真贯彻执行《放射诊疗管理规定》，加强和规范全市放射卫生监督管理工作，保护放射工作人员和公众健康安全，11月中旬，组成两个检查组并抽调十堰市东风职业病防治所专家和县(市)监督员参加，对6家卫生监督机构、6家职业健康检查机构和12乡镇卫生院申报创建省放射诊疗示范工作情况进行验收。

【卫生行政执法案件查处】 依照行政处罚法及卫生法律法规规定，积极做好卫生行政案件登记、审查、报批，以及向人民法院申请强制执行等一系列工作。全年共立案查处76起，没收或销毁不合格产品价值达10万余元，罚款19.62万元，其中食品卫生3起，饮用水1起，非法行医、传染病防治、非法采供血62起，职业卫生处罚6起。同时，为进一步提高案件办理质量，加强案件的审核工作，对每次审核发现的问题，及时与各队和办案人员沟通，做好服务与指导工作。组织案件参加湖北省卫生行政处罚案件评查活动，获得执法案例优胜奖。 （陈 萍）

采供血工作

【概况】 全年全市累计参与无偿献血35981人次，献血63520个单位，经分离制备向临床提供血液产品117954个单位，分别比上年同期增长3760人次、4964个单位、8884个单位。一次献血400毫升达79.78%，全年供应机采血小板1452个治疗量。其中南三县累计参与无偿献血6634人次，献血11073个单位，经分离制备向临床提供血液产品16645个单位，一次献血400毫升达66.91%，分别比上年同期增长1245人次、2002个单位、2646个单位。

【稳步度过无偿献血工作高危期】 由于诸多原因造成无偿献血和采供血机构公信危机，致使全国各地参与献血人数剧减，出现大面积“血荒”，临床用血严重紧缺，患者闹医院，医院逼血站，媒体不断炒作，一时造成全国多个城市和地区因血而慌，十堰市不一例外遭受到余震，一度出现无偿献血工作举步维艰，全站干部积极应对，平稳度过无偿献血工作高危时空，并创下参加无偿献血人数最多、采供血量最多的历史纪录，基本保证全市临床用血需求。一是针对无偿献血工作和采供血机构遭遇的公信危机，依托新闻媒体开辟宣传专栏，积极开展无偿献血正面宣传，从公民普遍反映的焦点热点问题入手，解惑答疑，逐步消除社会对无偿献血工作的认识误区，赢得全社会对无偿献血这一公益性事业的理解和支持，增强采供血机构的社会公信力，积极引导市民参与无偿献血。二是加大宣传力度，拓宽宣传领域，创新宣传模式。逐步向农村延伸，向校园延伸，向企业厂矿延伸。三是坚持活动造势，努力扩大无偿献血工作社会影响，以“6·14”世界献血者日、“10?1”《献血法》颁布实施周年等纪念日为契机，组织开展庆祝第七个世界献血者日暨无偿献血有奖知识竞赛抽奖晚会、无偿献血突出贡献者赴港澳学习考察、志愿服务队艺术团广场文艺晚会、稀有血型联谊表彰会、高校爱心助学基金捐赠等一系列有影响的社会活动。四是着重加强献血服务管理和服务措施的完善。规范服务行为，增强服务意识，更新服务理念，实实在在从小事做起，处处为服务对象着想，体现人性化服务理念。2010年以体采科为试点推行“星级服务”评选，对职工的着装、服务礼仪、工作要求制定较为详细的考核标准并在采血车上公示，取得较好的效果。五是不断优化服务流程，提升服务质量，用至真至诚的贴心服务感动献血者，建立起采前、采中、采后并重的服务模式，注重与献血者的情感交流，满足献血者心理需求。

【确保血液安全】 一是不断完善血站质量管理体系，确保血液产品有效安全作为一项重要工作，不断加大工作力度。为检查贯彻落实质量体系建设的效果，6月份对D版质量体系运行情况进行内审，共查出一般不合格项20项，未发现严重不符合项。10月又召开管理评审会，对新版质量体系的适宜性、充分性和有效性进行评估，将差错管理和质量审核作为获得持续改进的根本途径，将不合格项的发现、报告、分析和整改作为过程管理和持续改进的一个重要切入点，采取切实有效的纠正和预防措施，达到过程监控，持续改进的开展质量管理工作，确保全站质量方针和质量目标的贯彻实施。二是为保证血液质量，确保输血安全，严格按照卫生部“一法两规”的要求，切实规范采供血流程，做好献血者招募、采集、检验、成分制备、质控、储血、供血、医疗废物处理等各个环节的工作和记录。2010年共检测36275人次，合格34721人次，不合格1554人次，不合格率4.28%。全年参加湖北省临检中心举行的室间质评3次，成绩均为优秀；参加卫生部临检中心室间质评2次，结果符合率为96%，均达到国家要求。三是加强人才培养，坚持对全站职工进行专业知识培训，注重对在职在岗人员的培训与提高，保证学习时间，丰富学习内容，增强学习实效。2010年选送职工外出培训学习40余人次，2人到武汉血液中心进修学习，站内开展关于血液安全教育及相关知识培训8次，拓展训练2次。组织新进人员和转岗人员参加内、外部培训，并获得相应岗位人员从业资格证书。四是加大考核力度，站考核小组每季度按照综合目标考核细则对各科室进行全面考核，及时发现工作过程中存在的不足，每季度召开一次考核情况通报会，半年进行一次质量内审，每年召开一次管理评审会，分析质量问题，提出改进意见和建议，并将考核成绩与科室工作人员年度考核、效益兑现、评先表模相结合，大大提高全站职工工作热情，促进质量控制各项任务的落实，确保质量体系的有效运行。五是加大输血科研力度，坚持输血研究与临床相结合，积极学习、引进和开展新技术，攻克技术难关。2010年除完成省级重点科研项目《自愿献血者转化为志愿献血者服务需求的研究》外，又新申报一项省级科研项目《实施血液批放行的方法研究》，相关工作正在有序进行中。

（李　辉）

爱国卫生工作

【爱卫组织和制度建设】 一是进一步完善市爱卫会组织机构建设，加强爱国卫生工作的组织领导。2010年根据市政府及相关部门领导人事变动，及时调整了市爱卫会领导和成员组成人员，加强了对爱国卫生工作的组织领导。二是组织召开了十堰市爱卫会全体（扩大）会议和爱卫月活动动员会议，总结2009年全市爱国卫生工作，安排部署了2010年全市爱国卫生工作，命名表彰了十堰市卫生乡镇、卫生村、2008至2009年度十堰市卫生先进单位，8个市爱卫会委员部门向全会报告了工作；对城区创建国家卫生城市工作进行了安排部署。市人大、市政府、市政协分管领导出席会议。市政府副市长刘学勤在会上作了重要讲话，讲话强调爱国卫生运动要充分调动和发挥成员单位的作用，紧扣群众健康这一主题，着力抓好城乡爱国卫生工作；要进一步加强创建国家卫生城市工作，实现市委市政府提出的创建工作目标，使群众在享受创建过程的同时得到更多实惠。三是督促各级、各部门进一步建立健全爱国卫生组织机构，落实爱国卫生工作任务职责。各县市区按照市爱卫会全体（扩大）会议精神，结合实际，分别召开了爱卫会全会制订年度工作计划和创卫措施，确保了爱卫工作进一步深入开展。

【开展创建国家卫生城市系列活动】 一是全力开展创建国家卫生城市工作。市委市政府创建国家卫生城市列为2010年度“四大任务”之一，要求要实现创建国家卫生城市通过省级评估和湖北省卫生城市通过复查目标。围绕任务和目标，市爱卫会认真抓好各部门责任落实，加快推进城市市政和环卫基础设施建设；继续深入开展环境卫生、市容市貌、户外广告和“野广告”、物业小区、背街小巷、农贸市场、六小行业、城区河道、交通有序、废气噪声油烟污染等十项专项整治；加强环境保护和监管；加强公共场所卫生和生活饮用水卫生监管；加强食品安全监管；加强疾病预防控制和病媒生物防制；开展社区城中村城乡结合部综合整治；加强健康教育教育和创卫氛围营造；创建国家卫生城市工作开展暨轰轰烈烈又卓有成效。十堰广播电视台、十堰日报、十堰政务网等新闻媒体开辟“创建国家卫生城市”专栏，宣传创建目的意义，宣传创建成效，建立监督曝光台，发挥新闻舆论的引导和监督作用；机关、学校、企事业单位和城市社区利用宣传橱窗、内部网站等形式大力宣传“创卫”知识、卫生健康知识、文明礼仪知识，引导广大干部群众投身创建国家卫生城市活动。市建设部门抓紧完成市政道路工程优化建设，对十堰城区背街小巷进行升级改造；进一步整治市容市貌，拆除违章建筑，整治出店经营，占道经营，规范广告及店堂牌匾，清除“牛皮癣”；加强了集贸市场周边卫生整治和取缔出店经营、占道经营工作力度。市政园林部门加大了环境卫生整治工作力度，重点加强了主次干道、公共场所的清扫保洁，加强渣土运输管理，落实门前三包责任制搞好单位卫生保洁；建立长效管理机制，进一步强化了“两级政府、三级管理、四级网络”的环卫体制建设。市卫生部门大力开展以小餐饮为重点的六小行业专项整治，规范公共场所和生活饮用水卫生管理，组织开展了“六小”行业“秋风行动”、“春雷行动”，创建“百家示范户、千家达标店”活动，打造示范街6条，培植示范户50余家、合格单位500余家，“六小”行业经营户卫生条件和卫生指标基本达到相应行业卫生要求；深入开展疾病预防控制和病媒生物防制工作，强化健康教育。市水利部门进一步加强城区中心区张湾河、红卫河、马家河、神定河等河道的综合整治。市工商和商务部门进一步加强农贸市场管理，对老虎沟农贸市场、顾家岗农贸市场、十堰大市场、张湾河市场等进行了升级改造，强化了对农贸市场和校园周边环境的综合整治，有效地促进了市场建设及规范管理。市环保部门突出工业废气、汽车尾气、餐饮油烟污染治理重点，加强了重点排放废气企业的环境监管。开展了餐饮油烟污染专项整治和以饮用水源安全、流域区域环境治理，有效保护了城区环境质量。茅箭区、张湾区、十堰经济开发区、东风公司十堰管理部充分发挥创建国家卫生城市主体作用，全力开展创建国家卫生城市各项工作，特别是社区、城中村、城乡结合部的综合整治取得了明显成效。其他爱卫会各成员单位也按照职责分工保质保量的完成了相关创建工作任务。2010年10月，我市顺利通过了省级卫生城市复查和国家级卫生城市省级检查评估，实现了市委市政府确定的创建国家卫生城市阶段性目标。丹江口市为迎接湖北省卫生城市复查，认真组织各项创建活动和专项整治活动，进一步完善城市基础设施和环境卫生设施建设，加强城市综合管理，创建工作也取得了明显成效，并通过了湖北省卫生城市复查。二是大力开展卫生县城创建工作。暨竹山县创建成湖北省卫生县城后，郧西县也积极争创湖北省卫生县城。郧西县在创建省级卫生县城过程中，一是充分利用新闻媒体、户外广告、健康教育五进活动等不同形式，强化宣传，营造创卫氛围。二是加大县城基础设施和环卫设施建设力度，以主办“77”文化节为契机，进一步完善县城道路建设、广场建设、河道建设、景观桥建设，新建了生活污水处理厂，立项建设生活垃圾处理场。三是突出重点、抓整治，围绕“城中村、城乡结合部、入城口环境卫生”、“ 污水处理厂、垃圾填埋场”、河道、农贸市场等十六项重点开展专项整治，县城管理水平进一步提高。四是大力实施亮化美化净化工程，加强景观建设和绿化工作。通过全力创建，县城环境卫生面貌发生了巨大变化，2010 年 12 月顺利通过了省爱卫办组织的湖北省卫生县城考核验收，并于 2011 年 2 月命名为湖北省卫生县城。三是进一步组织各县市区积极创建卫生乡镇、卫生村创建活动。在农村卫生镇、村创建活动中，坚持将卫生镇、卫生村创建与新农村建设、百镇千村工程、整村扶贫开发、农村改水改厕和生态家园建设相结合，取得了良好效果。如丹江口市凉水河镇对照《湖北省卫生镇标准》积极开展创建省级卫生镇，使镇容镇貌发生了很大变化，湖北省卫生镇创建已经省爱卫办考核命名；蒿坪镇在卫生乡镇的创建活动中，加快推进镇卫生基础设施建设步伐，提升了集镇整体服务功能，十堰市卫生镇创建已顺利通过了市爱卫办组织的检查考核命名为十堰市卫生乡镇。四是深入开展“景区卫生示范工程”建设。市爱卫办，市旅游局，市卫生局下发了《关于创建省级卫生示范旅游景区的通知》，各景区一是完善旅游景区基础设施建设，加大了基础设施投入，完善景区外部道路、专用停车场或船舶码头建设，加快景区旅游厕所建设，配套完善厕所设备设施，布局合理，数量满足需要。二是进一步美化旅游景区环境，加强了景区内外环境整治和美化，整治景区乱堆、乱放、乱搭、乱建、乱刻、乱画等现象，做到无污水、污物，建筑物及各种设施设备无剥落、无污垢，无异味。景区卫生及时清扫，日产日清，垃圾箱布局合理，标示明显。目前已经有武当山景区，野人洞等 5 个景区申报了省级卫生示范景区。

【农村爱国卫生工作】　各县市区以镇为单位成立新农村环境卫生整治工作领导小组，将全镇镇村环境卫生整治作为社会主义新农村建设的主要工作去抓，制订治理方案，落实责任。各地紧紧围绕建设社会主义新农村目标，以农村改水改厕为重点，着力抓好农村环境综合整治和农民健康教育。丹江口市在乡镇集中组织开展了集镇环境卫生秩序综合整治活动。印发了《丹江口市村镇环境卫生秩序综合整治工作方案》，明确了以“三消灭、三提高”为目标，以乡镇集镇区域、集镇周边行政村、汉十公路、丹郧公路沿线各行政村为重点，努力营造环境优美、秩序良好、村容整洁的文明卫生村镇新形象，各乡镇积极行动，认真组织干部群众开展全方位的环境卫生治理活动，全面清除房前屋后、公共场所的垃圾、杂物，清除畜圈粪便，清拆公路沿线有碍观瞻建筑物；各乡镇加快乡镇集镇建设，改造和硬化集镇道路，铺装人行道砖，安装路灯，建设绿化带，铺设草坪种植树木，兴建城镇小游园及文化广场等，集镇环境面貌和公路沿线环境秩序大为改观，改变村镇环境卫生面貌，提升了村镇文明卫生形象。竹溪县在东起县河镇农业示范场，西至蒋家堰镇关垭子 51 公里区域内实施“百里长廊”工程，整村推进 305 省道沿线道路硬化、绿化美化和房屋外型改造，促进新农村建设。张湾区组织实施“美化环境、清洁家园”工程，确定“三线十六个点”，即 316 国道、209 国道、南环路（西沟乡）沿线的十六个村（社区）为试点，以“三清（水源清、田园清、家园清）”、四净（水净、厕净、圈净、厨净）、“八无”（无柴草乱放、粪土乱堆、垃圾乱倒、污水乱泼、禽畜乱跑、乱搭滥建、乱牵乱挂、乱写乱画）为目标，发动群众整治环境，极大地提高了辖区环境质量。其他县市区也结合实际组织开展了农村爱国卫生工作，取得了较好效果。各地在抓好镇村环境卫生综合整治的同时，大力开展农村改水改厕工作，进一步提高农村安全饮水质量，提高卫生厕所普及率。2010 年全市共争取国家下达农村安全饮水改水工程投资 1.88 亿元，群众投工投劳 121.5 万个，新建成饮水安全工程 460 处，新解决了 32.85 万人饮水不安全问题。争取项目资金加大农村改厕工作。全市全年共完成一建三改任务 2.6 万户，郧西县、丹江口、竹山县爱卫会利用中央改厕资金和地方财政投入，完成了农村卫生改厕任务 2.3 万口。

【爱卫月活动】　2010 年 4 月份是全国第二十二个爱国卫生月。为认真组织好全市爱卫月活动，市爱卫会一是召开了爱卫月活动动员会，二是下发了《关于开展 2010 年爱国卫生月活动的通知》，明确了“清洁城乡环境、共创美好家园”活动主题，对爱卫月活动内容进行了周密安排，要求爱卫月活动要与创建国家卫生城市紧密结合，着力解决一些城乡突出的卫生问题，清除垃圾和卫生死角，实现城乡卫生长效管理，全面改善城乡环境卫生面貌。全市广播、电视、报纸等新闻单位及时报道爱卫月活动情况，宣传卫生防病知识，动员广大群众积极参与爱卫月活动。市直有关部门、各医疗卫生单位利用宣传标语黑板报等方式宣传爱卫活动。市直机关工委组织市直机关干部职工积极参加卫生突击日活动。城区各区、各街道办事处、居委会，按照爱卫月活动要求和任务划分，结合卫生城市创建认真组织辖区各单位和居民清扫保洁街道，打扫室内外卫生，清洗乱贴乱画，治理居民区、卫生责任区环境卫生，清除卫生死角，集中开展了清除垃圾和环境卫生整治活动。4月7日世界卫生日当天，市爱卫会、市卫生局在人民广场举办世界卫生日暨爱卫月大型义诊及健康咨询宣传活动。市太和医院、人民医院、中医院、疾控中心、西苑医院（传染病医院）、妇幼保健院、卫生监督局、红十字医院、市中心血站、铁路医院、市急救中心、东风职业病防治所、东风公司总医院、东风公司茅箭医院、东风公司花果医院等15个市直及驻市医疗卫生单位的166名医务人员在各单位领导的带领下，开展义诊，围绕“城市化与健康”这一主题和创建国家卫生城市进行健康知识咨询等宣传活动。本次义诊及健康咨询活动共设置展板126块，发放健康知识宣传材料28300份，接待咨询6112人，义诊2389人，受理餐饮服务投诉5起。爱卫月活动的开展，城乡环境卫生面貌得到改善，达到了以月促年的目的。

【健康教育宣传】 一是各地进一步加强了健康教育专业机构的综合能力建设，健康教育与健康促进综合能力建设试点工作得到巩固和发展。二是通过制作健康教育展板、印制健康教育处方、开办健康教育专栏、发放健康教育墙报、开设健康教育课、举办健康教育讲座、进村入户宣传等多种形式，把健康知识传播到社区、机关、学校、医院，提高市民健康知识普及率、健康行为行成率。三是大力推进亿万农民健康教育与健康促进行动。积极落实《全国亿万农民健康促进行动湖北省实施方案》，组织多部门合作开展农村健康教育与健康促进活动，向农民反复宣传健康知识核心信息。四是结合重大疾病预防控制工作和卫生主题宣传日活动，开展传染病、常见病、地方病防治及突发公共卫生事件的健康教育，重点抓了甲型H1N1流感、艾滋病、结核病、乙肝等重大传染病防控知识的宣传教育与健康促进工作，对返乡农民工进行了艾滋病的行为干预。五是结合创建国家卫生城市、卫生县城活动，发挥医疗卫生单位的优势，组织以社区卫生服务机构为骨干，社区居委会为基础的“送健康、进社区、入万家”活动，深化医院健康教育“五个一”工程，以此带动城乡基层健康教育与健康促进工作。六是在机场、车站、码头、广场等公共场所设固定的健康教育宣传栏。在市区主要道路、广场等设固定的健康教育公益广告。八是在中小学开设健康教育课，在家庭普及健康常识，“大手牵小手，小手拉大手”，进一步改善环境卫生、改变不良生活行为，提高居民健康素养。七是开展控烟健康教育，加强了医院、学校、商场、窗口单位等公共场所的控烟工作，结合“世界无烟日”活动，进行控烟宣传教育，全市控烟健康教育工作的力度、广度有了新的进展，目前全市卫生系统均开展了创建无烟单位活动，所有卫生行政机关均为无烟单位，为全市作了表率。

【病媒生物防治】 一是统筹安排，精心组织。市爱卫会印发了《关于开展春季灭鼠活动的通知》、《关于开展夏季灭蚊、灭蟑活动的通知》对春季灭鼠活动和夏季灭蚊灭蟑进行了详细安排部署。二是层层动员，加大宣传工作力度。组织召开了动员会，市疾控中心开展了有害生物技术培训和密度灭前调查监测，对城区各街办社区居委会投药员进行技术培训，发放宣传资料，加大对春季灭鼠活动和夏季灭蚊灭蟑的宣传动员，提高了市民对灭鼠灭蚊灭蟑工作重要性的认识和参与灭鼠灭蚊灭蟑的积极性。三是治本为主，加大环境卫生整治力度。组织广大干部职工和市民广泛开展群众性爱国卫生运动，铲除垃圾，综合整治环境，堵塞鼠洞，消除老鼠蚊蟑的栖息场所。四是按照“五统一”的要求，开展了大面积化学消杀，做到了药物到位、任务到人、不留死角。城区春季灭鼠共投放毒饵近5万余包，经灭后密度监测，鼠密度控制在不足为害的程度。2010年9月顺利通过省爱卫会对十堰市的“三灭”复查达标检查验收。（赵　良）

社会民生

劳动和社会保障

【就业再就业工作】 一是全力做好城乡统筹就业。全市全年新增城镇就业人员37100人，完成年度目标任务3.5万人的106%。帮助1.81万名下岗失业人员实现再就业，完成年目标1.6万人的115%；安置就业困难对象再就业6100人，完成年目标5300人的115%；指导农村富余劳动力转移就业4万人，完成年度目标任务3万人的133%，各项就业再就业目标任务全部超额完成。二是进一步落实再就业优惠政策。全市共筹集再就业资金10733万元，其中，中央转移支付7963万元，地方财政安排2239万元。目前，全市已使用资金8285万元，其中职业介绍补贴201万元，培训补贴1290万元，社保补贴2345万元，公益性岗位补贴2499万元。三是不断扩大职业培训规模。全市共组织就业前培训、就业再就业培训、创业培训3.15万人，完成目标任务3万人的110%。农村劳动力转移培训2.8万人，完成年计划21000人的133%，通过培训带动就业1.27万人，完成年任务的127%。帮助2930名城乡劳动者实现创业，带动就业13114人，完成年计划1万人的131.14%。四是大力开发公益性岗位。全市把开发公益性就业岗位，安置就业困难人群作为重中之重，印发《十堰市招聘公益性岗位实施方案》，着手组织相关录用、竞聘工作，全年共收集公益性岗位8318个，其中市直开发岗位2229个，超额完成省下达的任务。市政府将城区120个公安交警协管岗位，280个社区治安流动暂住人员管理岗位，200个城市协管岗位全部作为安置就业困难人员的公益性岗位。房县开发基层社会管理类公益性岗位110个，其中社区劳动保障协理员21名，基层民政协理员28名，工会协理员5名，“校安工程”协警55名。郧县采取公开招考的方式选拔协警、民政助理，确保考试公平、公正，得到社会各界的好评。五是全力实施创业带动就业工程。始终把促进创业带动就业作为当前扩大就业的重要途径，各县市区通过加强创业工作园区建设，制定优惠政策，吸引一大批创业人员进园创业，并成为创业带动就业的重要区域和创业“孵化基地”。十堰市高新技术开发区专门建立创业孵化园，引进创业企业115家，创产值6.2亿元，税收5000万元，带动就业2800多人。竹溪县鼓励返乡创业，外出务工人员许启典在县工业园区创业“广宇建材制造有限公司”，带动600余人就业，该企业还被省委省政府授予“回归创业先进企业”。同时，还努力发挥小额担保贷款的扶持功能。全市全年累计发放1580笔9590万元，完成年任务的312%。有1750余名创业人员获小额担保贷款支持，创造就业岗位6500余个。房县为高位截瘫的残疾人姜明发发放小额担保贷款5万元。小额担保贷款已成为创业人员致富的“加速器”。

【社会保险扩面征缴】 一是社会保险扩面成效明显。全市2010年社会保险扩面新增63609人，全市五项社会保险累计参保人数达190万人。养老保险参保31.6万人(其中，企业参保人数26.2万人，机关事业参保人数5.4万人)，完成年目标任务31万人的101%；城镇医疗保险参保96万人(含居民医保55万人)，其中城区37.4万人(含居民医保19.8万人)，完成年目标任务94万人的102%；失业保险参保21.4万人，完成年目标任务21.4万人的100%；工伤保险22.5万人，完成年目标任务21.2万人的106%；生育保险参保18.1万人，完成年目标任务17.9万人的101%。二是社会保险费征缴统筹推进。全市2010年社会保险基金征收13.9亿元，完成年征收任务12.53亿元的111%。其中养老保险费征收8.9亿元，完成年征收任务8.06亿元的110%；基本医疗保险费征收4亿元，完成年征收任务3.9亿元的102%;失业保险费征收6076万元,完成年征收任务3700万元的164%;工伤保险费征收1737万元,完成年征收任务1200万元的144%;生育保险费征收1440万元,完成年征收任务800万元的180%;全年累计发放各项社会保险费15.6亿元,确保各项社会保险费按时足额发放。三是完成企业退休人员养老金调整工作,扎实做好劳动能力鉴定工作。据统计,全市近6万多名企业退休人员参加调待,人均增加养老金130元。对近300名军转干部养老金进行调整,并全部补发到位。认真做好职工因伤因病丧失劳动能力鉴定工作,坚持把好初审关,严格审查材料,认真核实身份,力争杜绝弄虚作假情况发生,全年共组织劳动能力鉴定400多人。四是严格落实国家解困政策。全年共解决退休人员参加医疗保险的市属关闭破产及国有困难企业62家,退休人员3815人,共解决参保资金3229万元。五是新农保试点有条不紊。竹溪县作为十堰地区首批列入全省新农保试点县之一,该县全年为5.13万名年满60周岁以上的农村居民发放基础养老金3385.8余万元,先后组织19.27万人参保缴费1738万元,占应参保22.08万人的89%。丹江口市已被列入全省第二批新农保试点。六是"金保工程"稳步推进。8月,市直"金保工程"一期已经正式上线,进一步夯实"五险一单、一票征收"的工作机制,实现参保单位职工缴费基数一人一基、五险一基,确保申报基数的真实性、准确性。

【劳动人事争议和劳动保障监察执法】 一是劳动保障监察制度体系进一步完善。2010年全市开展劳动年审3469户,受理劳动者投诉举报1175起,其中立案903起、结案890起,涉及人数3512人,结案率98.5%,为劳动者追讨工资1005万元,清理参保对象欠费1748万元。先后组织开展人力资源市场专项监察、整治非法用工打击违法犯罪专项监察、落实最低工资标准情况专项监察、农民工工资清欠专项监察、对酒店、餐饮、娱乐等行业专项监察等5次专项监察。二是劳动人事争议调解仲裁能力建设不断加强。不断加强劳动人事争议仲裁办硬件建设,狠抓仲裁人员的业务培训,10月份选派5名同志到武汉参加国家人社部委托湖北省人社厅举办的仲裁员资格考试学习培训班,5名同志参加闭卷考试全部合格。同时,狠抓案件办理,有效化解各类劳动人事争议。全市立案处理劳动争议案件1004件,办理结案996起,结案率为95%,市级仲裁机构当期受理案件571起,办理结案581起,结案率达到96%。新一轮岗位设置工作开始实施后,市直事业单位已有6397人按新核定的岗位签订聘用合同,并实行合同鉴证,合同鉴证率达到100%。

【企业工资宏观调控工作】 适时调整最低工资标准,建立最低工资保障制度。根据《最低工资标准》规定,结合十堰市城镇居民人均生活费用、职工个人缴纳社会保险费、职工平均工资、失业率和经济发展水平等因素,2010年初经测算并报经省人民政府批准,调整十堰的最低工资标准,市城区为750元/月,丹江口、郧县为670元/月,房县、竹山、竹溪、郧西为600元/月。适时公布劳动力市场工资指导价位,引导、规范用人单位合理确定岗位工资水平。根据人力资源市场劳动力的供求情况和劳动力岗位薪酬情况,对7个行业的370多个岗位工资水平提出市场指导价位。为引导和规范用人单位合理确定岗位人员工资薪酬起到积极的作用。推行工资指导线制度,引导企业建立工资的正常增长机制。积极引导各类企业依据工资指导线结合自身的经营状况、实际工资水平、劳动生产率和发展目标、自身承受能力,按照全省的工资指导线,合理调整职工的工资水平。2010年企业职工货币工资增长基准线为13%、上线为21%、下线为6%。 (王　坤)

民　政

【社会救助】 2010年,全市城市居民最低生活保障对象42230户92189人,占全市非农业人口的9%,全年支出保障资金1.72亿元,月人均补助137元。2010年,全市纳入农村最低生活保障对象128791户243444人,占全市农业总人口的9.8%,全年支出保障资金1.59亿元,月人均补助51元。五保供养政策全面落实,全市农村五保对象3万人,其中集中供养1.65万人,集中供养率55%,全年发放五保供养资金4650万元,供养标准按集中和分散供养分别达到每年1800元和1300元。1700名分散供养的孤儿全面落实每年1500元的养育标准。农村福利院提档升级稳步推进,完成市政府2010年"十件实事"涉及的工作任务,新建和改扩建农村福利院39所,总投资3000万元,新增床位955张,全市33所农村福利院达到"省级模范福利院"和"合格福利院"标准。城乡困难群众生活、医疗救助制度更趋完善。全面推行医疗救助"网上审批、事中救助"即时结算便民工程,资助低保对象参保参合36万人次,实施大病救助7100人,临时救助3965人。首次启动城区特困家庭大学新生入学临时救助工作,救助贫困大学生144人。开展"两节"慰问活动,走访慰问城乡低保对象11万户26万人次,发放慰问金4160万元。加强城市流浪乞讨人员的救助管理,全年救助城市生活无着落流浪乞讨人员1.1万人次。

【救灾救济】 抗灾救灾工作扎

实有效，全市累计筹集安排各项救灾资金5138万元，市民政局接收、调运和发放救灾帐篷580顶、棉被5400床、衣服4300套，救助灾民30余万人次。因灾倒塌民房恢复重建工作成效显著，多方筹措及时下拨恢复重建资金7698万元，全面完成3877户因灾倒损民房恢复重建任务。综合减灾示范社区创建工作扎实推进。全市有10个社区达到国家和省级综合减灾示范社区标准，其中4个社区被评为“全国综合减灾示范社区”。

【社区建设】 开展社区建设调研工作，争取市委、市政府出台《市级领导联系社区、城中村创建工作方案》，市级领导结对帮建社区，解决一系列难点问题。农村社区建设试点顺利推进。全市10个县市区建成农村社区建设示范村105个，农村社区建设试验实现全覆盖。村务民主管理加快规范。加强农村活动阵地建设，完善村民自治章程、村规民约、村民会议和村民代表会议议事规则等制度，培训村（居）委会干部2100余人次。开展村务公开和民主管理“难点村”治理试点工作，全市排查“难点村”33个，有效治理10个，治理工作取得初步成效。社区共建活动不断深化，积极服务“三城联创”和第四届世界传统武术节，组织1000余名社区干部及志愿者走访服务社区群众8万余人次，开展“三城联创”知识宣传和社区环境综合整治。

【优抚安置】 启动新一轮全国、全省双拥模范城创建动员和申报工作，第六次顺利通过全国双拥模范城的检查验收。优抚政策全面落实，全市3.1万余名重点优抚对象全部按国家规定标准落实抚恤补助待遇。优抚对象医疗保障政策得到有效落实，建成优抚对象医疗费“一站式”即时结算服务平台。深入开展特困优抚对象“关爱行动”，筹集资金614万元，解决特困优抚对象“三难”问题2763户，将2988名贫困优抚对象纳入了城乡最低生活保障。稳妥做好退伍士兵的接待、档案审查、登记工作，安置率100%。军休服务设施及和谐军休家园建设卓有成效，按政策规定落实军休干部政治和生活待遇。军供站正规化建设稳步推进，十堰军供站被国家民政部、解放军总后勤部表彰为“全国军供工作先进单位”。

【福利事业】 民政福利服务基础设施建设积极推进，先后启动民政民生项目106个，划拨落实福利用地475余亩，完成投资34900万元，总建筑面积22.2万平方米，新增床位1800余张。其中：启动城市福利服务机构建设项目41个，完成投资2.87亿元，总建筑面积18.4万平方米。市社会福利服务中心主体工程开工建设。实施城乡社区服务中心（站）项目26个，投入资金2670万元，新建或改扩建办公和服务用房6700平方米。新建和维修光荣院、烈士陵园等优抚事业单位6个，投入资金530万元，新增建筑面积5000平方米。社会福利企业管理规范有序，全市有社会福利企业54家，安置残疾人就业1402人。福利彩票发行健康有序，全年共销售福利彩票1.81亿元，全年募集公益金1200万元，同比增长13%。持续推动全市慈善事业健康发展，深入开展“慈善一日捐”活动，募集慈善资金1672万元。

【“全国和谐社区建设示范城区”联席会在十堰召开】 9月1日，湖北省“全国和谐社区建设示范城区”联席会在十堰市茅箭区召开。会上，十堰市茅箭区、武汉市武昌区、黄石市铁山区等7个城区交流工作经验。2011年，在全国和谐社区建设工作会上，湖北省共有12个城区、10个街道、25个社区受到民政部表彰，其中茅箭区成为十堰市第一个“全国和谐社区建设示范区”。

【社会事务】 推进社会组织规范管理，全市新注册社会组织66个，注销社会组织23个，登记合格率100%。全面开展社会组织创先争优活动，巩固社会组织学习实践科学发展观活动成果，市民政局等4个单位被授予“湖北省社会组织深入学习实践科学发展观活动指导工作先进单位”。地名公共服务工程全面推进，

9月1日，湖北省“全国和谐社区建设示范城区”联席会在十堰召开

完成113条路街巷命名、更名和城区494块新增道路标牌设置工作，再版《十堰城区地名图》和《十堰行政区划图》，落实“三实”工作任务，完成713.7公里省、市、县行政区域界线联检工作。及时做好部分乡镇更名申报工作。婚姻收养实现依法登记。全年办理结婚登记23375对，离婚登记3744对及各类婚姻登记手续共3.5万件，登记合格率达到100%，全市有5个婚姻登记单位被国家民政部命名为“全国婚姻登记机关规范化单位”，10个婚姻登记单位新通过国家民政部婚姻登记机关规范化单位检查验收。全年办理子女收养登记62例，收养登记合格率达100%。殡葬改革深入推进。全年火化遗体2254俱，火化区平均火化率达95%。积极探索建立困难群众遗体免费火化制度，郧县殡管所受到民政部的通报表彰。

中华慈善总会会长范宝俊（左）和十堰军分区政委周建新为中慈（十堰）妇女保健中心揭牌。

【市社会福利服务中心奠基开建】 11月17日，十堰市社会福利服务中心项目主体工程正式开工建设并隆重举行奠基仪式。十堰市社会福利服务中心项目工程，是经市委、市政府研究同意、市发改委批准立项、市民政局负责承建的重大民生项目工程。此项目工程建筑总面积4.5万㎡，设计福利供养床位1210张，总投资1.5亿元，是十堰地区政府截至目前一次性投资最多、规模最大、功能齐全、设施现代、环境优美的综合福利服务基地。该项目建成后，将大幅提升全市社会福利保障能力，有效改善全市福利服务水平，最大程度满足全市福利服务需求，使十堰市的社会福利公益事业赶上并跨入全省先进行列。

11月17日，十堰市社会福利服务中心项目奠基仪式在天津路建设工地举行。

【中华慈善总会会长范宝俊视察十堰慈善工作】 10月16日，中华慈善总会会长范宝俊一行来十堰视察慈善工作，向十堰市捐赠价值190万元用来筛查诊断妇女乳腺癌和宫颈癌的6台医疗设备，并在市妇幼保健院成立全省首家中慈（十堰）妇女保健中心。十堰军分区政委周建新，市慈善总会会长关小兰，市政协副主席、市卫生局局长黄剑云，市民政局局长曹芳明等陪同调研。调研中，范宝俊会长听取十堰慈善工作汇报。对十堰市坚持“以人为本、以民为先”，打造慈善平台，创新慈善品牌、强化慈善救助、创新募捐方式，创造性开展慈善工作给予充分肯定和高度评价。

【出台《关于全面加强新时期民政工作的意见》】 9月13日，十堰市委、市政府印发《关于全面加强新时期民政工作的意见》（十发［2010］12号文件）（以下简称《意见》）。《意见》第一次以文件形式分别阐述新时期民政事业发展的重大意义、总体要求、主要目标、基本原则，提出着力完善“七个体系”建设，强化“五项纳入”保障措施，是十堰市民政事业发展史上具有里程碑式意义的一件大事。

（尹　骅）

双拥工作

【组织领导】　2010年，及时调整以市委副书记、市长周霁为组长、11名市委常委和人大、政协及东风公司主要领导任副组长的双拥工作领导小组，有军地双拥成员单位58个。各级党委政府把双拥工作纳入重要的议事日程，纳入地方经济、社会发展及部队建设的总体规划，纳入精神文明建设的重要内容，纳入各级党委政府的目标管理责任制，纳入领导干部政绩考核内容，纳入了评先创优考核条件。形成了主要领导亲自抓，分管领导具体抓，各级领导层层抓，相关部门共同抓，军地双方齐抓共管，职能单位分工明确的双拥工作格局，保证了双拥工作各项政策落实和任务的完成。

【宣传教育】　在重大节日期间，特别是在建军83周年期间，召开军地领导联谊会、拥军优属座谈会、军民联欢晚会、双拥创建动员会、双拥领导小组会，党政军领导过“军事日”、开展走访慰问，举办国防知识竞赛、驻十部队篮球赛、播放双拥专题片，刊发慰问信等一系列活动。充分利用广播、电视、报刊、网络等新闻媒介，大力宣传人民军队维护国家安全和稳定、保卫人民和平劳动的光辉业绩，宣传受到党和国家领导人接见的竹溪县全国优秀复员退伍军人代表马盈安的感人事迹。制作大型国防教育展版12块，分别在市文化广场，市内各大学、中学学生军训时期进行展出，进一步增进广大军民的国防观念和双拥意识。在主要道路、广场、车站投资300多万元，设置固定的双拥宣传牌53处，通过固定的宣传牌、活动的画面、生动的语言对市民进行居安思危教育。7月31日，市委、市政府、十堰军分区邀请国防大学战略教研部副主任、战略研究所所长、战略学博士生导师金一南少将，为全市党政军领导及市直副县级以上事业单位党政负责人举办专场国防形势教育报告会。使全市广大干部接受一次生动的国防教育。

建军83周年期间，市长周霁慰问驻十部队

【拥军优属】　一是重大节日走访慰问部队制度得到落实。每逢春节、“八一”等重大节日，市委、市政府都要成立拥军慰问组，到驻市部队、军队离退休老干部、军烈属、残疾军人、老红军的家里进行走访慰问，了解部队和优抚对象的训练、生活和当前存在困难及急需解决的问题，并送去慰问金、电脑、电视、空调、健身器材、洗衣机、太阳能、图书等物品。年慰问经费达60万元。二是社会化拥军服务得到落实。十堰社会服务窗口单位对驻十部队普遍实行优先优惠免费承诺服务，制定优待服务措施，统一置挂服务标牌，公开承诺社会监督，使广大优抚对象在拥军活动中享受到实惠。城区的公交公司、停车场、汽车站、火车站、公路收费站、商场、宾馆、医院、公园、武当山风景区等单位全面实行现役军人、残疾军人、军烈属、军休干部优先优惠免费挂牌服务，使他们感受到党和政府的关怀和温暖。三是优抚对象抚恤补助政策得到落实。2010落实抚恤补助经费11335万元，比2009年10230万元年上调了1105万元，增加比例为10.8%。各县（市、区）财政配套经费基本落实到位，并实行抚恤经费的自然增长机制，为残疾军人、军烈属、红军老战士、在乡复员军人、带病回乡退伍军人、“两参人员”解决实际困难。所有抚恤补助经费按季度按标准兑现到优抚对象手中，并全部实现社会化发放。全市优抚对象没发生因抚恤补助政策不兑现而出现上访的现象。四是优抚对象医疗保障政策得到落实。出台十堰市《优抚对象医疗保障办法》，实行“基本医疗保险+医疗单位优惠+医疗补助+医疗救助”的模式。对退出现役的残疾军人、在乡退伍红军老战士、烈士遗属、因公牺牲军人遗属、在乡复员军人、带病回乡退伍军人、参战退役人员等，按照属地原则，参加相应的城镇职工基本医疗保险、城镇居民基本医疗保险和新型农村合作医疗。优抚对象参加上述医疗保险的，在规定报销范围、限额内的住院医疗费用，按照规定比例报销或补偿后的剩余部分，由所在地县级人民政府予以补助。优抚对象因患大病医疗费用支出数额较大，其医疗费用在基本医疗保险报销后，医疗负担仍有困难的，优先纳入城乡医疗救助范围。各县（市、区）都建立优抚对象“一站式”医疗服务保障系统，指定定点医院，发放了优抚对象医疗保障卡。全市优抚对象医疗一站式结算服务覆盖率达到100%，所需医疗补助资金列入财政预算。2010年全市各级财政安排优抚对象医疗补助经费444万元，基本解决优抚对象看病难问题。五是军队转业干部的安排政策得到落实。2010年，全市共接收安置军转干部14人（其中团以上6人、营职干部8人），自主择业2人，随军随调家属1人，全部安排在国家行政事业单位，并落实相应岗位和职务，达到了地方、军队、个人三满意，确保军转干部人才资源不浪费、为国奉献的人不吃亏。六是退役士兵安置政策得到落实。市委、市政府高度重视退役士兵的安置工作，出台《十堰市进一步做好退役士兵安置工作的意见》，坚持“加大政府调控力度、提高安置工作地位、创新安置工作办法、鼓励扶持自谋职业、确立培训就业导向、丰富安置工作内涵”的工作思路，形成了退役士兵安置理念人性化、安置工作程序化、安置方式多样化、安置行为法制化、安置服务社会化的工作格局。2010年全市共接收退役士兵1534人，其中退伍回农村972人，占63.4%；城镇退役士兵562人，占36.6%。安置率达到了100%。其中：城镇退役士兵工作安置98人，占应安置人数的17%；办理自谋职业464人，占应安置人数的83%，发放一次性自谋职业补助费1001万元，待安置期间生活补助费57.75万元。自谋职业生活补助费、待安置期生活补助费除中央、省下拨补助专项资金外，剩余所需经费由政府财政全额保障。在退役士兵的培训上，先后出台《关于进一步做好退役士兵职业技术培训和推荐就业工作的通知》等一系列文件，对全市退役士兵的职业技能培训的组织领导、经费筹集、培训方式、培训地点、培训内容、推荐就业等提出明确的规定。2010年共培训退役士兵667人，推荐就业653人，97.9%的实现就业和再就业。全市财政预算退役士兵培训经费61.9万元。在退伍军人的推荐就业上，由市双拥办公室、市劳动和社会保障局、市工商业联合会举办、市劳动就业管理局协办的十堰市2010年退伍军人、随军家属劳动就业专场招聘会在市人力资源市场举行。此次招聘会上，全市有75家用人单位提供机械加工制造、汽车零部件生产、文化传媒、保安押运、文秘会计、餐饮服务等2400多个工作岗位，383名退伍军人、37名随军家属参加应聘。通过双向选择，315人达成就业意向。

2010年退伍士兵、随军家属就业推介会举行

【拥政爱民】　一是全力参加抢险救灾和承担急难险重任务。汛期，郧西、郧县、竹山、竹溪、房县相继连续9次遭受特大暴雨袭击，驻十解放军指战员、武警部队官兵，民兵预备役人员挺身而出，共安全转移疏散受灾群众4.7万人，解救被困人员116人，出动车辆30余台次，转运物资600多吨，加固堤坝4000多米。二是协助公安机关做好维护社会稳定工作。驻十部队协助公安机关处理民众纠纷、打架斗殴、偷盗抢劫、聚众赌博、敲诈绑架等违法犯罪事件190余起，抓捕犯罪嫌疑人119人，执行重要警备任务7次，为保一方平安做出重大贡献。特别是举办第四届世界传统武术节期间，驻十部队积极参与安保工作，对市区各公共聚集场所、易燃易爆场所、文物建筑等重点场所开展安全大检查，发现隐患820处、整改800处、处理案件20起。落实二级战备制度，组织城区人武部和民兵应急分队进行制乱平暴演练，加强战备执勤，确保十堰举办第四届世界传统武术节期间的社会稳定。三是积极支持驻地公益事业建设和文明城市建设。主动参与治理公共场所脏、乱、差，组织官兵清理百二河偏僻地段污

水沟和卫生死角，帮助共建单位清除社区生产、生活垃圾，在保护南水北调水源区等活动中发挥重要作用；组织部队官兵积极参加义务献血活动，被人民群众称为永不干涸的血库。驻市部队先后与120家单位、社区、学校建立共建关系，为学校企业完成军训1.2万人次，义务植树1万多棵，出动兵力1.1万人次，车辆机械2240台次，维护道路230多公里，清理垃圾300多吨。2010年驻十部队积极响应政府的号召，参加“慈善一日捐”活动，共捐款13万元。四是在军民共建社会主义新农村中发挥积极作用。各部队与帮扶村结对，帮助共建村修建村级公路160多公里，为共建村捐款16万多元，捐物11400多件，救助失学儿童137人，照顾孤寡老人117人，解决当地老百姓的实际困难1110多件。十堰军分区机关干部、职工多次深入到竹山县田家坝村扶贫联系点开展扶贫帮困活动，解决扶贫经费5万元，为“五保户”、“特困户”送物资、送温暖，为联系点修公路、打水井、围堰塘。2010年，军分区在民兵预备役人员中开展了“万名民兵进千家，我为移民做贡献”活动，帮助驻地移民158户、586人，并协助做好其他7万余人的移民搬迁工作。武警十堰消防支队开展“消防进农村”活动，开展消防宣传，帮助村民普及消防知识，增强广大村民消防意识，为新农村建设提供有力的安全保障。

（王　进）

2010年汛期，十堰相继连续9次遭受特大暴雨袭击，驻十部队官兵始终奋战抗洪抢险一线

人口与计划生育

【概况】　2010年度（2009年10月－2010年9月），全市出生40893人，人口出生率为11.48‰；符合政策生育率88.23%；出生婴儿性别比为111.49；农村新婚对象免费婚检落实率达到70%以上；生育文明三级联创活动覆盖率达到90%以上；奖励政策落实到位率、人口计生经费落实到位率、人口计生机构队伍落实到位率均达100%，圆满完成省下达的各项责任目标任务，低生育水平继续保持稳定。

【宣传教育工作】　在计划生育宣传教育基地建设中，把人口文化大院和文化书屋、生育文化长廊建设纳入新农村建设规划，整合各种资源，协调相关部门，积极抓好农村人口文化和生育文化建设。全市已建成生育人口文化大院200余个，生育文化长廊300余个，宣传品入户率达到90%以上；对全市人口计生户外宣传牌的宣传内容、尺寸和制作材料进行统一规范，据统计，全市各地在公路沿线、城镇人口密集区设立醒目、气派、亮丽大型户外宣传牌达400多块。在十堰电视台开办《人口·家庭·健康》人口计生专题节目，在《十堰日报》开办人口计生专栏。目前，《人口·家庭·健康》电视节目已播放30期，《十堰日报·人口计生专栏》刊发40期。与市电台联合创办3期《行风热线》人口计生专题节目。充分利用“三八”妇女节、“5.29”计生协会纪念日、“7.11”世界人口日等，在城区或乡镇人口聚居、人口流动密集的公园、交通枢纽、生活小区等繁华地段设立咨询服务点，集中开展宣传服务活动。截至9月底，全市各级人口计生部门在各级新闻媒体上的用稿量达到1466篇，其中国家级用稿213篇，省级用稿843篇，市级用稿410篇。8月25日，十堰市在全国《人口与计划生育》杂志通联工作表彰会上受表彰并作典型发言。

【落实各项惠民政策】　全面推行农村部分计划生育家庭养老保险制度。6月9日，市政府在郧县召开全市农村计划生育家庭社会养老保险现场推进会。全市累计参加农村计划生育家庭养老保险达5000余人。积极落实企业职工计划生育奖励政策。市政府召开政府常务会专题研究，决定从2009年开始，将企业职工计划生育奖励经费列入财政预算，并分5年全部兑现到位，2010年，市财政已兑现4645名市属困难企业退休职工奖励资金573.79万元。大力开展“五关爱”活动。全市建立计划生育“五关爱联系户”1.7万余户，5900余户计生家庭在生产和生活上得到帮扶，帮扶资金近700余万元；补助计生家庭安居建房860余户，补助金近300万元；助学1756人，助学金额达

90余万元;281名、187名农村独生女分别享受中、高考加分照顾;茅箭区将农村计划生育困难家庭175人纳入农村低保范围,将符合条件的“三无”对象、生活困难的计生家庭4000余人纳入城市低保范围,发放低保金700万元。丹江口市对241户计生户实施扶贫搬迁,扶持资金144.6万元。

【综合治理出生人口性别比升高问题】 4月,全市集中开展查处计划生育“两非”案件和违法生育案件专项整治活动。为确保整治活动取得实效,市人口计生委建立有奖举报制度,规定凡举报非法进行胎儿性别鉴定和选择性别的人工终止妊娠手术的,每例奖励5000元;举报党员、干部、职工违纪超生的,每例奖励1000元;举报社会公众人物(包括名人、富人)政策外生育的,按照其征收社会抚养费总额5%的比例进行奖励;举报隐藏、遗弃、残害女婴、违法送养的,每例奖励3000元;举报瞒报、漏报、虚报出生人口及出生性别的,每例奖励1000元。在有奖举报专项整治活动中,共获取“两非”案件线索11起,已查处10起。全市各地切实加大党员干部违法生育查处力度,竹溪县对违法生育的蒋家堰镇国家公职人员谢志涛给予撤销党内职务和撤销行政职务的处理;给予违法生育的农村党员程龙开除党籍处分。

【基层基础建设】 一是根据国家和省人口计生委的统一部署,从2009年12月份开始进行十年出生人口基础信息核查。全市共清理10年来漏报人口30206人,纠正、录入十年出生人口信息170355项,补录非全员人口信息1421人,采用相关部门信息723条。二是在优质服务年建设活动中,着力推进基层基础工作规范化、队伍职业化、阵地标准化、管理手段信息化、环境优美化。近年来,全市用于县乡服务阵地建设累计投资达3152.7万元,新建或在建县级服务站8个,新建乡级服务站36个,全市乡镇服务站按国家标准改造改建率达100%。县乡计生技术服务机构积极实施避孕节育、优生优育、生殖健康“三大工程”,全市有4万余名城乡适龄青年接受免费婚检,有55万多农村已婚育龄妇女接受生殖保健咨询、常见乳腺疾病、妇科疾病普查。三是把打造“数字计生”作为“三千行动计划工程”的大事之一,制定《十堰市人口计生信息化建设项目实施方案》,充分利用全市现有的网络资源,加快建立人口计生信息资源共享机制。全市共投入近千万元用于信息化建设,配置600余台计算机,24台高级服务器,131个乡镇全面完成计生系统标准化机房建设,市县两级10个全员人口信息数据库初步建立。实现省、市、县、乡四级专网连接。

【流动人口管理】 全市计生部门依托全国流动人口信息交换平台(PADIS)和湖北省全员人口计生信息管理系统,加快流动人口计划生育服务管理信息的建设,做到收集信息全面完整、上传信息及时准确、接收信息守时准点、反馈信息真实迅速,为努力形成流动人口计划生育“一盘棋”服务与管理的格局,分别与重庆的巫山、巫溪,福建的福州市,浙江的宁海,河南的邓州市、镇平县,省内武汉、宜昌、襄阳、荆州、神农架林区、天门市等33个县(市)签订双向服务与管理协议书;在流动人口集中地上海市静安、广东东莞、山西临汾、河北武安等地,成立流动党支部和流动计划生育协会,及时进行信息反馈,基本实现流动人口服务均等化。在全省市州级流动人口计划生育互评中十堰市名列前5名,省内流入市州和县市区评定中十堰市名列第2名。

【队伍建设】 在区域内加大干部的人才交流,通过选派干部下基层,抽调基层干部进机关,实现资源共享和优势互补。从市人口计生委机关选调了一名优秀的年轻干部赴基层担任村第一书记,从县级人口计生局选调2名优秀人才到市人口计生委机关。认真落实基层干部政治、工资福利待遇。按照市委常委专题会议决定,村级计生女专干年工资待遇不低于村主职干部的80%;乡镇(街办)计生办主任工作考核优秀的,在任职期间享受副科级以上待遇;对连续三年被省市考核优秀或连续从事人口计生工作7年以上的县(市、区)计生局长,实行奖励、提拔、重用或享受副县级待遇。目前全市131个乡镇有57个乡镇计生办主任享受副科级待遇。在成立人才研究会的基础上,十堰市于2010年4月成立全市人口计生“三写”领导小组,已举办研究成果研讨会三次,收集理论研讨、调研报告等120多篇;积极探索村级计生专干管理新机制。截至9月底,全市1783个村配备2493名专兼职干部。为激发村级计生女专干的工作热情,真正把村级计生女专干这个岗位建设成有吸引力、有竞争力、有活力的岗位,市委、市政府决定,从2010年起,全市每年开展一次年度“市级十佳优秀村级计生女专干”评选表彰活动。

(张建明)

民族·宗教

【概况】 十堰市是湖北省散杂居少数民族工作重点地区之一,全市有1个回族乡即湖北口回族乡(辖25个村)。有回族、满族、土家族、蒙古族等35个少数民族成分,人口2.23万人,占全市总人口的0.66%,其中回族人1.85万人,分布在全市八县市区。

十堰市又是多种宗教的地区,佛教、道教、天主教、基督教、伊斯兰教五大宗教齐全，依法登记开放的宗教场所52处，宗教教职人员256人，信仰各种宗教的群众8万余人。

【民族工作】　一是认真做好湖北省第三次民族团结进步表彰大会模范集体和个人的推荐评选工作。经过评选，郧西县政府等3个单位、竹山县民宗局局长龚云等3位同志被评选为模范集体、模范个人；二是圆满完成少数民族考生优录资格审核工作。对各县市区民宗局相关工作人员进行业务培训，使之对少数民族考生优录政策和资格条件熟悉掌握，全市少数民族考生资格审查工作顺利通过省民宗委审定；三是开展民族法律知识"三进"活动。4月10日，十堰市民族法律知识进社区、进校园、进企业"三进"活动启动仪式在文化广场举行，市四大家领导、茅箭区领导和各县市区民局局长、各民族群众欢聚一堂，进行民族法律知识问答，民族歌舞表演，使2000余观众对少数民族文化，民族政策法律有了更进一步了解，感受到了各民族大团结的良好氛围。四是落实"民族助学工程"。按照省民宗委的工作实施方案，在做好调查摸底的基础上，选择湖北口回族乡马应鹏、王贵慧两位回族学生作为助学对象，每人落实助学资金5000元；五是做好全省少数民族传统体育事业先进集体和先进个人的推荐工作。按照鄂民宗办[2010]33号文件要求，结合实际，经过推荐，郧西县湖北口回族乡、郧西县民宗局副局长王龙梅被评为先进集体和先进个人。六是积极组织参加省第十二届运动会和省第七届民族运动会。蹴球、押加、扳鞋、武术4个参赛项目，夺得一枚金牌、一枚铜牌的成绩。七是加大争取力度，促进民族乡村发展。省民宗委对十堰市民族乡发展资金由去年20万增加到30万，省扶贫办支持2个建设项目资金20万元，促进了民族乡村的发展。八是开展"千村百户"扶贫工程。争取有关方面捐资30万元用于湖北口回族乡饮水和发展畜牧业项目，省佛协支持老官庙村危房改造补助资金5万元。九是积极组织开展民族团结进步创建活动。根据省民宗委《2010—2012年民族团结进步创建活动实施方案》，制定实施方案，成立领导小组，召开推进会，保证创建活动在全市有序开展。十是配合市委统战部开展少数民族干部工作调研，对少数民族干部、专业技术人员进行登记建档。

【宗教工作】　一是结合"和谐寺观教堂"活动的开展，加强宗教场所管理。依据省民宗委关于开展此项活动要求，认真组织开展"和谐寺观教堂"创建活动并进行检查验收，在此基础上，督促和协助各宗教场所建立健全各项规章制度，进一步推进宗教活动场所建设和管理法制化、制度化、规范化和宗教活动正常化。二是做好宗教场所财务管理调研工作。按照鄂民宗办[2010]8号文件《关于开展宗教场所财务管理工作调研的通知》，向各县市区转发通知，并选定武当山、基督教恩光堂等宗教场所作为试点搞好调研，规范宗教场所的财务管理。三是武当山管理体制推进到位。5月5日，市政府在武当山特区召开专题会议，会议决定从5月5日起，武当山道协所属宗教活动场所正式纳入武当山特区宗教工作部门登记，武当山道协也正式归武当山特区管理。四是推荐"和谐寺观教堂"创建达标场所。经过检查验收和推荐，龙泉寺、净乐宫等5处宗教场所被省民宗委评为优秀场所，有36处场所为达标场所。五是开展玉树震区"七七"祭日期间宗教超荐祈福法会活动。张湾区龙泉寺、竹山县石佛寺、郧西县圆明寺等为青海玉树地震罹难者超度，为灾区自强不息的人民祈福，向支援灾区建设的各界人士感恩。六是黄龙天主教堂房产遗留问题得到圆满解决。在市委、市政府的重视支持下，市财政支持130万元，张湾区政府支持30万元，已全部支付到位。6月23日上午，黄龙天主教堂资产交接仪式在张湾区原黄龙供销社举行，标志着历时八年之久的黄龙天主教堂房产遗留问题得到圆满解决，受到天主教界及信徒们的广泛赞誉。七是成立十堰市佛教协会，经过半年的筹备，十堰市佛教协会成立已经成熟，于11月13日成立，一举告别了十堰无市级宗教团体的历史。八是积极服务市委、市政府中心工作，特别是为了服务好第四届国际武术节，倾全局之力，不仅组织协调好了武当山道协的法事活动等重大活动，还完成了接待两个国家代表团和省民宗委领导的服务工作。九是积极支持武当山道协等宗教团体开展对外交流工作，协助完成了海峡两岸文化交流活动。

【援疆工作】　一是援建项目资金全部划拨到位。十堰市原计划在第一轮的援建中安排项目资金400万元，2008年和2009年分别划拨150万元，今年的100万元于4月份划拨到博乐市，援建的博乐市新区中学已峻工的，已投入使用。二是接收博乐市12名干部和教育卫生工作者来十堰挂职学习。4月1日，来自博乐市党政机关、教育、卫生系统的12名干部来十堰市挂职学习，市委、市政府十分重视，专门下发文件，并召开欢迎座谈会，对挂职干部在十堰期间的工作学习和生活作出具体安排部署。按照市委、市政府的要求，挂职三个月，有关单位对挂职干部生活上精心照顾、工作上加强交流，每个星期都组织丰富多彩的学习实践活动，使挂职干部不仅学有所获，而且与十堰人民结下了深厚的友谊。三是做好博乐市委常委图格杰一行5人来市考察，洽谈会商干部挂职事宜，积极配合市委组织部做好接待工作，图格杰一行对十堰市的热情接待表示非常满意，说“要把十堰人民的友谊带回新疆，带给蒙古族人民”。四是协调有关单位落实援疆干部生活待遇。按照十组通[2008]14号文件对援疆干部各项待遇标准，及时督促派出单位足额为援疆干部落实了各项待遇，并及时与有关单位联系，进行协调，探亲费用也得到合理解决。五是召开援疆干部座谈会。元月17日下午，市委、市政府举行座谈会，欢迎援疆干部回到家乡。市委常委、组织部长董卫民出席座谈会并作重要讲话，市援疆办、卫生局、建委、规划局等8个单位的负责人和新老工作队员共20余人参加了活动。董卫民部长在座谈会上强调，援疆是一项光荣而艰巨的政治任务，全市各级各部门要进一步增强政治意识、大局意识，进一步谋划重视援疆工作。我市虽然起步良好，但下一步任务还很艰巨，要全面落实科学发展观，进一步贯彻中央和省委、省政府关于援疆工作的指示精神，积极推进援疆工作向纵深发展。要把博乐当作十堰的一个县市对待，安排部署援疆工作。各有关部门要把援藏工作作为单位的主要工作，重视支持援疆工作。市援疆办要进一步理清援疆工作思路，按照省委、省政府确定的“三个转变”的要求，探索多元化援疆工作渠道，在加大无偿援助的同时，积极组织市内企业进疆投资开发，争取实现优势互补、共同发展。

（陈胜军）

扶贫开发

【概况】 全年，全市减少贫困人口9.15万人；整村推进扎实开展，2008年实施的109个重点村全部通过省市考核验收，2009年实施的174个重点村基本完成规划任务，当年启动的176个重点村已完成80%以上。产业扶贫不断深入，投放小额贴息贷款5440万元，发补贴息资金272万元，支持1.98万贫困户发展种养加项目。完成各类扶贫培训37800人次，其中“雨露计划”培训8952人。扶贫搬迁2834户11612人。启动老区重点村整村推进24个，筹集老区专项基金300万元。新一轮城区扶贫规划顺利启动，实施村庄环境整治9个村750户，西沟乡、大川镇扶贫开发新农村建设示范片区取得实效。“县、片、乡、村”四个层面扶贫试点全面推进，丹江口市脱贫奔小康试点县建设继续走在全省前列，竹山县和郧县“县为单位、整合资源、整村推进、连片开发”试点工作稳步推进，房县整乡推进扶贫搬迁取得新的成效，竹溪县20个互助资金试点村全面启动，扶贫与低保“两项制度”对接工作全面展开。争取各类社会帮扶资金2.54亿元，其中，中直单位帮扶资金1.1亿元，引进项目55个、资金950万元；省直单位帮扶资金1.2亿元，引进项目153个、资金450万元；市直各部门帮扶资金2443余万元。

【抓任务分解促责任落实】 一是强化县市区党委、政府的责任。在5月份召开的县域经济工作会议上，市委、市政府与各县市区党委、政府主要负责人签订扶贫工作目标责任书。把解决贫困人口、重点村建设、雨露计划、搬迁扶贫、贫困农民增收、资金整合、社会扶贫和扶贫机构建设等作为考核的重要内容，实行百分制考核，并将考核结果作为年度评先彰优的重要依据之一。各地召开扶贫工作专题会议，把年度任务层层分解到乡镇、部门，签订责任状，并实行目标考核。二是强化部门责任。充分发挥市扶贫开发领导小组协调机制作用，推进“大扶贫”工作向纵深发展。市扶贫办与市发改委、市财政局、市民政局、市统计局等部门分别就年度重点村建设、扶贫搬迁、信贷扶贫项目申报、城区扶贫项目计划、两项制度有效衔接等工作，下发指导性文件，形成互商互动、协作配合的工作运行机制。三是强化系统责任。于3月初召开全市扶贫办主任会议，总结表彰上年工作，对2009年系统目标责任考核结果进行通报。

【抓重点工作促整体推进】 一是大力实施重点村建设。对2008年启动的109个重点贫困村整村推进工作进行检查验收，对2009年实施的174个重点村进行督导检查，对当年实施的176个重点村进行全面部署，高标准编制整村推进规划，举办鄂西北片（含神农架林区）重点村支部书记培训班，召开各种类型的推进会，审批年度项目计划。二是扎实推进扶贫搬迁。继续将扶贫搬迁作为各级政府“十件实事”来抓，并实行县市区政府一把手负责制。对2009年扶贫搬迁两个先进县市（郧西、竹山）进行通报表彰，并分别奖励10万元。下发《关于进一步做好扶贫搬迁工作的通知》，明确指导思想、工作任务、搬迁方式和具体措施。紧紧围绕“一统三分”战略，以整县脱贫奔小康、竹房城镇带和汉江经济带为抓手，坚持将扶贫搬迁与库区移民、生态移民、地灾搬迁、单亲母亲和残疾人搬迁有机结合起来，规划先行，突出特色，集中安置，培植一批新典型。三是多管齐下规范雨露计划管理。年初组织开展雨露计划专项检查，对少数培训基地存在问题进行督促整改，并下发《进一步加强雨露计划培训及基地管理的意见》。对雨露计划培训基地进行重新申报认定，制定因素法分配雨露计划资金方案，分解下达各基地年度培训任务。参与配合省市组织的涉农补贴（包括雨露计划资金）专项清理检查工作。四是扎实开展两项制度衔接试点工作。市政府常务会议听取全省“两项制度”有效衔接试点工作会议精神汇报，对全市试点工作进行了专题研究。以市政府办文件转发6个制定《十堰市农村最低生活保障制度和扶贫开发政策有效衔接试点工作实施方案》。组织开展了相关人员业务培训和入户调查，全面完成信息采集和录入任务，并启动试点工作。五是高标准启动新一轮城区农村扶贫规划。市政府常务会专题讨论了《十堰市城区农村扶贫开发规划(2010—2012年)》，并以十政办发[2010]58号文件印发《规划》，明确今后三年城区农村扶贫的指导思想、目标任务、建设重点及方式、组织领导与保障措施。两区分别制定区级扶贫规划，并召开城区农村扶贫开发工作动员大会，安排部署当前和今后一个时期城区农村扶贫任务。编制下达年度城区农村扶贫项目计划，制定出台城区农村扶贫项目考核验收办法，组织开展城区农村扶贫重点项目观摩推进会。

【抓项目争取促资金增量】　坚持把项目争取作为扶贫工作的首要任务，努力实现常规项目不减少，重大项目有进展，试点项目有增加。通过上下共同努力，2010年扶贫项目共争取扶贫资金52447万元，比同期增长5.7%，其中，无偿扶持资金20007万元，信贷扶贫资金32440万元。在继丹江口市纳入全省7个脱贫奔小康试点县、竹山县列为国家"整村推进、连片开发"试点县之后，当年郧县纳入2010年国家连片开发试点县项目，安排财政扶贫专项资金1200万元；竹溪县被列入全省扶贫互助资金试点县，20个试点村安排扶持资金300万元；房县门古寺被列入全省老区重点连片开发试点乡镇，扶持资金250万元。

【抓专题调研促参谋到位】　一是开展扶贫到户专题研究。根据省扶贫办统一安排，在全市扶贫系统组织开展扶贫到户专题调研。在各县市区扶贫办组织调研的基础上，市扶贫办课题组于4月中旬先后深入竹溪、竹山、郧西，实地调研已实施的重点贫困村6个，召开村组干部及群众代表座谈会6次、县直及乡镇干部座谈会3次，发放群众和县乡干部问卷200份。通过调研，基本掌握扶贫到户的现状，了解基层群众对扶贫到户的呼声和要求，研究扶贫到户的对策与措施，形成《十堰市扶贫到户专题研究报告》，得到省扶贫办领导的充分肯定，省《扶贫开发要讯》予以刊发。二是全面总结"十一五"扶贫开发工作，组织"十二五"扶贫规划编制调研，形成初步思路。三是开展重点工作专题调研。按省办安排，先后开展郧县农房保险减贫、竹溪县农业工业园模式、城区"两项制度对接"及产业扶贫互助资金等专题调研，得到省扶贫办主要领导批示，省扶贫开发要讯和国家扶贫开发杂志分别予以发表。

【抓督办考核促工作落实】　一是组织开展县市区领导主要领导履行扶贫责任制情况考核。按照《湖北省地方党政主要负责同志扶贫工作责任制考核办法》和《湖北省重点贫困村整村推进考核验收办法》的要求，市委、市政府于5月上旬对2009年度县市区党政主要负责同志履行扶贫工作责任制情况进行考核，考核结束后，市扶贫开发领导小组下发考核结果通报。二是加强重点工作检查督办。市扶贫办先后6次组织专班，分别就城区农村扶贫项目、雨露计划、连片开发、整村推进等重点项目进行督办检查，9月份又召开全市扶贫办主任会议，确保各项重点工作有序有效地推进。三是扎实开展行风评议活动。促进各项工作扎实有效开展，得到省办及市行评办的肯定。四是继续实施扶贫系统责任目标考核办法。完善班子成员分管工作、联系县市区责任制度，对县市区扶贫办实行责任目标管理制度，进一步强化内部各项管理制度，形成以制度管人、用机制管事的新格局。

（陈四喜）

库区移民

【南水北调中线工程移民安置工作】　全市南水北调外迁移民涉及丹江口市、郧县、郧西县、武当山特区4个县(市、区)，21个乡镇，163个村，规划出市外迁安置农村移民73844人(含试点10222人)。规划安置在武汉、襄阳、荆门、荆州、黄冈、天门、潜江、仙桃和随州市等9个市的26个县(市、区)、81个乡镇、194个安置点。市移民局把南水北调外迁移民安置工作作为全市"头号工程"来抓，坚持以"服务国家重点工程，服务移民群众"为目标，按照省委、省政府提出南水北调中线工程丹江口库区移民安置工作"四年任务两年基本完成，三年彻底扫尾"的目标要求和工作部署，本着"以人为本、和谐移民"的理念，周密部署、狠抓落实，团结奋进、连续作战、攻坚克难，紧扣每个时间节点的工作任务，组织全市南水北调移民搬迁安置工作安全顺利、有序和谐地全面开展。一是顺利完成外迁移民安置任务，实现安全、有序、和谐搬迁目标。2010年是南水北调移民外迁工作的关键年。全市高度重视，成立由政府主要领导任指挥长、分管领导任副指挥长、有关部门参加的移民工作指挥部，组织领导和协调督办全市南水北调移民外迁工作。市委常委会、市政府常务会议先后6次听取移民外迁工作情况汇报，针对移民外迁工作的推进情况，召开12次推进会，建立市级领导联系乡镇制度，全市35名市级领导全部分包到库区的21个乡镇，成立3个督查组，协调、督导移民外迁安置工作。市移民局在市委、市政府的正确领导下，统筹全市南水北调移民工作大局，组织协调各县（市、区）移民部门，加强指导，强化服务，狠抓落实。全市上下形成大员上阵、目标一致、责任明确、齐心协力的工作局面。各县（市、区）各级移民干部和包保工作队，深入库区和安置区现场调查研究、组织协调，推进工作开展。第一，扎实做好搬迁前的准备。认真落实移民政策，全面做好库内基础工作，切实做到"六清"，即：实物指标复核清、补偿资金兑现清、建房欠款收缴清、债权债务化解清、遗留问题解决清，各类关系转接清，确保移民零问题、零矛盾上车。2月10日，按省政府的时间节点要求，完成库区大规模外迁的1.5万户、63622人的"双确认、双委托"合同签订工作。第二，建立沟通会商机制，派驻工作专班，共派出200余名干部到安置区工作，及时与当地政府及有关部门配合协调，化解建房中的各种矛盾，积极引导移民建房理事会成员参与建房监督，负责与安置区搞好搬迁的衔接工作，协助安置区做好移民适应期的工作，力求安置区的矛盾就地化解。第三，科学制定搬迁工作方案、整合资源，科学调度，精心组织搬迁。经各方共同努力，5月24日顺利完成移民外迁5个乡镇、15个村，2431户10352人的试点移民安置工作。11月28日顺利完成南水北调大规模外迁移民94批次、15591户66300人。这标志着全市全面圆满完成南水北调外迁移民任务。整个外迁移民搬迁工作，全市共组织搬迁119批次、18023户、76652人，比规划数多完成2808人。其中，丹江口市共搬迁49批次9109户、39259人；郧县共搬迁33批次、7453户、31488人；郧西县共搬迁3批次、575户、2367人；武当山共搬迁9批次、886户、3538人。据统计，全市共有7100名干部战斗在移民工作一线，其中厅级干部25名，县处级干部125名，县（市、区）直干部3070名，乡镇干部3880名。移民搬迁出动车辆10333台，其中，警车480车次、客车2533车次、货车6000车次、医疗服务车360车次、指挥车960车次。整个移民外迁过程，实现无一起安全事故，无人员受伤，无货物丢失的目标；实现安全、顺利、和谐的搬迁目标。

【农村移民内安前期工作全面启动】 一是扎实做好农村移民实施规划编制。根据省委、省政府的要求，配合设计单位开展实施规划编制工作。二稳步推进城集镇实施规划编制和基础设施建设。全市11个城集镇全部启动规划设计工作。其中丹江口市均县、六里坪、浪河、土台4个集镇典型设计进行优化。三是有序开展工业企业和专业项目迁复建。全市迁建补偿的工业企业有125个。截至12月底，有77个启动迁建补偿工作，有15个完成迁复建任务，有18个企业给予一次性补偿。四是科学编制项目资金使用计划，积极完成投资任务。省移民局下达全市移民内安及搬迁复建投资计划371486.74万元，其中，农村移民计划投资72265.23万元，城集镇计划投资58406.28万元，工业企业计划投资69536.84万元，专业项目计划投资56278.39万元。实际到位资金361934.69万元。截至12月底，全市实际完成投资307698.3万元。农村移民完成投资149448.02万元，城集镇完成投资13088.48万元，工业企业完成投资22309.13万元，专业项目完成投资15829万元，已入库税费98800万元，其他费用4561.89万元。

【地方水电开发移民安置工作】 截至12月底，全市水电开发移民完成8806户，37152人。一是潘口水电站移民安置。截至2010年11月，已累计完成8474户，35591人，其中：竹山完成5443户，22860人，竹溪完成3031户，12731人。规划迁建集镇五个，已完成迁建4个；各专业项目复建按照"三原原则"，其功能基本得到恢复。后扶直补资金做到应发尽发。潘口水电站核定批复2008年前搬迁移民29721人，竹山、竹溪两县从今年元月起就开始对搬迁移民现金直补，基本上做到应发尽发。组织潘口320米高程移民工程验收。为满足潘口工程建设需要，确保枢纽安全度汛，市移民局组织竹山、竹溪两县在讯期前对320米高程接超过320米高程的100年一遇洪水回水位确定的淹没界限下的建设征地移民安置进行自验收，两县按照时间节点要求，全部完成了移民搬迁工作，并及时对库底进行全面清理满足度汛要求。二是龙背湾电站移民安置工作已经全面启动。龙背湾电站是湖北省2009年计划开工的重点能源项目，被市委、政府列为"百日攻坚"重点督办项目。该项目已于2010年10月29日通过省发改委核准。为了做好移民安置工作，十堰市政府于2010年11月2日，出台了《龙背湾水电站建设征地移民安置有关办法》。11月8日召开竹山、竹溪、房县政府及相关部门参加的全市移民安置工作动员大会，标志着龙背湾电站移民安置工作全面启动。11月9日，市移民局组织龙背湾水电站建设征地移民安置政策培训班，对3县移民业务骨干进行全面的培训。龙背湾水电站枢纽工程建设区规划移民搬迁安置人口217人（均为农业人口），各类房屋复建面积6733.32万平方米。截至12月底，枢纽工程建设区累计完成移民搬迁53户217人、房屋拆迁面积6733平方米，坝区建设征地和移民安置工作基本完成。已完成枢纽工程建设区永久性征地687.13亩，临时性征地292.67亩。

【大中型水库移民后期扶持政策实施】 一是移民收入稳步增加。市移民局严格按照《信访条例》认真做好来信来访接待工作，严格按照政策认真解释，实行备案登记制度。各级移民部门努力把问题化解在萌芽状态，解决在基层。2010年库区移民群众来信来访呈减少趋势，库区和安置区社会基本稳定。2010年库区移民人均纯收入为2352元，比上年增加288元；2010年贫困移民为52372余人，占移民人口的14.89%，比上年减少了近2.5个百分点，脱贫步伐加快。二是大中型水库移民后期扶持稳步推进。2010年度后期扶持工作以原迁移民直补资金发放、计划编制、项目实施为主，基本做到原迁移民资金发放及时准确，计划编制科学合理，项目实施有条不紊，资金监管严格安全。(1)原迁移民直补资金发放及时准确。全市按照“增人不增，减人要减”的原则，资金发放工作实行动态管理，重新对直补对象中户口已农转非和死亡的两类人口进行核查清理。全年共给113511原迁移民发放直补资金，发放资金6009.86万元，全额发放2009年度下半年和2010年度上半年原迁移民直补资金，实现直补资金“应发尽发”的目标。(2)项目扶持稳步实施。2009年度“两区”计划项目实施迅速。2009年度“两区”计划资金5117.9万元，已完成投资3593.2万元，占计划资金的70%。已完成的项目有：坡改梯283亩；维修硬化渠道16250米；引水管道37600米；水泥路128公里；新建码头1座；柑桔示范园2750亩；建冬枣基地1200亩。2009年度新增人口项目扶持稳步推进。2009年度新增人口项目计划资金为11431.4万元，完成投资资金为6774.23万元，占计划资金的59.26%。共完成项目：引水管道130.645公里，人饮水窖100口，机耕路104.05公里，通村水泥路112.41公里，沼气池388口，村活动室25个，蔬菜基地1212.75亩，柑桔9742.75亩，中药材1388.25亩，生态林628亩，培训移民800人次。三是科学编制2010年度计划。(1)省移民局和财政厅批准2010年度大中型水库移民后期扶持计划年度资金18815.48万元，其中：茅箭区102.9万元，张湾区171.36万元，武当山特区662.88万元，十堰经济开发区10.78万元，郧县6461.77万元，郧西县877.03万元，竹山县2124.88万元，竹溪县1035.93万元，房县1258.73万元，丹江口市6110.03万元。(2)省移民局批复2010年度大中型水库库区和移民安置区基础设施建设及经济发展计划4481万元，其中：茅箭区51万元，张湾区153万元，武当山特区186万元，郧县1711万元，郧西县272万元，竹山县597万元，竹溪县267万元，房县376万元，丹江口市858万元。

（张启朝）

老龄工作

【概况】 据2010年11月十堰市第六次人口普查统计表明，全年60岁以上的老年人有44.7万人，占全市总人口的13.38%，其中，65岁以上的有28万多人，占总人口的8.54%。据不完全统计，十堰市年满百岁以上的老年人目前有42人，从现在起十堰市人口老龄化进入快递增长期，至2030年将会达到顶峰。从老年人口分布情况看，生活在农村的老年人口为34.76万人，占老年人口的76%；生活在城市的老年人口为11万人，占老年人口的24%。随着大量青壮年人外出打工和社会生活方式的改变，城乡“空巢”老人家庭迅速增加，“四二一”家庭人口结构愈加明显。按照国际惯例，一个国家或一个地区60周岁以上老年人口占总人口10%以上或65周岁以上老年人口占总人口的7%以上，均标志着已进入老龄化国家或地区的行列。据此，十堰市早在1999年底就进入人口老龄化城市。

【老龄宣传】 一是圆满完成“全省老龄办主任会”的承办、接待、服务工作，在为期3天的会议中，全省17个地市州的老龄办主任参观十堰市独具特色的“重阳塔”，浏览市容市貌和武当山，对十堰市的经济社会发展称赞有佳。二是召开全市老龄办主任会议，传达贯彻全国老龄办主任会议和全省老龄办主任会议精神，对2010年度全市老龄工作作出具体安排部署。三是发行《十堰老年大学》校刊2期。四是完成《十堰市老龄工作志》印刷赠发。五是发挥《十堰老龄网》作用，广泛宣传老龄工作。六是编发《十堰老龄》简报，总结推广老龄工作的先进经验。七是加强与电台、电视台、报刊、杂志的联系配合，加大舆论宣传力度，营造尊老、敬老、助老的社会氛围。与十堰电视台共同举办一期“魅力十堰”，分别在经济频道连续播放二个星期。八是在一年一度的“九九重阳节”来临之际，由市文明办、市民政局、市老龄办、市总工会、团市委、市妇联共同组织向社会发出《倡议书》，在全市倡议用感恩情怀谱写“十堰敬老爱老之歌”活动。九是以市老龄委员会名义表彰老龄工作先进集体112个，先进工作者50名，营造良好的老龄工作氛围，关心老龄问题的组织、领导和专家越来越多，尊老、爱老、敬老、养老社会意识显著提高。

【老年维权】 一是积极配合市人大对《老年法》贯彻实施情况的大检查，先后深入丹江口市、竹山县、竹溪县、张湾区、茅箭区、武当山和市直机关单位检查、专访、座谈，对当前老龄工作热点、难点、重点进行科学检查督导。在此基础上为市人大常委会提出检查报告。二是做好老年人维权工作和发挥法律援助机构的作用，先后接待老年人来访150多人次，多次随同市法律援助中心上街义务咨询“老年法规”。在2010年中，市法律援助中心已办结老年法律援助案件81件。三是聘请专人为老年人办理《湖北省老年人优待证》,2010年新办理二代证6835本,累计办证达49913本,四是做好百岁老人的服务和每月200元的长寿金的发放工作。积极配合市民政局系统,较好实现全市90周岁以上的老年人纳入城乡低保待遇的工作。五是通过调研,向市政府起草上报《关于十堰市80周岁以上老人高龄生活补贴发放意见》的建议方案。通过扎实有效地工作,全市城镇有1.7万困难老年人和农村1.9万困难老年人全部纳入城乡最低生活保障,占全市低保人数的16%。全市农村2.8万五保对象全部纳入"五保"范围,其中有1.4万五保老人实行集中供养,做到了吃、穿、住、医、葬无忧。机构养老初具规模。全市有国办福利院9所,民办福利院机构8所,光荣院6所,乡镇福利院317所,共计集体供养老年人16500人。

【老年教育和活动】 市老年人大学根据需求,始终坚持增长知识、丰富生活、陶冶情趣、促进健康、服务社会为办学宗旨,共聘请15位老师,开设英语、文学、书法、绘画、摄影、音乐、舞蹈、京剧、拳剑等14门课程,全年完成996个学时的教学任务,在教学中,根据学员的年龄差异、文化程度不同,采取灵活的教育方式,满足不同层面的老年人的求知需求,取得很好的教学效果,市老年人大学组织市诗画研究会举行多次老年人书画、摄影展、吸引校内学员甚至校外兴趣爱好者积极地参与,2010年老年大学编辑部出版《十堰老年大学》杂志两期,展示校内教师、学员的风采与教学成果,在社会上影响颇良。2010年,在全国老龄办举办的"第二届中国老年文化艺术节"中,老年大学的魏民、王尔仁老师分获书法一等奖,曾兴洪、梁永高老师获书法二等奖,张家厚学员获得书画二等奖,学员叶柏青、谢连云、王朝祥分获书法和国画的三等奖。鉴于老年人大学取得的成就,11月底,已完成申报"全省老年大学示范校"的申报工作。

市老年活动中心内打门球、台球、乒乓球的场场爆满,下棋、打麻将、玩扑克、川牌的座无虚席。日接待老年人达300多人次,全年接待老年人14万多人次。做到天天有活动,月月有比赛。10月分别举办市直老年人运动会、有门球、台球、乒乓球、象棋、麻将、川牌、扑克牌共7个项目,有700多人次参赛。并于11月8日至9日又举办全市老年人门球赛,有14个队共计200余人参赛。还配合市人事局举办第十六届市直行政事业单位离退休职工运动会。全市在社区、广场、公园组建体育健身活动晨晚练点100多个,每天早晚都有舞剑的、唱歌跳舞的、打腰鼓、扭秧歌的热闹非凡。

【银龄行动】 "银龄行动"是老年知识分子实现老有所为的重要形式,是发挥老年知识分子智力优势,参与社会发展的有效途径。已在社会上产生广泛影响。2010年,协调老科技工作者协会和惠民医院联合组织20余名老专家在张湾区、茅箭区的4个乡镇开展送医、送药活动。发放健康宣传资料3000多份,体检1200多人,免费发放药品5万多元,免费体检费用30多万元。整个活动做到有组织、有领导、有计划、有方案、有安排、有行动、有宣传、有成效。做到老专家热心、基层百姓欢迎、政府放心、社会广泛关注,"银龄行动"圆满成功,达到预期目的。

【老年新社会组织】 一是加大服务力度,进行组织登记,搞好各个老年协会活动、提供良好的服务,大力支持协会开展经常活动。二是加大组织指导,引导其开展健康向上的协会活动,各老年新社会组织积极组织老年人开展活动,取得较好的社会效果。如:市老年诗书画研究会开展的送书画、送春联活动,赢得村民的普遍好评。市老年摄影家协会举办庆国庆摄影展,展出作品60幅。市秦巴书画院出版《秦巴书画院院士作品集》1500多册,收录作品250余幅。

【老年调研】 一是配合省办和郧西老龄办完成《2010年中国城乡老年人口状况追踪调查》的培训和追踪调查工作。二是完成十堰市基层老龄工作状况调查并上报省办。三是完成老年服务机构基本状况和老年生活补贴基本状况调查。四是组织各县市区完成《浅谈如何做好新形势下的老年维权工作》等一批理论调研文章,并汇编《2010年度调研报告论文汇编》共有10篇文章汇编其中。五是2010年市老龄办上报的《健全机制,加大投入,促进老龄事业又好又快发展》和2009年工作总结被纳入《全省老龄办主任会议材料汇编》,充分展示十堰市的调研水平和成就。

(刘　敏)

人民生活

【城市居民生活】 2010年,十堰城市(市区)居民人均可支配收入16130元,同比增长11.6%;人均消费性支出为12519元,同比增长13.53%。

城市居民可支配收入稳步增长。一是工资性收入增幅明显。2010年,城市居民人均工资性收入13740元,同比增长8.7%,工资性收入对家庭总收入增长的贡献率达64.1%。工资性收入增长的主要原因是今年以来经济形势总体向好,企业发放的各类奖金、福利、补贴等增加,事业单位工资绩效改革也使得相关人员的收入增长较快。从5月1日起,十堰市再次调整最低工资标准,其中城区将由现在的600元/月上调至750元/月,上调幅度高达25%。二是转移性收入成为居民增收的重要支撑。2010年,人均转移性收入为3029元,增长23.18%,转移性收入对家庭总收入增长的贡献率达33.25%。其中捐赠收入392元,增长74.93%;人均离退休金收入2154元,增长9.99%。三是经营性收入稳步上升。2010年,人均经营净收入706元,增长15.63%。经营性收入对家庭总收入增长的贡献率达5.57%。主要原因是居民家庭中从事个体经营及非公经济的从业人员比例上升,同时政府出台鼓励创业、就业等优惠扶持政策,拓宽居民家庭收入渠道,使个体收入增加,带动经营净收入增长。

城市居民生活消费支出呈现七升一降态势。在居民收入持续增长的同时,居民家庭消费需求渐趋旺盛,消费能力和水平明显上升。2010年,十堰城市居民人均消费性支出为12519元,同比增长13.53%,比上年同期高8.1个百分点。在八大类消费支出中,食品类、交通和通讯类支出、居住、家庭设备用品及服务类、医疗保健类、教育文化娱乐服务、其它商品和服务类支出同比均呈上升趋势,其中家庭设备用品及服务及居住消费支出增长较快,分别增长20%和18.33%;衣着呈下降趋势。一是食品支出不断增加。随着居民生活质量的提高,食品消费支出保持较快增长态势。主要是城市居民饮食结构发生变化,食品消费向高蛋白、低脂肪、低热量、绿色无公害发展,营养摄取更加科学均衡。同时价格的上涨,也增加了居民的支出。2010年,蔬菜类、粮食价格居高不下,推动居民食品消费支出增加。2010年,居民用于食品支出人均4073元,同比增长5.34%。食品支出对消费支出增加的贡献率达23.9%。其中:粮食支出增长11.35%;蔬菜类支出增长15.19%。二是居住类支出大幅增长。2010年,十堰城市居民人均居住消费支出990.35元,同比增长18.33%,占全部消费性支出的比重为8.3%,较去年同期增长0.8个百分点。居住类支出对消费支出增加的贡献率达17.76%。三是家庭设备用品及服务支出快速增长。电冰箱、空调及各类现代化小家电仍是居民消费的热点。由于购置新房后装修的居民家庭增多,电器、家具需求量大幅提高;同时实施家电以旧换新、降价促销等措施,相对减少了居民家庭支出。2010年,十堰城市居民人均家庭设备用品及服务支出919元,同比增长20%,占全部消费性支出的比重为7.73%,较去年同期提高0.8个百分点。家庭设备用品及服务支出对消费支出增加的贡献率达17.74%。四是医疗保健支出大幅增长。2010年,十堰城市居民人均医疗保健支出为759.88元,同比上升12.88%,占全部消费性支出的比重为6.39%,比上年同期提高0.3个百分点。医疗保健支出对消费支出增加的贡献率达10%。城市居民医疗保险制度实施的成效显著,随着国家进一步完善药品和医疗服务价格形成机制,居民医疗得实惠。但医院的检查费、化验费、手术费等医疗费用仍居高不下,人均医疗费上升17.04%,高于平均水平。医疗改革仍然任重道远。同时,居民保健意识的日益增强,十分注重身体素质的不断提升,促使滋补品消费增加,人均滋补保健品消费37元,同比增长55%。五是娱乐教育文化服务支出持续增长。2010年,十堰城市居民人均教育文化娱乐服务支出1974元,同比增长14.71%,占全部消费性支出的比重为16%,较上年同期提高了0.4个百分点。娱乐教育文化服务支出对消费支出增加的贡献率达29.31%。主要是随着居民收入的提高,家长对于学生教育的投入进一步扩大。六是服务性消费的增加,使其它商品和服务支出小幅增长。由于城市居民收入水平的稳步提高,享受型消费越来越受青睐。2010年,十堰城市居民人均其它商品和服务消费支出494元,同比增长8.85%,占全部消费性支出的比重为4.2%。服务性消费支出对消费支出增加的贡献率达4.65%。主要是服务性消费人均达3528元,增长15.89%的影响所致。七是衣着支出与总消费小幅下降。2010年,十堰城市居民人均衣着支出1541元,同比下降2.44%。八是交通和通讯支出增幅缓慢。2010年,十堰城市居民人均交通和通讯支出1138元,同比增长0.81%。交通和通讯支出对消费支出增加的贡献率达1.05%。交通工具拥有量的增加以及成品油价格的不断走高,还有日益拥堵的道路,影响车辆用燃料支出及零配件的支出。

【农村居民生活】 农民增收特点。据全市600户农村住户抽样调查资料显示:2010年十堰农民人均纯收入3499元,与上年相比增加389元,增长12.49%。从收入来源看:工资性收入1680元,增长6.54%;家庭经营性纯收入1467元,增长19.89%;财产性纯收入93元,增长4.89%;转移性纯收入258元,增长20.3%。呈现出"四大类"收入齐头并进的增长态势,与全国经济持续好转的大形势相吻合。从收入结构看:生产性纯收入3147元,增长12.35%;非生产性纯收入351元,增长13.82%。非生产性纯收入占农民纯收入的比重由上年9.7%上升为10.03%。从分县市汇总的数据看:郧县3442元,增收421元,增长13.94%;房县3360元,增收415元,增长14.09%;竹山县3336元,增收310元,增长10.23%;竹溪县3484元,增收413元,增长13.44%;郧西县3350元,增收420元,增长14.31%;丹江口市4046元,增收388元,增长10.62%。各地农民收入均呈现两位数增幅,增加额均超过300元的预期目标。

农民收入增长因素分析。一是农民就业形势好于预期，农民外出务工收入增加。十堰地处鄂西北山区，发展劳务经济历来是各届政府增加农民收入的主要方式，特别是认真贯彻落实《国务院关于解决农民工问题的若干意见》的文件精神以及省委1号文件提出的农村劳动力转移培训及增收的奋斗目标，以实施“阳光工程”为切入点，广泛动员全社会力量，狠抓农村劳动力的培训与转移工作，多渠道扩大农民工就业机会，农民外出务工数量增加，带动外出从业收入增加65元，增长7.31%。据农民工监测调查，一季度末户均外出务工人员1.04人，增长16.95%，二季度末达到1.07人，已基本恢复到金融危机前的水平，三季度末外出从业人员持续增加，户均达到1.09人，同比增长3.8%，全年户均外出从业人员基本维持在1.15人，同比增长0.4%。二是国家和地方基建项目投资兴建，带动本地劳务经济快速发展。谷竹、十房、十白高速等一批国家基建项目和一系列地方建设项目的动工兴建，为本地劳务经济的发展提供更广阔的空间，成为促进本地劳务收入上升的主要因素。全年农民人均在本乡地域内劳动得到收入611元，增收34元，增长5.81%。三是最低工资标准上调对农民务工收入增加有促进作用。5月1日起，十堰市再次提高最低工资标准，城区由600元/月提高到750元/月，上涨幅度达到25%；丹江口、郧县上调至670元/月，增幅28.85%；房县、竹山、竹溪、郧西县上调到600元/月，增幅30%。8月份的一次调查显示：最低工资标准上调以来，总体上进展情况良好，对农民增收有一定促进作用，但是通过走访几家中小企业，发现该规定执行过程中仍然存在一些变相的违规行为。主要表现在以下四个方面：部分企业支付工资存在低于最低工资标准的现象，特别是私营企业比较严重；部分企业混淆和模糊最低工资范围，将用人单位应缴纳的社会保险费，应支付加班工资、住房公积金、特殊岗位津贴等计算在劳动者工资范围之内，使劳动者实际拿到手的工资低于最低工资标准；部分用人单位对试用、熟练、见习期、带薪休假、探亲假、婚丧假、生育(产)假期间的职工不支付工资，即使支付也低于最低工资标准；部分企业随意增加劳动定额，延长劳动时间，对提供正常劳动所支付的工资低于最低工资标准，将加班工资、超额计件工资等都计算在最低工资之内。四是农产品价格上扬带动农民收入快速增长。农民家庭经营性纯收入增收243元，增长19.89%，带动农民纯收入快速增长。家庭经营性纯收入增，主要是受农产品价格上扬的影响。调查资料显示：2010年全市农户出售小麦平均价格为1.76元/公斤，同比上涨16%；中稻平均价格为1.86元/公斤，同比上涨11%；玉米平均价格为1.77元/公斤，同比上涨48%；油菜籽平均价格为3.62元/公斤，同比上涨11%；薯类平均价格为4.29元/公斤，同比上涨70%；豆类平均价格为3.31元/公斤，同比上涨10%；水果平均价格为0.88元/公斤，同比上涨85%；中药材平均价格为1.68元/公斤，同比上涨36%；蔬菜平均价格为3.56元/公斤，同比上涨29%。因为农产品价格上扬，小麦人均增收12元，中稻人均增收19元，玉米人均增收52元，薯类人均增收23元，豆类人均增收3元，油料人均增收24元，蔬菜人均增收96元，水果人均增收49元，中药材人均增收14元，以上九项共计增收292元(未扣除生产费用，根据调查户人均生产量计算，仅供全年农民收入分析使用)。扣除生产费用及各种因素影响后，人均农业纯收入为1038元，增收200元，增长23.8%。牧业纯收入增加21元，增长12.81%；林业纯收入增加2.58元，；渔业纯收入增加2.98元；二、三产业纯收入分别增加1.58元和15.64元。五是一系列国家和地方基建投资项目的拉动，农民来自财产性和转移性收入快速增长。谷竹、十房、十白高速公路开建，竹山潘口电站和双台花园村铁矿土地征用补偿等等，加快农民财产性收入的增长，人均财产性纯收入增加4.36元，增长4.89%；因为高速公路拆迁房屋赔偿，人均转移性纯收入增加44元，增长20.3%；离退休金、养老金的增加，带动转移性纯收入增加14元。

影响农民增收的因素。一是农业基础设施脆弱，农田抵御自然灾害的能力较差。部分水库、塘堰、引水渠坝常年失修，蓄水排灌能力大大降低，不能发挥抗灾功能。若遇大旱、大涝之年就会造成农作物减产，农民减收。二是农户二、三产业生产徘徊不前，非农产业增收乏力。2010年人均非农产业纯收入215元，增加17元，增长8.72%，占纯收入比重下降0.2个百分点。

(朱新永)

市辖县市区

茅箭区

【概况】 茅箭区辖2个乡,1个镇,3个街道,1个省管经济开发区和1个省级自然保护区,26个社区居民委员会、37个村民委员会,国土面积540平方公里,耕地面积606公顷。全区户籍人口23.21万人,其中男性人口11.72万人。全区常住人口(含白浪)29.3万人,增长1.6%。年出生人口3254人,出生率12.92‰,同比下降0.73个千分点;死亡人口291人,死亡率1.16‰,同比增长0.9个千分点;人口自然增长率为11.76‰,同比下降1.63个千分点;符合政策生育率为89.61%,同比下降1.66个百分点。全年完成生产总值67.7亿元,按可比价格计算,比上年增长20.5%。一、二、三产业的结构比例由2009年的0.9∶51.7∶47.4调整为0.9∶56.7∶42.4。按核算口径计算,全区人均生产总值43121元,增长24.3%。完成工业总产值142.5亿元,同比增长46.8%,增加40.4亿元;国有及规模以上工业企业165家,较上年增加30家,年产值过亿元企业23家,同比增加4家,过5000万的企业18家,与同期持平。实现工业增加值38.8亿元,可比价增长36.8%,工业增加值占全区GDP的57.3%。实现三产业营业额291.7亿元,同比增长29.6%;实现三产业利润1.7亿元,同比增长29.6%;实现三产业税金12549万元,同比增长11.1%。各类市场42家,实现销售额84.2亿元,同比增长9.7%。社会消费品零售总额77.1亿元,同比增长23.6%。百亿火车站商贸经济圈建设投资24019万元,增长77.1%,经济圈内商贸经营户4533家,从业人员17548人,完成销售额103.2亿元,增长52.0%。全区引进内资项目33个,引入资金13.6亿元,增长38.4%,占目标的125.8%;实际利用外资1350万美元,增长17.4%,占目标的117.4%;21家出口企业,实现外贸出口5604.2万美元,下降28.8%,完成全年目标任务的63.5%。全年开工建设项目252个,完成全社会投资54.3亿元,增长50.7%。A级旅游景区5家,赛武当申报国家级自然保护区通过国家林业局评审;全年旅游人次436万,实现旅游综合收入31.6亿元,增长38.4%。农家乐改造升级发展到268家,农家乐收入8326万元,增长15%;星级饭店19家,星级饭店客房1803间,同比增加282间;名胜风景区和文物保护区5个。累计完成财政总收入9.2亿元,增长32.1%。实现一般预算收入1.97亿元,增长27.8%。其中工商税收1.93亿元,工商税收占地方一般预算收入的比重达到97.5%;财政支出3.86亿元,同比增长15.2%,其中,本级支出2.45亿元。农民人均纯收入3955元,较同期3462元净增493元,增长14.23%。农林牧渔业实现总产值8373万元,较同期增长10.7%。其中,农业产值4230万元,增长15.8%;林业产值为227万元,下降38.3%;畜牧业产值3726万元,增长12.6%。

归口管理的各类学校现有19所,其中:小学14所,中学5所;在校学生11264人,增加594人;学龄儿童入学率为100%,初中毕业升学率为99.6%,九年义务教育完成率为100%;教职工1095人,其中专任教师893人,减少118人;纳入区级管理的幼儿园51所,在园儿童人数8026人,增加3337人。归口管理的卫生机构有80个,其中:医院1个,防疫站1个,卫生院(所)6个,村卫生室37个,社区医疗服务中心(站)33个,增加3个;拥有床位135张;从业人员687人,增加66人。其中执业(助理)医师235人,注册护师、护士245人。

改造城区泥巴路18条9.8公里,建设乡村公路77条320公里。改造农村危房1140户,兑现廉租房补贴136.6万元。年末全区从业人员10.26万人,全年城镇新增就业人数3387人,帮助1117人下岗失业人员实现再就业,组织农村跨地区就业人数817人,年末城镇登记失业率

4.5%。年末全区参加基本养老保险人数11745人，比上年减少749人，下降6%；参加失业保险6500人，增加683人。共征收保费2899万元，下降22%；组织开展各类培训4889人次。其中农村劳动力培训2124人。参加农村合作医疗人数19815人，增加16人；新型农村合作医疗覆盖率达98.8%；创办社会福利院5个，福利院集中供养人数754人；低保人口13550人，年发放低保金2911.2万元；农村有2076人享受定期定量救助；接收社会捐赠19.3万元；城镇社区服务设施182个。出资购买公益性岗位556个，完成26个社区“一门式”服务大厅建设。

“十一五”期间工作。综合实力大幅攀升，2008、2009年在全市县市区综合目标考评中分别获得第一名、第三名。发展后劲持续增强。汽车主导产业迅速壮大，东风实业车辆公司、驰田专用车公司、正和车身公司等一批具有竞争力的整车和总成企业相继建成、扩能、投产，产值过亿元工业企业达到23家，规模工业增加值达到35亿元。现代服务业快速发展，居然之家、武商集团等大型商贸集团落户茅箭，火车站商贸经济圈扩容升级，鄂西北小商品批发等专业市场繁荣发展，金融、物流等新型服务业态不断涌现。“以旅促农”持续推进，A级景区达到6家、星级农家乐达到50家，新建生态茶园3000亩、金银花基地800亩，高山无公害蔬菜面积发展到5000亩，传统农业加速向特色农业、观光农业转变。一批重大项目相继建成。“十一五”期间全社会固定资产投资累计完成124亿元，年均增长55.3%，为“十五”时期的9.3倍。大川500千伏变电站、泗河污水处理厂建成投入运行。马家河水生态整治工程进展顺利，总面积达10万平方米的赛武当广场建成投入使用，成为十堰东部新城区的地标性建筑。天津路、重庆路、许白路和上海路建成通车，香港街、深圳街改造升级，南部山区“三纵一横”旅游环线路网初具规模。启动乱石麻沟片区建设用地整理，修编驼鞍沟片区控详规，开发普林二、三期和鸳鸯、郑家沟等片区土地6000余亩，城市空间进一步扩大，东部新城区渐具雏形。城乡面貌明显改观。深入开展“三城联创”，扎实推进“城管进街办”，加快“城中村”、城乡结合部、老旧小区改造步伐。强力推进社区建设，以柳林新村社区等为试点探索开展“八进社区”活动，基本完成26个社区“一门式”服务大厅建设，荣获“全国和谐社区创建示范区”、“全国社区卫生服务示范区”称号。新一轮扶贫开发取得新成绩，减少贫困人口3964人。加强生态环境保护，赛武当创建国家级自然保护区通过国家林业局、环保部评审。经济社会发展活力迸发。农村税费、林权制度、乡镇综合配套和新一轮政府机构改革基本完成，医药卫生体制、教师绩效工资、公务员工资制度、农村集体经济组织产权制度改革创新试点稳步实施，村(居)财务“双代管”进一步落实。成立区城投公司、金融办和东风工业园行政服务中心，组建了信用担保机构、小额贷款公司。大力推行“以钱养事”，累计购买公益性岗位785个。对外开放力度加大，招商引资成效显著，实际利用外资5198万美元，引进市外境内资金33.7亿元，实现外贸出口2.2亿美元，分别是“十五”时期的5.9倍、5.1倍和93倍。重手推进社会事业发展，高度关注改善民生。广泛推广科技实用技术，科技进步对经济增长的贡献率达到49%。城乡免费义务教育全面实施，“普九”债务化解通过省检查验收，获得全省“办人民满意教育先进区”称号。全力服务第三届、第四届世界传统武术节，成功举办建区25周年文艺晚会和社区运动会等大型文体活动，获得“全省体育工作先进单位”、“全国全民健身活动优秀组织奖”。城镇居民基本医疗保险参保率达94.6%，新型农村合作医疗参加率达98%。人口计划生育工作进一步加强。城乡低保、医疗救助制度全面落实，累计5.5万人纳入城乡低保。培训下岗失业人员、失地农民和农村剩余劳动力17555人，新增就业岗位12545个。城镇居民人均可支配收入和农民人均纯收入达到15320元、3720元。安全生产形势稳定，社会治安综合治理成效明显，“五五”普法圆满完成，荣获“全省平安建设先进区”、“全省普法依法治理先进区”、“全省集中处理群众信访突出问题先进单位”称号。

市容市貌建设。“头号工程”—东风商用车8万辆重卡新工厂落户茅箭并开工建设，东风实业车辆公司5万辆整车项目创造了从开工到新车下线仅用119天的“东风实业速度”，正和10万套车身扩能项目三期工程、驰田公司2万辆专用车扩能项目推进顺利，同创公司正式签约，普林工业园三期15个工业项目集中开工，全区规模以上工业企业达165家，较上年增加30家，推动全区工业经济高开稳走，实现单月产值连续9个月超10亿元的历史新纪录。五堰商场改造升级完成，九州通医药物流项目即将竣工，火车站商贸经济圈交易额突破百亿元大关。积极组织抗灾自救，战胜了洪涝灾害的严峻考验，实现了当年受灾，当年恢复。大川新农村试点镇建设全面铺开，百公里观花长廊和高速公路景观带建设取得良好效果，郧十高速公路正式开工，完成五茅路口滑坡治理，茅大路、五赛路、茅塔路改造完工或趋于完工，市博物馆评定为4A级景区，东沟红色旅游区升为3A级景区，成功举办“中国·赛武当(十堰)自行车邀请赛暨第四届登高节”和“百家旅行社游茅箭”系列活动，茅箭旅游知名度和影响力进一步提升。“八进社区”、“创卫进庭院”活动扎实开展，改造背街小巷道路18条9.8公里，安装背街小巷路灯906盏，创建国家卫生城市顺利通过省级评估。东风工业园环境综合治理初见成效，跻身全省集约节约利用土地模范试点区。

2010年十件实事。一是组织辖区下岗失业人员、失地农民和农村剩余劳动力转移培训2000人，新增就业岗位3000个，完成农村实用技术培训1000人。二是完成茅塔路口滑坡体治理，硬化通组公路5公里。三是在5个村实施“农民体育健身工程”，新建10个“农家书屋”。四是建设廖家村、康家村等生态茶园1000亩，并配套实施新型水利节水灌溉工程，使全区茶园面积达到3000亩以上。五是筹资100万元，建立综治维稳和扶困救助专项基金。六是为200名贫困大学生办理生源地助学贷款；按小学生500元/年、初中生750元/年标准，为70名农村义务教育阶段寄宿生提供生活费补助。七是为准备怀孕的农村妇女免费增补叶酸，按500元/人标准为农村孕产妇提供住院分娩补助，为3000名“1996—1997年出生年龄组”人员进行乙肝疫苗免费查漏补种。八是改造城区泥巴路3公里，安装背街小巷路灯2000盏，兴建垃圾中转站2个、公厕3座，安装果皮箱100个，综合整治赛武当广场、外滩广场周边环境。九是完成黄花巷、三环桥等5个便民市场和老街社区示范农贸市场建设。十是村干部年人均工资增加到4000元，社区保障经费增加到8万元/年，适当提高离职村主职干部生活补贴。

【新东风商用车工业园区项目】

新东风商用车工业园区是东风商用车公司“863计划”的重点建设项目，园区包括整车装配、车身制造、销售物流和试车跑道四个区域，分三期建设，共投资23亿元，规划占地3100亩，建设集车身、车架、整车制造装配及储运于一体的整车制造标杆工厂。达产后年可生产东风高端重卡8万辆，实现产值240亿元。截至3月底，茅箭区已投入1.7亿元完成了一期1300亩项目建设用地的平整工作，为项目落地建设奠定坚实基础。5月23日，举行新工厂奠基仪式；7月21日，开始总装车间基础强夯，这标志着东风商用车公司“二次创业”的重要基地—东风商用车公司8万辆重型卡车新工厂如期开工建设。项目计划2011年3月开始生产准备，2011年8月开始试生产，四季度形成1万辆整车生产能力。该项目落户茅箭区，不仅对于打造区域性中心城市核心区有着至关重要的作用，而且对于推动全市“十二五”经济社会发展具有里程碑意义。

【一批重点项目开工建设】 东风实业（十堰）车辆有限公司5万辆整车扩能项目。该项目位于东城经济开发区鸳鸯村，占地581.5亩，总投资3亿元，建设商用整车、工程机械车及底盘、车架、汽车管路、线束等关键零部件生产销售基地。项目建成达产后可年产整车5万辆。该项目于2009年8月18日正式签约，9月25日开工建设，仅用5个月就完成3.8万平方米的总装、车架、底盘零部件等车间建设，创造了新的“东风实业速度”。从2010年3月18日竣工投产以来，2010年东实车辆公司已累计生产整车10134辆，同比增长948辆；完成产值10.7亿元，同比增长39.2%；实现销售收入9.9亿元，同比增长48%。2011年，该公司计划生产整车1.3万辆，产销达到12.2亿元，日产能达到70台（单班）。

十堰正和车身有限公司10万辆车身扩能项目三期。项目占地105亩，总投资3亿元，将新建工业厂房3.1万平方米，综合办公楼和产品研发中心6000平方米。2010年11月18日正式开工建设，工期2年，计划2012年全面投产。项目完工后，将实现年产销重、中、轻型商用车车身总成10万辆，年销售收入达到15亿元，年创利税1亿元，新增就业岗位500个。

十堰驰田汽车有限公司2万辆专用车扩能项目。项目占地150亩，总投资2.3亿元，全部建成后可年产2万辆专用车及2000辆重型矿山自卸车，新增产值6亿元，新增税收1200万元。目前该项目正在进行山地平整。

【首部《茅箭区志》编修完成】

11月6日，《茅箭区志》顺利通过省、市终审，在十堰市二届修志工作中率先进入终审，标志着《茅箭区志》编修基本完成，标志着茅箭建区以来历时最长、涉及面最广、参与人员最多的一项宏大的文化工程竣工，结束茅箭无志书的历史，是全区文化建设的一大成果，具有里程碑意义。

（顾教生　庹明林）

茅箭区乡镇(街办)基本情况一览表

乡镇(街办)名称	国土面积(平方公里)	耕地面积(公顷)	人口(人)	居民委员会(个)	村民委员会(个)	村民小组(个)	规模企业工业总值(万元)	农民人均纯收入(元)	党委书记	乡镇长主任
大川镇	68	110	3949	_	5	23	-	3428	董祥吉	舒光辉
茅塔乡	175	189	5471	_	10	36	1820	3386	曾　强	曾　强
武当街办	49	23	51542	6	3	19	217965	3842	王　雯	任　远
二堰街办	19	5	69896	9	3	9	124034	4290	顾衍波	昝　琨
五堰街办	11	3	94345	9	1	3	21715	6500	李　飓	柯　毅
东城开发区	47	231	5099	2	10	59	767832	3960	吕自宏	张俊江
赛武当管理局	121	45	1770	_	5	22	-	3504	居　然	梁文新

张湾区

【概况】 张湾区辖2乡2镇4个街道和1个省级经济开发区,33个社区居民委员会,67个村民委员会,国土面积652平方公里。年末常住人口353600人,其中农业人口61933人。2010年实现地区生产总值52.6亿元,比上年增长23.1%;地方一般预算收入1.43亿元,比上年增长22.5%;全社会固定资产投资47.2亿元,比上年增长98.4%。荣获全国"法治县(市、区)创建活动先进单位"、全省"对外开放先进县(市、区)"、全市"项目建设特别贡献奖"等荣誉称号。

东风商用车动力总成、湖北三环、东风征梦、东风神宇、十堰安远等重大项目全面推进,规模以上工业新增46家,达到169家,"双亿工程"企业发展到17家,全区工业总产值173.05亿元,比上年增长41.9%。六堰至张湾商贸业日益繁荣,生态文化旅游业初具规模,全区第三产业增加值15.7亿元,比上年增长10.5%;社会消费品零售总额52.2亿元,比上年增长23.6%;饮食服务业营业额31.1亿元,比上年增长70.2%;旅游业综合收入30.2亿元,比上年增长40.1%。蔬菜、林特花卉、畜禽水产、劳务经济"四大亿元工程"基本建成,发展农村经济合作组织4个,争取省、市扶贫项目95个,资金635万元,全区农村经济总收入9亿元,比上年增长11.1%;农民人均纯收入4060元,比上年净增378元。

十堰工业新区累计平整土地8000余亩,A园水电路全面开通,入驻企业38家;B园、C园新万亩山地整理启动实施。西城高新技术园区初具规模,天龙汽车电子电器工业园一期投产见效。汉江工业物流园聚集物流企业60余家,被列为全省18个现代物流示范园区创建单位。湖北三环工业园一期开工建设,东风创业(孵化)工业园平整土地近500亩。凯旋大道、浙江路、捷达路、凯迪拉克大街、建设大道一期相继贯通,西城路、方山路综合改造交付使用,东环路、风神大道开工建设,十白高速全线开工。深入推进"现代八型政府(机关)"创建活动,全面推行全程代理制、工作专班制、限时办结制、检查备案制、绿色通道制等服务机制。

各项改革全面推进,事业单位聘任制用人机制基本建立,财政"四项改革"进一步深化。农村综合配套改革不断完善,集体林权制度改革基本完成,农村土地流转、集体资产产权制度改革创新试点进展顺利。教师绩效工资改革及医药卫生体制改革全面铺开。全省首家纯民营资本投资小额贷款公司—汇成公司注册资金增加到5000万元。对外开放步伐加快,建立完善招商引资激励机制,参加各类经贸洽谈、推介会,构建全民招商、专班招商、以商招商的良好格局。区外境内招商引资31.79亿元,比上年增长82.8%;利用外资1700万美元,比上年增长41.7%;外贸出口4776.3万美元,比上年增长14.5%。

扎实推进"三城联创",构建完善环卫管理长效机制,综合实施城市环境整治工程,改造城市内街小巷和集镇道路21条89500平方米,治理河道5条17.8公里,市容环境大为改观。乡村基础设施不断完善,完成乡村公路建设50公里,西沟乡省级新农村试点乡建设进展顺利,柏林村成为全省新农村建设示范村。"美化环境、清洁家园"活动显现成效,犟河柏林叶家湾段综合整治成为亮点。库区移民内安、黄方公路复建工程全面启动;重点项目拆迁集中安置区建设有

11月20日，东风商用车公司动力总成项目山地整理工程在十堰张湾工业新区正式开工

序推进。生态环境建设力度加大，实施封山育林15000亩，森林覆盖率达65%。新建沼气池1089口，关停2家污染企业。神定河污水处理厂二期建设完工，天然气项目、西部垃圾处理场、犟河污水处理厂、慧日化学表面处理中心建设进展顺利。

创建国家级高新技术企业2家、市级科技示范村2个、科技示范基地4个，完成新产品研发30个，推广农业实用技术35项、优良品种15个，申请国家专利197项。义务教育新机制全面落实，"普九"债务全面化解，中、高考成绩再创新高。整建甲级村卫生室67个，新型农村合作医疗持续全覆盖；荣获第四届世界传统武术节"突出贡献奖"。公路沿线村组有线电视信号实现全覆盖。人口自然增长率控制在7‰以内，符合政策生育率稳定在92%以上。实施各类就业技能培训5082人，城镇新增就业4157人，城镇登记失业率控制在4.3%以内。养老、失业保险新增参保1912人，被征地农民就业培训和社会保障试点顺利推进。城乡困难群众救助体系进一步完善，发放城乡低保金2010万元，完成经济适用房和廉租住房建设8.3万平方米，改造农村危倒房40000平方米。

深入开展"百队千人进万家"、"四访促和谐"、"'五讲'教育精神惠民"等活动，信访总量、越级赴市上访量、重信重访量逐年下降。实施社会治安综合治理"百千万"工程，推广"警铃入户"技防工程，依法处置群体性事件，荣获全市"社会治安综合治理优胜责任区"称号。强化安全生产监督管理，荣获全市"安全生产优秀区"称号。"五五"普法圆满完成，政务公开更加规范，基层民主得到完善。认真落实党风廉政建设责任制，加大审计监督和大案要案查处力度。加强国防教育和民兵预备役建设，拥军优抚安置政策全面落实。

【东风商用车动力总成项目开工】 11月20日，东风商用车公司动力总成项目区山地整理工程在十堰张湾工业新区正式开工，该项目位于张湾区花果街道办中部，东面毗邻红卫街道办事处，西面为西城开发区，北部为福银高速公路十白段，南接方山路。东距十堰市中心区约6公里，西距西城开发区约5公里。计划2011年3月完工交付使用。项目第一期投资26亿元，到2012年底实现年产值30亿元，5年之内实现年产值60亿元，全部投资完成后年产值将超过100亿元。该项目将重点发展3种大马力自主品牌动力总成，是东风公司振兴十堰基地、提高核心竞争力的重大举措。包括东风商用车动力总成项目在内，东风零部件、经济型商用车、东风装备公司、东风设备制造等占地7100亩、总投资过60亿元项目构成东风公司的"五大板块"布局十堰工业新区B园。

【首座电动汽车充电站落户十堰工业新区】 4月8日，十堰市首座电动汽车充电站在十堰工业新区开建。标志着十堰在培育新能源汽车产业方面，又迈出实质性的一步。此次开

4月8日，十堰市首座电动汽车充电站在十堰工业新区开建

工建设的十堰市首座电动汽车充电站，位于张湾辖区的十堰工业新区凯迪拉克大街南侧，是省电力公司在全省规划建设的16座充电站之一，占地15亩、计划投资800万元。新建的电动汽车充电站由配电系统、充电系统、监控系统、计费系统等组成，车主可选择快充、中充和慢充模式充电。充电站建成后，将为各类型电动汽车提供整车充电和更换电池充电服务，并能在充电过程中对充电机、动力电池进行状态监控，市民可通过供电部门提供的IC卡进行汽车充电缴费。

【首辆纯电动环卫车下线】 10月18日，由湖北永土科技股份有限公司与东风汽车股份有限公司合作生产的纯电动环卫车样车在十堰工业新区顺利下线，填补十堰市纯电动新能源车的空白。湖北永土科技股份有限公司是张湾区招商引资的重点企业，与东风汽车股份有限公司合作生产纯电动环卫车。该公司先后投入6800多万元进行研发中心、车间、厂房等基础建设，建成投产后，设计年产能达8000辆左右，产值达8亿元以上，并最终形成3.8万辆纯电动环卫车总装能力。与其它类型的电动车相比，这款微型电动环卫车车身小，充一次电能行驶160公里，能利用车内的升举平台轻松运走垃圾，还具备智能终端等现代化功能。据了解，该款纯电动环卫车还将设计安装太阳能板，免去用户充电烦恼，商业前景非常广阔。

【东环路开建】 4月27日，十堰市东环一级路建设指挥部在张湾区汉江路街道七里垭村二组何家沟举行开工典礼。东环一级公路起点位于城区东部许家棚与东风大道、许白一级公路、十漫高速公路东互通平面交叉，经贺家沟、熊家湾村、马家沟大桥至太山庙，与北京路延长线对接。路线向北下穿十漫高速公路太山庙大桥，经陈家院、对门沟、郭家沟后，至龙潭湾隧道，隧道全长约580米，至神定河大桥，桥长约320米。终点止于城区西部刘家沟隧道出口处，与“郧十”一级路郧县段连接，全长15.3公里，其中张湾区境内13.1公里，茅箭区境内2.2公里。道路宽40米，双向6车道。项目总投资8亿元，工期两年。东环路是城区道路骨架系统的重要组成部分，该道路将成为进出车城的快速通道，从根本上改善城区交通状况。

（李广文）

张湾区乡镇街道（开发区）一览表

单位名称	国土面积（平方公里）	耕地面积（公顷）	年末常住人口（人）	工业总产值（万元）	农村经济总收入（万元）	农民人均纯收入（元）	党委书记	乡镇长街道主任
花果街道	81	156	45612	212596.7	9546	4198	贺景虎	杨长春
红卫街道	28	46.6	72084	378014.3	10720	5980	段厚荣	明辉
车城街道	29	10.6	128662	215179.7	14708	6592	胡光群	
汉江街道	93	192	67670	427651.9	15102	4560	李光辉	高清平
黄龙镇	126	330.3	17968	16666.7	12020	3618	郭兆科	许庆一
柏林镇	107	147.1	10321	53447.1	14414	4209	夏宝忠	夏宝忠
方滩乡	66	178.3	6302	296	3869	3219	任杰	夏玉兰
西沟乡	111	204.3	4786	104	4649	3850	王丽媛	王丽媛
西城经济开发区	11	37.3	4986	209407.6	175	5090	母祥玉	陈吉有

丹江口市

【概况】　丹江口市下辖11个镇,1个乡,4个城区办事处,3个林业开发管理区,1个经济开发管理处和1个旅游经济特区。年末总人口458434人(2010年全市外迁移民39285人),其中:城镇人口152999人,占33.4%;乡村人口305435人,占66.4%,男性人口238365人,占52.0%,女性人口220069人,占48.0%。在全省县域经济考核评价中的排位由2009年的第32位上升到第31位。

全年完成地区生产总值921359万元,按可比价格计算,比上年增长14.8%。其中,第一产业完成增加值133877万元,增长4.1%;第二产业完成增加值463978万元,增长25.1%;第三产业完成增加值323504万元,增长7.2%。三次产业结构由上年14.9:46.6:38.5调整为2010年的14.5:50.4:35.1。全市人均GDP为20097元,比上年增加4371元。市场物价基本稳定,全年居民消费价格指数为102.8%。其中:食品类价格上涨7.6%,服装、鞋帽类下降0.4%,医疗保健和个人用品类上涨0.9%,娱乐教育文化用品及服务类价格上涨0.1%,农业生产资料价格上涨8%。年末全市从业人员25.15万人,其中城镇就业人员7.57万人,比上年增长19.2%,年末城镇登记失业人数为5743人,年末城镇登记失业率为4.3%。

农业农村经济。全年农村牧渔业总产值为238834万元,按可比价格算比上年增长8.2%。其中种植业总产值97191万元,林业总产值4588万元,牧业总产值85728万元,渔业总产值5005.7万元。粮食种植面积44.69万亩,比上年增加0.92万亩,增长2.1%;油料播种面积10.22万亩,粮食总产量为13.24万吨,比上年增长2.1%;油料产量9438吨,比上年增长11.0%。全年大牲畜出栏27076头,比上年增长31.6%;生猪出栏23.91万头,比上年增长2.3%;肉类总产量41.57万吨,比上年增长14.5%。猪、牛、羊肉产量分别为17932吨、3980吨、428吨。水产品产量50884吨,比上年增长5.1%。

工业经济。全市120家规模工业企业完成增加值37.07亿元,按可比价格计算,增长32.5%。完成工业总产值13.14亿元,增长53.2%,其中:国有企业完成总产值31.72亿元,增长44.9%;集体企业完成总产值2.42亿元,增长39.7%;股份有限公司完成总产值86.02亿元,增长53.0%。轻工业完成总产值14.84亿元,增长10.8%;重工业完成总产值116.59亿元,增长61.1%。轻重工业机构之比为1:7.86。新型工业化步伐进一步加快,冶金、汽车配件、医药化工、绿色食品等四大支柱产业的工业总产值为102.17亿元,占全市工业总产值的77.8%。2010年工业产销衔接较好,经济效益继续提高。全市工业完成销售收入121.2亿元,工业产品销售率为95%。工业企业实现利税总额13亿元,高新技术产业增加值达54712万元,比上年增长2倍。

项目建设。全社会完成固定资产投资58.01亿元,比上年增长46%,其中:城镇投资54.45亿元,增长51.7%;农村投资3.35亿元,下降12.6%。在城镇投资中基本建设投资30.07亿元,增长61.3%;工业及工业技改投资19.39亿元,增长41.2%;房地产开发投资5亿元,增长41.7%。按产业划分第一产业投资1.5亿元;第二产业投资19.39亿元,增长46.6%;第三产业投资37.08亿元,增长49.8%。重大项目建设有效推进。南水北调丹江口大坝加高工程自2005年9月份开工以来,累计完成固定资产投资19亿元,占计划的78.4%,其中当年完成投资2.04亿元。农夫山泉“二期工程”累计完成投资6.97亿元,其中当年完成4.27亿元。丹江传动轴公司重型车辆壳传动轴生产线当年完成投资1.32亿元,六里坪工业园5000亩场坪及基础设施建设完成投资1.7亿元,丹江口旅游码头完成投资7200万元,武当山索道改造建设完成投资1.53亿元。

全年实现社会消费品零售额34.61亿元,比上年增长19.2%。分城乡看:城市实现零售额22.30亿元,比上年增长21.0%;农村实现零售额12.31亿元,增长16.01%。分行业看,批发零售贸易业实现零售额28.63亿元,比上年增长18.8%;住宿和餐饮业5.36亿元,增长8.3%。全年实现外贸进出口额884万美元,比上年增长41.2%,其中出口884万美元,增长41.2%。招商引资新签合同项目48个,实现到位外资106万美元,比上年下降62.7%;实际到位内资20.8亿元,比上年增长45%。

全年完成货物周转量7.42亿吨/公里,比上年增长2.2%;旅客周转量7.85亿人/公里,下降10.8%。年末全市民用汽车拥有量为10673辆,其中载客汽车8131辆,载货汽车2542辆。邮电通信业实现邮电业务收入12231万元,比上年下降11.6%;固定电话用户为60350户,增加274户;移动电话用户达到249090户,移动电话普及率达155.4部/百户;计算机互联网用户28570户,城市互联网用户普及率达53.1户/百户。全市国内旅游人数351.1万人次,比上年增长37.5%。其中海外游客9.26万人次,比同期增长17.2%。实现旅游总收入17.025亿元,比同期增长64%。其中旅游创汇2980万美元,增长19.2%.

财政收入大幅增长。全年完成财政总收入17.89亿元,比上年增长100.4%,其中地方一般预算收入11.98亿元,比上年增长165.2%。全

7月28日至30日，全国"第十届全国散文诗笔会"暨"首届中国散文诗大奖"颁奖仪式在丹江口市举行

市人均地方一般预算收入2612元，比上年增长178.5%。全年财政支出26.69亿元，比上年增长45.2%。金融运势状态良好，年末全市金融机构各项存款余额130.45亿元，比年初增加34.24亿元，其中城乡居民储蓄存款余额73.26亿元，比年初增加15亿元；人均储蓄存款14740元，比年初净增3017元；金融机构各项贷款余额717939万元，比年初增加263298万元，其中短期贷款余额14.33亿元，比年初增加3.08亿元，中长期贷款57.12亿元，比年初增加23.38亿元。全年实现保费收入18206万元，其中财产险保费收入4939万元，寿险保费收入13367万元；支付各类赔款及给付6161万元，其中寿险赔款及给付2502万元，财产险赔款3659万元。

全市普通中等专业学校在校生19270人，全市普通中学在校生27418人，小学在校生27188人，幼儿园在园幼儿11421人。科学研究和技术开发取得新的成果，申报十堰市以上科技项目16个，其中：申报省级以上科技项目9个，申报国家级科技项目6个。全市广播覆盖率94.42%，电视覆盖率96.13%，有线电视入户率46.01%。全市卫生机构76个，卫生技术人员2409人，病床床位2119张。

环境保护事业不断加强。全年用于环境污染治理投资总额18587万元。全市工业二氧化硫排放量2388吨，排放达标率99.9%，工业废水排放达标率99.6%，工业固体废物综合利用率94.96%。2010年城市建成区噪音平均值为59.5分贝，丹江口市水库检测状况没有明显变化，达到国家规定类别Ⅱ类标准。城市饮用水质达标率100%，生活垃圾无害化处理率100%。全市城区拥有标准营运车辆70辆，出租车100辆，园林绿地面积1104公顷，建成区绿化覆盖率40%，全市自来水综合生产能力20.1万吨/日。

城乡居民收入。城镇、居民人均可支配收入11952元，比上年增加1146元，增长10.6%；农民人均纯收入4046元，同比增加389元，增长10.6%。全市参加基本养老保险人数39546人，增加13515人，参加失业保险人数42388人，增加5056人，参加城镇医疗保险人数69804人，增加48人；参加农村合作医疗保险人数296254人。全市有12377人城镇居民得到最低生活保障救济。有28660人农村居民的到最低生活保障救济，增加10549人。社会福利事业不断发展，全市各类社会福利收养床位2894张，收养2535人。建立城镇社区服务设施121个。

【省委书记罗清泉来丹调研脱贫奔小康工作】 1月8日，省委书记、省人大常委会主任罗清泉，省委常委张昌尔率7家帮扶对口单位及省直相关部门负责人来丹调研脱贫奔小康工作。十堰市领导陈天会、张嗣义、陈家义、本市领导郭新明、曾文华、郭清文、栾双清、武发胜等陪同调研，罗清泉一行先后参观安乐河工业园建设、农夫山泉丹江口有限公司二期工程建设，丹江口经济开发区规划建设、广深工业园等，了解企业建设、运作等方面的情况，并针对企业现状提出宝贵的发展意见。

【7位院士21位专家来丹进行南水北调咨询调查】 5月5日，由中科院院士、武汉大学教授李德仁等7位

8月21日，"明珠·新天地杯"2010年全国旅游城市国标舞公开赛在丹江口市汉江集团体育馆隆重举行

院士、21位专家组成的南水北调咨询考察组抵达丹江口市，对南水北调中线工程进展情况、上游集水区和库区等重点水源保护区域、重点生态环境保护区、水土流失区保护情况进行考察，及时掌握丹江口市的水质情况及主要发展问题和现有解决措施，提出“南水北调中线工程核心水源区生态经济可持续发展调研报告”。

【“第十届全国散文诗笔会”“首届中国散文诗大奖”颁奖仪式在丹举行】 7月28日至30日，全国“第十届全国散文诗笔会”暨“首届中国散文诗大奖”颁奖仪式在本市举行。青海省委常委、宣传部长、中国诗歌学会常务副会长吉狄马加，一级作家、《中国年度散文诗》主编、“首届中国散文诗大奖”评委邹岳汉、一级作家、《散文诗》杂志社总编辑、“首届中国散文诗大奖”评委冯明德以及来自全国省市区的95名散文诗作家参加，亚楠和黄恩鹏获“首届散文诗大奖”。

【2010年全国旅游城市国标舞公开赛】 8月21日，由亚洲国际标准舞联合会、丹江口市委宣传部、市文体局、市广播电视局等单位联办的“明珠·新天地杯”2010年全国旅游城市国标舞公开赛在丹江口市汉江集团体育馆隆重举行，来自北京、黑龙江、山东、河南、福建、湖北等地40支代表队800余名国标舞选手参赛。其中年龄最大的选手已60岁高龄，最小的选手不足6岁。800余名选手按三个组别进行。其中来自武汉体院的郑仲凡获职业组第一名，丹江口市的谭梦丹、袁芳等获少儿组团体操第一名。 （李建华）

丹江口市乡镇(街办)一览表

乡镇(街)办	国土面积（平方公里）	耕地面积（公顷）	年末总人口（人）	党委书记乡(镇)长
均州路办事处	6		48572	李拥军
大坝办事处	7		38731	冯 琳
丹赵路办事处	49	9.49	21938	朱 燚
新港经济开发区	10	107.33	8043	周学军
三官殿办事处	109	689.93	25405	尹礼辉
牛河林业开发区	118	506.81	9000	袁来华
土台乡	145	761.00	15973	蔡光耀
土关垭镇	110	718.15	13821	吴夏
浪河镇	139	684.53	21951	石冰
白杨坪林业开发区	109	429.92	（包含在浪河镇内）	刘元明
丁家营镇	84	399.02	12817	张吉来
六里坪镇	138	1423.29	46050	纪道斌
官山镇	301	145.93	13894	陈信斌
盐池河镇	196	1301.67	11060	王晓波
均县镇	278	1628.13	23840	张兆华
凉水河镇	242	1479.80	28725	刘军
石鼓镇	176	1521.13	14592	宋勇
蒿坪镇	121	1304.33	13066	陈少斌
习家店镇	340	3064.00	44114	刘毅
大沟林业开发区	87	555.06	（包括在习家店内）	张大虎

郧　县

【概况】 郧县地处湖北省西北部秦岭南坡与大巴山东延余脉之间，汉江上游下段，是南水北调中线工程核心水源区。2010年县辖1个副县级经济开发区，19个乡镇(场)，其中，15个镇，3个乡，沧浪山国家级森林公园(副县级)与红岩背林场实行园场合一体制。村(居)民委员会349个，村民小组1789个，国土面积3863平方公里，其中耕地35160公顷。年末总人口63.61万人(公安年报)，18.74万户；其中农业人口32.6万人，12.48万户；男33.63万人，出生人口性别比108.35，从业人员31.22万人。全年完成地区生产总值43.92亿元(现价)，同比增长20%，其中第一产业13.46亿元，第二产业16.23亿元，第三产业14.24亿元。实现财政总收入(不含南水北调耕地占用税)4.24亿元，同比增长29%；完成地方一般预算收入(不含南水北调耕地占用税)1.87亿元，同比增长27.5%；全社会固定资产投资达41.39亿元，同比增长73.9%；亿元以上企业发展到11家，规模以上企业106家；实现工业总产值69.4亿元，工业增加值19亿元，同比分别增长42.2%、40.3%；实现农业总产值21.77亿元、增加值13.46亿元，同比分别增长8.2%、6.1%；文化旅游总收入6.07亿元，同比增长197%；城镇居民人均可支配收入8837元，同比增长13.9%；农民人均纯收入3442元，同比增长13.9%。其中，地区生产总值、规模以上工业增加值、社会消费品零售总额、财政总收入、地方一般预算收入等五项指标均居全市第一，全省排名由56位跃居38位，继2009年后，郧县再次荣获“全省县域经济发展进位先进县”荣誉称号。

农业农村经济。全年实现农村经济总收入69亿元，同比增长11.2%。农产品总量快速增长，农作物播种面积8.21万公顷，其中，粮食收获面积5.73万公顷，总产21.67万吨；油料1.13万公顷，总产1.55万吨。新建特色产业基地0.44万公顷，其中木瓜0.07万公顷，柑桔0.07万公顷，蔬菜0.1万公顷，中药材0.13万公顷，桑蚕0.07万公顷。全县特色产业基地达4.7万公顷，其中已认定的优质农产品无公害生产基地0.8万公顷。培植养殖小区82个，养殖大户805户，全年猪、牛、羊、禽存栏分别为27.33万头、7.53万头、10.44万只和394万只，禽蛋产量1.1万吨，肉类总产量3万吨，畜牧业产值8.16亿元。全年整合支农资金3500万元，发展农合经济组织113家，拥有全国合作社农产品品牌3个。全县农产品加工企业512家(其中产值过亿元的企业1家，过千万元的企业3家)，实现产值5.5亿元，增加值1.2亿元，农产品转化率45%。“郧阳松针蛋”获农业部无公害产品认证，“郧府木瓜”地理标志获得国家注册。以全省新农村试点镇青曲镇为重点，加快新农村建设步伐，新修通村水泥路400公里，新建水利工程324处，供水工程52处，改善灌溉面积1733万公顷，解决4.2万人安全饮水问题，农村安全饮水普及率46.3%。新增“一改三建”农户570户。加快推进8个国道沿线中心集镇和30个国、省道沿线的村庄整治，启动实施41个行政村整村推进工程。结合南水北调内安项目重点，规划建设青曲、白桑关、南化塘、谭山、白浪、鲍峡等中心集镇，小城镇带动农村发展的能力不断增强。

工业发展。2010年，围绕“培育税收过千万或产值过亿元的企业10家、税收过300万元或产值过千万元的企业20家、税收过100万元或产值过500万元的企业10家”的工业123目标，深入开展小型企业进规模企业和开发区满园工程，全县工业总产值达69.40亿元，同比增长42.2%；新增规模以上企业38家，规模以上企业实现产值48.02亿元，同比增长52%；实现规模以上工业增加值13.99亿元，同比增长41.5%；规模以上工业产销率93.2%。凯琦公司、神河集团、天神公司、佳恒公司、金龙公司等11家工业企业产销过亿元，共完成产值36.9亿元，占全县规模以上企业产值的76.8%。郧县经济开发区和郧阳民营工业园区规模以上企业46家，完成工业产值30.35亿元，占全县规模以上企业的63.2%。加大企业技术改造和产品开发力度，成功申报郧县铸锻产业集群项目、康迪点源治污项目、天神公司科技成果转化应用等41个国家、省、市重点扶持建设项目。全县汽车及配套企业247家，全行业完成产值24.98亿元，占全县工业总产值36.7%，已成为东风汽车零部件主要集散地。

重点项目建设。全年完成全社会固定资产投资41.39亿元，其中，城镇固定资产投资31.71亿元，房地产投资1.03亿元，农业投资2.1亿元，交通、运输投资4.69亿元，水利、环境和公共设施完成投资5.27亿元。一、二、三产业完成投资分别增长62%、89%和81%，三次产业比例由2005年的29∶39∶34调整为27∶42∶31。全年在建重点项目99个。其中，亿元以上项目17个，新开工3000万元以上项目35个，重点项目完成投资37.5亿元，同比增长80%。川路汽车工业园、凯琦工业园、联达整车扩能改造、义兴公司转向节工业园、佳恒工业园、金龙水泥公司低温余热发电等22个项目完成投资17.2亿元，普新工业园、正和工业园、欧姆林汽车仪表工业园、东岳大型矿山专用车等项目成功落户开发区，前期工作加快推进。农田水利、生态环境建设、农产品基地建设等17个项目全年完成投资6.3亿元。国省道改造、“十(堰)白(河)”高速公路、汉江二桥、

“郧(县)十(堰)”一级路、开发区路网建设等一批基础设施项目完成投资10.8亿元。郧阳国际大酒店、沧浪山等旅游景区建设和中小学校舍改造、卫生学校长岭校区建设等12个文化旅游社会事业项目完成投资3.1亿元。29个项目纳入《丹江库区及上游水污染防治和水土保持规划》项目,3个项目纳入鄂西生态文化旅游圈项目库,27个项目纳入市生态文化旅游圈项目库。道口火电项目鄂西地区电源规划报告初稿完成,郧县青山白果树村、琵琶滩村被列为备选厂址。

招商引资。创新招商方式,优化投资环境,强化分队招商,制发《郧县经济开发区和工业园区招商引资优惠政策补充规定》;组织参加第四届武当国际旅游节、中国博览会、东盟国际博览会等节会招商活动以及十堰(广东)商会企业家座谈会、全国扶贫协作优势产业推介暨招商引资洽谈会(民革定点联系县专场)等,成功引进郧县有史以来最大的招商项目—大运集团投资10亿元的湖北川路汽车有限公司整车项目。全年引进招商引资项目80个,到位项目72个,到位资金20.3亿元,同比增长93%。其中,郧县经济开发区到位资金11.02亿元。全年利用外资1250万美元,实现外贸出口额800万美元,神河集团首次分别向越南、缅甸出口价值20余万美元的“联达”自卸车,填补了郧县整车出口的空白。

市县对接加快发展。全力打造十堰区域性中心城市重要支撑,有序推进规划、产业、交通、项目、市场对接。郧县“一江二桥三镇”城市规划已纳入十堰城区新一轮总体规划,“十二五”规划和《郧县农业发展规划》等5个中长期发展规划编制完成。郧阳文化旅游开发区设立申报得到市政府支持。柳陂新辟万亩蔬菜基地项目正式开工。汉江二桥、“郧十”一级路建设全面推进(预计2011年10月可建成通车),“郧十”高速、“十白”高速开工建设,“运(山西省运城市)十(湖北省十堰市)”铁路进入可行性研究阶段,郧阳港建设完成土地审批,在市县结合部镇村启动一批水利、能源、土地整理等基础设施建设项目,十堰第三水厂、天然气项目正在规划设计中。寿康永乐、鑫城、丰融、人商等连锁超市在郧县设经营网点222处,将郧县作为农副产品主要采购基地。

7月7日,市委、市政府在郧县召开市(市区)县(郧县)对接发展工作会议

文旅产业。制发《郧县生态文化旅游产业发展规划纲要》,建立文化旅游产业发展基金,加快郧阳文化旅游开发区、郧阳文化生态保护区、青龙山国家地质公园、沧浪山国家森林公园、山水生态旅游线、文化考古旅游线、红色革命旅游线等“两区两园三线”建设。举办“郧县人”头骨化石发现20周年国际学术研讨会和“樱桃草莓节”等文艺采风活动,举行湖北沧浪山国家森林公园揭牌仪式。编写《郧阳文库》系列丛书,制作《汉江情怀》MTV,印制《魅力郧县》旅游画册,申报3个国家级文物保护单位和5个省级非物质文化遗产项目。组织参加“荆楚文化与湖北旅游研讨会”,并在会上作典型发言。加大旅游招商力度,促进北京信通投资有限公司与县政府签订投资40亿元开发郧县和平岛及韩家洲文化旅游项目合同。全县有星级饭店2家,名胜风景区和文物保护区6个,建设城郊型生态旅游示范村6个,发展农家乐和休闲山庄160多家。全年接待国内外游客120万人(次),实现文化旅游总收入60743万元,文化产业增加值15365万元,占GDP的3.5%。

财政金融。2010年,全县完成地方财政总收入86105万元,同比增长136%,剔除南水北调耕地占用税4.37亿元后,县域内实现地方财政总收入42405万元,比“十五”末增长127.5%,年均增长17.9%;完成地方一般预算总收入62431万元,同比增长241%,实现地方一般预算收入18731万元,比“十五”末增长162.4%,年均增长21.3%。全年申报国家、省、市各类财政专项资金支持项目19个,10个项目通过专家评审,其中国家级科技型中小企业创新基金项目5个,地方特色产业项目2个,科学技术研究与开发资金项目2个,县域经济资金奖励项目1个。地方财政支出223101万元,其中,农林水事务支出65542万元，教育支出22652万元，社会保障和就业支出25704万元，医疗卫生支出11713万元。金融机构各项存款余额756187万元，较年初净增209481万元，其中，企业存款132044万元，财政存款63370万元，储蓄存款415265万元，农业存款34999万元。各项贷款余额164947万元，比年初净增45681万元，全县不良贷款余额2594万元，比年初下降13169.5万元，商业银行、农村信用社累计向神河集团、凯琦公司、渝川食品公司等58家中小企业发放贷款71294万元，向十堰佳恒液压机械有限公司、郧县电力公司等企业办理票据贴现13010万元，向郧县城投公司发放10年期中长期贷款1.2亿元，企业融资渠道进一步畅通。

基础设施。加大路桥及排污、供水等基础设施建设力度，绿化大坝南坡、兴郧东路、沿江大道，建成区绿化覆盖率达16.39%。全年城市维护建设资金支出2575万元，供水总量607万吨。改造郧阳文化广场，完成双庆路、城东路等7条道路和65栋房屋建筑亮化工程，再次荣获全市文明县城荣誉称号。完成17个乡镇、78个村庄的规划编制，投资1849万元重点扶持青曲、白桑关等集镇建设及县城近郊村片区发展，新增进城入镇人口1.1万人。2010年，雷峰垭隧道建成通车，"郧十"一级路控制性工程刘家沟隧道贯通，209国道城关至杨溪、316国道鲍峡至下卡子段大修工程完工。全县公路通车里程达4149公里，等级公路达到2535公里，基本实现县乡通油路、村村通公路，行政村公路畅通率100%。新增邮政"三农"直营店15个，社会加盟服务店34个，实现邮政业务收入2223万元。实施宽带大提速和城区光纤到楼入户和农村光纤工程，完成乡镇有线电视数字化整转工作，广播覆盖率达96.5%，电视覆盖率达92.5%，全县固定电话用户达31500户，移动电话用户达186033户。

民生事业。抓住被确定为全国整合资源整村推进试点县机遇，创办南化塘镇黄柿坪集中搬迁扶贫样板点，全年搬迁农户405户1897人，完成100个重点村总体建设任务，发放各类支农资金9109.54万元。健全完善社会保障体系，新增就业岗位2746个，帮助2.7万名城乡居民实现就业，转移培训农民工7135人(次)，城镇社会保险覆盖率达99.4%，"五项社会保险"和生育保险参保人数新增10万人，累计达23.9万人次，发放低保、医疗救助、五保户、慈善救助、救灾资金及高龄老人补贴等各类补贴6574万元。建成廉租房3万平方米，全面启动棚户区改造工程。大力发展社会事业，成功创建湖北省科普示范县，社区、乡镇、学校等基层科技组织建设不断加强。加快推进新县一中建设，职业教育资源进一步整合。2010年，全县有各类学校227所，在校生86598人。其中，幼儿园43所，小学151所，初中28所，普通高中2所，中职学校2所，特殊学校1所。高考1997人达到大学本科线，名列全市第一。义务教育普及程度99.9%。稳步推进医疗卫生体制改革，认真落实基本药物制度。新农合参合人数达46.9万人，参合率达94.32%。14个乡镇卫生院争取国债项目达到国家建设标准，251个村卫生室达标，全县有卫生机构453个，卫生技术人员1864人，每千人拥有床位和医生数1.59个(人)。认真实施文化、体育惠民工程，累计投资3亿元，完成一批乡镇综合文化站、农民体育健身工程、农家书屋等项目。"万村千乡市场工程"已建合格农家店258家，家电下乡130家销售网点覆盖全县，发放补贴1413万元。全年实现社会消费品零售总额297657万元，其中乡村实现社会消费品零售总额68713万元。全面启动生态乡镇和生态村创建工作，新建沼气池6700口，综合治理小流域299平方公里。

社会治安。围绕企业改制、移民搬迁、征地拆迁、林地权属等热点难点问题，排查矛盾纠纷和不稳定因素662起，调成率达93%。全面、集中对学校及周边治安环境进行整治，完小以上学校和寄宿制学校全部配备专职保安，安装电子视频监控技防设施。坚持县领导接访日制度，建立涉

5月24日，省委书记李鸿忠赴郧县安置点看望慰问移民，对郧县移民外迁工作给予高度评价

法涉诉案件包保责任制,成功化解一大批信访上访积案。深入开展平安创建活动,成立综合执法局,加强对矿山、道路交通、建筑施工等安全生产事故易发、多发行业的监管整顿,群众安全感、社会公众总体安全感、“两代表一委员”安全感抽样调查名列全市第一。社会治安群众满意率达97%,信访工作成效达96%,食品和药品安全指数达91.1%。

【首次获“全省县域经济发展进位县”称号】 3月30日,在宜昌市召开的全省县域经济工作会议上,郧县被省委、省政府授予“2009年度全省县域经济发展进位先进县”荣誉称号。2009年,郧县实现地区生产总值36.26亿元,财政总收入3.65亿元,地方一般预算收入1.83亿元,全社会固定资产投资完成23.8亿元,分别比上年增长16.8%、37.7%、51.8%和110.6%,县域经济呈现又好又快发展的新局面,全省排名由78位提升到56位,一年跃进22位。郧县的典型经验得到省委、省政府的高度肯定,时任省委副书记、省长李鸿忠在讲话时先后三次肯定郧县的成功做法。

【移民外迁工作受到省委、省政府表彰】 2010年7月,郧县人民政府荣获国家南水北调丹江口库区移民试点和干线征迁工作先进集体。12月28日,在全省南水北调中线工程丹江口库区移民外迁工作会议上,郧县县委等13个移民外迁工作先进单位和县长胡玖明等23名先进个人再次受到省委、省政府表彰。县委书记柳长毅在会上作《用包保破解难题,用真情铸就辉煌》的典型发言。省委书记李鸿忠、国务院南水北调办主任鄂竟平对郧县移民外迁工作给予高度评价。郧县是南水北调中线工程的核心水源区,二期工程淹没涉及郧县10个乡镇、118个村(居)委会,606个村(居)民小组。淹没土地53770亩,工矿企业47个,公路35.4公里,大桥3座,码头43公里,文物古迹107处。动迁人口58908人,其中外迁31651人,内安27257人。移民外迁试点搬迁自2010年4月30日启动,共搬迁5批次,动用各类车辆350辆(次),参与工作人员1900多人(次),至5月24日安阳镇余咀、青龙、龙门堂3个村874户3721名试点移民搬迁到团风县黄湖农场安置点。从6月19日开始,启动大规模的移民外迁,至11月21日,8个乡镇6579户27930人共分33批次迁入汉南、蔡甸、仙桃、襄阳、宜城、潜江等10个县(市、区)的70个安置点。一年间,累计外迁移民7453户、31651人,38批(次),参与县乡村各级干部1.8万人(次),动用车辆4600台(次),行程390余万公里,实现“平安、有序、和谐、顺利”的搬迁目标。

【抗击百年不遇特大洪涝灾害】 2010年7月3日、8日、18日、22日至23日,郧县连续遭受五轮特大暴雨袭击,降雨总量达436.3毫米,比历史同期的137.7毫米多298.6毫米,再加上汉江上游大型水库泄洪出现的大洪峰,县境遭受百年不遇的特大洪涝灾害。据初步统计,截至7月24日8时,全县268个村8.6万人不同程度受灾,灾害涉及20个乡镇(场)、290个村、15万人。农作物受灾面积19.45万亩,冲毁、垮塌国、省、县主干道76处,冲毁渠道91.4公里、农村饮水工程主管道227.76公里,电力、通信等基础设施毁坏严重,引发山体滑坡100余处,倒房3271间,形成危房6929间,造成直接经济损失38438万元。灾情发生后,县委、县政府在第一时间建立领导干部“包保”责任制,即包受灾群众安全转移,包转移群众生活安置,包生产自救,包次生灾害防控,包灾后恢复重建,包各类矛盾化解。县民政部门紧急下拨125万元救灾资金,126顶帐篷、800床棉被、800件单衣紧急调运到受灾村镇;交通部门成立道路交通抢险队,按照“先重后轻、先通后畅、先干后支”的原则,全面清理边坡塌方,及时修复受损公路,确保交通畅通;水利部门组织专班对全县水库、堰塘进行24小时值守,防止决堤;国土部门加强新老滑坡体监测和城镇、人口密集区、桥梁、公路沿线、旅游景点景区、矿区等周边地区的地质灾害防治工作;卫生部门紧急成立抗灾防病医疗队,在灾区集中开展医疗救助、卫生防病、卫生宣传等工作,确保灾后无大疫;电力部门加强电力线路的巡视检查,及时组织恢复抢修;移动、联通公司组织技术人员抢修基站、光缆,确保通信畅通;县农业、科技等部门分赴受灾乡镇,核实农业灾情,并深入到受灾田地指导农民清沟排渍、改种农作物,开展科技救灾。郧县共组织10万多名干部群众投入抗灾自救,派出抢险小分队1000余人次,应急处置和有效控制各类险情130处,抢修公路40余公里,紧急转移安置群众15210人。至12月,受灾的843户倒房户已搬入新居,2400户受损房屋得到修缮。全县抢收蔬菜16万亩,下拨救灾化肥220吨,对受灾绝收田块,抢季节补种改种土豆、蔬菜及加工型蔬菜4.5万亩,办农业抗灾示范样板10个。共维修水塘14口,恢复渠道84处43公里,河堤42处13公里,更换、维修饮水管道46处236公里,恢复水土保持工程石坎梯田7400亩,经济林6800亩,排洪渠23公里,灾后重建取得成效,实现当年受灾当年恢复目标。

（陈红梅）

2010年郧县乡镇情况一览表

乡镇名称	*区域面积（平方公里）	耕地面积（公顷）	年末总人口（人）	财政总收入（万元）	农林牧渔总产值（万元）	农民人均纯收入（元）	党委书记 乡镇长
安阳镇	207.80	3577	27337	178.13	17877	3865	张浩（书记） 刘富银（镇长）
杨溪铺镇	152.80	1764	21713	453.48	10432	3750	肖尤利
青曲镇	181.80	2271	26701	59.14	13391	3334	王万志（书记） 陈　茹（镇长）
大柳乡	392.00	1465	14625	146.02	7753	3087	董会祥
白桑关镇	219.56	3011	33912	130.98	10696	3316	胡建华
南化塘镇	417.03	3542	59366	163.61	12602	3266	刘道全（书记） 周吉森（镇长）
白浪镇	68.15	840	12784	45.05	4236	3178	潘云峰
刘洞镇	85.53	1186	17274	35.61	8044	3340	陈晓
谭山镇	120.30	2099	31973	266.64	9455	3312	党永生
梅铺镇	109.09	2074	28874	115.14	13621	3142	肖大海
青山镇	135.33	1383	16694	130.97	13523	3748	黄波
郧县经济开发区（茶店镇）	99.47	1382	26614	6601.61	14030	4190	徐生坤（党工委书记）
柳陂镇	176.33	2427	50265	1227.02	24668	4081	肖大有（书记） 秦自胤（镇长）
五峰乡	234.22	1545	33087	45.87	8233	2681	李明泉
鲍峡镇	383.56	1425	34346	192.68	9871	3071	范　军
胡家营镇	217.38	1252	23418	130.51	6334	2772	徐　伟
叶大乡	343.88	1267	19040	76.53	5817	2614	张春斌
城关镇	158.71	1258	122348	15698.55	15031	4193	雷正金（书记） 徐洪波（镇长）
谭家湾镇（郧阳民营工业园区）	134.33	1284	27790	2279.23	11523	3818	纪宏林（书记） 姜雪娟（镇长、主任）
沧浪山国家森林公园管理局（红岩背林场）	62.46	108	1485		569	2526	余立新（书记） 李　涛（局长）
合　计	3899.73	35160	629646	27976.8	217576	3442	

*注：此表数据来源于统计局，“区域面积”为2010年各乡镇统计年报；总人口为各乡镇汇总农业人口，不等于公安数字。

郧西县

【概况】 辖18个乡镇(场、区)、338个村(社区)、2285个村民小组。版图面积3509平方公里,耕地面积266平方公里。2010年,全县人口出生率11.85‰,死亡率5.02‰,自然增长率为6.83‰。年末总人口50.66万人,其中,男性26.59万人,女性24.07万人。全县完成生产总值32.47亿元,同比增长14.5%;财政收入2.2亿元,同比增长42.9%;地方一般预算收入1.338亿元,同比增长43.9%;全社会固定资产投资25.5亿元,同比增长65.8%;社会消费品零售总额20.46亿元,同比增长18.8%;外贸出口200万美元,同比增长57.5%;招商引资10亿元,同比增长53.8%;规模以上工业增加值5.43亿元,同比增长34.5%;农民人平纯收入3350元,同比增长14.3%;城镇居民家庭人均可支配收入9843元,同比增长9.4%。

旅游事业发展。全年共接待国内外游客45万人(次),实现旅游收入2亿元,分别比上年增长73%、100%。天河七夕文化开发成效显著,成功举办首届中国(郧西)·天河七夕文化节暨牛郎织女邮票首发式,以及由16位国内外研究七夕文化专家学者参加的第二届中国天河七夕文化研讨会,出版《天河之爱文学作品集》、《天河民风民俗集》、《郧西县地名地貌爱情故事集》、《郧西,我可爱的家乡》等系列书籍,《人民日报》先后刊发著名作家陈建功、梅洁、王剑冰专题推介郧西的《好山好水好安家》、《白发上津城》、《天河》等文章,《七夕—天河有约》专题片在旅游卫视黄金时段播出。"七夕在中国,天河在郧西"已深入人心,广为流传,七夕文化开发得到省委、省政府及社会各界的充分肯定和广泛认同。核心景区建设力度加大,龙潭河景区一期工程建设全面完成,AAAA级景区创建已通过国家旅游局正式评审,12月18日成功举办首游式并对外开放。五龙河景区二期配套工程稳步推进。上津古城、天河风景区、世界婚俗博览园、商贸古城规划通过初审。悬鼓公园、黄山公园、夹河金銮山建设继续推进,三官国际狩猎场项目已进入招商阶段。旅游综合服务功能有效提升。完成四星级天河国际大酒店主体工程建设。全县新增2A级景区1家、提档升级4A级景区1家,使全县A级景区达到4家;新增星级宾馆1家,使全县住宿日接待能力达到1800人左右;改造三星级宾馆2家,新增床位300张,新增餐饮接待能力400人;规范化建设星级农家乐(宾馆)50家;扶持引导开发特色商品30种;举办培训班,培训合格导游30名。挂牌推荐旅游商品企业4家,推出蚕丝被、汉江奇石、武当山葪葡萄酒、山野菜等10余种旅游商品。新开发"牛郎牌"、"织女牌"、"七夕牌"、"天河牌"旅游产品6个系列8类产品,注册牛郎、织女、七夕、天河等商标15枚。

工业经济。全县有"双亿"企业8家(武当水泥、平凡矿业、天滋酒业、全盛实业、供电公司、金海丰公司、陡岭子电站、海天实业),其中2010年建成4家(平凡矿业、供电公司、金海丰公司、陡岭子电站),全县工业企业总量达到2708家,其中采矿业91家,制造业2598家,电力、燃气及水的生产和供应业19家。全县工业总产值37.49亿元,增加值10.47亿元,分别比上年增长77.8%和81.8%,其中规模以上工业企业达到38家,比上年增加4家,产值18.04亿元,增加值5.43亿元,与上年相比增长147.1%和34.5%。加大招商引资力度,全年引进项目38个,其中,"双亿工程"项目3个,"双千万工程"项目8个,到位资金7.5亿元,利用港资实现零突破,到位资金400万港元。

农业农村建设。2010年,农林牧渔总产值19.73亿元,比上年增长12.07%;粮食产量20.49万吨,下降0.5%;油料1.68万吨,增长21.2%;蔬菜总产量31.01万吨,增长15%。年末牲猪存栏25.59万头,比上年增长8.3%,出栏28.81万头,比上年增长15.3%。山羊存栏量25.26万只,比上年增长4.5%,出栏22.91万只,比上年增长15.4%。牛存栏5.17万头,比上年增长7.7%,牛出栏2.02万头,增长45.3%。畜牧产业总收入55048万元,增长9.1%。全年完成造林2.64万亩,新建香椿基地0.71万亩,森林覆盖率达46.3%,林业收入21843万元。林特产业新建基地1万亩,完成产业育苗1400亩。烟叶种植2.27万亩,实现收入3100万元、税收850万元。蚕桑产业新建基地3500亩,养蚕5000张,产茧151吨。农业产业链条不断延伸,培植壮大农产品加工营销企业10家、农民专业合作社51家。新获有机产品认证的农产品2个,获得农产品地理标志认证1个,全县获得国家"三品一标"认证的农产品达11个。全县已注册并热销的"农"字号商标50余件,其中获湖北省著名商标8件。新农村建设和扶贫开发扎实推进,完成41个重点贫困村建设,启动重点贫困村建设41个,减少贫困人口1.5万人,实施扶贫搬迁450户、1800人。南水北调中线工程移民外迁工作涉及我县3个乡镇、10个村、575户、2367人全部顺利、安全、喜庆搬至潜江市高石碑镇和天门市拖市镇,率先在库区完成,移民外迁工作得到省市表彰。农田水利建设进一步加强,土地整理、水土保持、农业综合开发项目如期完成。农村安全饮水工程取得新进展,全年完成人饮工程68处,解决5.88万人饮水安全。生态建设力度不断加大,全面启动高速公路绿色长廊和城区景观林建设,建成农村沼气池4174口。防汛救灾和灾后重建工作卓有成效，完成因灾倒房重建6800间，受灾群众得到妥善安置。

基础设施建设。全年完成全社会固定资产投资25.5亿元，其中城镇投资21.17亿元，增长82.4%；农村投资4.33亿元，增长14.7%。全年争取项目268个，到位资金11.7亿元。续建和新开工重点项目71个，完成项目总投资20.6亿元，占全县投资额的82%。大幅快速推进县城建设。县城总体规划修编通过评审，完成城关镇36个村民建房片区规划，县城内所有水体景观、桥梁、主要道路、主要景区景点、重要公共建筑功能布局基本完成。道路建设全面铺开，滨河东路、滨河南路、小河西路、环城西路、小河东路创业桥至工会桥、富康路与环城西路和滨河东路连接线、高速公路连接线拓宽等道路建成通车；改造江岸路、城北路、天丰路；动工兴建天河路、东环路、环城东路、朝北河路、北环大道、小河东路工会桥至洪台桥等城市道路。天河坪大桥完成拓宽改造，余家湾大桥、小河7座景观桥已开工建设。小河农贸市场建设正在抓紧推进，城北农贸市场改造基本完成，城东农贸市场已完成征地规划。城区水体景观一期工程全面完工，天河、小河、安家河水体景观已开工建设，五里河水体景观已通过评审。亮化绿化品位大幅提升。新安装路灯700余盏，建成景观月亮和星座，天河广场、七夕广场、留春园、黄山公园等公共场所以及郧西大道、富康路、城北路行道树、沿主要街道的建筑物、办公楼等实施高品位亮化工程。新植行道树2千余株，增加公共绿地5万平方米，尤其在滨河东路、滨河南路、七夕广场等主要路段、场所新栽植大型景观树131株。加大城市综合管理力度。实施“两级政府、三级管理、四级网络”管理模式，建立县领导包联社区（城中村）和“日巡、月检、季通报、半年小结、年终考评”机制，落实“门前三包”和街长负责制，推行错时管理、插时管理和延时管理，创新开展“小手拉大手，文明伴我行”等主题活动，城区面貌大为改观，省级卫生县城创建工作已顺利通过验收。交通建设成效显著，全县通车总里程达3399.8公里，当年新增通村水泥路313公里。六郎乡金钱河大桥主体工程基本完工，预计于明年4月份通车；土地岭隧道主隧全线贯通；完成五龙河14公里、龙潭河6公里景区道路改造；天河坪大桥、城区道路“黑色化”、15公里二级油路大修、18公里省际出口路全部完成，余家湾大桥建设进展顺利；马安桥、渗浴河桥、蛤蟆地、七里峡等12座桥梁建设全部完工。全面落实2800公里农村公路管养和474.33公里干支公路管养权，检查观测危桥137座、修补油盒3700平方米，对郧羊、上湖等路面裂缝进行灌缝维修，修复率达100%。新开通农村班线2条，新增运力2辆25座，新增通客车村4个，可通客车村通村率达到100%。圆满完成城区麻木车取缔工作，成功投放出租轿车50辆，城区交通秩序明显好转。

社会建设。科学技术经费559万元，增长29.7%。全年技术市场交易额2100万元，专利申请量68件，专利授权量41件，科研项目35个，到位项目经费853.5万元。组织申报市级以上科技项目15个、专利52件。年末拥有各类专业技术人员6049人，从事科技活动人数573人。2010年全面免除城乡义务教育阶段学生学杂费、课本费和住宿费，家庭困难寄宿生享受生活补助政策。为贫困中小学住宿生补助生活费730万元。积极开展高中阶段贫困学生救助工作，为4346名中职学生按每人1500元标准发放资助金326万元，为2150名普通高中贫困生发放资助金143万元，资助金从财政直达个人帐户，堵绝资金在流转中出现的问题。认真开展大学生生源地信用助学贷款工作，今年与国家开发银行共同为1707名贫困大学生办理助学贷款1024.2万元，保障每一名贫困大学生顺利完成学业。引进97名本科毕业生到乡镇学校资教；通过笔试选拔、面试考核、健康体检、公开公示等程序，招聘125名中小学（幼儿园）教师；通过资格审查、课堂考核、能力测试等程序，面向全县公开选拔13名高中任课教师；采取公推直选的方式，30名优秀农村教师到城区学校任教，城乡师资分布开始走向均衡。教师队伍得到充实加强，“两基”水平进一步巩固提升，职业教育快速发展，民办教育取得新进展，金星、启明星幼儿园正式开园招生。新课程改革全面实施，马安中学“生本教育”经验在全省推广。医药卫生体制改革顺利推进，基层卫生院全部实现基本药物零差价，重大疾病预防控制能力和应对突发公共卫生事件能力得到增强，卫生基础设施建设步伐加快，总投资500余万元的县精神卫生中心于10月13日挂牌开业，县医院内科大楼建设快速推进，疾控中心检验大楼改扩建主体工程完工，10个村级卫生室改造完成。马安、香口卫生院顺利通过省级示范卫生院验收。卫生监督执法水平不断提升，食品药品监管力度不断加大。人口和计划生育工作进一步增强，低生育水平保持稳定，优质服务不断提高。文体事业不断繁荣，新建天河七夕民俗博览馆。广播电影电视事业进一步发展。完成事业单位岗位设置管理，落实卫生“两类”事业单位绩效工资，16个事业单位招聘工作人员285名。就业和保障体系不断完善，城镇新增就业3076人，下岗再就业1198人，就业创业培训3656人，全县转移农村劳动力14.2万人。城镇企业职工基本养老保险参保人数达13078人、城镇职工基本医疗保险参保人数达27211人，城镇失业保险参保人数达15529人；农村新型合作医疗参保人数40.74万人，覆盖率达98%，支付医疗保险

6133万元，农民医疗保障水平得到较大改善。对全县50347名低保对象纳入低保范围，全年支付低保资金4650万元。其中落实城市低保10511人、2050万元；农村低保39836人、2600万元。首批236户廉租房分配到位。国土资源管理工作得到加强，地质灾害防治进一步强化。环境保护力度加大，节能减排年度任务目标完成。人民防空工作正式开展。在县十六届人大四次会议上承诺的“十件实事”，老区和民族地区建设、陡岭子库区滑坡体治理、村级综合服务社、廉租房建设、农村危房改造、县城调频广播等按照预定目标如期完成。

【成功举办首届中国（郧西）天河七夕文化节】 郧西与七夕有着深厚的历史渊源。遍查中国与世界地理书籍，以天河命名且与七夕有内在关联的河流在中国惟郧西天河一条，在世界上也绝无仅有。2009年7月，郧西县委、县政府提出“开发七夕文化，提升郧西人气”的发展思路，着力建设天河生态文化旅游圈，用七夕文化将县内的旅游资源整合起来，把郧西建成“约会之乡”、“婚旅之城”、“文化名城”和中国重要的旅游目的地，把天河建成“爱情之河”。11月，省委宣传部发文将郧西七夕文化开发列为鄂西生态文化旅游圈建设项目予以扶持。牛郎织女的美丽传说，凝聚着中华民族“忠贞爱情”的传统美德，彰显着“家和万事兴”的优秀民族文化，郧西借助“七夕”这个重要的传统节日平台，于2010年8月16日（阴历7月7日）在郧西天河广场隆重举办以《天河作证，牵手郧西》为主题的首届中国（郧西）天河七夕文化节，包括中国《牛郎织女》邮票首发式、113对中外新人新婚庆典等丰富多彩的活动，为数万观众奉上一场文化盛宴。为做好开幕式庆典工作，邀请中央电视台导演、主编、全国节庆中心特邀艺术总监、大型文化活动著名策划人曲良平，中央电视台导演、全国节庆中心主任吴君，中央电视台导演、优秀编导张雷，中国人民艺术剧院舞美设计师、全国节庆文化与经济中心行政兼制片主任金燕为七夕文化节活动精心策划方案，并在开幕式上发行一套“七夕”邮票。首届中国（郧西）天河七夕文化节由央视著名主持人李咏、李冰主持，来自台湾的歌手许慧欣，著名歌手周艳泓、郭峰、旺姆以及1983组合、信乐团、天河七夕艺术团等先后登台献艺，展示七夕文化的深厚内涵和无穷魅力。首届中国郧西天河七夕文化节的成功举办，使郧西七夕文化开发走在了全国前列。新华社、人民日报、中央电视台、湖北日报、十堰电视台、十堰日报等30多家新闻媒体160多名记者云集郧西，竞相报道首届中国（郧西）天河七夕文化节盛况。新华网湖北频道、秦楚网将对开幕式进行网络直播，十堰电视台新闻频道、郧西电视台新闻频道将对活动盛况进行电视直播。

8月16日（阴历7月7日），在郧西天河广场隆重举办以《天河作证，牵手郧西》为主题的首届中国（郧西）天河七夕文化节

【首家四星级酒店—天河国际大酒店正式开工建设】 5月20日，郧西首家四星级酒店—天河国际大酒店正式开工建设，天河国际大酒店项目是郧西县外出创业成功人士宋登林和福建客商林明端投资兴建的县内第一家四星级酒店，位于二道河畔，三面环山，两面临水。项目以酒店为主导，主体建筑为16层，工程总投资约1.5亿，占地面积为113亩，规划设计总统套房及其它高档房间250间，可容纳800余人的多功能会议宴会厅1个，大小会议室8间，绿化率为40%，集行政接待、餐饮、住宿、休闲、娱乐、办公、会议、商务等综合功能为一体，是十堰市县级城市内最大规模、最高标准的酒店。天河国际大酒店是郧西县配套七夕文化开发，延伸旅游产业链条的重要项目。该项目的引进，填补郧西县四星级酒店的空白，是全县标志性建筑，将有效提升郧西接待服务水平和对外开放形象，是郧西打造“七夕”文化、建设婚礼之城的重要载体和平台，更是郧西实施旅游立县战略的一张亮丽名片。

【获得“马头山羊地理标志登记证书”】 郧西县依托马头山羊品种优、山场广和农民有养羊习惯的资源优势，大力推广种草养羊和“1235”养羊新模式新方法，建设马头山羊养殖基地，培植马头山羊加工企业和养羊专业合作组织，制定马头山羊品种标准和饲养技术规范，已初步形成具有生产、加工、销售能力的产业链条。2010年4月，“郧西马头山羊”获国家地理标志农产品认证，5月正式获得中华人民共和国农业部颁发的“马头山羊地理标志登记证书”，10月，获得国家工商行政管理总局商标局核准注册为地理标志集体商标，成为郧西县首件地理标志农产品和地理标志商标。通过地理标志产品的认证和集体商标的注册，大幅度提升全县马头山羊的知名度和市场竞争力，增加养羊户的经济收入，必将进一步推动马头山羊乃至其它畜牧产业走品牌经济、品牌农业之路；走总量控制、深度开发之路。

【18万吨超细滑石粉及深加工项目正式开工】 4月25日上午，郧西县年产18万吨超细滑石粉及深加工项目奠基仪式在城关镇红庙村隆重举行，标志着藏于郧西千万年的滑石资源将"转世增值"迈入工业化轨道。郧西境内有丰富的优质黑白滑石资源，主要分布在香口、河夹、土门、观音、涧池等五个乡镇，总储量在200万吨以上，尤其以香口境内储量最大，品味最高，极具开发价值。广州忠存矿业有限公司通过实地考察，决定投巨资生产超细滑石粉及深加工项目，于3月23日正式与县政府签订开发协议，并注册湖北忠存滑石科技有限公司迅速投入项目开发，通过论证，经过开发后滑石价值可增值达30倍左右。该项目总投资5亿元，引进德国和台湾高压气流磨等先进生产设备和生产工艺，建设年产18万吨超细滑石粉及深加工项目。整个项目分三期建设：一期投资5500万元，于9月底前建成年产5万吨超细白滑石粉生产线一条；二期投资1.5亿元于明年底前建成年产5万吨煅烧黑滑石超细生产线一条，并启动深加工生产线建设；三期投资3亿元于2012年底建成年产4万吨煅烧黑滑石超细生产线两条，并开发世纪白王地板砖等1至2个深加工项目建设。三期项目建成投产后可实现年产值8亿元。

【成立十堰市首家网络团委】 5月12日，郧西县在十堰市成立首家网络团委，运用新型的网络化组织方式引导和服务青年，让在外地工作的团员参加团的各项活动。郧西县网络团委是借助《郧西论坛》网站平台而成立的，在论坛的醒目板块开设"团务工作、青年创业就业、青年志愿者服务、'关爱女孩'活动、青少年维权服务等5个网络团委专栏。通过网络渠道进一步了解和倾听青年的合理愿望和呼声，帮助青年解决实际困难，维护青年合法权益。"郧西论坛"网络团委在团县委的领导下开展工作，在《郧西论坛》注册的15000万名青年网民中评选出9名有正义感、热心社会公益事业的青年网民骨干组成领导班子，负责网络团委工作。郧西县团委还为网络团委"关爱女孩"活动注入5000元爱心基金，鼓励他们更加热衷公益事业，发挥青年团员的作用。此前，"郧西论坛"已自发组织捐款，帮助23名困难女孩继续学业。 （龙泽敏）

郧西乡镇一览表

乡镇名称	国土面积（平方公里）	耕地面积（百亩）	年末人口（人）	工农业总产值（现价万元）	财政收入（万元）	乡镇	
						书记	镇长
城关镇	128	160.13	78733	242663	3102.20	叶盛发	谭道军
土门镇	218	238.83	31396	22266	156.50	刘少洪	刘少洪
香口乡	269	267.71	26257	38975	277.55	官开华	官开华
上津镇	224	228.85	32230	32632	246.53	尚正国	陈林
店子镇	251	333.28	26329	14592	417.54	阮登香	阮登香
关防乡	209	147.12	16680	14158	292.18	李强	李强
湖北口乡	252	243.92	22282	12018	225.41	王德忠	哈荣霞
景阳乡	216	370.67	34309	14617	138.12	李锋	李锋
六郎乡	207	285.55	31482	15308	119.40	王远相	郑大柱
夹河镇	197	345.44	39317	33213	250.55	邹龙权	周兵
羊尾镇	117	147.4	27289	22836	435.30	张永国	张永国
涧池乡	102	180.31	21974	18759	303.67	晏华竹	晏华竹
观音镇	188	269.4	39837	22683	136.66	李光洪	杨耀东
马安镇	174	197.3	22409	28627	575.77	晏广江	晏广江
河夹镇	246	331.48	32645	16370	64.29	刘伟	王满
安家乡	234	140	12472	20756	451.64	陈劲松	陈劲松
槐树林场	128	63.96	6499	3980	40.53	林茂斌	张晶晶
三官林区	143	34.31	4451	4595	55.15		程思源

竹山县

【概况】　全县国土总面积3587.65平方公里，实有耕地57万亩。辖9镇8乡242个村(居)民委员会，145989户，467828人。2010年人口自然增长率5.5‰。

竹山县是全省资源大县，水能、矿产、生物和生态文化旅游资源丰富。汉江南岸最大支流堵河贯穿全境，是国家南水北调中线工程重要水源区，县内可供开发的水能资源100万千瓦，居全国县级第四位，湖北省第二位。全县已探明C+D级储量的矿产8大类32种，潜在价值超过1万亿元，是“中国绿松石之乡”，铌—稀土矿储量位居全国第二，银、金、铁、钒、石煤、硅质板石等矿产储量丰富。全县生物品种3200多种，是“中国高香型生态绿茶之乡”和“中国肚倍之乡”。县内秦、巴、楚文化交融，以女娲文化、古庸国历史文化、秦巴民俗文化等为代表的堵河地域文化底蕴丰富。

2010年，全县生产总值由“十五”末的14.5亿元增长到35亿元，年均递增19.3%；财政收入由“十五”末的8878万元增长到2.7亿元，年均递增25%；三次产业结构调整为29∶39∶32，二、三产业比重提高8.3个百分点。农业农村经济快速发展，粮油产量稳中有增，以现代烟草农业、设施蔬菜、高产肚倍、标准化茶园、规模化养殖为主的生态高效农业初具规模。工业主导地位凸显，潘口、龙背湾、小漩三大水电站开工建设、稳步推进，堵河流域梯级开发局面形成，特色矿业逐渐壮大，农产品加工业突破性发展，秦巴钡盐等42家重点企业建成投产，天新公司等3家企业成长为亿元企业，年销售收入500万元以上工业企业达到90家。争取省政府批准成立竹山经济开发区，“一区五园”规划建设格局形成，已有2家企业入驻明清工业园。名优品牌增多，“竹山绿松石”、“圣水绿茶”获得国家地理标志产品保护认证。第三产业发展迅速，新农村现代流通服务网络工程全面推进，寿康永乐等一批大型商贸企业落户竹山，建筑建材、房地产、金融、信息服务等产业保持良好发展势头，生态文化旅游业、现代物流业成为新的经济增长点。

基础设施建设。五年累计完成固定资产投资124亿元，是“十五”时期的7倍。交通建设实现重大突破，新修7条出省通道、1996公里通村水泥路，完成襄关道、鲍竹路等5条骨干道路改造，谷竹高速竹山段全线开工，十竹路启动建设，大交通格局正在形成。水利建设加快推进，完成霍河、谭家河等19座水库除险加固、21条小流域治理、430处水利水保工程、2万户“一建三改”，累计解决17万人饮水安全，新增渠道128公里。生态建设成效显著，实施退耕还林、天然林保护、堵河源自然保护区三大生态建设重点工程，全县林地面积423万亩。电网建设改造升级，新建悬鼓洲220千伏、擂鼓和得胜110千伏输变电站，增容改造竹坪等7座变电站。信息设施加快升级，广播电视、移动通信基本实现信号全覆盖。把移民当机遇，视移民为亲人，将移民安置与新农村建设、城镇建设、扶贫整村推进连片开发工作相结合，整合项目资金、人力、物力集中投向移民，成功破解移民安置难题，近3万移民县内搬迁安置，开创和谐移民新典范。城乡面貌变化大，县城建成区面积扩展到7.5平方公里，服务功能日益完善；新建移民集镇3个，移民新村53个，培植一批秦巴魅力村镇，形成305省道“百里城镇带”和鲍双线生态文化旅游带两道风景线。

改革开放工作。农村综合配套改革不断深化，免征农业税和粮农补贴等强农惠农政策全面落实，完善和规范农村公益性服务“以钱养事”新机制，推进农村土地二轮延包、集体林权制度改革，多渠道化解乡镇债务，农村经济发展活力增强；财政改革纵深推进，加强县乡财政预算、部门预算、国库集中支付、政府采购、收支两条线管理；着力推进投融资、招投标、投资项目监管、城建监管、矿产资源开发管理等改革，推动湖北银矿改制，经济领域改革取得重大成果。积极稳妥推动政府机构改革和社会管理体制改革，行政审批改革卓有成效，县域发展软实力得到提升。外向发展战略成效显著，五年共引进项目500个，到位资金65亿元，是“十五”期间的24倍，汉江集团、京能集团、黄河水利水电公司、深圳兆恒集团、加拿大明科矿业集团等一批大企业来竹投资兴业。直接利用外资1423万美元、外贸出口1878万美元，分别是“十五”期间的4倍和6倍。外派劳务1500人次，成为全国外派劳务基地县之一。连续成功举办5届女娲文化旅游节、3届“秦巴民歌大赛”，弘扬了地域文化，扩大了对外影响力，大开放、大开发格局正在形成，发展活力更加强劲。

社会事业发展。积极做好就业和社会保障工作，五年累计组织劳动力培训2.5万人次，人才培训9.5万人次，增加就业1.6万人次，扶持创业586人，年均输出劳务超过10万人；养老、医疗、失业、工伤、生育五项社会保险新增扩面6.9万人。城乡社会救助体系初步建立，城市低保基本实现动态管理下的应保尽保，农村低保、医疗救助和临时救助、残疾人救助进一步完善，改扩建福利院89所，集中供养率不断提高，城乡低保对象4.8万人，2.2万残疾人享有康复服务和救助。实施新阶段扶贫开发，148个贫困村发生巨大变化，农民得到极大实惠，减少贫困人口5.5万人；住房保障能力得到提升，住房公积金覆盖面达到80%，新建廉租房1380套，改造农村危房2511户。农民人均纯收入由2005年末的1875元增长到3330元,城镇居民人均可支配收入由2005年末的5678元增长到9610元。科技事业稳步发展,连续荣获全国科技进步工作合格县。“两基”成果高标准巩固,义务教育经费保障机制全面实施,教育惠民政策及时落实,“普九”债务稳妥化解,办学条件有效改善,教师队伍素质明显提升,教育质量不断提高,各类教育协调健康发展。公共文化服务体系不断完善,建成“农家书屋”191家,乡镇综合文化站13个,全民健身设施和农民健身工程有序推进,建成全省县级一流的体育中心和广电中心,完成第三批广播电视“村村通”工程,全县广播电视综合覆盖率为95.7%。医疗救治体系进一步完善,完成了县级综合医院和县中医院、17所乡镇卫生院、248个村级卫生室的标准设置,建立了120急救中心。农村药品供应和监督网络建设通过省政府验收,新型农村合作医疗参合率达98%,城镇居民基本医疗保险参保率达95%。积极开展生育文明“三级联创”活动,计生服务机构建设符合国家规范比率达到100%。

政府自身建设。深入开展精神文明创建活动,上庸镇“十星级”争创取得显著成效,“十星级”文明创建工作再次成为全国典型,竹山县城先后被评为全国文明县城和全省卫生县城,公民道德素质和社会文明程度进一步提高。坚持依法治县基本方略,完成“五五”普法教育任务,干部群众法制意识增强,依法行政水平提高。强化信访、综治、安全生产三条稳定保障线,推进社会管理创新,巩固平安竹山创建成果,在大移民、大开发、大发展背景下,社会大局保持和谐稳定。坚持自觉服从县委领导,主动接受县人大、县政协等各方面监督,认真办理人大代表建议和政协委员提案。深入开展勤政廉政建设、治理商业贿赂和纠风治乱工作,行政审批电子监察系统投入使用,源头治腐继续深化。深入开展学习实践科学发展观活动,扎实开展机关行政效能建设,努力破解影响发展的体制机制问题,政府自身建设得到加强,经济发展环境进一步优化。

【获“中国最具投资潜力特色示范县200强”】 由世界品牌组织、美中经贸投资总商会、世界500强全球合作组织联合推选的共和国六十年“中国最具投资潜力特色示范县200强”排行榜于2月10日在日本东京揭晓,其中,湖北共6县,分别是谷城、五峰、竹山、罗田、阳新、巴东。此次评选主要从历史特色、文化特色、生态特色、环境特色、产业特色、投资环境特色等多个方面考察年度特色示范县的年度特色,采用的指标包括国际知名度、新闻影响力、经济发展水平、社会发展水平、国际交往水平、居民生活水平、节能环保进展、低碳经济进度、应对国际金融危机和气候变化能力、房地产制度建设、特色示范县宜居程度、经济增长质量和效益、经济增长活力和动力、劳动生产率、特色示范县品牌价值、综合经济效益、“关注民生、构建和谐”社会和谐稳定公众认可度等。世界著名品牌大会积极促进特色示范县与世界著名品牌间的交流与合作,发布推动自主品牌发展前沿与高端的研究成果,世界著名品牌大会现已成为特色示范县推介投资环境、企业开展投资贸易走向世界实现国际化的桥梁和平台。

【中国竹山·国际绿松石城开工奠基】 12月23日,由湖北上庸古城置业有限公司开发建设的“国际绿松石城”项目开工奠基典礼在在竹山县城关镇莲花村隆重举行。省政协原副主席宋德福,省人大常委、省工商联副主席罗昌兰等各级领导出席当天的开工奠基仪式。中国竹山·国际绿松石城是由成都市工商联、十堰商会全程运营,商会主要会员单位合资组建的湖北上庸古城置业有限公司开发,集文化、研发、交易、商住为一体的国际绿松石城。该项目占地300余亩,建筑面积41万平方米,总投资4亿余元,计划工期3—5年。世界70%的绿松石在中国,中国70%的绿松石在竹山,被誉为“中国绿松石之乡”的竹山县,打造集“文化展示、设计研发、精品加工、产品交易”于一体的绿松石城,对升级该县绿松石产业、提升城市的商业平台等具有重要意义。它的兴建并不仅仅将成为一个新的国际化商业平台,更是大大提升竹山城市形象,进一步完善城市功

正在建设中的国际绿松石城鸟瞰图

能和绿松石产业配套，成为竹山走向世界的一张靓丽名片。竹山国际绿松石城项目规划面积约300亩，建筑面积40万余平方米，建筑形式为古朴大气的秦巴庸派风格。项目规划结合竹山深厚的“上庸、女娲、绿松石”三大文化特色，规划有能容纳万人聚会的女娲广场、国际一流的绿松石研发中心、错落有致的绿松石展销商业街区和高档生态住宅小区以及桃花源式的园林景观。项目建成后，3年内实现税收800万元以上，5年内交易额达成10亿元以上，税收达到1500万元以上。竹山国际绿松石城这一平台将会最大化地助力竹山成为全国乃至全世界的绿松石集散地。

（姚福全）

竹山县乡镇一览表

乡镇名称	国土面积（平方公里）	村（居）委会（个）	村民小组（个）	耕地面积（亩）	财政收入（万元）	年末总人口（人）	农民人均纯收入（元）	党委书记
城关镇	69	15	95	10562	2101	56731	4108	毛昌盛
潘口乡	78.92	7	33	17631.5	235.5	18034	3293	陈汉华
溢水镇	166.9	20	112	35774.3	130.5	32446	3187	周乾隆
麻家渡镇	213	21	95	41268	610.5	32727	3078	邵斌
宝丰镇	188.99	28	177	80408	1051	66763	3614	徐刚
擂鼓镇	100.6	16	73	40189	260.5	32411	3389	周玲
秦古镇	99	15	70	29081	105.5	25274	3437	朱爱民
竹坪乡	164.3	16	97	48307	150.5	26180	3328	刘甲华
大庙乡	134	12	57	20623	40.5	14633	2991	陈松
得胜镇	278	14	69	36687	185.5	28629	3197	陶猛
双台乡	402	16	88	22348	210.5	18135	3071	但果堂
楼台乡	270	15	92	47928	40.5	27488	3068	陈泓
文峰乡	178	10	52	22424	50.5	16538	3056	郭裕
深河乡	151	8	40	18584	130.5	13738	2920	朱德斌
上庸镇	202.49	10	66	25405	130.5	18540	3110	董军
官渡镇	270	10	55	36590	600.5	21431	3411	龚世华
柳林乡	475.2	9	50	31289	810.5	18130	3390	袁平安

竹溪县

【概况】 竹溪县辖8个乡，7个镇，325个行政村，国土面积3310平方公里，耕地面积24900公顷。人口37万人，人口出生率12.28‰，人口死亡率3.7‰，人口自然增长率8.58‰。全年生产总值31亿元，超出“十一五”规划4.6亿元；财政收入2.38亿元，超出“十一五”规划5800万元；固定资产投资35亿元，超出“十一五”规划25亿元；农民人均纯收入3410元，超出“十一五”规划910元；城镇居民可支配收入8981元，超出“十一五”规划481元；招商引资9亿元，超出“十一五”规划3亿元。2010年末，全县COD削减量达到681吨、SO_2削减量62.96吨，超额完成上级下达指标任务。

2010年实现农业总产值34亿元，比上年增长14.1%。粮食产量实现4.6亿斤，比2005年净增1.6亿斤；油料产量实现4737万斤，比2005年净增810万斤；畜牧业实现产值5.6亿元，比2005年的2.5亿元增长125%。全县以茶叶、魔芋、药材、烤烟等为主的特色产业板块基地达到57.1万亩，覆盖85%以上的农户，2010年农民人均从中增加收入1050元，占纯收入的31%以上。惠农政策落实到位。“十一五”期间，共兑现各项惠农补贴资金8.24亿元；争取扶贫资金2亿多元，对123个重点贫困村实施了整村推进，对2500多户贫困户实施了扶贫搬迁，减少贫困人口5万人；通过均山、均股、均利等形式，339.4万亩集体山林全部确权到户。

百里长廊建设成效明显。305省道沿线1800多户实现了庭院绿化，5250户完成房屋外型改造。建成以有机生态茶园、有机贡米、魔芋、设施蔬菜为主的特色产业基地10万亩，形成了生物医药、农产品加工、矿产建材等主导产业，经济总量占全县的80%。"百里长廊"建设的成绩得到了省、市高度评价，促成了"竹房城镇带"纳入省、市城乡一体化建设发展战略。全县农产品加工龙头企业已达到21家，其中规模以上龙头企业16家，省级农业龙头企业3家、市级农业龙头企业14家；有20个农业特色产品分获无公害食品、绿色食品和有机食品认证，8家企业通过国家ISO质量体系认证，5个产品获湖北名牌产品，"龙峰"茶、"竹溪贡米"获得国家级地理标志保护；农民专业经合组织蓬勃发展，各类农民专业合作社达到24家。

全年实现工业总产值50亿元，是2005年13.2亿元的3.8倍。其中：规模以上企业实现增加值13亿元，是2005年1.5亿元的8.7倍；全县规模以上企业达到76家，比2005年增加48家。全县水电总装机达到33万千瓦，其中"十一五"期间投产电站20座、装机21.6万千瓦，完成水电投资20.8亿元，累计创税1.28亿元。扩建变电站2个，新增配变容量1.3万千伏安，全县初步形成了以220千伏线路为主导，110千伏线路为骨架，35千伏及以下线路为基础的供电网络。农产品加工由单一的原材料供应逐步向精深加工和营销一体化迈进。全县农产品加工企业达到18家，其中省级农业龙头企业3家、市级农业龙头企业10家；龙王垭茶业公司入选全省"行业三强"；梅子贡公司开发乌龙茶、茶食品、茶微粉等产品，产业链条不断延长。生物医药发展壮大。初步形成以华驰、创艺为主的黄姜皂素系列化工产品产业链，以云浩为主的中药材加工产业链。皂素生产能力达到1000吨，占全国总量的20%以上。矿产建材提档升级。积极引导企业合理利用矿产资源，促进矿产资源开发与生态环境保护协调发展。全县煤炭年生产能力达到30万吨以上，板石年生产能力达到200万平方米以上。投资2.3亿元的瑞诚百万吨水泥生产线建成投产。工业园区聚集效应明显。2010年，入园的20家企业实现产值23亿元，比"十五"末的1.65亿元增长13.9倍；实现税收1200万元，比"十五"末的48.7万元增长23倍。品牌建设卓有成效。全县22家企业通过了ISO9001—2000质量体系认证，10个产品通过了绿色食品认证，8个产品被评为湖北省名牌产品，7家企业的产品通过有机食品认证，"龙峰"茶、"竹溪贡米"获得地理标志保护。全县工业总产值在"十一五"期间年均递增27.8%；第二产业增加值达到13.5亿元，占到经济总量的43.5%，促进经济结构顺利实现"十一五"规划提出的从"123"到"213"的转变。民营经济户发展到9500户，其中规模企业达到60家，产值过亿元的达到4家、过千万元的40家；民营经济产值营业额14.5亿元，税收达到9000万元。

实施"万村千乡市场建设工程"，引进寿康、新合作等综合性超市进入竹溪开展连锁经营，兴建农村小超市、农资店296家，城乡市场体系不断完善。实施家电下乡、汽车下乡工程，组织销售各类家电4.9万台，销售额突破2.5亿元。旅游产业开始起步。大力实施"竹溪名片"打造工程，致力于庸巴文化的传承保护，成功举办庸巴文化高峰论坛。编制完成"全县旅游发展总体规划"和三个重点旅游景区规划。偏头山森林公园、关垭长城遗址成为国家AAA级旅游风景区。金融服务效能提升。2010年，各项存款达到37亿元，各项贷款余额13亿元。积极搭建政府投融资平台，筹措城市建设资金8900万元，为相关企业筹措发展间隙资金3080万元。中小企业信用担保公司注册资本达到3000万元，累计办理融资担保业务89笔9000万元。

交通建设全面提速。五年累计投资14.7亿元，是"十五"期间的4.5倍。谷竹高速公路顺利开工，兴界路改造基本完成；五年新修公路443公里，隧道2座2128米，桥梁53座，改造危桥20座，建设通村水泥路2050公里。城镇功能明显提升。城乡规划体系日趋完善，县城建成区面积从5平方公里扩大到10平方公里。投资3亿余元，实施了竹溪广场公园、鄂陕大道东头延伸工程、幸福路、环城路、工业园区东西干道等一批市政工程。城市管理工作全面加强，获得全省城镇规划建设管理"楚天杯"表彰。农田水利建设扎实推进。新建集中供水工程58处，解决了10万人饮水安全问题；完成城关防洪大堤五、六期工程；配套田间渠系164公里，改善灌溉面积1.4万亩；竹溪河、泉河项目区15条小流域216平方公里的水土保持项目通过验收。落实基本农田保护政策，确保了全县37.1万亩基本农田数量；争取省、市土地开发整理项目37个，投资规模2.5亿元，建设面积6776公顷。项目招商成果丰硕。积极争取项目，大力招商引资，对经济发展起到了有力推动作用。"十一五"期间，全县统筹上报各类项目772个，争取上级各类批复投资计划20.8亿元；全县引进内资39.5亿元，利用外资866万美元，完成出口540万美元。

"十一五"期间，全县共组织实施科技项目121个，获得湖北省重大科技成果8项，申请专利265项，认定技术中心5个，科技对经济社会的支撑作用明显增强，被授予"全国科技进步先进县"。教育质量稳步提升。推行"五三"模式，教育管理不断创新。教育投入持续加大，校舍安全工程顺利推进，县一中等五校实现搬迁，全县高中教育、基础教育、幼儿教育、职业教育和特殊教育全面发展。大力实施素质教育，教育质量逐年提高，办学水平不断提升，县一中高考成绩综合排名连续三年稳居南三县第一，2010年通过“省级示范高中”验收。文体事业长足发展。新建改建乡镇文化站9个，建成标准“农家书屋”214家。竹溪“山二黄”剧种被列入国家非物质文化遗产保护名录；“山二黄”小戏《村官拜师》获得省政府“五个一工程奖”；《茶嫂择婿》等优秀作品先后荣获省市表演艺术大奖。鄂坪慈孝沟采皇木摩崖石刻、甘氏宗祠、关垭遗址等分别申报为国家、省级重点文物保护单位。20户以上自然村实现广播电视村村通，覆盖率达97%。公共卫生水平快速提升。投入1.16亿元，新建、改扩建医疗卫生单位15个，县、乡镇、村三级医疗卫生水平有了较大提升。农村和社区基层医疗卫生服务体系进一步巩固，?新型农村合作医疗覆盖面达到93.8%，参合人数由23万人提高到29万人。人口计生责任体系和利益导向机制进一步完善，低生育水平保持稳定。社会保障体系逐步健全。城乡低保对象达到4万人，年发放救助金增加到4000余万元，改造农村福利院32所，集中供养五保老人2300人，先后被授予全国民政工作先进县和全省双拥模范县。建设廉租住房1000套5万平方米，归集住房公积金1.27亿元，发放住房公积金贷款7000万元。五年累计新增城镇就业人员1.6万人次，帮助8700名下岗失业人员实现再就业。全县参加社会保险人数达到32.7万人，征收社会保险费2.74亿元。以残疾人服务体系和保障体系建设为重点，残疾人康复、教育、就业、维权等各项工作全面推进。

2010年，全县森林覆盖率达到76.8%，植被覆盖率达到81.2%。关停9家化工企业和1家立窑水泥厂，建成污水处理厂，空气质量总体达到二级标准，出境断面水质保持在三类标准以上，环境监测设备得到加强，节能减排各类指标完成上级下达任务。

【通过国家三类城市语言文字工作评估】 11月30日至12月1日，由副市长、市语委主任刘学勤，市政协副主席杨立志带领的湖北省十堰市语言文字工作评估团来县检查评估语言文字工作。评估团听取全县语言文字工作情况汇报，观看竹溪县语言文字工作专题片，又查看所有受检单位的档案资料，并分成3个工作组通过听汇报、查阅档案资料、召开座谈会、问卷测试、实地查看等多种形式，深入全县党政机关、新闻媒体、学校和公共服务行业等四个重点领域部分单位和场所进行实地对我县语言文字管理和各领域语言文字应用情况进行全面的实地检查评估，完成对《湖北省三类城市语言文字工作评估细则》及《评分细则》中规定项目和内容的评估。评估团一致认为，符合国家三类城市语言文字工作评估标准，并准予通过。

【史志工作成绩斐然】 自2008年3月开始，县史志办公室领导班子调整后，各项业务全面铺开，仅三年时间，党史书籍编纂出版总文字量逾700万字。出色的工作成绩得到省市党史部门领导的高度肯定，省党史办副主任张帆、周向阳、刘业发先后到竹溪史志办调研。本市各兄弟县(市)党史部门也多次到竹溪史志办交流学习。竹溪县史志办先后在2009年2月被县委县政府评为文明单位、2009年3月被县委县政府评为平安单位、2009年5月被市委党史工作办公室评为先进集体荣誉称号。县史志办公室2009年2月被十堰市地方志办公室评为先进单位、主任曾宪武被评为全市地方志系统先进工作者，同年12月，办公室再次被被省人力资源和社会保障厅、省地方志办公室评为湖北省地方志系统先进单位。次年又获市地方志办公室授予的“年鉴编纂工作先进单位”、“地方志工作目标先进单位”、“全市历史文化抢救工作先进单位”三项殊荣。

【龙坝撤乡建镇】 12月2日，龙坝隆重举行撤乡建镇仪式。龙坝镇东北和竹山县毗邻，东南紧靠竹溪县城关镇，西北与陕西平利、旬阳县接壤，面积137平方公里，辖19个村，20870人，耕地面积2万亩，是县城水源涵养区和南水北调中线工程重要水源区。在2009年度综合考评中，龙坝乡的各项经济指标和社会各项事

12月2日，龙坝隆重举行撤乡建镇仪式

业成果在全县十五个乡镇中排名第二,县委、县政府授予"文明乡镇",被十堰市委、市政府授予全市"进步乡镇"称号。2010 年 7 月 1 日,省政府批准同意竹溪县撤销龙坝乡,设立龙坝镇。

【十八里长峡申报国家级自然保护区】 6 月 20 日,召开十八里长峡省级自然保护区申报国家级工作情况汇报会,研究部署申报国家级自然保护区相关工作。十八里长峡于 2003 年 8 月,被湖北省政府批准建立省级自然保护区。目前已基本符合申报国家级基本条件,申报国家级保护区的有利条件较多,时机已经成熟。十八里长峡位于竹溪县南部山区,西、南毗邻重庆市巫溪县,东与竹山县堵河源自然保护区交界,面积 30459.3 公顷。境内地形地貌独特,森林资源丰富,蕴藏着大量的珍稀动植物和特有物种,是全省自然生态保存最完整和生物多样性最显著地区之一,被誉为兼容东西部成分的"动植物基因库",包含南北植物和生态的"综合百科书",具有极高研究和保护价值,是华中地区生物多样性保护的关键地区。

【电影《山里头,山外头》开镜】 9 月 9 日,由湖北电影制片厂、中国广播影视音像出版中心、武汉作家协会视听创作委员会、三亚凤凰岛国际邮轮港发展有限公司、中共竹溪县委宣传部联合摄制的电影《山里头,山外头》开机仪式在灯光球场举行,这是竹溪县乃至十堰市首部高清数字电影。电影《山里头,山外头》原作者、省文联文学院执行院长、著名作家刘书平,武汉作家协会视听创作委员会策划总监李顺来,武汉海来文化传播公司董事长,武汉海来传播公司总监张柏林等嘉宾应邀出席;电影《山里头,山外头》出品人、制片人戴新民,总监制张义常,导演宋遥平等剧组领导出席。电影《山里头·山外头》是根据刘书平创作的中篇小说《户口》由著名作家饶秀珍改编创作而成。是一部充分展示鄂西北大山、大水、大人文的优势,宣传鄂西生态文化旅游圈不可多得的一部电影。影片以竹溪山水风光、生态旅游、产业发展、建设成就、民俗文化为元素,讴歌助人为乐、知恩图报、矢志创业的人文精神。（周　涛）

竹溪县乡镇一览表

乡镇名称	土地总面积（公顷）	耕地面积（公顷）	年末总人口（人）	农村经济总收入（万元）	财政收入（万元）	工业总产值（现价,万元）	党委书记	乡镇长
蒋家堰镇	12335	1572	37644	77865	427.32	50633	马勇	马勇
中峰镇	6691	1231	34450	40379	231.21	19500	徐韶辉	徐韶辉
龙坝镇	13345	1396	21358	20390	169.96	3920	李晋	李晋
城关镇	3490	576	60729	34880	1870.29	54508	郑传宝	周艺
水坪镇	20692	3356	53333	130019	905.73	86180	程从国	程从国
县河镇	12130	1837	23267	27487	220.57	10580	洪涛	洪涛
新洲乡	19068	2268	21677	16148	285.05	4758	罗正诚	汪再体
兵营乡	16784	1241	14229	16678	374.34	4083	明道成	明道成
鄂坪乡	17833	1349	10733	7379	153.79	5510	余凯	余凯
汇湾乡	17901	1994	19577	19404	188.91	7100	唐秉勇	唐秉勇
泉溪镇	22842	1395	16072	13015	238.95	8000	柯爱民	柯爱民
丰溪镇	39455	1609	14665	30160	201.98	15606	郭明	郭明
天宝乡	24279	2279	22037	14422	174.34	9824	付青英	付青英
桃源乡	34492	842	11108	8748	294.24	10810	曾辉	曾辉
向坝乡	18760	663	10908	6348	561.01	6605	刘涛	刘涛

房　县

【概况】 2010年房县辖7镇、12乡、1个国有林场，304个村（居）民委员会和社区，1540个行政村。国土面积5110平方公里，耕地面积30137公顷。年末总人口48.69万人，其中男性25.89万人，女性22.80万人，人口出生率11.54‰，人口死亡率3.79‰，自然增长率7.75‰。全年实现地区生产总值35亿元，增长19.6%；工业增加值10.6亿元，增长35%；固定资产投资43亿元，增长43.3%；社会消费品零售总额22亿元，增长20%；财政收入2.68亿元，增长25.8%，其中地方一般预算收入1.69亿元，增长20.7%；城镇居民人均可支配收入11020元，增长10%，农民人均纯收入3360元，增长14.1%；主要工业污染物二氧化碳排放量5.14千克每万元，化学需氧量排放量6.16千克每万元；万元GDP能耗比上年降低4.87%。全年向上争取项目84个，到位资金6.9亿元，增长70.7%；招商引进项目102个，到位资金10.2亿元、增长5%。

工业经济。安排财政扶持资金2000万元，积极为企业解决融资、用地等难题，促进亿元企业、中小企业快速成长。天马医化、聚达食品等6家企业产值过亿元，华新水泥、恒达纺织等4家企业销售收入过亿元。兴祥皇酒、润田矿泉水建成投产，华球纺织、武当生物药业完成扩能。众鑫工贸、天龙石墨等15家中小企业成长为规模企业。建成电站6座，新增装机1.9万千瓦。完成工业总产值50亿元、增长51.5%，规模以上企业达到74家。泰山庙工业园东扩500亩，水、电、路、绿化等设施配套完善。节能减排力度加大，单位生产总值综合能耗下降5%。

农业农村经济。实现农村经济总收入33.7亿元，增长19.5%；农业总产值23.8亿元，增长26.6%。粮食总产18.3万吨，油料总产1.5万吨，分别增长7.8%、8.7%。烟叶、中药材、茶叶、食用菌总产分别达到8.8万担、6万吨、380吨、7447吨，山羊、生猪饲养量分别达到62.4万只、58.1万头，新发展核桃基地2万亩。兑现惠农资金9600万元。输出农村劳动力12.3万人，实现劳务收入9.5亿元。植树造林9.6万亩，被授予“全国造林绿化模范县”。全县市级以上农业产业化龙头企业达到21家。“神农贡米”通过农业部绿色食品认证；“房县黑木耳、房县香菇”地理标志正式启用，产品获第八届中国国际农产品交易会金奖。土城、白鹤、门古3个省级新农村整体推进示范镇全面启动。武神路生态景观工程建设成效明显。界山、葛坪河、五谷庙、狮子岩等8个县级新农村示范村快速推进。城关、红塔、军店、化龙、窑淮等5个乡镇纳入“竹房”城镇带城乡一体化试验区。

第三产业。“湖北旅游强县”创建顺利通过验收，诗经文化“一会一节”成功举办，五台山森林公园晋升为国家级森林公园。“双野”景区巩固提升，3家酒店晋级三星。新发展“农家乐”356家，南潭生态旅游村建设启动。全年接待游客86.2万人次，实现旅游综合收入3.3亿元，分别增长22%和88.4%。新发展个体工商户1021户，民营企业75家。新增“家电下乡”销售网点16个，兑现补贴760万元。农村超市、农资放心店覆盖率达到89%。新增金融机构2家，金融机构存贷款余额分别达到53.2亿元、18.9亿元，分别增长16.9%、28.4%。交通运输、粮贸、电信、邮政、移动、联通、保险、烟草、盐业、石化等服务业健康发展。

城乡面貌。盘峪河治理、马栏河续建工程基本完成，城区污水处理厂、垃圾处理场全面投入运营，三海水厂进水试运行，风雅水岸、盛世唐城一期工程完工，人和路、鄂西北建材大市场开工，安装房陵大道、东城门路、沿河东路灯带10000米。城区非农建设用地清理工作结束，城镇个人建房审批进一步规范。交通建设步伐加快，十（堰）宜（昌）铁路完成线路初测，房（县）白（鹤乡）路开工建设，十（堰）房（县）高速、谷（城）竹（溪）高速以及杜阳路、姚（坪乡）大（木厂镇）路、中（房县中坝乡）宝（郧

8月5日，在2010年中国（房县）诗经文化节上，12000名学生齐颂《诗经·周南·关雎》

西县天宝乡)路快速推进。改造基本农田550亩,整理土地3万亩。加固中小型水库7座,维修堤渠30公里、山塘70口,治理小流域99.8平方公里。铺设饮水管道212公里,解决2.7万人饮水安全问题。新建沼气池6552口,被授予“全国绿色能源示范县”。

社会事业。投资8400万元,完成校安工程项目72个,新(改)建校舍6.5万平方米。建成大木、七河等6所区域性初中。东城小学投入使用。实验小学被列入全省防震减灾科普示范学校。落实义务教育保障经费4406万元。高考上线2569人,上线率97.1%。创建国家三类城市语言文字工作通过评估验收。基本药物制度正式实施,县医院外科大楼、中医院住院大楼主体工程完工,妇幼保健院转址开工,新(改)建村卫生室8所。改造乡镇文化站10个。整体转换数字电视1.8万户,有线电视实现全覆盖。申报市级科技项目10项、专利171件,科技进步贡献率53%。人口自然增长率7.75‰,出生人口政策符合率89.9%,被授予“全省计划生育优质服务先进县”。全国第六次人口普查入户登记工作全面完成。机要、档案、保密、对台、气象、史志、文联、残联、老干部、国防动员、人民防空、民族宗教、外事侨务、机关事务、住房公积金等工作都取得新进展。

社会保障。实施积极就业政策,新增就业岗位2879个,安置下岗人员1520人。征收“五大保险”(养老、失业、工伤、医疗、生育)费1.44亿元,离退休人员待遇得到较好落实,失业人员失业保险金发放到位。城镇居民医疗保险参保率90%,新型农村合作医疗参合率99.2%。开展各类救助10万人次、发放救助资金8500万元,5.8万城乡低保人口和6700名“五保”对象实现应保尽保。发放城区廉租房补贴972万元,改造农村危房1006户。县福利院改扩建工程竣

4月23日,沉睡在房县青峰镇松林垭宋家沟水库坝中心底部半个多世纪的“中华诗祖”尹吉甫的墓前纪事碑(刻有墓志铭)终于出土

综治维稳。深入开展“四访促和谐”活动,有效化解征地、拆迁等矛盾纠纷,实现敏感时期赴省进京零上访目标。安全生产责任制得到落实,事故起数、伤亡人数明显下降。食品、药品安全监管不断强化,工商、物价市场监管扎实有效。社会治安综合治理深入开展,防控体系逐步健全。110指挥中心建成使用,新(改)建基层派出所15个,县应急救援中心正式成立,打击“五闹三堵”、“禁鞭治麻”取得实效,社会保持和谐稳定。

【鄂西北规模最大的生物制药项目开工建设】 3月17日,湖北武当生物药业有限责任公司在房县工业园区隆重举行奠基仪式。新的湖北武当生物药业有限责任公司由湖北武当生物制药有限公司、房县艾克制药有限公司和湖北坤艳集团重组而成,已获批86个药品批准文号,全部工程投资2亿元,占地170亩。投产后可实现生产总值5亿元,增加税收3000余万元,新增500个就业岗位。该公司成立后,将充分挖掘房县丰富的药材资源,按照高标准、高科技、高质量,努力使之建设成为国内一流的生物医药生产基地。

【“中华诗祖”尹吉甫墓前纪事碑出土】 4月23日,沉睡在房县青峰镇松林垭宋家沟水库坝中心底部半个多世纪的“中华诗祖”尹吉甫的墓前纪事碑(刻有墓志铭)终于出土。这块墓碑,采用本地极少见到的青绿石材雕刻,碑高2.5米,宽0.8米,厚度0.158米,碑文内容为:“下马青峰道 焚香拜尹公 出师宣薄伐 作颂穆清风 烟冷千秋石 云幽万古松 允怀文武略 谁嗣奏膚功”,落款小字:“乾隆三年春立”,字体为古代行书体。据当地老人介绍,上世纪50年代农田水利基础设施建设时,石碑被用作水库出水管道的盖板石,深埋于地下。如今尹吉甫墓碑重现天日,对确定尹吉甫故里归属、诗经文化源头以及尹氏宗族文化研究具有重要物证价值。

【城区污水处理厂项目正式投入使用】 4月27日,房县城区污水处理厂项目正式投入使用。其服务范围为县城主城区14万人,服务面积

14.36平方公里，项目总投资5155万元，厂区占地面积6.32公顷，设计规模为4万吨/日，采用生物接触法工艺进行污水处理，工程计划分期实施。一期工程设计处理规模为1万吨/日，工程于2009年3月开工，12月试运行，按照“厂网并举、管网先行”的原则，将污水处理收集管网建设与城区市政基础设施建设、城区防洪工程同步进行。自2009年12月联合调试以来，出水水质达到国家排放标准。该项目的投入运行，彻底结束房县城区污水“裸排”的历史，有效地控制水污染，大大改善房县城区的水环境。

【2010年中国（房县）诗经文化节隆重举行】 8月5日—7日，“中国诗经学会房县诗经研讨会暨2010年中国（房县）诗经文化节”隆重举行，期间，先后组织开展“一会一节”艺术作品展、“一会一节”开幕式、中国诗经学会房县诗经文化研究基地揭牌仪式、中国诗经学会房县诗经文化研讨会、中国诗经学会专家联谊会暨房县诗经民歌演唱会、中国诗经学会房县诗书画笔会、诗经朗诵会等活动。全国政协提案委员会副主任王生铁、省政协主席宋育英、中国诗经学会会长夏传才、中联城乡统筹发展研究中心主任谢华平、中国书法家协会副主席吴善章等国家、省、市、县领导和诗经学会专家学者参加“一会一节”活动。省委常委、省委秘书长李春明，省人大副主任任世茂发来贺电。中央电视台著名节目主持人撒贝宁、李冰主持开幕式演出。著名演艺明星容中尔甲、屠洪纲、于文华、白雪、水晶乐坊在开幕式上倾情献艺。中央电视台、湖北卫视、湖北日报等20多家新闻媒体对“一会一节”进行了专题报道。“一会一节”的成功举办，打响诗经文化品牌，提升房县的美誉度和知名度，将会推动旅游产业快速发展。

【湖北首家县级农产品地理标志管理机构成立】 农产品地理标志作为保护农产品知识产权，促进农产品贸易的重要手段，在世界范围内受到广泛关注，已成为区域特色农业重要载体和高品质农产品的重要象征，也是国际贸易市场卖点和谈判重点。9月13日，房县成立湖北省首家农产品地理标志管理机构“房县农产品地理标志管理办公室”，这是该县为科学规范推动农产品地理标志保护工作迈出的重要一步，标志着房县农产品地理标志正式步入法制法、标准化、国际化管理轨道。此种机构在全省尚属首家。

【被评为“国家绿色能源示范县”】 11月8日，国家能源局、财政部、农业部联合授予全国108个县市“国家首批绿色能源示范县”称号。湖北省有通山、大悟、谷城、鹤峰、利川、房县获此殊荣，列全国第二位，获得国家财政支持。建设绿色能源示范县是国家“十一五”规划确定的新农村建设重点工程。省发改委将会同相关部门，指导6个绿色能源示范县充分利用国家的支持政策，落实绿色能源发展规划，制定实施计划，完善体制机制。

【“黑木耳”、“香菇”获全国金奖】 12月14日，“房县黑木耳”、“房县香菇”在河南郑州举行的第八届中国国际农产品交易会上双双荣获金奖，这是“房县黑木耳”、“房县香菇”通过农产品地理标志认证后获得的又一大殊荣。据了解，第八届中国国际农产品交易会由国家农业部和河南省人民政府主办，国家发展改革委员会、财政部、商务部等多部门协办。全国31个省、市、区均组团参展，英国、法国、意大利等20多个国家相关企业与会进行商贸洽谈。本届农产品交易会湖北省共有15个农产品获金奖，其中十堰市2个，“房县黑木耳”、“房县香菇”囊括十堰市全部金奖。

【五台山林场正式批复为湖北诗经源国家森林公园】 12月28日，房县五台山林场申报的湖北诗经源国家森林公园获国家林业局正式批复。该林场位于房县城东南33公里，全场总面积108平方公里，林地面积10.2万亩，森林总蓄积量22.5万立方米，森林覆盖率83.5%。境内林茂粮丰，地貌类型复杂，相对高差悬殊，动植物种类繁多，国家Ⅱ级以上保护动物达10多种。2010年9月，该场正式申报湖北诗经源国家级森林公园。现已批复的“湖北诗经源国家森林公园”占地面积8280公顷，地理坐标为：东经110°30′20″—111°04′40″，北纬31°55′20″—32°02′25″。该公园将顺应现代森林旅游发展趋势，重点保护森林公园宝贵的原始次生林以及鸟类生态栖息环境，建设上体现地方文化特色和森林生态文化，融观赏性、知识性、趣味性、娱乐性、参与性于一体，实现生态旅游与科普科教、文化娱乐、休闲度假、探幽寻趣、环境保护、经济生产的协调发展。

（王　琼）

2010 年房县乡镇一览表

乡镇名称	国土面积（平方公里）	耕地面积（公顷）	年末人口（人）	农民人均纯收入（元）	党委书记	乡镇（场）长
城关镇	68	1179	86232	3360	龚举成	苏文星
军店镇	160.7	2093	40041	4736	付必久	刘庆海
化龙堰镇	157.9	1313	27310	3876	谢登文	谢登文
土城镇	378.3	1216	24000	3553	周明国	段永立
大木厂镇	426	1995	34283	3416	丁选清	丁选清
青峰镇	411.6	2214	37000	3823	丁　杰	张昌军
门古寺镇	366.7	2953	35790	4023	代新武	
白鹤镇	220.9	2080	32525	4145	高明哲	高明哲
野人谷镇	325.8	1537	15480	2962	刘卫东	王　玲
红塔乡	222.5	2321	41697	3695	李如玖	宋　爽
窑淮乡	247	1059	18620	3766	彭　艳	戢运斌
姚坪乡	203.7	1299	18164	3563	王德洲	王德洲
榔口乡	98	780	10698	3543	陆龙权	陆龙权
沙河乡	236	868	10860	3625	吴　杰	吴　杰
万峪河乡	193	1057	9959	3186	徐　文	徐　文
上龛乡	355	1011	8943	2736	李　奎	李　奎
中坝乡	232	1101	12861	2878	李敬东	李敬东
九道乡	234.5	2066	13213	3449	鲁清华	鲁清华
回龙乡	140	417	4209	3835	袁堂珍	袁堂珍
五台山林业总场	105.7	838	5041	2420	肖国华	肖国华

人物

天南地北十堰人

周和平 男，汉族，1949年出生，河北省沙河市人。1968年8月参加工作，1978年加入中国共产党，1967届高中毕业，当过下乡知青、中学教师、校长。历任河北沙河县县委副书记，河北任县县委副书记兼政法委书记，湖北郧县县委副书记，湖北郧阳地区行署经协委主任，国家人事部考核司处长，国家图书馆党委副书记、常务副馆长，国家图书馆党委书记兼副馆长（主持日常工作），中国图书馆学会常务副理事长、理事长、名誉理事长。2001年3月起任文化部副部长、党组成员；兼任国家文化遗产保护领导小组成员兼办公室副主任，2005年3月任非物质文化遗产保护工作部际联席会议成员兼秘书长，2007年4月任全国古籍保护工作部际联席会议成员。2009年12月起担任国家图书馆馆长（副部长级）。第十一届全国政协委员。

汪鸿雁 女，1970年4月出生，汉族，湖北孝昌人，1992年1月加入中国共产党，1992年8月参加工作，武汉大学法律系经济法专业毕业，大学学历，公共管理硕士学位。1988年9月—1992年6月在武汉大学法律系经济法专业学习。1992年6月—1994年3月在孝感市委党校工作。1994年3月—1998年12月任共青团孝感市委宣传部部长。1998年12月—2001年8月任安陆市副市长。2001年8月—2002年8月任共青团孝感市委书记、党组书记。2002年8月—2004年1月任共青团湖北省委副书记、党组成员。2004年1月—2006年11月任鄂州市副市长（其间：2004年3月—2004年12月在湖北省委党校中青年干部培训班学习）。2006年11月—2007年5月任鄂州市委常委、副市长（其间：2004年9月—2006年12月参加国家行政学院与北京大学首届合作培养公共管理硕士（MPA）学习）。2007年5月—2008年2月任鄂州市委常

委、副市长兼鄂州经济开发区党工委书记。2008 年 2 月—2008 年 3 月任十堰市委副书记。2008 年 3 月—2008 年 6 月任十堰市委副书记、市政府副市长、代市长。2008 年 6 月 13 日,在共青团十六届一中全会上当选为共青团中央书记处书记。

夏敬生　男,1963 年生,汉族,郧县五峰安城人,中共党员,博士,现为中科院上海生命科学研究院医学研究专家。1985 年毕业于湖北医药学院并留校任教,1991 年于华中科持大学同济医学院攻读研究生并留校任教,夏敬生主要承担新药研究和药理教学工作,他主持和协助上海集成制药厂、湖北宜昌三峡制药厂、江苏泰州制药厂等十多家制药部门完成新药的临床前药理毒理和临床研究,这些新药获得国家批准,投入批量生产,带来重大的社会效益和可观的经济效益。与此同时,他还从事心血管药理学和基础研究工作主要研究方向为抗心律失常及抗高血压药物研究。参与国家新药基金会资助“DDPH 抗高血压作用”及国家自然科学基金会课题“DAU 对心脏电生理作用及其离子通道机制”两项研究。1996 年获得华中科技同济医学院药理专业博士研究生入学资格,研究课题为“蝙蝠葛碱类对心肌电生理作用的使用依赖性及其离子通道机制”,部分研究工作于 1998 年 12 月在上海召开的第三届以及 2001 年 7 月在法国召开的第四届法中依赖性会议上进行交流并用英文做大会报告,受到好评。攻读博士期间不断有学术论文在专业报刊发表,4 篇英文论文发表于 SCI 专业期刊,部分论著获得湖北省自然科学基金优秀论文奖励。参与编写《英汉医学辞典》、临床药理学教材和实验讲义以及《生命健康长寿》等科普系列丛书。2000 年 5 月,赴中国科学院上海生命院从事博士后研究工作,研究“间歇性低氧心脏的保护作用及其作用机制”,为间歇性低氧训练应用于临床实践提供实验依据和理论基础。2001 年 6 月作为组织者之一组建中科院上海生命科学研究院,参加由科技部、教育部、中科院、国家自然科学基金委员会主持召开的北京香山科技会议第 166 次会议,提出主题为“利用祖国西部地区大开发时机,大力开展低氧生理学和高原医学研究”的中心议题,得到与会专家以及党和国家领导人的重视,该项研究课题被列为国家自然科学基金重大项目。2002 年 7 月,夏敬生作为访问学者赴美国纽约州立大学继续从事心血管药理学和生理学的研究工作,并进行学术交流。2009 年 12 月 25 日至 29 日,夏敬生以美国宾夕法尼亚大学医学院生理系 Senior Research Investigator 博士身份应邀回十堰湖北医药学院进行学术讲座、科研洽谈等系列学术交流。

萧岛泉　男,湖北郧县人,1929 年 12 月出生。1944 年 6 月加入中共湖北郧县地下党,任地下党交通员,积极参与郧山汉水间的敌后抗日救亡运动。1947 年郧县解放后,任中共郧县县委办公室主任,茶店区武工队长,陕南日报校对组长、编辑,新华社陕南分社随军记者。1952 年奉调进疆后,任中共新疆南疆区党委秘书,南疆军区政委、南疆区党委第二书记独臂将军左齐秘书,新疆自治区党委书记处秘书。“文化大革命”中,遭残酷迫害,被监禁三年四个多月。十一届三中全会后调京,曾在石油部政治部工作。1983 年后任杨献珍秘书。1992 年后致力研究杨献珍哲学思想和生平事迹,被聘为杨献珍哲学思想研究所研究员、顾问,著述有《哲人之初》、《百炼金刚》、《烽火岁月》、《经世济民以人为本》、《反思与忏悔》、《一场血泪交织生死交恶的哲学论战》等 50 余万字。中央党校局级离休干部。

十堰市直属机关、党派、团体和部分事业(企业)单位机构和负责人名单

(以2010年12月31日在任为准)

中国共产党十堰市委员会

书　记　陈天会
副书记　周　霁　董卫民
常　委　糜克洪　冀群风
何万勤　吴世杰
徐　志　张维国
郭新明　彭承志
师永学　贺盛有
陈家义
秘书长　陈家义
副秘书长　卢富昌　陆永福
纪大品　纪光录
张斗林　王洪林
何世平　马礼会

市委办公室

机关党委书记、纪检组长　王传成
副主任　陈宏斌　何世奎

市委组织部

部　长　董卫民
副部长　崔晓宏　李　跃
朱秀清　余香合
顾世英
机关党委书记　李美海

市委宣传部

部　长　冀群风
副部长　王志林　王官勇
程　雄　林雪荣
姜　平　赵国平
纪检组长　彭远安

市委统战部

部　长　吴世杰
副部长　岑道福　李元生
郑道瑄　曹　奎
彭国生　边　疆

市委政法委

书　记　糜克洪
常务副书记　张文启
副书记、综治办主任　温和灿
副书记　周立新
纪检组长　祁国鹏
综治办副主任　张祖勇
刘甲均

市委政策研究室

主　任　纪大品
副主任　张清甫　欧阳山
朱富有

市直机关工委

书　记　陈家义
常务副书记　沈　涛
副书记　李鸿冰　陈剑波
纪工委书记　尚兴华

市信访局

局　长　杨斐然
副局长　杨长泉　江兮冬
韩　俊　郑　杰

市委台湾工作办公室

主　任　曹　奎
副主任　郭升平　吴刚毅

市委农村工作领导小组办公室

主　任　张斗林
副主任　刘绍玺　罗治平
张扬武　朱克梅

市委保密委员会办公室(国家保密局)

主　任(局　长)　柯大成
副主任(副局长)　何伦金
周克学

市委老干部工作局

局　长　顾世瑛
副局长　黄立明　李耀昌

市精神文明建设委员会办公室

主　任　林雪荣
副主任　计　康

市委党校(行政学院、社会主义学院)

党校校长　董卫民
行政学院院长　张维国
社会主义学院院长　吴世杰
常务副校(院)长　郑　昕
副校(院)长　何世明
常永清
教育长　吴海波
纪检组长　肖　群

市委党史工作办公室

主　任　王　刚
副主任　桂柏松

十堰市人大常务委员会

书记、主任　陈天会
副书记、副主任　张光新
副主任　陈冬芝　罗金昌
罗　勤　周有顺
秘书长　高树钦

副秘书长　彭　明　吴宏伟
　　　　　徐有先

办公室

主　任　高树钦

副主任　彭　飞

研究室

主　任　吴宏伟

副主任　鲁　凡

信访室

主　任　陶劲东

法制工作委员会

主　任　刘兆胜

副主任　郑荣均

财政经济工作委员会

主　任　吴修亭

副主任　姚世清

教育科学文化卫生工作委员会

主　任　高登泉

副主任　沈　义

农村工作委员会

主　任　王德政

副主任　史明会

城建与环境资源保护工作委员会

主　任　朱正轩

副主任　周书安

代表工作委员会

主　任　余国文

副主任　杨　琴

干部任免工作委员会

主　任　崔晓宏

副主任　李　勤

民族宗教侨务外事工作委员会

主　任　刘秀春

副主任　杨　平

预算工作委员会

副主任　罗德宇

十堰市人民政府

市　长　周　霁

副市长　张维国　师永学
　　　　贺盛有　梁吉祥
　　　　张桂华　刘学勤
　　　　冯艳飞

秘书长　刘修俊

副秘书长　张荣贵　王桂华
　　　　　冯安龙　李茂生
　　　　　刘卫国　柯尊群
　　　　　王列军　袁新云
　　　　　黄太平　孙成林
　　　　　洪德林　刘玉松
　　　　　周纪童　赵国平

市政府办公室

主　任　刘修俊

副主任　刘务民　何志平

纪检组长　樊同生

市发展和改革委员会

书记、主任　程登明

副主任　顾善全　黄宇和
　　　　柯贤国
　　　　李　刚　王心璘
　　　　张晓洁

纪检组长　朱立斌

总经济师　张华杰

工会主席　喻明华

市经济和信息化委员会

书记、主任　顾善远

副主任　马龙国　杨正学
　　　　康双成　唐顺苹
　　　　杨少俊　商金波
　　　　柯兴盛

纪委书记　彭贵林

总经济师　熊郧津

工会主席　余　霞

市教育局

书记、局长、政府教育督导室主任
　　　　杨国顺

副书记　何世兴

副局长　刘端文　沈培军
　　　　张西庆　戴　静

纪委书记　陈长全

政府教育督导室副主任
　　　　王校水　朱仕雄

市科学技术局

局　长　严炳洲

书记、副局长　李馥秀

纪检组长　秦万全

副局长　王珊崖　汪厚发
　　　　陈军旗　柯春华

总工程师　付祖斌

市民族宗教局

局　长　李元生

副局长　张文和　马平佺
　　　　刘　杰

市公安局

书记、局长　糜克洪

副书记、常务副局长　孙乃敏

副书记、副局长　汤文江

副局长　罗　勤　陈顺国
　　　　陈勇军　赵建生

政治部主任　余行洲

纪委书记　向开荣

警令部主任　郭家麒

交警支队支队长　陈立平

市民政局

书记、局长　曹芳明

副书记　蒋运泉

副局长　毛光全　张有刚
　　　　朱周林　许文山
　　　　肖　旭

纪委书记　邢德广

市司法局

书记、局长　胡建明

副局长　许凤娇
李明(兼劳教所长)
杨先国　叶立成
方建国
纪委书记　郑彦军
政治(警务)部主任　王铭波

市财政局

党委书记、局长　吴先锋
副书记　周俊涛
副局长兼十堰市农村综合改革领导小组办公室主任　马泽民
副局长　陈洪海　李生明
贾学云
纪委书记　魏　红
工会主席　季　芳

市人事劳动和社会保障局

书　记　黄　俊
副书记、局长　孙照军
副局长　陈百忍　闫　平
石教勇　郝国仁
孙华凯　王雅芳
吕红均　朱永强
纪委书记　许泽华
军转办主任　王恩忠

市国土资源局

书记、局长　乔　冰
副书记　戢太贵
副局长　王和平　王春明
赖锦章
总工程师　李勋军
监察支队支队长　何　平

市住房和城乡建设委员会

书记、主任　郑文成
副书记　陈建国
副主任　潘友竹　柯昌国
赵小雪　倪　平
刘学生　张丙申
工会主席　沈海涛
纪委书记　张春燕
总工程师　王　健

市交通运输局

局长、书记　王晋洪
副局长　李玉金　王国春
卫　真　汪来富
郭　婕
副书记　陈　勇
纪委书记　徐　涛
总工程师　程新国
工会主席　王志勇

市农业局

书记、局长　沈康荣
副书记　鄢兴发
副局长　汪晓春　李家军
涂扬晟　吴善兴
纪委书记　李　新
总农艺师　张　敏
工会主席　吴高华

市林业局

书记、局长　姜胜启
副书记(纪委书记)　吴成海
副局长　袁学刚　贺兴福
方　群　勾开敏
总工程师　权　力

市水利水电局

书记、局长　王栋林
副书记　何明斋
副局长　熊　林　余荣江
朱显根
纪委书记　李子忠
副局长、防办副主任　黄　祥
总工程师　周庆荣
防办总师　夏廷毅
工会主席　江永清

市商务局

书记、局长　张新艺
副书记、纪委书记　燕学军
副局长　刘建军　张　伟
詹　鹏
徐晓红　张捍声
工会主席　杨建宏
市贸促会常务副会长　周立宏

市文化体育(新闻出版)局

书　记　赵国平
局　长　牛孝文
副局长　汤守华　朱宏才
包海卫　周高潮
张永平
纪委书记　常明军
工会主席　潘忠玉

市卫生局

局　长　黄剑云
书　记　陈耀林
副书记　曹　勇
副局长　罗　强　李传新
纪委书记　魏　勇
爱卫办主任　高金龙
工会主席　王崇虎

市人口和计划生育委员会

书　记　金敬生
主　任　王洪林
副主任　章　涛　刘振伟
王祖珍

市审计局

局　长　翁仙王
副局长　刘文明　陈　勇
金　华
祁国凯　陆高明
纪检组长　叶大余
总审计师　李　坚

市环境保护局

书记、局长　吴成昌
副书记、副局长　袁劲松
副局长　刘社林　胡坤军
纪检组长　胡文远
总工程师　王子捷

市统计局

局　长　孙守卫

书　记　明正慧

副局长　邓文湖　鲍珏红

市粮食局

局长、书记　刘荣盛

副书记　嵇明秀

副局长　付治国　王官民

王荣雷

纪委书记　杨艳伟

市政府法制办公室

主　任　王有群

副主任　邓国敏　许晓东

市旅游局

书记、局长　卢熹昌

副局长　黄太国　王天军

孙　勤

市外事侨务办公室

主　任　王　静

副主任　李　俊　付效强

市安全生产监督管理局

局　长　王新理

副局长　何　昆　何武志

总工程师　黎　明

市国有资产监督管理委员会

主　任　王远发

副主任　仝　杰　左胜平

唐志成　赵国钧

纪委书记　张传学

总会计师　张大贵

市机构编制委员会办公室

书记、主任　陈　旭

副主任　陈德范　邹贤举

市人民防空办公室

主任、书记　江尚群

副主任　黄家春　冯兰芳

沈继华

市工商行政管理局

局长、书记　李建锋

副局长、副书记　王　莉

副局长　易建刚　周　辉

刘德兴

纪委书记　田庶礼

市质量技术监督局

书记、局长　曾　勤

副局长　罗建军　汤　雄

何光东

欧阳华　刘立军

总工程师　张　毅

市食品药品监督管理局

书记、局长　王建新

副局长　柴青林　赵秀丽

纪检组长　周立新

十堰海关

关　长　王永富

副关长　杨高翔

市国家税务局

局　长　彭洪斌

副局长　郑隆贵　陈　勇

郝文黎　郑建国

纪检组长　冀爱荣

总会计师　王洲振

总经济师　邱俊杰

市地方税务局

书记、局长　杨荣辉

副局长　杨大学　杜五一

全　卫　汤愚成

纪检组长　陈延华

人民银行十堰市中心支行

行　长　占再清

副行长　张艳妮　徐志强

曹尚明

工会主任　王金权

纪委书记　童哨兵

市银监局

局　长　陈建郧

副局长　高国林　李德平

纪委书记　曾　波

市气象局

书记、局长　李东华

纪检组长　商建英

副局长　徐远波　汪　明

市邮政局

局　长　周思年

副局长　孙建龙

副局长　何旭明

副局长　王贵明

市物价局

书记、局长　张士国

副局长　廖进军　明建庄

许曙光　汪尧平

总经济师　邱剑朗

物价局价格监督检查分局局长

李兴明

市政府扶贫开发办公室

书记、主任　翁泌忠

副主任　王建军　孙章玉

柯　辉　陈　宣

市政企共建领导小组办公室

主　任　郑明霞

副主任　陈亚斌　杨长春

市政府政研室

主任、书记　王列军

副主任　柯玉华　王　波

周哲兵　朱声高

市地方志编纂委员会办公室

书记、主任　潘彦文

副主任　明安勇　李德甫

市档案局

局　长　杨芳展

副局长　龚正生　侯金娥

陶维平

市广播电影电视局

书记、局长　向长志

副书记、副局长　明安书

副局长　周文印

纪委书记　陈惠民

总工程师　何世康

工会主席　刘先清

市移民开发局

局长、书记　孙建文

副局长、副书记　明昌旺

副局长　李国钧　张玉水　李全儒　李尚玉

总工程师　刘　波

市畜牧兽医局

局长、党委书记　董瑞明

副局长　甘先华　詹学勇

纪委书记　王定国

总畜牧师　熊金洲

工会主席　闻群英

市农业机械管理局

书记、局长　徐自鑫

副书记、副局长　何明显

副局长　刘义侠　孙小玲　李玉生

纪委书记　王　勇

市蔬菜办公室

主任、书记　许静波

副主任　任兴龙　肖学理　李　晏

总农艺师　王世民

市地震局

局长、书记　杞居发

副局长　魏国甲

总工程师　秦　磊

市政府机关事务管理局

书记、局长　严清华

副局长　刘永来　朱红梅　高席东

市接待办公室

主　任　熊炬国

副主任　李　琴

市行政服务中心

常务副主任　黄太平

副主任　游仁俊　刘伟彬

市住房公积金管理中心

书记、主任　方登榜

副主任　张俊国　肖　波　涂洪勇

总会计师　操　行

市南水北调工程领导小组办公室

书记、主任　王治安

副主任　吴　芳　许若飞　李文财

市供销社

主任、书记　上官守刚

副主任　刘发勤　贺荣奎　李世耀

纪委书记　吴宏俊

工会主席　吴贵明

市口岸办公室

主　任　车庆海

市城市规划管理局

书记、局长　李　翔

副书记、副局长　袁宗辉

副局长、总工程师　杜　强

副局长　朱文华

纪委书记　袁秉玲

市市政园林绿化管理局

书记、局长　李宏根

副书记　彭天玉

副局长　易书荣　高玉成　刘　琴　沈守意

纪委书记　李学军

市房地产管理局

局　长　熊玉泉

副局长　王　勇　王进林

纪委书记　王生华

市城建监察支队

支队长　张丙申

政　委　孙凤智

纪委书记　朱正阶

副支队长　饶克俊　瞿根尚　马治江

市老龄工作办公室

主任、书记　毛光全

副主任　熊开耀

市招投标监督管理局

局　长　张荣贵

副局长　饶忠政　王东曲

市机械行业投资促进中心（汽车工业办）

书记、主任　郑　斌

副书记　吴发国

副主任　向维平　唐　华

人大专职委员　王俊杰

市轻工行业投资促进中心

主任、书记　江吉骅

副主任　隗志辉　李建成

市纺织行业投资促进中心

主任、书记　章玉清

副主任　戴山林　戢运宝

市冶金燃化行业投资中心

主　任　张国卿

副主任　姜连明

纪委书记　秦　刚

市建材行业投资中心

书记、主任　韩道联

副书记　李明华

副主任　殷汉国

市疾病预防控制中心

书　记　王建平

副书记、主任　程时秀

副主任　李兆林　易卫兵　刘海波

工会主席　江永圣

主任助理　肖　云

武警十堰市支队

支队长　谢小波

第一政治委员　糜克洪（市公安局局长兼）

政治委员　李新兵

副支队长　陈飞跃　胡世清

副政治委员　喻　强

参谋长　朱雄武

政治处主任　刘国成

后勤处处长　康宏伟

市消防支队

支队长　张应元

政　委　程义平

副支队长　马一兵杨建军

政治处主任　贾林栋

后勤处长　韩竹

防火处长　任初华

武当山旅游经济特区

书记、主任　李发平

副书记、副主任　柯希胜

副书记、纪委书记　柯尊勇

副主任　陈平海　杨广智

余建强　周继红

党政办主任　陈建平

组织人事部部长　程新华

十堰经济开发区管委会

书　记　王　旋

副书记、主任　李建锋

纪委书记　黄　铭

副主任　陈建设　叶直升

王金善　刘　琦

付全明　潘云峰

党委委员、区公安分局局长

卢文昌

政协十堰市委员会

主　席　王铁军

副主席　王庆华　洪永成

严炳洲　黄剑云

朱仕雄　李光富

李君琦　杨立志

秘书长　梁正忠

副秘书长　梅运权　徐洪保

杨光进　周兴亚

王　勇

办公室

主　任　梁正忠

副主任　张金鑫

研究室

主　任　杨宝昌

机关党委

书　记　梅运权

提案委员会

主　任　李尚南

经济委员会

主　任　谢敖金

副主任　郭亚娟

人口资源环境委员会

主　任　李献国

副主任　赵剑波

教科文卫体委员会

主　任　林春刚

副主任　潘少义　李文学

社会法制和民族宗教委员会

主　任　姚天喜

副主任　刘斗良

文史和学习委员会

主　任　夏良德

副主任　彭　波

港澳台侨委员会

副主任　鲍　萍

中国共产党十堰市纪律检查委员会

书　记　何万勤

副书记　陈新荣　曹红志

胡孝平

常　委　程日记　李桂林

王　超　苌光爱

十堰军分区

司令员　徐　志

政治委员　周建新

副政治委员　柳　青

参谋长　徐江海

政治部主任　刘文全

后勤部部长　方国强

十堰市中级人民法院

书记、院长　秦鸿毓

副书记、副院长　邱剑明

副院长　李　平　杨文雄

李杰风

纪检组长　化　钢

政治部主任　李和平

执行局长　陈　鸣

专职审委会委员　胡东压

张钦智

十堰市人民检察院

书记、检察长　白章龙

副书记、副检察长　任建生

副检察长　朱志康　赵　铁

卢杰昌　余书金

政治部主任　吴跃辉

纪检组长　许　琳

反贪局局长　方小刚

反渎局局长　郑隆侃

大要案侦查指挥中心主任　钟　平

民主党派

民主党派机关事务管理办公室

主　任　韦书兵

中国国民革命党十堰市委员会

主　委　刘学勤

副主委　涂扬晟　肖海荣

段　娟　刘志东

中国民主同盟会十堰市委员会

主　委　黄剑云

副主任　杨光进　张建鄂

陈育荣

中国民主建国会十堰市委员会

主　委　刘运梅

副主委　王义红　张建明

罗　慧

中国民主促进会十堰市委员会

主　委　朱世雄

副主委　潘世东　杨建国

张建周　熊友明

农工民主党十堰市委员会

主　委　严炳洲

副主委　朱云慧　张有顺

杨正艳　沈　艳

九三学社十堰市委员会

主　委　张　志

副主委　邓开贵　崔永秀

耿　梅

人民团体

市总工会

主　席　彭承志

副主席　王岩力　李千宝

王晓明

纪检组长　况成国

经审会主任　肖建军

共青团十堰市委员会

书　记　龚举海

副书记　李　俊　蒋　科

喻成波

市妇女联合会

主　席　王亚青

副主席　姜　平　兰星荣

吴海燕

市妇儿工委办专职副主任　吴　微

市红十字会

专职副会长　张志斌

郭小玲

秘书长　陈正环

市科学技术协会

书记、主席　罗志增

副书记、副主席　杨松山

副主席　万义早

市文学艺术界联合会

书记、主席　杨启国

副主席　梁彦斌

市归国华侨联合会

主　席　曾新平

副主席　李　清　李　涛

邹恒琪

市残疾人联合会

书记、理事长　鲁文斌

副理事长　姚孜孜　陈祖斌

市工商业联合会

书　记　彭国生

主　席　刘运梅

副主席　凌　星(专)

季　力(专)

江新生(专)

贾国启　王大明

王天明　马运凡

胡庆方　徐金环

钱云富　高龙生

蔡燕美　肖基成

市总商会会长　刘运梅

副会长　凌　星(专)

季　力(专)

江新生(专)

崔鹰笛　邵吉银

纪道友　刘雁飞

柯尊秀　翁大钦

陈小龙　李荣克

刘合炳　程志海

付金龙　任国民

王国华　王泽洋

王　涛　唐卫东

胡德满　陈　鹏

汪世学　杨　军

郑大斌　王　勇

市社会科学界联合会

主席、书记　姜　平

副主席　刘胡玉　牛建生

秘书长　吴　勇

部分事(企)业单位

十堰日报社

书记、社长　叶章胜

副书记、总编辑　李东晖

副社长　姚万国

副总编　杜　华　马顺德

王　清　王世昌

刘焱清

纪委书记　喻传华

十堰广播电视台

书记、台长　龚涤非

副书记　闫莉

副台长　范卫平　王永辉

周义波

副总编辑　操建华　庹明生

工会主席　胡茜茜

市文物局

局　长　郭崇喜
副局长　龚德亮

市无线电管理委员会办公室
负责人　金尚群
副处长　石大学
检测站站长　李茂鑫

市机场筹建办
主　任　柯贤国
副主任　李葵

市农村经济经营管理局
局　长　张久国
副局长　徐炳坤　邓永朝

市卫生监督局
局　长　魏　津
副局长　谭　平　郑世友　张　勇
纪委书记　王可鸣

市中心血站
书　记　黄志坚
站　长　明邦余
副站长　胡利民　潘龙海　魏胜男

市建设工程管理处
主　任　杜家春
书　记　胡涤非
副主任　张永福　邢元星　武　文
总　师　尹士峰

市港航管理局
书记、局长　李　一
副书记　付炳华
副局长　李龙国　马　珊
总工程师　朱德山

市农村能源管理办公室
主　任　段天明
副主任　孙学功

市城市公交集团公司
书记、董事长、总经理　李金玉
副书记　杨光荣　邢长青
副总经理　裴林冲　代山红　李小印
工会主席　李发金
总经理助理　石成君

农业发展银行十堰分行
行　长　蒋国财
副行长　张春华　潘外顺　顾家平

工商银行十堰分行
行　长　邱世杰
副行长　刘永明　黄　辉　解　红　袁建华
纪委书记　李经林
工会主席　杨卫新

建设银行十堰分行
行　长　邵百权
副行长　许邦祥　赵久华　耿昌国　冯跃春　刘　斌　李　文

中国银行股份有限公司十堰分行
书记、行长　包建明
纪委书记、副行长　郭　涛
副行长　袁文军　刘步云
党委委员　张永刚
高级客户经理　刘建新

农业银行十堰分行
书记、行长　程　峰
副书记、副行长　胡忠东
副行长　刘　谦　刘泽轩
行长助理　袁良英

农村信用合作社联合社
书记、理事长　李维林
主　任　李汉民
副主任　梁国锐　赵国成
纪委书记、监事长　张　斌

中国人民财产保险股份有限公司十堰市分公司
书记、总经理　徐　阳
副总经理、纪委书记　王敏杰
副总经理、工会主席　黄国强
总经理助理　张东敏

中国人寿保险股份有限公司十堰分公司
书记、总经理　尹义忠
副总经理　叶和平　金　玉
总经理助理　陈家仁

十堰供电公司
总经理　舒旭辉
书　记　魏建新
副总经理　戴正权　沈建辉　陈家文　何新勇
工会主席　成　鹏
纪委书记　高　翔
总会计师　向仲华
总工程师　王　宗

市烟草专卖局(烟草公司)
局　长　马超纯
副局长　王　永　吴自友　杜学明　简　平
工会主席　鲁光华

湖北省电信股份有限公司十堰分公司
总经理、工会主席　朱国防
书　记　高爱民
副总经理、纪检组长　周少力
副总经理　楚云峰

中国移动通信集团湖北有限公司十堰分公司
总经理　王继超
副总经理　王用兵　任达耀　刘　洁

中国联合网络通信有限公司十堰分公司
总经理、书记　张伟文
副总经理　张建辉　田兴雷　兰春明

湖北铁通公司十堰分公司
总经理　殷学选

副总经理　彭俊忠　吴汉平

中国石油天然气股份有限公司湖北十堰销售分公司

总经理　韩朝阳

书　记　刘　建

副经理　叶　勇　贾明闯

中国石化湖北石油石油分公司

总经理　彭少华

书　记　田随平

副总经理　常志峰　程正国

湖北省黄龙滩水力发电厂

厂长、副书记　周　毅

书记、副厂长　张建中

副厂长　邓正鹏　陆　勇

张小豹　肖　亮

工会主席　李育鹏

总工程师　耿红彬

十堰市盐务管理局

局长、经理　徐定生

副书记、工会主席、副局长、副经理

刘照成

副经理　唐秉炜

经理助理　杜兴华　王　青

陈宝国

市辖县(市)区

张湾区

中共张湾区委员会

书　记　刘学华

副书记　朱　芳　官开意

周元国

常　委　刘学华　朱　芳

官开意　周元国

杨启斌　张申清

鲁　斌　陈明东

彭文军　赵　钢

扈治华

张湾区人大常委会

主　任　刘学华

副主任　陈晓军　邓开贵

李德斌　张道梓

李　伟　李经科

张湾区人民政府

区　长　朱　芳

副区长　张申清　鲁　斌

赵绪英

陶征山　张海涛

李　巍

政协张湾区委员会

主　席　王建明

副主席　权龙选　孟国民

郝天斌　王义红

张有义

茅箭区

中共茅箭区委员会

书　记　张慧莉

副书记　赵　哲　乔　瑜

常　委　张慧莉　赵　哲

李秋生　乔　瑜

曹　博　董　飞

马继光　曾祥成

边士虎　熊　军

赵洪福

茅箭区人大常委会

主　任　张慧莉

常务副主任　袁成明

副主任　朱立华　徐明星

李　斌　顾姝玲

王书林

茅箭区人民政府

区　长　赵　哲

副区长　李秋生　张先军

王亚凌　梅　斐

赵洪福　肖海波

政协茅箭区委员会

主　席　黄小平

副主席　舒人华　尹一宽

赵　琴　龚　林

谢生海

丹江口市

中共丹江口市委员会

书　记　郭新明

副书记　曾文华　郭清文

胡勇政　徐　荣

常　委　潘新萍　蔡贤忠

田玉玲　张　涛

陆　鹏　刘迪虎

万　平

丹江口市人大常委会

主　任　尚定友

副主任　郭天森　王清堂

陈光斌　黑光照

王克林

丹江口市人民政府

市　长　曾文华

副市长　蔡贤忠　陆　鹏

惠凌波　任新华

周德随　张大勇

杨正国　葛保根

黄贵新　肖茂严

陈汉武

政协丹江口市委员会

主　席　王元国

副主席　赵自军　赵正华

石东升　刘玉琦

石治贵　李光富

王馥君

郧 县

中共郧县委员会

书 记 柳长毅
副书记 胡玖明 芦汉国
常 委 柳长毅 胡玖明
芦汉国 邵际军
赵学国 金 菊
袁昌国 周吉礼
焦宗启 罗宗福
孙道军 肖大有

郧县人大常委会

主 任 柳长毅
副主任 张建生 马德学
左文学 杨干兵

郧县人民政府

县 长 胡玖明
副县长 邵际军 赵学国
张毛字 刘建明
孔文彬 徐洪斌
黄 芸 鲁光华
吴晓军

政协郧县委员会

主 席 孔凡洲
副主席 张海全 时忠林
陈安国 刘学浩

郧西县

中共郧西县委员会

书 记 叶战平
副书记 胡 俟 王定斌
唐静波
常 委 叶战平 胡 俟
王定斌 唐静波
汪川文 王绪桔
龙春来 童胜禄
王太宁 纪道清
师利龙 杨学林
胡国善

郧西县人大常委会

主 任 叶战平
副主任 李功益 柯昌云
樊学庭 黄本喜
王宏模 肖 冰

郧西县人民政府

县 长 胡 俟
副县长 童胜禄 王太宁
谢守斌 周文生
李昌菊
金善朝 崔 焰
范礼奎 李 勤

政协郧西县委员会

主 席 李明顺
副主席 韩德钰 毛 强
刘时洲 张禄良
张衍宏

竹山县

中共竹山县委员会

书 记 沈学强
副书记 余立柱 欧阳立
常 委 沈学强 余立柱
欧阳立 王凌云
陈 华 夏树应
刘宇飞 方孝春
周爱军 唐宏虎
唐泽斌

竹山县人大常委会

主 任 沈学强
副主任 王友军 曾宪权
简育田 纪洪山
杨金銮

竹山县人民政府

县 长 余立柱
副县长 夏树应 张玉明
王 斌 陈伦富
耿 梅 汪 涌
艾福庆 李争光
乐绍山

政协竹山县委员会

主 席 刘声齐
副主席 王 超 朱名元
杨正典 王治国

竹溪县

中共竹溪县委员会

书 记 余春存
副书记 余世明 杨斐然
常 委 余春存 余世明
杨斐然 杨福卿
夏良胜 贺德斌
李文新 黎贵英
程良民 杨 武
杨子舟

竹溪县人大常委会

主 任 余春存
副主任 洪自成 张胜全
孙世武 王玉国
沙青海 王大刚

竹溪县人民政府

县 长 余世明
副县长 李文新 程良明
柏东明 尹熙祥
唐国忠 王雁波
金玉心 赵 帆

政协竹溪县委员会

主 席 李海祥
副主席 李绪纶 袁昌顺
周克新 姚庆菊
冯诗贵

房　县

中共房县委员会

书　记　张歌莺

副书记　沈明云　张慧彬

常　委　张歌莺　沈明云　张慧彬　曹明权　陆　毅　李乃斌　聂承波　王家波　刘庆涛　吴永强　徐锦凤　陈　渊

房县人大常委会

主　任　张歌莺

副主任　戢逢尤　欧阳萍　丁宪章　雷宏科　邓华明　张富华

房县人民政府

县　长　沈明云

副县长　曹明权　聂承波　吴永强　周登峰　姚天国　杜启学　黄玮华　郭胜华

政协房县委员会

主　席　王启云

副主席　李先海　郭　萍　张延贵　王学能　李志权

2010年湖北省有突出贡献专家

何国厚　教授，主任医师，硕士研究生导师，湖北医药学院附属太和医院副院长、党委委员、神经内科主任、神经疾病研究所所长。湖北医药学院医疗系副主任、神经精神疾病教研室主任，中共十堰市第二届党代表。现担任十堰市神经内科学会主任委员，湖北省神经内科学会常委和湖北省微循环学会常委，中国名医理事会副理事长。

1982年毕业于湖北医药学院，医学专业，获学士学位，1986年、1989、1992年分别在武汉大学医学院、青岛医学院、第四军医大学进修学习，先后担任干部病房、神经内科主任，1998年任主任医师，1999年任教授至今，率先在中南地区开展干细胞移植治疗神经系统疑难病肌肉萎缩及脑萎缩等，取得了较好的疗效，同时，在脑血管病、老年神经疾病、脑动脉硬化和神经衰弱等疾病的诊治方面有独到的见地，由他自行设计研制的神经衰弱治疗仪为国内首创，开展的脑梗塞溶栓治疗在湖北处于先进水平。他在本地区率先开展脑血管疾病的介入治疗及脑血管疾病的规范治疗，建立卒中单元、开展癫痫的科学管理与治疗，老年性痴呆的防治等等，成为本省知名专家，脑血管病介入治疗全国有影响的专家，本地区神经内科知名资深专家，分别多次被评为十堰市卫生系统先进工作者、十堰市劳动模范、湖北省中西医结合突出贡献奖、十堰市科技科技拔尖人才、全国优秀医生等称号。

长期从事临床医疗、教学和科研工作，先后撰写论文40余篇，有6项科研项目获省市科技进步奖，其中省政府进步奖两项，省卫生厅奖一项，市政府科技进步奖3项，承担课题近10项，其中与同济医科大学共同获得国家自然科学基金资助一项，获得湖北省科技厅资助干细胞治疗神经系统疾病一项，参与编写专著2部，获发明专利一项，并担任四个核心期刊杂志编委。

2010年湖北省专项津贴专家

闻群英　女，1959年10月出生，汉族，中共党员，市畜牧兽医局工会主席兼畜牧兽医技术服务中心主任，高级畜牧师，市畜牧兽医学会副理事长、全国山羊学会理事。她坚持四项基本原则，认真实践“三个代表”重要思想和科学发展观，经得起考验，始终与党中央、市委、市政府保持一致。能从严要求自己，坚持做到“认认真真学习、堂堂正正做人、踏踏实实做事、清清白白做官”。近年来，先后获得“全省农牧工作先进个人”、“全省星火富民先进个人”、“市政府拨尖人才”、“省级优秀工会积极分子”等荣誉称号。2010年获湖北省专项津贴专家。

张选国　男，湖北通达汽车零部件公司职工。2009年申请重型车消声器总成专利，该专利包括消声器的排气系统和空气滤清器。由于在排气系统中设有引射管与空气滤清器的进气室连接，利用废气引射作用，吸走进气系统的灰尘，采用文丘里管结构原理设计排气喉管，同时在排气管流速增加后，在喉管后部布置倒锥结构，将排气流速均匀降速，减小排气的波动紊乱，运用排气系统管路中管径变化产生的负压，从而引射进入空气滤清器中灰尘的方法，从而减小排气的再生噪声，达到废气引射及良好的消声性能。该消声器总成适用于重型车发动机，在发动机所有工况下，插入损失为 11.0 - 20.8dB(A)；排气背压为 2.15 - 6.18KPa，功率损失比 0.8 - 3.0%。

逝世人物

胡纯愚 十堰市东风轮胎集团公司厂办副主任，离休干部，1930 年 10 月出生，1947 年 12 月参加工作，1950 年 10 月加入中国共产党。2010 年 1 月病故。

刘培臣 河北省任县人，十堰市财贸学校副校长，离休干部，1924 年 12 月出生，1947 年 10 月参加工作，1948 年 7 月加入中国共产党。2010 年 2 月病故。

韩世森 河北省抚宁县人，十堰市百货批发站主任，离休干部，1932 年 6 月出生，1949 年 2 月参加工作，1957 年 6 月加入中国共产党。2010 年 4 月病故。

宋天玉 湖北省谷城县人，十堰市劳动就业管理局干事，离休干部，1933 年 1 月出生，1949 年 3 月参加工作，1981 年 6 月加入中国共产党。2010 年 4 月病故。

王根源 湖南省长沙市人，十堰市委党校工会主席，离休干部，1926 年 9 月出生，1949 年 9 月参加工作，1966 年 4 月加入中国共产党。2010 年 9 月病故。

方载阳 湖北省武汉市人，十堰市华阳建筑公司科长，离休干部，1928 年 2 月出生，1949 年 2 月参加工作，1953 年 8 月加入中国共产党。2010 年 10 月病故。

武　勤 河北省永年县人，十堰市建筑总公司副书记，离休干部，1923 年 10 出生，1944 年 8 月参加工作，1946 年 11 月加入中国共产党。2010 年 10 月病故。

李金山 河南省舞阳县人，十堰市太和医院党委副书记，离休干部，1927 年 8 月出生，1946 年 10 参加工作，1947 年 8 月加入中国共产党。2010 年 11 月病故。

龚鸿章 湖北省黄陂县人，十堰市航务管理局副局长，离休干部，1927 年 12 月出生，1941 年 1 月参加工作，1945 年 2 月加入中国共产党。2010 年 11 月病故.

王贵德 十堰市郧县人，十堰市家电批发站干事，离休干部，1926 年 4 月出生，1949 年 1 月参加工作。2010 年 12 月病故。

曾光贤 湖北省襄阳县人，十堰市纪律检查委员会干事，离休干部，1934 年 11 月出生，1949 年 9 月参加工作，1952 年 7 月加入中国共产党。2010 年 12 月病故。

汪承金 山东省平阴县人，十堰市神鹰集团书记，离休干部，1927 年 7 月出生，1948 年 3 月参加工作，1948 年 10 月加入中国共产党。2010 年 6 月病故。

李莲芬 河北省盐山县人，十堰市黄龙林场干部，离休干部，1926 年 8 月出生，1944 年 2 月参加工作。2010 年 3 月病故。

黄炎生 河南省新县人，原十堰市劳动局局长，离休干部，1926 年 7 月出生，1941 年 2 月参加工作，1942 年 2 月加入中国共产党。2010 年 10 月病故。

领导论坛

刘学华，男，汉族，1963年10月出生，湖北省郧县人，中共党员，研究生学历。1981年9月参加工作，历任市环保局副局长、市政企共建办主任、市政府副秘书长、中共张湾区委副书记、张湾区人民政府副区长、代区长、区政府党组书记、区长，2008年7月任中共张湾区委书记，2009年1月任张湾区人大常委会主任。

合力担当铸辉煌

中共张湾区委书记　刘学华

事不避难，勇于担当。近年来，张湾区委、区政府在市委、市政府的坚强领导下，大力弘扬担当精神，自我加压，积极作为，克难攻坚，开创了跨越发展的崭新局面。从2005年到2009年，全区生产总值由19.78亿元增加到40.8亿元，固定资产投资由4.77亿元猛增到23.8亿元，地方财政一般预算收入由6005万元增加到1.15亿元，地方工业总产值由34.07亿元增加到120.75亿元，主要经济指标实现翻番，全市综合考核排名从靠后跃至前三位。2009年，招商引资、利用外资、规模以上工业增加值、固定资产投资等经济指标居全市第一位。

在困境中寻求突破，在落后中实现跨越，在低谷中完成腾飞。我们靠的就是担当精神这个制胜法宝。

一、谋远图强，以担当精神定方略

1. 承载使命—“38条新政”吹响张湾新一轮经济大发展号角。上世纪70年代，东风公司(原二汽)的入驻带动了张湾第一次大发展。随着东风公司战略调整，东风总部外迁，十堰城区发展战略布局阶段性东移，张湾的发展日渐被边缘化。张湾人在苦苦探索和不懈努力中担当起振兴张湾的历史使命。2008年，区委、区政府果断做出了加快新一轮经济大发展的决定，在区委七届二次全会上，明确了“大力实施工业强区、三产活区、科教兴区、生态立区四大战略，着力打造新型汽车产业集群区、商贸物流旅游区、城郊特色农业区、高新技术产业区，努力实现张湾新一轮经济大发展”的思路，出台了一系列促进经济发展的优惠政策和激励措施，每年拿出500万元用于招商引资、科技创新、品牌建设、人才培养、外贸出口、上市融资等各方面的奖励和扶持，奖励范围之广、数额之高在社会各界引起了强烈的反响，被媒体誉为“38条新政”。“38条新政”吹响了加快张湾新一轮大发展的号角，提升了张湾人重铸辉煌的信心，吸引了社会各界的关注和各种发展要素的集聚。

2. 自我加压—“八大示范区”建设跳起来摘桃子。为了延伸和深化新一轮大发展战略思路，2009年我们按照十堰市委、市政府建设区域性中心城市的战略部署，提出“把张湾建设成为区域性中心城市示范区”的战略目标，着力打造汽车产业集群示范区、现代服务业示范区、城乡一体化示范区、生态经济示范区、汽车文化旅游示范区、招商项目集聚发展示范区、小政府大服务示范区、宜居宜业示范区。“八大示范区”是一个极具挑战的目标，充分体现了我们奋发有为、自我加压、勇于担当的精神和不安于现状、不满足于一般的争第一、创一流的夺标意识。

3. 谋划全局—“全域张湾”理念加速城乡一体化。高度发达的城市和贫困落后的农村形成巨大反差，突出的“二元”经济结构影响统筹、均衡、和谐发展。今年，区委、区政府又提出“全域张湾”的战略发展理念，将城市与农村统筹发展。按照全域城市化的理念统筹城乡发展，在工作思路上把城市和农村作为一个规划整体，统筹谋划，一体推进，建设城乡一体化试验区，逐步将农村变为城市，农民变成市民，力争在全市率先实现城乡一体化或全域城市化的目标。

二、奋发有为，以担当精神谋发展

1. 主动担当，争取发展机遇。主动担当，就能争取机遇，就能创造机遇。2008年3月，国家重点项目“十白高速公路”初审规划方案出炉。我们分析发现，三条线路都是借地而过，对地方经济发展的带动作用非常有限，因此，迅速召集有关部门商讨论证，提出改线方案为“经区内17个村，增设花果、黄龙两个互通”。先后20多次赴武汉、北京四处游说，八方争取，经过8个多月坚持不懈的努力，省交通厅最终采纳了张湾区的建议方案。目前项目已经开工，今后三年将在张湾辖区内投资55亿元，张湾的发展随之迈上“高速车道”。

2. 勇于担当，攻克发展难关。在困难和挑战面前，我们不避让、不退缩，迎难而上、克难攻坚。2007年11月，选址在我区花果街道的万亩山地整理项目开工，我们克服资金不到位，安置补偿任务重等诸多困难，仅用5个月时间就削峰填谷平整土地1096亩，开启十堰市山地整理先河。随后在不到两年的时间里，累计拆迁房屋483户，动迁坟墓3000多座，削平百座山头，转移上亿方土石，平整土地7000余亩，成为十堰城区最大的成片连块工业用地。土地平整出来后，为了加快基础设施建设，确保企业尽快入驻，我们召开“苦战一百天，接通路水电”的誓师大会，参加山地整理的各企业和全区党员干部铿锵誓言，齐聚百日大会战，赶晴天战雨天，仅用了97天就接通路水电配套设施。如今，西部万亩山地整理项目已签约入驻投资5000万元以上企业38家，已开工建设20家，到处是一片热火朝天的建设场景。2009年10月，三环工业园选址张湾区汉江路街道七里垭村，要求在4个月内平整1000亩土地，且新填地层每10米实行一次强夯，工期紧，标准高。面对张湾发展的重大机遇，面对十分艰巨的任务，全区党员干部发扬勇于担当的精神，想千方设百计，克服一切困难，人民群众在大局面前舍小家顾大家，3天拆除施工控制点房屋，5天解决施工用水用电问题，保证四个标段同时作业。每天119台大型挖掘机、327辆大型工程车满负荷运转。120天累计削平6座山头，开挖回填土石1000多万方，平整土地1076亩，保证了2010年4月三环工业园开工奠基。

3. 全员担当，形成发展合力。上下一致，全区同心，在张湾形成了人人愿担当，人人能担当的良好氛围。实施“二三工作法”，即区委、区政府领导班子成员在完成好本职岗位日常工作的同时，打破分工界限，自我加压，每年负责完成2—3件事关全区经济社会发展的打基础、管长远、增后劲的大事、难事，工作内容由个人申报和组织安排相结合，每年初以文件形式下发公布，每季一检查，半年一小结，年终考核验收，在党政班子中形成全员担当的氛围。推行“二三工作法”以来，每年都有几十件事关全局发展的重大工作在全员担当中得到很好完成，许多重点项目和招商引资硬任务通过“二三工作法”得到落实。如今，“二三工作法”已进一步延伸推广到全体干部中，全区形成区级领导班子成员每年完成2—3件事关全区的大事，各乡镇街道及区直部门领导班子成员每年完成2—3件事关发展改革稳定的难事，其他干部每年为群众办2—3件实事的浓厚干事氛围。领导干部勇于担当，基层干部紧紧跟上。方滩乡文武沟村是张湾最偏远村之一，地处堵河西岸，山高路险，群众出行极不方便，已快70岁的村支部书记彭昌胜一方面四处寻求支持，筹措资金，一方面带领群众投工投劳，用蚂蚁啃骨头的担当精神一段一段修，硬是修通硬化了16公里通村公路，方便了群众出行。

三、统筹兼顾，以担当精神促和谐

1. 关注民生促和谐。民生是执政之本，社会稳定是和谐之基。我区针对群众关注的行路难、吃水难、住房难、就业难等民生热点问题，每年制定专项工作方案，公开承诺办好“十件实事”。当群众生活遇到困难时，区领导总是在第一时间来到群众中间。2009年4月，我区受雷雨冰雹灾害影响，部分群众房屋倒塌、道路冲毁、农作物受灾，区四大家领导第一时间赶赴受灾现场，走访慰问受灾群众，安排部署救灾工作。2009年受金融危机影响，大批农民工返乡，我们引导企业和职工团结一致，共渡难关,20余家规模企业公开承诺“不裁员、不减薪、不欠薪”,区就业局组织开展“春风送岗行动”,帮助返乡农民工就业,全区96%的返乡农民工实现了再就业。

2. 化解矛盾促和谐。面对发展过程出现的矛盾和纠纷,我们不回避、敢正视、力解决。在2008年北京奥运会前夕,全区开展声势浩大的“百队千人进万家”活动,区委常委带队包乡镇街道(开发区),正科级干部任工作队队长包村(社区),千名干部组成百支工作队,深入全区100个村(社区),走进千家万户,开展大访谈、大排查、大化解、大教育。仅2008年7月一个月,工作队访谈群众8226户、企事业单位188家,开展座谈21149人次,摸排矛盾隐患366起,采取各种办法化解矛盾纠纷219件,信访案件明显减少。2009年国庆六十周年期间,区委又适时启动了“百队千人进万家”活动,2010年全国“两会”期间和7月再次启动,为第四届世界传统武术节营造稳定和谐的环境。目前“百队千人进万家”活动已形成一种长效机制,工作队与联系村平时保持经常性联系,重要特殊时期随时启动,队员立即进村入户。“百队千人进万家”活动密切了干群关系,锻炼了干部作风,排查化解了一批矛盾纠纷,维护了社会稳定。

3. 创建平安促和谐。为了给人民群众创造一个安全的社会环境,我们大力开展“平安张湾”建设,实施社会治安综合治理“百千万”工程,即在公共复杂场所和繁华地带,由政府出资组建100名专职巡逻队,在社区和农村组建1000名义务巡逻队,在公共复杂场所、重点单位、重点路段安装10000只视频监控探头。各基层派出所通过有效整合专职巡逻队、义务巡逻队和治安信息员等防控力量,结合城区社会治安的时空特点和规律,实行以机动车全天候巡逻为主,易发案地段和复杂场所由民警和专职巡逻队着装徒步巡逻,社区和农村义务治安巡逻队夜间骑自行车巡逻为补充的运行模式,形成以机动车巡逻、自行车巡逻、徒步巡逻三种方式有机结合的多层次、多时空、全方位警力覆盖。实施“百千万”工程以来,辖区社会治安状况明显好转,群众安全感明显提高,全区社会大局始终保持和谐稳定,被省委、省政府授予全省首批“平安县市区”荣誉称号,“平安张湾”建设多年位居省市前列。

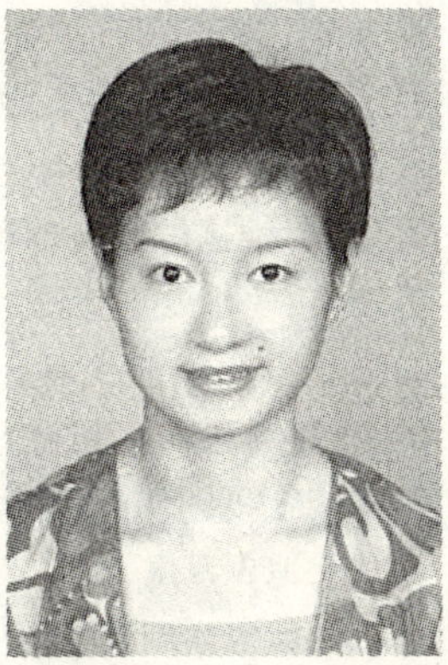

朱芳,女,汉族,1971年7月出生,湖北枣阳人,中共党员,大学学历,公共管理硕士。1989年7月参加工作,历任共青团十堰市委学少部、希望办负责人,共青团十堰市委学少部副部长、部长,共青团十堰市委宣传部部长、组织部部长、副书记、书记。2008年8月任中共张湾区委副书记、副区长、代理区长;2009年1月任中共张湾区委副书记、区长。

推进张湾跨越式发展　打造西部现代新车城

张湾区人民政府区长　朱　芳

进入新世纪尤其是“十一五”初期,张湾发展面临空间不足、交通不畅、项目不多、后劲不强等“硬伤”和“软肋”。面对困境,张湾区委、区政府团结和带领全区人民,发扬艰苦创业、争先创新、勇于担当、团结协作、实干奉献的“张湾精神”,在应对挑战中抢抓机遇,在改革创新中破解难题,开创了新一轮大开发、大建设、大发展的新格局,成为十堰市最大的经济体。站在新的历史起点上,对接十堰市建设区域性中心城市“三百”战略,推进张湾跨越式发展,打造西部现代新车城,是张湾区当前及“十二五”时期的战略任务。

立足新起点　把握新机遇

“十二五”时期,张湾区域经济社会发展面临一系列重大机遇和有利条件。

国家政策机遇叠加。国家深入实施促进中部地区崛起战略、新一轮西部大开发、丹江口库区及上游经济社会发展以及水污染防治和水土保持两个《规划》,十堰比照享受振兴东北等老工业基地政策，张湾区作为南水北调中线工程水源保护区、十堰最大的老工业基地，将得到更多政策、项目扶持。

省市战略部署推动。湖北省全面实施“两圈一带”战略，十堰科学布局“一城两带”、强力打造“百万量级汽车城”、加快建设区域性中心城市，以及东风公司实施“863 振兴计划”，张湾作为十堰拓展城市空间、打造百万量级汽车城的“核心区”，将迎来跨越式发展的良好“大环境”。

区域发展基础夯实。经过近几年“打基础、管长远”战略的实施，制约张湾发展的空间不足、交通不畅“两大瓶颈”成功破解，十堰工业新区等“六大园区”开发建设全面推进，东风商用车动力总成等“五大板块”扩能相继启动，一批重大产业项目相继投产，一批重大基础设施项目相继开工，将为张湾“二次创业”、跨越发展提供强力支撑。

紧扣新目标　构建新张湾

“十二五”时期是张湾厚积薄发、释放能量、跨越发展的黄金机遇期，是调整经济结构、转变发展方式、构建现代产业体系的攻坚期，是实施二次创业、打造西部现代新车城、全面建设区域性中心城市示范区的关键期。

基本思路：以科学发展为主题，以加快转变经济发展方式为主线，以改革开放、体制机制创新为动力，以提高城乡人民生活水平为根本出发点和落脚点，大力实施“工业强区、三产活区、科教兴区、生态立区”战略，强力开发西部，改造提升中部，乘势发展东部，统筹建设城乡结合部，全域谋划，“二次创业”，打造西部现代新车城，全面建设区域性中心城市示范区。

奋斗目标：到 2015 年，全面实现“5151 目标”，即张湾辖域生产总值达到 500 亿元，汽车工业总产值达到 1000 亿元，财政总收入达到 50 亿元（其中地方一般预算收入达到 5 亿元），“十二五”时期全社会固定资产投资累计突破 1000 亿元。

战略任务：新增“三个三”，实现“三个六”，即新增汽车产能 30 万辆，新拓展城市发展空间 30 平方公里，新增城市人口 30 万人，把张湾建设成为城市面积 60 平方公里、容纳人口 60 万人、汽车产能 60 万辆的西部现代新车城。

搭建新平台　再创新跨越

当前及“十二五”时期，张湾将重点推进“政企分治”向“全域发展”、“山地整理”向“山地经济”、“工业老区”向“现代新城”转变，加快建设十堰西部现代新车城。

“集群集聚”，再造一个新东风。按照做大整车、做强总成、做精零部件的发展方向，鼓励和支持发展商用车、专用车、乘用车、新能源汽车等整车，强力发展发动机、变速箱、车身、车架、底盘等总成，大力发展汽车轮胎、汽车电子电器、汽车装备制造、汽车模具等，推进汽车及零部件产业集群集聚发展，到 2015 年，辖域实现整车产能 60 万辆，零部件 80 万辆份，产值过亿元汽配企业 130 家以上，汽车工业产值突破 1000 亿元，把张湾打造成国际卡车之都核心区和汽车零部件生产集散中心。全力服务东风商用车动力总成等“五大板块”扩能项目建设，力争动力总成、东风零部件工业园一期 2011 年建成投产，确保东风实业、东风装备、东风特种商用车扩能项目如期开工；加快湖北三环 10 万辆、东风神宇 5 万辆、东风征梦 3 万辆、十堰安远 3 万辆共“20 万辆整车”项目建设，力争 2011 年辖域整车产能突破 40 万辆；支持湖北永土科技 8000 辆纯电动环卫车项目建设，再引进 1—2 家新能源汽车项目。

“互联互通”，构筑交通新优势。全力推进“123456”工程，即：建成一条高速公路（十白高速），打通两条城市外环线（东环路、三峡路），修建三条城市主干道（建设大道、发展大道、风神大道），完善四条城市内连线（中岳路、北京北路连接线、浙江路二期延长线、飞机场连接线），疏通五条物流快速通道（东风公司四 O 厂至四三厂、发展大道至东环路、发展大道至广西路、广东路至汉江路、十堰工业新区至十白高速连接线），改造升级六条城市道路（车城西路、郧阳路、广东路、大岭路、镜潭路、湖南路），构筑内联外畅、便捷高效的交通运输网络，为张湾跨越式发展构建“高速通道”。

“四轮驱动”，拓展城市新空间。依托十白高速、建设大道、发展大道、风神大道建设，以十堰工业新区、西城开发区为主阵地，推进城区向西拓展 15—20 平方公里；抢抓十堰城区与郧县“市、县对接”战略机遇，加快东环路、凯旋大道、发展大道、北京北路、郧阳路互联互通，推进城区向北拓展 5—10 平方公里；加快浙江路沿线开发，依托湖北三环专用车产业基地建设，推进城区向东拓展 5—10 平方公里；争取尽早启动三峡路建设，打通花果片区与十堰火车站物流通道，推进城区向南拓展 5—10 平方公里。实施“新万亩山地整理项目”，再平整土地 3 万亩，确保 2011 年完成十堰工业新区 B 园 7000 亩、凯旋大道周边 2000 亩、浙江路二期周边 1500 亩土地平整任务。

“六大分区”，提升城市新功能。加快十堰工业新区开发建设，构建以整车、新能源汽车、商用车动力总成为主体，承载“产值 1000 亿、人口 30 万”的十堰西部新城区；拓展西城经济开发区发展空间，构建以汽车电子电器、汽车装备制造、汽车关键零部件为重点的高新技术园区；以湖北三环为龙头，统筹推进周边万通、方鼎、安远工业园建设，将该区域建成 15—20 万辆专用车生产基地；加快实施中心城区“退二进三”工程，把六堰至张湾构建成以现代金融、总部经济、商贸服务、电子信息为主的"百亿元"中央商务区；以建设"百亿元物流园"为目标，把汉江工业物流园区打造成服务十堰及周边地区，面向陕、豫、川、渝地区，辐射全国的综合物流示范园区；抢抓鄂西生态文化旅游圈、南水北调中线工程建设等机遇，加快培育张湾"汽车文化、山水一体、城郊生态"旅游品牌，构建城西生态文化旅游走廊。

张慧莉，女，1968年10月出生，汉族，河南西峡人。1983年6月参加工作，1987年6月加入中国共产党，经济师。1994年7月至1999年5月，共青团竹溪县委书记。1999年5月至2002年11月，竹溪县水坪镇党委副书记、镇长。2002年11月至2003年1月，竹溪县县河镇党委书记。2003年1月至2006年11月，郧西县人民政府副县长。2006年11月，十堰市茅箭区政府副区长、代理区长。2006年12月任中共十堰市茅箭区委副书记、区长，2009年9月1日任中共茅箭区委书记，2009年12月任区人大常委会主任。

抢抓"一城两带"战略机遇加快"一城五区"建设步伐　打造十堰城市核心区

中共茅箭区委书记　张慧莉

"十二五"时期，市委市政府将大力实施"一城两带"战略，到2015年实现"建成区面积达到100平方公里，城区人口承载能力超过100万，汽车产能跨上百万量级新台阶，基本建成功能完善、产业高端、生态宜居、文明和谐的现代化区域性中心城市"的目标。茅箭区要抢抓难得机遇，立足区情实际，充分发挥现有优势，加快"一城五区"建设，努力打造十堰城市核心区，推动全区经济社会跨越式发展。

一、把茅箭建成十堰城市核心区的重大意义

茅箭区是十堰的政治、经济、文化中心，将茅箭建成十堰城市核心区，是我们抢抓"一城两带"战略机遇，立足新起点、抢抓新机遇、找准新定位、实现新跨越的重要举措。

（一）建设十堰城市核心区是贯彻落实十七届五中全会精神，推动茅箭经济社会跨越式发展的具体实践。党的十七届五中全会提出了"十二五"期间经济社会发展的主要目标，这对于我们进一步深化改革开放、加快转变发展方式、促进经济社会又好又快发展、实现全面建设小康社会目标，具有重大而深远的意义。我市提出在"十二五"时期开创区域性中心城市建设的新局面。茅箭作为中心城区，必须紧扣区情实际，准确把握发展趋势，科学谋划发展蓝图。建设十堰城市核心区，是区委在深入学习实践科学发展观、全面审视区情变化、认真开展调查研究、致力推动茅箭科学发展，继承和丰富历届区委、区政府发展战略的基础上做出的科学决策，既体现了中央和省、市全会精神，又联系了茅箭当前和今后一个时期的发展实际，是一个符合科学发展观要求、符合茅箭区情实际、指引未来发展的战略部署和奋斗目标。

（二）建设十堰城市核心区是实施"一城两带"战略，促进发展升级转型的重要抓手。十堰市实施"一城两带"战略，对于我区拓宽发展空间、完善城市功能、聚集生产要素，实现发展升级转型将产生重大推动作用。在优化中心城区内部结构方面，市委市政府实施旧城改造，进一步优化中部老城区商贸功能，大力发展东部新城区商务功能，将全面提升现代商务中央区商贸辐射、流通和承载功能。在拓展城市空间方面，市委市政府实施"东拓、北扩、西优、南通"战略，加快中心城区及周边城镇密集地区发展，将推进新一轮城区发展空间拓展。在重大项目建设方面，市委市政府投入1000亿元以上资金，建设综合交通运输枢纽，茅箭承东启西、通南达北的枢纽地位将进一步凸显；投入100亿元以上建设市政基础设施，城市功能将进一步完善；在城区预留地方工业用地11000亩，其中驼鞍沟片区5000—7000亩，将逐步破解我区用地瓶颈，加速新型工业集聚区建设。

（三）建设十堰城市核心区是抢抓东风公司产业布局调整契机，推进新型工业化的重要载体。“十二五”期间，随着东风“六大板块”（东风商用车整车、东风渝安、东风实业、东风零部件、东风商用车动力总成、东风装备）中的“两大板块”布局茅箭，特别是随着“头号工程”东风商用车新基地2012年建成投产，将带动我区沿东风大道、许白路、东环路沿线，以整车及零部件为主的汽车工业发展，形成以东风工业园为核心的汽车及零部件产业集群。到“十二五”末，我区汽车产业层级将由百亿级向千亿级跃升，成为十堰市工业集聚发展的载体和经济发展的重要增长极。

（四）建设十堰城市核心区是茅箭实现经济社会跨越发展，为全市发展大局作贡献的需要。近年来，随着十堰区域性中心城市建设步伐加快，一大批国家、省市重点项目在茅箭集中建设，形成了项目东驻、工业东移、人才东聚、资金东流、城区东扩的良好态势，茅箭区的政治、经济、文化中心地位进一步凸显。特别是经过“十一五”时期的发展，茅箭进入了厚积薄发的新阶段，为“十二五”全面加快十堰城市核心区建设奠定了坚实的基础。到“十一五”末，全区三次产业结构由1.5:35:63.5调整为0.7:52:47.3，地区生产总值、工业总产值、社会消费品零售总额、财政收入、一般预算收入、固定资产投资等主要经济指标实现了“翻番”增长，分别是“十五”末的2.9倍、5.5倍、2.7倍、2.7倍、2.9倍和9.3倍，工业总产值跨上百亿元大关，经济发展质量进一步提升，连续两年进入全市县市区发展目标综合考评“第一方阵”。这些表明，茅箭已经进入了发展的快车道，经济增长和社会进步实现了由量的积累到质的飞跃。站在“十二五”跨越发展的全新历史起点上，茅箭区在构建十堰区域性中心城市的发展大局中将大有可为；在市委市政府“一城两带”战略部署中，应该并且完全可以扮演更重要的角色，承担更重要的使命。

二、把茅箭建成十堰城市核心区的思路目标

立足于茅箭的区位优势和发展现状，依据茅箭未来发展的潜力和优势，围绕十堰城市核心区的功能定位，我们将大力实施工业强区、商贸富区、人才兴区、生态立区、开放活区战略，全面推进“一城五区”（新型工业集聚区、现代商务中央区、生态旅游示范区、科教文卫中心区和宜居宜业首选区）建设，到“十二五”末，全力实现建设十堰城市核心区的“四大愿景”。

—形成“一城五区”基本架构。2015年“一城五区”基本形成，东环路、林荫大道和茅官路等交通干道建成通车，形成50平方公里、承载45万人口的城市框架，成为全国文明城市、国家卫生城市、国家环保模范城市，基本建成经济繁荣、环境优美、服务发达、充满活力、富有魅力、更具实力的十堰东部新城。

—建成大集散强辐射的区域经济中心。新型工业聚集区要形成千亿级产业集群，成为十堰工业经济发展的“发动机”；现代商务中央区要实现千亿元年营业额，成为十堰区域性中心城市要素集散中心和消费中心；生态旅游示范区要形成东部工业文明游、南部山区生态休闲游、中部城市商务区购物休闲游和高校园区人文景观游、北部泗河（万家坪）城郊水体游的新格局，把茅箭建设成十堰市的旅游集散地。

—实现城乡一体共兴共荣。通过新农村建设和“以旅促农”战略，用五年时间把农村打造成城镇，把农民转变成城镇居民，把南部山区建设成十堰城市花园，形成城乡一体、共兴共荣的新局面。

—成为十堰民生建设首善区。围绕“把茅箭建设成鄂豫陕渝毗邻地区居民幸福感最强的地区之一”目标，坚持走民生导向发展之路，让人民群众享受到十堰地区优良的教育、基本的医疗、充分的就业和全面的社会保障，幸福指数居鄂豫陕渝毗邻地区前列。

三、将茅箭打造成十堰城市核心区的主要措施

区委、区政府将团结和带领全区干部群众在抢抓机遇中创新优势，在加速发展中解决困难，紧紧抓住转变发展观念、调整产业结构、创新机制体制、促进城乡统筹、保障和改善民生等关键环节，全力谋求十堰城市核心区超常规发展的思路、目标和措施，在实施“一城两带”战略，全面推进区域性中心城市建设中贡献更大力量。

（一）以创新机制体制为平台，不断优化经济发展环境。一是进一步解放思想。立足于在实施“一城两带”战略中发挥更大的作为，进一步深化对茅箭区情的再认识，解放思想，开拓创新，致力推动茅箭科学发展不动摇、不自满、不懈怠、不折腾，大力弘扬“愚公移山”、“精卫填海”、“夸父追日”、“水滴石穿”茅箭精神，牢固树立全局意识、发展意识、团结意识、创新意识、责任意识和法纪意识，着力营造聚精会神搞建设、心无旁骛谋发展的生动局面。二是深化行政管理体制改革。转变政府职能，理顺部门职责，创新体制机制，积极参与地区竞争合作，吸纳区外资金、人才、技术，放手让一切创造财富的源泉充分涌流，让一切发展的活力竞相迸发，努力把茅箭建设成为十堰区域性中心城市体制机制创新的先行区、创新创业要素的集聚区。三是切实加强行政效能建设。大力推行首问负责、公开承诺、限时办结、专人代办等制度，积极为企业提供优质服务，使茅箭真正成为亲商、安商、富商的乐土。严查吃、拿、卡、要、拖等破坏发展环境的人和事，通过学习、教育、惩处多措并举，维护茅箭来之不易的风清气正大好局面。

（二）以项目建设为支撑，为经济社会跨越发展提供持续动力。一是四个一批谋划项目。把项目作为十堰城市核心区建设的“牛鼻子”拧紧不放，努力营造全区上下团结一心想项目、议项目、引项目、争项目、建项目的浓厚氛围。力争“十二五”期间竣工投产一批支柱项目、开工建设一批重点项目、主体完工一批龙头项目、谋划储备一批骨干项目。二是突出重点争取项目。根据建设十堰城市核心区“一城五区”的整体规划和产业布局，包装、储备和推出一批市场竞争力强、有发展潜力的招商项目，敏锐地捕捉信息、快速地宣传政策、准确地申报项目，争取更多的项目入驻茅箭，进入国家、省市重点规划、计划和资金安排范畴。三是狠抓落实推进项目。认真落实一个企业、一名领导、一个专班、一套方案、一抓到底的“五个一”服务机制，切实解决项目实施过程中用地、拆迁、融资等问题，保证项目顺利推进，快速见效。

（三）以产业转型升级为目标，推进经济结构战略性调整。一是在培育千亿级汽车产业中加速新型工业化。按照“项目集聚、企业集中、用地集约、产业集群”的要求，大力发展汽车主导产业，积极培育电子信息、生物医药、新材料新能源产业，全力支持东风商用车8万辆重卡联合工厂、东风实业公司10万辆整车等重大整车项目投产见效，着力推进车身、车架等关键零部件项目提质增效，做大做强整车及零部件产业集群。二是在发展壮大现代服务业中提升商贸辐射能力。致力提升中心城区的辐射、承载、服务功能，为区域性中心城市建设做贡献，建设三大核心商圈、四大物流园区和一个城市主题公园，即：百亿级火车站商贸经济圈、五堰城市核心商圈、六堰金融服务商圈；东部新城现代农产品物流园、上海路游客集散中心和文化创意产业园、区域性中心城市汽车物流园、整车及零部件出口园区；十堰高速公路出口汽车文化主题公园，建设大商圈，促进大流通，增强大辐射，提升大服务。三是在深化以旅促农理念中推进生态旅游示范区建设。抢抓“十二五”十堰百万人口城市建设契机，发挥茅箭旅游集散地、汽车工业文化游和生态旅游优势，实施泗河水生态景观修复整治，对接郧县青山镇万家坪发展城郊水体旅游，加快赛武当国家4A级景区建设，开发城市街区购物游、高校园区人文游、工业园区工业文明游，构建东部工业园区工业观光旅游、南部山区生态休闲旅游、西部城市商务区购物休闲旅游和高校园区人文景观旅游、北部泗河（万家坪）城郊水体旅游线路，打造全城全域旅游集散地。

（四）以统筹城乡协调发展为取向，加速城乡一体化进程。一是坚持设施共建。按照布局合理、设施配套、功能齐全、环境整洁的要求，推进城乡基础设施和公共服务设施一体化，形成完善的交通、物流、公共设施服务网络，实现基础设施和社会服务设施区域共建、城乡联网、设施共享，不断满足城乡居民日益增长的公共服务需求，促进城乡通开。二是坚持资源共享。从统筹区域协调发展的高度，整合各类资源，加快产业、人才、资金等要素在城乡双向流动，大力繁荣科教文卫事业，建立并逐步完善覆盖城乡的公共服务体系，推进城乡资源共享。三是坚持生态共保。以提高城区全体人民的生态生活品质为目标，遵循生态环境规律，建立流域治理、区域生态补偿机制，把城市公共绿地空间向茅箭南部山区拓展，把赛武当自然保护区当城市公共绿地来建设，逐步形成以城郊生态林和城区公共绿地相衔接的城乡生态网络体系。四是坚持产业共兴。不断提高以旅促农工作本领，围绕旅游产业开发和居民消费需求，以丰富城市居民“菜篮子、果盘子”为目标，加快发展城郊生态农业，力争到2015年打造星级农家乐示范点10家，认定国家级绿色食品10个，发展高标准生态茶园5000亩、高山无公害蔬菜基地6000亩，培植畜禽养殖特色村5—6个，带动农村富余劳动力向非农领域转变，实现劳务创收1.8亿元以上。

（五）以保障和改善民生为重点，全力加强和谐社会建设。坚持财政资金向民生倾斜、产业发展与民生贴近、项目建设和民生对接、体制机制为民生设计，以落实好十件实事为抓手，集中财力解决与广大群众密切相关的文化、教育、医疗、就业、社保、交通等民生问题；通过加快工业园区、重点项目建设，发展农家乐和与之关联的蔬菜、林特种植、畜禽养殖产业，引导企业、投资主体就地安置劳动力，扩大城乡就业，增加农民收入；把妥善安置失地农民与推进新农村建设相结合，建设集中连片、设施配套、环境优美、管理规范的现代化安置小区，全力保证项目建设拆迁群众如期入住安置房；进一步完善《关于抓紧解决失地农民生产生活问题的意见》等涉及民生问题的17个规范性文件，切实保障辖区群众的切身利益，使建设发展的成果直接惠及群众，使城乡群众成为茅箭建设发展坚定的支持者、踊跃的参与者、直接的受益者。

赵哲，男，汉族，郧县人，1968 年 10 月出生，大学毕业，中共党员，1991 年 8 月参加工作。历任郧县县委政法委副书记、杨溪铺镇党委副书记、镇长，党委书记、人大主席；房县副县长，房县县委常委、组织部长，房县县委常委、副县长；竹山县委副书记；2009 年 8 月任茅箭区区委副书记、区长。

打造“工业梯田”　促进跨越发展

茅箭区人民政府区长　赵　哲

茅箭九山半水半分田，山高坡陡，人多地少，几乎找不到一块连片 100 亩以上的平整土地，可利用土地资源匮乏是制约茅箭发展的最大瓶颈，2002 年以前区属工业基本上是空白。2003 年以来，茅箭区委、区政府坚持从区情实际出发，创新发展思路，发扬愚公移山精神，大力实施开山治地，建设“工业梯田”，经济社会发展从“山穷水尽”走向“柳暗花明”。几年来，全区集中连片整理山地达 1 万余亩，推进工业经济从无到有、由弱变强，三大产业齐头并进，2010 年全区实现地区生产总值 218.5 亿元、固定资产投资 96.1 亿元，主要经济指标较“十五”末均实现倍增，区域经济综合实力连续三年位居全市“前三甲”。2009 年 12 月湖北省节约集约利用土地现场会、2011 年湖北省县域经济工作会在十堰召开，与会领导实地参观了我区节约用地和建设用地整理现场。省国土资源厅高度评价我区山地整理开发为“节约用地的典范”。2010 年，我区被国土资源部确定为全国国土资源节约集约模范县市（区）创建试点单位。

一、破解瓶颈，向山“要”地

1. 强化组织领导，促进山地整理有序化。近几年来，伴随着东风汽车公司产业结构的调整，十堰地方工业有了很大发展，一大批中小型民营企业相继实施扩能改造，土地资源紧缺日益成为制约企业快速发展的难题。在这种形势下，部分企业通过劈山整地来满足自身发展需要，但这种零散的“点式开山”不仅对生态环境造成破坏，也造成了土地资源的较大浪费。为了摆脱零打碎敲、无序开发的被动局面，我们在实践中积极探索，按照科学合理、集中有序的原则，逐渐形成了由政府主导实施大规模山地整理，提供集中连片建设用地的开发模式。2003 年，浙江万向集团和我市通达公司合作建设万向通达工业园，我们改河造地、开山平地，在荒山河滩上建起了连片 500 亩的万向通达工业园，开创了向山要地、拓展发展空间的破冰之举。总结万向成功经验，在短短几年间，茅箭先后整理了普林一、二期工业园（2000 亩），鸳鸯亿元项目工业园（1200 亩），东风客车（含东风传动轴公司）工业园（600 亩），普林三期工业园（800 亩）等。区政府专门成立了山地整理工作领导小组，组建工作专班，对项目用地需求进行收集汇总，集中合理安排，统一规划供地，以规模效应降低开发成本，杜绝土地资源闲置和浪费，实现了由粗放无序的“点式开山”向节约集约的“片区式开山”的转变，达到了生态效益、经济效益和社会效益的有机结合。

2. 实施四种模式，促进土地开发多元化。①政府主导开发模式。一种是政府作为直接投资主体，负责筹措资金并完成投资，整理出来的土地由政府统一开发。如万向工业园、东风客车公司就是由区政府投资 7800 多万元整理的；另一种是政府作为间接投资主体，由城市建设投资公司负责融资，区政府负责前期拆迁、安置、补偿以及项目招投标、项目建设监管等工作，土地整理出来后，由政府委托国土部门公开出让，走出了一条“以贷造地、以地生币、币再造地”的山地开发融资模式，有效缓解了政府资金压力。如天津路千亩山地整理项目就是采取上述模式进行运作的。②企业主导开发模式。由企业作为投资主体，承担项目管理工作，政府负责立项审批和协调服务，整理出来的土地按协议进行开发或由投资商按规划进行市场运作，充分发挥企业的主体作用。如普林工业园投入 3.2

亿元整理山地3000亩，吸引了正和车身、运意车桥等80多家企业入驻，2010年园区产值达到42亿元，实现税收2亿元。③政企合作开发模式。一种是由区政府负责前期拆迁、上缴省市相关费用，企业负责整地、“三通一平”基础设施建设和招商引资等工作。如普林工业园三期工程。另一种是区政府负责前期拆迁补偿，企业负责整地，上缴省市费用由区政府和企业共同负担，如驰田汽车有限公司山地整理项目。④村组主导开发模式。由村组集体作为投资主体，负责项目运作，整理出来的土地经验收合格后，由政府支付村组开发费用，充分调动了村组干部和拆迁农民参与、支持山地整理的积极性，有效防止和减少了拆迁安置过程中利益纠纷的发生。

3. 打造“工业梯田”，促进土地利用最大化。为有效降低土地整理开发成本，在项目实施过程中，我们坚持依山就势，因地制宜，学习借鉴“农业梯田”形式，大力实施山地整理“坡改梯”工程，创造了“工业梯田”立体化利用土地的新模式，不仅使我区大量低丘缓坡地得到充分利用，又降低了开发成本，成为山区城市工业园区一道亮丽的风景线。普林工业园是我区实行“企业主导、政府服务、市场运作、以商招商”模式建设的大型民营工业园，该工业园移山填沟，利用海拔228米至276米的50米山坡落差，整理出8个工业梯级平台，开发土地2000亩，率先开启了山区立体化办工业的新模式。截止目前，普林工业园共入驻127户企业，累计完成投资30亿元。凡入驻企业，亩平投资强度在170万元以上，亩平年产值280万元以上，亩平年上交税收6.5万元以上。鸳鸯亿元项目工业园采用“梯级”开发，形成了高差5—10米的三级阶梯式平台，现东风实业车辆公司5万辆整车和华昌达装备工业园项目已顺利入驻。东风商用车8万辆重型车项目也是依山就势，以四级梯式平台整理土地3100亩，将与普林工业园的“工业梯田”连成一片，打造茅箭“梯田”式发展工业的雄壮气势。“十二五”期间，我们将陆续实施驼鞍沟片区、乱石麻沟片区等5个山地整理项目，开发整理土地近1万亩，书写茅箭节约集约用地新篇章。

二、严格规划，科学“控”地

1. 坚持规划先行。结合十堰市土地利用总体规划，2007年，我们邀请世界著名城市规划设计机构—德国ISA国际设计事务所，按照“布局集中、用地集约、产业集聚”要求，高标准编制了《十堰东部新城概念规划及城市设计》方案，确立了以东风大道、许白路为轴线，建设百亿东风工业园，打造新型工业集聚区；以火车站为中心，以人民路、北京路、重庆路、武当路为轴线，以各类专业市场为支撑，建设百亿火车站商贸经济圈，打造商务中央区；以十堰职业技术学院、郧阳师专、湖北医药学院为轴心，打造科教文卫中心区，明确了东部新城区的发展定位。根据《方案》，我们科学编制了《茅箭区工业用地开发整理项目规划》和《十堰东风工业园控制性详细规划》，合理划分项目区内产业类型，实现了由“规划跟着项目走”到“规划引导项目走”的转变。2008年，区政府特邀中科院、国家林勘院专家实地考察，联合编制了《茅箭区旅游扶贫总体规划》，明确界定了茅箭南部山区景区功能定位及发展走势，既优化了村镇的合理布局，又提高了土地利用率。2009年，我们结合新一轮土地利用总体规划修编，以节约和集约利用土地为核心，高标准编制了《茅箭区土地利用总体规划》，为全区节约集约用地、促进区域经济社会可持续发展奠定了坚实基础。

2. 坚持预先审核。一是提高项目用地准入“门槛”。以投资强度和综合效益为指标，变“招商引资”为“招商选资”，优先引进科技含量高、经济效益好、无污染的项目，重点引进投资强度超过市定标准50%以上的重点工业项目，对固定资产投资2000万元以下、每亩土地投资强度低于160万元的工业项目一般不予供地，既提高了工业用地规模化水平、优化了土地资源配置，又避免了盲目投资、过度超前和低水平重复建设造成的土地资源浪费。二是严格用地审批。对要求新增建设用地的项目单位，必须充分消化使用了现有批准的土地，才能安排新的用地指标；对存在闲置土地的用地单位，原则上不报批新的建设用地项目。三是严格审查用地规模。按照“建设用地双控指标”要求，从严控制建设项目用地规模，对投资强度、建筑容积率、非生产用地比例达不到要求的，相应核减用地面积，并由项目单位重新进行总平图设计。

3. 坚持从严监管。我们将节约集约用地工作纳入目标管理考核体系，对成绩突出的，在年度目标考核中予以加分，对出现违法用地的“一票否决”，并严肃追究相关领导责任。同时，建立完善建设用地批后动态跟踪管理制度，加大土地动态巡查和联合执法力度，强化对已供土地的跟踪检查，根据土地开发进度、投入产出率等评价指标，综合评价其土地节约集约利用水平，并实行评价结果与土地供应相挂钩，督促土地使用者按合同约定利用土地。对擅自改变土地用途及用地项目、投资强度、环境保护要求等不符合原批准文件的，依法予以查处；对投资强度、产出效益未达到集约节约用地标准的，取消已享受的各项招商引资优惠政策，且责令项目单位按规定补交基础设施建设费用。去年以来，我们在对东风实业车辆5万辆整车项目680亩用地需求进行调研论证后，协调该公司减少用地180亩，引入已具备上市条件的华昌达汽车装备公司入驻园区，增加投资1.5亿元,大大提高了单位土地投资强度和产出率。

三、创新思路,挖潜"扩"地

1. 盘活利用存量土地。面对保护资源任务艰巨和保障发展指标紧缺的双重压力,我们积极克服国家每年下达用地指标和山地整理增加可用面积十分有限的实际困难,在用地观念上实现了"由扩大增量向盘活存量为主"、"由对上争取向内部挖潜为主"、"由全面保障向重点保障为主"三个转变,大力盘活存量闲置土地,不断提高空闲土地、废弃土地的利用效率,切实保障发展用地需求。一是"改"出建设用地。通过开展荒坡荒地和河道滩涂环境整治,大力实施改河治地工程,先后对境内马家河李明槽垭、庙沟垭两段河道裁弯取直,新增土地474亩,确保了总投资近5亿元的万向通达公司和东风中客公司用地需求;对顾家岗段马家河河道荒滩、闲置鱼塘进行清淤填埋,建成了总面积达10万平方米的赛武当广场和外滩广场,成为十堰东部城区的新地标。二是"腾"出建设用地。通过土地调整置换,优化用地结构,不断挖掘存量土地利用潜力,提高了单位土地投资强度和建筑容积率。东风传动轴十堰分公司原来位于规划中心城区商住圈内,占地170亩,上海路穿厂而过。随着企业扩能发展和上海路建设需要,该公司选址东风工业园区整体搬迁。搬迁后,该公司通过实施优化厂区布局、优化工艺流程,减少用地12亩。同时随着上海路扩建改造竣工,道路沿线新增可开发商住用地近2000亩。三是"拆"出建设用地。在实施山地整理和项目建设过程中,我们加大拆迁农户集中安置力度,对分散农村居民点归并整合,鸳鸯村原散居的村民宅基用地143亩,集中连片建设小区后仅占地98亩。几年来,全区通过农户拆迁集中安置节约建设用地近3000亩。通过深度挖潜,全区累计盘活利用各类存量闲置土地8000多亩,先后为138个工业项目和30多个城市基础设施项目提供用地保障,单位建设用地GDP产出较2003年翻了两番。

2. 坚持项目向园区集中。把工业园区作为经济发展的"主战场",我们积极引导产业类别相同或相近的项目向同一园区集中,避免了"村村点火、处处冒烟",实现了以"企业集中、产业集聚"促"集约用地",提高了区域土地资源的共享程度。目前,我区东风工业园已引进泰强再欣、九州通医药物流等企业600多家,形成了以车桥、车身、车架等关键总成和整车、专用车为龙头,集研发、生产、物流、销售、服务为一体的汽车产业体系。东风工业园2010年实现产值105亿元,已跻身全省52家重点产业集群。正是缘于园区工业的强大吸引力,作为东风公司"863振兴计划"重点工程的东风商用车8万辆重型车项目于2010年5月23日正式入驻园区,计划投资24亿,占地3100亩,年产值可达230亿元,拉动配套产业新增产值700多亿元,对十堰巩固汽车城地位、推进全区经济高速发展具有重大意义,项目投产后,东风工业园将实现产值400亿元,成为全省乃至全国汽车产业程度高、产业集群优势明显的地区之一。

3. 引导企业技术改造创新。我们大力引进高新技术产业,设立新型工业发展专项资金,对符合国家产业政策和环保要求、达到规定投资强度的企业给予奖励。同时,积极引导企业运用先进科技成果,优化工艺流程,实施技能改造,提高单位土地投资强度和建筑容积率,实现"多增资、少增地"。近年来,全区累计投入资金13.9亿元,实施技术改造、技术创新项目131项,通过引导企业技术改造、技术创新共节约用地近1000余亩。

四、立足和谐,科学"拓"地

我们始终把改善民生、保护环境,实现人与自然和谐统一作为节约集约用地的目的和归宿,真正让改革发展的成果惠及于民。一是注重在改善民生中节约集约用地。我们结合新农村建设和新阶段扶贫开发,加快城中村、空心村改造步伐,实行山地整理拆迁农户集中安置,按照"搬得出、建得稳、群众生产生活逐步改善"的原则,建设集中连片、布局合理、格调统一、配套完善的现代化居民新区22个,安置拆迁群众8000余人,实现了"整理一片山地,建设一个新村,富裕一方百姓"。二是注重在环境保护中节约集约用地。十堰是国家园林城市,又是南水北调中线工程核心水源区和生态功能示范区。保护生态环境,既是服务南水北调工程的需要,也是十堰可持续发展的根基。我们坚持生态优先,突出在耕地少、林地少、拆迁少、无基本农田的"三少一无"地方实施山地整理。同时,在项目实施过程中,严格将环境恢复治理方案、水土保持方案和园区景观设计方案与主体工程同时设计、同时施工、同时投入使用,生态资源得到有效保护,使山地整理成为绿色开发的示范工程,土地利用与生态建设和谐统一。2010年11月,国土资源部副部长王世元同志视察茅箭后评价:"茅箭向山要地的做法为山区提供了节约集约用地新模式,值得借鉴";并在2010年12月全国国土资源节约集约模范县(市)创建活动经验交流会上指出:"湖北省十堰市茅箭区坚持山地整理,致力打造'工业梯田',保护了耕地和基本农田,保护了维系百姓生活的菜地,拓展了工业用地的新空间,达到了保护一产、扩大二产、盘活三产的综合效应"。

郭新明，男，1965年1月出生，汉族，湖北省鄂州市人，1988年7月参加工作，中共党员，法学硕士。历任广水市科技副市长、武汉汽车工业大学党委宣传部副部长、郧县县委副书记，2002年10月当选为丹江口市委副书记、市长。2006年11月当选为丹江口市委书记。

在新的起点上推进中国绿色水都跨越发展

中共丹江口市委书记　郭新明

今年是一个特殊的年份，是"十二五"开局之年、建党90周年，也是领导班子调整换届年和移民内安后靠关键年，经济社会发展任务相当繁重，我们必须在千头万绪的工作中突出大事，以强烈的责任感在新的起点上推进中国绿色水都跨越发展。

一、正确研判形势，实现跨越式发展新突破

刚刚过去的2010年是"十一五"的收官之年。盘点一年的工作，可以用三句话来概括：面临的挑战比预计的要大，遇到的困难比预想的要多，取得的成绩比想象的要好。成绩来之不易，发展有目共睹。回顾"十一五"发展的显著成绩，审视我市发展所处的历史方位，可以得出以下基本判断：

一是我市正处于持续发展的上升期。沿海发达地区的经验表明，发展具有惯性，是一个动态的持续的过程。这些年来，特别是"十一五"这五年，我市正逐步进入新的发展层面，产业大多处在加快成长的阶段，新的发展张力正在凸显，新的发展势能正在集聚。具体有三个标志：一是与"十五"相比，我们实现了跨越式发展。2010年全市地区生产总值完成92亿元，是"十五"末的2.2倍；财政总收入（剔除耕地占用税后）完成9.54亿元，是"十五"末的1.8倍。其中：一般预算收入（剔除耕地占用税后）完成3.63亿元，是"十五"末的1.6倍；固定资产投资累计完成159.1亿元，是"十五"时期的4.6倍。规模以上工业总产值提高到131.4亿元，是"十五"末的2.5倍，首次突破100亿大关。二是与全省其它6个脱贫奔小康试点县市相比，我们的排头兵地位得到巩固。2010年除固定资产投资和外贸出口排第二外，其他都排名第一。三是与全省80个纳入县域经济考核的县市区相比，我市的发展取得了较大进步。2010年财政总支出由第15位上升至第8位；财政总收入由第13位上升至第7位，剔除耕地占用税后由第23位上升至第14位，其中一般预算收入由第14位上升至第3位，剔除耕地占用税后由第29位前进到第24位；地方税收由第8位上升至第1位，剔除耕地占用税后由第23位上升至第21位。

二是我市正处于转型发展的关键期。经过"十一五"时期的快速发展，我市的经济社会发展的基础更加牢固，产业结构持续优化，经济多点支撑格局正在形成。但是，还必须清醒的看到，我们调整经济结构、转变发展方式，既取得了突破性发展，也存在着结构不优、产业层次较低等突出问题和矛盾。再加上中央宏观经济政策的调整，2013年大坝蓄水，2014年调水，这个时间还有可能要提前。南水北调工程建设对生态保护工作要求的提高，对我们加快转变经济发展方式、提高经济发展质量形成了"水催人"的倒逼机制；周边及兄弟县市区争先恐后的发展、比学赶超态势对我们形成了"人催人"倒逼环境。逆水行舟，不进则退。全市经济进入了只有加快转型发展，才能逐步做大经济总量，提高发展质量，推动科学发展的关键时期。这个时期，谁主动，谁就能够激流勇进，领先一步；谁被动，谁就一定会逐步落后，淘汰出局。我们要做大特色农业、做强新型工业、做活商贸旅游、统筹抓好城乡建设，解决好发展不够和发展方式亟待改善的问题，实现"好"与"快"的统一、"质"与"量"的双重提升，在转变发展方式中再创科学发展新优势。

三是我市正处于跨越发展的机遇期。省委书记李鸿忠同志强调指出："对于领导干部来讲，看不到机遇是愚钝之人，抓不到机遇是平庸之人，错失机遇是历史罪人。”当前我们正面临着多重机遇：一是有利的宏观政策环境是我们面临的战略机遇。国家扩大内需的战略举措，中部崛起战略、新阶段扶贫开发及“鄂西生态文化旅游圈”、十堰汉江经济带战略的实施，沿海发达地区产业加速转移，宏观经济形势由回升向好向稳定增长良性循环转变，作为国家扶贫开发重点县市和全省脱贫奔小康试点县市，我们面临着前所未有的良好发展环境。二是移民内安复建是我们面临的历史机遇。全市移民外迁已经圆满完成任务，移民内安及迁复建工作已全面启动，我市将加快进入社会的发展转型期、经济结构的调整优化期、生产力和生产要素的重构期。三是重大建设项目带动是我们面临的黄金机遇。广深工业园、东风工业园、习均大桥、丹土一级路等一大批重点项目顺利推进，农夫山泉（新城）饮料公司等项目顺利投产，新兴重工钒深加工项目的启动，这些都为我市的持续发展注入强大动力。同时，市委十二届十次全会确定的大力实施生态立市、工业富市、旅游兴市、文化活市、人才强市战略，扎实推进“一城三带”建设，力争把我市打造成国内知名的生态文化旅游区、生态健康示范区和湖北省脱贫奔小康先进县（市），实现中国绿色水都发展新跨越，为我市今后的发展指明了方向，明确了目标。全市广大干部群众加快发展的愿望更是异常强烈，他们的发展期望成为我们战胜困难的信心之源、智慧之源和动力之源。

综观当前经济社会发展形势，我们可以得出一个基本结论，那就是：丹江口已经处在一个新的历史起点上，各种优势可以更好地发挥，各种潜力可以更好地释放，具备了加快发展、跨越发展的客观条件。我们一定要准确把握经济走向，正确认识市情变化，着力解决发展不够、思想解放不够、工作落实不够等问题，紧紧围绕科学发展这个主题和加快转变经济发展方式这根主线，始终保持击鼓奋进的士气、跳起摸高的勇气、顺势而为的锐气，始终做到头脑清醒、不盲目乐观，统筹兼顾、不顾此失彼，坚持不懈、不虎头蛇尾，奋力推动全市经济社会新的跨越发展，这既是全市人民的期盼所在、福祉所在，更是各级干部的职责所在、担当所在。

二、突出工作重点，开创跨越式发展新局面

今年的主要任务是：围绕“四大目标”，实施“六大工程”，实现“九个突破”。“四大目标”是：县域经济发展实现新跨越、城乡一体化建设开创新局面、民生保障水平实现新提升、社会稳定和社会管理工作实现新突破；“六大工程”是：脱贫奔小康试点排头兵工程、移民内安复建工程、文明城市创建工程、党的基层组织建设工程、文化惠民工程、社会稳定和社会管理创新工程；“九个突破”是：地区生产总值突破100亿，财政总收入突破20亿，固定资产投资突破70亿，招商引资突破25亿，农副产品加工值突破30亿，工业增加值突破45亿，社会消费品零售总额突破45亿，城乡存款余额突破150亿，本级贷款余额突破80亿。

（一）大力实施脱贫奔小康试点排头兵工程。去年我们能够在脱贫奔小康试点县市中继续保持排头兵地位，确实来之不易。市委常委会在深刻分析今年面临的形势和任务的基础上，明确了今年经济工作的总体要求、奋斗目标和工作重点，这是一个跳起来摘桃子的目标，体现了中央、省委和十堰市委经济工作会议精神，也符合丹江口的实际，能够实现，也必须实现。那么如何实现呢？就是要牢牢盯住产业建设、园区建设和项目建设三个重点。这是决定排头兵地位能否保持的关键，必须集中人力、物力、财力，重点突破。产业建设上，要始终把工业作为全市经济发展的“牛鼻子”来抓，尤其要重视提升汽车产业和水资源的加工；要强力推进农业产业化进程；要采取超常规措施，突破性发展旅游产业。在园区建设上，要进一步加快工业园建设，着力打造百亿工业园；要进一步加快农产品加工园区建设，突破性发展农产品加工。在项目建设上，更要不断“给力”、不断用劲。抓发展，必须抓项目；抓科学发展，必须抓大项目、好项目。要突出抓好过亿元项目特别是工业项目建设，领导要向大项目集中、资本要向大项目靠拢、资源要向大项目汇聚、政策要向大项目倾斜，以大项目拉动大投入，以大投入推动大发展。

（二）大力实施移民内安复建工程。移民工作，用省委书记李鸿忠的话讲，是“天大的事”，是我们今年最大的政治任务，是最大的民生工程。内安是巨大的挑战，更是千载难逢的发展机遇。40多亿资金的投入，5万多人的搬迁，劳动力、土地、资金等生产要素的将重新配置，交通等基础设施将重新构架，是我们加快新农村建设，改变城乡面貌，推进城乡一体化建设的重大机遇。内安工作抓好了，丹江口必将发生一个深刻的变化，抓不好，将背上沉重的包袱，严重影响全市的经济发展和社会稳定。库区各内安乡镇、村和市直各单位要坚决贯彻落实市委、市政府关于移民内安工作的整体部署，充分发扬移民外迁工作所展现出的伟大精神，把移民安置区建设成为城乡一体化示范区、新农村建设示范区。

（三）大力实施文明城市创建工程。文明城市，是当前我国综合评价城市物质文明、政治文明、精神文明和生态文明建设整体水平的最高荣誉，也是让群众能切身感受到城市宜居度、幸福感的一个重要标杆。创建文明城市，既是民生工程，也是幸福工程，我们要通过创建，提高城市的美誉度，提升市民的素养，使城市的发展质量让群众满意。今年是省级文明城市检查验收年，对照《湖北省省级文明城市测评体系》，我市还有不少差距，特别是城市基础设施建设欠账较多，城市管理水平不高等等。市委、市政府专门印发了创建省级文明城市实施方案，全市上下要严格按照既定目标和责任分工，严格按照省测评项目和标准，进行深入细致的排查，一项一项整治，一项一项达标，力争“硬件”过得硬、“软件”不丢分，确保各项指标在迎检时高分通过。

（四）大力实施党的基层组织建设工程。党的基层组织是促进经济社会跨越发展的根本保证。今年，要围绕市委中心工作，切实加强各级领导班子和基层组织建设，扎实推进“五个基本”、“七个体系”建设，进一步夯实跨越发展的组织基础和人才支撑。要紧密结合工作实际，把创先争优活动与移民内安、脱贫奔小康等重点工作结合起来，深入开展亮身份、亮职责、亮承诺、亮评议、亮点评，比素质、比干劲、比奉献、比创新、比作风“五亮五比”活动，增强创先争优的内在动力。要大力实施人才强市战略，紧密结合产业实际，大力实施“产业聚才”工程，引导人才、技术、科研成果向经济社会发展一线集聚，努力提高各类人才在推进全市经济跨越发展中的贡献率。要以夯实基础、激发活力为目标，统筹抓好乡镇农村、街道社区、“两新”组织及机关单位等各个领域的基层组织建设。要扎实推进工作探索创新，把党组织建立在经济建设的主战场，把党员凝聚到经济发展的最前沿，把干部推向重点工作的第一线，使基层党组织真正成为最有战斗力、最有凝聚力、最有号召力的坚强堡垒。

（五）大力实施文化惠民工程。文化，是一个人的精神家园、精神守望，是一个地方的根与魂和发展的“内动力”。经验表明，国家和地区之间的竞争，十年比的是经济，五十年比的是制度，一百年比的是文化。只有文化“软实力”硬起来，人们才会始终保持昂扬向上的精神状态，发展环境才会更健康，发展才会更有后劲。经过30多年的改革开放，丹江口经济发展、社会进步，人们的生活水平有了很大提高。当人们的衣食住行等需要得到基本满足时，文化民生就显得尤为重要。尤其是在经济转轨、社会转型的加速期，一些人的思想困惑、精神“贫困”现象有所增多，迫切需要发挥文化凝聚人心、推动发展、促进和谐的作用。市委十二届十次全会把“文化活市”作为全市的发展战略纳入“十二五”规划，年初市委、市政府又出台了《关于加快文化建设与发展的实施意见》。各地各部门一定要站在战略和全局的高度，把提升文化“软实力”纳入经济社会发展总体规划，充分发挥文化引导社会、教育人民、推动发展的功能，把文化资源、文化底蕴转化为现实的文化生产力，为打造中国绿色水都、实现跨越式发展打下坚实的思想文化基础。

（六）大力实施社会稳定和社会管理创新工程。推进社会管理创新，是党中央、国务院从维护社会稳定、促进社会和谐的高度，作出的重大战略部署。我市作为全省十个试点县市之一，要努力走出一条既符合经济社会发展要求、又具有丹江口特色的社会管理新路子。一是紧紧围绕解决社会管理“谁来管”的问题，把工作的着眼点放在如何有效发挥基层党政组织的主导作用、政法综治组织的骨干作用和群众自治组织的基础作用上，积极探索推动实现社会管理组织化、网络化的有效形式。二是紧紧围绕解决社会管理“管什么”的问题，把工作的立足点放在如何有效推进流动人口管理服务、特殊群体管理服务、社会组织管理服务和网络虚拟社会建设管理等重点领域和关键环节上，积极探索依法、常态、有序管理社会事务的新途径和新方法。三是要紧紧围绕解决社会管理“怎么管”的问题，把工作的落脚点放在如何推动形成社会管理创新的长效机制上，积极探索从体制机制上解决问题的有效途径。要结合实际，确定一批社会管理创新的重点领域和重点项目，研究制定规范化配套措施，力争在构建社会管理长效机制上取得新突破。

三、强化保障措施，展现跨越式发展新作为

蓝图已经绘就，目标已经明确，关键在人，关键在干，关键在落实。

第一，要推进更高层面的思想解放。这些年我们组织了多次思想解放大讨论，组织大家多次到沿海等发达地区考察学习，看到很多好东西、好经验，回来还是“外甥打灯笼—照旧（舅）”，不敢动，不敢为。究其原因，在于我们的眼睛接受了开放，但头脑、思维并没有想开，最终还是办不了。如果把头脑比作小球，世界比作大球，小球不开放何谈大球开放，小球决定大球，开窍才能开放。“十二五”跨越式发展的大幕已经开启，我们要做的第一准备，就是解放思想的准备。今年要在全市广大干部群众中集中开展以“五找五查五立”为主要内容的解放思想大讨论活动，即要在成绩面前找差距，查有没有自满情绪，树立永不满足、永不懈怠的精神；要在目标面前找差距，查有没有小农经济思想的影响，树立创大业、快创业的雄心壮志；要在思路面前找差距，查有没有旧的传统的思维和方法，树立突破靠创新的意识；要在服务面前找差距，查有没有阻碍发展的行为，树立一切为了发展、一切服务发展的意识；要在困难面前找差距，查有没有畏难发愁情绪，树立攻坚破难的决心和信心，以思想的大解放推动全市经济社会发展的大跨越。

第二，要弘扬难能可贵的移民精神。不管做什么事都需要一种精神来支撑，否则什么事也做不成。李鸿忠书记春节前在《湖北日报》发表的《与全省农村干部谈谈心》署名文章中问了 3 个为什么？为什么“红米饭，南瓜汤”，能够“天天打胜仗”？为什么“吃草根，啃树皮”，能够“走过雪山草地”？为什么“小米加步枪”，能够打败“飞机加大炮”？我也要问一句，为什么我们近 4 万移民外迁能够在那么短的时间内实现安全、有序、稳定、和谐的搬迁目标，是因为在移民工作中，全市人民展出了六种移民精神，那就是：顾全大局、舍家为国的奉献精神，坚忍不拔、克难攻坚的担当精神，团结合力、众志成城的协作精神，求真务实、奋勇争先的创新精神，自强不息、重建家园的创业精神，以人为本、和谐搬迁的服务精神。这六种精神铸就了新时期我市移民精神的灵魂，这是我市的一笔十分宝贵的财富，我们要持之以恒地发扬光大，为推进跨越发展提供强大的精神动力。

第三，要维护来之不易的团结局面。李鸿忠书记要求，要把团结作为第一号软实力工程来建设。1 月 29 日陈天会书记在市级领导干部会议上也反复强调，团结是领导班子的生命。全市上下要像爱护眼睛一样维护团结：一是要有同舟共济“一条船”的思想意识。组织上把大家安排到一起来，就好比大家上了“一条船”，我们同乘“水都号”之船，荣辱与共、沉浮与共，谁也不能“站在丹江大坝看翻船”，谁伤害了团结的局面，谁就是丹江口事业发展的罪人。二是要有五湖四海“一条心”的博大胸怀。我们提倡五湖四海，就是不能搞划线看人定亲疏，更不能搞小圈子、小山头、小宗派。同志之间要以诚相见，大事讲原则，小事讲风格，在坚持大原则的基础上，做到“七多”：多商量，多交流，多理解，多看别人长处，多容别人短处，多记别人的好处，多想别人的难处，都有这样的胸怀，班子就有了凝聚力。三是要有齐心协力“一股绳”的工作姿态。各家班子成员在日常工作中要做到“三分三合”：职责上分，思想上合；工作上分，目标上合；权限上分，力量上合。坚决反对那些各吹各的号，各唱各的调，只顾局部，不顾全体的小团体利益，坚决克服过分强调分管工作、分管部门重要而置全局于不顾的不良倾向，更不允许将工作范围当“私产”看。

第四，要强化敢于担当的责任意识。李鸿忠书记讲，看一个领导干部，很重要的是看有没有责任感，有没有担当精神。担当就是要敢于负责任。首先，要有强烈的角色意识，应当满怀“在其位、谋其政、成其事”的工作激情，要以“私罪不可有，公罪不可无”的担当精神，积极承担起自身角色应尽的责任。其次，要有强烈的出位意识。勇于担当的人，总是能够从平行的队列中走在前排，不甘平庸，引领前行。三是要有强烈的开拓意识。“行非常之事，乃非常之功”。小平同志曾一再强调，干事业要有一股闯呀、冒呀的精神。担当大任，需要有无所畏惧的开拓精神。在推进跨越式发展的新征程中，我们要有超常的胆识、勇气和魄力，不断开拓工作新局面。四是要有勇于担“难”的承受意识。“难”是当前各级领导干部遇到的共同问题。辩证地看，“难”就是发展的另一面。把“难”解决了，事物就进入到一个新的层次和水平，这就叫提升。矛盾解决得越多越快，发展的步伐也就越快。

第五，要形成真抓实干的工作作风。任何事业都不是空喊出来的，而是干出来的。现在摆在我们面前的任务只有一个字，那就是干！一是要快干。快干出效率。对看准了的事情就要立即去办，对决定了的事情就要赶快行动。要围绕今年经济工作的主要任务，一个环节一个环节地去落实，一个问题一个问题地去解决，把发展目标变成发展现实。二是要大干。大干看气魄。今年大事多，难事多。经验告诉我们，大干小困难，小干大困难，不干更困难。因此，我们要以大干的决心、大干的激情、大干的力度，攻坚克难，真正把各项决策落到实处。三是要善干。善干是水平。推动各项工作，都要注重从基础抓起，从源头抓起，从根本抓起。既要满腔热情、只争朝夕，又稳扎稳打、不急于求成；既要昂扬向上、有勇气、有胆略，又理性从事、不浮躁；既要应急，更要谋远，追求经得起群众、实践、历史检验的政绩。

曾文华，男，十堰市人，1968年12月出生，党校大学学历，曾任十堰市人民医院团委副书记、书记，共青团十堰市委副书记、党组成员，共青团十堰市委书记、党组书记，十堰经济开发区管委会副主任、党委副书记，十堰市卫生局局长、党委书记等职，2010年1月，任丹江口市委副书记、市长。

实施“一城三带”发展新战略　奋力开创“十二五”良好开局

丹江口市人民政府市长　曾文华

“十二五”时期，是丹江口市积极应对国内外发展环境重大变化，实现全面建设小康社会重要目标承前启后的关键时期，是南水北调工程等重大基础设施建设及移民安置的重要时期，是加快转变经济发展方式、实现中国绿色水都跨越式发展的攻坚时期。我们面临着国家实施中部崛起战略及新阶段扶贫开发等一系列政策叠加、南水北调工程调水运营、全省脱贫奔小康试点和“鄂西生态文化旅游圈”建设、十堰市建设“汉江生态经济带”等诸多机遇，为我市跨越式发展提供了基础和条件。

一、“十二五”发展思路和目标

“十二五”时期经济社会发展的指导思想是：以邓小平理论和“三个代表”重要思想为指导，深入贯彻落实科学发展观，以解放思想为先导，以科学发展为主题，以加快转变经济发展方式为主线，以体制机制改革和科技创新为动力，大力实施“生态立市、工业富市、旅游兴市、文化活市、人才强市”战略，优化提升工业支柱产业、突破性发展旅游产业，扎实推进“一城三带”建设，全面加快富民强市步伐，力争把我市打造成国内知名的生态文化旅游区、生态健康示范区和湖北省脱贫奔小康先进县（市），实现中国“绿色水都”发展新跨越。

未来五年经济社会发展的主要目标是：到2015年，全市综合经济实力显著增强，力争实现“三翻番三突破”。“三翻番”即：地区生产总值翻一番，达到215亿元；财政总收入翻一番，达到20亿元；地方一般预算收入翻一番，达到10亿元。“三突破”即：全社会固定资产投资突破400亿元；工业总产值突破330亿元；旅游业总收入突破50亿元。城镇居民人均可支配收入、农民人均纯收入与地区生产总值保持同步增长。生态环境不断改善，森林覆盖率达到52.5%以上，节能减排控制在省、十堰市确定目标以内。

全面实施“一城三带”发展战略。“十二五”期间，依据全市区域结构特征和资源聚合条件，统筹城乡空间布局，构建功能分区合理、产业经济联动、基础设施配套的区域协调发展新格局。

加快建设中心城区。发挥“一江两岸”优势，实施“新城做精、旧城做优”方略，加快新城区路网等基础设施建设，改造老城区危房及道路。全力推进城市功能分区建设，以“滨江、亲水”为特色，规划建设城市景观，构建宜居宜业宜游环境，建设生态、工业、旅游城市。

加快建设江南新型城镇工业带。按照“布局集中、用地集约、主业突出、产业集聚”的要求，以特色优势资源开发与深加工为重点，加快六里坪—安乐河沿线特色产业园区发展步伐，构建产业优势突出的百里工业走廊，提升经济实力和城镇化水平。

加快建设江北现代生态农业带。结合脱贫致富奔小康示范区建设，坚持走生态农业发展之路，加快无公害柑桔产业、生态渔业、畜禽生态养殖及中药材基地建设，大力发展有机食品深加工，力争把丹郧路沿线建成全省具有一定影响的绿色有机农业示范区。

加快建设以武当山为龙头的环库山水文化旅游带。以山水文化旅游建设为基础，移民集镇迁（复）建为依托，以武当山观光旅游组团和均州文化体验旅游组团为重点发展区域，辐射带动官山、盐池河、白杨坪等乡镇建成武当民俗体验区，习家店、土台、牛河等乡镇库区沿线建成森林公园和乡村旅游体验区，凉水河、石鼓等乡镇库区沿线建成自然风光观光区。同时,通过环库公路建设,形成水、陆双循环旅游线路。

围绕上述思路和目标,重点抓好以下六项工作:

一是加快构建现代产业体系。推进工业集群化发展。深入实施“工业富市”战略,做大做强“四大一新”主导产业,力争建成全国最大的天然饮用水和果汁饮料生产基地、全省具有较大影响的汽车产业基地,优化发展生物化工产业集群,稳步发展冶金产业集群,培育高新技术产业。力争“十二五”末,工业增加值突破100亿元,年均增长20%以上。加快发展现代农业。加快农业结构调整,优化“水中有机鱼、库周武当桔、江南菜林特、江北粮油畜”产业布局,壮大提升水产、柑桔、畜牧、烟叶、茶叶等特色优势产业,大力发展农产品加工业,力争“十二五”末,实现农产品加工业产值100亿元。突破性发展旅游业。以生态为基础,以文化为灵魂,以建设国内著名、国际知名的生态文化旅游区为目标,构建山水一体旅游新格局,举全市之力把旅游业培育成战略支柱产业。着力发展现代服务业。把发展现代服务业作为我市今后五年转变发展方式的战略重点之一,改造传统服务业,延伸生产服务业。

二是加快推进城乡一体化发展。坚持整市推进脱贫奔小康试点工作,发展农村经济,促进农民增收。统筹城乡规划与建设,以实施移民内迁安置为契机,加快中心镇、特色镇、生态村建设步伐,形成多点支撑的城镇发展格局,城镇化率达到53%。

三是突破交通等基础设施瓶颈制约。公路交通,建设“一环”、争取“四桥”、畅通“六出口”。“一环”即建设环库公路,“四桥”即争取建设丹江口新大桥和土牛、土凉、均武大桥,“六出口”即丹土、丹老、丹谷、丹郧4条高等级公路和机场连接线、丹陶快速线等。铁路交通,加快老丹铁路电气化改造,积极做好丹西铁路、武汉—十堰城际铁路和西武高铁等重大项目的争取工作。水运方面,建成丹江口库区旅游中心港、武当山旅游港。

四是全面提高对外开放水平。优化发展环境,大力招商引资。加大项目建设力度,鼓励社会投资,尽快实现规划目标。加强经济协作与交流,积极争取京津冀等受水区的多层面合作和对口支援。加强体制创新,努力在政府机构改革、财税和金融体制改革、社会事业体制改革上取得新突破,支持丹江电力公司、武当山旅游整体上市,组建村镇银行和小额贷款公司,积极引进新的金融机构,为跨越式发展提供资金保障。

五是大力推进生态建设。以“凸现健康主题,发展生态经济”为宗旨,大力发展低碳经济、循环经济和绿色经济,积极争取建设公益性国家生态健康示范区项目。完成退耕还林10万亩、封山育林100万亩,实施天然林保护工程等。

六是统筹发展社会事业。切实保障和改善民生,实现社会保险全覆盖;坚持科技创新发展战略,初步构建区域创新体系。优先发展教育,建设教育强市;推进文化事业发展,努力形成具有地方特色的文化产业体系;维护社会和谐稳定。

二、2011年工作重点

2011年是“十二五”发展的开局年、起步年,也是我市抢抓机遇推进跨越式发展的基础年、关键年。全市经济社会发展的主要预期目标是:完成地区生产总值108亿元,增长17.4%;财政总收入19.12亿元,增长6.8%,其中,地方一般预算收入13.58亿元,增长4.9%(剔除耕地占用税后,财政总收入11.12亿元,增长16.5%;地方一般预算收入5.58亿元,增长21.3%);全社会固定资产投资72亿元,增长29%;旅游收入20亿元,增长29%;社会消费品零售总额42亿元,增长20%;城乡居民收入与地区生产总值保持同步增长;城镇登记失业率控制在4.3%以内;人口自然增长率控制在6‰以内;万元生产总值综合能耗、主要污染物排放量控制在十堰市确定目标以内。

对照上述工作目标,我们将围绕“县域经济、移民内安、脱贫奔小康、项目建设”等四件大事,突出做好以下八个方面的工作:

(一)做强做大主导产业,争创工业发展新优势

培优壮大主导产业。坚持以骨干企业发展为重点,提升工业实力。围绕绿色食品产业发展,大力支持农夫山泉、福润禽业、博奥水产等企业扩大产能,积极引进新的知名饮料企业,加快形成以水加工为主的绿色食品产业集群。围绕壮大汽车产业,积极服务东风公司“61行动计划”,强力引进整车和总成项目,大力支持东风福瑞卡项目上规模上水平;支持丹传、志成等企业开展扩能改造、总成拓展,加快东发曲轴、环宇凸轮轴等重点项目建设步伐。围绕冶金产业发展,大力支持新兴重工公司一期项目建设,力争完成投资3.5亿元;积极服务丹江铝业加快结构调整,拉长产业链条。围绕医药化工产业发展,加快丹澳公司扩能项目建设,强力引进电石下游系列产品开发企业。积极承接产业转移,加快服装项目建设步伐,打造新兴产业集群。

加快园区建设步伐。全力做好全省县域经济工作会议现场筹备工作。围绕百亿工业园区建设目标,筹资10亿元以上,完成1万亩土地收储及场平工程,加强园区水、电、路等基础设施建设,集聚发展后劲。进一步完善政策和措施,加快东风工业园、广深工业园、农产品加工园和丁家营、浪河等园区建设进度,尽快形成新的增长点。积极鼓励和支持城区企业“退二进三”、“出城入园”发展。认真落实《工业节能目标评价考核暂行办法》,推进节能减排。

全力服务汉江集团。坚定不移支持汉江集团深化企业改革，推进产业结构调整，加快发展步伐；继续做好企业周边环境整治，建设汉江医院至中心幼儿园道路；进一步加强沟通与联系，强化政企合作，合力推进发展。

提高服务企业质量。牢固树立"产业第一、企业家老大"理念，加快推进中小企业成长工程。支持武当山信用社改组为武当山农村商业银行，做好鑫诚担保公司增资扩股工作，开展小额贷款公司试点工作，完善"新进规"企业扶持政策，鼓励全民创业，力争全年新增销售2000万元以上的规模企业10家。

（二）突出农民增收和农村面貌改变，推进脱贫奔小康新进展

加快示范区建设步伐。坚持以115个移民安置点为主战场，所有涉农资金集中使用，全力争取国家、省、十堰市对口帮扶，迅速推进示范区、试点村建设，力争在特色产业发展、村庄环境建设上形成新亮点。

提升农业产业化水平。抓好柑桔精品果园基地建设，加强病虫害防治工作，实现柑桔产业由扩大规模向提升品质转变。加大畜牧业品种改良、疫病防治等服务体系建设，力争全年出笼肉鸡1200万只以上。实施人工增殖放流，大力发展特色养殖和生态养殖，力争水产品突破5000万公斤。进一步发挥"地标"产品品牌优势，发展壮大龙头企业，力争培育省级重点龙头企业2家，完成农产品加工值30亿元以上。

加强农业基础设施建设。大兴农田水利建设，完成530平方公里小流域治理、14座水库除险加固、4.5万亩土地整理、2.8万亩低丘岗地和1万亩中低产田改造等工作，新修农村公路100公里，新建沼气池4000户，推广新式农业机械3000台（套）。加强林业生态建设，实施长防林二期、退耕还林二期、湿地保护等项目建设。

多渠道增加农民收入。认真落实粮食直补、农业保险等支农惠农政策，以生产促增收；积极探索和解决失地农民生活保障问题，巩固完善"以钱养事"机制，有序推进农村土地流转试点工作，以激发活力促增收；加大农民工技能培训，扶持农民返乡创业，以就业促增收；抓好贫困村和老区村的整村推进，减少贫困人口1.1万人，以扶贫开发促增收。

（三）再接再厉克难攻坚，全力做好移民内迁安置工作

坚持落实移民工作责任制不动摇。省委、省政府把丹江口库区移民工作列为全省三件"天大的事"之一。我市移民内迁安置复建任务占全省的三分之二，涉及12个乡镇办（区），搬迁安置人口5.2万人；集镇迁复建涉及6个乡镇办，工矿企业迁复建60家，专业项目迁复建涉及众多专业部门。相比外迁，任务更重、责任更大，整个搬迁安置要在年内基本完成、明年彻底扫尾。我们将继续落实乡镇主体、部门配合的责任制，立足"早"和"实"，继续发扬移民精神，众志成城，迎难而上，努力实现移民内迁安置"搬得出、稳得住、快发展、早致富"的目标。

坚持按时间节点推进不动摇。根据规划，元月底完成居民点规划设计、评审及招投标工作，5月底以前完成基础设施建设及生产用地治理，9月底完成房屋建设，12月底以前完成搬迁入住及土地分配到户。要抓紧做好对接工作，迅速启动移民集中安置点建设，统筹做好城集镇、工矿企业和专业项目的迁复建工作。

坚持建设精品示范工程不动摇。高起点规划建设移民新村。加强各类项目资金调度、整合和监管工作，不断完善和落实各项移民政策。坚持把移民安置与新农村建设相结合、与脱贫奔小康相结合、与经济社会发展相结合，加强道路、农田、水利等基础设施建设，不断优化生产生活环境，努力把移民安置区建设成为城乡一体化示范区、新农村建设示范点。

（四）突破性发展旅游业为主的第三产业，加快培植经济新亮点

全力培育旅游产业。坚持以规划管理为先导，高起点启动新一轮旅游规划修编工作；结合移民后扶项目和集镇迁建工作，积极做好均县镇、土台、浪河等集镇规划实施和指导工作，配套完善旅游功能。坚持以景区建设为支撑，全力支持武当山太极湖新区建设，加快五龙宫、玉虚宫、遇真宫修复等项目建设步伐，力争武当峡谷漂流和太极峡景区"五一"开园迎宾，库区旅游中心港主体工程年底基本建成。加大旅游市场营销力度，扩大宣传，提升我市旅游知名度和影响力，力争全年接待国内外游客370万人次，增长19.7%。

大力发展现代服务业。加快流通领域现代化建设，新建、改造市场面积3万平方米，改造升级一批超市、便利店，新建村级综合服务社45家；继续做好万村千乡市场工程、家电下乡、以旧换新等工作，促进消费增长。大力发展物流、仓储等服务业。加强市场监管，规范和维护市场秩序。扩大出口规模，完成900万美元外贸出口任务。

（五）突出抓好招商和项目工作，提升经济发展后劲

提高招商引资实效。紧紧围绕资源开发、产业优化、园区提升，重点加大对水资源加工、旅游、汽车工业、绿色食品、劳动密集型产业项目的招商力度，瞄准国内行业排名靠前的企业，招大商、招大项目，推动招商引资向"招商选资"转变，力争引进资金24亿元、增长20%。

加快项目建设。大力实施"项目带动"战略，实现竣工投产一批、启动建设一批、谋划储备一批。重点抓好丹土一级路、库区旅游中心港等在建项目的推进工作，全力抓好丹江口新

大桥、环库公路等重点项目的前期准备工作,积极争取老丹铁路电气化改造项目开工建设。进一步完善项目争取激励和保障机制,积极向上争取一批民生工程、生态建设、产业结构调整和交通等基础设施方面的项目。

(六)统筹城乡一体化发展,着力推进新型城镇化

加快新城区建设。进一步完善新城区路网,建设武当大道北段、方山路、白果树路。积极支持行政事业单位组团式迁建,加快行政中心、市一中迁建等项目筹备工作,完成中医院迁建项目建设工作,推进商住小区、商业网点建设,提高公共服务水平。

完善老城区功能。加快市政公用设施改造步伐,启动金岗山公园门景广场建设,扎实推进主干道亮化、美化和绿化工作;加大城区危房及背街小巷、电网、燃气网、供水管网的改造和建设力度。加强城市配套功能设施建设,积极探索和实行清扫保洁、门前"三包"等管理新机制,提高城市管理水平。

大力支持集镇建设。坚持统筹兼顾、突出重点,进一步完善城镇规划和新农村建设规划,探索建立集镇建设投入新机制,推进农村新型社区建设,促进城乡协调发展。

(七)全力保障和改善民生,维护社会和谐稳定

加强财税管理工作。坚持依法治税,强化收入征管。深化新一轮市乡财政体制改革,进一步优化支出结构,加快公共财政建设,强化资金调度,确保民生支出和公共服务需要。

大力发展社会事业。推进科技创新,加快科技成果转化,支持企业组建研发中心。推进义务教育均衡发展,开展校园标准化建设,积极发展学前教育,抓好市幼儿园扩建,优化整合职业教育资源。扎实推进医药卫生体制改革工作,加强乡镇卫生院急救能力建设,提高居民医保和新农合筹资水平。加快文体项目建设,开展地域特色文化研究,支持文联、《武当》杂志社多出精品。大力推进公民素质道德建设,积极争创省级文明城市。加快广播电视村村通、农村电影放映工程建设。全面加强人口与计划生育工作,稳定低生育水平。完成第二届《丹江口市志》编纂工作。

全面加强社会保障。积极拓展就业渠道,确保新增就业5100人以上,帮助下岗再就业2000人,转移劳动力1.1万人。进一步扩大养老、医疗等社会保险覆盖面,积极开展新型农村社会养老保险试点工作,进一步完善城乡居民低保体系建设,加快推进中心福利院等项目建设。以改善残疾人基本生活状况为重点,促进残疾人事业健康发展。

推进社会管理创新。围绕服务民生和社会矛盾化解,建立和完善城市社区"以钱养事"管理机制,抓好社区服务中心建设工作,提升社区管理水平。坚持谁主管谁负责的原则,探索建立"网格化"属地管理新机制,形成齐抓共管合力。依法严厉打击和严密防范各种违法犯罪活动,启动"平安丹江口"综合监控系统二期工程建设,提高人民群众安全感和满意度。全面排查和治理安全隐患,强化安全生产监管。认真做好信访工作,着力解决实际问题,预防和化解矛盾。强化市场和物价监管,继续实施"质量兴市"工程,抓好产品质量和食品、药品安全工作,保障生活必需品安全有效供给。

(八)以执行力建设为核心,努力建设效能、法治政府

新的形势和任务对政府工作提出了更新更高的要求,我们将进一步凝心聚力,坚持少说多做、干事创业,坚持为民造福、共图发展。

依法行政,提高政府凝聚力。深入贯彻《国务院关于加强法治政府建设的意见》,严格按照法定权限和程序行使权力、履行职责。自觉接受人大法律监督、政协民主监督,认真听取社会各界意见,接受新闻舆论和社会公众监督。健全重大事项社会公示、听证和专家论证制度,推进行政决策科学化、民主化、制度化。加大电子政务建设,深化政务公开,改善服务质量,提高服务效率。

真抓实干,提高政府执行力。执行力是政府工作的生命力。进一步强化责任意识、机遇意识、发展意识和速度意识,坚持求真务实,说实话、干实事、求实效,加大效能监察,加强政务督查,确保政令畅通,凡既定的目标、部署的工作、确定的事项,要在规定时限内确保办一件,成一件。大力倡导勇于担当的工作作风,敢于负责、敢抓敢管、敢于解难,抓要事、攻难事、成大事。完善机关效能考核制度,以工作实绩作为评定依据,积极营造"想干事"、"能干事"、"干成事"的良好氛围。

廉洁自律,提高政府公信力。认真落实廉政建设责任制、领导干部任期经济责任审计和述职述廉制度,完善重大事项报告和民主评议制度。坚持公开招投标、政府采购等制度,认真抓好各类专项资金、重大项目、重大民生工程的监督检查,坚决纠正部门和行业不正之风,下大力治理腐败,切实维护人民群众的根本利益,树立清正廉洁的政府形象。

柳长毅，男，汉族，1957年2月出生，湖北省保康县人，中央党校研究生学历，医学学士。1975年9月参加工作，中共党员。历任十堰市第四医院副院长，市政府副秘书长，市毛巾厂党委副书记、纪委书记，市经委副主任、工委委员，市委宣传部副部长、市社科联党组书记，2002年10月任中共郧县县委副书记、县长，2008年8月任县委书记，2009年2月至今任县委书记、人大常委会主任，2010年10月始任副厅级干部。

用科学发展观指导市县对接发展的实践

中共郧县县委书记　柳长毅

郧县作为十堰市郊区县，与十堰城区有着习俗相同、区县互融的渊源关系。近年来，我们立足县情，着眼未来，坚持"三个依托、三个优先发展"（依托十堰城区，依托东风公司，依托本地资源，优先发展二、三产业，优先发展特色农业，优先发展外向型经济）的指导思想，加快推进"一江二桥三镇"城市规划建设，为郧县融入十堰城区板块建设搭建平台、创造条件。在2009年第二批学习实践科学发展观活动中，县委进一步深化对县情的再认识，做出了加快与十堰城区对接发展的决定，从思想、规划、交通、项目、产业、市场等六个方面着手实施与十堰城区对接，力争通过3至5年努力，把郧县建成鄂西北工业制造业集聚区、生态农业示范区、文化旅游开发区、滨江最佳人居区和十堰北部新城区，建成鄂西生态文化旅游圈十堰核心板块的重要支点和十堰区域性中心城市的重要支撑。2010年全县实现地区生产总值43.9亿元，比"十五"末增长117.4%，比上年增长15%，在全省县域经济综合排名中又前进了18位，再次获得"全省县域经济发展进位先进县"殊荣。目前，市县对接发展成为推进郧县经济社会发展的总抓手，取得明显工作成效。

一、市县一体布局，高起点完善城乡发展规划

规划是一个地方可持续发展的基础，推动市县对接、一体发展应优先规划对接。自2003年以来，我们坚持以十堰城区为背景，立足长远发展，先后高薪聘请省内外有一定资质的设计院和资深专家，制定了郧县"一江二桥三镇"县城发展规划、郧县长岭新城区建设控制性详规、和平岛区域文化旅游区控制性详规、郧县老城区改造详规、丹江口库区经济社会发展规划、鄂西生态文化旅游圈规划（郧县部分）以及四大支柱产业发展规划、农业"果、菜、药、畜、桑"主导产业规划等打基础、管长远的各种规划，并按照规划要求，分步推进，逐项落实。通过各类规划的制定实施，郧县与十堰城区经济发展的融合度越来越高，城市空间布局更趋合理，一体化发展的趋势越来越明显。目前，我们正从建设十堰北部新城区的高度，着眼全市生产力布局、产业布局、城镇布局的"大棋盘"，不断修订完善各类规划，提高控制性详细规划覆盖率，科学指导全县各项建设。聘请十堰市规划局对县城江北片区、长岭新区园林绿化进行专项规划，对县城周边、国省道沿线等重要地段的20个村庄进行规划编制。已争取市委、市政府将郧县"一江二桥三镇"县城板块纳入十堰城区新一轮城市总体规划，从战略层面与市区实现无缝对接。

二、搭建对接平台，大手笔推进基础设施建设

基础设施建设是彰显城市功能与品位，实现市县对接发展的载体和平台。一是加强城镇设施建设。近年来，筹措资金4亿多元用于县城改造建设，打通了城东出口路，启动了环城路建设，完成了城区道路综合改造，新建了郧阳文化广场和桥头公园，改造了一号库，县城污水处理厂、垃圾填埋场、长岭水厂相继建成并投入使用，城市功能日益完善。在全市率先"禁麻"，及时开通城市出租车，城市文明程度明显提升。二是推进经济开发区各项基础配套设施建设。经济开发区位于县城与市区之间，是县城规划发展的新板块。为了发挥开发区在对接中的纽带作用，采取市场运作办法，加快水、电、路等基础设施建设，全力推进郧阳返乡创业园、东盟工业园、凯琦工业园等重点园区建设，整理土地8000余亩，为全市项目向郧县布局搭建平台。三是加快交通设施建设。按照大办交通、外抓对接、内促循环的工作思路，启动了区域内路网全面改造，先后建成郧（县）（大）庙路，改造了209、316国道、郧（县）漫（川）路、鲍（峡）竹（山）路、丹（江口市）郧（县）路等一些重点路段。福（州）银（川）高速公路贯穿全境。“郧（县）十（堰）”一级公路已列为市政府重点工程项目，按照城区主干道标准设计，郧县部分已完成路基工程，2011年建成通车后，郧县与十堰城区距离缩短为10公里，仅需10分钟车程。其中控制性工程、投资2.5亿元的汉江二桥已完成工程量的一半。全力抓好十（堰）白（河）高速、郧（县）十（堰）高速、运（城）十（堰）铁路以及汉江“郧阳港”建设的协调服务工作，本着有利于市县对接发展的原则，争取路线走向和站点设置。通过三年左右时间的建设，全县境内将有三条高速、三条铁路、二条国道，有五座公路与铁路大桥横跨汉江，使郧县真正成为鄂西北地区交通网络上的重要枢纽。

三、调整优化结构，大力度培植“一主两翼”产业

产业的融合发展，是市县对接发展的重要基础。近年来，我们立足南水北调中线工程核心水源区环境保护实际，加快转变经济发展方式，按照“一主两翼”（以生态经济为主导，工业制造业和绿色产业为两翼）的产业布局思路，突出发展汽车及配套产业、矿产品深加工业、农副产品加工业、文化旅游业等四大支柱产业，实现与全市“一主四大”产业方向趋同、协调发展。大力实施“工业强县”战略，以“123”工程为抓手，到今年底力争培育年税收过千万的民营工业企业10家，过300万元企业20家，过100万元企业30家，壮大一批龙头企业。目前全县规模以上企业达106家，较上年新增42家，其中产销过亿元的企业11家。2010年，规模以上企业完成工业产值50.17亿元，同比增长51.7%。汽车及配套产业方面，加强与大专院校合作，签订了《郧县人民政府与湖北汽车工业学院战略合作协议》，加快新产品开发；通过资本、市场等手段，推进同类企业强强联合，延伸产业链条，打造汽车产业集群，实现与十堰市地方汽车、东风公司联动发展。重点培育了佳恒公司、神河集团、凯琦公司等一批产销过亿元、成长性好、带动力强的企业。2009年3月17日，我们与全国百强民营企业—山西大运集团签订了投资10亿元的整车生产项目，三年建成投产，年产重型卡车5万辆，工业产值可达150亿元，年可创利税1亿元以上。农副产品加工业方面，加强特色产业基地建设，大力开发绿色食品和有机食品，已建成果、菜、药、桑产业基地70余万亩，计划用3—5年时间在郧县城郊和“银武”高速公路沿线建设高标准设施蔬菜基地5万亩，把郧县建成十堰城区居民的“菜篮子、果盘子”。先后引进渝川食品公司、江郧丝绸公司等8家市级龙头企业，占地500亩的农产品加工园区正在兴建，将成为全市的重要农产品加工基地。矿产品深加工业方面，突出大理石、绿松石等特色产品加工，以谭山国际石艺城和鲍峡绿松石工业园为载体，推进矿产品开发向深加工、精加工、高附加值方向转变，打造国际大理石和绿松石加工基地。2010年，全县矿产品深加工业完成产值12.6亿元，同比增长16.2%。文化旅游业方面，以“文化立县、旅游兴县”战略为方针，突出抓好“两区、两园、三线”（即观光农业示范区、文化旅游开发区；青龙山国家地质公园、沧浪山国家森林公园；山水生态旅游线、文化考古旅游线、红色革命旅游线）建设，打造了一批精品旅游线路和景区，使之与武当山、丹江水和汽车城旅游品牌及资源形成互补和对接。目前，已在郧县和十堰两城区之间的农村发展农家乐、休闲山庄300多家，成为市民休闲度假的好去处。2010年全县接待游客达120.24万人次，实现旅游经济总收入6.07亿元，同比增长180%。

四、找准对接抓手，下力气抓好重点项目建设

项目是经济社会发展的重要支撑，是实施对接发展战略的重要依托。一是狠抓项目的基础性工作。启动了“项目储备信息数据库”建设，根据国家投资重点和资金投入政策，重点围绕交通、市政建设、主导产业发展筛选项目，主动谋划和申报了一批与全市发展思路一致、对县域经济发展有重要拉动作用的大项目。已储备项目1230个，共计1000多亿元，其中《丹江口库区及上游经济社会发展规划》中，列有郧县项目267个；在《鄂西生态文化旅游圈规划》中，列有青龙山恐龙蛋化石群自然保护区、九龙瀑等重点建设项目6个，文化保护项目7个，总投资达10亿元。经过积极争取，长岭新区道路、水厂、高档住宅区、江滩休闲娱乐区项目已列入十堰市2010—2015规划的重大项目库。生物质能源、核电站、孤山电站、和平岛旅游区综合开发等项目正在衔接和争取中。二是大力开展招商引资。在支持培育区域内生性增长项目的同时，重点实施“走出去”战略，采取网上招商、活动招商、以商招商等多种方式宣传、推介优势资源和项目，大力引进环保型、高科技型企业，为市县对接发展发挥重要支撑作用。近几年，全县共引进招商项目近600个，引进资金40亿元。仅2010年引进项目30余个，到位资金20.3亿元。其中，引进香港华袤集团投入500万美元建设了郧阳地质博物馆和有关景点，开创了十堰市利用外资建设旅游景点的先河。三是扎实推进项目建设。建立健全了县领导联系重点项目责任制，实行“一个项目、一名领导、一个专班、一笔经费、一抓到底”的“五个一”做法，以良好的环境吸引项目落户，推进项目实施。2010年全县开工重点建设项目78个，其中千万元以上项目29个，完成投资51亿元。今年策划、争取并启动项目38个，其中千万元以上项目17个，争取完成固定资产投资20亿元以上。

五、打造发展高地，全方位构建市场网络体系

按照构建大市场、融入大十堰的思路，积极培育资本、技术、信息、产权、人才等要素市场，主动与市区实现信息互通、资源共享和网络对接。一是加强专业市场建设。启动了郧县商务网点规划编制同十堰城区同类规划的接轨工作，科学编制“十二五”市场建设规划。利用便利的交通优势，将规划建设1至2个物流中心，采取物流配送、电子商务等现代营销方式和流通组织形式，构建快捷的人流、物流和信息流通渠道，尽快实现与十堰、武汉、西安等大市场对接。依托特色产业和优势资源，重点规划建设农副产品交易批发市场、特色产品交易市场和工业品批发市场。二是加快商业网点布局。采取自营和招商结合的手段，引导在全省、全国有一定地位的大型商贸企业入驻郧县，发展连锁超市、仓储式商场等。十堰城区的人商、京华、鑫城等大型连锁超市在郧县设立经营网点222处，基本实现城乡全覆盖。同时，加强协调沟通，积极推进农超对接，已帮助十堰渝川食品有限公司和郧阳大柳食品有限公司与十堰、武汉大型商贸企业实现有效对接，产品顺利进入超市；东风公司沃尔玛、寿康、人商等超市把郧县柳陂蔬菜基地列为蔬菜直接采购基地，开通了“农产品进超市”直通车。三是全面优化市场环境。不断创新服务举措，加强市场管理，规范市场秩序，减少行政审批环节，降低市场准入门槛，进一步优化发展的政策环境、执法环境和服务环境，促进市场要素向郧县聚集。积极培育市场主体，实施全民创业工程，引导发展壮大民营经济，以市场主体互动推动市县市场对接。2010年全县新增各类市场主体2900户，总数达到12218户，其中企业类市场主体4200多家，产业布局更趋合理，行业结构呈现多元化。

六、建立完善机制，多举措推进市县对接工作

市县对接发展需要完善的机制作保障。一是健全组织领导体系。县委成立市县对接发展工作领导小组，由县委书记任组长，县长为第一副组长，相关县级领导任副组长；建立完善县级领导联系对接重大项目、支柱产业、重点企业制度，对重大对接项目、对接产业，实行专班专人服务。二是建立上下联动工作机制。县委、县政府主要领导定期向市委、市政府汇报对接情况，积极寻求支持。县直业务主管部门积极与市直部门汇报联系，加强沟通，协调解决对接中存在的问题。市委、市政府大力支持对接工作，已经决定将郧县汉江以南的青山、茶店、长岭等区域纳入十堰市新一轮城市总体规划。市委政研室正在深入研究市县对接的方式方法。市交通局、发改委等单位积极出谋划策，推进对接项目建设。三是完善财政投入机制。调整财政支出结构，加大财政支持力度，县财政从2009年起，每年安排对接发展专项资金，用于对接基础设施工程、龙头企业扶持、对接宣传推介、考核评比奖励等方面；整合各类财政扶持资金，重点向对接产业、对接项目倾斜。四是建立齐抓共建工作机制。各职能部门与各乡镇（场）之间围绕对接工作各司其职、各负其责，步调一致、团结协作，凡是对接工作中遇到的问题，都积极支持、互相配合，做到特事特办、急事先办、事事快办。实施目标考核，把加快对接的目标任务纳入对各乡镇及有关部门的年度工作目标考核内容，与经济责任、行政责任挂钩。

胡玖明，男，汉族，1969年9月出生，湖北通城人，大学学历，1991年1月入党，1991年7月参加工作，大学学历，法学学士，管理学硕士。历任武汉市检察院检察员，省委办公厅正科级秘书，省委办公厅副处级秘书，省委办公厅正处级秘书（期间先后在仙桃市挂职任副市长、武汉市商业局挂职任副局长），省委办公厅处长（期间于2007年9月在武汉市商务局挂职任副局长、党组成员），2008年12月，任中共郧县县委副书记、县政府党组书记、副县长、代县长，2009年2月在郧县第十五届人大三次会议上当选为县长。

挺进江南 服务“五城”
着力打造十堰区域性中心城市的重要支撑

郧县人民政府县长 胡玖明

省委书记李鸿忠5月25日在郧县调研时指出：“郧县要挺进江南，融入十堰，实现经济社会科学发展，跨越式发展。”全县上下要认真学习李鸿忠的重要讲话精神，积极抢抓十堰“五城”建设的重大机遇，科学谋划，主动作为，将郧县打造成为十堰区域性中心城市的重要支撑。

一、创新思维，克难奋进，服务“五城”建设的基础初步奠定

近年来，县委、县政府坚持“一主四化”方针和“三个依托、三个优先发展”指导思想，着力构建“一主两翼”产业布局，大力培育汽车及配套产业、矿产品深加工业、农产品加工业、文化旅游业四大支柱产业，县域经济连续两年“撑竿跳”，较好地实现了“经济社会发展走在全省山区县（市）和十堰（市）各县市前列”目标，不仅为县域经济社会协调发展、人与自然和谐相处、市县对接互动双赢开创了新局面，也为“五城”建设打下了一定的基础。

（一）汽车及配套产业持续快速发展，为巩固提升汽车之城加添了砖瓦

我们把“企业的要求作为政府的追求，把企业家的成长作为政府的增长”（经济），按照“招商引资政策优于周边地区，办事效率高于周边地区，投资者的感觉好于周边地区”的要求，为汽车配套产业持续发展创造条件。一是政策支持有力度。先后出台了《关于调整产业结构加快支柱产业和重点企业发展的若干意见》等一系列文件，为汽车及配套产业的发展提供了政策保障。二是服务水平有提升。实行了县领导联系产业、企业、项目等工作制度，成立了行政服务中心、项目代办中心和经济发展环境投诉中心，服务水平和质量大幅提升。三是服务环境有改观。在积极搭建中小企业融资平台的同时，竭力加快“四大园区”基础设施建设，园区承载力不断提升。2010年，全县汽车零部件加工企业达247家，完成工业总产值24.98亿元，实现工业增加值6.9亿元，拥有各类发明专利16项，规模以上铸锻件生产企业全部通过了ISO9000系列国际质量体系认证。

（二）文化旅游产业实现蓬勃发展，为打造山水之城插上了两翼

一是以文化旅游体制机制创新促突破。在全市率先将文体局和旅游局合并成立文化旅游局，出台了一系列规范性文件和发展规划，设立了文化旅游发展专项基金。二是以“两区两园三线”建设促升级。加快了郧阳文化旅游开发区和郧县文化生态保护区建设，成功打造了青龙山国家地质公园、沧浪山国家森林公园两张“国字号”名片，山水生态旅游线、文化考古旅游线、红色革命旅游线三条旅游线初具雏形，创建3A级景区4家。三是以郧阳文化品牌打造促提升。出台了郧阳文化发掘保护意见和规划，撰写了《郧阳文化考察报告》，成功组织并举办了“中国·郧阳文化高峰论坛”和“郧县人”头骨化石发现20周年国际学术研讨会，大大提升了郧县的知名度和影响力。四是以项目推动促发展。积极争取国家、省、市项目扶持，一批项目进入鄂西生态文化旅游圈项目库和市生态文化旅游圈项目库。2010年，全县共接待国内外游客120余万人（次），实现文化旅游综合收入6亿元。

（三）生态建设取得良性发展，为建设生态之城奠定了基础

一是通过实施退耕还林、生态公益林建设、水土保持流域治理、石漠

化综合治理、村庄环境整治等工程，治理水土流失面积615平方千米，净增森林面积43333.33公顷，森林覆盖率达43.6%。二是依法关停了一批污染企业和小矿山，淘汰了一批落后产能，改造了一批老工艺，装备了一批新技术，对汉江干流500米范围的涉水企业进行了排污专项整治，污水处理达到90%以上，垃圾无害化处理达到80%以上。三是加大了生态保护宣传和准入门槛，杜绝了一批高污染、高耗能和节能环保不达标企业的入驻。

（四）和谐社会建设实现长足进步，为建设和谐之城增添了动力

一是社会事业明显进步。大力实施科教兴县和人才强县战略，科技创新能力逐步提高。组织实施各类科技计划25项，取得科技成果13项；教育投入大幅增加，办学条件明显改善，"两基"成果高质量巩固，教育质量不断提高，综合评价一直处于全市领先位次；三级卫生服务网络逐步健全，村级卫生室规范化建设顺利达标，疫病防控、医疗救治水平显著提高，新农合参合率达94.32%。二是民生质量不断改善。认真落实城乡居民最低生活保障和医疗救助政策，城乡群众社会保障覆盖面稳步扩大；积极推进全民创业，城镇登记失业率控制在4.3%以内；大力推进以廉租房为主体的住房保障工程建设，新建廉租住房15万平方米，累计发放住房补贴1380万元。2010年，城镇居民人均可支配收入和农民人均纯收入分别达到8747元、3442元，分别比2005年增长94.6%、71.26%。三是移民外迁顺利完成。举全县之力，在不到7个月时间内，将7453户31651人外迁移民全部迁入团风、汉南等11个县（市、区）的71个安置点，按时圆满完成了工作任务，实现了"平安、有序、和谐、顺利"移民搬迁目标。

（五）市县对接取得历史性突破，汉江生态经济带建设开局良好，为建设区域性中心之城提供了重要支撑

一是市县对接步入纵深推进阶段。市委、市政府已将市县对接发展确定为全市统筹城乡发展的重要抓手之一，规划、交通、产业、项目、市场、基础设施等六大对接稳步推进。"一江二桥三镇"发展规划已纳入十堰城区总体规划；"郧十"、"十白"高速公路等重点交通项目有序推进，"郧十"一级路、郧阳汉江二桥年内将竣工通车；建立了市县一体项目库，储备"十二·五"规划项目340个，总投资达2005亿元；渝川食品有限公司和大柳食品有限公司产品顺利进入十堰、武汉等大型超市。二是汉江生态经济带建设开局良好。形成了以柑橘、木瓜、蔬菜、桑蚕为主的"四大产业板块"，建设了青曲、南化塘等一批基础设施完备、产业特色鲜明的小城镇，中心城区、特色镇、中心村梯级发展格局初步形成。

二、自我加压，大干快上，服务"五城"建设力度不断加大

"十二·五"时期是十堰"五城"建设大干快上的关键时期。作为十堰北扩的重要组团，郧县一方面面临着难得的发展机遇、强劲的发展动力和更大的发展空间，另一方面也为郧县政治经济社会生态文化等各方面建设提出了新的课题，带来了新的挑战。要在服务"五城"建设中有所作为，必须找准定位，主动作为，才能实现"能力席位"。

（一）做大做强汽车及配套产业，打造汽车之城重要组团

汽车及配套产业既是郧县的传统产业，也是郧县的优势产业。要强化资金、技术、人才、市场、服务等支撑体系建设，加快汽车及配套产业结构调整，不断推动产业升级壮大，使郧县的汽车工业产值到"十二·五"末达到500亿元以上，打造十堰汽车之城的重要组团。一是打造三个产业集群。在成功申报铸锻产业集群的基础上，积极申报液压和整车产业集群，实现汽车及配套产业的专业化、集群化发展。二是壮大五个主要品种。即以川路汽车、神河集团为龙头的整车项目，神河集团用三年时间建设成年产5万辆神河联达轻微型载货车生产线，湖北川路汽车有限公司在2014年以前形成年产大吨位汽车3万辆；以神河集团、昌通经贸公司为龙头的专用车项目，神河集团完成年产3万辆专用车生产线扩能、半挂车项目，建设专用车（半挂车）基地，昌通经贸公司在三年内建成1万辆百吨级大型非公路矿山专用车；以佳恒公司为龙头的液压油缸项目，加快佳恒工业园二期工程建设，进一步扩大生产能力，并通过包装促其上市，形成年产20万支专用液压油缸（泵）基地，着力打造国内液压行业第一品牌；以凯琦公司为龙头的铸造件项目，产品主要向系列化、深加工方向发展，到2015年生产能力翻一番，达到20万吨，发展成为全市铸件生产、出口基地，产品向总成化、规模化、国际化迈进；以义兴公司和兴升公司专利技术为依托的锻件项目，形成十堰地区最大的精锻加工基地，主要总成产品，车身、车桥分别形成年产15万套的生产能力，变速箱形成年产20万套的能力，平衡桥形成年产10万套的能力，传动轴形成年产10万支的能力，汽车座椅形成年产30万套的生产能力，氮气弹簧形成10万套的生产能力。三是提高自主创新能力。重点扶持高新技术企业发展，支持企业技术改造和科技创新项目，积极引导中小企业逐步向科技型、集约型、效益型转变，鼓励企业通过自主开发、联合开发、引进战略投资者、并购等多种方式发展自主品牌，增强企业自主创新能力，提高汽车产业整体素质和企业竞争力。四是加强企业家队伍建设。牢固树立"产业第一、企业家老大"的理念，引进职业经理人制度，实行所有权与经营权分离，提高企业经营水平。加强企业文化和企业人

才队伍建设,促进企业可持续发展。

(二)深度开发山水文化资源,打造山水之城重要板块

把“文化立县、旅游兴县”作为郧县加快发展的重要战略,促进文化旅游业突破性发展。一是加快“两区两园三线”建设。深度挖掘郧县山水人文资源,突出“生态养生、文化休闲”主题,加大项目申报争取和招商引资力度,加快“郧阳文化旅游开发区、郧县文化生态保护区;青龙山国家地质公园、沧浪山国家森林公园;山水生态旅游线(沧浪山国家森林公园—泛太极湖水体—郧阳港—和平岛—虎啸滩—龙吟峡—九龙瀑)、文化考古旅游线(郧县文化主题公园—青龙山国家地质公园—“郧县人”遗址园—辽瓦店子遗址—韩家洲古战场—五峰古麇国)、红色革命旅游线(郧阳博物馆—郧阳革命烈士陵园—南化塘革命烈士陵园—玉皇山战场遗址)”的建设,促进景区配套设施和服务水平提档升级,打造旅游精品路线,把郧县建成十堰地区养生休闲的选择地、鄂西生态文化旅游圈十堰板块的重要支撑和中国中部地区名旅游目的地。二是加强郧阳文化的开发和利用。全面实施《郧阳文化发展规划纲要》,以自然与文化遗产保护为重点,大力保护、发掘、开发和宣传郧阳文化,积极申报建设“郧县文化生态保护区”和“郧阳文化旅游开发区”,着力将郧阳文化打造成为十堰区域性中心城市的主题文化,增强区域经济文化竞争软实力。三是全面提升服务水平。新建和改扩建一批高档次酒店、农家乐,全面提高接待能力。加大行业规范化管理力度,加强专业人才的培养和引进,不断提高旅游企业服务经营档次。围绕产业要素,突出地域特色,抓好文化旅游商品开发,不断延长文化旅游产业链条,提升产业整体水平。

(三)大力推进生态文明建设,打造生态之城重要屏障

按照“绿山、清水、富民、兴县”的发展思路,大力推进库区生态建设,打造生态郧县、宜居郧县、低碳郧县。一是大力实施长防林、退耕还林、低产林改造等项目建设,进一步深化林权制度改革,不断提高区域内森林植被覆盖率。二是抓好丹江口库区及上游水土保持工程建设,加快水土流失治理步伐,加强石漠化治理,实施农村环境综合整治,严格控制农业面源污染。三是加强环境保护。坚决依法关闭污染企业,重点整治“三高一低”企业,淘汰落后生产工艺。加大污水处理厂建设力度,对超标排放污染物的企业依法实施限期治理。严格执行建设项目环境评价和“三同时”制度,加大对矿产非法开采整治力度。四是大力推进汉江生态经济带建设。按照“库区柑橘、路边蔬菜、高山木瓜、小区养殖”的产业布局,以汉江沿岸10个乡镇为重点,围绕“果菜药畜桑”特色主导产业,大力发展生态农业、绿色农业。五是按照“一主两翼”生产力布局,大力发展低碳经济、循环经济和绿色经济,推进资源循环与再生利用产业化发展,在广大农村重点推广“畜沼果”、“畜沼菜”等生态循环经济模式,促进农村生态明显好转。

(四)高度重视保障和改善民生,打造和谐之城重要基石

一是加快教育改革发展。加强教育基础建设,继续整合教育资源,优化资源配置,办大办强职业教育,不断提高教育质量,大力推进义务教育均衡发展,建设覆盖城乡的基本公共教育服务体系。二是大力发展医疗卫生事业。全面推进医药卫生体制改革,建立和完善以城区县级医疗机构为中心,以乡镇卫生院、社区卫生服务中心、村卫生室为基础的疾病防控、应急医疗救助和卫生监督体系。在长岭新区建设较高等级医院、医护专科学校。三是不断完善社会保障体系。建立健全覆盖城乡的就业服务体系、新型农村养老保险制度和新型社会保障体系,统筹城乡医疗保险政策,实现社会保险全覆盖;建立完善城乡低收入群体和社会弱势群体的救助制度与救助体系;加大保障性住房建设力度,努力使广大群众学有所教、病有所医、老有所养、住有所居。四是切实强化社会管理。坚持依法治县战略,抓好普法宣传教育,认真落实各项社会治安综合治理措施,完善各类矛盾调处化解机制,严厉打击各类违法犯罪活动,坚决扫除黄、赌、毒等社会丑恶现象,努力营造安居乐业的良好环境。五是集中精力完成移民内安工作。按照“全县动员、强化领导、统筹协调、一岗双责”的原则,紧扣时间节点,有序推进2.8万移民的县内安置,认真抓好柳陂、辽瓦、城关、茶店4个集镇迁建,抓好27家工业企业迁建和交通、电力、电信、广播电视等专业项目迁(复)建,保质保量完成移民内安任务。

(五)加快推进市县对接步伐,打造区域性中心之城重要支撑

按照“一城两带”发展战略,郧县既是城区“北扩”的主阵地,也是汉江生态经济带建设的主战场。要不断深化规划、交通、项目、产业、市场、基础设施等方面的对接,努力形成长效的工作推进机制,逐步解决市县对接的体制问题,加快推进市县一体化、城乡一体化发展步伐。一是编制一个专项规划。依据《十堰市城市总体规划》和郧县“一江二桥三镇”城市规划,制定《市(十堰)县(郧县)对接专题规划》,从项目、产业、市场、机制、信息、人才等多个方面进行统筹谋划,科学制定工作规划,打牢对接基础。二是推进一批重大项目建设。完成郧县汉江二桥、“郧十”一级路、“十白”高速公路、“郧十”高速公路、“郧阳港”等重大交通项目建设,跟踪衔接“运十”铁路道口电站项目。三是构建一个城镇化体系。加快长岭新区和和平岛区域建设步伐,配套完

善新城区的路网、管网、通讯、供热、供水、供电等设施，加大县城老城区改造力度，打造品位高端、功能完善的特色滨江城市，加快实现“一江二桥三镇”城市格局，打造十堰北部新城区；突出“一区两带”综合开发，规划建设一批基础设施完备、产业个性鲜明、风格富有特色的小城镇，形成中心城区、中心镇、特色镇点线结合的发展格局；加大对宜居村庄建设扶持力度，建成一批环境优美、设施配套、生活方便的中心村。四是建立一套工作机制。加强市县两级对接工作领导小组办公室的联络配合，进一步调动相关职能部门发挥主观能动性，每年办好若干件看得见、摸得着的实事，建立领导有力、安排周密、协调有序、督办跟进的工作推进机制，使市县对接发展不断向纵深推进。

三、凝心聚力，上下同心，服务“五城”建设的体系正在完善

服务“五城”建设，重在认识，贵在实践。要把服务五城建设作为一项长期而紧迫的政治任务，作为全县发展的第一战略来抓。要坚持规划引领，搞好顶层设计，凝全县之智，举全县之力，分层次、有步骤地加以推进，争取在服务“五城”建设中再立新功。

（一）坚持规划先行

服务“五城”建设是一项系统工程，必须有一个科学的规划来引领和指导。要高起点、高标准编制《“五城”建设总体规划》，并依据总体规划制定专题规划、区域规划。注重城市规划、产业发展规划、生态环境规划、社会民生规划、重大基础设施规划等专项规划的有机衔接，确保规划具有前瞻性、科学性、系统性、可行性。坚持整体规划，统筹实施，重点突破，稳步推进。

（二）强化组织领导

服务推进“五城”建设是一项长期的、艰巨的任务。要进一步强化政府是责任主体的意识，实行领导负责制、任期目标制和责任追究制。继续推行“五个一”的工作机制，即“一项工作、一名县领导牵头、一个单位负责、一套班子服务、一抓到底”，层层分解任务，明确时间进度、质量要求，确保把“五城”建设落到实处。及时调度指导，定期检查、考核及经验交流，开展阶段性评比验收，保证各项建设有序扎实地开展。各级领导和有关部门负责人要率先垂范，积极深入到基层调查研究，及时解决建设中遇到的各种问题。

（三）创新投入机制

服务“五城”建设，资金不足是最大的瓶颈，要探索建立政府主导、社会参与的多元化投入机制。一是整合项目资金。以“五城”建设涵盖的重点产业、重点项目建设为平台，按照“性质不变、渠道不乱、统筹安排、集中投入、各负其责、各记其功”的原则，整合各部门、各渠道专项资金进行统筹使用。二是通过“走出去、引进来”的办法，大力开展招商引资，积极引导社会资本注入“五城”建设的各个领域。按照“谁投资、谁受益”的原则，鼓励民营投资项目建设。三是通过加大城投公司、担保公司融资额，建立健全风险防范、偿债、资金监管等机制，解决“五城”建设融资问题。

（四）加大宣传力度

服务“五城”建设需要全社会的广泛参与，要紧紧依靠人民群众，充分调动一切积极因素。要利用报纸、电台、电视台等主流媒体，开辟专刊、专栏，加强服务“五城”建设的宣传，使广大人民群众进一步认识和了解推进“五城”建设的重大意义，引导广大干部群众自觉地把思想和行动统一到省、市、县的决策部署上来，把服务“‘五城’”建设作为贯彻落实科学发展观、构建社会主义和谐社会的重要内容，让“五城建设人人有责，发展成果人人共享”成为全县人民的共识。

胡俟,男,汉族,1967 年 10 月生,湖北仙桃人,1987 年 7 月参加工作,中共党员,博士研究生学历。1987 年 7 月至 1991 年 9 月任建设银行十堰分行团委副书记、红卫支行计划信贷科长、茅箭支行储蓄科长;1997 年 5 月至 2003 年 11 月历任十堰市白浪开发区管委会副主任、党委委员,郧县县委常委、常务副县长、县委副书记;2003 年 11 月任十堰市政府副秘书长;2008 年 6 月任十堰市建设委员会主任、党委书记;2009 年 6 月任郧西县委副书记、副县长、代理县长;2010 年 1 月任郧西县委副书记、县长,2011 年 7 月至 2011 年 9 月任郧西县委书记、县长,2011 年 9 月任中共郧西县委书记。

实施旅游立县　推动科学发展

中共郧西县委书记　胡　俟

近年来,我县奋力抢抓鄂西生态文化旅游圈建设机遇,积极转变发展方式,在全省率先提出并强力实施“旅游立县”战略,有力地推动了经济社会快速发展。2010 年,全县 AAAA 级景区达到 2 家,接待国内外游客 45. 2 万人(次),旅游经济总收入达到 2. 1 亿元。通过旅游业的带动,全县经济发展增速明显,县域经济综合实力排名上升 15 位,被省委、省政府评为 2010 年度全省县域经济发展进位先进县。

一、立足三大优势,树立大旅游理念

地处鄂西北边陲和秦巴腹地的郧西,因为特殊的地理环境和地质条件而造成交通闭塞、灾害频发、社情复杂的现状。发展工业优势不突出,发展农业效益不明显,经济综合实力长期处于全省末位。通过认真审视县情:秀美的山川、深厚的文化、优越的区位。正可以扬长避短,发挥比较优势,突破性地发展关联度高、带动力强、综合效益好的旅游产业。

1. 区位优势凸显,为旅游业发展提供难得契机。2009 年 10 月,福银高速公路全线贯通,使郧西由湖北最边远、最闭塞的边陲之地,变成了东进西出的大通道、西部开发的最前沿、展示湖北形象的新窗口。不仅极大地拉近了郧西至十堰(仅 52 公里)、西安(仅 220 公里)、武汉(490 公里)的空间距离,而且还把郧西纳入了西安至武当山黄金旅游线中,成为这一旅游线路的重要驿站,为我们加快旅游开发、推进旅游立县奠定了坚实的基础。

2. 文化优势彰显,为旅游业发展提供丰富内涵。百万年前史前文明的孕育,数千年传统文化的积淀,独具特色秦风楚韵的浸润,亘古不息汉水文明的滋养,孕育造就了古朴灿烂的郧西文化。2000 多年的县级政权建制史,110 多处的文物遗址,见证了郧西文化的深厚底蕴。七夕文化、红色文化、民俗文化、兵家文化、宗教文化、汉水文化、饮食文化交相辉映。“在天成像、在地成形、在民间成风俗”的天河七夕文化可谓首屈一指,被中外专家誉为“七夕文化元素最为聚集的地方”。日本最早的诗歌总集《万叶集》记载:“天河口,牛郎织女相会的地方”,天河口就在我县的观音镇境内,河汉相交,实地成形,印证天象,极为壮美。独有的天河、独特的河汉相交和丰富的民俗文化元素,让郧西开发七夕文化的优势更加突出。山水与文化联姻,旅游与经济结缘,使得郧西县的旅游业更富有生命力。

3. 生态优势明显,为旅游业发展提供良好载体。北依秦岭、南临汉江的郧西,山峦叠嶂,峡谷交错,物华天宝,气候宜人,大自然造就了郧西奇异秀美的自然景观,10 多个重点景区相互映衬,600 多个景点星罗棋布,五龙河、龙潭河、上津古城、三官洞国际狩猎场等旅游资源十分丰富。同时,因为郧西县地处南水北调中线水源保护核心区,为确保“一江清水送北京”,这些年来我们立足国家限制开发区域的主体功能定位,持续不断的强化生态保护,郧西的山更加绿了、天更加蓝了、水更加清了,生态优势愈加明显,为发展生态文化旅游提供了良好载体。

二、突出三大重点,形成大开发态势

2009 年 11 月,县委十二届三次全体(扩大)会议正式确立“旅游立县”战略。在具体推进中,我们突出了三大重点:

1. 强势开发七夕文化。2009 年 8 月,我们响亮地提出“七夕在中国,天河在郧西”,成功举办了首届中国

（郧西）·天河七夕文化节暨《牛郎织女》邮票首发式，不仅使郧西天河七夕文化走向全国、走向世界，更为重要的是增强了郧西人民加速发展的信心，提振了深入实施旅游立县的决心。通过七夕文化节的带动，建设了一批惠及民生的基础设施，推出了一批群众喜爱的文化产品，聚集了一批高素质的演艺人才，形成了一套发展文化旅游的机制办法，有力促进了郧西七夕文化开发，先后得到了省委宣传部、省发改委、省旅游局、省“一县一品”办公室、省“鄂西圈”办公室和省“鄂西圈”投资公司等部门的强力支持。与此同时，大力宣传推介天河七夕文化。组织开展了由日本七夕文化研究会会长鸟居贞义、央视《百家讲坛》主讲人段怀清等一批知名专家学者参加的七夕文化高峰论坛；邀请中国作协副主席陈建功等一批国内知名作家实地开展七夕文化采风，《人民日报》先后刊发了3篇著名作家赞誉郧西山水的美文；旅游卫视强档推出《七夕—天河有约》专题节目，借助“西洽会”、“中博会”、“第四届世界传统武术节”等节会推介，郧西天河七夕文化得到广泛影响。

2. 强力打造精品景区。建设鄂西生态文化旅游圈，生态是基础，文化是内涵，旅游是载体。前两者，我们得天独厚；后一条，我们正在奋起直追。在打造精品旅游景区的过程中，我们坚持做到三“高”：一是坚持高起点规划。聘请中工武大设计公司、同济大学、中南民族大学、美国FA集团等，对郧西旅游业发展总体规划和上津古城、天河风景区、世界婚俗博览园、商贸古城等景区景点规划进行了论证、设计和包装。特别是天河风景区，规划了北至天河上游神奇之石“金钗石”，南至浪漫传说河汉交汇处“天河口”，跨越土门、城关、观音3个乡镇，覆盖面积25平方公里。二是坚持高水平建设。以打造湖北旅游强县为目标，以七夕文化为统领，以天河风景区建设为重点，把七夕文化元素融入到路、桥、园、景之中，先后建成了4万平方米的天河广场、9000平方米的七夕广场、2万平方米的七夕文化园、1000平方米的天河民俗博物馆、世界最长的铜牛塑像、世界最高的织女雕像、世界最大的人造月亮、城区水体景观、银河星宿景观和福银高速郧西段广告群等。五龙河、龙潭河、上津古城、夹河关、三官国际狩猎场、湖北关万亩石林等精品景区也正强势推进。三是坚持高标准投入。高起点规划、高水平建设，必须高标准投入。近年来，我县在财力十分薄弱的情况下，每年仍然安排预算500万元用于发展旅游事业，2011年预算增加到800万，并且计划在“十二五”期间，每年将按20%的比例递增。另外，整合交通、水利、林业、农业等项目资金，用于景区配套道路、景区河流治理、生态景观林建设、旅游专业人才培训等，在全县上下真正形成了大办旅游、办大旅游的浓厚氛围。

3. 强劲发挥带动效应。在推进“旅游立县”的进程中，注重发挥旅游的强劲带动效应，坚持把现代旅游理念融入到经济社会发展各领域，确保“旅游立县”能够真正“立”起来。一是坚持农村建设景区化。依托五龙河景区，打破行政区划，把五龙河流域内的4个乡镇28个村统筹起来，建设五龙河新农村示范区，对高速公路沿线村庄实行“穿衣戴帽”美化。通过统一规划，整治村庄环境；服务旅游，发展特色产业；加强培训，培育新型农民。在短短的一年多时间里，示范区经济社会面貌发生了明显变化。二是坚持工业建设景点化。对规模以上农产品加工企业或者其他新建企业，鼓励厂房设计成花园式、且与参观通道、产品展销区一并设计建设。入围十堰市首届十大旅游商品的“武当红”牌干红酒，其建成的梅诺克葡萄酒庄园，已成为游客到郧西必看的景点。三是坚持基础建设人文化。除满足基本的功能需求外，突出挖掘文化元素，与自然社会融为一体，充分发挥旅游功能。建筑风格与小城镇建设相结合，大力开展宜居集镇、园林集镇建设；林业建设与生态保护相结合，大力建设沿江生态走廊、沿路生态景观、沿山生态屏障，永葆青山、碧水、白云、蓝天美好环境。

三、围绕三大目标，坚定大发展信心

去年9月，在全省县域经济工作会议上，省委书记李鸿忠同志对郧西开发七夕文化、发展旅游产业的做法给予了充分肯定，特别指出：“郧西县提出的‘七夕在中国，天河在郧西’，激活七夕文化元素，以七夕文化的开发带动了旅游业的发展。郧西善于发掘、善于找特色，精神可嘉。”上级领导的肯定、省直部门的关爱、兄弟县市的支持，更加坚定了我们推进旅游立县、实现跨越式发展的信心。今后一个时期，我们将围绕三大目标，突破性发展旅游产业。

1. 把郧西天河七夕文化打造成中华传统文化的亮点。立足天河七夕浪漫文化，进一步加大天河七夕文化开发力度，高规格地举办好一年一度的中国（郧西）·天河七夕文化节，力争把郧西天河七夕文化打造成中华传统文化中的一朵奇葩。

2. 把郧西县城打造成世界婚旅名城。重点实施以“天河飞鹊桥、牛郎会织女、秀峰留神影、浪漫七夕情”为主题的天河风景区，以集中展示、体验世界各国婚俗为内涵的世界婚俗博览园，以古长利县城建筑风格为特色的七夕文化民俗村等一系列七夕文化旅游开发项目，力争用三到五年时间把郧西县城打造成世界知名的婚旅之城。

3. 把郧西打造成西安至武当山黄金旅游线上重要驿站和中国重要的旅游目的地。加快精品景区开发，配套基础设施建设，力争4A级景区达到5个以上。以西安、武当山为依托,以福银高速公路为纽带,借势发展,吸引客源,繁荣三产,真正把郧西打造成为十堰的“休闲区”、西安的“度假地”、“鄂西圈”的增长极、湖北的新门户和中国重要的旅游目的地。

佘立柱,男,汉族,湖北郧西县人,1962年8月出生,1981年9月参加工作,1988年11月加入中国共产党,研究生学历。历任郧西县香口中学教师,香口公社、土门区团委书记,县委宣传部工作员、副科长,上津镇党委宣传委员、副书记,五顶乡党委书记,羊尾镇党委书记,公安局局长、党委书记,县委委员、县委办公室主任,县委常委、县委办公室主任,县委常委、副县长,县委副书记、副县长;郧县县委副书记。2008年8月,任中共竹山县委副书记、代县长,2008年12月当选为竹山县人民政府县长,2011年5月任中共竹山县委书记。

提升区域软实力　打造魅力新竹山

中共竹山县委书记　佘立柱

科学发展,硬实力是基础,软实力是支撑。竹山地处鄂西北秦巴山区腹地,是新兴生态水电大县,正处于大发展、大跨越、大移民的关键时期,将硬实力与软实力有机统一,两轮并驱,必将推动竹山早日实现建设区域性经济中心和山区经济强县的目标,让和谐文明富裕的新竹山成为镶嵌在秦巴深山中的一颗魅力四射的璀璨明珠。

大力培育新时代竹山精神,努力提升社会凝聚力。2007年以来,装机容量75万千瓦、总投资80多亿元的潘口、小漩、龙背湾三大水电站陆续开工建设,我们抢抓水电大开发机遇,坚持开发式移民,成功破解世界性难题,近3万移民县内搬迁安置,一个个移民新村焕发勃勃生机,一座座工厂楼房拔地而起,竹山经济社会发展顺利跨过历史拐点,财政收入突破2.5亿元,民贫财弱的状况加速改变。在移民搬迁伟大实践中,形成了“迎难而上、勇于担当、敢为人先、甘于奉献”的竹山精神,成为了竹山改革发展、干事创业的灵魂和旗帜,也将成为竹山跨越发展的强大精神推动力、社会和谐的强大凝聚力。

着力建设文化强县,努力提升文化感召力。下力打造女娲文化、“十星级”文明创建两张文化品牌,擦亮国际绿松石城、武陵真源地、上庸古都城三张文化名片,确立山水园林城、十堰休闲度假区和高速公路经济重要驿站的新定位,推动文化旅游、休闲娱乐、生态农业和珠宝饰品等产业发展。整合中国?竹山女娲暨宝石文化节、圣水茶叶文化节,融合圣山(女娲山)、圣石(绿松石)、圣水(龙井泉)、圣茶(圣水绿茶)、圣母(女娲)等元素,做“圣”字文章,努力把“中华母亲节”打造成国家级节庆日;整合宝丰彩船民歌节、桃花源民歌节,做山?水?歌文章,举办“堵河民歌节”;挖掘利用施洋、张振武、许明清等历史名人的革命精神,做“孝”字文章,举办“上庸清明节”,通过精办三大文化节会,加快文化事业和产业发展,提升县域文化的感召力和辐射力。

加快实施人才战略,努力提升自主创新原动力。长远规划、分批引进,加强党政人才、企业经营管理人才、专业技术人才、高新技能人才和农村适用技术人才等5支队伍建设,着力挖掘培养、吸纳引进人才。加大教育培训力度,把优秀干部、专业人才,充实到产业发展的第一线,组织开展拔尖人才、学术技术带头人、突出贡献专家评选活动,用良好的机制发现人才。推行人才柔性流动,鼓励专业技术人员兼职兼薪,领办、创办企业,创造人尽其才、才尽其用的机制环境。

深入开展系列文明创建活动,努力提升对外吸引力。大力开展生态文明创建活动,以城乡一体化示范区建设为抓手,把县域内产业建设、生态建设、环境保护与城乡建设有机地结合起来,统一规划、综合建设,培育天蓝、水清、地绿、景美的生态景观,孵化经济高效、环境和谐、社会适用的生态产业,建设人与自然和谐共处，殷实、健康、文明向上的生态社区。大力倡导工业文明，着力打造五个工业发展集聚区，把工业园区建设成为体现现代工业文明，充满文化气息的人文景观。大力实施文明创建品牌工程，深入开展“十星级”系列文明创建活动，巩固拓展国家级卫生文明县城创建成果，引导形成文明有序的社会风尚。

加强公共服务能力建设，努力提升政府公信力。培育公共服务文化，倡导公务员队伍树立爱心、热心、耐心、诚心“四心”服务理念，确立“软实力也是生产力”的观念，增强领导干部的亲和力。推进效能革命，开展行政效能建设活动，以革命的精神革除一切影响和束缚发展的传统观念、思维方式、行为习惯，完善首问负责制、一次性告知制、限时办结制、失职追究制、大事报告制和无偿代办制，精简行政审批项目，简化办事程序，推进行政效能电子监察和实时评价体系全覆盖，打造效能政府。

余春存，男，汉族，1964年3月生，湖北大悟县人。1979年9月参加工作，1984年7月加入中国共产党，大学学历。历任市民政局军休所副所长、优抚安置科副科长、科长。1997年9月至2000年4月任十堰市城市管理监察大队大队长（副县级）、市城建监察支队支队长。2000年4月至2005年3月任十堰市市政园林绿化管理局局长、党委书记。2005年3月至2008年12月任十堰市民政局局长、党委书记。2008年12月，任中共竹溪县委副书记、县政府副县长、代县长、县长。2010年3月任中共竹溪县委书记，2010年4月当选为竹溪县十六届人大常委会主任。

推进工农无缝对接　实现经济跨越发展

中共竹溪县委书记　余春存

竹溪县地处鄂西北边陲，是距省城最远的山区农业县，虽有较好的自然禀赋，但基础薄弱，交通不便，经济发展先天不足。近年来，县委、县政府立足丰富的资源优势，按照县域经济“一主三化”的总体要求，大力实施“工农对接”战略，让“田间与车间牵手，工业与农业对接”，用特色农业支撑特色工业，用特色工业带动特色农业，通过工农有机结合、无缝对接，实现工业增效、农民增收，全县经济社会保持快速健康的发展势头，主要经济指标连续5年保持两位数增幅。2010年，全县实现生产总值34.9亿元，比2005年增长81%；财政收入2.5亿元，比2005年增长195.5%；固定资产投资34.5亿元，比2005年增长305.8%；城镇居民人均可支配收入9123元，比2005年增长90%；农民人均纯收入达到3484元，比2005年增长105%。

一、转化优势资源，突出对接的重点

竹溪是全国500个资源富县之一，森林覆盖率76.8%，植被覆盖率81.2%，绿色生态资源位居全省之首。近年来，县委、县政府不断强化工农对接的理念，坚持一手抓基地，一手抓企业，把农业作为工业生产的第一车间来培育、来发展，让田间与车间对接、企业与市场对接、产业与项目对接，着力将生态优势转化为经济优势。

1. 围绕企业建基地。坚持项目围绕企业转，工业需要什么，特色农业就培植什么，把广阔的山场变为潜在的市场，努力为工业生产提供充足原料。依托龙王垭、梅子贡等优质茶叶加工企业，抢抓国家退耕还林政策机遇，加大茶叶基地建设力度，从2002年起每年新建茶园1万亩，一鼓作气将全县茶叶基地面积扩大到19.3万亩，目前，茶叶基地规模已位居全省第一。按照“一乡一业、多村一品”的产业化经营思路，依托科玛协力、顺溪等农副产品加工企业，通过不断调整结构、优化布局，先后兴建魔芋基地8万亩、中药材12万亩、蔬菜7.5万亩，初步建成七大特色产业带，全县特色板块基地总面积达到60万亩，农民人平近2亩，被授予“中国茶叶之乡”、“中国魔芋之乡”、全省魔芋产业核心种植区。特色板块基地的建设，为发展农产品加工提供了充足的原材料保障。

2. 依托基地办企业。围绕丰富的农产品资源，大力引进农产品加工企业，开发本地优势特色产品。结合丰富的地道中药材资源，积极引导民营业主投资兴建云浩药业公司，新上5000吨中药饮片生产线，通过了国家GMP和GSP双重认证，实现了资源就地转化增值。针对县内优质原生态果蔬资源，引进韩国客商投资开发果汁项目，组建银松生态食品公司，产品直接出口韩国和东南亚市场。围绕广阔的农产品基地和丰富的林特资源，积极招商引资，引进武汉凯迪控股投资有限公司开发集生态、环保、绿色能源加工为一体的生物质能源项目，协议总投资达15亿元。目前，全县农产品加工企业已达200多家，年实现产值10.8亿元，占全县工业产值的45%。

3. 面向市场创品牌。坚持以企业为主体，以科技为支撑，把资源开发与品牌培育扭在一起抓。通过政府引导、市场培育，鼓励和推动实力较强的企业打造核心品牌，以品牌促发展、提水平。积极开展"县校合作、校企联姻"，设立品牌开发和技术创新专项基金，广泛对外借脑借智，扶持企业培育品牌。目前，全县有14个农产品通过绿色食品和有机食品认证，11家企业通过ISO国际质量体系认证。"龙王垭"成为湖北茶叶著名商标，"亲家母"、"顺溪"、"梅子贡"等6个农产品成为湖北省名牌产品。竹溪贡米、龙峰茶两个产品通过国家地理标志产品保护认证。近年来，县委、县政府多次在北京、武汉邀请有关专家，就竹溪品牌发展举办研讨会。通过打造特色品牌，放大了产品市场竞争力，市场销售半径逐步扩大。

二、建好工业园区，搭建对接的平台

充分发挥县工业园区聚集项目、聚集产业的优势，以打造"农业工业园"为目标，实施积极的优惠政策，大力招商引资，努力为工农对接搭建良好平台。

1. 明确功能定位。立足丰富的绿色生态资源，坚持产业、园区、集群企业"三位一体"，以无公害、绿色食品和有机食品开发为核心，以茶叶、魔芋、黄姜、山野菜、中药材等精深加工为主，致力把园区打造成产业特色明显、基础设施配套、服务功能完善以及具有工农对接、工农共生、经济良性循环等特征的现代农业生态绿色工厂、农产品产业集群特色开发区。坚持实行严格的初始准入制度，凡不符合生态环保要求，或与农产品加工无关的企业，不管规模大小、实力强弱，一律限制进入。

2. 制定优惠政策。坚持零地价、零收费、零距离服务，对入园投资者，无偿提供土地、减免有关税费、代办一切手续，实行一站式办公、一条龙服务、封闭式管理。坚持把解决企业融资难、用地难和用工难问题摆在发展的突出位置来抓。成立全省首家企业信用促进会，累计为企业协调解决资金1.7亿元。积极争取土地整理储备项目，在金铜岭村一次性连片规划整理2000亩工业用地，成功引进西部控股公司投资开发金铜岭科技园。在解决用工难问题上，实施"三引两送"人才工程(引进大中院校毕业生、引进专业技术人才、引进技术专家，送人才到大学深造、送干部到发达地区培养锻炼)和"15111"人才计划(培养1万名技术工人，5千个技术能手，1百个市场开拓营销人才，10个明星企业家，1个全国创业明星)，为园区企业发展提供了强有力的人才智力支持。

3. 大力招商引资。采取"走出去，请进来"等办法，通过招商引进、技改扩能、嫁接培育、异地迁建等方式，先后培育和引进16家农产品加工型龙头企业，其中建成省级农产品加工示范企业1家，省级重点龙头企业3家、市级9家，龙头企业年销售收入突破4.5亿元。万吨果汁加工、5000吨茶食品加工、千吨魔芋功能酒等一批重点项目先后建成投产，园区的优势和存量得到加强，被国家发改委批准为省级开发区，录入《中国开发区目录》，并授予"全国百佳科学发展示范园区"称号。

三、培育市场主体，提升对接的效益

充分发挥龙头企业一头连着市场，一头连着农户的桥梁纽带作用，把培育壮大龙头企业作为实施工农对接的关键环节来抓，支持企业大力改革创新，不断改进工艺、提升水平。

1. 改造传统企业。对龙王垭、前进、梅子垭等原县属茶叶加工企业彻底进行民营化改制，组建两大企业集团，通过资产重组、规模经营，企业活力和经营效益显著提升。梅子贡茶业公司改制后入驻县工业园区，与县内20多家茶场联姻，先后开发出有机绿茶、乌龙茶，投资2300万元新上茶食品、茶饮料加工项目，在全省率先实现由"喝茶"到"吃茶"的跨越。2010年，公司又与日本客商开展技术合作，新上茶微粉、茶多酚生产线，年生产茶微粉200吨、茶多酚100吨，实现产值2亿元。龙王垭茶业集团积极与华中农业大学、湖北省果茶研究所联姻，在栽培、管理、制茶、环保、新品研制、食品安全控制等多个方面完成了现代技术改造。公司联营中小茶场25个，总面积达到11万亩，年产茶叶30万公斤，实现销售收入7000多万元，跻身国家级龙头企业行列。

2. 培育优质企业。按照"市场主导，政府引导"的原则，支持、引导优质农产品加工企业做大做强，提高市场占有率。多方协调资金支持华驰化工公司投资3500多万元实施二次技改工程开发下游产品，8条双烯生产线、6条沃氏氧化物生产线相继建成并投入生产，实现产值4700万元，被列入十堰市"双亿"工程支持项目。

公司先后获得“十堰市农业产业化经营重点龙头企业”、“湖北省农业产业化经营重点龙头企业”、“十堰市高新技术企业”等荣誉称号。积极争取项目支持创艺皂素公司率先开展循环经济试点，依托中国地质大学的技术人才优势，运用国家“863”科技成果，建设皂素清洁生产示范工程，解决了黄姜化工企业污染难题，实现了连续生产、达标排放，成为湖北唯一一家有环境保护资格认证的企业。公司新上的300吨皂素联产2000吨酒精项目被国家科技部列为优选项目。

3. 做强成长企业。顺溪豆制品有限公司是竹溪县3大蔬菜加工企业之一，主要从事豆制品、泡菜、干菜的精深加工。近年来，在县政府的大力扶持下，产品由起初一个品种发展到5大系列55个单品。为解决豆制品二次发酵关键技术问题，投入经费800多万元，聘请知名技术专家，联合开展技术攻关。现在，“顺溪豆腐乳”已唱响大江南北，被国家商务部和全国供销总社指定为新合作物流连锁超市专供产品，荣获第二届国际农产品博览会金奖。为发挥“中国魔芋之乡”的优势，灵山源酒业公司投资2000多万元开发了魔芋功能白酒。其“魔芋水溶性功能成分提取技术研究及在白酒生产中的应用”通过省科技厅鉴定，产品一经面市即供不应求。竹溪高山食品发展有限公司通过与华中农业大学等院校的技术开发协作，把丰富的资源优势变成产品优势和经济优势，现已开发出山竹笋尖、魔芋粉丝、柴火腊肉、腌腊酱菜等20多个具有地方风味的天然食品。

四、创新体制机制，优化对接的环境

不断创新体制机制，努力为工农对接提供优良的政策环境、优越的体制环境和宽松的投融资环境。

1. 组织协调机制。县委、县政府成立推进工农对接统筹建设委员会，由县委主要领导亲自任主任，下设若干工作组，由县级领导挂帅任组长，分工协作抓好推进工作。坚持分工负责、各负其责，实行县级领导联系产业、联系重点企业制度，一个重点产业、一名县领导主抓、一个专业办公室协调服务，对重点企业、重大项目从引进到投产实行全程跟踪服务。先后成立了茶叶办、烟叶办、魔芋办、蔬菜办、药材办等8个专业办公室，具体负责对相应产业的生产、加工、销售等全方位的指导、协调和督办，解决工作中的困难和问题。

2. 政策激励机制。先后制定了《关于加快发展茶叶产业的决定》、《竹溪县优化发展环境实施中小企业成长工程意见》等10多个文件，出台了一系列有利于工农对接的优惠扶持政策。加大政策奖励力度，对通过国家有机食品、绿色食品认证、国家质量体系认证，获得省级名牌产品称号的，县政府对每个项目给予5万元的奖励；对年纳税额超过30万元的农产品加工企业，按实纳税额的3%给予奖励。积极推动银企对接，将金融机构支持企业发展作为年终目标考核内容单独考核，并对单位主要负责人进行重奖。

3. 资金投入机制。充分发挥政府的引导带动作用，捆绑财政支农资金、项目扶持资金，按照“渠道不乱、用途不变、优势互补、各计其功、形成合力”的原则，加大农业产业化基地及龙头企业建设力度。坚持先投入、后补贴，多投入、多补贴，头年建、次年验收补贴的政策，对重点茶场进行扶持。充分发挥中小企业信用担保中心服务职能，由县财政投入担保资金1000万元，放大信用担保系数，组织农行、农发行等6家金融机构，对20多家企业进行了授信，签订协议项目30多个，投放信贷资金10多亿元，帮助企业解决了贷款难、担保难问题。

余世明，男，汉族，1970年4月出生，湖北丹江口市人。华中师范大学生物系毕业，大学学历（理学学士），1992年5月加入中国共产党，1992年7月参加工作。历任丹江口市新港砖厂厂长，丁家营镇长、镇党委书记，丹江口市委办公室副主任，茅箭区委常委、组织部长，茅箭区委常委、副区长，2008年8月任十堰市建设投资管理办公室副主任、党组副书记、城市基础设施建设投资有限公司总经理，2010年4月任中共竹溪县委副书记、县人民政府县长。

凝心聚力谋发展　求真务实谱新篇

竹溪县人民政府县长　余世明

2010年，是我县经济和社会各项事业继续保持良好的发展态势，并取得显著成效的一年。一年来，全县上下深入贯彻落实科学发展观，大力实施“工农对接”战略，培优壮大特色产业，狠抓基础设施建设，着力推进招商引资，扩大投资规模；着力深化改革，加强社会管理；着力改善民生，提高保障水平，主要经济指标全面超额完成，“十一五”实现了圆满收官，呈现出经济快速发展、人民安居乐业、社会和谐稳定的喜人局面。2010年，全县实现生产总值34.95亿元，同比增长14.1%；完成财政收入2.52亿元，同比增长23.6%，其中：地方一般预算收入1.55亿元，同比增长19.1%；完成固定资产投资34.5亿元，同比增长35.1%；社会消费品零售总额达到15亿元，同比增长15.6%；城镇居民人均可支配收入9123元，同比增长9.7%；农民人均纯收入3484元，同比增长13.4%；银行存款余额比年初净增8.84亿元，贷款余额比年初净增2.11亿元。

一、大力推进工农对接，经济发展提质增效

用特色农业支撑特色工业，以特色工业带动特色农业，拉动第三产业的快速发展。工业经济取得突破。围绕优势资源，培植龙头产业，加快推进以水电、农产品加工、生物医药、矿产建材为主的四大支柱产业建设。新增水电装机7万千瓦，入库税收6200万元，总装机达33万千瓦。全县农产品加工龙头企业达到21家，龙王垭茶业公司入选全省“行业三强”。梅子贡茶微粉、龙王垭乌龙茶、天翔缫丝等生产线建成投产，顺溪、华驰、创艺等公司技改扩能项目顺利完成。以规范提高为着力点，促进了矿产资源开发与生态环境保护的协调发展。2010年全县完成工业产值49.8亿元，同比增长35.7%，其中：规模以上企业产值34.5亿元，同比增长55.6%；全县规模以上企业达到76家。工业园区入园企业达到20家，实现总产值23.9亿元，同比增长101%。农业经济持续增长。全年累计新建茶叶、油茶、核桃、黄姜、桑蚕等产业基地5万多亩，建专业新村22个，全县农业板块基地达到92万亩，特色经济总收入达到21亿元。农村经济总收入达到46.8亿元，同比增长26.7%。百里长廊建设成效显著，产业建设、片区整治、环境改善等全面推进，得到了省委、省政府的充分肯定，并成功纳入全省竹房城镇带城乡一体化试验区。第三产业加快发展。偏头山森林公园和关垭古长城被评为AAA级旅游风景区；商贸流通体系日趋完善，家电下乡产品销售额超过5000万元；开展专项清理整顿活动，房地产业进一步规范有序发展。

二、坚持实施开放活县，项目招商成效明显

坚持抓项目就是抓经济、抓发展的理念，加大项目申报、争取、实施力度，以项目促招商，以项目争投资。项目工作成绩斐然。2010年全县累计上争项目150个，批复到位96个；计划上争资金5.4亿元，到位4.9亿元；完成城镇固定资产投资26.8亿元，同比增长25.2%。事关全县发展大局的潘口电站移民迁建、谷竹高速、龙王垭隧道、白沙电站、鄂坪电站3号机组、城区橡皮坝、职教中心、中医院迁建等一批重点项目建设顺利。招商引资成果丰硕。全面抓好招商，精心组织、主动对接，积极策划实施了一批重点招商项目。先后与中信信托、西部控股、北京红京旗、红色江山集团等公司就金铜岭科技园整体开发、茶叶深加工、煤矿整合开发等相关项目签订了投资协议，同武汉凯迪公司签订了总投资14亿元的生物质能源开发协议。全年引进县外境内资金10.3亿元,引进外资300万美元;完成外贸出口466.6万美元,同比增长236.9%。

三、加快基础设施建设,城乡面貌得到改善

坚持城乡统筹发展的理念,加快推进交通建设、水利建设、城镇建设,城乡环境逐步得到改善。交通建设成效明显。完成交通建设投资2.57亿元。谷竹高速公路全面开工建设;白沙电站库区兵天公路复建,丰马路、鄂洪路路面建设全面完成;兴界公路环库段及水天路路面工程、吴家湾大桥建设进展顺利;泉溪垭子隧道全面贯通;完成通村水泥路135公里;安保工程、油路大修、站场建设、渡船改造等其它项目全面推进。水利项目进展顺利。总投资3000万元的橡胶坝建设进展顺利;竹溪河水坪段2.8公里防洪工程开工建设;总投资4547万元的石庙子水库除险加固工程批复立项;竹溪河流域综合整治规划通过省水利厅专家评审;黑龙等三座水库除险加固、竹溪河项目区水土保持小流域治理、竹溪河万亩灌区等工程已全部完成;解决了10000名学生和6500人的安全饮水问题。城镇建设步伐加快。县城总体规划顺利通过专家评审;投资210万元完成了广场公园绿化改造升级工程;投资300多万元完成了大裕沟、幸福路、幸福西路、灌沟、东城角等污水配套管网建设;完成了城西垃圾中转站建设前期工作。与此同时,顺利完成潘口水电站竹溪库区移民搬迁任务,新洲、兵营新集镇实现整体搬迁,供水、供电、通讯等专业项目复建基本完成。

四、高度重视民计民生,社会事业成果丰硕

坚持以民生工作为重点,加大社会保障力度、社会治安综合治理力度,健全社会管理体系,人民群众的幸福感和安全感进一步增强。社会保障力度不断加大。完善覆盖城乡的就业信息网络,健全面向城乡劳动者的职业技能培训制度,加强创业培训和推动创业促就业,提高劳动者就业率。坚持"广覆盖、保基本、多层次、可持续"方针,不断扩大城镇养老保险、医疗保险、失业保险、工伤保险、生育保险参保面。新型农村社会养老保险试点工作深入推进,全县参保人数达14.5万人,为年满60周岁的5.1万名农村老人全部发放了基础养老金。新型农村合作医疗工作运行良好,实现参合29.2万人,参合率93.8%。幸福指数全面提升。校舍安全、廉租房等重点民生项目顺利推进,医药卫生体制改革全面启动。科技、教育、文体、卫生、环保、国土、人口和计划生育等各项社会事业全面进步,呈现出经济与社会协调发展的良好态势。经受了50年一遇的"7.18"特大洪涝灾害,抗灾自救、灾后重建取得了明显成效。加大社会治安综合治理力度,健全社会管理体系,人民群众的幸福感和安全感进一步增强。各项改革顺利推进。事业单位人事制度改革稳妥推进。农村综合配套改革进一步深化,建立健全了"以钱养事"新机制。集体林权制度改革稳步推进,组建了"林权交易中心"、"森林资源资产评估中心"。企业改制全面完成。

五、加强政府自身建设,发展保障进一步夯实

全面开展"六个专项治理",深入推进"十个全覆盖",建立行政审批电子监察平台,扎实开展行风政风民主评议活动,行政效能和服务水平进一步提高。自觉接受人大、政协及社会各界的监督,决策科学化和民主化程度不断增强。着力转变政府职能,减少行政审批事项,进一步优化工作流程,精简办事程序,提高了政府工作的透明度和工作效能。健全了县政府常务会、县长办公会等相关例会制度,议事、决策、督办、奖惩工作机制不断完善。牢固树立全心全意为人民服务的宗旨,深入实际,加强调查研究,了解民情,体察疾苦,密切了与人民群众的联系。善于抓重点、抓难点、抓热点、抓主要矛盾,加强对重大问题的研究和解决,努力为人民群众办实事、办好事。建立狠抓落实的有效机制,完善目标责任管理机制、重大问题调处机制、部门协作联动机制、督查考评奖惩机制,形成了重点工作年初有安排、每月有督办、事事有目标、层层抓落实的格局,促进了工作作风明显改进,服务能力明显增强,发展环境明显优化,推动了经济社会又好又快的发展。

沈明云，男，汉族，湖北省竹山县人，1965年9月出生，1984年12月参加工作，中共党员，研究生。历任竹山县三台乡副乡长，田家坝镇党委副书记、镇长、党委书记，宝丰镇党委书记，城关镇党委书记，竹山县县委常委、常务副县长，县委副书记，房县县委副书记、代理县长，2009年2月当选为房县人民政府县长，2011年7月任中共房县县委书记。

解放思想 继往开来 奋力开创房县经济社会发展新局面

中共房县县委书记 沈明云

“十一五”以来，房县在市委、市政府的正确领导下，全县上下以科学发展观为指导，全面贯彻落实党的十七大和十七届三中、四中全会精神，紧紧围绕“经济总量翻番，工业主体凸显，产业特色鲜明，社会和谐平安”的总体目标，解放思想，顺势而为，借机发力，提速进位，全县呈现出经济持续快速增长、发展后劲增强、社会和谐稳定、事业稳步发展的良好态势。

一、总结经验、肯定成绩，着重做好“四篇大文章”

“十一五”时期，是我县经济社会发展阔步迈进、铸就辉煌的五年。五年来，在县委的正确领导下，在县人大、县政协的有效监督和大力支持下，县政府认真落实科学发展观，锐意进取，克难攻坚，圆满完成了既定的目标任务，取得了振奋人心的重大成就，着重做好了“四篇大文章”。

第一，紧扣发展要务，做好经济崛起大文章。“十一五”时期，全县经济快速发展，综合实力全面增强。2010年，全县实现生产总值35亿元，比“十五”末增长1.6倍；财政收入2.68亿元、增长3.1倍，其中一般预算收入1.69亿元、增长3.1倍；社会消费品零售总额22亿元，增长1.6倍；固定资产投资43亿元，增长7.7倍。“十一五”规划目标提前完成，发展速度位居全省前列，2008年、2009年综合目标考核分别位居全市第三和第一。工业形成了纺织、建材、矿产、机械制造、生物医药、农产品加工六大产业体系，农业形成了烟、菌、药、羊、茶、果“三主三辅”产业格局，旅游荣获“湖北旅游强县”称号，三次产业比例由37∶24∶39调整到35∶33∶32。

第二，改善宜居环境，做好城乡建设大文章。“十一五”时期，全县基础设施改善，城乡建设日新月异。完成县城总体规划和镇、村、小区规划241个。累计投资10.3亿元，实施了城区防洪、老城改造、道路翻新、城市靓化等工程，建成人工湖8个、沿河步道12公里、绿化带10公里，延伸街道8条20公里，黑色化主干道21万平方米，新增绿地13.8万平方米、水面150万平方米，拓展城区面积5平方公里，县城被授予“省级园林城市”。累计投资25亿元，实施交通项目25个，全县人民热切期盼的十房高速、谷竹高速开工建设，武神生态旅游路建成通车。改造一级路41公里、二级路149公里、乡级路417公里。兴修村级路1700公里，实现了村村通水泥路目标。新农村建设扎实推进，关乎群众生产生活的一批重大项目相继建成，城乡基础设施不断完善。

第三，培植发展后劲，做好改革开放大文章。“十一五”时期，全县扩大改革开放，发展活力显著增强。国有企业改制基本到位，农村综合配套改革巩固完善，土地承包经营权有序流转，村级债务逐步化解，集体林权制度改革全面完成，机构、编制、人事、财政体制改革持续深化，国资局、城投公司、招投标中心顺利组建，金融、粮食、教育、文化体制改革深入推进，新一轮医药卫生体制改革全面启动。累计向上争取项目525个，到位资金28.2亿元；招商引进项目382个，到位资金33.2亿元；完成投资103亿元，比“十五”增长4.9倍；出口创汇6870万美元，比“十五”增长3.6倍。康师傅集团、华新水泥、江西润田、香港粤能等一批知名企业落户房县。

第四，构建和谐社会，做好民生

工程大文章。“十一五”时期，全县社会全面进步、民生工程稳步实施。2010年，全县城镇居民人均可支配收入、农民人均纯收入分别比“十五”末净增4345元、1516元。就业能力不断增强，累计新增就业岗位4.2万个，安置下岗失业人员3.1万人，城镇登记失业率控制在4.3%以内。覆盖城乡的保障体系基本形成，社会弱势群体有效救助。科技、教育、卫生、文化体育、广播电视、人口计生等社会事业快速发展，“平安房县”创建活动有声有色。自觉接受人大法律监督和政协民主监督，累计办理人大代表议案、建议809件，政协委员提案395件，满意和基本满意率达99.5%。“五五”普法全面完成，公民法律意识普遍增强。新闻中心成功组建，信访接待中心改进服务，群众诉求渠道更加畅通。审计监督作用充分发挥，行政监察力度加大，预防和惩治腐败体系逐步完善。基层民主建设不断加强，“一会两票”全面推行，荣获“全省村务公开和民主管理示范县”称号。

二、明确目标、突出重点，始终坚持“四个不动摇”

2011年，我们将全面落实科学发展观，紧扣“解放思想、统筹城乡、加快发展、争先进位”工作主线，大力实施“一圈两带”战略，继续推进大项目、大招商、大旅游、大交通，更加重视改善民生，促进社会和谐稳定，推动全县经济社会跨越发展。力争全县实现生产总值42亿元，增长20%；财政收入3.1亿元，增长15%；固定资产投资56亿元，增长30.2%；社会消费品零售总额26.5亿元，增长20.5%；外贸出口3050万美元，增长15%；城镇居民人均可支配收入12000元，增长12.1%；农民人均纯收入3800元，增长13.1%。我们的工作重点是实现“两大目标”，抓好“七件大事”。两大目标：即继续保持全县经济快速发展，努力实现争先进位目标，争取全市前三位，全省前五十位；全力做好维稳工作，确保全县大局和谐稳定。七件大事：即推进“一圈两带”战略，争取有明显变化；全力支持省圈投公司投资开发温泉度假村；规划设计中华诗经城，启动建设诗经文化广场；建设五星级酒店，力争完成主体工程；继续支持谷竹、十房两条高速公路建设，确保按期竣工通车；高质量、高水平筹办第二届中国(房县)诗经文化节；做好县乡村换届工作，为经济快速发展提供坚强的组织保证。同时，我们立足县情，着眼长远，规划未来，坚持做到“四个不动摇”。

第一，坚持走工业强县之路不动摇。围绕食品饮料、生物制药、汽车配件、纺纱织布等优势产业，突出抓住一批骨干企业，下大力气解决制约发展的土地、资金、技术、管理等瓶颈问题，不断加大煤电油等要素的配置力度。对华新水泥、恒达纺织、聚达食品、武当动物药业、润田矿泉水、兴祥皇酒、星源工贸等骨干企业，积极组织扩能生产，提高企业运行质效；加快三里坪电站、生物质能发电、金裕石材、太子贡皇酒、神农饮品、武当生物制药等在建项目建设进度，争取年底建成投产；培植一批有实力、竞争力强的骨干企业，新增亿元企业6家、规模企业10家、民营企业100家以上；力争食品饮料产值达到10亿元以上，纺织、汽配、电力、生物医药、建筑建材产值分别突破5亿元；确保全年实现工业总产值70亿元、增长40%，增加值18亿元、增长29%。完善泰山庙工业园配套设施，启动金裕石材工业园、高碑工业园配套设施建设，确保新上项目全部入驻园区。

第二，坚持发展优势产业不动摇。加快烟、菌、药、羊、茶、果等特色产业园区建设，培植壮大聚达食品、神农本草、神农绿色食品等农业产业化龙头企业，走企业带动产业、产业带动基地、基地带动农户的产业化之路。大力推广以煤代柴烤烟技术，有效利用废弃椴木，力争烟叶产业整体效益得到提升；认真做好无性系茶园的栽培管理和受冻茶园的恢复重建，确保茶叶产量不受影响；突破性发展蔬菜产业，加大大木至野人谷沿线蔬菜基地建设的扶持力度，积极打造十堰市商品菜供应基地；稳定中药材生产，扩大干鲜果种植规模，推行食用菌园区化生产和山羊标准化养殖，力争全县烟叶产量达到10万担，食用菌产量8000吨，山羊饲养量50万只，药材、茶叶、干鲜果种植面积分别达到10万亩，糯稻5万亩，蔬菜3万亩。新创省级以上知名品牌1—2个，力争有机、绿色、无公害认证品牌达到40个。实现农业总产值26亿元，增长9.2%；增加值13.2亿元，增长6.5%。

第三，坚持打造中国生态文化旅游名县不动摇。按照“借两山盛名、承两山辐射、与两山互补、同两山比肩”的思路，包装祭诗祖、泡温泉、游双野“三大品牌”，融入武当山、神农架旅游线路，构筑“武房神”旅游板块，打造近程游客目的地、远程游客集散地。巩固“旅游强县”创建成果，完善野人谷、显圣殿、五台山、南潭等景区配套设施，争创观音洞4A级景区和柳树垭省级森林公园。启动中华诗经城建设，以城关半岛湾为中心，以西河、盘峪河为轴线向西南方向延伸，筹建诗经文化广场，复制尹公祠、宝堂寺，尽快形成建设规模。以“弘扬诗经文化，铸就精神家园”为主题，继续办好诗经文化节。加强星级酒店和农家乐建设，形成景点一卡通、服务一条龙、要素一体化、精品一日游，力争全年接待游客100万人次，旅游综合收入4亿元。

第四，坚持统筹城乡发展不动摇。实施“一圈两带”战略(环城经济圈、“竹房”城镇示范带和武神生态景观旅游带)，加速破除城乡二元结构，形成以城带乡、以乡促城、城乡互动、协调发展的格局。把握“竹房”城镇带建设机遇，按照城乡空间布局、基础设施建设、特色产业发展、公共服务提升、生态环境保护“五个一体化”,完成总体规划和各种专项规划编制。在每个乡镇选择1—2个中心村,大力实施园区建设、民居改造、村庄整治、生态建设等工程,打造产业示范板块和环境整治样板工程。加快推进土城、白鹤、门古3个省级整体推进试点镇和五谷庙、界山、塘溪等8个县级示范村建设,全力打造“十村百里万户”生态景观式新农村示范带。完善财政贴息、担保贷款、以奖代补、先建后补等多元化投融资机制,坚持政策、项目、资金、精力重点集中,实行县级领导定点包联、县直部门对口帮扶制度,把房县建成全省山区新农村建设引领区、城乡一体化先行区和统筹城乡发展示范区。

三、转变作风、提高效能,着重练就“四个基本功”

“十二五”蓝图已经绘就,今年经济工作的任务和措施已经明确,关键是要抓好落实。我们只有练就“求实、务实、落实、朴实”的基本功,才能把主要精力用在经济发展上来,把工作能力体现在干事创业上来。

第一,着重练就干事创业的求实功。当前,有少数干部争名夺利、心浮气躁,工作多做一点觉得吃亏,待遇稍差一点觉得委屈,安不下神、静不下心,对待工作讲条件、摆资格、提要求,牢骚满腹;还有极少数干部见到利益就抢、遇到功名就争、碰到问题就躲、遇到矛盾就推,在政治上比高下、经济上比富裕。我们是人民的干部,我们的职责就是为人民服务,我们必须始终保持一个良好的心态,抛开私心杂念,扔下个人名誉,丢弃思想包袱,做到不求功名,不比待遇,不争位置,兢兢业业、踏踏实实干事业。不怕吃苦、不怕吃亏,敢于面对逆境,敢于直面困难,遇到问题不绕道,遇到挑战不退缩,遇到挫折不妥协,永不言败、勇往直前。甘于牺牲自身利益,把部门工作主动融入到全县中心工作之中,自觉服从和服务于大局,不斤斤计较、讨价还价,确保令行禁止、政令畅通。

第二,着重练就沉下身子的务实功。教育引导群众不够是我们工作的严重缺失,其主要原因就是干部沉不下身子,不做群众工作。交通便利了、下乡少了,信息灵通了、了解实情少了,干部水平高了、办实事少了,生活条件了、吃苦精神差了。少数干部习惯在会议上喊口号、在电话中抓落实,基本不下基层,不深入群众,这样的干部,怎么可能和群众联络感情呢?只有加强同群众的联系和沟通,掌握从群众中来、到群众中去的工作方法,养成同群众商量办事的习惯,学会做宣传群众、组织群众、服务群众的工作,做到春风化雨、润物无声。始终坚持走群众路线,深入农户、深入田间地头,和群众拉近距离,知道群众在想什么、盼什么,要求什么、解决什么,当好群众的带头人、贴心人、领路人。时刻装着群众,真心服务群众,认真贯彻党的方针政策,及时化解群众矛盾纠纷,切实维护群众利益,改善群众生产生活条件,争做心系群众的联络员、答疑释惑的宣传员、维护稳定的调解员。

第三,着重练就服务群众的落实功。群众利益无小事,我们一切工作的出发点和落脚点,就是实现人民的愿望、满足人民的需要、维护人民的利益,我们必须牢记这个使命,把为民谋利益放在突出位置,躬身听民声、真心办实事,让更多发展改革成果惠及于民。办一件实事,暖一片人心。我们的事业就是通过为人民群众解决一个又一个困难,办好一件又一件实事,不断发展壮大起来的;人民群众也是从所办的一件件实事来认识我们的。始终坚持以人为本、执政为民的理念,用真心爱百姓,带感情送温暖,从人民群众最期盼、最紧迫、最需要地方做起,每年力所能及地为百姓办好2—3件涉及社会生活、群众利益的实事,解决一批与群众生产生活息息相关的热点难点问题,让人民群众真正过上幸福生活。

第四,着重练就清正廉洁的朴实功。坚持不懈地加强党性锤炼,从我做起、向我看齐,以良好的道德修养和过硬的勤廉作风去影响和带动一班人。把握好“情感线”,对亲朋之言要听之有鉴,亲朋之托要思之后行,亲朋之事要办之有章,亲朋之才要秉公而用。把握好“警戒线”,常思贪欲之害、常念清廉之贵,上畏党纪国法、下畏民心向背,特别是对抹牌赌博、送客送礼、吃请请吃、公车私驾、公费旅游等体现在吃喝玩乐上的不正之风要大力整改。把握好三是“高压线”,针对有极少数干部认为“理想是远的、权力是硬的、利益是实的”,抛弃远的、抓住硬的、得到实的,甚至不惜触犯党纪国法这条“高压线”。只要人民群众来办事,“经手三分肥、雨过地皮湿、雁过拔根毛”。这方面的危害性相信极大,必须引以为鉴、引以为戒,坚持口不乱开、手不乱伸、事不乱办,真正做到身正、心正、行正,用一身正气在群众中树立威信、赢得支持,用清廉的党风,培植务实的政风,带动纯朴的民风。

四、鼓足干劲、提振信心,奋力开创“四个新局面”

振奋精神,鼓足干劲,不断增强抓好工作的责任感、紧迫感和使命感,努力开创“四个新局面”。

第一,解放思想,开创开明开放的新局面。我们与发达地区相比,最大的差距是思想上的差距,必须持续深入地解放思想。解放思想必须统一思想,深入开展以“认清县情找差距、解放思想促发展”大讨论活动,解决“口头上解放行动上不解放、抽象上解放具体上不解放、要求别人解放自己不解放”的问题,把认识统一到“发展不够”这个最大的县情上来,在思想上与县委政府保持高度一致,做到一个思路一个音、一个目标一条心、一个决策一颗钉。解放思想必须率先垂范，树立“解放思想、从我做起”观念，坚持求真务实，脚踏实地，勇于创新，敢于改革，始终保持迎难而上的勇气、攻坚克难的志气、开拓进取的锐气、敢为人先的豪气，与强者比、与高者攀、与快者赛，立好标杆、树好榜样、作好表率。解放思想必须言行一致，解放思想不是时尚的语言、动听的口号，不能停留在会议上、文件上，言行一致，表里如一，是怎么说的，就怎么做，为人民群众办一些看得见、摸得着的事，开创开明开放的新局面。

第二，坚定信心，开创锐意进取的新局面。信心是战胜一切艰难险阻的强大精神支柱和力量源泉。在同等条件下，工作效果如何，比的就是信心；不同条件下，结果有反差，差的也是信心，而一个单位、一个地方有没有信心，主要取决于“带头人”。必须时时刻刻信心满怀，时时刻刻充满激情，不断提升经济发展的新水平，绘制社会发展的新蓝图。在跨越赶超的征程中，肯定会遇到这样或那样的挑战，只有坚定信心才能不因眼前的困难而束手无策，才能不因复杂的局势而迷失方向，才能在艰难复杂的发展环境中更有作为。把困难作为新形势新阶段提出的新要求，作为催人奋进的新动力。越是在困境中，越要坚定信念；越是在压力下，越要锤炼意志，越要彰显才华。古语有云：“不患无策，只怕无心”。必须坚定信心，用强烈的进取心和旺盛的创造力，去攻坚克难，奋力赶超，干一流事业，创一流业绩，开创锐意进取的新局面。

第三，强化责任，开创勇于担当的新局面。作为一个地方的一把手，担负着兴一方经济、促一方发展、保一方稳定的重任，更是权力和责任的集中体现。强化责任意识，就是强化一把手敢于负责、敢于承担责任的一种意识、一种魄力。勇于承担责任，才能慎用手中权力；勇于承担责任，才能尽心尽力履职；勇于承担责任，才能被赋予更多的使命，才有资格获得更大的荣誉，才能得到人民群众的信任。我们必须主动挑起工作的重担，对应该做的事，顶着压力也要干；必须负的责，迎着风险也要担。如果我们没有敢于担当的勇气，怕担风险、怕犯错误，瞻前顾后、患得患失、明哲保身，只能贻误发展时机。在一切有利于发展、有利于人民的工作实践中，必须保持舍我其谁的英雄气概，冲在矛盾最多处，走在发展最前列。以强烈的事业心和责任感，敢于触及矛盾、动真碰硬，勇挑重担、迎难而上，就一定能干成一件又一件大事，攻克一个又一个难关，成就一桩又一桩事业，开创勇于担当的新局面。

第四，提高能力，开创工作比拼的新局面。当前，我们发展的任务更加艰巨，群众的愿望更加迫切，只有不断加强能力建设、树立比拼信心，才能提高我们发展经济、管理社会的水平。以积极的心态顺应变革，以敏锐的眼光洞察形势，用改革的办法破解难题，用创新的理念促进发展，提高科学发展的能力。坚持从实际出发，抓住牵一发而动全身的关键性问题不放，深谋远虑、周密思考，抢占制高点、掌握主动权，提高善抓关键的能力。善于审时度势、把握时机，对看准的事，要果断决策、大胆指挥，提高决策指挥的能力。吃透“上情”、摸清“下情”，时刻做到宏观在胸、微观在握，正确处理改革发展与稳定、局部与全局、当前与长远的关系，提高驾驭全局的能力。在无望中创造可能、可能中办成事情，提高创造性工作的能力。不断改进工作方法，注重说服教育、以理服人，充分调动年轻同志的积极性，提高老同志的后续动力，将各方力量凝聚到推进经济社会发展上来，开创工作比拼的新局面。

王旋，山东临朐县人，1955年8月出生，华中科技大学研究生学历，1973年4月参加工作，1987年10月任十堰市经委副主任，1992年11月任十堰市政府副秘书长、办公室主任，2000年4月任十堰经济区党委书记、管委会主任。2010年3月任十堰经济开发区党委书记。

践行科学发展观　谋求开发区新发展

十堰经济开发区党委书记　王　旋

学习实践科学发展观的提出，是全党上下执政理念的重大创新，对各级干部思维理念、行为模式和工作作风都提出了新的要求。我们必须解放思想、转变观念，不断适应新形势的发展变化，用辩证的、历史的思维来重新审视基础条件，用开放的、竞争的眼光来重新审视发展现状，用全局的视角来重新审视所处的优势劣势，找准符合科学发展、具有鲜明个性的发展途径。面对国际国内经济形势，十堰经济开发区在谋求新一轮大发展的伟大实践中，要靠实实在在的措施来推动发展，通过改革工作考核评价体系，探索建立符合科学发展观要求的干部政绩评价标准，通过开展科学发展观理论学习，解放思想大讨论、干部作风大整顿、项目建设大推进，用良好的思想、纪律和作风来保障科学发展。

结合学习实践科学发展观、贯彻落实市委三届七次全会精神，要实现开发区新一轮大发展，必须以更解放的思想、更广阔的视野、更得力的措施来谋划开发区的未来。

明确一个好思路。2000年，开发区党委、管委会结合当时的实际，制定了"特色建区、项目兴区、机制活区、科技强区"的发展思路。今后一个时期，应该继续围绕上述思路，以更解放的思想、更开放的措施，推进开发区实现新的发展。具体来说，就是要始终坚持整车与零部件一起上，生产与流通两手抓，重点建设"整车、总成、关键零部件和现代物流"四大产业集群，着力打造大市场、推进大项目、凸显大科技、营造大和谐、建设大开发区。

一是打造大市场。以中国(十堰)汽配城和物流广场为基础，加快中国商用车零部件产业促进中心项目建设步伐，重新审视汽配城发展，制定发展战略，按照"统一规划、分区进行、分步实施"的原则，引导投资业主对汽配城进行升级改造，将汽配城打造成西至柯家垭、东到铁路双桥的全国商用车配件集散地；依托武当山机场和高速公路东部互通、铁路货运编组站等，在武当山机场路南侧建设国际汽车汽配会展中心及汽车4S店集中区，形成汽车及产品展示、汽车销售及售后服务于一体的新型功能区；打好会展经济牌，将中国·十堰汽车汽配订货会办成全国一年一度有巨大影响力的汽车汽配行业盛会，成为车城十堰的品牌。

二是推进大项目。项目建设始终是开发区发展的源泉，是开发区的"生命线"。开发区党委、管委会始终把服务大项目、推进大项目、建设大项目作为工作的重中之重，东风小康工业园、港澳台工业园、龙门工业园、温州工业园、汇合工业园、神鹰工业园、军用越野车项目等一批大项目陆续动工建设或竣工投产，东风"小王子"和发动机项目有新的转机，这些项目都将成为支撑开发区今后发展的支柱。下一步，一方面要不断推行同步工程理念，加快推进上述项目建设，力争早日全面建成投产，形成效益；另一方面要继续把招商的重点放在"大招商、招大商"上，放在高新技术项目和外向型经济项目上，放在开发区汽车产业链中关键总成项目上，完善和延伸汽车产业链条，形成汽车产业聚集效应。

三是凸显大科技。以高新技术产业开发区、国家火炬计划十堰汽车关键零部件产业基地为平台，以开发区创业服务中心为抓手，通过政策引导、资金支持、人才引进等多种途径鼓励企业自主创新，提高产品技术含量和市场竞争力；加快开发区创业服务中心和企业技术中心建设步伐，同时打造一批省级以上企业技术中心，不断提高企业自主创新能力；争创国家级高新技术企业和产品，开展专利技术申报和应用，大力提升高新技术产业在国民经济中的比重，使开发区真正成为全市和周边地区高新技术产业的凹地。

四是营造大和谐。社会稳定是经济发展的基础，在大力发展经济的同时，坚持“三个文明”一起抓，实现经济社会又好又快发展。要坚持“工业反哺农业”政策不动摇，实行“一统三分”战略，加快搬迁小区建设，推进城镇化进程，改善农村生活条件，增加农民收入，统筹城乡发展；要加大社会保障体系建设，使经济建设成果惠及辖区居民，实现老有所养、病有所医、弱有所助；要加强文化建设，培养居民积极向上的生活情趣，提高居民整体素质；要狠抓党风廉政建设，在群众中树立廉洁、勤政、诚信的良好形象，让老百姓放心、安心、有信心，自觉自愿地支持经济建设。

五是建设大开发区。要坚定不移地实施万亩山地整理计划，破解开发区发展空间不足、“等锅下米”的难题，为入驻项目土地需求铺平道路。与此同时，按照“三不变、四统一”的原则和“一区多园”模式，以体制、机制创新和科技创新为动力，整合开发区资源，实行跨域发展，全面提升开发区经济实力和竞争力，努力把开发区建成全市经济社会又好又快发展的示范区，建成区域性中心城市经济发展的增长区，建成国家级开发区。

确定一个好目标。经过20年的发展，开发区经过最初的起步阶段和最艰难的低谷时期，2000年后步入了发展的快车道，实现了新跨越。现在的招商引资已经由最初的“等米下锅”发展到“挑米下锅”、“等锅下米”。以东风小康汽车公司为主的14个“双亿工程”项目、83家规模以上工业企业、40家限额以上商贸企业，已经为开发区快速增长奠定了坚实的基础。市委、市政府已将开发区作为中心城区的三大板块之一。因此，在未来的发展中，要能够适应这种转变，要跟上新的形势。具体来说，就是通过3—5年的努力，到“十二五”末，开发区的工业产值要达到500亿元以上、财政收入达到20亿元，并通过跨域发展，将开发区创办为国家级开发区。对此，我们主要是推进好四大项目建设：一是东风小康汽车项目。在5年左右可以将产量做到50万辆，产值近150亿元。围绕东风小康再建设一批零部件项目，按照整车对配套产业1:0.7的拉动比率，将增加105亿元产值。仅东风小康及带动的相关产业，工业产值将达到200亿元；二是东风小王子项目。项目建成后，按照年产5万台轿车、20万台发动机的产能计算，可实现产值40亿元；三是军用越野车项目。目前研制开发工作进展顺利，已经进入产品会战、交付样车阶段，不就将于投产，按照军用和民用各1万辆的市场份额，将可拉动工业产值80亿元；四是龙门工业园、港澳台工业园、神鹰工业园、温州工业园、汇合工业园等的建成投产，天涯公司100万套暖风系统、万联达公司60—100万套横直拉杆等规模性总成企业的达产，至少可增加100亿元以上产值。仅此几项，既可使工业产值达到350亿元以上。加上现有的其它产业，届时开发区工业总产值将超过600亿元以上，将占全市1000亿元工业产值的三分之一强，真正与东风公司、十堰市地方工业形成“三足鼎立”的大格局。

制定一个好政策。经过近些年的发展，开发区的经济有了一定的基础，财政已经实现了“吃饭财政”、“建设财政”向“贡献财政”的转变。如何进一步调动各方面积极性，加快发展步伐，这需要从政策层面进一步解放思想，通过政策杠杆激发加快发展的热情。下一步主要是要充分调动街办、村组企业的积极性，要变管委会一个层面招商、推进项目建设为管委会、街道办事处和村组多个层面招商、推进项目建设，变一个人操心为多个人操心；在项目的引进和建设上，要实行“抓大放小”的政策，即投资在1亿元以上的大项目由管委会负责建设，在不影响开发区产业政策和发展方向的前提下，对投资在1亿元以下的中小项目由街办、村组负责引进建设，管委会则集中精力招大商、引大资。凡由街办和村组新建项目的税收开发区留成部分，在5—8年内全部留给街办、村组，8年以后，按“四六分成”的比例，大头留给街办、村组；重大项目建设，村组可以用土地出让收入投资，然后按此比例享受新增税收开发区留成资金，还可将整理出的山地出让给城投公司，由城投公司分年还本付息，加快山地整理步伐和企业入住速度，尽快做大经济块头，这样一来，可充分发挥街办、村组的作用，充分调动基层发展经济的积极性，通过将效益汇聚到群众身上，减少基层矛盾，维护社会稳定，是实现多方共赢政策。同时，对自愿不享受开发区优惠政策的新入驻企业或项目，新增税收留成部分3-5年内全部奖励，5年后，按此比例分成。对此，请财政部门会后进行研究，尽快制定并出台相关政策。

打造一个好环境。最近两年，开发区在硬件环境建设上迎来了大发展。许白路、武当路与白浪路、白武路已分别改造升级，吉林路正在动工建设。另外，郧十、十房、福银三条高速公路互通将设在六里坪，武当山机场已得到中国民航局批复，确定选址在方块，不久即可动工建设。届时，还将按一级路标准沿机场打通许白路至六里坪通道。开发区将成为鄂西北地区重要的交通枢纽，形成空地一体的交通网络，为下一步发展奠定了好的基础。面对硬件环境的不断优化，我们还要不断强化以服务为主的软环境建设。服务是开发区的立区之本，没有优质的服务，开发区不会有今天的发展成果。打个比方，如果一名干部的服务就象树苗，那么一个部门的服务就象树林，而整个开发区的服务就是森林，森林则能影响气候。我们决不能因为个别干部的服务不到位，影响到整个森林，最后影响到开发区的大环境。在未来的发展中，要继续发扬优质服务的优良传统，牢固树立“工业第一、企业家老大”的理念，正确处理树苗、树林和气候的关系，为辖区企业和建设项目提供优质服务。要建立进区项目“直通车”服务体系和“绿色通道”，在招商引资和项目建设中树立“同步工程”理念，按照“政策到位、措施到位、服务到位、责任到位”的要求，对项目建设实行全程服务。要通过1至3年的努力，使开发区在建的总投资达47亿元的32个重点项目全部建成投产，为创建国家级开发区创造良好的条件。

建设一支好队伍。21世纪的竞争，说到底是人才的竞争。当前，开发区面临着人事上的困扰：一方面，开发区事业发展了，部门增加了，人员也增多了；另一方面，真正干事时，又发现人才太少了，能干事、会干事、干成事的太少了。有的做不了事，有的能做事但是不想做。对此，我们一是将通过招考的办法引进一批人才。面向全国招考了10名研究生人才到机关工作；二是通过下派挂职的办法锻炼一批人才。对近年来分配到开发区的选调生和其他年轻干部，将选派一批分别到各县和辖区工商企业对口挂职，通过半年到一年的挂职锻炼，学习县里和企业干部职工吃苦耐劳、扎实肯干的工作作风，同时尽快熟悉、熟练本部门、本岗位工作；三是建立健全干部考核评价体系。通过开展对部门负责人、对每位干部的绩效评价，可明确每位干部每年是否干了事、干了哪些事、哪些事干成了，从而形成考核有机制、评价有指标、奖罚有标准的干部考核评价体系。通过上述三条措施，相信将会引进、培养、发现一批优秀人才。对待真正的人才，党委将会不拘一格选人才、不拘一格用人才。在政治待遇上，没有局长的编制，可以有副局长的编制；但是，对于只想当干部、当领导、不想干事业的干部，党委也将采取措施，奖勤罚懒、奖优罚劣。希望各级各部门的干部要有危机意识，只有通过努力工作才能获得稳定的工作、稳定的收入、稳定的地位，只有齐心协力，才能干大事、干成事。

李发平，男，汉族，十堰人，1963年1月出生，中共党员，在职硕士研究生，1981年10月参加工作。先后在十堰市公安局、旅游局、文化局任职，2003年5月任中共武当山旅游经济特区党委书记、区长，2004年2月任中共武当山特区工委副书记、管委会主任，现任武当山旅游经济特区工委书记、管委会主任。

努力打造全国旅游流行风向标

武当山旅游经济特区工委书记、管委会主任　李发平

如果说从20世纪80年代至今，我国旅游经历了观光旅游、休闲度假阶段，那么未来3—5年，必将是健康养生游时期。作为中国原始哲学道家思想公认的第一名山，武当山上千年的历史积淀，集中体现了中国智慧的基本哲学精神；作为我国武术和养生学说的标志性圣地，武当文化也反映了中国人对健康、快乐、平安、和谐理想的追求，符合当前人们休闲养生价值需要，武当山必将成为全国新一轮旅游流行风向标。

一、深厚的文化底蕴，是打造全国旅游风向标的坚实基础

旅游优势在很大程度上取决于文化的魅力和吸引力。武当山是仙山、祖山、寿山、福山、灵山，文物古迹众多，文化底蕴深厚，资源品质卓越，自然景观与人文景观相得益彰，具有加快发展旅游文化产业、打造全国旅游流行风向标得天独厚的条件。

古建筑群举世罕见。武当山古建筑群始建于唐代，兴盛于明代，明永乐皇帝遣臣率军民工匠30多万人历时12年，在武当山长达70公里的建筑线上建成了9宫、8观、36庵堂、72岩庙、39桥梁、12亭等33处古建筑群，建筑面积达160万平方米。现存较完好的古建筑129处，共有庙房1182间，建筑面积43332平方米。整个建筑群严格按照真武修仙的故事统一布局，并采用皇家建筑规格，形成了“五里一庵十里宫，丹墙翠瓦望玲珑，楼台隐映金银气，林岫回环画镜中”的仙山琼阁意境，堪称我国建筑宏观设计的顶峰之作，是当今世界上最大的宗教建筑群，被誉为“中国古代建筑成就的博物馆”。世界建筑师学会副主席杨廷保称赞武当山古建筑是“人世上的天堂，驾于五岳之上”。世界遗产委员会认为，武当山古建筑中的宫阙庙宇集中体现了中国元、明、清三代世俗和宗教建筑的建筑学和艺术成就，代表了近千年的中国艺术和建筑之最高水平。

道教文化源远流长。“中国文化的根柢在道教”。武当山作为我国道教文化产生、发展、壮大、延续的载体和舞台，自明代以后，以“四大名山皆拱揖，五方仙岳共朝宗”的五岳之冠闻名于世，被誉为全国道教第一名山，成为全国最大的皇家道场和全国道教活动中心。武当道教是我国本土宗教的巅峰象征，武当山蕴含着负阴抱阳、冲气以为和、保合太和的深奥哲理，承载着最高和谐之道。武当道教所倡导的道法自然，天人合一；上善若水，厚德载物；重人贵生，诚信向善的思想理念，既符合当前人们休闲养生的价值追求，又较全面直观地体现着我国古人的信仰、思维和行为方式、价值观念，是我国传统文化瑰宝和全世界宝贵的思想文化遗产。道教文化令海内外游客心驰神往，特别是在香港、台湾和东南亚地区等有着广泛而深远的影响。

武当武术神秘莫测。“天下太极出武当”。武当山是我国太极拳的发祥地，由明代高道张三丰集武当拳技之大成所创，素有“北崇少林，南尊武当”之说。武当武术是中华武术的瑰宝，是中国传统武术两大流派之一，深深根植于数千年华夏文化的沃土之中，蕴含着深刻的中国传统哲理。武当武术在继承古代武术攻防理论的基础上，运用《易》的某些原理，参以道教内丹功法经验，逐步形成了自己的理论体系和独特的套路风格。其理论核心是阴阳消长、八卦演变、五行生克。它以养生练功、防身保健为宗旨，以“厚德载物、道法自然”为精神，以动静结合、内外兼修为方法，具有尚意不尚力、四两拨千斤、以柔克刚、后发制人、延年益寿、祛病御疾等多种特点和功效。随着时代发展和社会进步，武当武术的养生价值越来越受到海内外游客的青睐，目前全世界习练太极拳的已逾5亿人。

自然景观独一无二。武当山山水一体，珠联璧合，集我国泰山、普陀山、故宫、千岛湖、少林寺等著名景区优势资源于一体，是旅游资源高度复合的风景名胜区。境内既有“天造玄武”、“一柱擎天”的天柱峰，“七十二峰朝大顶，二十四涧水长流”的壮丽景观，又有烟波浩淼的南水北调水源地太极湖。山之厚重庄严，水之灵秀生动，人绕水转，山随人移，人如画中行，山似水上飘，山水间的大仁大智，似真似幻。名山秀水构成武当山独一无二的风景，对国内外游客具有巨大的吸引力。

二、强劲的发展态势，是打造全国旅游风向标的重要支撑

随着省委、省政府鄂西生态文化旅游圈战略和市委、市政府“三区一中心”发展目标的实施，武当山经历了“创世界知名风景区，建中国山水园林城”、“世界知名、中国一流”到“世界知名、国际一流”三个发展历程，发展思路不断拓展，发展理念不断升华，发展目标不断提高，发展业绩日益辉煌。经过七年的艰辛探索和不懈努力，武当山涅槃凤凰终于浴火重生，迎来了历史上发展的高峰，武当山旅游步入了全面提升、扩张发展的黄金机遇期。2009年，武当山接待旅游人数160万人次，实现旅游总收入6.6亿元，完成综合财政收入1.8亿元，分别是2003年的6.2倍、11.6倍、6.1倍。先后荣获“首批国家级重点风景名胜区”、“世界文化遗产”、“全国重点文物保护单位”、“国家地质公园”、“全国十大避暑名山”、“全国武术之乡”、“最受群众喜爱的中国十大风景名胜区”、“中国最美的十大宗教名山”、“欧洲人最喜爱的中国十大景区”、“中国优秀风景区”、

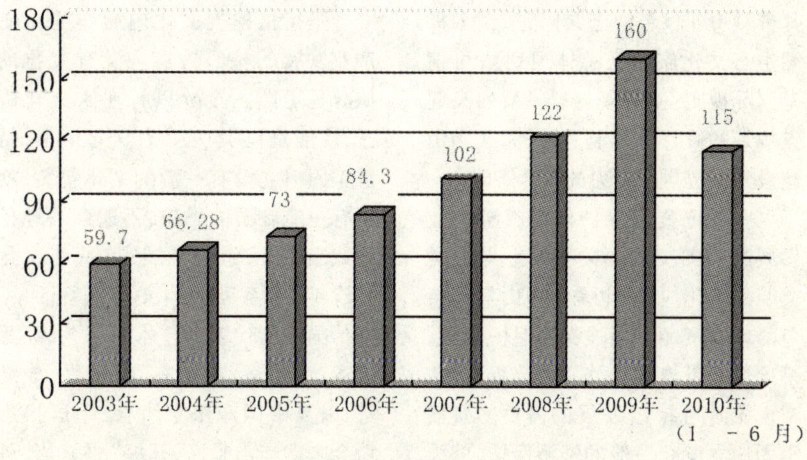

2003—2010年武当山游客数量增长一览(单位：万人)

"中国大学生最喜欢的旅游目的地"等20多项"国"字号桂冠。

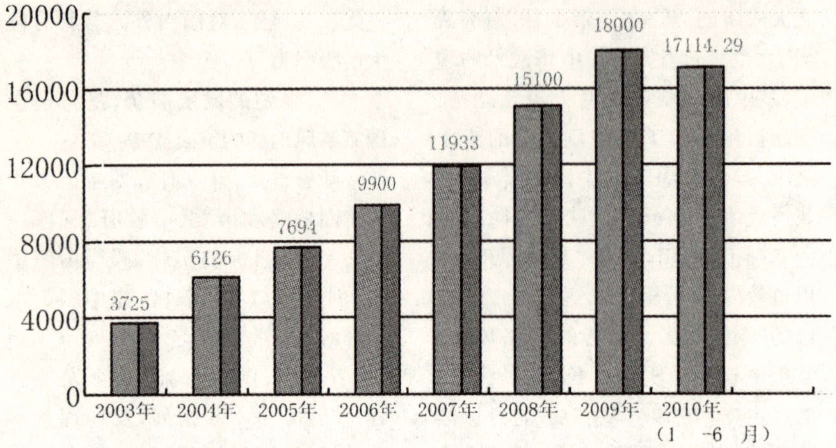

2003—2010 年武当山综合财政收入增长一览（单位：人民币万元）

坚持把规划编制作为旅游产业发展的龙头工程。武当山作为我国著名的道教圣地，其开发建设理应是道教文化的弘扬和延续。基于此，我们牢固树立没有一流的规划，就没有一流旅游的思想，按照"山上养心、山下养生"的规划理念和建设思路，坚持请大院、请大师，邀请清华大学、上海交大、同济大学、中国建筑设计院、美国易道环境规划设计有限公司、英国阿特金斯、加拿大泛太平洋设计有限公司等国内外知名设计院校，完成了《武当山风景区总体规划》（修编）、《武当山城区总体规划》等的编制工作。邀请10多位声誉卓著的全球大师带领100多名博士共同完成《太极湖生态文化旅游区总体规划》，可谓是国际视野、高端规划。一系列高起点规划的修订和编制完成，为武当山建设发展提供了有力的科学依据。

坚持把资源保护作为旅游产业发展的基础工程。文物是世界人类文明的物化成果，也是武当山最具特色的珍贵资源。加强文物保护管理，是珍惜全世界人类共有的宝贵遗产，实现旅游可持续发展的需要。我们牢固树立没有一流的资源保护，就没有一流旅游的思想，告诫全区上下要象爱护自己的眼睛一样，呵护世界遗产武当山。2003 年以来的七年，是武当山历史上文物保护投入最大、修复文物数量最多的时期。特区累计投资近 1.5 亿元加大古建筑的修复力度。完成了"治世玄岳"牌坊、冲虚庵、元和观、玉虚宫、磨针井、太子坡、琼台中观、紫霄宫、南岩宫、泰常观、椰梅祠、黄龙洞、太和宫、五龙宫等 20 余处古建筑的修缮复原。实施古建筑消防安防工程，实现连续多年文物安全零事故的目标。对全山所有文物进行数字化处理，输入数据库实行电子档案管理，在全国首开文物数字化管理的先河。武当宫观道乐、武当武术已被列入国家非物质文化遗产名录。

坚持把挖掘文化内涵作为旅游产业发展的核心内容。没有文化的旅游是走路。旅游只有注入文化因子，才能增强其吸引力。七年来，特区牢固树立没有一流的文化包装，就没有一流旅游的思想，不遗余力地挖掘武当文化，组织开展了"武当文化建设年"等系列武当文化工程活动。邀请国内当代著名艺术家张艺谋、陈维亚、卞留念、徐沛东、唐国强、成龙等，以及中国音乐家协会、中国摄影协会来武当山景区，开展"书武当、画武当、写武当、拍武当、唱武当"等系列活动。邀请著名词作家宋晓明、曲作家赵季平联手创作了《天下太极出武当》等 10 首武当歌曲。拍摄了电影《武当》、《武当少年》、《太极》、《木棉袈裟》、《太极张三丰》、《功夫梦》，大型电视纪录片《问道武当》、《圣山》、《仙山武当》、《太极武当》、《武当百谜》、《武当神韵》，以及电视剧《武当Ⅰ》、《武当Ⅱ》、《倚天屠龙记》、《西游记》、《勇士的最后秘密》。打造了一台大型音诗画《太极武当》武乐盛典。编辑出版了《武当山志》、《武当文化丛书》（10 部）等，制作出版了道教音乐光盘、武当武术录像带、VCD 等音像制品近 100 种。高水平组建了武当功夫艺术团、武当太极功夫团、武当道教功夫团、武当道乐经乐团等 7 个武术、道乐、道茶表演团队，经常赴美国、英国、法国、意大利、新加坡、韩国及港、澳、台等 10 多个国家和地区进行表演交流，武当武术、武当道乐等道教文化在海内外产生了广泛而深远影响。武当功夫亮相上海世博会，受到了参观者的热捧。

坚持把基础设施建设作为旅游产业发展的重要载体。旅游讲究的是舒适，享受的是环境。为游客提供赏心悦目的旅游环境，是现代高品质旅游的要求。我们牢固树立没有一流的基础设施，就没有一流的旅游的思想，注重将武当文化元素融入到旅游基础设施建设中，配套完善旅游服务功能，不断优化旅游环境，提升旅游品位档次。七年来，总计投资近 16 亿元，加快推进了一批事关特区经济社会长远发展的重大基础设施项目。一是旅游设施项目建设。建成了国内一流的游客服务中心、旅游环保车队、景区数字化智能管理系统，完成了武当旅游发展中心、武当山接待中心、武当旅游码头、玄岳门码头、建国大酒店、天尊国际大酒店建设和琼台至金顶索道改造，以及景区"三道"（游步道、古神道、木栈道）建设和琼台、乌鸦岭房屋"穿衣戴帽"工程，景区现有公厕全部实现了星级标准的目标。二是文化设施项目建设。建成了武当山文化中心(武当博物馆、武当大剧院、太极文化广场)、武当武术国际交流中心、太极剧场、艺术馆、桥头憩园、武当景观园建设,对演艺厅、国术馆进行了改造。三是基础设施项目建设。太极湖新区和太极湖生态文化旅游区的路坝桥基本竣工,完成了城区10条主次干道改造、商业步行街、太和大道、武白一级公路、武当山景区公路和五龙景区公路建设,武当农贸市场、污水处理厂、垃圾填埋场竣工投用。

坚持把提升接待水平作为旅游产业发展的重要手段。牢固树立没有一流的环境,就没有一流旅游的思想,按照"不让一个游客在武当山受委屈"的服务理念,深入开展以"扩容提质"为主要内容的城区、景区功能提升战略,以及向脏、乱、差宣战,和不文明告别活动,实施"绿化工程"、"亮点工程"、"配套工程",下大力气推进了旅游环境综合治理。重点在景区、城区实施了"八个一"工程:一是将景区一类保护区范围扩大到170平方公里;二是组建一支综合执法大队,依法加强了对景区、城区的管理;三是组建一支旅游观光车队,对景区实行了封闭式管理,提高了武当山接待档次和水平;四是对景区、景点和旅游公路沿线标志牌进行统一设计更新;五是核心景区农户一律搬迁,总计投资1000多万元,对琼台、南岩、紫霄等景区核心部位农户、临时商户进行了迁移,并对原宅基地进行了成片、成线、成景绿化;六是对影响景区、城区容貌环境的建筑物一律拆除,在景区、城区全面实施了亮化、净化、美化工程;七是景区垃圾一律下山,确保景区、城区环境卫生全天候保洁;八是在景区实行"三统一"管理,即统一集中经营,统一导游人员管理,统一明码标价,有效规范旅游市场秩序,净化旅游市场。

坚持把人才队伍建设作为旅游产业发展的重要支撑。"千军易得,一将难求"。人才资源是第一资源,是引领经济社会发展的根本和关键。我们牢固树立没有一流的人才,就没有一流的旅游的思想,坚持"服务发展,人才优先,以用为本,整体开发"的人才工作方针,突出"三高"人才(武术高人、周易高人、道医高人)的培养和引进,真正做到让人才用当适任、用当其实、用当尽才。一是全方位"引"才。面向全国公开招考了一批导游员和旅游解说员,面向全省公开选拔了7名专业技术人员担任副局长。对武当功夫艺术团、景区执法大队、武当博物馆等事业单位工作人员面向社会公开招录,使100多名优秀青年在武当山找到了用武之地。二是多渠道"借"才。从十堰市、丹江口市直部门选调业务骨干到特区挂职交流。实施特聘首席顾问、首席专家计划,组建旅游发展智囊团。聘请张纪中、王宏伟、于丹、李若彤、焦恩俊等20余位知名人士担任武当山艺术总监、形象大使。经常性邀请清华、北大和故宫博物馆的知名专家学者现场授课、传经送宝,与峨嵋山、张家界等著名风景区建立了友好协作关系,定期选派优秀年轻干部挂职锻炼,增强实践能力。三是高质量"提"才。按照"德才兼备、以德为先"的原则,坚持把想干事、干成事、不出事作为唯一标准,做到"四个优先",即优先提拔群众公认、实绩突出的干部;优先选用踏实肯干、默默无闻的干部;优先选用德才兼备、表现优秀的年轻干部;优先选用经济服务管理型干部。近几年来共提拔副局级以上干部八十余人,使想干事的有机会,会干事的有平台,干成事的有地位。四是大手笔"奖"才。特区每年拿出数百万元资金专门用于奖励有功之士,凡获得市级以上奖励的,特区均给予重奖。

坚持把品牌营销作为旅游产业发展的重要平台。"焦点之下蚂蚁变成大象"、"热点之中沙子变成黄金"。旅游业是知名度产业、注意力经济,加强营销是吸引游客的关键。我们牢固树立没有一流的宣传,就没有一流的旅游的思想,依托中央电视台等大台、大报长年强势推介"武当山灵"主题形象,坚持媒体促销、广告促销、活动促销、网络促销、文化促销一起上,多措并举,形成旅游促销的强劲合力。在西安、武汉、郑州、北京等重点客源城市和周边城市发布公交车身广告和户外广告。在《中国旅游报》开办《旅游风向标》专栏,宣传推广武当山十大养生产品,着力打造新的旅游风向标。成功举办了"海峡两岸武当文化论坛"、"武当论见"研讨会、武侠渊源寻根之旅、"聚焦武当"全国风光摄影大赛、中国电影音乐学会年会暨道教音乐研讨会、全国晚报"聚焦今日武当"摄影大赛、央视"武林大会"武当太乙五行拳选拔擂台赛、全球功夫之星"武当赛区选拔赛"、武当武术发展战略研讨会、"武当·中华文化之旅"全球巡回活动、北京·武当山旅游文化周、武汉·武当生态文化旅游推介会、西安·武当文化旅游宣传月、"武当之道—武当山旅游发展模式"研讨会、于丹·陈军武当论道、武当国际摄影大赛、第三届世界传统武术节、"童谣中国·灵动武当"第四届全国青少年健康艺术节、武当国际旅游形象大使全国选拔赛等50多项有声势、有影响的活动,这些文化节会为武当山发展注入了强劲的生机和活力。

坚持把创新投入机制作为旅游产业发展的重要推力。投入不足是多年来制约武当山旅游快速发展的重要瓶颈,面对建设任务重与资金严重不足的矛盾,特区牢固树立没有一流的投融资机制,就没有一流的旅游的思想,坚持以资源换资金,以存量换增量,秉承资源共享、优势互补、互惠互利、共同发展的原则,以最优惠的政策、最优质的服务和最宽松的环境，主动与有实力的投资商交朋友、话合作、谋发展。依托武当山旅游发展有限公司和城投公司推进开展合作项目，先后与农行、农发行、中行、信用联社合作成功融资，为武当山旅游经济发展注入了新鲜血液。七年来，我们成功引进以太极湖集团投资联盟为重点的16家大型集团公司开发建设武当山，合同累计引资120亿元，已到位15亿元。其中，2004年引进湖北武当旅游开发有限公司投资3亿元建成了景区环保车队、游客服务中心、武当金街、武当银街、武当建国大酒店等。2005年引进湖北卓越集团投资2.5亿元完成武当大剧院、武当武术国际交流中心和接待中心项目建设。2006年引进天尊集团公司投资1亿元建设武当天尊大酒店，目前武当山四星级以上酒店已达3家。2007年引进湖北祥安房地产开发公司意向投资7亿元整体开发五龙景区。2008年成功引进北京信通投资有限公司、山东金瀚控股有限公司、上海中九投资有限公司、浙江祥源投资集团有限公司、安徽交通建设有限公司共同投资30亿元开发建设太极湖新区。2009年太极湖集团公司再次注入巨资70亿元开发建设太极湖生态旅游区项目，与鄂西圈投公司签定10亿元投资开发武当基础设施项目协议。社会资金源源不断地投向武当山，使顶级财富、人才、智囊、资金等实现高密度聚集，构建了资源共享、互利双赢的新格局。

三、发挥后发优势，致力实现全国流行“武当风”

经过七年的艰辛努力，武当山景区建设、资源保护、品牌塑造、接待能力和产业规模已逐步跻身全国先进风景区行列，创造旅游界公认的“武当之道”模式，为武当山旅游产业转型升级奠定了坚实的基础。今后一个时期，我们要在以下四个方面再加力度，努力把武当山打造成全国生态健康旅游的风向标。

（一）进一步强化旅游业的战略性支柱地位。旅游是武当山特色支柱产业，要实现“二次创业”，必须以世界眼光和战略思维谋划旅游产业发展，充分发挥大山、大水、大人文优势，突出做好生态文化大文章，不断壮大旅游块头，强化旅游业的战略性支柱地位。要改变传统的思维定势，凝聚全区力量，实现全民大办旅游的热潮，不断提升旅游产业竞争力，实现“两大转变”，即由旅游景区向旅游产业聚集区转变，由单一资源型主导，向文化产业和旅游资源型产业并举转变，向以文化旅游产业为主导的经济结构转型，最终实现旅游资源优势向旅游产业优势转变，推动武当山旅游业在新的起点上书写新辉煌。

（二）进一步创新旅游发展机制。好的机制是经济持续发展的源动力。要以武当山争创全国旅游综合改革试验区为契机，在旅游经营机制上先行先试，为世界遗产地和5A级景区加快改革发展步伐提供经验和示范，实现机制更加灵活、要素更加聚集、政策更加特殊、结构更加优化、发展更加科学、个性更加鲜明。一是建立企业化的旅游经营管理机制。坚持“政府主导、国有控股”的原则，以太极湖、客运索道、旅游环保车队等优良资产为依托，按照现代企业制度和上市日标组建大武当旅游集团。通过股票上市、发行债券、融资、合资等形式迅速进入资本市场，实现国有资产的保值增值。二是建立多元化的投融资机制。按照“认知武当文化，不以盈利为唯一目的，有较长期的资金沉淀能力”的要求，坚持“谁投资、谁开发、谁保护、谁受益”的原则，建立长效的融资和发展机制。鼓励和引导民间资金投资开发武当山，引进风险投资，建立风险分摊和利益分享机制，引进真正意义上的战略投资者和职业经理人，实现“老板投资我让利，老板小利我大利”的目标。三是建立良性循环的旅游资源开发利用机制。在最大程度保护文物资源的前提下，探索资源保护和开发利用之间的有效转化关系，做到山上以古建筑、道教文化和山景自然风光为主，山下以休闲养生和水上游乐为主，互补联动，相映生辉，引导和培养休闲体验产品和新型业态，实现旅游产品附加值的最大化。

（三）进一步加快旅游文化资源开发利用。独具特色的武当文化是我们除自然景观和人文景观之外更具有唯一性和垄断性的优势资源。要探索原点打造—文化转化—产业拓展链式推进的文化旅游资源开发模式，向西建设太极湖，向东开发三丰湖，东西辉映，形成“一山两湖”发展新格局，实现“以保护促旅游，以旅游促保护”。一是建设太极湖创意文化产业园区。武当山上千年的道家思想和养生文化积累，融合太极湖良好的山水生态资源，以国山、国学、国术为载体，重点建设以老子学院为核心的道家文化研究中心和养生文化交流窗口、以健康银行为标志的现代健康养生管理和研发中心、以药馨花海和山水环境形成的自然健康景观，打造“山上宗教悟道以养心，山下健康管理以养生”的组合生态文化旅游产业集群，努力把太极湖建设成为道家的道场、道家文化的弘扬地、生态文化旅游的示范地、国人和世人向往的度假和休闲胜地。二是加快五龙宫景区项目建设。把西神道与南岩景区连接起来，形成旅游环线，使整个景区形成一个完整的整体。三是加快特色旅游产品开发。突出艺术性、美观性、收藏性，充分展示武当特色，以武当山自然风光、文物古迹、道教人物和传统故事为题材设计产品图案，加强产品的文化包装，开发适销对路的旅游产品和旅游纪念品，使武当山旅游商品都打上特色文化的烙印，让游客看得见、摸得着、记得住、带得走。四是加快景点的文化建设。因景制宜,一景一特,让"古"的今起来,让"呆"的动起来,让"雅"的亮起来,加快景点的文化包装,使景点既蕴含武当文化的因素,又体现各景点的特色,如金顶朝拜、祈福转运;琼台讲经布坛、过堂斋饭;紫霄道教法事、道医问诊;南岩甘露茶道、龙头大香等,提高景点的文化含量,切实增强旅游的吸引力。

(四)进一步加快重点项目建设。项目是经济社会可持续发展的重要载体和支撑。要以武当山机场建设为抓手,以太极湖生态文化旅游区为重点,大力实施项目带动战略,充分彰显项目板块集群效应,确保一批事关特区经济社会长远发展的重大项目竣工投用。一是加快推进太极湖生态文化旅游区建设。按照"武当元素、太极文化、国际水准、学术品质"的要求,重点做好太极湖新区、旅游区、山地运动、水上旅游四大板块建设,加快旅游发展中心、武当国术馆、武当艺术馆、太极剧场、太极小镇、武当功夫城、太极养生谷、山地运动公园及武当国际会议中心、超五星级文化主题酒店、老子学院、武当旅游码头、游艇俱乐部等项目建设,努力打造山水相依、珠联璧合、聚休闲养生于一体的国际一流旅游目的地,使太极湖成为湖北乃至全国旅游产业发展的示范基地。二是加快基础设施建设。重点做好"三宫"、"六院"、"九中心"建设。"三宫"即:玉虚宫、五龙宫修复和遇真宫抢救性保护工程。"六院"即:武当武术学院、武当书院、武当文化研究院、武术养生院、武当山道教学院、老子学院。"九中心"即游客服务中心、武当文化中心、武当武术国际交流中心、武当山接待中心、武当民俗文化中心、太极湖度假中心、旅游发展中心、武当山购物中心、武当山影视中心。三是加快推进旅游"六要素"配套设施建设。围绕住、购、娱大作文章,重点做好三大酒店、六大旅游产品的开发建设。三大酒店即:太极湖国际大酒店、武当国际大酒店、天尊大酒店。六大旅游产品是:太极武术产品、宗教文化用品、文物复制品、道教文化产品、武当土特产品、旅游休闲产品等,包括太极球、太极扇、太极剑、太极棍、武术运动服、鎏金的金殿等。

治域方略

科学整理山地　集约利用土地　加快转变发展方式

中共十堰市委书记　陈天会

十堰地处秦岭大巴山腹地，是一个新兴的汽车工业城市，也是一个集中连片的贫困地区。发展不够是十堰最大的实际，发展后劲不足、发展方式粗放是十堰最急迫解决的问题。近几年来，我们把加快发展与加快转变发展方式统一于科学发展的实践中，探索出了一条科学整理山地、节约集约利用土地、加快转变发展方式的新路子。

2004年以来，城区集中连片整理山地3.23万亩，有17430亩用于工业园区建设，3190亩用于城市道路建设，2780亩用于房地产和商业开发，1368亩用于新建拆迁农民安置小区，5877亩用于兴建学校、医院、体育中心、博物馆、美术馆等城市公共服务设施。实践证明，科学整理山地、节约集约利用土地，有效解决了山区土地供给总量不足与部分山地资源闲置的矛盾、土地瓶颈制约与推进新型工业化和城镇化的矛盾、发展经济与保护生态的矛盾。

一、发展阶段的必然选择

十堰因车而建，因车而兴。1965年12月，国务院决定在十堰兴建中国第二汽车制造厂。1969年12月，湖北省政府决定成立十堰市。从此，在大山深处拉开了发展民族汽车工业和十堰城市建设的大幕。十堰城市伴随着工业的发展而发展，十堰工业伴随着二汽的发展而发展。建市40年来，十堰经历了三个发展阶段。

第一阶段即起步阶段(上世纪60年至70年代)。这一阶段是艰苦创业时期。来自全国各地的建设者们战天斗地，在崇山峻岭中建起了中国第二汽车制造厂。当时，为适应“三线建设”需要，按照“靠山、分散、隐蔽”的方针，二汽把工厂建在山沟里，形成了“一厂一沟”的格局。十堰与二汽实行政企合一体制，城市建设也是围绕二汽工厂布局展开的。这一阶段，十堰城区人口仅有17万多人、建成区面积只有19.7平方公里，工业企业不足百家，工业发展和城市建设的空间相对充裕。

第二阶段即加快发展阶段(上世纪80年至90年代)。二汽抓住国家改革开放的先机，大胆探索创新，汽车产量以每年1万多辆的速度递增，综合实力跃居行业之首。1992年，二汽更名为东风汽车公司。地方政府积极争取与东风汽车公司的协作配套，先后建成了缸套厂、制动蹄厂、拨叉厂、车桥轮毂厂等一大批汽车零部件及改装车生产企业。到1999年，十堰市规模以上工业企业发展到298家，城区人口增加到39.6万人。这一阶段，城市原有规划区已不适应现代工业发展的需要，也不适应现代城市建设的需要，用地矛盾开始显现。

第三阶段即调整经济结构和转变发展方式阶段(新世纪以来)。这一阶段，东风汽车公司大力实施产品结构调整和战略项目推进，十堰城市土地供给不足的矛盾越来越突出。为了寻求更大的发展空间，东风“两个总部”从十堰迁往武汉，部分配套企业及关联企业也跟进外迁。一段时间里，十堰项目外移、投资外流、企业外迁、社会生产力减弱、地方税源流失、经济增长趋缓。面对严峻形势，市委市政府提出一手抓经济结构战略性调整，大力发展地方汽车工业和旅游、水电、绿色食品、生物医药等新兴特色产业，增强十堰经济发展的稳定性和协调性；一手抓发展方式的转变，淘汰落后的产业和产能，改变过去拼资源、重污染、高消耗的粗放发展模式，增强十堰经济发展的可持续性。在“两手抓”的推进过程中，我们面临着一个突出的问题，就是土地瓶颈制约。当时，在十堰城区找不到一块百亩连片的平地。从2000年到2004年，有100多个招商引资项目因无地而不能落户十堰，有300多家企业因无地而不能扩张规模。随着经济社会快速发展和农村劳动力转移，城区人口达到70万，而城区建成区面积仅增加到45平方公里。这一阶段，城市空间小、承载力弱的矛盾更加突出，解决城市道路交通拥堵、基础设施布局零乱、城市经济增长点成长受限的问题迫在眉睫。面向未来，我们提出把十堰建成鄂豫渝陕毗邻地区的区域性中心城市和具有国际化水准的现代化汽车城，把十堰城区建成百万人口的大城市，都迫切需要拓展城市发展空间，提高城市承载力。立足山区实际，转变十堰发展方式，也内在地要求增加土地供给、节约集约利用土地。

怎样破解土地供给不足对加快十堰发展和加快十堰转变发展方式的瓶颈制约？市委市政府一直思考着、探寻着。2003年初，我市引进的温州客商将茅箭区西坪村的一片荒山荒滩整理出近1000亩平地兴建荣华工业园，解决了因无土地不能实施汽车零部件生产扩能升级的问题。茅箭区政府也将集镇附近小村庄散居的村民整体迁移到统一规划的新区内，将腾出的土地整理成工业用地，兴建了普林工业园和万向工业园。从这两个尝试中，市委市政府得到启示：山地可以整理用于工业发展、城市建设。回顾十堰建市之初，二汽也是开山建设的。从沿海地区来看，天津围垦填海造地建设工业园区，深圳移山填海建设物流园区，珠海填海造地为城市发展赢得更大空间。十堰是典型的山地城市，最缺的资源是平地，最不缺的资源是可以开发利用的山场。在深入调研、反复论证的基础上，市委市政府提出“向山要地”。我们把科学整理山地、节约集约利用土地的战略构想向省委省政府作了汇报，得到了省委省政府的重视和支持。省委书记罗清泉、省长李鸿忠在十堰调研时指出：开发山地，为招商引资和城市发展开辟了新的空间，要注重科学规划、统筹布局、合理开发、有序推进，切实提高土地利用的综合效益，促进土地集约利用、项目集中建设、产业集聚发展。省国土资源厅厅长杜云生多次深入十堰现场指导，并将十堰作为全省山地整理的试点。在获得省国土资源厅、林业厅支持后，我们开始在张湾区、茅箭区和十堰经济开发区组织开展了较大规模的山地整理。

二、科学有序整理山地

整理山地是一项系统工程，具有较强的技术性和关联性。我们按照省委省政府要求，始终坚持以科学发展观为指导，立足于统筹兼顾，着眼于可持续发展，严格实行“科学规划、集中开发、高效利用、节约集约”的原则，努力提高山地整理水平和综合效益。

1. 坚持规划先行。为防止开山整地的盲目性和随意性，避免无序开发和过度开发，我们坚持从规划抓起，做到规划先行、规划统领、规划科学。市规划部门牵头组织建委、国土、园林、林业、水利等有关部门共同编制山地利用的总体规划和年度计划，经市政府批准后实施。近几年来，张湾区、茅箭区、十堰经济开发区整理的每一块山地，均由市规划设计院按照有关标准和技术规范统一规划设计。我们要求纳入整理规划的山地必须符合“三少一无、四个有利”，即占用耕地少、山体树木少、居民拆迁少、无基本农田；有利于集中连片规模开发，有利于工程建设，有利于提高土地使用效率，有利于降低开发成本。在制定山地整理规划时，我们注重与土地利用总体规划、与城市建设总体规划、与重点区域控详规相衔接，做到统筹谋划、一次规划到位、分期分片开发利用。

2. 实行集中连片开发。我市整理山地经历了从分散到集中、从“点状”到“片状”的探索过程。实践使我们逐步认识到，“片状”开发有利于节约集约利用山地，实现综合效益最大化；有利于形成集中连片用地，推动城市功能分区和工业园区建设，促进城市布局优化和产业集群发展；有利于避免因零星的“点状”开发而对生态环境造成的破坏；有利于降低土地开发成本和拆迁安置成本。随着认知的升华，我们理性调整治山行为，把分散在使用者手中的闲置和低效荒山丘陵集中进行高效改造、综合整治、成片开发。如我们在城区西部实施了“万亩山地整理”项目，着力打造工业总产值达500亿元的现代化工业新区。目前已整理出7000多亩平地，有16家企业入园，新建的捷达路、凯迪拉克大街及连接市中心的建设大道已投入使用。

3. 创新山地整理模式。整理山地是在市场经济条件下向山要地，既要确立开发主体，又要解决大量投入问题。我们把政府主导与社会参与结合起来，坚持主体多元化、开发市场化、调动社会资源、引导市场力量共同参与山地整理，形成了四大开发模式。

模式一：政府主导开发。这一模式分两种类型。第一类是政府作为整理山地的直接投资主体。即由财政部门负责筹措资金并完成投资，形成国有资产，整理出的土地由政府统一开发。万向工业园、东风客车厂所使用的近千亩山地，就是由茅箭区政府投资7835万元整理的。第二类是政府作为整理山地的间接投资主体，即政府通过城投公司为山地整理投资。由城投公司从银行融资整理山地，形成国有资产。这一模式充分发挥了城投公司融资平台作用，有效缓解了政府资金压力。开山建设的北京路就是运用这一模式，市城投公司融资5亿多元，整理山地7000多亩。

模式二：企业主导开发。企业是山地整理的投资主体，承担项目管理工作，政府负责立项审批和协调服务，整理出的土地按照预先签订的协议进行开发或由投资商按照政府规划进行市场运作。这一模式充分发挥了企业的主体作用，政府只提供服务环境，无需进行投资。翔龙公司就是采用这一模式，在张湾区谢家村投资1亿多元整理山地550多亩，兴建了东风创业孵化园。

模式三：村组主导开发。村组集体是山地整理的投资主体，负责项目管理工作，整理出的土地经验收合格后，由政府支付村组开发费用。这一模式充分调动了村组干部和拆迁农民参与和支持山地整理的积极性，有效减少了拆迁安置过程中利益纠纷的发生。十堰经济开发区小河村筹措资金5000万元，整理山地680多亩，兴建了港澳台工业园。由于村组干部精心组织和村民积极配合，仅用一个月时间就完成了全部拆迁任务，没有发生一起拆迁安置矛盾纠纷。

模式四：市场主体联合开发。战略投资者与企业或企业与企业联合投资整理山地，山地整理后招商引进入园企业，通过与进园企业利益分割实现投资回报。这一模式解决了单个企业投入能力不足的问题，整合了多家企业人力、物力和财力，实现了企业优势互补。普林工业园由6家法人公司合资开发，共投入资金2.3亿元，集中连片整理山地2000多亩，吸纳了正和车身、运意车桥、环桥汽车等40多家企业入园。

4. 在保护中开发。十堰是国家南水北调中线工程核心水源区、国家园林城市和生态功能示范区。保护生态环境，既是服务国家南水北调的需要，也是十堰可持续发展的根基。在实施山地整理中，我们正确处理开发与保护的关系，坚持“保护优先、合理利用、持续发展”的方针，努力使山地整理成为绿色开发的示范工程。为了确保山地资源的有效保护和合理利用，市政府出台了《十堰市城区山地利用管理办法》。我们对景观山体永久保留，使其成为城市风景；整理山地撇开大的水系和河流，对原有水系尽量减少破坏；降低整理强度，因地制宜，依山就势，将削平整理与梯级整理结合起来，形成错落有致的布局；对实施整理的山地确定合理的标高，削峰填谷，挖填平衡，避免土石方长距离外运，保护周围山体；对标高线以上植被较好的山体保留原貌，严禁毁坏，尽可能发挥其天然屏障作用；设置护坡、档墙，完善排水系统，避免因开挖山体造成水土流失；严格实行环境恢复治理方案和水土保持方案，坚持“三同时制度”；建立和完善山地整理项目申报、实施、监管、验收等制度。在具体操作过程中，先由规划部门依据建设单位的申请，组织建委、国土、园林、林业、水利等部门现场踏勘会审，提出山地整理方案（确定位置、界限和标高），向社会公示，经市政府审批后，向申请单位发给《山地利用通知单》；申请单位办理安全监督、土地征用、渣土处置、林地征占用、水土流失防治、绿化恢复与裸露山体治理等手续后，规划部门再发给整理山地的《建设工程规划许可证》。对违反《十堰市城区山地利用管理办法》的行为，从严查处，及时纠正。

三、科学整理山地实现了一举多赢

一是拓展了十堰城市发展空间。2004年实施山地整理以来，城市建成区面积扩大到近70平方公里。其一，新建了北京路、天津路、许白路、浙江路、重庆路、东风大道、凯旋大道、上海路等9条城市骨干道路，总长达59公里。这些干道的建成，形成了纵横交错的城市路网，改变了过去十堰城市道路“一条鞭”的格局。其二，兴建了体育中心、游泳馆、美术馆、羽毛球馆和博物馆，迁建了郧阳师专、十堰职业技术学院，拓展了郧阳医学院新校区，形成了集中连片的高校区。这些公共服务设施的完善，提升了十堰城市功能。其三，扩展了城市发展空间，建成了东部新城区和西部新城区。东部组团扩展40平方公里，西部组团扩展20平方公里。其四，拉开了十堰城市规划框架。随着山地整理有序推进，郧县长岭新区和丹江口六里坪镇纳入十堰城乡规划统筹，实现市与县的进一步对接。十堰将形成武当山—六里坪—十堰城区—茶店—长岭—柳陂城镇一线穿珠式的新城镇带，为建成一百平方公里、一百万人的大城市奠定了坚实的基础。

二是促进了经济增长方式的转变。集群发展是转变经济增长方式的主攻方向，而集约利用土地是集群发展的关键所在。为促进山地整理土地的节约集约利用，我们坚持科学规划、合理布局，以产业政策为导向、以投资强度为指标、以政策激励为手段，变“招商”为“选商”，突出引进高新技术产业，确保有限的土地资源发挥最大的经济社会效益，实现山地二次节约集约利用。2004年以来，我们在集中连片整理的山地上，先后建成了普林工业园、万向通达工业园、东风新客车工业园、皇马新大地工业园、天龙电子工业园、三环工业园、万通工业园、温州工业园、渝安工业园等，实现了土地的节约集约利用，推动了产业的集群发展。从2004年到2009年，先后有200多家分散的企业聚集到工业园区，带动一批优良的生产要素进入工业园区，形成了日趋完善的产业链，实现了道路、电力、通信、给排水、治污等基础设施的共享，节约用地近万亩；工业园区年产值由25亿元增加到195亿元，实现了翻3番，其中高新技术产品产值由9.5亿元增加到92亿元，增长近10倍。目前，我市获得认定的国家高新技术企业24家，产值过亿元的国家高新技术企业12家，居全省市州前列。

三是推动了十堰经济跨越式发展。开山整地提供了项目建设用地，招商引资每年跨上一个新台阶。2004年至2009年，我市共引进项目2200多个、到资近300亿元。万向集团、三立灯具等一批国内外知名企业进入十堰。最近，东风商用车8万辆重型车项目已经开工建设，项目建成后将实现年销售收入240亿元以上，带动零部件产业100多个亿。投资20亿元的湖北三环专用汽车项目在张湾区连片整理的1076亩的山地上开工建设。项目建成后，将形成10万辆整车生产能力，实现年销售收入过百亿元。开山整地也促进了企业产能扩张、结构调整和技术升级。东风渝安车辆有限公司产品供不应求，但原有厂区无地扩建，生产能力严重受限。十堰经济开发区整理出615亩土地后，该公司在这块土地上实施了20万辆整车扩能，目前新厂区已投入使用。在新世纪以来最为困难的2009年，我们不仅有效地战胜了金融危机的冲击，而且打了一个漂亮的“翻身仗”，各项经济指标不仅好于年初预期，而且好于全省平均水平，并且提前一年超额完成了“十一五”规划目标。今年元至5月，我市经济实现了高开高走、高位运行、高速增长。工业总产值增长75%，投资增长41.3%，消费增长20.1%，出口增长78.7%，利用外资增长51%，财政总收入增长64%。

四是提高了农民的生活水平。集中连片整理山地，需要安置好拆迁农民。我们坚持以人为本，把山地整理与新农村建设、迁村腾地、扶贫开发、改善农民生活环境有机结合起来，将居住分散的农户集中到安置小区，将简陋的土坯房、砖瓦房变成式样别致的楼房，形成了城乡和谐的新局面。近5年来，仅十堰城区就建成了19个拆迁安置小区，新建住房69.3万平方米，安置拆迁农民2171户7038人，人均住房面积比拆迁前增加50多平方米。茅箭区的民和小区、民安小区、梅子小区、银杏小区，张湾区的谢家村小区、大路村小区，十堰经济开发区小河村小区、方块村小区，按照新农村建设标准，统一规划、统一设计、统一施工，配套了水网、电网、路网、管网、电视、宽带、公厕、绿地、商店、卫生室、文化广场等设施，改变了农民过去住土坯房、吃毛水、走泥路、无室内厕所、无休闲场所的状况。许多拆迁农户发自肺腑地说：我们由农民变市民，过上了城市人的生活！

整理山地使部分农民减少了赖以生存的土地。为了保障这部分农民的生活来源，我们引导用地企业吸纳拆迁农户的劳动力进厂当工人，鼓励拆迁农民从事修理、饮食、出租、缝纫、商店、运输、保洁、家政等服务业，促使农民退出一产业进入二、三产业。茅箭区鸳鸯村农民许艳丽，拆迁前全家10多人挤在不到100平方米的三间土坯房里，靠种菜维持生计。山地整理拆迁工程实施后，全家住进了四层楼房，购买了运输车，开办了小商店。

五是提升了十堰生态建设水平。山地整理前大多是荒山、荒滩、荒塘、荒沟、荒坡。这“五荒”植被稀少，多为自然杂灌，景观调节功能差，特别是冬季满眼荒芜。在整理过程中，我们树立开山更治山、占绿更还绿、绿化更美化的理念，形成“春有花、夏有荫、秋有果、冬有绿”的绿化格局，提升十堰生态园林城建设水平。对山地整理形成的裸露山体，通过植树种草、“客土喷播绿化”等方法使其恢复绿化；在整理山地新建的企业厂区和工业园区建设绿化带；在新修的城市主干道两旁种植四季常青的行道树；在标志性地段建设绿色游园；在新建的广场配套绿色景观。近5年来，新增城市绿地227.5公顷，新增公园绿地55.7公顷，人均公园绿地达到10.1平方米。十堰城市建成区绿化覆盖率达到46.9%、绿地率达到45.4%，在全国79个国家园林城市中分别排名第二和第三。招商项目严格实行环境准入制度，先后将20多个污染重、科技含量低的项目拒之园外。进园的企业按照统一规划要求，在厂区留有一定的绿化美化空间。万向、普林等工业园区树木掩映、绿草如茵，展现出一派生机盎然的生态景象。

四、几点启示

向山要地，开山整地，是依托十堰丰富的山地资源突破要素瓶颈制约、开辟发展新天地的有益探索。我们在实践中获得了三点启示：

一是加快区域经济发展，必须突破要素瓶颈制约。土地、资本、人力、技术是区域经济发展的四大要素。随着经济社会的不断发展，要素短缺将长期存在。在市场经济条件下，有效解决要素供需矛盾，既要发挥政府的行政作用，加强宏观统筹，更要运用市场机制，按照市场经济规律办事。只要解放思想，更新观念，勇于探索，不断创新，就一定能够寻求突破要素瓶颈制约的途径和办法，推动区域经济跨越式发展和可持续发展。

二是实施山地整理，必须贯彻落实科学发展观。要始终坚持科学整理山地，正确处理山地整理与环境保护的关系，不能走先开发后治理的老路，不能以牺牲环境为代价换来一时的发展；正确处理山地整理与保障民生的关系，在拆迁安置中切实维护农民的切身利益，用发展成果惠及人民群众；正确处理山地整理与城市规划建设的关系，山地整理要服从土地利用总体规划和城市建设总体规划,促进城市公共设施布局的完善和功能分区的形成;正确处理山地整理与统筹城乡发展的关系,通过迁村腾地打破城乡分割,改善二元结构,形成城乡一体化发展格局。通过科学整理山地,不仅营造招商引资、产业发展和城市建设的平台,而且保护生态、保护耕地,实现生态效益、经济效益和社会效益的最大化。

三是转变经济发展方式,必须实行土地集约利用、项目集中建设、产业集聚发展。转变经济发展方式,就是要把经济发展由粗放型向集约型、由外延发展向内涵发展转变。推进节约集约用地,是转变经济发展方式的必然选择。大力建设集中连片的工业园区、物流园区和开发区,是改变土地稀缺与利用粗放矛盾,改变项目建设零散、企业布局松散、产业发展断链的有效途径。要通过要素向园区流动、项目向园区倾斜、企业向园区聚集、产业向园区集中,形成集聚集群发展,促进又好又快发展。

"一区两带"走新路

中共郧县县委

近年来,郧县大力实施生态立县战略,深入推进"一区两带"综合开发,积极发展生态绿色经济,全县呈现出经济发展与生态环保双赢的发展局面。

· 及时转型:走生态立县、城乡一体发展新路

郧县地处秦巴山脉腹地,是老区县、库区县和国家扶贫开发重点县。"八山半水一分田,半分道路和庄园"的格局,加之南水北调中线工程的上马,郧县最大的县情是保护一江清水北上。

在这种境况下,郧县提出"打基础、管长远"的发展理念,积极寻求经济跨越发展与生态环境保护协调发展之路。

"大力发展生态经济,通过壮大生态农业,发展生态旅游业,探索生态工业,有效提升县域经济综合竞争实力。"郧县县委书记柳长毅说,"作为南水北调核心水源区,郧县最大的出路是发展绿色生态经济。"

在这一科学决策的指引下,郧县紧紧咬定经济增长的含"绿"量不放松,主攻生态型库区经济。大力实施"一区两带"战略,即建设市郊型生态观光农业示范区、汉江沿岸百公里生态经济带和国道沿线以小城镇建设为载体的综合开发经济带,着重发挥汉江区位的自然优势和人文优势,遵循生态规律和经济规律,积极保护"天蓝、水清、山绿、景美"的生态环境,主导发展无污染、低消耗、生态型的循环经济和技术含量高的加工业,促进库区生态经济又好又快发展。

凝心聚力:转变发展方式,三大生态产业齐头并进

郧县所处的特殊地理位置,决定了其必须立足本地实际,依托山场面积大、本土特产多的优势,大做特色产业文章。坚持不懈以发展"果菜桑药茶"等主导产业为基础,大力发展绿色生态农业,全力发展生态工业,着力培育生态旅游业,以本土特色产业带动地方经济发展,依靠特色产业富民。

大力发展生态农业,打牢发展基础。以"一区两带"为重点,围绕"果菜药桑茶"特色主导产业,大力推进农业产业化经营。有"郧阳小四川"之称的郧县柳陂镇,以发展蔬菜生产基地而成为十堰市城区和郧县城区不可缺少的菜篮子,柳陂镇的蔬菜不仅供应了十堰城区和郧县城区居民,还通过了严格的"欧检",进入了欧洲的菜市场,成为湖北省的"楚天明星镇"。壮大木瓜基地、办大木瓜产业,倾力打造中国木瓜第一县,木瓜种植面积已达30万亩,覆盖全县20个乡镇(场),年产鲜木瓜10万多吨。充分发挥市县结合部的资源和区位优势,在柳陂、茶店、青山、谭家湾等乡镇,大力发展市郊生态型观光农业。努力在"山水"上大做文章,做大文章。启动现代农业展示中心、观光农业长廊、生态农庄、果菜示范基地建设,柑橘、蔬菜、桑蚕等特色农业基地突破40万亩,"山顶松杉戴帽,山腰果树缠绕,山下蔬菜铺地,庭院广栽杂果"的美景正一步步显现,集生态休闲、旅游观光和科技示范为一体的"市郊生态型观光农业示范区"逐步展现出独特的魅力。今年上半年,全县完成农业生产总值9.77亿元;农业增加值5.88亿元,同比增长11.5%。

全力发展生态工业,增强发展支撑。一方面设置"绿色门槛",果断关停污染企业;另一方面大力开展"绿色招商",突出培育打造商用车、铸锻、液压、矿产品深加工、农产品加工5大产业集群,推动产业结构优化升级,走出一条科技含量高、经济效益好、资源消耗低、环境污染少、人力资

源优势得到充分发挥的新型工业化道路。在郧县经济开发区、民营工业园区、鲍峡绿松石工业园和谭山国际石材城四大园区建设中，实行工业园区生态准入制，限制重污染企业入园，努力提升园区档次和品位。先后培育了佳恒、神河等一批骨干企业，全县规模以上企业达到106家。积极引进农产品加工企业，培育壮大农产品加工龙头企业，大力开发以木瓜、柑橘、茶叶、山野菜、桑蚕、中药材等原料为主的绿色产品。目前，郧县的中药材加工、木瓜系列产品、白羽乌鸡保健品、粮食和薯类加工转化以及桑蚕缫丝、蔬菜加工等已粗具规模，农产品加工企业达512家，加工转化率达45%。"武当红"系列加工菜等20余种农产品获得"绿色食品"、有机食品、无公害食品标志认证，成为享誉省内外的著名品牌。今年上半年，郧县实现农产品加工总产值408亿元，同比增长16%。

着力培育生态文化旅游产业，壮大发展引擎。郧县有"恐龙的故乡、人类的发祥地、汉文化的摇篮"之称。这里，沿江景色优美，历史人文景观众多，该县抢抓省委"一圈两带"战略机遇，充分发挥得天独厚的生态旅游优势，突破性发展生态文化旅游产业，着力打造郧阳文化旅游开发区、市郊生态型观光农业示范区，青龙山国家地质公园、沧浪山国家森林公园，山水生态旅游线、文化考古旅游线、红色革命旅游线"两区两园三线"生态文化旅游格局，定期举办"调水源头龙舟节"、"樱桃节"等旅游促销活动；发展农家乐、休闲农庄300多个，到郧县"观农家景、住农家屋、品农家味、购农产品"正逐渐成为一种时尚，生态旅游品牌在鄂西北地区越叫越响，茶店镇樱桃沟村还被评为全省旅游名村。2010年，该县接待国内外游客120.24万人次，实现文化旅游总收入6.07亿元。

立足长远：加强基础设施建设，改善生态环境

如今，在郧县农村，"猪圈厕所苍蝇乱飞，炒菜做饭烟熏火烤"已成为历史，呈现在眼前的是"不见炊烟起，只闻饭菜香，圈洁厕净六畜兴"的美好景象。

这得益于该县按照"发挥优势、注重特色、彰显生态"的原则，把移民内安、村镇改扩建、扶贫迁建和危房改造有机结合起来，以沿国道、省道城镇经济带建设为重点，强力推进社会主义新农村建设。大力实施"百村整村推进、千户扶贫开发"工程，将209国道、316国道沿线村庄全部纳入新农村示范村建设，先后投入12.11亿元，组织实施了叶大乡、青曲镇等6个乡镇的中心集镇和30余个宜居中心村的改扩建工程，完成了100余个集镇基础设施建设项目和2053户农村房屋改造；以农村公路、电网、水利、生态建设为重点，整合资金3000万元投入到农业基础设施建设中，特色鲜明的百公里新农村建设长廊雏形渐现。

在新农村建设中，该县围绕农业结构调整，积极引导农民发展"猪—沼—果—菜"生态农业，实现"一沼多用"、"一池多能"，提高农业生产效益，增加农民收入，实现农业可持续发展，一股"低碳"生活文明之风在全县农村悄然兴起。截至目前，全县共建成"一池三改"模式沼气池1万多口，柳陂镇顺清养猪场沼气工程项目建设正在加紧施工。

在发展经济的基础上，不忘环保治理。根据郧县区位特点和南水北调中线工程水源区建设的要求，紧紧抓住水源涵养林、湿地自然保护区、森林重点火险区综合治理工程及汉江河段水土保持、生态修复试点等项目的实施，大力培植库区两岸柑橘种植带，丹江河、滔河、汉江上游胡桑种植带，高山地区木瓜种植带，建设生态经济型植被防护林体系，把"绿起来"与"富起来"统一在生态经济林的建设之中，最大限度地既保护好南水北调中线工程库区水源，又让当地群众经济收入持续增长，库区生态循环经济初步形成。2010年，全县森林覆盖率达到40%，森林面积达到203万亩。

经过全县上下的不懈努力，郧县生态经济建设取得了显著成效，基本实现了经济发展与生态建设、资源开发与环境保护的良性互动。2010年，全县生态环境质量指数始终保持在"良"以上，公众对环境的满意率达98%。

站在"十二五"新的起点上，县长胡玖明表示，全县上下将以更高的要求、更严的标准、更实的作风，不断巩固扩大生态经济建设成果，做到"既要有一流的经济，也要有一流的环境和文明、一流的品牌和形象，坚持环保与发展兼顾"，努力将郧县打造成为鄂西北工业制造业集聚区、生态经济示范区、文化旅游开发区、最佳滨江人居区和十堰的新城区，成为十堰区域性中心城市的重要支撑。

历史回眸

辛亥武昌首义 郧阳率先响应

1911年10月10日武昌首义枪响,13日湖北总督瑞澂就电令郧阳府堵截革命党人。而襄阳道守备喜源坐拥重兵,扼守汉水,也一日数电督促搜捕革命党人。郧阳知府伍铨萃接电后,惊慌失措。皆因武昌事起,人心思变,反满情绪高涨,而各地土匪也趁此混乱大肆骚扰。伍铨萃立即与府署文官李祖聃商定,要分散郧阳城内的兵力,防止军队趁乱哗变。即令陆军管带(营长)张楚材立即下令把新军第29标前、后、中、左、右五营中的前队开往竹山,左队开往房县。数日后张楚材又接喜源密电把后队之陈德元排、马良驹排再派往房县;张楚材自率右队抵襄阳留守。伍铨萃见陆军兵力已散,遂借口土匪猖獗,又招募360名团防兵,160人充作个人卫队,余则日夜戒严以防兵变民变。

此时的郧阳府城,正规军仅剩中队及后队的半队士兵及后队队官沈权、司务长康代瀛、司书生郑家荣,且驻扎在城外东关之不蔽风雨的演武厅(校场坝)。此际寒风瑟瑟,刺人肌骨……沈权自幼以世家子投笔从戎,聪颖异常,富于爱国心,种族思想尤为激烈。处于清末,有感于满清丧权辱国,荼毒人民,早已加入革命党,只待时机成熟举事,以光复郧阳为己任。此时沈权内防伍铨萃暗算,外防土匪趁乱骚扰百姓,又防襄阳道守备喜源乘势袭击郧阳。所以时时派人至襄阳侦探……真是废寝忘食,日夜辛劳!

当时城内大多数人面对乱局惶惶不可终日,但也有久受满人压迫的士绅、百姓冒着危险暗中与沈权联系谋划响应武昌首义的。如参事会聂炳基、翁人健、李国忠、刘震川、袁古州等。

1912年农历9月8日,张楚材又从襄阳来电命令沈权带兵移驻房县。沈权接到电文毛发俱竖,与康代瀛、郑家荣反复推敲商量,认为这是阴谋:沈权部一离郧,则郧阳、襄阳、南阳清兵联络一气,雄踞鄂西北,联兵南下,会危及武汉义军。我部与其去后再来攻击,不如坚守郧阳。正在商量之际,参事会聂炳基、翁人健等人赶来,极力建议不可移防,而应移师郧城。于是大计商定。次日便入驻郧城。城中不知大计的官民纷纷说聂炳基、翁人健等是引狼入室。

当时川、陕、武汉的消息一日数至,城内外土匪蠢蠢欲动;加之城内陆军、巡防、民团、团防混居一城又各有倾向,疑忌丛生,城内居民都怕军队一起冲突,时局大乱!有逃往深山避难的,有逃往高寨求生的………扰扰乱乱,一日数惊。而沈权则严明军纪,并密令驻防房县的两个排星夜调回,日夜巡查不敢有一点懈怠。更可贵的是,沈权命令上半夜巡查的士兵穿皮鞋吹洋号以示威严警示匪类,下半夜巡查的穿布鞋屏声静气以免扰民。如此无微不至地体贴商户、百姓,终使百姓感化,城内秩序逐渐恢复。

沈权又与巡防、团防联系,晓以保民大义,一面又把任岱青先生主编的《中华民国公报》上武昌义军战胜及各省响应的报道油印多份让全队传阅以鼓舞士气。而伍铨萃却将都督府传来的义军捷报秘而不发,却将喜源传来的清廷荫昌攻下汉口,义军退守武昌的假消息用公文传达到陆军以涣散士气。沈权手下的马、陈排长见此怒目圆睁,都骂伍铨萃始而分散我们兵力,继而压我电报,涣散我军心,必须立即捕杀他,不然就不是炎黄子孙!

沈权大惊,苦口相劝众人:"伍贼罪当该杀,但国人秉性向来依赖官府,如杀伍贼,郧阳府会立即大乱。何况巡防、团防、民团五六百人都与我部不甚融洽,若因杀伍贼而与我军巷战,全城民众就会遭大难!这也不合我们保商保民保教的宗旨,暂且慢慢再说吧。"

沈权说完，部众虽然服从命令，但个个磨拳擦掌，杀机勃勃！郧人又增加一层忧虑。

9月23日晚间，郧县知事(知县)藤松见大局惶惶不可终日，召集八堡绅士名流公议维持办法，决定等省城大队攻下襄阳后再悬挂白旗，并推举张南坡、谢鸿恩往见沈权说明此意。参事会翁人健得此消息大惊，当晚与聂炳基、李国忠秘密商议："过去我们有恶感的只是伍铨萃和一两个劣绅.现在这意见一出来，恶感及于全体(官员士绅)，我们要抓紧筹划此事。"

次日清晨，就请沈权到参事会所，商议了很久，决定派人以参事会名义，遍请绅、商、学各界人士到参事会商议郧阳重要公务。不久，各界到会的有翁文奎、江玉堂、汪景宪、殷沁等六十余人。聂炳基、翁人健又暗嘱门卫不放人出以免走漏消息。

九点整，沈权登台演说当今大势及辛亥革命宗旨，悲愤激昂，全场惊服。大家都说伍铨萃若再反对，只能枪毙他！李匡忠起立赞成，张南坡犹犹豫豫说时下只能对革命暗表同情等等。翁人健见沈权神色骤变，目光炯炯射人，怕引出变故，当即厉声讲到："大丈夫做事当有一定方针，我们要么做满人，要么做汉人；不满不汉，作壁上观，既不是黄帝后裔，也不是满清忠臣！大家如果赞成革命，就表明态度，签字画押。我估计喜源自顾不暇，绝不敢离开襄阳一步。即使他冒险来袭击，我们合全力与他角逐，还说不定鹿死谁手！何况我们郧阳雄踞襄阳樊城上游，郧阳光复，则襄阳、樊城上游对于喜源来说危险万分。喜源虽然拥有重兵却胆识有限，绝不敢冒险直上！"

沈权听完，神情舒展，说："排满兴汉是我们四万万同胞应尽之天职，若因循守旧不能先发难，而将一番大好事业让省城周边的革命志士独着先鞭，实属抱惭无地。我们是神明后裔，给满人做了二百余年奴隶，有何面目见我黄帝祖宗呢？如果再迟延，真就不是人了！"

说到这里，在座平时怀观望态度的人，多有面无人色的。聂炳基就拿出柬帖，大书"为兴汉灭满事，愿表同情者书名于后"。先由沈权签名，各界代表依次签名。此后翁人健、张南坡请沈权在参事会所外整队，派人请巡防、团防、民团各级官长及知府伍铨萃、知县藤松到会签押。各宫长及藤知县都深明大义，一一签名；伍铨萃心里不悦，但见事已至此，也只好俯首听命签名，并写下"嗣后无论军、官、学、商、绅各界，务须互相保护，不得存丝毫界限，自相残害"的字据，交由沈权收执。沈权又担心同胞不能尽知此举，亲自沿街宣讲：照常贸易，耕市不惊，秋毫无扰。

此时郧阳城内家家户户悬挂旗帜庆贺兴汉，彻底消除了二百余年满清专制统治之苦，实在是伟大的举动啊！

沈权属下司务长康代瀛在郧城光复后立即骑马奔赴竹山、房县，联络前队、左队士兵参与光复。所以，郧阳府所辖均县、房县、竹山、竹溪、郧西五县也不经战事，渐次光复。

沈权在郧阳光复后。雄心勃勃想趁势联合均县、光华各县兵力攻取襄阳，为南下武昌声援义军做准备。郧城官绅拿喜源横亘襄阳，郧地土匪不断骚扰苦苦劝阻不让他离开郧阳一步，所以沈权带兵声援武昌起义之事没能实现，但地方治安却因他得以保障。当时长江下游光复地面已达到沙洋，但沙洋以上各地还悬挂着清朝的龙旗！只是因为喜源居于汉水中游，扼守要塞，使江汉地域上下不通，以至商困于市，旅滞于途，耕辍于野，士荒于校，加之土匪出没，老百姓隍惶不可终日。商埠如樊城、老河口等地，困于货物出入，更是苦不堪言，多次想起义却害怕没有后援。…听说郧阳反正，当地驻防兵队就不再有顾虑，才得长驱而下，直捣襄阳！

满清走狗喜源此时才知道天不助清，弃城逃窜。襄阳樊城从此肃清清廷祸害。人们归功于老河口起义军，却不知道郧阳才是他们反清的后盾。

到此郧阳各界才知沈权是见微知著，胸有成竹的雄才，不是鲁莽滥杀者所可比拟的。因此仿照省城章程组织军政分府。大家认为知府伍铨萃虽然是汉奸，因是知府，为郧阳六县人民所瞩目。现在他既然表示同情革命，又何必追究他的既往表现？于是公举他为分府总裁，沈权为司令官，由房县回郧之陆军督队官樊之淦为军务支部长，巡防管带陈德元为参谋支部长，驻扎竹山之前队队官庞成功为军事顾问官，与襄阳军政分府联为一气，暂为军事筹计进行机关。原因是当地刚刚开始反正，南北战事正激烈，内有土匪骚扰，外有汉奸窥伺，军政亟需整理。

原驻扎郧阳的军队只有陆军一队，巡防两哨。郧地为三省交界要地，兵力太少，又因为下辖六县辖境辽远，难以合理分布。又经各方会商，以军报呈请省军政府调外属军队来郧通盘筹划，添加训练两标兵力，按下辖六县辖境的险要广狭酌情驻扎以保疆土。只是满清将亡之际，新政府没成立，国家没有统一的调度；官府办事，绅士百姓每多掣肘。

所以郧阳军政分府虽已成立，但政令一出，立即就有人抱怨抵触，往往事废于无形。实在可叹！

郧阳反正月余，邮电不通，无从禀报，各种事情迷茫无主宰，而且枪弹军需类无处申领。联络人员都把到省城视为畏途。只有康代瀛不顾风雪载途，千里艰险，奋身孤往数次，才得以把郧阳光复情形面陈省军政府，领取到回文及郧阳府所属各县、军界新印。

从此郧阳军政分府有所秉承，各种事务也逐渐有了头绪。同时省军政府还任命康代瀛为郧军教练官。

郧阳在光复之初，几乎是四面楚歌：下游襄阳守备喜源扼守要冲；上游兴安、白河一带，邪教盘踞，肆意掳掠，民不安枕；均县、谷城等处，土匪啸聚，尤为猖獗，邻近各县都遭蹂躏，风声鹤唳，一日数惊。

纷纷扰扰中，只有郧县凭借陆军保护，先期预防，匪徒闻风远逃，始终没有动乱。与其他县地方糜烂，民不聊生的状况大不相同。偶尔有县属黄龙镇、将军乡各处的民团会押送绑票扰乱的土匪数起，都由县知事随时审讯，严惩首恶，胁从者经审讯后宽释。

城内天主堂、福音堂都先后派有军队保护，外籍传教人士安处如常。数月以来，郧阳城内惩办土匪不到十名而全境平安，既无关闭城门、市场之惊慌，更无劫掠焚烧之祸乱。

辛亥首义，各省响应迅速，只有河南省巡抚始则忠于清廷，继则骑墙观望。而所辖淅川、荆紫关毗连郧阳，所驻清兵管带谢、任都是剽悍异常。当郧阳光复，沈权传令四乡挂旗庆贺时，谢、任等横加干涉，恫吓边民不准服从！加之当时邻近的陕西民军又屡遭挫折，向郧阳军政分府求援的电报一日数通。

沈权会商各界，决定进兵荆紫关，驱逐谢、任等汉奸而保本境之治安，解西北之危局。

恰在此时，省府令郧军会师北伐，大家公举庞成功为支队长，会同沈司令及陈德元挥师荆紫关、淅川。樊之淦留守郧城，督办兵站。而教练官康代瀛考虑当尽量和平解决，避免伤害无辜，于12月31日夜冒风寒单骑潜入荆紫关，暗中联络当地士绅，晓以大义，准备内应。谢、任等闻郧军出发，心知人心思变，大势已去，星夜逃窜。郧军大队元旦日长驱入关，淅川同时光复。人民夹道欢迎！沈司令等安民之后，三四月份正拟整军西进，援陕北伐，接到临时大总统通电称南北混一，共和告成，罢兵安民。沈司令便将荆紫关，淅川善后事宜布置妥帖，仍回师郧阳。

辛亥以后，各处兵多饷巨，官民负担沉重。省府月月都有裁兵政策。郧阳驻军北伐时已扩充为两标，后裁并为一标。沈权为郧阳首义之人，又为司令官，自然应任标统（团长），公众也认为此职非他莫属。但他认为民国成立，军人目的已达，断不可以位置高下较优劣。昕以尽管各界推举再三，他坚拒不受，仅愿任标统属下管带（营长）一职。遂推荐督办兵站有功，擅长军事的樊之淦任标统，另外两营则由庞成功、陈德元任管带。并报省府都督下文书委任。

辛亥首义百年！辛亥老人皆作古！（邢方贵）

郧西上津，商王族的重要起源地

商是中国历史上的第二个王朝。关于商王族的起源地，学术界有河南商丘、陕西商洛、湖北郧西县上津之说。然而近年来，商王族源于上津一说，正被越来越多的人认同和接受。郧西上津，气候宜人，风景如画，是秦岭南麓的一颗明珠。《水经注》云："丰乡水西南合关衬水而南入上津。"后文又云："接秦之水，水澈见底，云绕鹤飞，仙境叠翠。"

上津，一度是郧西人的骄傲。这里有"秦楚咽喉"、"天下喉襟"的战略地位，更有地理上"通南达北"、"承东启西"的交通优势。自公元223年魏文帝曹丕在上津设平阳县以来，这里曾14次建县、6次设郡、2次置州。2007年，国家建设部、文物总局将上津镇命名为"中国历史文化名镇"。

但鲜为人知的是，上津是商王族的重要起源地，距今有4000多年历史。

一、商王族起源地之争

商王族的始祖是契。商朝是商王族最兴盛的时代。商朝的第一个王汤，是契的第十四世孙。

商王族的历史相当悠久。在契以前，向上可以追溯到黄帝轩辕氏。黄帝有个儿子叫玄嚣，玄嚣的孙子叫帝喾，帝喾就是契的父亲。契的后代中，有发明运输工具的相土，有使商王族强大的王亥。纵观商王族谱，契前面有大名鼎鼎的黄帝、帝喾，后面有商王族尊称为高祖的王亥。但是，

郧西上津古城一角

为什么契被尊称为商王族的始祖呢？

《诗经·长发》曾记述："有娀方将，帝立子生商。"史书载，有娀氏简狄吞玄鸟有孕而生子，此子即商的始祖—契。《诗经·玄鸟》中说："天命玄鸟，降而生商。"

根据《史记·殷本纪》和甲骨卜辞材料记载，以及夏商周断代工程的最新研究成果显示，虞舜二十年（公元前2260年），虞舜指派司徒禹治水，由契、稷协助禹。13年后（公元前2247年），禹治理洪水有功，被封于有夏，同时封契于商。虞舜还下令契顶替禹的司徒一职（主管教育）。

契不但为社会作出了巨大贡献，还为整个部族赢得了起源地—商。所以，契的后代非常尊重他，专门为他立了宗庙。《诗经·商颂谱》记载："商者，契所封之地。"商是商王族的起源地，契理所当然地成为商王族的始祖。那么，这个公元前2247年所封之地"商"，到底在哪里呢？

这个问题困扰史界达千年之久。商地归属不明，原因很多，最重要的是商王族迁徙次数太多，有"前八后五"之说。"前八"，就是从契被封商地开始，到商王朝第一个王汤（公元前1600年），商王族迁徙了八次之多。《尚书》云："自契至成汤八迁。""后五"指商朝第一个王汤到盘庚（公元前1300年）迁徙了5次，最后迁到殷，直至商朝灭亡。汉朝的张衡在《西京赋》中曰："殷人屡迁，前八后五，居相圮耿，不常厥土。"

氏族社会，即使有原始文字，也难于记录和传承。"商"的原始封地到底在哪儿？1500年后，孔子对这段历史的明确态度是"文献不足故也"！从契封商到商灭亡，总共1201年，14位先公，30个王，司马迁仅记述了2800字。他坦率承认："余以（颂）次（契）之事，自（成汤）以来，采于（书诗）。"可见史料之匮乏。以致大学问家王国维也悲叹："上古之事，若存若亡。"

从西周到清代，对商的研究资料都局限于周代的记述和《诗经》。直到1899年王懿荣发现甲骨文后，商代灿烂的文化才展现在世人面前。令人遗憾的是，出土的甲骨都属殷墟时期，汤以前的商王族史涉及很少。更遗憾的是，从1928年到2004年，殷墟共出土甲骨15万片，共150多万字，专家学者只能辨认2000多字。

就这样，商王族的起源地一直存在争论，有东方说，有西方说，有其他说。最主要的是河南商丘说、陕西商洛说以及湖北郧西县上津说。

河南商丘说认为，商丘为上古帝王之都。约在公元前24世纪，颛顼曾建都于商丘。帝喾之子契佐禹治水有功封于商，为商王族人的始祖。约公元前16世纪，契的13世孙成汤，灭夏建商，初都南亳（今商丘南），商丘为商朝的第一个建都地，并先后六次在商丘建都。

可是，商王族源于陕西商洛说的观点似乎比商丘说更充分。就这个问题，专家的口水仗和笔墨官司打了多年，论据一大堆。东汉末年的经学大师郑玄（公元127～200年）、三国时代的大学问家皇甫谧（公元215～282年）等在《史记集解》中认为，商在陕西中部偏东的商县一带。三国时魏国大臣、著名经学家王肃（公元195～256年）明确提出，商在陕西商洛，而不是在河南的商丘一带。他说："然契之封商见於书传史记中，其文甚明。经典之言商者，皆单谓之商，未有称商丘者。"

地域归属之争、名人故里之争往往掺有地方利益因素，姓氏追溯却相对客观。姓氏研究学者们认为，商王族不但在陕西的商洛，就连商姓的始祖也在商洛。《通志·氏族略》认为商王族源于商洛。

大量证据表明，商的发源地不在河南商丘，而在陕西商洛。河南商丘商文化积淀深厚的一个主要原因是，从商汤（契的十四世孙）到商纣王，商都迁了5次，即仲丁迁于隞，河亶甲迁于相，祖乙迁于邢，南庚迁于奄，到盘庚时最后定都于殷（今河南安阳，故商又称为殷或殷商。5次迁徙中有4次在河南，商王朝最强大的时段，商文明高峰时段，商的都城迁来迁去，都在商丘附近，所以河南商丘豪迈地自称"三商"之源。

经过多年的争论，似乎陕西商洛占了上风。但是，自上世纪90年代以来，这种争论戛然而止，就连商洛本地的教授也否定商的发源地是商洛。为什么会产生这种现象？原因很简单，种种证据证明，商的发源地不是河南商丘，也不是陕西商洛，而是湖北郧西县的上津。

二、商王族源于上津的证据

商王族起源于上津，证据很多。

1. 从汉至明的多本典籍记述。

明万历《湖广总志·国纪》记载："契佐禹治水有功，舜使为司徒，封于商，赐姓子氏。商即上津县。契子昭明，传十四世而生成汤。"

1987年出版的《湖北省建制沿革》指出："舜封契于商，商在上津。湖北郧西西北与陕西接壤处有一条夹河，河之东岸有上津堡，今为上津公社。地在陕西商县正南，商山在其北，商南县在其东北。此一地带，盖即舜所封契商国之地。《史记·殷本纪》所载自契至汤上传，世系明白。张守节引《括地志》云：商州东八十里商洛县，本商邑，古之商国，契所封地。《汉书·地理志》弘农郡商，秦相卫鞅邑。上雒有雒水出冢岭山，又有甲水出秦岭山，东南至钖（师古音阳）入沔。《郡国志》二县改属京兆。注引《帝王世纪》：商，契所封地，是湖北郧西上津，为古商国地。"

以上资料不仅说明契封于上津，上津就是古商国，还用了多种典籍证明。所列典籍，说理充分，是证明上津是古商王族起源地最充分、最有力的证据。

2、《史记索隐》中的注解。

《史记》卷七十《张仪列传第十》记载："秦欲伐齐，齐楚从亲，於是张仪往相楚。楚怀王闻张仪来，虚上舍而自馆之。曰：'此僻陋之国，子何以教之？'仪说楚王曰：'大王诚能听臣，闭关绝约於齐，臣请献商於之地六百里，使秦女得为大王箕帚之妾，秦楚娶妇嫁女，长为兄弟之国。此北弱齐而西益秦也，计无便此者。'楚王大说而许之。"

这一段中的"商於之地六百里"，商在什么地方呢？唐代有本专门研究史记的书，叫《史记索隐》，采摭许多大家的注文、论著及观点，注文翔实，对疏误缺略补正颇多，具有极高的史学研究价值。在考证这一段历史时，作者司马贞注释："商即今之商州，有古商城；其西二百里有古於城。"这句话的意思是说，"献商於之地六百里"的"商"，就是陕西的商州，商州有古代的商城。在古代商城西边二百里的地方有"古於城"。

这里面包含一个重要的时间先后逻辑：商州有古代的商城，但商州的古代商城并不是最早的商城，在商州西边二百里的地方有真正的古代商城。《史记索隐》注释的是战国时代的事，那么战国以前商州西边二百里有什么城市呢？根据中国历史地图集可以清楚地看到，战国以前商州西边二百里并没有什么古城，而在商州西南边二百里的地方有上津。用现在的谷歌地图，可以清楚地看到上津在商洛的西南边，距离120公里。

这就是唐代史学家司马贞的论证：商州的古商城并非真正的古商城，真正的古商城不在商州，而在上津。清朝时，《康熙字典》把"商州有古商城，其西二百余里有古於城"这句话录了进去。

其实，郧西与商州渊源深厚。上津远在契的时候，商在上津，上津管理大片地区，是政治中心。但在周朝，"上津周属商州"(《历代地理沿革表》)。"商州今理上洛县，春秋时属晋，战国属秦即卫鞅所封商邑也……上津属商州"(《通典·卷一百七十五》)。贞观元年(公元626年)，唐太宗将全国分为十道，上津设上津县，当时县境东部属山南东道均州郧乡县辖地，县境西部属山南东道商州上津县辖地。

3、麇人迁回祖先封地之说。

不少学者认为，春秋时代，位于今天郧西羊尾的麇子国，就是商王族的后裔。当时，麇人从山东梁山辗转迁徙到羊尾重新立国，是回归故里的举动。这不光解开了麇人频繁迁徙之谜，也为商王族的发源地在上津提供了新的佐证。

《十堰通史》、《郧阳古国》都讲了一个动人的故事：西周初年(公元前1046年)，在山东梁山北运河入黄河的地方，一个叫"微"的方国，倾国出动，两次越过黄河，又渡过渭水，翻越秦岭，几百年中经过5次大迁徙，克服重重困难，在郧西羊尾建立麇子国。麇人为何对郧西这么痴情？他们这样做的动力是什么呢？

《郧阳古国》、《十堰方国史》载，远在夏朝的时候，"微"居于南楚丘东北三百里的微乡(今山东梁山北运河入黄河处)，到商王族始祖契的第七代孙上甲的时候，上甲击败了"微"，"微"被迫开始迁徙。而打了胜仗的商王族领袖上甲，改名叫上甲微。

堂堂商方国，灭了对方，就把对方的方国号据为己有，由"上甲"变成了"上甲微"，这是极不正常的。夏商时代，很少出现两国重名的。氏族社会，不可能姓别族的姓，也不可能叫别人的名，一个大族大方国的王，更不可能把对方打败了还把对方的方国名加到自己的名字后边。那时的方国战争，一方灭了对方，就连对方的方国名也一起灭了。正因为如此，"夏有万国，商有千国，周百十国"，无数方国被灭掉后连名字都没留下。

只有一种可能是，这个"微"本来就是商王族始祖契的后裔。因为商王族是舜分封的大族，所以人丁兴旺，繁衍到后来，有许多分支，但仍属商王族，"微"是其中的一支。属同族的"微"与上甲发生了矛盾，上甲打败了"微"，把"微"的方国号加到自己的名字后面，叫"上甲微"。都是一家子，在"上甲"的后面加了一个"微"字，即表示打败了对方，又安抚了对方同族的子民，这样的解释就顺理成章了。

正因为"微"是商王族的后裔，所以被打败了，还能住在原处，且一住就是四五百年。但是，周武王灭纣以后，周室打压商王族后裔，"微"方国的子民们就想迁徙。迁到哪里呢？"微"方国的子民们想，这儿不让呆，那儿也不好呆，我们就跑到祖先契最初的封地上去呆着，你们该没意见了吧！

于是，"微"方国的子民们开始了返祖之旅，从遥远的山东，历经几百年，数次迁徙，矢志不移，于公元前七世纪的时候，回到了商王族发源地上津，在湖北郧西县羊尾一带建立了麇国。麇国面积最大的时候，包括鄂西北、陕东南的大片地区。所以，"郧西春秋晋麇二国地"(《古今图书集成》)。

三、商王族源于上津鲜为人知

欣赏长堤柳浪，领略漫川雄关，你会赞叹大自然的鬼斧神工；感受尘封历史，品味秦楚风韵，你会慨叹上津历史的厚重。上津历史悠久，典籍记述却很少。三国魏文帝黄初四年(公元223年)建平阳县的历史，还是清代史学家杨守敬考证出来的。上津的历史，大多是历代史学家、地理学家们在论证其他课题时带出来的。造成这种现象的原因很多，主要有四点：

一是裁撤频繁。上津曾14次建县、6次设郡、2次置州，建置更替太频繁，且大多数裁撤不是在同一朝代，而是外来政权侵入所致。行政区划在撤并之时，难以保存历史文档；行政隶属关系在敌对双方更替时，更不可能保存历史文档。

二是上津长期处于边区、边塞。春秋时期，上津一会儿属秦，一会儿属楚，一会儿又属晋，总是在几个大国的分界线附近。战国时期，上津一直是战争前沿，朝秦暮楚。南北朝时期，不同政权在上津及其周围建立过义阳、南丰阳、开元等9个县。五代时期，上津一直是后梁、后唐、后晋、后汉、后周的边区。宋元时期，上津曾是南宋抗金前线，一度被金人占领、掳掠。在这种情况下，人们的性命都难保全，更不用说保存书籍文档了。

三是灾害频繁。郧西十年九灾，水、旱、冰灾轮番肆虐，使上津治所多次发生小范围迁移。而每次迁移，对上津文物及典籍都是一次灾难性的破坏。

四是频繁移民，削弱本土文化。从现有的典籍材料看，上津移民在三国时代就有。自东晋起，上津对北方迁来的居民"实行土断"，即把"侨人断入所在籍贯"，类似于现在的落户口。宋元时期，北方汉人大规模南下，以及明清时期的移民高峰，使得上津乃至整个鄂西北文化趋于多元化。移民太频繁，使本土文化难以传承。

五是人口锐减。上津几度繁华，也数度遭遇灾难。金兵掳掠后，上津人烟寥寥。元末明初，上津经过几十年的战乱，"千里无人烟"。明洪武二十四年(公元1391年)人口统计时，上津县只剩下163户2797人。

上津曾经历过不幸，但在新时期，上津是幸运的。现在是信息共享的时代，我们有更好的平台、更好的资源、更科学的方法来研究上津，还历史以本来面目，还历史以真实。随着更多文物的出土、更多资料的出现，上津的历史会更充实，上津的形象会更饱满。 (尚政国)

雄关古道话关垭

"朝秦暮楚"出于此

在湖北省与陕西省交界处，有一个著名的关隘，名叫"关垭"。其东为湖北省竹溪县，西为陕西省平利县。此地为春秋战国时代秦国、楚国的边防所在，因秦、楚两国数百年在此形成攻防对峙，关垭频繁易手，成为名副其实的"朝秦暮楚"之地。

如今的关垭仍保存有古城墙遗迹，总体尚可完整辨识。1998年10月，在原址上复建起一座高大宏伟的现代仿古城楼，城楼两侧保留了依山而建的古代墙体。墙体夯筑而成，高大而浑厚。墙面清晰可见水平夯层，这些用石灰和细石等拌合的墙土，类似我们今天的水泥混凝土，触手便感觉到它的坚硬。如果你在墙面上仔细寻找，还可以发现有早年的釉陶片镶嵌其中。

地方文献有记载

在湖北竹溪和陕西平利两县的地方文献中，关垭尤其受到青睐。不管时代如何变换，人们总不忘对它记上几笔。

关垭之所以历来被重视，得益于其险要的地理形势，在平利和竹溪的地方志中都给予了一样的评价："一线中通，两山夹峙。"关垭东西两侧，陕西一侧为平利县灞河流域，湖北一侧为竹溪河流域。在关垭南北两侧，向南沿竹溪县与陕西省平利县、镇平县交界延伸，向北沿竹溪县、竹山县与陕西省平利县、旬阳县、白河县延伸，这一条线既是鄂陕两地的行政区域分界线，又是两地山脉的分水岭。正处于这条分水岭上的关垭也因其两侧的河沟地理通道成为战略要地，它也是汉水与长江之间惟一的一条便捷的东西通道。这道分水岭蜿蜒曲折，高低起伏，关垭正处在起伏的最低处。"两山夹峙"，视线必定受到影响。而在关垭南北两侧山顶上，分别构筑有山堡寨和擂鼓台，用于瞭望观察山下情形。

据《平利县志》记载，自古有一条从陕南重镇汉中到华中枢纽武汉的古驿道，陕西省境内称之为"南郑官马大道"，起点在汉中南郑县，终点就是关垭。鄂西北与陕南的州府官署驻地，均在汉水沿岸，如襄阳、郧阳、安康、汉中，它们犹如汉水中上游四颗耀眼的明珠。而汉水以南则是长江，以雄奇秀险著称的长江三峡，水流湍急，峡谷幽深，难以正常通行。于是，汉水与长江之间的这条"官马大道"就成了汉水以南的一条大通道。关垭就是这条大通道上最重要的一个节点。

战略地位受重视

农民起义军领袖张献忠、李自

位于竹溪县关垭的古长城

成,白莲教女中豪杰王聪儿,都曾在关垭附近纵横驰骋。他们在军事谋划中,一次次将目光聚焦在关垭。

明成化十二年(1476年),原杰以左副都御史的身份,奔波数千里,从遥远的北京来到鄂西北,成为古郧阳府的第一任巡抚。明末崇祯七年(1634年),明王朝已处在风雨飘摇之中,佥都御史卢象升也来到这片贫瘠的土地上。面对汹涌如潮的农民起义军,他将其在河北推行的山寨防御之法,完整地移到了郧阳地区。关垭作为战略通道,备受官方重视,他们在其两侧山岭上修筑了大量的山寨,以保护其治下的百姓。

原杰的抚民方略,卢象升的立寨之法,在清代达到鼎盛。于是,大量的山寨便根植于这片广袤的土地上,耸立于高山之巅,犹如天上的点点繁星。以关垭为核心的鄂陕山脊上,密集的山寨在关垭两侧展开,与险要的悬崖峭壁共同形成了一道防御屏障。这就是广为流传的“楚长城”,关垭就是这座长城上最雄伟的通关大门。

今非昔比看雄关

关垭雄关并不孤独。北侧山顶上的擂鼓台,南侧山顶上的山堡寨,数百年来历尽风吹雨打,伴随着雄关,注视着古道,不曾动摇。

时光飞逝,斗转星移,当年的雄关古道已是今非昔比。

勤劳的湖北人民在原址上重建起一座仿古城楼,高大雄壮,更加坚固。而在两侧的山坡上,古老的关垭残墙依旧保留,新旧景致相互映照。关垭先后被确定为竹溪县重点文物保护单位和湖北省重点文物保护单位。

关垭是湖北省重点文物保护单位,但整个关垭却在陕西省境内,无论是残存的遗址,还是现代的仿古城楼。如今,关垭遗址上的土地仍归陕西管理,现代城楼虽建在陕西的土地上,却是湖北人民出资修建,但两地人民并没有为此发生过争论,共同谱写并赋予“朝秦暮楚”全新的文化内涵。

不仅仅如此,以关垭为分界点,在湖北省一侧为鄂305省道,这条省道的起点在襄阳,由此向西,经保康、房县、竹山、竹溪到终点关垭。在陕西省一侧为陕308省道,起点就是关垭,向西即达安康与汉中。这不正是当年以关垭为核心的“官马大道”吗?当年的大道与今天的柏油路已不可同日而语。细思量,惟有那份历史的传承未变。

关垭南北绵延数百公里的分水山岭,千沟万壑归于两个所属流域,但是却分别向北汇入同一条母亲河,它就是汉水。万源归宗,不是青山所能阻隔;朝秦暮楚,金戈铁马只为一时。古道上传唱至今的秦腔楚韵是两地人民共同的音符。雄关古道依稀可寻,只是换新颜,关垭就是这一宏伟乐章的见证。 (刘志军)

调查与思考

践行科学发展观　建设十堰汉江生态经济带

中共十堰市委书记　陈天会

十堰市"十二五"规划明确提出，要全面实施"一城两带"区域发展战略，加快十堰城区建设，加快竹房城镇带城乡一体化试验区和十堰汉江生态经济带建设，形成区域协调发展新格局。市委、市政府提出建设十堰汉江生态经济带的战略思想，是继竹房城镇带城乡一体化试验区起步之后，作出的又一项重要的战略决策，是推动科学发展，实现经济社会又好又快发展的重大战略举措。

一、建设十堰汉江生态经济带，是遵循客观规律、顺应经济发展的必然选择

十堰汉江生态经济带，是指十堰境内以汉江为纽带，向周边延伸扩展形成的经济区域，西起郧西县景阳乡，东至丹江口市丹赵路办事处，贯穿郧西、郧县、丹江口市3个县(市)总人口163.44万人，占全市总人口的47%；总面积10493.6平方公里，占全市总面积的44%。2009年，三县(市)生产总值138.46亿元，占全市生产总值的25%；财政总收入14.09亿元，占全市财政总收入的26%；固定资产投资71.3亿元，占全市固定资产投资的26%；规模以上工业总产值123.1亿元，占全市规模以上工业总产值的15%；城镇居民可支配收入9131元，比全市少2245元；农民人均纯收入3202元，高于全市92元。

建设十堰汉江生态经济带，就是要在十堰境内汉江沿岸的郧西、郧县、丹江口市北三县构建一个以生态经济为主导的区域发展平台，统筹推进汉江沿线城乡空间布局、产业发展、移民安置、生态建设、基础设施建设和社会事业协调发展，逐步将其建设成为生态优良、经济发达、城乡协调、生活富裕的生态文明示范区。该区域明显的区位交通优势、独特的生态功能地位、丰富的自然资源、初步具备区域一体化的产业基础，都为十堰汉江经济带的建设打下了良好的基础。加快十堰汉江生态经济带建设，有利于进一步增强十堰在全省汉江流域经济发展中承上启下的纽带作用和集聚辐射的增长极功能。只有加快十堰汉江生态经济带的建设，才能顺应国内外江河流域经济快速发展的趋势，积极应对区域经济的竞争和挑战，在发展中抢占先机、赢得应有的位置。

二、建设十堰汉江生态经济带，是推进城乡一体化、促进区域协调发展的重大举措

竹房城镇带被确定为全省城乡一体化试验区，十堰南三县的城乡一体化有了一个重要载体，而北三县从整体上来说，需要一个平台、一个载体，来加快城乡一体化进程。建设十堰汉江生态经济带，有利于在北三县构建一个以生态经济为重点的发展长廊。这既是北三县发展的现实需要，也是优化全市经济社会发展整体布局的客观要求。因此，加快十堰汉江生态经济带建设，是对区域发展中"通道经济"、"点轴理论"的实践运用，有利于在更大范围、更广领域实现资源共享、优势互补、联动发展。同时，也有利于优化全市经济社会发展整体布局，使十堰发展由"重点突破、非均衡发展"向"统筹城乡、协调发展"转变，在全市形成以区域性中心城市为主轴，竹房城镇带、汉江生态经济带为两轮的"一城两带"区域发展新格局。

三、建设十堰汉江经济带，是促进科学发展，转变经济发展方式现实选择

十堰市地处秦巴山区、鄂豫陕渝

四省(市)交界结合部,集老、少、边、穷于一体,自然条件落后,是国家级生态功能区,又是南水北调中线工程核心水源区,在十堰建设汉江生态经济带,有利于解决当前县域经济发展中存在的矛盾和问题,有助于积极探索推动结构调整与产业升级的新模式、集约与节约利用土地资源的新举措、推动生态环保与实现可持续发展的新方式、引导农村劳动力转移与促进城乡统筹发展的新路径,提升科学发展水平,为实现全市经济社会又好又快发展提供示范。

按照生态与经济协调发展的要求,建设十堰汉江生态经济带,能够重构产业结构、扩增环境容量、提升生态功能、统筹城乡发展,探索转型发展的新模式。一是推进产业空间重构步伐,不断提升产业发展的生态化水平。拓展生态农业发展空间,加快发展高效生态农业。加快特色资源开发型产业改造升级,加快发展生物医药产业和以汽车及零部件为重点的先进制造业,积极发展环境友好型工业。着力打造以武当山—太极湖为龙头的汉江旅游景观集群组团,大力发展生态旅游服务业。二是推进人口居住空间重构步伐,不断提升城镇化水平。优化城镇形态规划,推进丹江口市构建"一江两岸、组团分布、环道串联"的现代化中等城市框架,推进郧县与十堰城区对接发展,支持郧西县加快建成十堰北进西出的"桥头堡"和"门户县"。优化集镇和村庄规划布局,构筑以3个县(市)城区为核心,以重点镇为依托,一般建制镇为基础,中心村为支撑的城镇网络体系。加快交通建设,推进区域内国省干线公路升级改造和路网结构优化。进一步加大城镇电、水、路、通信等基础设施建设力度,积极争取建设"引江补汉"工程,加快完成病险水库除险加固工程、农业灌溉工程改扩建、农村安全饮水工程建设。三是加快生态空间重构步伐,不断提升生态文明建设水平。大力倡导生态文明观念,使"绿色GDP"成为各级党委政府的追求,"绿色政绩观"成为各级领导干部的追求,"绿色生产观"成为广大企业的追求,"绿色消费观"成为社会公众的追求。推进生态建设,强化环境保护。集约节约利用资源,坚持工业向园区集中、农民向城镇集中,实施"迁村腾地"工程,加强土地资源的集约节约利用,大力推进节水型社会建设,提高水资源集约利用水平。发展循环经济,按照"资源—产品—再生资源"的循环模式,对工业和农产品加工园区实行集聚生产、集中治污、集约发展,加强技术研发,推广循环生产模式,构筑生态环保产业链。四是加快公共服务共享步伐,不断提升和谐社会建设水平。推进教育均衡化发展,加强城乡教育资源的统筹管理和合理配置,促进城乡义务教育阶段学校办学条件标准化、师资配备均衡化,不断提升教育质量。大力发展城乡医疗卫生事业,提高公共医疗服务水平,完善医疗保障制度,深入推进新型农村合作医疗建设。繁荣城乡文化事业,加强地域特色文化的挖掘、整理、保护和利用,开发文化产品,发展文化产业。加快形成城乡一体的就业和社会保障体系,不断扩大养老、医疗等社会保险覆盖面,提高社会保障能力。妥善做好移民安置工作,认真组织实施丹江口库区移民规划,扎实做好南水北调中线工程移民安置及后期扶持工作。

四、建设十堰汉江生态经济带,是探索流域综合开发、创新体制机制的有效途径

目前,丹江口水库加高加固工程已完成,汉江梯级建设正有序推进。引江济汉工程也即将动工。堤防除险加固、航道疏浚、涵闸改造等工程已经展开,库区移民到今年底将全面完成。这些都为汉江流域的综合开发奠定了坚实基础。水利和交通运输作为基础设施、民生工程,是国家财政投入的重点领域。汉江流域中下游作为目前国家唯一规划实施的水利现代化试点,有利于获得更大的投资倾斜。十堰汉江生态经济带建设恰逢其时。因此,我们必须抓住机遇,加快推进十堰汉江生态经济带建设步伐,通过大胆的闯、大胆的试,形成有利于汉江生态经济带发展的体制机制,努力探索一条有利于汉江生态经济带又好又快发展的道路。一是争取国家设立南水北调中线生态文明试验区。争取国家在十堰设立南水北调中线生态文明建设综合配套改革试验区,配套相关扶持政策,重点支持十堰汉江生态经济带加强生态建设、发展生态产业、鼓励节能减排、完善基础设施、发展社会事业,通过体制创新赋予汉江生态经济带更大的发展自主权和资源要素配置权,促进建设资源节约型、环境友好型社会。二是探索建立生态补偿机制。建立资源开发利用生态修复保证金制度;实行按排污总量进行收费,并逐步探索排污权交易;征收的环境保护税费,重点用于汉江生态经济带建设;推进农村环境建设"以奖代补"、"以奖促治",探索建立农村环境污染治理长效机制;进一步争取国家将生态补偿额度与水环境保护效果挂钩,加大对十堰的倾斜力度;积极争取国家按南水北调中线调水量的一定比例建立汉江流域生态补偿基金,专项用于汉江水生态、水环境治理。三是建立多元化的投融资机制。建立政府主导的投融资平台,统筹国家生态补偿等专项转移支付资金和市、县(市)两级相关预算外资金,设立汉江生态经济带建设的专项基金,建立稳定的汉江生态经济带投入渠道。探索建立开放式的、市场化的投融资机制,引导社会资金投入汉江生态经济带基础设施建设、园区建设和产业开发。发挥政府信用和协调功能,加强与金融机构的沟通与合作,争取更多的信贷投入。加大对外开放与交流的力度,努力争取国外政府、民间组织以无偿援助项目等形式参与汉江生态建设。四是完善区域协调合作机制。按照优势互补、协同发展的原则,构建区域内合理分工的产业体系,推进上下游产业和配套产业联动开发、协调发展。按照有效对接、共建共享的原则,推进区域内交通、水利、电力等基础设施一体化建设。推进区域内科技要素、人力资源、信用体系、市场准入、质量互认和政府服务等方面的对接,构建统一开放的市场体系。加强流域治理、水环境保护、库周生态屏障建设等重点领域的合作。在向上争取政策项目、对外开展招商引资方面,加强统筹与策划,采取“打大包”等方式塑造区域整体形象,实现“统一口径、利益分享”。加强区域协作配合。积极与南水北调中线受水区联系,争取水资源保护项目的对口援建、合作。加强与周边陕西、河南等省市邻近地区的交流互动,打破地区之间资源和要素流动的各种障碍,大力开展跨行政区域的协调合作,使十堰汉江生态经济带成为市场开放、联系紧密、交流活跃、要素富集的区域。

五、建设十堰汉江生态经济带,是确保国家“调水大业”安全、“一江清水送北京”的迫切需要

十堰汉江生态经济带是南水北调中线工程核心水源区。国务院确定中线2014年通水目标,一期有效调水量95亿立方米,十堰汉江流域的郧西县、郧县、丹江口市由此成为国家重要战略资源的承载地和全国水源保护最为敏感的地区,直接关系到华北特别是京津等地的饮用水安全问题,是工程成败的关键。中央明确提出“先节水后调水,先治污后通水,先环保后用水”的基本原则,要求充分发挥工程水源区和沿线地区水污染防治工作辐射和带动全国的作用,把南水北调工程建设成为“清水走廊”、“绿色走廊”和“清洁水源”。这都对水源区保护工作提出了更高要求。而目前十堰汉江流域生态环境建设的形势并不乐观。一是工业污染物排放总量的控制、削减难度相当大;二是对老污染源的治理和管理,缺乏长效机制,污染反弹仍较为突出;三是少数沿江工业园区和工业集聚区污水集中处理设施还亟待加强配套;四是农村生态环境整治任重道远。五是城镇环境防污基础设施薄弱。只有加快汉江生态经济带建设,通过特殊政策扶持和财力支持、配套的运行机制和有效管理模式,上下合力,整体联动,综合治理,才能使水质得到永久的保障,实现国家调水大业安全的宏伟目标。

文件辑录

中共十堰市委十堰市人民政府关于加快实施“一统三分”战略促进农村经济社会又好又快发展的意见

十发[2010]1号 2010年3月4日

2010年全市农业农村工作总体要求是:以科学发展观为指导,认真贯彻落实中央、省委农村工作会议精神,以实施“一统三分”战略为总揽,以农民增收为核心,突出调结构、转方式、促转移、强基础、惠民生,加大统筹城乡发展力度,扎实推进新农村建设,促进农村经济社会又好又快发展,力争实现农业增加值增长6%,农民人均纯收入增长9%。

一、统筹推进“一统三分”规划实施

1. 完善“一统三分”发展规划。结合制定“十二五”规划和区域性中心城市发展规划,进一步修订完善“一统三分”规划,形成以总体规划为主线、专项规划为支撑、市县乡三级规划为主要模式的规划体系。“一统三分”规划,要充分体现“工业向集中发展区集中、农民向城镇和新型社区集中、土地向适度规模经营集中”和“城乡规划、城乡产业发展、城乡市场体制、城乡基础设施、城乡公共服务、城乡管理体制一体化”的要求,统筹城乡发展,推进城乡一体化。

2. 强化规划的执行和落实。加快推进实施“一统三分”战略,各地各相关部门要成立实施规划专班,制定工作方案,明确工作责任,分解目标任务,把规划落实到单位、落实到项目、落实到片区,分步实施,有序推进。要加强督办检查和考核考评,确保规划的权威性和执行的严肃性。

二、统筹推进产业建设

3. 突出抓好特色产业建设。按照“分区域规划、分产业布局”的要求,继续扩大特色产业基地规模,力争板块基地面积新增10万亩,总面积达到420万亩。大力发展畜牧业,以养殖示范工程建设为依托,新增畜禽养殖小区60个以上。大力开发林特产业,积极发展油茶、核桃等木本油料。加强低产园改造,优化品种结构,改造、调优以柑桔为主的低产园15万亩。加大红薯、马铃薯等传统产业开发力度。

4. 加快农业产业化进程。大力实施农产品加工业“四个一批”工程,进一步盘大做强龙头企业,积极支持每个重点特色产业培植2—3家规模以上省、市级重点龙头企业。通过招商引资、兼并重组、资本联合、项目扶持等措施,积极支持丹江口市农夫山泉基地、房县润田神农架矿泉水有限公司、丹江口市武当道茶开发有限公司等30家农产品加工企业投资扩能计划,力争全市规模以上农产品加工产值达到50亿元以上。继续支持武当道茶做大做强,力争将武当道茶打造成省级农业产业化示范工程。以武当道茶为重点,着力打造武当柑桔、神农本草中药材、金神农烟叶、马头山羊、武当山珍山野菜等农产品品牌。加大农产品加工园区建设力度,完善园区配套设施,推动龙头企业向园区集中。积极支持丹江口市省级农产品加工示范园区建设。

5. 积极推行标准化生产。加强特色产业标准的制定修订工作,支持有实力、有特色的龙头企业参与制订国家标准,鼓励农产品加工企业和农民专业合作社推行标准化生产。积极开展果茶园、菜园和畜禽养殖小区标准化创建活动。加快市、县级农产品质量安全监管检测体系建设。继续实行对获绿色食品、有机食品认证企业和获产品地理标识认定认证企业奖励制度。坚持推行农产品市场准入制度和产品质量可追溯制度，建立农产品质量安全协查机制，确保农产品质量安全。

6. 推进农业科技进步与创新。着力实施种子工程、植保工程、测土配方施肥工程、粮食丰产科技工程等重大项目，深入开展粮油高产创建活动，建立25个万亩高产示范区。继续执行“以膜代奖”政策，推广地膜覆盖减灾技术80万亩。加大新、特、优品种引进、试验、示范力度，农作物良种普及率达到95%以上。示范推广柑桔大苗移栽、疏密改稀、起垄覆膜栽培、避雨完熟栽培和有机茶无性繁殖、有机乌龙茶生产加工制作、机修机采及蔬菜设施化栽培等重点技术；推广高效生态农业种养模式，大力发展循环农业；提高动植物重大疫病统防统治水平，确保高致病性禽流感、口蹄疫、猪瘟、鸡新城疫、羊痘、高致病性猪蓝耳病等六种重大动物疫病防疫密度达到100%；健全完善气象预警应急平台，做好防灾减灾服务；扩大小麦、水稻等农作物机耕、机收、机插面积，不断提高农机作业水平。认真开展技术培训，多途径培养现代新型农民。

7. 培育农民专业合作社。按照服务农民、进退自由、权利平等、管理民主的要求，推进农民专业合作社依法办社、依章办事、规范发展。指导农民专业合作社开展种子种苗统供和病虫害统防统治，为农民提供政策、法规、市场等信息服务。加大对农民专业合作组织的扶持力度，落实财政、税收、金融、科技、人才等优惠政策。新发展农民专业合作社60家。

三、统筹推进城镇化进程

8. 着力完善城镇功能。加大基础设施建设力度，完善县城和中心城镇功能，提高城镇辐射吸纳能力。大力发展县域经济，加快培育和发展二、三产业，促进特色产业、优势项目向县城和中心城镇集聚，提高县城和集镇要素集聚和经济辐射功能。进一步优化城镇、集镇和村庄规划布局，把库区移民内安、生态移民、扶贫搬迁与新农村建设和集镇建设有机结合起来，推进村镇建设向人口集聚、土地集约转变，促进农村人口向城镇转移。

9. 积极落实推进城镇化的政策措施。深化户籍制度改革，落实放宽中小城市、小城镇特别是县城和中心镇落户条件的政策，促进符合条件的农村转移人口在城镇落户并享受与当地城镇居民同等的权益。多渠道多形式改善农民工居住条件，鼓励有条件的城镇将有稳定职业并在城镇居住一定年限的农民工逐步纳入城镇住房保障体系。完善加快小城镇发展的财税、投融资等配套政策。

四、统筹推进就业创业

10. 加强技能培训。整合各类优势教育资源，建立健全政府组织、农科教结合、社会广泛参与的培训网络，加大对农村劳动力培训力度。积极开展外出务工技能培训，大力推广“定单”、“定向”、委托培训和项目培训，认真组织实施“国家新型农民科技培训计划”、“技能就业计划”、“雨露计划”以及农村劳动力进城务工创业培训等工程，不断提高农民就业竞争力和自主创业能力。新增培训转移农村劳动力3万人。

11. 拓宽就业空间。加快小城镇和农村基础设施建设，大力发展休闲农业、乡村和森林旅游、农村流通业和服务业，吸纳农村劳动力就近就地转移就业。积极实施“回归创业”工程，继续开展“劳务创业之星”评比表彰活动，促进农民工返乡创业。积极开拓域外劳务市场，稳固建立劳务基地，大力开展劳务输出，促进农村劳动力域外就业。

12. 优化就业创业环境。切实保障农民工合法权益，落实解决农民工问题的各项政策措施。进一步扩大农民工工伤、医疗、养老保险覆盖面，逐步实行农民工养老保险在辖区内无障碍转移。加强对农民工创业的信息、土地、金融、技术等服务，认真落实返乡创业在用地、收费、信息、工商登记、纳税服务等扶持政策。加强法制宣传教育，积极开展法律援助，增强农民工的法制意识和自我维权能力，严厉打击恶意拖欠农民工工资等违法行为。

五、统筹推进基础设施建设

13. 加强农田水利设施建设。继续实施农村饮水安全工程，解决16万农村人口的饮水安全问题。抓好在建的7座中型水库和20座小型水库除险加固工程建设，完成竹山尖山河灌区9个项目区的“民办公助”小农水工程建设，新开工房县中部平坝万亩灌区项目。加快小河流、小泵站、小塘堰、机耕作业道路、田间道路、灌溉沟渠等基础设施建设速度，进一步改善农村生产生活对机械化耕作、收割、运输、灌溉、排水的需要。通过一事一议、财政补助等方法，鼓励农民自愿投工投劳开展直接受益的小型水利设施建设。以国土整治为龙头，以农业综合开发为平台，整合涉农项目资金，支持土地整理、土壤改良、农田排灌、机耕道路建设和低产田改造。积极争取库区移土培肥和南水北调汉江沿线土地整治重大项目。

14. 加强农村生态环境建设。推进生态村庄建设，加快对村镇（社区）道路、庭院和农户房前屋后进行绿化美化。加快实施丹江库区水土保持工程，认真组织实施82条小流域治理项目，治理水土流失面积717平方公里。继续抓好退耕还林、荒山造林、低产林改造、天然林保护、生态公益林、自然保护区、荒漠化石漠化治理、丹江口库区湿地保护等生态建设项目，巩固生态建设成果。加快推进农村生活垃圾及畜禽污染治理，着力控制农村点面源污染，推进农村生产生活方式转变。大力实施清洁能源入户工程,新建"一建三改"沼气工程2万户,新建畜禽养殖场大中型沼气工程3处、联户沼气工程10个,更新、推广节柴灶(气化炉)3万座,积极在农村有条件的地区推广太阳能热水器。

15. 加强农村民生工程设施建设。抓紧实施新一轮农村电网改造升级工程,提升农网供电可靠性和供电能力。加快农村公路建设,新建通村水泥公路1000公里。建立健全农村公路管理养护长效机制,建立城乡一体的客运体系。加大农村危房改造力度,优先安排农村特困群众危房改造。加强农村信息化建设,积极推进"金农"工程、"三电合一"和农技"110"等信息服务平台建设。

六、统筹推进公共事业发展

16. 着力提高农村文化教育卫生事业发展水平。继续实施乡镇综合文化站建设工程、文化信息资源共享工程、农村电影放映工程和农家书屋工程,加强基层文化阵地建设,改造30个乡镇综合文化站,新建农家书屋400家,新建"农民体育健身工程"100个。继续组织开展以"十星级文明农户"为重点的文明乡镇、文明乡村创建活动,推进乡风文明建设。开展多种形式送戏下乡、送书下乡活动,丰富农村群众文化生活。巩固完善农村义务教育经费保障机制,认真落实教师培训制度和绩效工资制度。继续实施"校安工程"。大力发展中等职业教育,认真落实中等职业学校农村家庭困难学生和涉农专业学生免学费政策。完善农村三级医疗卫生网络,支持20个乡镇建设医疗救助站,建立健全市级医院"挂县带乡"对口帮扶制度,加大农村卫生队伍培训力度,提高农村基层医疗卫生水平。加强农村食品和药品监管。稳定农村低生育水平,综合治理出生人口性别比偏高问题。继续推进新农村新家庭计划和计划生育惠民政策。加强和创新流动人口计划生育服务管理,力争创建全省全国优质服务先进县区1-2个。

17. 着力提高农村社会保障水平。巩固和发展新农合制度,确保农民参合率保持在92%以上。提高参合农民筹资标准和住院补助,筹资水平提高到每人每年150元,住院补助率达到50%。逐步提高农村低保保障能力,扩大保障覆盖面,全市新增农村低保8万人,基本实现应保尽保。建立健全保障标准自然调整机制,全市农村低保人平补助标准达到50元/月以上。积极开展新型农村社会养老保险试点工作。落实农村五保供养制度,加强农村中心福利院建设,发展农村养老事业。

18. 着力提高扶贫开发水平。全面贯彻《湖北省农村扶贫条例》,着力推进产业扶贫、环境改善和能力建设,完善大扶贫机制,提高扶贫开发水平。启动168个重点村整村推进,完成109个重点村建设,确保减少贫困人口9万人。办好"整村推进、连片开发"试点和脱贫奔小康试点。继续推进"雨露计划"、"阳光工程"。推进扶贫搬迁和生态移民,完成2750户、1.1万人扶贫搬迁任务。启动新一轮城区农村扶贫开发规划,开展"百企帮百村"活动。

七、统筹推进农村改革

19. 稳定和完善农村基本经营制度。抓紧做好土地延包后续完善工作,确保土地承包地块、面积、合同、证书于年底前全部落实到户。加强土地流转管理和服务,加快乡镇土地流转服务中心建设。落实土地流转合同制和备案制,允许农民以转包、出租、互换、转让、股份合作等形式流转土地承包经营权,发展多种形式的适度规模经营。切实加强农民负担监管工作,严防农民负担反弹。大力宣传和贯彻落实《农村土地承包经营纠纷调解仲裁法》,逐步建立乡村调解、县市仲裁、司法保障的农村土地承包经营纠纷调处体系。全面完成林改确权发证工作,改革林木采伐制度,建立森林资产评估机构和交易市场,积极推进林地流转。积极稳妥推进国有农牧渔良种场改革,完善国有农牧渔良种场职工养老保险制度。

20. 有序推进农村土地管理制度改革。坚持最严格的耕地保护制度和节约用地制度,强化基本农田保护措施。加快农村集体土地所有权、宅基地使用权、集体建设用地使用权等确权登记颁证工作。完善征地补偿机制,逐步缩小征地范围,及时足额给予补偿,切实解决好被征地农民住房、就业和社会保障。积极实施迁村腾地,稳步开展城乡建设用地增减挂钩试点工作。逐步建立城乡统一的土地市场。在土地利用规划确定的城镇建设用地范围外,经批准占用农村集体土地建设非公益性项目,允许农民依法通过多种方式参与开发经营并保障农民合法权益。

21. 大力推进农村金融改革。落实和完善涉农贷款税收优惠、定向费用补贴、增量奖励等政策,引导各级金融机构扩大农村信贷规模,提高农村信贷比重,充分发挥农村信用社、农业发展银行、农行、邮政储蓄银行在支持"三农"中的主力军作用。县域内银行业金融机构新吸收的存款,主要用于当地发放贷款。放宽金融机构准入政策,加快培育村镇银行、小额贷款公司和农村资金互助社等新型农村金融组织。对偏远地区新设农村金融机构实行费用补贴,确保三年内消除基础金融服务空白乡镇。扩大农户小额贷款投放,积极发展农村小额信用贷款和农户联户贷款,鼓励开发多样化小额信贷产品。引导农村小型金融组织从金融机构融入资金,允许有条件的农民专业合作社开展信用合作。建立政府扶持、多方参与、市场运作的农村信贷担保机制,扩大农村有效担保物范围,建立完善农民联户担保机制。积极扩大农业保险费补贴的品种和区域覆盖范围，鼓励各地对特色农业、农房保险进行保费补贴，健全农业再保险体系，建立财政支持的巨灾风险分散机制。加强农村金融监管，加快农村信用体系建设，优化农村金融环境。

22. 深化农村综合改革。巩固农村综合改革成果，进一步完善农村公益事业"以钱养事"机制，推动公益服务主体多元化。加快建立乡镇或区域性农业技术推广、动植物疫病防控、农产品质量监管等公共服务机构，全面推广"管理在县、服务在乡"的基层农技推广派驻制，鼓励和支持农民专业合作社、基层供销社、专业技术协会、农民经纪人、龙头企业等主体为农户提供多种形式的生产经营服务。落实供销社改革发展相关政策。大力发展农业生产性服务业，加快构建覆盖全程、综合配套、便捷高效、公益性服务和经营性服务相结合、专项服务和综合性服务相协调的农业社会化服务体系。建设农村超市100个、农资放心店100个、村级综合服务社300个。进一步深化村级会计委托代理服务改革。加快城中村、城郊村、园中村产权制度创新步伐，完成省级"三村"试点工作。积极稳妥化解村级债务，坚决制止新增债务。继续做好化解农村义务教育债务的善后工作。

八、统筹落实强农惠农政策

23. 进一步加大对"三农"的投入。按照总量持续增加、比例稳步提高的要求，不断增加"三农"投入。市、县财政对农业的投入增幅要高于财政经常性收入增长幅度。统筹安排预算内外资金，统筹整合农业项目资金，重点支持新农村建设和现代农业发展。继续坚持实行财政资金以奖代补、民办公助、财政贴息等方式，放大财政资金功效，为农业农村经济发展提供财力支撑。市财政继续对全市农村通村油(水泥)路建设实行1万元/公里补助；继续对城区农村扶贫开发、"菜篮子工程"、土地整治、中低产田改造实行补助；继续对县市区重点产业、农产品加工、重大农业基础设施建设、生态农业建设、新农村试点示范建设、现代农产品安全体系建设、农业产业化经营组织建设给予财政支持。

24. 全面落实各项惠农政策。认真落实水稻、小麦、玉米、油菜等农作物良种补贴，粮食直补和农资综合补贴，农机具购置补贴，"家电下乡"补贴，退耕还林补助及对村级组织转移支付等政策，加大检查督办力度，强化专项审计，严肃处理截留、抵扣、挪用等侵害村级组织和农民利益的行为，确保中央和省各项惠农补贴和转移支付资金及时足额发放到位。

25. 扎实推进新农村建设。创新投入机制，强化政策激励，实施整村整乡推进。认真抓好丹江口市脱贫奔小康示范县建设项目，继续抓好7个省级和1个市级新农村建设示范乡镇建设，全面完成省、市、县三级新农村试点村建设任务。继续组织各级各部门开展多种形式的驻村帮建活动。深入开展"百企联百村，共建新农村"活动，引导企业发挥自身优势，参与结对帮扶和农业产业开发。

九、统筹"三农"工作组织领导

26. 强化对"三农"工作的领导责任。各级各部门要高度重视"三农"工作，县乡党委要把工作重心和主要精力放在农村工作上，在政策制定、工作摆布、财力投放、干部配备上把"三农"工作放在首位。强化四大家领导分工抓产业、联系龙头企业，市县部门驻村帮扶，乡村干部驻村联农户、抓示范的工作机制。要把"三农"工作作为领导班子考核的重要内容和领导干部选拔的重要依据，建立以粮食单产、特色产业、农民增收、社会事业发展、耕地保护、生态治理、和谐稳定为主要内容的评价指标考核体系。市委、市政府继续拿出1000万元资金，对包括农村重点工作在内的县域经济社会发展进行综合考评奖励；拿出400万元资金，对"先进乡镇"和"进步乡镇"进行奖励。

27. 加强农村基层党组织建设。按照无组织抓组建、有组织抓规范、软弱涣散抓整顿的建设布局，健全基本组织，建好基本队伍，开展基本活动，完善基本制度，落实基本保障，激发基础活力，不断提升农村基层党组织的凝聚力、战斗力和创造力。建立健全党务公开和民主议事决策制度，全面推行"一会两票"制，继续抓好"三级联创"、"五好"乡村党组织创建，扩大"结对联助"和"双联双助"范围和覆盖面。扩大基层党组织在农村经济社会组织中的覆盖面，大力实施党建"活力工程"。积极推进党员创业富民计划，充分发挥基层党员的先锋模范作用。落实对长期在基层和艰苦边远地区工作的干部、长期担任县乡党政领导职务的干部实行工资福利倾斜的政策，进一步完善村干部"一定三有"政策，逐步提高村干部报酬待遇。

28. 加强农村基层干部队伍建设。拓宽基层干部选拔渠道，注重从优秀党员、致富能手、复退军人、务工经商能人、返乡创业者、大中专毕业生、民营企业管理经营人员中选拔村干部。加大从农村、社区优秀基层干部中选拔乡镇领导干部、招录乡镇公务员和事业编制人员力度，开展从村主职干部中招录乡镇党委班子成员试点。扎实开展基层党员干部培训工作，推进农村党员干部现代化远程教育网络建设。

29. 加强农村党风廉政建设。加强农村党员干部作风建设，大力开展农村基层反腐倡廉教育，制定和完善农村基层干部廉洁行为规范，健全农村基层党员干部联系和服务制度。建立健全明察暗访相结合的长效监察机制，强化党在农村各项政策贯彻落实情况的监督检查，推进村务公开和民主管理"难点村"的重点治理，认真解决损害群众利益的突出问题。

30. 保持农村社会和谐稳定。切实维护农村基层改革发展稳定大局，坚持把农民的主体地位、主体利益和主体意愿放在第一位，完善党和政府主导的维护群众权益协调机制，切实解决好农村土地征占、环境污染、移民搬迁、集体资产管理等方面引发损害农民利益的矛盾和问题。加强法制宣传教育、矛盾纠纷排查调处、治安联防、平安创建等综合治理，引导农民群众依法合理表达利益诉求，把矛盾问题解决在村、化解在萌芽状态。坚决反对和制止利用宗教、宗族势力干涉农村公共事务，严厉打击黑恶势力和各类违法犯罪活动，确保农村平安和谐。

中共十堰市委　十堰市人民政府
关于建设十堰汉江生态经济带的意见

十发[2010]15号　2010年12月31日

为深入贯彻科学发展观，加快转变经济发展方式，按照主体功能区定位，进一步优化我市市域区位功能和区域发展布局，市委市政府决定，在深入推进区域性中心城市和竹房城镇带城乡一体化试验区建设的同时，加快建设十堰汉江生态经济带，全面推进“一城两带”建设，在保护生态、节约资源的基础上，促进汉江生态经济带又好又快发展。

一、建设十堰汉江生态经济带的重要意义

十堰境内汉江段全长216公里，占汉江总长的13.7%，占湖北段的24.9%；流域面积7339.2平方公里，占汉江流域总面积的4.6%，占湖北段的11.6%。十堰汉江生态经济带是指十堰境内汉江沿岸的主要区域，覆盖郧西、郧县、丹江口市3个县（市）。三县（市）总人口163.44万人，占全市总人口（350万）的47%，总面积10493.6平方公里，占全市总面积（23600平方公里）的44%。是我市县域经济较为发达的地区，同时又是南水北调核心水源区和国家级重点生态功能保护区。加快建设十堰汉江生态经济带，有利于围绕区域性中心城市建设目标，加快十堰城区建设，加快竹房城镇带城乡一体化试验区和十堰汉江生态经济带建设，形成“一城两带”的区域协调发展新格局。有利于探索以汉江为轴线、以县域经济为依托、以流域一体化发展为重点的汉江流域综合开发的新模式；有利于解决水源区生态保护与县域经济发展的矛盾和问题，探索科学发展、和谐发展、转型发展、可持续发展的新途径；有利于按照主体功能定位推进协调发展，树立十堰作为南水北调中线核心水源区和国家级重点生态功能保护区的绿色崛起新形象。

二、建设十堰汉江生态经济带的总体构想

（一）指导思想

坚持以科学发展观为指导，围绕“一城两带”区域发展战略和“一统三分”要求，以水源区生态环境改善和富民奔小康为目标，以转变经济发展方式和生产生活方式为主线，以生态保护为前提，以科学发展为核心，坚持生态优先、科学规划、以人为本、创新发展的原则，统筹推进汉江沿线城乡空间布局、产业发展、移民安置、生态建设、基础设施建设和社会事业协调发展，逐步将十堰汉江生态经济带建设成为生态优良、经济发达、城乡协调、生活富裕的生态文明示范区。

（二）发展目标

到2015年，生态建设和环境保护取得显著成效。水资源得到有效保护，丹江口库区水质长期稳定在国家地表水环境质量标准Ⅱ类以上，森林覆盖率达到50%以上，水土流失面积持续减少；工业污染和农业面源污染防治取得明显成效，万元GDP能耗、主要污染物排放量逐年下降，控制在省定指标以内，区域生态环境质量位居全国前列。

经济发展方式进一步转变。生态产业体系基本形成，高效生态农业、环境友好型工业和生态文化旅游业逐渐居于主导地位，经济实力明显增强。生产总值、财政收入实现翻番，工业产值年均增长20%以上、全社会固定资产投资年均增长30%、社会消费品零售总额年均增长20%、城镇居民人均可支配收入年均增长12%、农民人均纯收入年均增长10%。

生态文明社会建设取得长足进步。生态文化氛围浓厚，资源节约型、环境友好型的生产和生活方式初步形成，建成以3个县城为核心、55个城镇为支撑的汉江沿线的生态城镇体系，城镇化率达到50%以上，建成比较发达的交通体系、比较完善的公共服务体系、比较健全的市场体系和功能相对齐备的社会管理体系，初步形成生态屏障稳固、基础设施完善、产业结构合理、公共服务健全的高效生态经济板块。

（三）功能定位

按照区域主体功能定位，十堰汉

江生态经济带的发展方向主要定位在三个方面：

1. 汉江生态保护带。坚持“在保护中发展”的理念，加强生态环境建设，加快环境污染治理步伐，严格环境准入标准，强化生态修复与保护，确保“一库清水永续北送”，把十堰汉江生态经济带建设成为名副其实的南水北调水源保护核心区。

2. 汉江生态产业带。根据十堰汉江流域的资源禀赋、产业基础和生态环保的要求，大力发展高效生态农业、环境友好型工业、生态文化旅游业，加快形成独具特色、布局合理、结构优化的产业支撑体系，把十堰汉江生态经济带建设成为生态农业示范基地、低碳工业聚集区、工业化和信息化融合试验示范区、鄂西生态文化旅游圈的核心板块和重要支撑。

3. 汉江生态城镇带。按照生态环保、节约资源、统筹城乡发展的要求，发挥汉江流域名山、秀水、人文的优势，加快构建以丹江口、郧县、郧西县城区为中心，以汉江为纽带，以316国道沿线的江南城镇带和337省道沿线的江北城镇带为支撑和一批中心集镇、中心村为节点的特色城镇体系，把十堰汉江生态经济带建设成为山水相映、生态宜居的特色城镇带。

（四）空间布局

根据区域主体功能定位和资源环境承载能力，统筹考虑生态保护、经济布局和人口分布，十堰汉江生态经济带要逐步形成核心保护区、控制开发区和集约开发区合理分布的空间开发格局。

1. 核心保护区。主要包括丹江口水库、汉江沿岸及库周生态保护带。实行强制性保护，严格限制各类污染环境、破坏生态的开发建设活动，禁止污染物直接排放，禁止污染项目进入。加强库区周边植被修复与保护，建设生产生活区域与库区水体生态隔离带，稳定生态系统结构，维持生物多样性等生态服务功能，构筑生态安全屏障，确保丹江口水库水质长期稳定达标。

2. 控制开发区。主要包括丹江口水库上游和汉江支流沿岸地区。要实行严格的环境准入制度，加快实施流域综合治理，促进生态环境良性发展；适度发展低消耗、可循环、少排放的生态产业；合理安排城镇建设，严格控制人口规模，引导人口有序转移。

3. 集约开发区。主要包括三个县市的城关镇、中心镇和省级开发区，是集聚产业、人口的重要区域和推进工业化、城镇化的重点开发空间。郧西县重点围绕天河生态文化旅游圈、高速公路经济带、汉江经济带，布局产业发展空间和城镇空间。郧县重点围绕十堰市郊生态型观光农业示范区、汉江沿岸百公里生态经济带、国道沿线以小城镇建设为载体的综合开发经济带，布局产业发展空间和城镇空间。丹江口市重点围绕丹江口中心城区、丹郧公路生态农业产业带、汉十公路城镇带，布局产业发展空间和城镇空间。

三、加快推进十堰汉江生态经济带的转型发展

按照生态与经济协调发展的要求，重构产业结构、扩增环境容量、提升生态功能、统筹城乡发展，探索转型发展的新模式。

（一）加快产业空间重构步伐，不断提升产业发展的生态化水平

1. 加快发展高效生态农业。高举绿色有机农业旗帜，壮大基地规模，提升产业素质，突破性发展农产品加工业，大力发展“名、优、稀、特”特色农产品，打响“武当道茶”、“武当柑桔”等一批特色产业品牌，大力推广生态农业、观光农业等种养模式和技术，推进农业标准化生产，建成全国绿色有机农业示范区。一是拓展生态农业发展空间。通过土地整理、低丘岗改造、迁村腾地、移民搬迁、小流域治理等办法，拓展土地空间，增加耕地面积，提高灌溉机耕率，培育各具特色的生态板块经济。二是大力发展生态种植业。库周和汉江沿岸地区，重点建设以柑桔、核桃、板栗为主的绿色干鲜果产业带；城镇郊区和公路沿线，重点建设无公害蔬菜产业带；汉江南北低山岗地，重点建设红薯、大豆、桑蚕和油茶、油桐产业带；汉江南北中高山地区，重点建设有机茶和木瓜产业带。三是大力发展生态畜牧业。发挥库区牧草资源丰富的优势，集约化规模化发展草食畜牧业，建成一批特色养殖基地，推动循环种养、生态养殖和绿色能源建设有机结合。四是大力发展生态渔业。加快“丹江口翘嘴鲌”等优质特色鱼类鱼种基地建设，重点发展放养和不投放饵料的围网水产和精深加工，建设优质水产品产业带。五是突破性发展绿色有机食品加工业。以农产品加工园区建设为载体，以培植龙头企业和扶持中小企业为重点，以知名品牌打造为纽带，加快发展特色农产品加工业，把十堰汉江生态经济带建成全省乃至全国重要的特色农产品加工基地。加快丹江口市省级农产品加工园区建设步伐，各县市重点规划建设2个重点农产品加工园区。

2. 积极发展环境友好型工业。一是加快特色资源开发型产业改造升级。以减少污染、提高效率为方向，加快结构调整步伐，扶持壮大一批具有一定竞争力的企业集团。二是加快发展生物医药产业。发挥中药材资源丰富的优势，依托重点医药企业和科研院所，开发科技含量高、附加值高的原料药和中药新品种，大力发展中药饮片加工，建设国内有一定市场占有率的现代化中药产业化基地，培育特色品牌、知名品牌。加强道地中药材资源的综合利用，不断提高综合开发利用水平。三是加快企业技术改造，促进产业提档升级。四是在保护生态、节能减排的前提下，加快发展以汽车及零部件为重点

的先进制造业。

3. 大力发展生态旅游服务业。围绕自然生态和历史文化两大主线，充分发挥大山、大水、大人文的优势，突出南水北调、汉水文化和武当文化元素，大力发展生态文化旅游产业，积极申报省级文化生态保护区，着力打造以武当山—太极湖为龙头的汉江旅游景观集群组团。加快实施《丹江口库区及上游生态旅游发展规划》和《武当山丹江水山水一体旅游控制性详细规划》，在严格保护水质的前提下，加快开发南水北调源头生态水体旅游，整合丹江口大坝观光旅游区、小太平洋水体游览区、太极湖生态文化旅游区，将丹江口库区建设成为国内一流、国际知名的生态文化旅游目的地。深度挖掘、整理、保护和开发郧阳文化，加快推进郧阳文化主题公园建设，整合郧县青龙山国家地质公园、“郧县人”遗址等资源，构建郧阳文化旅游开发区。以郧西天河为轴心，以五龙河、上津古镇、龙潭河、“七夕”文化产业园等景点为支撑，打造天河生态文化旅游圈。加快旅游对外开放步伐，引进战略投资者，统一规划、整体推进，形成山水一体、整体联动的大旅游格局。加快旅游服务体系建设，发展具有地方特色的乡村游、农家乐等旅游新业态，创建旅游名镇、旅游名村、优秀A级景区，努力提升旅游服务质量。加强特色农产品专业市场、农村集贸市场和商业连锁零售网点建设，优化发展商贸物流业。

（二）加快人口居住空间重构步伐，不断提升城镇化水平

1. 优化城镇形态规划。科学规划各县市城镇布局，增加县城人口容量。推进丹江口市中心城市建设，加快右岸新城区开发，改造提升老城区，构建“一江两岸、组团分布、环道串联”的现代化中等城市框架。推进郧县与十堰城区对接发展，将郧县“一江二桥三镇”、“郧十”一级路沿线、郧县汉江以南毗邻十堰市区的镇区作为十堰市向北发展的主要控制区，整体纳入《十堰市城市总体规划》，实现城市建设、交通网络、公共设施、公益事业等基础设施对接，逐步把郧县建成十堰北部滨江新城区。支持郧西县以十漫高速公路为通道，积极承接西安城市圈辐射，加快建成十堰北进西出的“桥头堡”和“门户县”。

2. 加快村镇体系建设。统筹城乡规划，优化集镇和村庄规划布局。以县城为中心，优化区域生产力和人口布局，发展一批贸易型、工业型、旅游型等各具特色的小城镇，构筑以3个县（市）城区为核心，以重点镇为依托，一般建制镇为基础，中心村为支撑的城镇网络体系。以南水北调等各类移民安置带来的人口空间重构为契机，把库区内安后靠移民、生态移民、扶贫搬迁移民与新农村建设、集镇建设相结合，统一规划，高标准建设，突出特色，形成规模，把移民集镇的复建、移民安置点建成新农村示范样板。

3. 加快交通建设。积极配合做好武西高速铁路十堰段前期勘查工作，全力推进十白、十房、谷竹、郧十4条高速公路建设，加快打通省际出口路，推进对外通道建设。全力推进区域内国省干线公路升级改造和路网结构优化，加快县乡及农村公路建设，打通县际出口路，提高区域内部县域之间、乡镇之间的通达水平。全力推进环库周生态公路建设，加快库区旅游公路、环太极湖旅游公路建设，加快推进库区沿岸出口公路建设。加强航道、港口岸线资源保护，大力推进航道梯级渠化和整治，提升通航等级；加快丹江口旅游港口、武当山太极湖旅游港口、郧县综合港口建设，加强老港口技术改造，构建港口综合集疏运系统，提升港口服务功能和承载能力，形成干支联网、水路联运的水上运输体系。

4. 加强城乡基础设施建设。进一步加大城镇电、水、路、通信等基础设施建设力度，提升完善城镇功能。滨江城镇应以汉江岸线为基础推进环境综合整治，展现滨江城镇特色。注重城镇建设规模与环境容量相协调，强化环保基础设施建设，提高资源环境承载能力。加强水利设施建设，积极争取建设“引江补汉”工程。加大汉江沿线城镇防洪工程建设力度，加快完成病险水库除险加固工程。加快农业灌溉工程改扩建，完善农田水利网络。统筹规划与建设城镇供水、移民与山区居民人畜饮水设施，加快农村安全饮水工程建设。

（三）加快生态空间重构步伐，不断提升生态文明建设水平

1. 大力倡导生态文明观念。开展以培养生态文化为主要内容的生态文明教育，牢固树立生态文明观念，使“绿色GDP”成为各级党委政府的追求，“绿色政绩观”成为各级领导干部的追求，“绿色生产观”成为广大企业的追求，“绿色消费观”成为社会公众的普遍追求。

2. 推进生态建设。一是启动库周生态屏障建设工程。在库周及上游地区，采取包括长防林建设、天然林保护、生态公益林保护等全区域生态修复、水土流失防治、湿地保护、石漠化治理、绿色有机农业开发、生态移民等综合性措施，建设库周生态隔离带。二是大力实施城乡绿化工程。让园林进城、上路、入村、到户，形成城区园林化、郊区森林化、道路林荫化、农田林网化、庭院花园化的现代生态体系，实现城乡绿色全覆盖，建设优良人居生态环境。三是严格保护森林资源。加强森林防火基础建设，完善森林病虫害防控体系建设，提高森林保护能力。

3. 强化环境保护。一是加强环境准入管理，推进清洁生产，防止产业承接中的污染转移。二是加快城市（镇）垃圾、污水集中处理设施建

设,加强对已建成污染处理设施的运行监管。三是加大工业治污力度,治理工业点源污染,依法关停超标排放企业,严格控制有污染的工业项目建设。四是全面开展"村庄整治",以畜禽养殖污染、土壤污染、农村生活垃圾、污水污染治理为重点,有效控制农村面源污染。五是加大重点河流污染治理力度,加强中小流域综合治理,开展生态清洁型小流域建设。六是完善生态环境监测预警和监督执法体系,落实污染物减排考核和责任追究制度。

4. 集约节约利用资源。一是坚持工业向园区集中、农民向城镇集中。鼓励现有工业企业和农副产品加工向园区转移,新建工业、农产品加工项目要在园区布局建设,提高园区产业集聚和承载能力。实施"迁村腾地"工程,引导和鼓励农民向城镇集中居住,推进乡村适度合并,提高农村建设用地利用效率。二是加强土地资源的集约节约利用。按照功能分区的要求,分类设置不同类型的各类园区,统筹土地资源的开发利用和保护,推动土地集约化利用、规模化经营。合理确定新增建设用地规模、结构和时序,提高单位土地投资强度和产出效益。有序推进山地集中成片开发,防止乱开乱占滥用。以南水北调汉江沿线土地整治重大工程项目建设为重点,开展基本农田整理、中低产田改造、撂荒地复垦,提高农业用地综合效益。三是加强水资源的利用。大力推进节水型社会建设,提高水资源集约利用水平。积极推广农业旱作技术,大力发展节水灌溉农业。严格水资源管理,建立和完善总量控制和定额管理相结合的用水管理制度。合理开发利用水资源,科学有序发展水产养殖、饮用水加工和水电开发等产业。四是加强矿产资源的开发与管理。依法管理、合理开发矿产资源,严格开发资格认证和许可管理,严禁滥采,杜绝矿产资源流失,加强矿区生态修复。

5. 发展循环经济。按照"减量化、再利用、再循环"的原则,大力发展现代生态产业。按照"资源—产品—再生资源"的循环模式,对工业和农产品加工园区实行集聚生产、集中治污、集约发展,加强高效能、可循环技术的研发,推广循环生产模式,构筑生态环保产业链。加大节能技术研发和推广,突出抓好冶金、建材等行业节能,抓好矿山采掘业资源综合回收利用,加强能源生产、运输、消费各环节的制度建设和监管,健全和落实节能评估审查制度。

(四)加快公共服务共享步伐,不断提升和谐社会建设水平

一是推进教育均衡化发展。加强城乡教育资源的统筹管理和合理配置,不断提高教育教学质量,促进城乡义务教育阶段学校办学条件标准化、师资配备均衡化、教育质量一体化。二是大力发展城乡医疗卫生事业。提高公共医疗服务水平,完善医疗保障制度,深入推进新型农村合作医疗建设,实现农村医疗全覆盖。三是繁荣城乡文化事业。加强地域特色文化的挖掘、整理、保护和利用,开发文化产品,形成文化生产力;加快建设公共文化服务体系,加强综合文化站和村级文化活动室建设,实施广播电视村村通、文化信息资源共享、农村电影数字化放映、农家书屋等重点文化惠民工程建设。四是加快形成城乡一体的就业和社会保障体系。完善覆盖城乡的就业信息网络,建立城乡统一规范的人力资源市场,健全面向城乡劳动者的职业技能培训制度,不断扩大养老、医疗等社会保险覆盖面,提高社会保障能力。五是加强政府救灾能力建设。着重加强应对洪涝灾害、地质灾害等重大自然灾害的应急预案和救助物资储备设施建设,大力提高综合减灾救灾能力。六是妥善做好移民安置工作。认真组织实施丹江口库区移民规划,扎实做好南水北调中线工程移民安置及后期扶持工作。确保移民安居乐业、移民安置区长治久安。

四、建立加快十堰汉江生态经济带建设的体制机制

1. 争取国家设立南水北调中线生态文明试验区。根据国务院批复的《促进中部地区崛起规划》关于"积极开展丹江口库区生态保护综合改革试验"的要求,争取国家在我市设立南水北调中线生态文明建设综合配套改革试验区,配套相关扶持政策,重点支持十堰汉江生态经济带加强生态建设、发展生态产业、鼓励节能减排、完善基础设施、发展社会事业,通过体制创新赋予汉江生态经济带更大的发展自主权和资源要素配置权,促进建设资源节约型、环境友好型社会。

2. 探索建立生态补偿机制。一是按照"资源有偿使用"的原则,对区域内自然资源的利用征收资源使用费,建立资源开发利用生态修复保证金制度,以补充生态环境建设所需的资金。二是按照"污染者付费"的原则,实行按排污总量进行收费,并逐步探索排污权交易,所征收的环境保护税费,重点用于汉江生态经济带建设。三是推进农村环境建设"以奖代补"、"以奖促治",探索建立农村环境污染治理长效机制。四是在2008年以来中央财政对我市进行生态补偿的基础上,进一步争取国家将生态补偿额度与水环境保护效果挂钩,加大对我市的倾斜力度。五是积极争取国家按南水北调中线调水量的一定比例建立汉江流域生态补偿基金,专项用于汉江水生态、水环境治理。

3. 建立多元化的投融资机制。一是建立政府主导的投融资平台,争取国家即将批准实施的《丹江口库区及上游地区经济社会发展规划》和《丹江口库区及上游水污染防治和水土保持规划(修订本)》给予本区域的政策、项目、投资的倾斜支持,统筹国

家生态补偿等专项转移支付资金和市、县(市)两级相关预算外资金,设立汉江生态经济带建设的专项基金,建立稳定的汉江生态经济带投入渠道。二是探索建立开放式的、市场化的投融资机制,制定有利于筹集汉江生态经济带建设资金的各项政策,引导社会资金投入汉江生态经济带基础设施建设、园区建设和产业开发。三是发挥政府信用和协调功能,加强与金融机构的沟通与合作,争取更多的信贷投入。四是加大对外开放与交流的力度,努力争取国外政府、民间组织以无偿援助项目等形式参与汉江生态建设。

4. 完善区域协调合作机制。一是按照优势互补、协同发展的原则,构建区域内合理分工的产业体系,推进上下游产业和配套产业联动开发、协调发展。二是按照有效对接、共建共享的原则,推进区域内交通、水利、电力等基础设施一体化建设。三是推进区域内科技要素、人力资源、信用体系、市场准入、质量互认和政府服务等方面的对接,构建统一开放的市场体系。四是加强流域治理、水环境保护、库周生态屏障建设等重点领域的合作。五是在向上争取政策项目、对外开展招商引资方面,加强统筹与策划,采取"打大包"等方式塑造区域整体形象,实现"统一口径、利益分享"。六是加强区域协作配合。积极与南水北调中线受水区联系,争取水资源保护项目的对口援建、合作。加强与周边陕西、河南等省市邻近地区的交流互动,打破地区之间资源和要素流动的各种障碍,大力开展跨行政区域的协调合作,使十堰汉江生态经济带成为市场开放、联系紧密、交流活跃、要素富集的区域。

五、加强建设十堰汉江生态经济带的组织领导

(一)成立领导机构

成立十堰汉江生态经济带建设领导小组和办公室,负责区域开发综合决策,统一部署重大事项,指导县(市)和市直部门协调行动,实行重大资源统一管理、重大设施统一规划、重大项目协调布局。领导小组组长由周霁同志担任,分管农村工作的领导任副组长。成员由市委、市政府分管副秘书长、市委农办、市发改委、市南水北调办、市经信委、市财政局、市国土资源局、市住建委、市交通运输局、市水利局、市农业局、市林业局、市环保局、市移民局、市商务局、市旅游局、市扶贫办等部门主要负责人,丹江口市、郧县、郧西三县(市)政府主要负责人组成。领导小组办公室设在市发改委。汉江生态经济带所涉及的县(市)和乡镇成立专门机构,以县(市)为主,推动汉江生态经济带建设各项工作的开展和实施。

(二)编制发展规划

由市发改委牵头,市直有关部门参加,联合相关专业机构,高起点、高标准编制《十堰汉江生态经济带发展总体规划》。市直有关部门要按照《总体规划》的要求,制定相关的重点专项规划。

(三)研究制定相关扶持政策

领导小组定期和不定期主持召开成员单位会议,协调市直各有关部门加强对十堰汉江生态经济带的调研,研究重大战略、重大政策、重大项目的落实情况,商讨三个县市的协作配合,制定实施绩效考核办法。根据各部门职能和工作实际,提出扶持汉江生态经济带发展的具体政策,包括可向中央和省争取的相关政策、比照竹房城镇带施行的相关政策和建设十堰汉江生态经济带的特殊扶持政策,由领导小组审定后纳入总体规划纲要。

(四)积极争取中央、省的支持

一是汉江生态经济带建设领导小组要做好《十堰汉江生态经济带总体规划》的上报和审批工作,争取《十堰汉江生态经济带总体规划》由省组织评审、批复,并争取纳入省和中央规划支持。市直有关部门要积极争取省和中央对我市汉江生态经济带总体规划和专项规划的支持。二是各有关县(市)要按照十堰汉江生态经济带的总体部署,积极做好向上争取政策支持工作。三是加强与省直机关、企事业单位联系,争取对口支持。

中共十堰市委　十堰市人民政府 关于加快推进市县对接发展的 意　见

十发[2010]9号　2010年8月23日

为加快十堰城区与郧县对接发展步伐,构建市县互动、一体发展的新格局,现提出如下意见:

一、加快推进市县对接发展的重要意义

市县对接是调整产业结构、实现转型发展的必然要求。我市是南水北调中线工程核心水源区，按照国家主体功能区规划，被列入限制开发区域，区域经济结构、产业布局和发展方式需要作出重大调整。郧县产业基础较好，生态环境优越，旅游资源丰富，历史文化底蕴深厚。加快市县对接有利于整合区域资源，优化产业结构，推动全市“一主四大”产业做大做强，进而对实现百万辆级汽车城目标、打造鄂西生态文化旅游圈核心板块提供重要支撑。

市县对接是提升十堰城市功能、加快建设区域性中心城市的现实需要。建设区域性中心城市是我市未来发展的重要目标，当前市区发展面临着人口规模较小、发展空间受限等制约因素。加快市县对接发展，既可以有效拓展城区长远发展的承载空间，又能增添城区历史文化底蕴，丰富山水园林城市的内涵，增强对城市发展的空间和资源支撑，大幅提升城市功能。

市县对接是落实“一统三分”战略、统筹城乡发展的重要途径。加快市县对接发展是落实“一统三分”战略的重要抓手，通过市县对接发展，对郧县县域进行高起点规划，高标准推进城乡建设，加大城区的产业辐射，实现教育、医疗、卫生、社会保障等方面资源覆盖，有利于改善市县二元结构、城乡二元结构，实现以城带乡、以工补农，推进全市城乡一体化发展。

二、加快推进市县对接发展的指导思想和工作目标

坚持以科学发展观为统领，以“统筹城乡，互动发展，市县双赢”为主旨，以体制机制创新为动力，以规划、交通、产业、项目、市场对接为抓手，优先加快十堰城区与郧县城区结合部发展，稳步推进周边乡镇发展，逐步实现市县一体化发展。

到2013年，实现城市建设、交通网络、公共设施、公益事业等基础设施对接，夯实发展基础；到2015年，形成市县板块组团式空间布局，市县产业紧密关联，经济深度融合，优势互为补充，把郧县建成产业结构合理、功能配套完善、山水景观宜人的十堰北部滨江新城区。

三、加快推进市县对接发展的工作重点

优先实施规划一体化。打破行政区划界限，优先实施市县一体规划。将郧县“一江二桥三镇”、“郧十”一级路沿线、郧县汉江以南毗邻十堰市区的镇区作为十堰市向北发展的主要控制区，将目前郧县县城周边汉江沿岸片区作为城区向北发展次重点控制区，整体纳入《十堰市城市总体规划》。按照宜农则农、宜工则工、宜商则商的原则，对郧县其它乡镇进行产业规划和功能定位，分级分区域上报审批。按照十堰城区百万人口城市容量，准确定位郧县板块城市功能分工，合理安排产业空间、人口空间、生态空间、用地空间。高起点规划布局郧县板块的基础设施，统筹规划社会公共事业。将长岭新区作为市县对接的重要平台进行重点支持，鼓励新上项目和大中型企业向郧县经济开发区布局。把柳陂和平岛区域整体纳入我市鄂西生态文化旅游圈建设重点项目，支持申报郧阳文化旅游开发区。

加快城市基础设施一体化。重点推进交通对接，在郧县汉江以南乡镇与十堰城区交界处规划增加交通对接口，建成市县对接发展的快速通道。开通十堰至郧县城际公交车，构建郧县与十堰城区15分钟交通网络。做好“郧十”一级路、“十白”高速、“十天”高速、“郧十”高速、“运十”铁路等重点交通项目协调服务工作，合理设置互通和站点。高起点规划、高标准建设郧阳港，使之成为集货运、旅游、水上治污和水上搜救为一体的现代化综合码头。加快郧县境内国省道、县乡道改造升级，疏通内循环。稳步推进城区和郧县县城的天然气、供水、供电、通讯等公共服务一体化。加快重点集镇、中心村建设，完善基础设施，为人口集聚和产业发展提供必要条件。加快农村公路、农田水利、替代能源等基础设施建设，不断改善农村生产生活条件。支持郧县依托特色产业和资源优势，规划建设农副产品交易批发市场、特色产品交易市场和具有郧阳特色的商业街区，形成与城区互补共联的市场格局。

加快推进产业一体化。立足资源优势和产业基础，立足全市产业规划和布局，支持郧县发展与全市“一主四大”产业目标一致、功能互补的产业，探索以产业融合促进市县对接发展的路子。加快郧县新型工业化步伐。依托郧县经济开发区骨干企业，通过扶持上市、资金注入等手段促其做大做强。打造十堰市新型重型专用车制造基地和鄂西北液压件、铸锻件产业集群。发挥郧县矿产资源富集优势，着力打造全国知名的米黄玉、绿松石等特色矿产品加工基地和建材产业集群。加快发展现代农业。加大项目申报和支持力度，在市区和郧县县城结合部建设市郊生态型观光农业示范区。以柳陂高岭为中心，建设丹江口库区郧县万亩高效生态农业科技示范园。支持郧县新辟蔬菜基地建设，将郧县建成十堰的主要蔬菜供应基地。在郧县经济开发区规划建设有一定规模的农产品加工园区，打造全市农副产品加工业基地。突破性发展生态文化旅游产业。设立市级郧阳文化保护、发掘和开发利用机构，着力打造郧阳文化品牌。支持郧县青龙山国家地质公园、沧浪山国家森林公园、虎啸滩等景区纳入全省旅游重点建设项目。加大对“郧县人”遗址、辽瓦店子遗址、青龙泉遗址的发掘、保护和推介力度。

四、加快推进市县对接发展的保障措施

进一步统一思想认识。加快市县对接发展是在科学发展观指导下对区域经济发展的重新布局，是区域经济社会发展模式的创新。全市各级各部门要进一步解放思想，充分认识市县对接发展的重大意义，加大宣传力度，精心组织部署，形成上下一体、共同支持市县对接发展的良好氛围。

加强组织领导。市委、市政府成立加快推进市县对接发展工作领导小组，组长由市长担任，副组长由市委、市人大分管领导担任，成员由市委办、市政府办、市直相关职能部门，郧县、张湾区、茅箭区主要负责人组成，统筹推进市县对接工作。领导小组下设办公室，办公室设在市发改委，具体负责日常联络、沟通和协调工作。

建立对接工作机制。各成员单位要明确专人负责，认真履行职能，切实研究解决好对接发展中的新情况、新问题。各部门要各司其职、各负其责，步调一致、团结协作，形成对接发展的整体合力。郧县县委、县政府设立相应工作机构，负责具体对接工作。市委常委会、市政府常务会每年研究1—2次市县对接发展工作。市财政每年安排一定规模的对接发展专项资金用于对接基础设施工程建设、龙头企业扶持、重点产业支持等。研究建立税收、金融、土地、户籍等方面的支持政策，加快市县一体化进程。

中共十堰市委
关于制定十堰市国民经济和社会发展
第十二个五年规划的建议

（2010年12月8日中共十堰市委三届八次全会通过）

十发［2010］14号

“十二五”时期，是十堰发挥优势、跨越式发展的战略机遇期，是调整经济结构、转变发展方式的攻坚时期，是加快建设“一城两带”和全面建设小康社会的关键时期。制定“十二五”规划，要以科学发展观为指导，准确把握十堰发展的阶段性特征，提出符合十堰实际的指导方针、发展目标和总体部署，形成鼓舞信心、凝聚力量、推进十堰科学发展的行动纲领。

一、十堰经济社会跨越式发展的重大战略机遇期

1.“十一五”时期全市经济社会发展取得巨大成就。“十一五”时期是十堰发展史上极不平凡的五年。在省委省政府的正确领导下，全市上下坚持以邓小平理论和“三个代表”重要思想为指导，深入贯彻落实科学发展观，紧紧围绕建设区域性中心城市的奋斗目标，积极抢抓国家实施促进中部地区崛起、新阶段扶贫开发、南水北调中线工程建设和全省“两圈一带”战略等重大机遇，提出并实施了“一统三分”战略、着力打造百万量级汽车城、努力构建鄂西生态文化旅游圈核心板块和重要支撑等战略举措，成功举办了两届世界传统武术节，完成了南水北调移民外迁、国企改制等任务，经受住了东风“两个总部”外迁、国际金融危机冲击和自然灾害频发等各种严峻考验，全市经济社会发展取得巨大成就，提前一年完成了“十一五”规划确定的主要目标。全市综合经济实力显著增强，经济结构优化升级，基础设施不断完善，人民生活质量明显提高，改革开放不断深入，各项社会事业全面发展，社会主义精神文明建设、民主法制建设、生态文明建设和党的建设得到新的加强，城乡二元结构矛盾突出、产业结构单一、交通不便、城市发展空间不足的“四大瓶颈”制约正在打破，为“十二五”发展奠定了坚实基础，十堰渡过了最为困难的时期，正处在一个厚积薄发的新阶段，站在了一个新的历史起点上。

2.“十二五”时期十堰经济社会发展面临的机遇和挑战。“十二五”时期是我市可以大有作为的重要机遇期，国家、省一系列优惠政策叠加，有利于我市抢抓机遇，发挥综合优势，实现跨越式发展。

—国家实施扩大内需战略、促进中部地区崛起战略、新一轮扶贫开发、南水北调中线工程建设以及比照西部大开发、比照振兴东北老工业基地的政策，将为我市加快经济社会发展提供重大历史契机。

—省委省政府全面实施“两圈一带”战略、建设竹房城镇带城乡一体化试验区、汉江流域综合开发和引江补汉，将为我市加快发展提供新的机遇。

—国际和沿海发达地区资本和产业加速向内陆地区转移，新一轮技术创新，新兴产业发展壮大，为促进我市要素聚集和产业发展提供有利条件。

—十堰综合交通枢纽的逐步形成、与东风公司《政企共建百万量级汽车城合作框架协议》及东风公司十堰基地“61 行动计划”的实施、水电旅游矿产等优势资源开发，将使我市交通区位优势、汽车产业优势和特色资源优势进一步凸显，有利于我市实现经济社会的跨越式发展。

同时也要清醒地看到，我市“十二五”时期经济社会发展面临新的挑战：一是发展不够仍然是十堰最大的实际，调整经济结构、转变发展方式、加快十堰发展的任务十分紧迫。二是城乡二元结构矛盾依然突出，农业基础薄弱，农业产业化水平不高，统筹城乡协调发展任重道远。三是生态环境建设、水资源保护、库区移民安置和稳定发展仍是重大的政治任务。四是区域竞争日趋激烈，汽车主导产业面临剧烈竞争的考验和市场波动的考验，我市面临着前所未有的竞争压力。五是社会事业发展相对滞后，改善民生、保持社会和谐稳定的任务繁重。

二、经济社会发展的指导思想、原则和目标

3. 坚持以科学发展观统领经济社会发展全局。高举中国特色社会主义伟大旗帜，以邓小平理论和“三个代表”重要思想为指导，深入贯彻落实科学发展观，以科学发展为主题，以加快转变经济发展方式为主线，以推进新型工业化、新型城镇化和农业现代化为重点，以解放思想、改革开放为动力，以提高城乡人民生活水平为根本出发点和落脚点，加快推进“一城两带”建设，努力实现十堰经济社会跨越式发展，为全面建设小康社会打下更加坚实的基础。

规划“十二五”时期十堰经济社会发展，必须坚持以下原则：

—坚持抢抓机遇、加快发展。抓住一系列重大政策机遇，坚定不移地把加快发展作为第一要务，坚持好中求快，能快则快。大力培育百亿元企业和千亿级产业，着力提升区域性中心城市的集聚力和辐射力，不断增强综合竞争力。

—坚持转变方式、转型发展。坚持在发展中促转型，在转型中谋发展。加快构建以现代农业为基础，以新兴产业为先导，以先进制造业和现代服务业为支撑的现代产业体系，促进经济增长由主要依靠投资拉动向消费、投资、出口协调拉动转变。

—坚持统筹城乡、协调发展。以“一统三分”战略为指导，加快竹房城镇带城乡一体化试验区和十堰汉江生态经济带建设，加快市县对接步伐，统筹城乡空间布局、产业发展、基础设施建设、社会事业发展，推进城乡、区域协调发展。

—坚持改革开放、创新发展。把深化改革、扩大开放和科技创新作为发展的根本动力，加快形成统一、开放、竞争、有序的现代市场体系。不断增强自主创新能力，努力培育新的经济增长点。

—坚持生态环保、绿色发展。把建设“两型”社会、增强发展的可持续性放在更加突出的位置，强化节能减排，加强污染治理，加快生态修复，发展循环经济、绿色经济和低碳经济，走绿色发展之路。

—坚持改善民生、共享发展。坚持以人为本，共建共享，把改善民生作为一切工作的出发点和落脚点，注重社会建设，健全社会保障，完善社会管理，促进公共服务均等化。

4.“十二五”时期经济社会发展总体目标。按照实现经济社会跨越式发展的基本要求，围绕开创区域性中心城市建设、综合交通枢纽建设、城乡一体化发展、山水一体大旅游和生态文明建设“五个新局面”，制定以下发展目标。

—经济又好又快发展。经济发展实现新跨越，增长质量和效益明显提高，在优化结构、提高效益、降低能耗的基础上，争取主要经济指标翻一番，地区生产总值年均增长 12% 以上。

—经济结构进一步优化。居民消费率稳步提高，三次产业结构更加协调，产业竞争力持续提升，城镇化率明显提高。科技对经济增长的贡献率进一步提升。单位生产总值能耗明显降低，生态环境质量全面持续改善。

—社会建设明显加强。覆盖城乡居民的基本公共服务体系逐步完善，各级各类教育健康发展，人民群众的思想道德素质、科学文化素质和健康素质明显提升，民主法治更加健全，文化事业和文化产业加快发展，社会保障水平进一步提高，社会管理制度趋于完善，和谐十堰建设有序推进。

—改革开放不断深化。重点领域和关键环节的改革取得明显进展，政府职能加快转变，基本形成有利于实现科学发展的体制机制。对外开放广度和深度不断拓展。经济社会发展的动力和活力进一步增强。

—“一城两带”建设加快推进。十堰城区集聚辐射功能进一步增强，竹房城镇带城乡一体化试验区基本建成，十堰汉江生态经济带建设取得显著成效。

三、全面实施“一城两带”区域发展战略

“一城两带”战略，就是围绕区域性中心城市建设目标，加快十堰城区建设，加快竹房城镇带城乡一体化试验区和十堰汉江生态经济带建设，形成区域协调发展新格局。

5. 加快十堰城区建设。充分发挥武当山、丹江水、汽车城的品牌效应，加快产业结构优化升级，打造国际知名生态文化旅游区、国家级汽车产业集聚区、国家级生态经济示范区和区域性现代服务中心。按照“东拓、北扩、西优、南通”的思路，加快十堰(城区)与郧县一体化进程,加快卫星城(镇)建设步伐,加快推进山地开发整理,优化城市空间布局。完善公共服务体系,提高城市建设管理水平,提升城市资源配置功能,增强城市发展活力和统筹城乡发展能力。到2015年,建成区面积达到100平方公里,城区人口承载力超过100万,汽车产能达到百万量级,基本建成开放型、多功能、有特色的现代化城市。

6. 加快竹房城镇带城乡一体化试验区建设。按照省委省政府《关于竹房城镇带城乡一体化试验区建设的指导意见》和市委市政府"一统三分"战略的要求,以体制机制创新为动力,统筹城乡空间布局、产业发展、基础设施建设、社会事业发展,加快城乡一体化步伐,城镇人口达到60万人以上,城镇化率达到50%以上,努力将竹房城镇带建设成为经济繁荣、生态优美、社会和谐的城镇走廊,成为全省山区新农村建设的引领区、城乡一体化的先行区和统筹城乡发展的示范区。

7. 加快十堰汉江生态经济带建设。以《丹江口库区及上游地区经济社会发展规划》、《丹江口库区及上游水污染防治和水土保持规划》为指导,以水源区生态环境改善和富民奔小康为目标,坚持生态优先、科学规划、以人为本、创新发展的原则,加快生态产业体系建设,增强生态文明观念,统筹推进汉江沿线城乡空间布局、产业发展、移民安置、生态建设、基础设施建设和社会事业协调发展,逐步将十堰汉江生态经济带建设成为生态优良、经济发达、城乡协调、生活富裕的生态文明示范区。

四、大力推进农业现代化和新农村建设

8. 加快发展现代农业。加快转变农业发展方式,突出十堰特色,发展高效生态农业,走山区特色的现代农业之路。提高农业综合生产能力、抗风险能力、市场竞争能力。严格落实耕地保护责任制。按照"种植业建板块、畜牧业建小区、水产业建片带"的总体思路,推进特色农业分区域发展。大力实施农产品加工"四个一批"工程,建立现代农产品加工园区。积极培植国家级、省级和市级重点龙头企业。努力打造国家级绿色有机农产品加工中心。围绕"特色、规模、品牌、效益",培植和壮大一批知名品牌。大力发展农村合作经济组织,提高农业产业化和社会化服务水平。

9. 扎实推进新农村建设。按照"一统三分"战略要求,以"竹房城镇带城乡一体化试验区、十堰汉江生态经济带、十堰(城区)与郧县对接、丹江口市脱贫奔小康整市推进、各类移民建村建镇"为抓手,大力推进新农村建设"五个一工程",加快新农村建设步伐。继续加大对农业农村投入力度,加快推进各类资源要素向农村配置。加强农村基础设施建设,进一步改善农村生产生活条件。突出抓好新农村示范乡镇建设,把7个省级、1个市级试点乡镇建设成为全市实施"一统三分"战略的先行镇和新农村建设的示范镇。壮大县域经济,大力扶持发展村级集体经济,促进农民转移就业。努力构建农民增收长效机制,实现持续稳定增收。

10. 加快推进城镇化。坚持走新型城镇化道路,提升城镇化建设水平,优化城镇空间布局,加快县城发展,加强中心镇、"口子镇"和特色镇建设,推进农村新型社区和中心村建设。加快城镇基础设施和社会事业建设,强化产业支撑,提高城镇综合承载能力。加强城镇建设投入,稳步推进户籍制度改革,为农村进城进镇人口逐步转变为城镇居民创造条件。

11. 深入推进新阶段扶贫开发。坚持开发式扶贫方针,实行开发扶贫与社会救助有机结合,进一步创新机制,整合资源,增加投入,提升水平,做好新阶段扶贫开发工作。发挥丹江口市脱贫奔小康整市推进的政策优势,把丹江口市建设成为全省脱贫奔小康的排头兵。

五、加快构筑现代产业体系

12. 大力发展以汽车为主导的先进制造业。做强做大汽车主导产业,以打造百万量级汽车城为目标,以"61行动计划"为抓手,全力支持、服务东风公司十堰基地发展,努力将十堰打造成为国内最具规模、最具实力的中重型商用车制造基地,最重要的微型车、专用车、客车、汽车零部件及汽车装备生产基地;积极发展装备制造业,把十堰建设成为全国机械及汽车工艺装备的重要生产基地;继续提升地方汽配工业自主创新发展能力,做大整车、做强总成、做精零部件,打造国家级商用车及零部件产业集群创新示范区。打造特色资源加工产业,建设水资源加工基地、生物医药及医疗器械生产加工基地和特色矿产品加工销售基地。加快技术改造和技术进步,提升传统产业。加快发展战略性新兴产业。大力实施"双亿工程"和"中小企业成长工程",加快培育市场主体。强力推进各类园区建设,着力建设千亿级工业园区,积极创建国家级经济技术开发区,力争再培植2—3个百亿级支柱产业。

13. 突破性发展旅游产业。抢抓鄂西生态文化旅游圈建设机遇,以武当山为龙头,以"三区三线"为基本框架,把十堰建设成山水一体的国际旅游胜地,成为鄂西生态文化旅游圈的核心板块和重要支撑,把旅游业发展成为全市第二大支柱产业。加大旅游业对外开放力度,引进战略投资者参与旅游资源开发和景区经营管理,增强旅游发展活力。

14. 加快发展现代服务业。优先发展商贸服务业、现代物流业、汽车服务业、创意服务业和金融保险、中介咨询、房地产、社区服务、网络信息服务等现代服务业,努力构建现代服务业体系,推动第三产业优化升级。加快市场体系建设,完善商业网络体系，满足城乡居民购物需求，着力打造火车站商贸经济圈、白浪汽配城、汉江物流园3个百亿级物流园区，建设国家级汽车及零配件物流交易中心和区域性商贸物流中心。

15. 加强基础设施和基础产业建设。以交通、能源、水利、信息为重点，完善基础设施与基础产业，进一步强化十堰科学发展的基础支撑能力。以建设"内畅外联、辐射全国、换乘便捷"的综合交通运输枢纽为目标，全力推进高速公路、机场、高等航道、铁路和港口等重点项目建设，全面升级国、省道干线公路，构建立体化、广覆盖的骨架交通运输网络，打造市域内2小时交通经济圈。大力发展水电能源产业，加快水电、热电、火电等能源项目建设，抓好骨干电源的输变电网络建设。加强信息化基础设施建设，加快建设"数字十堰"。深入推进"三城联创"，加强城市公交、环保、供水、供气、城市道路等为重点的市政基础设施建设，加快建设全国文明城市、国家卫生城市和国家环保模范城市。

16. 保持投资增长力度。落实国家产业政策和投资政策，积极争取国家投资和信贷支持，确保全市投资规模的增长幅度与经济社会跨越式发展的要求相适应。发挥政府投资导向作用，加强项目库建设和项目争取力度，重点谋划一批大交通、大流通、大产业、大生态项目和相关配套设施。鼓励民间投资，激活社会自主性投资动力，引导投资进一步向社会事业、农业农村、节能环保和生态建设等领域倾斜。优化投资环境，减少和规范行政审批，改善投资服务。

17. 积极扩大消费需求。把扩大消费需求作为扩大内需的战略重点。积极实施扩大消费的政策措施，挖掘和释放消费潜力。实施扩大就业战略，夯实居民消费基础。调整收入分配格局，增强居民消费能力。健全社会保障体系，改善居民消费预期。完善农村市场体系，开拓农村市场。培育新的消费热点，引导消费结构升级。加大市场执法力度，营造良好的消费环境。

18. 加强生态文明建设。坚持绿色发展，加快形成节约资源能源、保护生态环境和应对气候变化的产业结构、生产方式和消费模式。根据国务院"积极开展丹江口库区生态保护综合改革试验"的精神，争取国家在我市设立"生态文明综合配套改革试验区"。抓好南水北调中线工程核心水源区保护，加快河流、湿地生态修复和石漠化治理，加强林业生态重点工程建设，创建国家森林城市。加强农业面源和工业点源污染治理，加快城镇污水处理厂建设，加强工业固体废物综合利用和危险废物集中处理，加强城镇、农村环境综合整治。大力发展低碳经济、循环经济和绿色经济，全面推行清洁生产与节能技术，启动低碳循环经济试点工程。积极应对气候变化，加强防灾减灾体系建设，增强处置气象灾害的能力。积极探索能源资源合理开发、优化配置、高效利用和有效保护的新途径，建立实施生态补偿、排污权交易、南水北调中线工程对口支援和区域协调合作等机制。

19. 增强科技创新能力。实施科教兴市战略和知识产权战略。完善一把手抓第一生产力的科技目标考核评价机制，建立以企业为主体、产学研结合的技术创新体系。实施科技投融资、产学研结合、创新型试点企业建设、农业科技创新体系建设、科技型中小企业成长路线图计划等五大科技专项，打造商用车及零部件产业、汽车工艺装备制造、特色有机农业、生态经济等六大创新基地，为创新型十堰建设提供科技支撑。

六、切实保障和改善民生

20. 千方百计扩大就业。把促进就业放在经济社会发展优先位置，实施更加积极的就业政策，大力发展服务业、劳动密集型产业，支持中小企业和非公有制经济发展，扩大就业规模。加强职业技能培训和公共就业服务，做好高校毕业生、农村转移劳动力和城镇就业困难人员就业工作。坚持以创业带动就业，加强创业培训和指导服务，实施"回归创业工程"，推动全民创业。建立统一开放、规范有序的人力资源市场，实现城乡就业一体化。建立和谐劳动关系，依法维护劳动者权益。

21. 大力提高城乡居民收入水平。坚持和完善按劳分配为主体、多种分配方式并存的分配制度。推动工资集体协商和工资支付保障制度建设，落实最低工资制度，全面推行绩效工资制度，建立稳定的企业职工、事业单位人员、公务员、离退休人员等各类群体收入增长机制。健全扩大就业、增加收入的发展环节和制度条件，促进机会公平，增加居民财产性收入。切实抓好"米袋子"、"菜篮子"工作，保障居民重要生活品供应。

22. 建立健全城乡统筹的社会保障体系。坚持"广覆盖、保基本、多层次、可持续"方针，全面建立起基本养老、失业、基本医疗、工伤和生育保险为主要内容的社会保障体系。逐步提高统筹层次，完善养老保险制度，实现城镇职工、城镇居民和新型农村社会养老保险制度全覆盖；完善医疗保险制度，实现城乡基本医疗保险制度全覆盖和经办服务城乡一体化；完善城乡社会救助体系，实现城乡社会救助全覆盖，逐步提高城乡低保补助和农村五保户供养标准，大力发展慈善和社会福利事业。加大社会保障投入，发挥商业保险补充性作用。加大住房保障建设力度，扩大公积金制度覆盖面，建立多元化的住房保障供应体系，落实房价调控各项政策措施。

23. 优先发展教育事业。加大教育财政投入，以实施中小学校舍安全工程和义务教育标准化建设为契机，巩固提高“普九”成果；以发展优质教育资源为重点，促进义务教育均衡发展，逐步实现普及高中阶段教育和学前教育的目标；加快发展继续教育，引导和鼓励民间资本投资教育，形成公办民办教育协调发展的良好局面；完善体现地方特色的职业教育和高等教育体系，建设区域性文化教育中心。

24. 加快发展医疗卫生事业。坚持公共医疗卫生的公益性质，坚持预防为主、以农村为重点、中西医并重的方针，积极推进全市医药卫生体制改革。建立健全公共卫生服务体系、医疗服务体系、医疗保障体系、药品供应体系，形成四位一体、覆盖城乡的基本医疗卫生制度，加快医疗卫生事业发展，建设区域性医疗卫生服务中心。

25. 做好人口工作。坚持计划生育基本国策，继续稳定低生育水平，加强生育文明建设，提高生殖健康水平，改善出生人口素质，综合治理出生人口性别比偏高问题。坚持男女平等，切实保障妇女合法权益，加强未成年人保护，发展妇女儿童事业。积极应对人口老龄化，优先发展社会养老服务，培育壮大老龄服务事业和产业。支持残疾人事业发展，健全残疾人服务体系。

26. 加强和改进社会管理。按照党委领导、政府负责、社会协同、公共参与的社会管理格局要求，加大财政对社区建设的支持力度，健全新型社区管理的服务体制，建设文明城乡新社区，实现政府行政管理与基层群众自治的有效衔接和良性互动。坚持培育发展与管理监督并重，大力促进各类社会组织健康有序发展，健全基层管理和服务体系。建立健全社会应急管理机制，有效应对自然灾害、事故灾难、公共卫生、社会安全等突发公共事件，提高危机管理和抗风险能力。

27. 维护社会和谐稳定。深入推进平安十堰建设，开展全国社会治安综合治理优秀城市创建活动。畅通社情民意反映渠道，依法规范信访秩序，加强信访工作。建立社会稳定风险评估机制，健全矛盾排查化解机制，正确处理人民内部矛盾，把各种不稳定因素化解在基层和萌芽状态。加强食品药品监管，切实保障食品药品安全。强化安全生产监管，加强安全生产保障能力建设。加强政法队伍建设，维护社会治安和打击违法犯罪活动，确保社会和谐稳定。加强国家安全工作。

28. 做好移民安置工作。把移民安置作为保障民生、维护稳定的头号工程来抓，确保完成南水北调中线工程和地方水电等重点工程项目的移民搬迁安置任务。认真落实各项移民扶持政策，统筹谋划移民安置区长远发展，确保移民安居乐业、移民安置区长治久安。坚持把各类移民安置与新农村建设相结合，加快移民建村建镇工作，建设农村新型社区。

七、促进文化大发展大繁荣

29. 大力发展公共文化服务。围绕建设区域性文化大市、文化强市的目标，加大文化设施建设投入，加强公共文化设施建设。以政府为主导，以公益性文化事业为骨干，以基层为重点，鼓励社会积极参与，大力开展公益性文化服务，加快形成覆盖城乡的公共文化服务体系。加强新闻媒体建设，规范互联网等新兴媒体的建设、运用、管理，把握正确舆论导向，提高传播能力。加强基层文化队伍建设。加强对外文化交流。加快实施文化建设重点工程。重点做好武当山等省级以上重点文物单位的维修保护工作，积极争取郧县人遗址列入国家文物局大遗址保护项目；加强物质文化和非物质文化遗产的挖掘、保护和管理，合理开发利用文物资源。

30. 加快发展文化产业。以武当文化、汽车文化、汉水文化等地方特色文化为重点，实施精品工程和品牌战略，积极发展广播影视、新闻出版、文娱演艺、广告业等文化产业，培育建设一批文化名牌、名人、名企、名品，把文化产业培育成为新的经济增长点。积极建设文化产业园，培育文化创意产业、互联网产业等新业态。

31. 加快推动文化体制改革。引入竞争激励机制，积极推进公益性文化事业单位改革，建立健全公共文化基础设施运行经费保障机制。推动公益性单位拓宽服务领域，创新服务方式，提高服务质量，构建覆盖全社会的公共文化服务体系。大力发展文化产品、服务和要素市场，鼓励和引导社会资本参与文化产业发展，加快推进文化市场综合执法改革，深化文化行政管理体制改革，健全和完善文化产业发展的体制机制。

32. 提高全社会文明素质。深入开展社会主义核心价值体系学习教育，坚持用马克思主义最新理论成果武装全市人民，不断增强全市人民走中国特色社会主义道路的自觉性和坚定性。加强中华优秀文化传统教育，弘扬以爱国主义为核心的民族精神和以改革创新为核心的时代精神，深入推进社会公德、职业道德、家庭美德和个人品德建设，提倡科学精神和人文关怀，提倡修身律己，强化职业操守。净化社会文化环境，保护青少年身心健康。运用综合手段，引导人们知荣辱、讲正气、尽义务，形成扶正祛邪、惩恶扬善的社会风气。扎实开展文明城市、文明村镇、文明单位等创建活动，广泛开展先进典型和道德模范学习宣传活动。

八、加快改革开放步伐

33. 进一步深化经济体制改革。加大改革创新力度，坚持用改革的办法、开放的办法、市场的办法破解发展难题。大力发展非公有制经济，落实和完善鼓励、支持、引导非公有制经济的政策措施，培育壮大市场经济。深化财税、金融体制改革，规范非经营性资产经营收入和财政转移支付和管理，完善预算编制和执行管理制度，提高预算完整性和透明度；深化农村信用社改革，健全农村金融服务体系。深化国有资产监管体制改革，发挥国有资产效用。深化资源性产品价格改革，稳步推进地方电网、城市供水、污水处理、垃圾处理收费等市政公用事业改革。扩大民间资本投资经营性基础设施和公共服务的范围。改善发展环境，探索实行个体创业"一费制"。健全土地、资本、劳动力、技术、信息等要素市场，加快社会信用体系建设，完善市场法规和监管体制。放宽市场准入，着力营造多种所有制经济公平竞争的市场环境。

34. 推进行政管理体制改革。进一步转变政府职能，优化政府结构，深化行政审批制度改革，加快建设法治政府和服务型政府。健全科学决策、民主决策、依法决策机制，推进政务公开，加强行政问责，完善政府绩效评估制度，提高政府公信力和执行力。

35. 加快社会事业体制改革。积极稳妥推进科技、教育、文化、卫生、体育等事业单位分类改革。培育扶持和依法管理社会组织，支持、引导其参与社会管理和服务。改革基本公共服务提供方式，实现提供主体和提供方式多元化。推进非基本公共服务市场化改革，增强多层次供给能力，满足群众多样化需求。

36. 大力实施开放先导战略。坚持"走出去"与"引进来"相结合，不断提高对外开放水平，坚持把招商引资作为扩大开放的主要抓手，进一步优化投资环境，创新引资方式，积极引进外资和内资重大项目，努力承接境外和发达地区产业转移，重点引进战略投资者，不断扩大利用外资规模，提高利用外资水平。广泛建立与国内外大财团、高等院校和科研院所的合作关系，推进战略合作。加大汽车零部件社会配套市场开拓力度，进一步扩大汽配产业外向度。加大国际市场开拓力度，努力扩大外贸出口。推进企业上市，加快培育资本市场。积极探索企业"走出去"和劳务输出的办法和途径。充分发挥外事、侨务和对台工作在对外开放中的作用。

九、充分发挥党的领导核心作用

37. 全面加强和改善党的领导。要以加强党的执政能力建设和先进性建设为主线，深入开展创先争优活动，全面加强和改善党的领导，提高驾驭经济社会发展全局的能力。加强各级领导班子和干部队伍建设，加强和改进干部教育培训。坚持和健全民主集中制，积极发展党内民主，以党内民主带动人民民主。进一步深化干部人事制度改革，创新和完善干部选拔任用机制，健全科学的领导班子和领导干部考核评价制度，形成有利于科学发展的用人导向。切实加强党的基层组织"五个基本"、"七个体系"建设，深化"活力工程"，全面提高基层党建科学化水平。切实加强作风建设，坚持党的群众路线，保持党同人民群众的血肉联系，加强反腐倡廉建设，加大查处违纪案件力度，健全完善惩治和预防腐败体系建设。充分发挥党委的领导核心作用、基层组织的战斗堡垒作用和全体党员的先锋模范作用，加强和改进党对工、青、妇等群团组织的领导，做到总揽全局、把握方向、协调各方、凝聚力量，形成推动十堰跨越式发展的强大合力。

38. 建设人才强市。坚持党管人才原则，加快推进人才强市战略。以创新型人才为重点，统筹推进党政人才、企业经营管理人才、专业技术人才、高技能人才、农村适用人才、社会工作人才等各类人才队伍建设。建立健全科学的创新型人才评价、使用、激励、流动机制，加快创新型人才培育、流动与共享。落实人才政策，建立和完善人才公共服务体系，抓好重大人才工程建设，用好现有人才，推动人才事业全面发展。

39. 发展社会主义民主政治。坚持和完善人民代表大会制度，切实保障人民群众的合法权益。坚持中国共产党领导的多党合作和政治协商制度，充分发挥民主党派、工商联和无党派人士在政治生活中的作用。坚持基层群众自治制度，扩大基层民主，完善政务、厂务、村务公开，扩大公民有序政治参与，依法保障公民的知情权、参与权、表达权、监督权。完善听证、论证和专家咨询制度，提高决策的科学化民主化法治化水平。扎实开展法治十堰建设，推进依法行政，建设法治政府。

40. 切实加强新形势下国防建设。坚持党管武装根本原则，落实双重领导制度。积极支持驻十堰人民解放军、武警部队建设，抓好国防动员、人民防空和民兵预备役工作。深入贯彻《国防动员法》，增强全民国防观念。认真落实军人及军属优抚安置政策，做好军队转业干部、复员退役军人接收安置工作。深入开展双拥共建活动，巩固和发展军政军民团结。

市委号召全市各级党组织和全市人民，紧密团结在以胡锦涛同志为总书记的党中央周围，高举中国特色社会主义伟大旗帜，深入贯彻落实科学发展观，解放思想，锐意进取，开拓创新，扎实工作，为实现十堰经济社会发展"十二五"规划和全面建设小康社会宏伟目标而努力奋斗！

十堰市人民政府
关于鼓励和推进企业上市的若干意见

十政发[2010]19号　2010年4月12日

各县市区人民政府，市政府各部门：

为打造区域性中心城市，提高我市金融市场化程度，充分调动企业上市积极性，鼓励和引导企业利用资本市场实现资源优化配置和制度创新，培育一批能带动我市经济发展、主业突出、核心竞争力强的公司和企业集团，提升我市国民经济综合竞争力，根据国务院、省政府关于推进资本市场改革发展的有关要求，结合我市经济发展现状，现提出如下意见：

一、加强企业上市的基础工作

（一）列入上市后备企业的基本条件。

1. 合法存续、具有上市意愿的股份有限公司（或可整体改制为股份制公司的有限责任公司）；

2. 净资产在2000万元以上，最近两年净利润累计在800万元以上或最近一年净利润在500万元以上，或者最近一年营业收入不少于5000万元，最近两年营业收入增长率均不低于30%；

3. 生产经营符合国家产业政策和环保要求；

4. 生产经营具有较强的竞争能力，在全国同行业的排名靠前；

5. 具备健全且运行良好的组织机构；

6. 具有持续盈利能力，财务状况良好，近两年无不良信用记录、无违法行为。

（二）建立上市后备企业资源库。符合上述条件的企业，可向负责企业上市的主管部门提出申请，主管部门进行审核后，及时纳入上市后备企业资源库。对上市后备企业资源库实行动态管理，每年对符合条件的企业及时纳入，对盈利能力持续下降、规范运作成效不明显的企业及时调出。

（三）推进企业股份制改造。鼓励和支持符合国家产业政策、主导产业突出、资产规模较大、盈利水平较高、竞争力较强、具有发展潜力、尚未进行股份制改造的企业，通过新设、改组、转制、招商、引资、债权转股权等多种形式和途径，按照上市标准和要求，积极创造条件，尽快组建股份公司。

二、促进企业上市的扶持政策

（四）各级政府及有关部门对上市后备企业原始积累过程中的不规范问题，要本着尊重历史、利于发展的原则妥善处理。

（五）建立企业上市直通车制度。对上市后备企业在上市过程中涉及的重要事项，采取"一企一议"的方法，开辟"绿色通道"，简化程序，特事特办。

（六）减免有关费用。

1. 上市后备企业申领有关证照（如房产证、国有土地使用权证等），有关部门应简化手续、依法减免规费、及时办理。

2. 对上市后备企业办理变更税务登记手续的，一律免收税务登记证工本费。企业改制涉及产权变更过户且实际控制人没有发生变化的，可直接变更企业名称，免交除工本费外的其他一切费用。

3. 上市后备企业土地使用证、房产证、车船使用证、给排水及供电计划指标、资质等级、自有工业产权过户时，公司控股股东没有发生重大变化的，视为变更登记，免收变更、过户登记手续费。

（七）实施财税奖励。

1. 上市后备企业改制设立股份公司，对按规定量化到个人的资产和因未分配利润、盈余公积金转增股本，应按规定缴纳个人所得税，按地方所得比例，由受益财政等额给予资金补助。

2. 上市后备企业改制过程中因资产置换、分立、合并涉及资产评估增值而缴纳的企业所得税，按地方所得比例，由受益财政等额给予资金补助。

3. 对因执行新《企业会计准则》导致会计事项发生变化的，依据税收法律法规规定，由企业进行纳税调整后引起以前年度应税所得额或应税收入变动的，企业净增应税额，在上市以前按照法律规定自行补正申报、补缴税款。

4. 对企业上市过程中的净增应税成本，在企业成功上市后，地方财政在企业上缴的新增税收中给予适当补偿。

（八）优先安排项目用地。对上市募集资金的投资计划项目所需建设用地，优先保证土地计划指标，优先办理核准预审和及时报批，优先供地。上市后备企业在股份制改造过程中，对原以划拨方式取得的土地以出让方式处置的，土地使用权出让金可依据产业政策，按评估后的地价补缴土地出让金。

（九）加大资金支持力度。

1. 当上市后备企业出现短期流动资金困难时，经市资本市场建设（企业上市）工作领导小组同意，根据企业情况安排适当的财政性资金借款支持。

2. 加大对技术创新、改造等重大项目资金支持。对上市后备企业，市发改、经贸、科技、财政等部门要在国家和省高新技术产业专项、中小企业发展专项和科技型中小企业创新基金以及国债项目财政贴息等各类政策性资金的争取上予以优先申报。

（十）建立奖励机制。企业成功上市后，市政府给予一次性资金奖励200万元。

（十一）上述扶持政策所需资金按财政体制分级负担。

三、加强组织领导

（十二）健全工作机制。市资本市场建设（企业上市）工作领导小组由市政府领导和有关部门主要负责人组成，领导小组下设办公室，办公室负责日常工作。各县市区要设立相应工作机构。对推进企业上市工作所需资金，财政根据工作需要合理安排经费。

（十三）形成工作合力。各级政府及有关部门要全力支持企业上市工作。市领导小组成员单位要确定一名具体负责人，作为领导小组办公室的组织联络人员，负责协调解决本单位推进企业上市工作中的相关问题。市企业上市办负责推进企业上市的日常工作；市经委、国资委、农业局、商务局负责上市后备企业改制和股份公司的设立工作；财政、税务、国土、科技等部门负责有关激励政策的兑现工作；环保部门负责上市后备企业的环境评价工作；工商、建设、规划、房管等部门负责协调解决企业改制上市中的规费减免、证照办理等问题。

（十四）鼓励风险投资。鼓励和支持境内外优秀创业投资机构对我市上市后备企业进行战略投资，引导和聚集社会资金投向上市后备企业，完善上市后备企业股权和公司治理结构，推进上市后备企业规范运作、快速发展。

（十五）引进中介机构。鼓励和支持实力强、信誉好的境内外证券公司、信托投资公司、会计师事务所、律师事务所及评估、咨询等中介机构进入我市开展业务，为企业改制上市提供优质服务。

（十六）加强宣传引导。利用各种媒体广泛深入地宣传国家关于发展资本市场的重大方针政策，介绍有关企业上市的政策法规和相关要求，推广优质上市公司的典型经验，大力宣传报道利用资本市场推动企业发展的成功经验，充分调动和发挥企业上市的积极性。

（十七）建立考核机制。各级人民政府和有关部门要把推进企业上市、提高企业直接融资比例，作为促进地方经济发展的大事列入重要工作日程，建立推进企业上市工作领导责任制。市政府将推进企业上市作为考核县市区政府勤政、廉政以及提高执行力的重要内容，制定考核办法，纳入年度工作目标考核体系，进行督促检查和表彰奖励。

本意见由市发改委负责实施和解释。

十堰市人民政府
关于大力推进粮食产业化发展的意见

十政发［2010］23号　2010年5月26日

各县市区人民政府，市政府相关部门：

为认真贯彻落实《省委省人民政府关于实施农产品加工业“四个一批”工程的意见》（鄂发［2009］27号）和《省人民政府关于大力推进粮食产业化的意见》（鄂政发［2006］71号）文件精神，全面落实市政府与省粮食局签订的“推进十堰粮食流通产业发展合作”协议，加快我市粮食产业化发展步伐，提高粮油精深加工水平，做优、做强、做大粮油食品加工业，充分发挥粮油食品加工业在促进农业增效、农民增收及建设社会主义新农村中的重要作用，现就我市大力推进粮食产业化提出如下意见。

一、指导思想

以科学发展观统领全局，按照“一统三分”战略要求，以特色粮油资源为依托，以市场为导向，以效益为中心，以科技为支撑，以精深加工为重点，以培植龙头企业和打造精品名牌为突破口，在巩固提高传统粮油食品加工业发展的基础上，扩大杂粮等特色粮油食品加工业规模化生产，着力构建特色粮油食品加工产业集群，打造一批具有影响力的粮油食品知名品牌，促进全市粮食产业化全面发展。

二、主要发展目标和重点

（一）主要经济目标。

到2015年，全市粮油食品加工业力争实现以下主要经济目标：

1. 粮油食品加工业总产值达50亿元，其中：特色粮油食品产业实现总产值过30亿元；年利税总额过5亿元。

2. 粮油食品加工业年生产能力达到100万吨，粮油食品深加工转化率达到50%以上，粮油食品加工业总产值占全市农产品加工业总产值比重过40%，逐步提高粮油食品加工业在地方经济中的贡献率。

（二）建立七个粮油产业园区，构建五大粮油食品加工产业集群。在城区建立集粮油收购、储存、加工、销售、配送、物流于一体的“武当粮油产业园区”，辐射带动六个县(市)粮油产业园区。以粮油产业园区为平台，构建五大粮油食品加工产业集群。即：以竹山县为主发展小杂粮特色粮油食品加工产业集群；以郧西县、竹溪县为主发展魔芋、葛粉、杜仲、杂粮挂面等山区特色食品加工产业集群；以房县、郧县、丹江口市为主发展玉米、红薯精深加工产业集群；以房县、竹溪县为主发展优质稻米加工产业集群；以房县为主发展糯米皇酒加工产业集群。

(三)培植一批粮油加工龙头企业，大力扶持粮油加工企业做优做强做大。到2015年，力争培植产值过10亿元、利税过亿元的粮油产业龙头企业1个；产值过5亿元、利税过五千万元的粮油产业龙头企业3个；产值过2亿元、利税过两千万元的粮油产业龙头企业5个；产值过亿元、利税过千万元的粮油产业龙头企业10个。

(四)积极推进特色粮油优质原料基地建设。到2015年，全市建立特色粮油优质原料基地100万亩。以丹江口市、郧县为主发展优质红薯基地30万亩，优质芝麻、花生等特优油料基地10万亩；以郧县、房县为主发展糯玉米、甜玉米、高油玉米、高直链淀粉玉米等优质玉米基地15万亩；以郧西县、竹溪县为主发展魔芋、葛根、杜仲基地共17万亩；以竹山县为主发展高标准杂粮基地10万亩；以竹溪县、房县为主要发展优质稻基地18万亩。

(五)打造一批粮油产品精品名牌。力争在2015年内争创3—5个“湖北省著名商标”、“湖北名牌产品”、“绿色食品”和“有机食品”的同时，努力争创1个“中国驰名商标”和“中国名牌产品”。

三、采取得力措施，夯实产业基础

(一)培植龙头企业，扶优扶强扶大。

1. 加快推进粮油食品加工企业联合重组和产业聚集，培育和壮大一批有特色、有基础、有资源的粮食加工龙头企业，增强企业经营实力。

2. 通过政府扶持、招商引资、民间资本参股或控股等形式，重点培植丹江口市、郧县、房县的玉米、红薯系列产品精深加工、郧县大柳玉米糁有限公司、郧西县鸿大粮油食品工业发展有限公司、竹山县福源小杂粮有限公司、湖北梅子贡茶食品开发有限公司、竹溪县益友粮油工贸有限公司、竹溪三元米业有限公司、房县神农米业公司、房县兴祥皇酒有限公司等一批粮油企业做优做强做大。

3. 鼓励和支持粮油食品加工龙头企业通过收购、兼并、参股、租赁等方式，采取产业链延伸、品牌联盟、“基地+龙头+农户”、农超对接等多种形式，对上下游关联企业进行重组、整合、改造，促进与农产品加工产业链接，形成相关产业与龙头企业的聚集，组建粮食产业化经营集团，重点扶持武当粮油产业园区及6个县(市)的粮油产业园区建设，增强产业竞争力。

(二)加大扶持力度，优化发展环境。

1. 增加财政投入。一是积极争取省财政粮油精深加工项目贴息资金和农产品加工项目资金支持。二是市、县(市)政府安排粮食产业化专项扶持资金，采取以奖代补方式，用于粮油工业园区和龙头企业建设、打造精品名牌、培植优质原料基地等方面的奖励，在使用和管理上，由同级财政和粮食行政部门共同负责。市级财政从2010年起，每年预算安排粮食产业化专项扶持资金200万元，并酌情逐年增加；县(市)政府根据本地实际安排粮食产业化专项扶持资金，原则上每年不少于50万元。三是每年市级科技三项经费的三分之一用于农副产品及粮油食品精深加工的科技投入。

2. 加大部门扶持力度。各级各部门要认真落实中央、省各级党委、政府出台的优惠政策和文件精神，在扶贫资金、农业综合开发资金、以工代赈资金、南水北调中线工程丹江口水库大坝加高“二期工程”扶持资金、贴息贷款、科技等涉农资金上，重点倾斜支持粮食产业化发展。各级粮食、发改、科技、财政、农业、扶贫等部门要积极申报项目用于粮食产业化和粮油食品工业的发展。金融部门要做好对粮食产业化经营企业的统一公开授信工作，合理确定贷款额度和期限，落实国家、省有关发展粮食产业化的有关政策，并在利率上给予优惠，进一步放宽粮食产业化经营企业的贷款条件，加大对粮食产业化经营的信贷支持力度，积极为粮食产业化经营企业提供金融服务。有关部门要在税收减免、企业用地等方面用足用活政策，并在项目申报，国家绿色食品、有机食品、国家级、省级、市级名牌产品申报，以及技术信息、招商引资服务、产品推介等方面给予重点支持。

3. 对粮油食品加工企业获得“中国驰名商标”和“中国名牌”、“湖北名牌”和“著名商标”、“十堰名牌”的产品，将给予适当的奖励。各新闻单位和展销单位对粮食产业化经营和生产加工企业的驰名商标、著名商标和名牌产品的宣传和展示要给予支持。

4. 优化投资环境，加大招商引资力度。通过网上招商、洽谈招商、结对招商、以商招商等渠道招商引资，努力形成多元投资的格局，促进粮食产业化龙头企业做强做大。

(三)依靠科技进步，推动创新发展。

1. 坚持走科技型企业发展的道路，重视科技人才的培养和技术队伍的建设。加强企业与省内大专院校和科研院所之间的合作，着力引进科技成果，重点研发玉米、红薯等杂粮生产加工新产品，走科工贸一体化的路子。

2. 不断增加科技投入，运用现代技术改造传统产业、工艺、技术和设备，大力推进粮油食品加工业发展方式的转变，增强企业发展后劲，走低消耗、低污染、高附加值的发展道路。

(四)突出地方特色，争创产品名牌。

1. 不断调整和优化粮油食品加工产业结构，增加附加值高的产品、优质产品在农产品加工业中的比重；不断调整和优化粮油食品加工产业结构，增加特色粮油食品加工的比重；不断培育和引进特色粮油食品原料优良品种，推广高标准的优质原料示范基地建设，从特色粮油食品原料选种、育种，田间施肥、温湿度控制、收获贮存等方面实施全方位的标准化管理，确保质量稳步提高。

2. 坚持开发和引进、内联外引相结合，从现有地理标志产品和湖北名牌产品着手，整合关联资源，对特色粮油食品品牌实行全方位包装，实现产品包装、品牌包装、文化包装、价值包装相统一，加大宣传力度，提高产品竞争力。

3. 鼓励和支持企业积极开展质量管理体系 ISO9000 认证、食品安全管理体系 ISO22000 认证及关键危害点控制(HACCP)管理体系认证工作，加强产品生产加工全过程质量控制管理，杜绝使用非食品添加剂、滥用食品添加剂的生产加工，提高质量管理水平，确保粮油食品安全。

4. 鼓励和支持企业采用标准化流程生产和加工，加大粮油食品产品农药残留量的检测力度和监控，争创市、省、国家名牌产品，著名商标、驰名商标，消费者信得过产品，国家绿色食品、有机食品和地理标志保护产品认证，提高产品的美誉度和知名度。

四、加强组织领导，确保工作落到实处

各地各有关部门要进一步提高认识，统一思想，精心部署，积极推进，把粮食产业化工作落到实处。要成立政府分管领导为组长，粮食、发改委、财政、国土资源、农业、扶贫、税务、金融等部门领导为成员的领导小组，做到主要领导亲自抓，分管领导具体抓，定期调研和了解情况，及时协调解决出现的困难和问题。粮食、财政部门要及时制定粮食产业化发展奖励办法，采取以奖代补的方式，在培植粮食产业化龙头企业、粮油产业园区建设、打造名牌产品、建立优质原料基地等方面进行奖励，把粮食产业化发展纳入地方“十二五”发展规划，统一谋划，统筹安排，推进粮食产业化快速发展。

十堰市人民政府
关于加快全市水运事业发展的意见

十政发[2010]32号　2010年8月13日

各县市区人民政府、市政府各部门：

为贯彻落实全省水运事业发展推进大会和《省人民政府关于进一步促进全省水运事业又好又快发展的意见》(鄂政发[2009]39号)精神，推动我市水运事业更好更快地发展，现提出如下意见：

一、提高认识，切实加强对水运事业发展的组织领导

十堰水运自古以来具备天然的区位优势。作为长江最大支流，汉江及其支流承载着鄂西北的交通重任，为十堰经济社会发展发挥了重要作用。水运是资源节约型、环境友好型的绿色运输方式，加快水运发展，发挥水运优势，对提高我市交通枢纽城市综合运输水平，推进鄂西生态文化旅游圈和区域性中心城市建设，具有重要意义。目前我市水运事业面临着一些困难，存在着资金投入不足、基础设施落后、承载能力较弱、行业发展缓慢等问题。各地、各有关部门要充分认识加快水运发展的重要性，切实增强紧迫感和责任感，科学规划，明确目标，强化措施，合力推动水运事业又好又快发展。

市政府成立推进全市水运事业发展领导小组，由分管副市长任组长，交通、财政、发改、公安、城建、国土、规划、安监、水利、水文、移民、环保、旅游、港航海事等部门负责人为成员，研究制定全市水运发展政策和规划，统一协调解决水运事业发展中的重大问题。各县市政府要把水运工作纳入重要议事日程，加强组织领导，认真履行职责，合力共建，努力推动全市水运事业又好又快地发展。

二、明确任务，大力加强港航设施的建设和保护

(一)加快水运发展的主要任务。

紧密结合建设区域性中心城市、打造鄂西生态文化旅游圈核心板块和重要支撑的发展战略，抢抓振兴老工业基地、促进中部崛起、新阶段扶贫开发、“南水北调”库区经济社会发展扶持政策等一系列机遇，以提升水上交通运输效能和安全保障能力为核心，进一步发挥水运比较优势，加快构建十堰综合交通运输枢纽体系。到2015年，水运事业实现“一个目标”、形成“三大体系”，即实现水运事业发展与全市经济社会发展全面适应并适度超前的发展目标；基本形成以汉江航道为骨架，以堵河、丹江河、曾河航道为补充，干支联网、水路联运、通江达海的水上运输体系；基本形成以丹江口港、武当山港、郧县港为支撑，以丹江口旅游码头、武当山太极湖旅游码头、郧县综合码头为重点，功能完善、布局合理、港站配套的综合港口体系；基本形成能够覆盖全市、控制重点、专兼结合的市县两级水上搜救中心和市县安全机构联动的水上安全防控保障体系。

（二）加强航道、港口岸线资源保护。

要将航道、港口岸线保护和开发利用纳入全市经济社会发展的总体规划，抓住“南水北调”中线工程建设的机遇，坚持高起点规划、高水平建设和科学合理的开发利用。要建立健全港口岸线控制制度，集约使用岸线资源，禁止在已建或规划的港口岸线范围及可能影响港口岸线稳定的范围内从事挖砂、取土、采石和其他可能毁坏港口岸线的活动。积极探索建立岸线资源的有偿使用机制。

加强航道及通航设施的保护。凡在内河通航水域或岸线上进行可能影响通航安全的勘探、采掘、爆破，构筑、设置、维修、拆除水上水下构筑物或设施，举行大型群众性活动等，必须在进行作业或活动前报经港航海事部门审批。

（三）大力推进港航基础设施建设。

丹江大坝加高蓄水后，汉江航道通航能力将达到千吨级以上，要加快推进汉江及其支流堵河、丹江河、曾河航道整治建设。通过整治汉江、丹江河、曾河航道提高至Ⅴ级标准，可供千吨级船舶通行，堵河航道提高至Ⅵ级标准，可供300吨级船舶通行，形成干支直达航道网，充分发挥水运在我市综合运输体系中的重要作用，促进水运与其他运输方式有效衔接和协调发展。加快主要港口建设，特别是丹江口旅游码头、武当山太极湖旅游码头、郧县综合码头建设，完善港口集疏运网络，加强老港口技术改造，实现港口结构升级，完善港口服务功能和提升港口承载能力，到2015年全市港口年吞吐量达到1500万吨。港口发展要统筹协调，结合十堰经济产业布局及城市发展，做到港城相依、港城互动。

（四）多渠道筹集港航建设资金。

港航基础设施是公共交通基础设施的重要组成部分，各级政府要将其纳入公共设施建设总体规划并优先发展，在资金、税收、土地、规划等方面给予优惠政策。要进一步加大资金筹措力度，通过财政投入、政策支持、社会化融资等方式多渠道筹集资金用于水运基础设施建设和老旧船舶改造淘汰。要积极创造条件吸引社会资本、境外资本等投资我市水运基础设施建设，实现与其它公共设施相互匹配，有效对接，整体推进。

三、强化管理，着力推进水运市场繁荣发展

（一）强化水上交通安全管理。

结合新农村建设，大力改善乡镇渡口基础设施条件，力争到2015年，全市100%乡镇渡口全面达标，老旧客渡船更新改造全部完成，为沿岸群众安全出行提供便捷、安全、优质服务。认真落实企业的安全生产责任和政府的安全监管责任。不断提升我市水运安全监管水平，各县市区政府要进一步贯彻《湖北省乡镇船舶安全管理办法》，切实抓好四级安全管理责任体系的落实，对公益性渡口实行同级财政补贴，稳定渡工队伍，改善渡口条件，保障渡口安全，有条件的县市要对重点渡口、渡船、旅游船舶安装GPS监控系统。市交通、安监部门要深入研究渡口安全监管规律，制定完善全市渡口安全管理办法，从体制机制上保障渡运安全。

各级政府要认真贯彻执行《中华人民共和国港口法》、《中华人民共和国内河交通安全管理条例》、《中华人民共和国航道管理条例》等法律法规，公安、水利、国土、安监等部门要积极支持各级港航海事部门依法打击违法经营和毁坏港航设施的行为。加强水上安全监管能力建设，将水上交通安全管理经费纳入本级财政预算，落实港航海事机构、人员、经费，提高依法行政水平。积极筹措资金建设十堰市水上安全搜救指挥中心及县市水上安全搜救指挥中心，配备水上搜救队伍和设施，完善应急指挥系统、水上搜救组织协调指挥系统、GPS卫星定位监控系统、溢油应急处置系统及水上治安防控体系。

（二）抓好船舶污染水域防控治理。

十堰是“南水北调”核心水源区，做好防控和治理船舶污染水域对“一江清水”送北京极其重要，各县市要高度重视船舶污染水域的防控和治理工作，认真落实挂桨机船“主机落舱”改造补贴政策，在重点港口码头和水上旅游景区设置船舶垃圾接收处置设备。各级港航海事部门要加大船舶污染水域的查处力度，超标排放的船舶要强制达标，新增运力必须严格按照排放标准许可，确保船舶污染零排放目标的实现。

（三）着力推动水运市场繁荣。

充分依托我市汉江黄金航道、核心库区水运优势，利用水运运能大、成本低、安全、环保、节能等优势，积极引导适宜临水布点的产业向沿江、沿河合理布局，把发挥水运优势纳入地方经济社会发展规划中，增强水运对我市经济社会发展的服务能力，提高水运对我市经济社会发展的贡献率。大力发展“港口经济”，放大“港口经济”的辐射效应，充分利用丹江口旅游码头、武当山太极湖旅游码头、郧县综合码头的区位优势，带动水上旅游及旅游服务业发展，“十二五”港航建设的重点要放在“四大水上旅游休闲区”（丹江“小太平洋”、武当山“太极湖”、郧县“和平岛”、张湾“月亮湖”）。加强旅游船舶行业管理，积极争取和落实船型标准化扶持资金政策，加快运力结构调整和老旧船舶改造，鼓励发展技术含量高、污染少的优质运力，重点是大吨位干散货船舶和高速旅游船舶，加快推进全市运力优化升级。

部分企事业单位简介

湖北汽车工业学院

湖北汽车工业学院始建于1972年，时为第二汽车制造厂工人大学。1983年6月经国务院批准成为全日制普通本科院校，由中国汽车工业总公司与湖北省双重领导，以中国汽车总公司为主，中国科学院原学部委员孟少农为首任院长。1985年，学院所有本科专业取得学士学位授予权；1994年，学院划归机械工业部管理；1998年，学院管理体制实行中央与地方共建，以湖北省领导为主，但人、财、物仍由东风汽车公司管理；2001年，经国务院批准学院办学经费采取中央财政、湖北省财政和东风汽车公司“三家抬”的方案。学院坐落于湖北省十堰市，经过多年发展和建设，占地面积784亩，总资产3.2亿元，教学科研设备价值4976万元，教学行政用房面积95913平方米，体育馆面积2966平方米，图书馆面积5242平方米，藏书43.9万余册，中外文期刊约1500种。学院办有全国公开发行的《湖北汽车工业学院学报》和《高教研究》等学术研究刊物。

湖北汽车工业学院现有教职工851人，其中专任教师402人，专任教师中具有博士、硕士学位的占60.70%。学院现有工学、理学、管理学3个学科门类，14个本科专业，5个专科专业，4个省级重点学科，2个国家管理的专业点。学院设有9个系、2个部、1个中心和继续教育学院。现有本专科学生5759人，其中全日制本科生5389人。

学院坚持特色兴校，积极推进本科教改，不断提高人才培养质量。在本科教育上紧紧围绕培养创新型应用人才为目标，坚持走产学研道路，1987年起，作为全国首批28所产学研合作教育试点学校，开展了“产学研结合，培养应用型人才”的教改试验，创立了“3+2”、“4+1”、“3.5+0.5”人才培养模式，并在校外建立了20个产学研合作教育基地和包括上海、深圳在内近百个实习点。学生的认识实习、生产实习及专业实习均在生产一线进行，80%的毕业设计课题来源于企业，并采取“一对一导师制”，极大地提高了学生的工程实践能力。该项教改试验荣获湖北省教学改革成果二等奖。

学院紧紧围绕“汽车产业链”凝聚学科方向，汇聚学术队伍，逐步形成了学科特色和优势。学院以“车辆工程”学科为龙头，并从“汽车动力与传动新技术”、“汽车性能仿真与控制”、“商用车辆设计理论与方法”三个方向进行重点突破。在此基础上，学院把其他四个重点学科都调整到围绕着“车辆工程”学科来展开，形成学科链条。经过多年的努力，学院“车辆工程”学科的优势与特色已显现出来，形成了包括国家863项目、教育部重点项目、湖北省科技攻关项目、湖北省教育厅科技攻关项目及东风汽车公司“十五”战略发展项目在内的课题群，其中“混合动力汽车研究与开发”处于国内领先水平。学科建设有力地带动了学术梯队建设，一批具有发展潜力的学科带头人和学术骨干已崭露头角。

学院在面向汽车工业和地方经济的科研理念的指导下，科研工作坚持“三个创新”。在体制创新上，加大学院科研与东风汽车公司科研体系融合的力度，形成从选题、立项、计划到研究、中试、转化一体化的科研体制，科研工作充满着生机与活力。在管理创新上，打破以往僵化的管理模式，立足于为教师和科研人员创造一种宽松的科研环境，重新修订了管理制度，出台了一系列鼓励科研的政策，加大科研奖励力度，实行了立项、目标管理，极大地调动了广大教师和科研人员的积极性。在成果创新上，始终坚持从生产一线、学科交叉地带选择科研课题，承担或完成了包括国家863计划项目在内的一批具有重要价值、较高学术水平的技术开发项目和企业战略发展项目。

学院积极探索培养应用型人才的新途径，1988年经原国家教委批准，由清华大学、原华中理工大学、原吉林工业大学、北京理工大学、湖北汽车工业学院等五所院校共同承担国家“九五”教育重点课题子课题“应用学科高层次人才培养途径多样化”的研究，该课题荣获首届全国高等教育科研优秀成果一等奖。1995年3月，经湖北省学位委员会批准，学院开始自筹资金招收培养全日制工学硕士研究生。通过上述途径，为中国汽车工业及东风汽车公司培养造就了一批高层次科技人才。

学院注重国际学术交流与合作，与德国乌尔姆工学院、日本国中日本自动车短期大学等国外大学建立了长期校际合作关系，交流访问学者与互派留学生。

学院创建以来，得到了中央及各级领导的亲切关怀。王震、姚依林、李岚清等领导曾先后到院视察。全国人大常委会副委员长邹家华、国务院副总理李岚清分别为学院题词。李岚清的题词为：“希望湖北汽车工业学院越办越好，为我国汽车工业发展培养更多优秀人才。”

湖北医药学院

湖北医药学院座落于十堰市中心，是我国中西结合部鄂渝陕豫毗邻地区8地市2600多万人口中唯一的国家普通高等本科医学院校。

1965年秋天，原湖北省人民委员会决定，由原武汉医学院选派一批骨干教师和管理干部在原郧阳地区行署所在地十堰创办医学院校，并于当年开始招生。学校1977年开始普通本科教育，1994年经原国家教委批准，正式列入国家普通高校序列，并定名为郧阳医学院。1995年开始联合培养硕士研究生。1996年首批一次性通过全国普通高校本科合格评估。2006年接受教育部本科教学水平评估并获得优秀结论。2008年被国务院学位委员会审定为硕士学位授权立项建设单位。2010年经教育部批准，学校更名为湖北医药学院。经过40多年的建设与发展，学校已发展成为鄂、豫、陕、渝等省（市）结合部医学人才培养的重要基地。学校占地42.17万平方米，教学行政用房11.7万平方米；固定资产4.5亿元（不含附属医院21.7亿元），教学科研设备总值9500多万元。《湖北医药学院学报》为国家统计源期刊，被美国《化学文摘》收录，面向国内外公开发行。拥有鄂西北地区最大的图书馆，馆藏图书81.04万册，配有光盘检索系统，校园网覆盖全校，是鄂西北唯一的中国教育科研网城市节点。

学校立足湖北，面向全国，重点辐射中西部地区，努力培养具有良好职业道德、基础扎实、实践能力强、具有创新意识和能力的适用型医学人才。以本科教育为主体，适度发展研究生教育和继续教育，逐步发展留学生教育。学科门类以临床医学、护理学为主体，药学、医学相关学科、管理学相互渗透、协调发展，涵盖医学、管理学和理学三大学科门类。

学校共有普通全日制在校生7026人（不含药护学院5323人），设有临床医学、护理学、麻醉学、医学影像学、药学、医学检验、口腔医学、康复医学、公共事业管理（医疗保险、卫生法学）、信息管理与信息系统等10个本科专业，以及与之相应的高等职业技术教育专业。其中麻醉学、护理学为国家特色建设专业，麻醉学为省级本科品牌专业，护理学、口腔医学、药学和临床医学为省级本科品牌建设专业。拥有人体解剖学、内科学、生理学、临床麻醉学和外科护理学5门省级精品课程。这些专业很好地适应了社会需求，生源和就业形势良好。

学校坚持以学科建设为龙头，不断增强学科综合实力。现有内科学、外科学、麻醉学3个硕士点立项建设学科，基础医学、药学、生物学3个硕士点支撑学科，内科学、外科学、麻醉学、人体解剖与组织胚胎学4个省级重点学科，临床医学、药剂学2个为省级重点建设学科，外科学、内科学、人体解剖与组织胚胎学、麻醉学4个湖北省“楚天学者计划”设岗学科。与武汉大学、华中科技大学和湖北中医学院联合培养硕士研究生的学科点覆盖27个二级学科37个专业。拥有1个省级胚胎干细胞研究重点实验室、2个省级“实验教学示范中心”、1个英语语言学习中心和1个计算机学习中心。建有基础医学、再生医学、生殖医学、临床医学、器官移植与肝胆外科5个高水平科研所（室）和鄂西北地区唯一的SPF级实验动物中心。为人才培养和科研水平、科技创新能力的提高奠定了较为坚实的基础。

近五年来，学校共承担科研项目632项，其中主持和参与国家自然科学基金项目13项，国务院部门项目6项，省部级科研项目33项，在中外期刊发表论文6166篇，SCI、EI、ISTP收录290篇，其中刘忠武教授在《nature》、《CellMetabolism》上发表的论文引起国内外业内人士的高度关注。出版专着、教材194部，获得省部级科研奖励27项，鉴定科技成果108项，获得发明专利36项。

郧阳师范高等专科学校

郧阳师范高等专科学校（简称郧阳师专）是一所国家举办的省属普通高校，其前身是创立于1954年的郧阳师范学校，1975年开始设立大专班，

1977年为华中师范学院郧阳分院，1978年12月经国务院批准成立郧阳师范专科学校，1993年经原国家教委批准更名为郧阳师范高等专科学校。十堰校区位于十堰市北京南路18号，正在紧张建设中，而学校办学主体已于2010年迁入十堰校区。学校占地面积800亩，建筑面积30多万平方米。校园内树木葱茏、碧草如茵、环境优雅、景色秀丽，获中国绿化四百佳单位称号，是读书治学的理想园地。学校现有教职工612人，专任教师427人，其中正、副教授160多人；具有博士、硕士学位的150多人；聘有武汉大学、中国人民大学等100余名知名学者、博士为客座教授；聘请有7名外籍专家常年在校任教。学校具有较强的办学实力：图书馆藏书70万余册，中外文期刊1000余种，设置了磁盘阵列系统，建有声像阅览室、远程教育实验室，全面实行了计算机管理。电子阅览室的电子读物能满足各学科教学科研需要。学校各类实验室36个，多功能电教室20多个，数码钢琴室和普通钢琴室100多个，校外实习、实训基地50个，拥有闭路电视系统、音频广播系统和千兆以太网。国家、省、市挂靠和学校设立的学术团体、科研机构9个，以武当文化研究为中心的地方文化研究系省级优势学科和特色领域。学校主办的《郧阳师范高等专科学校学报》面向国内外公开发行。学校建有集摄录编为一体的电化教学中心，同时装备有7个多功能大教室，供开展电化教学使用，对全校师范生开设了电化教学课程，课时分布为理论课54学时，实践课20学时。学校在2000年自行设计规划建成了内部传输速度为1000兆的以太网，并联入了中国教育科研网，拥有8个C类地址，现有数千台计算机联网，可以满足全校教学、科研和管理工作需要。

学校现设中文系、政法与旅游系、外语系、数学与财经系、计算机科学系、物理与电子工程系、生物化学与环境工程系、体育系、艺术系、教育系和基础部等11个系（部），7个本科专业，38个专科专业，面向全国25个省、市、自治区招生，全日制在校普通本专科生8000余人。现有中文、政法、数学、外语、教育、体育以及艺术系的建筑设计专业位于十堰校区。

学校坚持以人为本的教育理念，大力加强学生素质教育，积极深化教育教学改革，主动适应经济社会发展需要，更新人才培养模式。学校建立了一系列行之有效的教学管理制度，实现了规范化、科学化、专业化管理，并坚持不懈地整治教风和校风。2005年通过省教育厅人才培养水平评估，荣获优秀等次。截至2006年，已向社会输送各类人才4万余人。毕业生就业率一直居中国同类同等学校前列，2006年被湖北省政府评为“湖北省高等学校毕业生就业工作先进集体”。

在30多年的办学过程中，郧阳师专形成了以师范教育为主，以非师范教育为辅，文、理、工、管兼备，普教、成教协调发展的办学格局，现有在校普通本、专科生6018人。学校还开展了国家公务员、计算机、中学教师继续教育等非学历培训，增强了对社会的辐射作用。

学校设有电子信息工程、物理学教育、应用电子技术、数学教育、教学与应用数学、会计学、化学教育、应用化学、环境保护、计算机及应用、计算机网络技术、教育信息技术、汉语言文学教育、新闻学与大众传播、文秘与办公自动化、英语教育、英语、商贸英语、政治历史教育、法律、旅游管理、小学教育、音乐教育、美术教育、装潢、艺术设计、体育教育共27个专业。经省教育厅批准，学校先后与湖北大学、湖北师范学院联合试办了中文、英语、数学3个专业的本科教育，并经省教育厅同意，从2003年起由学校独立举办上述3个专业的本科教育。还与湖北师范学院联合举办了中文、数学、英语、物理、化学、政教、音乐7个专业的“3+1”模式本科教育，与武汉大学协作，开办了“3+2”模式本科教育。2001年根据省教育厅的部署，与湖北10余所本科院校合作开办了“2+2”模式本科教育。

十堰职业技术学院

十堰职业技术学院前身为1976年创办的十堰高师班和1983年成立的十堰职业大学，1984年合并为十堰大学，1998年经原国家教委批准更名为十堰职业技术学院，是湖北省和国家首批职业技术学院之一。

学院具有得天独厚的办学优势，东风汽车公司以及众多的地方汽车工业企业为学院提供了丰富的产学研基地。学院现有35个专业，其中艺术设计专业是湖北省重点专业、国家教改试点专业，汽车运用技术专业、环境监测与治理专业是省教改试点专业。学院现有在校生6000多人，在职教职工367人，其中具有正副高职称教师的教师106人，有一批享受省市政府津贴专家、荣获省市突出贡献奖的中青年专家、学科带头人。学院还聘有英、美籍教师从事英语教学工作。学院占地面积近800亩，教学仪器设备总值2000多万元，各类计算机1000余台，图书资料40万册。学院建有机械类、电子类、化工类、人文类、艺术类等70个校内外实训实习基地，其中汽车维修技术实训基地为财政部、教育部确认的国家级重点职业教育实训基地建设项目。近几年，学院毕业生就业率一直在省内同类院校中居于前列。

中铁十一集团第三工程有限公司

中铁十一集团第三工程有限公

司为铁路、市政公用、公路工程施工总承包一级，房屋建筑施工总承包二级，铁路铺轨架梁、公路路基、桥梁、隧道工程专业承包一级，混凝土预制构件工程专业二级资质及爆破施工资质企业，驻湖北省十堰市武当路15号，前身为铁道兵第一师第三团，1984年1月1日集体转业并入铁道部，改编为铁道部第十一工程局第三工程处，2001年9月26日企业改制改称现名。下辖黄石区域经营事业部，铺架3个队，运输3个队，轨排3个队，铺轨运输2个队，无砟轨道2个队，桥涵、机修、黄石综合运输等16个队；大机养、运架梁、焊轨、道岔、土石方机械租赁、混凝土、城市轨道、电务等8个专业化分公司，老河口设备物资基地、鹰潭、十堰房产管理部，派出工程项目部43个，在武汉、贵阳、西安、设有经营网点。职工2913人，其中干部1257人，工人1656人；专业技术干部1002人，占干部总人数的79.71%；技术工人1476人，占工人总数的89.13%。资产总额330631万元，其中固定资产原值91637万元、净值55252万元，流动资产264885万元。机械运输设备653台(辆)，总功率130171.8千瓦，动力装备率44.9千瓦/人，技术装备率18.1万元/人，机车41台，铁道车辆87辆。年施工能力60亿元以上。

2010年承揽工程任务17.34亿元，完成企总产值632022万元，其中施工产值630077万元，附营收入1945万元，实现利润5827.55万元。国有资产保值增值率193.43为%，净资产收益率38.51%，产值利润率0.947%，资产负债率93.97%，应上交款完成率100%。完成主要实务工程量：土石方1394万立方，桥梁23909延长米，涵渠6680.9横延米，隧道4604成洞米，房屋建筑1.32万平方米，铁路铺轨1206.3公里，地铁铺轨77.7公里，铁路制梁727孔，铁路架T梁4104孔，铁路架900T箱梁340孔，铺设道岔384组，道碴35.8万方，无砟轨道安装4911延米，CA砂浆灌注4911延米，公路制梁2327片，公路架梁1839片。全员劳动生产率310000元/人年，职工年人均收入32232元。安全生产处于可控状态，安全工作持续稳定，无因工重伤及以上责任事故，杜绝因施工造成铁路行车一般及以上事故。

公司共获得中国铁建总公司优秀工法一项，获得集团公司科技进步二等奖一项、三等奖四项，获得国家知识产权受理一项。其中电气化铁路二线隧道爆破掘进安全快速施工工法获中国铁建总公司优秀工法一等奖，50号无砟道岔施工技术获集团公司科技成果二等奖，襄渝二线铺架大会战铁路路料运输组织技术获集团公司科技成果三等奖，液压移梁在双线桥架设中的应用获集团公司科技成果三等奖，田湾河仁宗海水电站引水隧洞内裂隙水的引排封堵施技术获集团公司科技成果三等奖，襄渝铁路(成局)既有线改建和增建二线铺架综合施工技术获集团公司科技成果三等奖，铁路轨枕吊具，获国家知识产权局〈实用新型专利受理〉。2010年，公司正在施工项目37个，公司范围内分项工程检查评定3447项，合格3447项，合格率100%。单位工程一次检查评定432项，合格432项，合格率100%。2010年QC发表情况：集团公司第二十五次QC成果评审会上，沪宁城际项目部《提高客专桥梁工程无砟轨道床结构质量》、重庆集装箱项目部《GANTREX柔性轨道固定系统安装工艺研究》、武汉轻轨项目《降低钢轨气压焊接不合格率》获三等奖。沪宁城际项目部、重庆集装箱项目部QC小组成果被推荐参加湖北省工程建设QC成果评审会2009年度QC成果评审，分获湖北省优秀QC小组一、二等奖。集团公司以上级优质工程：上海浦江镇公共交通配套(轨道交通8号线)工程获上海市第十六届(2010年度)“上海市市政工程金奖”，上海轨道交通2号线西延伸工程荣获2009年度上海市建设工程“白玉兰”奖(市优质工程)，上海轨道交通2号线西延伸工程、武广客专群力特大桥、华家湾特大桥、下余角海特大桥、向阳特大桥被评为集团公司、股份公司优质工程。集团公司质量管理先进单位：宿准铁路项目、石武客专项目、北京地铁项目。

(徐新斌)

湖北三环专用汽车有限公司

湖北三环专用汽车有限公司坐落在具有中国“底特律”之称的百里车城十堰市，是从事汽车底盘及专用汽车生产和销售的国有企业，隶属国家520家大型重点企业之一——三环集团公司，为十堰市首家资产上市公司和“湖北省最大的商用汽车生产企业”。公司现有职工2000余人，其中拥有中专、大专、本科以上学历职工812人，中高级职称占职工总数的25%。公司拥有总资产10亿元，主要设备1200台(套)，占地面积100万平方米，下辖四个分厂(重型车厂、轻型车厂、专用车厂、车厢厂)、四个分公司(营销总公司、环民公司、实业公司、运输公司)，拥有车身、车架、车桥等总成和零配件配套企业，具备年产2万辆各种专用车能力，是国家打假扶优重点保护企业，先后荣获“中国商用车行业十大影响力品牌”称号，全国机械行业和湖北省、十堰市“文明单位”、湖北优秀企业“金鹤奖”和“湖北知名企业”称号。

公司现有轻、中、重型载货车及各类专用车300余个《公告》产品应变市场，产品通过国家“3C认证”。主导产品“十通”牌载货车为“全国质量稳定合格产品”、“湖北著名商标产品”、“湖北名牌产品”。企业被国家商务部等五部委首批联合认定为汽车出口许可企业，部分产品先后多次出口东南亚、南亚、西亚、东北亚、非洲等十余个国家和地区。公司先后通过ISO14001环境管理体系认证、ISO9001:2000质量体系认证和GB/T28001职业健康安全管理体系认证，被中国质量检验协会评为"全国产品质量·售后服务双保障企业"。现公告产品车型不仅符合国家各项政策、法规要求，而且全力满足用户需求。公司遍布全国的300多家经销和售后服务网点将竭诚为用户提供满意服务。

经湖北省发改委项目批准，湖北三环专用汽车产业基地于2010年4月28日隆重奠基。湖北三环专用汽车产业基地位于享有"名山、秀水、汽车城"美誉的十堰市张湾区七里垭，占地1076亩，项目总投资19亿元，按照国内一流整车企业标准进行相关设计，将建立起包括总装、车身、车架、车桥、车厢、检测、试车、物流、服务、研发等在内的功能齐全的各项设施。项目建成后，将于2012年实现单班3万辆产能，2015年形成10万辆整车生产能力，实现年销售收入100亿元。作为三环集团整车发展重要平台，湖北三环专用汽车有限公司将以专用汽车产业基地建设为契机，实现企业整体搬迁和技术升级改造，为三环集团"十二五"末营业收入过300亿，壮大整车主业，打造湖北工业"航空母舰"做出新的更大贡献。

东风实业有限公司

东风实业有限公司作为东风公司重要业务单元，是一家具有独立法人资格的综合性大型企业。公司现有武汉、十堰两大生产基地，拥有全资子公司20家，合资公司21家，在职员工12000余人。公司整个业务范围涉及汽车整车及零部件制造与销售、商业服务和国际贸易等领域。产品主要包括以"华神"、"神宇"系列商用车、"东风超龙"系列客车、东风轿跑车、东风微型车和东风系列专用车为代表的一大批整车产品和以汽车发动机部件、底盘部件、车身部件及非金属部件等为主导的汽车零部件。产品种类达11000多种，业务遍布全国30个省市及地区。现有各类工艺设备4800多台(套)，资产总额37.62亿元，年销售收入近150亿元，为地方年上缴税金达2亿元。

多年来，公司本着"诚信创新、追求卓越"的经营理念，遵循"东实产品、创名求精、顾客满意、信誉至尊"的质量方针，一直致力于打造具有东风实业特色的高效管理模式。通过对QCD改善、班组危险预知训练(KYT)、装备自主保全(TPM)等先进管理手段的广泛推广和运用，使企业综合管理水平和生产效率与日俱增。企业所属的整车和改装车企业全部通过国家"3C"监督审核，26家单位通过TS16949：2002质量管理体系和SGS体系认证，19家单位通过环境管理体系认证。旗下生产的一大批产品一直深受市场亲睐，其中"东风超龙"系列客车、"正翔"牌汽车暖风机、"赛斯"牌系列踏板支架等产品，或为湖北省省级"精品名牌"，或为国家级"信得过产品"。

随着东风集团开放合作步伐的不断深入，公司凭借自身雄厚的实力，主动出击，一方面采取走出去请进来的方式，分别与美国李尔公司、韩国三立车灯株式会社、德国采埃孚公司等世界知名企业进行合资合作，另一方面，加快改革重组步伐，积极寻求国内民营资本注入，盘活了存量，优化了结构，涌现出以东风渝安、东风特汽客车等为代表的先进企业。这些企业不仅成为国内知名汽车企业的供应商，部分产品还实现了批量出口。

面对日益激烈的市场竞争，公司始终以高质量的产品、周到的售后服务和良好的信誉在同行业中脱颖而出，良好的市场口碑为企业赢得了无数的荣誉。近两年来，公司先后荣获"湖北省分行业排头企业"、"中国汽车零部件企业综合竞争力百强企业"等荣誉称号，连续三年被中国汽车工业协会、国家统计局联合授予为"中国汽车零部件百强企业"称号。

思从高，知行远！面对高速发展的中国汽车业，实业公司全体员工充分发扬"自强、创新、实干、争优"的企业精神，抢抓机遇、乘势而上、团结协作、奋发进取，积极推进"351行动计划"和10万辆经济型商用车发展目标，紧跟行业发展步伐，依托东风集团强大的资源优势，打造独具特色的整车文化，通过管理创新、技术创新、优化配置、协同发展，最终实现企业综合竞争力的持续提升。为了实现这个目标，公司将着力发展以华神中重型商用车、东风中型客车和微型车产品为代表的整车产品和各类特色专用车产品。全力加快武汉基地乘用车零部件的发展，逐步提高乘用车零部件产品的市场份额和技术水平，实现与整车产品的同步研发，不断加速内部整合，提升企业模块化供货的能力。在市场开拓上，着力做好东风、社会和国际三个市场的平衡发展，积极与国内知名整车企业建立战略合作伙伴关系。

双星东风轮胎有限公司

双星东风轮胎有限公司是2005年3月17日在十堰市人民政府委托双星集团托管原东风轮胎厂基础上，于2005年4月18日正式注册成立的一家大型轮胎生产骨干企业。

双星东风轮胎有限公司地处湖北省十堰市，位于市区汉江北路21

号，占地总面积720余亩，是国内具有较高研发能力、制造水平并最早生产全钢载重子午线轮胎、半钢轻卡/轿车子午线轮胎和军用轮胎的企业之一。现拥有“东风、DONGFENG、双星、DOUBLESTAR、F－MAN、伊路顺、YILUSHUN”注册商标。

双星东风轮胎目前已顺利通过ISO9001质量管理体系认证、“CCC”强制性认证、东风汽车公司供应商质量评审、美国DOT、欧洲ECE认证，实施TS16949认证。2010年实现销售收入20亿元，可实现利税3000万元，出口创汇4000万美元。2011年双星集团将在双星东风轮胎公司再投入4～5亿元，力争实现产值30亿元，把十堰打造成中南地区的轮胎之都。

按照战略规划，双星东风轮胎公司自2006年起，购置了新一代全钢轮胎成型机，并对原成型机进行了技术改造，前后仅用了96天时间，就实现了全钢轮胎的生产，为全钢轮胎规模化生产打下了良好基础。2009年3月，双星东风轮胎公司全面启动100万套全钢轮胎项目。2009年7月，第一车全钢轮胎胎面胶BASE－3顺利下线，标志着100万套全钢轮胎项目进入配方和工艺生产调试阶段。全钢轮胎项目具有投资大、技术含量高、制造难度大、人员素质要求高等特点。双星东风轮胎公司全面启动全钢轮胎的生产，对进一步整合双星轮胎的优势资源、优化产品结构，起到十分重要的推动作用。

东风神宇车辆有限公司

东风神宇车辆有限公司是中国最大的汽车工业集团之一的东风汽车公司的全资子公司，是东风汽车公司内唯一一家低速货车定点生产企业，国内率先贯彻执行ISO9000、TS16949质量体系和ISO14001环境管理体系、OHSAS18001职业健康安全体系，并通过第三方认证，同时通过国家强制性产品认证。

公司从事整车生产和汽车零部件加工，拥有各类汽车装配、零部件加工设备600多台套，现有员工1000多人，总资产1.5亿元，建筑面积25.6万平方米，整车年装配能力3万辆。汽车零部件公司主要生产：取力器、同步器、横向稳定杆、汽车半轴等，给东风汽车公司及社会汽车企业配套的系列零部件及总成，其品牌效应在国内商用车领域独树一帜。产品行销全国28个省市，并出口伊朗、加纳、越南、阿富汗、伊拉克、南非等多个国家。

公司自成立以来，秉承东风文化，挺立潮头，本着“奉献神宇精品，传递永恒价值”的企业使命，坚持“市场为源，客户为本，诚信为基，员工为根”的经营理念，致力于追求管理上档次，生产上规模，质量上台阶。东风神宇车辆有限公司正成长为一家可持续发展的现代化大型汽车企业。

主要整车产品有以下四大类：东风牌汽车，神霸－210、190、180、170，神威－160、140、130、120，宇豹－210、190、180、170，神宇王－120等系列产品。东风牌专用车底盘，神力专用车（洒水车、油罐车、吸粪车、环卫车）等系列产品。神宇牌低速货车，宇奥－4010、5815、2810，宇星－5820等系列产品。神宇牌变型运输机，DFA1605T、DFA2810T等系列产品。

随着东风汽车公司国际化进程的加快，东风神宇车辆有限公司引进国际先进管理经验，全力推进数据和流程化管理，以财务管理为中心，推进ERP信息化建设，实现财务、采购、技术、销售、物流之间的信息共享；通过建立KPI目标管理和QCD持续改善方法，实现了对生产的全过程控制。东风神宇车辆有限公司拥有现代化的设计手段和先进的研发试制试验体系，成立了技术领先的车辆研究所，具有完备的计算机辅助设计CAD/CAM制造系统，拥有大型CAD、CAE软件工作站，为新品推出提供强劲动力。导入TPM和CS－VES质量评价控制系统对生产过程质量全监控，确保产品质量合格率控制在98%以上。

东风神宇公司2010年实现销售收入10.8亿元，整车销售11006辆，同比上升了近10%，整体实现扭亏为盈。

2010年11月30日，东风神宇公司下发《关于成立神宇公司新工厂建设指挥部的通知》，2010年12月6日，东风实业公司和十堰市张湾区政府签定了东风神宇新工厂建设用地协议，这标志着神宇公司位于十堰工业新区的新工厂建设项目正式启动，并进入实质性推进阶段。2010年12月7日上午，神宇公司召开了新工厂建设指挥部第一次工作推进会。

东风（十堰）特种商用车有限公司

东风（十堰）特种商用车有限公司正式成立于2003年1月10日，是由东风汽车集团股份有限公司与东风汽车有限公司东风专用汽车有限公司共同出资，整合专用设备厂、动力设备厂汽车改装、金属结构制造、金属结构类汽车零部件生产的资源与业务，专业从事各类东风牌特种运输车及东风牌特种商用车底盘的生产经营基地，产品类型涵盖各类特种商用车底盘专用消防车底盘、全系列天然气汽车、油田用车、森林用车、自卸汽车、大马力四驱六驱全驱汽车、专用起重机底盘等多种车型，是东风汽车集团股份有限公司所属13个上市子公司之一，年生产能力12000辆份。2010年东风（十堰）特种商用车有限公司实现汽车产销突破7400辆，主营业务收入实现9.5亿元，新产品开发285个品种。通过ISO9001：

2000 质量管理体系、ISO14001：2004 环境管理体系、OHSA18001：1999 职业健康安全管理体系、3C 认证。

自 2003 年组建成立以来，东风(十堰)特种商用车有限公司从无到有、从小到大，一步一个脚印，扎实稳健地向前发展。近几年，东风(十堰)特种商用车有限公司以“特、新、精、快”的经营思路，瞄准特种商用车领域，实施差异化产品战略，走出了一条与东风商用车公司形成互补的特色之路，为东风公司产品型谱的拓宽作出了不懈努力。东风(十堰)特种商用车有限公司今后要继续以市场为导向，以用户为中心，生产更多、更好、更优质的产品，主动参与竞争，提升市场地位，让合作伙伴对其拥有永恒的信心；在产品上，要形成主力车型，突出特色；在营销上，要明确目标，建立优势地域，加大产品的辐射力度；在服务上，要保持快速反应，让用户使用无忧。同时要加强企业内部管理，降低成本，提高质量，使产品具有较高的市场竞争力。

2010 年，东风特种商用车公司全年销售 8113 辆整车，两厂两公司实现销售收入 17.43 亿元，同比增长 53%，经营利润完成年计划的 261%，公司产销量与利润均创历史新高，超额完成 KPI 计划指标。

十堰金鼎纺织实业有限公司

十堰金鼎纺织实业有限公司是 2003 年 9 月在原十堰金鼎纺织集团有限公司的基础上经民营化改制而成的一家民营棉纺织企业，注册资本 600 万元，其前身是始建于 1980 年 6 月的十堰市棉纺厂。经过 27 年的发展，企业现拥有环纺纱锭 10 万锭，840 头气流纺，1000 台织机，占地面积 200 多亩，职工 2000 多人，其中工程技术人员 101 人、大专以上学历 82 人、中专学历 468 人。全集团共有 5 家控股子公司，1 家中外合资服装公司。主要产品有：各类纯棉、混纺精梳、普梳纱线，各类纯棉、涤棉白坯布、色织布、帆布，各类各式服装。年生产能力为：拆标纱线 10000 吨，布 600 万米，服装 15 万套。其中一家与东风汽车公司配套的子公司，主要生产重、轻型汽车变速箱齿轮轴，年生产能力达 15 万套。总资产 1.73 亿元，主要产品为各类纯棉、涤棉纱线和纯棉、涤棉坯布，年可生产各类棉纱拆标 11000 吨、棉布 1600 万米，主打产品为 JC40S—120S 的系列纱线和 C40S × C40S133 × 94 67"、T/C 45S × T/C 45S 133 × 72 63" 系列白坯布。2006 年，实现工业总产值 2.42 亿元、销售收入 2.34 亿元、税金 944 万元，利润 848 万元。2007 年 1—8 月，实现销售收入 1.52 亿元，净利润 800 万元，增值税 800 万元。预计到年末销售收入可达到 3 亿元，净利润 1200 万元，增值税 1000 万元。

近两年来，本公司每年以 20% 的经济增长速度发展。2006 年，销售收入 2.32 亿元，创利税 1500 万元。本公司技术力量雄厚，管理水平较高，产品在广东、江苏、浙江、福建及湖北一带享有广泛声誉，深受广大客户的青睐。先后荣获湖北省同行业最佳畅销产品及销售收入最大 500 家企业，连续 8 年被评为“重合同、守信用”企业，2006 年获“湖北省地产最畅销商品”，湖北省“第十届消费者满意商品”，2007 年 3 月获得“中国经济普查企业数据库分行业排序‘纺纱’荣列全国同行业二十强”，2007 年 3 月获省质量技术监督局“重质量，守诚信”企业称号。同时获得中国农行、农发行、工行湖北分行颁发的信用“AAA”等级，一举步入“湖北省综合实力 500 强企业”、并被评定为“棉纺业全国排头(湖北)企业”、“十堰市农行产业化经营重点龙头企业”称号，经济效益位居全省同行业同规模企业前 5 位。

在十堰市委、市政府提出建设以金鼎为龙头的纺织工业园和“双亿工程”规划之后，金鼎公司制订了 2007—2010 年“三步走”发展目标。第一步：2007 年，投资 1.315 亿元新建 10000 平方米的现代化厂房及 3 万锭紧密纺高档纱线生产线，项目实施后可实现销售收入 1.8 亿元，产值达 6000 吨，精梳纱的比例达到 60% 以上；第二步：2008 - 2009 年，投资 2 亿元实施纺织工业园建设，全部采用目前国内最先进的机电一体化程度最高的设备，设计目标为能生产 40S - - 160S 高档纱线；第三步：2010 年，再投资 1 亿元左右，新上 5 万锭高档生产线和 100 台高档喷气织机生产线。金鼎公司“三步走”发展目标实施之后，可使纺纱和织布的产能分别达到 30 万锭和 1000 台，新增产值 4.5 亿元、销售收入 4.2 亿元、利税 3500 万元、出口创汇 1000 万美元。

湖北十堰先锋模具股份有限公司

湖北十堰先锋模具股份有限公司始建于 1995 年 8 月，坐落于车城十堰高新技术产业开发区。公司致力于研发、制造汽车覆盖件模具、检具及汽车零部件，已具有独立设计制造轿车整车模具能力。公司已成为国内最具有竞争力的大型汽车模具企业之一，系中国模具工业协会理事单位，湖北省重点高新技术企业，2007 年被中国模具工业协会首批授予“中国汽车覆盖件模具重点骨干企业”称号，模具已出口至日本、英国、法国、印度等国。

公司下设十堰模具工厂、武汉模具工厂和零部件工厂，占地 78000 平方米，生产面积 22400 平方米，固定资产 2 亿元，员工 348 人，其中 CAD/CAM53 人，高级技工 170 人，拥有数控加工、调试、冲压、检测等设备共103台，其中调试压床23台，大型数控机床30台，三坐标测量机5台，五轴激光切割机和数控磨刀机各1台。

模具设计实现三维实体设计，完全实现无图化生产；通过CAM技术模具加工实现了全部程序化；CAE模拟分析技术和逆向工程技术日趋成熟；实型铸造技术和泡沫模型整体加工技术及逆向检查技术又上新台阶；斜楔上的螺钉、销钉全部实现数控加工，为钳调节约了大量时间。公司与华中科技大学合作，完成“数字化汽车覆盖件模具技术”研究课题，并正在与其开展CAE模拟软件的二次研制和开发，重点是开展对高强度板和铝板成形性问题的研究。

武汉模具工厂（武汉先锋模具有限公司）坐落于武汉东湖开发区，为汽车覆盖件模具的生产制造专业厂。武汉先锋模具有限公司各类技术高级工80人，拥有大型数控龙门加工中心、国产数控龙门铣床、三坐标测量机、伺服压力机等高端设备。

零部件工厂分冲压车间和焊接车间，新增4个车间、分别为焊接车间、仓储车间、下料车间、检具车间，员工70人，其中技术及管理人员14人，占地面积7000平方米，拥有2条冲压线，年生产能力达4000万冲次。

公司先后通过ISO9001：2000质量体系认证，和ISO14000环境管理体系，目前正在通过ISO16949体系认证。公司先后获得省、市及行业多项殊荣，2003年至今被省工商行政管理局认定为年检免检企业；2005年4月被中国农业银行、湖北省分行认定为AAA级信用企业；2007年4月获中国工商银行湖北省分行授予的AA+级信用证书。

湖北双鸥汽车工程塑料（集团）有限公司

湖北双鸥汽车工程塑料（集团）有限公司是1997年由湖北汽车工程塑料厂改制而成，始建于1969年，是与东风公司同步建设、发展的集科研、生产、销售为一体的汽车内饰件专业企业。公司占地面积17.6万平方米，拥有国内外各种精良设备500余台（套），资产总值4.3亿元，现有员工900余人，其中工程技术人员100余人。公司下辖湖北双鸥集团十堰分公司、合肥分公司、武汉飞亚汽车工程塑料有限公司、武汉双鸥高分子材料有限公司、武汉三环富兰特模具有限公司、十堰飞虹汽车镜有限公司。

公司在多年的发展中，坚持以市场为导向，不断优化产品结构，加快新产品开发和技术改造力度，主要生产以方向盘、仪表板、保险杠、坐垫靠背、地垫挡板、遮阳板、门护板、天窗、后视镜等8大系列200多个品种为主的产品，已覆盖卡、轻、轿、微、农用车、摩托车等各种车型，并主要为东风公司、神龙公司、柳汽、江淮、奇瑞、力帆、比亚迪等各大主机厂配套，年生产能力达50万辆份，产品处于国内同类产品领先水平。

公司始终秉承“顾客满意为永恒追求”的经营理念，坚持深化内部改革，积极导入先进的管理理念和科学的管理手段提升品质保障水平。在行业内率先通过了ISO14000环境管理体系和OHSMS18000职业健康安全管理体系以及ISO/TS16949质量管理体系认证。并在公司内部以OA、ERP、PDM为平台搭建了信息化管理体系，被评为湖北省信息化优秀示范企业。公司多次被省委、省政府、市委、市政府授予“文明单位”称号；被湖北省国税局评为“百佳纳税人”；连续16年被十堰市政府授予“重合同、守信用”企业；被湖北省工商局多次授予“重合同、守信用”企业；并被授予国家级“守合同、重信用”企业，“双鸥”、“大众”、“武当山”三枚商标被评为湖北省著名商标，公司多次被东风公司等主机厂评为“优秀供应商”。

追求无止境，爱拼才会赢。面对日新月异的竞争形势，秉承公司三十多年经营发展的专业技术优势，结合未来市场战略重点，公司将在未来的几年，主要加大对方向盘、遮阳板、地垫、仪表板、隔音垫及大中型注射件等主导产品的开发投入力度，形成专业化、精益化、规模化的经营方式。

湖北通达汽车零部件（集团）有限公司

湖北通达股份有限公司（以下简称湖北通达公司）是专业从事汽车重要零部件——汽车排气消声器、尾气催化转化器总成和金属燃油箱等产品研发、生产及销售的国内行业最大规模的领军型企业；是中国汽车消声器行业协会和中国汽车燃油箱行业协会理事长单位；是中国汽车标委会发动机分标委委员单位；是汽车消声器行业技术标准和燃油箱行业技术标准的主要起草单位。在产量、销售收入（2007年实现销售9.14亿元）、利税及市场占有率等综合经济指标连续多年稳居国内同行业第一位；湖北通达公司所持有的“通达”商标连续五届被湖北省工商局认定为湖北省著名商标，是我国汽车工业（特别是汽配行业）领域中享有很高的知名度和美誉度的重点知名品牌。

湖北通达公司总部地处湖北省十堰市，前身是湖北省郧阳地区汽车容器厂，当时只生产农业机械。1980年，公司实现了重大战略转变——转产汽车排气消声器、尾气催化转化器总成和金属燃油箱等汽车重要零部件，当时将第二汽车制造厂（东风汽车公司）的消声器生产线和燃油箱生产线全部转移搬迁到湖北省郧阳地区汽车容器厂，从而奠定了湖北通达成为我国第一个实力最强的汽车排气系统（包括消声器、催化转化器、排气管)和燃油箱生产制造企业的基础。20多年来,湖北通达公司从计划经济到市场经济一直致力于汽车排气系统和燃油箱的研发生产,见证并伴随着我国汽车工业的高速发展。经过努力拼搏,通达人将一个当时拥有注册资本金几十万元、年销售130万元的小厂发展成为现今拥有注册资本金20587.28万元、资产总额达11.5125亿元、拥有子公司7家、年销售近10亿元的我国汽车排气系统行业和燃油箱行业最大规模,最具研发能力的龙头企业。湖北通达秉承"立足主业、规范管理、争创品牌、创新发展、国际合作、抢占市场、追求目标、注重绩效"的方针,为我国的汽车排气系统行业和燃油箱行业乃至汽车工业做出了巨大的贡献。

湖北通达公司在汽车消声器行业协会和燃油箱行业内拥有了多项"第一":(证据见第二部分行业知晓部分)第一个走出国门,利用外国政府提供的无息贷款,成套引进了具有国际先进技术水平的汽车排气系统制造技术、生产线、检测技术、关键检测设备;第一个与汽车排气系统生产厂家世界排名第三的法国佛吉亚公司合作,成功建立了排气系统合资公司;第一个(也是唯一)建成具有国际先进水平的汽车排气系统性能和可靠性检测试验中心;第一个建成省级博士后产业基地;第一个在华中科技大学开办了在职硕士生班和专升本班,为企业培养了十几名自己的工程硕士和二十多名本科生,提高了他们的学历水平和技术水平,为提高企业核心竞争力打下了基础;第一个完成了企业的股份制改造;第一个配套产品全面覆盖重型车、中型车、轻型车、轿车、客车各种车型;第一个获得"中国名牌"产品证书;第一个获得国家环保总局颁发的《环境保护产品认定证书》;第一个拥有铝合金燃油箱制造技术、生产线以及铝合金燃油箱产品,产品向汽车主机厂配套装车供货。

湖北通达公司所生产的"通达牌"汽车排气消声器、尾气催化转化器总成和金属燃油箱等系列产品,依托先进的创新技术、过硬的产品质量、健全的销售网络、优质的售后服务成为业界优选品牌。公司与东风汽车、一汽、神龙汽车、奇瑞汽车、吉利汽车、陕汽、红金龙汽车、郑州日产、重庆长安福特汽车等国内主流品牌汽车厂商建立了长期、稳定的配套供货关系。

湖北通达公司的不断发展壮大,为中国的汽车排气系统行业和燃油箱行业乃至汽车工业做出了巨大的贡献,得到政府、行业及社会的认可:1998年认定为"省级企业技术中心",1999年公司被认定为"湖北省高新技术企业",2000年公司通过中科院"高新技术企业"、"高新技术产品"认定,2001、2002年公司连续荣获"全国机械工业质量管理小组活动先进企业"和"管理示范企业"称号,2003评为全国机械行业绩效评价百强企业并第二次荣获"全国机械行业文明单位"。2004年被认定为"国家火炬计划重点高新技术企业",2007年获"中国名牌产品"称号。

湖北神鹰汽车有限责任公司

湖北神鹰汽车有限责任公司自1982年开始从事东风汽车改装业务,是原东风汽车集团和东风汽车联营公司最早成员之一。其前身是始建于1969年12月的交通部郧阳船舶修造厂,1982年更名郧阳地区汽车改装厂,2003年9月改制为民营企业。

公司坐落于十堰高新区白浪中路166号。主营业务为专用汽车及汽车零部件的制造、销售,注册资本1800万元。企业总占地面积15.5万平方米,企业总资产近1亿元人民币,目前年销售收入1.5亿元人民币左右。公司现有员工518人,大中专以上学历353人,各类专业技术人员146人,占员工总数的28%以上,其中从事技术科研及管理的中、高级专业技术人员32人。企业建有省级技术中心和专用车研究所各一个。

公司拥有主要生产设备460台套,拥有较先进的改装车总装配生产线一条。主导产品包括自卸车、厢式车、仓栅车、随车起重运输车、半挂车、罐式车等系列专用车。

到2010年通用专用车年产量保持在3000~5000辆,高附加值特种专用车年产量达到500辆以上,汽车零部件年产值超过1亿元。公司年产值总额达到3~5亿元,年实现利税2000万元以上。主要技术改造和新增项目5个以上,期间累计投资1.1亿元左右。公司成为全国专用车行业知名度高、竞争力强、特色突出的中型企业集团。

十堰普林工业园有限公司

十堰普林工业园有限公司位于湖北省十堰市茅箭区东风大道19号,东邻世界文化遗产、中国道教圣地——武当山,西接秦巴汉水,襄渝铁路与316国道贯通城区、汉十、银武高速公路交汇境内。地理人文环境优雅,交通通讯条件十分便利。

十堰普林工业园有限公司是十堰市市委、市政府、茅箭区委、区政府大力扶持下,通过以商招商、合资经营的大型民营企业。普林工业园现有入驻企业42家,其中,十堰普林齿轮有限公司、十堰普林油缸有限公司、十堰飞纳科科技有限公司、十堰庄仪房地产开发有限公司是普林工业园的全资子公司。另有其它6家企业为工业园的参股公司。

公司始建于2003年,规划用地

3000余亩。按照“政府规划、企业主导、以商招商、滚动发展”的开发经营模式，统一规划工业园发展远景，统一制定招商项目入园的投资强度和规模效益标准，统一划分园区生产、物流、仓储、服务等建设区域，统一完善水、电、路、管网等综合配套设施，为国内外、海内外有识有志之士搭建起一个投资发展的平台。园区实施“业主与周边群众隔离，业主与有关政府部门隔离”的特色服务，让所有入园的创业精英解脱繁琐事务的束缚，放飞人生的理想，施展创业的才华。普林工业园先后累计引入项目(企业)42个，引进投资6亿元，实现工业总产值12亿元，到“十一·五”计划末，普林工业园将引入规模企业80家，实现工业产值35亿元，年创利税2.5个亿，转移吸纳农村劳力5000余人，建成为经济效益与社会效益双赢的全省100家重点企业之一。

十堰东风三立车灯有限公司企业

十堰东风三立车灯有限公司是2003年3月由东风实业有限公司和韩国SL株式会社合资成立的一家中韩合资公司，公司位于白浪东路51号，企业法人为吕自龙。公司占地4.43万平方米，现有资产13126.3万元，员工人数160人，建筑面积11152.4平米，工业厂房9980平米。关键设备15台套，主要生产商用车、中高档轿车的汽车灯具。

2005年10月份，公司正式落户高新区，新工厂投产以来，企业呈现出良好的发展势头。面对日渐激烈市场竞争，依靠中韩双方各自的优势，引进国外先进的关键设备，利用先进的技术、积极进行产品结构调整，以灯具为主线，采用韩国SL产业株式会社成熟的工艺，，以创新突破、积极跟进的管理理念，贯彻“东风三立、精益求精、顾客满意、持续改进”的质量方针，通过不断努力，取得了国家“3C”认证及ISO/TS16949：质量认证，已投产的D310、神龙爱丽舍、毕加索、BF等41种灯具，现有产品技术含量高、竞争实力强、市场信誉好，技术水平和质量达到国内领先水平，部分达到国际同行业水平。其中D310等4种产品已获得国家专利。另有一项已经受理，产品质量水平也得到了较大提升，在国内灯具行业居领先地位。

2004年度东风汽车有限公司授予公司《商用车零部件优秀供应商》。2005年度东风汽车有限公司商用车公司授予公司《商用车零部件优秀供应商》。高新区授予公司《重大项目投资建设先进单位》、十堰市人民政府授予公司《优秀外商投资企业》的称号。生产的汽车灯具、汽车线束产品在2006年中国市场品牌战略论坛组委会评为《全国质量合格评定用户满意十佳品牌》。目前，企业已步入快速发展通道，客户已由原来唯一为东风有限商用车公司独家配套，扩展神龙汽车公司、悦达起亚等多家供应商。配套车型、产品品种不断增加，一大批轿车项目正在开发，2007年7月份出口到法国的PSA雾灯已批量生产，将成为为公司产值、效益的增长点。

公司正在向重型车、中型车、轻型车车灯30万辆份。雾灯90万辆份，尾灯22万辆份的目标迈进。2008年主要产品形成批量后销售收入达1.52亿，2009年总的年生产销售142万辆份的各类汽车车灯。2010年后可达2.31亿，年创利税近1600万元。2011年年销售收入(不含增值税)达到24800万元人民币，年利润1881万元。

统计资料

“十一五”十堰主要经济指标完成情况

指　标	2005 年	2010 年	“十一五”平均增长%	指　标	2005 年	2010 年	“十一五”平均增长%
年末常住人口(万人)	325.7	334.1	0.51	其中:出口	0.77	1.99	20.93
本市生产总值(亿元)	306.63	736.78	13.40	地方政府一般财政预算收入(亿元)	11.4	43.8	30.89
规模以上工业增加值(亿元)	122.1	363.4	27.80	金融机构存款余额(亿元)	406.03	857.6	16.13
全社会固定资产投资(亿元)	103.63	406.3	31.42	金额机构贷款余额(亿元)	161.51	410.3	20.50
社会消费品零售总额(亿元)	125.06	306.4	19.63	城镇居民可支配收入(元)	7500	12653	11.02
进出口总额(亿美元)	1.13	2.4	16.31	农村居民人均纯收入(元)	1990	3499	11.95

注:外贸出口总额为海关口径

国民经济主要指标

项目	单位	2009年	2010年	比上年增长%	项目	单位	2009年	2010年	比上年增长%
一、年末人口	万人	353.22	346.45	-1.9	汽车	万辆	37.21	56.19	51.0
其中:城区	万人	52.78	53.20	0.8	改装汽车	辆	6.15	7.94	41.5
常住人口	万人	324.10	334.08	3.1	轮胎外胎	万条	497.5	578.1	16.2
其中:城区	万人	57.09	76.79	34.5	发电量	亿千瓦时	91.09	98.53	16.9
二、从业人员	万人	202.80	203.50	0.4	水泥	万吨	243.5	415.5	70.6
职工人数	万人	38.42	43.26	12.6	六、货物周转量	万吨公里	484883	656997	35.5
三、生产总值	亿元	550.96	736.78	19.5	旅客周转量	万人公里	296012	381289	28.8
第一产业	亿元	66.51	77.84	5.1	七、邮电业务总量	万元	124705	131504	5.5
第二产业	亿元	254.76	402.06	30.8	八、全社会固定资产投资	亿元	278.3	406.3	46.0
第三产业	亿元	229.69	256.88	10.6	城镇以上投资	亿元	259.2	382.8	47.7
四、农业	亿元				九、社会消费品零售总额	亿元	251.74	306.37	21.7
1. 农业总产值	亿元	111.94	133.19	7.1	十、外贸进出口总额	万美元	20937	24036	14.8
2. 主要农产品产量					进口总额	万美元	1994	4104	105.8
粮食	万吨	115.21	118.86	3.2	出口总额	万美元	10327	19932	9.3
油料	万吨	9.96	11.27	13.2	十一、财政收入	亿元	55.02	84.9	54.3
水果	万吨	31.80	35.87	12.8	财政一般预算支出	亿元	118.50	143.79	21.3
肉类	万吨	15.60	16.91	8.5	十二、零售物价指数	%	99.5	103.4	3.4
水产品	万吨	5.30	5.57	5.0	十三、职工年平均工资	元	20999	24723	17.7
五、工业					城镇居民人均可支配收入	元	11376	12653	11.2
1. 规模以上工业生产总值	亿元	820.68	1313.10	60.4	城市居民人均可支配收入	元	14453	16130	11.6
规模以上工业增加值	亿元	242.14	363.36	39.2	农民人平纯收入	元	3110	3499	12.5
轻工业	亿元	14.15	18.04	27.5	十四、金融机构各项存款	亿元	732.67	857.64	162.99(比年初增)
重工业	亿元	227.99	345.32	53.8	金融机构各贷款	亿元	311.81	410.32	100.14(比年初增)
2、主要工业产品产量									

全社会固定资产投资

单位:万元

指 标	2009 年	2010 年	比上年增长%	指 标	2009 年	2010 年	比上年增长%
总计	2783528	4063128	46.0	国有经济	1442868	2031874	40.8
一、按中央、地方分				集体经济	140522	228299	62.5
中央单位	116872	166349	42.3	城乡私人	978390	1756794	79.6
地方单位	2500736	3896779	55.8	#农村私人建房	165920	172106	3.7
二、按经济类型分				其它经济	1200138	1630849	35.9

城市居民家庭基本情况

项 目	单位	2009 年	2010 年	比上年增长%	项 目	单位	2009 年	2010 年	比上年增长%
调查户数	户	100	100	-	人均家庭总收入	元	16128	17843	10.6
平均每户家庭人口数	人	3.01	3.02	0.3	人均可支配收入	元	14453	16130	11.6
平均每户就业人口数	人	1.6	1.55	-3.1	人均家庭总支出	元	15671	17863	14
平均每一就业者负担人数	人	1.65	1.71	3.6	人均消费性支出	元	11027	11891	7.8
人居居住(使用)面积	平方米	21.59	28.62	32.6	#人均食品支出	元	3866	4073	5.4

农民家庭基本情况

指 标	单位	2009 年	2010 年	比上年增长%	指 标	单位	2009 年	2010 年	比上年增长%
调查户数	户	600	600	—	人均拥有生产性固定资产原值	元	1379.02	1394.33	1.1
平均每户家庭人口数	人	3.98	3.98	0.0	人均生活居住面积	平方米	31.45	31.29	-0.5
平均每户整半劳动力	人	3.11	3.13	0.6	人均纯收入	元	3110	3499	12.5
平均每个劳力负担人数	人	1.28	1.27	-0.8	人均生活费支出	元	2700.62	3100.27	14.8
平均每户经营耕种面积	亩	4.5	4.41	-2.0					

农、林、牧、渔总产值及指数

指标	单位	2009 年	2010 年	比上年增长%	指标	单位	2009 年	2010 年	比上年增长%
农林牧渔总产值	万元	1119433	1331859	18.89	渔业	%	109.2	102.1	–
农业	万元	647859	818724	26.37	牧业	%	107.1	104.9	–
林业	万元	41609	49937	20.01	**农林牧渔业总产值指数**				
牧业	万元	358169	379907	6.07	(1978=100)	%	420.9	450.8	–
渔业	万元	62579	73113	16.83	农业	%	376.2	410.6	–
农林牧渔业总产值指数	%				林业	%	169.7	172.6	–
(上年=100)	%	108.5	107.1	–	%	691.8	725.4	–	
农业	%	109.1	109.2	–	牧业	%	1027	1048.2	–
林业	%	112.5	101.7	–	渔业				

注:总产值按现价计算,指数按可比价格计算

工业企业主要经济指标

单位:万元

指　标	2009 年	2010 年	比上年增长%	指　标	2009 年	2010 年	比上年增长%
企业单位数	829	872	5.19	主营业务收入	7825954	11848816	51.42
#亏损企业(个)	184	142	-22.83	主营业务税金及附加	46521	36207	-22.17
工业总产值(当年价)	8323592	12804018	53.82	利润总额	1148254	1562859	36.11
工业增加值(现价)	2421384	363600	39.2	亏损企业亏损总额	53133	19200	-63.86
全部从业人员年平均数(个)	182205	196400	7.79	利润总额	1292970	1995830	54.36
流动资产总计	8049319	14083288	74.96	应交增值税	204500	396763	94.02
固定资产合计	8155162	9412837	15.42				

社会消费品零售总额

单位:万元

项目	2009年	2010年	比上年增长%	项目	2009年	2010年	比上年增长%
社会消费品零售总额	2517398	3063662	21.7	2、按所在地分			
1. 按行业分				城镇	2123598	2596619	22.3
批发零售贸易业	2262156	2704795	19.6	乡村	393800	467043	18.6
餐饮业	255242	358867	40.6				

对外贸易及旅游情况

指标	单位	2009年	2010年	比上年增长%	指标	单位	2009年	2010年	比上年增长%
一、进出口总额	万美元	20932	24036	14.8	三、接待旅游人数	千人	11329	14771	30.4
进口总额	万美元	1994	4101	105.8	外国人	千人	24	44	83.3
出口总额	万美元	18938	19932	5.2	港澳台同胞	千人	66	65.4	-0.9
二、利用外资项目数	个	6	8	33.3	国内旅游收入	亿元	62.3	89.3	43.3
合同外资金额	万美元	-217	3115	-	旅游外汇收入	万美元	3084	3304	7.1
直接利用外资	万美元	5733	6271	9.4					

索 引

说 明

一、本卷年鉴索引编制采用主题词索引法，索引条目以“汉语拼音”顺序排列。如条目第一字相同的，按第二字音序编排，以此类推（采用 FOXPRO5.0a 数据库软件进行索引）。

二、主题词（标引词）后的阿拉伯数字表示内容所在页码，数字后的拉丁字母 a 表示左栏，b 表示页码的中栏，c 表示页码的右栏。

三、索引条目名重复时，采用页码集中编排。

四、聚焦十堰、大事记、特载、领导论坛、治域方略、调查与思考、历史回眸、人物、文件辑录、部分企事业单位简介、统计资料及彩色图片不作索引。

A

B

C

D

E

F

G

H

J

K

L

M

P

Q

R

S

T

W

X

Y

Z

图书在版编目(CIP)数据

十堰年鉴.2011/刘修俊主编.—武汉:长江出版社,2011.11

ISBN 978-7-5492-0691-9

Ⅰ.①十… Ⅱ.①刘… Ⅲ.①十堰市—2011—年鉴
Ⅳ.①Z526.33

中国版本图书馆 CIP 数据核字(2011)第 248980 号

十堰年鉴.2011 刘修俊 主编

责任编辑:奚武
出版发行:长江出版社
地　　址:武汉市解放大道 1863 号　**邮　　编**:430010
E-mail:cjpub@vip.sina.com
电　　话:(027)82927763(总编室)
(027)82926806(市场营销部)
经　　销:各地新华书店
印　　刷:襄阳市鑫昀印务有限责任公司
规　　格:889mm×1194mm　1/16　31.25 印张　84 页插页　1200 千字
版　　次:2012 年 1 月第 1 版　2012 年 1 月第 1 次印刷
ISBN 978-7-5492-0691-9/K·221
定　　价:180.00 元